U0540241

歷代名臣奏議

（三）

學校

宋太宗端拱初。史館修撰楊徽之因次對上言曰。自陛下嗣統鴻圖。闡揚文治。廢墜修舉。儒學嚮臻。乃至周巖野以聘隱淪。盛科選以来才彥。取士之道。亦已至矣。然擅文章者多超遷。明經業者罕殊用。向非振舉。曷勸專勤。師法不傳。祖述安在。且京師四方之會。太學首善之地。今五經博士並闕其員。非所以崇教化、奬人材。繇內及外之道也。伏望濬發明詔。博求通經之士。簡之朝著。拔自草萊。增置員數。分教胄子。隨其所業。授以本官。稟稍且優。旌別斯在。淹貫之士既蒙厚賞。則天下善類知所勸矣。無使唐漢專稱得人。太宗嘉納之。

仁宗至和三年。侍御史趙抃乞給還太學田土房緡狀曰。臣伏以商周之所以名治世。莫非崇樹學校。教育俊良。以敦厚風俗之為急也。後之苟簡淺末。有以庠序議治道者。咸以迂闊誚之。然則舍此而欲風化之淳。是猶卻行而求前也。竊見京師太學。殆將廢弛。在慶曆初。朝廷撥田土二百餘頃。房緡六七千。入學充用。是時供生員二百人。後來陳旭判監。贍養亦不下百人。近胡瑗管勾已逾三歲。纔贍及掌事諭義孤寒學徒三二十人而已。又自今年春夏已来。一切停罷。令自供給。所以然者。蓋向前所賜田土房緡並卻係國子監拘收占吝。近聞吳中復論奏乞依舊還太學。至今多日未蒙施行。臣愚以謂今若田土房緡不還太學。則無由贍養生徒。不贍養。則將見其紛然引去而之四方矣。如此。則太學遂廢。伏惟陛下聰明仁聖。凡輔弼臣鄰日欲致君於堯舜。今使太學遂廢。將不及商周之治。如之何唐虞之庶幾哉。伏望特賜聖旨指揮。以先所賜田土房緡給還太學。依舊許令修完齋舍。贍養生員。教育漸劘。一變至治。庶使本朝尊儒重道與

學育材之盛。不愧於古之治世矣。

嘉祐元年。歐陽脩上奏曰。臣等伏見近日言事之臣為陛下言建學取士之法者矣。或欲立三舍以養生徒。或欲復五經而置博士。或欲但舉舊制而修廢墜。或欲特創新學而立科條。其言雖殊。其意則一。陛下慎重其事。下其議於羣臣。而議者遂欲創新學。立三舍。因以辨士之能否而命之以官。其始也則教以經藝文辭。其終也則取以材識德行。聽其言則甚備。考於事則難行。夫建學校以養賢。論材德而取士。此皆有國之本務。而帝王之極致也。而臣等謂之難行者何哉。蓋以古今之体不同。而設施之方皆異也。古之建學取士之制。非如今之法也。蓋古之所謂為政與設教者遲速異宜也。夫立時日以趨事。考其功過而督以賞罰者。為政之法也。故政可速成。若夫設教。則以勸善興化、尚賢勵俗為事。其被於人者漸。則入於人也深。收其效者遲。則推其功也遠。故常緩而不迫。古者家有塾。黨有庠。遂有序。國有學。自天子諸侯之子。下至國之俊選。莫不入學。自成童而學。至年四十而仕。其習乎禮樂之容。講乎仁義之訓。敦乎孝弟之行。以養父兄。事長上。信朋友。而臨財廉。處眾讓。其修於身。行於家。達於鄰里。聞于鄉黨。然後詢於眾庶。又定於長老之可信者而薦之。始謂之秀士。久之。又取其甚秀者為選士。久之。又取其甚秀者為俊士。久之。又取其甚秀者為進士。然後辨其論。隨其材而官之。夫生七八十歲而死者。人之常壽也。古乃以四十而仕。蓋用其半生為學考行。又廣察以鄰里鄉黨而後其人可知。然則積德累善如此勤而久。求賢審官如此慎而有次第。然後矯偽干利之士不容於其間。而風俗不陷於偷薄也。古之建學取士。其施設之方如此也。方今之制。以貢舉取人。往者四歲一詔貢舉。而議者患於太遲。更趣之為間歲。而應舉之士来

學於京師者類皆去其鄉里遠其父母妻子而為旦暮干祿之計非如古人自成童至于四十就學於其庠序而鄉里鄉黨得以衆察徐考其行實也蓋古之養士本於舒遲而今之取士患於急迫此施設不同之大槩也臣請詳言方今之弊既以文學取士又欲以德行官人且速取之歟則真偽之情未辨是朝廷本欲以學勸人修德行反以利誘人為矯偽此其不可一也若遲取之歟待其衆察徐考而漸進則文辭之士先已中於甲科而德行之人尚未登於內舍此其不可二也且今入學之人皆四方之游士齎其一身而來烏合群處非如古人在家在學自少至長親戚朋友鄰里鄉黨衆察徐考其行實也不過取於同舍一時之毀譽而決於學官數人之品藻爾然則同學之人蹈利爭進愛憎之論必分朋黨昔東漢之俗尚名節而黨人之禍及天下其始起於處士之橫議而相訾也此其不可三也夫人

之材行若不因臨事而見則守常循理無異衆人苟欲異衆則必為迂僻奇怪以取德行之名而高談虛論以求材識之譽前日慶曆之學其弊是也此其不可四也今若外方專以文學貢士而京師獨以德行取人則實行素履著於鄉曲而守道丘園之士皆反見遺此其不可五也近者朝廷患四方之士寓京師者多而不知其士行遂嚴其法使各歸於鄉里今又反使來聚於京師云欲考其德行若不用四方之士止取京師之士則又示人以不廣此其不可六也夫儒者所謂能通古今者在知其意達其理而酌時之宜爾大抵古者教學之意緩而不迫所以勸善興化養賢勵俗在於遲久而不求近效急功也臣謂宜於今而可行者立為三舍可也復五經博士可也特創新學雖不若即舊而修廢然未有甚害創之亦可也教學之意在乎敦本而脩其實事給以糇糧多陳經籍選士之良者以通經有道之

士為之師而舉察其有過無行者黜去之則在學之人皆善士也然後取以貢舉之法待其居官為吏已接於人事可以考其賢善優劣而時取其尤出類者旌異之則士知脩身力行非為一時之利而可伸於終身則矯偽之行不作而媮薄之風歸厚矣此所謂實事之可行於今者也臣等伏見論學者四人其說各異而朝廷又下臣等俾之詳定是欲盡衆人之見而採其長者爾故臣等敢陳其所有以助衆議之一非敢好為異論也伏望聖慈特賜裁擇

七年知諫院司馬光上奏曰臣伏見國子監直講見闕數員久而未補蓋以近制須年四十以上及進士九經出身方得為之臣愚以為學官正宜取德行經術可為師表之人不當限以苛法若不察其人之賢愚而惟年齒出身則其間雖有德行如顏回經術如王弼皆終身不可為學官也又舊制學官皆先試講說然後就職近歲此法亦

因循不行臣欲乞今後應國子監直講有闕許本監或兩制以上舉京朝官選人有德行經術者具姓名聞奏更不問年紀及出身其國子監所舉者委學士或舍人院試兩制以上所舉者委國子監試並須衆官聚廳令舉疑義面試講說擇其義理精通者保明聞奏方降勅差除若德行邪僻經術荒謬而輒敢舉薦保明者並乞嚴行朝典

仁宗時諫議大夫夏竦請興學校疏曰臣聞古之教者家有塾黨有庠術有序國有學禮樂之始教化之倫於是乎在五帝有成均之名虞夏貴膠庠之禮周監二代四郊立學漢氏握符雅尚學校元帝不限博士弟子之員孝明教授期門羽林之士永平之際揖讓興焉李唐好文崇設兩監不游太學以為恥旋及叔世事亦陵遲國家法遵典故惟迹是圖時文載郁化成天下但謹教勸[illegible]有殊經意設廣文之館列博士之員胄子惰尚齒之禮中年廢[illegible]之規或有生徒隸

名而已故儒雅之士厭其同方由是九州罕修學校蜀郡陋文翁之訓豫章廢范甯之制太守但思於固祿刺史不聞其興學遂使遐邇之俗罔知鄒魯之風冠帶之民安有弦歌之化雖間有儁材而罕聞師訓執泥經指不知所裁伏願陛下稽考古義慨崇人文明太學之道于中廣庠序之學于外分命郡國各置學官講信修睦以裨教化無使子衿之詩復歌於聖代也

張方平上論曰臣聞古之王者建國君民教學為先古之教者家有塾黨有庠術有序國有學夫其造育俊選以成官材是立政之基也上賢崇德正君師父兄之尊是設教之本也合射習鄉脩揖讓弦歌之節是禮樂所成也養老合語享孤念功是仁義所起也出師受成執訊反告是廟堂之嚴也選習材能以助祭事是宗祊之重也蓋三王四代盛德之世上自天子外及諸侯其所以化民成俗之道未有不以學為先也周官曰州長春秋以禮會民而射于州序黨正以禮屬民而飲酒于序以正齒位文王世子復載諸侯群吏養老之事此則州鄉列國庠序之禮咸與太學同制矣周衰天下大亂干戈日用而列國之學猶廢故子衿刺其不修左氏美其不毀也漢文翁首建黌舍於蜀郡仲舒次發太學於京師而公卿大臣名儒隱德咸有門弟子橫經傳道書名錄牒或數千人至于東都學士寖盛故在兩漢其政事本於經術其議論依於王制朝有名教之勸士篤去就之行及桓靈失御姦亂滔天王綱解絕民勢版蕩而賴正人持救義士奮拯支壞扶顛更延餘曆雖腥德已塞于上而清議不敗于下豈非教學之功漬染深厚之所致歟江左晉氏范甯立庠序於豫章庾亮起講舍於鄂渚然倡而不和絕而不續尋復廢圮諸生解散以是而觀[illegible]之風政其可知也惟我治朝振宸立極丕冒出日同文一軌鳥言

鴂舌知誦簡冊之言髽首卉裳咸襲端甫之服奎壁有爛河洛發祥文物炳然儒碩挺出故學校儆洛乎睢渙續興乎郟鄏摹規大於齊魏弦誦聞於江浙樂善之吏經營其闕民悅獻力不令景從庠序之制班班然且遍乎郡國矣自非朝廷以道德風示四方以禮義薰襲齊人又安得不言而化如草偃風行若是之速乎然臣聞一鬨之市必立之平一卷之書必立之師周典以本俗六安萬民其一曰聯師儒記曰凡學之道嚴師為難師嚴然後道尊道尊然後人知重學今學宮咸立而師位尚虛諸生抱經倀然無主時敏厥修雖得樂群之所必有正業曷取函丈之間且夫百工眾伎必有師匠緇黃所聚輒立師長況夫學者為國造士使民興仁所傳者累聖之格言所習者先王之正道師教不立學乃虛器夫三代而下治道淳優儒雅尊博莫如二漢自文武之世屢下詔書勤命郡國勸使立學而終不能興自餘歷世小雅湯然故弗論矣今天下承文明之化庠序修立乃盛於兩漢朝廷宜遂成其善意繇以成之顧同不急之務視之弗篤豈國家尊道育材之意哉間者近甸數郡之學雖為除手講官旋復靡以吏職攬簿領之不暇何圖籍之能精且國家奄有萬邦吏員至眾山澤津途百家之聚錐刀可斂必遣王官惟是膠庠主道所在顧一士之廩祿廢徽政之本原豈朝廷貴教化而賤貨利之意歟臣愚以為宜委清望近臣上從朝列下逮選曹舉經術篤行之士凡立學州郡悉為選官依其資任優其稍祿夫張官布職散劇繁時略之則輕屬之則重貴之則人必同趨簡之則眾斯共薄事無大小柄其事則權歸任無高卑委其任則效立臣愚以為欲使師禮崇重道訓尊立在手使之專治學政主領學徒勤良者旌而異之悖惰者簡而黜之及賓興之時必參以學官之論其嘗簡黜者弗在薦舉之選其嘗旌

異者必預充庭之貢而命外臺察諸學之官其尤通博於講議勵精乎教育能得學士自遠方至者上之特賜獎諭或有賜焉太學員缺即以充選且制使才名之士不歷學官者不得入乎館閣入館閣者必先歷乎學官猶近制先倅郡而後得補憲臺三院也如此則清流美士在乎學矣自然師道尊而教立士業成而行修禮義達乎閭巷德化漸乎州里國獲良才之用民得善吏之庇三綱以正五教用成弦誦聞乎四方道德行於天下矣

方平又上論曰臣聞古有四民皆世其業則象賢世祿為古之道然三王四代必教諸學藝成德就乃辨材而官之故舜命夔典樂教冑子夏氏大小之學商人左右之序皆所以教國子也周官大司樂掌成均之法以治建國之學政而合國之子弟王太子王子群后之世子卿大夫元士之適子國之俊選皆造焉崇以詩書之教詔以德行

之嫩干羽絃誦凡學必時脩六禮以節其性明七教以興其德比年考校至于大成然後論材定位而官使之漢制中二千石九卿得任子弟為郎或沒于刺守名績流著亦蒙恩典錄其後嗣凡三署郎悉屬光祿勲更直宿衛歲察廉茂舉四行才迹優顯始蒙選舉銓居高第方出補長丞下自魏晉迄于唐朝臣僚有功利及民勞效在國始被恩澤賜一子官褒勵勸賞其義甚大臣竊覩朝制凡職象侍從班在兩省無間中外歲至誕節輒任京官一人郎官卿監外臺廉刺凡及郊禮輒任選職一人又近制員外而無館閣得視正郎之秩三丞而請致仕亦蔭門子之錄誠由盛世一統溥天無外銓除路廣郡縣員多足以霑灑王澤周冒纖微之品獎勸群吏無為子孫之憂然臣之愚意猶有不足者夫賞延于世雖盛王之典而能不當官亦先賢所誡今仕任之涂益廣顧教育之道未施且世祿之家鮮克由禮膏粱之族名為男驕夫其生享豐餘之養習見逸欲之靡而不淬礪以先王道德恭儉之言陶染以古賢孝友祗庸之訓是使立身之道不篤蒞官之法不脩罔知小人作業之勞不念稼穡艱難之勤家緒遽淪世美鮮濟故宜然矣彼性知禮義之貴心存藝文之樂卓爾而立不入於邪令器自成其亦幾族是以古者作為膠學衆而教之非惟為國造士固乃為臣立家也臣伏請凡今之子弟以資任入仕者宜悉籍于太學其在都者令日入肄業遵古齒序之禮臣聞師嚴而後教尊欲尊乎教在嚴其師欲師之嚴在重其位伏願於朝士中擇宿儒清德名素在人者正授博士明立條教使行師弟子之禮以齋之比年考校顯勤罰惰及三年則大比能精一大經量策時務而通者送吏部依資補用其未精通者復留進業必及格始得除吏其在外者以大比時赴集升降同之傳曰學以從政不聞以政入學故夫學

古入官量才授任著諸典訓若何捨之如此則名為資任實經誨育雖高華之冑有寒素之業也父兄必加夙夜之訓子弟必勤講脩之志勸勵之道立庠序之教興朝多世德之家官獲稱職之吏仰補時政旁恢治法非邦教之大者歟

方平知睦州又奏請州學名額及公田狀曰臣聞古之王者建國君民教學為先古之教者家有塾黨有庠術有序國有學故三王四代盛德之世上自天子外及庶邦其所以化民成俗之道未有不以學為先也伏以新定古城山俗淳澹民風順睦以得州名邑有俊選之材野有名節之士先是太平興國九年知州故左補闕田錫始建今至聖文宣王廟及上請九經書于朝蒙恩給賜今見收管至景祐元年知州右司諫范仲淹拓廟西垣建置學舍樹立講堂至寶元元年知州都官員外郎胡楷增新廟宇基址嚴敞及臣到任洽一墍茨以畢

丁焉伏望陛下崇學[illegible]教之源嚴[illegible]官之路俾是遠方之俗[illegible]
天子之光特與恩賜以學名曰弁乞於管內荒逃係官田內量給十
數頃以給學粮選官以領其教職置籍以會其物費庶游學之士獲
安肄業之所使鄉為鄒魯家為洙泗風化所被恩德甚美
神宗熙寧元年監察御史裏行程顥上疏曰臣伏謂治天下以正風
俗得賢才為本宋興百餘年而教化未大醇人情未盡美士人微廉
退之節鄉閭無廉恥之行刑雖繁而姦不止官雖冗而材不足者此
蓋學校之不脩師儒之不尊無以風勸養勵之使然耳竊以去聖久
遠師道不立儒者之學幾於廢息惟朝廷崇尚教育之則不日而復
古者一道德以同俗苟師學不正則道德何從而一方今人執私見
家為異說支離經訓無復統一道之不明不行乃在於此臣謂宜先
禮命近侍賢儒各以類舉及百執事方岳州縣之吏悉心推訪凡有
明先王之道德業充備足為師表者其次有篤志好學材良行脩者
皆以名聞其高道之士朝廷當厚禮延聘其餘命州縣敦遣萃於京
師館之寬閑之宇豐其廩餼卹其家之有無以大臣之賢典領其事
俾群儒朝夕相與講明正學其道必本於人倫明乎物理其教自小
學洒掃應對以往修其孝悌忠信周旋禮樂其所以誘掖激厲漸磨
成就之之道皆有節序其要在於擇善脩身至於化成天下自鄉人
而可至於聖人之道其學行皆中於是者為成德又其次取材識明
達可進於善者使日受其業稍久則舉其賢傑以備高任擇其學業
大明德義可尊者為太學之師次以分教天下之學始自藩府至于
列郡擇士之願學民之俊秀者入學皆優其廩給而蠲其身役凡有
父母骨肉之養者亦通其優游往來以察其行其大不率教者斥之
從役所自大學及州郡之學擇其道業之成可為人師者使教于縣

之學如州郡之制異日則千室之鄉達於黨遂皆當脩其庠序之制
為之立師學者以次而察焉縣令每歲與學之師以鄉飲之禮會其
鄉老學者衆推經明行修材能可任之士升於州之學以觀其實學
荒行虧者罷歸而罪其吏與師其升於州而當者復其家之役郡守
又歲與學之師行鄉飲酒之禮大會郡士以經義性行材能三物賓
興其士於太學太學又聚而教之其學不明行不修與材之下者罷
歸以為郡守學師之罪升於太學者亦聽其以時還鄉里復來於學
太學歲論其賢者能者於朝謂之選士朝廷問之經以考其言試之
職以觀其材然後辨論其等差而命之秩凡處郡縣之學與太學者
皆滿三歲然後得充薦其自州郡升於大學者一歲而後薦其有學
行超卓衆所信服者雖不處於學或處學而未久亦得備數論薦凡
選士之法皆以性行端潔居家孝悌有廉恥禮遜通明學業曉達治
道者在州縣之學則先使其鄉里長老次及學衆推之在太學者先
使其同黨次及博士推之其學之師與州縣之長無或專其私苟不
以實其懷姦罔上者師長皆除其仕籍終身不齒失者亦奪官二等
勿以赦及去職論州縣之長蒞事未滿半歲者皆不薦士師皆取學
者成否之分數為之賞罰凡公卿大夫之子弟皆入學在京師者入
太學在外者各入其所在州之學謂之國子其有當補蔭者並如舊
制惟不選於學者不授以職每歲諸路別言一路國子之秀者升於
太學其升而不當者罪其監司與州郡之師太學歲論國子之有學
行材能者於朝其在學賓興考試之法皆如選士國子自入學中外
通及七年或太學五年年及三十以上所學不成者辨而為二等上
者聽授以冗庫之任自非其後學業修進中於論選則不復使親民
政其下者罷歸之雖歲滿願留學者亦聽其在外學七歲而不中升

選者皆論致太學而考察之為二等之法國子之大不率教者亦斥罷之凡有職任之人其學業材行應薦者諸路及近侍以聞處之太學其論試亦如選士之法取其賢能而進用之凡國子之有官者中選則增其秩臣謂既一以道德仁義教養之又專以行實材學升進去其聲律小碎糊名謄錄一切無義理之弊不數年間學者靡然丕變矣豈惟得士寖廣天下風俗將日入醇正王化之本也臣謂帝王之道莫尚於此願陛下特留宸意為萬世行之

神宗時監察御史裏行彭汝礪論三舍疏曰臣伏覩國子監考試上舍依詮試例臣伏念自王者之迹熄而學校教養之法不明於天下學者以言而不及道於是其實幾亡焉道之方行也陛下以天明命奮然震起而鼎新之放淫辭黜邪說造之以經術而學士大夫知所本也然風俗靡靡未還忠厚豈獨美之未成哉亦由吾所以取之者

其法未盡也且夫科舉之興久矣相因於千歲而欲革於一旦之近臣固自知其難也蓋亦有漸焉今天下之士或聚或散而行能之實非可以遽察臣以謂當自庠序始法度之行自近及遠故又當自太學始考試頗以行能為差雖未如古蓋非殆庶幾焉今上舍尤所以風動四方比他時益當慎選而必用糊名之法似非朝廷所以養育德義之本意也且朝廷罷詩賦廢制科欲取之以實也今如是則但察其詞而已何異於以言也論選士在學校不循科舉之常恐必非其人也今如是則不肖者亦可以僥倖何以異於科舉也今六經之說其明如日雖老夫小子皆得自託於義理學文不足患也所患者其實未應而已臣欲乞試內上舍皆以文行參考如辭理優長行義超卓為一等推恩仁義無玷者為一等如有過闕文雖中不與焉夫上舍中其恩不過免解或遂得一命而使人人知所以自愛而興於

德所施者寡而所及者遠夫是之謂要術行之以漸待之以久古或可復矣臣嘗待罪學省稍詳本末如臣所論眾不能廢今所以必用封彌謄錄欲如內舍者恐物議難一不敢自任其責而朝廷所以如此者亦以私疑之也臣以謂陛下興起學校方將追還三代之美而立政造法乃無以異於後世之科舉則所失多矣夫行能有素非可以一朝一夕為之是非所繫者眾亦非一人之所能專也苟得其人第當竄其人而已不可以非其人而廢法也臣欲乞秪令鎖宿考校庶幾專一或以臺諫官一人臨之以防議論之私其他乞如試內舍體例則學校之興不至廢失矣

諫議大夫龔夬上奏曰臣伏覩制書舉人習業之外更試律義一道臣竊惟周王之教道德為先其次六藝而已故皆純全而道德以一風俗以同者此也陛下自熙寧以來大闡學校養育人材發明經旨

訓迪士類今一旦以刑名之學亂之臣所未喻夫道德者本也刑名者末也教之以本人猶趨末況教之以末乎臣愚欲望聖慈追寢習律制書俾多士專尚經旨悉意本業不勝幸甚

知興元府文同乞置府學教授狀曰臣自到本府遂詣學舍點檢見於處所褊狹僻在城下屋宇卑陋殆不可入其中生徒小大裁數人而已臣因詢問僚屬并偏訪左右所以如此不振之由皆言本府自唐末以來並無諸科修學及第之人從前每有科場皆是外州軍進士暫來就此假籍寄應縱獲薦到省皆下第無成遂各歸還本貫不復住此脩習所以其民便謂讀書無効更不從學近歲府縣雖稍有士人應舉終是素無師範所肄之業多不能上合新格臣初覩本府山川人物土風次第與東西二川大抵相類彼處雖至小州郡進士常不下三四百人而本府邑屋富盛人民繁庶若此豈無秀異可教

之士以備官使但自來上下因循相與廢墮使朝廷風教獨不霑浹寥然一方遂絶文采深可歎也臣伏見本府司理參軍潘行自熙寧三年到任乃權府學教授行能為之講說經藝教其荅大義誘掖後進孜孜不倦日授月試皆有條緒近日府縣子弟翕然盡願入學至於外郡士人聞之間亦漸有來者以此見人之趨嚮善道悉由勸獎訓勵儻得其心有所服自然不可制禦而卒至成業矣行今來舉主考第並已該磨勘來年正月滿當罷臣竊慮行去之後俾他官承乏料學者之所悅從未必有能如行者臣兼體問得本路興洋利文龍等州雖有進士徒具名爾其人亦嘗自患所居僻陋難得師友臣欲望朝廷勘會本府并前件五州自來實係少有舉人修學及第之處乞賜詳酌特置學官就與行改轉使正充本府府學教授所貴一府五州之人悉得就近修學不三二年當盡變此俗燦然與天下

士人相侔矣臣職在守土所治之下或有可請不敢自默臣兼任恐懼激切屏營之至

知制誥蘇頌上議學校法疏曰臣聞古者立太學以教於國設庠序以化於邑雖王之諸子卿大夫之子弟及國之俊選皆造焉三代所以教化行而習俗成者繇此道也自鄉遂之制壞而學校從而廢缺漢晉而下代有興置至唐而後備上都立國子監以總六學之務設官則有祭酒司業為之長博士助教直講為之訓導監丞主簿掌其政令外則京府州縣各有學並置博士助教以主訓授之職繇是黨庠遂序國學之制稍稍復矣國朝自景祐以來天下建學慶曆以後數立規程自是諸儒知所宗尚歲月寖久師生益增然而黌校之間未聞有業成通經之士顯著於時而副朝廷之選用者今明詔將議改制而降意於詢訪茲誠治世之先務而聖主所當留神也臣竊謂

本朝學制大抵倣唐之舊然而設官有未備而教導有未至故積日雖久而成效無聞也何以言之唐制學官國學則博士助教各二人直講四人大成十人學生三百人太學四門學則博士助教各三人學生各五百人而四門又有俊士八百人律書算學則博士助教各一人學生五十人至三十人今之學官惟直講說書共八人而無國子太學四門之別職事又無殿最之課太學生止於三百人廣文生則三歲試補但隨秋賦而不隸兩學聽習律學雖有其名而無其職書算則又闕焉唐之學官每歲終考校以訓授功業多少為殿最學生則以業成通兩經以上者上于監祭酒司業策試優者上于禮部大成上于吏部今二者咸無焉其法制滅裂如此而欲責其一道德而廣教化勢不可得也必欲別為新規臣愚以謂積習既久未易更張莫若即舊法而增損之則便而易行也今學官八人謂宜各命分

掌職事五人專職講說人各講一經春秋兼三傳禮記兼周禮儀禮並為大經各限二年講畢毛詩為中經限一年半周易尚書為小經限一年三人掌教授諸生以詩賦文論經史大義及時務策仍輪日直學以待諸生請問疑義并出試題目若考校試卷則八人通主之其教導有方成効顯著為諸生稟伏者俟及三年委判監官聞于朝廷望賜召試館閣職事其不職者罷免之學生以五百人為額逐日早分經受每經百人仍兼習孝經論語聽讀罷則課習文史每月公試三學官考校優劣分三等揭名于學以為勸沮監丞掌其課最主簿糾其違慢每一經講畢監上于判監集官策試大義十道次日口說十道各定為三等大義通十并口說明白能發明聖賢深蘊者為優等大義通六及口說俱通者為次等不及六通為下等其通一大經或一中經兼一下經試入優等者上於朝廷望加旌擢或直送

省試。仍許特奏名次等籍其名以俟再試甄別下等本學常加敎飭其文行道藝超絕倫輩朝野所知者不拘常例並許舉薦以備朝廷擢用。其律書筭等亦望各立一學量置生徒庶令學者粗知本原。以之入官不至牆面也。州郡之學每州請置經學博士一員。內舉人及三百人以上者朝廷爲選差正官。三年爲一任。如能舉職有效者任滿日本州爲保薦之。乞加旌擢其餘本州辟召有科名守選官員或經行純粹之士。上于本路。列奏朝廷。俟旨補授仍給本學公錢爲俸。亦以三年爲任。任滿保薦如正官法。內命官望加優奬舉人即授以閑官。再授教授之職。每州仍置說書一員。以本郡有經術文行之士爲鄉里所推者充。仍從生徒衆舉。州爲補置。本州無其人。則請於鄰州。使專講說。諸生聽讀課試。亦約太學之例。如有經術精博。文藝優長者。上于州。州爲覆試。籍其名以補學職。俟及三年。顯有功効者舉

送國子監。與通經者同試。縣學置助教一員。推舉如州。說書例兼主講說敎授之事。諸生有業成通經者上于州學。與通經者校試舉送。州縣既立學校。須籍公費。望許摽撥本處閑田。或戶絕及僧寺莊土多處。斟酌移劄入學充職田。隨生徒多少以定頃畝。州縣爲差人主持。勾收課利入學以助支費。條約既備。奬勸既行。則人人各務本業窮經學文。不三五年可以丕革舊俗矣。

宗丞劉摯乞增宗學官俸狀曰。臣所領職事偶有管見。不敢自避僭冒之罪而苟簡不言。伏覩治平制詔增立宗室教學之法。設教授官通大小學幾三十員。其講授課試條式明具。逐官除本俸及月請飱錢六十千外。別無添給。而宮院承例。衆率私錢充爲月給。多者三五十千。其下不減二十千。臣等伏以諸宮宗室聽讀員數不等。大學小學亦復人數不同。而學官月給取足其閒。故其斂率之法參差各異。或以俸入均劄。或從員數分定。或大小學通融。或逐學各自承數。大縣員多或俸優。則所斂輕而易供。員少或俸薄。則所出多而難集。取予緩急亦又繫夫賓主恩意得失之間。故輸者受者皆有幸不幸焉。以至興詞投訟。本司爲之督索。蓋此錢本非官爲立制。互生詞說。理難齊一。臣再惟教官於學者既爲仰給之地。則俯仰顧私。恐少肯以敎人之意飭厲自任。至其甚也。將必有委曲諂媚相事於詼諧宴集以求容悅者。蓋利之所在。人之常情。師生之分。無由兩立。凡此甚非朝廷養訓宗子。崇嚴學官本意。臣等不勝愚欵。欲乞將諸教授比在京職事官明立添支。稍優其數。舊例宮院所供月錢一皆禁罷。教者既無懷私之慮。得以展意於其職。學者又免餽斂之煩。而不得持此相爲輕重。師道少抗。然後所謂程課可得而加察矣。臣等竊嘗計之。使學官員數常足。而誠聽增俸之優。其所加費爲緡錢歲纔三數千

爾。恭惟朝廷養士之制。新美完具。太學生千計。而郡國增立教官。緣學經費無請不獲。所以樂育人材。恩施甚厚。顧豈於宗學小費乃有愛惜。特有司未經申論。因循至此。伏望赦其愚。裁行之。

時議建武學。同修起居注張璪上言曰。古之太學。舞干習射。受成獻功。莫不在焉。文武之才。皆自此出。未聞偏習其一者也。請無問文武之士一養于太學。

知諫院兼領國子監事陳襄上奏曰。臣伏覩先降詔書。令兩浙已下至臺閣臣僚建議學校貢舉之制。得以上聞者。茲見陛下講求至治。思得求賢養士之要以興起王業也。臣近以諫官兼領國子監事。每至太學。視其齋舍頹弊。生徒挑撻。官吏苟簡。殊無法度。竊謂太學者天子教化之宮。自古聖帝賢王莫之敢廢。晉[illegible]以而下。雖無先王之法。然猶置師弟子多及千數。唐貞觀中。規制益[illegible]。增築學舍千二百間。

博士生員與蕃夷子弟游於學者僅至八千餘員豈國朝儒學之盛跡越漢唐而弦誦之地寂寥至此臣實恥之蓋藝祖創業未遑斯事當時謀議之臣識慮不遠因循百年未有太學今生員所居乃是司業廳事與朝集數位而已天下徯望必行於陛下之手事得其本為之甚易但陛下先求賢哲之士使居師長之位百度興葺乃其末事可以不勞而成矣伏見前授試大理評事充忠武軍節度推官知許州長社縣事常秩性行純明專於古學甘貧守道不苟仕進語默出處非義不由道德未加而人信之此可謂以身治人者也前授安州司戶參軍充國子監直講陳烈忠孝仁勇根於誠性行與道合心與俗違博通群經而尤明於禮學思一物不獲其所則其心憂焉仁宗朝嘗以學官召之數命不起此可謂能自任以天下之重者也二子之道則同而其用或異皆所謂學孔子者也方今丘園有道之士求

烈與秩未見其比陛下方大有為之時捨如是人而使窮居家食恐非虞舜之舉十六相文王待二老之意也如陛下未即置諸左右姑以禮命召至太學使居博士之職以經授弟子帥宗室公卿之子弟與國之俊選咸得執經肄業而以師禮處之庶乎其可致也有鄉貢進士管師常者履行正固經術專精東南士人多所從學更練民事而適於時用嘗為太學正衆論推服鄉貢進士程頤者有高堅之行懷經濟之學廷試不第無復進取守道用晦名聞公卿近聞諸路搜訪遺逸以應赦書師常與頤咸與薦達亦望聖恩並除國子監一助教之名庶幾太學生員有所規法語曰舉逸民天下之民歸心焉正謂此也所有近詔諸臣議學之制論者固多伏望陛下選擇近臣須付詳定取其合於王制者立為一代之法願不為淺者之論而遂沮止則天下幸甚

哲宗元祐元年左正言朱光庭乞擇名師主太學狀曰臣竊以立國家太平之基本者莫急於人材養天下人材之成就者莫先於庠序朝廷務要廣求人材而不素為之養則何由而得今上庠與州郡學校雖名為興賢而無養人材之實所以然者蓋無名師之故也夫所謂名師者其經術足以窮聖蘊其行義足以為人表又能至誠以教養為已任者是也昔在仁宗朝詔胡瑗典太學當是時天下學者翕然向風所以成就人材為多至今未見其繼者豈國家之大四海之廣無其人患在不求之也今庠序之中未見以禮義教養唯見以苛禁繩治其所習經術所修行義孰為發明孰為觀法學官者區區自顧苛禁之不暇奚暇治禮義哉甚非所以為首善之地也今朝廷所去弊政幾欲盡而所修善政未甚聞臣以謂所修善政莫先於置名師與學校以養人材首善自京師而風動天下伏望聖慈詔大臣博

求真儒為天下所共推者使主太學以教養為己任罷三舍之弊法去一切之苛禁專務以禮義教養多士自然可以成就人材為陛下立太平之基本臣願陛下留神天下幸甚

左司諫王岩叟乞罷三舍法狀曰臣聞法有為名則美而行之則艱事有用意則良而施之則戾者三舍是也三舍之法言雖有高材異能未見能取而得之而奔競之患起奔競之患起而賄賂之私行賄賂之私行而獄訟之禍興獄訟之禍興而防猜之禁繁博士勞於簿書諸生困於文法非復混然養士之體而庠序之風或幾乎息此識者之所共嘆也臣竊謂庠序者所以萃群材而樂育之以定其志業養其名譽優游舒徐以待其成今乃科舉之外別開進取之多岐以文離其心而激其爭端使利害得失日交戰於胷中損育德善道之淳意非所以篤教化成人材也臣愚乞鑒已然之弊罷三舍法開先

生弟子不相見之禁。示學士大夫以義講解之餘。止於公私試第高下如昔時。自足以獎材氣而厲風聲。使多士欣欣於從學。則上庠宜復有雍容樂易之美。為四方矜式矣。

岩叟又請用薦舉之士為學官乞罷試法䟽曰。臣伏以砥名礪行以待用於世者。士人之所以自覺也。養士人之節以成就其美而風天下之俗者。朝廷之所以處士人也。臣竊見內自太學外至州郡學官之制。皆令就試。四方之士區區於進卷。屑屑於程文。不憚奔馳之遠。淹留之久者。顧豈其心哉。緣任迫之有不得已耳。甚非所以重師道崇儒風。惜士人之節也。禮曰。道尊然後民知敬學。孟子曰。人之患在好為人師。今立法如此。使人人自求為師。欲天下之民知敬學。恐不可得。臣愚伏望聖慈令罷此法。一用應詔薦舉之士為中外學官。以重教導之選。為天下勸。

御史中丞劉摯乞畫修太學條制狀曰。臣切以學校之制。主於教育人材。非行法之地也。羣居衆聚。師而齊之。則誠不可以無法。然而法之為學校設者。宜有禮義存焉可也。比歲太學屢起大獄。其事一出於誣枉。於是有司緣此造為法禁。煩苛凝密。士之學其間者。轉身舉足輒蹈憲網。束濕愈於治獄。條目多於防盜。上下疑貳。求於苟免。先王之意。禮義科旨。逝已盡矣。法有大可怪者。博士諸生禁不相見。教諭無所施。質問無所從。但博士月巡所隸之齋而已。謂如此則請問者對衆足以為證佐。以防私請。以杜賄謝。嗟夫學之政。令豈不大繆先王意哉。私請賄謝。如是真可以絕之乎。而又齋數不一。不可以隨經分隸也。故使之無巡。如周易博士或巡治禮之齋。禮學博士復巡治詩之舍。往往所至備禮請問。相與揖諾。至或不交一言而退。昔之設學校教養之法。師生問對。憤悱開發。相與曲折反復。諄諄善誘。蓋其意不如是之疏也。其道不如是之薄也。先王之於天下。遇人以長者君子之道。則下必有長者君子之行而報乎上者。斯有禮也。遇人以小人犬彘之道。則彼將以小人犬彘自為而報乎上者。不能有義也。況夫學校之間哉。太學自置三舍之法。寥寥至今。未嘗應令成就一人。豈真無人也。主司懲前日之禍。畏罪避謗。士雖有豪傑拔萃之才。誰敢題品。以人物自任而置之上第哉。則是先帝有興賢造士之美意。而有司以法害之也。臣愚欲望聖慈詳酌。罷博士諸生不許相見之禁。教諭請益。聽其在學往還。即私有干求饋獻。自依律勑。仍乞先次施行。外應太學見行條制。委本監長貳與其屬看詳。省其煩密太甚。取其可行便於今者。有所增損。著為科條。上之禮部。本部再行詳定。上之三省。以聽聖斷。

摯又上奏曰。臣昨者建言太學條制煩密。失養士之意。乞下有司別

行修立。後蒙朝廷選官置局。及今已冬。未見成法。緣所差官各有本職。不得專一集議。兼臣竊以謂庠序之制。教育以成其材。獎勸以進其志。羣居衆聚。略為約束。自古以來法之施於學校者。其本不過如斯而已。然則為今之議。無大措置。獨可按据舊條。考其乖戾泰甚者刪去之。而存其可行可久便於今者。則所謂學制。可以一言而定矣。若乃高閣以慕古。新奇以變常。非徒無補。而又有害。夫職親於諸生而習知其情偽者。宜莫如學官也。使其因人情利害而為之法者。亦莫如學官也。然則安用以他官置局為哉。故臣前日奏請止乞令本學立法。上禮部。禮部再加參詳。上三省以待聖斷。誠如臣言。學制成久矣。今置局半年。聚議既希闊。而議官各持所見。紛然異同。無所折衷。學者疑惑。趣向未安。欲望聖慈指揮罷修定學制所。檢會臣今年二月十五日所奏。止以其事責在學官正錄以上。將見行條制去留

修定嚴立近限。次第條上。取旨施行。所貴因革不失其當。法令速成以便學者。以述先帝興學之旨。以副陛下造士之意。

四年。龍圖閣學士朝奉郎知杭州蘇軾上奏曰。臣伏見本州州學見管生員二百餘人。及入學怒假之流。日益不已。蓋見朝廷尊用儒術更定貢舉條法。漸復祖宗之舊。人人慕義。學者日衆。若學粮不繼。使至者無歸。稍稍引去。甚非朝廷樂育之意。前知州熊本曾奏乞用廢罷市易務書板。賜與州學印賣收錢。以助學粮。或乞賣與州學。限十年還錢。今蒙都省指揮。只限五年。見今轉運司差官重行估價。約計一千四百六貫九伯八十三文。若依限送納。即州學歲納二百八十一貫三伯九十七文。五年之間。深為不易。學者旦夕闕食。而望利於五年之後。何補於事。而朝廷歲得二百八十一貫三伯九十七文。如江海之中。增損消滴。了無所覺。徒使一方士民。以謂朝廷既已捐利

與民。廢罷市易。所放欠負動以萬計。農商小民。衒荷聖澤。莫知紀極。而獨於此飢寒儒素之士。惜毫末之費。猶欲於此追收市易之息。流傳四方。為損不小。此乃有司出納之吝。非朝廷寬大之政也。臣以待從備位守臣。懷有所見。不敢不盡。伏望聖慈特出宸斷。盡以市易書板賜與州學。更不估價收錢。所貴稍服士心。以全國體。

元祐中。越州學教授慕容彥逢奏曰。臣伏觀神宗皇帝恢崇太學以幸教多士。製堂及齋名以寓訓迪。學者游於斯。仰之若日星之麗乎上也。陛下緝熙先猷。州縣學校咸建師長。命以貢士。而名堂及齋類多前日官司隨意建立。或怪僻不馴。或稽考無據。或違背經旨。以此揭示多士。甚未稱朝廷育材之意。臣愚欲乞府界及諸路州縣學應堂及齋名。除不許用太學敦化等堂名。及論秀烝髦等職事齋名外。並須用太學諸齋名。即不得存留舊名及別有創立。如蒙聖允。乞下有司頒降施行。

元符中。彥逢為太學博士。又上奏曰。臣伏覩陛下追述神考美意。自京師下至郡縣。恢崇學校。以幸教天下。增置諸路教官。所選唯經術行義之士。三代庠序之盛。宜無以加此。然諸路教官奉行貢士法事體比昔為重。今員數既衆。又皆一時之選。而資任多係選人。國子監長貳歲舉改官止八人。施之太學正錄。且猶不給。況諸路教官如此其衆耶。伏望聖慈特詔有司稍增國子監長貳舉官舊格。使凡預師儒之選者。益知自重。以稱陛下長育人材之意。

哲宗時。太學正葛勝仲進養士圖籍劄子曰。臣竊以三代之盛。班治顯設之方。尤備於成周。而周之隆。教養作成之法。獨推於文武。文王之詩曰。不顯亦臨。無射亦保。故其效至於多士以寧。武王之詩曰。豐水有芑。武王豈不仕。故其效至於無思不服。雖聖人以神道設教。其

精神心術之妙。不可推測。意者殆將以作人鼓舞為長久無窮之計。非特謀用於一時以康庶事而已。棫樸云。周王壽考。遐不作人。下武云。於萬斯年。不遐有佐。故子孫賴之。而國以長楙。嗚呼盛哉。天祐斯文。越數千年而復生上聖。應世覺民之迹。若合符節。恭惟皇帝陛下以徇齊淵懿之資。纘熙洽隆平之運。聖學高明。道心昭徹。獨見治本在崇化厲賢。故自躬斷已來。首議學政。大開雍頖。而於以育才衆聯師儒。而命之分教。以實興致勸之法。革科舉循沿之陋。陞進之令類出於親製。程試之文。每塵於乙覽。一歲餼廩無慮數百萬。別為一司。經畫均制。不取於縣官。而坐以餘羨。且命諸道各售常產以資永業。行之十有餘年。典法大備。彬彬新美之才輩出。而晏晏忠厚之俗已成。雖詩歌文武之盛。無以進焉。既又命禮部以天下養士之額。舍宇之數。貲用之多寡。田業之頃畝。載之圖籍。掌在有司。臣等恭承詔旨。

討論編次。隨類編括。釐克成書。取大觀二歲終為率。既以逐州縣
離為析數。又以天下合為總數。凡二十有四路。而中都兩學之費不
與焉。彼漢中世增弟子員三千人。而唐太宗千一百區。載之史牒。已
稱其盛。頃視今日。何足道哉。所有天下養士圖籍凡六十有五冊。謹
隨狀上進。干冒宸衷。無任戰悸屏營之至。

畢仲游上奏曰。天下之事有至近且狹。偶得其道而行之。則雖累百
世而不傀。有甚大極重。不得其道。則終無裨於天下。今所謂律令皐
陶之刑也。增損隆殺。近所以為治之道。遂成不刊之書。學校之設。欲
以進賢養士為太平之具。不得其道。至今設為虛器而已。蓋甚可嘆
也。古者家有塾。黨有庠。遂有序。國有學。而養老習射讀書合樂行禮
於其中者。蓋欲使知君臣之義。父子之親。長幼之節。明是非。一好惡。
積道藝以為天下之用。顏子不遷怒。不貳過。孔子謂之好學。而後世

姑益賦廩。督課業。嚴禁令以從事。豈古人所以為學之道耶。其君臣
之義。父子之親。長幼之序。所以明是非。一好惡為道藝者。猶未備也。
而又欲麗師堂。廣生舍。衆徒弟以為盛。其去道愈遠。蓋聞熙寧之初。
變詩賦為經義以取士。增太學郡國學官。設三舍。改定式令以布行
之。四方之人至京師者幾數千。而是非不明。好惡不一。道藝進取未
有異也。而今復欲變經義為詩賦。退學官。更定式令以從事。則學士
大夫之所以自得者果安在耶。以略言之。三代鄉舉里選之法雖難
率行。宜亦倣其大者。使學士大夫有以自得。而後詔先生博士率以
君臣之義。父子之親。長幼之序。與夫是非好惡道藝之正。而詩賦經
義則如古以射取士之法。待同能偶。然後序之。別為貢舉以待科舉
之士。存之而勿論。要使優游和易而不迫。化其心而勿强復其迹。則
庶乎先王所以為學之道。而久以歲月。則遂將適於實用。不為虛器
而徒設。天下幸甚。

歷代名臣奏議卷之一百十四

學校

宋徽宗初即位。御史中丞王覿奏乞大學冬季補試疏曰臣伏見太學外舍生以二千為額。每歲四季補試。前後試中之人逾額雖多。而入學者少。故逐季補試不已。今科詔在邇。外舍生入學者漸衆。遂已及額。四方學者既不知在學諸生額足。又以朝廷逐季補試之法行之已久。未嘗中廢。故來就冬試者道路相望也。竊聞太學收接到諸生家保狀已是六百餘人。本學申禮部乞補試。而都省以額足不許。本學已曉示罷試。六百人者既不得試。能無怨嗟。若詔告有素。則咨怨固所不恤。緣太學既未嘗先期告諭四方學者更不冬試。及學者如期限到闕之後。方指揮罷試。即是朝廷著令誤四方就學之人奔走道路也。豈所以信天下哉。況孤寒之士有不遠數千里而至者。不得試而使歸。顯於事理非便。臣欲乞朝廷指揮太學今年冬季依舊補試。其試中人候學中生員有闕以資次撥入。仍令本學契勘。如來年春夏季委要更不須試補。即預先移文諸路州軍曉喻學者。令知若將來生員額闕合行補試。亦先期曉告施行。所貴不誤四方學者。

崇寧初左司諫慕容彥逢上奏曰。臣竊謂諸路學校州有正錄。縣有長諭。迺至其餘掌事之人皆奉行貢士法令。書攷陞遷之詳。蓋根本於此。而遠方諸生尚循積習之弊。迺或持其短長。糾率學衆。輒興詐訟。以至發其舊愆以快私忿。以此職掌類多畏默求全。鮮克振職。臣愚伏望聖慈特降睿旨編修學制。嚴立法禁。不唯整肅學政。亦以敦厚士風。

大觀中。湖北提舉劉才邵乞須聖學下太學劄子曰。臣聞天佑下民。作之君。作之師。惟其克相上帝寵綏四方。蓋治之之謂君。教之之謂師。治之教之之功。天不能以自為。必付之帝王。帝王以盛德復尊位克稱君師之任。用能相天而成其能。四方之民賴以寧謐。唐虞三代之盛。見於詩書之所傳。率由此道。其後去聖既遠。無所折衷。異論肆行。而道統益微。漢興百年。稽古禮文之事。乃克修舉。孝宣增光前烈。留意藝文。爰詔諸儒講論五經同異於石渠。且使平奏其議。躬自臨決。章帝建初間。復修石渠故事。因著其說為白虎通議。雖未能方駕前古。而發揮聖道。豈云小補。兩漢之文於斯為盛。載在方冊。光華至今。恭惟國家膺受駿命。聖聖相承。雲章奎文。光耀相燭。非若前代歷世十數而好文之主纔一二見也。陛下躬濬哲之資。緝熙光明之學。紹開興運。纂修列聖之丕緒。萬機之餘。無所嗜好。獨玩意編簡。考觀前言。凡妙旨所寄。精微浩博。昔人之所未覩者。皆獨得於心術之妙。雖堯舜禹湯文武汲汲以成帝王之極功。何以過此。豈留意於章句之同異者得以望清塵哉。天相斯文。世道交興。宗社再安。兵革偃息。而聖謨經遠。首以育材為務。爰頒詔旨崇建太學。以幸教多士。導民設教之意。勤勤如此。君師之任。可謂兼全之矣。夫學者以聖王為師。親逢斯時。千載之遇也。搢紳韋布之士。豈無望於餘光哉。兩漢之事不足為今日獻。臣愚不勝區區。大願欲望聖慈於清燕之間。凡微言奧旨自得於聖心者。須之儒館學宮。俾承學之衆得以味道真而泳聖涯。莫不精白以承休德。仰副陛下恢崇至道。開明群心之意。天下幸甚。

徽宗時。通判李新上奏曰。臣伏覩大觀學令。斷自聖知。制為成書。頒降郡國。知所遵守者累年于茲矣。昔游夏不能贊孔子一辭。則學令之設。詎容擬議者邪。自三代已來。未有如此之詳且明也。如挾書代筆之禁。奉行者失於不嚴。州學季試已不能杜絕其弊。而縣學補試歲升。假手尤甚。轉透題目出外。終日塊坐撫弄筆硯以待文字之來。其間謄錄至句語字畫錯繆。雖差官監門。例不敢搜索。稍加詰何。則必紛爭詬詈。公肆底突。傳出送入。傍若無人。一隸名學籍。便以保庇門戶。有繫空名行食身未嘗一躡學圃者。有假故逾限已經除籍再託人補試者。臣欲乞諸生補試入縣學。歲升入州學。許教授當面試經義一道。試日牒本州有出身官一員監。如文義不通。字札不同。全然疎繆。根究元試之弊。則學者知所畏。而州縣學無濫進叨冒之人矣。

李復上取士劄子曰。臣恭觀神宗皇帝憫士弊於俗學之久。慨然作新。造之以經術。發明聖人之遺言。使講求義理之所歸。庶知乎修身行己。上以事君。內以事親。涖官接物。弗畔於道。而今之學者曾不思此。平日惟是編類義題。傳集海語。又大小經題目有數。公試私課。久

已重疊。印行傳寫其義甚多。無不誦念。公然剽竊以應有司之試。終身之學止於如此。甚者至於所專之經。句讀不知。音切不識。訛誤中選入仕。平生所學皆無可用。非惟鄉間無一善可稱。雖有甚不齒者亦更不問。朝廷建學立師。設館給食。而偷惰苟且若是。安能副上教養之意哉。欲責其移孝資忠。臨民應務之效。必不能也。古者鄉舉里選。非但取其浮文。必皆考其素行。臣欲乞立法取士以博學行義為先。試言為次。抑亦絕其干託奔競之私。察其器識材術之異。庶幾所養可取。所取可用。聖朝有得士之實。

趙鼎臣乞駐蹕府學劄曰。臣恭以陛下樂育人材。建庠序。開封府實輦轂繼甸之域。天子所自治之地。首詔執事並興府縣之學。而有司推遷。殆且十年。博士弟子僑寄他所。甚不稱明詔意。致煩陛下申以程督。曾不踰年之頃。黌舍完成。生徒四集。秋某月有金芝二本產于大成殿之木上。而本學生楊汶等一千一百五十八人相與踊躍誦歎。合辭而言。以謂乘輿方躬郊丘之饗。吾學乃輦路所經。從今芝寶挺生。殆先聖先師蒸出瑞物以報吾皇之德。茲甚盛之舉。謂臣默不以聞何也。臣竊以謂郊祀慶成之日。千乘萬騎。屆蹕還宮。雖道出府學之南。懼非所以仰勸天步之臨也。然而諸生伏清道之左。聆屬車之音。奏名通謁。抑有著令。如蒙天慈矜其懇誠。示以恩意。少緩六龍之驅。一紆重瞳之頋。如古式閭以寵新學。則多士仰德孰不競勸。四方聞風得以矜式。以副陛下隆儒重道之意。不勝幸甚。臣待罪京邑。職事所及。有所見聞。不敢緘默。謹昧死以聞。

給事中俞㮚上言曰。學校三代之學也。然崇寧四年以前。議者以為是。五年則非之。大觀三年以前。議者以為是。四年則非之。豈學校固若是哉。觀望者無定說爾。必使士有成才。人無異論。事之不美者不

出於學校。然後為得。言頗見行。

高宗時。胡寅上疏曰。臣竊謂孔子孟子皆生於列國戰爭之時。衛靈公問陳。而孔子以俎豆為對。滕文公問為國。而孟子以庠序為言。聖賢之謀。必非迂闊。究觀治亂。可驗不欺。自軍興以來。布衣韋帶之士儒風掃地。下無學。賊民興。此先哲之所深憂。非國家之美事也。方陛下潛心道奧。日就月將。發明經世之書。以幸當世。而承學之士未有可以仰副聖懷者。豈亦教導之法有所未至哉。臣愚謂諸州教授宜慎擇老成名士以充其選。仍詔守臣留意學校。則凡鄉舉拵學之科。居處飲食之制。生徒多寡之額。師儒黜陟之法。皆在所議。俾合聖心。即乞睿斷。詔大臣施行。

刑部侍郎知漳州廖剛上奏曰。臣聞學術之邪正。道之所由以廢興。天下之所由以治亂。是以自古為天下國家欲化民成俗以興帝王

之治者未有不審乎此。蓋學必以堯舜禹湯文武周孔為師。而外乎此者皆他道也。熙時王安石以該洽辯給淩轢一世。自以前無古人。後無來者。然其學博雜無統。頗僻失中。乃至分文析字。傍引曲證以行其臆說。殆孟軻所謂邪說淫辭之害正者也。蓋說叛於正道則為邪。辭溢於正理則為淫。豈徒不足以明道而已哉。如安石之學術大抵尊功尚利。輕改作而褻典常。樂軟熟而賤名節。使天下靡靡日入於偷薄而莫之悟。其為害亦深矣。陛下天日之鑒。灼見其弊。悉罷黜之以幸天下。誠斯文千載之遇也。比詔名儒之能闢其說者以書來上。竊意已經乙夜之鑒。儻合聖意。臣願頒之學官。鏤板以傳。使學士大夫曉然皆知是非當否之所在。庶幾邪淫之說不勝。而人心皆歸於正。豈小補哉。

李石上奏曰。臣聞六經者帝王之心術也。其實見於行事。而其文見

於成書。因其文以考其實。因其實以推其心之所傳。則堯舜禹湯文武周公孔子之德業可槩見也。漢人之於垂絶之經勤矣。賴其收秦人之餘燼。振起遺音。使其有傳而復續。專門名家之學。未易及也。如武帝之表章。元帝之牽制。二君者雖於經甚勤。泥於成書。與行事之迹。不能推明六經心術之所自。所謂讀堂上之書。反有愧於椎輪之妙故也。仰惟陛下之心。則堯舜禹湯文武之心術也。充之以惠利四海。散之以潤澤萬物。無一不有是心。既有是心。雖忘書亦可。然猶儲精道奧。灑為宸編。以流布學校。俾六經之文得附雲漢之章相為昭回矣。頃者令取士通習六經與詩賦並行。恐學者之習有所偏也。則又下詔有司優取二禮之學。其尊尚之意。臣竊有以窺陛下欲託六經以達其心於天下也。不知士子所以仰副今日教育所得於經之感。能如漢人之專門名家者乎。抑止為剽章獵句誦習科第計而已

乎。且聖人之經有資於金口木舌者。篤說之師是也。今世之儒非必一一金口木舌。然所以為倡導之師者不可廢也。今之六經誠有所偏廢而不舉者。無師傳之過也。臣願陛下立六經博士於太學。俾四方學者各得以其經相授受。州郡學校。精擇其師。如逐經學諭之類。如是。則無偏廢之經矣。

韓駒上論曰。臣聞方今陋儒之論。以為人主之治天下。直以禮樂刑政。而為士者亦務明於道德性命而已。文章不足尚也。臣竊以為過矣。昔者堯舜三代之世。文章煥然。周公仲尼聖人之在下者。文章亦深遠矣。今陋儒以己不能之故。而曰不足尚。則是六七聖人者皆不足法乎。且夫堯舜三代距今幾千歲矣。其風俗之盛衰尚可考者。以其書知之也。故周之噩噩不如商之灝灝。而商之灝灝不如虞之渾渾。周之衰也。禮樂刑政尚未大壞。而其文章獨先潰爛。無復渾灝之

氣。後世言治者不過稱漢唐。誦其詩。讀其書。則亦皆差賢於後世。蓋自古未有盛德之世。而文章骫骳不振者也。是以聖人尚之。太祖皇帝時。天下初定。未皇文學之事。太宗皇帝數與侍臣論文。由是風俗翕然而變。嘗喜而謂侍臣曰。近時文物漸盛。它日必有著名者。其後累聖臨御。皆以叡文神學超軼百王。又皆崇儒秉善。蓋自端拱淳化之後。天下又安。士得篤於文事。磨礱緝綴以副上意。百餘年間。異人間出矣。臣嘗思之。此豈一朝夕力哉。是殆累聖獎勵激勸之所致也。臣聞太宗始尚文教。則士有王禹偁蘇易簡倡其風。真宗敦好詞學。則有晏殊楊億為之冠。仁宗時。則有若歐陽脩。在神考時。則有若王安石。此數公者。其文皆不愧於漢唐。而其餘以文擅於一時者。尚不可一二數也。朝廷之上。文物之盛。至今耆老以為美談。真太平之偉觀。治世之休光也。陛下天縱明智。肆筆成書。虞歌湯銘。播示海內。自

有書籍以來未之有也臣竊度今雖有相如之典策終嚴之奉對常揚之制誥尚未足以仰望清光必有賡歌之皋陶陳謨之大禹効伎於周衞之內而後爲稱方今雖不乏人然而數年之後壯者巳老老者巳耄則陛下所取以爲侍從者類皆今之少年進士也臣爲進士頗所謂時文者其體格曾漢唐之不如則陛下它日所望以賡歌陳謨者誰乎意者獎勵激勸之道有所未盡而後生小儒承陋儒之說以爲無事於此是以日靡靡也陛下廣庠序之教置師儒之官進士之高選者不惜好爵以尊顯之不可謂不獎勸而士未有深於文者雖臣亦疑之進士之高選者或幸得之而未必深於文也至體格卑弱者又嘗不斥黜此固宜其不勉者矣謂宜稍變其体間求四方之能文者不問疏賤而尊顯之則不十年必有能賡歌陳謨者出焉使夫堯舜之主而有皋陶大禹之臣以繼今日之盛且陛下它日功成

治定亦當得此等紀太山之封鏤白玉之牒與詩書並傳而不愧宜不爲無益故臣欲破陋儒之論而先言治天下者文之不可廢也如此

駒又上論曰臣聞古之人其仁義充于內則其文不期而自工是故讀易春秋則知周公仲尼之道爲閎深要眇矣此必然之符也有木於此枝披葉落而曰吾本根茂則天下莫之信士皆曰吾知行仁義而其言漫汗繁雜無一言當於理則其所謂仁義者亦無乃非其實乎陋儒之論其不可聽亦明矣臣請遂論時文之弊昔者神宗皇帝旣罷詞賦始立經義之科意以謂詞賦非古也而六經之作皆本於聖人學者如通其大義則其文章亦將漸復於三代今之學者旣以講究道德發揮章句六經之旨亦畧明矣獨其文章未能復古後生小儒皆爲偶儷之詞漫汗之文纂錯以爲工繁雜以爲美昔李翺[illegible]

六經之文不拘於儷也詩曰憂心悄悄慍于群小則不偶儷矣其曰遘閔旣多受侮不少則偶儷矣惟晉宋之間始拘於偶儷故劉子元以謂可一言而足者必衍以爲二言可三句而成者必增以爲四句然而偶儷之作近世尤甚是以至於纂錯繁雜而漫汗不可考嗚呼臣不知始變斯文之体者誰歟甚乎不仁若也臣丱角時從鄉先生問爲大義鄉先生曰童子記之大略如爲賦而無聲韻耳巳而臣游場屋視同列者果皆如此因退而歎曰此豈神宗皇帝罷詞賦之意耶譬猶女工不欲作錦而壞其機退而相與刺繡夫錦之與繡則固不同矣然其爲纂錯繁雜則一也陛下萬機之暇亦嘗取今進士之文觀之乎其偶儷漫汗三代有之乎六經有之乎陛下聖學淵奥博稽上古此固無逃於聖鑒矣夫文之偶儷始於東漢而詞之漫汗盛於東晉至其纂錯繁雜則又前世所未有也臣竊惟神宗皇帝罷詞

賦立經義陛下崇學校以三代之風期天下之士而士止爲漢晉之文以侍天子之選甚可羞也恭惟陛下奎文宸章超軼堯禹學者雖無以測知其萬一然而昭回之光固萬物之所仰睹也又近歲黜異端之後士非三代之書不讀誠可謂知本矣其朝夕之所誦捨六經則孟軻揚雄莊周列禦寇之書而巳六經何可及也然詩之道志書之述事尚當取爲法焉至於孟軻之醇揚雄之深莊周之辯列禦寇之不華皆曩之工文者所採取也今徒剽其語而不能學其文是獨何歟往者初立經義時士以王安石爲師至今有司須其書於天下數十百卷可取視也亦豈獨偶儷漫汗之体哉則是學者不能上陶風化以復渾灝之氣而次亦未能希王安石立言之萬一也豈不陋哉士方狃於素習見有不偶儷漫汗者則衆指爲異端而有司亦不敢取必若所云則是六經孟軻及王安石亦皆爲異端乎此亦積習

之大弊也頒下明詔使為文者上窮六經之体以為質中取孟軻諸子之作以為支下如王安石義解之類以為義至於漢晉之弊則使痛剗而深鉏之然後游於璧池之上不負吾聖天子教育矣

駒又上論曰臣嘗謂學者之病在名實之不相副庠序之士所慕者三代今其文愧於三代矣其所陋者漢晉今其文不幸類之矣是猶躬行顏閔之行而服盜跖之服曰無傷也此豈可不革其弊哉前日陛下制詔多士詞尚體要使復三代之盛甚大惠也臣時聞之踊躍太息謂將立見渾灝之氣詔書懇切然無士君子之深於文者倡其風士因陋就寡不能遠希作者徒為淺易之文以應有司之選煩言碎詞刊落不盡違明詔失聖意臣甚為諸儒不取也陛下即聽臣言詔革文弊則當慎擇有司而嚴其法臣嘗計今天下郡國之士不翅數十萬人既已講解義理發明經傳為其所難矣豈無軼群趠俗之才足以輔弱扶微而庶幾於三代之文者乎特以有司非是不取也不敢自騁於繩墨之外凡臣之所患者獨恐有司升黜之際未盡別白則士專己守殘其弊未可以猝除也國家初乘五季之亂文章蓋掃地矣以太宗真宗歷年之久聲明文物之盛然僅能革五季之風而已及仁宗時益務復古是時綴文之士不為不衆而士亦未甚勸也其後歐陽脩執文柄以度量多士凡僻澀輕豔者揭其名而辱之惟重厚典直者取焉由是風俗一變熙寧之初僻澀輕豔之文既不復作而雕蟲篆刻之技猶在也士君子亦皆知其弊而不能自還以上之所取者惟是而已會王安石白罷詞賦神考從之而安石布其書於天下使以新義從事士乃始去雕蟲篆刻之技向令仁宗神考雖有復古立經之意而無良有司以升黜繼之臣知其有所必不能矣夫上言所好惡而以升黜繼之雖欲變天下之至難可也仁宗之

復古風神考之立經義比於陛下之欲詞尚体要可謂難矣士猶勉力以副科舉而順上之好惡何則利之所在固衆之所趨也今荊廣閩蜀之間去京師數千里學者無所取師而都下鬻書者歲取進士高選之文集為版本傳播四方謂之義格後生小儒何識之有徒見為是文者例得高選則皆搖唇燥吻焚油繼日誦讀以為師法此豈可不澄其源而欲清其流乎故其要莫若慎有司之選陛下欲民之不散則必擇導民之官欲農之不惰則必擇勸農之吏欲士之深於文則亦擇司文者而已必得如脩及安石者足以風動天下而又諭以升黜之旨仍大臣自太學博士及郡國教授每歲謹察其升黜之當否以為賞罰士雖未能遽復三代之風然少須假之不一二年必有可觀者

駒又上論曰臣聞士為科舉之文其工拙若無所繫於國家而臣諄諄為陛下言之者不獨以格氣卑弱負陛下教育之意且陛下立政造事皆將復三代之盛臣愚以謂典謨訓誥所以播之四方傳之萬世亦當盡如六經而後為稱士生於此時不能自振拔於頹波之中使至治之世文事缺然此賤臣所深惜也夫文章雖小技而古人未有不苦心勤力而後僅能工者甚非可以一旦把筆而學為也如是則陛下亦無怪乎學者之不能文也彼志於祿而已故自為兒童而父兄教之以義格比十餘歲則已誦數百篇稍長而能執筆則皆不治它技惟以模擬為工已而試于有司則固足以得祿矣及其入官之後年日加長而志不加專偶爛漫汗之文已熟於其手而古文奇字或未始識也夫文之体固不一矣而今之為文者則一之何則其素所積畜者然也然陛下它日使掌西掖之誥視北門之卑與夫紬石室金匱之書者例皆取此今不教之於初學之時而欲責之於入

官之後臣以爲難矣及失職不稱然後擯斥之此又非學者之罪也士方未仕固不可使雜治它技以妨其業誠如臣言使爲科舉之文已略倣依三代之体則它日遣言立意自當不愧於古人且臣非敢厚誣天下之進士也陛下何不試於清閒之燕取羲格而觀之觀其遣言立意它日有能爲陛下編年記事如劉向班固者乎有能爲陛下陳謨奏議如馬周賈誼者乎有能歌功頌德如柳宗元韓愈者乎有能發誥施命如陸贄與白居易者乎臣有以知其不能爲也此六七公尚不可及況其上者乎今之學者則以爲此等皆不足爲也曰通經而已甚乎其不思也臣不敢借古人以爲諭今之所尊師者莫如王安石文集數十百卷其間箴銘歌詩賦頌表奏之類無不皆善經術特其文章之一端爾世有醜女見鄰婦之美而學之其眉目膚髮手足鼻口舉無所似也獨以一節之似而曰我盡得其美則未有

不爲人之所毆棄者矣此則士學安石之比也往者哲宗皇帝患其若此始立宏詞之科陛下前又置詞學兼茂科欲以此等求天下之士其意既美矣第恐所得不廣不足以儲他日之用故臣竊効愚策以爲莫若教之於初學之時又皆取六經孟軻之體以爲模楷則自當不陷於邪說前所謂宜間求四方之能文者不問疎賤而尊顯之尚慮有司之選有幸不幸則士亦未勸也臣聞累聖教獎詞學當時羣臣號能文者無不旋被褒擢臣昧劃書生所記者纔二三事爾太宗嘗夜讀李度詩朝而問丞相曰度今何在丞相言度坐法居絳州有詔乘傳入直史館夫度小官謫于外州而一詩之善已蒙記識矣則學者何得不勸焉今四海之大豈無如度者陛下留意徹臣之言詳延俊彥以助聖化不勝幸甚

駒又上論曰臣聞儒者之患非獨其文之不振也學之不博抑又甚焉陛下既詔學者復古之文又當使之博學今之說者曰博溺心又曰絕學無憂此乃老子莊周絕俗之人剗心去智之說何可法焉自孔子之聖而曰不如丘之好學也又曰我學不厭其宴居與門人應對之際諄諄以學爲言故問禮問樂問官名耻一物之不知如曰博溺心則爾愼之矣專車之骨巨魚萍實聖人亦安用之耶太祖皇帝尚欲盡令天下武夫讀書而況庠序之士秉筆操牘其號曰儒而所問輒不知曰是不足知也將誰欺乎古人之博學者臣不可徧舉矣今士尊修夫子之道夫子既學矣其師慕者又莫如王安石臣聞安石於書無所不讀故其講解經傳訓釋文字雜取百家諸子之說以發明之誦其言而不知其所讀之書謂之盡得安石之學臣不信也往者安石初建經義時獨倡言道德性命之理此其意非以文章學問爲不足尚也以爲文章學問固儒者之本務如女子而事組繡法

吏而讀律令自當然爾今以爲不足尚而不務也是乃中人之情樂於閑佚而爲之說臣嘗游場屋間見同列者專治一經其所旁取以爲資者老莊揚列三經義解字說而已此數書不一年可徧閱又其甚則二三年可成誦也故士終日袖手書案之上無所用心駸而問之不必巨魚萍實之難知也六經之事有不能知者矣昔韓愈言陰陽地土星辰禮樂之書雖今仕進者不要此道然古之人未有不深於此而後爲大賢者臣觀漢董仲舒揚雄之屬則果皆通於此惟賈山以涉獵書傳則已不得爲醇儒矣陛下不惜官爵以待天下之士如一賈山且不得見則是陛下何時而得仲舒輩哉雖然士之不學非其所不能也特以上之所設科無所事於此則當此之時自非好名者孰肯耗心疲力以腹貯萬卷書耶臣恐數年之後百家諸子皆爲故紙以與家人覆瓿而已甚可惜也今詔自太學及郡國庠序與

士講明經術之外。又勸之以不可無學。而時叩其所有。有博聞者優與升擢。而甚惰無所涉獵者。亦時屏黜二三。則士無有不勸者矣。苟其博學。則其文章亦必無前之弊。此尤不可以不先也。

駒又上論曰。臣向之所論者。尊為學者而已。然士之不學。非學者之患。而國家之所宜慮也。陛下無以臣為過。士之不學。不過稠人中閉口結舌。面赤汗下。使天下以為口實而已也。今之進士。類皆他日之公卿百執事也。彼方應舉時。既無事於學。而其入仕之後。雖向之所讀數書者。又將捐去。明義冠帶。所有者特枵然之腹而已。陛下置公卿百執事也。大則欲其謀王体。斷國論。小則欲其辨權事。而決疑獄。上以備左右之應對。下以與賓客言。今以枵然之腹。立乎本朝之上。則陛下何望焉。其不學之患。今日未見也。他日見之矣。往者學士劉敞奉使北虜。虜人道使者由他徑以誇示其郡國之大。敞素明於

地里。因責問之。虜人畏服。是時順州山中有異獸。虜不能名。以問敞。敞為言此駮也。虜益畏之。父老為臣言。神宗皇帝時。御殿放榜。進士有暨陶者。有司讀暨為洎。而陶不應。侍郎蘇頌曰。吳有暨豔。暨讀為結。此得非其後乎。問之果然。神宗皇帝喜謂頌曰。果吳人也。慶曆元豐之際。士皆深於學矣。然微此二臣。則堂堂大宋。幾何而不為外國之所鄙笑。多士之所訕薄乎。柰何今日不勸之使博學以儲他日之用。陛下欲有所問。則皆恍然相視。醉心拱手而不能知。然後蒼猝四顧而求多聞之士。不可得矣。且夫効一官。總一職。非學亦不能也。真宗皇帝嘗因放榜謂群臣曰。天下至廣。藉群學共治之。今又得千餘分理州縣矣。以此而言。則是州縣之吏亦欲其知學也。鄭子皮用一不學之人尹何以為邑。而子產譬之於傷錦。如吏部歲補數百尹何於天下。則數年之後殆無完錦矣。自州縣而上。其所職愈大。則所學當益富。今士通於道德性命之理。誠前世所不及。然一為吏。則素所蓄積不過以善其身而已。是何預於天下之事。而驟布於郡國之間。此臣之所以私憂也。陛下幸以此教學者。又宜詔大臣歲擇博學者以名聞而尊顯之。如真宗召崔偓佺於肥鄉主簿。而特置龍圖閣直學士。以廣杜鎬。則海內皆承風。以不學為恥矣。昔人有種漆者。鄉人皆笑之。十年而漆可以為器。向之笑者悉取資焉。士之學不學。於今誠未有損益。臣言之若迂闊。然不十年。陛下必收其用矣。惟陛下留神省察。

駒又上論曰。臣愚無所識知。竊獨聞之於士君子。陛下稽古如帝堯。好學如孔子。萬機之暇。博覽前載之書。至於夜分不寐。蓋嘗慨然以士寡學為歎。故臣略陳勸學之方。其詳則在陛下下議郎博士議以詔天下。臣嘗竊怪西漢之士亦專一經。而其飾吏事。斷疑獄。皆出於

此。今之學者亦專一經。而不能施於用。神宗皇帝所為罷詞賦而建經義者。蓋將使之見於行事也。非以為決科之具而已。今徒能誦王安石義訓及義格以待問。此豈神宗皇帝所望於士者耶。臣知其然矣。臣嘗以尚書試進士。請以尚書一經言之。尚書五十八篇。大約數萬言。自帝堯至秦穆。其世次之先後與其誥命誓訓之所從作。雜見他書。學者所宜知也。奇文奧義。訓註不能盡者。昔之老儒有白首而不能窮也。然其可以為有司之問題者。不過二千而已。二千之目。自元豐至今。凡太學公私試與州郡省試之所問者。皆不離此。而其所嘗問者又不再出。蓋今之可以為題者又纔數百而已。數百之義。學者如竭其力。數歲可備也。數百義足以應敵。則其他雖吾本經有不必究知者矣。有司摟其義而可以合格。則又不敢不取。而鬻書者取士之所對義。刻為版本。若書則自堯典至秦誓。靡不皆有。謂之排類。

後生小儒曉夜課讀雖不敢盡用然少增損之亦足以合格如是而欲望其飾吏事決疑獄豈不難哉六經之旨既為微妙其間星辰山川禽魚草木皆資他書以相參驗此王安石所以書無所不讀也然今之學安石所訓之外則不復研究而有司之不可以為題者又皆不復究知獨誦道德性命之言以為學聖人之道者如是足矣蓋昔之善醫者必先讀神農之書以徧識天下之藥雖其用藥之妙出於自得非書之所能盡然未有不明於藥性之寒温補瀉而後能為方者也後之庸醫以為治病之妙不在於此獨收古方而不復讀神農之書則其所試之方足以毒人而已今之學者不幸類此臣愚以謂宜於大義之外令有司雜取六經中事及安石之所未訓釋或訓釋而未盡與先儒之所疑而未決者如今之策題以問士常出其不意而視其所通多寡以為升黜則凡誦時文者不能以所僥倖而通經

博古之士出矣凡臣之所言者上自師儒下逮進士皆心知其弊獨口不言爾其間豪傑之士亦各欲暴露其所長至於有所拘而不得馳騁則尤不樂於此而考試時文詞一律試官亦益厭之但上下相循以為習俗無有言於朝者臣愚不肖竊伏太平之難遇而嘉聖道之方興又重惜神考崇經教士之意不白於天下是故勇不自制既以其身當天下之笑譏亦不虞蹈狂妄之罪輒具為書冒獻於上古人曰士不通經果不足用惟明主裁之

駒又上論曰臣聞方今貢舉之法有三曰義論策夫要以義為主臣既科條之矣策論亦足以考士之所學而非今日之所先也故臣特言其畧而陛下試觀焉臣聞真宗皇帝時側詔取士兼收策論嘗謂丞相旦曰時才政事盡在二者臣竊惟神宗皇帝所以罷黜詞賦而獨不廢策論者以為取士之道義以觀其經術論以察其智識策以辯其謀略則天下之士盡在吾彀中矣是時太學諸生有策居第一者其文辭亦未有以大過人也然神宗皇帝尚取而觀是以學者咸勸經義之外策論亦彬彬可取焉近日學子乃以是為餘事不過亦以偶儷漫汗之文纂錯繁雜以充試卷而已此尤失作文之体矣而有司曰是餘事也亦不以定升黜又其所問率皆無益之事類非所以取時才而詢政事也夫學者之未仕其於時才政事是豈能知而有以助萬一邪然既以設科則不得不盡其實此真宗之所以兼收而神考之所以獨不廢也今之學子皆不觀史書則策論之不工為無足怪臣觀歷代史記其間車旆服器禮樂制度與夫守文之君當途之士相與謀是非而斷利害者皆今所宜知也書云事不師古以克永世匪說攸聞太宗皇帝讀書至說命未嘗不太息也神考之聖訓曰漢之武宣唐之太宗則吾無間然矣自餘治世盛王則吾取二

三策而已夫豈以史記為不足觀邪臣嘗與市人讀詔書于路竊見陛下戒伶官則引同光之政諭宗室則稱劉向之美蓋學為工者久矣漢丞相言謹按詔書律令下者文章爾雅訓詞深厚小吏淺聞不能究宣因重掌故之選自是公卿士吏彬彬多文學之士矣夫西漢之詔書無足道也然猶恐淺聞者不能究宣今聖天子誥命如此而承學之臣率不知史書此臣之所甚未諭也陛下側席求賢用之惟恐不及士之去為公卿蓋無日矣今日之論則他日之陳謨而為陛下講治道者也今日之策則他日之奏疏而　陛下議時政者也宋興以來名臣幾百人矣其陳謨奏疏班然可睹也此豈致身廟堂之上而後學為者自為布衣其學素明也陛下試讀今日之策論以預卜其陳謨奏疏則他日之文物恐未得如前日之盛臣是以為陛下極言之臣嘗見一進士工為文詞至為策論則亦漫汗偶儷無足觀

臣偶問之。汝何苦而為此。則曰。不然。有司不我取也。夫神考與陛下教育之意。當使天下洗濯磨礱。日夜奮發。務增其所未高。而極其所未至。以待國家之用。今以有司之故。而使豪傑之士破崖岸。毀圭角以自貶損。則自中人以下。何可望其進邪。蓋古之教人者。思所以增益之。而今之教人。思所以摧抑之。甚非聖主意也。願陛下詔有司及考試時策論所問。皆可以察智識而辨謀略者。其文非得体。則明教告之。而取經義之外。亦頗以定其升黜。庶使學者少通前代之典。無今空言不適於用。又時因得豪傑之士。凡此皆所以為異日名臣之資。此神考與陛下教育之本意也。

孝宗時。知南康軍朱熹上奏曰。臣竊嘗伏讀國朝會要。恭覩太宗皇帝嘗因江州守臣周述之奏。詔以國子監九經賜廬山白鹿洞書院。既又以其洞主明起為蔡州褒信縣主簿。以旌儒學。每恨無由一至其處。仰觀遺跡。及蒙聖恩。假守茲土。到任之初。考按圖經。詢究境內民間利病。乃知書院正在本軍星子縣界。而陳舜俞廬山記又載真宗皇帝咸平五年。嘗勅有司重加修繕。閒因行視陂塘。始得經由其地。見其山川環合。草木秀潤。真閒燕講學之區。而荒涼廢壞。無復棟宇。因竊惟念太宗皇帝真宗皇帝所以崇教多士。垂裕萬世之意。其盛如彼。而下吏淺聞。弗克原念以稱萬分之一。罪其大如此。駭懼震慴。不遑啓居。既又按考此山老佛之祠。蓋以百數。兵亂之餘。次第興葺。鮮不復其舊者。獨此儒館。莽為荊榛。雖本軍已有軍學。足以養士。然此洞之興。遠自前代。累聖相傳。眷顧光寵。德意深遠。理不可廢。况境內觀寺鐘鼓相聞。殄棄彝倫。談說空幻。未有厭其多者。而先王禮義之宮。所以化民成俗之本者。乃反寂寥希闊。合軍與縣。僅有三所而已。然則復修此洞。蓋未足為煩。於是始議。即其故基。度為小屋二十餘間。教養生徒一二十人。節縮經營。今已了畢。但其勅額官書。皆已燒毀散失。無復存者。不敢擅行標榜收置。輒昧萬死。具奏以聞。欲望聖明。俯賜鑒察。追述太宗皇帝真宗皇帝聖神遺意。特降勅命。仍舊以白鹿洞書院為額。仍詔國子監。仰摹光堯壽聖憲天體道性仁誠德經武緯文太上皇帝御書石經及印版本九經疏論語孟子等書。給賜本洞。奉守看讀。於以褒廣前烈。光闡儒風。非獨愚臣學子之幸。實天下萬世之幸。

熹召對延和。又上奏曰。臣昨任南康軍日。嘗具狀奏乞賜白鹿洞書院勅額。及乞以太上皇帝御書石經并版本九經注疏給賜本洞。今亦未蒙施行。而朝野喧傳。相與譏笑。以為怪事。臣誠恐懼。不敢不盡其說。謹按本洞書院。實唐隱士李渤所居。當時學者多從之游。逮五代時。李氏為建官師。給田贍養。徒衆甚盛。迨至國初。猶數十百人。太平興國中。嘗蒙詔賜九經。而官其洞主。見於會要。而咸平五年。有勅重修。化塑宣聖及弟子像。又見於陳舜俞所記。簡牘具存。可覆視也。夫以此洞之興。原其所自。雖若淺鮮無足言者。而太宗皇帝真宗皇帝眷顧褒崇。至於如此。則聖意所存。至深至遠。必有非下吏淺聞所能窺測者。今乃廢而不舉。使其有屋廬而無勅額。有生徒而無賜書。流俗所輕。廢壞無日。此臣所以大懼而不能安也。然竊意有司所以不能無疑於臣之請。固未必皆如譏笑者之言。殆必以為州縣已有學校。不必更為煩費耳。如其果然。則臣請有以質之。夫先王禮義之宮。與異端鬼教之居。孰正孰邪。三綱五常之教。與無君無父之說。孰利孰害。今老佛之宮。徧滿天下。大郡至踰千計。小邑亦或不下數十。而公私增益。其勢未絕。至於學校。則一郡一縣。僅一置焉。而附郭之縣。或不復有。其盛衰多寡之相絕。至於如此。則於邪正利害之際亦已明矣。今有司非徒不能有所正於彼。而反疑臣之請於此。臣不能識其何說也。幸蒙恩賜對。故敢復以為請。伏望聖慈下臣此章。特從其請。既以紹承先志。啓迪群心。又以丕闡大猷。昭示抑邪與正之漸。實天下萬世之幸。

中書舍人崔敦詩論南康軍奏請白鹿洞書院額疏曰。臣竊惟國朝偃武崇文。首善太學。其後天下州郡始相繼有請建書院以養士。至道二年。賜西京嵩陽書院額。咸平四年。賜潭州嶽麓書院。大中祥符二年。從應天府請置新建書院。此類不一。皆賜經書。亦有令備價印造。及間有賜額者。江州廬山白鹿洞書院實太平興國二年守臣周述言學徒數百人。望賜九經使之肄習。緣其學徒繁盛。於是有旨從之。自慶曆詔許州府軍監立學。於是學校徧於天下。當時詔書有曰。除舊立學外。並令各立學。蓋舊學即書院之類是也。自太上皇帝中

興。廣設學校。徧賜石經。所以教之之法已是詳備。今來南康軍所奏雖非定制。然亦所以推廣朝廷崇儒重道之化。本監訪聞潭州嶽麓書院係隸屬郡學。所養生員皆自郡學補中撥入。及請選行藝之士充長。委實曲盡。今勘當南康軍奏所復白鹿洞書院養士一二十人。名額經書未敢擅便標榜收買。本監欲下本軍隨宜措置標榜。所有經書具數申監印造。仍會潭州嶽麓書院隸屬州學規例。一體施行。

光宗紹熙三年。禮部侍郎倪思請復混補法。命兩省臺諫雜議可否。於是吏部尚書趙汝愚等合奏曰。國家恢儒佑文。京師郡縣皆有學。慶曆以後。文物彬彬。中興以來。建太學于行都。行貢舉於諸郡。然奔競之風勝。而忠信之俗微。亦惟榮辱升沉。不由學校。德行道藝。取決糊名。工雕篆之文。無進修之志。視庠序如傳舍。目師儒如路人。季考月書。盡成文具。今請重教官之選。假守貳之權。做舍法以育材。因大比以取士。考終場之數。定所貢之員。則以次年試于太學。其諸州教養課試升貢之法。下有司條上。思議遂寢。

寧宗時。兵部侍郎虞儔上奏曰。臣聞三代令主以至列國之君皆有學。故天子曰辟雍。諸侯曰泮宮。雖小大不同。其化民成俗長育人材。則一也。朝廷興太學。置明師。四方之士千千然而來。可謂盛矣。竊怪夫近年州郡之學。往往多就廢壞。士子游學。非圖餔啜以給朝夕。則假衣冠以誑流俗。而鄉里之自好者過其門而不入。為教授者。則自以為冷官而不事事。自一郡觀之。若未甚害也。舉天下皆然。則實關事體矣。臣嘗究其所以然。蓋人之常情莫不以仕進為榮。選人之在外者。所望不過關陞與夫改秩而已。向也太守監司所薦舉狀。先及教授。今則且以為贅員置而不問。雖有提學司文字專舉教官。而員數又甚窄。向也教官在法得就任改秩。今則莫之許也。是以有不屑

就之心。故不能所不樂為之事。無足怪者。夫朝廷建一官。蓋欲使之治一職。苟以為迂闊於事無補於時。曷不一舉而廢之。吏祿學糧猶可省也。若以為化民成俗長育人材。自學校始。祖宗以來。莫之有改。奈何使之名存而實亡乎。照得教官自堂除之外。在部格法非曾試中詞科。及學官殿試第一甲。省試上舍十名前等人。不許差注。蓋立法之初。重其選也如此。今選人到部。縱使有格多不肯就。至與之堂除。亦不滿意。又就試者絕無一人。而干堂者日以猥衆。上而架閣非有所擢用則不可得。次而幹官非特降指揮則不可差。伺候日月之久。廟堂無闕以處之。未免有淹滯之嘆。今若朝廷稍重教官之選。有以作新之。使其知所歆羨。則選人進取之路少寬。而廟堂造化之權亦廣矣。是一舉而兩得之也。或曰。然則其如闕遠何。臣應之曰。不然。今京局之闕至有三政四政者。蓋以文字易得。庶幾他日可望於改

伏初未嘗以為遠而莫之肯待也臣願陛下明詔銓曹復教授在任欧秩之法風厲監司郡守教授中有能勤於教育作成士類者舉狀之薦必先及之則孰不願仕於其間激昂奮厲以修舉其職業乎將見異時民以之化俗以之成人材輩出以為國家之用矣此當今之急務也惟陛下留神

理宗時起居郎魏了翁論敎求碩儒開闡正學疏曰臣自去歲嘗以士習之弊告于先帝大抵謂今之為士者蹤跡詭秘見利則趨脫有緩急不可倚仗今不幸而言中小則賣友以求免大則賣國以偷生雖其自麗典刑然已有傷國體不及今圖所以久安長治之道而隨事隨救雖嚴刑峻法比而誅之不能禁也臣以慶元進士嘉泰學官開禧館職嘉定史臣三十年間得諸舊聞驗以親見蓋自乾道淳熙以來涵養作成大儒輩出學者景從淳熙之季雖已有唱為道學之目者然而儒風鼎盛正理常勝自孽韓柄國乃更偽學之名以排陷善類其始也宗相之黜舉朝咸曰不可以是得罪者几五十餘人太學生上書同爭亦蹈難而不悔猶以見先朝表章風厲有益於人心者若此自學禁既密士習日浮夫所謂伊洛之學非伊洛之學也洙泗之學也非洙泗之學也天下萬世之學也索諸天地萬物之奧而父子夫婦之常不能違也約諸日用飲食之近而鬼神陰陽之微不能外也大要以六經語孟為本使人即事即物窮理以致其知而近思反求精體實踐期不失本心焉耳奚其偽而被以此名屛不得傳於是驅一世而納諸近功淺利之域以漁獵為學問以綴緝為文章以操切為實才以貪刻為奉公踵陋習謏恬不之講方時苟安害未甚見也一旦開邊之議大官唱聲一口附和其不謂然者不過一二館職之卑耳卒之內訌外㓨誤國殘民流毒至今夫學術之不明其害乃至於此自嘉定以來雖曰亟更曩轍然老師宿儒零替殆盡後生晚學散漫亡依其有小慧纖能者僅於經解語錄諸生揣摩剽竊以應時用文詞浮淺名節隳頽蓋自其始學父師之所開導子弟之所課習不過以譁衆取寵惟官資宮室妻妾是計爾及其從仕則又上之所以軒輊下之所以喜慍亦不出諸此古人所謂為己之學成物之本固不及知也一旦臨小小利害周章錯愕已昧所擇脫不幸而死生臨乎其前則全軀保妻子之是務雖亂常千紀有不皇恤嗚呼使此習也而日長月益平居無直諒多聞之友立朝無正色犯顏之士臨難無伏節死義之臣雖利在寇賊利在夷狄亦委已聽命而已陛下與大臣俱何便於此哉陛下嗣服之初正明示好惡作新觀聽之幾願與大臣圖惟長久安寧之計毋以書生為迂腐毋以正論為闊疏敎求碩儒開闡正學使人人知其有禮義廉恥之實知有君臣父子之親知此身之靈於物而異於禽獸也則見得必思義見危必致命夫如是而君享用賢之福為人臣者亦職有利焉周頤曰師道立則善人多善人多則朝廷正而天下治此斷斷然如菽之可以療飢也惟亟圖之

元世祖至元十三年不忽木與同舍生堅童太答禿魯等上疏曰臣等聞之學記曰君子如欲化民成俗其必由學乎玉不琢不成器人不學不知道故古之王者建國君民教學為先蓋自堯舜禹湯文武之世莫不有學故其治隆於上俗美於下而為後世所法降至漢朝亦建學校詔諸生課試補官魏道武帝起自北方既定中原增置生員三千儒學以興此歷代皆有學校之證也臣等今復取平南之君建置學校者為陛下陳之晉武帝嘗平吳矣始起國子學隋文帝嘗滅陳矣俾國子寺不隸太常唐高祖嘗滅梁矣詔諸州縣及鄉並令

置學及至太宗數年國學增築學舍至千二百間國學太學四門學亦增生員其書算各置博士乃至高麗百濟新羅高昌吐蕃諸國酋長亦遣子弟入學國學之內至八千餘人高宗因之遂令國子監領六學一曰國子學二曰太學三曰四門學四曰律學五曰書學六曰算學各置生徒有差皆承高祖之意也然晉之平吳得戶五十二萬而已隋之滅陳得郡縣五百而已唐之滅梁得戶六十餘萬而已而其崇重學校已如此況我堂堂大國奄有江嶺之地計亡宋之戶不下千萬此陛下神功自古未有而非晉隋唐之所敢比也然學校之政尚未全舉臣竊惜之臣等嚮被聖恩俾習儒學欽惟聖意豈不以諸色人仕宦者常多蒙古人仕宦者尚少而欲臣等曉識世務以任陛下之使令乎然以學制未定朋從數少譬猶責嘉禾於數苗求良驥於數馬臣等恐其不易得也為今之計如欲人材衆多通習漢法必如古昔徧立學校然後可若曰未暇宜且於大都弘闡國學擇蒙古人年十五以下十歲以上質美者百人百官子弟與凡民俊秀者百人俾廩給各有定制選德業充備足為師表者充司業博士助教而教育之使其教必本於人倫明乎物理為之講解經傳授以修身齊家治國平天下之道其下復立數科如小學律書算之類每科設置教授各令以本業訓導小學科則令讀誦經書教以應對進退事長之節律科則專令通曉吏事書科則專令曉習字畫算科則專令熟閑算數或一藝通然後改授或一日之間更次為之俾國子學官總領其事常加點勘務要俱通仍以義理為主有餘力者聽令學作文字日月歲時隨其利鈍各責所就功課程其勤惰而賞罰之勤者則升之上舍惰者則降之下舍待其改過則復升之假日則聽令學射自非假日無故不令出學數年以後上舍生學業有成就者乃聽學官保舉蒙古人若何品級諸色人若何仕進其未成就者且令依舊學習俟其可以從政然後歲聽學官舉其賢者能者使之依例入仕其終不可教者三年聽令出學凡學政因革生員增減若得不時奏聞則學無弊政而天下之材亦皆觀感而興起矣然後續立郡縣之學求以化民成俗無不可者臣等愚幼見於書聞於師者如此未敢必其可行伏望聖慈下臣此章令諸老先生與左丞王贊善等商議條奏施行臣等不勝至願書奏帝覽之喜

至元中翰林集賢學士程鉅夫奏曰臣聞國於天地必需才以為用而人才之盛非自盛也全在國家教育之動其衰也反是參之歷代可考也國家自中統建元以來中外臣僚亦時聞表表偉傑者皆自往時故老宿儒薰陶浸灌而然歷時既久以次淪謝迩來晨星寥寥無幾何矣臣不知更十餘年後人物當何如其猥瑣也而主國論者恬不知怪視學校為不急謂詩書為無用不知人才盛衰本於此蓋嘗有旨行貢舉求好秀才上意非不諄切而妄人輒陰沮之應故事而集議凡幾作輟矣然則無怪乎選任之非才政治之不理也今已至此後當若何臣愚欲望陛下明詔有司重學校之事慎師儒之選京師首善之地尤當興建國學選一時名流為國人矜式優以廩隆以禮貌庶四方觀感有所興起外而名都大邑教官有缺不但循常例取庸人而已必使廷臣推擇可以為人表儀者條具聞奏令有祿可養而不曠職比親民而加優視教化之廢興為考第之殿最其諸生有經明行修者特與蠲免賦役依已降詔旨施行似望國家教育有方多士鼓舞不倦他日隨取隨足無臨事乏材之歎天下幸甚

世祖時各道儒司悉以曠官罷浙西道儒學提舉葉李召至京師上

奏曰臣欽覩先帝詔書當創業時軍務繁夥尚招致士類今陛下混一區宇偃武修文可不作養人才以弘治道各道儒學提舉及郡教授實風化所係不宜罷請復立提舉司專提調學官課諸生講明治道而上其成才者於太學以備錄用凡儒戶徭役乞一切蠲免帝可其奏。

葉李為尚書左丞一日從世祖至柳林奏曰昔者不可以徒行人才不可以驟進必訓以德義摩以詩書使知古聖賢行事方略然後賢良輩出胥澤下流唐虞三代咸有胄學漢唐明主數幸辟雍匪為觀美也乃薦周砥等十人為祭酒等官凡廟學規制條具以聞帝皆從之。

成宗時翰林國史院檢閱官袁桷上國學議曰成周國學之制略於大司樂其遺禮可法者見於文王世子三代而上詳莫得而聞焉漢武表章六經與太學至後漢爲尤盛唐制徽附益之而其制愈加詳密今可考也宋朝承唐之舊而國學之制日隳至于紹興國學愈廢雖名三學而國學非真國子矣夫所謂三舍法者崇寧宣和之弊也至秦檜而復增之月書季考又甚夫唐明經帖括之弊唐楊綰嘗曰進士誦當代之文而不通經史明經但記帖括謀自舉非及席待賢之意宋之末造類不出此今科舉既廢而國朝國學定制深有典樂教胄子之古意儻得如唐制五經各立博士俾之專治一經互為問難以盡其義至於當世之要務則略如宋胡瑗立湖學之法如禮樂刑政兵農漕運河渠等事亦朝夕講習庶足以見經濟之實往者朱熹議貢舉法亦欲以經說會粹如詩則鄭氏歐陽氏王氏呂氏書則孔氏蘇氏吳氏葉氏之類先儒用心實欲見之行事自宋末年尊朱熹之學唇腐舌弊止於四書之註故凡刑獄簿書金穀戶口靡密出入皆以為俗吏而争鄙弃清談危坐卒至國亡而莫可救近者江南學校教法止於四書髫齔諸生相師成風字義精熟蔑有遺忘一有詰難則茫然不能以對又近於宋世之末尚甚者知其學之不能通也於是大言以蓋之議禮止於誠敬言樂止於中和其不涉史者謂自漢而下皆霸道其不能詞章者謂之玩物喪志又以昔之大臣見於行事者皆本於節用而愛人之一語功業之成何所不可殊不知通達之深者必悉天下之利害灌膏養根非終於六經之格言不可也又古者教法春夏學干戈秋冬學羽籥若射御書數皆得謂之學非若今所謂四書而止儒者博而寡要故世嘗以儒詬誚由國學而化成於天下將見儒者之用不可勝盡儒何能以病于世。

仁宗時虞集為集賢修撰會議學校乃上奏曰師道立則善人多學校者士之所受教以至於成德達材者也今天下學官猥以資格授彊加之諸生之上而名之曰師爾有司弗信之生徒弗信之於學校無益也如此而望師道之立可乎下州小邑之士無所見聞父兄所以導其子弟初無必為學問之實意師友之游從亦莫辨其邪正然則所謂賢材者非自天降地出安有可望之理哉為今之計莫若使守令求經明行修成德者身師尊之至誠懇惻以求之其德化之及庶乎有所觀感也其次則求夫操履近正而不為詭異駭俗者確守先儒經義師說而不敢妄為奇論者眾所敬服而非鄉愿之徒者延致之日諷誦其書使學者習之入耳著心以正其本則他日亦當有所發也其次則取鄉貢至京師罷歸者其議論文藝猶足以聳動其人非若泛泛莫知根抵者矣。

順帝時蘇天爵乞增廣國學生員狀曰國家典章興隆庠序敦崇勸勉責在憲臺夫成均實風化之原而人材乃邦家之本是宜增廣員

額。樂育賢能。昔者世祖皇帝既定中原。肇新百度。知為治必資於賢者。而養賢必本於學官。至元七年。初命中書左丞許衡為國子祭酒以教公卿大夫之子弟。是時學徒未有定額。其後政教既修。學者寖廣。迨至仁宗皇帝增多至四百員。然而近歲以來員額已滿。至使胄子無從進學。殊非祖宗開設學校廣育群材之美意也。蓋自昔國家未有不由作興英賢而能為治者也。故漢室中興。圜橋門者億萬計。李唐受命。游成均者三千員。人材之多。近古未有。洪惟國家海宇之廣。庠序之盛。又豈漢唐所可比擬。獨於學徒員額猶少。方今朝廷治化更新。惠儒術。至于學校長育人材。尤為先務。宜從都省聞奏。量擬增添生員一百名。內蒙古色目五十員。漢人五十員。應入學者並如舊制。錢穀所費歲支幾何。人材所關實為至重。如此則賢能益盛。俗化益隆。其於治道實為有補。

歷代名臣奏議卷之一百十五

風俗

齊景公好婦人而丈夫飾者國人盡服之公使吏禁之曰女子而男子飾者裂其衣而斷其帶裂衣斷帶相望而不止晏子見公曰寡人使吏禁女子而男子飾者裂其衣斷其帶相望而不止者何也對曰君使服之於內而禁之於外猶懸牛首於門而求買馬肉也公胡不使內勿服則外莫敢為也公曰善使內勿服不旋月而國莫之服也

魏武帝時和洽為丞相掾屬毛玠崔琰並以忠清幹事其選用先尚儉節洽上言曰天下大器在位與人不可以一節儉也儉素過中自以處身則可以此格物所失或多今朝廷之議吏有著新衣乘好車者謂之不清長吏過營形容不飾衣裘敝壞者謂之廉潔至令士大夫故汚辱其衣藏其輿服朝府大吏或自挈壺飧以入官寺夫立教

觀俗貴處中庸為可繼也今崇一概難堪之行以檢殊塗勉而為之必有疲瘁古之大教務在通人情而已凡激詭之行則容隱偽矣

明帝太和六年司徒董昭上疏陳末流之弊曰凡有天下者莫不貴尚敦樸忠信之士深疾虛偽不真之人者以其毀教亂治敗俗傷化也近魏諷則伏誅建安之末曹偉則斬戮黃初之始伏惟前後聖詔深疾浮偽欲以破散邪黨常用切齒而執法之吏皆畏其權勢莫能糾擿毀壞風俗侵欲滋甚竊見當今年少不復以學問為本專更以交游為業國士不以孝悌清修為首乃以趨勢游利為先合黨連羣互相褒歎以毀訾為罰戮用黨譽為爵賞附己者則歎之盈言不附者則為作瑕釁至乃相謂今世何憂不度耶但求人之道不勤羅之不博耳又何患其不知己矣但當吞之以藥而柔調耳又聞或有使奴客名作在職家人冒之出入往來禁奥交通書疏有所探問凡此諸事皆法之所不取刑之所不赦雖諷偉之罪無以加也帝於是發切詔斥免諸葛誕鄧颺等

吳大帝時姚信集乞旌表孝婦生以厲婦節上疏曰臣聞唐虞之政舉善而教旌德擢異三王所先是以忠臣烈士顯名國朝淑婦貞女表迹家閭蓋所以闡崇化業廣殖清風使苟有令性幽明俱著苟懷懿姿士女同榮故王蠋建寒士之節而齊王表其墓義姑立殊絕之操而魯侯高其門臣切見故鬱林太守陸績女鬱生少履貞特之行幼立匪石之節年始十三適同郡張白侍廟三月婦禮未卒白遭罹家禍遷死異郡鬱生抗聲昭節義形於色冠蓋交橫誓而不許奉白姊妹嶮巇之中蹈履水火志懷霜雪義心固於金石体信貫於神明送終以禮邦士慕則臣聞昭德以行顯行以爵爲非名爵則勸善不厲故士之有赫奮人忘其勇杞婦見書齊人哀其哭乞蒙聖朝斟酌前

則上關天聽下垂坤厚褒鬱生以義姑之號以厲兩髦之節則皇風穆暢士女改視矣

西晉武帝咸寧中傅咸為車騎司馬以世俗奢侈上書曰臣以為穀帛難生而用之不節無緣不匱故先王之化天下食肉衣帛皆有其制竊謂奢侈之費甚於天災古者堯有茅茨今之百姓競豐其屋古者臣無玉食今之賈豎皆厭粱肉古者后妃乃有殊飾今之婢妾被服綾羅古者大夫乃不徒行今之賤隸乘輕驅肥古者人稠地狹而有儲蓄由於節也今者土曠人稀而患不足由於奢也欲時之儉當詰其奢奢不見詰轉相高尚昔毛玠為吏部尚書時無敢好衣美食者魏武帝歎曰孤之法不如毛尚書令使諸部用心各如毛玠風俗之移在不難矣

武帝時風俗趨競禮讓陵遲諫議大夫庾峻上疏曰臣聞黎庶之性

人衆而賢寡。設官分職。則官寡而賢衆。爲賢衆而多官。則妨化。以無官而棄賢。則廢道。是故聖王之御世也。因人之性。或出或處。故有朝廷之士。又有山林之士。朝廷之士。佐主成化。猶人之有股肱心膂。共爲一體也。山林之士。被褐懷玉。太上棲於丘園。高節出於衆庶。其次輕爵服。遠恥辱以全志。最下就列位。惟無功而能知止。彼其清劭足以抑貪汚。退讓足以息鄙事。故在朝之士。聞其風而悅之。將受爵者皆恥躬之不逮。斯山林之士。避寵之臣。所以爲美也。先王嘉之。節雖離世。而德合于主。行雖詭朝。而功同于政。故大者有玉帛之命。其次有几杖之禮。以厚德載物。出處有地。既廊廟多賢才。而野人亦不失爲君子。此先王之弘也。秦塞斯路。利出一官。雖有處士之名。而無爵列於朝者。商君謂之六蝎。韓非謂之五蠹。時不知德。惟爵是聞。故閭閻以公乘侮其鄉人。郎中以上爵傲其父兄。漢祖反之。大暢斯否。任

蕭曹以天下。重四皓於南山。以張良之勳。而班在叔孫之後。蓋公之曉。而曹相諮之以政。帝王貴德於上。俗亦反本於下。故田叔等十人。漢廷臣無能出其右者。而未嘗干祿於時。以釋之之貴。結王生之襪於朝。而其名愈重。自非主臣尚德兼愛。孰能通天下之志如此其大者乎。夫不革百王之弊。徒務救世之政。文士競智而務入。武夫恃力而爭先。官高者而意未滿。功報者其求不已。又國無隨才佐官之制。俗無難進易退之恥。位一高。雖無功而不見下。已負販而後見用。故因前而升。則處士之路塞矣。又仕者無陟無章。是以普天之下。先競而後讓。舉世之士有進而無退。大人溺於動俗。執政撓於羣言。衛石爲之失平。清濁安可復分。昔者先王患向之所以取天下者。今之爲弊。是故功成必改其物。業定必易其教。雖以爵祿使下。臣無貪陵之行。雖以甲兵定功。主無窮武之悔也。臣愚以爲古者大夫七十懸車

今自非元功國老。三司上才。可聽七十致仕。則士無懷祿之嫌矣。其父母八十。可聽終養。則孝莫大於事親矣。更歷試無績。依古終身不仕。則官無秕政矣。能小而不能大。可降還蒞小。則使人以器矣。人主進人以禮。退人以禮。人臣亦量能受爵矣。其有孝如王陽。臨九折而去官。絜如貢禹。冠一免而不著。及知止如王孫。知足如疏廣。雖去列位而居東野。與人父言依於慈。與人子言依於孝。此其出言合於國檢。危行彰於本朝。去勢如脫屣。路人爲之隕涕。辭寵如舍若庸夫爲之興行。是故先王許之。而聖人貴之。夫人之性。陵上猶水之趣下也。益而不已必決。升而不已必困。始於匹夫行義不敦。終於皇輿爲之敗績。固不可不慎也。下人并心進趣。上宜以退讓去其甚者。退讓不可以刑罰使。莫若聽朝士時時從志。山林往往間出。無使入者不能復出。往者不能復反。然後出處交泰。提衡而立。時靡有爭。天下可得而

化矣。

梁武帝天監中。徐勉爲侍中。時人間喪事多不遵禮。朝終夕殯。相尚以速。勉上疏曰。禮記問喪云。三日而後斂者。以俟其生也。三日而不生。亦不生矣。自頃以來。不遵斯制。送終之禮。殯以朞日。潤屋豪家。乃或半晷。衣衾棺槨。以速爲榮。親戚徒隸。各念休反。故屬纊纔畢。灰釘已具。忘狐鼠之顧步。愧燕雀之徊翔。傷風滅理。莫此爲大。且人子承衾之時。志懣心絕。喪事所資。悉關他手。愛憎深淺。事實難原。如覘或爽。存沒違濫。使萬有其一。怨酷已多。豈不緣其告斂之晨。申其望生之冀。請自今士庶。宜悉依古。三日大斂。如有不奉。加以糾繩。以勵末俗。帝可其奏。

後魏文成帝時。中書侍郎高允以高宗纂承平之業。而風俗仍舊。婚娶喪葬。不依古式。乃上奏曰。前朝之世。屢發明詔。禁諸婚娶不得作

樂。及葬送之日。歌謡鼓舞。殺牲燒葬。一切禁斷。雖條旨久頒。而俗不尊變。特由居上者未能悛改。為下者習以成俗。教化陵遲。一至於斯。昔周文以百里之地。脩德布政。先於寡妻。及於兄弟。以至家邦。三分天下而有其二。明為政者先自近始。詩云。爾之教矣。民胥効矣。人君舉動。不可不慎。禮云。嫁女之家。三日不息燭。娶婦之家。三日不舉樂。今諸王納室。皆樂部給伎以為嬉戲。而獨禁細民不得作樂。此一異也。古之婚者。皆揀擇德義之門。妙選貞閑之女。先之以媒聘。継之以禮物。集僚友以重其別。親御輪以崇其敬。婚姻之際。如此之難。今諸王十五。便賜妻別居。然則所配者。或長少差舛。或罪入掖庭。而作合宗子。妃嬪藩懿。失禮之甚。無復此過。往年及今。頻有檢劾。誠是諸王過酒致責。跡其元起。亦由色衰相棄。致此紛紜。今皇子娶妻。多出宮掖。令天下小民必依禮限。此二異也。萬物之生。靡不有死。古先哲王作為禮制。所以養生送死。折諸人情。若毀生以奉死。則聖人所禁也。然葬者藏也。死者不可再見。故深藏之。昔堯葬穀林。農不易畝。舜葬蒼梧。市不改肆。秦始皇作為地市。下錮三泉。金玉寶貨。不可計數。死不旋踵。尸焚墓掘。由此推之。堯舜之儉。始皇之奢。是非可見。今國家營葬。費損巨億。一旦焚之以為灰燼。苟靡費有益於亡者。古之臣奚獨不然。今上為之不輟。而禁下民之必止。此三異也。古者祭必立尸。序其昭穆。使亡者有憑。致食饗之禮。今已葬之魂。人直求貌類者。事之如父母。燕好如夫妻。損敗風化。瀆亂情禮。莫此之甚。上未禁之。下不改絕。此四異也。夫饗者所以定禮儀。訓萬國。故聖王重之。至乃爵盈而不飲。殽乾而不食。樂非雅聲則不奏。物非正色則不列。今之大會。內外相混。酒醉喧譊。罔有儀式。又俳優鄙褻。污辱視聽。朝廷積習以為美。而責風俗之清純。此五異也。今陛下當百王之末。踵晉亂之

弊。而不矯然釐改。以厲頹俗。臣恐天下蒼生。永不聞見禮教矣。

隋文帝時。六部侍郎李諤見禮教凋弊。公卿薨亡。其愛妾侍婢子孫輒嫁賣之。遂成風俗。乃上書曰。臣聞追遠慎終。民德歸厚。三年無改。方稱為孝。如聞朝臣之內。有父祖亡沒。日月未久。子孫無賴。便分其妓妾。嫁賣取財。有一於茲。實損風化。妾雖微賤。親承衣履。服斬三年。古今通式。豈容遽褫縗絰。強傅鉛華。泣辭靈几之前。送付他人之室。凡在見者。猶致傷心。況乎人子。能堪斯忍。復有朝廷重臣。位望通貴。平生交舊。情若弟兄。及其亡沒。杳同行路。朝聞其死。夕規其妾。方便求聘。以得為限。無廉恥之心。棄友朋之義。且居家理治。可移於官。既不正私。何能贊務。上覽而嘉之。五品以上妻妾不得改醮。始於此也。諤又以屬文之家。體尚輕薄。遞相師效。流宕忘反。於是上書曰。臣聞古先哲王之化民也。必變其視聽。防其嗜欲。塞其邪放之心。示以淳和之路。五教六行為訓民之本。詩書禮易為道義之門。故能家復孝慈。人知禮讓。正俗調風。莫大於此。其有上書獻賦。制誄鐫銘。皆以褒德序賢。明勳證理。苟非懲勸。義不徒然。降及後代。風教漸落。魏之三祖。更尚文詞。忽君人之大道。好雕蟲之小藝。下之從上。有同影響。競騁文華。遂成風俗。江左齊梁。其弊彌甚。貴賤賢愚。唯務吟詠。遂復遺理存異。尋虛逐微。競一韻之奇。爭一字之巧。連篇累牘。不出月露之形。積案盈箱。唯是風雲之狀。世俗以此相高。朝廷據茲擢士。祿利之路既開。愛尚之情愈篤。於是閭里童昏。貴遊總丱。未窺六甲。先製五言。至於羲皇舜禹之典。伊傅周孔之說。不復關心。何嘗入耳。以傲誕為清虛。以緣情為勳績。指儒素為古拙。用詞賦為君子。故文筆日繁。其政日亂。良由棄大聖之軌模。構無用以為用也。損本逐末。流遍華壤。遞相師祖。久而愈扇。及大隋受命。聖道聿興。屏出輕浮。遏止華偽。

自非懷經抱質志道依仁不得引預搢紳參廁纓冕開皇四年普詔天下公私文翰並宜實錄其年九月泗州刺史司馬幼之文表華艷付所司治罪自是公卿大臣咸知正路莫不鑽仰墳集棄絕華綺擇先王之令典行大道於茲世如聞外州遠縣仍踵弊風選吏舉人未遵典則至有宗黨稱孝鄉曲歸仁學必典謨交不苟合則擯落私門不加收齒其學不稽古逐俗隨時作輕薄之篇章結朋黨而求譽則選充吏職舉送天朝蓋由縣令刺史未行風教猶挾私情不存公道臣既忝憲司職當糾察若聞風即劾恐挂網者多請勅諸司普加搜訪有如此者具狀送臺諤又以當官者好自矜伐復上奏曰臣聞舜戒禹云汝惟不矜天下莫與汝爭能汝惟不伐天下莫與汝爭功言偃又云事君數斯辱矣朋友數斯疏矣此皆先哲之格言後王之軌轍然則人臣之道陳力濟時雖勤比大禹功如師望亦不得厚自矜

伐上要君父況復功無足紀勤不補過而敢自陳勲績輕干聽覽世之喪道極於周代下無廉恥上使之然用人唯信其口取士不觀其行矜誇自大便以幹濟蒙擢謙恭靜退多以恬默見遺是以通表陳誠先論己之功狀承顏敷奏亦道臣最用心自衒自媒都無慙恥之色強干橫請唯以乾沒為能自隋受命此風頓改耕夫販婦無不革心況乃大臣仍遵敝俗如聞刺史入京朝覲乃有自陳勾撿之功諠訴堦墀之側言辭不遜高自稱譽上黷冕旒特為難恕凡如此輩具狀送臺明加罪黜以懲風軌上以諤前後所奏頒示天下四海靡然向風深革其弊

唐太宗貞觀初承隋大亂風俗薄惡人不知教御史大夫韋挺上疏曰父母之恩昊天罔極創巨之痛終身何已今衣冠士族辰日不哭謂為重喪親賓來弔輒不臨舉又閭里細人每有重喪不即發問先

造邑社待營辦具乃始發哀至假車乘雇棺槨以榮送葬既葬鄰伍會集相與酣醉名曰出孝夫婦之道王化所基故有三日不息燭不舉樂之感今婚嫁之初雜奏絲竹以窮宴歡官司習俗弗為條禁望一切懲革申明禮憲

六年太宗謂房玄齡曰比有山東崔盧李鄭四姓雖累葉陵遲猶恃其舊地好自矜大稱為士大夫每嫁女他族必廣索聘財以多為貴論數定約同於市賈甚損風俗有紊禮經既輕重失宜理須改革乃詔吏部尚書高士廉等刊正姓氏翦其浮華定其真偽忠賢者褒進悖逆者貶黜士廉等以崔幹為第一等太宗謂曰我與山東崔盧李鄭舊既無嫌為其世代衰微全無官宦猶自云士大夫婚姻之際則多索財物或才識庸下而偃仰自高販鬻松檟依託富貴我不解人間何為重之且大丈夫有能建德立功爵位崇重善事君父忠孝可

稱或道義素高學藝宏博此亦足為門戶可謂天下士大夫今崔盧之屬唯矜遠葉衣冠寧比當朝之貴公卿以下何暇多輸錢物兼與他氣勢向聲背實以得為榮我今定氏族者誠欲崇樹今朝冠冕何因崔幹猶為第一等只看卿等不貴我官爵耶不須論數代以前止取今日官品人材作等級宜一量定用為永則遂以崔幹為第三等及書成頒之天下復詔辯臣曰氏族之美實繫於冠冕婚姻之道莫先於仁義自有魏失御齊氏云亡市朝既遷風俗陵替燕趙古姓多失衣冠之緒齊韓舊族或乖禮義之風名不著於州閭身未免於貧賤自號高門之胄不敦匹嫡之儀問名惟在於竊貲結縭必歸於富室乃有新官之輩豐財之家慕其祖宗競結婚姻多納貨賄有如販鬻或自貶家門受屈辱於姻婭或矜誇舊望行無禮於舅姑積習成俗迄今未已既紊人倫實虧名教朕夙夜兢惕憂勤政道往代蠹害

戒以懲革唯此弊風未能盡變自今以後明加告示使識嫁娶之序務合典禮稱朕意焉。又謂侍臣曰佛道設教本行善事。豈遣僧尼道士妄自尊崇坐受父母之拜損壞風俗悖亂禮經。宜即禁斷。仍令致拜于父母。群臣皆曰誠如聖旨。

中宗時左臺侍御史度支員外郎兼博士唐紹上言曰。比群臣務厚葬以偶人象騎眩耀相矜。下逮衆庶流宕成俗。願按令切較裁損。凡明器不許列衢路惟陳墓所。婚家盛設障車擁道為戲樂。邀貨捐資動萬計甚傷化紊禮。不可示天下。事雖不從議者美歎。

南唐嗣主時。太常博士陳致雍上奏曰。臣竊聞中書商量不許旌表吉州孝子瞿處圭等門閭事。伏以上古之時人民淳素。故可無為而治。三季澆薄無常行義可激勸而成。則旌表門閭是其旨也。中書舍人張緯不知大體屢興僻論。以為鄉閭之民苟避傜役旌表則遞相

倣傚。止塞則永絕其源。此蓋吏無識者之所譚。非大臣佐天子興教化之良術也。且有吳來孝義著聞者絕鮮。陛下之德所感。相繼有廬墓者三人。而不以為人化所漸。誤慮其遞相倣傚。若相率為孝則貴害於時。相傚行孝。又何傷於政。懲惡本欲人懼。賞善本欲人勸。儻的相倣傚。則是陛下敦勸之有驗也。如不倣傚。又用旌表何為。今朝野之間。不義不孝者何嘗不有。風俗若此。正是陛下急於敦勸之秋。豈小吏出此無稽之言。猶大臣必須懲絕。況居清切之司當顧問之地。首創斯議。謬莫甚焉。噫為人臣子者上有君。下有親。何忍沮人之為孝。矣王政之基無先於學。人倫之本莫大於孝。去年俘貢舉已沮陛下教人之為學。此時於激勸又沮陛下教人之行孝。將順其美一何疏哉。伏惟皇帝陛下至德格于上玄。廣愛刑于四海。邪見詭說必不能上惑聰明。然臣雖不言而所為者大。所感者遠。恐或有一可之言是以不敢不奏。

蜀主王建時。劉纂上疏曰。下之從上。如風偃草。以仁義理法化之。則為謹愿之行。以驕奢淫佚化之。則為狂薄之俗。令一國之人皆効醉頹。臣恐邦基頹然如人之醉而不可扶持也。

宋真宗時。陳洪進子陳文顥為青齊廬壽西京永南北陝州四州都巡檢使。與諸弟不睦。御史中丞李惟清抗疏曰。文顥等並分符竹委以方面。門禁盛當世罕儔。先人之墳土未乾。私室之風規大壞。弟兄列訟。骨肉為仇。官奉私藏。同居異爨。屢經赦宥。久積人言。文顥首起訟端。當律文尊長之坐。乞寘散秩。以警浮俗。詔曰。文顥等頗傷名教。合寘邦刑。以其父有忠勲未忍指責。宜賜戒諭。并其改過懺悔尋當正簡書。令御史臺告諭之。

仁宗天聖三年。大理寺丞范仲淹上奏曰。臣聞國之文章應於風化。

風化厚薄見乎文章。是故觀虞夏之書足以明帝王之道。覽南朝之文足以知衰靡之化。故聖人之理天下也。文弊則救之以質。質弊則救之以文。質弊而不救。則晦而不彰。文弊而不救。則華而將落。前代之季不能自救以至於大亂。乃有來者起而救之。故文章之薄則為君子之憂。風俗之壞則為來者之資。惟聖帝明王之相救在乎己不在乎人。易曰。窮則變。變則通。通則久。亦此之謂也。伏望聖慈與大臣議文章之道。師虞夏之風。況我聖朝千載之會。惜乎不追三代之高而尚六朝之細。然文章之列何代無人。蓋時之所尚。何能獨變。大君有命孰不從風。可敦諭詞臣興復古道。更延博雅之士布於臺閣以救斯文之薄而厚其風化也。天下幸甚。

九年。侍御史知雜事劉隨奏乞戒止奔競疏曰。臣聞風俗信厚草木被于仁恩。世道澆漓郡國所以愁歎。仁恩洽則邦家益固。愁歎甚則

王室下衰三代已來撥亂之政布在經史垂誡後王是故歷代聖君因時立制治于未亂安於未危其術何也在乎法令必行賞罰公當止塞僥求之路興行禮遜之風如此則忠賢得以盡誠姦佞無由妄進百司舉職列郡向方徇公滅私天下無事自古稱垂拱而治者用此道也伏以皇帝御曆三后繼明建不拔之洪基張幸仁之景化兩宮臨御萬國歡康禮重大臣延納端士欽恤庶獄儉約豐財小大必親上下無壅此皆上古帝王之能事也近年文武之列內外庶官則有志務僥求公行請託對見旋家或涵涕以期恩勞效纖微或自矜而無愧或苟且進用或規避遠官或干犯有司違之則動生謗議或脣突執政違之則頗扇是非即有寄任藩宣位望崇重或表章不遜或奏請無厭況於無事之時尚懷悖慢若當要用之際豈盡公忠至于按察之司宴安顧望以容姦為大體以舉職為近名以巧詐為俊賢以恬退為愚拙以至貪殘之吏黷于貨財老疾之徒罔知止足務進者都忘於廉恥營私者不顧於典刑雖教導以獨勤而奔競之猶甚若無約束寖壞紀綱愿傷忠厚之風殊非國家之利伏望特頒明詔徧示臣僚俾知戒懼之心共贊熙隆之運苟無悛改當速奏陳寘彼簡黜用肅有位

嘉祐七年知諫院司馬光上謹習疏曰臣以駑蹇之質忝為諫官荷陛下寵祿之優責任之重夙夜震恐不遑寧處思極一竭愚忠以報塞萬一頑瑣瑣細務皆不足以煩瀆聖聽竊以國家之治亂本於禮而風俗之善惡繫於習赤子之啼無有五方其聲一也及其長則言語不通飲食不同有至死莫能相為者是無他焉所習異也至於古今亦然有服古之衣冠於今之世則駭於州里矣服今之衣冠於古之世則謬於有司矣衣冠烏有是非哉習與不習而已矣民朝夕見之其心安焉以為天下之事正應如此一旦驅之使去此而就於彼無不憂疑而莫肯從矣昔秦廢井田而民愁怨王莽復井田而民亦愁怨趙武靈王變華俗效胡服而群下不悅後魏孝文帝變胡服效華俗而群下亦不悅由此觀之世俗之情安於所習駭所未見固其常也是故上行下效謂之風薰蒸漸漬謂之化淪胥委靡謂之流眾心安定謂之俗及夫風化已失流俗已成則雖有辯智弗能諭也彊毅不能制也重賞不能勸也嚴刑不能止也自非聖人得位而臨之積百年之功莫之能變也周易履之象曰君子以辯上下定民志故天子之令必行於諸侯諸侯之令必行於卿大夫士卿大夫士之令必行於庶人使天下之勢如身之使臂臂之使指莫不率從詩曰勉勉我王綱紀四方此禮之本也昔三代之王皆習民以禮故子孫數百年享天之祿及其衰也雖以晉楚齊秦之彊不敢暴蔑王室豈其

力不足哉知天下之不己與也於是乎翼戴王命以威服諸侯而諸侯莫敢不從所以然者猶有先王之遺風餘俗未絕於民故也其後日以衰薄下陵上替晉平公之世魯子服回如晉還謂季孫意如曰晉之公室將遂卑矣六卿彊而奢傲將因是以習習實為常能無卑乎其後趙魏韓氏卒分晉國習於君臣之分不明故也降及漢氏雖不能若三代之盛王然猶尊君卑臣敦尚名節以行義取士以儒術化民是以王莽之亂民思劉氏而卒復之赤眉雖群盜猶立宗室以從民望王郎矯託名氏而燕趙響應董卓之亂袁紹以誅卓為名而州郡雲合曹操挾獻帝以令諸侯而天下莫能與之敵操之心豈不欲廢漢而自立哉然沒身不敢為者畏天下之人疾之也自魏晉以降人主始貴通才而賤守節人臣始尚浮華而薄儒術以先王之禮為糟粕而不行以純固之士為鄙樸而不用於是風俗日壞入於偷

蕩泆君不以為恥犯上不以為非惟利是從不顧名節至于唐之
衰藩鎮下之士有層逐元帥者朝廷不能討因而撫之被於行伍授以
旄鉞其始也取偷安一時而已及其久也則衆庶習於聞見以為事
理當然不為非禮不為無義是以在上者惴惴焉畏其下在下者睽
睽焉伺其上平居則酒肉金帛甘言屈體以相媚悅得間則銛鋒利
刃狠心詭計以相屠膾成者為賢敗者為愚不復論尊卑之序是非
之理陵夷至于五代天下蕩然莫知禮義為何物矣是以世祚不永
遠者十餘年近者四五年敗亡相屬生民塗炭及大宋受命太祖太
宗知天下之禍生於無禮也於是以神武聰明躬勵萬幾征伐刑賞
斷於聖志然後人主之勢重而群臣懾服矣於是翦削藩鎮齊以法
度擇文吏為之佐以奪其殺生之柄擊其金穀之富選其麾下精銳
之士聚諸京師以備宿衛制其腹心落其爪牙使不得陸梁然後天

下識侯之分明而悖亂之原塞矣於是節度使之權歸於州鎮員之
權歸於縣又分天下為十餘路各置轉運使以察州縣百吏之臧否
復漢部刺史之職使朝廷之令必行於轉運使轉運使之令必行於
州州之令必行於縣縣之令必行於吏民然後上下之叙正而紀綱
立矣於是申明軍法使自押官以上各有階級以相臨統小有違犯
罪皆殊死然後行伍之政肅而士用命矣此皆禮之大節也故能四
征不庭莫不率服汛掃九州以陟禹之迹至于真宗重之以明德繼
二聖之志夙夜孜孜宣布善化銷鑠惡俗以至于今治平百年頑民
殄絕衆心咸安此乃曠世難成之業陛下當戰戰慄慄守而勿失者
也臣竊見陛下有中宗之嚴恭文王之小心而小夫之器多謙讓不
決委之臣下誠使所委之人常得忠賢則可矣萬一有姦邪在焉豈
不危甚矣哉古人所謂委任而責成功者擇人而授之職業叢脞之

務不身親之也至於爵祿廢置殺生予奪不由己出不可也洪範曰
惟辟作威惟辟作福臣之有作威作福害于而家凶于而國威福之
柄一失於人而習以為常則不可復收矣此明主之所慎也又頃以
西鄙用兵權置經略安撫使總一路之兵得以便宜從事及西事已
平因而不廢其河東一路總二十二州軍昔時節度使之權不能及
矣唐始置沿邊八節度亦如是而已以其權任太重故後世有跋扈
之臣洛誥曰毋若火始燄燄厥攸灼叙弗其絕言慎其微也又將相
大臣典諸州者多以貴倨自恃轉運使欲振舉職業往往故違戾而
不肯從矣將相大臣在朝廷之時則轉運使名位固相遠矣及在外
為知州則轉運使統諸州職也焉得以一身之貴庇一州之事轉運
使不得問哉漢刺史以六百石吏督察二千石豈以名位之貴賤哉
又自景祐以來國家怠於久安樂因循而務省事執事之臣頗行姑

息之政於是胥吏讙譁而斥逐御史中丞輦官悖慢而廢退宰相衛
士凶逆而獄不窮姦澤加於舊軍人罵三司使而法官以為非犯階
級疑於用法朝廷雖特誅其人而已停之卒復收養之其餘有一夫
流言於道路而為之變令推恩者多矣凡此數者殆非所以習民於
上下之分也夫朝廷者四方之表儀也朝廷之政如是則四方必有
甚者矣於是元帥畏偏裨偏裨畏將校將校畏士卒姦邪怯懦之臣
至有簡省教閱使之驕惰保庇羸老使之繁冗屈撓正法使之縱恣
詆訾粟帛使之憤悅甘言諂笑靡所不至於是士卒翕然譽之而歸
怨於上矣彼既為之則此效之下既言之則上從之前既行之則後
襲之苟彼為而此不效下言而上不從前行而後不襲則怨怒聚於
其身而禍亂生矣長此不已日滋月益民之耳目習而安之此有以
異唐之季世乎後魏孝明帝時征西將軍張彝子仲禹上封事欲抑

擢武人。不預清品。羽林虎賁千餘人焚舜業。殺舜父子。官為收捕凶强者八人斬之。其餘大赦以安之。懷朔鎮人高歡時為使至洛陽見之。歸而散家財以結客。曰。朝政如此。事可知矣。於是始有飛揚之志。由是觀之。紀綱不立。則姦雄生心矣。夫祖宗苦身焦思以變衰唐之俗。而陛下高拱熟視以成後魏之風。此臣之所為陛下痛惜也。臣愿以為陛下當奮剛健之志。宣神明之德。凡群臣奏事。皆察其邪正。辨其臧否。熟問深思。求合於道。然後賞罰黜陟。斷而行之。則天下孰不曠然悅喜。詩曰。君子如怒。亂庶遄沮。君子如祉。亂庶遄已。蓋言無所臧否之為患大也。經略安撫使有征討之事則置之。無事則當廢之。儻未能廢。則軍事迫急不暇奏知者使專之可也。其餘民事皆委之州縣。斷於法。或法重情輕。情重法輕。可殺可徒。可宥可赦。至聽本州申奏。決之朝廷。何必出於經略安撫使。或轉運使規畫號令行下諸州。而諸州違戾不從者。朝廷當辨其曲直。若事理實可施行。而州將恃貴勢故違之者。當罷州將。勿罷轉運使。將校士卒之於州縣。及所統之官。或公卿大臣有悖慢無禮者。明著階級之法。使斷者不疑。將帥之官有廢法違道以取悅於下。歸怨於上者。當隨其輕重黜竄廢黜。公正無私。御衆嚴整者。當量其才能擢用褒賞。如是則上之人難動而下用命矣。上之人難動而下用命。此所以尊朝廷也。上下已明。綱紀已定。然後修儒術。隆教化。進敦篤。退浮華。使禮義興行風俗純美。則國家保萬世無疆之休。猶倚泰山而坐平原也。

仁宗時嘗御天章閣召公卿出手詔問當世急務。知永興軍葉清臣上奏曰。陛下欲息奔競。此繫中書。若宰相裁抑奔競之流。則風俗惇厚。人知止足。宰相用憸佞之士。則貪榮冒進。激成渾波。向有職在憲臺日趨走時相之門。入則取街談巷言以資耳目。出則竊廟謨朝論以警流輩。一旦皆擢職司以酬所任。比日人士競踵此風。出入權要之家。持有三尸五鬼之號。乃列館職。或置省曹。且臺諫官為天子耳目。今則不然。盡為宰相肘腋。宰相所惡則捃以微瑕。公行擊搏。宰相所善。則從而唱和。為之先容。中書政令不平。賞罰不當。則箝口結舌。未嘗敢言。人主纖微過差。或宮闈小事。即極言過當。用為訐直。供職未逾歲時。遷擢已常加等。宋禧為御史。勸陛下宮中畜犬設棘以為守衛。削弱朝体。取笑四夷。不加訶譴。擢為諫官。王逵兩為湖南江西轉運使。所至苦虐誅剝百姓。徒配無辜。特以宰相故舊。不次拔擢。遂有河北之行。如此是長奔競也。

張方平上僭俗論曰。臣聞古先聖人其制民之法詳矣。始劃經土田井。分鄰畫伍。為比閭族黨之法。保受救䘏之義。辨之以四業。任之以九貢。以同風俗。以齊豐寡。將以敺之趍本。勵之無游。故使不畜者祭無牲。不耕者祭無盛。不蠶者不帛。不樹者不椁。不績者喪無縗。懲毆而勵之未從也。又為罰焉。故使宅不毛。有里布。田不耕出屋粟。民無職事出夫家之征。惰游棄本者編冠素紕垂緌以恥之。已嘗共事春又懼其侈而慢也。故使雖富不異服。無故不食珍。納幣無過五兩。合親不踰一肉。老少異粮。長壯殊役。則是衣服飲食喪祭嫁娶之事莫不為之法制矣。而後家有塾。黨有庠。遂有序。比為之長。閭為之胥。敎訓敦勉。繩非糾慝。是以民之生業均平。而國之禮義興起矣。自秦民毀井田。立阡陌。賞勵貨殖。寵縱兼并。至有專地跨州。領籠利占乎山澤。强弱相伏。富貧相役。四維盡棄。濫刑以逞。王道蕩壞。遂不可復。其流虐遺弊。蓋至今焉。于後天下或合或離。承運立統凡十七姓。平國治世。惟漢與唐。以文景之盛德。文明之英才。朝廷之政既修。天下之俗已淳。民知自重。刑辟希省。可謂既富庶而教之之時也。不能

圖遠猷爲之制節故其豐大及身而已天寶之敗仍覩厥焉今我
治朝一統寰域日出月入咸被聲教自稚及耋不知驚擾導之以禮
樂漸之以德義作法於治今實其時然天下務繁寡而游冗煩末俗
逸而誠農困通貨貿遷者倖騎從後坐廛射利者大第相倚食享列
鼎服備四時曲堂便房妓妾夾侍四方新巽嵯峨到與夫蚩執耒
耜寒耕暑耘水旱憂於前租庸逼於後奴妻不售鬻鬻爲家其勞佚
如何哉臣聞周官以度數節則民知足夫飲食男女人之大欲死亡
貧苦人之大惡故欲惡者人情之大端而制節者理人之大柄民知
分限規繩之不可踰則貪爭僭侈之心息仁義廉讓之意興是故王
道之端必自制節始也其在易履卦之象則曰履以辨上下定民志
故知上下誠辨則民志斯定民志誠定則暴亂侵爭之患何由作乎
向者須下明詔誡天下服用之尤僭者而靡漾之俗知勸矣夫齊一

變至于魯魯一變至於道言理教之當以漸成也臣聞孝弟本於朝
廷禮義始乎京師在詩晉國之篇以爲其民憂深思遠猶有陶唐氏
之遺風故繫之唐風且陶唐氏之不爲政久矣其德教在民雖百世
而不易非以其嘗所臨治被化尤厚者乎今京師者宮室所在王家
所先宜乎其風俗敦厚質固以表正萬邦使八紘取則遠人知慕是
當以道德爲富而不以繁華爲盛今乃子女玉帛多於邦國魚龍撞
索過乎漢都雕飾淫巧之器奇衺纖靡之服陳鬻于市流於四方詐
僞姦欺聚爲淵藪斲損皇道熒亂民心臣愚以爲宜益條節務從樸
素事爲之制物爲之法搖蠹末路擁首游人其無弁豪猾僭上剝下
爲蠹猶多宜深撙約使循律度勿令侵急小人以奉無厭之欲則天
下之鰥寡孤獨困窮無告者得一息之寬矣
方平又上奏曰臣聞下輕其上賤人圖柄則國家擾動俗用不靜春

秋之義以貴治賤不以[illegible]左氏傳曰下陵則上替陵替之漸[illegible]
可長也竊惟近歲以來時風寖敝是非起於憎愛毀譽移於朋黨[illegible]
而尊者畏訕訕之見各故待下之道謹賤而卑者恃誣訾之可行[illegible]
奉上之禮益倨更相詰息遂成此俗法制因茲不振堂陛由是益削
且單國圖議三事之賤將相進退人主之柄即措置有非於理體[illegible]
獻不允於人望朝廷固有邇臣列位諫官御史得言者衆必有獻納
豈容小人妄肆干議近如王預任人卑品妻徹草澤狂生投匭上封
恣斥朝政唐貞觀中監察御史徐師合上書論執政不可兼數職太
宗曰此人妄有毀謗欲離間我君臣流師合於嶺外師合官爲監察
所言未爲切害太宗流之蓋所以重朝廷謹風俗也臣亦列諫官以
言事爲職豈欲杜塞群論蔽虧聰明顧此等纖邪無益於政僥容之
不足以廣言路崇長之足以損善俗伏乞降出預徹等所上封奏觀

其義理若顯爲欺罔侮黷國經即未能深示刑章乞且[illegible]界遐徼庶
使行險之人知所懲沮
神宗時監察御史裏行彭汝礪上奏曰臣聞天下之事其出無窮而
相禪於無所終始之者疑若甚勞而古之人君乃至於無爲者能得
其本而已以四方爲遠故所正者惟京師以一國爲大故所正者惟
其家以萬民爲衆故所正者惟百官又以國家百官之富不可勝治
也故所正者惟其身而已所守者約而所施者博此古之要道也陛
下有仁孝之行恭儉之德至誠惻怛之心至於此非難也而臣自京
師觀之淫麗之文勝淳厚之朴衰謾誕之風長正信之俗微非所以
觀遠方也自宮邸觀之公侯放於驕淫而不禁婦妾習於侈靡而不
嚴非所以示國人也自官府觀之相尚以取譽相引以趨勢相傾以
就利爲上者殘其下爲屬者持其長而非所以法萬民也陛下欲爲

漢唐。則固軼於漢唐矣。欲至三代。而於此未正焉。臣以爲未也。蓋古之人脩身以正天下。而其俗既成之後。雖抱衾之賤妾知自克以義。而非止於關雎之后妃也。雖衰世之公子篤於信。而非止於麟趾之盛時也。雖江漢之匹夫皆知無思犯禮。而非止於京邑之近也。雖牛羊之賤吏知有所不忍。而非獨公卿大夫之賢也。以古準今。何其寥寥哉。其弊亦必有在矣。陛下試反而思之。其躬行之未篤歟。其昔者奢侈之弊因循而未革歟。亦教之未至而制之不嚴歟。所求於士者止以語言而不以德歟。所取於臣急於利歟。不然。何風俗之難回也。陛下有聖人之才。有崇高富貴之勢。嚬呻俛仰再撫四海之外。惟無爲而已。爲之無不可至也。臣觀四方之舉。其言語態度短長巧拙。必問京師如何。不同則以爲鄙焉。凡京師之物。其衣服器用淺深闊狹。必問宮中如何。不同則以爲野焉。以此知以質厚示之。則無不從而

質厚也。異時皇族未嘗知經術也。及陛下以經術造之。而莫不欲爲經術。異時士人未嘗知法律也。及陛下以法令進之。而無不言法令。以此知能以德禮示之。則無不從而爲德禮也。夫天生蒸民。有物有則。所謂質厚也。德禮也。皆其所固有者也。因性之所固有而順遵之。蓋無難焉。在陛下加之意而已。君子之德風。小人之德草。草上之風必偃。此無足异也。小臣以疏遠妄及陛下之家事。以卑賤冒言妄及百官之嗜好。以聖學之廣淵而道尋常之務。以聖學之日新而言已塵之迹。雖臣亦自知其疏闊也。考之於古。竊以爲然焉。惟陛下念之。

哲宗初即位。左司諫蘇轍上奏曰。臣伏見皇帝陛下以至孝純仁承統踐祚。太皇太后陛下以聰明睿智親攬庶政。二聖協德以幸天下。曾未朞歲而弊事稍去。寬政復行。元元之民免於流離之患。家受生生之福。海內釋然無意外之憂。不勝幸甚。伏惟陛下恭勤祗畏。發於天性。猶復選於羣臣。增廣諫員。求自言以自助。天下之士。蓋莫不相慶。臣實何人。得於今日備位於此。然臣聞帝王之治。必先正風俗。風俗既正。中人以下皆自勉以爲善。風俗一壞。中人以上皆自棄而爲惡。中人自勉於善。則人主耳目衆多。易與爲治。中人自棄於惡。則臣下朋黨蕃殖。易以爲非。蓋邪正盛衰之源。未有不始於此者也。昔眞宗皇帝臨馭羣下。獎用正人。一時賢俊爭自託於明主。孫奭、戚綸、田錫、王禹偁之徒。既以諫諍顯名。則忠良之士相繼而起。其後姦臣丁謂秉權。將竊國命。而風俗已成。朝多正士。謂雖懷姦慝。而無與同惡。謀未及發。旋即流放。仁宗皇帝仁厚淵嘿。不自可否。是非之論。一付臺諫。孔道輔、范仲淹、歐陽脩、余靖之流。以言事相高。此風既行。士恥以鉗口失職。當時執政大臣豈皆盡賢。然畏忌人言。不敢妄作。一有不善。言者即至。隨輒屏去。故雖人主寬厚。而朝廷之間無大過失。及

先帝嗣位。執政大臣變易祖宗法度。下至小民皆知其非。而卿士大夫從風而靡。則風俗之變始於此見矣。是時惟有呂誨、范鎮等明言其失。二人既已得罪。臺諫有以一言及之者。皆紛然逐去。由是風俗大敗。無一人復正言者。天祐皇室。啓迪聖德。臨政未幾而以言路爲意。天下竦然思見祖宗遺俗。然臣自至闕廷。聞臺諫封事一切留中不出。既不施行。又無黜責。臣不勝憂疑。夫朝廷所以待臺諫者不過二事。言當則行。不當則黜。其所上封事。除事干幾密。人主所當獨聞。須至留中。其餘並須降出行遣。上所以正朝廷之紀綱。使無廢職業。下所以全人臣之名節。使無負公議。若當而不行。不當而不黜。則上下苟且。廉恥道廢。風俗衰陋。國將從之。臣願陛下永惟邪正盛衰之漸始於臺諫。於其官則聽其言。言有不當。時賜行遣。大者可黜。小者可罷。使風俗一定。忠言日至。陛下垂拱於上。羣臣竭力於下。則太平之

治可立而待也。惟陛下留神省察。天下幸甚。
元祐元年。殿中侍御史孫升上奏曰。臣伏以先王脩心治性之道。載於六藝。學士大夫有窮年没世不能究其彷彿。至於治家居官。脩身事上。不盡其誠。不合於義者多矣。况所謂道德性命之奥乎。比來京都士大夫頗不自信其學。乃求問於浮屠之門。其為愚惑甚矣。臣訪聞慧林法雲。士大夫有朝夕游息於其間。而又引其家婦人女子出入無間。參禪入室。與其徒雜擾。昏暮而出。恬然不以為怪。此於朝廷風化。不為無損。伏望聖慈特降指揮。應婦人不得以參請為名。輒入禪院。如違。止坐夫子。仍令開封府於諸禪院門曉示。庶幾士大夫之家稍循禮法。不爭風化。
八年。侍講學士范祖禹上旌孝劄子曰。臣先修神宗皇帝實錄。伏見元豐六年。資州奏資陽縣民支漸於熙寧中喪母。累年始克葬。因廬

墓側。日三時號慕。肘行膝步。自負土起墳。初有雙白雀徘徊松上。明年有一狸馴擾墳側。觀漸上土。又明年夏每當年培墳日。色變慶雲藹藹。陰雲蔽覆。即遇霖雨。方負土時亦暫霽止。又有異鳥一目如鳧。至漸哭常悲鳴向漸。夜有二狐狸呼繞如巡警之狀。久之。有烏群集。內一白烏獨日至漸培墳處回旋。後又有五色雀萬餘隨漸行哭。十日而去。漸已年七十。每號慟涕淚如雨。日唯食脫粟飯。不盥手濯足。所衣苴麻至爛破。鬚髮亦皆斷亂。見者為之惻楚。所居鄰人勾氏之子自娶妻。即棄其親不養。觀漸至行。因夫婦感慟。即日迎其親還舍。朝夕侍奉不少懈。漸精誠格物。諸祥屢至。變其里俗。乞旌賞之。詔賜粟帛。臣今因修正史。再牒資州會問支漸事迹。恐有未盡。又要見本人存亡。據資州今年七月回申。資陽縣追到支漸。取問漸見年八十。與妻阿王同歲。夫妻各無疾恙。漸自培墳三年歸家。後於元祐五年內白髮退落。再生黑髮。又四齒已落復生。今身體輕健。一時飲食如舊。臣竊謂支漸以匹夫行孝。能感天佑助。報以壽考康寧之福。在於朝廷。理宜獎勸。伏况先帝已賜粟帛。付之史官。今漸八十吉存。伏望聖慈特授漸一長史助教。或更優與名目。旌其至行。可以激勸風俗。有裨孝治之化。
哲宗時。畢仲游乞理會河東土俗埋葬劄子曰。臣見河東土風淳固。盜賊稀少。人民耕田力作。衣食至薄。而罕敢為非。比之他方。獄訟刑罰。十無二三。然其俗勤於養生。怠於送死。非士大夫之家。中戶以下親戚喪亡。即焚其尸。納之缸中。寄放僧寺。與墓戶之家。頗有累年不葬。雖上戶。亦有不葬而焚之者。乃刺史縣令不為條約。而議論者置而不至之過也。中間本路臣僚嘗畫奏請官置園地。令寺院僧人守視收葬有主無主骨殖。仍得朝旨每歲或間歲度僧一人。至今不廢。甚

大惠也。但寺院既附城郭。即所收葬骨殖。恐止及城郭之內與近郊之戶。如僻小州軍。窮鄉遠道之民。未嘗葬者。勢或不能相及。又官置地有限。葬且無餘。兼肯於官園地雜葬者。多是小民之家。中戶以上既安風俗。不自寧葬。又恥與小民雜葬官園之中。往往依舊焚燬。不葬。風俗未變也。臣願明勑本路守令。隨其土俗。制為葬埋之限。稍從省儉。但不焚毀。而棺斂藏諸地下。即可稍事華飾。非習俗所難堪也。中民以上。如此以善意勸勉。勿純驅以刑罰。使人人自葬其親。戚下戶無主骨殖。即任從官園掩瘞。其間家力可以舉葬。養生勤送死息安於故俗。不從朝廷詔令與州縣條教。尚敢焚毀。或年歲深遠不葬者。裁之以法。使於愧恥之外。知有科禁。則河東不葬之俗。庶幾可革。存亡幽顯。各得其所。自然和氣可召。風俗尤美。乞朝廷加意。
劉摯上奏曰。臣聞先王以厚俗為本。俗不厚。則本不固。此天下所由

亂也。方二王盛時。政俗俱朴。上下之接如膠漆。親戚之間如室家。而伐木行葦之詩忠厚為體。歷數千年而政澤之流無有窮已。秦起於強絕。斧內六國遂吞九有。攻守同道。一切以殘忍濟而政弊俗惡。出子分贅。遂成氣習。父子母婦不能保其綱紀。殺伐不義起於謦欬之間。胡越生於同堂合席之上。賈誼有借父耰鋤。慮有德色。母取箕帚立而誶語之說。自秦漢以來。大抵風俗厚者易守而享歷長。風俗薄者難守而享歷短。夫禮義忠信。所以維持大物者。蓋可斷廢哉。細民罔罔。惟利是嗜。巢分穴析。下迺鴛蟻而運大物者反緩風俗。汲汲以富國強兵為根株。使異政殊俗如此。則相招以趨死地而已。國雖富何恃而守。兵雖強。何守而不亡也哉。陛下以天性事兩宮。以人倫友仲季。孝友之化。可謂蟠極無愧舜矣。然百年之風俗未厚如三王。而平居無憂。驟傲秦人之殘薄睽乖者。殆是也。傅習安固自以為秦蔡而一鄉小國。孝慈之家無幾焉。矯極過秦。則至身剔肌膚以自鳴孝。夫以盛德之流。[illegible]謂宜論其肺膺而為秦轉漢尚以滋太息者法過而恩衰。事勝而情惡故也。今殊母改適於夫為義絕。而其子非有犯則各相義絕於夫以懲寡妻不節之愆。有犯同母以懲惡子不情之罪。固善矣。然至使父死母弱其子。誘使之改從。母不出歉而兄弟遂以不母遇焉。析生異炊以和養其妻子。他日其母丐於其門。餌以芻養之餘。食者鮮矣。一陷於誘餌而流離孤弱。不過日暮而母子相失。可以慈絕。此與秦俗何算焉。天下不知幾幾。而江淮之間尤為橫惡。使母不能安其室而去。尚誅以不孝。況誘而弃之哉。所謂同居接繼至能養成前夫之子者。於法得資給之。此已足救偏薄之俗也。而獨於改適貧不能生。棄其夫而歸者。子母追復合。雖已析生異炊。皆還之。俱貧不能自存者非。如此。則惡子奪其私。而弱母得其所矣。蓋人

情不安室而去。則雖貧執肯棄其夫。凡棄其夫而歸者。必於其本心。而惡子之弃者矣。父子既無親繼之相疑。而母子乃有複合之相愛。豈不善乎。陛下孝友至矣。而臣言及此。乃陛下留意回車勝母之閭昔也。

徽宗初即位。監察御史游酢上論士風之壞疏曰。臣聞天下之患莫大於士大夫無恥。士大夫至於無恥。則見利而已。不復知有義。如入市而攫金。不復見有人也。始則衆笑之。少則人惑之。久則天下相與而效之。莫之以為非也。士風之壞一至於此。則雖錐刀之末將盡爭之。雖殺人而謀其身。可為也。迷國以成其私。可為也。草竊姦宄。奪攘矯虔。何所不至。而人君尚何所賴乎。古人有言。禮義廉恥。謂之四維。四維不張。國非其有也。今欲使士大夫人人自好。而相高以名節。則莫若朝廷之上唱清議於天下。士有頑頓無恥者。一不容於清議者。將不得齒於縉紳。親戚以為羞。鄉黨以為辱。夫然後士之有志於義者尊飢餓不能出門戶。而不敢喪節。寧厄窮終身不得聞達而不敢敗名。廉恥之俗成。而忠義之風起矣。人主何求而不得哉。惟陛下留意。

徽宗時。禮部侍郎張叔夜上論士風不振劄子曰。臣竊以天下官吏非不衆。廩祿非不厚。所宜奉承命令。究心政術。砥礪名節。以副陛下惠養元元。脩明法度之意。而乃務於苟簡。趨辦目前。以恤民隱者為迂儒。以親庶務者為俗吏。見利苟進而人不以為非。忘公自營而心不以為愧。懷祿養交。慢令曠職。士氣不振。節義不立。衆志相顧。懼成風俗。雖然。未可以此期天下之士。亦幸陛下留神采聽。或下詔丁寧以訓飭之。或因事獎進以激勸之。則士風可革。

欽宗靖康元年。監察御史余應求上論風俗由大臣偶導疏曰。臣聞大公至正之道不行於時久矣。人懷私意。士失常心。廉恥道喪。名節

不立諂諛相夸詐誕成風以全身保位為賢以竭忠盡節為愚以奔競進取為能以恬退自守為拙以刻剝掊斂為有才以重厚長者為無用嚴直遇而徇私情背公家而任己恩財賄交通於權門侈靡溢溢於私室憎廉潔為矯詐惡正直為介僻敢言者謂之狂妄正論者謂之迂闊奮不顧身者衆必沮之背君忘國不啻路人卑賤之態甚於狗彘禮教陵夷風俗大壞日益滋甚莫可禁止原其所以致此者實用事大臣非其人無以倡導之故也夫大臣者百僚之表萬民之視效也大臣欺君而罔上故小臣誕謾以求合大臣持祿以固寵故小臣僥倖以求進大臣貪冒而不法故小臣丞縱而為姦大臣聲色以自娛故小臣奢縱以相高夫公卿士大夫所為若爾欲望士行之正直風俗之純厚豈不難哉作而興之在若有待陛下以甚盛之德照臨百官進用忠良退斥浮偽開公正之路杜

邪枉之門抑僥倖之求受讜直之言節儉以化天下憂勤以勵羣臣破朋黨以消小人用忠厚以進君子勿昵於嬖幸勿徇於私謁勿間於讒諂大公至正之道復見於今日矣昔者文王節儉正直在位化之羔羊之詩是也今縉紳之徒下至民庶莫不化陛下節儉之德矣至於在位皆正直臣猶以為未也蓋朝廷之上名器未謹號令未孚好惡未明賞罰未當因緣僥倖者未盡斥姦贓狼籍者未盡誅罔恩濫賞者未盡裁抑諂諛頗僻者尚或陰肆其謀躁進苟合者尚或得請其私背公死黨之習未除附下罔上之風猶在此而不革何以為治願下明詔申嚴訓飭一有不悛重寘于理庶幾士風丕變民俗歸厚以副陛下惟新之政

欽宗時李綱論用人材以激士風劄子曰臣聞人主所以共治天下者莫大於人材所以陶成天下者莫先於士風人材貴於衆多故濟濟多士文王以之寧士風貴於淳厚故古者長民從容有常則民德以之歸厚二者天下之大本不可不察也陛下廣學校以作成之重爵祿以官使之天下之士雲蒸而霧集人材可謂衆多矣至於士風猶有可議者在於朝廷有以[illegible]之而已狃於虛枉而務虛偽此士風所以未厚也欲士無浮華之習莫若舉惇朴以鎮之急於進取而事奔競此士風所以未厚也欲士無奔競之操莫若崇靜退以率之夫衷實惇樸靜退之士非內有所養而見善明用心剛者不能也內有所養而見善明用心剛者以類而進則立朝必有可觀者臨利害必有不可奪者又豈徇情於流俗之間為哉臣愚伏望聖慈[illegible][illegible]翰詔二三大臣進用人材必以激勸士風為先務獎衷實而察虛偽舉惇樸而黜浮華崇靜退而抑奔競則士風厚而天下之休舉歸於忠厚之域矣此宗社無窮之計也

許翰上言曰臣聞國家之基繫風俗之盛衰風俗之變視大臣之進退祖宗以來大臣有体入則翊廟堂出則典藩鎮進退之際厭然可觀比年大臣重去位而輕守節既解政機猶復碩望躊躇闕庭以幸復用故蔡京王黼盤距都城如古栢根不可動移數十年間風俗大壞禮義廉恥之節亡而寵祿姑息之欲勝此既往不可追已獨而臣之要在今日伏自陛下即位以來則白時中李邦彥王孝迪蔡懋相繼罷政皆領內祠不去朝著此蹈京黼之轍迹違祖宗之法今臣竊度邦彥方受恩旨必將復職伏願陛下因此罷之明詔中書奉行請上不失國家寵遇之恩下以全大臣進退之義明示太平以寔國經天下幸甚

風俗

宋高宗紹興二十七年。監登聞鼓院范同上言曰。今民俗有所謂火化者。生則奉養之具唯恐不至。死則燔爇而棄捐之。何獨厚於生而薄於死乎。甚者焚而置之水中。識者見之動心。國朝著令。貧無葬地者。許以係官之地安葬。河東地狹人衆。雖至親之喪。悉皆焚棄。韓琦鎮并州。以官錢市田數頃。給民安葬。至今爲美談。然則承流宣化。使民不畔於禮法。正守臣之職也。方今火葬之慘日益熾甚。事關風化。理宜禁止。仍飭守臣措置荒閑之地。使貧民得以收葬。少裨風化之美。帝從之。

孝宗乾道五年。敷文閣待制汪應辰上論士大夫惇尚節義劄子曰。臣比者進見。伏蒙聖諭。如何得士大夫敦尚節義。臣雖卒爾以對。猝遽之間。未能究極本末。又蒙聖諭命臣陳其說者。竊以風俗之邪正。未嘗不係乎人君之取舍。所謂邪正者。雖曲折萬狀。要不出乎利與義而已。君子所知者義也。故爲人臣則盡心勠力而無所避。直言正論而無所隱。凡義之所當爲。雖死生禍福臨之而不顧也。小人所知者利也。利在君上。則惟君上之從。外若柔順而其實危險。外若恭謹而其實欺慢。及其見利則逝。見便則奪。又何有於君上哉。故傳曰。未有好利而愛其君者。未有好義而忘其君者。夫邪正之分。其明白如此。而昔之人主常患不能辨別之者。蓋從順則取悅。違異則致疑。介特則無助。阿黨則多與。廉靜則易退。巧佞則難遠。故以同異爲愛憎。以愛憎爲是非。而取舍皆失其真矣。恭惟陛下明智聰察。洞見幽隱。凡中外羣臣其材分高下。皆無逃於聖鑒矣。然而風俗猶未能變者。臣竊謂當今之患在於取人不觀其行。用人不覈其實。今但曰是能辦事也。是能趨時也。則其他不必問也。夫天下之事。以忠信誠慤之心行之。猶懼不濟。況付之於無行之人乎。欺罔以售其說。刻剝以營其私。蓋將無所不至矣。而其爲益人之國者果何在哉。此不觀其行之弊也。今有言曰。某利可興。某功可就。往往進之以爵祿。予之以事權。猶且徐而考之。則名實相反。績用不效。非特不治其罪。而爵祿事權猶且如故。而或有加焉。此不覈其實之弊也。夫不觀其行。則頑頓者無所愧恥。不覈其實。則誕謾無所忌憚。是驅天下之人使去義而就利也。其積浸久。其流浸遠。將有不可勝言者矣。伏望陛下爲久安長治之計。思清源端本之道。於邪正義利之辨。特留聖意。與任忠厚正直之士。貴其和而不必其同。取其大節而不求其備。若其浮虛傾躁。前後反覆者。則懲艾而差擇之。以明示好惡所在。行之以必。持之以久。則公論伸。正道明。人皆化而爲善。所得者皆實才。所行者皆實事矣。何患士風之不美。節義之不立也。

淳熙四年。吏部侍郎周必大上言曰。臣聞古者治天下有要道。所以陶成風俗者禮義廉恥也。所以維持紀綱者法令賞罰也。二者相須。闕一不可。固未有風俗不正而能立紀綱者也。及至後世。謂禮義廉恥爲迂而難行。謂法令賞罰爲切而易見。是徒採其名耳。未究其實也。六經所載。不敢詳引。姑以管仲言之。仲固霸者之佐。知富國強兵而已。然著書八十六篇。首以禮義廉恥爲國四維。彼豈迂而不切者哉。蓋上有賞則思苟就。上有罰則思苟免。有法令則相與破壞而莫之守。此皆禮義廉恥不立之所致。而賈誼所爲長太息於漢文之時者也。仰惟陛下宵旰圖治。日勤一日。凡可以陶成風俗。維持紀綱。無所不用其至。然而算計見効。而未能仰副聖意者。亦以士風未能丕變故邪。蓋張四維固宜汲汲也。今夫君臣上下各有差等。尊卑貴賤不相踰節是之謂禮如此則在上之位安矣觀近臣以其所為主觀遠臣以其所主進退取舍直道而行是之謂義如此則民心無巧詐矣絶黨有所守則臨事必端諒過失無所蔽則事上必忠實是之謂廉如此則其行自全矣平正其心詭隨不容售也委蛇其行枉道不容伸也是之謂耻如此則邪事不生矣凡此四者其是非可得而考其次序可得而見非若繫風捕影之無形畫餠說河之無實由是而之焉二帝三王之治且不難致於富國强兵乎何有顧朝廷力行何如爾

孝宗時集英殿修撰帥福建趙汝愚申請舉子倉事上疏曰臣嘗伏見本路上四州軍風俗多不舉子大為一方之害者其弊有三一者違逆天倫夭絶人命傷朝廷仁壽之化奸天地陰陽之和二者建部之間男多女少姦淫刼略之事無日無之遂致殺傷倍多觸犯刑辟

三者建部等州既不舉子貴家富室難得奴婢却以高價買於他州緣此姦詐之徒誘略泉福等州無知男女前去貨賣遂致父子生離夫婦中絶雖遵用勅律徒流編配而利之所在終不能禁凡此三者朝廷法令非不嚴備又累降指揮許支義倉錢米援濟貧乏不能舉子之家德意非不隆厚秖緣本路多是山田義倉等米歲入不多州縣不能均給無以取信百姓風俗無由丕變臣等竊見前安撫史浩任內嘗有奏請乞於諸縣各置官莊收積租課添助瞻養當時雖未准回降指揮數內建陽一縣已有置到官莊歲收米三百六十九石逐年係安撫司收管未曾給散臣等今措置先於建陽一縣就將上件官莊米選委士着官員士人驗實給散行之數月已成倫序復用建陽縣例於建寧府崇安建安甌寧南劍州劍浦尤溪五縣次第推行間臣等照得元降指揮舉子事係專委常平司管幹緣諸縣有安撫司官莊米所以不免兩司同共措置慮將來事定日仍將所置官莊撥歸常平司管幹許兩司公共點檢庶幾縣道不致作弊然而舉子數目頗多官莊米數有限臣等照得淳熙三年六月二十四日准行在尚書戶部符准都省批下吏部尚書韓元吉劄子自乾道五年以福建路有不舉子之風貧乏之家生子者皆賜以常平錢一千米一斛又因守臣之請除其所納隨身丁錢臣昨為郡閩中詢之父老數年之間小民利於官給錢米不敢溺子全活甚衆然猶恐積日累月州縣怠於驗實又謂常平所破錢米已多吝於支與為不可繼者今常平錢物雖有定額獨所謂戶絶田產州縣不常有而止許出賣福建八州內四州溺子為甚民貧土薄所絶田產至為微細間有寺觀絶業取八州所得積而用之亦可助上件支遣也欲望聖慈更賜睿旨應福建民戶寺觀絶產自今並不許出賣專一拘檢令常平司置

籍歲收其租通融以充一路養子之費其不足處月支常平錢米提舉官逐歲稽考按治州縣須依元降指揮常切驗實當官散給務要實惠及民本部檢準乾道五年四月十五日勅節文臣僚劄子奏福建路有貧乏之家生子者許所屬自陳委自長官驗實於常平錢當官量行支給每生一子若給米一石錢一貫亦不為多如或可推其餘路州軍有似此亦乞依此施行三省同奉聖旨依奏并準淳熙三年二月四日勅臣僚劄子奏乞行下諸路將出賣未盡田山等並與住賣係舊召人承佃輸納官租奉聖旨權住賣令見佃人依舊且行承佃其已承買約錢未盡與展限一季本部今勘當欲依本官所陳事理施行將常平司一依今來都省批狀指揮施行今來常平司見[illegible]數究實根括上件田產欲乞聖慈將降睿旨許令於民戶寺觀絶產田並與住賣召人承佃將所收租利與安撫司所置官莊及常平

義倉錢米通融以充一路養子之費。庶幾實惠及民。風俗一變。以廣朝廷好生之德。不勝幸甚。

樞密院檢詳文字兼檢正李椿上奏曰。臣竊謂天下之事固有似可緩而所繫實要切者。風俗僭侈。當有節制是也。易繫曰。黃帝堯舜垂衣裳而天下治。以衣裳而治天下。有似可緩者。而定上下之分。明三綱之常自此始。豈不要切哉。伏自軍興以來。士大夫服紫衫以便戎事。不爲過也。而四方皁吏士庶服之。不復有上下之別。且一衫之費貧者亦難辦。甲服而乙不服。人情所恥。故雖欲從儉不可得也。不惟紫衫。其他衣服華侈。綺繡綵金。異色奇巧。日益以甚。所以民多貧困不知節約故也。仰惟陛下躬行節儉於上。而士庶僭侈於下。理宜有以節制之。易象曰。節以制度。不傷財。不害民。不爲非要切之事也。伏望聖慈。付禮官酌古今之宜。定衣服之制。非命官軍兵朝省人。不得服紫衫。華侈之物。一切禁之。變奢僭之風。還儉厚之俗。明上下之分。息貪困之由。天下幸甚。

椿爲吏部侍郎。又上奏曰。臣伏覩在法。祖父母父母存。及驚去服未闋。別籍異財者。合坐之罪非輕。又收養異姓出繼立嫡。實有害於從來。人最法禁守之以常。風俗淳厚。伏自國家南渡以來。時有建議立法者。或父母在日。許令摽撥產業。既分便不同爨。或致互相籍兵。有父母見在。一貧一富者。有棄父母而別居者。又有母受一子之分者。以致身後詞訴紛紛皆是。或有產業而無子孫。許令身後立繼。多是意在圖其產業。本無繼絕之義。親蹤爭立。或賓夜葬埋。強行寡掛。或計囑親鄰。掩有貲財。論訴尤多。連年不決。或收養異姓。既違法令。遂棄任情。恣因財產。以至兄弟叔姪殊無恩義。遞互爭論。俱遭罪責。不知悔改。如此等類。本合入戶絕官司。豈利此而立法。正謂息爭端耳。

今來士大夫亦多有此詞訴。愚民視效。備習爲常。近年官員合得身後恩澤。自長承受。以絕妄得之心。且人之有子與無子。人能爲。天理命分而已。爲子以承父之遺恩。或子亡不得受恩。則孫當承祖之遺恩。諸孫同視爲祖。豈宜不從長而從房。必有隔幕爭論之弊。如此則是朝廷恩澤。適足以爲薄風之端。薄風習熟。士夫亦不復知其非矣。皆因輕議改法以從私欲。遂致風俗澆惡。不復有中原承平渾厚之風。風俗天下之元氣。胡可不正。臣愚願聖慈詳酌。下有司檢討前後改法之因。應別籍異財及無子孫身後立繼及養異姓子孫及身後恩澤。悉循舊法。以絕爭端。以正風俗。天下幸甚。

椿又上奏曰。臣竊謂人身之強弱在氣血。天下之盛衰在風俗。氣血充實。雖有無妄之疾。可以勿藥而愈。風俗醇正。雖有非意之事。可以不勞而治。蓋氣血者身之本也。風俗者天下之本也。故司馬光曰。風俗天下之大事。教化國家之急務。不可不正也。邇來有敗風俗傷教化之語。始出於吏輩之口。傳之於士大夫之間。遂爲口實而施之於政事者。曰從窄。不曰枉是而曰從窄。豈理也哉。從窄之風既行。則凡有立功該賞者。則必問難而沮之。有犯疑失之罪者。則必觀望而入之。臣伏覩賞令。諸功賞未則叙。而違格改者。格輕聽依立功時。格重聽從重賞。又斷獄律。失入者減三等。失出者減五等。仰見國家立法深合古訓。賞疑惟重。罪疑惟輕之義也。則從窄之政。豈不乖國家仁厚之教耶。臣近承都堂宣示陛下與大臣論不立朋黨聞奏。仰見聖學高明。深得忠恕一貫之道。臣不勝欽歎欣躍之至。則從窄之風。夫非聖意之所許也。故敢敷奏。伏願陛下有以救其弊。然則僥倖不可不禁。姦欺不可不戢。名分不可不嚴。貪污不可不治。一歸於是而後可。欲望睿慈特作聖意。詔百司凡施於有政者悉從是。不得蹈習從窒之譆。庶賞罰惟允。一變厚風而革薄俗。天下幸甚。

中書舍人崔敦詩上奏曰。臣聞民俗之厚薄。關於天下之治亂。堯舜之民。比屋皆可封也。所以為治朝。桀紂之民。比屋皆可誅也。所以為亂世。自昔聖帝明王。所以移風易俗以壽天下之脉。知夫不可以法防而禁止。於是一以教化為先。暨秦漢以來風俗益弊。而時君世主不務崇尚教化。方區區於法禁之間。法愈繁而姦愈生。禁愈密而詐愈出。是以董仲舒王吉之徒始推原所自而以教化不修為言。竊觀文帝之世。一以君子長者之道待天下。鎮之以淵默。示之以淳朴。用能海內富庶。興於禮義。斷獄數百。幾致刑措。教化之效。詎不然歟。臣仰惟陛下勤儉之德。仁孝之資。尚忠厚以迪民彝。崇樸素以先天下。是以四海之民。觀感而化。悉趨於善。然而比年以來民俗日薄。閭閻之內。田野之間。習囂囂頑庸之態。扇乖爭陵犯之風。以疾視為常情

以讎殺為美事。及其極弊。至於戕人情。絕天理。不可忍言。漢魏相所謂今年子弟殺父兄妻殺夫。以為非小變者。此之謂也。而士大夫方循習為常。恬不為怪。蓋病在腹心。蔑見于外。已非美證。而頑以為緩置不戾歟。雖然近民之官。無如郡守。上之所使以承流宣化。風俗不善宜責於此。臣伏望睿慈發德音。下明詔。俾四方長吏顧以教化為務射鄉食饗之禮。可舉者舉之。孝友睦婣之俗。可旌者旌之。要不專於法禁。而務以移風易俗。使民回心而鄉道。蓋至治之本也。且昔之為郡。其民有為不善。則閉閤自責。今使陛下之長吏人人各以風俗為任。則陛下之民其有不畔於善者乎。惟聖意留神幸甚。

員興宗上風俗議曰。臣聞。聖人於天下之民。寬然無所不愛。彼無所不愛。則宜其無所不教也。天下之今油然而生。林然而羣。方聖人之來作。教化之未數。性或淳而傾。情或暴而放。其始非能周旋曲折而

安於禮也。雍容和易而安於樂也。純一不移而安於信也。質直通明而安於義也。聖人憂焉。有道於此。驅天下之人。潛納於其中。銷其冥頑之姿。而制其暴戾之氣。使之雍容溫厚。由於禮樂而歸於信義。雖千百年而俗不變。世雖衰弱而民必歸厚。三代之風。例皆如此。彼亦何以至此也。則教之使然也。臣觀其時朝廷鄉黨閭門之間。雍雍穆穆。其訓則五常六學。其分則士農工賈。其衣則黼黻文章。其食則籩豆簠簋。其治則井田肉刑。其進取則學校庠序。其飲宴則鄉射齒德之分。其野祭大蜡則有歌鼓之節。朝會相御之禮。一揖之為安。而三揖之為尚。再拜之為簡。而百拜之為尚。是其上下紆徐不迫之態形於日用之間。而舉不以為難者。自後世觀之。三代之君民教意煩繁得無迂闊而不可用歟。不知禹湯之君惠頤元元。其導之深。習之熟禮樂信義便民而無蹈浮薄者。其權固在於此也。嗚呼。此三代之所

以治周孔之所以言。而當時所以為俗歟。及秦之興。暴而不親。刻而不舒。非笑先王之六藝。破壞聖人之藩墻。天下之士民相與從事於迫急慘酷之法。不復有三代中和容與之態。悲夫。秦世輕為天下而壞民俗者。乃至於此。我漢室之興。公卿上下知斯人憔悴而難與為治也。遽欲振之以安謐。示之以不競。其後搢紳喑喑和附。氣益不振。故始變為阿諛之俗。東京之士懲前世之禍。起於柔懦而不振也。中世以降。奇言過行。多矯激以振之。故東京再變而為矯亢之俗。矯亢而不已。故激而為變者。必出為三國之惑亂。三國惑亂而不已。故激而為變者。必出為兩晉之虛無。其後則愈激而愈變。俗愈澆訛。至唐猶未有所底止也。惟我國家。列聖相嗣。斯民坐解凋弛。陶染忠厚。故太祖太宗以至仁宗。聖言日出。是以聳動天下。此亦三代先教後懲之俗也。陛下臨御以來。每於民風。猶所加意。此誅羣臣之言。戒奔競

失苟且。凡有以涉教化者無所不用其至矣。德侔三代，近並祖宗。信其無憾也。然臣竊窺遠邇之間，習俗久弊，猶有未盡革者，是則官吏不能盡數德意之過耳。且如巨藩劇邑，兇民大姦，豪猾鄉曲，挾持官吏，州縣恐懾，吏殉首而奉之，橫欺小民，長其頑囂，此一俗也。姦人誦法，如誦詩書，以教唆為養生，以鼓鬬為樂事，良民怯畏，蓋亦坐是，此又一俗也。士人以干擾郡縣為資身，官吏以販貨道路為得計，漸廢廉恥，不知紀極，不知聖哲在上，豈容如此，此又一俗也。攫金之吉，肩摩不息，暗銷之匠，踵接不已，奇異之貨，奢尚相仍，權量出入，大小盡變，巧詐敢爾，是官吏不戒約之過，此又一俗也。凡此四俗，州縣尚未盡革，而川峽為尤甚也。陛下高拱九重，民俗王風，久在聖慮，然臣所未議者，聖明已先行之，惟此毫末，喚自聖志，即賜禁戒，此猶迴坂走圓也。其又何難之有。

直寶文閣知靜江府兼廣西安撫李浩入對，論俗不美者八，其言曰。陛下所求者規諫，而臣下專務迎合；所貴者執守，而臣下專務順從；所惜者名器，而僥倖之路未塞；所重者廉恥，而趨附之門尚開；儒術可行，而有險詖之徒；下情當盡，而有壅蔽之患；期以氣節，而偷惰者得以苟容；責以實效，而誕慢者得以自售。上問誕慢謂誰，浩具以實對。翌日謂宰相曰。李浩直諒，遂除權吏部侍郎。

直煥章閣王師愈論士大夫習俗上疏曰。臣聞相與以維持天下國家者，搢紳之士也。搢紳之士，其用心也公。凡舉事焉，謀於上者必盡公以採於下，聽於下者必盡公以助其上，可否之相濟，利害之灼見，擇其善者而從之，故事無不舉，而功必隨之矣。一或異是，乃欲事舉而功成，豈不戛戛乎其難哉。臣嘗觀先正蘇軾在嘉祐間嘗有言曰。今之世所可患者，士大夫信服於朝廷者不篤，皆好議論以務非其上。使人眩於是非而無所從，從之則事舉無可為者，不從則其所行者常多故而易敗。夫所以多故而易敗者，人各持其私意以賊之。議論勝於下，而幸其無功者衆也。其言又曰。今世之舉事者，雖甚小而欲成之者常不過數人，欲壞之者常不可勝數。嗟乎，嘉祐之際可謂盛矣，士大夫習俗已如此矣。臣竊謂軾之言不特中當時之病，亦今日之砭劑也。私意一萌，唯務己之說勝，而謀於上者又未必皆可行，而必有成，故其弊終至於此耳。嗟乎，此豈國家之福哉。臣愚欲望陛下申飭文武小大之臣，各去其私意，毋苟且以為同，毋矯激以立異。凡舉事焉，上必盡公以謀於下，下必盡公以助其上，從善而力行，殆見其事舉而功成矣。罔俾嘉祐之風俗為軾所議者復熾於今日，不其美歟。

光宗紹熙二年，司農寺主簿呂祖儉上奏曰。臣聞天下不當無事也。

然其所恃以為安者，蓋有忠藎徇國之臣扶持正教於其間，苟人才壞而習俗偷，則所恃以為安者既失之矣，將何以防其微漸而支其變故邪。惟我本朝作成封殖，治極隆平，繇景德迄于治平，豈為無事。然皆有其人以當之，故天下無變容動色之憂。自王安石惡異好同，刱為一道德同風俗之說，於是人才始壞而直諒消亡，逮至崇觀間，蔡京用事，又倡為豐亨豫大之說，於是人才愈壞而俗益驕靡，當是時也，孰不自謂天下廓然無事。然靖康之變，曾不旋踵，三綱幾於墜地。如吳幵莫儔首與虜通，傳道意旨，助成僭竊。王時雍徐秉哲追捕宗室戚里，係累送虜，迫逐出郊。凡若此比，難以悉數。臣每念及此，常切痛心，推原禍本，是皆狃於熙寧以來邪說之所致也。恭惟陛下紹承高宗壽皇之休緒，虛心無我，容納雅言，有合乎君人之大德，是宜四方萬里惟動丕應。不應復有熙寧餘論以壞人心，然驗之風聲氣

習。則猶未能無疑。拱默成風。頹靡成俗。精銳銷耎。氣節益衰。有所覆
護則立一說以自寬。有所遷就。則求一說以自解。間有務為修絜自
好者。則相與指為詭異。其欲發憤據陳忠讜者。則相與指為矯激。不
章而少有差忒。則又從而媒孽之。必使之甘為庸人而後已。人材習
俗既至於此。稍有事變。憂在國家。陛下亦嘗深察其所以然之故乎。
蓋比年以來邇列近臣立為皇極之言。申以安靜和平之說。始觀其
名。外則甚美。徐究其實中迺不然。不惟偷合取容者得以假是而務
雷同。懷苟且以為全軀保妻子之計。而斯說之熾。將使朝廷之上無
復有面折廷爭之風矣。伏義守正。志存忠愛者議論既不能雷同。則
必罪之以不協于極。舉動既不能苟且則必罪之以不務和平。苟欲
之以是名而不可辭。則加之以是罪而不可避。風俗頹壞。祇務自營
懼復浸淫。國將何恃。是斯說者。迺誣害一世。君之陷穽而為實禍

塞之根本也。伏望陛下慨然深念力救此風。獎拔忠直以作新斯人。
拒闢邪說以恢洪正論。發為明詔風示多方。使忠蓋徇國者有以自
喜而不為習俗之所詆誣。而中材常士有以自奮而不為習俗之所
移奪。夫如是。習俗之論可破而不諱之路可開。人材作興。治道自舉。
而我之所恃以為安者。將益堅固而不可拔矣。
光宗時。軍器少監劉光祖上奏曰。比年以來。士大夫不慕廉讓而慕
奔競。不尊名節而尊爵位。不樂公正而樂軟美。不敬君子而敬庸人。
既安習以成風。謂苟得為至計。良由前輩老成零落殆盡。後生晚進
議論無所據依。學術無所宗主。正論益衰。士風不競。幸詔大臣妙求
人物。必朝野所共屬。賢愚所同敬者一二十人。參錯立朝。國勢自興。
臣雖終歲無所奏續。固亦未至曠官。今日之患在於不封殖人才。臺
諫但有摧殘。廟堂初無長養。臣處當言之地。豈以排擊為能哉。

寧宗嘉定十七年。起居舍人[illegible]上疏。夫風俗漸[illegible]。臣聞人主
所與共天下者。二三大臣也。二三大臣所與共政事者。內外百執事
也。君臣一心。上下同德。表裏無貳。顛末不渝。然後平居有所裨益。緩
急可以倚仗。如人各有心。身自為謀。則可否不得以相濟。小大不能
以相維。而天下之患有不可終窮者矣。易之同人曰。同人于野亨。其
彖曰。唯君子為能通天下之志。蓋人之心。公則一致。私則萬殊。無以
通之。則萬殊不一之私心。足以害天下至同之公理。此其事伏於冥
冥而人莫之覺。故論今日風俗之弊者莫不議其尚同也。而臣則疑
其未嘗有同也。進焉而柔良。退焉而剛方。面焉而唯唯否否。背焉而
戚戚嗟嗟。成焉而挾其所嘗言以誇於人。不成焉而託於所嘗評以
議其上。省曹之勘當。掾屬之書擬。有司之接事。長吏之[illegible]覽[illegible]焉所
斂而歸己。怨焉則委之曰此安能以自由。天象之妖祥。時政之得失。

除授之當否。疆場之緩急。言焉則矜以為功。否焉則諉之曰此徒言
而無益。嗚呼。龍斷而望。可左可右。躊閭而語。可出可入。蓋書利[illegible]
之人。貪前慮後者之為耳。士大夫而若此。則其心豈復以國[illegible]
為休戚者哉。蹤跡詭秘。朋友有不及知。情態橫生。父子有不相[illegible]
此習也而日長月益。見利則逝。見便則奪。陛下亦何賴於此也。[illegible]
比歲封章奏疏。對策上書。大率應故事。徒文具而無惻怛忠敬之[illegible]
而護曰恐訐以近名也。忌激以敗事也。其號為讜直。亦不過先為[illegible]
贊之詞。而後微致規切之意。如論治道則曰大綱已舉。而節目小有
未備。論邊事則曰處置得宜。而奉行稍若未至。前後相師如此類者
未易悉舉。然猶日鍛月煉。畫刪夜改。而後上達。夫齊人無以仁義與
王言。而孟子謂其不敬莫大乎是。今之為此說者是敬朝廷乎。慢朝
廷乎。昔者固有百勸而一諷。八律而一諫者矣。固有約至上前而替

其議出言不可而入言可者矣又有始是什三中是什五後是什八始言十事儀去五六又去七八者矣所以裴回顧望則亦有說辭之以援竄死徙也震之以斧鉞刀鋸也然猶有骿頸刑戮竄名雷霆而不顧者今未有漢唐之甚而知莫敢言言莫敢盡非誠不敢也彼其心謂吾君不能行謂吾相不能受寧褫順而裹藏面從而腹誹人見其同也而臣見其未嘗同也人謂其有禮且敬也臣謂其至無禮也至大不敬也雖然士習至此亦有由然者矣老師宿儒零替殆盡後生晚輩不見典刑既無所則傚重以正人端士散漫不合故妄揣時尚習諛踵陋而久不之覺臣爲此懼深願陛下與一二大臣察人心邪正之實推世變倚伏之幾拓開規摹收拾人物苟挺特自守者雖無順適之可喜而决知其無反覆難信之憂必假借而納用之審同相隨者雖無觸忤之可憎而决知其有包藏不測之患必疎遠而斥

夷之若是則意嚮所形人心胥奮平居有規警之益緩急無乏才之憂其於治道興替關係匪輕臣不勝區區

寧宗時將作監主簿牛大年上言曰今日士氣亦久靡矣宜体主國之意以振起之夫有扶持作興之意而後搢紳無貪名嗜利之習無貪名嗜利之習而後有持正秉義之操國家之休戚在士大夫之風俗而風俗之善惡在朝廷惟陛下爲之振起樞括一運天下轉移而風俗易矣

理宗寶慶元年禮部侍郎眞德秀上奏曰臣聞國於天地必有與立焉三綱五常是也夫自高卑奠位而大分已明帝降之衷而善性均有然維持而主張之繫君師是賴故聖人者作躬行此道以標的乎天下君臣之綱正於上而天下皆知有敬父子之綱正於上而天下皆知有親夫婦之綱正於上而天下皆知有別三者正而昆弟朋友之倫亦莫不正使凡生人之類各有寧宇不相鬬暴賊殺者與乎三代數聖人之功所以與天地同其大也夫所謂五常者亦豈出乎三綱之外哉父子之恩即所謂仁君臣之敬即所謂義夫婦之別即所謂禮智者知此而已信者守此而已未有三綱正而五常或虧亦未有三綱廢而五常獨存者嗚呼是理也其扶持宇宙之棟幹奠安生民之柱石歟人而無此則冠裳而禽犢矣國而無此則中夏而裔夷矣臣嘗讀詩至六月之序曰小雅盡廢則四夷交侵而中國微夫小雅之詩財二十餘篇而綱常之義略備中國之所以爲中國者賴此而已而至於盡廢焉是自爲夷也四夷交侵之禍安得不以其類至乎又嘗攷觀古昔有當衰微削弱之世而綱常未至泯絕猶足以僅存者亦有治安彊盛之世綱常隳弛卒至於大壞而不可救者周自東遷日以卑矣然桓文出力以奬王室則猶有君臣也諸侯會盟

以定世子則猶有長幼也故能擁持虛器尚數百年晉氏之興奄有吳蜀再傳而至惠帝可謂極盛矣而陽德不剛陰慝內熾讒巧交蝎國本遽搖諸王跋扈主威遂奪三綱盡廢而劉石之變興唐至明皇亦太平極治之日而宮闈怙寵驪亂天常姦諛肆欺潛竊國命兇邪造釁戕伐本支三綱盡廢而羯胡之難作即晉唐之事以驗序詩者之言千載相望若合符契有天下者奈何其不監哉惟我祖宗繼天立極其於事親教子之法正家睦族之道尊主御臣之方大抵根本仁義故先朝名臣或以爲家法最善或以爲大綱甚正或以爲三代而下皆未之有猗歟休哉聖子神孫所當兢兢保持而勿墜也恭惟陛下天啓聰明肇膺大寶此正端本澄源之時臣來自遠方竊聞朝野之論以謂陛下有承順太母之孝有憂憫元元之仁苟推是心何往非善獨不幸處天倫之變有未盡其道者雖 華之變方驚而布

粟之謠遷興流聞四方所損非淺夫一政之行一令之出苟乖[illegible]審且隨之綱常大端是謂人極人極不立國將奈何且民無常情惟上所導大學曰上老老而民興孝上長長而民興弟又曰一家仁一國興仁一家遜一國興遜蓋情雖無常而性則本善倡之則應作之則興故慈孝隆於上則下有忠順之風愛敬虧於上則下有陵犯之俗影響相從至爲可畏伏惟陛下深懲往悔而思所以補過者焉夫天子之孝與臣庶不同陛下欲報先皇之大德則繼志述事所當先衰麻之數哭踊之節其次也欲報慈闈之至恩則先意承志者不可後瞻灑之奉跪拜之恭其末也兢兢朝夕惟實德是充惟大政是習使朝廷以治而宗社以安則子道脩矣誦二南正始之詩而思異時之擇配者不可不謹玩大易正家之義而思平居之反身者不可不嚴近而九族必有以廣親睦之仁內而六宮必有以示肅雍之化則

家道正矣委任臣工者人君之大體躬親聽斷者人君之大權二義並行初不相悖必使政令出於公朝而絕多門之私威柄歸於王室而無倒持之失則君道立矣子道脩者仁之本家道正者禮之源而君道之立則又天下大義所由定陛下儻能明此三者而行之一本於誠則不求感人而人自孚不求正俗而俗自化姦雄不得爲辭以動衆戎狄不得伺隙以生心治安長久之計無越諸此臣以迂踈誤蒙召擢寘在春官實掌邦禮深惟治亂安危之本豈在玉帛鐘鼓之間哉於進對之初首以大經大法爲陛下告狂愚無取惟聖明擇焉

淳祐間知南劍州徐元杰上奏曰臣聞之詩曰周雖舊邦其命維新言邦邑承襲之舊而當作新乎民以迎天命之常新也今殘壞駐蹕之久驕奢淫逸長此安窮欲熾而天理泯矣滌舊染之風聲回新美之氣習此其機括在陛下而已然自曩時有納聲色以固寵位者

而後舉天下成誨淫之風至今[illegible]上國之士自一命以至[illegible]白黛綠群載後車其勢已不容不貪黷臣觀都人生女自襁褓而教歌舞計日而鬻之不復有人父母之心士大夫以其良貴不貲之身每每自戕於冶容衒售者之賤則夫簽事君父而告之以不邇聲色觀其毓粹清明也奚其信昔墨翟不入朝歌之邑今堂堂禮樂之區此風積習轉轉日甚遑恤罕良家矣是可不爲風俗慮乎唐太宗出宮女三千人蓋其英武有大志如此孰謂陛下春秋鼎盛而不能爲太宗之勇乎繼今其端本於宮掖之邃率先以禮制心而後士大夫能以禮自防民德可以歸厚矣自曩時有來苞苴以啓貪饕者而後舉天下成誨盜之風今苞苴之路雖窒士大夫猶忍施切痛之政其弊在於不貴桑麻穀粟而貴金銀之器用匹夫之家亦慭身而求之莫戡甸爲尤甚比年金銀踴直上應乎天象之占楮幣積輕反以爲

郡縣折變之利士大夫方征求竊取不念胞體之本同甸也綠林嘯聽之擾生靈肝腦塗地以至上關玉食之憂而士大夫至自貢擒者懷璧其罪也齊高帝曰吾治天下當使黃金與土同價陛下勤心於此不以人廢言而以流化自近始繼今惟儉朴實用之崇寘金銀於無用之地屏貪殘以挽生意消物慾以還天真是亦陛下訓廉謹刑之一助矣今流風交煽侈習競趨渡江以前窮奢極娛之[illegible]不遠也京畿根本實係觀瞻風俗樞機端自聖化爲今之計莫若抑文尚質務實去華明禮教而爲之範因人情而爲之防欲使都人知有人父母之心不可不使士大夫知有暗室屋漏之愧臣願陛下以身帥臣下臣下以身率天下舊邦新命此其日也臣迫於憂愛而言之惟陛下與二三大臣亟圖之

元杰爲侍左郎又上奏曰臣既懇懇納忠爲陛下大臣解士論之疑

敷陳於黼座之前奏然念國於天地必有與立君臣上下交相維持
所以為國遠慮扶世常經者要當隨事捄失不當以患失為事蓋捄
失與患失異捄失者綱常必飭名義必正經紀必陳立制度必昭明
謂正心脩身為齊家治國之本故自上而下自早而暮惟以聞義不
從不善不改為憂他又何所患焉彼患失者一切反是以私恩為必
報而每急於徇人以競進為良圖而不顧於從己得位者以同流合
汙為至行任事者以便私適己為長策謂黼拃為妨進則事有可論
不暇及也謂喑啞為圓機則心知其非何敢議也滔滔流俗幾年于
茲悠悠風靡賢者不免若是者豈非患失之習有以痼之邪夫惟心
有患失之蔽見利害而不見是非名位光顯第第苟容而不知名義
𧺝立凜凜難挫豈今日在朝布列致身通顯者皆天資之美者也勇
往直前聖賢事業夫孰不可勉者日用動息事無非學交游切磨學

無非事人苟不自覺耳粵昔警省之助莫大於官師之相規有志功
業之賢臣亦必曰勤攻吾闕求如不及可也不然本心之失懵不知
捄碩惴惴然患外物之失孔子曰苟患失之無所不至矣吁可畏哉
雖然士大夫當化風俗不當議風俗當論事理之是非不當恤身事
之利害泛然言人之失則甚易翕然捄己之失則甚難臣早夜憂薰
動息猛省堅苦刻厲粗謹初心惟恐庸愚易至間斷一不自覺駸駸
小人之歸尚何以議人哉臣之初來惟欲一面清光於去天稍久之
餘亟求還山勉卒舊業者臣之心也恩除太過隱然於心竊亦不免
動於患失之私矣因念學無止法過必改之反求本心痛切警懼日
月之不再而人之所以為人者渺茫也臣既請罷職事伏惟陛下曲
成臣志放臣還山臣犬馬之齒未衰事陛下之日儘長感時憂深謹
當引去惟陛下矜赦

元杰又上言曰臣又聞人才難得自昔之通患人心不正今日之隱
憂莫深焉夫士大夫不可以負知己固也自他人對知己而言則重
在於知己自知己對君父而言則君尊如天無二上也他何敢知臣
嘗怪夫舉主之薦人則終身有門生之稱士夫干求汲引其未薦之
始已設之以恩門矣以公舉而為私謝以朝廷之公法而便學者求
者之私欲士風既壞習俗已成雖有識之士勉強而從俗焉臣前日
講次讀國朝通略而陛下與臣嘉嘆藝祖皇帝之遠慮嘗詔進士不
得呼知舉官為師門恩門并自稱曰門生此正人心之要術也今日
士大夫知有私恩而鮮知有君父陛下既奮然作新之美臣於此欲
乞陛下明詔大臣取藝祖之所以戒進士者戒今日之士大夫請自
來歲元日為始凡下而舉主之薦進上而大臣之擬除皆當使士大
夫知有國法知有君恩不許仍襲恩門恩家恩廕恩公之稱併於門

生二字亦合禁止內則令臺諫給舍覺察之外則使監司郡守稽劾
之如此則人心正而風俗淳其於世道非小補云
寶祐元年起居郎牟子才上疏曰臣聞羞惡人之良心廉恥國之大
禁比年以來羞惡不立廉恥盡亡皆由士大夫急於富貴不自知其
失口失色以至此極也易曰比之匪人不亦傷乎程頤以為三不中
正而所比皆不中正其失皆可知言傷則悔吝不足道也古之人寧
道之不行而不輕其去就是以孔孟雖在春秋戰國之時而進必以
正彌子瑕謂孔子主我衛卿可得也孔子荅以有命孟子出弔於滕
嬖人王驩朝暮見孟子未嘗與之言行事此皆孔孟之門大公案也
為孔孟之學者安可踰越廉恥跌碭羞惡而惟匪人之比乎近者張
元忠之事亦今日士大夫一大廉耻也窟穴既空書簡畢具姓名具
在氣節盡頹風俗之衰莫此為甚天下惟精金不變惟良玉不爐惟

大廉不汚。惟真儒不磷。或變或爐。非精金良玉也。或貪或燐。非大廉真儒也。人豈無真羞惡。今以誘而奪。世豈無真廉恥。今以誘而喪。士大夫而以世道自任。當精擇乎此。然獨為君子固伯玉之所當恥。而衆醉獨醒。亦屈原之所自見。陛下安可以為細故而忽之耶。先朝李士寧以卜祝賤流。招權納勢。朝士曲意交結。多有書尺往還。惟王旦一人無書尺。童貫輩以內侍殭幹為上所信。士大夫爭趨其門。至書姓名于簿。字文粹中一人無姓名。其他如林靈素郭天信之流。趨者瀾倒。迄至敗露。今元忠非卜史宦官之比。特依憑假託一縣奴耳。士大夫屈不貲之軀下交之。固已可羞。今乃與之接杯酒。盡殷勤。通書簡。話情素。亦獨何心哉。陛下涵養人才。惟恐不至。而諸臣乃負陛下如山。陛下又一切涵容之。天覆地載。聖度固自寬弘。而彼獨不愧於心乎。衆之公論。以為滅恩不明。士大夫以身廢汚穢而不羞。以狐行暮夜為得計。其何以示天下後世哉。臣愚欲望陛下以此為監。凡有夤緣憑藉。由他蹊以進者。擯而斥之。其為厚廉恥。明羞惡者大矣。惟陛下實圖利之。

理宗時。司農卿權工部侍郎陳塏上奏曰。臣願陛下轉移世道之樞機。砥礪士大夫之廉恥。使知名義為重。利祿為輕。久去國以恬退聞者召之。久立朝以更迭請者從之。甘言容悅者必斥。真情由門者勿留。如此。則君臣上下皆以真實相與。四維既張。士大夫難進易退之風。當見於聖世。人才幸甚。

權司封郎官許應龍上奏曰。臣聞天下有當然之理。不可有所激。尤不可有所徇。激則矯枉以過正。故不合乎中。徇則迎合以苟容。又豈復有至當之論哉。古之君子平心以應物。毋固毋我。惟視夫理之如何耳。其行己。則中不倚而和不流。其待人。則上不諂而下不瀆。論事則明辨是非而不立異以求勝。事上則將順正救不以訐而為直。不為人之所忌。中不失吾之所守。未見其所謂激。而又孰得以議之徇哉。此乃時中之道。士大夫之所當尚也。柰何人無定守。視時變遷。見夫激之可以立名也。則假公以濟私。惡常而好異。互相矛盾。不問是非。若是者固不能以成事。而祗見其多事。又見夫徇之可以媒進也。則揣摩而求合。阿附以取容。同聲相應。無復可否。若是者雖不至於生事。而必至於誤事。握風俗之樞者。將欲糾其偏而歸之中。可不示之以好惡。而使之知所趨避哉。仰惟陛下以中正履位。以道德同俗。建用皇極。以革偏詖之私。並用才德。以示翕受之公。保合大和。以杜分朋植黨之漸。既不使之過於激。復不使之流於徇。可謂得大中之道。而明善俗之方矣。然士大夫之心。既不至於激。則必至於和。賢和於朝。固帝治之盛。然和而不同。斯謂之君子焉。一或苟同。則其弊

復流於徇。是又不可不察也。利害可言也。猶恐時好之不合。弊當革也。復慮吏疑而難制。難從之請。恐有所拂而曲從之。不可行之舉。或有所迫而強行之。薦舉則多徇於私。竊予奪則或持於兩可。若此之類。皆未免有所徇也。轉而移之。誠不容緩。今陛下不倦於聽納。上臣方切於延訪。以公滅私。屢形於戒飭。用例破法。實見於中明。固未嘗不欲闢正論而明公道也。然作之而未應。倡之而未隨者。何哉。昔人有言曰。人臣事君之常情。不從其令而從其意。臣願陛下益開衆正。杜絕羣枉。獎端方之士。振委靡之習。使天下昭然知上意之所向。則觀感之下。孰不精白一心以承休德。在位正直之風。當不愧於羔羊矣。狂瞽之言。冒犯天威。惟陛下赦其愚。

許應龍進抑奔競故事曰。昔慶曆間。諫臣列奏。奉手詔謂躁進之塗宜塞。臣等謂躁進懷貪之人。何代無有。在朝廷辨明而進退之。如貴

人實效。旌人清節。貪冒者黜之。趨附者抑之。如此則多士知勸。各生廉退之心。皇祐間。尋患搢紳奔競。仁宗諭近臣曰。恬退守道者旌擢則躁求者自當知恥。於是宰相文彥博曰。韓維安於恬退。乞加甄錄以厚風俗。

臣聞求者爭之。不求者不爭。此人之所以求也。夫奔競之習固不能免。特在夫上之人驅之如何耳。爵祿在上。下皆趨而爭之。故名曰奔競。則其弊非在下也。誘之於上而禁之於下。猶聚羶而欲去蟻。雖防禁日嚴。亦豈能杜絕之哉。惟當崇尚恬退。不待其求。徑加擢用。公道既明。不可倖得。則人皆勉於為善以求自見。頭鑽肘刺。既知無益。則奔競之習。不待革而自止。仁祖諭近臣曰。恬退守道者旌擢。則躁求者知恥。慶曆輔臣亦請責實效而旌清節。則多士知勸。此乃清源正本之論。今之奔競。其弊已

極。未歷任而求辟。無寸功而冒賞。捨法用例。宛轉扳援。趨權附勢。妄圖榮進。承之則異即真。求滿則思內擢。圖近次則據人之闕而勒令改替。百計營求。不進不止。其得者必不肯以僥倖自名。則其不得者必以沉淪為歎。舉生妄心。恥不若人。何所不至。欲望風俗之厚。不亦難乎。推原其故。雖起於在下者之所求。而亦基於在上者有以遂其求。惟不待求而自予。有所求而不予茲實救弊之要術也。蓋中人之性易流。榮進之念誰獨無之。不求自得。則孰不各安其分。不求不得。亦無藉乎求者之多也。誠使兩造吾門者抑之以戒貪進。安於靜退者薦之以厚風俗。則伺候於王公之門。奔走於形勢之塗者。必皆聞風歛跡。恐為清議之所指目。況敢冒然而求進乎。夫一兔在野。百人逐之。以可求而得也。積兔在市。過者不顧。以求而不可得也。苟皆知不當得者不容妄求。則奔競之風不患其難革矣。惟陛下與大臣圖之。

元英宗時。監察御史烏古孫良楨以國俗父死。則妻其從母。兄弟死則收其妻。父母死無憂制。遂上奏曰。綱常皆出於天而不可變。議法之吏乃言國人不拘此例。諸國人各從本俗。是漢南人當守綱常。國人諸國人不必守綱常也。名曰優之。實則陷之。外若尊之。內實侮之。推其本心所以待國人者。不若漢南人之厚也。請下禮官有司及右科進士在朝者會議。自天子至於庶人。皆從禮制。以成列聖未遂之典。明萬世不易之道。

歷代名臣奏議卷之一百一十七。

禮樂 (統言禮樂及統言禮)

魯隱公五年九月考仲子之宮將萬焉(萬舞也)公問羽數於衆仲對曰天子用八諸侯用六大夫四士二夫舞所以節八音而行八風故自八以下公從之於是初獻六羽始用六佾也

漢成帝時犍為郡於水濱得古磬十六枚議者以為善祥劉向因是說上宜興辟雍設庠序興禮樂隆雅頌之聲盛揖攘之容(攘古讓字)以風化天下如此而不治者未之有也或曰不能具禮禮以養人為本如有過差是過而養人也刑罰之過或至死傷今之刑非皋陶之法也而有司請定法削則削筆則筆(削者謂有所刪去以刀削簡牘也筆者謂有所增益以筆就而書也)救時務也至於禮樂則曰不敢是敢於殺人不敢於養人也為其俎豆筦絃之間小不備因是絕而不為是去小不備而就大不

備或莫甚焉夫教化之比於刑法刑法輕是舍所重而急所輕也且教化所恃以為治也刑法所以助治也今廢所恃而獨立其所助非所以致太平也自京師有誖逆不順之子孫至於陷大辟受刑戮者不絕繇不習五常之道也夫承千歲之衰周繼暴秦之餘敝民漸漬惡俗貪饕險詖不閑義理不示以大化而獨敺以刑罰終已不改故曰導之以禮樂而民和睦初叔孫通將制定禮儀見非於齊魯之士然卒為漢儒宗業垂後嗣斯成法也成帝以向言下公卿議

東漢明帝即位博士曹充上言曰漢再受命仍有封禪之事而禮樂崩闕不可為後嗣法五帝不相沿樂三王不相襲禮大漢自制禮以示百世帝問制禮樂云何充對曰河圖括地象曰有漢世禮樂文雅出尚書琁璣鈐曰有帝漢出德洽作樂名予帝善之詔曰今且改太樂官曰太予樂詩曲操以俟君子拜充侍中

章帝時曹褒徵拜博士會帝欲制定禮樂褒上疏曰昔者聖人受命而王莫不制禮作樂以著功德功成作樂化定制禮所以救世俗致禎祥為萬姓獲福於皇天者也今皇天降祉嘉瑞並臻制作之符甚於言語宜定文制著成漢禮丕顯祖宗盛德之美章下太常太常巢堪以為一世大典非褒所定不可許帝知羣僚拘攣難與圖始朝廷禮憲宜時刊立明年復下詔其畧曰漢遭秦餘禮壞樂崩且因循故事未可觀省有知其說者各盡所能褒省詔遂復上疏具陳禮樂之本制改之意拜褒侍中

和帝永元九年司空張奮上疏曰聖人所美政道至要本在禮樂五經同歸而禮樂之用尤急孔子曰安上治民莫善於禮移風易俗莫善於樂又曰揖讓而化天下者禮樂之謂也先王之道禮樂可謂盛矣孔子謂子夏曰禮以修外樂以制內丘已矣夫又曰禮樂不興則

刑罰不中刑罰不中則民無所厝其手足臣以為漢當制作禮樂是以先帝聖德數下詔書愍傷崩缺而衆儒不達議多駮異臣累世台輔而大典未定私竊為憂不忘寢食臣犬馬齒盡誠冀先死見禮樂之定十三年更召拜太常復上疏曰漢當改作禮樂圖書著明王者化定制禮功成作樂謹條禮樂異議三事願下有司以時考定昔者孝武皇帝光武皇帝封禪告成而禮樂不定事不相副先帝詔曹褒今陛下但奉而承之猶周公斟酌文武之道非自為制誠無所疑久執謙謙令大漢之業不以時成非所以章顯祖宗功德建太平之基為後世法

晉愍帝建興初正旦作樂熊遠諫曰謹按尚書堯崩四海遏密八音禮云凶年天子徹樂減膳孝懷皇帝梓宮未反豺狼當塗人神同忿公明德茂親社稷是賴今杜弢蟻聚湘川比歲征行百姓疲弊故使

義衆奉迎未舉履端元日正始之初貢士鱗萃南北雲集有識之士於是觀禮公與國同體憂容未歇昔齊桓貫澤之會有憂中國之心不召而至者數國及葵丘自矜叛者九國人心所歸惟道與義將紹皇綱於既往恢霸業於來今表道德之軌闡忠孝之儀明仁義之統弘禮樂之本使四方之士退懷嘉則今榮耳目之觀崇戲弄之好懼違雲韶雅頌之美非納軌物有塵大教謂宜設饌以賜羣下而已

成帝咸康七年尚書蔡謨奏八年正會儀注惟作鼓吹鐘鼓其餘伎樂盡不作侍中張澄給事黃門侍郎陳逵駁以為王者觀時設教至於吉凶殊斷不易之道也今四方觀禮陵有償弔之位庭奏宮懸之樂二禮兼用哀樂不分體國經制莫大於此詔曰今既以天下體大禮從權宜三正之享宜盡用吉禮也至娛耳目之樂所不忍聞故闕之耳事之大者不過上壽酒稱萬歲已許其大不足復闕鐘鼓鼓吹也澄逵又啓今大禮雖降事吉於朝然猶弔顯於園陵則未滅有哀禮服定於典文義無盡吉是以咸寧之會有徹樂之典實先朝稽古憲章垂式萬世者也詔曰若元日大享萬國朝宗庭廢鐘鼓之奏遂闕起居之節朝無磬制之音賓無蹈履之度其於事義不亦闕乎惟可量輕重以制事中散騎侍郎顧臻表曰臣聞聖王制樂讚揚政道養以仁義防其淫佚上享宗廟下訓黎元體五行之正音協八風以陶物宮聲正方而好義角聲堅齊而率禮弦歌鐘鼓金石之作備矣故通神至化有率舞之感移風易俗致和樂之極末世之伎設禮外之觀逆行連倒頭足入筥之屬皮膚外剝肝心內摧敦彼行葦猶謂勿踐矧伊生靈而不惻愴加四海朝覲言觀帝庭耳聆雅頌之聲目覩威儀之序足以蹋天頭以履地反天地之至順傷彝倫之大方今夷狄對岸外禦為急兵食七升忘身赴難過泰之戲日廩五斗方掃

神州經略中甸若此之事不可示遠宜下太常纂備雅樂簫韶九成惟新於盛運功德頌聲永著于來業此乃所以燕及皇天克昌厥後者也諸伎而傷人者皆宜除之流簡儉之德邁康哉之詠清風既行下應如草此之謂也愚管之誠惟垂採察

後魏文成帝和平六年特進征南將軍刁雍上表曰臣聞有國有家者莫不以禮樂為先故樂記云禮所以制外樂所以脩內和氣中釋恭敬溫文是以安上治民莫善於禮易俗移風莫善於樂且於一民一俗尚須崇而用之況統御八方陶鈞六合者哉故帝堯修五禮以明典章作咸池以諧萬類顯皇軌於云岱揚鴻化於介丘令木石草心鳥獸率舞包天地之情達神明之德夫感天動神莫近於禮樂故大樂與天地同和大禮與天地同節和故百物阜生節故報天祭地禮行於郊則上下和肅肅者禮之情和者樂之致樂至則無怨禮至則不違揖讓而治天下者禮樂之謂歟惟聖人知禮樂之不可以已故作樂以應天制禮以配地所以承天之道治人之情故王者治定制禮功成作樂虞夏殷周易代而起及周之末主政陵遲仲尼傷禮樂之崩已痛文武之將墜自衛返魯各得其中逮乎秦皇翦棄道術灰滅典籍坑燼儒士盲天下之目絕象魏之章簫韶來儀不可復矣賴大漢之興改正朔易服色協音樂制禮儀正聲古禮粗欲周備至於孝章每以三代損益優劣殊軌歎其薄德無以易民視聽博士曹褒覩斯詔也知上有制作之意乃上疏求定諸儀以為漢禮終於休廢寢而不行及魏晉之日脩而不備伏惟陛下無為以恭已使賢以御世方鳴和鸞以陟岱宗陪羣后以昇中岳而三禮闕於唐辰象舞替於周日夫君舉必書古之典也柴望之禮帝王盛事臣今以為有其時而無其禮有其德而無其樂史闕封石之文工絕清頌之享良

由禮樂不興。王政有缺致也。臣聞樂由禮所以象德。禮由樂所以防淫。五帝殊時不相沿。三王異世不相襲。事與時並。名以功偕故也。臣識昧儒先。管窺不遠。謂宜修禮正樂。以光大聖之治。詔令公卿集議

唐太宗時。以慶善樂為文舞。破陣樂為武舞。詔魏徵及虞世南褚亮李百藥等為之詞。太宗謂侍臣曰。昔周公相成王。製禮作樂。久之乃成。逮朕即位數年之間。成此二樂。五禮又復刊定。未知堪為後代法否。朕觀前王有功於人者。作事施令。有即為法。所貴不忘其德者也。朕既平定天下。安堵海內。若德惠不倦。有始善終。自我作古。何慮不法。若遂無德於物。後代何所遵承。以此而言。後法不法。猶在朕耳。徵對曰。陛下撥亂反正。功高百王。自開闢已來。未有如陛下者也。更創新樂。兼修大禮。自我作古。萬代取法。豈止子孫而已。

高宗上元元年大酺。上御翔鸞閣觀之。分音樂為東西朋。使雍王賢

主東朋。周王顯主西朋。角勝為樂。郝處俊諫曰。二王春秋尚少。志趣未定。當推梨讓栗。相親如一。今分二朋。遞相誇競。非所以崇禮義勸敦睦也。上瞿然曰。卿遠識非衆人所及也。遽止之。

開耀元年。以立太子。宴百官及命婦於宣政殿。引九部伎及散樂自宣政門入。太常博士袁利貞上疏曰。正寢非命婦宴會之地。路門非倡優進御之所。請命婦會於別殿。九部伎自東西門入。而停散樂。上乃更命置宴於麟德殿。賜利貞帛百匹。

玄宗開元中。裴耀卿請行禮樂化導三事。表曰。三者禮樂化導也。州牧縣宰所守者。宜揚禮樂典書經籍所教者。返古還朴。上奉君親。下安鄉族。若皆和氣浹洽。自然化理清平。由此言之。不在刑法。聖朝制禮作樂。雖行之自久。而外州遠郡。俗習未知。徒聞禮樂之名。不知禮樂之實。竊見鄉飲酒禮頒於天下。比來唯有貢舉之日。畧用其儀。閭里之間。未通其事。臣在州日。率當州所管縣二。與百姓勸導行禮。奏樂歌至白華華黍由庚等章。言孝子養親及羣物遂性之義。或有泣者。則知人心有感。不可盡誣。但臣州久絕雅聲。不識古樂。伏計太常具有樂器。太樂久備和聲。伏望令天下三五十大州。簡有性識於太常調習雅聲。仍請笙竽琴瑟之類各三兩事。令比州轉次造習。每年各備禮儀。准令式行禮。稍加勸獎。以示風俗。又以州縣之學。本以勸人。祿在其中。聞於學也。今計天下州縣所置學生。不減五六萬人。及諸色并國子每年薦舉擢第。過百人已上。雖有司明試。務在擇才。而學校衰微。居然可驗。州縣補學生之日。皆不願為遠郡。洎鄉貢之時。多有不願來集。恐成頹弊。不可因循。伏望詳擇其宜。徵加勸革。

德宗時。杜佑上三朝行禮樂制議曰。晉司律中郎將陳頎云。昔杜夔傳舊雅樂四曲。一曰鹿鳴。二曰騶虞。三曰伐檀。四曰文王。皆古聲辭。

太和中。左延年改夔騶虞伐檀文王三曲。更作聲節。其名雖存。而聲實異。惟夔鹿鳴全不改易也。魏代正朝大會。太尉奉君后行禮。東廂雅常作者也。後有三篇。第一曰於赫篇。詠武帝。聲律與古鹿鳴同。第二曰巍巍篇。詠文帝。用左延年所改騶虞聲。第三曰洋洋篇。詠明帝。亦用左延年所改文王聲。第四復用鹿鳴之聲。重用而除古伐檀。及晉初食舉亦用鹿鳴。按左傳穆叔如晉。晉侯享之。工歌鹿鳴之二三。拜鹿鳴所以嘉寡君也。敢不拜嘉。毛詩云。鹿鳴燕羣嘉賓也。既飲食之。又實其幣帛筐篚。以將其厚意。然後忠臣嘉賓得盡其心也。詩傳並無行禮。及叔孫通所制漢儀。復無別行禮事。荀氏云。魏氏行禮食舉。再取周詩鹿鳴。又以宴嘉賓。無取於朝。考之舊聞。未知所應。荀勗乃除鹿鳴舊歌。更作行禮詩四篇。先陳三朝朝祭之義。食舉歌詩十二篇。化肇群后。奉璧趨步。拜起莫非行禮。豈容別設一樂謂之行

禮耶。苟識鹿鳴之失。似悟昔謬。還制四篇。復循前軌。

宋太宗時。鄉貢進士田錫請復鄉飲禮書曰。臣竊聞聖人建大業。得大位。制禮以經邦國。作樂以和神人。五禮行於朝廷。遠方之民有終身不得觀之者。六樂奏於宗廟。遠方之俗有終身不得聞之者。於是制鄉飲之禮。行鄉校之間。俾人徧知。冀人易識。蓋其禮甚辨。其儀甚詳。有獻祭之儀。有俎豆之數。命鄉人之賢者為主。以鄉人之老者為賓。揖讓拜起。皆有儀。升降進退。必有位。以金石之樂。和其節。以雅頌之詩。導其情。自秦承周衰。漢迹秦亂。不能行之。至後漢世祖行之。世祖之後復廢。至西晉復之。西晉之後又廢。至皇唐用之。明著禮文。載頒郡國。咸俾長吏以化黎元。至開元中。宣州刺史裴耀卿以為鄉飲之儀。惟於貢士之日略得舉用。其餘寢停。豈聖王化俗之心。豈良吏知禮之大。於是拜章奏。以上言。自恭儉而行禮。月而習之。歲而行之。于是宣州耆老。宣庭僚吏。每聞歌白華之什。華黍之詩。南陔之篇。由庚之頌。言孝子養親之道。述萬物遂性之旨。觀者皆踴躍。聽者有感泣。蓋禮樂之感於外。而精神之發於中也。在唐之世。為唐之牧守。唐之世祚垂三百載。唐之牧守凡幾千人。唯耀卿能於一郡之間。獨奉先王之禮樂。猶化其俗。尚移其風。以是知先王之禮不徒行。先王之樂不徒用。但後人行之不得其道。用之不知其微。國家大禮與天地同節。大樂與天地同和。禋天地。祭宗廟。祠山川。正齒胄。追封冊冠昏之禮。軍旅賓客之容。陛下皆舉百王之禮而行之。以六代之樂而明之。所謂禮樂刑伐自天子出。矧國家括地三百州。拓土一萬里。年穀屢豐。民風太和。朝廷之禮既崇。而遠方之民有未親見之者。朝廷之樂既備。而遠方之俗有未親聞之者。願陛下申明舊典。舉行新政。頒鄉飲之禮。修鄉飲之儀。使其觀祭獻之嚴。則知不忘報本矣。觀蘋藻之祀。則知所貴者誠矣。見賢者為主。則知尊德者可尊矣。視老者為賓。則知高年者可恭矣。閱揖讓拜起之式。則知謙恭撙節之可學矣。見升降進退之容。則知折旋俯仰之可習矣。聞白華南陔之詩。則知孝於父母矣。聽雅音正聲之奏。則悅於和樂矣。月而習之。歲而行之。總於禮而自熟。漬於道而彌深。訐愎化為柔和。狠戾迁為貞順。革惡歸善。流邪復正。其何然哉。蓋性相近也。習相遠也。不覺自生於知恥之性。既無過。又知恥。國家雖設刑而無狂愚可刑矣。朝廷雖設禁而無過差可禁矣。若是則為父者以慈而為教也。為子者以孝而自守也。為兄者以友愛而自得也。為弟者以恭謹而自悅也。為夫者以和而有其室家也。為婦者以柔而事於舅姑也。一家率之。一鄉慕之。一邑化之。一郡榮之。一國興之。天下同之。得非王者厲精於禮樂而致之。諸侯折節於禮樂而奉之。若以為古之禮也不可復行。則世祖承盜莽之後而能行之。晉氏承元魏之亂而能復之。太宗革隋季之淫而能用之。若以為俗之薄也難驟化之。則裴耀卿何以化之。宣州之民何以順之。是知三代絕迹。千古曠禮。猶可繕完補葺。損益栽酌。洽其俗違其時而明之。況貞觀之風。開元之化。左顧不遠。右盼可及。彝章不泯。令式斯在。昔舜庭奏樂。而鳥獸率舞。燕谷吹律。而草木遂萌。文王行禮而麋鹿懷德。鮑宣護功而樂聲知變。夫金石至和。非有樂於鳥獸。而鳥獸自舞。草木無情。非必應於律呂。而律呂能通。西伯之仁不以化麋鹿而爭訟自息。晉鄉之讓不以矯欒麋而沐雹自亡。蓋禮樂之進物也速。而謙讓之服人也深。況欲以賓主之禮以明之。以獻祭之儀而示之。以金石之樂以和之。以升降之度而化之。以揖讓之容以導之。以尊賢之序以命之。以養老之道以喻之。人之心。物之性。得不優而柔之。而自趨之。感而慕之。而自化之。鄉飲之禮。化民導俗。夫如是之速也顧陛下詢公卿而復之望陛下勑牧守而行之行之朞年則民知恥行之再歲則民知教行之三載則民知禮行之而不輟用之而能久則比屋可封之俗不獨堯帝之時也聖代當復見矣聞樂而感之者不獨宣州有之也天下當盡然也天下幸甚海內幸甚惟陛下裁之臣不勝惓惓思理之誠謹昧死奉書以聞

真宗景德元年北征凱旋京師是日以懿德皇后忌詔徹鹵簿鼓吹禮官議曰班師振旅國之大事后之忌日家之私事今大駕凱旋軍容宜肅昔武王伐紂在諒闇中猶前歌後舞夫諒闇是重忌是輕以此而論舉樂無嫌況春秋之義不以家事辭王事其還京日法駕鼓吹音樂並請振作

寧宗時朱熹乞修三禮劄子曰臣聞之六經之道同歸而禮樂之用為急遭秦滅學禮樂先壞漢晉以來諸儒補緝竟無全書其頗存者三禮而已周官一書固為禮之綱領至其儀法度數則儀禮乃其本經而禮記郊特牲冠義等篇乃其義說耳前此猶有三禮通禮學究諸科禮雖不行而士猶得以誦習而知其說熙寧以來王安石變亂舊制廢罷儀禮而獨存禮記之科棄經任傳遺本宗末其失已甚而博士諸生又不過誦其虛文以供應舉至於其間亦有因儀法度數之實而立文者則咸幽冥而莫知其源一有大議率用耳學臆斷而已若乃樂之為教則又絕無師授律尺短長聲音清濁學士大夫莫有知其說者而不知其為闕也故臣頃在山林嘗與一二學者考訂其說欲以儀禮為經而取禮記及諸經史雜書所載有及於禮者皆以附於本經之下具列注疏諸儒之說畧有端緒而私家無書檢閱無人抄寫久之未成會蒙除用學徒分散遂不能就而鍾律之制則士友間亦有得其遺意者竊欲更加參考別為一書以補六藝之闕而亦未能具也欲望聖明特詔有司許臣就秘書省太常寺關借禮樂諸書自行招致舊日學徒十餘人踏逐空閑官屋數間與之居處令其編類雖有官人亦不繫銜請俸但乞逐月量支錢米以給飲食紙札油燭之費其抄寫人即乞下臨安府差撥貼司二十餘名候結局日量支犒賞別無推恩則於公家無甚費用而可以興起廢墜垂之永久使士知實學異時可為聖朝制作之助則斯文幸甚天下幸甚

右統言禮樂

魯桓公二年夏取郜大鼎于宋納于太廟非禮也臧哀伯諫曰君人者將昭德塞違以臨照百官猶懼或失之故昭令德以示子孫是以清廟茅屋大路越席大羹不致粢盛不鑿昭其儉也袞冕黻珽帶裳幅舄衡紞紘綖昭其度也藻率鞞鞛鞶厲游纓昭其數也火龍黼黻昭其文也五色比象昭其物也鍚鸞和鈴昭其聲也三辰旂旗昭其明也夫德儉而有度登降有數文物以紀之聲明以發之以臨照百官百官於是乎戒懼而不敢易紀律今滅德立違而寘其賂器於大廟以明示百官百官象之其又何誅焉國家之敗由官邪也官之失德寵賂章也郜鼎在廟章孰甚焉武王克商遷九鼎于雒邑義士猶或非之而況將昭違亂之賂器於太廟其若之何公不聽周內史聞之曰臧孫達其有後於魯乎君違不忘諫之以德

莊公二十四年秋哀姜至公使宗婦覿用幣非禮也御孫曰男贄大者玉帛小者禽鳥以章物也女贄不過榛栗棗脩以告虔也今男女同贄是無別也男女之別國之大節也而由夫人亂之無乃不可乎

齊景公與晏子坐于路寢公歎曰美哉室其誰有此乎晏子曰敢問何謂也公曰吾以為在德對曰如君之言其陳氏乎陳氏雖無大德

而有施於民豆區釜鍾之數其取之公也薄其施之民也厚公厚斂焉陳氏厚施焉民歸之矣詩曰雖無德與女式歌且舞陳氏之施民歌舞之矣後世若少惰陳氏而不亡則國其國也已公曰善哉是可若何對曰惟禮可以已之在禮家施不及國民不遷農不移工賈不變士不濫官不滔大夫不收公利公曰善哉我不能矣吾今而後知禮之可以為國也對曰禮之可以為國也久矣與天地並君令臣共父慈子孝兄愛弟敬夫和妻柔姑慈婦聽禮也君令而不違臣共而不貳父慈而教子孝而箴兄愛而友弟敬而順夫和而義妻柔而正姑慈而從婦聽而婉禮之善物也公曰善哉寡人今而後聞此禮之上也對曰先王所稟於天地以其為民也是以先王上之

楚靈王合諸侯于申椒舉言於楚子曰臣聞諸侯無歸禮以為歸今君始得諸侯其慎禮矣霸之濟否在此會也夏啓有鈞臺之享商

湯有景亳之命周武有孟津之誓成有岐陽之蒐康有酆宮之朝穆有塗山之會齊桓有召陵之師晉文有踐土之盟君其何用宋向戌鄭公孫僑在諸侯之良也君其選焉王曰吾用齊桓宋太子佐後至椒舉請辭焉曰屬有宗祧之事於武城敢謝後見徐子吳出也以為貳焉故執諸申楚子示諸侯侈椒舉曰夫六王二公之事皆所以示諸侯禮也諸侯所由用命也夏桀為仍之會有緡叛之商紂為黎之蒐東夷叛之周幽為太室之盟戎狄叛之皆所以示諸侯汰也諸侯所由棄命也今君以汰無乃不濟乎王弗聽

趙武靈王平晝閒居肥義侍坐曰王慮世事之變權甲兵之用念簡襄之迹計胡狄之利王曰嗣立不忘先德君之道也錯質務明主之長臣之論也是以賢君靜而有道民便事之教動有明古先世之功為人臣者窮有弟長辭讓之節通有補民益主之業此兩者君臣之分也今吾欲繼襄王之業啓胡狄之鄉而卒世不見也敵弱者用力小而功多可以無盡百姓之勞而享往古之勳夫有高世之功者必負遺俗之累有獨智之慮者必被庶人之恐今吾將胡服騎射以教百姓而世必議寡人矣肥義曰臣聞之疑事無功疑事無名今王即定負遺俗之慮殆無顧天下之議矣夫論至德者不和於俗成大功者不謀於眾昔舜舞有苗而禹袒入裸國非以養欲而樂志也欲以論德而要功也愚者暗於成事智者見於未萌王其遂行之王曰寡人非疑胡服也吾恐天下笑之狂夫之樂智者哀焉愚者之笑賢者戚焉世有順我者則胡服之功未可知也雖敺世以笑我胡地中山我必有之王遂胡服使王孫緤告公子成曰寡人胡服且將以朝亦欲叔之服也家聽於親國聽於君古今之公行也子不反親臣不逆主先王之通誼也今寡人作教胡服而叔不服吾恐天下議之也夫制

國有常而利民為本從政有經而令行為上故明德在於論賤行政在於信貴今胡服之意非以養欲而樂志也事有所出功有所止事成功立然後德可見也今寡人恐叔逆從政之經以輔公叔之議且寡人聞之事利國者行無邪因貴戚者名不累故寡人願慕公叔之義以成胡服之功使緤謁之叔請服焉公子成再拜曰臣固聞王之胡服也不佞寢疾未能趨走是以不先進王今命之臣固敢竭其愚忠臣聞之中國者聰明睿智之所居也萬物貨財之所聚也聖賢之所教也仁義之所施也詩書禮樂之所用也異敏技藝之所試也遠方之所觀赴也蠻夷之所義行也今王釋此而襲遠方之服變古之教易古之道逆人之心畔學者離中國臣願大王圖之使者報王王曰吾固聞叔之病也即之公叔成家自請之曰服者所以便用也禮者所以便事也是以聖人觀其鄉而順宜因其事而制禮所以利其

民而序其國也被髮文身錯臂左衽甌越之民也黑齒雕題鯷冠秫縫大吳之國也禮服不同其便一也是以鄉異而用變事異而禮易是故聖人苟可以利其民不一其用果可以便其事不同其禮儒者一師而禮異中國同俗而教離又況山谷之便乎故去就之變智者不能一遠近之服聖賢不能同窮鄉多異曲學多辯不知而不疑異於己而不非者公於求善也今卿之所言者俗也吾之所言者所以制俗也今吾國東有河薄洛之水與齊中山同之而無舟檝之用自常山以至代上黨東有燕東胡之境西有樓煩秦韓之邊而無騎射之備故寡人且聚舟檝之用求水居之民以守河薄洛之水變服騎射以備燕其參胡樓煩秦韓之邊且昔者簡子不塞晉陽以及上黨而襄王無戎取代以攘諸胡此愚智之所先時中山負齊之強兵侵掠吾地系累吾民引水圍鄗非社稷之神靈即鄗幾不守先王忿之

其怨未能報也今騎射之服近可以備上黨之形遠可以報中山之怨而叔也順中國之俗以逆簡襄之意惡變服之名而忘國事之恥非寡人所望於子公子成再拜稽首曰臣愚不達於王之議敢道世俗之聞今欲繼簡襄之意以順先王之志臣敢不聽令再拜乃賜胡服趙文進諫曰農夫勞而君子養焉政之經也愚者陳意而智者論焉教之道也臣無隱忠君無蔽言國之祿也臣雖愚願竭其忠王曰慮無變撓忠無過罪子其言乎趙文曰當世輔俗古之道也衣服有常禮之制也循法無愆民之職也三者先聖之所以教今君釋此而襲遠方之服變古之教易古之道故臣願王之圖之王曰卿言世俗之間常民溺於習俗學者沈於所聞此兩者所以成官而順政也非所以觀遠而論始也且夫三代不同服而王五霸不同教而政知者作教而愚者制焉賢者議俗不肖者拘焉夫制於服之民不足與論心拘於俗之衆不足與致意故勢與俗化而禮與變俱聖人之道也承教而動循法無私民之職也知學之人能與聞遷達於禮之變能與時化故為己者不待人制今者不法古子其釋之趙造諫曰隱忠不竭姦之屬也以私誣國賤之類也犯姦者身死賤國者族宗此兩者先王之明刑臣下之大罪也臣雖愚願盡其忠無遁其死王曰竭意不讓忠也上無蔽言明也忠不辟危明不距人子其言乎趙造曰臣聞之聖人不易民而教智者不變俗而動因民而教者不勞而成功據俗而動者慮徑而易見也今王易禮不循俗胡服不顧世非所以教民而成禮也且服奇者志淫俗辟者亂民是以涖國者不襲奇辟之服中國不近蠻夷之行非所以教民而成禮者也且循法無過修禮無邪臣願王之圖之王曰古今不同俗何古之法帝王不相襲何禮之循伏羲神農教而不誅黃帝堯舜誅而不怒及至三王觀時

而制法因事而制禮法度制令各順其宜衣服器械各便其用故禮世不一其道便國不必法古聖人之興也不相襲而王夏殷之衰也不易禮而滅然則反古未可非而循禮未足多也且服奇而志淫是鄒魯無奇行也俗辟而民易是吳越無俊民也是以聖人利身之為服便事之為教進退之為節衣服之為制所以齊常民非所以論賢者也故聖與俗流賢與變俱諺曰以書為御者不盡馬之情以古制今者不達事之變故循法之功不足以高世法古之學不足以制今子其勿反也

漢高祖幷天下諸侯共尊為皇帝於定陶博士叔孫通就其儀號就成也高帝悉去秦儀法為簡易羣臣飲爭功醉或妄呼拔劍擊柱上患之通知上益厭之說上曰夫儒者難與進取可與守成臣願徵魯諸生與臣弟子共起朝儀高帝曰得無難乎通曰五帝異樂三王不同禮禮

者因時世人情為之節文者也。故夏殷周禮所因損益可知者。謂不相復也。（復重也。因也。）臣願頗采古禮與秦儀雜就之。上曰。可試為之。令易知。度吾所能行為之。於是通使徵魯諸生三十餘人。魯有兩生不肯行。曰。公所事者且十主。皆面諛親貴。今天下初定。死者未葬。傷者未起。又欲起禮樂。禮樂所由起。百年積德而後可興也。吾不忍為公所為。公所為不合古。吾不行。公往矣。毋汙我。通笑曰。若真鄙儒。不知時變。遂與所徵三十人西。及上左右為學者與其弟子百餘人。為綿蕞野外。（謂以茅蒯樹地為纂位尊卑之次也。蕞與蕝同並音子悅反。）習之月餘。通曰。上可試觀。上使行禮。曰。吾能為此。迺令羣臣習肄。

武帝元封七年。司馬遷等議改正朔。時御史大夫兒寬明經術。上迺詔寬曰。與博士共議。今宜何以為正朔。服色何上。寬與博士賜等議。皆曰。帝王必改正朔。易服色。所以明受命於天也。創業變改。制不相復。推傳序文。則今夏時也。臣等聞學褊陋。不能明。陛下躬聖發憤。昭配天地。臣愚以為三統之制。後聖復前聖者。二代在前也。今二代之統絕而不序矣。唯陛下發聖德。宣考天地四時之極。則順陰陽以定大明之制。為萬世則。

宣帝時。琅琊王吉為諫大夫。上疏言。欲治之主不世出。公卿幸得遭遇其時。未有建萬世之長策。舉明主於三代之隆者也。其務在於簿書斷獄聽訟而已。此非太平之基也。今俗吏所以牧民者。非有禮義科指。世世通行者也。以意穿鑿。各取一切。權順一時。非正道。是以詐偽萌生。刑罰無極。質樸日消。恩愛寖薄。孔子曰。安上治民。莫善於禮。非空言也。願與大臣延及儒生。述舊禮。明王制。驅一世之民。躋之仁壽之域。則俗何以不若成康。壽何以不若高宗。

東漢章帝元和三年。博士曹褒請著漢禮。班固以為宜廣集諸儒共議得失。帝曰。諺言作舍道邊。三年不成。會禮之家。名為聚訟。互生疑異。筆不得下。昔堯作大章。一夔足矣。乃拜褒侍中。

桓帝延熹九年。郎中荀爽對策陳便宜曰。臣聞之於師曰。漢為火德。火生於木。木盛於火。故其德為孝。其象在周易之離。夫在地為火。在天為日。在天者用其精。在地者用其形。夏則火王。其精在天。溫煖之氣。養生百木。是其孝也。冬時則廢。其形在地。酷烈之氣。焚燒山林。是其不孝也。故漢制使天下誦孝經。選吏舉孝廉。夫喪親自盡。孝之終也。今之公卿及二千石。三年之喪不得即去。殆非所以增崇孝道而克稱火德者也。往者孝文勞謙。行過乎儉。故有遺詔。以日易月。此通時之宜。不可貫之萬世。古今之制。雖有損益。而諒闇之禮未嘗改移。以示天下莫遺其親。今公卿羣寮皆政教所瞻。而父母之喪不得奔赴。夫仁義之行。自上而始。敦厚之俗。以應乎下。傳曰。喪祭之禮闕。則人臣之恩薄。背死忘生者衆矣。曾子曰。人未有自致者。必也親喪乎。春秋傳曰。上之所為。民之歸也。夫上所不為。而民或為之。故加刑罰。若上之所為。民亦為之。又何誅焉。昔翟方進以自備宰相。而不敢踰制。至遭母憂。三十六日而除。夫失禮之源。自上而始。古者大喪三年不呼其門。所以崇國厚俗。篤化之道也。事失宜正。過勿憚改。天下通喪。可如舊禮。臣聞有夫婦然後有父子。有父子然後有君臣。有君臣然後有上下。有上下然後有禮義。禮義備。則人知所厝矣。夫婦。人倫之始。王化之端。故文王作易。上經首乾坤。下經首咸恒。孔子曰。天尊地卑。乾坤定矣。夫婦之道。所謂順也。堯典曰。釐降二女於嬀汭。嬪于虞。降者下也。嬪者婦也。言雖帝堯之女。下嫁於虞。猶屈體降下。勤修婦道。易曰。帝乙歸妹。以祉元吉。婦人謂嫁曰歸。言湯以娶禮歸其妹於諸侯也。春秋之義。王姬嫁齊。使魯主之。不以天子之尊加於諸侯也今漢承秦設尚主之儀以妻制夫以卑臨尊違乾坤之道失陽唱之義孔子曰昔聖人之作易也仰則觀象於天俯則察法於地觀鳥獸之文與地之宜近取諸身遠取諸物以通神明之德以類萬物之情今觀法於天則北極至尊四星妃后察法於地則崐山象夫卑澤象妻觀鳥獸之文鳥則雄者鳴鴝雌能順服獸則牡為唱導牝乃相從近取諸身則乾為人首坤為人腹遠取諸物則木實屬天根荄屬地陽尊陰卑蓋乃天性且詩初篇實首關雎禮始冠婚先正夫婦天地六經其旨一揆宜改尚主之制以稱乾坤之性遵法堯湯式是周孔合之天地而不謬質之鬼神而不疑人事如此則嘉瑞降天吉符出地五韙咸備各以其序矣昔者聖人建天地之中而謂之禮禮者所以興福祥之本而止禍亂之源也人能枉欲從禮者則福歸之順情廢禮者則禍歸之推禍福之所應知廢興之所由來也眾禮之中婚禮為首故天子娶十二天之數也諸侯以下各有等差事之降也陽性純而能施陰體順而能化以禮濟樂節宣其氣故能豐子孫之祥致老壽之福及三代之季淫而無節瑤臺傾宮陳妾數百陽竭於上陰隔於下故周公之戒曰不知稼穡之艱難不知小人之勞惟躭樂之從時亦罔或克壽是其明戒後世之人好福不務其本惡禍不易其軌截趾適屨孰云其愚何與斯人追欲喪軀誠可痛也臣竊聞後宮采女五六千人從官侍史復在其外冬夏衣服朝夕稟糧耗費縑帛空竭府藏徵調增倍十而稅一空賦不辜之民以供無用之女百姓窮困於外陰陽隔塞于內故感動和氣災異屢臻臣愚以為諸非禮聘未曾幸御者一皆遣出使成妃合一曰通怨曠和陰陽二曰省財用實府藏三曰脩禮制綏眉壽四曰配陽施祈螽斯五曰寬賦役安黎民此誠國家之弘利天人之大福也夫寒熱晦明所以為歲

尊卑奢儉所以為禮故以晦明寒暑之氣尊卑侈約之禮為其節也易曰天地節而四時成春秋傳曰唯器與名不可以假人孝經曰安上治民莫善於禮禮者尊卑之差上下之制也昔季氏八佾舞於庭非有傷害困於人物而孔子猶曰是可忍也孰不可忍洪範曰惟辟作威惟辟作福惟辟玉食凡此三者君所獨行而臣不得同也今臣僭君服下食上珍所謂害于而家凶于而國者也宜略依古禮尊卑之差及董仲舒制度之別嚴篤有司必行其命此則禁亂善俗足用之要

宋文帝元嘉六年駙馬都尉奉朝請徐道娛上表曰謹按晉博士書弘之議立秋御讀令上應著緗幘遂改用素相承至今臣淺學管見竊有惟疑伏尋禮記月令王者四時之服正月駕倉龍載赤旂衣白衣服黑玉季夏則黃文極於此無白冠則某履某駟也且幘又非古服出自後代上附於冠下不屬衣冠固不革而幘豈容異色愚謂應恒與冠同色不宜隨節變綵土令在近謹以上聞如或可採乞付外詳議太學博士荀萬秋議伏尋幘非古者冠冕之服禮無其文案蔡邕獨斷云幘是古卑賤供事不冠人所服又董仲舒止雨書曰其執事皆赤幘知並不冠之服也漢元始用眾臣率從故司馬彪輿服志曰尚書幘名曰納言迎氣五郊各如其色從章服也自茲相承迄于有晉大宋受命禮制因循斯既歷代成準謂宜仍舊有司奏謹案道娛啓事以土令在近謂幘不宜變萬秋雖云幘宜仍舊而不明無讀土令之文今書舊事于左魏臺雜訪曰前後但見讀春夏秋冬四時令至於服黃之時獨闕不讀令不解其故

十四年帝以新撰禮論付太常傅隆使下意隆上表曰臣以下愚不涉師訓孤陋閭閻面墻靡識謬蒙詢逮愧懼流汗原夫禮者三千之

本人倫之至道故用之家國君臣以之親用之婚冠少長以之仁愛
夫妻以之義順用之鄉人友朋以之三益賓主以之敬讓所謂極乎
天蟠乎地窮高遠測深厚莫尚於禮也其樂之五聲易之八象詩之
風雅書之典誥春秋之微婉勸懲無不本乎禮而後立也其源遠而
流廣其體大而義精非夫睿哲大賢孰能明乎此哉況遭暴秦焚亡百
不存一漢興始徵召故老搜集殘文其體例紕繆首尾脫落難可詳
論幸高堂生頗識舊義諸儒各為章句之說既明不獨達所見不同
或師資相傳共枝別幹故聞人二戴俱事后蒼俄已分異盧植鄭玄
偕學馬融人各名家又後之學者未逮曩時而問難星繁充庫無兩
摛文列錦煥爛可觀然而五服之本或差哀敬之制舛雜國典未一
於四海家法參駁於搢紳誠宜考詳遠慮以定皇代之盛禮者也伏
惟陛下欽明玄聖同規唐虞疇咨四岳興言三禮而伯夷未登微臣

竊位所以大懼負乘彰神交惡者無忘夙夜矣而復猥充博採之數
與聞爰發之求實無以仰酬聖旨萬分之一不敢廢黙謹率管穴所
見五十二事上呈蚩鄙茫浪伏用竦赧
明帝泰始二年有司奏皇太子所生陳貴妃禮秩既同儲宮未詳宮
臣及朝臣並有敬不妃主有內相見又應何儀博士王慶緒議百僚
內外禮敬貴妃應與皇太子同其東朝臣隸理歸臣節太常丞虞愿
等同慶緒尚書令建安王休仁議稱禮云妾既不得體君班秩視子
為序毋以子貴經著明文內外致敬貴妃誠如慶緒議天子姬嬪不
容通音介於外雖義可致虔不應有牋表參詳休仁議為允詔可
南齊明帝永泰元年尚書令徐孝嗣上議曰夫人倫之始莫重冠婚
所以尊表成德結歡兩姓年代汙隆古今殊則繁簡之儀因時或異
三加廢於王庶六禮限於天朝雖因習未久事雖頓改而大典之要

深宜損益案士冠禮三加畢乃醴冠者醴則唯一而已故醴辭無二
若不醴則每加輒醮以酒故醮辭有三王肅云醴本古其禮重酒用
時味其禮輕故也或醴或醮二三之義詳許於經文今皇王冠畢一
酌而已即可擬古設醴而猶用醮辭宜為乖衷尋婚禮實饌以四爵
加以合巹既崇尚質之理又象泮合之義故三飯卒食再酳用巹先
儒以禮成好合事終於三然後用巹合儀注先酳巹以再以三有違
旨趣又郊特牲曰三王作牢用陶匏言大古之時無共牢之禮三王
作之而用太古之器重夫婦之始也今雖以方標示約而弥乖昔典
又連巹以鏁蓋出近俗復別有牢燭雕費采飾亦虧曩制方今聖政
日隆聲教惟穆則古昔以敦風存餼羊以愛禮沿襲之規有切治要
嘉禮實重宜備舊章謂自今王侯已下冠畢一酌醴以遵古之義醴
即用舊文於事為允婚亦依古以巹酌終酳之酒並除金銀連鏁自

餘雜器悉用埏陶堂人執燭足充燃燎牢燭華侈亦宜停省庶斲雕
可期移俗有漸參議並同奏可
梁武帝普通六年尚書僕射徐勉上修五禮表曰臣聞立天之道曰
陰與陽立人之道曰仁與義故稱導之以德齊之以禮夫禮所以安
上治人弘風訓俗經國家利後嗣者也唐虞三代咸必由之在乎有
周憲章尤備因殷革夏損益可知雖復經禮三百曲禮三千經文三
百威儀三千其大歸有五即宗伯所掌典禮吉為上凶次之賓次之
軍次之嘉為下也故祠祭不以禮則不齊不莊喪紀不以禮則背死
忘生者衆賓客不以禮則朝覲失其儀軍旅不以禮則致亂於師律
冠婚不以禮則男女失其時為國修身於斯攸急洎周室大壞王道
既衰官守斯文日失其序禮樂征伐出自諸侯小雅盡廢舊章缺矣
是以韓宣適魯知周公之德叔侯在晉辨郊勞之儀戰國從橫政教

愈泯嬴秦滅學掃地無餘漢氏雖興日不暇給猶命叔孫於外野方
知帝王之為貴末葉紛綸遞有興毀或以武功銳志或好黃老之言
禮義之式於焉中止及東京曹褒南宮制述集其散略百有餘篇雖
寫以尺簡而終闕平奏其後兵革相尋異端互起章句既淪俎豆斯
輟方領矩步之容事滅於旌鼓蘭臺石室之文用盡於帷蓋至乎晉
初爰定新禮荀顗制之於前摯虞刪之於末既而中原喪亂罕有所
遺江左草創因循而已釐革之風是則未暇伏惟陛下睿明啟運先
天改物撥亂惟武經時以文作樂在乎功成制禮弘於業定光啟二
學皇枝等於貴遊闢茲五館草萊升以好爵爰自受命迄于告成盛
德形容備矣天下能事畢矣明明穆穆無得而稱焉至若玄符靈貺
之祥浮溟檄山之貢固亦日書左史副在司存今可得而略也是以
命彼羣才搜甘泉之法延茲碩學闡曲臺之儀淄上淹中之儒連蹤
繼軌負笈懷鉛之彥匪旦伊夕諒以化穆三雍人從五典秩宗之教
敕為以興伏尋所定五禮起齊永明三年太子步兵校尉伏曼容表
求制一代禮樂于時參議置新舊學士十人止修五禮諮稟衛將軍
丹陽尹王儉學士亦分住郡中製作歷年猶未克就及文憲薨殂遺
文散逸後又以事付國子祭酒何胤經涉九載猶復未畢建武四年
胤還東山齊明帝敕委尚書令徐孝嗣舊事本末隨在南第永元中
孝嗣於此遇禍又多零落當時鳩斂所餘權付尚書左丞蔡仲熊驍
騎將軍何佟之共掌其事時修禮局住在國子學中門外東昏之代
頻有軍火其所散失又踰太半天監元年佟之啟審省置之宜敕使
外詳時尚書參詳以天地初革庶務權輿宜俟隆平徐議刪撰欲且
省禮局併還尚書儀曹詔旨云禮壞樂缺故國異家殊實宜以時修
定以為永准但頃之修撰以情取人不以學進其掌知者以貴總一

不以稽古所以歷年不就有名無實此既經國所先外可議其人人
定便即撰次於是尚書僕射沈約等參議請五禮各置舊學士一人
人各自舉學士二人相助抄撰其中有疑者依前漢石渠後漢白虎
隨源以聞請旨斷決乃以舊學士右軍記室參軍明山賓掌吉禮中
軍騎兵參軍嚴植之掌凶禮中軍田曹行參軍兼太常丞賀瑒掌賓
禮征虜記室參軍陸璉掌軍禮右軍參軍司馬褧掌嘉禮尚書左丞
何佟之總參其事佟之亡後以鎮北諮議參軍伏暅代之後又以暅代
嚴植之掌凶禮暅尋遷官以五經博士繆昭掌凶禮復以禮儀深廣
記載殘缺宜須博論共盡其致更使鎮軍將軍丹陽尹沈約太常卿
張充及臣三人同參厥務臣又奉別敕總知其事末又使中書侍郎
周捨庾於陵二人復豫參知若有疑義所掌學士當職先立議通諮
五禮舊學士及參知各言同異條牒啟聞決之制旨疑事既多歲時
又積制旨裁斷其數不少莫不網羅經誥玉振金聲義貫幽微理入
神契前儒所不釋後學所未聞凡諸奏決皆載篇首其列聖旨為不
刊之則洪規盛範冠絕百王茂實英聲方垂千載寧孝宣之能擬豈
孝章之足云五禮之職事有繁簡及其列畢不得同時嘉禮儀注以
天監六年五月七日上尚書合十有二秩百一十六卷五百四十六
條賓禮儀注以天監六年五月二十日上尚書合十有七秩一百三
十卷四十五條軍禮儀注以天監九年十月二十九日上尚書合十
有八秩一百八十九卷二百四十條吉禮儀注以天監十一年十一
月十日上尚書合二十有六秩二百二十四卷一千五條凶禮儀注
以天監十一年十一月十七日上尚書合四十有七秩五百一十四
卷五千六百九十三條大凡一百二十秩一千一百七十六卷八千
一十九條又列副秘閣及五經典書各一通繕寫校定以普通五年

二月始獲寫畢。竊以撰正履禮歷代罕就。皇明在運厥功克成周代二千。舉其盈數。今之八千。隨事附益。質文相變。故其數兼倍猶如八卦之文。因而重之。錯綜成六十四也。昔文武二王。所以綱紀周室。君臨天下。公旦修之。以致太平龍鳳之瑞。自斯厥後。甫備茲日。孔子曰其有繼周。雖百代可知。豈所謂齊功比美者歟。臣以庸識。謬司其任。淹留歷稔。允當斯責。兼勸成之初。未遑表上。寔由才輕務廣。思力不周。永言慙惕。無忘寤寐。自今春輿駕將親六師。搜尋軍禮。閱其條章。靡不該備。所謂郁郁文武。煥乎洋溢。信可以懸諸日月。頒之天下者矣。愚心喜於。獨思陳述。冀前後官一時皆逝。臣雖幸存。耄已將及。慮皇世大典。遂闕騰奏。不任下情。輒具載撰修始末并職掌人所成卷秩條目之數。謹拜表以聞。

後魏孝明帝熙平元年六月。中侍中劉騰等奏曰。中宮僕射列車輿

朽敗。自昔舊都禮物頗異。遷京已來。未復更造。請集禮官以裁其制。靈太后令曰。付尚書量議。太常卿穆紹。少卿元端。博士鄭六。劉臺龍等議。按周禮王后之五輅。重翟錫面朱總。厭翟勒面繢總。安車彫面鷖總。皆有容蓋。翟車貝面組總有握。輦車組輓有翣羽蓋。重翟后從王祭祀所乘。厭翟后從王賓享諸侯所乘。安車后朝見於王所乘。翟車后出桑則乘。輦車后宮中所乘。謹以周禮聖制不刊之典。其禮文尤備。孔子云。其或繼周者雖百世可知也。以其法不可踰。以此言之。後王輿服典章。多放周式。雖文質時變。輅名宜存。雕飾雖異。理無全捨。當今聖后臨朝。親覽庶政。輿駕之式。宜備典禮。臣等學缺通經。叨參議末。輒率短見。宜準周禮。備造五輅。雕飾之制。隨時增減。太學博士王延業議。按周禮。王后有五輅。重翟以從王祠。厭翟以從王享賓客。安車以朝見于王。翟車以親桑。輦車宮中所乘。又漢輿服志云。秦并天下。閱三代之禮。或曰殷瑞山車金根之色。殷人以為大輅。於是始皇作金根之車。漢承秦制。御為乘輿。太皇太后皇太后皆御金根車。加交絡帷裳。非法駕則乘紫罽軿車。雲虡文畫輈。黃金塗五末。蓋瓜在右。騑駕三馬。既諶禮圖并載秦漢已來輿服。亦云金根輅。皇后法駕乘之以禮婚見廟。乘輅后法駕乘之以親桑。安車后小駕乘之以助祭。山軿車后行則乘之。紺罽軿車后小行則乘之。以哭公主邑君王妃公侯夫人。入闈輿后出入闈宮中小遊則乘之。晉先蠶儀注。皇后乘雲母安車。駕六騩。按周秦漢晉車輿儀式。互見圖書。雖名號小異。其大較畧相依擬。金根車雖起自秦造。即殷之遺制。今之乘輿五輅是其象也。華飾典麗。容觀尤美。司馬彪以為孔子所謂乘殷之輅即此之謂也。案阮氏圖。桑車亦飾以雲母。晉之雲母車。即是。一輿惆之翟車其用正同。安車既名同周制。又用同重翟山軿車。案圖飾之

以紫紺罽軿車。雖制用異於厭翟而實同用於今入闈輿。與輦其用又同。案圖。今之黑漆畫扇輦。與周之輦車其形相似。竊以為秦滅周制。百事刱革。官名軌式莫不殊異。漢因循繼踵仍舊。雖時有損益。而莫能反古。良由去聖久遠。典儀殊缺。時移俗易。物隨事變。雖經賢哲。祖襲無改。伏惟皇太后叡聖淵凝。照臨萬物。動循典故。貽則後王。令軌蝸管見。稽之周禮。考之漢晉。採諸圖史。驗之時事。以為宜依漢晉。法駕則御金根車。駕四馬。加交絡帷裳。御雲母車。駕四馬。以親桑。其非法駕。則御紫罽軿車。駕三馬。小駕則御安車。駕三馬。以助祭。小行則御紺罽軿車。駕三馬。以哭公主王妃公侯夫人。宮中出入。則御畫扇輦車。案舊事比之周禮。唯闕從王享賓客及朝見於王之乘。竊以為古者諸侯有朝會之禮。故有從享之儀。今無其事。宜從省畧。又今之皇居宮掖相逼。就有朝見。理無結駟。即事考實。亦宜闕廢。又哭

公主及王妃。周禮所無。施之於今。寔合事要。損益不同。用捨隨時。三代異制。其道然也。又金根及雲母駕馬或三或六。訪之經禮。無駕六之文。今之乘輿。又皆駕四。義符古典。宜仍駕四。其餘小駕。宜從駕三。其制用形飾。備見圖志。司空領尚書令任城王澄。尚書左僕射元暉。尚書右僕射李平。尚書齊王蕭寶夤。尚書元昭。尚書左丞盧仝。右丞元洪超。考功郎中劉懋。北主客郎中源子恭。南主客郎中游思進。三公郎中崔鴻。長兼駕部郎中薛悅。起部郎中杜遇。左主客郎中元韡。騎兵郎中房景先。外兵郎中石士基。長兼右外兵郎中鄭幼儒。都官郎中李秀之。兼尚書左士郎中朱元旭。度支郎中谷穎。左民郎中張均。金部郎中李仲東。庫部郎中賈思同。國子博士薛禎。邢晏。高諒。奚延。太學博士邢湛。崔瓚。韋朏。鄭季期。國子助教韓神固。四門博士楊那羅。唐荊寶。王令儁。吳珍之。宋婆羅。劉燮。高顯邕。杜靈儁。張文和。陳智顯。楊渴侯。趙安慶。賈天度。艾僧樹。呂太保。王當百。槐貴等五十人議。以為皇太后稱制臨朝。躬親庶政。郊天祭地。宗廟之禮。所乘之車。宜同至尊。不應更有製造。周禮魏晉雖有文辭。不辨形制。假令欲作。恐未合古制。而不可以為一代典。臣以太常國子二議。為疑。重集羣官並從今議。惟恩裁決。靈太后令曰。羣官以後議折中者。便可如奏。

孝明帝時。胡太后數幸宗戚勳貴之家。侍中崔光表諫曰。禮。諸侯非問疾弔喪。而入諸臣之家。謂之君臣為謔。不言王后夫人。明無適臣家之義。夫人父母在。有歸寧。沒則使卿寧。漢上官皇后將廢昌邑。霍光外祖也。親為宰輔。后猶御武帳以接羣臣。示男女之別也。願陛下簡息游幸。則率土屬賴。含生仰悅矣。不聽。

北齊文宣帝天保元年。皇太子監國。在西林園冬會。羣議皆東面。二年於北城第內冬會。又議東面。吏部郎陸卬疑非禮。魏收改為西面。邢子才議欲依前。曰。凡禮有同者。不可令異。詩說天子至於大夫皆乘四馬。況以方面之少。何可皆不同乎。若太子定西面者。王公卿大夫士復何面邪。南面。人君正位。今一官之長。無不南面。太子聽政。亦南面坐。議者言皆晉舊事。太子在東宮西面。為避尊位。非為向臺殿也。子才以為東晉博議。依漢魏之舊。太子晉臣四海。不以為嫌。又何疑於東面。禮。世子絕旁親。世子冠於阼。冢子生。接以太牢。漢元著令。太子絕馳道。此皆禮同於君。又晉王公世子攝命臨國。乘七旒安車。駕用三馬。禮同三公。近宋太子乘象輅。皆有同處。不以為嫌。況東面者君臣通禮。獨何為避。明為向臺。所以然也。近皇太子在西林園。在於殿猶且東面。於北城非宮殿之處。更不得邪。諸人以東面為尊。宴會避。案燕禮燕義。君位在東。賓位則在西。君位在阼階。故有武王踐阼篇。不在西也。禮。乘君之車。不敢曠左。君在惡空其位。左亦在東。不在西也。君在阼。夫人在房。鄭注。人君尊東也。前代及今皇帝宴會接客。亦東堂西面。若以東面為貴。皇太子以儲后之禮。監國之重。別第宴臣賓。自得申其正位。禮若皆東。宮臣屬。公卿接宴。觀禮而已。若以西面為卑。實是君之正位。太公不肯北面說丹書。西面。則道之西面乃尊也。君位南面。有東有西。何可皆避。且事雖少異。有可相比者。周公臣也。太子子也。周公為冢宰。太子為儲貳。明堂尊於別第。朝諸侯重於宴臣賓。南面貴於東面。臣賤於子。冢宰輕於儲貳。周公攝政。得在明堂南面朝諸侯。今太子監國。不得於別第異宮東面宴客。情所未安。且君行以太子監國。君宴不以公卿為賓。明父子無嫌。君臣有嫌。按儀注。親王受詔冠婚。皇子皇女皆東面。今不約王公南面而獨約太子。何所取邪。議者南尊。改就西面。轉君位。更非合禮。方面既少。難為節文。東西二面。君臣通用。太子宜然。於禮為允。魏收議去天保初。皇太子監國冬會羣臣於西園都亭。坐從東面。義取於向中宮臺殿故也。二年於宮冬會。坐乃東面。收竊以為疑。前者遂有別議。議者亦同之。邢尚書以前之東面之議。復申本懷。此乃國之大禮。無容不盡所見。收以為太子東宮位在於震。長子之義也。按易八卦正位。向中。皇太子今居北城。於宮殿為東北。南面而坐。於義為背也。前者立議。據東宮為本。又案東宮舊事。太子宴會。多以西面為禮。此又成證。非徒言也。不言太子常無東南二面之坐。但用之有所。至如西園東面。所不疑也。未知君臣車服有同異之議。何為而發。就如所云。但知禮有同者不可令異。不知禮有異者不可令同。苟別君臣同異之禮。恐重紙累札書不盡也。子才竟執東面。收執西面。援引經據。大相往復。其後竟從西面為定。

歷代名臣奏議卷之一百十八

歷代名臣奏議卷之一百十九

禮樂 統言禮

隋文帝初即位。將改周制。乃下詔曰。宣尼制法云。行夏之時。乘殷之輅。奕葉共遵。理無可革。然三代所尚。衆論多端。或以為所建之時。或以為所感之瑞。或當其行色。因以從之。今雖夏數得天。歷代通用。漢尚於赤。魏尚於黃。驪馬玄牲。已弗相踵。明不可改。建寅歲首。常服於黑。朕初受天命。赤雀來儀。兼姬周已還。於茲六代。三正迴復。五德相生。總以言之。並宜火色。垂衣已降。損益可知。尚色雖殊。常兼前代。其郊丘廟社。可依袞冕之儀。朝會衣裳。宜盡用赤。昔丹烏木運。姬有大白之旂。黃星土德。曹乘黑首之馬。在祀與戎。其尚恒異。今之戎服。皆可尚黃。在外常所著者。通用雜色。祭祀之服。須合禮經。宜集通儒。更可詳議。太子庶子攝太常少卿裴正奏曰。竊見後周制冕。加為十二。既與前禮數乃不同。而色應五行。又非典故。謹按三代之冠。其名各別。六等之冕。承用區分。璪玉五采。隨班異飾。都無迎氣變色之文。唯月令者。起于秦代。乃有青旂赤玉白駱黑衣。與四時而色變。全不言於弁冕。五時冕色。禮既無文。稽於正典。難以經證。且後魏已來。制度咸闕。天興之歲。草創繕修。所造車服。多參胡制。故魏收論之。稱為違古。是也。周氏因襲。將為故事。大象承統。咸取用之。輿輦衣冠。甚多迂怪。今皇隋革命。憲章前代。其魏周輦輅不合制者。已勅有司。盡令除廢。然衣冠禮器。尚且兼行。乃有立夏衮衣。以赤為質。迎秋平冕。用白成形。既越典章。須革其謬。謹按續漢書禮儀志云。立春之日。京都皆著青衣。秋夏悉如其色。逮于魏晉。迎氣五郊。行禮之人。皆同此制。考尋故事。唯幘從衣色。今請冠及冕。並用玄。唯應著幘者。任依漢晉。制曰。可。

開皇初悉定典禮。太常卿牛弘奏曰。聖教陵替。國章殘闕。漢晉為法。隨俗因時。未足經國庇人。弘風施化。且制禮作樂。事歸元首。江南王儉偏隅一臣。私撰儀注。多違古法。就廬非東階之位。凶門豈設重之禮。兩蕭累代。舉國遵行。後魏及齊。風牛本隔。殊不尋究。遙相師祖。故山東之人。浸以成俗。西魏以降。師旅弗遑。賓興之禮。盡未詳定。今休明啓運。憲章伊始。請據前經。革茲弊俗。詔曰可。

虞世基奏曰。後周故事。并日月於旌旗。乃闕三辰。而章無十二。但有山龍華蟲作繪。宗彝藻火粉米黼黻。乃與三公不異。開皇中。就裹欲生分別。故衣重宗彝。裳重黼黻。合重二物。以就九章。為十二等。但每一物上下重行。袞服用九。鷩服用七。今重此三物。乃非典故。且周氏執謙。不敢負於日月。所以綴此三象。唯施太常。天王袞衣。章乃從九。但天子辟日。德在照臨。辰為帝位。月主正后。負此三物。合德齊明。自

古有之。理應無惑。周執謙道。殊未可依。重用宗彝。又乖法服。今准尚書予欲觀古人之服日月星辰山龍華蟲作會宗彝藻火粉米黼黻絺繡。具依此於左右髆上為日月各一。當後領下而為星辰。又山龍九物。各重行十二。又近代故實。依尚書大傳。山龍純青。華蟲純黃。作會。宗彝純黑。藻純白。火純赤。以此相間。而為五采。鄭玄議。已自非之。云五采相錯。非一色也。今並用織成於繡。五色錯文。准孔安國衣質以玄。加山龍華蟲火宗彝等。並織成為五物。裳質以纁。加藻粉米黼黻之四。衣裳通數。此為九章。兼上三辰。而備十二也。衣褾領上各帖升龍。漢晉以來。率皆如此。既是先王法服。不可乖於夏制。徽而用之。理將為允。墨敕曰。可承以單衣。

煬帝嘗大備法駕。嫌屬車太多。顧謂部郎閻毗曰。開皇之日。屬車十有二乘。於事亦得。今八十一乘。以牛駕車。不足以益文物。朕欲減之。從何為可。毗對曰。臣初定數。共宇文愷參詳故實。據漢胡伯始蔡邕等議。屬車八十一乘。此起於秦。遂為後式。故張衡賦云。屬車九九是也。次及法駕。三分減一。為三十六乘。此漢制也。又據宋孝建時有司奏議。晉遷江左。惟設五乘。尚書令建平王宏曰。八十一乘。議兼九國。三十六乘。無所準憑。江左五乘。儉不中禮。但帝王文物。旂旒之數。爰及冕玉。皆同十二。今宜準此。設十二乘。開皇平陳。因以為法。今憲章往古。大駕依秦。法駕依漢。小駕依宋。以為差等。帝曰。何用秦法乎。大駕宜三十六。法駕宜用十二。小駕除之。毗研精故事。皆此類也。

唐太宗貞觀二年。中書舍人高季輔上疏曰。竊見密王元曉等。俱是懿親。陛下友愛之懷。義高古昔。分以車服。委以藩維。須依禮儀。以副瞻望。比見帝子拜諸叔。諸叔即亦答拜。王爵既同。家人有禮。豈合如此顛倒昭穆。伏願一垂訓誡。永循彝則。太宗乃詔元曉等不得答吳

王恪魏王泰兄弟拜。

十三年。禮部尚書王珪奏言。准令三品以上遇親王於路。不合下馬。今皆違法申敬。有乖朝典。太宗曰。卿輩欲自崇貴。卑我兒子耶。魏徵對曰。漢魏已來。親王班皆次三公以下。今三品並天子六尚書九卿。為諸王下馬。王所不宜當也。求諸故事。則無可憑。行之於今。又乖國憲。理誠不可。帝曰。國家立太子者。擬以為君。人之脩短。不在老幼。設無太子。則母弟次立。以此而言。安得輕我子耶。徵又曰。殷人尚質。有兄終弟及之義。自周以降。立嫡必長。所以絕庶孽之窺覦。塞禍亂之源本。為國家者所深慎之。太宗遂可王珪之奏。

高宗時。楊炯上公卿已下冕服議曰。古者太昊庖犧氏仰以觀象。俯以察法。造書契而文籍生。次有黃帝軒轅氏長而敦敏。成而聰明。垂衣裳而天下理。其後數遷五德。君非一姓。體國經野。建邦設都。文質

所以再而復正朔所以三而改夫改正朔者謂夏后氏建寅殷人建丑周人建子至於以日繫月以月繫時以時繫年此則三王相襲之道也夫易服色者謂夏后氏尚黑殷人尚白周人尚赤至於山龍華蟲宗彝藻火粉米黼黻此又百代可知之道謹按虞書曰予欲觀古人之象日月星辰山龍華蟲作繪宗彝藻火粉米黼黻絺繡由此言之則其所從來有尚矣夫日月星辰光明照下土也山者布散雲物象聖王澤霈下人也龍者變化無方象聖王應時而教也華蟲者雉也雉身被五彩象聖王體兼文明也宗彝者虎也雖以剛猛制物象聖王神武定亂也藻者逐水上下象聖王隨代而應也火者陶冶烹飪象聖王至德日新也粉米者人恃以生象聖王為物之賴也黼能斷割象聖王臨事能決也黻者兩已相背象君臣可否相濟也逮周氏乃以日月星辰為旌旗之飾又登龍於山登火於宗彝於是乎制袞冕以祀先王九章者法陽數也以龍為首章袞者卷也龍德神思應變潛見表聖王深識遠知卷舒神化也又制鷩冕以祭先公也鷩者雉也有耿介之志表公有賢才能守耿介之節也又制毳冕以祭四望也四望者岳瀆之神也虎雖山林所生明其象也制絺冕以祭社稷之神也粉米由之成象其功也又制玄冕以祭羣小祀也百神異形難可遍擬但取黻之相背異名也夫以周公之多才也故治定制禮功成作樂夫以孔宣之將聖也故行夏之時服周之冕先王之法服乃自此之出矣天下之服能事又於是乎異矣表狀請制大明冕十二章乘輿服之者謹按日月星辰者已施於旌旗矣龍山火米者又不踰於古矣而云麟鳳有四靈之名玄龜有負圖之應雲有紀官之號水有盛德之祥此蓋別表休徵終是無踰比象然則皇王受命天地興符仰觀則璧合珠連俯察則銀黃玉紫盡南宮之粉壁不足寫其形狀罄東觀之鉛黃無以紀其名實固不可畢陳於法服也雲者從龍之氣也茄者藻之自生也又不假別為章目此蓋不經之甚也又鷩冕八章三公服之者也鷩者太平之瑞也非三公之德也鷹鸇者鷙鳥也適可以辨刑曹之職也熊羆者猛獸也適可以旌武臣之力也又稀藻為水草而無法象引張衡賦玄帶倒茄於藻井披紅葩之狎獵請為蓮花取其文彩者夫茄者蓮也若以蓮代藻變古從今既不知草木之名亦未達文章之意此又不經之甚也又毳冕六章三品服之者按此王者祀四望服之名也今三品乃得同王之毳冕而三公不得同王之袞名豈惟顛倒衣裳抑亦自相矛楯此又不經之甚也又黼冕四章五品服之者考之於古則無其名驗之於今則非章首此又不經之甚也若夫禮惟從俗則命為制令為詔乃秦皇之故事猶可以適於今矣若夫義取隨時則出稱警入稱蹕乃漢國之舊儀猶可以行於代矣亦何取於變周公之軌物改宣尼之法者哉

武后垂拱初詔問羣臣調元氣當以何道麟臺正字陳子昂因是勸后興明堂即上言臣聞之於師曰元氣天地之始萬物之祖王政之大端也天地莫大於陰陽萬物莫靈於人王政莫先於安人故人安則陰陽和陰陽和則天地平天地平則元氣正先王以人之通於天也於是養成羣生順天德使人樂其業甘其食美其服然後天瑞降地符升風雨時草木茂遂故顓頊唐虞不敢荒寧其書曰百姓昭明協和萬邦黎人於變時雍迺命羲和欽若昊天曆象日月星辰敬授人時和之得也夏商之衰桀紂昏暴陰陽乖行天地震怒山川鬼神發妖見災疾疫大興終以滅亡和之失也迨周文武創業誠信忠厚加于百姓故成康刑措四十餘年天人方和而幽厲亂常苛慝暴虐詬黷天地川冢沸崩人用愁怨其詩曰昊天不惠降此大戾不先不

後爲虛爲際闕不哀哉近隋煬帝恃四海之富鑿渠決河自伊洛屬之揚州疲生人之力泄天地之藏中國之難起故身死人手宗廟爲墟逆元氣之理也臣覩禍亂之動天人之際先師之說昭然著明不可欺也陛下含天地之德日月之明眇然遠思欲求太和此伏羲氏所以爲三皇首也昔者天皇大帝攬元符東封太山然未建明堂享上帝使萬世鴻業闕而不昭殆留此盛德以發揮陛下哉臣謂和元氣睦人倫捨此則無以爲也昔黃帝合宮有虞總期堯衢室夏世室皆所以調元氣治陰陽也臣聞明堂有天地之制陰陽之統二十四氣八風十二月四時五行二十八宿莫不率備王者政失則災政順則祥臣願陛下爲唐恢萬世之業相國南郊建明堂與天下更始按周禮月令而成之迺月孟春乘鸞輅駕蒼龍朝三公九卿大夫于青陽左个負斧扆馮玉几聽天下之政躬籍田親蠶以勸農桑養三老

五更以教孝悌明訟恤獄以息淫刑脩文德以止干戈察孝廉以除貪吏後宮非妃嬪御女者出之珠玉錦繡雕琢伎巧無益者棄之巫覡淫祀熒惑於人者禁之臣謂不數朞且見太平矣

中宗時左庶子劉子玄上朝服乘車議曰伏以古者爰自大夫已下皆乘車而以馬爲騑服魏已降迄乎隋代朝士又駕牛車歷代經史具有其事不可一二而言也至如李廣北征解鞍憩息馬援南伐據鞍顧眄斯鞍馬之設行於軍旅戎服所乘貴於便習者也按江左官至尚書郎而輒輕乘馬則爲御史所彈又顏延之罷官後好騎馬出入閭里當代稱其放誕此則專車憑軾可服朝衣單馬御鞍宜從褻服求之近古灼然之明驗也自皇家撫運沿革隨時至如陵廟巡謁王公冊命則盛服冠履乘彼輅車其士庶有衣冠親迎者亦時以服箱充馭在於他事無復乘車貴賤所行通用鞍馬而已臣伏見比者鑾輿出幸法駕首途左右侍臣皆以朝服乘馬夫冠履而出只可配車而行今乘車既停而冠履不易可謂惟知其一而未知其二也何者褒衣博帶革履高冠本非馬上所施自是車中之服必也襪而升鐙跣以乘鞍非唯不師古道亦自取驚今俗求諸折中進退無準且長裾廣袖襜如翼如鳴珮紆組鏘鏘奕奕馳驟於風塵之內出入於旌棨之間儻馬有驚逸人從顛墜遂使屬車之右遺履不收清道之傍絓驂相續固以受嗤行路有損威儀今議者皆以祕閣有梁武帝南郊圖多有衣冠乘馬者此則近代故事不得謂無其文臣按此圖是後人所爲非當時所撰且觀代間有古今圖畫者多矣如張僧繇畫羣公祖二疏而兵士有著芒屩者閻立本畫昭君入匈奴而婦人有著帷帽者夫芒屩出於水鄉非京華所有帷帽創於隋代非漢宮所作議者豈可徵此二畫以爲故實者乎由斯而言則梁氏南郊之圖

義同於此又傳稱因俗禮貴緣情殷輅周冕規模不一秦冠漢珮用捨無恒況我國家道軼百王功高萬古事有不便理資變通其乘馬衣冠竊謂宜從省廢臣懷此異義其來自久日不暇給未及推揚今屬殿下親從齒胄將臨國學凡有衣冠乘馬皆憚此行所以輒進狂言用申鄙見

睿宗景雲中諫議大夫源乾曜上奏曰聖王教天下必制禮以正人情君子三年不爲禮禮必壞三年不爲樂樂必崩古之擇士先觀射禮非取一時樂也夫射者別邪正觀德行中祭祀辟寇戎古先哲王莫不遞襲比年以來射禮不講所司恡費而舊典爲虧臣愚謂所計者財所虧者禮故孔子不愛羊而存禮也大射謂春秋不可廢

德宗貞元十三年柳冕兼御史中丞福建觀察使自以久踈斥又性躁狷不能無恨乃上表乞代且推明朝覲之意曰臣竊感江漢朝宗

之議。鹿鳴君臣之讌。頌聲之作。王道本始。國家自兵興。不遑議禮。方牧未朝。讌樂久缺。臣限一切之制。例無燕集。目不覩朝廷之禮。耳不聞宗廟之樂。足不踐軒墀之地。十有二年于茲矣。伏以朝會禮之本也。唐虞之制。羣后四朝。以明黜陟。商周之盛。五歲一見。以考制度。漢法三載上計。以會課最。聖唐稽古。天下朝集。三考一見。皆以十月上計京師。十一月禮見。會尚書省應考績事。元日陳貢篚。集於考堂。唱其考第。進賢以興善。簡不肖以黜惡。自安史亂常。始有專地。四方多故。始有不朝。戎臣恃險。或不悔過。臣忝牧圉之寄。憤不朝之臣。思一入覲。率先天下。使君臣之義。親而不疏。朝覲之禮。廢而復舉。誠恐負薪溘先朝露。覲禮不展。臣之憂也。比聞諸將帥亡歿者。衆臣自憚何德以堪久上[illegible]鄉國。人情之不忘也。闕庭。臣子所戀也。朝覲。國家大禮也。三者臣之大願。表累上。其辭哀切。德宗許還。

武宗會昌中。李德裕上言曰。伏見禮記云。君子將營宮室。宗廟為先。廐庫為次。宮室為後。又韋彤五禮精義對曰。古之制廟。必中門之外。吉凶大事。皆告而行。所以親而尊之。不自專也。今令城外置廟。稍異禮文。書於史策。必虧聖政。伏以朱雀門至明德門。凡有九坊。其長興坊。是皇城南第三坊。便有朝官私廟。實則逼近宮闈。自威遠軍向南三坊。俗稱闕外。地至閑僻。人鮮經過。於此置廟。無所妨礙。臣等商量今日以後。皇城南六坊內。不得置私廟。其朱雀街緣是南郊御路。至明德門夾街兩面坊。及曲江側近。亦不得置。餘圍外深僻坊。並無所禁。所貴不違禮意。感悅人心。臣等頻奉聖旨。有事許再三論奏。輒罄所見。庶裨聰明。

宋太宗淳化二年。諫議大夫張洎上奏曰。臣准中書劄子。奉聖旨。入閣圖。宜令史館脩撰楊徽之等四人。將舊圖比對錯誤文字改正。修

畢。却送閤門者。臣伏以朝廷典憲。簡冊具存。近代因循。多違舊式。今陛下以入閤圖。慮文字錯誤。特令比對。即知聖念於臨朝儀注。謹重至矣。臣幸因詔旨。敢貢管窺。沿襲之宜。惟明主裁酌。竊以今之乾元殿。即唐之含元殿也。在周為外朝。在唐為大朝。冬至元日。立全仗。朝萬國。在此殿也。今之文德殿。即唐之宣政殿也。在周為中朝。在漢為前殿。在唐為正衙。凡朔望起居。及冊拜妃后皇子王公大臣。對四夷君長。試制策。科舉人。在此殿也。今之崇德殿。即唐之紫宸殿也。在周為內朝。在漢為宣室。在唐為上閤。即隻日常朝之殿也。昔東晉太極殿有東西閤。唐置紫宸上閤。法此制也。且人君恭己南面。向明而理。紫宸黃屋。至尊至重。故巡幸則有大駕法從之盛。御殿則有鉤陳羽衛之嚴。故雖隻日常朝。亦猶立仗。前代謂之入閤儀者。蓋隻日御紫宸上閤之時。先於宣政殿前立黃麾金吾仗。俟契勘畢。喚仗即自東西閤門入。故謂之入閤。今朝廷且以文德正衙。權宜為上閤。甚非憲度。況國家丕承正統。宇內治平。凡百憲章。悉從損益。唯視朝之禮。尚屬因循。竊見長春殿正與文德殿南北相對。殿前地位連橫。衙亦甚廣博。伏請改創此殿。以為上閤。作隻日立仗視朝之所。其崇德殿。即唐之延英殿是也。為隻日常時聽斷之所。庶乎臨御之式。允叶前經。今輿論乃以入閤儀注為朝廷非常之禮。甚無謂也。臣竊案舊史中書門下御史臺謂之三司。為侍從供奉之官。今常朝之日。侍從官先入殿廷。東西立定。俟正班入。一時起居。其侍從官則東西對拜。甚失北面朝謁之禮。今請準舊儀。侍從官先次入起居畢。在左右分行侍立於丹墀之下。故謂之蛾眉班。然後宰臣率正班入起居。庶免侍從官有東西對拜之失。得遵正禮。臣又聞古之王者。躬勤庶務。其臨朝之跡數。視政事之繁簡。唐始受命。五日一朝。景雲初年。復脩正觀故事。

自天寶兵興之後四方多故由肅宗而下咸隻日臨朝雙日不坐其隻日或遇大寒盛暑陰霪泥濘亦放百官起居其雙日宰臣以下奏覆公事即時特開延英召對或蠻夷入貢勳臣歸朝亦特開紫宸引見陛下自臨大寶十有五年未嘗一日不雞鳴而起聽天下之政雖剛健不息固天德之常然而游焉息焉亦聖人之謨訓儻君父焦勞於上臣子緘默於下或不能隕身碎首引大體以爭則忠亮之心有所不至矣臣欲望陛下依前代舊規隻日視朝雙日不坐其隻日遇大寒盛暑陰霪泥濘亦放百官起居其雙日大官進食之後於崇德崇政兩殿召對宰臣常參官以下及非時蠻夷入貢勳臣歸朝亦特開上閤引見並請准前代故事處分臣聞易曰聖人久於其道而天下化成苟動靜有常恬和相養憂勤宵旰則當躬政於冕旒端拱穆清則可怡神於亢默夫如是聖君緝明御極之治勞逸相均高明配天博厚配地悠久而無疆矣臣向承朝命叨居館職邦國儀注合預參詳當文思有截之時獻虛薄無庸之說儻裨萬一雖死猶生

四年正月以南郊禮成大宴含光殿直史館陳靖上言古之饗宴者所以省禍福而觀威儀也故宴以禮成賓以賢序風雅之作茲為盛焉伏見近年內殿錫宴羣臣當坐於朶殿兩廊者拜舞方畢趨馳就席品列之序糾紛無別及至尊舉爵羣臣起立先後不整俯仰失節欲望自今令有司預依品位告諭其有踰越班次拜起失節喧譁過甚者並令糾舉又惟飫賜之典以寵武夫大烹之餘故為盛饌計一飯所費可數人之屬厭而將校輩或至終宴之時尚有欲炙之色蓋執事者失於察視不及潔豐而使然也伏望並申嚴制至道元年三月御史中丞李昌齡亦言廣宴之設以均飫賜得齒高會豈乎盡懽而有位之士鮮克致恭當糾其不恪又供事禁庭當定員數籍姓名以謹其出入洒殽之司或虧精潔望分命中使巡察並從之

仁宗天聖七年章獻太后將以冬至受朝天子率百官上壽祕閣校理范仲淹極言之且曰奉親于內自有家人禮顧與百官同列南面而朝之不可為後世法

翰林學士宋祁上奏曰臣伏見宣德門前御道南至天漢橋久來設梐枑禁止行人須立條制許近上臣僚於道上行馬近覩御史臺禮院重更定奪應出節者為近上臣僚竊謂宣德門比周之外朝朱雀門是唐之皇城中有御路蓋天子馳道凡在臣庶不合得行漢制皇太子尚不敢擅絕馳道蓋尊君卑臣上下有體故也今朝廷制度簡於唐漢京都御路止此一處臣欲望自宣德門至朱雀門外朝之地皇城之內表其中街以為馳道應臣庶車馬並禁往來惟隨從乘輿不在禁限議者或謂契丹人使已曾許馳道行馬難於改作臣謂天子

制度臣子共當崇戴彼之使臣亦陛下之臣也設令彼有疑問則令主客者具以實對質之事體無所妨礙乞再下有司詳定

參知政事宋庠論入閤儀奏曰臣近因與宰臣進呈具有文字伏奉德音詢及入閤故事臣雖與諸臣等累陳梗槩然理有未詳退而講求敘此條悉夫入閤者是唐家隻日於紫宸殿受常朝之儀也謹按唐有大內有大明宮宮在大內之東北世謂之東內謂大內為西內自高宗以後天子多在大明宮此宮制度尤為華備宮之正南門曰丹鳳門門內第一殿曰含元至大朝會則御之對北第二殿曰宣政謂之正衙朔望大冊拜則御之又對北第三殿曰紫宸謂之上閤亦曰內衙隻日常朝則御之據唐制凡天子坐朝必須立仗於正衙殿或乘輿止御紫宸即喚正衙仗自宣政殿兩門入是謂東西閤門也若以國朝之制相為比況則今之宣德門唐丹鳳門也大慶殿唐含元

殿也。文德殿。唐宣政殿也。紫宸殿。唐紫宸殿也。今或欲求入閤本意施于儀典。即須先立仗於文德之庭。如天子止御紫宸。即喚仗自東西閤門入。如此。則差與舊儀相合。但今之諸殿。比於唐制。南北不相對。值以此為殊耳。故後來論議。因有未明。又按唐自中葉以還。雙日及非時大臣奏事。別開延英殿賜對。若今假日御崇政延和是也。乃知唐家每遇坐朝之日。即為入閤。而叔世離亂。五朝草創。大昕之制。更從易簡。正衙立仗。因而遂廢。其後或有行者。常人之所罕見。乃復謂之盛禮。甚不然也。今之相傳入閤圖者。是官司記常朝之制。如閤門有儀制敕。合班雜坐圖之類。何足為希闊之事哉。況唐開元舊禮本無此制。至開寶中。諸儒增附新禮。始載月朔入閤之儀。又以文德殿為上閤。差舛尤甚。蓋當時編撰之士。討求未至。太宗朝儒臣張洎亦有論奏。頗為精洽。臣伏恐朝廷他日修復正衙立仗。欲乞送付兩

制。使預加商榷。改正舊儀。雖非要務。亦所以刊誤文。備成式也。

庠又乞御前殿朔日立仗。羣臣朝服。奏曰。臣聞告朔之義。周家尤重。在昔宣聖愛羊存禮。漢沿周制。合朔朝會。故雖優借大臣。許朝朔望。唐制立仗羣臣皆關傘入會。藝祖受命。論次開寶通禮。亦著月朔入閤之儀。則朔日者為政之端辰。講禮之盛節。國家因五代之亂。承千年之統。始勝殘去殺。務從簡易。雖制度既定。而謙讓未遑。五日一參。靡分朔望。禁衛單少。威儀粗率。禮典弗振。則朝廷不尊。國容寖廢。則臣下不肅。臣愚以為羽衛之設。非矜華侈。所以重主威也。朝會之作。非專拜揖。所以飾治體也。臣願陛下上考成周仲尼之法。下稽炎漢李唐之盛。近守太祖開寶之禮。明詔執事。摭案成規。每遇朔日。坐前殿朝羣臣。旗旂細仗。以次陳設。公卿朝服。如儀而罷。如此。則臣道肅而主道尊。于以示四夷。威萬國。聳民耳目。不可闕也。夫禮有以素為貴。謂其誠慤。有以文為貴。謂其采章。伏望陛下露臣此言。使博士。官得確論可否。講求故實。如曰便禮。即奉而行之。使重熙顯猷。執競丕業。由陛下之馴致也。

庠又論車駕儀衛奏曰。臣竊見車駕每有行幸。自非郊廟大禮具陳鹵簿外。其常日導從。唯前有駕頭。後擁扇繖而已。殊無典禮所載公卿奉引之盛。其侍從百司官。下至廝役。皆雜行道中。步輦之後。但以親事官百許人執檛以殿。謂之禁衛。諸班勁騎。頗與乘輿相遠。而士庶觀者。率隨扈從之人。夾道馳走。喧呼不禁。所過有旗亭市樓。皆垂簾外蔽。士民憑高下瞰。了無忌憚。邏司街使。亦不呵止。威令弛闕。習以為常。非所謂旄頭先驅。清道後行之慎。且自黃帝以神功盛德。猶假師兵為營衛。則防微禦變。古今一體。按漢魏以降。有大駕法駕小駕之儀。至唐又分殿中諸衛黃麾等仗。名數次序。各有施設。國朝承五

姓荒殘之弊。事從簡畧。每鳴鑾游豫。盡去戈戟旌旗之制。儀衛寬薄。頗同藩鎮。此皆制度放失。憚於改作之咎。欲望聖慈專委一二博學近臣。檢討前代儀注及鹵簿令。參乘輿常時出入體式。於三駕諸仗內斟酌儀物。增嚴條禁。上以示尊極。次以防未然。革去因循。宜在茲日。

至和元年。直集賢院劉敞論溫成皇后立忌奏曰。臣伏聞勅旨為溫成皇后立忌。禮官請對不許。臣竊惑之。凡朝廷常務。百司小事。猶當上稽舊典。下採衆論。何況宗廟大禮。至尊至重。豈可以一時之寵。獨決聖心。義有僭失。貽笑萬世。虧損盛明。悔不可追。今議者乃云有邪臣容悅。眩惑聖聰。導陛下以非禮。勸陛下以拒諫。若此無實。尚非義事。設有其實。罪亦大矣。當伏兩觀之誅。以謝天下。且自太祖以來。后廟四室。皆陛下之妣也。猶不立忌。奈何以溫成私昵之愛。變古違禮

則是貴妾於妣、尊嬖於嫡、上無以事宗廟、下無以教後嗣。恐祖宗神靈不樂於此。非陛下奉先思孝之意也。昔成湯改過不吝。故稱聖王、

格于皇天、願陛下毋篤於嬖近之寵、毋安於邪佞之說。毋變先帝之舊典。毋枉宗廟之正禮。回易意慮。割情去私、詔于司存、追寢過命、使萬萬億年無復譏議、天下幸甚。臣以無狀、忝備儒館、禮樂之失、臣得預焉。

御史中丞孫抃等上奏曰。臣等比聞朝廷欲為后廟四室、并章惠皇后各立小忌。已具劄子論奏。至今尚未降出。臣等伏覩太祖太宗真宗三朝故事。皇后不祔太室者。皆不立忌。此國家大典。禮之大制度。陛下不可不遵守。且孝惠孝章淑德章懷章惠。是陛下三世尊屬。別廟崇奉多歷年所。即未嘗有此擬議。今因循之間。遽爾更改。中外聞聽咸謂陛下因溫成而遂追及先朝諸后、布之詔命。則取四方之譏、書

之史策。則貽萬世之誚。陛下臨御天下。踰三十載。聖功神德。卓若堯舜。今忽錄此一事。遂成非錯。俾盛美光大有愧於疇昔。陛下安忍如是。欲望特降聖旨。集百官議定。然後行下。制勑所貴禮典詳慎。以順天人之心。

嘉祐四年。同知太常禮院韓維上奏曰。臣所領職。以同知禮院為名。禮有不正。知而不言。則負朝廷所以命臣之意。而失臣所以事上之禮也。故敢不避誅殛而言。臣誠見溫成皇后廟樂牲器。僭比祖宗。稽之禮經。則先聖之所不道。質於故事。則本朝之所無有。臣竊聞其時臣下有以唐武惠妃事上惑聖明者。惠妃之沒。雖嘗立廟。然至乾元之後。祀事即絕。因當時已知其非禮。豈是為聖朝法哉。臣近奏疏。願因親祫宗廟。特詔有司裁損其制。以全陛下廣孝愛禮之義。尋章奏御。累日寢而不下。臣切惑之。陛下無謂數楹之屋、兩簋之器。施之無

損於治。蓋聖人所以異等威。明風教。以觀示天下者。禮存之於此也。如不以臣言為信。則并臣前章付中書門下。使大臣參議。事有可采。乞早賜施行。

仁宗時。張方平上論曰。臣聞昔在帝舜。命伯夷秩宗。以典三禮。命夔典樂。以教胄子。爰及夏商。制作損益。不相沿襲。周監二代。文物全備。事為之制。曲為之防。數度紀律。具于六典。於是教化浹洽。獄訟衰息。後之辟王。其所守者。惟祭與端。而天下尚知宗周。以其典禮攸出。根本所繫。雖齊桓晉文立威定霸。必挾王命以令四方。猶賜胙而下拜。請隧而不許。降及末世。韓魏之分晉。田氏之得齊。咸因諸侯請命于周。有封籍于文武之廟。而後敢正名稱爵。通於天下。則知疆域之大。士民之衆。甲兵之彊。威勢之盛。不可以犯典禮之重也。不然者。以齊晉之視安烈。匹夫擒之尒。後至戰國。兵爭禍大。九法盡斁。三綱咸解。

諸侯先焚削舊禮之篇籍。而遂僭用王章焉。然其維持邦國八百餘年。雖危不亡。將絕復續。非禮何以存之。漢初承秦滅學。蕩盡無條貫。叔孫通採拾遺散。草施儀法。而後君臣之位正。郊祀之禮修。宗廟以尊。朝廷以嚴。理道克興。暴亂不作。至於設官分職。綱紀天下。本末條理。教民成俗。使諸侯軌道。咸歸于極。則未暇也。孝文接統。治致太平。賈誼勸上宜定制度。興禮樂。而當時將相大臣。皆介冑武人。不知治體。沮寢其議。漢氏當文景之世。可謂盛矣。百姓樂業。家給人足。五都之貨殖。七遷之豪舉。驅扇浮靡。汰蕩亡度。閭閻之僭。乃過徹侯。夫以文帝之恭儉。務德具王道。而微者所不至於王一息爾。其失由乎富庶而不能教也。逮乎武帝。招延材雋。其文章儀物。信美哉。而制度典禮。終不克建。于後兵刑齊用。財貨益急。竊非叔孫之法維持之殆矣。由是言之。叔孫氏之功垂于漢。不在蕭曹之下也。中興之後。稍復增緝。立

明堂靈臺辟雍小學行宗祀養老之禮和安之世漸以陵遲桓靈不君王制大壞厥後吳魏異政南北殊俗世用多故文獻不足唐平隋亂太宗因開皇五禮修正頒行顯慶之初異同遂起開元之末討論甫定竊詳周官凡制度施設悉係之羣職人存則法舉上修則下存事為典常者則謂之禮不恭其事者輒董以刑表裏相成本末為用經國治民同條共貫漢唐作者有異於是徒能類其篇目而不屬諸典司止具乎朝廷之儀不該乎天下之務吏民約束乃別著乎刑書子曰道之以德齊之以刑民免而無恥夫訓民正俗不在乎禮典而在乎刑書此乃備其末而廢其本縱其初而要其失故後王之道所以異乎三代者也我國家接衰唐之絕緒承五季之紕政德厚流光海宇大定為承平者逾六十年宜乎必世後仁可以勝殘去殺然風俗猶未歸厚刑罰尚頗繁密故由禮樂未明數制未立王道有所壅

而不備者也考定鍾律序正雅頌布明詔于天下誡庶民之僭忒此固朝廷深惟治世之本欲清教化之原思納人於軌物者也臣聞之書曰伯夷降典折民惟刑言先以典禮教民而不專用乎法也是故禁於未發之謂禮救於已失之謂刑禁之於未發者謂大為之防使無越者救於已失者謂養成其俗而後革之子曰道之以禮樂而民和睦是故設法而革於既失不若立禮以防於未然也今小大之吏凡理民之術莫不以簿書督責為急務文巧苛深為善職聚斂侵漁集以為功剝刻貧民竭其膏血錐刀毫忽人盡爭之此乃驅之使相吞食逼之使為盜亂又何暇孝友禮義之勸廉恥遜讓之貴乎故夫知理化之大體稍能使民回心而鄉道類非俗吏所能知者今凡羣臣之上計議條令之下四方非刑名之科即財利之事民不聞乎德教而惟利與刑之聞故法出而奸生令下而詐起苟取一切無憂深

思遠之慮由乎所以漸引其心術者未也方今聖主勵精於上賢輔講道于下兆民安業四夷來庭是可以闡九筵而布政立圜水而宣德益廣天下之庠序俾習射之禮隆雅頌之聲分命大臣集諸儒碩生因前聖之遺制考舊禮之沿革定愨當之一說以折衷於諸家芟其繁重以便遵用自國家損益之法至吏民等級之度成皇家之大典立百世之宏規且王者受命必有制作是故質文互變忠恭殊尚改正朔易徽號別服色異器械所以新天下之耳目振舊物之頹廢又況禮樂之大固無沿襲之理矣今天下學士所習者前代之餘制廷列羣臣所引者往朝之故事我大宋繼天而王久曠大儀小臣鄙愚竊懷憤悵蓋太平之期難值英哲之主間出臣不勝踴躍于下以至斐然不量僭陳大議蓋為明時重惜也謹採末論稍近乎政教之本者存數條爲謹論

方乎又上車服論曰臣聞為國以禮莫大乎制度制度成立則上下之分定尊卑之序別爭奪之患塞僭亂之害除夫如是其理天下猶示諸掌乎傳曰夫名以出禮禮以體政政以正民是以政成而民聽易則生亂在易節卦象曰節以制數度議德行若夫以德詔爵以才居位是為議德行名位不同禮亦異數是為制數度故虞書曰車服以庸又曰五服五章哉周官則有五儀九命以正諸侯之位以等諸臣之爵自國家封方之度宮室門庭之式宗廟祭祀之法賓客交接之道鍾石羽籥之列几筵俎豆之數冕服圭籍珮組之飾車乘旗旂纓旒之制牢積饔食之品祼酢問勞之節惟事事乃其有制而後邦國有倫也是故觀其采章則人望而畏辯其文紀而衆不敢黷有德者一物可以旌賞有功者一辭可以寵榮王者南面而治惟名與器而已漢世車服頗存周舊自士已上帶裳冠舄而皆乘車以馬為騑

服異其輪輻衡軛轓幰帷裳以彰等級之度自江左至隋儀物未替而中原永嘉之後五胡雜處先王典禮蕩亂無遺元魏高齊增爲奇詭輿裳制度於古無說隋氏一統稍復舊儀車服等衰差爲四品有常服公服朝服祭服其二公朝服進賢三梁冠絳紗單衣白紗中單皁領褾白練裙襦絳蔽膝革帶金飾鉤鰈方心曲領紳帶玉鏢劍山蒼玉佩綬烏皮舄笏用象牙乘車油幰朱網是時內外百官文物有序貴賤士庶較然殊別至煬帝數事巡幸屢興師役百官行從皆服袴褶始詔隨車駕涉遠者皆戎衣以五色表貴賤焉唐侍臣服令雖略比隋制蓋陪祭朝享元會大事乃具服其讌見進對折上巾紫襴袍環帶鞶囊佩烏皮靴而已始有乘馬之服蓋車不復御矣相承至今爲臣聞古先聖人制禮之意爲冠冕以莊其首爲履舄以重其趾行步則有衡牙之聲登車則有和鸞之節是故斯須而必在禮矣夫

貂而騎趙武靈所爲胡服也靴胡履也合袴胡袴也傳曰棄袞冕而南冠以出不亦簡彝乎尊卑無章民何効焉苟曰便而已矣天下庸得不馳騁而狂亂者歟今郊祀大禮天子駕玉輅而王公百辟皆法服騎從此禮之尤失者也臣觀漢儀雖守令之卑皆有從車唐景龍中皇子將行釋奠於太學有司草儀注從臣皆衣冠乘馬時議者以爲馬本用於軍旅戎服而乘貴於便習長裾廣袖紆組鳴玉非馬上所宜其儀遂寢況國之盛禮天下所觀是宜示之以尊卑顯之以秩序而所輔相之重雖於騶騎之羣豈所以彰朝廷之尊嚴者哉又巾履靴笏自公卿大臣以爲朝服而卒校胥史爲制一等其羅縠綺紈織文絺繡自人君至于庶人同施均用其居室器玩之汰則豪人大賈踰於貴戚臣聞周官曰以儀辨等則民不越臣愚以爲宜約前世之禮文詳定方今之制度大臣復依漢晉乘車駟馬增異冠服卿大夫士以品式差降之貴則備物卑則略焉其卒校胥史盡稍撙省其製令有所殊異不相疑雜則上下不相褻朝廷之道尊等級自隆居然崇陛之象紀章自辨無復假器之譏矣

福建路轉運使蔡襄上奏曰臣伏聞陛下爲溫成皇后立忌臣竊謂聖人制禮所以明輕重尊卑之節過與不及皆曰失禮故太常設官職在檢詳陛下臨御天下三十餘年動遵典法聖德之盛明如天日近者溫成皇后薨逝事不下禮官詳檢既已施行雖有過當無由追改今又立忌考之於禮未爲適中伏以孝章淑德章懷四后於陛下爲伯祖妣爲皇妣其屬之尊如此向來奉慈皆不立忌溫成皇后生則爲妃後乃追冊於陛下爲卑幼之列不應立忌伏望聖慈追還勅命庶乎天下之人知陛下以禮斷情合於中道

知太常禮院蘇頌請重修纂國朝所行五禮疏曰臣竊惟方今聖治

日新百度修舉其在朝政固無可措言者然詔旨開納不容自嘿輒敢以平昔所懷一二狂瞽仰塵明詔臣伏見國朝以來制作禮樂上采三代下迄有唐損益節文簡冊具載而前後禮官纂集類無法制或直載一時所行或雜牘歲月條目相錯本末不倫臣竊考之六經在禮有三種之別周官著有司典領之事儀禮載升降隆殺之節戴記敘古今因革之文雖聖賢作述之不同而語其歸趣實相爲表裏也後世言禮者皆不出此三體漢晉洎隋雖代有作者而苟簡一時法制無取唐明皇命學士等因止觀顯慶所修五禮討論刪改集成一百五十卷是爲大唐開元禮行於累朝設於科舉傳其學者則有義鑑義羅之類比於近代之書最爲詳悉故今世漢晉洎隋皆無傳而開元禮獨不廢者以其法制存焉故也太祖皇帝特詔儒臣劉溫叟盧多遜扈蒙等祖述其書傳以今事仍加增損是成二百卷是爲

開寶通禮。又有義纂一百卷以發明其旨要。仍依開元禮設科取士。逮今官司遵用。斯為不刊。況之六經。儀禮之別也。然此特一經也。在於有司典領之事。古今沿革之文。猶闕而不立。故舉行之際。尚或未備。自開寶以後。百年之間。累聖躬行。聲明寖盛。非有繼述。後世何觀。嘉祐初。太常歐陽修奏請編撰。彼時臣任博士。職預纂修。常以恭謝一門。分為三目。其一。自降御札。公卿百司奉行辦備之事。謂之有司。其二。自前期陳設。至裸獻禮畢。謂之儀注。其三。采古今曲臺論議。更創之制。謂之沿革。以此一門為例。他悉倣之。修已議定具草。會臣罷禮官。領他職。復奏姚闢蘇洵繼掌其事。闢洵離析舊文。更立新躰。撰成一百卷。是為太常因革禮。雖號簡要。幾同鈔節。姑可以備有司之檢閱。誠未足以發揚聖朝制作之盛也。臣伏覩陛下留意典章。修舉廢墜。前歲詔命近臣詳定禮文。自郊廟至於羣臣朝會與夫燕享器服

之名數。舞樂之形容。考古揆今。審求至當。皆三代之所放失。漢唐之所闕遺。斷自清衷。舉行殆遍。固當著於典訓。與六經並行。為萬世矜式也。臣不勝碩幸。欲望再命諸儒討論國朝以來自開寶通禮至近歲詳定禮文。以有司及儀注沿革。依三禮隨類分門。著為大宋元豐新禮。付之太常。頒於學官。使博士弟子講習大義。或施於科舉。則數歲之後。必有詳練跡通之人。上副拔擢。可以為朝廷講議之官。庶幾天下向風。皆知禮教。謙恭撙節。不學而能。於變時雍。可跂而待也

英宗即位。初。殿中侍御史司馬光上論後殿起居劄子曰。臣竊見國家從來以垂拱崇政為便殿。乘輿每旦先御垂拱。退御崇政。是以侍從近臣已於垂拱起居者。非有職事奏對。更不復至崇政。近歲以來。乘輿間日一御垂拱。有司不詳事躰本末。遂令學士待制及兩省官。只赴垂拱。不赴崇政起居。近以山陵未畢。乘輿不御垂拱。將近旬月。學士以下。遂廢起居之禮。豈有名為侍從近臣。而動踰旬月。不得瞻望黼扆。臣恐朝廷之儀。由此相承。寖益訛謬。欲乞今後應乘輿不御前殿。並令學士待制及兩省官赴後殿起居。或以為太煩。即令兩日一次起居。

治平元年。光知諫院。又上論階級劄子曰。臣聞治軍無禮。則威嚴不行。禮者上下之分是也。唐自肅代以降。務行姑息之政。是以藩鎮跋扈。威侮朝廷。士卒驕橫。侵逼主帥。下陵上替。無復綱紀。以至五代。天下大亂。運祚迫蹙。生民塗炭。祖宗受天景命。聖德聰明。知天下之亂生於無禮也。乃立軍中之制曰。一階一級。全歸伏事之儀。敢有違犯。罪至於死。於是上至都指揮使。下至押官長行。等衰相承。粲然有敘。若身之使臂。臂之使指。莫敢不從。故能東征西伐。削平海內。為子孫建久大之業。至今百有餘年。天下太平者。皆由此道也。近歲以

來。中外主兵臣僚。往往不識大躰。好施小惠。以盜虛名。軍中有犯階級者。務行寬貸。是致軍校大率不敢鈐束長行。甘言悅色。曲加煦嫗。以至懦怯。兵官亦為此態。遂使行伍之間。驕恣悖慢。寖不可制。上畏其下。尊制於卑。所謂下陵上替者。無過於此。臣聞聖王刑期於無刑。今寬貸犯階級之人。雖活一人之命。殊不知軍法不立。漸成陵替之風。則所繫乃億兆之命也。臣愚欲望陛下特降詔旨。申明階級之法。戒勅中外主兵臣僚。令一遵祖宗之制。如敢有輒行寬貸。曲收眾心者。嚴加罪罰。以儆其餘。庶幾綱紀復振。基緒永安。

二年。光又言濮王典禮劄子曰。臣聞聖人舉事。與眾同欲。故能下協人心。上順天意。洪範曰。三人占。從二人言。蓋國有大疑。則決之於眾。自上世而然矣。臣伏見鄉者詔羣臣議濮安懿王合行典禮。翰林學士王珪等二十餘人。皆以為宜准先朝封贈期親尊屬故事。凡兩次

會議無一人異辭所以然者蓋欲奉濮王以禮輔陛下以義也而政府之意獨欲尊濮王為皇考巧飾詞說誤惑聖聽不顧先王之大典蔑棄天下之公議使宗室疏屬皆已受封贈而崇奉濮王之禮至今獨未施行此衆人所以怫鬱而未為稱愜者也或者恐陛下未能决知二議是非臣請更為陛下別白言之政府言儀禮令文五年月勑皆云為人後者為其父母即出繼之子於所繼所生皆稱父母臣按禮法必須指事立文使人曉解今欲言為人後者為其父母之服若不謂之父母不知如何立文此乃政府欺罔天下之人謂其皆不識文理也又言漢宣帝光武皆稱其父為皇考臣按宣帝承昭帝之後以孫繼祖故尊其父為皇考而不敢尊其祖為皇祖考以其與昭帝昭穆同故也光武起布衣誅王莽親冒矢石以得天下名為中興其實創業雖自立七廟猶非太過況但稱皇考其謙損甚矣今陛下親

為仁宗之子以承大業傳曰國無二君家無二尊若復尊濮王為皇考則置仁宗於何地乎政府若以二帝不加尊號於其父祖引以為法則可矣若謂皇考之名亦可施於今日則事理不侔矣設使仁宗尚御天下濮王亦萬福當是之時命陛下為皇子則不知謂濮王為父為伯若先帝在則稱伯沒則稱父臣計陛下必不為此行也以此言之濮王當稱皇伯又何疑矣今舉朝之臣自非挾姦佞之心欲附會政府誤惑陛下者皆知濮王稱皇考為不可則衆志所欲亦可知矣陛下何不試察羣臣之情羣臣誰不知濮王於陛下為天性至親若希旨迎合不顧禮義過有尊崇豈不於身有利而無患乎所以區區執此議者但不欲陛下失四海之心受萬世之譏耳以此觀之羣臣之忠佞邪正甚易見矣臣願陛下上稽古典下順衆志以證崇奉濮安懿王如王珪等所議此亦和天人之一事也

光為宰相韓琦等議濮安懿王合行典禮狀曰伏以出於天性之謂親緣於人情之謂禮雖以義制事因時適宜而親必主於恩禮不忘其本此古今不易之常道也伏惟皇帝陛下奮乾之健乘離之明擁天地神靈之休荷宗廟社稷之重即位以來仁施澤浹九族既睦萬國交歡而濮安懿王德盛位隆宜有尊禮陛下受命先帝躬承聖統顧以大義後其私恩慎之重之事不輕發臣等忝備宰弼實聞國論謂當考古約禮因宜稱情使有以隆恩而廣愛庶幾上以彰孝治下以厚民風臣等伏請下有司議濮安懿王及譙國大夫人王氏襄國大夫人韓氏仙遊縣君任氏合行典禮詳處其當以時施行

光與翰林學士王珪等議濮安懿王典禮狀曰臣等謹按儀禮喪服為人後者傳曰何以三年也受重者必以尊服服之為所後者之祖父母妻妻之父母昆弟昆弟之子若子若子者言皆如親子也又為人後者為

其父母傳曰何以期也不貳斬也特重於大宗降其小宗也又為人後者為其昆弟傳曰何以大功也為人後者降其昆弟也以此觀之為人後者為之子不敢復顧私親聖人制禮尊無二上若恭愛之心分施於彼則不得專一於此故也是以秦漢以來帝王有自旁支入承大統者或推尊父母以為帝后皆見非當時取譏後世臣等不敢引以為聖朝法況前代入繼者多宮車晏駕之後援立之策或出母后或出臣下非如仁宗皇帝年齡未衰深惟宗廟之重祗承天地之意於宗室衆多之中簡拔聖明授以大業陛下親為先帝之子然後繼體承祧光有天下濮安懿王雖於陛下有天性之親顧復之恩然陛下所以負扆端冕富有四海子子孫孫萬世相承者皆先帝之德也臣等愚淺不達古今竊以謂今日所以崇奉濮安懿王典禮宜一準先朝封贈期親尊屬故事高官大國極其尊榮譙國太夫人襄國

太夫人。仙遊縣君亦改封大國太夫人。考之古今。實為宜稱。
光又論濮安懿王稱安懿皇疏曰。臣聞諸道路。未知信否。或言朝廷欲追尊濮安懿王為安懿皇。審或如此。切恐不可。陛下既為仁宗後。於禮不當顧私親。臣先時言之以熟。不敢復煩聖聽。今臣不知陛下之意。固欲追尊濮王耶。前世帝王以旁支入繼。追尊其父為皇者。自漢哀帝為始。其後安帝桓帝靈帝亦為之。哀帝追尊其父定陶恭王為恭皇。今若追尊濮安懿王為安懿皇。是正用哀帝之法也。陛下有堯舜禹湯不以為法。而法漢之昏主。安足以為榮乎。仁宗恩澤在人。淪於骨髓。海內之心所以歸附陛下者。為親受仁宗之命為之子也。今陛下既得天下。乃加尊號於濮王。海內聞之。孰不解體。又安足以為利乎。夫生育之恩。昊天罔極。誰能忘之。陛下不忘濮王之恩。在陛下之中心。不在此外飾虛名也。孝子愛親。則祭之以禮。今以非禮之

虛名加於濮王而祭之。其於濮王果有何益乎。三者無一可。而陛下行之。臣切惑之。此蓋政府一二臣自以鄉者建議之失。已負天下之重。苟欲文過遂非。不顧於陛下之德有所虧損。陛下從而聽之。臣切以為過矣。臣又聞政府之謀。欲託以皇太后手書。及不稱考而稱親。雖復巧飾百端。要之為負先帝之恩。虧陛下之義。違聖人之禮。失四海之心。政府之臣。秖能自欺。安能欺皇天上帝與天下之人乎。臣願陛下急罷此議。勿使流聞達於四方。則天下幸甚。臣今雖不為諫官。然歸日已曾奏聞。身備近臣。遇國家有大得失。不敢不言。
四年五月。光又乞宰臣押班一依舊制疏曰。臣伏覩五月七日敕文准四日手詔。今後宰臣赴文德殿押班。自春分後或遇辰牌上。秋分後遇辰正牌上。垂拱殿視事未退。止令傳報宰臣。更不過。令御史臺一面放班。餘日並依祥符敕命指揮。永為定制。所有前降下太常禮院詳定文字。更不施行者。臣竊見從來垂拱殿視事。比至中書樞密院及其餘臣寮奏事畢。春分以後少有不過辰初。秋分以後少有不過辰正。陛下臨御以來。惟近因服藥。曾於辰牌以前駕起入內。自餘皆在辰牌以後。然則自今以往。無事之日。宰臣永不赴文德殿押班也。臣竊惟文德殿為天子正衙。宰臣為百寮師率。百寮既在彼常朝。則宰臣理當押班。斯乃前世之舊規。自祖宗以來。未之或改。今陛下即政之始。事非有大利害者。恐未須更張。伏望陛下特降聖旨。令宰臣一依國朝舊制押班。若陛下以前者已降手詔。必欲限以時刻者。即乞自春分後遇辰牌上。秋分後遇巳牌上。並依今月四日指揮施行。猶庶幾此禮不至遂廢。

歷代名臣奏議卷之一百十九

禮樂 總言禮

宋英宗時程頤代彭思永論濮王典禮䟽曰臣伏見近日以濮王稱親事言事之臣奏章交上中外論議沸騰此蓋執政大臣違亂典禮左右之臣不能開陳理道而致陛下聖心疑惑大義未明臣待罪憲府不得不為陛下明辨其事竊以濮王之生陛下而仁宗皇帝以陛下為嗣承祖宗大統則仁廟陛下之皇考陛下仁廟之適子濮王陛下所生之父於屬為伯陛下濮王出繼之子於屬為姪此天地大義生人大倫如乾坤定位不可得而變易者也固非人意所能推移苟亂大倫人理滅矣陛下仁廟之子則曰父曰考曰親乃仁廟也若更稱濮王為親是有二親則是非之理昭然自明不待辨論而後見也然而聖意必欲稱之者豈非陛下大孝之心義雖出繼情厚本宗以

濮王是生聖躬曰伯則無以異於諸父稱王則不殊於臣列思有以尊大使絕其等倫如此而已此豈陛下之私心哉蓋大義所當典禮之正天下之公論而執政大臣不能將順陛下大孝之心不知尊崇之道乃以非禮不正之號上累濮王致陛下於有過之地失天下之心貽亂倫之咎言事之臣又不能詳據典禮開明大義雖知稱親之非而不知為陛下推所生之至恩明尊崇之正禮使濮王與諸父夷等無有殊別此陛下之心所以難安而重違也臣以為所生之義至尊至大雖當專意於正統豈得盡絕於私恩故所繼主於大義所生存乎至情至誠一心盡父子之道大義也不忘本宗盡其恩義至情也先王制禮本緣人情既明大義以正統緒復存至情以盡人心是故在喪服恩義別其所生蓋明至重與伯叔不同也此乃人情之順義理之正行於父母之前亦無嫌間至於名稱統緒所繫若其無別

斯亂大倫今濮王陛下之所生義極尊重無以復加以親為稱有損無益何哉親與父同而所以不稱父者陛下以身繼大統仁廟父也在於人倫不可有貳故避父而稱親則是陛下明知稱父為決不可也既避父而稱親則是親與父異此乃姦人以邪說惑陛下言親義非一不正謂父臣以謂取父義則與稱父正同決然不可不取父義則其稱甚輕今宗室疏遠卑幼悉稱皇親加於所生深恐非當孝者以誠為本乃以疑似無正定之名瀆於所尊躬屬不恭義有大害稱之於仁廟乃有嚮背之嫌去之於濮王不損所生之重絕無小益徒亂大倫臣料陛下之意亦不必須要稱親止謂不加殊名無以別於臣列臣以為不然推所生之義則不臣自明盡致恭之禮則其尊可見況當揆量事躰別立殊稱要在得盡尊崇不悖禮典言者皆欲以高官大國加於濮王此甚非知禮之言也先朝之封豈陛下之敢易爵

秩之命豈陛下之敢加臣以為當以濮王之子襲爵奉祀尊稱濮王為濮國太王如此則夐然殊號絕異等倫凡百禮數必皆稱情請舉一以為率借如既置嗣襲必伸祭告當曰姪嗣皇帝名敢昭告于皇伯父濮國太王自然在濮王極尊崇之道於仁皇無嫌貳之失天理人心誠為允合不獨正今日之事可以為萬世之法復恐議者以太字為疑此則不然蓋繫於濮國自於大統無嫌今親之稱大義未安言事者論列不已前者既去後者復然雖使臺臣不言百官在位亦必繼進理不可奪勢不可遏事躰如此終難固持仁宗皇帝在位日久海寓億兆涵被仁恩始陛下嗣位之初功德未及天下而天下傾心愛戴者以陛下仁廟之子也今復聞以濮王為親含生之類孰不痛心蓋天下不知陛下孝事仁皇之心格於天地尊愛濮王之心非有以不義加之但見誤致名稱所以深懷疑慮謂濮王既復稱親則

仁廟不言旨絕羣情訩懼異論喧嚚夫王者之孝在乎得四海之歡心胡為以不正無益之稱使億兆之口指斥謗讟致濮王之靈不安於上臣料陛下仁孝豈忍如斯皆由左右之臣不能為陛下開明此理在於神道不遠人情故先聖謂事死如事生事亡如事存設如仁皇在位濮王居藩陛下既為冢嗣復以親稱濮王則仁皇豈不震怒濮王豈不恻懼是必君臣兄弟立致釁隙其視陛下當如何也神靈如在亦豈不然以此觀之陛下雖加名稱濮王安肯當受伏願陛下深思此理去稱親之文以明示天下則祖宗濮王之靈交懽於上皆當垂祐陛下享福無窮率土之心翕然慰悅天下化德人倫自正大孝之名光於萬世矣夫奸邪之人希恩固寵自為身謀害義傷孝以誤陛下今既公論如此不無徊徨百計搜求務為巧飾欺罔聖聽枝梧言者徼冀得已苟圖自安正言未省而巧辯已至使陛下之心無由分悟伏乞將臣此章省覽數遍裁自宸衷無使奸人與議其措心用意排拒人言隱迹藏形陰贊陛下者皆奸人也幸陛下察而辨之勿用其說則自然聖心開悟至理明白天下不勝大願

時議追崇濮安懿王侍御史趙瞻爭曰仁宗既下明詔子陛下議者顧惑禮律所生所養之名妄相訾難彼明知禮無兩父貳斬之義敢裂一字之詞以亂厥真且文有去婦出母者去已非婦出不為母辭窮直書豈足援以斷大議哉臣請與之廷辨以定邪正已而皇太后手書尊王為皇瞻歎曰向者太后切責大臣議乃得寢今邪臣與中官交締歸過至尊而自為之地吾與首議之臣不並生矣因復力陳會假太常少卿接契丹賀正使入對英宗問前事對曰陛下為仁宗子而濮王又稱皇考則是二父二父非禮英宗曰御史嘗見朕欲皇考濮王乎瞻曰此乃大臣之議陛下未嘗自言英宗曰是中書過耳朕自數歲時先帝養為子豈敢稱濮考瞻曰臣請退諭中書作詔以曉天下時連日晦冥英宗指天示瞻曰天道如此安敢妄為褒尊朕意已決無庸宣告瞻曰陛下祗畏天戒不以私妨公甚盛德也及使還聞呂誨等諫濮議皆罷去乞與同貶不報趣入對英宗曰卿欲就龍逢比干之名孰若効伊尹傅說哉瞻皇懼言臣不敢奉詔使朝廷有同罪異罰之譏

神宗元豐元年知秦州呂大防請定婚嫁喪祭之禮疏曰臣伏見朝廷屬新庶政舉以三代先王為法而獨於典禮制度似未及漢唐之盛昨聞特下明詔置局考定禮文得失有以見聖慮高明急所先務臣之愚衷未欲聞於朝者庶得申於今日矣臣竊觀今之公卿大夫下逮士民其婚喪葬祭皆無法度唯聽其為而莫之禁夫婚嫁重禮也而一出於委巷鄙俚之習喪祭大事也而率取於浮圖老子之法至於郡縣公私禮之大節古所謹重者一切苟簡畧無義理臣謹按開寶通禮迺太祖皇帝所立本朝一代之典臣歷觀四方唯於淄州嘗見之以備考試舉人而已禮之不行無甚於此周禮八則禮俗以馭其民蓋謂庶民則可參之以俗而士以上當專用禮也臣愚欲乞詔諭禮官先擇開寶通禮論定而明著之以示天下違者有禁斷以必行雖未能下逮黎庶而小人所視是以成化況臺省官視事州縣祭社稷釋奠之類已略用禮矣推此而為之亦非絕俗難行之事又今之所行者於禮之中纔舉數事以漸善俗義在於此伏惟陛下留神財省立為萬世法天下幸甚

神宗時集英殿脩撰李復上疏曰臣聞聖王制世莫重於禮事不由於禮無巨細皆不可行三代之禮至周而備今考諸載籍所傳者十無二三前世江都開元皆嘗纂綴舊文而行之當時折衷執於古者

泥而不通順其時者陋而無法學禮者有所不取後世無可稽焉傳曰治定制禮國朝承平一百六十年高出唐虞豈三代可擬一代禮典今猶未講至使好禮之士有家自為禮者荀况云禮莫大於聖王是惟聖人乃能制禮惟王者乃能行禮記曰非天子不議禮不制度不考文臣頃詔有司上自郊廟社稷下至三祀一祀與夫冠婚喪葬賓軍辨其等威裁其文物不僭不偪據於古而不泥宜於今而不陋著為一代之典其士庶所當行則頒之郡縣使通知為事有制度燦然可觀四夷百蠻承風取則為治世甚盛之舉豈勝幸甚

金君卿上奏曰周制諸侯雖有功皆為侯伯七命而已其爵無至公者故王之子弟及異姓之有大功德而封爵不過侯但得進地齊魯之國皆以侯爵而受上公之地若列土侯伯有功德者則加一命為牧惟二王後與三公加命為上公者得服衮冕故禮記王制云三公一命卷按正義云三公八命身著鷩冕若加一命則為上公與王者之後同而着衮冕按衮冕十二章日月星辰山龍華蟲六者畫於衣宗彝虎蜼也藻火粉米黼黻六者皆繡於裳鄭康成注周禮司服云王者相變至周以日月星辰畫於旌旗所謂三辰旂旗昭其明也冕服九章康成既以周之衮服無日月星三章復又注郊特牲王被衮以象天云謂日月星辰之章此魯禮也設魯侯祀天之衮服有三辰之章周之天子以衮冕享先王安得只有九章豈天子之衮九章而魯侯之衮十二章也然郊特牲直言王被衮既稱王豈得謂之魯禮且康成之說別無經據但以郊特牲云旂十有二旒龍章日月以象天也左氏傳曰三辰旂旗昭其明也由是而言至周以日月星畫於旌旗而天子衮服遂無此三章君卿今按諸經傳衮冕之制皆不云至周去日月星辰之章即是周之天子衮冕當備十二章而太常之旂亦

畫日月星辰於其上豈可謂已畫於旌旗而服章遂廢也若十二章不獨施之於衮其他服器參用之如三辰之旂亦畫龍章若康成之說即是衮之龍章亦可廢也何謂獨去三辰也王之扆與巾皆以黼即是衮之黼章可去也若古虎蜼施於宗彝即衮之服何為復施虎蜼也但天子衮服備此十二章其旌旗亦畫三辰之章耳由是知天子備章為然二王之後洎三公加一命者服衮冕九章餘公侯並鷩冕七章此周家之制也自秦滅禮學服初用玄以從冕旒自是周制亡矣漢興禮服未備至世祖踐脩三雍正兆七郊孝明帝遂就大業初服旒冕赤舄絇屨以祀天地明堂皆冠旒冕衣裳玄上纁下乘輿備文日月星辰十二章三公諸侯用山龍九章卿已下用華蟲七章以承大祭永平二年初詔有司采周官禮記尚書皋陶篇乘輿服從歐陽氏說公卿已下從大小夏侯氏說冕皆廣七寸長尺二寸前圓後方朱綠裏玄上前垂四寸後垂三寸係白玉珠為十二旒三公諸侯七旒青玉為珠卿大夫五旒黑玉為珠皆有前無後各以其綬彩色為組纓旁垂黈纊郊天地宗祀明堂則冠之近得周制魏晉而降其制不經其國公之爵置自隋冕用青珠九旒侯伯則鷩冕唐制皇太子衮冕白珠九旒諸臣衮冕青珠九旒鷩冕七旒第二品之服五代而下天子衮冕十二章諸臣之服有九旒冕九章八旒冕七章七旒冕五章六旒冕三章本朝因舊文參定新制乘輿備章為得其禮諸臣之服九章親王中書門下三公奉祀則服之七旒冕五章九卿奉祀則服之五旒冕同七旒冕之制而衣裳無章四品已下為獻官則服之其次平冕無旒太祝奉禮服之自九旒冕而下皆奉祀之服若侍祠太廟會諸臣一品二品服五梁冠其次三梁兩梁冠各以其品服之以今之制王爵同三師三公正一品則當服九旒冕以奉朝會

祥符中贈文宣王。初謚議欲以爲帝，而以周之王無帝號，由是只因唐制封王，而第加美謚焉。又有唐開元封謚之初，已正南面而坐，被王者衮冕之服，則是王之封謚與漢而下王爵殊矣。今郡縣文宣王之廟像，或用九旒冕九章，如周之上公、漢之諸侯王之服，或服十二旒。王者之冕，采章錯亂不次。今所詳定，請以文宣王冕服備十二章，黜康成之義，用本朝制度，如漢唐故事。其十哲之服，緣祥符追贈之初，議以爲公，則是如公侯五等之公。時宰臣欲顏子於十哲中稍優其秩，因請以兗公顏子爲國公，費侯子騫爲郡公，殊不知禮秩降於公矣。且國公之爵位在三師三公宮太嗣王郡王之下，爲從一品。郡公位猶在宮太之列，且異於周制上公之尊。今兗國公之冕設用九卿之服，七旒冕五章，則又降於周禮公侯之服。如用周禮公侯之服鷩冕，緣今配享先儒之列，若王肅杜預皆贈三公，當用今三公衮冕之服，豈可以兗國公之服反在王杜之下。故今請以兗國公用衮冕九旒九章，視本朝三公之服，如周禮上公之制。子騫已下九人，瑕丘侯曾子等皆用鷩冕七旒七章，視周禮公侯之服。

殿中侍御史淵中行上奏曰：臣伏見文德正衙之制，尚存常朝之虛名，襲横行之謬例，有司失於申請，未能釐正。兩省臺官文武百官赴文德殿東西相向對立，宰臣一員押班，閤傳不坐，則再拜而退，謂之常朝。遇休假併三日已上，應內殿起居官畢集，請之横行。自宰臣親王已下應見謝辭者，皆先赴文德殿，謂之過正衙。然在京釐務之官，例以別敕免參。宰臣押班，近年已罷，而武班諸衛，本朝又不常置。故今之赴常朝者，獨御史臺官與審官待次階官而已。今垂拱內殿宰臣已下既已日參，而文德常朝仍復不廢，舛謬倒置，莫此爲甚。至於横行參假，與夫見謝辭官先過正衙，雖沿唐之故事，然必俟天子御殿之日行之可也。有司失於申請，未能釐正，欲望特賜指揮先次罷去。

哲宗元祐九年，右司諫朱光庭上奏曰：臣聞孔子之言曰：立於禮。書曰：天秩有禮，自我五禮有庸哉。則是禮者與天地並而不可斯須廢也。自三代已後，其禮遂亡，漢唐規矩，不足道也。今聖政日新，講修治具，臣愚以謂爲治之道，無先於禮。蓋人情之檢柙，王政之綱維，莫不由此。夫禮廢而不講久矣。今天下之人，自丱角已衣成人之服，則是何嘗有冠禮也。鄙俗雜亂，未識親迎人倫之重，則是何嘗有婚禮也。火焚水溺，陰陽拘忌，歲月無限，死者不葬，葬者無法。五服之制，不明重輕，則是何嘗有喪禮也。春秋不知當祭之時，祭日不知早晚之節，器皿今古之或異，牲牢生熟之不同，則是何嘗有祭禮也。冠昏喪祭，禮之大者，莫知所當行之法。朝廷之上，未嘗講修，但沿襲故事而已，曾未盡聖人之縕。公卿士大夫之間，亦未嘗講修，但各守家法而已，何以爲天下之法。車輿服食器用玩好法禁不立，僭侈尤甚，富室擬於王公，皁隸等於卿士，風俗如此，一出於無禮而然也。臣今欲乞陛下詔執政大臣，各舉明禮官，悉議五禮，上自朝廷所行之制度，下至民庶所守之規矩，纖悉講明，究極先聖人之縕，以古參今，酌人情之所安，天下可通行以爲法者，著爲一代之大典，垂諸象魏，頒諸四海，以正人倫，以變禮俗，此則三王之舉也。臣願陛下勉之而已。記曰：王者治定制禮。恭惟祖宗以來，累聖相承，仁功德澤，洋溢天下，固可以謂之治定矣。伏自陛下盛德臨御，興滯補弊，朝廷日益清明，此明王當制禮之時也。願陛下不以臣言爲微，特賜留神，以幸天下。

貼黄：朝廷盛化，無遠不被，然而五禮之制，多出沿襲，未盡講修，人不知其所止。其間冠婚喪祭之禮，尤當先講修，以示天下，俾得

遵行以爲規矩然朝廷之上與公卿士大夫之家皆未有成法
伏望聖慈命明禮之臣與禮官委曲講修以厚風俗

太常博士顏復上奏曰臣資材俚陋幸因儒術備位禮官充職以來推道揆分守之要庶舉萬一上報器使因思竭中弊外恭古稽今以賛朝廷日興之儀不若一明禮實庶補風教以趨大治則臣分職之心無負媿者臣謂治世之禮發乎威儀撙節之間至民保皇極家無異尚化行於上俗成于下不可謂名見而實不虛也不然好之雖篤崇之雖華皆以循名失實之譏無少益于治體當王者盛時以人情莫不本良心而後安故行禮未嘗外民大而郊廟禋祼之節小而閭里醻祟鬼神之儀近而朝覲聘問之度遠而庠序射享飲食之事盛而蒐苗獮狩類禡之制卑而農畝須禽獻豣之則崇而加元服降王姬登賢養老之容下而比族冠婚正齒位讀邦法書孝娣之序內而賑癸躃聽之惠睽而私室送終之式雖隆殺不同致其恭明其敘發其和復其本汲汲以爲識月日時當行之事而不敢斯須曠怠其志意一也上躬帥之下說隨之如指臂相縈如源流相通渾然無少閒隙是以德風大成和氣充塞災害不生刑罰不試知天下有禮之實矣三代而後治號苟簡禮樂之存虛名而已間有不世之君致時之臣恢明考類煩容光輝止於郊廟朝廷之上崇植風猷張大聲采未及都門之外婦子畏之大嚴勉勉不敢置亦皆不知其義以安之輔世道民之効漠不可期其實之衰久矣國家太平百年規模宏遠下視漢唐太常之禮成書定簡倘止千篇歲舉郊廟朝會侍臣有司考復論難貫附六經取會沿革上下數千年其制富贍精緻凡事不遺彬彬然可師而士民之禮雖歷代之祭未降彝制下無矜式使有志之士動虛名失實之歎此甚可爲治朝惜也雖然民之至情雖不教不勉自見蓋天畀之源本善不可蔽禦不教則失中失中則流祭享之禮不教則流於祝禬佛齋婚姻之禮不教則流於委巷俚習賓客之禮不教則流於遊衍嬉樂師田之禮不教則流於夷風暴俗喪紀之禮不教則流於道釋數術國之正禮格而不下民之良心奪于異習而加愚欲風淳而治隆如北行而之粵緣木而求魚勢無可得臣之愚誠欲乞皇帝陛下太皇太后陛下特發德音下詔禮官會萃經史古今儀式並諸家祭法歲薦時享家範書儀之類可取者高而不難近而不迫成士民五禮不必冕弁以爲冠韠韍以爲衣俎豆以爲器儷皮以爲幣駁車而行坐席而食就其便安以頒郡縣緩驅以令使樂而不駭勸曉以文使徐而知義誘掖本心則善之思思則辨辨則安安則起居動息造次顛沛莫不在忠順孝弟仁義之間人皆有士君子之器至化成矣王者牧民設刑以輔禮令律民之書一字有易則置郵而下郡縣士民常禮以至無書本末重輕不稱從可明矣惟陛下留神則天下幸甚

二年禮部侍郎陸佃上宣仁皇后諭文德殿受冊疏曰臣伏惟太皇太后陛下自同聽斷以來保護聖躬裁決萬務敬天愛人動懷謙畏至公至明度越前古尚慮臣下未能將明聖意一切檢用章獻明肅皇后故事弗加討論萬一典禮闕失或累盛德故臣雖愚陋輒慕古人事上篤於愛敬之意竊見天聖中翰林學士李維等嘗上章獻明肅皇后御崇政殿受冊儀注復改御文德緣文德外朝在紫宸垂拱之外故至今公議猶以維等取定儀注得禮之中惜其不果施行方當太皇太后陛下至誠虛心每事求當乘此嘉會或蒙收採特詔有司改御崇政殿受冊明內外之辨自我神毋垂訓萬世不勝大幸況於盛德至仁有光無損臣職在禮官苟有所懷義當罄竭仰瀆聖慈

臣無任惶懼須越之至

中書舍人曾肇上宣仁皇后論文德殿受冊疏曰臣伏聞已降勅命將來太皇太后受冊依章獻明肅皇后故事臣伏考故事皇帝於大安殿發冊(今大慶殿)皇太后於文德殿受冊今來詔旨遵用舊典臣子之議復何所言然臣伏見太皇太后自聽政以來止於延和殿垂簾視事受契丹人使朝見亦止御崇政殿未嘗出踐外朝豈非以聽決萬機出於權宜垂簾視事蓋非得已而外朝者天子之正宁太皇太后崇執謙德不欲臨御以為天下後世法耶推此言之受冊外朝殆非太皇太后之意特以故事當然爾竊詳故事天聖二年兩制定皇太后受冊於崇政殿仁宗出自聖意特詔有司改文德殿此蓋人主一時之制非臣下之所得議也今皇帝述仁宗故事以極崇奉之禮孝敬之誠可謂至矣臣竊謂太皇太后儻於此時特下明詔發揚皇帝

孝敬之誠而固執謙德屈從天聖二年兩制之議止於崇政殿受冊則皇帝之孝愈顯太皇太后之德愈尊天地神靈孰不歡喜華夏蠻貊孰不推仰兩誼俱得顧不美歟伏惟太皇太后聰明睿聖慈仁恭儉功德之被天下堯舜禹湯不能遠過非獨秦漢以來母后之所不及則雖日御外朝未足為過而臣乃於一受冊之際猶以為言者誠見太皇太后執心謙沖至公至正動容周旋必務中禮非如漢唐母后私於其身必不以受冊外朝為己之欲臣愚故願因此增廣盛德使天下曉然知聖心所在垂之萬世以為典則而後之言禮者必曰母后不踐外朝自太皇太后始豈非希世之高行哉臣伏見昨者太皇太后志在愛人毅然獨斷令即英宗神御殿後建祖宗神御殿詔旨深切聞者感動至於垂涕此自古明智之君未必能為而太皇太后行之無毫髮吝則知今日退就便殿受冊必非所難此臣所以敢

言而不疑也夫一日出踐外朝事至微也然臣竊有私憂過計者不得不極言之章獻太后非獨受冊文德而已元日御會慶殿受朝賀南郊禮成御會慶殿受賀長寧節御會慶殿百官上壽其後又入太廟行恭謝之禮此皆天聖明道故事竊恐有司以次行之不足以仰稱太皇太后為宗廟社稷權宜聽政之心克己復禮謙恭抑損之盛德臣之私憂過計實在於此也太皇太后博覽古今詩書以來母后得失蓋無不知則於此舉必能自擇豈待臣言而後思然臣待罪侍從以論思為職苟有所見不敢默默

肇又論坤成節百官上壽奏疏曰臣伏見太皇太后陛下近深自抑損特發德音不欲臨御外朝退就崇政殿受冊詔書一下中外嗟嘆忠義之士至於感泣況臣待罪侍從嘗獻瞽言不謂偶合聖心特加收採非惟陛下克己復禮之聖又以知陛下虛心納諫之明士生此

時未能竭忠盡智裨補萬一苟有所見懷而不言則竊位欺天何所逃責此臣之所以不避冒瀆之誅傾寫肝膽置于上前儻一言有補萬死無悔臣竊聞近日有司建議坤成節於崇政殿上壽其升殿賜酒并文武百官拜表班次並比附天聖三年故事施行臣伏考天聖三年故事宰臣樞密三司使學士知制誥待制節度使留後觀察使契丹使班于殿廷上壽如禮賜酒三行百官詣內東門拜表稱賀至天聖九年始御會慶殿百官上壽如乾元節之儀蓋自天聖三年至八年以前凡六年盡如三年之制是以見當時君臣守禮畏義之心可謂至矣今者三省樞密院乃不全用天聖三年故事及今有司之議特降朝旨令文武百官諸軍將校隨班行上壽禮此臣之所未諭也太皇太后昨降詔書以謂不敢自同章獻太后出臨外朝就崇政殿受冊竊詳聖意務從抑損今乃令百官將校皆赴崇政殿廷立班

上壽。則是天聖八年以前之所未有。禮更增於舊。在陛下謙恭抑損之志。前後本末似不相稱。臣愚以謂此殆非太皇太后之意。特執政大臣失於不思爾。伏惟太皇太后陛下躬前世母后不可及之盛德。有休息百姓覆育萬物之大功。受四海九州歡心愛戴之備養。其為尊榮亦已極矣。豈待百官將校旅列於庭。然後為貴哉。臣愚故願特詔有司。一用天聖三年長寧節故事比附施行。使天下之人知陛下謙恭抑損之志。前後如一。本末相稱。書之史冊。垂法萬世。豈不美哉。書曰。不矜細行。終累大德。為山九仞。功虧一簣。惟陛下留意無忽。

貼黃。臣竊見崇政殿拜。不至寬廣。遇雨又須經繇延和殿前簷赴坐。竊聞議者謂百官不赴。則夏國使人亦不得與上壽賜酒。臣愚以謂天聖中非無夏國使人。自可遵用故事。若以其外夷遠來奉貢。特許入與上壽賜酒。出自恩旨。宜亦可為。更自聖意裁酌。

五年。給事中范祖禹乞看詳陳祥道禮書劄子曰。臣竊以國家之用典禮為急。典禮之學。制度尤難。太祖皇帝時。命國子司業兼太常博士聶崇義考正禮圖。求唐張鎰等舊圖凡六本。撰成三禮圖二十卷奏之。太祖下詔嘉獎。命太子詹事尹拙等集儒學三五人更同參議。又下工部尚書竇儀裁定。其三禮圖畫於國子監講堂。臣伏見太常博士陳祥道專意禮學二十餘年。近世儒者未見其比。著禮書一百五十卷。詳究先儒義說。比之聶崇義圖尤為精審該洽。昨臣僚上言。乞朝廷給紙札差書吏畫工付祥道錄進。今聞已奏御。降付三省。臣愚欲乞送學士院及兩制。或經筵看詳。如可施行。即乞付太常寺與聶崇義圖相參行用。必有補朝廷制作。

徽宗大觀中。侍讀兼議禮詳議官慕容彥逢理會三禮圖奏曰。臣竊

惟功成作樂。治定制禮。方今六府既修。三事既和。燕及皇天。休既並至。功可謂成矣。治可謂定矣。講明禮樂以幸天下。其在今日。伏覩見行三禮圖。係國初聶崇義撰集。其間車服器用之制。與元豐頒行經義時有不同。自國子監建三禮堂暨州縣學校。率繪其圖以示學者。乃至有司所掌名物猶雜用其制。未稱陛下統一道德之意。臣愚欲望聖慈特詔儒臣考據經義。改定舊圖。俾有遵承。及付國子監頒行。

徽宗時。通判李新乞州郡講習五禮新儀。奏曰。臣恭覽五禮新儀。制作之妙。追蹤三代。陛下聖學高遠。以作者之聖。詔訓禮局講求裁定。典章儀物。粲然有文。自我作古。凡伯夷之所典。周孔之所制。經而三百。曲而三千。未若今日煥明詳備者也。三代而下。寥寥千載。禮之廢壞綿邈。無據時君。未遑講明其失。或求諸野。腐儒曲學相與辯議。紛若聚訟。豈特百年而興。是有待於至治之世而後可興者也。禮書既成。須及天下。戴白垂髫。喜見太平之盛典。臣嘗謂吉凶二禮。士民所嘗用。今州郡將新儀指摘出榜。書寫牆壁。務為推行之迹。而苟簡滅裂。增損脫漏。論讀不行。未越旬時。字畫漫滅。不可復攷。民庶所行。既未通知。至與新儀違戾。或僭或陋。寔非民庶之過。臣欲乞諸州並許公庫鏤板。儀曹句以其禮行下屬縣。置籍抄錄。季行撿示。粉壁及察民間所行之禮。過與不及。州委教授。縣則有出身官。旦望就學講習新儀。監司歲終保明具奏。察其勤弛而加勸懲之。如此。則上下皆知禮。風俗日以厚矣。

太常卿葛勝仲上奏曰。臣等竊考左丘明傳春秋。以禮為釋經之例。某人某事曰禮也。某人某事曰非禮也。若此類甚衆。而其他記禮特詳。韓宣子見周禮在魯。則知周之所以王。齊仲孫湫見魯秉周禮。則知魯未可動。臣等於是知為天下國家者。不可一日廢禮如此。莊公

有非禮之舉則其人諫以必書周王有非禮之宴則戒其臣以勿籍於是又知先王之時凡禮文之事無不載之簡冊也周王享士會設殽烝焉士會不知其義歸而講聚三代之典禮以脩晉法昭公如楚孟僖子為介至鄭不能相儀及楚不能答郊勞歸乃講學苟能禮者必從之於是又知古之有官君子恥不知禮蓋如此也魯昭公如晉自郊勞至贈賄無失禮如叔齊曰是儀也不可謂之禮禮所以守其國行其政令無失其民者也趙簡子見太叔問揖遜周旋之禮焉子太叔曰是儀也非禮也夫禮上下之紀天地之經緯民之所以生也二子可謂知禮樂之本末矣然制度文為雖禮之末捨此則安上治民之意無以寓則所謂禮之文者豈可不載述以詔後哉區區春秋之時猶謹禮如此況在承平盛大之世乎本朝太祖皇帝始命大臣約唐之舊為開寶通禮天聖中王皞等又為禮閣新編其後賈昌朝等復加編定名曰太常新禮嘉祐中歐陽脩等為太常因革禮百篇自建隆迄嘉祐蒐裒紀述罔有遺逸而自治平之後蓋缺焉恭惟皇帝陛下天縱睿智照臨萬邦既已體神出道而制為一世之禮掩迹三代矣其在有司亦欲著明而不沒爰命禮官編次因革之實自治平至政和四年續為一書十四部展條目皆視歐陽脩之舊臣恭承神旨相與譔次上進臣等愚昧道體學大懼不足仰稱明制姑不敢廢職守而已干冒天威無任待罪殞越屏營之至

勝仲又上元圭繅藉絇組議曰承政和二年十一月十五日敕中書省尚書省送到劄子禮部昨擬定元圭繅藉絇組并圖本係按周禮儀禮經旨兼討論諸儒訓說參酌擬定實相為表裏竊慮亦合頒示中外使明知盛朝制作皆傅經考古欲附於元圭議冊之末雕印頒給仍連元劄子十二月十四日奉聖旨依按周官典瑞云王執鎮圭

繅藉五采五就則圭必有繅藉又按玉人云天子圭中必鄭氏謂以組約其中央則圭必有絇組繅藉之制鄭氏謂有五采文所以薦玉木為中幹用韋衣而畫之五就五匝也又注儀禮亦云雜采為繅以韋衣木板又賈公彥疏云木板廣袤亦與圭同然後用韋衣之乃畫於韋上一采為一匝五采為五匝一匝為一就就成也又崔靈恩三禮義宗云繅藉者以韋衣木板為之大小皆如其玉又周官行人桓圭九寸繅藉亦九寸信圭七寸繅藉亦七寸則繅藉如其玉明矣又聶崇義禮圖云既以采色畫韋衣於板上前後垂之又有五采組繩為繫上以玄為天下以絳為地絇組之制按儀禮聘禮諸侯朝天子圭與繅皆九寸其間諸侯朱綠繅八寸皆玄纁繫長尺絇紐賈公彥云彼組不問尊卑皆用五采長尺以為繫所以束玉使不落鄭氏注云采成文曰絇上以玄下以絳為地謂地者當是織紐之經上以玄纓下以絳纓為之而以五采相雜為緯成文聶崇義不曉其說徒見其有為地二字謬以為象地遂增玄為天之說誤矣況經傳未嘗以絳色象地宜以鄭氏為正且玄圭繅藉絇組制度莫傳然希世至寶所以崇飾而韞藏者雖極天下之美麗而為之苟不傳經稽古則不足以為稱今欲約周禮圭繅藉絇組之制下有司創造舊三禮圖畫本繅藉采色之次並無意義兼用朱丹相間乃成六色其絇組五色段次多寡不同即不見上玄下絳之制今定繅藉合以木板為中幹用韋衣而畫之五采各一匝黃居中君象也黑為外衆色入焉有為復於無為之義也青為始赤次之白又次之四時之序也其絇組各長尺上以玄為經下以絳為經用五采為緯錯織成文玄圭絇組亦合上以玄為經下以絳為經用五采為緯錯織成文按古絇組雖合長尺緣在繅藉則左右是用今玄圭中必恐合隨宜製造

高宗時趙元鎮論駐蹕戎服疏曰臣伏見陛下比自渡江及幸吳越每經郡邑必御戎服親部伍誠欲震耀神武激勵將士示以同甘苦之意然而人君之舉動不可以簡約自畢朝廷之規模不可以權宜日削恭聞朝夕駐蹕行宮臣愚欲乞詔有司孟禁旅乘輿服御正人君之威儀羽衛導從備朝廷之典禮應如平日巡幸故事稍加整肅雖不能庶幾萬一亦足以張國威消姦宄慰遠民望幸觀瞻之願

孝宗隆興間起居郎胡銓上講筵禮序曰臣聞君以禮為重禮以分為重分以名為重名以器為重古之有天下者不患分不定不患名不正不患器不守而常患不能隆禮而已矣苟能隆禮則分也名也器也皆得其當而天下可運諸掌苟不隆禮則分也名也器也皆失其當而天下亂矣何謂禮曰上下之紀天地之經緯也而民實則之則天之明因地之性生其六氣用其五行氣為五味發為五色章為五聲淫則昏亂民失其性是故為禮以奉之為六擾五牲三犧以奉五味為九文六采五章以奉五色為九歌八風七音六律以奉五聲為君臣上下以則地義為夫婦外內以經二物為父子兄弟姑姊甥舅婚姻以象天明為政事庸力行務以從四時為刑罰威獄使民畏忌以類其震耀殺戮為溫慈惠和以效天之生殖長育是故審則宜類以制六志審行信令禍福賞罰以制死生乃能協于天地之經緯是以長久故趙簡子曰甚哉禮之大也晏子曰禮之可以為國也久矣與天地並是不亦君以禮為重序何謂分君臣上下君子小人中國夷狄是也南蒯枚筮遇坤之比曰黃裳元吉子服惠伯謂上美為元下美則裳言上下之不可亂趙簡子問史墨季氏出君之罪史墨對以在易卦雷乘乾曰大壯言乾為天子震為諸侯而在乾上君臣易位大亂之道也司馬光說文王序易以乾坤為首言君臣之位猶天地之不可易程頤易傳說坤六五臣居君位之象此皆嚴君臣上下之分也在易一陽之長雖甚微而聖人善之故一君子用而天下皆相賀一陰之生雖甚微而聖人畏之故一小人用而天下皆相弔此皆嚴君子小人之分也易以自我致戎為戒而以三年克鬼方為憊言夷狄當外而不內賈誼以中國為首夷狄為足而以首反居下足顧居上為亂亡之基此皆嚴中國夷狄之分也是不亦禮以分為重序何謂名爵號是也名近虛於教為重利近實於教為輕則名所以弼教也名位不愆為民所信則名所以出信也名以弼教則教非名不立名以出信則信非名不行是不亦分以名為重序何謂器車服是也器以藏禮則器者禮之所以寓小人而乘君子之器盜斯奪之則器者君子之所乘昔仲叔于奚請繁纓以朝仲尼聞之曰惜也不如多與之邑惟器與名不可以假人趙簡子問於史墨曰季氏出其君而民服焉而莫之或罪也史墨曰是以為君謹器與名不可以假人是不亦名以器為重序謹按禮經篇目凡四十有九大抵不出此三者而已如天子七廟諸侯五天子祭天地諸侯祭社稷天子祭天下名山大川諸侯祭山川之在其地者天子犆礿祫禘祫嘗祫烝諸侯礿則不禘禘則不嘗嘗則不烝烝則不礿天子社稷皆太牢諸侯少牢天子殺則弊大綏諸侯殺則弊小綏天子之田象日月諸侯法雷天子之三公之田視公侯天子之卿大夫之田視伯子男之類此君臣上下之分也如君子中庸小人反中庸之類此君子小人之分也如千里之內曰甸千里之外曰流此中國夷狄之分也如次國之上卿位當大國之中中當其下下當其上大夫小國之上卿位當大國之下卿中當其上大夫下當其下大夫之類此名之別也如大路繁纓一就次路繁纓七就天子龍袞諸侯黼大夫黻士玄衣纁裳

天子之冕朱綠藻十有二旒諸侯九上大夫七下大夫五士三之類此器之別也分也名也器也禮之大體也臣故曰上下之紀天地之經緯也仰惟陛下欽明文思濬哲文明同乎堯舜固非謏聞淺學所能窺測至於修五禮以覲諸侯典三禮以咨四岳亦駸駸乎唐虞之盛矣然猶銳意稽古禮文之事特降一札俾愚臣專講戴記一經豈徒欲玩夫三百三千之繁文吚其佔畢而已哉於曲禮見愛而知其惡憎而知其善之義於檀弓見事君有犯無隱之義於王制見天子齋戒受諫之義於月令見百工咸理無或作為淫巧以蕩上心之義於文王世子見三公不必備唯其人之義於禮運見禹湯文武成王周公謹禮之義於禮器見忠信可以學禮之義於郊特牲見天子貴誠之義於內則見道合則服從不合則去之義於玉藻見天子搢珽方正於天下之義於明堂位見夷狄外而不內之義於大傳見舉賢使能之義於少儀見人臣有諫無訕之義於學記見三王四代唯其師之義於樂記見為君謹其好惡之義於經解見發號出令而民說之義於哀公問見君為正則百姓從政之義於仲尼燕居見力禮樂而天下太平之義於孔子閒居見王者奉三無私以勞天下之義於坊記見禮以坊德之義於中庸見至誠配天之義於表記見大舜中心安仁之義於緇衣見惡惡好賢之義於深衣見規矩準繩之義於投壺見揖遜之義於儒行見崇儒重道之義於大學見正心誠意之義於鄉飲見王道易易之義於射義見擇士與祭之義於燕禮見君臣上下之義於聘義見君臣相與之義於冠婚喪祭之篇見養生喪死追遠之義然則聖學高妙誠非管窺蠡測所能髣髴其萬一夫豈涓埃能有益於崇深乎而陛下親屈至尊孳孳聽納移日不倦真得堯舜三王之用心臣昨蒙賜對便殿臣時論及武夫悍將宜令知禮以莊暴慢之習側聞玉音有及於唯禮可以已之之語臣退而書之竊謂晏嬰雖以此言告齊景而齊景終不能行陛下不惟聞而樂之又能舉以為訓一言可以興邦陛下有焉臣愚願力行其說辨其分謹其名守其器勿輕以假人則社稷之福也孔子曰名器政之大節也若以假人與人政也政亡則國家從之弗可止也已仰瀆宸聰臣無任隕越之至

銓又論為國以禮疏曰臣聞為國以禮春秋魯慶父之亂齊小白問仲孫湫魯可取乎仲孫對曰不可魯秉周禮周禮所以本也國將亡本必先顛而後枝葉從之魯不棄周禮未可動也大哉禮乎道德仁義非禮不成教訓正俗非禮不備分爭辯訟非禮不決君臣上下父子兄弟非禮不定宦學事師非禮不親班朝治軍涖官行法非禮威嚴不行禱祠祭祀供給鬼神非禮不誠不莊此所以為國家之根本故曰為國以禮大哉言乎臣處嶺海二十餘年無所用心惟知學禮至於險阻艱難之際每得其力以此知不學禮無以立誠非虛語陛下起臣於草茅顧野人區區愛君之誠何以為獻惟此而已然禮經三百威儀三千未易僂數惟先正司馬光冠婚喪祭之儀簡而易行臣愚欲望陛下特詔禮官討論擇其要而易行者布之民間使耆儒宿學轉相傳授而武夫悍將亦令通行庶幾尊君親上奉先思孝人皆曉然知上意之所在則天下不足治矣難臣者則以謂方時多虞武夫悍將惟長槍大劍為急何暇議禮臣請有以折之昔晉文欲用其民子犯以民未知禮未生其恭為言於是大蒐以示之禮及城濮之戰晉侯登有莘之墟以觀師則曰少長有禮其可用也重耳以有禮而致城濮之勝子玉以無禮而致城濮之敗繇此觀之禮尤武夫之所急冒瀆天聰臣無任隕越之至

淳熙間袁說友上奏曰臣竊見今來都下年來衣冠服製習為虜俗
官民士庶浸相効習恬不知羞事若甚微而人心所嚮風化所本豈
不可治爲有堂堂天朝方懷讎未報恨不寢皮食肉而迺使犬戎腥
羶之習以亂吾中國之耳目我臣朝夕所憤懣不平者茲不暇縷姑
以最甚者言之紫袍紫衫必欲為紅赤紫色謂之順聖紫靴鞋常履
必欲前尖後高用皁革謂之不到頭巾製則辮髮低髻為短統塌頂
巾棹篦則雖武夫力士皆插巾側如此等類不一而足豈特習以為
儀略無愧色兼又身披虜服而敢執事禁庭者識者見之不勝羞恨
竊恐此而不禁將耳目習熟人忘憤心其於大計寔有利害臣愚欲
望陛下亟發宸斷盡行禁戢宣諭臨安府守臣日下多方約束嚴行
止絕前項虜服等如有違戾許人告首支給厚賞犯人取旨編配施
行其染并手作人亦編管他郡及其他鼓吹歌舞習為虜俗者亦根
究名色禁止庶幾中國益尊人心知所敬慕或曰是亡益也今內治
外攘之計已具大數日月可冀矣服製變易誠亦何加損我臣則以
為不然匹夫報仇聞其名則心怒而弗聽見其人則唾罵而不顧況
胄服其服而同其習耶王導之惡庾亮且欲以扇蔽西風之塵蓋其
惡之惟恐其污已也今大讎未復犬恥未刷小大臣子惟當憤國蒙
辱不顧九死思以蹀血虜庭犁其巢穴以副陛下二十年臥薪嘗膽
之志顧迺用夷變夏甘心虜俗曾不能如匹夫之報復而下愧區區
之王導我臣不取也臣願陛下凡中國怒氣所寓雖一服製之微亦
當較計使國人知懷憤悱皆奮厲激發見一虜服如惡惡臭則氣之
所攖爲有弗濟者惟陛下慨然而發憤焉寔天下幸甚

孝宗時范成大論朝市儀注劄子曰臣聞禮之有儀禮之細也然儀
猶不立則何禮之足云今者黃旗紫蓋暫駐東南朝市之制當倣京

邑所以隆上都而覲萬國者安得而不爾我臣伏見文武百僚正衙
朝會及德壽宮朝賀之類退至宮殿等門奔趨不暇紛蹂闐咽緣內
之仗衛外之從人自相交鬨至無路可行貴臣近列冠笏攲傾有不
能自持者入公門鞠躬如也過位色勃如也足躩如也謂君雖不御
坐過君之位者猶當於爾今於駕興班退失容如此則朝廷之儀有
當申嚴者伏乞睿旨行下所屬每遇朝集將退縱有他處期會但少
紓頃刻令編攔人寬出班路使搢紳各依次序安行趨出以申鞠躬
足躩之義臣又伏見車駕行幸前後禁衛各有重數今乘輿纔過駕
後圍子每重只四五人不能呵衛禁嚴法物及供奉班聯乃與行路
人混為一區雖袒裼負戴者亦得並行禁圍之中漢文帝號稱寬恕
縣人來聞蹕猶匿橋下必不敢闌入仗內如今之縱弛則扈從之儀
有當申嚴者伏乞睿旨行下所屬乘輿行幸增修鉤陳壁壘之制置
添駕後衛卒必俟屬車禁衛盡絕方許民庶通行臣又伏見在京街
道車馬相遇皆有先後定制今行都九衢之中不問尊卑貴賤務相
排軋兩不遜避甚或給使技晉及白身之輿馬下至檐夫倚卒皆與
朝臣爭道莫之誰何古者齒路馬及蹙路馬之芻者皆有誅非貴馬
也貴君馬所以尊君也而況君之朝臣乎則街道之儀有當申嚴者
伏乞睿旨下所屬檢照條法凡車馬相遇有當避道有當分道有當
斂馬側立之類一如儀制否者許被犯官司解送懲治以上三者雖
禮之細而實關事體所以觀國之光在是誠不可忽臣繆掌邦禮未
敢及其重大謹按衆目之所不安者姑舉一二伏望聖慈責之攸司
以嚴禮禁

趙汝愚乞編類隆興以後聘使儀禮疏曰臣等竊惟行人之官責任
甚重欲求稱職必在擇人人固須才事當有據竊攷周禮行人之職

享賓客之禮儀。名位尊卑，皆有禮籍。禮俗政事，自為一書。神宗皇帝嘗以遼國和好，盟誓聘使禮幣儀式，皆無考據，始命蘇頌修成一書。名曰華戎魯衛錄。今兩國通好，姑務息民。凡所遣之使人，皆是臨時選擇，事非素習，初匪世官，或有疑慮，責成吏手，安危所繫，事體非輕。欲望聖慈特命儒臣，自隆興以後聘使往來之禮，吉凶慶吊之儀，編類成篇，以為准式，使已用之文，粲然可觀，後來之事，酌之而行，可以息爭端，可以定疑慮。今後遇遣國信使副及接送館伴使，各授一編。使之檢用，誠非小補。

元世祖中統元年，宴羣臣於上都行宮，有不能釂大巵者，免其冠服。監察御史魏初上疏曰：臣聞君猶天也，臣猶地也，尊卑之禮，不可不肅。方今內有太常，有史官，有起居注，以議典禮，記言動，外有高麗、安南使者入貢，以觀中國之儀。昨聞錫宴大臣威儀弗謹，非所以尊朝廷正上下也。疏入，帝欣納之。

世祖時，東平布衣趙天麟上策曰：臣聞上古聖人之立制也，仰則觀象於天，俯則觀法於地，紀綱萬事，彫琢群情，有等有差，無豐無殺，俾華實之相副，無儀則之可行。至於日用之間，咸有天然之道。降及後世，損益相須，代代殊文，其理一也。今國家官階各異，服色惟三，貫一統於中央，該二儀而混一。衆衣幅騎冠冕佩環，盡削茲文，咸遵近世。是故有紫有紅有綠有碧者，寔唐朝之公服也。意或水一火二木三金四者，用四方之間色也。今又舉三等之色，而遺其碧者，從當時之宜也。至於玉犀金角之飾，帶金銀錫鍮之殊節，象板以為簡，銀銅以為章。此在公之品級也，嘗悉分其天下之儀刑，猶為未備。昔周室獨章於隧道，仲尼嘗惜於繁纓，蓋將以杜僭越之門，絕覬覦之望，定之後民之心志，塞奢侈之淵源，究而論之，可謂大矣。夫中者，乾坤之極致，人物之妙機，不及則逼下而為固，太過則踰上而不遜。若夫中庸之躰，事在合宜，不可以並迹而平心，不可以膠椎而稱物。此乃中之至也。臣謂山節藻梲，複室重檐，黻繡綃繡，諸肩繪日月，皆古天子宮室衣服之制也。今市井富民，咸獲賤類，皆敢居之服之。此臣所以惜之也。臣又按車馬者，古之命物也。今六合為一，冀代馬多，天下之人，皆得乘之，亦無傷也。然大夫不敢徒行，是以有車，今市井之家，往往以驂服駕車而乘之，與士大夫無異。此臣所以惜之也。臣又按上自省臺，下及州府吏人，前世皆因緣色以別之。今猶關馬，出入公庭，與庶人無異。此臣所以惜之也。臣又按僧尼道士之服，自有其宜，今此等或不遵本教，雜混常俗，以致風化遂傷，倫流難辨，此臣所以惜之也。臣又按古之五十者方得衣帛，七十者方得食肉。今之富人，墻屋被文綉，鞍轡飾金玉，婢妾曳絲履，犬馬食菽粟，每召賓客，一筵之費，其直不貲，競相推尚，比古者亦以奢矣。古人之儉，是以多寡例均，貧人甚希。今人之奢，是以兼并風行，貧人愈困。此臣所以惜之也。方今之弊，在於下民之心太過，攝御之方未及，須為格例以移之，庶乎貧富各得其正。伏望陛下略從前古，用御方今。凡房室車馬之類，明立節制，截自令下之後，並不得干冒僭越。凡僭制在令前者，隨即改之。凡吏員及僧尼道士，各從其服色服之。凡墻室鞍轡器皿衣服，勿用金銀[illegible]與文繡珠翠之飾。凡違令者，有司以違制論，其可也。幸從臣言，則奢者雖家積萬金，亦無所矜其紛華榮耀之氣，而貪惏之志自皆止矣。僭者雖懷驕恣，亦無所啓其望外僥倖之心，而陵犯之念自皆息矣。奢僭既絕，而廉讓由興，廉者守潔於己，讓者推遜於人。聖人謂能以禮讓為國乎何有。夫奢僭尚存，而欲禮讓之化行，兩者交戰，斷不能也。故臨民者貴於明節制。

順帝時蘇天爵上奏曰。朝覲會同。國家大禮。班制儀式。不可不肅。夫九品分官。所以著尊卑之序。四方述職。所以同遠近之風。蓋位序尊嚴。則觀望隆重。朝廷典憲。莫大於斯。邇年以來。朝儀雖設。版位品秩率越班行。均爲衣紫。從五與正五雜居。共曰服緋。七品與六品齊列。下至八品九品。蓋亦莫不皆然。夫既踰越班制。遂致行立不端。因忘肅敬之心。殊失朝儀之禮。今後劄賀行禮。聽讀詔赦。先儘省部院臺正從二品衙門。次及諸司局院。各驗職事散官序列正從班次。濟濟相讓。與與而行。如有踰越品秩。差亂位序。者同失儀論。以懲不恪。庶幾貴賤有章。儀式不紊。上尊朝廷之典禮。下聳中外之觀瞻。

至正十九年。帝以天下多故。詔却天壽聖節朝賀。左丞相太平暨文武百官上奏曰。天壽節朝賀。乃臣子報本。實合禮典。今謙讓不受。固陛下盛德。然今軍旅征進。君臣名分。正宜舉行。不允。壬申。皇太子復

率羣臣上奏曰。朝賀祝壽。是祖宗以來舊行典故。今不行。有乖於禮。帝曰。今盜賊未息。萬姓荼毒。正朕恐懼修省敬天之時。奈何受賀以自樂。乙亥。御史大夫帖里帖木兒復奏曰。天壽朝賀之禮。蓋出臣子之誠。伏望陛下曲徇所請。若朝賀之後內庭燕集。特賜除免。亦古者人君減膳之意。仍乞宣示中書。使內外知聖天子憂勤惕厲至於如此。帝曰。爲朕闕於修省。以致萬姓塗炭。今復朝賀燕集。是重朕之不德。當候天下安寧行之未晚。卿等其毋復言。卒不聽。

右統言禮

歷代名臣奏議卷之一百二十

歷代名臣奏議卷之一百二十一

禮樂 冠婚喪禮

魯襄公九年。公送晉侯。晉侯以公宴于河上。問公年。季武子對曰。會于沙隨之年。寡君以生。晉侯曰。十二年矣。是謂一終。一星終也。國君十五而生子。冠而生子禮也。君可以冠矣。大夫盍爲冠具。武子對曰。君冠必以祼享之禮行之。以金石之樂節之。以先君之祧處之。今寡君在行。未可具也。請及兄弟之國而假備焉。晉侯曰。諾。公還及衛。冠于成公之廟。假鍾磬焉。禮也。

唐太宗貞觀五年。皇太子冠。有司言皇太子冠。用二月吉。請追兵備儀仗。上曰。東作方興。宜改用十月。少傅蕭瑀奏曰。據陰陽書。不若二月。上曰。吉凶在人。若動依陰陽。不顧禮義。吉可得乎。循正而行。自與吉會。農時急務。不可失也。

右專言冠禮

宋仁宗景祐元年。監察御史孫沔上奏曰。臣伏覩近降白麻。選立皇后。當禮院定到儀式。取冬至日奉冊皇后位中宮。事或必行。義亦未諭。伏自天聖以來。十有餘載。每下詔令。必曰克奉慈闈。敷宣孝及山園肅事。輅車發途。陛下擗踊徒行。掩袂號慟。天下聞之。雖虞舜之爲心。周發之爲子。無以過也。今春百僚陳誠。五上封表。乞聽樂。而陛下純仁之懷。孺慕之意。孝志不衰。抑去未允。是知百行之本。一人克修。三載之憂。天下通制。雖易月之詔。臨政得於從權。期年而渝。在仁傷於有愛。而況明王廣孝。思及萬世也。今建納皇后。必展鴻規。古禮交修。官儀備舉。慶賜兼行。惟心內易。奈何莊獻未及大祥。哀樂相參。切恐不可。士庶違之。則有踰制之刑。公卿違之。則負忘哀之責。豈英明之君。禮法之主。可自踰防範。以動風俗。則前之下令。皆爲空言。虧德。

損名。無甚此舉。雖以禁掖久虛其位。固匪朝廷將順之宜。伏望陛下發慕往之情。奉有終之孝道。還近詔。別擇慶辰。俟過禫祥。以成嘉會。則行告廟。更無媿辭。刑以御邦。孰敢不正。伏乞與執政大臣更從公議定。庶幾下厭於聞聽。臣生居寒微。不知國體。惟恐史筆直書千載之後。有虧陛下之全德爾。干犯天威。甘受斧鑕。

嘉祐二年。判太常寺吳奎等上奏曰。臣聞古者婚姻始用行人告以夫家采擇之意。謂之納采。問女之名。歸夫廟卜而獲吉。以告女家。謂之問名納吉。今選尚一出朝廷。不待納采。又公主封爵。已行誕告。不待問名而卜之。若納成則既有進財。請期則有司擇日。宜稍依五禮之名。存其物數。俾知古者婚姻之事重。而夫婦之際嚴。如此。則亦不忘古禮之義也。欲俟公主出降日。令李偉家主婚之人具合用鴈幣玉馬等陳於內東門外。以授內謁者進入內中。付掌事者受之。其馬即不入。

英宗治平三年。潁王府翊善邵元乞下太常禮院修撰潁王聘納儀範奏曰。臣伏覩皇子潁王天資卓茂。婚姻及期。方陛下即政之初。而元嗣克家之日。推之於禮。莫重於斯。臣等伏見國朝親王聘納。雖開寶通禮具存舊儀。而因循未嘗施行。至有敲門羊酒。鎮檻錢銀。乃里巷之常談。蓋搢紳之不道。行於聖旦。竊所未安。欲乞降聖旨下太常禮院。博約舊典。修撰潁王聘納儀範。其故事非禮者。一切罷之。

哲宗元祐六年。范祖禹論納后儀制狀曰。臣竊以都亭驛常為遣使館舍。今納皇后以母天下。而先居之於夷狄之館。恐非所以觀示四方。為正始之道也。臣愚欲乞詳酌。以舊尚書省權為行第。又發冊奉迎命使及皇后入內。皇帝皆服通天冠絳紗袍。臣謹案古昏禮用冕服。無他服之文。通天冠絳紗袍本以代古皮弁之服。唐開元禮國朝開寶通禮。亦皆服袞冕。發冊與奉迎同日。將以為天地宗廟社稷之主。繼先聖之後。其可以不致隆乎。伏請皇帝臨軒發冊命使奉迎及皇后入內。並服袞冕。以重大婚之禮。伏望聖慈更下三省樞密院參酌。庶於國體為便。合於先王經禮之意。所有錄黃未敢行下。謹具封還。伏候敕旨。

貼黃。議者或謂昨來發太皇太后冊寶止服通天冠絳紗袍。今納皇后服冕有踰尊之嫌。臣謹案冕服祭服也。弁服齋服也。故南郊致齋。服通天冠絳紗袍。祭之日乃服袞冕。冕服所以交神。非所以事親也。婚禮將以為天地宗廟社稷之主。有鬼神陰陽之義。故服祭服。與事親之禮不同。即無踰尊之嫌。臣與鄧伯溫等議狀已備論之。今服通天冠絳紗袍於禮無所據。臣竊惜聖朝講明一代大典。而於先王之禮無據。則未足為法也。伏乞更賜詳酌。

哲宗時。御史中丞蘇轍乞令兩制共議納后禮劄子曰。臣伏見今月五日詔書節文。以皇帝尚虛中壼。命太常禮官參考古今典故。著為成式。臣謹案通禮納后最為嘉禮之重。自天聖以來。逮今六十餘年。在朝臣僚及太常官吏。無復親經其事者。茲禮至大。宜加重慎。竊見近歲議太皇太后皇太后皇太妃寶冊冠服儀衛等事。皆令翰林學士兩省給舍與禮官同議。今來皇帝婚禮。所以承宗廟。奉兩宮。子四海。其事甚重。伏乞仍令翰林學士以下共加詳議。蓋慎始所以敬終。而正家所以齊天下。不可忽也。

右專言婚禮

東漢安帝元初三年。鄧太后詔長吏以下不為親行服者。不得典城選舉。時有上言牧守宜同此制。詔下公卿議者。以為不便。劉愷獨議曰詔書所以爲制服之科者蓋崇化勵俗以弘孝道也今刺史一州之表二千石千里之師職在辯章百姓宣美風俗尤宜尊重典禮以身先之而議者不尋其端至於牧守則云不宜是猶濁其源而望流清曲其形而欲景直不可得也太后從之

時有詔大臣得行三年喪服闋還職尚書陳忠因此上言孝宣皇帝舊令人從軍屯及給事縣官者大父母死未滿三月皆勿徭令得葬送請依此制從之至建光中尚書令祝諷尚書孟布等奏以爲孝文皇帝定約禮之制光武皇帝絕告寧之典（告寧休謁之名吉曰告凶曰寧古者名吏休假曰告吏二千石有予告賜告予告在官有功法所當得也賜告病三月當免天子優賜其告使帶印綬將官屬歸家養病也）貽則萬世誠不可改宜復建武故事忠上疏曰臣聞之孝經始於愛親終於哀戚上自天子下至庶人尊卑貴賤其義一也夫父母於子同氣異息一體而分三年乃免於懷抱先聖緣人情而著其節制服二十五月是以春秋臣有大喪君三年不呼其門閔子雖要經服事以赴公難退而致位以究私恩故稱君使之非也臣行之禮也周室陵遲禮制不序蓼莪之人作詩自傷曰缾之罄矣惟罍之恥言己不得終竟子道者亦上之恥也高祖受命蕭何創制大臣有寧告之科合於致憂之義建光之初新承大亂凡諸國政多趣簡易大臣既不得告寧而羣司營祿念私鮮循三年之喪以報顧復之恩者禮義之方實爲彫損大漢之典雖承衰敝而先王之制稍以施行故藉田之耕起於孝文孝廉之貢發於孝武郊祀之禮定於元成三雍之序備於顯宗大臣終喪成乎陛下聖功美業靡以尚茲孟子有言老吾老以及人之老幼吾幼以及人之幼天下可運於掌臣願陛下登高北望以甘陵之思揆度臣子之心則海內咸得其所

沖帝崩梁太后以揚徐盜賊方盛欲須所徵諸王侯到乃發喪太尉

李固曰帝雖幼少猶天下之父今日崩亡人神感動豈有人子反共掩匿乎秦皇沙丘之謀近日北鄉之事皆天下大忌不可之甚者也太后從之即暮發喪

魏武帝幼子倉舒卒帝傷惜之甚掾邴原有女早亡帝欲求與倉舒合葬原辭曰嫁殤非禮也原之所以自容於明公公之所以待原者以能守訓典而不易也若聽明公之命則是凡庸也明公焉以爲哉帝乃止

明帝太和中皇女淑薨追封謚平原懿公主司空陳羣上疏曰長短有命存亡有分故聖人制禮或抑或致以求厥中防墓有不脩之儉嬴博有不歸之魂夫大人動合天地垂之無窮又大德不踰閑動爲師表故也八歲下殤禮所不備況未朞月而以成人禮送之加爲制服舉朝素衣朝夕哭臨自古以來未有此比而乃復自往視陵親臨祖載願陛下抑割無益有損之事但悉聽羣臣送葬乞車駕不行此萬國之至望也聞車駕欲幸摩陂實到許昌二宮上下皆悉俱東舉朝大小莫不驚怪或言欲以避衰或言欲於便處移殿舍或不知何故臣以爲吉凶有命禍福由人移徙求安則亦無益若必當移避繕治金墉城西宮及孟津別宮皆可權時分止可無舉宮暴露野次廢損盛節蠶農之要又賊地聞之以爲大衰加所煩費不可計量且由吉士賢人當盛衰處安危秉道信命非徙其家以寧鄉邑從其風化無恐懼之心況乃帝王萬國之主靜則天下安動則天下擾行止動靜豈可輕脫哉

吳大帝嘉禾六年春正月詔曰夫三年之喪天下之達制人情之極痛也賢者割哀以從禮不肖者勉而致之世治道泰上下無事君子不奪人情故三年不逮孝子之門至於有事則殺禮以從宜要經而

處事。故聖人制法。有禮無時則不行。遭喪不奔。非古也。蓋隨時之宜。以義斷恩也。前故設科。長吏在官當須交代。而故犯之。雖隨糾坐。猶已廢曠。方事之殷。國家多難。凡在官司。宜各盡節。先公後私而不恭承。甚非謂也。中外羣僚其更平議。務令得中。詳為節度。顧譚議。以為奔喪立科。輕則不足以禁孝子之情。重則本非應死之罪。雖嚴刑益設。違奪必少。若偶有犯者。加其刑。則恩所不忍。有減則法廢不行。愚以為長吏在遠。苟不告語。勢不得知。比選代之間。若有傳者。必加大辟。則長吏無廢職之負。孝子無犯重之刑。將軍胡綜議。以為喪紀之禮。雖有典制。苟無其時。所不得行。方今戎事。軍國異容。而長吏遭喪知有科禁。公敢干突。苟念聞憂不奔之恥。不計為臣犯禁之罪。此由科防本輕。所致忠節在國。孝道立家。出身為臣。焉得兼之。故為忠臣。不得為孝子。宜定科文。示以大辟。若故違犯。有罪無赦。以殺止殺。行之一人。其後必絕。丞相雍奏從大辟。

晉文帝崩。國內行服三日。武帝遵漢魏之典。既葬除喪。然猶深衣素冠。降席撤膳。太宰司馬孚等奏曰。臣聞禮典軌度。豐殺隨時。虞夏商周。咸不相襲。蓋有由也。大晉紹承漢魏。有革有因。期於足以興化致治而已。故未皆得返情素。同規上古也。陛下既已俯遵漢魏降喪之典。以濟時務。而躬蹈大孝。情過乎哀。素冠深衣。降席撤膳。雖武丁行之於殷世。曾閔履之於布衣。未足以喻。方今荊蠻未夷。庶政未乂。萬機事殷。動勞神慮。豈遑全遂聖旨。以從至情。加歲時變易。期運忽過。山陵弥遠。攀慕永絕。臣等以為陛下宜回慮割情。以康時濟治。輒敕御府易服。內省改坐。太官復膳。諸所施行。皆如舊制。詔曰。每感念幽冥。而不得終苴絰於草土。以存此痛。況當食稻衣錦。誠怵然激切。其心。非所以相解也。吾本諸生家。傳禮來久。何心一旦。使易此情於所天。相從已多。可試省孔子答宰我之言。無事紛紜也。言及悲剝。奈何奈何。孚等重奏。伏讀明詔。感以悲懷。輒思仲尼所以抑宰我上問。聖恩所以不能已已。甚深甚篤。然今水旱。干戈未戢。武事未偃。萬機至重。天下至衆。陛下以萬乘之尊。履布衣之禮。服麤席藁。水飲蔬食。毀憂內盈。毀悴外表。而躬萬機。坐而待旦。降心接下。昃不遑食。所以勞力者如斯之甚。是以臣等悚息不寧。誠懼神氣用損。以疚大事。輒敕有司。改坐復常。率由舊典。惟陛下察納愚款。以慰皇太后之心。又詔曰。重覽奏議。益以悲剝。不能自勝。奈何奈何。三年之喪。自古達禮。誠聖人稱心立衰。明恕而行也。神靈日遠。無所告訴。雖薄於情食旨服美。朕更所不堪也。不宜反覆重傷其心。言用繼絕。奈何奈何。帝遂以此禮終三年。後居太后之喪亦如之。

武帝泰始二年八月。詔書曰。此上旬先帝棄天下日也。便以周年。吾煢煢當復何時一得敘人子情邪。思慕煩毒。欲詣陵瞻侍。以盡哀憤。主者奏行備。太宰司馬孚尚書令裴秀尚書僕射武陔等奏曰。陛下至孝烝烝。哀思罔極。衰麻雖除。毀頓過禮。蔬食麤服。有損神和。今雖秋節。尚有餘暑。謁見山陵。悲感摧傷。群下竊用悚息。平議以為宜遠體降抑聖情。以慰萬國。詔曰。孤煢忽爾。日月已周。痛慕摧感。永無逮及。欲奉瞻山陵。以敘哀憤。體氣自佳。其又已涼。便當行。不得如所奏也。主者便具行備。又詔曰。昔者哀適三十日。便為梓宮所棄。遂離衰絰。感痛豈可勝言。顧漢文不使天下盡哀。亦先帝至謙之志。是以自割。不以副諸君子有三年之愛。而身禮廓然。當見山陵。何心而無服。其以衰絰行。孚等重奏。臣聞上古喪期無數。後世乃有年月之漸。漢文帝隨時之義。制為短喪。傳之于後。陛下以社稷宗廟之重。萬方億兆之故。既從權制。釋降衰麻。羣臣庶僚吉服。今者謁陵。衰慕若加衰經近臣期服當復受制進退無當不敢奉詔詔曰亦知不在此麻布耳然人子情思為欲全哀喪之物在身蓋近情也羣臣自當案舊制期服之義非先帝意也孚等又奏臣聞聖人制作必從時宜故五帝殊樂三王異禮此古今所以不同質文所以迭用也陛下隨時之宜既降心克己俯就權制既除衰麻而行心喪之禮今復制服義無所依若君服而臣不服雖先帝厚恩亦未之敢安也參量平議宜如前奏臣等敢固以請詔曰患情不能企及耳衣服何在諸君勤勤之至豈苟相違

四年皇太后崩有司奏前代故事倚廬中施白縑帳蓐素牀以布巾裹凷草軺輦板輿油犢車皆施縑裹詔不聽但令以布衣車而已其餘居喪之制一如禮文有司又奏大行皇太后當以四月二十五日安厝故事虞著衰服既虞而除其內外官寮皆就朝晡臨位御除服訖各還所次除衰服詔曰夫三年之喪天下之達禮也受終身之愛而無數年之報奈何葬而便即吉情所不忍也有司又奏世有險易道有洿隆所遇之時異誠有由然非忽禮也方今戎馬未散王事至殷更須聽斷以熙庶績昔周康王始登翌室猶戴冕臨朝降於漢魏既葬除釋諒闇之禮自遠代而廢矣惟陛下割高宗之制從當時之宜敢固以請詔曰攬省奏事益增感剝夫三年之喪所以盡情致禮葬已便除所不堪也當敘吾哀懷言用斷絕奈何奈何有司又固請詔曰不能篤孝勿以毀傷為憂也誠知衣服末事耳然今思存草土率常以吉奪之乃所以重傷至心非見念也每代禮典質文皆不同此身何為限以近制使達喪闕然乎羣臣又固請帝流涕久之乃許

十年武元楊皇后崩及將遷于峻陽陵依舊制既葬帝及羣臣除喪即吉先是尚書祠部奏從博士張靖議皇太子亦從制俱釋服博士陳逵議以為今制所依蓋漢帝權制興於有事非禮之正皇太子無有國事自宜終服有詔更詳議尚書杜預以為古者天子諸侯三年之喪始同齊斬既葬除喪服諒闇以居心喪終制不與士庶同禮漢氏承秦天下為天子脩服三年漢文帝見其下不可久行而不知古制更以意制祥禫除喪即吉魏氏直以訖葬為節嗣君皆不復諒闇終制學者非之久矣然竟不推究經傳考其行事專謂王者三年之喪當以衰麻終二十五月嗣君苟若此則天子羣臣皆不得除喪雖志在居篤更通而不行至今世主皆從漢文輕典由處制者非制也今皇太子與尊同體宜復古典卒哭除衰以諒闇終制於義既不應不除又無取於漢文乃所以篤喪禮也於是尚書僕射盧欽尚書魏舒問杜預證據所依預云傳稱三年之喪自天子達此謂天子絕朞唯有三年喪也非謂居喪衰服三年與士庶同也故后世子之喪而

叔嚮稱有三年之喪二也周公不言高宗服喪三年而云諒闇三年此釋服心喪之文也叔嚮不譏景王除喪而譏其燕樂已早明既葬應除而違諒闇之節也春秋晉侯享諸侯子產相鄭伯時簡公未葬請免喪以聽命君子謂之得禮宰咺來歸惠公仲子之賵傳曰弔生不及哀此皆既葬除服諒闇之證先儒舊說往往亦見學者未之思耳喪服諸侯為天子亦斬衰豈可終服三年邪上考七代未知王者君臣上下衰麻三年者諸下推將來恐百世之主其理一也非必不能乃事勢不得故知聖人不虛設不行之制仲尼曰禮所損益雖百世可知此之謂也於是欽舒從之遂命預造議奏曰禮官參議博士張靖等議以為孝文權制三十六日之服以日易月道有污隆禮不得全皇太子亦宜割情除服博士陳逵等議以為三年之喪人子所以自盡故聖人制禮自上達下是以今制將吏諸遭父母喪皆假寧

二十五月敦崇孝道所以風化天下皇太子至孝著於內而衰服除
于外非禮所謂稱情者也其不除臣欽臣舒臣頎謹按靖逵等議
各見所學之一端未統帝者居喪古今之通禮也自上及下尊卑貴
賤物有其宜故禮有以多為貴者有以少為貴者有以高為貴者有
以下為貴者唯其稱也不然則本末不經行之不遠天子之與羣臣
衰樂之情若一而所居之宜實異故禮不得同易曰上古之世喪
期無數虞書稱三載四海遏密八音其後無文至周公旦乃稱殷之
高宗諒闇三年不言其傳曰諒信也闇默也下逮五百餘歲而子張
疑之以問仲尼仲尼答云何必高宗古之人皆然君薨百官總己以
聽於冢宰三年周景王有后世子之喪既葬除服而樂晉叔向譏之
曰三年之喪雖貴遂服禮也王雖弗遂宴樂已早亦非禮也此皆天
子喪事見於古文者也稱高宗不云服喪三年而云諒闇三年此釋

服心喪之文也譏景王不譏其除喪而譏其宴樂已早明既葬應除
而違諒闇之節也堯崩舜諒闇三年故稱遏密八音由是言之天子
居喪齊斬之制菲杖絰帶當遂其服既葬而除諒闇以終之三年無
改父之道故百官總己聽於冢宰喪服已除故稱不言之美明不復
寢苫枕凷以荒大政也禮記三年之喪自天子達又云父母之喪無
貴賤一也又云端衰喪車皆無等此通謂天子居喪衣服之節同於
凡人心喪之禮終於三年亦無服喪三年之文然繼體之君猶多荒
寧自從廢諒闇之制至令高宗擅名於往代子張致疑於當時此乃
賢聖所以為譏非譏天子不以服終喪也秦燔書籍率意而行尤上
抑下漢祖草創因而不革乃至率天下皆終重服旦夕哀臨經羅寒
暑禁塞嫁娶飲酒食肉制不稱情是以孝文遺詔斂畢便葬葬畢制
紅禫之除雖不合高宗諒闇之義近於古典故傳之後嗣于時預偕

陵廟故斂葬得在浹辰之內因以定制近至明帝存無陵寢五旬乃
葬安在三十六日此當時經學疏略不師前聖之病也魏氏革命以
既葬為節合於古典然不垂心諒闇同譏前代自泰始開元陛下追
尊諒闇之禮慎終居篤允臻古制超絕於殷宗天下歌德誠非靖等
所能原本也天子諸侯之禮當以具矣諸侯惡其害己而削其籍今
其存者惟士喪一篇戴勝之記雜錯其間亦難以取正天子之位至
尊萬機之政至大羣臣之衆至廣不同之於凡人故大行既葬祔祭
于廟則因疏而除之已不除則羣臣莫敢除故屈己以除之而諒闇
以終制天下之人皆曰我王之仁也屈己以從宜皆曰我王之孝也
既除而心喪我王猶若此之篤也凡等臣子亦焉得不自勉以崇禮
此乃聖制移風易俗之本高宗所以致雍熙豈惟衰裳而已哉若如
難者更以權制自居疑於屈伸厭降欲以職事為斷則父在為母朞

父卒三年此以至親屈於至尊之義也出母之喪以至親為屬而長
子不得有制體尊之義升降皆同不敢獨也禮諸子之職掌國子之
倅國有事則帥國子而致之太子唯所用之傳曰君行則守有守則
從從曰撫軍守曰監國不無事矣喪服母為長子妻為夫妾為主皆
三年內宮之主可謂無事揆度漢制孝文之喪紅禫既畢孝景即吉
於未央薄后竇后必不得齋斬於別宮此可知也況皇太子配貳之
至尊與國為體固宜遠遵古禮近同時制屈除以寬諸下協一代之
成典君子之於禮有直而行曲而報有經而等有順而去之存諸內
而已禮云非玉帛之謂喪云唯衰麻之謂乎此既臣等所經制大義
且即實近言亦有不安今皇太子至孝烝烝發於自然號咷之慕匍
匐殯宮大行既葬往而不反必想像平故彷徨寢殿若不變從諒闇
則東宮臣僕義不釋服此為永福宮屬當獨衰麻從事出入殿省亦

難以繼。今將吏雖蒙同二十五月之事。寧至於大臣亦奪其制。昔翟方進自以身爲漢相。居喪三十六日。不敢踰國典。而況於皇太子。臣等以爲皇太子宜如前奏除服諒闇制。於是太子遂以厭降之議從國制除衰麻諒闇終制。

惠帝初秦國郎中令李含領始平中正。秦王柬薨。含依臺儀葬訖除喪。尚書趙浚有內寵疾含不事已。遂奏含不應除喪。本州大中正傅祇以名義貶含。中丞傅咸上表理含曰臣州秦國郎中令始平李含忠公清正。才經世務。實有史魚秉直之風。雖以此不能恊和流俗。然其名行峻厲。不可得掩。二郡並舉孝廉異行。尚書郭奕臨州。含寒門少年。而奕超爲別駕。太保衛瓘辟含爲掾。每語臣曰李世容當爲晉匪躬之臣。秦王之薨。悲慟感人。百僚會喪。皆所目見。而今以含俯就王制。謂之背戚居榮。奪其中正。天王之朝。既葬不除。藩國之喪。既葬

而除。藩國欲同不除。乃當責。引尊準卑。非所宜言耳。今天朝告于上。欲令藩國服于下。此爲藩國之義隆。而天朝之禮薄也。又云諸王公皆終喪。禮寧盡乃敘。明以喪制宜隆。務在敦重也。夫寧盡乃敘。明以哀其病耳。異於天朝制使終喪。未見斯文。國既葬而除。既除而祔。爰自漢魏。迄于聖晉。文皇升遐。武帝崩殂。世祖過哀。陛下毀頓。銜疚諒闇以終三年。率土臣妾。豈無攀慕遂服之心。實以國制不可而踰。故於既葬不敢不除。天王之喪。釋除於上。藩國之臣。獨遂于下。此不可安。復以秦王無後。含應爲喪主。而喪既除而祔。則應吉祭。因曰王未有廟主。不應除服。秦王始封。無所連祔。靈主所居。即便爲廟。不問國制云何。而以無廟爲貶。以含今日之所行。移博士。按案禮文。必也放勛之殂。遏密三載。世祖之崩。數旬即吉。引古繩今。闔世有貶。何但李含不應除服。今也無貶王制故也。聖上諒闇哀聲不輟。股肱近侍。猶

宜心喪。不宜便行婚娶歡樂之事。而莫云若豈不以大制不可而曲邪。且前以含有王喪。上爲差代。尚書勑王葬日在近。葬訖。含應攝職不聽差代。葬訖。含猶躊躇。司徒屢罰訪問。踧含攝職。而隨擊之。此爲臺勑府符陷含於惡。若謂臺府爲傷教義。則當據正。不正符勑。唯含是貶。含之困躓。尚足惜乎。國制不可偏耳。又自以隴西人。雖戶屬始平。非所綜悉。自初見使爲中正。反覆言辭。說非始平國人。不宜爲中正。後爲郎中令。又自以選官引臺府爲比。以讓常山太守蘇韶。辭意懇切。形于文墨。含之固讓。乃在未薨之前。葬後躊躇。窮於對罰而攝職耳。臣從弟祇爲州都督意在欲隆風教。議含已過。不良之人。遂相扇動。冀挾名義。法外致案。足有所邀。中正龐騰便割含品。臣無祁大夫之德。見含爲騰所侮。謹表以聞。乞朝以特博議。無令騰得妄弄刀筆。帝不從。

太安元年三月。皇太孫尚薨。有司奏御服齊衰朞。詔通議。散騎常侍謝衡以爲諸侯之太子。誓與未誓。尊卑殊。喪服云爲嫡子長殤。謂未誓也。已誓則不殤也。中書令卞粹曰。太子始生。故已尊重。不待命誓。若行議已誓不殤。則元服之子當斬衰三年。未誓而殤。則雖十九當大功九月。誓與未誓。其爲升降也微。斬與大功。其爲輕重也遠。而令注云諸侯不降嫡殤重嫌於無以大功爲重嫡之服。大功爲重嫡之服。則雖誓無復有三年之理明矣。男能奉衛社稷。女能奉婦道。各以可成之年。而有已成之事。故可無殤。非孩齓之謂也。謂殤後者尊之如父。猶無所加而止殤服。恐以天子之尊爲無服之殤。行成人之制邪。凡諸宜重之殤。皆士大夫不加服。而令至尊獨居其重。未之前聞也。祕書監摯虞議曰。太子初生。舉以成人之禮。則殤理除矣。太孫亦躰君重由位成而服全。非以年也。天子無服殤之儀。絕朞故也。於

是御史以上皆服齊衰。

東晉元帝時瑯琊王裒薨郎中令丁潭上䟽求行終喪禮曰在三之義禮有達制近代已來或隨時降殺宜一匡革以敦于後轍案令文王侯之喪官僚服斬既葬而除今國無繼統喪庭無主臣實陋賤不足當重謬荷首任禮宜終喪詔下博士議國子祭酒杜夷議古者諒闇三年不言下及周世稅衰効命春秋之時天子諸侯既葬而除此所謂三代損益禮有不同故三年之喪由此而廢然則漢文之詔合於隨時凡有國者皆宜同也非唯施於帝王而已按禮殤與無後降於成人有後既葬而除今不得以無後之故而獨不除也愚以丁郎中應除衰麻自宜主祭以終三年太常賀循議禮天子諸侯俱以至尊臨人上下之義君臣之禮自古以來其例一也故禮盛則並全其重禮殺則從其降春秋之事天子諸侯不行三年至於臣為君服亦

宜以君為節未有君除而臣服君服而臣除者今法令諸侯鄉相官屬為君服斬衰既葬而除以令文言之明諸侯不以三年之喪與天子同可知也君若遂服則臣輕重無應除者也若當皆除無一人獨重之文禮有攝主而無攝重故大功之親主人喪者必為之再祭練祥以大功之服主人三年喪者也苟謂諸侯與天子同制國有嗣王自不全服而人主居喪素服主祭三年不攝吉事以尊令制若當遂迹三代令復舊典不依法令者則侯之服貴賤一例亦不得唯一人論於是詔使除服心喪三年

瑯邪悼王煥年二歲薨元帝悼念無已將葬以煥既封列國加以成人之禮詔立凶門栢歷備吉凶儀服營起陵園功役甚衆瑯邪國右常侍會稽孫霄上䟽曰臣聞法度典制先王所重吉凶之禮事貴不過是以世豐不使奢放凶荒必務約殺朝聘嘉會足以展庠序之儀殯葬送終務以稱哀榮之情上無奢泰之譏下無匱竭之困故華元厚葬君子謂之不臣贏博至儉仲尼稱其合禮明傷財害時古人之所譏節省簡約聖賢之所嘉也語曰上之化下如風靡草京邑翼翼四方所則明教化法制不可不慎也陛下龍飛踐阼興微濟弊聖懷勞謙務從簡儉憲章舊制猶欲節省禮典所無而反尚飾此臣愚情竊所不安也棺槨輿服旒翣之屬禮典舊制不可廢闕凶門栢歷禮典所無天晴可不用遇雨則無益此至宜節省者也若瑯邪一國一時所用不為大費臣在機近義所不言今天臺所居王公百寮聚在都輦凡有喪事皆當供給材木百數竹薄千計凶門兩表衣以細竹及材價直既貴又非表凶哀之宜如此過飾宜從儉簡又案禮記國君之葬棺槨之間容柷大夫容壺士容甒以壺甒為差則柷財大於壺明矣槨周於棺槨不甚大也語曰葬者藏也藏欲其深而固也槨大則難為堅固無益於送終而有損於財力凶荒殺禮經國常

典既減殺而猶過舊此為國之所厚惜也又禮將葬遷柩於廟祖而行及墓即窆葬之日即反哭而虞如此則柩不宿於墓上也聖人非不哀親之在土而無情於丘墓蓋以墓非安神之所故脩虞於殯宮始則營革宮於山陵遷神柩於墓側又非典也非禮之事不可以訓萬國臣至愚至賤忽求革前之非可謂狂瞽不知忌諱然今天下至弊自古所希宗廟社稷遠託江表半州之地凋殘以甚加之荒旱百姓困瘁非但不足死亡是懼此乃陛下至仁之所矜愍可憂之至重也正是匡矯末俗改張易調之時而猶且竭已罷之人營無益之事殫已困之財脩無用之費此固臣之所不敢安也今瑯邪之於天下國之最大若割損非禮之事務遵古典上以彰聖朝簡易之至化下以表萬世無窮之規則此芻蕘之言有補萬一塵露之微有增山海

元帝時孝懷太子為胡所害始奉諱有司奏曰天子三朝舉哀羣臣一哭

而已司空王導以為皇太子副貳宸極普天有情宜同三朝之哀從之

明帝崩鍾雅遷御史中丞時國喪未朞而尚書梅陶私奏女妓雅劾奏曰臣聞放勳之徂八音遏密雖在凡庶猶能三載自茲以來歷代所同肅祖明皇帝崩背萬國當朞來月聖主縞素泣血臨朝百僚慘愴動無歡容陶無大臣忠慕之節家庭侈靡聲妓紛葩絲竹之音流聞衢路宜加放黜以整王憲請下司徒論正清議

康帝時汝南王統江夏公衛崇並為庶母制服三年尚書令顧和奏曰禮所以軌物成教故有國家者莫不崇正明本以一其統斯人倫之紀不二之道也為人後者降其所出奪天屬之性顯至公之義降殺節文著于周典按汝南王統為庶母居廬服重江夏公衛崇本由疎屬開國之緒近喪所生復行重制違冒禮度肆其私情閨闈許其過厚談者莫以為非則政道陵遲由乎禮廢憲章頹替始於容違若

弗糾正無以齊物皆可下太常奪服若不祇王命應加貶黜詔從之

孝武帝太元元年崇德太后褚氏崩后於帝為從嫂或疑其服太學博士徐藻議資父事君而敬同又禮傳其夫屬乎父道者妻皆母道也則夫屬君道妻亦后道矣服后宜以資母之義魯譏逆祀以明尊尊今上躬奉康穆哀皇及靖后之祀致敬同於所天豈可敬之以君道而服廢於本親謂應服齊衰朞於是帝制朞服

十五年淑媛陳氏卒皇太子所生也有司參詳母以子貴贈淑媛為夫人置家令典喪事太子前衛率徐邈議喪服傳稱與尊者為體則不服其私親又君父所不服子亦不敢服故王公妾子服其所生母練冠麻衣既葬而除非五服之常則謂之無服從之

十七年太常車胤上言曰謹案喪服禮經庶子為母緦麻三月傳曰何以緦麻以尊者為體不敢服其私親也此經傳之明文聖賢之格言而自頃開國公侯至于卿士庶子為後各肆私情服其庶母同之於嫡此末俗之弊溺情傷教縱而不革則流遁忘反矣且夫尊尊親親雖禮之大本然厭親於尊由來尚矣禮記曰為父後出母無服也者不祭故也又禮天子父母之喪未葬越紼而祭天地社稷斯皆崇嚴至敬不敢以私廢尊也今身承祖宗之重而以庶母之私廢蒸嘗之事五廟闕祀由一妾之終求之情禮失莫大焉舉世皆然莫之裁貶就心不同而事不敢異故正禮遂頹而習非成俗此國風所以思古小雅所以悲歎當今九服漸寧王化惟新誠宜崇明禮訓以一風俗請臺省考脩經典式明王度詔不答

安帝隆安四年太皇太后李氏崩尚書祠部郎徐廣議曰太皇太后名位允正體同皇極理制備盡情禮彌申陽秋之義母以子貴既稱夫人禮服從正故成風顯夫人之號昭公服三年之喪子於父之所

生體尊義重且禮祖不厭孫宜遂服無屈而緣情立制若嫌明文不存則疑斯從重謂應同於為祖母後齊衰朞永安皇后無服但一舉哀百官亦一朞詔可

宋高祖永初二年黃門侍郎王准之上奏曰鄭玄注禮三年之喪二十七月而吉古今學者多謂得禮之宜晉初用王肅議祥禫共月故二十五月而除遂以為制江左以來唯晉朝施用縉紳之士多遵玄義夫先王制禮以大順羣心喪也寧戚著自前訓今大宋開泰品物遂理愚謂宜同卽物情以玄義為制朝野一禮則家無殊俗從之

文帝元嘉二年帝既免喪司徒徐羨之與左光祿大夫傅亮上表歸政曰臣聞元首司契運樞成務臣道代終事盡宣翼冕旒之道理絕於上皇拱己之事不行於中古故高宗不言以三齡為斷冢宰聽政以再朞為節百王以降罔或不然陛下聖德紹興復衍洪業億兆顒

顯息陶盛化。而聖旨謙挹。委成羣司。自大禮告終。鑾燧三改。大明佇
照。遠邇傾屬。臣等雖率誠屢聞。未能仰感。敢籍品物之情。謹因蒼生
之志。伏望陛下遠存周文日昃之道。近思皇室締搆之艱。時攬萬機。
躬覲朝政。廣闢四聰。博詢庶業。則雍熙可臻。有生幸甚。
羨之等重奏曰。近陳寫下情。言為心聲。奉被還詔。鑒許未回。豈惟愚
臣。秉心有在。謂之朝野。人無異議。何者。形風四方。寔繫王德。一國之
事。本之一人。雖世代不同。時殊風異。至於主運臣贊。古今一揆。未有
渾心委任。而休明可期。此之非宜。布自遐近。臣等荷遇二世。休戚以
均。情為國至。豈容順默。重披丹心。冒昧以請。上猶辭。羨之等又固陳
曰。比表披陳。辭誠俱盡。詔旨沖遠。未垂聽納。三復屏營。伏增憂歎。臣
聞克隆先構。幹蠱之盛業。昧旦丕顯。帝王之高義。自皇宋創運。英聖
有造。殷憂未闋。艱患仍纏。賴天命有底。聖明承業。時也。國故猶在。民

心。太山之安。未易可保。昏明隆替。繫在聖躬。斷誠周詩夙興之辰。殷
王待旦之日。豈得無為拱已。復玄古之風。逡巡虛挹。獨匹夫之事。伏
以宗廟為重。百姓為心。弘大業以嗣先軌。隆聖道以增前烈。愚瞽所
獻。情盡於此。上乃許之。
十七年。元皇后崩。皇太子心喪三年。禮。心喪者有禫無禫。禮無成文。
世或兩行。皇太子心喪畢。詔使博議。有司奏。喪禮有禫。以祥變有漸。
不宜便除即吉。故其間服以綅縞也。心喪已經十三月大祥。十五月
禫。變除禮畢。餘一朞不應復有禫。宜下以為永制。詔可。
二十三年七月。白衣領御史中丞何承天奏曰。尚書刺海塩公主所
生母蔣美人喪。海塩公主先離婚。今應成服。撰儀注參詳。宜下二學
禮官博士議。公主所服輕重。太學博士顧雅議。今既咸用士禮。便宜
同齊衰削杖布帶疏屨。朞禮畢。心喪三年。博士周野王議。又云今諸

王公主咸用士禮。譙王衡陽王為所生太妃皆居重服。則公主情禮
亦宜家中朞服。為允。其博士庾邃之顏測殷明王淵之四人同雅議。
何惔王羅雲二人同野王議。如所上。臺按今之諸王雖行士禮。是施
於傍親。及自已以下。至於為帝王所厭。猶一依古典。又永初三年九
月。符脩儀亡。廣德三主以餘尊所厭。猶服大功。海塩公主躰自宸極。
當上厭至尊。豈得遂服。臺據經傳正文。并引事例。依源責失。而博士
顧雅周野王等。捍不肯怗。方稱自有宋以來。皇子蕃王。皆無厭降。同
之士禮。著於故事。緦功之服。不廢於末戚。顧獨貶於所生。是申其所輕。
奪其所重。奪其所重豈緣情之謂。臺伏尋聖朝受終于晉。凡所施行。
莫不上稽禮文。兼用晉事。又太元中。晉恭帝時為皇子。服其所生陳
氏。練冠線緣。此則前代施行故事。謹依禮文者也。又廣德三公主為
所生母符脩儀服大功。此先君餘尊之所厭者也。元嘉十三年。第七

皇子不服曹婕妤。止於麻衣。此厭乎至尊者也。博士既不據古。又不
依今。背違施行見事。而多作浮辭自衛。乃云五帝之時。三王之季。又
言長子去斬衰。除禫杖。皆是古禮不少。今世博士雖復引此諸條。無
救於失。又詰臺云。蕃國得遂其私情。此義出何經記。臣按南譙衡陽
太妃。並受朝命。為國小君。是以二王得遂其服。豈可為美人比例。尋
蕃王得遂。若聖朝之所許也。皇子公主不得申者。由有厭而然也。臺
察重更責失。制不得過十日。而復不訓答。既被催攝。二三日甫輸怗
辭。雖理屈事窮。猶聞義恥服。臣聞喪紀有制。禮之大經。降殺攸宜。家
國舊典。古之諸侯衆子。猶以尊厭。況在王室。而欲同之士庶。此之僻
謬。不俟言而顯。太常統寺。曾不研却。所謂同乎失者。亦未得之。宜加
裁正。弘明國典。謹案太學博士顧雅。國子助教周野王。博士王羅雲
顏測殷明何惔王淵之前博士遷員外散騎侍郎庾邃之等咸蒙抽

飾備位丞疑既不謹守舊文又不審據前准遂上背經典下違故事率意妄作自造禮章太常臣敬叔位居宗伯問禮所司騰述往反了無研却混同兹失亦宜及咎請以見事並免今所居官解野王領國子助教雅野王初立議乖舛中執捍愆失未遣十日之限雖起一事合成三愆罷雲掌押捍失三人加禁固五年詔敬叔白衣領職餘如奏

孝武帝孝建元年有司奏故第十六皇弟休倩薨夭年始及殤追贈謚東平冲王服制未有成准輒下禮官尋議太學博士陸澄議案禮有成人道則不為殤今既追胙土宇遠崇封秩圭黻備典成孰大焉典文式昭殤名去矣夫典文垂式元服表身猶以免孺子之制全丈夫之義安有名須爵首而可服以殤禮有司尋澄議無明證却使秉正更上澄重議竊謂贈之為義所追加名器故贈公者便成公贈卿者便成卿贈之以王得不為王乎然則有在生而封或既没而爵俱受帝命未為吉凶殊典同備文物豈以存亡異數今璽策咸秩是成人之禮群后臨哀非下殤之制若喪用成人親以殤服末學含疑未之或辨竊求詳衷如所稱左丞臣羊希參議尋澄議既無畫然前制則不合准據按禮子不殤父臣不殤君君父至尊臣子恩重不得以幼年而降又曰尊同則服其親服推此文者旁親自宜服殤所不殤者唯施臣子而已詔可

又湘東國刺稱國太妃以去三十年閏六月二十八日薨未詳周忌當在六月為取七月勅禮官議正博士丘邁之議按吳商議閏月亡者應以本正之月為忌謂正閏各有所執商議為允宜以今六月為忌左僕射建平王宏謂邁之議不可准據按晉世及皇代以來閏月亡者以閏之後月祥宜以來七月為祥忌及大明元年二月有司又奏太常鄱陽哀王去年閏三月十八日薨今為何月末祥除下禮官議正博士傅休議尋三禮喪遇閏月數者數閏歲數者没閏閏在期內故也鄱陽哀王去年閏三月薨月次節物則定是四月之分應以今年四月末為祥晉元明二帝並以閏二月崩以閏後月祥先代成准則是今比太常丞庾蔚之議禮正月存親故有忌日之感四時既已變人情亦已衰故有二祥之殺是則祥忌皆以同月為議而閏亡者明年必無其月不可以無其月而不祥忌故必宜用閏所附之月閏月附正公羊明議故班固以閏九月為後九月月名既不殊天時亦不異若用閏之後月則春夏永革節候亦舛設有人以閏臘月亡者若用閏後月為祥忌則祥忌應在後年正月祥涉三載既失周期之議冬亡而春忌又乖致感之本譬人年末三十日亡明年末月小若以去年二十九日親尚存則應用後年正朝為忌此必不然則閏亡可知也通關並同蔚之議三月末祥

有司奏雲杜國解稱國子檀和之所生親王求除太夫人檢無國子除太夫人先例法又無科下禮官議正太學博士孫豁之議春秋母以子貴王雖為妾是和之所生按五等之例鄭伯許男同號夫人國子體例王合如國所生太常丞庾蔚之議母以子貴雖春秋明義古今異制因革不同自頃代以來所生蒙榮唯有諸王既是王者之嬪御故宜見尊於蕃國若功高勳重列為公侯亦有拜太夫人之禮凡此皆朝恩曲降非國之所求子男妾母未有前比祠部郎中朱膺之議以為子不得爵父母而春秋有母以子貴當謂傳國君母本先公嬪媵所因藉有由故也始封之身所不得同若殊績重勳恩所特錫時或有之不由司存所議參議以蔚之為允詔可

大明二年正月有司奏故右光祿大夫王偃喪依格皇后服期心喪

三年應再周來二月晦檢元嘉十九年舊事武康公主出適二十五月心制終盡從禮即吉昔國哀再周孝建二年二月其月末諸公主心制終則應從吉于時猶心禫素衣二十七月乃除二事不同領曹郎朱膺之議詳尋禮文心喪不應有禫皇代考驗已為定制元嘉季年禍難深酷聖心天至喪紀過哀是以出適公主還同在室即情變禮非革舊章今皇后二月晦宜依元嘉十九年制釋素即吉以文帝元嘉十五年皇太子妃祖父右光祿大夫殷和喪變除之禮儀同皇后

六月有司奏凡侯伯子男世子喪無嗣求進次息為世子檢無其例下禮官議正博士孫武議按晉濟北侯荀勗長子連卒以次子輯拜世子先代成準宜為今例博士傅郁議禮記微子立衍商禮斯行仲子舍孫姬典攸貶歷代遵循靡替于舊今胙土之君在而世子卒廢嗣來育非孫之謂愚以為次子有子自宜紹為世孫若其未也無容遠捜輕屬承綱繼體傳之有由父在立子允稱情典曹郎諸葛雅之議按春秋傳云世子死有母弟則弟無則立長年均擇賢義均則卜古之制也今長子早卒無嗣進立次息以為世子取諸左氏理義無違又孫武所據晉濟北侯荀勗長子卒立次子亦近代成例據文採比竊所允安謂宜開許以為永制參議為允詔可

四年九月有司奏陳留國王曹虔季長兄虔嗣早卒虔季襲封之後生子銑以繼虔嗣今依例應拜世子未詳應以銑為世子為應立次子錯太學博士王温之江長議並為應以銑為正嗣太常陸澄議立錯右丞徐爰議謂禮後大宗以其不可乏祀諸侯世及春秋成美虔嗣承家傳爵身為國王雖薨沒無子猶列昭穆立後之日便應即纂國統于時既無承繼虔嗣以次襲紹虔嗣既列廟享故自與出數而還豈容蒸嘗無闕橫取他子為嗣為人亂嗣又應蒸祀先父按禮文公子不得禰諸侯虔嗣無緣降廟既癈銑本長息宜還為虔季世子詔如爰議

五年閏月有司奏依禮皇太后服太子妃小功五月皇后大功九月右丞徐爰參議宮人從服者若二御哭臨應著衰時從服者悉著衰非其日如常儀太子既有妃朞服詔見之日還著公服若至尊非哭臨日幸東宮太子見亦如之宮臣見至尊皆著朱衣

有司又奏王太子妃薨至尊皇后並服大功九月皇太后小功五月未詳二御何時當得作鼓吹及樂博士司馬興之議按禮齊衰大功之喪三月不從政今臨軒拜授則人君之大典今古既異賒促不同愚謂皇太子妃附廟之後便可臨軒作樂及鼓吹右丞徐爰議皇太子妃雖未山塋臨軒拜官舊不為礙權棺在殯應縣而不作祔後三御樂宜使學官擬禮上與之又議按禮大功至則辟琴瑟誠無自奏之理但王者體大理絕凡庶故漢文既葬悉皆復吉唯縣而不樂以此表哀今准其輕重倖其降殺則下流大功不容撤樂終服其金石簨虡之禮簫管警塗之衛寔人君之盛典當陽之威飾固亦不可久廢於朝又禮無天王服嫡婦之文直後學推貴嫡之義耳既已制服成月虛懸終窆亦足以甄崇家正標明禮歸矣爰參議皇太子朞服內不合作樂及鼓吹

七月有司奏故永陽縣開國侯劉叔子夭喪年始四歲傍親服制有疑太學博士虞龢領軍長史周景遠司馬朱膺之前太常丞庾蔚之等議並云宜同成人之服東平沖王服殤寔由追贈異於已受茅土博士司馬興之議應同東平殤服左丞荀萬秋等參議南面君國繼體承家雖則佩觿未闌成人得君父名也不容服殤故去臣不以殤

君子不殤父推此則知傍親故依殤制東平沖王已經前議若升仕朝列則為大成故鄱陽哀王追贈太常親戚不降愚謂下殤以上身居封爵宜同成人年在無服之殤以登官為斷今永陽國臣自應全服王於旁親宜從殤禮詔景遠議為允

十二年十一月有司奏興平國解稱國子袁愍孫母王氏應除太夫人檢無國子除太夫人例下禮官議正太學博士司馬興之議按禮下國卿大夫之妻皆命天子以斯而推則子男之母不容獨異博士程彥議以為五等雖差而承家事等公侯之母崇稱得崇子男於親尊秩宜顯故春秋之義母以子貴固知從子尊與國均也彥參議以興之議為允除王氏為興平縣開國子太夫人詔可

明帝泰豫元年後廢帝即位崇所生陳貴妃為皇太妃有司奏皇太妃位亞尊極未詳國親舉哀格當一同皇太后為有降且又於本親朞以下當猶服與不前曹郎王燮之議按喪服傳妾服君之黨得與女君同如此皇太妃服宗與太后無異但太后既以尊降無服太妃儀不應殊故悉不服也計本情舉哀其禮不異又禮諸侯絕朞皇太后雖云不居尊極不容輕於諸侯謂本親朞以下一無所服有慘自宜舉哀親疏二儀準之太后兼太常丞司馬燮之議禮妾服君之庶子及女君之黨皆謂大夫士耳妾名雖總而班有貴賤三夫人九嬪位視公卿大夫猶有貴妾而況天子諸侯之妾為他妾之子無服既不服他妾之子豈容服君及女君餘親況皇太后妃貴亞相極禮絕羣后崇輝盛典有踰東儲尚不服朞太妃豈應有異若本親有慘舉哀之儀宜仰則太后衆議以燮之議為允太妃於國親無服故宜緣情為諸王公主於至尊是朞服者及其太妃王妃三夫人九嬪各舉哀

後廢帝元徽二年七月有司奏第七皇弟訓養母鄭脩容喪未詳服制下禮官正議太學博士周山文議曰按庶母慈已者小功五月鄭玄云其使養之命不為母子亦服庶母慈已之服愚謂第七皇弟宜從小功之制參議並同漢魏廢帝喪親三年之制而魏世為舊君服三年者至晉泰始四年尚書何禎奏故辟舉綱紀吏不計違適皆反服舊君齊衰三月於是詔書下其奏所適無貴賤悉同依古典

歷代名臣奏議卷之一百二十一

禮樂 喪禮

南齊高帝建元四年尚書令王儉採晉中朝諒闇議奏曰權典既行喪禮斯奪事興漢世而源由甚遠殷宗諒闇非有服之稱周王即吉唯宴樂爲譏春秋之義嗣君踰年即位則預朝會聘享焉左氏云凡君即位卿出並聘踐修舊好又云諸侯即位小國聘焉以繼好結信謀事補闕禮之大者至於諒闇之內而圖婚三年未終而吉禘齊歸之喪不廢蒐杞公之卒不徹樂皆致譏貶以明鑒戒自斯而談朝聘蒸嘗之典卒哭而備行婚禘蒐樂之事三載而後舉通塞興廢各有由然又案大戴禮記及孔子家語並稱武王崩成王嗣位明年六月既葬周公冠成王而朝于祖以見諸侯命祝雍作頌襄十五年十一月晉侯周卒十六年正月葬晉悼公平公既即位改服修官烝于曲

沃禮記曾子問孔子曰天子崩國君薨則取羣廟之主而藏諸祖廟禮乎卒哭成事而後主各反其廟春秋左氏傳凡君卒哭而附附而後特祀於主蒸嘗禘於廟先儒云特祀於主者特以喪禮奉新亡者至於寢則不同於古蒸嘗禘於廟者卒哭成事羣廟之主各反其廟則四時之祭皆即吉也三年喪畢吉禘於廟躋羣主以定新主也凡此諸議悉著在經誥昭乎方冊所以晉宋因循同規前典卒哭公除親奉蒸嘗率禮無違因心允協爰至泰豫元年禮官立議不宜親奉乃引三年之制自天子達又據王制稱喪三年不祭唯祭天地社稷越紼而行事曾不知自天子達本在至情既葬釋除事以權奪委衰襲袞孝享宜申越紼之旨事施未葬卒哭之後何紼可越復依范宣之難杜預譙周之論士祭立非明據晉武在喪每欲存寧戚之懷不全依諒闇之典至於四時蒸嘗蓋以哀疾未堪非便頓改舊式江左以來通儒碩學所歷多矣守而弗革義豈徒然又宜即心而言公卿大夫則負扆親臨三元告始則朝會萬國雖金石輟響而簨簴充庭情深於恒哀而跡降於凡制豈曰能安國家故也宗廟蒸嘗孝敬所先寧容吉事備行斯典獨廢就令必宜廢祭則應三年永闕乃復同之他故有司攝禮進退二年弥乖典衷謂宜依舊親奉從之

梁武帝天監十八年帝春祠二廟既出宮有司以左將軍馮道根訃聞帝問中書舍人朱异曰吉凶同日可乎對曰昔衛獻公聞柳莊死不釋祭服而往哭之道根有勞王室臨之禮也帝即幸其宅哭之慟

後魏孝文帝時祕書令李彪上封事曰禮古臣有大喪君三年不呼其門此聖人緣情制禮以終孝子之情也周季陵夷喪禮稍亡是以要絰即戎素冠作刺逮乎虐秦殆皆泯矣漢初軍旅屢興未能遵古至宣帝時人當從軍屯者遭大父母父母死未滿三月皆弗徭役其

朝臣喪制未有定聞至後漢元初中大臣有重憂始得去官終服暨魏武孫劉之世日尋干戈前[illegible]禮制復廢不行晉時鴻臚鄭默喪親固請終服武帝感其孝誠遂著令以爲常聖魏之初撥亂反正未遑建終喪之制今四方無虞百姓安逸誠是孝慈道洽禮教興行之日也然愚臣所懷竊有未盡伏見朝臣丁大憂者假滿赴職衣錦乘軒從郊廟之祀鳴玉垂緌同節慶之醼傷人子之道虧天地之經愚謂如有遺父母喪者皆得終服若無其人有曠官者則優旨慰喻起令視事但綜理所司出納敷奏而已國之吉慶一令無預其軍戎之警墨縗從役雖愆於禮事所宜行也帝覽而善之

文明太后崩將營山陵九月安定王休等率百僚詣闕表曰上靈不弔大行太皇太后崩背溥天率土痛慕斷絕伏惟陛下孝思烝烝攀號罔極臣等聞先王制禮必有隨世之變前賢制法亦務適時之宜

良以世代不同古今異致故也三年之喪雖則自古然中代已後未之能行先朝成式事在可準聖后終制刋之金冊伏惟陛下至孝發衷哀毀過禮欲依上古喪終三年誠協大舜孝慕之德實非俯遵濟世之道今雖中夏穆清庶邦康靜然萬機事殷不可暫曠春秋蒸嘗事難廢闕伏願天鑒抑至孝之深誠副億兆之企望喪期禮數一從終制則天下幸甚日月有期山陵將就請展安兆域以備奉終之禮詔曰內祠甫爾未忍所請休等又表曰臣等聞五帝已前喪期無數三代相因禮制始立名雖虛置行之者寡高宗徒有諒闇之言而無可遵之式康王既廢初喪之儀先行即位之禮於是無改之道或虧三年之喪有缺夫豈無至孝之君賢明之子皆以理貴隨時義存百姓是以君薨而即位不暇改年踰月而即葬豈待同軌葬而即吉不必終喪此乃二漢所以經綸治道魏晉所以綱理政術伏惟陛下以至孝之性遭罔極之艱永慕崩號哀過虞舜誠是萬古之高德曠世之絕軌然天下至廣萬機至殷曠之一朝庶政必滯又聖后終制已有成典宗社廢禮其事尤大伏願天鑒抑哀毀之至誠思在予之深責仰遵先志典冊之文俯哀百辟元元之請詔曰自遭禍罰恍惚如昨奉侍梓宮猶希髣髴山陵遷厝所未忍聞十月休等又表曰臣等頻煩上聞仰申誠款聖慕惟遠未垂昭亮伏讀哀灼憂心如焚臣等聞承乾統極者宜以濟世為務經綸天下者特以百姓為心故萬機在躬周康弗獲申其慕漢文作戒孝景不得終其禮此乃先代之成軌近世所不易伏惟太皇太后叡聖淵識慮及始終明誥垂於典冊遺訓備于末命聿修厥德聖人所重遵承先式臣子攸尚陛下雖欲終上達之禮其如黎元何臣等不勝憂懼之誠敢冒重陳乞垂聽訪以副億兆之望詔曰仰尋遺旨俯聞所奏倍增號絕山陵可依典冊

如公卿所議衰服之宜情所未忍別當備敘在心既葬休又表曰奉被癸酉詔書述遺誡之旨昭遠從之義遵儉葬之重式稱孝思之深誠伏讀未周悲感交切日月有期山陵即就伏惟陛下永慕崩號倍增摧絕臣等具位在官與國休戚庇心之至不敢不陳竊以為天下之至尊莫尊於王業皇極之至重莫重於萬機至尊故不得以常禮任己至重亦弗獲以世典申情是以二漢已降逮于魏晉葬不過踰月服不淹三旬良以叔世事廣禮隨時變不可以無為之法行之於有為之辰文質不同古今異制其來久矣自皇代革命多歷年祀四祖三宗相繼纂業上承數代之故實俯副兆民之企望豈伊不懷理宜然也文明太皇太后欽明稽古聖思淵深所造終制事合世典送終之禮既明遺誥之文載備奉而行之是以垂風百王軌儀萬葉陛下以至孝之誠哀毀過禮三御不充半溢晝夜不釋絰帶永思纏綿滅性幾及百姓所以憂懼失守臣等所以肝腦塗地王者之尊躬行一日固可以感徹上靈貫被幽顯況今山陵告終喪事咸畢日已淹月仍不卜練比之前世理為過矣願陛下思大孝終始之義慰億兆悲惶之心抑思割哀遵奉終制以時即吉一日萬機則天下蒙恩率土仰賴謹依前式求定練日以備祔禫之禮詔曰比當別敘在心既而帝引見太尉丕及羣臣等於太和殿前哭拜盡哀出幸思賢門右詔尚書李沖宣旨於王等仰惟先后平日近集羣官共論政治平秩民務何圖一旦禍酷奄鍾獨見公卿言及喪事追惟荼毒五內崩摧丕對曰伏奉明詔羣情圮絕臣與元等不識古義以老朽之年歷奉累聖國家舊事頗所知聞伏惟遠祖重光世襲至有大諱之日唯侍送梓宮者凶服左右盡皆從吉四祖三宗因而無改世祖高宗臣所目見唯先帝升遐臣受任長安不在侍送之列竊聞所傳無異前式

伏惟陛下以至孝之性哀毀過禮伏聞所御三食不滿半溢臣等叩心絕氣坐不安席願暫抑至慕之情遵先朝成事思金冊遺令奉行前式無失舊典詔曰追惟慈恩昊天罔極哀毀常事豈足關言既不能待沒而朝夕食粥粗亦支任二公何是以至憂怖所奏先朝成事亦所具聞祖宗情專武畧未修文教朕今仰稟聖訓庶習古道論時比事又與先世不同太尉等國老政之所寄於典記舊式或所未悉且可知朕大意其餘喪禮之儀古今異同漢魏成事及先儒所論朕雖在衰服之中以喪禮事重情在必行故暫抑哀慕躬自尋覽今且以所懷別問尚書游明根高閭等公且可聽之帝謂明根曰朕丁罹酷罰日月推移山陵已過公卿又依金冊據案魏晉請除衰服重聞所奏倍增號哽前者事逼山陵哀疚頓弊未得論敘今故相引欲具通所懷卿前所表除釋衰麻聞之實用悲　于時親侍梓宮匍匐筵

几哀號痛慕情未暫闋而公卿何忍便有此言何於人情之不足夫聖制卒哭之禮授練之變皆奪情以漸又聞君子不奪人之喪亦不可奪喪今則旬日之間言及即吉特成傷理明根對曰臣等伏尋金冊遺旨踰月而葬葬而即吉故於卜葬之初因奏練除之事仰傷聖心伏增悲悚帝曰卿等咸稱三年之喪雖則自古然中代以後未之能行朕謂中代所以不遂三年之喪蓋由君上違世繼主初立故身襲袞冕以行即位之禮又從儲宮而登極者君德未流臣義不洽天下顒顒未知所傒故須備朝儀示皇極之尊及后之喪也因父在不遂即生情易之情踵以為法諒知敦厚之化不易遵也朕少蒙鞠育慈嚴兼至臣子之情君父之道無不備誨雖自蒙昧粗解告旨庶望量行以免咎戾朕誠不德在位過紀雖未能恩洽四方化行萬國仰稟聖訓足令億兆知有君矣於此之日而不遂哀慕之心使情理俱

損喪紀圮壞若深可痛恨高閭對曰太古既遠事難襲用漢魏以來據有成事漢文繼高惠之蹤斷獄四百幾至刑措猶垂三旬之禮孝景承平遵而不變以此言之不為即位之際有斯逼懼也良是君人之道理自宜然又漢稱文景雖非聖君亦中代明主今遺冊之旨同於前式伏願陛下述遵遺令以副羣庶之情杜預晉之碩學論自古天子無有行三年之喪者以為漢文之制闇與古合雖叔世所行事可承踵是以臣等慺慺干謁帝曰漢魏之事與今不同備如向說孝景雖承昇平之基然由嫡子即位君德未顯無異前古又父子之親誠是天屬之重然聖母之德昊天莫報思自殞滅豈從衰服而已竊尋金冊之旨所以告奪臣子之心令早即吉者慮遺絕萬機荒廢政事羣官所以慺慺亦懼機務之不理矣今仰奉冊令俯順羣心不敢闇默不言以荒庶政唯欲存衰麻廢吉禮朔望盡哀寫泄悲慕上無

失導誨之志下不乖眾官所請情在可許故專欲行之公卿宜審思朕懷不當固執至如杜預之論雖暫適時事於孺慕之君諒闇之美蓋亦誣矣孔聖稱喪與其易也寧戚而預於孝道簡略朕無取焉祕書丞李彪對曰漢明德馬后保養章帝母子之道無可間然及后之崩葬不淹旬尋以從吉然漢章不受譏於前代明德不損名於往史雖論功比德事可殊絕然母子之親抑亦可擬願陛下覽前世之成規遵金冊之遺令割哀從議以親萬機斯誠臣下至心兆庶所願帝曰既言事殊固不宜仰匹至德復稱章帝從吉不受譏前代朕所以眷戀衰絰不從所議者仰感慈恩情不能忍故也蓋聞孝子之居喪見美則感親故釋錦而服麤衰內外相稱非虛加也今者豈徒顧禮違議苟免嗤嫌而已抑亦情發於衷而欲肆之於外金冊之意已具前荅故不復重論又卒日奉旨不忍片言後事遂非嘿嘿在念不

顯所懷令奉終之事亡以仰遵遺冊於令不敢有乖但痛慕之心事
繫於予雖無丁蘭之感庶聖靈不奪至願是以謂無違旨嫌諸公所
表稱先朝成式事在可準朕仰惟太祖龍飛九五初定中原及太宗
承基世祖纂歷皆以四方未一羣雄競起故鋭意武功未修文德高
宗顯祖亦心存武烈因循無改朕承累世之資仰聖善之訓撫和內
外上下輯諧稽參古式憲章舊典四海移風要荒革俗仰遵明軌庶
無愆違而方於禍酷之辰引末朝因循之則以為前準非是所踰高
閭對曰臣等以先朝所行頗同魏晉又違於時故敢仍請帝曰卿等
又稱今雖中夏穆清庶邦康靖然萬機事廣不可暫曠朕以卿等見
逼奪情不自勝尋覽喪儀見前賢論者稱卒哭之後王者得理庶事
依據此文又從遺冊之旨雖存衰服不廢萬機無闕庶政得展罔極
之思於情差申高閭對曰君不除服於上臣則釋衰於下從服之義

有違為臣之道不足又親御衰麻復聽朝政吉凶事雜臣竊為疑帝
曰卿等猶以朕之未除於上不忍專釋於下奈何令朕獨忍於親舊
論云王者不遂三年之服者屈已以寬羣下也先后之撫羣下也念
之若子視之猶傷卿等哀慕之思既不求寬朕欲盡罔極之慕何為
不可但逼遺冊不遂乃心將欲居廬服衰寫朝夕之慕升堂襲素理
日昃之勤使大政不荒哀情獲遂吉不害於凶凶無妨於吉以心處之
謂為可爾遺旨之文公卿所議皆服終三旬釋衰襲吉從此而行情
實未忍遂服三年重違旨誥今處二理之際唯望至朞使四氣一周
寒暑代易雖不盡三年之心得一經忌日情結差申案禮卒哭之後
將受變服於朕受日庶民及小官皆命即吉內職羽林中郎已下虎
賁郎已上及外職五品已上無衰服者素服以終三月內職及外臣
衰服者變從練禮外臣三月而除諸王三都駙馬及內職至來年三

月晦朕之練也除衰即吉侍臣君服斯服隨朕所降此雖非舊式推
情即理有貴賤之差遠近之別明根對曰聖慕深遠孝情彌至臣等
所奏已不蒙許願得踰年即吉既歷冬正歲序改易是中至慕之
情又近遺誥之意何待朞年帝曰冊旨速除之意慮廣及百官久曠
衆務豈於朕一人獨有違奪今既依次降除各不廢王政復何妨於
事而猶奪朞年之心高閭對曰昔王孫倮葬士安去棺其子皆從而
不違不為不孝此雖貴賤非倫事頗相似臣敢借以為諭今親奉遺
令而有所不從臣等所以頻煩干奏李彪亦曰三年不改其父之道
可謂大孝今不遵冊令恐涉改道之嫌帝曰王孫士安皆誨子以儉
送終之事及其遵也豈異今日改父之道者蓋謂慢孝忘禮肆情違
度今梓宮之儉玄房之約明器幃帳一無所陳如斯之事卿等所悉
衰服之告乃至聖心卑己申下之意寧可苟順冲約之旨而頓絕罔

臣之痛縱有所涉甘受後代之譏未忍今日之請又表稱春秋蒸嘗
事難廢闕朕聞諸夫子吾不與祭如不祭自先朝以來有司行事不
必躬親比之聖言於事殆闕賴蒙慈訓之恩自行致敬之禮今昊天
降罰奄禍上延人神喪視幽顯同切想宗廟之靈亦輟歆祀脫行饗
薦恐乖冥旨仰思成訓倍增痛絕豈忍身襲袞冕親行吉事高閭對
曰古者郊天越紼行事宗廟之重次於郊祀今山陵已畢不可久廢
廟饗帝曰祭祀之典事由聖經未忍之心具如前告脫至廟庭號慕
自纏終恐廢禮公卿如能獨行事在言外李彪曰三年不為禮禮必
壞三年不為樂樂必崩今欲廢禮闕樂臣等未敢帝曰此乃宰予不
仁之說已受責於孔子不足復言羣官前表稱高宗徒有諒闇之言
而無可遵之式朕惟信闇默之難周公禮制自茲以降莫能景行言
無可遵之式良可怪矣復古康王既廢初喪之儀先行即位之禮於

是無改之道或斷三年之喪有關朕謂服美不安先賢有論禮畢居喪著在前典或斷之言有缺之義深乖禮衷高閭對曰臣等據案成事依附杜預多有未允至乃推援古今量考衆議實如明旨臣等竊惟曾參匹夫七日不食夫子以為非禮及錄其事唯書七日不稱三年蓋重其初慕之心伏惟陛下以萬乘之尊不食竟於五日既御則三食不充半溢臣等伏用悲惶肝腦塗地躬行一日是以貫被幽顯豈宜衰服三年以曠機務夫聖人制禮不及者企而及之過之者俯而就之伏願陛下抑至慕之情俯就典禮之重誠是臣等懍懍之願帝曰恩隆德厚則思戀自深雖非至情由所感發然曾參之孝曠代而有豈朕今日所是論也又前表稱古者葬而即吉不必終禮此乃二漢所以經綸治道魏晉所以綱理庶政朕以為既葬即吉蓋其季俗多亂權宜救世耳諒非光治興邦之化二漢之盛魏晉之興豈由簡略喪禮遺忘仁孝哉公卿偏執一隅便謂經治之要皆在於斯殆非義也昔平日之時公卿每奏稱當今四海晏安諸夏清泰禮樂日新政和民悅蹤侔軒唐事等虞禹漢魏已下固不足仰止聖治及至今日便欲苦奪朕志使不踰於魏晉如此之意未解所由昔文母上承聖主之資下有賢子之化唯助德宣政因風致穆而已當今衆事草創萬務惟始朕以不德沖年踐祚而聖母匡訓以義方詔誨以政事經綸內外憂勤億兆使君臣協和天下緝穆上代已來何后之功得以仰比如有可擬則從衆議堯雖棄子禪舜而舜自有聖德不假堯成及其徂也猶四海遏密終於三年今慈育之恩詔教之德尋之曠代未有匹擬既受非常之恩寧可違其常式況未殊一時而公卿欲令即吉冠冕黼黻行禮廟庭臨軒設懸饗會萬國尋事求心實所未忍高閭對曰臣等遵承明令因循前典惟願除衰即吉親理萬機

至德所在陛下欽明稽古周覽墳籍孝性發於聖質至情出於自然斟酌古今事非臣等所及李彪曰當今雖治風輯移民庶晏然江南有未賓之吳朔北有不臣之虜東西二蕃雖文表稱順情尚難測是以臣等猶懷不虞之慮帝曰魯公帶絰從師晉侯墨衰敗寇往聖無譏前典所許如有不虞雖越紼無嫌而況衰麻乎豈可於晏安之辰豫念戎旅之事以廢喪紀哉李彪對曰昔太伯父死適越不失至德之名夫豈不懷有由然也伏願抑至慕之心從遺告之重臣聞知子莫若父母聖后知陛下至孝之性也難奪故豫造金冊明著遺禮令陛下孝慕深遠果不可奪臣等常辭知何所啟帝曰太伯之言有乖令事諸情備如前論更不重敘古義亦有稱王者除衰而諒闇終喪者若不許朕衰麻朕則當除衰闇默委政受服以葛易麻既衰服在上公卿不得獨釋於下故於朕之授變從練已下復為節降斷度令古以情制哀但取遺旨速除之一節粗申臣子哀慕之深情欲令百官同知此意故用宣示便及變禮感痛彌深

宣武帝永平四年冬十二月員外將軍兼尚書都令史陳終德有祖母之喪欲服齊衰三年以無世爵之重不可陵諸父若下同衆孫恐違後祖之義請求詳正國子博士孫景邕劉懷義封軌高綽太學博士袁昇四門博士陽寧居等議嫡孫後祖持重三年不為品庶生二終德宜先諸父太常卿劉芳議案喪服乃士之正禮含有天子諸侯卿大夫之事其中時復下同庶人者皆別標顯至如傳重自士以一古者卿士咸多世位又士以上乃有宗廟世儒多云嫡孫傳重下通庶人以為差謬何以明之禮稽命徵曰天子之元士二廟諸侯之上士亦二廟中下士一廟一廟者祖禰共廟祭法又云庶人無廟既如此分明豈得通於庶人也傳重者主宗廟非謂庶人祭於寢也兼累

世承嫡。方得為嫡子嫡孫耳。不爾者不得繼祖也。又鄭玄別錄除云。為五世長子服斬也。魏晉以來不復行此禮矣。案喪服經無嫡孫為祖持重三年正文。唯有為長子三年。嫡孫朞。傳及注因說嫡孫傳重之義。今世既不復為嫡子服斬。卑位之嫡孫不陵諸叔而持重則可知也。且準終德資階。方之於古。未登下士。庶人在官。復無斯禮。考之舊典。驗之今世。則茲範罕行。且諸叔見存。喪主有寄。宜依諸孫服朞為允。景邕等又議云。喪服雖以士為主。而必下包庶人。何以論之。自大夫不世。毋條標列。逮於庶人。含而不述。比同士制。無復別也。唯有庶人為國君。此則明義服之輕重。不涉於孫祖。且受國於曾祖。廢疾之祖父。亦無重可傳。而猶三年。不必由世重也。夫霜露既濡。異識咸感。承重主嗣。寧覬寢廟。嫡孫之制。固不同殊。又古自卿以下。皆不殊承襲。末代僭差。不可以語通典。是以春秋譏於世卿。王制稱大夫不

世。此明訓也。喪服經雖無嫡孫為祖三年正文。而有祖為嫡孫者。豈祖以嫡服己。己與庶孫同為祖服朞。於義可乎。服祖三年。此則近世未嘗變也。準古士官不過二百石已上。終德即古之朝士也。假令終德未班朝次。苟曰志仁。必也斯遂。況乃官歷士流。當訓章之運。而以庶叔之嫌。替其嫡重之位。求是成人之善也。芳又議國子所云喪服雖以士為主。而必下包庶人。本亦不謂一篇之內。全不下同庶人。正言嫡孫傳重。專士以上。此經傳之正文。不及庶人明矣。戴德喪服變除云。父為長子斬。自天子達於士。此皆士以上乃有嫡子之明據也。且承重者。以其將代己為宗廟主。廟主了不云寢。又其證也。所引大夫不世者。此公羊穀梁近儒小道之書。至如左氏詩易尚書論語。皆有典證。或是未寤。許叔重五經異議云。今春秋公羊穀梁說卿大夫世位。則權并一姓。謂周尹氏齊崔氏也。而古春秋左氏說卿大夫皆得

世祿。傳曰。官族。易曰。食舊德。舊德謂食父故祿也。尚書曰。世選爾勞。予不絕爾善。言士惟周之士。不顯亦世。論語曰。興滅國。繼絕世。國謂諸侯。世謂卿大夫也。斯皆正經及論語士以上世位之明證也。士皆世祿也。八品者一命。斯乃信然。但觀此據。可謂覩其綱。未照其目也。案晉官品令所制九品。皆正無從。故以第八品準古下士。今皇朝官令皆有正從。若以其員外之資。為第十六品也。豈得為正八品之士哉。推考古今。謹如前議。景邕等又議喪服正文大夫以上。每事顯列。唯有庶人含而不言。此通下之義。了然無惑。且官族者。謂世為其功。食舊德者。謂德侯者世位。興滅國。繼絕世。主謂諸侯卿大夫無罪誅絕者耳。且金貂七毦。楊氏四公。雖以位相承。豈得言世祿乎。晉太康中。令史殷遂以父祥不及所繼。求還為祖母三年。時政以禮無代父追服之文。亦無不許三年之制。此即晉世之成規也。尚書邢巒奏依

芳議。詔曰。嫡孫為祖母禮令者處士人通行。何勞方致疑請也。可如國子所議。

宣武帝時。廣川王諧薨。詔曰。朕宗室多故。從弟諧喪逝。悲痛摧割。不能已已。古者大臣之喪。有三臨之禮。此蓋三公已上。至於卿司已下。故應爾。自漢已降。多無此禮。朕欲遵古典。哀感從情。雖以尊降伏私痛寧爽。欲令諸王有朞親者為之三臨。大功之親者為之再臨。小功緦麻為之一臨。廣川王於朕大功。必欲再臨。再臨者欲於大殮之日親臨盡哀。成服之後緦衰而弔。既殯之後緦麻。理在無疑。大殮之臨當否如何。為須撫柩於始喪。為應盡哀於闔棺。早晚之宜。擇其㢈中。黃門侍郎崔光宋弁通直常侍劉芳典命下大夫李元凱中書侍郎高敏等議曰。三臨之事。乃自古禮。爰及漢魏。行之者稀。陛下至聖慈仁。方遵前軌。志必哀喪。慮同臣等。以為若朞親三臨。大功宜再。始喪

之初喪之至極既以情降宜從始喪大殮之臨伏如聖旨

孝明帝熙平二年太尉清河王懌表曰臣聞百王所尚莫尚於禮於禮之重喪紀斯極世代沿革損益不同遺風餘烈景行終在至如前賢往喆商摧有異或並證經文而論情別緒或各言所見而討事共端雖憲章祖述人自名家而論議紛綸理歸羣正莫不隨時所宗各為一代之典自上達下罔不遵用是使叔孫之儀專擅於漢朝王肅之禮獨行於晉世所謂共同軌文四海畫一者也至乃折旋俯仰之儀哭泣升降之節去來闔巷之容出入闈門之度尚須疇諮禮官博訪儒士載之翰紙著在通法辯答乖殊證據不明即詆訶疵謬糾劾成罪此乃簡牒成文可具閱而知者也未聞有皇王垂範國無一定之章英賢贊治家制異同之式而欲流風作則永貽來世比學官雖建庠序未修稽考古今莫專其任暨乎宗室喪禮百寮凶事冠服制裁日月輕重率令博士一人輕尒議之廣陵王恭北海王顥同為庶母服恭則治重居廬顥則齊朞堊室論親則恭顥俱是帝孫語貴則二人並為蕃國不知兩服之證據何經典俄為舛駮莫有裁正懿王既感尚或如斯自茲已降何可紀極歷觀漢魏喪禮諸儀卷盈數百或當時名士往復成規或一代詞宗較然為則況堂堂四海藹藹如林而令喪禮參差始於帝族非所以儀刑萬國綴旒四海臣忝官台傅備位喉脣不能秉國之鈞致斯爽缺具聽所謂無所逃罪謹略舉恭顥二國不同之狀以明喪紀乖異之失乞集公卿樞納內外儒學博議定制班行天下使禮無異準得失有歸并因事而廣永為條例庶壓岳沾河微酬萬一

北齊文宣帝天保中參議律令時議者以為立五等爵邑承襲者無嫡子立嫡孫無嫡孫立嫡子弟無嫡子弟立嫡子孫弟中書舍人刁柔以為無嫡子立嫡孫不應立嫡子弟議曰柔按禮立適以長故謂長子為嫡嫡子死以嫡子之子為嫡孫死則曾玄亦然然則嫡子各本為傳重故喪服曰庶子不為長子三年不繼祖與禰也禮記公儀仲子之喪檀弓曰何居我未之前聞仲子舍其孫而立其弟何也子服伯子曰仲子亦猶行古人之道也昔者文王舍伯邑考而立武王微子舍其孫腯而立弟衍仲子亦猶行古之道鄭注曰仲子為親者諱耳立子非也文王之立武王權也微子嫡子死立其弟衍殷禮也子游問諸孔子曰不立孫注曰據周禮然則商以嫡子死立嫡子之母弟周以嫡子死立嫡子之子為嫡孫故春秋公羊之義嫡子有孫而死質家親親先立弟文家尊尊先立孫喪服齊為父後者出母無服小記云祖父卒而後為祖母後者三年為出母無服者喪者不祭故也為祖母三年者大宗傳重故也今議以嫡子孫死而立嫡子母弟嫡子母弟者則為父後矣嫡子母弟本非承嫡以無嫡故得為父後則嫡孫之弟理亦應得為父後則是父卒然後為祖後者服斬既得為祖服斬而不得為傳重者未之聞也若用商家親親之義本不應嫡子死而

立嫡子孫若從周家尊尊之文豈宜舍其孫而立其弟或文或質愚用惑焉小記復云嫡婦不為舅後者則姑為之小功注云謂夫有廢疾他故者死無子不受重者小功庶婦之服凡父母於子舅姑於婦將不傳重於嫡及將所傳重者非嫡服之皆如衆子庶婦也言死無子者謂絕世無子非謂無嫡子如其有子焉得云無後夫雖廢疾無子婦猶以嫡為名嫡名既存而欲廢其子者其如禮何禮有損益代相沿革必謂宗嫡可得而變者則為後服斬亦宜有因而改

後周宣帝即位高祖葬訖使議即吉京兆丞顏運上疏曰三年之喪自天子達于庶人先王制禮安可誣之禮天子七月而葬以俟天下畢至今葬既促事訖便除文軌之內奔赴未盡隣境遠聞使猶未至若以喪服受弔不可既吉更凶如以玄冠對使未知此出何禮進退無據愚臣竊所未安

唐太宗貞觀二年將葬故息隱王建成海陵王元吉尚書右丞魏徵與黃

門侍郎王珪請預陪送上表曰臣昔受命太上委質東宮出入龍樓垂將一紀前宮結釁宗社得罪人神臣等不能死亡甘從夷戮負其罪戾寘錄周行徒竭生涯將何上報陛下德光四海道冠前王陟岡有感追懷常恨明社稷之大義申骨肉之深恩卜葬二王遠期有日臣等永惟疇昔忝曰舊臣喪君有君雖展事君之禮宿草將列未申送往之哀瞻望九原義深凡百望於葬日送至墓所帝義而許之於是宮府舊僚吏盡令送葬

四年太宗謂侍臣曰比聞京城士庶居父母喪者乃有信巫書之言辰日不哭以此辭於弔問拘忌輟哀敗俗傷風極乖人理宜令州縣教導齊之以禮典

十一年帝詔羣臣曰朕聞死者終也欲物之反真也葬者藏也欲令人之不得見也上古垂風未聞于封樹後聖貽則始備於棺槨譏僭

侈者非不愛其厚費美儉薄者實亦貴其無危是以唐堯聖帝也穀林有通樹之說秦穆明君也橐泉無丘隴之處仲尼孝子也防墓不墳延陵慈父也嬴博可隱斯皆懷無窮之慮成獨決之明乃便躰於九泉非徇名於百代者洎乎闔閭違禮珠玉為鳧鴈始皇無度水銀為江海季孫擅魯斂以璠璵桓魋專宋葬以石槨莫不因多藏以速禍由有利而招辱玄廬既發致焚如於夜臺黃腸再開同暴骸於中野詳思曩事豈不悲哉由此觀之奢侈者可以為戒節儉者可以為師矣朕居四海之尊承百王之弊未明思化中宵戰惕雖送往之典詳諸儀制失禮之禁著在刑書而勳戚之家多流通於習俗閭閻之內或侈靡而傷風以厚葬為奉終以高墳為行孝遂使衣衾棺槨極彫刻之華靈輀明器窮金玉之飾富者越法度以相尚貧者破資產而不逮徒傷教義無益泉壤為害既深宜為懲革其王公以下爰及黎庶自今以後送葬之具有不依令式者仰州府縣官明加檢察隨狀科罪在京五品以上及勳戚之家仍錄奏聞

十四年太宗謂禮官曰同爨尚有緦麻之恩而嫂叔無服又舅之與姨親踈相似而服紀有殊未為得禮宜集學者詳議餘有親重而服輕者亦附奏聞是月尚書八座與禮官定議曰臣竊聞之禮所以決嫌疑定猶豫別同異明是非者也非從天下非從地出在人情而已矣人道所先在乎敦睦九族九族敦睦由乎親親以近及遠親屬有等差故喪紀有降殺隨恩有薄厚皆稱情以立文原夫舅之與姨雖為同氣推之於母輕重相懸何則舅為母之本宗姨乃外戚他姓求之母族姨不與焉考之經文舅誠為重故周王念齊是稱舅甥之國秦伯懷晉實切渭陽之詩今在舅服止一時之情為姨居喪五月徇名喪實逐末棄本此古人之情或有未達所宜損益寔在茲乎禮記

曰兄弟之子猶子蓋引而進之也嫂叔之無服蓋推而遠之也禮云繼父同居則為之朞未嘗同居則不為服從母之夫舅之妻二人相為服或曰同爨緦麻然則繼父並非骨肉服重由乎同爨恩輕在乎異居固知制服雖繼於名文蓋亦緣恩之厚薄者也或有長年之嫂遇孩童之叔劬勞鞠育情若所生分飢共寒契闊偕老譬同居之繼父方他人之同爨情義之深淺寧可同日而言哉在其生也乃愛同骨肉於其死也則推而遠之求之本源深所未喻若推而遠之為是則不可生而共居生而共居為是則不可死同行路重其生而輕其死厚其始而薄其終稱情立文其義安在且事嫂見稱載籍非一鄭仲虞則恩禮甚篤顏弘都則竭誠致感馬援則見之必冠孔伋則哭之為位此蓋並躬踐教義仁深孝友察其所行之旨豈非先覺者歟但于時上無哲王禮非下之所議遂使深情鬱於千載至理藏於萬

古。其來久矣。豈不惜哉。今陛下以爲尊卑之敍雖煥乎已備。喪紀之制或情理未安。爰命秩宗詳議損益。臣等奉遵明旨。觸類傍求。採摭羣經。討論傳記。或抑或引。兼名兼實。損其有餘。益其不足。使經文之禮咸秩。敦睦之情畢舉。變薄俗於既往。垂篤義於將來。信六籍所不能談。超百王而獨得者也。謹按曾祖父母舊服齊衰三月。請加爲齊衰五月。嫡子婦舊服大功。請加爲朞。衆子婦舊服小功。今請與兄弟同爲大功九月。嫂叔舊無服。今請服小功五月。其弟妻及夫兄亦小功五月。舅舊服緦麻。請加與從母同服小功五月。詔從其議。

十七年。太宗謂侍臣曰。人情之至痛者。莫過乎喪親也。故孔子云。三年之喪。天下之通喪。自天子達於庶人也。又曰。何必高宗。古之人皆然。近代帝王遂行漢儀。以日易月之制。甚乖於禮典。朕昨見徐幹中論復三年喪篇。義理甚精審。深恨不早見此書。所行大疏略。但知自咎自責。追悔何及。因悲泣久之。

太宗時。武官丁艱。屢有起復者。魏徵諫曰。國家草創之初。武官不格喪制。天下今既安定。不可仍奪其情。必有金革之事。自有墨縗之經。帝曰。朕思之。誕爲武事未息。如不可即止。

豫章公主薨。徵上奏曰。自豫章公主薨逝。陛下久著素服。羣情悚慄。咸不自寧。臣聞古之王者。絕於朞服。此乃前書典禮。列代舊章。陛下發上聖之慈。深下流之慟。素服以來。遂經旬月。悼往之義。是爲加隆。伏願割無已之痛。從先王之禮。改御常服。以副羣下之心。臣濫蒙重任。不敢寢默。帝從之。

高宗時。衡山公主既公除。將下嫁長孫氏。于志寧以爲禮女十五而笄。二十而嫁。有故二十三而嫁。固知遇喪須終三年。春秋魯莊公如齊納幣。母喪未再朞而圖婚。二家不譏。以其失禮明也。今議者云。公除從吉。此漢文創制。爲天下百姓耳。公主身服斬衰。服可以例除。情不可以例改。心喪成婚。非人情所忍。於是詔公主待服除乃婚。

中宗時。韋庶人請妃公主命婦以上葬給鼓吹。詔可。左臺侍御史唐紹言。鼓吹本軍容。黃帝戰涿鹿。以爲警衛。故曲有靈夔吼。雕鶚爭石墜崖。壯士怒之類。惟功臣詔葬得兼用之。男子有四方功。所以加寵。雖郊祀天地不參設。容得接閨閫哉。在令。五品官婚葬無給鼓吹者。唯京官五品則假四品。蓋班秩在夫若子。請置前詔。用舊典。不省。

玄宗開元初。田再思上服母齊衰三年議曰。乾尊坤卑。天一地二。陰陽之位分。夫婦之道配焉。至若死喪之戚。降殺之等。禮經五服之制。齊斬有殊。考妣三年之喪。貴賤無隔。以報免懷之慈。酬罔極之恩。稽之上古。喪期無數。暨乎中葉。方有歲年。禮記云。五帝殊時。不相沿樂。三王異代。不相襲禮。白虎通云。質文再而變。正朔三而復。自周公制禮之後。孔父刊經已來。爰殊厭降之儀。以標服紀之節。重輕從俗。斟酌隨時。故知禮不從天而降。不由地而出也。在人消息爲適時之中耳。春秋諸國。魯最知禮。以周公之後。孔子之邦也。晉韓起來聘。言周禮盡在魯。齊仲孫來盟。言魯猶秉周禮。子張問高宗諒陰三年不言。不聽其子服出母。子游爲同母異父昆弟之服大功。子夏謂合從齊衰之制。此等並四科之數。十哲之人。高步孔門。親承聖訓。及遇喪事。猶此致疑。即明自古已來昇降不一者也。三年之制。說者紛然。鄭玄以爲二十七月。王肅以爲二十五月。又改葬之服。鄭玄服緦三月。王云訖葬而除。又繼母出嫁。鄭云皆服。王云從子繼育乃爲之服。又無服之殤。鄭云子生一月哭之一日。王云以哭之日易服之月。鄭王祖經宗傳。各有異同。荀摯采古求遺。云爲損益。方知去聖漸遠。殘缺彌多。故曰。會禮之家。名爲聚訟。寧有定哉。而父在爲母三年。行之已逾四紀出自高宗大帝之代，不從則天皇后之朝。大帝御極之辰，中宗獻書之日，往時參議，將可施行，編之於格，服之已久。前王所是，疏而為律；後王所是，著而為令。何必乖先帝之旨，阻人子之情，虧仁孝之心，背德義之本，有何妨於彝倫，而欲服之周年，與伯叔母齊焉，與姊妹同焉。夫三年之喪，如白駒之過隙，君子喪親，有終身之憂，何況再周乎。夫禮者，體也，履也，示之以跡。孝者，畜也，養也，因之以心。小人不恥不仁，不畏不義，服之有制，使愚人跂及，衣之以衰，使見之摧痛，以此防人，人猶有朝死夕忘者；以此制人，人猶有釋服從吉者。方今漸歸古朴，須敦孝義，抑賢引愚，理資寧戚，食稻衣錦，所不忍聞。若以庶事朝儀，一依周禮，則古之見君也，公卿大夫贄羔鴈珪璧，今何故不依乎？周之用刑也，則墨劓宮刖，今何故不行也？周則侯甸男衛朝聘有數，今何故不行也？周則不五十不仕，七十不入朝，今何故不依乎？周則井邑丘甸以立征稅，今何故不行乎？周則分土五等，父

死子及，今何故不行乎？周則冠冕衣裘乘車而戰，今何故不行乎？周則三老五更膠序養老，今何故不行乎？諸如此例，不可勝述，何獨孝思之事，愛一年之服於其母乎？可為痛心，可為慟哭者。詩云：哀哀父母，生我劬勞。禮記云：父之親子也，親賢而下不能；母之親子也，賢而親之，無能則憐之。阮嗣宗，晉代之英才，方外之高士，以為母重於父。據齊斬升數麤細已降，何忍服之節制減至於周？豈後代盡慙於枯骨，循古未必是，依今未必非也。又同爨服緦，禮經明義，嫂叔遠別，同諸路人，引而進之，觸類而長，猶子咸衣苴縗，季父不服緦麻，推遠之情有餘，睦親之義未足。又母之昆弟，情切渭陽，翟輔論舅之寃，甯氏宅甥之相，我之出也，義亦斅矣。不同從母之尊，遂降小功之服，依諸古禮，有爽俗情，今貶舅而宗姨，是陋今而榮古。此並太宗之制也，行之百年矣，輒為刊復，實用有疑。五年，右補闕盧履冰上言曰：古者父在為母朞，而心喪。武后始

請同父三年，非是。請如禮，便。玄宗疑之，又以舅嫂叔服未安，并下百官議。刑部郎中田再思曰：會禮之家，比聚訟，循古不必是，而行今未必非。父在為母三年，高宗實行之，著令已久，何必乖先帝之旨，闕人子之情，愛一朞服於其親，使與伯叔母姑姊妹同。嫂叔舅甥服，太宗實制之，閱百年無異論，不可改。履冰因言：上元中，父在為母三年，后雖請未用也，逮垂拱始行之。至有祖父母在而子孫婦遂行服再朞，不可謂宜。禮女子無專道，故曰家無二尊。父在為母服朞，統一尊也。今不任其失，恐後世復有婦奪夫之敗，不可不察。書留未下，履冰即極陳：父在為母立几筵者一朞，心喪者再朞，父必三年而後娶，以達子之志。夫聖人豈薄情於所生，固有意於天下。昔武后陰儲篡謀，豫自光崇升朞齊抗斬衰，俄而乘陵唐家，以啓釁階。孝和僅得反正，韋氏復出，酖殺天子，幾亡宗社。故臣將以正夫婦之綱，非特母子間也。

議者或言降母服非詩所謂罔極者，而又與伯叔母姑姊妹等。且齊斬已有升降，則歲月不容異也。此迂生鄙儒未習先王之旨，安足議夫禮哉。罔極者，春秋祭祀以時思之，君子有終身之憂，謂何限一朞二朞服哉。聖人之於禮，必建中制，使賢不肖共成文理，而後釋彼伯叔姑姊為有筵杖之制三年心喪乎。母齊父斬，不易之道也。左散騎常侍元行沖議曰：古緣情制服，女天父，妻天夫，斬衰三年，情禮俱盡者，因心立極也。妻喪杖朞，情禮俱殺者，遠嫌疑，尊乾道也。為嫡子三年斬衰而不去官，尊祖重嫡，崇其禮，殺其情也。孝莫大於嚴父，故父在為母免官，齊而朞，心喪二年，情已申而禮殺也。自堯舜周公孔子所同，而令捨尊厭之重，虧嚴父之義，謂之禮可乎？姨舅無從母之名，以母之女黨，加於舅服，不為無禮。嫂叔不服，則遠嫌也。請據古為適。帝
帥報。

二十三年詔書服紀所未通者令禮官學士詳議太常韋縚上言禮喪服舅緦麻三月從母小功五月傳曰何以小功以名加也而堂姨舅母恩所不及焉外祖父母小功五月傳曰何以小功以尊加也舅緦麻三月皆情親而屬疏也外祖正尊服同從母姨舅一等而有輕重堂姨舅親未疏不相為服親母舅不如同爨其亦古意有所未暢且外祖小功此為正尊請進至大功姨舅儕親服宜等請進舅至小功堂姨舅以疏降親舅從母一等親舅母古未有服請從祖免於是常述議曰自高祖至玄孫并身謂之九族由近及遠差其輕重遂為五服傳曰外親服皆緦鄭玄曰外親之服異姓正服不過緦外祖父母小功以尊加從母小功以名加舅甥外孫中外昆弟皆緦以匹言之外祖則祖也舅則伯叔也父母之恩不殊而屬殺於外者有以也禽獸知母而不知父野人則父母等都邑之士則知尊禰大夫則知知尊祖諸侯及太祖天子及始祖聖人究天道序祖禰繫姓族親子孫則母黨之於本族不同明甚家無二尊喪無二斬人之所奉不可貳也為人後者其父母喪女子嫁殺其家之喪所存者遠抑者私也若外祖及舅加一等而堂舅及姨著服則中外其別幾何且五服有上殺之義伯叔父母服大功從父昆弟亦大功以其出於祖服不得過於祖也從祖祖父母從祖父母從祖昆弟皆小功以其出於曾祖服不得過曾祖也族祖祖父母族祖父母族昆弟皆緦以其出於高祖服不得過高祖也堂姨舅出外曾祖若為之服則外曾祖父母外伯叔祖父母亦可制服矣外祖至大功則外曾祖小功外高祖緦推而廣之與本族無異棄親錄疏不可謂順且服皆有報則堂甥外曾孫姪女之子皆當服聖人豈薄其骨肉恩愛哉蓋本於公者末於私義有所斷不得不然苟可加也則可減也如是禮可瀆矣請如古便

楊仲昌又言舅服小功魏徵嘗進之矣今之所請正同徵論堂舅堂姨舅母皆升袒免則外祖父母進至大功不加報於外孫乎外孫而報以大功則本宗之庶孫用何等邪帝手敕曰朕謂親姨舅服小功則舅母於舅有三年之喪不得全降於舅宜服緦堂姨舅古未有服朕思睦厚九族宜袒免古有同爨緦若比堂姨舅於同爨不已厚乎傳曰外親服皆緦是亦不隔堂姨舅也若謂所服不得過本而復為外曾祖父母外伯叔父母制服亦何傷皆親親敦本意也侍中裴耀卿中書令張九齡禮部尚書李林甫奏言外服無降甥為舅母服舅母亦報之夫之甥既報則夫之姨舅又當服恐所引益疏臣等愚皆所不及詔曰從服六此其一也降殺於禮無文皆自身率親為之數姨舅屬近以親言之亦姑伯之匹可曰所引疏邪婦人從夫者也夫於姨舅既服矣從夫而服是謂睦親卿等宜熟計耀卿等奏言舅母緦堂姨舅袒免請準制旨自我為古羅諸儒議制曰可

玄宗時欲增喪服加外祖大功舅小功堂姊若舅舅母袒免太子賓客崔沔奏曰禮本於家正家正而天下定家不可以貳故父以尊崇母以厭降是以內服齊斬外服緦尊名所加不過一等今古不易之道也昔辛有適伊川見被髮而祭知其將戎禮先亡也比制唐禮推廣舊恩故弘道以來國命再移於外姓本禮驗亡可不戒哉

代宗大曆元年峽州別駕顏真卿上議曰周禮大司樂職云諸侯薨令去樂大臣死令弛懸鄭註云謂去藏之弛謂釋下也是知哀輕者則釋哀重者則藏又按庾蔚之禮論云晉元后秋崩武帝咸寧元年享萬國不設樂永嘉元年冬惠帝三年喪制未終司徒左長史江充議二年正會不宜作樂又章皇后哀恨未終后主已入廟博士徐乾議曰周景王有后嫡子之喪既葬除服叔向猶譏其宴今不宜懸樂

書禮志云晉武帝以來國有大喪廢樂三年又按江都集禮說晉博士孔恢朝廷遏密懸而不作恢以爲宜都去懸設樂爲作不作則不宜懸孟獻子禫懸而不樂自是應作耳故夫子曰獻子加於人一等矣非謂不應作而猶懸也國喪尚近謂金石不可陳於庭又徐廣晉史曰聞樂不怡故申情於遏密諒闇奪服慮政事之荒廢是故秉權通以變常量輕重以降差臣以周禮去樂之文宋志終喪之證徐廣之論寧戚孔恢之說禫懸理既可憑事又故實伏請三年未畢都不設懸如有齊衰喪及遇大臣薨殁則量輕重懸而不作

代宗崩羣臣朝夕臨常衮哭委頓從吏或扶之中書舍人崔祐甫曰臣哭君前有扶禮乎衮恨之會議羣臣喪服衮以爲禮臣爲君斬衰三年漢文權制猶三十六日玄宗以來始服二十七日古者卿大夫從君而服羣臣當從皇帝二十七日而除其天下吏人三日釋服自遵遺詔祐甫以爲遺詔無朝臣庶人之別皆庶人三日釋服相與力爭聲色陵厲衮不能堪乃奏祐甫率情變禮貶之

德宗即位初詔元陵制度務從優厚刑部員外郎令狐峘上疏曰遺詔務從儉薄而今欲優厚豈顧命之意耶上優詔答之及將發引上見轀輬車不當馳道問其故有司對曰陛下本命在午不敢衝也上哭曰安有枉靈駕而謀身利乎命改轅直午而行

貞元初暢當爲太常博士昭德皇后崩中外服除皇太子諸王將服三年詔太常議太子服當與博士張薦柳冕李吉甫曰子爲母齊衰三年蓋通喪也太子爲皇后服古無文晉元皇后崩亦疑太子服杜預議古天子三年喪既葬除服魏亦以既葬爲節皇太子與國爲躰若不變除則東宮臣僕亦以衰麻出入殿省太子遂以卒哭除服貞觀十年六月文德皇后崩十一月而葬太子喪服之節國史不書至明年正月以晉王爲并州都督既命官當已除矣今皇太子宜如魏晉制既葬而虞虞而卒哭卒哭而除心喪三年宰相劉滋齊映召問當等子食於有喪者之側未嘗飽也今太子以衰服侍膳至葬可乎令羣臣齊衰三十日公除宜約以爲服限乃請如宋齊皇后爲其父母服二十日除入謁則服墨縗還宮衰麻右補闕穆質上疏曰三年之喪自天子達于庶人漢文帝以宗廟社稷之重自貶乃以日易月後世所不能革太子人臣也不得如人君之制母喪宜無厭降惟晉既葬公除議者詭辭以甘時主不是師法今有司之議虧化敗俗常情所欝夫政以德爲本德以孝爲大後世記禮之失自今而始願不重哉父在爲母朞古禮也國朝服之三年臣謂三年則太重唯行古爲得禮德宗遣內常侍馬欽敘謂質曰太子有撫軍監國問安侍膳之事有司以三十日除既葬釋服以墨衰終是何疑耶質又奏疏曰太子於陛下子道也臣道也君臣以義則撫軍監國有權奪父子問安侍膳固無服衰之嫌古未有服衰而廢者舒王以下服三年將不得問安侍膳邪太子舒王皆臣子也不宜甚異且皇后天下之母其父母士庶也以天下之母爲士庶降服可也太子臣子也以臣子爲母降可乎公除非古也今公門變服今朞喪以下縗制是也太子晨昏侍非公除比墨衰奪情事緣金革今不監國撫軍何抑奪邪子之於父母禮異而情均太子奉君父之日遠報母之日少忍使失令名哉乃詔宰臣與有司更議當等曰禮有公門脫齊衰開元禮皇后父母服十三月從朝旨則十三日而除皇太子外祖父母服五月從朝旨則五日而除恐喪服入侍傷至尊之意非特以金革奪也太子公除以墨縗奉朝歸宮衰麻酌變爲制可也宰相乃令太常卿鄭叔則草奏既葬卒哭十一月小祥十三月大祥十五月禫內謁即墨服後詔

問賀賀以為雖不能循古禮猶愈於魏晉之文遠甚宰相乃言居太子皇后喪至朝則抑哀承慈賓臣子至仵唯心與服內外宜稱今賀請降詔於外無害墨衰於內臣謂言行於外而服異於內事非至誠乖於德教請下明詔如叔則議天子從之及董晉代叔則為太常卿帝曰皇太子服期縣諫官初非朕意暢當等請循魏晉故事至論也

九年將文擢右拾遺史館修撰德宗重其職先召見延英乃命之張孝忠子茂宗尚義章公主母亡遺占丐成禮帝念孝忠功即日召為左衛將軍許主下降文上疏以為墨縗禮本緣金革未有奪喪尚主者繆盭典禮違人情不可為法帝令中使者諭茂宗之母之請文意殊堅帝曰卿所言古禮也今俗借吉而婚不為少對曰俚室窮人子旁無至親乃有借吉以嫁不聞男冒凶而娶陛下建中詔書郡縣主當婚皆使有司循典故毋用俗儀公主春秋少待年不為晚詔歲宗如禮便帝曰更思之會太常博士韋彤裴堪諫曰婚禮主人几筵聽命稱事立文謂之嘉所以承宗廟繼後嗣也喪禮創巨者日久痛甚者愈遲二十五月而畢謂之凶所以送死報終示有節也故夫義婦聽父慈子孝昔魯侯改服晉襄墨縗緣金革事則有權變安有釋縗服衣冕裳去堊室行親迎以凶瀆嘉為朝廷羞法疏入帝迂其言

憲宗以正月崩有司議葬用十二月下宿博士王彥威建言天子之葬七月春秋之義志崩不志葬必其時也舉天下葬一人故過期不葬則譏之高祖中宗葬皆六月太宗四月高宗九月睿代二宗皆五月德宗十月順宗七月惟玄肅二宗皆十二月有為為之非常典也且葬畢而虞虞而卒哭卒哭而祔皆卜日今葬卜歲莫則畢祔在明年正月是改元慶賜皆廢矣有詔更用五月

穆宗即位荒酒色景陵始復土即召李光顏于邠寧李愬于徐州期九日大宴羣臣右拾遺李珏與宇文鼎溫畬韋瓘馮約同進曰道路皆言陛下追光顏等將與百官高會且元朔未改陵土新復三年之制天下通喪今同軌之會適去遠夷之使未還遏密弛禁奉為齊人鍾鼓合饗未施禁內夫王者之舉為天下法不可不慎且光顏愬忠勞之臣方盛秋屯邊如令訪謀猷付疆事召之可也豈以酒食之歡為厚邪帝雖置其言然厚加勞遣

昭宗時宰相韋貽範毋喪詔還位兵部侍郎韓偓當草制上言曰貽範處喪未數月遽使視事傷孝子心今戶書事一相可辦陛下誠惜貽範才俟變縗而召可也何必使出峩冠廟堂入泣血柩側毀瘠則廢務勤恪則忘哀此非人情可處也

歷代名臣奏議卷之一百二十二

禮樂 喪禮

宋眞宗景德初禮官詳定明德皇太后靈駕發引於京師壬地權欑依禮埋懸重升祔神主安易上言曰禮云既虞作主虞者已葬設吉祭也明未葬則未立虞主及神主所以周制但鑿木爲懸重以主神靈王后七月而葬則埋懸重掩玄堂凶仗輼輬車龍輴之屬焚於柏城訖始可立虞主吉仗還京備九祭復埋虞主然後立神主升廟室自曠古至皇朝上奉祖宗陵廟行此禮何以今日乃違典章茍且升祔方權欑安立神主未大葬輒埋懸重且棺柩未歸園陵則神靈豈入太廟祭栢城未焚凶仗則凶穢唐突祖宗望約孝章近例但於壬地權欑未立神主升祔凶儀一切祇奉俟丙午年靈駕西去園陵東回祔廟如此則免於顛倒不利國家乃詔有司再加詳定判禮院孫

何等上言按晉書羊太后崩廢一時之祀天地明堂去樂不作又按禮王后崩五祀之祭不行既殯而祭所言五祀不行則天地之祭不廢遂議以園陵年月不便須至變禮從宜又緣先準禮文候神主升祔畢方行享祀若俟丙午歲則三年不祭宗廟禮文有闕況明德皇太后德配先朝禮合升祔遂與史館檢討同共參詳以爲廟未祔則神靈不至伏恐祭祀難行欑既畢則梓宮在郊可以葬禮比附遂按禮云葬者藏也欲人不得而見也既不欲穿壙動土則龍輴欑木題湊蒙槨上四柱如屋以覆盡塗之所合埋重三依近例使可升祔神主安易妄言以凶仗爲凶穢目羣官爲顛倒指梓宮爲棺柩令百司分析園陵況瀆聖聰誣罔臣下安易又云昔日覩羣官盡公奉二帝諸后並先山陵後祔廟今日覩羣官顛倒奉明德皇太后獨先祔廟後園陵者今詳當時先山陵後祔廟蓋爲年月便順別無陰陽拘忌

今則年月未便理合從宜未埋重則禮文不備未升祔則廟祭猶闕須從變禮以合聖情兼明德皇太后將赴權欑而安易所稱柏城未焚凶仗則凶穢唐突祖宗按檀弓云喪之朝也順死者之孝心也鄭玄注云謂遷柩於廟又云其哀離其室也故至於祖考之廟而後行商朝而殯於祖周朝而遂葬今亦遥辭宗廟而後行豈可以禮經所出目爲顛倒吉凶具儀謂之唐突哉又云孝章皇后至道元年崩亦緣有所嫌避未赴園陵出京權欑之時不立神主入廟直至至道三年西去園陵禮畢然後奉虞主還京易神主祔廟以合典禮今詳當時文籍緣孝章爲太宗嫂氏上僊之時止輟五日視朝百官不曾成服與今不同初亦無詔命令住廟享今明德皇太后母儀天下主上孝極曾顏況上仙之初即有遺命權停享祀今按禮文固合如此安易荒唐庸昧妄有援引以大功之親比三年之制欺罔君上乃至於

斯況安易以訐直自負所詆者無非良善以清要自高所尚者無非鄙俗名宦之志老而益堅詩書之文懵而不習本院所議並明稱典故旁考時宜雖曰從權粗亦稽古請依元議施行從之

大中祥符九年殿中侍御史張廓言京朝官丁父母憂者多因陳乞與免持服且忠孝恩義士所執守一悖于禮其何能立今執事盈庭各務簡易況無金革之事中外之官不闕不可習以爲例望自後並依典禮三年服滿得赴朝請

天禧四年御史臺言文武官併丁憂者相承服五十四月別無條例下太常禮官議曰按禮喪服小記云父母之喪偕先葬者不虞祔待後事其葬服斬衰注謂同月若同日死也先葬者母也其葬服斬衰者喪之隆衰宜從重也假令父死在前月而同月葬猶服斬衰不葬不變服也言其葬服斬衰則虞祔各以其服矣及練祥皆然卒事反

服重雜記云。有父之喪如未沒喪而母死。其除父之喪也。服其除服。卒事。反喪服。注云。沒猶終也。除服謂祥祭之服。卒事。既祭。反喪服。服後死者之服。又杜預云。若父母同日卒。其葬先母後父。皆服斬衰。其虞祔先父後母。各服其服。卒事。反服父服。若父已葬而母卒。則服母之服。虞訖。反服父之服。既除練則服母之服。喪可除則服父之服以除之。訖則服母之服。賀循云。父之喪未終。又遭母喪。當父服應終之月。皆服祥祭之服。如除喪之禮。卒事。反母之服。臣等參考典故。則是隨其先後而除之。無通服五十四月之文。請依舊禮改正。

仁宗景祐二年。禮儀使上言曰。天聖五年太常禮院言。自來宗廟祠祭。皆宰臣參知政事行事。每有服制。旋復改差。多致妨闕。檢會唐會要。貞元六年詔。百官有私喪公除者。聽赴宗廟之祭。監祭御史以禮有緦麻已上喪。不得饗廟。移牒吏部。詰之。吏部奏准禮。諸侯絕周。大夫絕緦者。所以殺旁親。不敢廢大宗之祭事。則緦不祭者。謂同宮未葬。欲人吉凶不相黷也。魏晉已降。變而從權。緦已上喪服。假滿即吉。謂之公除。凡既葬公除。則無事不可。故於祭無妨。乞令凡有緦服既葬公除。及聞哀假滿。許吉服赴祭。同宮未葬。雖公除。依前禁之。詔從之。又王涇郊祀錄。緦麻已上喪不行宗廟之祭者。以明吉凶不相干也。貞元吏部奏請得許權改吉服。以從宗廟之祭。此一時之事。非舊典也。今本院看詳律稱。如有緦麻已上喪。遣充掌事者。笞五十。此唐初所定。吏部起請。皆援引典故。奉詔百官有私喪公除者。聽赴宗廟之祭。後雖王涇著郊祀錄。是一時之事。非舊典也。又別無詔敕改更。是以歷代止依貞元詔命施行。至大中祥符中。詳定官請依郊祀錄。緦麻以上喪不預宗廟之祭。今詳貞元起請證據分明。王涇所說別無典故。望自今後有私喪公除者。聽赴宗廟之祭。免致廢闕。

寶元元年。右司諫韓琦上奏曰。臣昨奉使還闕。竊聞朝廷自西事以來。兩次非時就宅宣召兩府臣寮。在外不測事宜。人情驚駭。當時物議。以謂有失持重之體。日近復知西京謠言虛驚。煩於止遏。昨日午後。又聞就宅宣兩府臣寮入內。搢紳士庶無不憂惑。至晚方知只是魏國夫人薨謝。陛下雖隆乳母之愛。其如在禮止為緦麻三月之服。若言乎親。則非近也。若言乎尊。則不崇也。此止可一中人傳詔于宰臣之第。令議而奏之。何必徧宣近輔。震恐都人。事往不追。後當為戒。臣欲望每有國家體大之議。邊鄙機宜之急。合與兩府臣寮商量處置者。務從審察。以安人心。不宜倉卒以動群聽。臣又以送終之厚。前載所非。今魏國夫人於陛下親服既疎。葬禮亦當簡儉。望陛下勿聽左右張皇。過為奢侈。況國家西鄙設備。兵須未豐。正宜節用聚財之秋。不可更為無益之費。言或可采。幸賜納用。

慶曆元年。右正言孫沔乞權住豫王葬禮奏曰。臣伏覩豫王以逡巡致疾。奄棄妙齡。人神共悲。嗟戚何及。況陛下以一人繼躰之大。慈父鍾愛之心。變禮伸情。追爵制服。故四方知陛下思念之懷。悲感之意亦已至矣。使天下為父者足以仰仁慈之孝也。竊聞欲取五月中葬於永定陵。以春秋之義。固為得禮。蓋陛下以哀痛之深。無以盡其意。而欲飾終顯跡。真竭精志。雖使死者有知。亦無所益。諒大聖至明。無幽不照。豈於此事。更有所疑。實以情所未忍。遂起此議。今左右大臣。宗親中闈。皆為皇眷軫悼。未敢直請緩期。竊恐因仍成事。難復救論。臣職當建言。故非獲已。當君父痛切之際。而復不能將順其旨。獲罪必矣。臣豈惜一黜而誤陛下之遠謀。朝廷之大計也。然豫王未可葬者三。悉數以陳。願賜詳覽。且一品之葬。禮式甚煩。百日之間。土役難就。啓土龍山。驅人勞衆。諸宮因此葬者亦多。所費之財。非五千萬未能畢事今三司力屈百計收歛邊鄙宿兵未得豐足豈宜以三歲之恩忘四方之事此未可一也又京洛之間衝要之所自昊賊侵軼國家征討饋運糧草賫送甲兵往還搔擾民頗不聊配率科徭歲無虛刻塋墓若此驟興州郡如何供給此未可二也復況西賊窺伺中國已僅數年以水旱不調謂得天時以將帥不和謂合人事巧搖百端思欲一决今若因我之憂起役之次或盡兵力以幸此災益啓戎心轉為邊患此未可三也臣所見至愚固未為得庶盡懇切上補聰明欲乞權宜就近安殯俟西事稍定一二年間具禮改葬正合典儀伏望皇帝陛下以禮制情以義斷恩以祖宗社稷為心以安危休戚是念無執小節以妨永圖臣恭聞真宗皇帝四十餘方長育陛下司牧羣生為世真主今陛下盛德形容始三十歲受萬世無疆之福何患乎錫羨之嗣晚也伏乞養氣保神順時進膳特寬聖慮專斷邦機則天下幸甚

洊又奏曰臣聞忠臣切言非欲披狂名於時在回君心而已聖人納善非以啓衆議之口在惜國體而已故帝王舉一事出一令有不便於時未合於衆必容三諫以達四聰實冀再思利害周察體宜一說中幾萬有蒙福破姦邪之謀開明哲之志不惟其大亦以為難臣非不知犯顏不若取媚趨險不若偷安苟人人自圖恐非國家之利恭惟皇帝陛下仁明同堯舜恭儉若文景大度包荒純誠愛物好善無厭從諫弗咈接臣下以從容形温潤於顏色是使至愚得以盡慮況臣非才叨備諫列豈可見事自隱以一言為供職遂與衆退默起外廷竊議臣所不取也是敢再陳狂瞽上瀆聖明惟陛下察之聽之容之畢之而已臣若以此獲譴實亦無恨近以豫王卜葬曾上封奏細陳其事又前日崇政殿進對三復盡意雖言拙識淺不足以動天聽乃知聖心唯切思念故非確然上意不可轉此恐陰陽術數之流左右纖佞之輩巧陳厭勝多說災祥上惑視聽以此未决臣伏願以天時人事國計未便者察之中春卜地盛夏起墳鑿土穿山六十餘穴損害生命役人勞衆數十萬工衝冒暑熱遠在毒日流爍更或大雨霖潦修治橋路供億頻遍不害於民何以集事此天時未便者一也豫王最幼殤禮為下諸宮附葬族屬多長以卑動尊亦非順也邊方士卒衣食不足而葬寶於地下郡邑人民配率無數而勞生奉死者此於人事未便者二也西鄙屯戍三十餘萬省司歲用百計不支鬻一廷尉官纔得九千斛免一里胥役不過數百貫調發已勞用度不給況南郊在今冬賞賚十萬其為窘急故亦可知今一品儀仗尚用千餘人附葬諸喪各備執事車騎導從僮萬餘衆往復勞擾非五十萬緡恐未能畢事此於國計未便者三也此非獨臣言乃三事大夫有

識者之言也陛下貴為天子以一幼子展送終之禮庶盡其愛亦未為過其為未便者以時有所妨爾蓋國家多事之際在陛下割慈忍愛克己復禮為天下蒼生計況西賊猖熾敗軍殺將人心憂危未有安寧而重三歲之念忽萬姓之苦陛下以為如何且天下安雖未有子亦不足為憂也若天下危雖有子得不為慮哉況其奉死者也臣又觀欲了葬者有三諸宮國戚一也中人監護二也司天陰陽三也皆旁集已事而利進身也今三事大夫有識者意有補益而未能回上心者遠也國戚監護陰陽者事有所損而能伺上意者近也伏望陛下察遠近之言究損益之本則王之葬禮庶幾權止矣昨日又見敕旨差朝臣減省費用此乃陛下所慮至微至悉之深也然恐此二人力未足為監護中貴大臣所信而能節制也不若俟一二年間中外稍安備禮改卜亦為王者之光而天下之幸也今陛下當悲悼之

際。徹臣無將順之心。而煩辭寘識。干瀆天聽。尚冀感回。暫息勞費。則誅責之罪。逃避何及。

至和元年。洊為樞密副使。論張貴妃喪禮過制。疏曰。臣最孱孤迹。特荷聖恩。如遇有聞事干大體。不敢隱默。自求安全。苟狂言有所開悟。雖誅責亦足補報。竊見貴妃夭亡。上心感悼。欲加異禮。尤宜節情。史筆一書。後世為戒。故不可不謹也。臣雖叨近班。莫聞中議。實有所疑。合具陳奏。庶幾更資討論。免貽中外之議。

一。皇儀殿乃祖宗大后權厝之所。今還妃子在內。恐非一品所宜。必是倉卒之間。禮官之失。又聞諸宮之親。朝夕聚衆。縗裳千人。號泣踰月。且正寢至近。在上全無避忌。何借如是。役魂而有知。必不得安。況凶穢之氣。干犯尊嚴。尤為不便。懼知禮者傳笑四方。更乞酌其舊典。速行還殯。庶協中道。

一。恭德之謚。蓋禮官務取美名。以奉上意。未暇開陳。恐成敗事。至於三朝聖后。以孝以章。皆以後來孝思尊易謚法。今貴妃便以恭德為號。實可驚駭。詳稽前志。無此失禮。何況因情自我為繆。必致起謗上玷聖明。唯乞審議。免貽後誚。至於郭氏張氏二后。並無謚號。前規盡在。速乞削去恭德二字。

一。園陵監護使。竊見郭后張后並在奉先殯蓋於體。不宜起陵。議葬于西京。今以貴妃特欲興陵之役。未知以何名。擇地而為制度。人臣豈敢盡言。況今經冬無雪。數千里災旱。加之疾疫。是四方多虞之時。宜且靜以鎮之。若役萬兵之衆。費百萬之財。於國賦民力。實為大損。不若便俟豐年。徐議其制。臣前日聞宰臣初議殯于普安院。最為得體。

臣愚鈍少文。久守外方。不盡知朝廷體要。聞有識者皆以奉貴妃之議。大過。蓋佞人阿旨。不以直道裨聖意。將以服勞而求爵賞爾。況禮不自天降。地出。在於人情而已。苟得其中。則為後世令典。朝家延洪慶基百年。中外無患難者。蓋仁義深而禮法正爾。陛下當為祖宗惜之。伏望還妃子之靈出皇儀殿。罷哭泣之儀。去恭德之號。省園陵之名。然後重加詳酌。所貴中禮。天下幸甚。干瀆天威。難逃誅責。臣不勝惶懼激切之至。

慶曆二年。知諫院歐陽脩論楊察請終喪制。乞不奪情劄子曰。臣近見丁憂人如孝標居父之喪。來入京邑。奔走權貴營求起復。已為御史所彈。又聞新及第進士南宮觀聞母之喪。匿不行服。得官娶婦。然後徐歸。見付法寺議罪。孝標官為太常博士。觀在場屋粗有名稱。此二人猶如此。則愚俗無知違禮犯義者何可勝數矣。蓋由朝廷素不以名教獎勸天下。而禮法一隳。風俗大壞。竊以風化之本。由上而下。

伏見起復龍圖閣待制楊察。察有章奏。乞終母喪。而朝旨未允。夫臣子之行。惟孝與忠。察以文中高科。官列近侍。而能率勵頹俗。以身為先。陛下宜曲賜褒嘉。遂成其志。使遷善化俗自察而始。豈可不適人情。膠執舊弊。推祿利之小惠。廢人臣之大節。臣謂近侍奪情。本非軍國之急。不過循舊例。示推恩而已。今察以節行自高。志在忠孝。知貪冒祿利為可恥。若朝廷奪其情。使其於身不得成義。行而於母有罔極之恨。豈是謂之推恩乎。方今愚俗無知。違犯禮義。至使繁獄訟嚴刑罰而不能禁止。脫有一人欲守名教。而全忠孝以勵天下者。又為朝廷不許。則風俗之弊。其咎安在。伏乞早降恩旨。許其終喪。不獨成察之志。亦以為朝廷之美。

四年。脩論葬荆王劄子曰。臣伏覩朝旨。雖差宋祁監護故荆王葬事。然未見降下葬日。及一行事件。或聞以歲月不利。未可葬。或聞有司以財用不足乞且未葬。夫陰陽拘忌之說，陛下聰明睿聖必不信此巫卜之言而違禮典。但慮議者堅執方今財用不足，未可辦葬。陛下閔有勞民枉費之說，則不得不慮，因以遲疑。臣謂前後勅葬大臣，浮費枉用之物至多，豈是朝廷本意，皆為主司措置之失，致人因緣以為奸弊。今若盡節浮費，及絕其侵欺，而使用物不廣，則將復以何辭而云不葬。臣不知所司會將一行用度計定大數否，內若干是浮費，若干是實用。若實用之物數猶至多，而力不可辦，則緩之可也。若實用之物少，只是舊例浮費多，則可削去浮費而已。今都不計度，而但云無物可葬，則不可也。未見實用之數多少，不量力能及否，而曰必須遵禮而曰必須葬，亦未可也。如臣愚見，酌此兩端，葬則為便。然須先乞令王堯臣、宋祁等將一行合用之物，列其名件，內浮費不急者一一減去之，若只留實用之物，數必不多。假如稍多，更加節減，雖至儉薄理亦無害。如此則葬得及時，物亦不費。夫儉葬古人之美節，侈葬古人之惡名。今避儉葬，不肯節費，留喪而待有物之年以就侈葬，則非臣所知也。若曰儉葬亦未能辦，則乃過言之甚也。然外之興議為國家論事體者，皆云葬則為便。令朝廷議者分而為二，顧物力者則不顧典禮國體，論典禮國體者則不恤財用辦否，各執偏見，議久不決，以惑陛下之聰明。今便葬之害一，不葬之害五。便葬之害不過費物，然力有可為。不葬之害，所失則大。不肯薄葬而留之以待侈葬，成王之惡名，一也。信巫卜之說而違典禮，二也。目下減節力所易為，他時豐足之理或難待，使皇叔之柩五七年間不得安宅，而神靈則無歸，三也。使四夷聞天子皇叔薨而無錢以葬，遂輕中國而動心，四也。今天下物力雖乏，然凡有用度不能節省處多，獨於皇叔之身有所裁損，傷陛下孝治之美，五也。此臣所謂葬則為便者也。荊王於國屬

最尊，名位最重。伏乞早令定議，無使後時。

脩又論葬荊王一行事劄子曰：臣風聞已有聖旨，荊王葬事令三司與太常禮院及監葬官等同議減節浮費，此是見陛下厚於皇叔之恩，念民惜費之意，一舉而兩得也。然臣每見朝廷作事，欲愛民節用，而常枉費勞人，蓋為議事之初不得其要，或失於不精審者有四：民間不科配，一也；州縣供應物有定數，二也；送葬之人在路禁其呼索，三也；州縣官吏不得過外供須以邀名譽，四也。苟絕此四者，則無大患矣。昨京西一路遭張海驚劫之後，未可更有誅求。臣今欲乞指揮三司應是合要之物並須官給，不得民間科買，仍乞先將一行儀仗人馬并送葬人等一人以上先定人數，然後劄與京西，令依數供頓，則可無廣費。自荊王以下諸喪，非至親者未必令其自往，仍乞限定人數。及每人將帶隨行人數，亦乞限定。凡皇親及一行官吏，除宿頓合供飲食外，不得數外呼索。州縣官吏亦不得於官供飲食外別以諸物獻送權要。其受獻送并呼索進以入己贓論。仍乞御史裏行一人隨行糾察，其數外帶人及州縣隨順呼索獻送物等官吏，物出於己，亦從違制。若託以供應為名於民間賤買及率掠者，皆以枉法贓論。如此防禦，方可杜絕浮費，以稱陛下尊親節用之心。

慶曆三年，集賢校理余靖上奏曰：臣伏見陰陽尅擇官狀申，皇子故鄂王殯被服並取六月初四日，又伏見每年正月五日紫宸殿開宴，管領契丹賀正人使。切恐有司循故事申舉，以戎使為重，依例作樂開宴。臣身為禮官，故敢先事言之。切以故鄂王雖有襁褓，非為無服之殤。其如已賜爵命，當同成人之例。父子天性，豈能無戚。今日服之而明日宴樂，情何以安。且臣庶之家遭此喪，尚當給假，況萬乘之主因戎狄之使，不得申其私恩，深可痛也。臣以為若不得已，宣名與禮

食而徹去聲樂。親遣大臣告諭戎使。以皇帝有嗣續之痛。故罷去聲樂。非有輕重於比朝也。戎狄雖同禽獸。不敢以此為恨。昔周景王以子喪既葬而與宴。春秋譏之以為失禮。古者卿佐之喪。雖有祭祀尚猶廢樂。況在親父子乎。臣不勝區區之至。

太常禮院上議曰。禮記。父母之喪無貴賤一也。又曰。三年之喪人道之至大也。請不以文武品秩高下。並聽終喪。時以武臣入流者雜難盡解官。詔自今三司副使已上。非領邊寄並聽終制。仍續月俸。武臣非在邊而願解官者聽。凡奪情之制。文臣諫舍以上。牧伯刺史以上。皆卒哭後恩制起復。其在切要者不候卒哭。內職遭喪但給假而已。願終喪者亦聽。惟不朝幕職州縣官皆解官行服。亦有特追出者。凡公除與祭。

四年。參知政事范仲淹奏議葬荊王疏曰。昨日奉聖旨令中書熟議荊王葬事者。臣謂此議有三。其一曰年歲不利。此陰陽之說也。其二曰財用方困。此有司之憂也。其三曰京西寇盜之後。未可更有擾擾。此憂民之故也。臣又別有四議。乞陛下擇之。其一曰諸侯五月而葬。是自古不易之典。今年歲不利之說。非聖人之法言也。其二曰天下財利雖困。豈不能葬一皇叔耶。陛下常以荊王是太宗愛子。真宗愛弟。雖讒惑多端。陛下仁聖力能保全。使得令終。豈惡送葬之際。却惜財利而廢典禮。使不得及時而葬。恐未副太宗真宗之意。臣為陛下惜之。豈不防天下之竊議哉。更乞檢會先朝諸王之薨有無權厝之者。其三曰自來敕葬多是旋生事端。呼索無筭。臣請特傳聖旨令宋祁王守忠與三司使副并禮官聚議。合要物色。務從簡儉。畫一聞奏。與降敕命。依所定事件應副。更不得於敕外旋生事節。枉費官物。仍出聖意特賜內藏庫錢帛若干備葬事。使三司易為應副。如此則陛下孝德無虧。光于史策。其四曰自來敕葬枉費太半。道路供應。民不聊生。臣請特降嚴旨。荊王二子并左右五七人送葬外。其餘婦人合存合放。使與處分。更不令前去。自然道路易為供頓。大減冗費。既減得費耗。又存得典禮。此國家之正體也。乞聖慈從長處分。臣待罪政府。不敢不盡。

七年。禮官邵必上言曰。古之臣子未有居父母喪而輒與國家大祭者。今但不許入宗廟。至於南郊壇景靈宮。皆許行事。按唐吏部所請緦服既葬公除者。請周以下也。前後相承誤以為三年之喪得吉服從祭。失之甚也。又據律文。諸廟享有緦麻以上喪。不許執事。祭天地社稷不禁。此唐之定律。若不詳經典意也。王制曰。喪三年不祭。惟天地社稷為越紼而行事。注云。不敢以卑廢尊也。是指王者不敢以私親之喪廢天地社稷之祭。非謂臣下有父母喪而得從天子祭天地社稷也。兼律文所以不禁者。亦止謂緦麻以上。周以下故也。南郊太廟俱為吉祀。奉承之意。無容與禮。今居父母喪不得入太廟。至南郊則為愈重。朝廷每因大禮。待祠之官。普有霑賚。使居喪之人得預是事。是不欲慶澤之行。有所不被。奈何以小惠而傷大禮。近歲兩制以上並許終喪。惟於武臣尚仍舊制。是亦取古之墨縗從事。金革無避之義也。然於郊祀吉禮則為不可。下禮院議曰。郊祀大禮。國之重事。百司聯職。僅取濟辦。若居喪被起之官。悉不與事。則或有妨闕。但不以慘黷之容接於祭次。則亦可行。請依太常新禮。宗室及文武官有遭喪被起。及卒哭赴朝參者。遇大朝會聽不入。若緣郊廟大禮。惟不入宗廟。其郊壇景靈宮得權從吉服陪位。或差攝行事。詔可。

至和元年。孫抃論溫成護葬宜減損正禮疏曰。臣在病假中。聞朝廷議貴妃事。累具劄子論奏。數日間留中不降。今制命已出。必不可更之議論。但臣愚深為聖朝惜此一舉。欲望陛下特降詔旨。申諭四方言前追册之命。止旌褒貴妃生前勤效。若捐身以衛宸極。割臂以書奏章之類。其將來護葬次第。宜減損正禮。務從簡易。至於諸般遺賞恩例。並須一一檢尋國家故事施行。如此。則尚可以稍救前失。惟新聖德。方今自秋不雨。終冬無雪。春陽浸遠。粟麥未數。人心皇皇。疾疫相繼。災異之大。莫甚於此。陛下恤民勞。憂國力。荅天意。順物情。在此行也。臣不勝拳拳之至。

五月。抃為御史中丞。又論張貴妃進册皇后疏曰。臣伏見貴妃薨逝。陛下以數年內助之益。議欲追册后謚。舉行園陵。號名既崇。事體尤重。參較禮典。頗未合宜。況自去年秋冬至于春首。雨雪不降。粟麥未敷。必慮百司難為供應。伏望陛下先詔大臣商榷。次命禮官議定。然後施行。所貴聖朝事典動有根據。亦所以惜人力而荅天意。

抃又乞改差以次臣僚監護溫成皇后葬事疏曰。臣伏以國家禮制隆殺。從宜。本緣人情。匪自天降。規模法式。中外觀瞻。得之則取重朝廷。失之則貽誚天下。臣伏覩溫成皇后禮葬。勑命參知政事劉沆為監護之職。當時物論。或未為非。今沆爰立作相。謂宜立須改差。柰何重惜更張。膠固不變。風憲論列。陛下所宜留神。相臣懇辭。陛下所宜開可。上守祖宗之軌範。下從臣子之讜言。念公相燮理之非輕。俾后妃終始之如禮。伏況自啓殯祭定。制度繩墨。一切辦集。定無闕事。其監護職除宰相外。欲乞速賜改差以次臣僚。免使虧本朝之典禮。取後代之譏議。臣寫誠瀝血。無所難盡言。伏惟陛下思之慎之。特賜采納。則天下幸甚。

嘉祐七年。知諫院司馬光論董充媛賜謚册禮疏曰。臣伏見充媛董氏薨。追贈婉儀。又贈淑妃。陛下親為之輟朝。掛服。羣臣進名奉慰。又命有司為之定謚。及行策禮。於葬日仍鹵簿。外廷之議。皆以為董氏名秩本微。病亟之日。方拜充媛。今送終之禮。太為崇重。臣按古者婦人無謚。近世為皇后有謚。及有追加策命。妃嬪以下。未之有也。鹵簿本以賞軍功。未嘗施於婦人。唯唐平陽公主有舉兵佐高祖定天下之功。方給鼓吹。後至中宗時。韋后建議妃主葬日皆給鼓吹。非明王之令典。不足法也。臣愚念陛下恭儉寡欲。近歲以來。後宮之寵。絕無太盛過分著聞於外者。此四方之人所以咨嗟頌詠歸仰聖德也。不意今茲以既沒之董氏。而有司諂曲。妄崇虛飾。以隳紊制度。瀆慢名器。使天下之人。疑陛下隆於女寵。甚非所以益聖德也。況禮數既崇則凡事所須。用度益廣。今明堂大禮新畢。帑藏空虛。賦斂日滋。元元愁困。誠不宜更崇大後宮之喪。以橫增煩費。夫亡者雖加之虛名。盛飾。豈能復知。而適足以仰累聖德。臣竊惜之。伏望陛下特詔有司。悉

罷議謚及册禮事。其葬日更不給鹵簿。凡喪事所須。悉從減損。不必盡一品之禮。以明陛下薄於女寵而厚於元元也。

仁宗時。宋祁言郭稹不應為嫁母持服狀曰。臣竊惟禮者。敘上下。制親疏。別嫌明微。以為之節也。故三年之喪。雖天下達禮。至於情文相稱。必降殺從宜。故尊有所申。則親有所屈。不敢以所承之重而輕用於其私者也。伏見前祠部員外郎集賢校理郭稹。生始數歲。即鍾父喪。而母邊氏更適士人王渙。稹煢煢孤苦。以訖成立。見無伯叔。又鮮兄弟。奉承郭氏之祭者。惟稹一身而已。母邊氏適王氏。更生四子。今邊不幸而訃聞。稹乃解官行服。以臣愚管見。深用為疑。伏見五服制度勑齊衰杖朞降服之條曰。父卒母嫁。及出妻之子為母。其左方注曰。謂不為父後者。若為父後者。則為嫁母無服。今詳邊氏嫁則從夫。已安於王室。死將同穴。永非於郭偶。而稹既為父後。則宜歸重本宗。

雖欲懷有慈之愛。推無絶之義。亦不得為已嫁之母亢父而盡其禮也。何者輕奉父統。則郭之承重更無他親。備執母喪。則王之主祀自有諸子。臣詳求制旨。疑積不當解官行服。夫禮有所殺。君子俯就也。誼有所斷。聖人不專也。況當孝治。宜謹彝經。伏乞降臣此狀下有司博令詳議。其郭稹為父後為嫁母應與不應解官行三年之喪。然後明垂定制。俾守共規。臣備禮官。不敢寢嘿。謹具狀奏聞。

英宗即位初。殿中侍御史司馬光乞遣告哀使劄子曰。臣等竊見大行皇帝晏駕已近旬日。其告哀於契丹使人尚未進發。兼聞不曾素戒使者對答繼嗣之辭。臣等竊議。深恐未便。何則。國家既與契丹約為兄弟。遭此大喪。豈當訃告。虜中刺探之人。所在有之。今天下縞素。虜中豈得不知。而訃告之人尚未到彼。虜謂中國有何事故。能不猜疑。自古大宗無子。則取於小宗以為後。著在禮典。豈為國惡。若虜人

有問。盡以實對。有何所傷。今問繼嗣於使人。而使人對以不知。事體豈得便穩。況陛下初為皇子之時。詔書已布告天下。虜中安得不知。今若答以虛辭。不足詐彼。而適足取其笑侮耳。國家自與契丹和親以來。五十有六年。生民樂業。今國有大故。正是鄰敵闚伺之時。豈可更接之失禮。自生間隙。臣等願朝廷早決此議。令使人晝夜兼程進發。若虜中問及繼嗣。皆以實告。孔子曰。言忠信。雖蠻貊之邦行矣。臣等愚意。竊以如此為便。

光乞撤去福寧殿前尼女劄子曰。臣竊見大行皇帝梓宮在福寧殿。自啓菆以來。每日裝飾尼女置於殿前。傅以粉黛。衣之綺繡。狀如俳優。又類戲劇。臣不知其說果何謂也。羣臣見者無不駭異。或嘆其失禮。或黙有譏誚。黷慢威神。莫甚於此。殆非所以裨助喪容。觀示萬方。伏望聖慈速令撤去。孔子曰。葬之以禮。此孝之大也。臣願陛下因此

特降聖旨。下有司。應將來靈駕進發以至襄事。凡儀仗送終之物。有鄙俚無稽不合禮典。如此之類。悉宜撤去。無使四方之人有所觀笑。

光言遣奠劄子曰。臣聞禮為人後者。為之子也。孔子曰。人未有自致者也。必也親喪乎。又曰。喪事不敢不勉。故天子即位之初。天下所以瞻仰而歸心者。唯在執喪盡禮而已矣。恭惟仁宗皇帝舉天下而授之陛下。明睿獨斷。人莫能間。父母能生陛下。不能使陛下貴為天子。富有四海。至於萬世子孫。永饗天祿。皆仁宗皇帝之厚德。不可忘也。今靈駕發引。遠就山陵。天長地久。永無還期。痛毒惻怛。無甚於此。伏望陛下至日若聖體稍安。行禮之際。威儀容止。動加矜慎。擗踊哭泣。過於哀毀。以竭孝思之至。報罔極之恩。結四海之心。聳萬民之望。盛德本基。盡在於是。不可以不嚴畏也。此雖聖明所自知。然臣區區尚欲以塵露之微。助山海之大。庶幾萬一或有所益焉。

光論虞祭劄子曰。臣聞禮既葬而虞。虞。安也。柩既藏矣。孝子不忍一日離其親。恐精神彷徨。無所依歸。故祭以安之也。然則虞者孝子之事。主人當親其禮。非臣下所得攝。臣竊見今月三日虞祭。百官皆入就位而哭。而陛下不親其禮。使宗正卿攝事。臣竊惑之。伏以永昭陵距京師猶五頓。木主還未至之時。不可一日不虞。故使羣臣攝事。今木主已達京師。近在內殿。而有司不根禮意。尚如塗中使羣臣行事。於親疎之序有所不稱。於哀恭之情有所未盡。臣恐聞見之人不知有司之失。而歸責於陛下。今未至卒哭。尚有三虞。欲望自來日以後陛下親行其禮。

光又奏曰。臣昨日上言虞祭者孝子之事。非臣下所得攝。乞陛下親行其禮。陛下不以臣言為輕。以為得禮。已降聖旨依臣所奏。今日禮儀既具。百官在庭。而陛下不出。復使宗正卿攝事。在列之臣無不愕

然日失且昨日有司不爲陛下設親祭之禮猶可謂之有司之失若今日之事則咎將誰歸此皆由臣惷愚以彰陛下之過臣之罪重惟陛下裁之臣聞易曰不遠復無祇悔元吉孔子曰過而不改是謂過矣伏望陛下來日雖聖躬小有不康亦當勉強親行其禮以解中外之惑

治平二年翰林學士王珪上議乞依先朝封贈期親尊屬故事奏曰臣等謹按儀禮喪服爲人後者傳曰何以三年也受重者必以尊服服之爲所後者之祖父母妻妻之父母昆弟昆弟之子若子若子者言皆如親子也又爲人後者爲其父母期傳曰何以期也不貳斬也特重於大宗者降其小宗也又爲人後者爲其昆弟大功傳曰何以大功也爲人後者降其昆弟也以此觀之爲人後者爲之子不敢復顧私親聖人制禮尊無二上若恭愛之心分施於彼則不得專一於此故也是以秦漢以來帝王有自旁支入承大統者或推尊父母以爲帝后皆見非當時取議後世臣等不敢引以爲聖朝法況前代入繼者多宮車晏駕之後援立之策或出母后或出臣下非如仁宗皇帝年齡未衰深惟宗廟之重祇承天地之意於宗室衆多之中簡拔聖明授以大業陛下親爲先帝之子然後繼體承祧光有天下濮安懿王雖於陛下有天性之親顧復之恩然陛下所以負扆端冕富有四海子子孫孫萬世相承者皆先帝之德也臣等愚淺不達古今切以爲今日所以崇奉濮安懿王典禮宜一依先朝封贈期親尊屬故事高官大國極其尊榮譙國太夫人襄國太夫人仙遊縣君亦改封大國太夫人考之古今實爲宜稱

神宗熙寧元年翰林學士王珪上奏曰臣等謹按王制喪三年不祭唯祭天地社稷爲越紼而行事傳謂不敢以卑廢尊也則居喪而可得見天地也春秋僖公三十三年傳凡君薨卒哭而祔祔而作主特祀於主烝嘗禘於廟杜預以謂新主既特祀於寢則宗廟四時常祀自當如舊是則居喪

而可得見宗廟也周公稱商高宗諒陰三年不言子張疑之以問仲尼仲尼答曰何必高宗古之人皆然高宗不去服喪三年而去諒陰三年者杜預又謂古者天子諸侯三年之喪既葬而服除諒陰以居心喪不與士庶同禮也然則服除之後郊廟之祭可勿舉乎南齊以前代君嗣位或仍前郊之年或別自爲郊下有司議而王儉乃援晉宋以來皆改元即郊而不用前郊之年又自漢文以來皆即位而謁廟至唐德宗以後亦踰年而行郊況本朝景德二年真宗居明德皇太后之喪既易月而服除明年遂享太廟而合祀天地於圓立臣等伏請皇帝將來冬至躬行郊廟之禮其服冕車輅儀物音樂緣飾事者皆不可廢

神宗時知太常禮院蘇頌議承重法疏曰臣近因上言臣僚家廟祠享事乞重定服紀親疎之制曰一節准五服年月勑斬衰三年嫡孫爲祖父爲長子今士庶之家子孫罕分嫡庶其相爲服往往一槩以斬衰期或踰年從吉使行嫁娶苟有犯者緣勑律不分士庶便當一列斷罪臣以謂古者貴賤不同禮諸侯大夫世有爵祿故有大宗小宗主祭傳重之義則喪服從而異制匹士庶人亦何預焉何以言之謹按喪服傳曰父爲長子何以三年也正體於上又乃將所傳重也鄭康成曰重其當先祖之正體又以其將代已爲宗廟主也而經不言長孫爲祖者蓋有爵土則父歿次當傳已其承重可知也近代仕不世爵宗廟因而不立尊卑亦無所統其長子孫與衆子孫無以異也生而情禮則一死而喪服獨異恐非先王制禮之本意也而世俗之論乃以三年之喪爲承重故謂當服者爲承重而不知爲承大宗之重也嘗聞慶曆中朝廷欲議臣僚應任子者長子長孫差優與官餘皆降等此亦近立宗之法也然雖有此議亦不果行慶曆末石中立卒未幾庶子從簡又卒嫡孫祖仁先已服期不知後服禮官

以謂宜別制斬衰嘉祐中劉煇祖母卒自言幼孤鞠於祖母雖有諸父亦乞解官行服禮官議煇是長孫自當承重臣竊謂祖仁官丞郎列近職世荷賞䘏是亦有重可承者也煇乃庶官世又非顯若去鞠於祖母報以三年可也有諸父在而令承長孫重非也故熙寧八年六月詔書嫡子死無衆子者然後嫡孫承重襲封爵者雖有衆子猶承重此明宗子傳重正合古禮而未議無封爵者及庶人所以承重之意故學禮者猶以為未盡也傳曰都邑之士則知尊禰大夫及學士則知尊祖故諸侯及其太祖天子及其始祖之所自出由是言之尊卑之禮有隆殺之異而喪服從而為之制也明矣今服祖重者而無所以為重之義又無大夫庶人之別是尊卑一統而貴賤同體也臣伏覩朝廷修舉遺墜禮無不講喪服之制事干典刑有所未明固宜稽考欲乞特詔禮官博士參議禮律若以無封爵者無傳重之義

即乞別立服制如在禮故合承重亦乞參酌古今收族主祭之禮立為宗子繼祖有以異於衆子孫之法及庶人與士大夫當與不當同一律頒布天下使人知尊祖不違禮教則州郡用法斷於不疑也臣職在守藩不當輕議禮典然舉刑讞獄亦州郡之所得言也

神宗崩時詔禮官詳議禮部尚書韓忠彥等議朝廷典禮時世異宜不必循古若先王之制不可盡用則當以祖宗故事為法今言者欲令羣臣服喪三年民間禁樂如之雖過山陵不去衰服庶協古制緣先王恤典節文甚多必欲循古又非特如所言而已今既不能盡用則當循祖宗故事及先帝遺制詔從其議

哲宗初即位秘書省校書郎范祖禹上疏曰臣謹案禮喪服斬衰父傳曰為父何以斬衰也父至尊也諸侯為天子傳曰天子至尊也君傳曰君至尊也先王制禮以君服同於父皆斬衰三年蓋恐為人臣者不以父事其君此所以管乎人情也自上世以來未之有改至漢文帝遺詔始令吏民三日羣臣三十六日而除後世又為易月之制二十四日而大祥三日禫而釋服喪紀之數尤薄於漢焉自漢以來不惟人臣無喪君之服而人君遂亦不為三年之喪惟晉武帝以疏素終三年其羣臣多以為非蓋諂諛之人習於流俗而不知禮也唐之人主無有為三年服者而三百年間議者亦未嘗及之蓋世無達禮之士而人不知事君之義也惟國朝自祖宗以來外廷雖用易月之制而宮中實行三年之服且易月之制前世所以難改者以人君自不為服故也今君上之服已如古典而臣下之禮猶依漢制是以大行在殯而百官有司皆已復其故常容貌衣服無異於行路之人無哀戚思慕之心豈人之性如此其薄哉由上不為之制禮也夫衰麻哭泣孝子仁人之所以表其哀也賢者無服則無以致其哀不肖

者無服則遂忽而忘之是以禮義偷薄忠孝陵遲則由無服以管其情也素冠之詩刺不能三年蓋為是矣且其禮之失者臣請得以悉陳之今羣臣易月而人主實行喪故十二日而小祥朞而又小祥二十四日而大祥再期而又大祥夫練祥不可以有二也既以日為之又以月為之此禮之無據者也古者再朞而大祥中月而禫禫者祭之名也非服之色也今乃為之縿服三日然後禫此禮之不經者也既除服矣至葬而又服之蓋見梓宮不可以無服也祔廟而後即吉纔八月矣去山陵未久也而遽純吉無所不佩此又禮之無漸者也臣伏見大行皇帝之喪自三月十三日服至二十八日而除羣臣衰麻纔十六日遺詔易月因襲故事已行之禮未可追也臣愚以為過山陵宜令羣臣朝服止如今日未除衰至朞而服之漸除其重者再朞而又服之乃釋衰其餘則君服斯服可也此非有所難行惟存其

衰麻而已今之冠服非古之制也至於禫示必為之服惟未純吉以至於祥然後無所不佩則三年之制畧如古矣夫衰裳不可以服勤斷以日月而易朝服以治事誠足也然既葬而遂除之臣竊以為太早矣孔子曰喪事不敢不勉又曰上好禮則民莫敢不恭伏惟皇帝陛下聖政之美四方風動上順天意下順人心書曰今王嗣厥德罔不在初於以革千餘歲之弊正一代之禮教天下使知君臣之義其於風化非小補也如以臣言為然乞下有司考正其禮臣又聞儉葬者聖哲之訓也奢葬者世俗之失也宋華元厚葬其君君子以為不臣漢世山陵多藏金寶故有張釋之之言劉向之論世所明知也武帝在位歲久茂陵中物無所容霍光不達大體以厚葬為愛君無所減損從而益之故西漢之末唯霸陵獨完葬之厚薄禍福可睹矣臣誠知國家山陵送往儉於前代然猶以為言者欲於儉約之制損

之又損使天下知其中無所有見其中無可欲則萬世之利也臣昔者伏見仁宗皇帝葬於昭陵有緘封皮匣納之方中者甚多皆出於禁中人莫得而知也臣愚以為如此之類無益於先帝竊恐治䑋故事猶或藏之推此類以損之必猶有可省者也昔周太祖將終戒世宗曰昔吾西征見唐十八陵無不發掘者此無它惟多藏金玉故也我死當衣以紙衣斂以瓦棺勿作石羊虎人馬惟刻石置陵前云周天子平生好儉約遺令用紙衣瓦棺嗣天子不敢違也汝或吾違吾不福汝周祖生於五季之末非有前聖之識而其葬乃如太古此其智賢於秦始皇遠矣近事不遠即本朝所代也臣以為周祖懲唐奢葬故以儉薄矯之然以天子之喪而幾於羸葬則太偏而不可為繼今惟於儉制之中加損約焉可也臣頃在書局未嘗敢越職言朝廷得失今非職所言者竊以先帝之服臣子所同也先帝之

葬四海所共也臣身服先帝之服預先帝之葬知其不合於禮而不言憂其或過於厚而不以告臣所不能已也臣嘗采唐事為唐鑑數百篇欲獻之先帝屬先帝不豫未及上其中一篇論厚葬一篇論喪服輒不自揆謹錄上進庶幾觀古以知今少裨萬一焉干冒旒扆臣無任惶懼俟罪之至

祖禹又上疏曰臣前上疏論大行皇帝喪服乞令羣臣依典禮三年之制臣之愚見以為過山陵雖易朝服宜存其衰麻而服衆之飾止如今日至朞年而漸變之以至於祥禫然後全吉此非有所難行惟令有司考正之而已今已卒哭山陵有期喪服事重道之隆污俗之薄繫焉不可不早裁定也國家承平百有餘年列聖欽明動循典禮人倫之正朝廷之治考之前世自三代以後未之有也惟是喪服猶依漢制遂使臣居君喪情禮至薄後世或謂本朝無一達禮之士

臣竊惜之且在禮臣子一也今君服於上臣除於下是有父子而未有君臣也天子者天下之共主也故其喪使天下共服之臣伏見朔望之禮羣臣朝服以造于先帝之殯宮是以吉服臨喪也而人主獨以衰服在上上下異禮是以先帝之服為人主之私喪也以吉服臨喪以先帝之服為人主之私喪此皆禮之不安者也臣前所言君服斯服者竊以為君臣當同服也伏惟祖宗以來此禮未改者蓋喪事常出於倉猝而有司惟舉故事因循而行無所損益焉今欲風天下以忠孝使民德歸厚莫若先正此禮則衆庶曉然明於君臣之義矣夫居喪之禮衰麻本不可以去身然而朝廷之上異於私家故古者君臣居喪而行吉禮則釋衰而服冕既終禮則釋冕而服衰今人君素服以聽朝羣臣朝服以治事蓋亦古之遺法也臣愚以為羣臣燕服亦宜為之制度以齊之吉禮則朝服與燕服皆吉凶禮則朝服與

燕服皆凶居喪朝服所以從宜也而燕服有紅紫之飾則何以異於無服者乎聖人所以制服者使民見其服而哀不忘于心也必使之脫去朝服而猶以有喪者自處則人情不可得而忘矣朞年之內燕服宜純縞素至小祥而漸變之古者練衣黃裏縓緣此練之服也既小祥則燕服亦可以有色而服乘之飾漸加以緣可也書曰三載四海遏密八音古者禮不下庶人惟遏密三年所以為君服也詩曰溥天之下莫非王土率土之濱莫非王臣然則民亦臣也今附廟以後惟羣臣不舉樂而四海之內萬民得以作樂焉此所以不知戴君之重也臣愚以為宜禁民舉樂三年竊惟朝廷所以不循遏密之制者蓋不欲使天下之民三年不樂而為樂工者所在有之恐其失業故寧殺禮以便民也臣以為凡天下之為俗樂者率皆游民非良農也使之廢業三年乃所以敎之使知為君之有服也彼不為樂必有他

業以養其生未必至於困窮也今殺禮以姑息之是使人不知君臣之義也故臣以為禁之合於禮而無傷於俗是以厚天下之情夫為國家者以禮為急不可忽也伏望陛下宰察斷之以禮而勿疑

祖禹進故事曰永徽元年正月太宗女衡山公主應適長孫氏有司以為服既公除欲以今秋成昏于志寧上言漢文立制本為天下百姓公主服本斬衰縱使服隨例除豈可情隨例改請俟三年乃成昏之

臣祖禹曰書曰三載四海遏密八音君喪三年自古以來未之有改也漢文帝始變禮薄於喪紀始令吏民三日羣臣三十六日釋服雖欲自損以便人而不知使人入於夷狄也自是以後民不知戴君之義而嗣君遂亦不為三年之服唐之人主無能謹於禮者故有公除而後昏亮陰而舉樂內無父子外無君臣而欲教化行

禮俗成難矣夫君者父道也臣者子道也無君是無父也況人君而可以無父乎若君服於內臣除於外是有父子無君臣也為國家者必勑革漢文之薄制遵三代之隆禮教天下以方喪三年則衆著於君臣之義也

元祐元年太常丞呂希純論司馬光薨乞罷紫宸殿稱賀上疏曰臣謹按禮記檀弓衞有太史曰柳莊寢疾公曰若疾革雖當祭必告公再拜稽首請於尸曰有臣柳莊也者非寡人之臣社稷之臣也聞之死請往春秋書仲遂卒于垂壬午猶繹萬入去籥仲尼曰非禮也卿卒不繹以此見古之人君聞大臣之喪雖宗廟之祭皆廢今來宰臣司馬光其薨適在明堂散齋日內嚴父配天國之大典固不可廢至于御樓肆赦恐亦難罷惟是紫宸殿受賀一節緣是慶賀之事比之宗廟之祭為輕方聖情軫悼元臣而羣臣拜舞稱慶恐於禮義人情

未為宜稱所有今來禮畢紫宸立班伏乞聖慈特賜詳酌旨揮

二年崇政殿說書程頤上奏曰臣伏覩有司排備開樂宴臣備員勸講職在經義輔導人主事有害義不敢不言夫居喪用喪禮除喪用吉禮因事而行乃常道也今若為開樂張宴則是特為一喜慶之事失禮義害人情無大於此雖曰故事祖宗亦不盡行或以故而罷或因事而行臣愚竊恐祖宗之意亦疑未安故也自古太平日久則禮樂純備蓋講求損益而漸至爾雖祖宗故事固有不可改有當隨事損益者若以為皆不可改則是昔所未遑今不復作前所未安後不得復正朝廷之事更無損益之理得為是乎況先朝美事亦何嘗必行臣前日所言殿上講說是也故事未安則守而不改臣前言冬至受賀表是也臣前後累進狂言未嘗得蒙采用而言之不已者蓋職之所當不敢曠廢伏望聖慈特賜聽納自中降旨罷開樂宴直候因

爭而用於義爲安

歷代名臣奏議卷之一百二十三

歷代名臣奏議卷之一百二十四

禮樂 喪禮山陵

宋哲宗元祐三年八月翰林學士蘇軾上奏曰臣近准鈐轄教坊所關到秋燕致語等文字臣謹按春秋左氏傳曰昭公九年晉荀盈如齊卒於戲陽殯于絳未葬晉平公飲酒樂膳宰屠蒯趨入酌以飲工曰汝爲君耳將司聰也辰在子卯謂之疾日君徹燕樂學人舍業爲疾故也君之卿佐是謂股肱股肱或虧何痛如之汝弗聞而樂是不聰也公說徹樂又按昭公十五年晉荀躒如周葬穆后既葬除喪周景王以賓燕叔向譏之謂之樂憂夫晉平公之於荀盈蓋無服也周景王之於穆后蓋朞喪也無服者未葬而樂屠蒯譏之朞喪者已葬而燕叔向譏之書之史冊至今以爲非仁宗皇帝以宰相富弼母在殯爲罷春燕傳之天下至今以爲宜今魏王之喪未及卒哭而禮部

太常寺皆以爲天子絕朞不妨燕樂臣竊非之若絕朞可以燕樂則春秋何爲譏晉平公周景王乎魏王之親孰與卿佐遠比荀盈近比富弼之母輕重亦有間矣魏王之葬既以陰陽拘忌別擇年月則當准禮以諸侯五月爲葬期自今年十一月以前皆爲未葬之月不當燕樂不可以權宜郊殯便同已葬也臣竊以陛下篤於仁孝必罷秋燕不待臣言但至今未奉旨揮緣上件教坊致語等文字今合於燕前一月進呈臣既未敢撰亦不敢稽延伏乞詳酌如以爲當罷只乞自陛下聖意施行更不降出臣文字臣忝備侍從叨陪講讀不欲使人以絲毫議及聖明故不敢不奏

八年軾又狀奏曰臣伏見元祐五年秋頒條貫諸民庶之家祖父母父母老疾無人供侍子孫居喪者聽尊長自陳驗實婚娶右臣伏以人子居父母喪不得嫁娶人倫之正王道之本也孟子論禮色之輕

重朞以所重徇所輕喪三年為二十五月使嫁娶有二十五月之遅此色之輕者也釋喪而婚會鄰於禽犢此禮之重者也先王之政亦有適時從宜者矣然不立居喪嫁娶之法者所害大也近世始立女居父母及夫喪而貧乏不能自存並聽百日外嫁娶之法既已害禮傷教矣然猶或可以從權而冒行者以女弱不能自立恐有流落不虞之患也今又使男子為之此何義也哉男年至於可娶雖無兼侍亦是以養父母矣今使之釋喪而婚會是直使民以色廢禮耳豈不過甚矣哉春秋禮經記禮之變必曰自某人始使秉直筆者書曰男子居父母喪得娶妻自元祐始豈不為當世之病乎臣謹按此法本因邛州官吏妄有起請當時法官有失考論便為立法臣備位秩宗前日又因邇英進讀論及此事不敢不奏伏望聖慈特降指揮削去上條稍正禮俗

元符三年哲宗崩徽宗即位詔山陵制度並如元豐七月十一日啓菆二十日靈駕發引八月八日葬永泰陵九月一日以升祔畢羣臣吉服如故事太常寺言太宗皇帝上繼太祖兄弟相及雖行易月之制實斬衰三年以重君臣之義公除已後庶事相稱具載國史今皇帝嗣位哲宗實承神考之世已用開寶故事為哲宗服衰重令神主已祔百官之服並用純吉皇帝服御宜如太平興國二年故事禮部言太平興國中宰臣薛居正表稱公除以來庶事相稱獨命徹樂誠未得宜即是公除後除不舉樂外釋衰從吉事理甚明今皇帝當御常服素紗展脚幞頭淺黃衫黑犀帶請下有司裁製宰臣請從禮官議乃詔候周期服吉時詔不由門下徑付有司給事中龔原言喪制乃朝廷大事今行不由門下是廢法也臣為君服斬衰三年古未嘗改且陛下前此議服禮官持兩可之論陛下既察見其奸其服遂正今乃不得已從之臣竊為陛下惜開寶時并汾未下兵革未弭祖宗櫛風沐雨之不暇其服制權宜一時非故事也源坐黜知南康軍於是詔依元降服喪三年之制

徽宗時左正言任伯雨上言曰臣伏見持服人奉議郎李譓奪服除京西路轉運判官應副山陵此事雖小關於體者甚大臣為諫官不敢緘嘿竊以祖宗故事朝廷有大事邊鄙有大兵革將相大臣名德侍從乃有奪服者然亦不得已爾今山陵事務人人可辦臺省寺監豈無可用之才何至小官奪服以駭人耳目若四夷聞之豈不有乏才之恥古人謂天下之事多為不識事體之人壞之朝廷事體所宜愛惜臣伏願陛下追還成命下三省別差官

高宗時徽宗皇帝寧德皇后訃至朝廷用故事以日易月知永州胡寅上疏曰臣聞三年之喪自天子達於庶人一也古之聖帝明王躬

率天下者明於父子之親君臣之義由堯舜逮漢初其道不變其間欲短喪者有之而聖人不許責宰我曰予之不仁予生三年然後免於父母之懷予也有三年之愛於其父母乎公孫丑欲使齊宣王為朞喪曰猶愈乎已孟子譬之紾其兄臂而徐徐云耳兄臂不可紾徐徐是亦紾也親喪不可短為朞是亦短也此皆聖賢大訓載在方冊以示後世者也及漢孝文自執謙德用日易月至今行之子以便身忘其親臣以便身忘其君心知其非而不肯改以臣觀之孝文固有罪矣孝景冒奉遺詔陷父於失禮自陷於不孝乃千古薄俗之首也自常禮言之猶且不可況變故特異如今日者又當如何恭惟大行太上皇帝大行寧德皇后蒙犯胡塵永訣不復實由粘罕是有不共戴天之讎考之於禮讎不復則服不除寢苦枕戈無時而終所以然者天下雖大萬事雖衆皆無以加於父子之恩君臣之義故也伏覩

十二月二十五日聖旨洽國朝故典以日易月臣竊以爲非矣自常禮言之猶須大行有遺詔然後遵承今也大行詔音不聞而陛下降旨行之是以日易月出陛下意也大行幽厄之中服御飲食人所不堪疾病粥藥必無供億崩殂之後衣衾斂藏豈得周備正棺卜兆知在何所茫茫沙漠瞻守爲誰伏惟陛下一念及此荼毒摧割倍難堪忍推原本因皆自粘罕怨讎之切切於聖情情動於中必形於外苴麻之服其可二十七日而遂釋乎縱未能遵春秋復讎之義俟讎殄而後除服猶當革漢景之薄喪紀以三年爲斷不然以終身不可除之服三十七日而除之是薄之中又加薄焉必非聖心之所安也昔滕定公薨滕文公欲行三年喪問於孟子孟子曰親喪固所自盡也自盡者言己之親己當竭其哀痛非他人所能止也滕文公用其言曰是誠在我至今美之未聞以爲過也晉武帝爲文帝服喪雖從權

除服而猶素冠蔬食如居喪者羊祜欲請帝遂服三年裴秀傅元難於復古且以君服不除而臣下除之是有父子無君臣也其議遂止當時未有以孟子之言曉之者然武帝至孝感慕遂以蔬素終三年故司馬光曰漢文師心不學變古壞禮後世帝王不能篤於哀戚之情而羣臣諂諛莫肯釐正晉武以天性矯而行之可謂不世之賢君而裴傅庸臣習常玩故不能將順其美惜哉夫有父之親有君之尊服莫重焉豈爲難於復古與臣下不行而自廢人子所當爲之大事乎方滕之百官皆不欲也文公猶以爲疑孟子曰上有好者如風下之從者如草歠粥面深墨即位而哭百官莫敢不哀者以身先之故也文公篤信而力行顏色戚哭泣哀於是時四方來弔者皆悅其得禮何則舉措合於人之良心良心不可滅故也今在陛下斷之於心身自行之裴秀傅元之言曾何足恤乎陛下遭離大行十有一年雖

嗚咽寢以天下養既不足以當大事矣獨有三年之服少稱孝思尚可自勉耳夫中國所以異於夷狄以有父子君臣也陛下一舉而恩義皆盡夷狄有人焉豈不心服乎吳王夫差每出必使人謂己曰汝忘越王之殺汝父乎則對曰唯不敢忘陛下衰服在躬猶皆隨之甚於夫差夷狄有人焉豈不知畏乎雖宅憂三祀而軍旅之事皆當決於聖裁則諒闇之典有不可舉蓋非拘攣無聞之日是乃枕戈有事之辰故魯侯有周公之喪而徐夷並興東郊不開則以墨縗即戎孔子取其誓命後世晉王克用薨梁兵壓境莊宗決勝於夾寨周太祖殂契丹入寇世宗接戰於高平古今莫不以爲然今六師戒嚴擇將北討萬幾之衆孰非軍旅陛下聽斷平決得禮之變卒哭之後以墨縗臨朝合於孔子所取其可行無疑也武夫悍卒介冑之久不無倦心獨可以至恩大義感動而使之前日詔書令大將偏裨發哀成服

識者無不稱善此乃漢祖爲義帝縞素之節得馭軍之本制勝之大幾矣陛下更以身率之深有以感動於人仁者爲此增思慕大行之心智者爲此畫撲滅女真之策勇者爲此奮百死無一還之氣天下匹夫匹婦皆可率而効命於龍荒之外自古所謂君臣之義父子之恩悉歸於陛下巍然爲萬世帝王之師不亦善乎昔子思之論喪禮也曰必誠必信勿有悔焉蓋人子之喪親非可再爲者也今日行禮一有未盡是爲不誠不信他日追悔尚何及耶喪居三年雖若久矣自孝子當之若白駒之過隙惟恐日月之逝也亦何久之有如合聖意使乞直降詔旨云恭惟太上皇帝寧德皇后誕育眇躬大恩難報欲酬罔極百未一伸鑾輿遠征遂至大故訃音初至痛貫五情想慕慈顏杳不復見怨讎有在朕敢忘之雖軍國多虞難以諒闇然衰麻枕戈非異人任以日易月情所不安興自朕躬服喪三年即戎衣墨

況有權制布告中外昭示至懷其合行典禮令有司集議來上如敢沮格是使朕為人子而忘孝之道當以大不恭論其罪陛下親御翰墨自中降出一新四方耳目以化天下天地神明亦必佑助臣不勝大願臣雖守外郡不當論事然職列禁嚴獻納論思均有責焉且其所述皆前聖賢之論非出私意陛下學問高明孝思深切遭此大變振古所無雖貴為天子富有天下由舜而論僮同敝屣夫何足以解憂者必將有取於此言是以不敢緘默謹昧萬死薦之聰聽

張浚論終行喪禮事曰臣昨日伏蒙聖慈特遣中使宣諭欲終行喪禮且緩聽政之期仰惟聖情哀慕大孝格天凡在臣子孰不感涕臣竊惟天子之孝與士庶不同必也仰思所以承宗廟奉社稷若規規然以堅守孝節為事顧何以副委託之重哉今日之事利害所繫則又有大於此者梓宮未返天下塗炭至讎深恥亘古所無陛下揮涕

而起歛髮而趨一怒而安天下之民臣猶以為晚也至若易月之制聽政之期臣嘗考之故事揆以人情皆為得中伏望聖慈痛自抑損早賜矜從臣不勝至願

浚又論易月之制曰臣竊惟陛下至孝之性出於天成思慕親之弗及痛梓宮之在遠雖躬行終身之喪臣知其猶未稱陛下孝思之深也惟是易月之制若聖慈堅欲不允則出而勞師臨戎訓閱士卒皆為非禮陛下固當不得已以徇羣臣之請獨異時視朝之服比故事更令淡白仍寬其制多以疎麤之帛為之供帳服用並去采飾悉從樸素以示天下追慕痛念之意蓋太上皇帝在位二十六年天下蒙被厚澤今不幸而崩於沙漠之北我天下之責望於陛下也深陛下勉從羣請止以軍旅多事思所以雪大恥圖恢復安宗廟救百姓而身行於宮中者喪禮如制可以感格天心可以俯慰人望臣累被聖訓知聖心之所以自處者於孝道已盡尚慮陛下疑易月為非制故不憚煩瀆上浼宸聽伏幸裁覽

時徽宗未祔廟太常少卿吳表臣奏行明堂之祭翰林學士朱震因言王制喪三年不祭惟天地社稷為越紼而行事春秋書夏五月乙酉吉禘于莊公公羊傳曰譏始不三年也國朝景德二年真宗居明德皇后喪既易月而除服明年遂享太廟合祀天地于圜丘當時未行三年之喪專行以日易月之制可也在今日行之則非也

章誼乞從隆祐太后遺誥服朞制奏曰臣等伏覩四月十四日大行隆祐皇太后遺誥考時艱難合行禮儀難以備舉皇帝服朞以日易月仍不候除服聽朝御政又奉四月十五日手詔朕以繼體之重當從重服以稱孝思之意臣等恭讀大行皇太后遺誥則謙慾之心周察之慮固已合於禮經宜於時事有司訓典未易改易陛下追崇恩

禮務極孝誠尚以朞制為輕特降重服之詔雖改薄從重將以風勵四方實為盛德之事然捨輕從重校之先王禮儀有秦隆殺之節大行隆祐皇太后遺誥服朞之制已應禮典伏望皇帝陛下少抑聖情俯就中制以為天下後世之訓

誼又奏曰臣伏覩大行隆祐皇太后遺誥皇帝不候除服御朝聽政勿以吾故妨廢軍國事務臣等有以見皇太后丁寧誨諭之意為備盡矣陛下聖性自天朝夕追悼未即臨朝傾妨萬幾于茲累日軍書邊瑣有合條陳國是民言或須奏稟今以仁孝之至情而忘天下之大計恐無以慰四海望治之心奉太母遺世之訓伏冀皇帝陛下體宗廟付託之重念生靈仰戴之誠少寬聖心勉稽禮典以日易月既已克用舊章則聽政御朝亦乞俯從輿望庶幾遵奉徽音丞臻至治臣不勝懇切之至

誼又乞議定殯宮禮物節省給賜浮費奏曰臣竊見朝廷近差總護橋道頓遞二使又差按行使夫監領脩奉等官所以營奉大行隆祐皇太后殯宮之禮無不具盡有以見皇帝陛下仁孝之誠情文相稱厚物備官以伸大報寔至德也臣伏見陛下祗率羣臣自臨服次舉音哀慟感泣左右則孝愛之情著矣至於亟下詔音欲從重服罷朝踰旬未忍聽政則追奉之禮嚴矣又復布惠澤於寰區寬繫囚於囹圄則四海九州恩施之報溥矣惟是河洛阻修陵邑未啓是以脩奉殯宮權殯近甸凡可以衛護梓宮之禮慰安仙聖之靈者固宜嚴勑有司不可闕矣若比之列聖皇太后園陵之禮工役之大財費之廣道路之遠兵衛之設固當備於異時遷奉之日不容一朝盡舉而豫行也臣伏讀大行隆祐皇太后遺誥以謂方時艱難合行禮儀難以備舉則國母所以諄諭聖主者固已昭然矣其在臣工亦宜仰體至懷協承美意然臣觀累日以來有司以公用支費為名所取銀絹緡錢之數已不可勝計臣竊恐護喪執事之人不知他時遷奉之費使欲扳援故事干冒請給蠹耗國用朝廷財力所不能辦無益孝思有累大業也臣聞有司以今年季秋明堂藏事禮大用廣經營未就若今日浮費不節則將來用度不繼減損則兵必怨聚斂則民不堪有一于此則不足以安宗廟定社稷非為孝治之本也臣伏望陛下明詔大臣議定禮典應干殯宮祗奉禮物悉從崇厚自餘給賜浮費悉行減罷庶遵先后慈儉之訓仰稱陛下追奉之誠不勝幸甚。

誼又乞減罷總護頓遞二使給賜奏曰臣近嘗奏稟乞明詔大臣議定大行隆祐皇太后殯宮應干禮典悉從崇厚自餘給賜浮費悉行減罷庶遵先后慈儉之訓仰稱陛下追奉之誠未蒙施行今來忽奉聖旨總護頓遞使受勑并了畢各支賜銀絹四百匹兩詔音初降中外駭聞不知二使所獻何名而得此也若謂省記園陵故事耶則今太母殯宮未可以比昔時之園陵蓋亦明矣園陵乃在京師數百里之外其山川之險則有過關越澗之虞其日月之除則有風雨泥淖之阻其道路之遙則有次舍暴露之勞其徒役之衆則有周防彈壓之慮至於宮嬪從衛之多服飾齎送之厚朝昏獻享之儀啓殯復土之節皆祗勤夙夜殫極思慮然後僅以集事當是之時朝廷閔勞大臣勸誘羣隷隨其等級勞賚匪須則庸或有之然亦未聞如此之厚也今殯宮去城數十里之近方之園寢每事不同顓任其勞者浙部漕臣越州守令與夫一行兵民而已總護橋道頓遞二使不過受其成事指喻官屬而已領事之初固已支請錢糧寄造酒醴以為公用犒設之資日增食錢別給驛券以益官吏廩給之費種種備厚蓋不乏矣今乃援園陵之例冒金帛之多無名而受受而不辭忘廉遜之風開苟得之路豈樞機侍從之臣所宜為哉總護橋道二使既已冒受則按行脩奉之官提舉幹辦之屬亦將引領覘傚希望無已朝廷將何以給之誠使廣費多用而有益於殯宮祗奉之禮則臣不復敢論唯其無補孝誠而徒費帑藏在臣不得而不言也況今夷狄未賓盜賊未息江淮招討一司淮南安撫一使擒寇捕虜糧餉不貲朝廷日夕經畫尚慮不繼而又明堂大禮近在秋杪財費未充民力已困臣子於此不能效力乃復冒受苟得亦何心哉伏望睿明照察特罷二使給賜指揮以塞臣下貪惏之欲俾遵太母慈儉之戒以隆陛下經國之本天下幸甚。

光宗時知閤門事趙汝愚奏請車駕過宮執喪成禮疏曰臣等謹瀝血投誠仰告陛下邦國不幸大行壽皇聖帝奄棄羣臣臣等不任哀痛昨早後殿奏事陛下面許臣等只候審問閤禮等子細即便過宮

玉音甚確。臣等退就祥曦殿門外等候。父之未有處分。臣等哀情迫切相繼。屢有文字控請及繳進慈福壽聖皇太后御札。令臣等遂請車駕過宮。雖蒙奏知。晝降御寶付外。亦未聞鑾駕之出。至日景過午。又緣大暑。大行梓宮不可遲緩。臣等不得已先詣重華哭臨宣布遺誥了當。雖賴陛下威靈。一夕內外幸而無事。然自古及今未有聞父喪而不奔赴者。今陛下聖德愈虧。人情愈怨。縱禍亂未作。臣等竊為陛下危之。臣等伏惟大行皇帝已擇用此月十一日小斂。十三日大斂成服。陛下若不及此時速往執喪成禮。少用人子之情。不知何時而遂可往耶。陛下既失此時而不往。則陛下將終不成服乎。陛下既有父之喪而終不成服。不審將服何服而視朝以見羣臣乎。故事成服聽政。御殿皆有節次。今禮節盡廢。不審陛下將用何日復視朝乎。縱陛下一切不問。不審北使將來弔祭。陛下亦可堅辭固拒而不出

乎。陛下若預思北使之來不可不往受弔祭。則今日之奔赴亦何可緩也。臣等受恩深重。義當圖報。深見今日利害。如在目前。不避死亡。仰瀆天聽。伏望聖明特賜詳覽。速降指揮。來日絕早過宮以成小斂之禮。猶可以少慰人情。少紓禍亂。臣不任哀切懇請之至。

汝愚又奏曰。臣等屢乞宣對。面陳悃愊。又繼入文字陳說利害。而天聽高邈。殆如不聞。今有司卜用十三日大斂成服。陛下若失此時不出。則是永無可出之時矣。遺詔皇帝成服三日聽政。今陛下既未成服。不知何時遂可聽政耶。禮法蕩然。紀綱盡壞。開闢以來所未嘗有。臣等適備員輔近。痛心疾首。無地自容。兩日以來。市井之間。與訛造謗。無所不有。千怪萬狀。不可聽聞。臣等一身不敢愛死。所可恨者。太祖太宗創業艱難。高宗中興。十年百戰。今勢累卵。誠可痛爾。伏望聖明早賜開寤。速降指揮。來日過重華宮大斂成服。庶幾可以收拾人心。少延國祚。若更失此機會。則陛下之事去矣。臣等蒙國厚恩。不避誅戮。控瀝血誠。冒瀆威聽。不任哀號隕越之至。

寧宗開禧三年。成肅皇后夏氏崩。殯于永阜陵正北。吏部尚書陸峻言。伏覩列聖在御。附有諸后上仙。緣無山陵可祔。是致別葬。若上仙在山陵已卜之後。無有不從葬者。其他諸后葬在山陵之前。神靈既安。並不遷祔。惟元德章懿二后。方其葬時名立未正。續行追冊。其成穆皇后。孝宗登極。即行追冊改殯。所為攢宮典禮已備。與元德章懿事體不同。所以更不遷祔。竊稽前件典禮。秖緣喪有前後。勢所當然。其於禮意。却無隆殺。今來從葬阜陵。為合典故。從之。

寧宗時。侍制侍講朱熹乞討論喪服劄子曰。臣聞三年之喪。齊疏之服。飦粥之食。自天子達於庶人。無貴賤之殊。而禮經勅令子為父。嫡孫承重為祖父。皆斬衰三年。蓋嫡子當為父後以承大宗之重。而不

能襲位以執喪。則嫡孫繼統而代之執喪。義當然也。然自漢文短喪之後。歷代因之。天子遂無三年之喪。為父且然。則嫡孫承重從可知已。人紀廢壞。三綱不明。千有餘年。莫能釐正。及我大行至尊壽皇聖帝。至性自天。孝誠內發。易月之外。猶執通喪。朝衣朝冠皆以大布。超越千古拘攣牽制之弊。革去百王衰陋卑薄之風。甚盛德也。所宜著在方冊。為世法程。子孫守之。永永無斁。而間者遺誥初頒。太上皇帝偶違康豫。不能躬就喪次。陛下實以世嫡之重。仰承大統。則所謂承重之服。著在禮律。所宜一遵壽皇已行之法。易月之外。且以布衣布冠視朝聽政。以代太上皇帝躬執三年之喪。而一時倉卒。不及詳議。遂用漆紗淺黃之服。不唯上違禮律。無以風示天下。且將使壽皇已革之弊去而復留。已行之禮舉而復墜。臣愚不肖。誠竊痛之。然既往之失。不及追改。唯有將來啓殯發引。禮當復用初喪之服。則其變除

之節尚有可議。欲望陛下仰體壽皇聖孝成法。明詔禮官稽攷禮律預行指定其官吏軍民男女方喪之禮亦宜稍爲之制。勿使過爲華靡。布告郡國。咸使聞知。庶幾漸復古制。而四海之衆有以著於君臣之義。實天下萬世之幸。

理宗淳祐間侍左郎官徐元杰上奏曰。臣昔事先師文忠公真德秀時嘗語臣曰君臣交際之禮惟拳拳納忠。不至於訕訐則得告上之體。臣佩服師說。惟守樸忠。不敢孤陛下選擇之恩。臣私竊自念戊戌告歸。分甘山林。抗疏而辭謝。陛下恩除者屢矣。去冬枚命偹墉弗俞深惟君臣之義。所不容廢。故勇於一來。嘗私謝大臣曰。盡事天之敬而事君。惟報國之忱而報德。是臣之所以不負陛下者。即所以不負大臣也。故圖報大臣者。在於隨事納忠。不在於承意順旨。況陛下廣諫諍之路。恢容受之量。事適有所當言。奇以寓愛助而存天理。其恐

緘默不以顯告陛下哉。臣前日晉侍經筵。親承聖問以大臣史嵩之起復之事。三學上書。卿曾見否。臣奏雖聞有書來之見也。竊窺聖意豫憂邊事。故有此命。臣又嘗妄奏陛下出命大早。所以啓人之疑。然人言不可沮抑。且須靜以處之。陛下自盡陛下之禮。大臣自盡大臣之禮。玉音曰。俞。臣又何所容喙。及見學校之書。使人痛哭流涕。感嘆拂膺。何士論之不少恕也。大臣讀聖賢之書。畏天命。畏人言。前此雷變之頃。觀其累疏避位。請切。及於雙親喜懼之年。今家庭之變。哀戚終事。禮制有常。臣竊料其何至於忽送死之大事。輕出以犯清議哉。臣聞大臣年十四五時。憤侂胄之權奸。建白諸父。請密圖之。此父在觀其志。自少時已知有大義。今父沒觀其行。大倫所在。梟何待士論而後知。前日昕庭出命之易。士論所以凜凜者。實以陛下爲四海億兆萬姓綱常之主。大臣身任道揆。扶翊綱常者也。孝經曰。天子有爭

臣七人。雖無道不失其天下。況有道之世。而議道謗其可咈哉。天地間惟道理最大。人言之所以必爭者。顧惜此耳。昔孟子謂壯者以暇日修其孝弟忠信。可撻秦楚之堅甲利兵。至論敵國外患之有無。則以爲吾國存亡之所係。然則外患非所當警。內治要審所先。有天保以上諸詩之本領。則采薇以下諸詩之事功特舉而措之耳。數十年來。人皆忽此。只於末上理會。所以力勞而効寡。視儒生正論爲迂闊君子愛人以德。今當保惜一代之臣。而成就三年之禮。國事所最急者。元台重任。夷夏觀瞻。三省綱維。靡容渙散。陛下如以宗社生靈爲念。以綱紀法度爲心。必咨於大臣曰。當今內外執政法從之臣。孰爲有才。孰爲有德。孰可舉以自代。參酌輿論。而後處立舉之得人。則四海九州受大臣之賜。即大臣之在任也。聖德高明。靜觀事勢。如以邊境爲可慮。則遣使就問計可也。如以備禦責講求。則使之預料便宜

一一圖上可也。將帥牧御之才。錢穀甲兵之事。姑仍舊貫而經理之。亦可也。如此則大臣於家庭無虧欠。於朝廷有勳勞。昔富鄭公弼五疏而終辭起復之命。若又豈容以專美哉。夫世道未嘗狹也。大臣積慶之家也。前者有餘而不盡用。後者愈用而不勝窮。鄭國彌忠。修齡鉅福。生榮死哀。命圭公袞。使節侯封。人知詫千載一時之盛。而不知其早歲清修。平生恬淡。翕者張之。夫報如此。今大臣福祿聲光。鮮克儷美。又何欠焉。不惟陛下當愛惜之。而大臣亦當自愛惜之。端憂凡筵勿過哀毀。其於讀禮之次。無非閱理之時。仰探千古之聖賢。將大後來之勳業。正於此基之。夫欲富好貴。人之常情。不以其道則君子有所不處。建功立業君子之盛心。志於道義則功業有所不足道。況道義有所未安。而過眼空花之富貴。自昔滓污簡冊。熏織宇宙者。不知其幾。達人大觀之幾自了。凡物皆朽。惟名義爲不朽。今京城之內。人

心皇皇。士論籍籍。旨聞大臣有起復之命。雖未知其避就之何如。凡有父母之心。莫不失聲涕零。是果何爲而然。人心天理誰實爲之。興言及此。非可使聞於夷狄也。陛下烏得而不悔悟。大臣烏得而不堅恐。臣茲因輪對。僭瀝血忱。懇懇納忠。何敢詆訐。特爲陛下愛惜民彝。爲大臣愛惜名節。所以望大臣者。不止於今日。知臣罪臣。天地鬼神昭布森列。不可誣也。臣以經筵既承清問。輒又出位言此。不當更塵班綴。伏乞陛下奮發神斷。罷臣職任。畀臣叢祠。臣謹退而閉門掃却。以俟陛下誅斥之命。臣罪當萬死。

山陵

漢文帝時。張釋之爲中郎將。從帝行至霸陵。上居外臨廁。（廁。岸之邊側也。）時慎夫人從。上指視慎夫人新豐道曰。此走邯鄲道也。（走音奏。趨也。）使慎夫人鼓瑟。上自倚瑟而歌。意悽慘悲懷。顧謂羣臣曰。嗟乎。以北山石爲槨。用紵絮斮陳漆其間。豈可動哉。（斮音側略反）左右皆曰善。釋之前曰。使其中有可欲。雖錮南山猶有隙。使其中無可欲。雖亡石槨。又何戚焉。文帝稱善。

成帝永始元年。營起昌陵。解萬年自詭昌陵三年可成。卒不能就。羣臣多言其不便者。下有司議。皆曰昌陵因卑爲高。度便房猶在平地上。客土之中。淺外不固。卒徒萬數。然脂夜作。取土東山。與穀同賈。故陵因天性。據真土。處勢高敞。旁近祖考。前又已有十年功緒。宜還復故陵。勿徙民。便。詔曰。朕執德不固。謀不盡下。過聽萬年。言昌陵三年可成。作治五年。天下虛耗。百姓罷勞。客土疏惡。終不可成。朕惟其難。怛然傷心。夫過而不改。是謂過矣。其罷昌陵。反故陵。勿徙吏民。令天下毋有動搖之心。

帝營起昌陵。數年不成。復還歸延陵。制度泰奢。光祿大夫劉向上疏諫曰。臣聞易曰。安不忘危。存不忘亡。是以身安而國家可保也。故聖賢之君。博觀終始。窮極事情。而是非分明。王者必通三統。明天命。所授者博。非獨一姓也。孔子論詩至於殷士膚敏。祼將于京。喟然歎曰。大哉天命。善不可不傳于子孫。是以富貴無常。不如是。則王公其何以戒慎。民萌何以勸勉。（萌與甿同。無知之皃。）蓋傷微子之事周。而痛殷之亡也。雖有堯舜之聖。不能化丹朱之子。雖有禹湯之德。不能訓末孫之桀紂。自古及今。未有不亡之國也。昔高皇帝既滅秦。將都雒陽。感寤劉敬之言。自以德不及周而賢於秦。遂徙都關中。依周之德。因秦之阻。世之長短。以德爲效。（效謂徵也。）故常戰栗。不敢諱亡。孔子所謂富貴無常。蓋謂此也。孝文皇帝居霸陵北臨廁。（廁。側近水也。一說霸陵山北頭廁近霸水。帝登其上以遠望也。）意悽愴悲懷。顧謂羣臣曰。嗟乎。以北山石爲槨。用紵絮斮陳漆其間。豈可動哉。張釋之進曰。使其中有可欲。雖錮南山猶有隙。使其中

無可欲。雖無石槨。又何戚焉。夫死者無終極。而國家有廢興。故釋之之言。爲無窮計也。孝文寤焉。遂薄葬。不起山墳。易曰。古之葬者。厚衣之以薪。（言積薪以覆之也。衣音於既反。）臧之中野。不封不樹。後世聖人易之以棺槨。棺槨之作。自黃帝始。黃帝葬於橋山。堯葬濟陰。丘壠皆小。葬具甚微。舜葬蒼梧。二妃不從。禹葬會稽。不改其列。（不改樹木百物之列也。）殷湯無葬處。文武周公葬於畢。秦穆公葬於雍橐泉宮祈年館下。樗里子葬於武庫。皆無丘隴之處。此聖帝明王賢君智士遠覽獨慮無窮之計也。其賢臣孝子亦承命順意而薄葬之。此誠奉安君父。忠孝之至也。夫周公。武王弟也。葬兄甚微。孔子葬母於防。稱古墓而不墳。（墓謂壙穴也。墳謂積土也。）曰。丘東西南北人也。不可不識也。爲四尺墳。遇雨而崩。弟子脩之。以告孔子。孔子流涕曰。吾聞之。古者不修墓。蓋非之也。延陵季子適齊而反。其子死。葬於嬴博之間。穿不及泉。斂以時服。封墳掩坎

其高可隱。（隱於斬反。謂人立可隱肘也。）而歸骨肉歸復於土命也。魂氣則無不之也。以嬴博去吳千有餘里。季子不歸葬。孔子往觀曰。延陵季子於禮合矣。故仲尼孝子。而延陵慈父。舜禹忠臣。周公弟弟。其葬君親骨肉皆微薄矣。非苟為儉。誠便於體也。宋桓司馬為石槨。仲尼曰。不如速朽。秦相呂不韋集知略之士而造春秋。亦言薄葬之義。皆明於事情者也。逮至吳王闔閭。違禮厚葬。十有餘年。越人發之。及秦惠文武昭莊襄五王。皆大作丘隴。多其瘞藏。咸盡發掘暴露。甚足悲也。秦始皇帝葬於驪山之阿。下錮三泉。上崇山墳。其高五十餘丈。周回五百餘里。石槨為游館。人膏為燈燭。水銀為江海。黃金為鳧鴈。珍寶之藏。機械之變。（變作機發木人之屬盡其巧變也。匠作機弩矢有所穿也輒射之。）棺槨之麗。宮館之盛。不可勝原。又多殺宮人。生薶工匠。計以萬數。天下苦其役而反之。驪山之作未成。而周章百萬之師至其下矣。（周章陳勝之將。）項籍燔其宮室營宇。往者咸見發掘。其後牧兒亡羊。羊入其鑿。（鑿謂所穿冢藏者。音在到反。）牧者持火照求羊。失火燒其藏槨。自古至今。葬未有盛如始皇者也。數年之間。外被項籍之災。內離牧豎之禍。（離遭也。）豈不哀哉。是故德彌厚者葬彌薄。知愈深者葬愈微。無德寡知。其葬愈厚。丘隴彌高。宮廟甚麗。發掘必速。由是觀之。明暗之效。葬之吉凶。昭然可見矣。周德既衰而奢侈。宣王賢而中興。更為儉宮室小寢廟。詩人美之。斯干之詩是也。上章道宮室之如制。下章言子孫之衆多也。及魯莊公刻飾宗廟。多築臺囿。後嗣再絕。（謂子般閔公皆殺死也。）春秋刺焉。周宣如彼而昌。魯秦如此而絕。是則奢儉之得失也。陛下即位。躬親節儉。始營初陵。其制約小。天下莫不稱賢明。及徙昌陵。增埤為高。（埤下也。音婢。）積土為山。發民墳墓。積以萬數。營起邑居。期日迫卒。（卒讀曰猝。）功費大萬百餘。（大萬億也。）死者恨於下。生者愁於上。怨氣感動陰陽。因之以饑饉。物故流離以十萬數。（物故謂死也。流離謂亡其居處也。）臣甚惽焉。以死者為有知。發人之墓。其害多矣。若其無知。又安用大謀之。賢知則不說。以示衆庶則苦之。若苟以說愚夫淫侈之人。又何為哉。陛下慈仁篤美甚厚。聰明疏達蓋世。宜弘漢家之德。崇劉氏之美。光昭五帝三王。而顧與暴秦亂君競為奢侈。比方丘壠。說愚夫之目。隆一時之觀。違賢知之心。亡萬世之安。臣竊為陛下羞之。唯陛下上覽明聖黃帝堯舜禹湯文武周公仲尼之制。下觀賢知穆公延陵樗里張釋之之意。孝文皇帝去墳薄葬。以儉安神。可以為則。秦昭始皇增山厚藏。以侈生害。足以為戒。初陵之橅。宜從公卿大臣之議。（橅音摹。規摹也。）以息衆庶。書奏。上甚感向其言。而不能從其計。

東漢光武建武二十六年春正月。初作壽陵。將作大匠竇融上言。園陵廣袤。無慮所用。帝曰。古者帝王之葬。皆陶人瓦器。木車茅馬。使後世之人不知其處。太宗識終始之義。景帝能述遵孝道。遭天下反覆。而霸陵獨完受其福。豈不美哉。今所制地不過二三頃。無為山陵陂池。裁令流水而已。

章帝欲為原陵顯節陵起縣邑。東平王蒼聞之。遽上疏諫曰。伏聞當為二陵起立郭邑。臣前頗謂道路之言。疑不審實。近令從官古霸問涅陽主疾。（古霸涅陽主。光武女。竇固之妻也。）使還。乃知詔書已下。竊見光武皇帝躬履儉約之行。深覩始終之分。勤勤懇懇。以葬制為言。故營建陵地。具稱古典。詔曰。無為山陵陂池。裁令流水而已。孝明皇帝大孝無違。奉承貫行。（貫行謂一皆遵奉也。）至於自所營創。尤為儉省。謙德之美。於斯為盛。臣愚以園邑之興。始自彊秦。古者丘隴且不欲其著明。（古者墓而不墳。故言不欲其著明。）豈況築郭邑建都郭哉。上違先帝聖心。下造無益之功。虛費國用。動搖百姓。非所以致和氣祈豐年也。又以吉凶俗數言之。亦不欲無故繕修丘墓。有所興起。考之古法則不合。稽之時宜則違人心。求之吉凶復未見其福。陛下履有虞之至性。追祖禰之深思。然懼左右過□□以累聖心。臣蒼誠傷二帝純德之美不暢於無窮也。惟蒙哀覽。帝從而止。

靈帝熹平元年。竇太后崩。宦者積怨竇氏。曹節王甫欲用貴人禮殯。帝不可。於是發喪成禮。節等欲別葬太后。而以馮貴人配祔。詔公卿大會朝堂。令中常侍趙忠監議。太尉李咸時病。扶輿而起。擣椒自隨。謂妻子曰。若皇太后不得配食桓帝。吾不生還矣。既議。坐者睹望中官。莫肯先言。廷尉陳球曰。皇太后以盛德良家。母臨天下。遭時不造。援立聖明。因遇大獄。遷居空宮。家雖獲罪。事非太后。今若別葬。誠失天下之望。且馮貴人無功於國。何宜上配至尊。李咸曰。臣本謂宜爾。誠與意合。於是公卿以下皆從球議。節甫猶爭之。咸復上疏曰。章德竇后。恭懷安思家犯惡逆。而和帝無異葬之議。順朝無貶降之文。今

長樂尊號在身。親嘗稱制。援立聖明。光隆皇祚。太后以陛下為子。陛下豈得不以太后為母。子無黜母。臣無貶君。宜合葬宣陵。一如舊制。帝從之。

晉愍帝時。三秦人尹桓解武等數千家盜發漢霸杜二陵。多獲珍寶。帝問驃騎大將軍索綝曰。漢陵中物何乃多耶。綝對曰。漢天子即位一年而為陵。天下貢賦三分之一供宗廟。一供賓客。一充山陵。漢武帝享年久長。比崩而茂陵不復容物。其樹皆已可拱。赤眉取陵中物不能減半。于今猶有朽帛委積。珠玉未盡。此二陵是儉者耳。亦百世之誡也。

東晉哀帝即位初。穆帝山陵將用寶器。太常江逌諫曰。以宣王顧命終制。山陵不設明器。以貽後則。景帝奉遵遺制。逮文明皇后崩。武皇帝亦承前制。無所施設。惟脯糒之奠。瓦器而已。昔康皇帝玄宮始用寶劍金舄。此蓋太妃罔已之情。實違先旨累世之法。今外欲以為故事。臣請述先旨。停此二物。書奏。從之。

隋文帝時。獻皇后崩。上令蕭吉卜擇葬所。吉歷筮山原。至處。云卜年二千。卜世二百。具圖而奏之。上曰。吉凶由人。不在於地。高緯父葬。豈不卜乎。國尋滅亡。正如我家墓田。若不吉。朕不當為天子。若云不凶。我弟不當戰沒。然竟從吉言。吉表曰。去月十六日。皇后山陵西北雞未鳴前。有黑雲方圓五六百步。從地屬天。東南又有旌旗車馬帳幕。布滿七八里。幷有人往來檢校部伍。甚整。日出乃滅。同見者十餘人。謹按葬書云。氣王與姓相生大吉。今黑氣南東王與姓相生。是大吉利。子孫無疆之候也。上大悅。

唐高祖崩。太宗詔山陵一準漢長陵故事。厚送終禮。虞世南上書曰。臣聞古之聖帝明王所以薄葬者。非不欲崇高光飾。珍寶具物。以厚

其親。然審而言之。高墳厚壠。珍物畢備。此適所以為親之累。非曰孝也。是以深思遠慮。安於菲薄。以為長久萬代之計。割其常情以定之耳。昔漢成帝造延昌二陵。制度甚厚。功費甚多。諫大夫劉向上書。其言深切。皆合事理。其略曰。孝文居霸陵。悽愴悲懷。顧謂群臣曰。嗟乎。以北山石為槨。用紵絮斮陳漆其間。豈可動哉。張釋之進曰。使其中有欲。雖錮南山猶有隙。使其中無可欲。雖無石槨。又何戚焉。夫死者無終極。而國家有廢興。釋之所言。無窮計也。孝文寤焉。遂以薄葬。又漢氏之法。人君在位。三分天下貢賦。以一分入山陵。武帝歷年長久。比葬。陵中不復容物。霍光暗於大體。奢侈過度。其後至更始之敗。赤眉賊入長安。破茂陵。取物猶不能盡。無故聚斂百姓。為盜之用。甚無謂也。魏文帝於首陽東為壽陵。作終制。其略曰。昔堯葬壽陵。因山為體。無封無樹。無立寢殿園邑。為棺槨足以藏骨。為衣衾足以朽肉。吾

營此不食之地。欲使易代之後不知其處。無藏金銀銅鐵。一以瓦器。自古及今。未有不亡之國。無不掘之墓。喪亂以來。漢氏諸陵無不發掘。至及燒取玉匣金縷。骸骨并盡。乃不重痛哉。若違詔妄有變改。吾為戮尸於地下。死而重死。不忠不孝。使魂而有知。將不福汝。以為永制。藏之宗廟。魏文此制。可謂達於事矣。向使陛下德止如秦漢之君。臣則緘口而已。不敢有言。伏見聖德高遠。堯舜猶所不逮。而俯與秦漢之君同為奢泰。捨堯舜殷周之節儉。此臣所以猶戚戚也。今為丘隴如此。其內雖不藏珍寶。亦無益也。萬代之後。但見高墳大塚。豈謂無金玉也。臣之愚計。以為漢文霸陵。既因山勢。雖不起墳。自然高顯。今之所卜。地勢即平。不可不起。宜依白武通所陳周制為三仞之墳。其方中制度。事事減少。事畢之日。刻石於陵側。明丘封大小高下之式。明器所須。皆以瓦木。合於文帝不得用金銀銅鐵。使萬代子孫並

皆遵奉。一通藏之宗廟。豈不美乎。且臣下除服用三十六日。已依霸陵。今為隴又以長陵為法。非所宜也。伏願陛下深覽古今。為長久之慮。臣之赤心。唯願萬歲之後。神道常安。陛下孝名揚於無窮耳。書奏不報。

世南又上疏曰。漢家即位之初。便營陵墓。近者十餘歲。遠者五十年。方始成就。今以數月之間。而造數十年之事。其於人力。亦以勞矣。又漢家大郡。五十萬戶。即日人衆。未及往時。而工役與之一等。此臣所以致疑也。

太宗詔有司議獻陵制度。房玄齡等曰。漢長陵高九丈。原陵高六丈。今九丈則太崇。三仞則太卑。請依原陵之制。從之。

貞觀十年。長孫皇后崩。上念后不已。於苑中作層觀。以望昭陵。嘗引魏徵同登使觀之。徵熟視之曰。臣昏眊。不見。上指示之。徵曰。臣以為陛下望獻陵。若昭陵則臣固見之矣。上為之毀觀。

中宗神龍元年。將以太后合葬乾陵。給事中嚴善思上疏曰。神明之道。體尚幽玄。今欲啓之。恐致驚黷。況合葬非古。宜於陵旁更擇吉地。不從。

代宗大曆十年。獨孤皇后崩。上悼痛。詔近城為陵。以朝夕臨望。右補闕姚南仲上疏曰。臣聞人臣宅於家。帝王宅於國。長安乃祖宗所宅。其可興鑿建陵其側乎。夫葬者藏也。欲人之不得見也。今西近宮闈。南迫大道。使近而可視。殁而復生。雖宮以待之。可也。如令骨肉歸土。魂無不之。雖欲自近。復何益。且王者必據高明。燭幽隱。先皇所以因龍首而建望春也。今起陵目前。心一感傷。累日不能平。且匹夫向隅。滿堂不樂。況萬乘乎。天下謂何。陛下謚后以貞懿。而終以褻近。臣竊惑焉。今國人皆曰后陵在近。陛下將日省而時望焉。斯有損聖德。

無益先后。欲寵反辱。惟陛下熟計。疏奏。帝嘉納。進五品階。以酬讜言。

德宗立。詔元陵制度。務極優厚。當竭帑藏奉用度。刑部員外郎令狐峘諫曰。臣伏讀漢劉向論山陵之誡。良使咨歎。何者。聖賢勤儉。不作無益。昔舜葬蒼梧。弗變其肆。禹葬會稽。不改其列。周武葬畢陌。無丘隴處。漢文葬霸陵。不起山墳。禹非不忠。啓非不順。周公非不悌。景帝非不孝。其奉君親。皆以儉觳為無窮計。宋文公厚葬。春秋書華元為不臣。桓魋為石槨。夫子以為不如速朽。由是觀之。有德者葬薄。無德者葬厚。章章可見。陛下仁孝切於聖心。然尊親之義。貴合于禮。先帝遺詔送終之制。一用儉約。不得以金銀緣飾。陛下奉先志。無違物。若務優厚。是咈顧命。盩經誼。臣竊懼之。今赦令甫下。諸條未出。望速詔有司從遺制。便詔答曰。朕頃議山陵。荒哀迷謬。以違先旨。卿引據典禮。非唯中朕之失。亦使朕不遺君親于患。敢不聞義而從。奉以終始。

雖古遺直何以加焉

德宗時司勳郎中權德輿上昭陵議曰右奉進止寢宮在山上置來多年曾經野火燒爇摧毀略盡其宮尋移在瑤臺寺左側今屬通年欲議修置緣舊宮本在山上元無井泉每緣供水稍遠百姓非常勞弊今欲於見住行宮處修造所冀久遠便人又為改移舊制恐所見未周宜令中書門下及百寮同商量可否聞奏臣聞古宗廟之制前有廟廟列昭穆後有寢寢陳衣冠自秦漢已來始因陵立廟有寢宮便殿雖廟居陵傍而無必在山上不在山下之定制且禮文所貴宜也稱也祀事所資敬也潔也伏以昭陵因山太宗所建宮在山上以便當時自野火延燒行宮山下亦已久矣今若伐木縮板程功就險神道貴靜或非所宜則與置陵之初事體為異況舊制既毀新宮是修考於便地可以經久所謂宜稱也又井泉在下汲引為易享獻之

禮是資嚴恭本於明德惟馨亦在吉蠲為饎故禮之言祭也水曰清滌言其潔清滌濯也又曰不敢用常褻味所以交於神明也因茲列井以備為羞所謂潔而敬也凡舉事必以制度當否為大而以人力勞逸為細若於事為當又無所勞不亦順昭陵愛人之心乎不亦叶陛下從宜之禮乎今列聖寢宮有在山下者矣然則致敬來格之義豈以山上山下而為遠近耶臣愚以為但在栢城之內則不去遠陛下精誠慎重詢及庶僚徒獻所聞伏增戰越謹議

時昭陵寢宮為原火延燔而客祭瑤臺佛舍又故宮在山上乏水泉作者憚勞欲即行宮作寢詔宰相百官議吏部員外郎楊於陵議曰園寢非三代制自秦漢以來附陵置寢或遠或近則無聞焉韋玄成等議園陵於興廢初無適語且寢宮所占在栢城中距陵不遠使諸陵之寢皆有區限故不可徙若近栢城則故寢已毀行宮已久因以治飾亦復何嫌或曰太宗創業寢宮不輒易是不然夫陵域宅神神本靜今大興荒廢驚役密邇非幽岑所安改之便太常博士韋彤曰先王建都立邑不利則為之遷況有故耶今文寢災徙而宮之非無故也神安于徙因而建寢於禮至順又它陵皆在栢城隨便營作不越封兆力省易徙帝重改先帝制遂宮山顛

武宗會昌中李德裕上奏曰奉宣宣懿皇太后祔光陵同玄宮及不移福陵只祔廟何者為便商量奏來者臣等伏以園寢已安神道貴靜光陵因山久固僅二十年福陵近又修崇足彰嚴奉今若再因合祔須啓二陵或慮聖靈不安未合先旨又以陰陽避忌亦有所疑不移福陵實合禮意伏以照臨在天光靈未遠合食清廟於禮無遺足以中陛下大孝之心表先后昭配之德既遵舊典允愜衆情臣等商量祔太廟不移福陵實為允便臣等不任感切之至

歷代名臣奏議卷之三百二十四

歷代名臣奏議卷之一百二十五

禮樂 喪禮山陵及祭禮

宋英宗初即位殿中侍御史司馬光言山陵擇地劄子曰臣竊聞大行皇帝欲以十二月二十七日大葬而朝廷遣使案行山陵至今未知定處或云欲於永安縣界之外廣求吉地臣愚以爲過矣夫陰陽之書使人拘而多畏至於喪葬爲害尤甚是以士庶之家或求葬地擇歲月至有累世不葬者臣常深疾此風欲乞國家禁絶其書而未暇也今山陵大事當守先王之典禮至於葬書出於世俗委巷之言司天陰陽官皆市井愚夫何足問也古者天子七月諸侯五月大夫三月士踰月葬於北方北首未嘗問歲月相山岡然考其子孫之吉凶豈有異於今哉春秋書己丑葬敬嬴雨不克葬庚寅日中而克葬丁巳葬定公雨不克葬戊午日下昃乃克葬然則雖云卜日亦臨事

制宜也周禮冢人掌公墓之地先王之葬居中以昭穆爲左右明不擇地形也然而周有天下三十六王八百六十七歲蓋王者受命於天期運有常國之興衰在德之美惡固不繫葬地時日之吉凶也且葬者藏也本以安祖考之形體得土厚水深高敞堅實之地則可矣子孫豈可因以求福哉又鄉者國家以拘於時日之故掔用八日大斂自尒以來聖躬有疾至今尚未平復陰陽無驗亦已明矣況國家自宣祖以來葬於永安百有餘年官司儲偫素皆有備今改卜他所不惟縣邑官司更須創置亦恐大行皇帝神靈眷戀祖宗未肯即安於新陵也凡科率之物期日遠則民力寬而事易辦期日近則費愈多而事不集塼石之類體重難移若山陵之處不使豫先知之則有司何以供辦百姓何以輸納至時暴加迫趣則一錢之物必直十錢疲羸之民將不勝其弊矣伏望朝廷特賜指揮案行山陵使等只於永安縣界舊陵側近選擇善地旬日之內早定奪聞奏仍令有司豫先計度山陵的實合用之物降下本處寬設期限使之備辦不得太約虛數及妄立近限必使號令明信則事無不濟而民力不困矣

時治永昭山陵悉用乾興制度知制誥鄭獬上言曰今國用空乏近賞軍已見橫斂富室嗟怨流聞京師先帝節儉愛民蓋出天性凡服用器玩極於朴陋此天下所共知也而山陵制度乃欲效乾興最盛之時獨不傷儉德乎願飭有司損其名數

翰林學士范鎮上奏曰乾德初改葬宣祖安陵之制其深五十七尺高三十九尺其下宮及兆域遠近之數皆稱於是是時天下既定財用滋豐非不能崇高侈大以示意而榮親也蓋太祖皇帝方無事時念深思遠以爲厚葬非禮無益於存作爲中制以示後世法也昌陵熈陵定陵昭陵雖增損不一然皆非太宗真宗仁宗大行皇帝之意

寔哀毀號慕之際事有司而爲是也昭陵之役距今四年中間仍以水災則公私事力爲可知也伏惟陛下抑哀毀號慕之情奉太祖之中制其今來上宮下宮及兆域之數願一以安陵爲法使國用民力得少寬裕則四方觀聽知陛下愛民念祖之心以爲初政之義臣不勝區區之意

鎮又奏曰竊聞大行皇帝受命寶及沿寶法物與平生衣冠器用皆欲舉而葬之恐非所以稱大行皇帝恭儉之意其受命寶伏乞陛下自寶用之且示有所傳付若衣冠器玩則請陳於陵寢及神御殿歲時展視以慰思慕詔檢討官討尋典故及命兩制禮官詳議翰林學士王珪等奏議曰受命寶者猶昔傳國璽也宜爲天子傳器不當瘞作古者藏先王衣服於廟寢至於平生器玩則前世既不皆納於方中亦不盡陳於陵寢謂今宜從省約以稱先帝恭儉之實臣等謹議

臧中侍御史傅堯俞乞減昭陵用度疏曰臣伏聞大行皇帝山陵一準真宗山陵故事臣竦愚亡狀竊以定陵比永昌永熙事事益增陛下孝思無窮故取禮物極盛者為比臣徘徊顧思感傷陛下哀念先帝之意而竊未敢以為得也伏惟陛下周覽博識貫通古今至於孝不繫於厚葬奢無益於逝者固不待臣言而後曉所以不復遠引旁撫為蔓辭以重煩聖聽獨有一事慮陛下悲慕之切未遑及之故臣昧死以陳夫以陛下之孝而天下之廣俾先帝陵寢更加於真廟亦不為難而無所害也然古先哲王多以儉薄為義者豈歉於力而嗇於財邪蓋人情不以禮節之則將無有限斷臣竊謂送終之具得如太祖太宗先帝可以無憾奉先之志得如太宗真宗陛下可以無愧況乾興事體與今不同而大行皇帝享國四十二年慈愛惻怛惟恐一物失其所今之興役正當盛夏工限過急不能免傷人之生物雖官給不能免勞民之力若緣定陵制度禮物稍加裁損則傷生者坐減而勞力者易供誠如是臣竊意先帝在天俯而窺之必將大以為慰也敢乞陛下詳思遠慮以禮斷情俾大行山陵取永昌永熙為例既足以終先帝恭儉之德而奉承遺詔又足以發陛下仁孝之道而光昭初政一舉而衆善皆得惟陛下留神干冒旒扆臣無任惶懼激切之至

神宗時程頤代父上書曰臣聞孝莫大於安親忠莫先於愛主人倫之本無越於斯人無知愚靡不知忠孝之為美也然而不得其道則反害之故自古為君者莫不欲孝其親而多獲不孝之譏為臣者莫不欲忠其君而常負不忠之罪何則有其心行之不得其道也伏惟陛下以至德承洪業以大孝奉先帝聖心切至天下共知然臣以踈賤復敢區區冒萬死以進其說者願陛下以至孝之心盡至孝之道鑑歷

古之失為先帝深慮則天下臣子之心無不慰安所謂歷古之失臣觀秦漢而下為帝王者居天下之尊有四海之富其生也奉養之如之何其亡也安厝之如之何然而鮮克保完其陵墓者其故何哉獨魏文帝唐太宗所傳嗣君能盡孝道為之永慮至今安全事迹昭然存諸簡策嗚呼二嗣君不苟為崇侈以徇己意乃以安親為心可謂至孝矣漢武之葬霍光秉政暗於大體奢侈過度至使陵中不復容物赤眉之亂遂見發掘識者謂赤眉之暴無異光自為之謂其不能深慮以致後害也二君從儉後世不謂其不孝霍光厚葬千古不免為罪人自古以來觀此明鑑而不能行之者無他衆議難違人情所迫爾苟若務合常情遂忘遠慮是乃厚於人情而薄於先君也不亦惑乎魏文帝所作終制及唐虞世南所上封事皆足取法其指陳深切非所忍言願陛下取而觀之可以見明君賢臣所慮深遠古人有言曰死者無終極國家有廢興自昔人臣當大事之際乃以興廢之言為忌諱莫敢議及於此苟循人情辜負往者不忠之大者也臣竊慮陛下追念先帝聖情罔極必欲崇厚陵寢以盡孝心臣愚以為遺先帝之儉德損陛下之孝道無益於實有累於後非所宜也伏願陛下損抑至情深為永慮承奉遺詔嚴飭有司凡百規模盡依魏文之制明器所須皆以瓦木為之金銀銅鐵珍寶奇異之物無得入壙然後昭示遐邇刊之金石如是則陛下之孝顯於無窮陛下之明高於曠古至於紙帛易朽之物亦能為患於數百年之後漢薄后陵是也或曰山陵崇大雖使無藏安能信於後世臣以為不然天下既知之後世必知之臣嘗遊秦中歷觀漢唐諸陵無有完者惟昭陵不犯陵旁居人尚能道當日儉素之事此所以歷數百年屢經寇亂而獨全也夫臣之於君猶子之於父豈有陛下欲厚其親而臣反欲薄於其

君乎誠以厚於先帝無厚於此者也遺簪墜屨尚當保而藏之不敢不恭況於國陵得不窮深極遠以慮之乎陛下嗣位方初羣臣畏威臣苟不言必慮無敢言者陛下以臣言為妄而罪之則臣死且不悔以臣言為是而從之則可以為先帝之福大陛下之孝安天下之心垂萬世之法所補豈不厚哉臣哀誠內激言意狂率願陛下詳覽而深察之天下不勝大願

御史中丞鄧潤甫上言曰興利之臣議前代帝王陵寢許民請射耕墾而司農可之唐之諸陵因此悉見芟劉昭陵喬木翦伐無遺熙寧著令本禁樵采遇郊祀則敕吏致祭德意可謂遠矣小人掊克不顧大體願絀創議之人而一切如令從之

范祖禹進故事曰唐太宗貞觀十一年二月帝自為終制初文德皇后疾篤言於帝曰妾生無益於人不可以死害人願勿以丘壟勞費

天下因山為墳器用瓦木而已及葬帝復為文刻之石稱皇后節儉遺言薄葬以為盜賊之心止求財貨既無財貨復何所求朕之本志亦復如此王者以天下為家何必物在陵中乃為己有今因九嵕山為陵鑿石之工纔百餘人數十日而畢不藏金玉人馬器皿皆用土木形具而已庶幾姦盜息心存沒無累當使百世子孫奉以為法至是帝以漢世豫作山陵免子孫倉猝勞費又志在儉葬恐子孫從俗奢靡於是自為終制因山為陵容棺而已

臣祖禹曰厚葬之禍古今之所明知也夫藏金玉於山陵是為大盜積而標示其處也豈不殆哉是以自漢以來無不發之陵後之人主知其有害無益而姑為之以賈禍迹相接而莫之或戒也太宗雖為終制以戒子孫而昭陵之葬亦不為儉及唐之末不免暴露之患豈非高宗之過乎

哲宗元符初著作郎周常上疏言祖宗諸陵器物止用塗金服飾又無珠玉蓋務在質素昭示訓戒自裕陵至宣仁后殿宮乃施金珠願收貯景靈殿以遵遺訓詔置之奉宸庫

徽宗時陳瓘乞憫恤八陵人夫疏曰臣聞唐穆宗山陵時久雨時寒役人飢凍頗甚至有持鍤抱錘而死者敬宗憫之於是治路人夫各賜之絹臣謂絹者有限之物豈得人人而與之兼諸色應奉之人例皆勞苦所可矜者非特治路人夫而已也國家自裕陵以前大事既畢之後即降德音下兩京等處凡干應奉之人悉蒙恩恤惠而不費非賜絹之比也迺者泰陵應奉之人緣雨水異常州縣督責甚於他時所以敘其情而憫其勞者亦宜加厚惟陛下留意幸甚

孝宗時趙汝愚論山陵三事奏曰臣恭聞大行太上皇帝奄棄天下之養凡在臣子孰不痛心況臣累世蒙恩尤極哀慕恨以身在遐遠

無錄得效奔走之賤服犬馬之勞輒有管見三事少伸誠懇之萬一惟聖明裁幸其一祖宗陵寢皆在洛陽累朝制度具存典禮惟紹興中徽宗皇帝梓宮既還未能歸葬故一時攢奉權在會稽雖寢衛之制已嚴而山陵之土未復規制淺薄可為深憂竊聞當時議者之言欲俟恢復疆土之後奉迎靈駕歸附永昌迹其本謀務若甚善然荏苒歲月易致因循正使克復西都豈宜再議遷改今大行太上皇帝山陵命使遠日有期陛下篤於送終動遵禮訓臣謂與其慕虛名而受實害孰若如禮及時深藏固護永為無窮之計也昔舜都蒲坂而葬于蒼梧禹都平陽而葬于會稽皆因巡狩不返遂即其地而葬帝王之事豈不可法伏願遠遵虞夏近法漢文因山為陵務極深厚金銀之飾悉用屏除使千萬世永絕後害然則陛下之所以事其親者自始及終皆可以無憾矣若乃牽於權宜之說失此時而不為臣恐

陛下他日雖有追悔之心亦終難於改作誠不可以不深思而熟計也昔漢成帝營延陵泰奢劉向上疏極諫至謂死者無終極而國家有廢興其言深切無所諱避陛下幸取其書一復讀之則可以監矣其二古者三年之喪自天子達于庶人天下之通禮也至漢文帝變古立制以日易月後世承用不能有改惟晉武帝雖旣葬除服而深衣素冠降席撤膳終三年而後從吉臣仰惟陛下天性純至篤於孝養二十六年兩宮之內父父子子人無間言雖若堯舜文武之懿殆無以過矣區區晉武顧何足進我今一旦遭罹變故陛下不無晨昏之思羹墻之念而兩宮相望將何以用其情是不幸而處禮之變者聖人於此亦安得不隨事而制宜也恭惟皇太后春秋已高乍爾憂戚而獨處故宮之內揆之人情寧無觸目感傷之意陛下欲日朝于長樂則又未免數蹕煩民臣謂宜因旣葬之後迎太上虞主歸別殿以奉几筵請皇太后還南內以便侍養法開先鴻慶之制卽德壽宮為神御殿以奉香火如此則陛下一舉而三事俱得百費盡省矣其三臣側聞顯仁皇后之喪太上皇帝嘗降手詔禁天下不得以助殯宮修奉貢獻煩費擾民天語丁寧德至厚也然而事大體重有司猶不免過意奉承使命奔馳冠蓋旁午所至州縣勞弊萬端今浙東旱傷百姓飢乏張頤待哺方仰給於縣官而工役繁興科調方急事變至此其將奈何臣伏讀太上皇帝遺誥有曰山陵制度務從儉約臣以是推原前日紹興之詔則知太上皇帝念念愛民之意始終不忘非特為是空言姑循故事而已也臣願陛下明詔有司討論舊典凡土木營造之役官吏卒乘之數給賜犒賞之費繁文末節無益於實用者皆條舉而備陳之曰其事可節其事可省其不可得而節省者則優給雇直以募浙東之飢民使之服役則飢者可以得食役者可以無怨庶幾仰稱太上皇帝遺誥之意臣方此憂虞忽聞禍變心志荒亂言語狂僭罪當萬死伏望聖慈曲賜原宥特詔大臣參照典故詳酌施行

汝愚又論山陵乞遵用七月之制疏曰臣不避死罪復有愚悃仰冒天聰臣去年十一月二十四日恭奉太上皇帝遺誥一時號慟哀疚切心伏思紹興殯宮規制淺薄國家不可以虛名而受實害輒陳管見妄致贅言乞遵虞夏巡狩之禮法漢文薄葬之制及時如禮曰山為陵深藏固護永為無窮之計至十二月初一日臣修寫旣成緘封附遞行未旬浹而伏聞有司循用近例不待七月已卜日奉殯矣臣仰惟太上皇帝仁聖之德冠絕百王陛下大孝始終遠追三代方將以衰絰行三年之制思極所以追慕之情而大葬之禮尤用權宜歲月推遷臣所甚懼臣聞之禮曰夫喪不可不深長思也又曰葬也者藏也今太上皇帝梓宮雖已奉殯要非久計況兩京在遠道路阻脩正使克復有期豈宜更議遷改孰若考據古誼及時而葬以圖萬世之安也又禮曰天子七日而殯七月而葬本朝故事喪禮亦皆用七月伏望睿慈檢照臣昨來所奏斷自聖意深詔有司遵用累朝典禮議行七月之制其山陵制度務存深厚而不必過為開廣以藏無用之物此去三數月間尚可營辦如此則太上皇帝在天之靈可以永安而陛下事親送終之禮深長之思皆可以無憾矣臣遠守藩符山陵重事豈宜輕議而情切意迫不容但已謹昧死奏聞伏深隕越之至

王十朋代越帥王尚書上疏曰臣去秋陛辭之日親奉玉音諭臣以永祐陵昭慈宮崇奉事件臣仰見聖心篤孝著於羹墻雖堯舜之德何以加此臣至越之初首朝陵廟瞻望松柏不勝悲涕凡薦祭之物

崇奉之具修造之費臣仰體聖懷罔不盡心臣輙有區區愚忠敢不冒死以聞竊見欑宮修造每年一小修三年一大修率以爲常此固陛下奉先罔極之心臣子所宜奉行而不懈也然臣竊謂陵寢所在神靈是依神道貴幽理宜安靜若頻歲修造未無震驚故古不修墓聖人非薄於其親意謂尊親莫如寧神是乃孝之大者今欑宮棟宇已固器用已備松栢已茂陛下崇奉之心亦可謂至矣臣欲乞自今以後未必以三年大修每年小修爲拘但令本府常預備瓦木工匠之類以俟不時之須凡遇棟宇或損則更之器用或舊則新之松栢或枯則補之如是則工役不繁而丹雘常新歲月寖久而陵廟愈安以昭先帝儉德之恭以稱陛下寧神之孝不勝幸甚

光宗時樞密使趙汝愚論山陵乞下禮官詳議疏曰臣伏見哲宗皇帝以元符三年既葬于永泰陵至紹興元年昭慈聖獻皇后上僊是

時高宗皇帝方駐蹕會稽江淮之間日事征戰昭慈之喪未能歸祔始爲殯厝蓋用權宜將以憤激三軍之心不絕中原之望也其後秦檜主和好而南北之勢既分永祐永思因仍不改聞見習熟視以爲常遂致諸陵尚存淺土其制卑薄苟爲深憂復於獻殿之中藏以厦屋不達天地之氣不覩日月之光年歲滋深大葬無日考之典禮固已非宜驗之葬書亦所甚忌臣每思及此良切痛心今大行至尊壽皇聖帝將卜因山宜稽舊典稍倣祖宗山陵之法亦從南北風土之宜但使皇堂尺度不可太廣蓋石慱厚不可不增修建陵臺酌爲中制仍爲獻殿勿復幽扃庶幾葬者永安後嗣蒙福若已殯而未舉俟因事而別圖如蒙聖明特賜俞允伏乞行下禮官詳議施行

汝愚又論山陵利害乞付有司集議疏曰臣聞養生者不足以當大事惟送死可以當大事然則大行壽皇聖帝山陵之奉陛下安得不致其謹也臣仰惟祖宗陵寢皆在洛陽制度崇深具在簡策皇堂下深五十七尺高三十九尺陵臺三層正方每面長九十尺既高且廣守衛至嚴後代子孫所宜觀法始緣南渡蹔卜稽山號曰欑宮蓋非永制實居淺土蔽以上宮本期克復神京奉還靈駕雖其志甚美而其事實難荏苒歲時今已六十餘載矣東南諸郡所至皆山凡擇地者必以山爲限地勢局促不類中原蓋自昭慈之西已用五穴山勢漸遠其地愈卑往歲思陵之葬其深不盈九尺復土之後僅能掩棺聞者寒心幾於慢藏雖江南土地卑薄難擬故都然近畿王氣所鍾豈無佳兆其如拘以陰陽之術限以日月之期刑責太嚴事體至重人懷苟且各爲身謀至於國家深長之思君父危辱之禍皆不暇顧恤嗚呼痛哉傳曰死者無終極國家有廢興歷攷古今無非商鑒今昌熙在遠恢復未期豈宜徒徇虛名以基實禍臣比見按行使副還

自會稽皆言陰陽家流須用丙山壬向全類按圖索馬不復他營若以昭穆安排皆無餘地僅存一穴又下思陵伏思穆恭二宮他日如何合祔其後利害臣未敢言矣今不圖後悔何及伏望陛下孝思罔極惟懷永圖勿拘遠近之分毋惑陰陽之說擇平原高爽之地爲大行深固之藏崇建陵臺悉遵舊制陛下盡送終之禮壽皇享萬世之安臣子不勝幸甚議者若謂累聖卜欑神靈安妥壽皇篤孝諒匪素心此蓋婦人之仁殆非天子之孝昔吳延陵季子適齊其長子死葬於嬴博之間曰骨肉歸復于土命也若魂氣則無不之也無不之也而遂行孔子以爲合禮況壽皇英靈在天何所限隔爲臣子者當圖實利難徇空言臣學術荒疎而區區管見如此不敢緘默聞已降指揮委侍從臺諫禮官集議安穆安恭皇后合祔典禮伏乞聖慈下臣此章併付有司集議施行

寧宗時煥章閣待制侍講朱熹上奏曰臣竊惟至尊壽皇聖帝聖德神功冒覆寰宇深仁厚澤浸潤生民厭世上賓率土哀慕宜得吉土以奉衣冠之藏垂裕後昆永永無極而因山之卜累月于茲議論紛紜訖無定說臣嘗竊究其所以皆緣專信臺史而不廣求術士必取國音坐丙向壬之穴而不博訪名山是以粗畧苟簡惟欲祔於紹興諸陵之旁不惟未得其形勢之善若其穴中水泉之害地面浮淺之慮偪仄傷破之餘驚動諸陵之慮雖明知之亦不暇顧羣臣議者又多不習此等猥賤之末術所以不能堅決剖判致煩明詔博訪在廷臣實痛之其敢無辭以對蓋臣聞之葬之為言藏也所以藏其祖考之遺體也以子孫而藏其祖考之遺體則必致其謹重誠敬之心以為安固久遠之計使其形體全而神靈得安則其子孫盛而祭祀不絕此自然之理也是以古人之葬必擇其地而卜筮以決之不吉則

更擇而再卜焉近世以來卜筮之法雖廢而擇地之說猶存士庶稍有事力之家欲葬其先者無不廣招術士博訪名山參互比較擇其善之尤者然後用之其或擇之不精地之不吉則必有水泉螻蟻地風之屬以賊其内使其形神不安而子孫亦有死亡絕滅之憂甚可畏也其或雖得吉地而葬之不厚藏之不深則兵戈亂離之際無不遭罹發掘暴露之變此又其所當慮之大者也至於穿鑿已多之處地氣已洩雖有吉地亦無全力而祖塋之側數興土功以致驚動亦能挻災此雖術家之說然亦不為無理以此而論則今日明詔之所詢者其得失大槩已可見矣若夫臺史之說謬妄多端以禮而言則記有之曰死者北首生者南向皆從其朔又曰葬於北方北首三代之達禮也即是古之葬者必坐北而南向蓋南陽而北陰孝子之心不忍死其親故雖葬之於墓猶欲其負陰而抱陽也豈有坐南向北反背陽而向陰之理乎若以術言則凡擇地者必先論其主勢之強弱風氣之聚散水土之淺深穴道之偏正力量之全否然後可以較其地之美惡政使實有國音之說亦必先此五者以得形勝之地然後其術可得而推今乃全不論此而直信其庸妄之偏說但以五音盡類羣姓而謂家宅向背各有所宜乃不經之甚者不惟先儒已力辨之而近世民間亦多不用今乃以為祖宗以來世守此法順之則吉逆之則凶則姑亦無問其理之如何但以其事質之則其謬不攻而自破矣蓋自永安遷奉以來已遵用此法而九世之間國統再絕靖康之變宗社為墟高宗中興匹馬南渡壽皇復自旁支入繼大統至於思陵亦用其法而壽皇倦勤之後旋即升遐太上違豫日久以至遜位赤山亦用其法而莊文魏邸相繼薨謝若曰吉凶由人不在於地不有所廢其何以興則國音之說自為無用之談從之未必為

福不從未必為禍矣何為信之若是其篤而守之若是其堅哉若曰其法果驗不可改易則洛越諸陵無不坐南而向北固以合於國音矣又何吉之少而凶之多耶臺史之言進退無據類皆如此試皆詰問使之置對必無辭以自解矣若以地言則紹興諸陵臣所未覩不敢輕議然趙彥逾固謂舊定神穴土肉淺薄開深五尺下有水石難以安建矣而荊大聲者乃謂新定東頭之穴比之先定神穴高一尺一寸五分開深九尺即無水石臣嘗詳考二人之言反復計度新穴比之舊穴只高一尺一寸五分則是新穴至六尺一寸五分則與舊穴五尺之下有水石處高低齊等如何却可開至九尺而其下二尺八寸五分者無水石耶且大聲既知有此無水吉穴當時便當指定何故卻定土肉淺薄下有水石之處以為神穴直至今日前說漏露無地可葬然後乃言之耶其反覆謬妄小人常態雖若不足深責然其

奸心乃欲奉壽皇梓宮置之水中而畧不顧忌則其罔上迷國大逆無道之罪不容誅矣脫使其言別有曲折然一坂之地其廣幾何而昭慈聖獻皇后已用之矣徽宗一帝二后又用之矣高宗一帝一后又用之矣計其地氣已發洩而無餘行圍巡路下宮之屬又以迫狹之甚不可移減今但就其空處即以為穴東西趲那或遠或近初無定論蓋地理之法譬如針灸自有一定之穴而不可有毫釐之差使醫者之施砭艾皆如今日臺史之定宅兆則攻一穴而遍身皆創矣是又安能得其穴道之正乎若果此外別無可求則亦無可奈何而今兩浙數州皆為近甸三二百里豈無一處可備選擇而獨遷就偪仄於此數步之間耶政使必欲求得離山坐南向北之地亦當且先泛求壯厚高平可葬之處然後擇其合於此法者況其謬妄不經之說初不足信也耶臣自南來經由嚴州富陽縣見其江山之勝雄偉非常蓋富陽乃孫氏所起之處而嚴州乃高宗受命之邦也說者又言臨安縣乃錢氏故鄉山川形勢寬平邃密而臣未之見也凡此數處臣雖未敢斷其必為可用然以臣之所已見聞者逆推其未見未聞安知其不有佳處萬萬於此而灼然可用者乎但今偏信臺史之言固執紹興之說而不肯求耳若欲求之則臣竊見近年地理之學出於江西福建者為尤盛政使未必皆精然亦豈無一人粗知梗槩大畧平穩優於一二臺史者欲望聖明深察此理斥去荆大聲置之於法即日行下兩浙帥臣監司疾速搜訪量支路費多差人兵轎馬津遣赴闕令於近甸廣行相視得五七處然後遣官按行命使覆按不拘官品但取通曉地理之人參互考校擇一最吉之處以奉壽皇神靈萬世之安雖已迫近七月之期然事大體重不容苟簡其孫逢吉所謂少寬日月別求吉兆為上此十字者實為至論惟陛下采而

用之庶幾有以少慰天下臣子之心用為國家祈天永命之助臣本儒生不曉術數非敢妄以淫巫瞽史之言眩惑聖聽自速譏誚蓋誠不忍以壽皇聖體之重委之水泉沙礫之中殘破浮淺之地是以痛憤激切一為陛下言之譬如鄉鄰親舊之間有以此等大事商量吾乃明知其事之利害必至於此而不盡情以告之人必以為不忠不信之人而況臣子之於君父又安忍有所顧望而嘿嘿無言哉惟陛下詳賜省察斷然行之則天下萬世不勝幸甚

右專言喪禮

齊景公疥遂痁期而不瘳諸侯之賓問疾者多在梁丘據與裔款言於公曰吾事鬼神豐於先君有加矣今君疾病為諸侯憂是祝史之罪也諸侯不知其謂不敬君盍誅於祝固史嚚以辭賓公說告晏子晏子曰日宋之盟屈建問范會之德於趙武趙武曰夫子之家事治言於晉國竭情無私其祝史祭祀陳信不愧其家事無猜其祝史不祈建以語康王康王曰神人無怨宜夫子之光輔五君以為諸侯主也公曰據與款謂寡人能事鬼神故欲誅於祝史子稱是語何故對曰若有德之君外內不廢上下無怨動無違事其祝史薦信無愧心矣是以鬼神用饗國受其福祝史與焉其所以蕃祉老壽者為信君使也其言忠信於鬼神其適遇淫君外內頗邪上下怨疾動作辟違從欲厭私高臺深池撞鐘舞女斬刈民力輸掠其聚以成其違不恤後人暴虐淫從肆行非度無所還忌不思謗讟不憚鬼神神怒民痛無悛於心其祝史薦信是言罪也其蓋失數美是矯誣也進退無辭則虛以求媚是以鬼神不饗其國以禍之祝史與焉所以夭昏孤疾者為暴君使也其言僭嫚於鬼神公曰然則若之何對曰不可為也山林之木衡鹿守之澤之萑蒲舟鮫守之藪之薪蒸虞候守之海之鹽蜃祈望守之[illegible]鄙之人入從其政偪介之關暴征其私承嗣大夫強易其賄布常無藝徵斂無度宮室日更淫樂不違內寵之妾肆奪於市外寵之臣僭令於鄙

私欲養求不給則應民人苦病夫婦皆詛。祝有益也。詛亦有損。聊攝以東。姑尤以西其爲人也多矣。雖其善祝豈能勝億兆人之詛。君若欲誅於祝史脩德而後可。公說使有司寛政毀關去禁薄斂已責。

漢成帝末年頗好鬼神亦以無繼嗣故多上書言祭祀方術者皆得待詔祠祭上林苑中長安城旁費用甚多然無大貴盛者谷永說上曰臣聞明於天地之性不可惑以神怪。知萬物之情不可罔以非類諸背仁義之正道不遵五經之法言而盛稱奇怪鬼神廣崇祭祀之方求報無福之祠及言世有僊人服食不終之藥遥興輕舉登遐倒景覽觀縣圃浮游蓬萊耕耘五德朝種暮穫與山石無極黃冶變化堅冰淖溺化色五倉之術者皆奸人惑衆挾左道懷詐僞以欺罔世主聽其言洋洋滿耳若將可遇。求之盪盪如繫風捕影終不可得是以明王距而不聽聖人絶而不語昔周史萇弘欲以鬼神之術輔尊靈王會朝諸侯而周室愈微諸侯愈叛楚懷王隆祭祀事鬼神欲以獲福助郤秦師而兵挫地削身辱國危秦始皇初并天下甘心於神僊之道遣徐福韓終之屬多齎童男童女入海求神采藥因逃不還天下怨恨漢興新垣平齊人少翁公孫卿欒大等皆以僊人黃冶祭祀事鬼使物入海求神采藥貴幸賞賜累千金大尤尊盛至妻公主爵位重絫震動海内元鼎元封之際燕齊之間方士瞋目扼腕言有神仙祭祀致福之術者以萬數其後平等皆以術窮詐得誅夷伏辜至初元中有天淵玉女鉅鹿神人轑陽侯師張宗之奸紛紛復起夫周秦之末三五之隆已嘗專意散財厚爵祿竦精神舉天下以求之矣曠日經年靡有毫氂之驗足以揆今經曰享多儀儀不及物惟曰不享論語說曰子不語怪神唯陛下距絶此類毋令奸人有以窺朝者上善其言

晉武帝太康九年詔并二社之祀車騎司馬傅咸上表曰祭法王社太社各有其義天子尊事宗廟故冕而躬耕躬耕也者所以重孝享之粢盛親耕故自報自爲立社者爲籍田而報者也國以人爲本人以穀爲命故又爲百姓立社而祈報焉事異報殊此社之所以有二也王景侯之論王社亦謂春祈籍田秋而報之也其論太社則王者布下圻内爲百姓立之謂之太社不自立之於京都也景侯此論據祭法祭法大夫以下成羣立社曰置社景侯解曰今之里社是也景侯解法則以置社爲人間之社矣而别論復以太社爲人間之社未曉此旨也太社爲百姓而祀故稱天子社郊特牲曰天子太社必受霜露風雨以羣姓之衆王者通爲立社故稱太社也若夫置社其數不一蓋以里所爲名左氏傳盟於清丘之社是衆庶之社既已不稱太矣若復不立之京都當安所在乎祭法又曰王爲羣姓立七祀王自爲立七祀言自爲者自爲而祀也爲羣姓者爲羣姓而祀也太社與七祀其文正等說者窮此因云墳籍但有五祀無七祀也按祭五祀國之大祀七者小祀周禮所云祭凡小祀則墨冕之屬也景侯解大厲曰如周社鬼有所歸乃不爲厲今云無二祀者稱景侯祭法不謂無二則曰口傳無其文也夫以景侯之明擬議而後爲解而欲以口論除明文如此非但二社當見思惟景侯之解亦未易除也前被勅尚書召誥乃社于新邑惟一太牢不二社之明義也按郊特牲曰社稷太牢必援一牢之文以明社之無二明稷無牲矣說者曰舉社則稷可知苟可舉社以明稷何獨不舉一以明二國之大事在祀與戎若有二而除之不若過而存之況存之有義而除之無據乎周禮封人掌設社壝無稷字今帝社無稷蓋出於此然國主社稷故經傳動稱社稷周禮王祭社稷則絺冕此王社有稷之文也封人所掌壝之無稷字說者以爲畧文從可知也謂宜仍舊立二社而加立帝社之稷時成粲議稱景侯論大社不立京都欲破鄭氏學咸重表以爲如祭法之論景侯之解文以此壞大雅云乃立冢土毛公解曰冢土太

社也。景侯解詩。即用此說。禹貢惟土五色。景侯解曰。王者取五色土為太社。封四方諸侯。各割其方色。王者覆四方也。如此太社復為立京都也。不知此論何從而出。而與解乖。上違經記明文。下壞景侯之解。臣雖頑蔽。少長學門。不敢默已。謹復續上。劉寔與咸議同。詔曰。社稷一神。而相襲二位。衆議不同。何必改作。其便仍舊。一如魏制。其後摯虞奏以為臣按祭法。王為羣姓立社曰太社。王自為立社曰王社。周禮大司徒設其社稷之壝。又曰。以血祭祭社稷。則太社也。又曰。封人掌設王之社壝。又有軍旅宜乎社。則王社也。太社為羣姓祈報。祈報有時。主不可廢。故凡被社釁鼓。主奉以從是也。此皆二社之明文。前代之所尊。以尚書召誥社于新邑三牲明文。詩稱乃立冢土。無兩社之文。故廢帝社。惟立太社。詩書所稱。各指一事。又皆在公旦制作之前。未可以易周禮之明典。祭法之正義。前改建廟社。營一社之處。朝

議斐然。執古匡今。世祖武皇帝躬發明詔。定二社之義。以為永制。宜定新禮。從二社。詔從之。

宋孝武帝大明七年二月丙辰。有司奏。鑾輿巡蒐江左。講武校獵。獲肉先薦太廟章太后廟。并設醢酒。公卿行事。及獻妃陰室。室長行事。太學博士虞龢議。檢周禮四時講武。獻牲各有所施。振旅春蒐。則以祭社。茇舍夏苗。則以享礿。治兵秋獮。則以祀方。大閱冬狩。則以享烝。案漢祭祀志。唯立秋之日。白郊事畢。始揚威武。名曰貙劉。乘輿入囿。躬執弩以射牲。以鹿麛太宰令謁者各一人。載獲車馳送陵廟。然則春田薦廟。未有先准。兼太常丞庾蔚之議。龢所言是。蒐狩不失其時。此禮久廢。今時龢表。晏講武教人。又虔供乾豆。先薦二廟。禮情俱允。社主土神。司空土官。故祭社使司空行事。太廟宜使上公。參議蒐狩之禮。四時異議。禮有損益。時代不同。今既無復四方之祭。三殺之儀。

曠廢來久。將獲牲物。面傷翦毛。未成。不獻。太宰令謁者擇上殺奉送先薦廟社二廟。二依舊以太尉行事。詔可。

南齊武帝永明三年。有司奏。來年正月二十五日丁亥。可祀先農。即日輿駕親耕。宋元嘉大明以來。並用立春後亥日。尚書令王儉以為亥日籍田。經記無文。通下詳議。兼太學博士劉蔓議。禮孟春之月。立春迎春。又於是月以元日祈穀。又擇元辰。躬耕帝籍。盧植說禮通辰日。日。甲至癸也。辰。子至亥也。郊天陽也。故以日。籍田陰也。故以辰。陰禮卑後。必居其末。亥者辰之末。故記稱元辰。法曰吉亥。又據五行之說。木生於亥。以亥日祭先農。又其義也。太常丞何諲之議。鄭注云。元辰。蓋郊後吉亥也。亥。水辰也。凡在墾稼。咸存灑潤。五行說十二辰為六合。寅與亥合。建寅月東耕。取月建與日辰合也。國子助教桑惠度議。尋鄭玄以亥為吉辰。日陽生於子。元起於亥。取陽之元以為生物。

亥又為水。十月所建。百穀賴茲沾潤畢熟也。助教周山文議。盧植云。元。善也。郊天陽也。故以日。籍田陰也。故以辰。蔡邕月令章句解元辰云。日。幹也。辰。支也。有事於天。用日。有事於地。用辰。助教何佟之議。少牢饋食禮云。孝孫某來日丁亥用薦歲事于皇祖伯某。注云。丁未必亥也。直舉一日以言之耳。禘太廟禮曰用丁亥。若不丁亥。則用己亥辛亥。苟有亥可也。鄭又云。必用丁巳者。取其令名自丁寧。自變改。皆為謹敬。如此。丁亥自是祭祀之日。不專施於先農。漢文用此日耕籍祠先農。故後王相承用之。非有別義。殿中郎顧暠之議。鄭玄先郊後吉辰。而不說必亥之由。盧植明子亥為辰。亦無常辰之證。漢世躬籍肇發漢文。詔云。農天下之本。其開籍田。斯乃草創之令。未覩親載之吉也。昭帝癸亥耕于鉤盾弄田。明帝癸亥耕下邳。章帝乙亥耕定陶。又辛丑耕懷。魏之烈祖。實書辛未。不繫一辰。徵於兩代。矣。推晉之革

魏宋之因晉。政是服膺康成。非有異見者也。班固序亥位云。陰氣應亡射。該藏萬物而雜陽閡種。且亥既水辰。含育為性。播厥取吉。其在茲乎。因序丑位云。陰大旅助黃鍾宣氣而牙物。序未位云。陰氣受任助蕤賓君主種物使長大茂盛。是漢朝迭選魏室所遷。酌舊用丑實兼有據。參議奏用丁亥。詔可。

明帝建武二年旱。有司議雩祭依明堂。祠部郎何佟之議曰。周禮司巫云。若國大旱。則帥巫而舞雩。鄭玄云。雩旱祭也。天子於上帝。諸侯以下於上公之神。又女巫云。旱暵則舞雩。鄭玄云。使女巫舞旱祭崇陰也。鄭衆云。求雨以女巫。禮記月令云。命有司為民祈祀山川百原。乃大雩帝用盛樂。乃命百縣雩祀百辟卿士有益於民者。以祈穀實。鄭玄云。陽氣盛而恒旱。山川百原能興雲致雨者也。衆水所出為百原。必先祭其本。雩吁嗟求雨之祭也。雩帝謂為壇南郊之旁。祭五精

之帝。配以先帝也。自鞉鞞至柷敔為盛樂。他雩用歌舞而已。百辟卿士古者上公以下。謂勾龍后稷之類也。春秋傳曰。龍見而雩。止當以四月。王肅云。大雩求雨之祭也。傳曰。龍見而雩。謂四月也。若五月六月大旱。亦用雩禮。於五月著雩義也。晉永和中中丞啓雩制。在國之南為壇。祈上帝百辟舞童八列六十四人。歌雲漢詩。皆以孟夏得雨報太牢。于時博士議。舊有壇。漢魏各自討尋。月令云。命有司祈祀山川百原。乃大雩。又云。乃命百縣雩祀百辟卿士。則大雩所祭唯應祭五精之帝而已。勾芒等五神既是五帝之佐。依鄭玄說。宜配食於庭也。鄭玄云。雩壇在南郊壇之旁。而不辨東西。尋地道尊右。雩壇方郊壇為輕。理應在左。宜於郊壇之東。營域之外築壇。既祭五帝。謂壇宜員。尋雩壇髙廣禮傳無明文。案覲禮設方明之祀為壇髙四尺。用珪璋等六玉禮天地四方之神。王者率諸侯親禮為所以教尊尊也。雩

祭五帝。粗可依放。謂今築壇宜崇四尺。其廣輪仍以四為度。徑四丈。周員十二丈而四階也。設五帝之位。各依其方。如在明堂之儀。皇齊以世祖配五精於明堂。今亦宜饗於雩壇矣。古者孟春郊祀祈嘉穀。孟夏雩禜祈甘雨。二祭雖殊而所為者一。禮唯有冬至報天。初無得雨賽帝。今雖闕冬至之祭。而南郊兼祈報之禮。理不容別有賽荅之事也。禮祀帝於郊。則所尚省費。周祭靈威仰若后稷各用一牲。今祀五帝世祖亦宜各用一犢。斯外悉如南郊之禮也。武皇遏密未終。自可不奏盛樂。至於旱祭舞雩。蓋是吁嗟之義。既非存懽樂。譜此不涉嫌。其餘祝史稱辭。仰祈靈澤而已。禮舞雩乃使無闕。今之女巫並不習歌舞。方就教試。恐不應速。依晉朝之議。使童子。或得取捨之宜也。司馬彪禮儀志云。雩祀着皁衣。蓋是崇陰之義。今祭服皆纓。差無所革。其所歌之詩及諸供須。輒勒主者申攝備辦。從之。

東昏侯永元元年。步兵校尉何佟之議曰。蓋聞聖帝明王之治天下也。莫不尊奉天地。崇敬日月。故冬至祀天於圓丘。夏至祭地於方澤。春分朝日。秋分夕月。所以訓民事君之道。化下嚴上之義也。故禮云。王者必父天母地。兄日姊月。周禮典瑞云。王搢大圭。執鎮圭藻藉五采五就以朝日。馬融云。天子以春分朝日。秋分夕月。覲禮天子出拜日於東門之外。盧植云。朝日。以立春之日也。鄭玄云。端當為冕。朝日。春分之時也。禮記朝事議云。天子冕而執鎮圭。尺有二寸。率諸侯朝日於東郊。所以教尊尊也。故鄭知此端為冕也。禮記保傅云。三代之禮。天子春朝朝日。秋暮夕月。所以明有敬也。而不明所用之定辰。馬鄭云。用二分之時。盧植云。用立春之日。佟之以為日者太陽之精。月者太陰之精。春分陽氣方永。秋分陰氣向長。天地至尊。用其始。故祭以二至。日月禮次天地。故朝以分。差有理據。則融玄之言得其義矣。

漢世則朝朝日暮夕月魏文帝詔曰覲禮天子拜日東門之外反禮方明朝事議曰天子冕而執鎮圭率諸侯朝日於東郊以此言之蓋諸侯朝天子祀方明因率朝日也漢改周法羣公無四朝之事故不復朝於東郊得禮之變矣雖旦夕常於殿下東向拜日其禮太煩今採春分之禮損漢日拜之儀又無諸侯之事無所出東郊今正殿即亦朝會行禮之庭也宜常以春分於正殿之庭拜日其夕月文不分明其識奏魏秘書監薛循請論云舊事朝日以春分夕月以秋分案周禮朝日無常日鄭玄云用二分故遂施行秋分之夕月多東潜而西向拜之背實遠矣謂朝日宜用仲春之朔夕月宜用仲秋之朔淳于睿駮之引禮記云祭日於東祭月於西以端其位周禮秋分夕月並行於上世西向拜月雖如背實亦猶月在天而祭之於坎不復言背月也佟之案禮器云為朝夕必放於日月鄭玄云日出東方月出

西方又云大明生於東月生於西此陰陽之分夫婦之位也鄭玄云大明日也知朝日東向夕月西向斯蓋各本其位之所在耳猶如天子東西遊幸朝堂之官及拜官者猶北向朝拜寧得以背實為疑邪佟之謂魏世所行善得與奪之衷晉初棄圜丘方澤於兩郊二至輟禮至於二分之朝致替無義江左草創舊章多闕宋氏因循未能反古竊惟皇齊應天御極典教惟新謂宜使盛典行之盛代以春分朝於殿庭之西東向而拜日秋分夕於殿庭之東西向而拜月此即所謂必放日月以端其位之義也使四方觀化者莫不欣欣而頌美旒藻之飾蓋本天之至質也朝日不得同昊天至質之禮故玄冕三旒也近代祀天著衮十二旒極文章之義則是古今禮之變也禮天朝日既服宜有異頃世天子小朝會著絳紗袍通天金博山冠斯即今朝之服次衮冕者也竊謂宜依此拜日月甚得差降之宜也佟之任非禮局輊奏大典寔為侵官伏追慙震從之

後魏宣武帝時太常卿劉芳以社稷無樹乃上疏曰依合朔儀注日有變以朱絲為繩以繞係社樹三匝而今無樹又周禮司徒職云設其社稷之壝而樹之田主各以其社之所宜木鄭玄注云所宜木謂若松柏栗也此其一證也又小司徒封人職云掌設王之社壝為畿封而樹之鄭玄注云不言稷者王主於社稷社之細也此其二證也又論語曰哀公問社於宰我宰我對曰夏后氏以松殷人以柏周人以栗是乃土地之所宜也此其三證也又白虎通云社稷所以有樹何也尊而識之也使民望即見敬之又所以表功也案此正解所以有樹之義了不論有之與無也此其四證也此云社稷所以有樹何然則稷亦有樹明矣又五經通義云天子太社王社諸侯國社侯社制度奈何曰社皆有垣無屋樹其中以木有木者土主生萬物萬物

莫善於木故樹木也此其五證也此最其丁寧備解有樹之意也又五經要義云社必樹之以木周禮司徒職曰班社而樹之各以土地所生尚書逸篇曰太社惟松東社惟柏南社惟梓西社惟栗北社惟槐此其六證也此又太社及四方皆有樹別之明據也又見諸家禮圖社稷圖皆畫為樹唯誡社誡稷無樹此其七證也雖辨有樹之據猶未正所植之木案論語稱夏后氏以松殷人以柏周人以栗便是世代不同而尚書逸篇則云太社惟松東社惟柏南社惟梓西社惟栗北社惟槐如此便以一代之中而五社各異也愚以為宜植以松何以言之逸書云太社惟松今者植松不慮失禮惟稷無成證乃社之細蓋亦不離松也帝從之

唐武后時東都置太社禮部尚書祝欽明問禮官博士周家田主用所宜木今社主石奈何張齊賢與太常少卿韋叔夏國子司業郭山

惲尹知章等議。春秋君以軍行祓社釁鼓祝奉以從故曰不用命戮于社。社稷主用石。以可奉而行也。崔靈恩曰。社主用石。以地産最實歟。呂氏春秋言殷人社用石。後魏天平中。遷太社石主。其來尚矣。周之田主用所宜木。其民間之社歟。非太社也。於是舊主長尺有六寸。方尺七寸。問博士云何。齊賢等議。社主之制禮無傳。天子親征載以行。則非過重。禮。社祭土。主陰氣。韓詩外傳。天子太社方五丈。諸侯半之。五。土數。社主宜長五尺以準數五。方二尺以準陰偶。剡其上以象物生。方其下以象地體。埋半土中。本末均也。請廢以古尺云。又問社稷壇隨四方用色。而中不敷尺冒黃土。謂何。齊賢等曰。天子太社度廣五丈。分四方。上冒黃土。象王者覆被四方。然則當以黃土覆壇上。舊壇上不數尺覆被之狹乖於古。於是以方色飾壇四面及陛。而黃土全覆上焉。祭牲皆太牢。其後改先農曰帝社。又立帝稷。命齊賢等參定。

憲宗嘗問祈禳之數。門下侍郎同中書門下平章事李藩對曰。孔子病。止子路之禱。漢文帝每祭。勅有司敬而不祈。使神無知。則不能降福。有知。固不可私已求媚而悅之也。且義於人者和於神。人乃神之主。人安而福至。帝悅曰。當與公等上下相勗以保此言。後復問神仙長年事。藩知帝且有所惑。極陳荒妄謾誕不可信。

武宗會昌中。李德裕上論九宮貴神壇狀曰。准天寶三載十月六日勅。九宮貴神實司水旱。功佐上帝。德庇下民。冀嘉穀歲登。災害不作。每至四時初節。令中書門下攝祭者。准禮九宮次昊天上帝。壇在太清宮太廟上。用牲牢幣璧類於天地神祇。天寶三載十二月。玄宗親祀。乾元元年正月。肅宗親祀。伏以累年以來。水旱愆候。恐是有司禱請誠敬稍虧。今屬孟春。合修祀典。望至明年正月祭日。差宰臣一人祈請。向後四時祭。並差僕射少卿尚書等官。所冀稍重其事。以申嚴敬。臣等去月二十五日巳於延英面奏。伏奉聖旨。令檢舊儀進來者。今欲及祭時。伏望令有司崇飾舊壇。務於嚴潔。

德裕又論九宮貴神狀曰。伏以自大和以來。水旱愆候。陛下常憂稼穡。每念蒸人。臣等所以上副聖心。以修墜禮。伏見大和三年禮官御史等狀。或言縱司水旱兵荒。品秩不過列宿。今者五星悉是從祀。日月猶在中祀。又云。太一天一。此九神於天地猶子男也。竊觀其意。皆是以星辰不合比於天地。嘗不知統而言之。則爲天地。而在天成象。自有尊卑。謹按後魏五均志。天辰第二星盛而常明者。爲天皇露寢。大帝常居。始由道奧而陳變通之迹。又天皇大帝。其精耀魄寶。蓋萬神之秘圖。與河洛之命紀。皆稟焉。此則上帝是星之明據也。天一掌八氣九精之政令。以佐天極。徵明而有常。則陰陽序而大運興。

太一掌十有六神之法度。以輔人極。徵明而得中。則神人和而王道平。又北斗有權衡二星。天一太一參居其間。所以財成天工。輔相神道也。若一槩以列宿論之。實爲乖謬。又按漢書天神貴者天一。太一。佐曰五帝。古者天子以春秋祭太一。則列於祀典。其來久矣。今五帝猶爲大祀。則太一豈宜降禮。稍重其祀。固爲得所。劉向言祖宗所立神祇舊位。誠未易動。又曰。古今異制。經無明文。至尊至重。難以疑說正也。以劉向博通。尚難改作。況臣等學不究於天人。禮尤懵於祀典。妄爲參酌。恐未得中。伏望更令太常卿與禮官詳定。庶獲明據。

歷代名臣奏議卷之一百二十五

禮樂 祭禮

宋太祖時左拾遺知制誥高錫上封議武成王廟配享七十二賢內王僧辯以不令終恐非全德尋詔吏部尚書張昭工部尚書竇儀與錫重銓定功業終始無瑕者方得預焉秘書郎直史館梁周翰上言曰臣聞天地以來覆載之內聖賢交騖古今同流校其顛末鮮克具美周公聖人也佐武王定天下輔成王致治平盛德大勳蟠天極地外則淮夷構難內則管蔡流言䞈尾跋胡垂至顛頓偃禾仆木僅得叙明此可謂之盡美哉臣以為非也孔子聖人也刪詩書定禮樂祖述堯舜憲章文武卒以棲遲去魯奔走厄陳雖試用於定哀曾不容於季孟又嘗屨盜跖之虎尾聞南子之佩聲遠辱慎名未見其可此又可謂其盡善者哉臣以為非也自餘區區後賢瑣瑣立事比於二聖曾何足云而欲責其磨湼不渝始卒如一者臣竊以為難其人矣昉自唐室崇祀太公原其用意蓋以天下雖大不可去兵域中有爭未能無戰資其佑民之道立乎為武之宗覬張國威遂進王號貞元之際祀典益修因以歷代武臣陪饗廟貌如文宣釋奠之制有弟子列侍之儀事雖不經義足垂勸況於曩日不乏通賢疑難討論亦云折中今若求其考類別立否臧以羔袖之小疵忘狐裘之大善恐其所選僅有可存只如樂毅廉頗皆奔亡而為虜韓信彭越悉葅醢而受誅白起則錫劍杜郵伍員則浮尸江澨左車亦僨軍之將孫臏實刑餘之人穰苴則僨卒齊庭吳起則非命楚國周勃稱重有置甲尚方之疑陳平善謀蒙受金諸將之謗亞夫則死於獄吏鄧艾則追於檻車李廣後期而自剄竇嬰樹黨而喪身鄧禹敗於回溪終身無董戎之寄馬援死於蠻徼還尸闕潰奠之儀其餘諸葛亮之傳事偏方之主王景畧之輩佐閏位之君關羽則為仇國所禽張飛則遭帳下所害凡此名將悉皆人雄苟欲指瑕誰當無累或從澄汰盡可棄捐況其功業穹隆名稱烜赫樵夫牧稚咸所聞知列將通侯竊所思慕若一旦除去神位擯出祠庭吹毛求異代之疵投袂忿古人之惡必使時情頓惑竊議交興景行高山更奚瞻於往躅英魂烈魄將有恨於明時伏況陛下方厲軍威將遏亂畧講求兵法締構武祠蓋所以勸激戎臣資假陰助忽使長廊虛邈僅有可圖之形中殿前空不見配食之坐似非允當臣竊惑焉深惟事貴得中因資體要若今之可以議古恐來者亦能非今顧納臣微忠特追明敕乞下此疏俾議其長

建隆初有司言周木德木生火宜以火德王色尚赤遂以戌日為臘三年戊戌臘有司畫日以七日辛卯和峴奏議曰按蜡始於伊耆後歷三代及漢其名雖改而其實一也漢火行用戌臘臘者接也新故相接畋獵禽獸以享百神報終成之功也王者因之上享宗廟旁及五祀展其孝心盡物示恭也魏晉以降悉沿其制唐乘土德貞觀之際以前寅日蜡百神卯日祭社宮辰日享宗廟開元定禮三祭皆於臘辰以應土德今以戌日為臘而以前七日辛卯行蜡禮恐未為宜況宗廟社稷並遵臘享獨蜡不以臘請下禮官議議如峴言今後蜡百神祀社稷享宗廟皆用戌臘一日

太祖時司寒之祭常以四月命官率太祝用牲幣及黑牡秬黍祭玄冥之神乃開冰以薦太廟建隆二年置藏冰署而修其祀焉秘書監李至上言曰案詩豳七月曰四之日獻羔祭韭蓋謂周以十一月為正其四月即今之二月也春秋傳曰日在北陸而藏冰謂夏十二月日在危也獻羔而啓之謂二月春分獻羔祭韭始開冰室也火出而

畢賦。火星昏見。謂四月中也。又按月令天子獻羔開氷先薦寢廟。其開氷之祭當在春分。乃有司之失也。帝覽奏曰今四月韭可[illegible]矣。何謂薦新。遂正其禮。

太宗太平興國八年。河決滑州。遣樞密直學士張齊賢詣白馬津以一太牢沈祠。加璧。自是凡河決溢修塞。皆致祭。祕書監李至上言曰。按五郊迎氣之日。皆祭逐方嶽鎮海瀆。自兵亂後有不在封域者。遂闕其祭。國家克復四方。間雖奉詔特祭。未著常祀。望遵舊禮就迎氣日各祭於所隸之州。長吏以次為獻官。從之。

真宗景德四年。判太常禮院孫奭上言曰。來年畫日正月一日享先農。九日上辛祈穀祀上帝。春秋傳曰啓蟄而郊。郊而後耕。月令曰。天子以元日祈穀于上帝。乃擇元辰親載耒耜躬耕帝籍。先儒皆云元日。謂上辛郊天也。元辰謂郊後吉亥享先農而耕籍也。六典禮閣新

儀並云上辛祀昊天。次云吉亥享先農。望改用上辛後亥日用符禮文。

仁宗天聖三年。同知禮院陳詁上言曰。蜡祭一百九十二位。祝文內載一百八十二位。唯五方田畯五方郵表畷一十位不載祝文。又郊祀錄正辭錄司天監神位圖。皆以虎為於菟。乃避唐諱。請仍為虎。五方祝文衆族之下增入田畯郵表畷云。記曰。八蜡以祀四方。年不順成。八蜡不通。歷代蜡祭獨在南郊為一壇。惟周隋四郊之兆乃合禮意。又禮記月令以蜡與息民為二祭。故隋唐息民祭在蜡之後日。請蜡祭四郊各為一壇。以祀其方之神。有不順成之方則不修報。其息民祭仍在蜡祭之後。先是太常寺言四郊蜡祭宜依百神制度築壇。其東西有不順成之方。即祭日月。其神農以下更不設祭。又舊儀神農后稷並設位壇下。當移壇上。按禮記正義伊耆氏

神農也。今壇下更設伊耆氏位。合除去之。政和新儀。臘前一日蜡百神四方。蜡壇廣四丈。高八尺。四出陛。兩壝。每壝二十五步。東方設大明位。西方設夜明位。以神農氏后稷氏配。配位以北為上。南北壇設神農位。以后稷配。五星。二十八宿。十二辰。五嶽。五鎮。四海。四瀆。及五方山林川澤。丘陵。墳衍。原隰。井泉。田畯。倉龍。朱鳥。麒麟。白虎。玄武。五水庸。五坊。五虎。五鱗。五羽。五介。五毛。五郵表畷。五羸。五猫。五昆蟲。從祀各依其方設位。中方鎮星后土。田畯設於南方蜡壇酉階之西。中方嶽鎮以下設於南方蜡壇午階之西。伊耆設於北方蜡壇卯階之南。其位次於辰星。

康定元年。集賢校理同判吏部南曹胡宿上奏曰。臣伏以火正閼伯之祠。南京國朝受命之地。自祖宗以來未領祠官。竊為闕禮。惜之。按春秋傳。高辛氏之二子。長曰閼伯。季曰實沈。居於曠林。不相能也。日

尋干戈以相征討。后帝不臧。遷閼伯於商丘。以主辰。故辰為商星。遷實沈於大夏以主參。故參為晉星。又襄公九年傳。陶唐氏之火正曰閼伯。居商丘。祀大火而火紀時焉。且五行之官祀為貴神。每歲五時祀之。謂之五祀。火正又配食於火星者。以其於人有功。祭火星。又祭之。漢書曰。古之火正。謂火官也。掌祭火星。行火政。季春昏。心星出東方。而咮七星鳥首正南方。則用火。季秋星入則止火。以順天時。以救民疾。去爾大辰房心尾也。大火謂之大辰。周官保章氏之職。以星土辨九州之地。所封之域。皆有分星。鄭氏引十二次之分則云大火宋也。左氏傳亦曰宋大辰之墟。漢書地理志宋房心之分野。周分微子於宋。今睢陽是也。按圖經去商丘在宋城縣西南二里。高八十丈。周迴二百步。今閼伯之祠直當其上。蓋房心天帝之明堂。太祖皇帝於此受命。奄宅天下。以宋建號。以火紀德。都梁宋之郊。當房心之次。則

大火之精閼伯之靈擁祐福蕃國家潛受其施者深矣而傳序四聖享祀弗及祥符中交修大禮拱揖諸神雖偏方遠國山林之祀不出經據偶在祀典者尚秩王公之爵增牲牢之品而大火閼伯國家蒙福之地又陶唐氏之火正宋興八十年祠官不以聞此有司之闕也又按左氏國語董因逆晉文公於河公問曰吾其濟乎對曰君之出也歲在大火閼伯之星也是爲大辰辰以成善又曰嗣續其祖如穀之滋韋昭以爲辰爲農祥周先后稷之所經緯以成善道子孫繼續其祖如穀之蕃滋推此而言則東方七宿房心通有農祥之稱若因舊丘古祠除潔壇地臨遣近臣對祭閼伯不惟講修火正亦足以祈求年豐以陶唐之舊祀祖宗之闕典一旦陛下恢而復之爲萬世法詒厥子孫永錫純嘏不勝區區帝以宿疏下太常禮部議於是太常禮部復奏曰伏以閼伯爲堯火正寔居商丘主祀大火能宿其官後

世因之祀爲貴神配火侑食亦如周棄配稷后土配社之比下歷千載遂爲種祠祖宗以來郊祀上帝而大辰已在從祀閼伯之廟每因赦文及春秋委京司長吏恭致沃奠咸秩之典未始去闕然國家有天下之號實本於宋五運之次又感火德宜興王之地商丘之舊作爲壇兆秩祀大火以閼伯配之每建辰建戌出納之月内降祝版詔留司長吏奉祭行事籩豆牲幣得視中祠雖非舊章特示新禮其閼伯舊廟并壇兆之制請如宿所奏官爲修崇之其言比年國家數有火災宜遣使告謝然消復變異專在君德恐未可施行

宿任兩浙轉運使知制誥論祀九宮貴神奏曰臣竊見前書載九宮貴神實司水旱雖不經見而當時尊祀次於昊天上帝唐明皇肅宗皆親祠事之雖大和降爲中祀至於會昌復重其禮仍以宰相往修祠事國家祗若舊典列於常祀至和中因循時祭光祿小吏慢祀雷雨震死者二人威靈所傳耳目未遠今茲首夏垂盡而時雨尚愆有惻上仁徧走羣望昔宣王遭旱雲漢之詩曰上下奠瘞靡神不宗况司水旱之神又可闕諸愚以謂宜因此時特遣近臣併祀九宮貴神以虔禱祈

宿又論太湖登在祀典狀曰臣竊見吳中太湖即禹貢震澤也廣三萬六千頃其水利溉蘇湖常三州之地而蘇湖爲多去二郡亦近湖中大小山七十有二洞庭林屋福地皆在其中商帆賈楫日相上下二郡各有湖廟而常州無廟蘇州廟在洞庭湖州廟在大錢口方俗目爲平水大王廟是也二郡小小叢祠皆祭而太湖獨不祭蓋由祀典失載因循忽諸禮境内山川諸侯當祭國家無文咸秩靡祀不宗其太湖欲乞下蘇湖常三州登其祀典春秋差官致祭

至和二年正月翰林學士歐陽修上奏曰臣伏見今月八日聖旨蹕决禁囚特行減降及軍士各有特支陛下聖慈本以興國寺奉安真宗皇帝御容有此恩旨而中外之議紛然不一皆爲正月八日是溫成皇后周年故有此特支蹕决又見聖駕朝謁萬壽宮又云溫成畫像在彼所以聖駕親臨自去年追册溫成皇后之後朝廷每於典禮過極優崇遂致議者動皆疑惑今又聞來日聖駕幸奉先寺酌獻宣祖皇帝外議喧然又云溫成皇后祠廟在彼伏以陛下聖德仁孝本爲祖宗神御以時酌獻不可使中外議者謂陛下意在追念後宮寵愛託名以謁祖宗虧損聖德其事不細臣欲乞明日幸奉先寺酌獻畢更不臨幸溫成祠廟以解中外之疑以止議者之説臣職忝侍從無所裨補聞外人議論不敢不言不唯臣有愛君之心合具陳述陛下舉動爲萬世法亦不可不謹

嘉祐八年正月禮官呂公著上奏曰臣伏見故追尊溫成皇后於
南立廟四時孟月祭奠以待制舍人攝事牲幣裸獻登歌設樂並同
太廟之禮蓋當時有司失於講求非有典據昔商宗遭變飭己思咎
祖己訓以祀無豐於昵況以內寵列於秩祀非所以享天心奉祖宗
之意也欲乞改溫成廟為祠殿歲時只遣宮臣行薦以常饌以明
祀事有漸

仁宗時判太常寺呂公綽上言曰古者天地宗廟日月五方百神之
祀咸有尊罍五齊三酒分實其中加明水明酒以達陰陽之氣今有
司徒設尊罍而酌用一尊非禮神之意宜按周禮實齊酒取火於日
取水於月因天地之潔氣又言祖宗配郊當正位今側鄉之非所以
示尊嚴也

宋祁論國忌疏曰伏見列聖忌日沿唐之舊百官伏閤慰訖咸詣寺
觀院伏齋贊謂之行香仍置神位進奠蔬饌臣竊思之禮尤不經方
外之言本以懺罪求福誘訓迷妄丘樊委巷不達死生之變故於喪
葬亦或用之至於朝獻帝範非若匹夫下俚可行之也臣愚不敢遠
數國家積累之慶且自太祖而下豐功鉅德家至戶曉生為睿明歿
為上神何福之求何罪之懺求於非福則是諂祭懺於無罪則是誣
親俗事慁理謗愆可削且其謚在金冊主在清廟每春秋享祀前揩
有司齋戒奉之濯灌潔之禮以相儀樂以節步尚畏不蠲以為非馨
今乃緇毳羽衣輒接光烈孰具粗餗以希迪常使在天有知其不能
下而臨享也明矣願罷忌日百官行香及撤去所設神位必若國家
難於驟改則每及忌日止令道釋二家自率其徒黨梵誦唄列為疏
奏聞遣一使馳詣陵寢焚之以伸蒼黔謝生之報庶幾近於禮歟

宋庠奏乞禁止祠壇側近塋埋狀曰伏見國家大小祠壇在近郊者
二十一所春秋晝日享獻不絕臣檢勘其處大祠有九宮貴神青帝
白帝黃帝感生帝皇地祇朝日夕月蜡祭百神共九壇遂不二百步
或五十步皆有古墳拱木及庶民藁葬焚骸之地熏蒿布濩氛臭聯
接或盛夏行禮則執事者不勝其厭亂黍稷薰冒豆籩其為不虔固
已太甚人尚知惡神焉肯歆謹案令式大祠壇三百步不得葬埋太
宗淳化中因大臣建言移築十祠壇以遠塋冢歲月既久厲禁遂隳
臣聞古者兆帝於郊是稱吉土宅神之隩爰本積高因禡爽塏之宜
以修圭潔之薦又且散齋七日致齋三日不預刑殺不臨凶弔然後
蹤瀹諸慮祓去不祥故能衷對上靈開右多福寧有迫近宰樹竂邇
鬼隣燃骴煬煙纍骨流穢欲使苾芳上達肸蠁降臻其可得耶況今
疫癘頻年蝗旱仍出災氣未究嘉祥弗興原其所來或在於此臣以
為故冢既難遷斥則當改善地以建新壇焚骸可得呵止則宜廣壝

步而防褻慢明著甲令以示方來據其高嚴式表寅奉遵協禮令深
便神人

庠又乞於御苑空地內種植奉祠祭狀曰伏見國家每歲大小祠祭
黍稷取於太常果蔬出於司農乾茹責於光祿然三寺皆牒取市物
入供祠饌但具名品無復馨嘉雖明德上通不貴多物而工祝奉告
固有愧辭夫孝子事親必求仁粟聖王饗帝實立神倉三代以來茲
禮惟重取不告乏用乃有虔國朝因循未遑斯議故令官司怠替祭
典廢隳百靈薦嘗一切須索習貫成瀆神無據焉臣竊見玉津瑞聖
諸園舊有隙地異時主者墾為公田歲耤其收以備常用臣願即於
苑中擇上腴之地揃五穀之種謹耘耔之法慎登穫之勤每春種秋
斂之陛下順時乘輿親省徜徉畎畝因行勞賜一以奉國大事一以
勸民力農穀成之後擇其上者奉大祠次者奉中小祠各以御廩付

所由吏胥剗筭品悉量而取之至於果蔬之細比須囿游之植外盡庶物內將至誠達其令芳以介福祿茲亦三代爲籍千畝以事天地社稷山川先古以爲醴酪粢盛之比也其與物物仰市煩褻神祇者寧並日而言哉

庠又上家廟疏曰伏覩慶曆元年十一月郊祀赦書應文武官並許依舊式創立家廟蓋所以恢孝治穆彝倫風勸海內恩化甚美而有司終不能推述先典明喻上仁因循顧望遂踰十載使王公薦享下同委巷衣冠昭穆雜用家人緣偷襲弊殊可嗟憫臣嘗因進對屢聞

聖言謂諸臣專殖第產未立私廟寧朝廷勸戒有所未孚將風教頹

陵終不可復睿心至意形于歎息臣每誦天訓愧汗交浹日夜循省求諸臣未即建立者誠亦有由蓋古今異儀封爵殊制因疑成憚遂

格詔書禮官既不講求私家何緣擅立臣以謂未信而望誠者上難

必責徒善而設教者下或有違若令官制已頒禮典咸具尚安所習不稟其規雖官司劾之可矣誅之可矣凡在臣子孰敢不勉哉今幸遇皇帝陛下因大饗之報躬嚴配之禮事天尊祖孝冠百王聖化所覃海內知勸臣欲乞明敕有司奉行慶曆詔旨下禮官博士及臺閣儒學之臣考案舊章同加詳定不拘小以妨大不泥古以非今因時制宜使稱情禮則可矣若欲必如三代有冢嫡世封之重山川國邑之常然後議之則墜典無可復之期而禮祀或幾乎息矣夫建宗祏序昭穆別貴賤之等所以爲孝雖有過差何害於治殖產利營居室爲子孫之業與民爭利顧不以爲恥逮夫立廟則曰不敢寧所謂敢於爭利而不敢於爲孝耶以爵服承襲之間小有違古因放而不復又所謂去小違而就大違耶此諸儒之惑亦以甚矣臣幸得待罪宰相以明教化美風俗爲職不勝惓惓請因明詔書文議以時決若制下之日或在立廟之科頓買地一廛悉力經始上副聖人廣孝之美下極私門顯親之榮推美人倫非獨臣幸

知太常禮院蘇頌上家廟議曰檢會慶曆赦書文武官並許依舊式創立家廟謹按周禮諸侯五廟曰考廟曰王考廟曰顯考廟是諸侯祭父祖及曾高所以然者服盡四世始祖不祧通爲五世也大夫三廟及曾祖也始封不祧通爲四世而高祖止於享嘗也士二廟及王考也皇考則爲壇而祭之下士止於一廟其王考則無廟而祭之唐及本朝廟二品以上得祭四世三品以下皆祭三世六品以下無廟者皆祭於寢（按開元禮及開寶通禮皆云六品以下若有廟者如五品儀無廟者祭於寢）今赦恩既許依舊式即合依禮令之數又按古者一世一廟五世則有五廟矣今之廟制與古不同皆爲一廟同堂異室則一品二品之廟並一堂四室三品四品五品之廟並一堂三室乃合禮制又禮記王制曰大夫士

有田則祭無田則薦是有土者乃爲廟祭也有田則有爵無土與爵則子孫無以繼承宗祀若然是有廟者止於其身子孫無爵祭乃廢也又禮曰父爲大夫子爲士葬以大夫祭以士今二品之家立廟者既死而子孫主祭如六品以下即祧二主祔一主又牲牢俎豆器物頓異在於人情似未允愜若乃參合古今之制依約封爵之令官當立廟者請因遇恩封國公立廟一堂四室祭及高祖量賜田若干頃尚書將軍及曾任二府或節度使者特封郡公立廟一堂三室祭及曾祖賜田若干頃給諫以上曾任學士者特封縣公廟亦一堂三室賜田若干頃其初封官未及二品者依三品未及三品者依五品其未有廟者即不得賜田每田二頃許置客戶若干人並免州縣科役其田除租稅外地利悉入其家專以奉祭事不得他用死則子孫承襲並世降一等當襲封者須長嫡子特改一官外其餘恩數悉同常

制。其田子孫不得典賣。有罪絕者還役官。此亦稍近古法。可以上副赦恩之意。若以封齋難於遠行。即請考按唐賢寢堂祠享儀。不須牲牢俎豆。止用燕器。祭常食而已。

知禮院包拯上疏曰。臣近者監祭九宮貴神。竊見以常朝官充攝太尉行事。況屬大祀。深恐未便。伏覩唐天寶年勑以九宮神實司水旱。功佐上帝。德庇下民。冀百穀歲登。災害不作。每至四時。令中書門下往攝祭者。又惟禮九宮次昊天上帝。壇在太廟之上。用牲牢璧幣。類天地神祇。前代王者或親行享祀。緣累年以來。四方水旱相繼。慮是有司供職不謹。稍失精嚴。欲乞向後四時祭享。其攝太尉令兩制已上官。所貴差重其禮。以申崇奉之意。

知洪州夏竦請斷袄巫狀曰。臣聞左道亂俗。袄言惑衆。在昔之法。皆殺無赦。蓋以姦臣亂節。狂賊亂規。多假鬼神。動搖耳目。漢之張角。晉

之孫恩。偶失防閑。遂至屯聚。國家宜有嚴刑。以肅多方。竊以當州東引七閩。南控百粤。編氓右鬼。舊俗尚巫。在漢欒巴。已嘗翦理。爰從近歲。傳習滋多。假託禨祥。愚弄黎庶。勦絕性命。規取貨財。皆於所居塑畫魑魅。陳列幡幟。鳴擊鼓角。謂之神壇。嬰孺繈褓。已令寄育。字曰壇留壇保之類。及其稍長。則傳習袄法。驅為童隸。民之有病。則門施符術。禁絕往還。斥遠至親。屏去便物。家人營藥。則曰神不許服。病者欲飯。則云神未聽飧。率令疲人。死於飢渴。洎至亡者服用。又言餘祟所憑。人不敢留。規以自入。若幸而獲免。家之所資。假神而言。無求不可。其間有孤子單族。首面幼妻。或絕戶以求財。或害夫而納婦。浸淫既久。習熟為常。民被非辜。了不為怪。奉之愈謹。信之益深。從其言甚於詔章。畏其威重於官吏。奇神異像。圖繪歲增。邪籙袄符。傳寫日夥。小則雞豚致祀。斂以還家。大則歌舞聚人。食其餘胙。婚葬出處。動必求師。劫盜鬭爭。行須作水。蠹耗衣食。眩惑里閭。設欲扇搖。不難連結。在於典憲。具有章條。其如法未勝姦。藥弗瘳疾。宜頒峻典。以革袄風。當州師巫一千九百餘戶。臣已勒令改業歸農。及攻習鍼灸之脉。所有首納袄妄神像符籙神衫神杖魂巾魄帽鐘角刀笏沙鑼等一萬一千餘事。已令焚毀。及納官訖。伏乞朝廷嚴賜條約。所冀屏除巨害。保育羣生。杜漸防萌。少裨萬一。

英宗時翰林學士范鎮議罷慈廟狀曰。夫禮不可以不及。亦不可過。故慈母不世祭。慈母而必祭者。恩在於己。未可以不及也。祭而不以世者。其恩已斷。不可過也。春秋傳所謂於子祭。於孫止。是也。伏以先皇帝以章惠皇太后有慈保之恩於己。故以時而祭。是禮之不可不及也。今陛下嗣位於章惠皇太后於屬為孫。其恩已斷。其祭宜止。是禮之不可以過也。先皇帝之不可以不及。陛下之不可過。皆為禮矣。

神宗時張方平劉摯等論廟事疏曰。臣伏見司農寺奏請降下新制應祠廟並依坊場河渡之例召人承買收取淨利。本府勘會在府及管下所管祠廟五十餘處。尋已依應施行訖。內有閼伯廟宋公微子廟已係百姓承買閼伯廟納錢四十六貫五伯文。微子廟十二貫文。並係三年為一界。臣竊以閼伯遠自唐堯遷此商丘之土。主祀大火。而火為國家盛德所乘而王。本朝歷世尊為大祀。微子宋之始封君。開國于此。亦為本朝受命建號所因。載于典禮甚之著令。所當虔潔以奉祀事。又有雙廟乃是唐張巡許遠以孤城死賊。所謂捍大患者。今既許承買之後。小人以利為事。必於其間營為招聚。紛雜冗褻。何所不至。慢神瀆禮。莫甚於此。蓋聞有天下者祭百神。故咸秩無文。懿于群祀。先聖哲王所以致恭于鬼神者。所以為國家萬民。六經訓典備矣。故曰克典神天。俾作神主。此人君之職也。今既歲收細微而損

國體至大臣愚欲乞朝廷詳酌留此三廟更不出賣以稱國家嚴恭典祀追尚前烈之意。

知諫院陳襄上奏曰臣等看詳禮曰天子玄冕朝日於東門之外。又曰祀四望山川則毳冕祭社稷五祀則希冕祭群小祀則玄冕注羣小祀林澤墳衍四方百物之屬。孔穎達謂此據地之小祀以血祭社稷為中祀埋沈以下為小祀也。若天之小祀則司命司中風師雨師。鄭雖不言義可知矣。國朝祀儀祭社稷朝日夕月風師雨師皆服袞冕其䄍祭先蠶五龍亦如之。祭司命戶竈門厲行皆服鷩冕壽星靈星司中司寒中霤馬祭皆服毳冕皆非是。今天子六服自鷩冕而下既不親祠廢而不用則諸臣攝事自當從王所祭之服。伏請依周禮凡祀四望山川則以毳冕祭社稷五祀則以希冕朝日夕月風師雨師司命司中則以玄冕。若七祀䄍祭百神先蠶五龍靈星壽星司寒馬祭蓋皆羣小祀之比當服玄冕。

哲宗元祐元年太常博士顏復上奏曰臣聞禮或失中寧過于厚。過厚之積不可致遠。國之大事無若于禮。禮者謂有其舉之莫敢廢也。有其廢之莫敢舉也。言固厚矣。然皆本先王立法而後言。三代之時不無不正可疑之祀由聖人裁之以義。是者存之。否者去之。為天下不刊之通法。雖有高才強辯莫能舉廢也。近世拘儒不考本義摭穿厚之疑論謂歷代之祀有出于秦滅學之餘時君追取俚儒無根之說者。有原于緯候妖妄之書者。有由諸儒解經一時臆見穿鑿傅會者。有取傳記非聖雜書者。有本方士術家禬禳陰陽拘忌之術者。既謂莫敢廢之與常祀共行則民疑致力祝多愧辭有司彝老不勝嬻煩學者觀之莫原其禮雖齋明盛服忠虔如在嘉玉吉幣豐牲潔粢至神不榮矣。國家襲唐之舊有加無損皇帝陛下寅畏三靈勤恭祀太皇太后陛下明德格神萬方伊嘏。唯歷朝之弊未深講明。此達禮者夙夜惓惓于盛時也。伏乞降詔禮官攷經為正。凡干讖緯及諸儒曲學前古汙朝苟制諸子麸禮道士醮祈術家厭勝一切刪去。然後大小羣祀皆合聖人之制行之無瀆慢之嫌。奉者免繼倦之色。潰汙可薦黍稷惟馨上帝居歆百神享止。三時不害景福來同。矧禮成樂備之世。是以臣愚冒昧喁喁有望于陛下也。惟陛下留神則臣與達禮之士不勝大願。

哲宗時太常卿葛勝仲進太常祠祀儀制劄子曰臣准尚書省劄子奉聖旨歲中在京大中小祠祀應干儀制并合差官吏祗應人物及供牢禮料名數等合奉常逐一抄錄成策進入。毋致漏落。臣等尋取會所屬躬加編次勒成一書。竊以肇昔聖王制祭祀以交神明以一純二精三牲四時五色六律七事八種九祭十日十二辰以致之。千品萬官億醜兆民經入畡數以奉之。以齊肅衷正無所寓使先聖之後能知山川之號昭穆之世禮節之宜威儀之則忠信之質禋潔之服而致恭明神者為之祝。使名姓之後能知犧牲之物玉帛之類采服之宜彝器之量。壇場之所屏攝之位而心率舊典者為之宗。今臣等以冥凡之質待罪祠官蒐裒編纂夫懼不足仰稱明制。每歲大祠凡九十有六。中祠凡二十有九。小祠凡一十有四。每祀為一卷。歲再祀或四時祀或月祀若祭名異而祀儀相類則合一卷。凡四十有八卷標錄二卷以太常祠祀儀制格目為名。謹隨狀上進。

徽宗崇寧三年太常博士羅畸上言曰九宮諸神位無禮神玉惟有燔玉。竊謂宜用禮神玉少倣其幣之色薦於神坐。議禮局言先王制禮用圭璧以祀日月星辰。所謂圭璧者圭其邸為璧以取殺於上帝也。今九宮神皆星名而其玉用兩圭有邸夫兩圭有邸祀地之玉以祀呈辰非周禮也乞改用圭璧以應古制。

大觀中侍讀兼議禮武選詳議官慕容彥逢奏曰臣伏覩近降手詔命有司講究禮樂之情文以幸天下可謂太平甚盛之舉臣竊惟禮有五經莫重於祭祭之秩于典者多矣而自京師至于郡縣春秋祈報徧于天下者唯社稷為然今郡守縣令不深推其故以是為不急之祀壇壝不修甚者民得畜牧種藝於其間春秋行事取具臨時乃或器用弗備粢盛弗蠲齋祓弛懈祼獻失度甚不稱陛下稱秩祀典之意臣契勘社稷之祀勑令該載詳悉欲望聖慈特降睿旨戒勅郡縣務在遵承命諸路監司巡歷所至察視壇壝其不如儀者具事狀以聞庶幾官司祗肅祀事神用顧享。

彥逢又上奏曰臣竊惟國家稱秩祀典交百神而禮之考諸令格唯以齋日多寡為大中小祀之辨大祀散齋四日致齋三日中祀散齋

三日致齋二日小祀散齋二日致齋一日參稽情文各有攸當然祀之通於天下而最顯者社稷釋奠春秋二仲州縣展事四方士民於焉觀禮而皆列於小祀近緣臣僚奏請比附國子監修立外州軍釋奠儀注散齋三日致齋二日則既升為中祀矣所有外州軍社稷齋日義難獨殺臣愚伏望聖慈特詔禮官討論增定。

祕書監何志同上言曰諸州祠廟多有封爵未正之處如屈原廟在歸州者封清烈公在潭州者封忠潔侯永康軍李冰廟已封廣濟王近乃封靈應公如此之類皆未有祀典致前後差誤宜加稽考取一高爵為定悉改正之他皆倣此。

高宗紹興二年駕部員外郎李愿上奏曰程嬰公孫杵臼於趙最為功臣神宗皇嗣未建封嬰為成信侯杵臼為忠智侯命絳州立廟歲時奉祀其後皇嗣衆多今廟宇隔絕祭亦弗舉宜於行在所設位望祭從之十一年中書舍人朱翌言謹按晉國屠岸賈之亂韓厥正言以拒之而嬰杵臼皆以死匿其孤卒立趙武而趙祀不絕厥之功也宜載之祀典與嬰杵臼並享春秋之祀亦足為忠義無窮之勸。

十八年二月監登聞鼓院徐璉上言曰國家原廟佐命配享當時輔弼勳勞之臣繪象廟庭以示不忘累朝不過一十餘人今之臣僚與其家之子孫必有存其繪象者望詔有司尋訪復摹於景靈宮庭之壁非獨假寵諸臣之子孫所以增重祖宗之德業以為臣子勸。

孝宗乾道五年太常少卿林栗上言曰國家駐蹕東南東海南海實在封域之內自渡江以後惟南海王廟歲時降御書祝文加封至八字王爵如東海之祠但以萊州隔絕未嘗致祭殊不知通泰明越溫台泉福皆東海分界也紹興中金人入寇李寶以舟師大捷於膠西神之助順為有功矣且元豐間嘗建廟於明州定海縣請依南海特

封八字王爵遣官詣明州行禮詔可。

寧宗慶元中太常少卿虞儔應詔上封事曰臣伏準尚書省劄子五月十四日三省同奉聖旨而雨澤愆期禱祈未應可令侍從臺諫兩省卿監郎官館職疏陳闕失及當今急務毋有所隱臣恭惟皇帝陛下寅畏上帝軫憂下民既命執政侍從奏告郊廟又遣宰屬卿監郎官祈禱名山疎決獄囚寬釋監繫以致責躬避殿減膳徹樂九重之上可謂焦勞一念之頃必能感格然猶以為未也方且降求言之旨而已臣至愚極陋官在奉常凡治民之利病未暇縷陳而事神之闕失豈容緘默聞之禮曰治人之道莫急於禮禮有五經莫重於祭夫祭者所以交於神明之義也雖幽明有間而肸蠁潛通苟不務嚴潔而浸成褻瀆災變之生未有不由此也昔者孔氏之門子路請禱夫

子告之曰丘之禱久矣夫不致敬於常祭之時而亟禱於災變之日亦已晚矣其何及乎春秋書雩二十有一皆在七月之後左氏傳之曰龍見而雩過則書蓋龍見乃建巳之月於是月而雩則常祀也過是而講焉此春秋所以譏也朝廷今歲四月已舉行雩祭之禮矣非若春秋之失時而雩於七月之後也然而自五月以來雨澤愆期旱勢日廣未免再雩者其故何哉臣知其說矣蓋由朝廷上下以禮樂為無用之虛文以祠祭為有司之故事其間壇壝傾圮而不脩齋館摧頹而不葺牲牷滌養之不謹神廚割烹之不虔以至樂工供官之屬悉皆市井藍縷之人鐘鼓管絃豈盡諧於節奏籩豆簠簋或有怠於滌濯其為褻慢無所不有將何以感格天地和協神人其寒暑之不節風雨之不時咎在於斯其來久矣臣自供職以來隨事懲革唯力是視不敢苟簡然區區愚見不能自已伏覩已降指揮今年正係

郊祀年分事大體重非常祭比欲望聖慈特降睿旨申勑有司必敬必戒凡應辦禮料雅飾樂具供備祭服脩葺壇壝齋館神廚之類至纖至悉併乞朝廷劄下合屬去處不得作毋郊常程事例施行庶幾無一事不用其至無一物不致其誠上是以迓續天休次是以光華國典此當今之急務也臣不勝惓惓

寧宗時衛涇上奏曰臣恭惟陛下寅畏天命明德恤祀大而天地宗廟社稷次而群望百神祗循彝典咸秩時事固有關遺禮嚴體重所不容忽百官有司固當恪共廼職以欽承精意然人情狃於玩習法制廢於具文儻不因事申勑革媮振惰何以交通肸蠁對越神明哉臣竊考太常祀典歲凡八千有二其祀有小大之殊差官有崇卑之異誓戒有期齋宿有日欲其上下交脩謹於承事今乃有薦享太廟而以局務小臣攝獻官者有奏告社稷已差執事而避免者有員數本足而臨期通攝僅及其半者有職事移易而官品遼絕殊不相稱者若是之類未易偏舉等威紊殽觀瞻褻易隳禮失敬莫甚於此臣伏見乾道三年指揮行事官稱疾請假者依條牒醫官局看驗及淳熙十一年臣僚奏請祭祀委官如果拘於職守適有疾病者須於未受誓戒之前報聞當差一等班列充代臣愚欲望聖慈明詔所司檢坐前項指揮申嚴行下今後差祠祭官必遵條格所差之官不許規免庶幾人無避事禮無闕官仰副陛下昭事神天之實

度宗咸淳八年起居舍人高斯得奏曰臣聞人臣生而有功德於民則其死也聖王制為祭祀之禮以報之此仁之至義之盡也人君之治天下建立法度興起事功安定國家捍禦菑患必眾建臣工而後可以有濟然君之於臣也使之必報之生則榮之以爵祿死則秩之於祭祀傳曰聖王之制祭祀也法施於民則祀之以死勤事則祀之

以勞定國則祀之能禦大菑則祀之能捍大患則祀之夫是之謂五義自堯舜以來未有易此者故禮記者列農稷后上以下十有餘人皆有功烈於民者也成周之時有勳勞者祭於大烝有道德者祭於瞽宗其他或即其地而祠或立之廟以祭載諸傳記班班可考凡皆以崇德報功而已東漢之臣如馬援者佐中興之業平內外之難馬革裹尸之志至死不移其於勤事定國禦菑捍患可謂兼之矣而大功未錄讒言並興薏苡之謗一聞光武大怒妻孥惶懼不敢歸葬孤魂悵悵而無所依況敢祀典之秩乎同郡朱勃上書顯訟其冤而陳聖王祀臣五義之說其規諷光武亦深切矣帝終不悟書奏報歸田里終帝之世獲謗卒無與明者光武者真少恩之主哉陛下天資仁厚遇下以恩苟有尺寸之功靡不酬報固非漢世之君所敢望矣然襄淮俶擾京索未清士卒暴露爲日茲久豈無身膏野草魂為國殤

之人。主將不以聞。有司不以告。則忠憤之氣。亦能感天地之精。干陰陽之和。以召水旱昆蟲之變。臣願陛下監光武之失。恤邊禦之勞。亟命閫臣搜訪死事者以上聞。旌而錄之。庶幾將士聞之。感激而思奮。其於安邊保境實非小補。

金世宗大定十四年國子監言歲春秋仲月上丁日釋奠於文宣王。用本監官房錢六十貫止造茶食等物以大小楪排設用留守司樂以樂工為禮生率倉場等官陪位。於古禮未合也。伏覩國家承平日久。典章文物當粲然備具以光萬世。況京師為首善之地。四方之所觀仰。擬釋奠器物行禮次序合行下詳定。兼兗國公。親承聖教者也。鄒國公。力扶聖教者也。當於宣聖像左右列之。今孟子以燕服在後堂。宣聖像側還虛一位。禮宜還孟子像於宣聖右與顏子相對改塑冠冕粧飾法服。一遵舊制。

章宗泰和三年尚書省奏太常寺言開元禮祭帝嚳堯舜禹湯文武漢祖祝板請御署。開寶禮犧軒顓頊帝嚳陶唐女媧成湯文武請御署。自漢高祖以下二十七帝不署。平章政事鎰左丞匡太常博士溫迪罕天興言方岳之神各有所主有國所賴。請御署固宜。至于前古帝王寥落杳茫。列于中祀亦已厚矣。不須御署。參知政事即康及鉉以為三皇五帝禹湯文武皆垂世立教之君。唐宋致祭皆御署。而今降祝板不署恐於禮未盡。不若止從外路祭社稷及釋奠文宣王例。不降祝板而令學士院定撰祝文。頒各處為常制。勅命依期降祝板而不請署。

元世祖時。東平布衣趙天麟上策曰。臣聞大易有云。精氣為物。遊魂為變。是故知鬼神之情狀。鬼幽而神明。鬼陰而神陽。一呼一吸。無非鬼神也。一動一靜亦無非鬼神也。是以聖人灼知樞幹之相關。爰立

祭祀之大禮。及其弊也。殷人尚之。曁乎明之。幾何其不胥而為邪祟盡心之流邪。禮天子祭天地及天下之名山大川。諸侯祭社稷及名山大川之在其地者。大夫祭五祀。士祭宗廟。庶人祭祖考于寢。上得兼下。下不得僭上。皆有制以節之也。故禮不在煩而在乎誠。事不在過而在乎中。以之應神祇。庶乎其近矣。今國家稱秩元祀。咸秩無文。既有禮部及太常司侍儀司以備其節文。又詔令所在官司歲時致祭五嶽四瀆名山大川歷代聖帝明王忠臣節士之載在祀典者。猗歟休哉。皆其宜也。竊見方今小民。不安常典。妄事明神。其類甚多。不可枚舉。略舉一端。惟陛下察之。夫東嶽者。太平天子告成之地。東方藩侯當祀之山。今乃有倡優戲謔之流。貨殖屠沽之子。每年春季。西方雲聚。有不遠千里而來者。有提挈全家而至者。乎越邦典。瀆神明。停廢產業。糜損食貨亦已甚矣。昔季氏魯國之上卿。旅於泰山。孔

子猶欲其宰救之。況小民之賤乎。或者以天人無二。幽明相通。報薦之誠。無不可者。臣竊以為非也。設如此言。則虛驚高遠。貴賤兩忘。其或有事而不經官府。直詐闕廷。亦當理邪。所謂執道之空曠而亂名器者也。大人之教。不以名器分之。則將紊矣。小民之心。不以名器繩之。則將恣矣。況淫祀者。事神之誠極寡。希福之貪甚多。且父慈子孝。何用焚香。上安下順。何須楮幣。不然。則雖竭天下之香。繼爐而焚之。罄天下之楮為幣而爇之。臣知其斷無益矣。何以言之。神者明也。豈從僥倖之詐。豈受枉濫之賂邪。君子之人。守其恒心。未嘗妄祀禱福。而福自隨之。愚惑之人。居於下流。妄欲妄祀禳災。而災弗離之。故知禍福皆人所召。非神之所能加損也。然而聖人立祀禮者。報其當然之本。行吾當然之義也。伏望陛下申明前詔。使天下郡縣官各祭名山大川聖帝明王忠臣節士之在其地者。凡下民當祀之神。如祖考

及門庭戶竈等聽之凡非典所當祀而祀者禁之無令妄瀆凡祈神賽社漿酒藿肉飾立神像泥金鏤木者禁之無令妄費如是則非但巫風之寖消抑亦富民之一助也

右專言祭禮

歷代名臣奏議卷之一百二十六

禮樂 統言樂

周景王二十三年王將鑄無射而為之大林單穆公曰不可作重幣以絕民資又鑄大鍾以鮮其繼若積聚既喪又鮮其繼生何以殖且夫鍾不過以動聲若無射有林耳不及也夫鍾聲以為耳也耳所不及非鍾聲也猶目所不見不可以為目也夫目之察度也不過步武尺寸之間其察色也不過墨丈尋常之間耳之察龢也在清濁之間其察清濁也不過一夫之所勝是故先王之制鍾也大不出鈞重不過石律度量衡於是乎生小大器用於是乎出故聖人慎之今王作鍾也聽之弗及比之不度鍾聲不可以知龢制度不可以出節無益於樂而鮮民財將焉用之夫樂不過以聽耳而美不過以觀目若聽樂而震觀美而眩患莫甚焉夫耳目心之樞機也必聽和而視正聽和則聰視正則明聰則言聽明則德昭聽言昭德則能思慮純固以言德於民民歆而德之則歸心焉上得民心以殖義方是以作無不濟求無不獲然則能樂夫耳內龢聲而口出美言以為憲令而布諸民正之以度量民以心力從之不倦成事不貳樂之至也口內味而耳內聲聲味生氣氣在口為言在目為明言以信名明以時動名以成政動以殖生政成生殖樂之至也若視聽不龢而有震眩則味入不精不精則氣佚氣佚則不龢於是乎有狂悖之言有眩惑之明有轉易之名有過慝之度出令不信刑政放紛動不順時民無據依不知所力各有離心上失其民作則不濟求則不獲其何以能樂三年之中而有離民之器二焉國其危哉王弗聽問之伶州鳩對曰臣之守官弗及也臣聞之琴瑟尚宮鍾尚羽石尚角匏竹利制大不踰宮細不過羽夫宮音之主也第以及羽聖人保樂而愛財財以備器

樂以殖財故樂器重者從細輕者從大是以金尚羽石尚角瓦絲尚
宮匏竹尚議革木一聲夫政象樂樂從和和從平聲以和樂律以平
聲金石以動之絲竹以行之詩以道之歌以詠之匏以宣之瓦以贊
之革木以節之物得其常曰樂極之所集曰聲聲應相保曰和細大
不踰曰平如是而鑄之金磨之石繫之絲木越之匏竹節之鼓而行
之以遂八風於是乎氣無滯陰亦無散陽陰陽序次風雨時至嘉生
繁祉人民龢利物備而樂成上下不罷故曰樂正今細過其主妨於
正用物過度妨於財正害財匱妨於樂細抑大陵不容於耳非和也
聽聲越遠非平也妨正匱財聲不和平非宗官之所司也夫有和平
之聲則有蕃殖之財於是乎道之以中德詠之以中音德音不愆以
合神人神是以寧民是以聽若夫匱財用罷民力以逞淫心聽之不
和比之不度無益於教而離民怒神非臣之所聞也王不聽卒鑄大

鐘二十四年鐘成伶人告龢王謂伶州鳩曰鐘果和矣對曰未可知
也王曰何故對曰上作器民備樂之則為和今財亡民罷莫不怨恨
臣不知其和也且民所曹好鮮其不濟也其所曹惡鮮其不廢也故
諺曰衆心成城衆口鑠金今三年之中而害金再興焉懼一之廢也
王曰爾老耄矣何知二十五年王崩鐘不和

東漢章帝時上以太常樂丞鮑鄴等上樂事下車騎將軍馬防防奏
言建初一年七月鄴上言王者飲食必道須四時五味故有食舉之
樂所以順天地養神明求福應也移風易俗莫善於樂樂者天地之
和不可久廢今官樂但有太簇皆不應曰律可作十二月均各應其
月氣乃能順天地和氣宜應明帝始令靈臺六律候而未設其門樂
經曰十二月行之所以宣氣豐物也月開斗建之門而奏歌其律誠
宜施行願與待詔嚴崇及能作樂器者共作治考工給所當詔下太

常太常上言作樂器直錢百四十六萬請太僕作成上奏寢今明詔
下臣防臣輒問鄴及待詔知音律者皆言聖人作樂所以宣氣致和
順陰陽也臣愚以為可順上天之明時因歲首令正發太簇之律奏
雅頌之音以立太平以迎和氣

魏明帝青龍中大治殿舍西取長安大鐘散騎常侍高堂隆上疏曰
昔周景王不儀刑文武之明德忽公旦之聖制既鑄大錢又作大鐘
單穆公諫而弗聽伶州鳩對而弗從遂迷不反周德以衰良史記焉
以為永鑒然今之小人好說秦漢之奢靡以盪聖心求取亡國不度
之器勞役費損以傷德政非所以興禮樂之和保神明之休也是日
帝幸上方隆與卞蘭從帝以隆表授蘭使難隆曰興衰在政樂何為
也化之不明豈鐘之罪隆曰夫禮樂者為治之大本也故蕭韶九成
鳳凰來儀雷鼓六變天神以降政是以平刑是以錯和之至也新聲

發響商辛以隕大鐘既鑄周景以弊存亡之機恒由斯作安在廢興
之不階也君舉必書古之道也作而不法何以示後聖王樂聞其闕
故有箴規之道忠臣顧竭其節故有匪躬之義也帝稱善

宋順帝昇明二年王僧虔為尚書令僧虔好文史解音律以朝廷禮
樂多違正典民間競造新聲雜曲時齊太祖輔政僧虔上表曰夫懸鐘
之器以雅為用凱容之禮八佾為儀今總章羽佾音服亦異又歌鐘
一肆克諧女樂以歌為務非雅器也大明中即以宮懸合和鞞拂節
數雖會處乖雅體將來知音或譏聖世若謂鐘舞已諧重違成憲更
立歌鐘不參舊例四縣所奏謹依雅條即義沿理如或可附又今之
清商實由銅爵三祖風流遺音盈耳京洛相高江左彌貴諒以金石
干羽事絕私室桑濮鄭衛訓隔紳冕中庸和雅莫復於斯而情變聽
移稍復銷落十數年間亡者將半自頃家競新哇人尚謠俗務在噍

義不續音紀流宕無崖未知所極排斥正曲崇長煩淫士有等差無故不可去樂禮有攸序長幼不可共聞故喧醜之制日盛於廛里風味之響獨盡於衣冠宜命有司務懃功課緝理遺逸迭相開曉所經漏忘悉加補綴曲全者祿厚藝妙者位優利以動之則人思刻厲反本還源庶可跂踵事見納

梁武帝初樂緣齊舊武帝思弘古樂天監元年遂下詔訪百寮曰夫聲音之道與政通矣所以移風易俗明貴辨賤而韶濩之稱空傳咸英之實靡託魏晉以來陵替滋甚遂使雅鄭混淆鐘石斯謬天人缺九變之節朝醼失四懸之儀朕昧旦坐朝思求厥旨而舊事靡存未獲釐正寤寐有懷所爲歎息卿等學術通明可陳其所見於是散騎常侍尚書僕射沈約奏答曰竊以秦代滅學樂經殘亡至于漢武帝時河間獻王與毛生等共採周官及諸子言樂事者以作樂記其內史丞王定傳授常山王禹劉向校書得樂記二十三篇與禹不同向別錄有樂歌詩四篇趙氏雅琴七篇師氏雅琴八篇龍氏雅琴百六篇唯此而已晉中經簿無復樂書別錄所載已復亡逸案漢初典章滅絕諸儒捃拾溝渠牆壁之間得片簡遺文與禮事相關者即編次以爲禮皆非聖人之言月令取呂氏春秋中庸表記防記緇衣皆取子思子樂記取公孫尼子檀弓殘雜又非方幅典誥之書也禮既是行已經邦之切故前儒不得不補綴以備事用樂書事大而用緩自非逢欽明之主制作之君不見詳議漢氏以來主非欽明樂既非人臣急事故言者寡陛下以至聖之德應樂推之符實宜作樂崇德殷薦上帝而樂書淪亡尋案無所宜諸生分令尋討經史百家凡樂事無大小皆別纂錄乃委一舊學撰爲樂書以起千載絕文以定大梁之樂使五英懷慙六莖興愧

大同二年侍中蕭子雲以梁初郊廟未革牲牷樂辭皆沈約撰至是承用子雲始建言宜改啓曰伏惟聖敬率由尊嚴郊廟得西鄰之心知周孔之迹載革牢俎德通神明黍稷蘋藻竭誠馨配經國制度方懸日月垂訓百王於是乎在臣比兼職齊官見伶人所歌猶用未革牲前曲圜丘眡燎尚言式備牲牷北郊誠雅亦奏牲云孔備清廟登歌而稱我牲以潔三朝食舉猶詠朱尾碧鱗聲被鼓鐘未符盛制臣職司儒訓意以爲疑未審應改定樂辭以不敕答曰此是主者守株宜急改也仍使子雲撰定敕曰郊廟歌辭應須典誥大語不得雜用子史文章淺言而沈約所撰亦多舛謬子雲答敕曰殷薦朝饗樂以雅名理應正采五經聖人成教而漢來此製不全用經典約之所撰彌復淺雜臣前所易約十曲惟知牲牷既革宜改歌辭而猶承例不嫌流俗乖體既奉令旨始得發矇臣夙本庸滯昭然忽朗謹依成旨悉改約制惟用五經爲本其次爾雅周易尚書大戴禮即是經誥之流愚意亦取兼用臣又尋唐虞諸書殷頌周雅稱美是一而復各述時事大梁革服偃武修文制禮作樂義高三王而約撰歌辭惟浸稱聖德之美了不序皇朝制作事雅頌前例於體爲違伏以聖旨所定樂論鐘律緯緒文思深微命世一出方懸日月不刊之典禮樂之教致治所成謹一二採綴各隨事顯義以明制作之美覃思累日今始克就謹以上呈敕並施用

後魏孝明帝神龜元年陳仲儒請依京房立準以調八音奏曰夫準本以代律取其分數調校樂器而調聲之體宮商宜濁徵羽用清若依公孫崇止以十二律聲而云還相爲宮清濁悉足唯黃鍾管最長故以黃鍾爲宮則往往相順若均之八音猶須錯采衆音配成其美若以應鍾爲宮蕤賓爲徵則徵濁而宮清雖有其韻不成音曲若以

中呂爲宮。則十二律中全無所取。今依京房書中呂爲宮。乃以去滅爲商。執始爲徵。然後方韻。而崇乃以中呂爲宮。猶用林鍾爲徵。何由可諧。但聲音精微。史傳簡略。舊志準十三絃隱間九尺。不言須柱以不。又一寸之內有萬九千六百八十三分。微細難明。仲儒私考準當施柱。但前却柱中以約準分。則相生之韻已自應合。其中絃粗細須與琴聲相類。施軫以調聲。令與黃鍾相合。中絃下依數畫六十律清濁之節。其餘十二絃須施柱如箏。即於中絃案盡一周之聲。度著十二絃上。然後依相生之法以次運行。取十二律之商徵。商徵既定。又依琴五調調聲之法以均樂器。然後錯采衆聲以文飾之。若事有乖此。聲則不和。尚書蕭寶寅奏仲儒學不師受。輕欲制作。事遂寢。

永安末。樂器殘闕。莊帝命尚書左丞拓跋孚監儀注。孚上表曰。昔太和中中書監高閭太樂令公孫崇修造金石。數十年間乃奏成功。時

大集儒生。考其得失。太常卿劉芳請別營造。久而方就。復召公卿量校合否。論者沸騰。莫有適從。登被旨勅。並見施用。往歲大軍入洛。戎馬交馳。所有樂器。亡失垂盡。臣至太樂署。問太樂令張乾龜等。云承前以來。置宮懸四箱。筍簴六架。東北架編黃鍾之磬十四。雖器名黃鍾。而聲實夷則。考之音制。不甚諧韻。姑洗懸於東北。太簇編於西北。蕤賓列於西南。並皆器象差位。調律不和。又有儀鍾十四。虛懸架首。初不叩擊。今便刪廢。以從正則。臣今據周禮鳧氏修廣之規。磬氏倨句之法。吹律求聲。叩鍾求音。損除繁雜。討論實錄。依十二月爲十二宮。各準辰次。當位懸設。月聲既備。隨用擊奏。則會還相爲宮之義。又得律呂相生之體。今量鍾磬之數。各以十二架爲定。奏可。

孝武帝永熙二年春。錄尚書長孫稚太常卿祖瑩表曰。臣聞安上治民。莫善於禮。移風易俗。莫善於樂。易曰。先王以作樂崇德。殷薦之上帝以配祖考。書曰。戛擊鳴球。搏拊琴瑟以詠。祖考來格。詩言志。律和聲。敦叙九族。平章百姓。天神於焉降歆。地祇可得而禮。故樂以象德。舞以象功。干戚所以比其形容。金石所以發其歌頌。薦之宗廟則靈祇饗其和。用之朝廷則君臣協其志。樂之時義大矣哉。雖復沿革異時。晦明殊位。周因殷禮。百世可知也。太祖道武皇帝應圖受命。光宅四海。義合天經。德符地緯。九戎薦舉。五禮未詳。太宗世祖重輝累耀。恭宗顯祖。誕隆丕基。而猶經營四方。匪遑制作。高祖孝文皇帝承太平之緒。纂無爲之運。帝圖既遠。王度惟新。太和中命故中書監高閭草創古樂。閭尋去世。未就其功。閭亡之後。故太樂令公孫崇續修遺事。十有餘載。崇敷奏其功。時太常卿劉芳以崇所作體制差舛。不合古義。請更修營。被旨聽許。芳又釐綜。久而申呈。時故東平王元匡共相論駮。各樹朋黨。爭競紛綸。竟無底定。及孝昌已後。世屬艱虞。內難

孔殷。外敵滋甚。永安之季。胡賊入京。燔燒樂庫。所有之鍾。悉畢賊手。其餘磬石。咸爲灰燼。普泰元年。臣等奉勅營造樂器。責問太樂前來郊丘懸設之方。宗廟施安之分。太樂令張乾龜答稱。芳所造六格。北廂黃鍾之均。實是夷則之調。其餘三廂。宮商不和。共用一笛施之。前殿樂人尚存。又有沽洗太簇二格。用之後宮。撿其聲韻。復是夷則。於今尚在。而芳一代碩儒。斯文攸屬。討論之日。必應考古。深有明證。乾龜之辨。恐是歷歲稍遠。伶官失職。芳久殂沒。遺文銷毀。無可遵訪。臣等謹詳周禮。分樂而序之。凡樂圜鍾爲宮。黃鍾爲角。太簇爲徵。姑洗爲羽。若樂六變。天神可得而禮。函鍾爲宮。太簇爲角。姑洗爲徵。南呂爲羽。若樂八變。地示可得而禮。黃鍾爲宮。大呂爲角。太簇爲徵。應鍾爲羽。若樂九變。人鬼可得而禮。至於布置。不得相生之次。兩均異宮。並無商聲。而同用一徵。書曰。予擊石拊石。百獸率舞。八音克諧。神

人以和計五音不具則聲豈成文六律不備則理無和韻八音克諧
莫曉其旨聖道幽玄微言已絕漢魏已來未能作者案春秋魯昭公
二十年晏子言於齊侯曰先王之濟五味和五聲也以平其心成其
政也聲亦如味一氣二體三類四物五聲六律七音八風九歌以相
成也服子慎注云黃鍾之均黃鍾為宮大簇為商姑洗為角林鍾為
徵南呂為羽應鍾為變宮蕤賓為變徵一懸十九鍾十二懸二百二
十八鍾八十四律即如此義乃可尋究今案周禮小胥之職樂懸
之法鄭注云鍾磬編縣之二八十六枚漢成帝時犍為郡於水濱得
古磬十六枚獻呈漢以為瑞復依禮圖編懸十六去正始中徐州薛
城送玉磬十六枚亦是一懸之器檢太樂所用鍾磬各一懸十四不
知何據魏侍中繆襲云周禮以六律六同五聲八音六舞大合樂以
致鬼神今之樂官徒知古有此制莫有明者又云樂制既亡漢成謂

韶武武德武始大鈞可以備四代之樂奏黃鍾舞文始以祀天地奏
太簇舞大武以祀五郊明堂奏姑洗舞武德巡狩以祭四望山川奏
蕤賓舞武始大鈞以祀宗廟祀圓丘方澤群廟祫祭之時則可兼舞
四代之樂漢亦有雲翹育命之舞罔識其源漢以祭天魏時又以雲
翹兼祀圓丘天郊育命兼祀方澤地郊今二舞久亡無復知者臣等
謹依高祖所制及周官考工記鳧氏為鍾鼓之分磬氏為磬倨之法
禮運五聲十二律還相為宮之義以律呂為之劑量奏請制度經紀
營造依魏晉所用四廂宮懸鍾磬各十六懸塤箎箏筑聲韻區別蓋
理三稔於茲始就五聲有節八音無爽笙鏞和合不相奪倫元日備
設百僚允矚雖未極萬古之徽蹤實是一時之盛事竊惟古先哲王
制禮作樂各有所稱黃帝有咸池之樂顓頊作承雲之舞大章大韶
堯舜之異名大夏大濩禹湯之殊稱周言大武秦曰壽人自焚書絕

學之後舊章淪滅無可準據漢高祖時叔孫通因秦樂人制宗廟樂
迎神廟門奏嘉至皇帝入廟門奏永至登歌再終下奏休成之樂通
所作也高祖六年有昭容樂禮容樂又有房中祠樂高祖唐山夫人
所作也孝惠二年使樂府令夏侯寬備其簫管更名安世樂高祖廟
奏武德文始五行之舞孝文廟奏昭德文始四時五行之舞孝武廟
奏盛德文始四時五行之舞武德者高祖四年作也以象天下樂已
行武以除亂也文始舞者舜韶舞高祖六年更名曰文始以示不相
襲也五行舞者本周舞秦始皇二十六年更名曰五行也四時舞者
孝文所作以明天下之安和也孝景以武德舞為昭德孝宣以昭德
舞為盛德光武廟奏大武諸帝廟並文始五行四時之舞及卯金不
祀當塗勃興魏武廟樂改六韶武用虞之大韶周之大武總號大鈞
也曹失其鹿典午乘時晉氏之樂更名正德自昔帝王莫不損益相

緣徽號殊別者也而皇魏統天百三十載至於樂舞迄未立名非所
以聿宣皇風章明功德贊揚懋軌垂範無窮者矣案今后宮饗會及
五郊之祭皆用兩懸之樂詳攬先誥大為紕繆古禮天子宮懸諸侯
軒懸大夫判懸士特懸皇后禮數德合王者名器所資豈同於大夫
哉孝經言嚴父莫大於配天宗祀文王於明堂以配上帝即五精之
帝也禮記王制庶羞不踰牲燕衣不踰祭服論語禹卑宮室盡力於
溝洫惡衣食致美於黻冕何有殿庭之樂過於天地乎失禮之差遠
於千里昔漢孝武帝東巡狩封禪還祀泰一於甘泉祭后土於汾陰
皆盡用明其無減晉泰元年前侍中臣芳等及臣瑩等奏求造十二懸
六懸裁訖續復營造尋蒙旨判令六懸既成臣等思鍾磬各四鉦鎛
相從十六格宮懸已足今請更營二懸通前為八宮懸兩具矣一具
備於太極一具列於顯陽若圓丘方澤上辛四時五郊社稷諸祀雖

時日相六擬用之典關孔子曰周道四達禮樂交通傳曰嘗有禘樂賓祭用之然則天地宗廟同樂之明證也其升斗權量當時未定請即刊校以為長準周存六代之樂雲門咸池韶夏濩武用於郊廟各有所施但世運遷緬隨時亡闕漢世唯有虞韶周武魏為武始咸熙錯綜風聲為一代之禮晉無改造易名正德今聖朝樂舞未名舞人冠服無準稱之文武舞而已依魏景初三年以來衣服制其祭天地宗廟武舞執干戚著平冕黑介幘玄衣裳白領袖絳領袖中衣絳合幅袴襪黑韋鞮文舞執羽籥冠委貌其服同上其奏於廟庭武舞武弁赤介幘生絳袍單衣練領袖皁領袖中衣虎文畫合幅袴白布襪黑韋鞮文舞者進賢冠黑介幘生黃袍單衣白合幅袴服同上其魏晉相因承用不改古之神室方各別所故聲歌各異今之太廟連基接棟樂舞同奏於義得通自中原喪亂晉室播蕩永嘉已後舊章湮沒

大武皇帝破平統萬得古雅樂一部正聲歌五十曲工伎相傳間有施用自高祖遷居世宗晏駕內外多事禮物未周今月所有王夏肆夏之屬二十三曲猶得擊奏之以闡累聖之休風宣重光之盛美伏惟陛下仁格上皇義光下武道契玄機業隆寶祚思服典章留心軌物反堯舜之淳風復文武之境土飾宇宙之儀刑納生人於福地道德熙泰樂載新聲天成地平於是乎在樂舞之名乞垂旨判臣等以愚昧參厠問道宣御之日伏增惶懼詔其樂名付尚書博議以聞其年夏集羣官議之瑩復議曰夫樂所以乘靈通化舞所以象物昭功金石播其風聲絲竹申其歌詠郊天祠地之道雖百世而可知奉神育民之理經千載而不昧是以黃帝作咸池之樂顓頊有承雲之舞堯為大章舜則大韶禹為大夏湯為大濩周曰大武秦曰壽人漢為大予魏名大鈞晉曰正德雖三統互變五運代降莫不述作相因徽

殊別者也皇魏道格三才化清四宇奕世載德累葉重光或以文教興邦或以武功平亂功成治定於是乎在及主上龍飛載造膺命惟新書軌自同典刑罔二覆載均於兩儀仁澤被於四海五聲有序八音克諧樂舞之名宜以詳定案周兼六代之樂聲律所施咸有次第滅學以後經禮殘亡漢來所存二舞而已請以韶武為崇德武舞為章烈總名曰嘉成漢樂章云高張四懸神來燕饗宗廟所設宮懸明矣計五郊天神尊於人鬼六宮陰極體同至尊理無減降宜皆用宮懸其舞人冠服制裁咸同舊式庶得以光贊鴻功敷揚大業錄尚書事長孫稚已下六十人同議申奏詔曰王者功成作樂治定制禮以成為殊良無間然又六代之舞者以大為名今可準古為大成也凡音樂以舞為主故干戈羽籥禮亦無別但依舊為文舞武舞而已餘如議

後周孝閔帝時太常長孫紹遠廣召工人創造樂器以八為數故黃門侍郎裴正上書以為昔者大舜欲聞七始下洎周武爰創七音持林鍾作黃鍾以為正調之音詔與紹遠詳議往復於是遂定以八為數焉及高祖讀史書見武王克殷而作七始又欲廢七而懸八并除黃鍾之正宮用林鍾為調首紹遠奏云天子懸八肇自先民百王共軌萬古不易下逮周武甫修七始之音詳諸經義又無廢八之典且黃鍾為君天子正位今欲廢之未見其可

隋文帝開皇九年平陳獲宋齊舊樂詔於太常置清商署以管之求陳太樂令蔡子元于普明等復居其職由是牛弘奏曰臣聞周有六代之樂至韶武而已秦始皇改周舞曰五行漢高帝改韶武曰文始以示不相襲也又造武德自表其功故高帝廟奏武德文始五行之舞又作昭容禮容增演其意昭容生於武德蓋猶古之昭也禮容生

於文始矯秦之五行也文帝又作四時之舞故孝景帝卽追述先功采武德舞作昭德舞被之管絃薦於太宗之廟孝宣采昭德舞為盛德舞更造新歌薦於武帝之廟據此而言遞相因襲縱有改作並宗於昭至明帝時東平獻王采文德舞為大武之舞薦于光武之廟漢末大亂樂章淪缺魏武平荊州獲杜夔以為軍謀祭酒使創雅樂時散騎侍郎鄧靜尹詠雅歌樂師尹胡能習宗祀之曲舞師馮肅曉知先代諸舞總練研精復於古樂自夔始也文帝黃初改昭容之樂為昭業樂武德之舞為武頌舞文始之舞為大昭舞五行之舞為大武舞明帝初公卿奏上太祖武皇帝樂曰武始之舞高祖文皇帝樂曰咸熙之舞又製樂舞名曰章斌之舞有事於天地宗廟及臨朝大饗並用之晉武帝泰始二年遣傅玄等造行禮及上壽食舉歌詩張華表曰按漢魏所用雖詩章辭異興廢隨時至其韻逗曲折並繫於舊

一皆因襲不敢有所改也九年荀勗典樂使郭夏宋識造正德大豫之舞改魏昭武舞曰宣武舞羽籥舞曰宣文舞江左之初典章堙紊賀循為太常卿始有登歌之樂大寧末阮孚等又增益之咸和間鳩集遺逸鄴沒胡後樂人頗復南渡東晉因之以具鍾律太元間破符永因又獲樂工楊蜀等閑練舊樂於是金石始備與其設懸音調並與江左是同慕容垂破慕容永於長子盡獲符氏舊樂垂息為魏所敗其鍾律令李佛等將太樂細伎奔慕容德於鄴德遷都廣固子超嗣立其母先沒姚興超以太樂伎一百二十人詣興贖母及宋武帝入關悉收南度永初元年改正德舞曰前舞大武舞曰後舞文帝元嘉九年太樂令鍾宗之更調金石至十四年典書令奚縱復改定之又有凱容宣烈之舞齊代因而用之蕭子顯齊書志曰宋孝建初朝議以凱容舞為韶舞宣業舞為武德舞據韶為言宣業卽是古之大武非武德也故志有前舞凱容歌辭後舞凱容歌辭者矣至於梁初猶用凱容宣業之舞後改為大壯大觀焉今人猶喚大觀為前舞故知樂名雖隨代而改聲韻曲折理應常同前克荊州得梁家雅曲今平蔣州又得陳氏正樂史傳相承以為合古且觀其曲體用聲有次請修緝之以備雅樂其後魏洛陽之曲據魏史云太武平赫連昌所得更無明證後周所用者皆是新造雜有邊裔之聲戎音亂華皆不可用請悉停之制曰制禮作樂聖人之事也功成化洽方可議之今宇內初平正化未洽遽有變革我則未暇晉王諱又表請帝乃許之十四年三月樂定秘書監奇章縣公牛弘秘書丞北絳郡公姚察通直散騎常侍虞部侍郎許善心兼內史舍人虞世基儀同三司東宮學士饒陽伯劉臻等奏曰臣聞賁將土鼓由來斯尚雷出地奮著自易經邃古帝王經邦馭物揖讓而臨天下者禮樂之謂也秦焚經典

樂書亡缺爰至漢興始加鳩採祖述增廣緝成朝憲魏晉相承更加論討沿革之宜備於故實永嘉之後九服崩離燕石符姚遞據華土此其戎乎倚必伊川之上吾其左衽無復微管之功前言往式於斯而盡金陵建社朝士南奔帝則皇規粲然更備與內原隔絕三百年於茲矣伏惟明聖膺期會昌在運今南征所獲梁陳樂人及晉宋旗章宛然俱至曩代所不服者今悉服之前朝所未得者今悉得之化洽功成於是乎在臣等伏奉明詔詳定雅樂博訪知音旁求儒彥研校是非定其去就取為一代正樂具在本司於是并撰歌辭三十首詔並令施用

開皇間弘又請依古五聲六律旋相為宮雅樂每宮但一調唯迎氣奏五調謂之五音縵樂用七調祭祀施用各依聲律尊卑為次高祖猶憶何妥言注弘奏下不許作旋宮之樂但作黃鍾一宮而已於是

牛弘及秘書丞姚察通直散騎常侍許善心儀同三司劉臻通直郎虞世基等更共詳議曰後周之時以四聲降神雖采周禮而年代深遠其法久絶不可依用謹按司樂凡樂圜鍾為宮黄鍾為角太簇為徵姑洗為羽舞雲門以祭天函鍾為宮太簇為角姑洗為徵南呂為羽舞咸池以祭地黄鍾為宮大呂為角太簇為徵圜鍾為羽舞韶以祀宗廟馬融曰圜鍾應鍾也賈逵鄭玄曰圜鍾夾鍾也鄭玄又云此樂無商聲祭尚柔剛故不用也干寶云不言商商為臣王者自謂故置其實而去其名若曰有天地人物無德以主之謙以自牧也先儒解釋既莫知適從然此四聲非直無商又律管乖次以其為樂無克諧之理今古事異不可得而行也按東觀書馬防傳太子丞鮑鄴等上作樂事下防防奏言建初二年七月鄴上言天子食飲必順于四時五味而有食舉之樂所以順天地養神明求福應也今官雅樂獨

有黄鍾而食舉樂但有太簇皆不應月律恐傷氣類可作十二月均各應其月氣公卿朝會得聞月律乃能感天和氣宜應詔下太常評焉太常上言作樂器直錢百四十六萬奏寢今明詔復下臣防以為可須上天之明時因歲首之嘉月發太簇之律奏雅頌之音以迎和氣其條貫甚具遂獨施行起於十月為迎氣之樂矣又順帝紀云陽嘉二年冬十月庚午以春秋為辟雍隷太學隨月律十月作應鍾三月作姑洗元和以來音戾不調修復黄鍾作樂器如舊典據此而言漢樂宮懸有黄鍾均食舉太簇均止有二均不旋相為宮亦以明矣計從元和至陽嘉二年纔五十歲用而復止驗黄帝聽鳳以制律呂尚書曰予欲聞六律五聲周禮有分樂而祭此聖人制作以合天地陰陽之和自然之理乃云音戾不調斯言誣之甚也今梁陳雅曲並用宮聲按禮五聲十二律還相為宮盧植云十二月三管流轉用事

當用事者為宮宮君也鄭玄曰五聲宮商角徵羽其陽管為律陰管為呂布十二辰更相為宮始自黄鍾終於南呂凡六十也皇侃疏云相為宮者十一月以黄鍾為宮十二月以大呂為宮正月以太簇為宮餘月放此凡十二管各備五聲合六十聲五聲成一調故十二調此即釋鄭義之明文無用商角徵羽為别調之法矣樂稽耀嘉曰東方春其聲角樂當終於夾鍾餘方各以其中律為宮若有商角之理不得云宮於夾宮也又云五音非宮不調五味非甘不和又動聲儀宮唱而商和是謂善本太平之樂也周禮奏黄鍾歌大呂以祀天神鄭玄以黄鍾之鍾大呂之聲為均均調也故崔靈恩云六樂十二調亦不獨論商角徵羽也又云凡六樂者皆文之以五聲播之以八音故知每曲皆須五聲八音錯綜而能成也禦寇子云師文鼓琴命宮總四聲則慶雲浮景風翔唯韓詩云聞其宮聲使人溫厚而寬大

聞其商聲使人方廉而好義及古有清角清徵之流此則當聲為曲今以五引為五聲迎氣所用者是也餘曲悉用宮聲不勞商角徵羽何以得知荀勗論三調為均首者得正聲之名明知雅樂悉在宮調已外徵羽角自為謡俗之音耳且西涼龜茲雜伎等曲數既多故得隷於衆調調各别曲至如雅樂少須以宮為本歷十二均而作不可分配餘調更成雜亂也其奏大抵如此詔並從之

弘又上議曰謹案禮五聲六律十二管還相為宮周禮奏黄鍾歌大呂奏太簇歌應鍾皆是旋相為宮之義蔡邕明堂月令章句曰孟春月則太簇為宮姑洗為商蕤賓為角南呂為徵應鍾為羽大呂為變宮夷則為變徵他月倣此故先王之作律呂也所以辯天地四方陰陽之聲揚子雲曰聲生於律律生於辰故律呂配五行通八風歷十二辰行十二月循環轉運義無停止譬如立春木王火相立夏火王

土相季夏餘分土王金相立秋金王水相立冬水王木相還相為宮
者謂當其王月名之為宮今若十一月不以黃鍾為宮十二月不以
太簇為宮便是春木不王夏土不相豈不陰陽失度天地不通哉劉
歆鍾律書云春宮秋律百卉必彫秋宮春律萬物必榮夏宮冬律雨
雹必降冬宮夏律雷必發聲以斯而論誠為不易且律十二今直為
黃鍾一均唯用七律以外五律竟復何施恐失聖人制作本意故須
依禮作還相為宮之法上曰不須作旋相為宮且作黃鍾一均也弘
又論六十律不可行謹按續漢書律曆志元帝遣韋玄成問京房於
樂府房對受學故小黃令焦延壽六十律相生之法以上生下皆三
生二以下生上皆三生四陽下生陰陰上生陽終於中呂而十二律
畢矣中呂上生執始執始下生去滅上下相生終於南事六十律畢
矣十二律之變至於六十猶八卦之變至於六十四也冬至之聲以

黃鍾為宮太簇為商姑洗為角林鍾為徵南呂為羽應鍾為變宮蕤
賓為變徵此聲氣之元五音之正也故各統一日其餘以次運行當
日者各自為宮而商徵以類從焉房又曰竹聲不可以度調故作准
以定數准之狀如瑟長一丈而十三絃隱閒九尺以應黃鍾之律九
寸中央一絃下畫分寸以為六十律清濁之節執始之類皆房自造
房去受法於焦延壽未知延壽所承也至元和中待詔候鍾殷彤上
言官無曉六十律以准調音者故待詔嚴嵩具以准法教其子宣願
召宣補學官主調樂器太史丞弘試宣十二律其二中其四不中其
六不知何律宣遂罷自此律家莫能為准施絃嘉平年東觀召典律
者太子舍人張光問准意光等不知歸閱舊藏乃得其器形制如房
書猶不能定其絃緩急故史官能辨清濁者遂絕其可以相傳者唯
太椎常數及候氣而已據此而論京房之法漢世已不能行沈約宋

志曰詳按古典及今音家六十律無施於樂禮云十二管還相為宮
不言六十封禪書云大帝使素女鼓五十絃瑟而悲破為二十五絃
假令六十律為樂得成亦所不用取大樂必易大禮必簡之意也又
議曰案周官云大司樂掌成均之法鄭衆注云均調也樂師主調其
音三禮義宗稱周官奏黃鍾者用黃鍾為調歌大呂者用大呂為調
奏者謂堂下四懸歌者謂堂上所歌但一祭之間皆用二調是知據
宮稱調其義一也明六律六呂迭相為宮各自為調今見行之樂用
黃鍾之宮乃以林鍾為調與古典有違晉內書監荀勗依典記以五
聲十二律還相為宮之法制十二笛黃鍾之笛正聲應黃鍾下徵應
林鍾以姑洗為清角大呂之笛正聲應大呂下徵應夷則以外諸均
例皆如是然今所用林鍾是勗下徵之調不取其正先用其下於理
未通故須改之上甚善其議詔弘與姚察許善心何妥虞世基等正

定新樂

文帝時令國子博士何妥考定鍾律妥上表曰臣聞明則有禮樂幽
則有鬼神然則動天地感鬼神莫近於禮樂又云樂至則無怨禮至
則不爭揖讓而治天下者禮樂之謂也臣聞樂有二一曰姦聲二曰
正聲夫姦聲感人而逆氣應之順氣成象故樂行而倫清耳目聰明
血氣和平移風易俗天下皆寧孔子曰放鄭聲遠佞人故鄭衛宋趙
之聲出內則發疾外則傷人是以宮亂則荒其君驕商亂則陂其官
壞角亂則憂其人怨徵亂則哀其事勤羽亂則危其財匱五者皆亂
則國亡無日矣魏文侯問子夏曰吾端冕而聽古樂則欲寐聽鄭衛
之音而不知倦何也子夏對曰夫古樂者始奏以文復亂以武修身
及家平均天下鄭衛之音者姦聲以亂溺而不止優雜子女不知父
子今君所問者樂也所愛者音也夫樂之與音相近而不同然人右

者謹審其好惡崇聖人之作樂也非止苟悅耳目而已矣欲使在宗廟之内君臣同聽之則莫不和敬在鄉里之内長幼同聽之則莫不和順在閨門之内父子同聽之則莫不和親此先王立樂之方也故知聲而不知音者禽獸是也知音而不知樂者衆庶是也故黄鍾大吕弦歌干戚僮子皆能儛之能知樂者其唯君子不知聲者不可與言音不知音者不可與言樂知樂則幾於道矣紂爲無道太師抱樂器以奔周晉君德薄師曠固惜清徵上古之時未有音樂鼓腹擊壤樂在其間易曰先王作樂崇德殷薦上帝以配祖考至于黄帝作咸池顓頊作六莖帝嚳作五英堯作大章舜作大韶禹作大夏湯作大濩武王作大武從夏以來年代久遠唯有名字其聲不可得聞自殷至周備于詩頌故自聖賢已下多習樂者至如伏羲減瑟文王足琴仲尼擊磬子路鼓瑟漢高擊筑元帝吹簫漢高祖之初叔孫通因秦樂人制宗廟之樂迎神于廟門奏嘉至之樂迎神于廟門奏嘉至之樂猶古降神之樂也皇帝入廟門奏永至之樂以爲行步之節猶采薺肆夏也乾豆上薦奏登歌之樂猶古清廟之歌也登歌再終奏休成之樂美神饗也皇帝就東廂坐定奏永安之樂美禮成也其休成永至二曲叔孫通所制也漢高祖廟奏武德文始五行之儛當春秋時陳公子完奔齊陳是舜後故齊有韶樂孔子在齊聞韶三月不知肉味是也秦始皇滅齊得齊韶樂漢高祖滅秦韶傳於漢高祖改名文始以示不相襲也五行儛者本周大武樂也始皇改曰五行及于孝文復作四時之儛以示天下安和四時順也孝景采武德儛以爲昭德孝宣又采昭德以爲盛德雖變其名大抵皆因秦舊事至於魏晉皆用古樂魏之三祖並制樂辭自永嘉播越五都傾蕩樂聲南度是以大備江東宋齊已來至于梁代所行樂事猶皆傳古三雍四始

實稱大盛及侯景篡逆樂師分散其四儛三調悉度偽齊齊氏雖知傳受得曲而不用之於宗廟朝廷也臣少好音律留意管絃年雖耆老頗皆記憶及東土剋定樂人悉返訪其逗遛果云是梁人所教今三調四儛並皆有手雖不能精熟亦頗具雅聲若令教習傳授庶得流傳古樂然後取其會歸撮其指要因循損益更制嘉名歌盛德於當今傳雅正於來葉豈不美歟謹具錄三調四儛曲名又製歌辭如別其有聲曲流宕不可以陳於殿庭者亦悉附之於後書奏別勑太常取妥節度於是作清平瑟三調聲又作八佾鞞鐸巾拂四舞先是太常所傳宗廟雅樂數十年唯作大吕廢黄鍾妥又以深乖古意乃奏請用黄鍾詔下公卿議從之

唐太宗貞觀元年春正月宴羣臣奏秦王破陣樂上曰朕昔受委專征民間遂有此曲雖非文德之雍容然功業所由不敢忘也封德彝曰陛下以神武平海内文德豈足比乎上曰戡亂以武守成以文文武之用各隨其時卿謂文不及武斯言過矣

十四年十二月癸丑太常少卿祖孝孫奏請所定新樂上曰禮樂之作是聖人象物設教以爲撙節治政善惡豈此之由御史大夫杜淹對曰前代興亡實由於樂陳將亡也爲玉樹後庭花齊將亡也而爲伴侶曲行路聞之莫不悲歎所謂亡國之音以是觀之實由於樂上曰不然夫音聲豈能感人歡者聞之則悅哀者聽之則悲悲悅在於人心非由樂也將亡之政其人必苦然苦心所感故聞之則悲耳何有樂聲哀怨能使悅者悲乎今玉樹伴侶之曲其聲具存朕當爲公奏之知公必不悲耳尚書右丞魏徵對曰古人稱禮云禮云玉帛云乎哉樂云樂云鍾鼓云乎哉樂在人和不由音調上然之

十七年太常卿蕭瑀奏言今破陣樂舞天下之所共傳然美盛德之

形容尚有所未盡前後之所破劉武周薛舉竇建德王世充等臣願圖其形狀以寫戰勝攻取之容上曰朕當四方未定因為天下救焚拯溺故不獲已乃行戰伐之事所以人間遂有此舞國家因茲亦制其曲雅樂之容止得陳其梗槩若委曲寫之則其狀易識朕以見在將相多有嘗經受彼驅使者既經為一日君臣今若重見其被擒獲之勢必當有所不忍我為此等所以不為也蕭瑀謝曰此事非臣思慮所及

武后載初元年后謂內史邢文偉曰移風易俗莫善於樂伯牙鼓琴鍾期聽之知意在山水是人能移風易俗矣何取樂耶文偉曰聖人作樂平人心變風俗末世樂壞則為人所移后喜賜帛

中宗時宴兩儀殿酒酣胡人襪子何懿等唱合生歌言淺穢因倨肆考功員外郎武平一上書諫曰樂天之和禮地之序禮配地樂應天

故音動於心聲形于物因心哀樂感物應變樂正則風化正樂邪則政教邪先王所以達廢興也伏見胡樂施于聲律本備四夷之數比來日益流宕異曲新聲哀思淫溺始自王公稍及閭巷妖伎胡人街童市子或言妃主情貌或列王公名質詠歌舞蹈號曰合生昔齊衰有行伴侶陳滅有玉樹後庭花趨數驁僻皆亡國之音夫禮慊而不進即銷樂流而不反則放臣願屏流僻崇肅雍凡胡樂備四夷外一皆罷遣況兩儀承慶殿者陛下受朝聽訟之所比大饗羣臣不容以倡優媟狎虧汙邦典若聽政之暇苟玩耳目自當奏之後庭可也

玄宗時涼州獻新曲帝御便坐召諸王觀之寧王憲曰曲雖佳然宮離而不屬商亂而暴君卑逼下臣僭犯上發於忽微形於音聲播之詠歌見於人事臣恐一日有播遷之禍帝默然及安史亂世乃思憲審音云

周世宗顯德六年帝以王朴素曉音律詔之朴上疏曰禮以檢形樂以治心形順於外心和於內然而天下不治未之有也蓋樂生於人心而聲成於物物聲既成復能感人之心昔黃帝吹九寸之管得黃鍾正聲半之為清聲倍之為緩聲三分損益之以生十二律旋相為宮以生七調為一均凡十二均八十四調而大備遭秦滅學歷代罕能用之唐祖孝孫考正大樂其法始備安史之亂什亡八九至于黃巢蕩盡無遺時有博士殷盈孫鑄鍾十二編鍾二百四十處士蕭承訓校定石磬今之在縣者是也雖有鍾磬之狀殊無相應之和其鑄鍾不問音律但循環而擊編鍾磬徒縣而已絲竹匏土僅有七聲名為黃鍾之宮其存者九曲考之三曲協律六曲參涉諸調蓋樂之廢缺無甚於今臣謹如古法以秬黍定尺長九寸徑三分為黃鍾之管與今黃鍾之聲相應因而推之得十二律以為眾管互吹用聲

不便乃作律準十有三弦其長九尺皆應黃鍾之聲以次設柱為十一律及黃鍾清聲旋用七律以為一均為均之主者宮也徵商羽角變宮變徵次為發其均主之聲歸乎本音之律迭應不亂乃成其調凡八十一調此法久絕出臣獨見乞集百官校其得失詔從之

南唐嗣主時太常博士陳致雍奏曰臣聞羽籥干戚所以調八風也金石絲竹所以正五音也古先哲王致人神協和彝倫攸序者鮮不由之蔫皇帝再造丕基顯登大寶修三代之禮正八佾之儀未及下車遽命置舞童令樂師導之以節奏教之以升降特備大禮于今二十年矣近者兵戎來侵王師出討言便宜者或以舞童良積年之備為無用之具請並用充士伍以從討伐此皆臺隸之言非聖賢之教也禮樂者國之本安可無之而又或衣冠之子或常布之人荷戈戟以禦戎執鼓旗而捍寇非其能也與其數不過百十人而已加之以

教習積年成功一旦棄之後無傳者存之未必減太倉之粟廢之豈益
國家之師哉臣竊惜之仲尼曰爾愛其羊我愛其禮蓋亦此也伏惟
皇帝陛下酌聖王之盛典特降聰明詳從仍舊

宋仁宗景祐三年右司諫韓琦上奏曰臣伏聞樂音之起生於人心是以喜怒哀樂之情感於物則噍殺嘽緩之聲隨而應非器之然也故孔子曰樂云樂云鐘鼓云乎哉者其言斯有在孟子之對齊宣王亦有今樂猶古樂之說言能與百姓同樂則古今一也唐太宗聽祖孝孫新樂乃謂樂之作蓋聖人緣物設教治之隆替亦不由此魏元成對以樂在人和不由音調此皆聖賢述樂之大方以臣識暗藝薄素非知音陛下誤賜甄采使待罪諫列首被詔旨令與丁度等詳定胡援阮逸鄧保信所造鍾律事臣粗考前志參驗今古二家之說差舛未盡逸援之圜方分保信之鬥長黍質之與據皆無所聞伏自藝

祖造邦仁宗接統縟禮具舉熙事咸備通用王朴之樂悉無更易以至黎庶康乂兵革銷戢天下無事垂八十載為樂之用非不和也頃因燕肅獻規妄加磨鑢遂會李照赴闕謂非克諧陛下發天縱之能留日昃之聽精加練覈許之改作速於成功即薦郊廟暨逸援繼至盛言照樂穿鑿再令造律即又圜徑未合保信續上新法亦乃長廣乖古竊以祖宗舊樂遵用斯久屬者徇一士之偏議變數朝之定律賜金增秩優賞其勞曾未周朞又將易制臣慮後人復有從而非者不惟有傷國體實則虛費邦用歷觀前代興樂古之管尺尚存而猶定非紛紜累年方就未見今之速而易也臣竊計之未若窮作樂之原為政治之本使政令平簡民物熙洽海內擊壤鼓腹以歌太平斯乃上世之樂可得以器象求乎既達其原又當究今之急以佐隆業國家方夏寧一朝廷晏清西北北垂久弛邊備犬戎之性豈能常保弱則卑順強則驕逆渝盟背約何代而無必思豫備不虞未可全推大信此陛下之與左右弼臣宵旰所慮宜先及之緩茲求樂之誠移訪安邊之議急其所急在理為長臣欲乞詔下攸司盡記二家律法及所造管尺鍾磬權量存而未行再命天下有精曉音律者俾之詳正然後施用候一二年間訖無至者則將王朴逸援保信三法別召稽古近臣取其中多合志者以備雅奏固亦未晚今之定奪權且停罷萬一財擇不勝至幸

寶元元年琦知諫院上奏曰臣先於景祐三年秋曾奉聖旨令與丁度胥偃高若訥同共定奪阮逸胡援鄧保信等所造鍾律尋將歷代典志文字及將漢錢分寸較量得王朴舊樂於太祖朝曾令和峴以司天監景表尺減定與漢唐尺度差近其胡援阮逸鄧保信并李照等鍾律俱不合古遂具聞奏再奉聖旨令將漢錢分寸及景表尺別

造律管參校臣與丁度等各陳述不曉音律乞再訪知樂者俾令詳定後蒙寢罷其時臣曾將景祐廣樂看詳備見實紀李照不依古法出意制造律度之事今來南郊在近陛下躬行大禮不可以李照所造違古之樂上薦天地宗廟臣竊聞和峴減定王朴舊樂鍾磬等見今並存欲乞特降聖旨下太常寺將來郊禋用舊樂所貴國容咸備神聽惟和

景祐四年秘閣校理余靖議李照所定樂奏曰臣聞道路傳言已降旨揮今月十六日皇帝御後殿令中書樞密院及修樂官臣寮同於上前詳議李照胡援所定雅樂是非事臣竊謂樂者因聲以布其和聲者因器以宣其用故假金石以為器然後聲得而和分宮商以為音然後樂可以審今李照之說形器可辨胡援之議音聲未傳以此異同欲定優劣不亦難乎又況言有辨訥意有巧拙又安能頃刻之

問定之乎。臣又以為古之作樂者。知聲有清濁。故吹律以制其中。恐久而失傳。故累黍以存其法。後世增損。不能識其本聲。若以古法求之。尚或得其髣髴。疑古而不用。未知憑何可從。況胡援所陳頗有經據。何不試命造鍾磬一編。與李照之樂更考迭奏。取其絲竹之聲諧和而不相奪者。定以為優。而後行用。彼時集議。亦未為晚。臣頃聞談者云云。並言李照學無師法。自傳損益。又挾闕文。應以為內助。設得紛然恣其偏見。而律度踈長。鍾聲震掉。不守古制。不可垂法。察於衆言。照未全是。若以樂為政之大者。當謹重改作。則宜謹於李照未改之前。今既改而未定。又宜詳考律呂審的制度。以防其失。臣故謂當命胡援作為鍾磬。而與照樂兩辨其聲。然後是非灼然。如在衡鑑。不辨而可知也。臣不任區區瞽言待罪之至。

歷代名臣奏議卷之一百二十七

歷代名臣奏議卷之一百二十八

禮樂 統言樂

宋仁宗慶曆元年。翰林學士宋祁上奏曰。臣伏覩右司諫直集賢院韓琦奏劄子節文。謂曾將景祐廣樂記看詳。備見賈紀李照所造違古之樂。不可以上薦天地宗廟。竊聞和峴減定鍾律等見今存在。欲乞特降聖旨指揮下太常寺復用舊樂。若奉敕已差資政殿大學士宋綬等與兩制同共詳定聞奏。伏緣臣自景祐元年中。曾蒙差赴太常寺與燕肅等共磨治鍾磬。後來親見李照重定律度及相次提舉胡援別造鍾磬。臣於太常樂器粗知本末。苟有所見。不容隱默。謹具畫一于後。

一。李照所造鍾磬。當時只是將太府寺布帛尺一面定法改造。比舊樂頓下四律。伏緣李照資性詭僻。辨論專固。莫非出自私意。不循古法。其尺約長王朴尺二寸。其斗法以六百二十黍為一龠。六龠為一合。自古十龠為合。今頓差四合。十合為一升。十升為一㪷。謂之律㪷。其秤以升水之重為一斤。比今太府見用秤官秤一斤零十兩十斤為一秤。今太府以十六斤為秤謂之律秤。又減鍾磬十六枚為十一枚。自古經史中無十二枚為一架其鍾之形狀。並不依典故。聲韻遂長。掩過擊樂。及李照自造大竽大笙。亦充大樂行用。皆泛濫新韻。不依古制。及有新降到雙鳳管。樂工吹之。並不成聲。李照雖自稱曉音律。其實與伶官賤工識見無異。遂敢敗壞祖宗以來舊樂。使朝廷以不法之器薦見天地祖宗。四海傳聞。莫不竊議。只如照所定黃鍾之管。乃是南呂倍聲。舊黃鍾九寸正聲。却降在太簇夾鍾之間。其太簇商聲君聲君位也。今君聲降在臣位。羽聲來處尊宮。三年有餘。於理尤害。天災人事。不合常禮。皆不祥之大也。

如此數事人無愚智所共明知陛下況深達律呂可以斷自聖慮便改正應干李照曾請添損者並違經背古乞如韓琦所奏一切皆令停罷盡復祖宗舊制

一太常寺舊樂本自唐昭宗時雅樂已散器無子遺尋有博士商盈孫參酌典故更造鐘聲其後五代相傳習而不改至周時王朴重定尺度略加添正太祖朝又詔和峴以影表尺重加磨治稍令聲下昨緣景祐二年燕肅始乞修正樂器其時只得王朴律準又無王朴所定律尺律管參驗音韻而燕肅只據律準與鍾聲按定高下即是此太常舊樂比王朴時已自不同況和峴減定後又經真宗朝景德中李宗諤一次修飾至燕肅凡經三度磨鑢然俱不先立尺律律管所以後來無憑根正法度音律然其舊器傳自唐宋歷祖宗三聖無人輕議用之薦享八十餘

年雖非的然如舜韶周武法度明備要之沿襲本末實與典禮最近非同李照率意詭妄製作不經今若陛下且以考舊典差近法度即乞先取景表尺裁鑄律管以案王朴律然後和峴當時所定聲律高下確然可見況舊鍾尚有七百餘枚係本寺收管畧加磨鑢令與聲律相協所有舊磬為李照定樂時盡底界截破壞無見存者若且將李照所定石磬自太簇以下刻磨長短亦與舊樂黃鍾以下彷彿相近及將本寺磬朴二百餘片相兼添補亦可諧合音律與鍾粗得三架即可於將來南郊大禮前一時了畢不過數月便可見功其餘絲竹諸器只是移正聲調便成雅樂況禮樂之本出自天子今陛下天縱睿聖通知音律復古順道倚所致疑伏乞即下有司速令修復以旌善述之美

一景祐三年詔令臣監領胡瑗鑄造鐘磬一架臣伏見胡瑗曉筭法能將先儒所說黃鍾管內八百一十分為方分筭法並與鄭康成周禮注及班固律歷志古：相合　隋唐以來諸儒辨論黃鍾一龠之法皆不及瑗相次才科物庫請銅鑄之時忽於雜銅內得古鍾三枚即不知甚年及是何州縣納到臣與故翰林侍讀學士馮元即時驗認其鍾古質精妙項鑄皆有廉隅上有三十六乳餘外瑑雲氣為飾有兩欒之制如鈴不圓正與周禮所說形制相符一鍾破損二鍾尚可叩擊遂子細洗滌於鍾上有篆文兩行其篆亦字體古簡推本其文不是近代所造乃是漢魏間所用者其文曰越作朕皇祖文考寶和鍾越思萬年子子孫孫永保用享凡一十二字臣與馮元商量此既古器又合經典（除三十六乳與鄭康成說小異康成以為鍾兩面三十六乳即一鍾合七十二孔）遂畫圖子進呈

後一面勅命胡瑗悉依古鍾形狀製造新鍾成一十六枚其胡瑗所定律尺律管比王朴鍾只下半律鍾磬甚得諧韵其時不曾許當面進呈遂只送太常寺收係即目見在後來又蒙別差官詳定李照胡瑗等律尺管其時議者皆去胡瑗實龠之黍或有小大不同以為未盡合古遂抑而不行至於八百一十分之法則盡以為然無有非者臣以為胡瑗之尺黍雖有長短大小之差未盡合古然比舊樂又近法度如更使諸儒畧加論討庶可施行而合雅正矣臣又竊謂陛下用心詳定雅樂之日獲此古鍾乃是瑞應因此若便定律尺律管使諸儒極意論難從其長者定為尺法然後作鍾石以聲之有何不可而前來議者固執李照不法之器以為此樂已經郊祀天地不可輕改更候有知音者然後改之且祖宗舊樂相傳八十餘年經真宗東封西

祀。一旦李照狂妄率然敗壞。卻無輕改之憚。今欲依據經典裁正律度。反以為更俟知音。假如今世遂無知音。則是李照不經之器便傳後代。取笑千載。此亦陛下昭然可判議者之大謬也。臣以為陛下既自明律度。不須更以知音為言。夫知音自古難得。非獨今也。若世無夔牙。則且當以法自據。雖有清濁高下。其失不遠。故臣願陛下只將胡瑗八百一十方分之法。詔取上黨秬黍。擇其中者。差一二精力宦官及左右一二信臣。於宮中重加校定。陛下因以餘暇。親臨制決。黍定求寸。寸定求尺。尺定則律度量衡四物皆正矣。然後依古法。將新尺試以推步晷景。若合。此一不謬也。試以新管埋地候氣。氣候若應。此二不謬也。然後可以遂班天下。明告以律度量衡之法。因之修定雅樂。詔當今稍知音律經術者同加討論。事無不濟。然此一事雖非朝夕急政。陛下能以萬機之暇。慮而定之。亦千載不刊之美也。其有先獲古鍾。恐禁中忘記當時進呈圖樣。今再畫到一本。隨狀進呈。

右具如前。臣以儒史為業。合為文辭敷啟。又緣臣久在病假。既不獲乞上殿面奏。今來事涉辯論。不敢脩飾文語。貴要暢盡事理。是敢直說本末。

祁乞減編磬事奏曰。准中書送下監鑄編鐘所李照狀。為乞減編鐘十六為十二事狀。後批奉聖旨送修撰樂書馮其等詳定聞奏者。右臣竊以作樂制器。取象非一。本乎律呂。播為音均。用在極和。要歸協雅。而短長清濁。遞相損益。諸儒駕說。各自名家。援據經師。資為辨博。較其實至。孰有定論。昔伶倫命律。初無配類。后夔典樂。唯取克諧。究理益深。後人致惑。原聖人立樂之意。豈獨執於一方。金石設縣。屢易其數。自鎛縣十二以至編縣二十四。蓋八音之器。因物制宜。歷代相沿。遂多創述。若絃聲一以至於五十。律聲一倍以至於三倍。或減半以為得。或備數而無害。變均度典。應和為經。工師常員。雅鄭無辨。不足以備問對。擊考之度。第循其故。獨何曉於是非。周朝樞密使王朴嘗造準以考聲律。太常寶儼和峴亦經參校。論者以為尺度太短。雅聲過高。自此少能知音。莫傳其業。今止以照素識音律。使校定大樂。照又調合鐘齊。務要和聲。察其用心。良亦精密。且又請改編鐘十二以為與律數而足。但學者多所未聞。習周官或乃失傳。下議以詢博求至當。況禮樂之大典。方太平而後備。若並采衆說。則有會禮聚訟之煩。若遽更古法。則有事不師古之戒。臣考視圖載。皆有理義。願聖上覽其意而定焉。

祁論引武舞所執九器各有所用奏曰。臣案武舞六十四人。左執干。右執戚。離為八列。又別使工人執旌居前。次執鞀。次執鐸。次執錞。次執鐃。次執相在左。次執雅在右。各分行夾引。至樂作舞入。則自鞀而下。咸振作之。舞工定位而止。及舞將退。又振作之。舞工畢出而止。臣竊詳鞀鐸之設。義不虛生。蓋舊史禮經。但舉其凡。不言其細。故肇作旅進。無有先後。且鞀者所謂導舞也。鐸者所謂通鼓也。錞者所謂和鼓也。鐃者所謂止鼓也。相者所謂輔樂也。雅者所謂陔步也。夫錞于鐃鐸。在周鼓人四金之奏。以和軍旅也。武舞象功。故得以軍器參焉。是舞之容節。導於鞀。通於鐸。和於錞。止於鐃。輔於相。陔於雅。義可見矣。孰有導舞方始。止鼓參焉。止鼓既援。通鐸亂焉。進退不倫。終始無別。臣雖不習故事。竊以私意度之。謂當舞入之時。鞀鐸以先之。錞以和之。相以輔之。雅以節之。及舞之將成也。則鳴鐃以進行列。築雅以陔步。武各分左右。與舞俱出。其鞀鐸錞相皆止而不作。故司馬職曰。鳴鐃且卻。斯之詞矣如此則允協樂意庶復舊職。

祁乞別撰郊廟歌曲明述祖宗積累之業奏曰歌詩之興尚矣自陶虞而上書逸其傳商頌槩有存者而周詩大備竊聞班固之論也以爲商周雅頌上本有娀姜嫄卨稷始生玄王公劉古公太伯王季姜女太姒作合之德乃洎成湯文武受命武丁成康宣王中興下及輔佐伊尹周召太公申伯召虎山甫之屬靡不褒揚既信美矣聲始歌詠而施及金石洋洋渢渢遂盈塞乎天地之間使後世子孫有以祖述稱頌而播之無極也抵秦亂剗禮亡樂缺逮漢六世始立樂府采詩夜誦多舉司馬相如之屬造爲詩賦略論律呂以合八音之調然其郊廟歌詩未有祖宗之事又不制雅樂有以相變盛德之音寖以大章史官追憤深詆其非南北覇雜音謠哀怨儷篇促節以雕蔚相矜唐家累盛頌悉前烈詔禮於野綴樂於旒然至郊廟詠歌亦止一時之事雖不逮鄭正不入雅累句庸音商周之風衰焉安巢挺亂正聲無失戎入河海或淪坑谷宋興承五運末流纔十載紹業受命之始日不暇給故未皇協律之事而樂正禮官又非夙儒故先制作之懿久無聞焉雖薦俯大禮別製辭曲然皆襲沿舊體未始改爲遂使祖宗耿光盛烈幽伏槁簡天命靡昭以爲神羞而武穆文孫春秋助祭但習容典不知王業之艱難誠可畏也臣朴野蒭微不逮故實竊惟太祖武皇帝推閏位膺正統撥亂侮亡以黜不端東纓矣箴右攘蜀壘犬去荆雎樊伐番酋士無離傷邦用底定罷諸道御度以絕僭萌收天下精兵以强京服太宗文皇帝鋪敦武旅遂定并汾分遣良吏綏靖萬國斂才懋官內綏百度平粗射耤以賙四人貶成讓德卒罷封禪肆我真宗紹休聖功於時匈奴穿塞侮略邊郡一戍啓行射殪名酋六嬴遁去廞角請罪然而不念細故許其歡盟休寧北方手今是賴而又進妙道迪靈篇紫奉高濟汾河景光瑞福葳蕤翕習臣所不能盡道商之發祥周之監觀方茲蔑矣然而清廟詠歌但紀寅恭淳濯之細不推積德累功之本千品萬官靡所寄言故臣願陛下萬機之餘取二聖寶錄撫其武功文德在民耳目尤祥極瑞非人力所至者鋪棻發揚作爲歌詩別詔近侍略依生民公劉猗那長發之比裁屬頌聲使被金石尚體要而去浮麗根中和而矯淺巫使言質而易曉理懿而行遠俾天下昭然知祖宗造邦濟世之勤子孫無湍假怠遑之志臣下有祖述奉揚之美超唐軼漢遂躋三代寧不盛耶。

祁論太樂署雷鼓靈鼓路鼓備而不擊及無三鼗奏曰臣案周大司樂之職雷鼓雷鼗奏於圜丘以祀天也靈鼓靈鼗奏於方丘以祀地也路鼓路鼗奏於宗廟以格祖也歷代用爲著爲樂令然則小鼓爲大鼓先引得作樂之漸故兩施無嫌也國朝崇薦郊廟但各設鼓於樂縣之內備而不擊夫有鼓無鼗於禮已闕設而不用在闕尤甚蓋上襲五代抏敝失傳有司持循罔暇論討臣以爲可詔本署稽舊典訪遺法作爲三鼗以備大樂祭天之際其鼓若鼗皆使縣工播而擊之用諧音節如此則器備禮完神祇來格矣舊說鼗者如鼓而小以木貫中作柄雷鼗柄各四枚爲八面靈鼗柄各三枚爲六面路鼗柄各二枚爲四面旁以結皮爲耳搖之還自擊也以通雷鼓靈鼓路鼓掌鼓之工每面一人左手播鼗右手擊鼓云。

祁論大樂署有舂牘之名而無舂牘之器奏曰臣觀景德中李宗諤所進樂纂序郎中著舂牘其說曰周禮笙師掌教舂牘應雅以作祴樂賓醉而出奏祴夏以三器築地爲之節（三器謂牘應相也）明不失禮也大五寸長七尺短者或三尺其端有空漆畫之以兩手築地今並於宮

縣舞樂中用臣比徧問樂工言初無此器及責其樂器之籍則明著春牘而說與樂纂相符又景德樂工于今多在詰其所以乃云恐宗諤論著之時止憑本署簿文誤著於樂纂耳臣謹采三禮圖所畫舂牘之狀大畧可曉然檢覈著令及舊史其文武二舞諸工所用但有鼗鐸錞鐃相雅干戚籥翟等器不著舂牘則知後人誤采古名以為空說矣

祁論竽及巢笙和笙奏曰臣奉詔與太常臣燕肅等圖畫太常樂器以備程覽至匏部有竽及巢笙和笙共種案舊說竽長四尺二寸三十六簧宮管在中形參差像鳳翼巢笙十九簧和笙十三簧今據太樂諸工以竽巢和三種併為一器皆取胡部十七管笙為之但以宮管移彼左右用為小異其巢和二笙在景德中李宗諤又奏定二義管悉貫匏中今為十九管臣嘗索於樂署得鳳笙一種樂工言此古

器今不可用推驗形製乃古竽也其長四尺有餘三十六管列管參差及曲頸皆為鳳飾其空悉在管外歲久不治有管無簧今但秘而存之為無用之器臣以為可募知音者修復古竽以合正聲革易當今署工用所淺俗泛濫之器勿令亂雅并案竽以合正聲革應舊製傳曰放鄭聲謂此物也

祁論精選太常樂工及募能知音者備太常官屬奏曰昔虞舜命后夔典樂教胄子其言曰詩言志歌永言聲依詠律和聲夔亦曰於予擊石拊石百獸率舞自周以上胄子出於公卿聲工皆有明德其為樂可以道古其為舞可以動容故能來格祖考而同和天地道衰官失政移諸侯制度陵僭音曲縵靡然且晉有師曠魯有師乙判南北之風執商齊之宜援古驗今若符合節其後士人則漢有京房魏有杜夔晉有荀勗隋有鄭譯唐有張文成祖孝孫雖未能考正中聲以盡善義其推本律呂有足稱道自梁訖周尋亂不厭猶使王朴竇儼緒求墜韻裒合遺器累黍定尺造準寫聲求七均叩五音以成八十四調儼又著大周正樂一百二十篇雖廣而不要雜而無類苗莠相敗雅鄭同儕然禮失脫求野或有可采而宋興達者尚未聞焉臣謂古之所以為工者皆精敏之人後之所以為工者皆輿廝之賤古之所以總司者材堪則任後之所以總司者官達則遷樂不逮古責於何有比來諸工尤為淆混或坐逼賈子或力穡農人苟避乎丁咸求著籍未識所習況責所聞旅居州處九如墻面雖誨以六樂教以二南亦不能諧神祇和邦國矣朝家丕纂謨烈咸事俊良必不借才無容勉德顧求之任之未至耳且一日失官尚及於死三年廢樂曾何不壞古有其人則樂舉無其人則樂息昔周官盡在武坐且或失傳漢準具存律家莫能取定又況弁襍綿曠器用淪亡賢者恥而不精

鄙夫濫以安處而望樂正雅頌奚由致哉臣願陛下明下詔書且募天下知音之人秩以微祿使備太常官屬睎其歲限漫使討論擇其所長以備闕典又按舊令太常諸工取年十八以下姿情可教者使滿定員明立章條以判勤惰如此則不過十稔官修事備以須陛下功成作樂矣

嘉祐元年知諫院范鎮上奏曰臣伏見國家自廢祖宗舊樂用新樂以來及今四五年日食星變冬雷秋雹風雨不時寒暑不節不和之氣莫甚於此者使樂無所感動則已樂而有所感動則衆異之至未必不由此也去年十二月晦大雨雪大風宮架輒壞元日大朝會樂作而陛下疾作臣恐天意以為陛下不應變祖宗舊樂而輕用新樂也不然何以方樂作之時而陛下疾作天意警陛下之深自初議樂時臣嘗論新樂非是其間畫一一通最為詳悉今再具進呈乞下執

政大臣參詳。臣晝有如可采。伏乞。且用祖宗舊樂。以殊異時。別加制作。

鎮又奏曰。臣近奏國家自用新樂以來。風雨不節。災異衆多。乞且用祖宗時舊樂。已蒙下兩制及臺諫官參詳。及今兩月未聞奏上。伏緣逐時祠祀。及九月恭謝。皆所施用。不可淹久不決。竊惟衆樂之和。以律與金石爲本。故律之法曰。凡律圍九分。凡律者言十二律也。故黃鐘徑三分。圍九分。長九十分。積實八百一十分。自九十分三分損益之。而十二律長短相形矣。自八百一十分三分損益之。而十二律積實相通矣。凡律圍九分則然今黃鐘大呂太簇夾鐘姑洗仲呂蕤賓林鐘八律皆徑三分四厘六毫。圍十分三厘八毫。夷則南呂二律徑三分。圍九分。無射徑二分八厘。圍八分四釐。應鐘徑二分六釐五毫。圍七分九釐五毫。十二律圍徑不同。則積實損益不通。外之長短有損益。而內之積實無損益。此律之法非是也。古之鐘有大小。則容受有輕重。故實黃鐘之重二鈞。容二千龠。自二千龠二鈞三分損益之。而十二鐘大小輕重容受殊矣。今之十二鐘一以黃鐘爲率。而無容受輕重大小之別。又古之鐘皆圜制而側縣之。所以出其聲也。而今之鐘皆褊制。又平縣之。故其聲鬱而不出。古鐘亦有平縣者然空其柄以出其聲然亦非周之制也周禮疏云。應律之鐘狀如今之鈴不圜。故有兩角。謂鐃也按鈴之狀本圜。安其兩角以爲鐘。故云如鈴而不圜。今以褊爲不圜。以似鐸爲如鈴。所以聲鬱而不發。此鐘之法非是也。古之磬。以一律爲之博。二律爲之股。三律爲之鼓。謂十二磬各以其律之長短爲法也。今之十二磬皆以黃鐘爲律。博九寸。股一尺八寸。鼓二尺七寸。而無長短之別。此磬之法非是也。律與金石之法非是。樂所以不和也。乞令算官考校十二律積實。分損益之數。并臣今狀下兩制及臺諫官一處參詳。所貴易爲曉正。

四年。翰林學士王珪上言曰。昔之作樂。以五聲播於八音。調和諧合而與治通。先王用於天地宗廟社稷。事于山川鬼神。使鳥獸盡感。況於人乎。然則樂雖盛而音虧。未知其所以爲樂也。今郊廟升歌之樂。有金石絲竹匏土革。而無木音。夫所謂柷敔者。聖人用以著樂之始終。顧豈容有缺耶。且樂莫隆於韶。書曰戛擊是柷敔之用。既云下而擊戛。知鳴球與柷敔之在堂。故傳曰。堂上堂下各有柷敔也。今陛下躬祠明堂。宜詔有司考樂之失而合八音之和。於是下禮官議而堂上始置柷敔。

仁宗時。張方平上雅樂論曰。臣聞人函陰陽五行之氣。有喜怒哀樂之情。心術所形。隨感而動。動而無節。則必有淫佚詐僞之心。勃亂暴慢之事。是以聖人立禮以文其外。作樂以理其中。發於詠歌律呂。播於金石管絃。調雅正之聲。導生氣之和。全其天理。起其善心。而不使邪氣僻情得接焉。古之天子諸侯卿大夫無故不徹樂。士無故不去琴瑟。弦歌雅頌之音。洋洋乎流于族黨鄉州之中。民共聞之。莫不油然有易直子諒之心。慈愛肅莊之意。是以天下和悅。禮義有序。故曰。移風易俗。莫善於樂。謂其感人之深也。教化治世之要。必本於禮樂焉。及自周衰。王道喪敗。禮壞樂散。諸侯各溺所好。國異其俗。而鄭衞燕趙秦齊楚越淫過凶慢傲僻促數之聲作。斷棄先王之樂。用變亂正聲。秦漢已還。承習備用。魏晉南北兵禍煩多。雜之以巴吳。揉之以胡羯。耳目熒潰。心志驕放。古者所以興理。後世更用致亂焉。其雅聲金奏。雖世議完補。然登歌下管。既非宿饗所用。崇牙樹羽。徒爲備物之設。惟於郊廟擊拊成禮而已。間者伏聞朝廷招集諸生。考正雅樂。蓋國家深惟治本。修起頹廢。上以尊宗廟。下以美風俗者也。臣愚鄙不達樂意竊思有以仰贊盛事少裨聖化者臣聞昔在帝舜命夔典樂教胄子周官大司樂掌成均之學政至于師瞽矇皆用有道德通教化者世其官業通其精義故能用之祭享而神鬼格施之朝廷而君臣正展之律呂而陰陽和作之庠序而萬民協漢氏敘得人之盛而協律在乎儒雅質直之列又漢制卑者之子不得舞宗廟之酎取二千石至關內侯適子方爲舞者歷代而下樂府令丞多用士人臣伏見太常樂工率皆市井閭閻屠販末類猥惡汙濁雜居里巷國有大事輒集而教之禮畢隨散則其藝安得而精褻慢三靈誣黷典禮豈人君虔奉天地祖宗之意乎今夫執技以事上者曆象則有司天之監醫藥則有翰林之署其琴弈書畫一藝之微者莫不厚賦廩稍間蒙好賜聯翩美位朱紫垂章者亞肩于朝其太樂諸工眞古者大夫士之職也所習者先王所以風化天下交接天人之具用則天

子齋戒被法服儀典咸具而後設之是其於邦國之禮誠重矣而乃蓄養之至薄習肄之至簡曾不得齒乎醫卜雜藝之末以需一命之榮是以人望太常之門徑趍而過矣又何暇一傾耳乎鐘磬之音者歟今幸得朝廷興起古道較定鐘石臣謂宜特立太樂署客依司天監爲之官次秩序補用知鐘律之士以充其選擇衣冠之後或設爲官屬若漢太常弟子爲立選限如太廟齋郎室長之制領屬太常使專肄習焉以奉郊廟之饗以盡孝恭之誠其天下有學校庠序之所使得備金石之樂春秋釋奠行射鄉之禮則奏焉以風示天下化民廣教則庶乎神人接洽上下恭順正四氣之和奮至德之光民知鄉方而人倫清矣謹論

蔡襄乞用新樂於郊廟劄子曰臣伏覩朝旨南郊且用舊樂令兩制禮院詳定聞奏臣竊以五代多故大樂淪亡至王朴竇儼始加詳造太祖皇帝每謂雅樂聲高近於哀思不合中和因詔和峴討論以影表尺比王朴所定尺加四分遂造十二律管校其聲下朴所定樂一律當時雖詔許施行然未嘗制作樂器至今所用皆王朴舊物伏惟陛下紹隆祖考精意禮樂博延天下儒者尋繹經義設司制作垂二十年其費鉅萬然周禮史記漢書雖有舊說施於制器自已不合迺者兩制諸儒參議約古制減下一律其功甫就陛下親御便坐按閱侍臣畢與觀聽工作精好聲律和暢陛下審慎再令詳定臣竊謂今來皇祐累黍尺與影表尺同不異古制一也減下一律歌者協聲近於中和二也上符太祖皇帝減下一律之旨三也前來諸儒或有異論只於形制小大與緣飾之文時有異同至於聲律本無他說四也以四者之明驗故可用而無疑也臣聞聖人制禮作樂皆因時垂法必以考周舊典以求古樂自秦漢以來其說已亡況其形制聲律豈能

盡傳幸今所存者畧可依倣雖不能盡及於古比之今樂器精而聲和若施之郊廟肄於朝會亦一時之盛事臣見前代諸儒議事未始一定多亦制決今南郊甫近若衆論一有未合則罷而不設是陛下二十年精求之心一旦又復捨去必天降秬黍然後定尺此空論也伏望聖斷特許施行

英宗時張方平請郊祀用新樂事疏曰臣前承宣召崇政殿觀新樂近又聞聖旨以將來南郊且用舊樂令兩制詳定伏以後周律本王朴竇儼之所考正朴既人傑儼亦通儒制作所傳必貫精義按朴疏云自秦而下旋宮聲廢自漢至隋垂十代凡數百年所存者黃鐘之宮一調而已十二律中惟用七聲其餘五律謂之啞鍾唐太宗用祖孝孫張文收考定雅樂而旋宮八十四調復見於時唐末之亂二器都盡購募不獲文記亦亡集官詳酌終不知其制度梁及後唐晉漢

欽壞尤甚至于十二鑄鍾不復通其音律輒循環而擊之編鍾編磬具儀而已絲竹匏土僅有七聲雖黃鍾之宮一調亦不和備其餘八十三調於是泯絕世宗臨視鍾虡患雅聲淪替乃命竇儼考詳八音粗加和會以朴通於律曆宣示古今樂録令加討論朴遂依周法以秬黍定尺作律準十三絃分尺寸設柱以準十二管之聲十二聲中旋用七聲為均旋宮之聲久絶由朴而復出遂命太常按習國初因之後太祖以雅樂聲高近於哀思不合中和因詔和峴審詳其理峴言王朴黍尺較西京銅望臬古制石尺短四分樂聲之高良由於此乃詔依古法創新尺并黃鍾九寸管令工人品校其聲果下於王朴所定管一律遂重造十二管取聲自此雅音和暢景德中御史上言太常樂器多損音律不調先皇命李宗諤考較誅習既而親臨閱之亦先以律準定鍾石皆是樂府寖有制度陛下自景祐已來講求樂

事于時李照輩各率所見議論不經製作乖方尋亦廢罷聖心深惟治本以禮樂為大事故孜孜訪逮必欲盡其精妥考音制器蓋已詳備在周王朴雖造律準畧定八音尔時世宗方經畧四方用干戈征伐日不暇給蓋但編次舊器考擊粗諧會而已藝祖詔和峴重定律尺亦未嘗有所改造也今陛下既合衆議新作金石試之廣廷聲律又協此乃藝祖之遺意先皇之遠懷夫又何疑成而不用夫樂本於人心成聲於物聲既和而反感於人心者也先王以是交人神變風俗其用大矣然歷代之審音者常鮮其人又聲音之妙非淺學所及應於耳而通於心然後能達其精微之致儒生學者按文泥古蹈於形器制度之間而不能知律呂本於自然之道習官藝人記其搏拊節奏之序而不能知教化之原臣往年嘗蒙宣示樂府要畧竊以蒙一八妾為注解即知聖心之於樂律通達本於天縱也外廷諸臣不是

以仰望清光預制作之議今郊祀日近乞令太常勑工人按肄新器使益精習用之禮天地薦祖宗以伸陛下之孝誠則積年之勤亦不虛設無煩過事謙損以稽盛節

神宗元豐二年太常禮院主簿楊傑上言大樂七事一曰歌不永言聲不依詠律不和聲謹按虞書曰詩言志歌永言聲依詠律和聲八音克諧無相奪倫神人以和蓋歌以永詩之言五聲以依歌之詠陽律陰呂以和其聲金石絲竹匏土革木八音克諧無相奪倫然後神人以和也若夫歌不永言聲不依詠律不和聲八音不諧而更相奪則神人安得和哉且金聲舂容失之則重石聲溫潤失之則輕土聲函胡失之則下竹聲清越失之則高絲聲纖微失之則細革聲隆大失之則洪匏聲叢聚失之則長木聲無餘失之則短惟人稟中和之氣而有中和之聲是以權量八音使無重輕高下洪細長短之失故

古者升歌貴人聲八音律呂皆以人聲歌為度以一聲歌一言言雖永不可以逾其聲（如大善曲爾藝祖一句以仲南黃仲四聲歌之聲律最為和協）今夫歌者或詠一言而濫及數律（如正安曲至誠感神一字兼夾黃四聲）或章句已闋而樂聲未終（如正安曲已終尚有黃無夷夾大五聲之類）茲所謂歌不永言也伏請節裁煩聲以一聲歌一言遵用永言之法且詩言人志詠以為歌五聲隨歌故曰依詠律呂協奏故曰和聲先儒云依人音而制樂託樂器以寫音樂本效人非人效樂此之謂也今祭祀樂章並隨月律聲不依詠以詠依聲律不和聲以聲和律非古制也伏請詳定大樂以歌為本律必和聲也二曰八音不諧鍾磬簫闕四清聲事謹按虞書曰簫韶九成鳳凰來儀蓋虞樂之成以簫為主也商頌曰既和且平依我磬聲蓋商樂和平以磬為依也周官鍾師掌金奏凡樂事以鍾鼓奏九夏蓋周樂合奏以金為首也是鍾磬簫者衆樂之所宗為聖帝明王之所貴數十有

六。其所由来尚矣。漢得古磬十六於犍為郡，鄭氏注周禮編鍾編磬，及大周正樂三禮圖編鍾編磬並以十六為數，示天子之樂用八。鍾磬簫倍之以為十六矣。且十二者律之本聲也，四者律之應聲也。本聲重濁，應聲輕清。本聲為君父，應聲為臣子。故其四聲或曰清聲，又曰子聲也。自景祐中李照議樂以来，鍾磬簫始不用四聲，是有本而無應，有倡而無和者四十餘年矣。八音何從而諧耶。今巢笙其管皆十有九，以十二管發律呂之本聲，以七管為律呂之應聲，用之已久，而聲至和協。伏請參考古制，依巢笙例用編鍾編磬簫之四子聲以諧八音。三曰金石奪倫事。謹按大司樂文之以五聲，播之以八音。八音雖異，其所以應律則一也。故樂奏一聲，諸器皆以其聲應也。既不可以不及，又不可以有餘。八音克諧，無相奪倫，此之謂也。今大樂之作，琴瑟塤篪笛簫笙阮箏筑奏一聲，則鎛鍾特磬編鍾編磬連擊

奏議卷之二百十八 十六

三聲。甚於衆樂中聲最煩數，而掩壓衆器，求其所謂無相奪倫，不亦難哉。伏請詳定大樂，其鎛鍾特磬編鍾編磬並依衆器節奏，不可連擊三聲。所貴八音無相奪倫。四曰舞不象成。謹按樂記曰：夫樂，象成者也。揔干而山立，武王之事也。發揚蹈厲，太公之志也。武亂皆坐，周召之治也。又曰：武始而北出，再成而滅商，三成而南，四成而南國是疆，五成而分周公左、召公右，六成復綴以崇天子。是大武之舞六成象周德之成矣。國朝以謙德受禪，郊廟之樂，先奏文舞，次奏武舞。其於武舞也，容節六變。一變象六師初舉，所向宜北矣。二變象上黨克平，所向宜北矣。三變象維揚底定，所向宜東南矣。四變象荊湖来歸，所向宜南矣。五變象邛蜀納款，所向宜西矣。六變象兵還振旅，所向宜北而南矣。今夫舞者非止發揚蹈厲，進退俯仰，不稱成功盛德，差失其所向，而又文舞容節殊無法度，故曰舞不象成也。伏乞參考樂

記象成之文，詳定二舞容節及改正所向，以稱成功盛德。五曰樂失節奏。謹按孔子語魯太師曰：樂其可知也。始作翕如也，縱之純如也，皦如也，繹如也，以成。始作翕然如衆羽之合，縱之純如也。節奏明白，皦如也。繹如，其緒之不窮也。夫然後成。今大樂之作，聲不齊一，節奏混殽，往来無叙，曷聞所謂翕如純如皦如繹如者乎。伏請稽考孔子之言，詳定大樂節奏。六曰祭祀享無分樂之序。謹按大司樂乃分樂而序之，以祭以享以祀。乃奏黃鍾，歌大呂，舞雲門，以祀天神。乃奏太簇，歌應鍾，舞咸池，以祭地示。乃奏姑洗，歌南呂，舞大磬，以祀四望。乃奏蕤賓，歌林鍾，舞大夏，以祭山川。乃奏夷則，歌小呂，舞大濩，以享先妣。乃奏無射，歌夾鍾，舞大武，以享先祖。夫金石衆作之謂奏，詠以人聲之謂歌。陽律必奏，陰呂必歌，陰陽之合也。順陰陽之合，所以交神明致精意也。今冬至祀天不歌大呂，夏至祭地不奏太簇，

奏議卷之二百十八 十七

春享祖廟不奏無射，秋享后廟不歌小呂。既不能奏律歌呂，順陰陽之合，以格上神，而又無專祀四望山川用樂之制，則何以贊導宣發陰陽之氣，而生成萬物哉。故曰祭祀享無分樂之序也。伏請依周禮分樂之序，以奉祠事。七曰鄭聲亂雅。謹按孔子曰：惡紫之奪朱，惡鄭聲之亂雅樂。然朱紫有色而易別，雅鄭無象而難知。聖人惧其難知也，故定律呂中正之音以示萬世。揚雄曰：中正則雅，多哇則鄭。又曰：黃鍾以生之，中正以平之，確乎鄭衛不能入也。今雅樂古器非不存也，太常律呂非不備也，而學士大夫置而不講，考擊奏作委之賤工，如之何不使雅鄭之雜耶。伏請審調太常鍾磬，依典禮用十二律還宮均法，令上下曉知十二律音，則鄭聲無由亂於雅也。今著大樂十二均圖一卷，備載律呂宮調，又各取本宮樂章一首附于篇，以圖考聲，則雅鄭昭然別矣。

條上堂上鍾磬議曰。准中書劄子節文。詳定郊廟禮文所詳定。伏請每遇親祠宗廟致祫禘亦不兼設鍾磬。宮架在庭。更不兼設琴瑟。匏竹更不寘之於牀。其郊壇上下之樂亦乞依此正之。有司攝之。准此。謹按虞書曰。戞擊鳴球。搏拊琴瑟以詠。此有虞堂上之樂也。下管鼗鼓。合止柷敔。笙鏞以間。簫韶九成。擊石拊石。此有虞堂下之樂也。正義曰。球爲玉磬。商頌云。依我磬聲。亦玉磬也。大射禮鍾磬在庭。今鳴球於廟堂之上者。按郊特牲云。歌者在上。貴人聲也。左傳曰。歌鍾二肆。則堂上有鍾明。磬亦在堂上。故漢魏以來登歌皆有鍾磬。燕禮無鍾磬者。諸侯樂不備也。是知堂上象朝廷之治。堂下象萬物之治。堂上堂下。八音各備而互見之。不可闕也。又按禮曰。升歌清廟。詩曰。清廟祀文王。此有周堂上之歌也。大司樂路鼓路鼗。陰竹之管。龍門之琴瑟。九德之歌。九磬之舞。於宗廟之中奏之。若樂九變。則人鬼可得而禮矣。此有周廟中降神之樂也。降神之樂既有獻之琴瑟。則宮架內琴瑟不可去矣。所有祀郊及有司攝事。伏乞壇殿之上。依舊設鍾磬。其宮架下降神之樂。亦乞依舊設琴瑟。其匏竹不寘於牀。即乞依禮文所奏請。

條奏請太廟殿上鍾磬狀曰。右臣伏聞聲音之道與政通。堂上之樂所以象宗廟朝廷之治。堂下之樂。所以象萬物之治。堂上堂下用樂雖殊。八音克諧。各不可闕。其實一也。今太廟之樂。堂下具八音。萬物之治可謂周矣。堂上之樂則闕鍾磬。在宗廟朝廷之治。八音有所未備焉。臣職在禮樂。不敢不言。謹按禮曰。鍾聲鏗鏗以立號。詩曰。至和且平。依我磬聲。是知樂之號令。自鍾聲而立。樂之和平。依乎磬聲。則鍾聲安可闕哉。臣昨蒙睿旨提轄脩製朝會殿上玉磬。嘗於去年具奏。乞依虞書戞擊鳴球之義。候玉磬成日。先用之於太廟殿上。以稱

陛下稽古奉先之志。尋蒙付外。未奉朝旨施行。今雖玉磬未成。伏遇春陽發生之時。太廟孟享之日。欲乞出自聖斷。依古復用殿上鍾磬。所貴發揚至音。號令衆樂。以格祖考。以致和平。上自朝廷。下及萬物。咸被福祐。臣不勝大願。

三年。秘書監致仕劉几等上奏曰。臣等伏見太常大樂鍾磬凡三等。王朴樂一也。李照樂二也。胡援阮逸樂三也。王朴之樂其聲太高。此太祖皇帝所嘗言。不俟論而後明。仁宗景祐中。命李照定樂。乃下律法以取黃鍾之聲。是時人習舊聽。疑其太重。李照之樂由是不用。至皇祐中。胡援阮逸再定大樂。比王朴樂微下。而聲律相近。及鑄大鍾成。或譏其聲弇鬱。因亦不用。於是郊廟依舊用王朴樂。樂工等白陳若用王朴樂鍾磬。即清聲難依。如改製下律鍾磬。清聲乃可用。豈驗王朴鍾磬太高。難盡用矣。今以三等鍾磬參校其聲。則王朴阮逸樂之黃鍾正與李照樂之太簇相當。王朴阮逸之樂編鍾編磬各十六。雖有四清聲。而實差黃鍾大呂之正聲也。李照之樂編鍾磬各十二。雖有黃鍾大呂。而全闕四清聲。非古制也。聖人作樂以紀中和之聲。所以導中和之氣。清不可太高。重不可太下。使八音協諧。歌者從容。而能永其和。乃中和之謂也。臣等因精擇李照編鍾編磬十二參於律者。增以王朴無射應鍾。及黃鍾大呂清聲。以爲黃鍾大呂太簇夾鍾之四清聲。俾衆樂隨之。歌工兼清聲以詠之。其聲清不太高。重不太下。中和之聲。可以考矣。欲請下王朴樂二律以定中和之聲。就太常鍾磬擇其可用者用之。其不可修者則定從而別制。

神宗時。大司樂劉昺上言曰。五行之氣。有生有克。四時之禁。不可不頒示天下。盛德在木。角聲乃作。得羽而生。以徵爲相。若用商則刑。用宮則戰。故春禁宮商。盛德在火。徵聲乃作。得角而生。以宮爲相。若用

羽則刑用商則戰故夏禁商羽盛德在土宮聲乃作得徵而生以商爲相若用角則刑用羽則戰故季夏土王宜禁角羽盛德在金商聲乃作得宮而生以羽爲相若用徵則刑用角則戰故秋禁徵角盛德在水羽聲乃作得商而生以角爲相若用宮則刑用徵則戰故冬禁宮徵此三代之所共行月令所載深切著明者也作樂本以導和用失其宜則反傷和氣夫淫哇發雜干犯四時之氣久矣陛下親灑宸翰發爲詔旨淫哇之聲轉爲雅正四時之禁亦在所須則協氣粹美繹如以成詔令大晟府置圖頒降

侍御史陳襄上疏曰臣謹看詳古者先王用樂皆有上下之節焉虞書曰戛擊鳴球搏拊琴瑟以詠注舜廟堂之樂也曰下管鼗鼓合止柷敔注堂下樂也曰笙鏞以間注間迭也謂二者迭奏也曰簫韶九成注簫見細器之備備樂九奏而致鳳凰言其樂之盛也周之樂其

節亦有四焉曰升歌曰下管曰間歌曰合樂儀禮燕禮鄉射禮有工歌鹿鳴笙入奏南陔間歌魚麗笙由庚合鄉樂關雎鵲巢皆三終是也大射禮則有升歌下管而無間歌合樂鄉射禮則有合樂而無升歌下管間歌用於射而其樂故畧也燕禮鄉飲禮四節備者主於君臣之會賓客之交故其樂備鄉飲酒禮曰合樂於周禮曰大合樂者天子諸侯禮故有間矣曰大者又如備爾王者以樂致鬼神示宜其以六律五聲八音六舞合而奏之無所遺也故樂之序歌者在上琴瑟和之貴人聲也吹者在下金石次之貴人氣也工歌作而後匏竹興匏竹興而後播鼗鼓擊鍾磬以應之故曰禮交動乎上樂交應乎下和之至也今者升歌堂上乃設編鍾編磬二於前楹以亂人聲匏竹列於堂下而歌者乃坐于鍾磬之間失上下之序矣皇帝升降祼鬯受嘏則止用登歌而宮架不作迎神送神沃盥復位酌獻有司薦俎則止用宮架而工不登歌又皆戾於古矣周禮樂師教樂儀行以肆夏注爲人君行步以肆夏爲節又鍾師凡樂事以鍾鼓奏九夏釋者云鍾中得奏九夏謂堂上歌堂下以鍾鼓應之也周禮內宰注薦徹之禮當與樂相應孔穎達云天子薦時歌清廟及徹歌雍明薦徹皆用升歌而已餘樂不作也若迎神之樂則周禮大司樂以黃鍾爲宮大呂爲角太簇爲徵應鍾爲羽路鼓路鼗陰竹之管龍門之琴瑟九德之歌九韶之舞其奏九變及分樂而序之以享先祖則奏無射歌夾鍾舞大武文之以五聲播之以八音是也伏請宗廟之樂皇帝升降沃盥祼鬯酌醴受嘏復位凡行步之節並升歌堂上而下以鍾鼓應之如奏肆夏之儀有司薦徹則惟用升歌而已其迎神之樂九變宮用鍾歌興安之歌舞文德之舞（猶大司樂九德之歌九磬之舞）和之以琴瑟播之以鼓鼗送神亦如之（送神樂雖不經見義可倣此）如今制一成可也若三獻之

禮則奏無射歌夾鍾舞文舞其樂皆一成（猶周大武舞）惟薦腥之後則備上下之奏陳功德之舞（如太祖太宗文武之舞並作諸帝止奏文舞）其樂六成庶合乎舜之簫韶周之大合樂也

哲宗時殿中侍御史呂陶奏乞不用教坊伶官爲舞郎疏曰臣聞樂以象德舞以明功前古尚矣三代之盛憲章繁縟載在傳記可得而詳其屈伸俯仰之容疾徐進退之節皆所以發揮當世之勳烈而昭示無窮也恭惟本朝制作文典大備而天地宗廟之祀所用八佾尚以教坊伶人爲舞郎非極盡虔敬之義臣愚伏望特詔禮官博士講求漢唐以來典故裁量其宜定舞郎之制勿以教坊伶人濫充其數

徽宗崇寧七年三月議禮局言先王之制舞有小大文舞之大用羽籥文舞之小則有羽無籥謂之羽舞武舞之大用干戚武舞之小則有干無戚謂之干舞武舞又有戈舞焉而戈不用於大舞近世武舞

以戈配干未嘗用戚乞武舞以戚配干置戈不用庶協古制。又言伶州鳩曰大鈞有鎛無鐘鳴其細也細鈞有鐘無鎛昭其大也然則鐘大器也鎛小鐘也以宮商為鈞則謂之大鈞其聲大故用鎛以鳴其細而不用鐘以角徵羽為鈞則謂之小鈞其聲細故用鐘以昭其大而不用鎛然後細大不踰聲應相保和平出焉是鎛鐘兩器其用不同故周人各立其官後世之鎛鐘非特不分大小又混為一器復於樂架編鐘編磬之外設鎛鐘十二配十二辰皆非是蓋鎛鐘猶之特磬與編鐘編磬相須為用者也編鐘編磬其陽聲六以應律呂既應十二辰矣復為鎛鐘十二以配之則於義重複乞宮架樂去十二鎛鐘止設一大鐘為鐘一小鐘為鎛一大磬為特磬以為衆聲所依詔可。

八年八月宣和殿大學士蔡攸言九月二日皇帝躬祀明堂合用大

樂。按樂書正聲得正氣則用之中聲得中氣則用之自八月二十八日已得秋分中氣大饗之日當用中聲樂今看詳古之神瞽考中聲以定律中聲謂黃鐘也黃鐘即中聲非別有一中氣之中聲也考閱前古初無中正兩樂若以一黃鐘為正聲又以一黃鐘為中聲則黃鐘君聲不當有二況帝指起律均法一定大呂居黃鐘之次陰呂也臣聲也今減黃鐘三分則入大呂律矣易其名為黃鐘中聲未唯紛更帝律又以陰呂臣聲僭竊黃鐘之名若依樂書正聲得正氣則用之中聲得中氣則用之是冬至祀天夏至祭地常不用正聲而用中聲也以黃鐘為正聲易大呂為中聲之黃鐘是帝律所起黃鐘常不用而大呂常用也抑陽扶陰退律進呂為害斯大無甚於此今來宗祀明堂緣八月中氣未過而用中聲樂南呂為宮則本律正聲皆不得預欲乞廢中聲之樂一遵帝律止用正聲協和天人刊正訛謬著於樂書詔可。

徽宗時李復上議樂疏曰臣聞治定制禮功成作樂此王者甚盛之舉天下熙洽人心悅豫發為和聲因其人聲之和而播之八音又形容其成功之象也三王不相沿樂豈苟為異哉治世成功各不同也記曰大樂與天地同和樂豈易知乎三代之樂亡已久矣唐貞觀中命祖孝孫張文收考定雅正粗而未備後罹經喪亂其器與書今皆不傳載籍所言雖皆以黃鐘為本上生下生隔八相生及其律管徑寸短長但糟粕耳有能遺其舊說脫然識其聲別其音若未之聞也夫黃鐘律之始也半之清聲也倍之緩聲也三分其一而損益之此相生之聲也十二變而復黃鐘之總乃相旋為宮之法也萬物動皆有聲若遺樂精微之妙凡聞其聲則知是何音合何律是為正音是為變音是為清是為濁如此方為知音可以識樂矣近者陛下有詔

選官定樂又博求前代之器夫前代之器各一時之用若得漢唐之器乃漢唐之樂也若得魏晉之器乃魏晉之樂也且欲求為多見則可矣遽以用為今日本朝之樂恐未然也晉之荀勗取牛鐸為黃鐘出於獨見果合於古乎樂之作欲動天地感鬼神自漢以還未之聞也朝廷昔嘗定樂矣陛下以謂未盡美善亦不能形容祖宗之功業而又本朝運膺火德獨祉音未明此固當重為考定也今聞衆議又只依往昔糟粕而製器此安足以副陛下所降之詔意夫知音者聞之於耳得之於心自不能傳之言遇其應於心方可默契祉音火南方之音也火性炎上音當象之乃欲就其下而抑之恐非也臣願詔天下廣求天性自能知音者敦遣令赴議樂所多方以試之是誠不謬其為講論庶幾其可矣若徒以舊說尺寸長短廣狹重輕而製器此工匠皆能為之矣何足以為樂乎臣愚見如此惟陛下擇之。

高宗時希衣韓駒上疏曰樂壞久矣昔漢有制氏者獨能紀其鏗鏘而已是時去周未遠而士大夫已制氏之不如然尚有一宿工以傳先王器自是先王之器墜不復見士不得聞鏗鏘況能識其義乎既不能識其義又何知其成也且自先王之時民已不勝其自欲婾放之心然自淫其聲者矣未有亂其器者也其為淫聲蓋亦由乎瓮磬琴瑟之中出焉尚且有禁後世乃始增為彈箏擊缶吹竽撾鼓之戲始亂樂之器矣其萌芽時或自閭里或自夷狄至其寖辨則邦國亦用焉又其為器愈陋而愈工愈工而愈濫斯民之不復古意在斯乎永言前載每用憤歎豈圖今日親逢韶濩之作夫其目厭乎陋器耳熟乎哇聲驟而示之正樂庶大怡愉高明博備固已茫乎若一游虞庭而入闕里也昔之記者以為牙曠之屬能使鳥魚下上始徒以為虛語乃今驗其然耳矧今之樂本明天子自興神物以為之制豈但牙曠之所為哉士雖耳剽目淺比之鳥魚亦靈甚矣

玩而習之將必有成於樂者領非愚之所能也雖然攝衣勾指受業君子之塗亦得議其畧矣夫子有言知之不如好之好之不如樂之孟子亦言樂則生生則烏可已古之樂其器朴其聲簡文侯以之而坐寐仲尼以之輟肉者蓋必有朴而文簡而微者焉士興乎此則其精微獨得於心見於外者不過手舞足蹈而已其妙萬物之學豈可紙上語哉此明天子之所造也幾於成矣然猶未也夫以顏子之賢必不惑於鄭聲而夫子使之放懼其易以惑也士安得人人如顏子然而入宮則聞正樂出宮則聞哇聲其能成也希矣其能成而久又愈希矣要使丘井田野賓婚禱祀率用是樂向之陋器一埽蕩之則士無所易惑得以養心盡性而極於道徐出其學為聖時之用無不可者愚終不足以與此

秘書正字張聲祥乞更定太常樂章劄子曰臣恭惟陛下飭躬齋精祗見郊廟靡愛圭幣懷柔百神獨聲詩之薦未稱明德伏觀太常所奏樂章第其篇數則有詳畧之不同稽之文義則或違捂而弗協三歲之親祠四時之常祀率用此也而習熟所傳有司弗議臣甚懼焉恭惟真宗仁宗寔始親製薦饗樂章所以申景鑠宣至和假三靈之驩者炳然與日星較著而當時輔臣翰苑奉詔而作者亦皆依末光垂典冊雅頌所編不足進也臣愚欲望聖慈渙詔邇臣取凡太常樂章更定篇次擇別部分具以奏御陛下萬機之暇用列聖故事擇宗廟郊禖親祠所用駿發睿思肆筆而成其餘分命大臣與兩制儒館之士一新撰述裒為成書下之太常以侈來歲郊見奏焉庶幾中興追繼韶勺施之無窮

金章宗明昌五年詔用唐宋故事置所講議禮樂有司謂雅樂自周漢以來止存大法魏晉而後更造律度訖無定論至後周保定中得古玉斗于地中以造尺律其後牛弘以為不可止用蘇綽鐵尺至隋

亦用之唐興因隋樂不改黃巢之亂樂縣散失太常博士殷盈孫亦以周法鑄鎛鐘編鐘處士蕭承訓等校石磬合而奏之至周顯德以黍定律議者謂比唐樂高五律宋初亦用王朴所制樂時和峴以周顯德律音近哀思乃作西京銅望臬石尺重造十二管取聲下王朴一律景祐初李照取黍累尺成律以其聲猶高更用太府布帛尺遂下太常樂三律皇祐中阮逸胡援改造上下一律或謂其聲弇鬱不和依舊用王朴樂元豐間楊傑參用李照鍾磬加四清聲下王朴樂二律以為新樂元祐間范鎮又造新律下李照樂一律而未用至崇寧間魏漢津以范鎮知舊樂之高無法以下之乃以時君指節為尺其所造鐘磬即今所用樂是也然以王朴所制聲高慶命改作李照以太府尺制律人習舊聽疑於太重其後范鎮等論樂復用李照所用太府尺即周隋所用鐵尺牛弘等以謂近古合宜者也今最見有

樂。以唐初開元錢校其分寸亦同。則漢律所用指尺。殆與周隋唐所用之尺同矣。漢津用李照范鎮之說而恥同之。故用時君指節為尺。使衆人不敢輕議其尺。雖爲詭說其制乃與古同。而清濁高下皆適中。非出於法數之外私意妄爲者也。蓋今之鍾磬雖崇寧之所製。亦周隋唐之樂也。則今所用樂律聲調和平無太高太下之失。可以久用。唯辰鍾辰磬自昔數缺。宜補辰鍾十五。辰磬二十一。通舊各為二十四虡。上曰。嘗觀宋人論樂以為律主於人聲不當泥於其器要之在聲和而已。

右統言樂

歷代名臣奏議卷之一百二十八

歷代名臣奏議卷之一百二十九

用人

商湯問伊尹曰。三公。九卿。二十七大夫。八十一元士。知之有道乎。伊尹對曰。昔者堯見人而知。舜任人然後知。禹以成功舉之。夫三君之舉賢皆異道而成功。然尚有失者。況無法度而任己直意用人必大失矣。故君使臣自貢其能。則萬一之不失矣。又問王者何以選賢。對曰。夫王者得賢材以自輔。然後治也。雖有堯舜之明而股肱不備。則主恩不流。化澤不行。故明君在上。慎於擇士。務於求賢。設四佐以自輔。有英俊以治官。尊其爵。重其祿。賢者進以顯榮。罷者退而勞力。是以主無遺憂。下無邪慝。百官能治。臣下樂職。恩流群生。潤澤草木。昔者虞舜左禹右皋陶。不下堂而天下治。此使能之效也。

周武王問太公望曰。得賢敬士。或不能以為治者何也。望對曰。不能獨斷。以人言斷者殃也。武王曰。何為以人言斷。望曰。不能定所去。以人言去。不能定所取。以人言取。不能定所為。以人言為。不能定所罰。以人言罰。不能定所賞。以人言賞。賢者不必用。不肖者不必退。而士不必敬。武王曰。善。其為國何如。望曰。其為人惡聞其情。而喜聞人之情。惡聞其惡。而喜聞人之惡。是以不必治也。武王曰善。

武王又問太公望曰。舉賢而以危亡者何也。望對曰。舉賢而不用。是有舉賢之名。而不得真賢之實也。武王曰。其失安在。望曰。其失在君好用小善而已。不得真賢也。武王曰。好用小善者何如。望曰。君好聽譽而不惡讒也。以非賢為賢。以非善為善。以非忠為忠。以非信為信。其君以譽為功。以毀為罪。有功者不賞。有罪者不罰。多黨者進。少黨者退。是以群臣比周而蔽賢。百吏群黨而多姦。忠臣以誹死於無罪。邪臣以譽賞於無功。其國見於危亡。武王曰。善。吾今日聞誹譽之情

矣

齊桓公亟發兵攻魯。心欲殺管仲。鮑叔牙曰。臣幸得從君。君竟以立。君之尊臣。無以增君。君將治齊。即高傒與叔牙足也。君且欲霸王。非管夷吾不可。夷吾所居國國重。不可失也。於是桓公從之。乃佯為召管仲欲甘心。實欲用之。管仲知之。故請往。鮑叔牙迎受管仲。及堂阜而脫桎梏。齋祓而見桓公。桓公厚禮。以為大夫任政。

桓公使管仲治國。管仲對曰。賤不能臨貴。桓公以為上卿。而國不治。桓公曰何故。管仲對曰。貧不能使富。桓公賜之齊國市租一年。而國不治。桓公曰。何故。對曰。疏不能制親。桓公立以為仲父。齊國大安。而遂霸天下。孔子曰。管仲之賢。不得此三權者。亦不能使其君南面而霸矣。

桓公問於管仲曰。吾欲使爵腐於酒。肉腐於俎。得毋害於霸乎。管仲對曰。此極非其貴者耳。然亦無害於霸也。桓公曰。何如而害霸。管仲對曰。不知賢。害霸。知而不用。害霸。用而不任。害霸。任而不信。害霸。信而復使小人參之。害霸。桓公曰。善。

管仲有疾。桓公往問之。仲父若棄寡人。豎刁可使從政乎。對曰。不可。豎刁自刑以求入君。其身之忍。將何有於君。公曰。然則易牙可乎。對曰。易牙解其子以食其君。其子之忍。將何有於君。若用之。必為諸侯笑。及桓公歿。豎刁易牙乃作難。

桓公問於甯戚曰。筦子今年老矣。為棄寡人而就世也。吾恐法令不行。人多失職。百姓疾怨。國多盜賊。吾何如而使姦邪不起。民衣食足乎。甯戚對曰。要在得賢而任之。桓公曰。得賢奈何。甯戚對曰。開其道路。察而用之。尊其位。重其祿。顯其名。則天下之士騷然舉足而至矣。桓公曰。既以舉賢士而用之矣。微夫子幸而臨之。則未有布衣屈奇之士踵門而求見寡人者。甯戚對曰。是君察之不明。舉之不顯。而用之疑。官之卑。祿之薄也。且夫國之所以不得士者有五阻焉。主不好士。諂諛在傍。一阻也。言便事者未嘗見用。二阻也。壅塞掩蔽。必因近習。然後見察。三阻也。訊獄詰窮其辭。以法過之。四阻也。執事適欲擅國權命。五阻也。去此五阻。則豪俊並興。賢智求處。五阻不去。則上蔽吏民之情。下塞賢士之路。是故明王聖主之治。若夫江海無不受。故長為百川之主。明王聖君無不容。故安樂而長久。因此觀之。則安主利人者。非獨一士也。桓公曰。善。吾將著夫五阻以為戒本也。

景公問於晏子曰。寡人從夫子而善齊國之政。對曰。嬰聞之。國具官而后政可善。景公作色曰。齊國雖小。則何為不具官乎。對曰。此非臣之所復也。昔先君桓公身體墮懈。辭令不給。則隰朋侍。左右多過。刑罰不中。則弦章侍。居處肆縱。左右懾畏。則東郭牙侍。田野不修。人民不安。則甯戚侍。軍吏怠。戎士偷。則王子成父侍。德義不中。信行衰微。則筦子侍。先君能以人之長續其短。以人之厚補其薄。是以辭令窮遠而不逆。兵加於有罪而不頓。是故諸侯朝其德。而天子致其胙。今君之失多矣。未有一士以聞者也。故曰未具。景公曰。善。

景公出獵。上山見虎。下澤見蛇。歸。召晏子而問之曰。今日寡人出獵。上山則見虎。下澤則見蛇。殆所謂之不祥也。晏子曰。國有三不祥。是不與焉。夫有賢而不知。一不祥。知而不用。二不祥。用而不任。三不祥也。所謂不祥。乃若此者也。今上山見虎。虎之室也。下澤見蛇。蛇之穴也。如虎之室。如蛇之穴而見之。曷為不祥也。

景公伐宋。至于岐隄之上。登高以望。太息而歎曰。昔我先君桓公。長轂八百乘。以霸諸侯。今我長轂三千乘。而不敢久處於此者。豈其無管仲歟。弦章對曰。臣聞之。水廣則魚大。君明則臣忠。昔有桓公。故有管

仲令桓公在此則車下之臣盡管仲也

晉曰季使過冀見冀缺耨其妻饁之敬相待如賓與之歸言諸晉文公曰敬德之聚也能敬必有德德以治民君請用之臣聞之出門如賓承事如祭仁之則也公曰其父有罪可乎對曰舜之罪也殛鯀其舉也興禹管敬仲桓之賊也實相以濟康誥曰父不慈子不祇兄不友弟不共不相及也詩曰采葑采菲無以下體君取節焉可也文公以為下軍大夫

晉師敗歸桓子(即荀林父)請死晉侯欲許之士貞子諫曰不可城濮之役晉師三日穀文公猶有憂色左右曰有喜而憂如有憂而喜乎公曰得臣猶在憂未歇也困獸猶鬬況國相乎及楚殺子玉公喜而後可知也曰莫余毒也已是晉再克而楚再敗也楚是以再出不競今天或者大警晉也而又殺林父以重楚勝其毋乃久不競乎林父之事

君也進思盡忠退思補過社稷之衛也若之何殺之夫其敗也如日月之食焉何損於明晉侯使復其位

晉平公問於叔向曰昔者齊桓公九合諸侯一匡天下不識其君之力乎其臣之力乎叔向對曰管仲善制割隰朋善削縫賓胥無善純緣桓公知衣而已亦其臣之力也師曠侍曰臣請譬之五味管仲善斷割之隰朋善煎熬之賓胥無善齊和之羹以熟矣奉而進之而君不食誰能強之亦君之力也

衛君問於田讓曰寡人封侯盡千里之地賞賜盡御府繒帛而士不至何也田讓對曰君之賞賜不可以功及也君之誅罰不可以理避也猶舉杖而呼狗張弓而祝雞矣雖有香餌而不能致者害之必也

荊齊燕代四國為一將以攻秦秦王召群臣賓客六十人而問焉曰四國為一將以圖秦寡人屈於內而百姓靡於外為之奈何群臣莫

對姚賈對曰賈願出使四國必絕其謀而安其兵乃資車百乘金千斤衣以其衣舞以其劍姚賈辭行絕其謀止其兵與之為交以報秦秦王大說賈封千戶以為上卿韓非知之曰賈以珍珠重寶南使荊吳北使燕代之間三年四國之交未必合也而珍珠重寶盡於內是賈以王之權外自交於諸侯願王察之且梁監門子嘗盜於梁臣於趙而逐於世監門子梁之大盜趙之逐臣與同知社稷之計非所以勵群臣也王召姚賈而問曰吾聞子以寡人財交於諸侯有諸對曰有王曰有何面目復見寡人對曰曾參孝其親天下願以為子子胥忠於君天下願以為臣貞女工巧天下願以為妃今賈忠王而王不知也賈不歸四國尚焉之使賈不忠於君四國尚焉用賈之身桀聽讒而誅其良將紂聞讒而殺其忠臣至身死國亡今王聽讒則無忠臣矣王曰子監門子梁之大盜趙之逐臣姚賈曰太公望齊之逐夫

朝歌之廢屠子良之逐臣棘津之讎不庸文王用之而王管仲其鄙人之賈人也南陽之敝幽魯之免囚桓公用之而霸百里奚虞之乞人傳賣以五羊之皮穆公相之而朝西戎文公用中山盜而勝於城濮此四士皆有詬醜大誹天下明主用之知其可與立功使若卞隨務光申屠狄人主豈得其用哉故明主不取其汙不聽其非察其為己用故可以存社稷雖有外誹者不聽雖有高世之名無咫尺之功者不賞是以群臣莫敢以虛願望於上秦王曰然乃復使姚賈而誅韓非

秦王拜李斯為客卿會韓人鄭國來間秦以作注溉渠已而覺秦宗室大臣皆言於王曰諸侯人來事秦者大抵為其主游間於秦耳請一切逐客李斯議亦在逐中斯乃上書曰臣聞吏議逐客竊以為過矣昔繆公求士西取由余於戎東得百里奚於宛迎蹇叔於宋來丕

豹公孫支於晉。此五子者不產於秦而穆公用之并國二十遂霸西戎。孝公用商鞅之法移風易俗民以殷盛國以富彊百姓樂用諸侯親服獲楚魏之師舉地千里至今治彊。惠王用張儀之計拔三川之地西并巴蜀北收上郡南取漢中包九夷制鄢郢東據成皋之險割膏腴之壤遂散六國之從使之西面事秦功施到今。昭王得范雎廢穰侯逐華陽彊公室杜私門蠶食諸侯使秦成帝業。此四君者皆以客之功。由此觀之客何負於秦哉。向使四君却客而不內疏士而不用。是使國無富利之實而秦無彊大之名也。今陛下致昆山之玉有隨和之寶垂明月之珠服太阿之劍乘纖離之馬建翠鳳之旗樹靈鼉之鼓。此數寶者秦不生一焉而陛下說之何也。必秦國之所生然後可則是夜光之璧不飾朝廷犀象之器不為玩好鄭魏之女不充後宮而駿良駃騠不實外廐江南金錫不為用西蜀丹青不為采所以飾後宮充下陳娛心意說耳目者必出於秦然後可則是宛珠之簪傅璣之珥阿縞之衣錦繡之飾不進於前而隨俗雅化佳冶窈窕趙女不立於側也。夫擊甕叩缻彈箏搏髀而歌聲嗚嗚快耳目者真秦之聲也。鄭魏桑間昭（一作韶）虞象武者異國之樂也。今棄擊甕叩缻而就鄭衛退彈箏而取昭虞若是者何也。快意當前適觀而已矣。今取人則不然。不問可否不論曲直非秦者去為客者逐然則是所重者在乎色樂珠玉而所輕者在乎人民也。此非所以跨海內制諸侯之術也。臣聞地廣者粟多國大者人衆兵彊則士勇。是以太山不讓土壤故能成其大河海不擇細流故能就其深王者不却衆庶故能明其德。是以地無四方民無異國四時充美鬼神降福。此五帝三王之所以無敵也。今乃棄黔首以資敵國却賓客以業諸侯使天下之士退而不敢西向裹足不入秦。此所謂藉寇兵而齎盜糧者也。夫物不產於秦可寶者多士不產於秦而願忠者衆。今逐客以資敵國損民以益讎內自虛而外樹怨於諸侯求國無危不可得也。秦王乃除逐客之令。

漢高帝為漢王時陳平自楚歸漢因魏無知求見漢王。漢王召入。是時萬石君石奮為中涓受平謁。平等十人俱進賜食。王曰。罷就舍矣。平曰。臣為事來。所言不可以過今日。於是漢王與語而說之。問曰。子居楚何官。平曰。為都尉。是日拜平為都尉使參乘典護軍。諸將盡讙曰。大王一日得楚之亡卒未知高下而即與共載使監護長者。漢王聞之愈益幸平。遂與東伐項王至彭城為楚所敗。引師而還收散兵至滎陽以平為亞將屬韓王信軍廣武。絳灌等或讒平曰。平雖美丈夫如冠玉耳其中未必有也。聞平居家時盜其嫂事魏王不容亡而歸楚歸楚不中又亡歸漢今大王尊官之令護軍。臣聞平使諸將金多者得善處金少者得惡處。平反覆亂臣也。願王察之。漢王疑之。以讓無知。問曰。有之乎。無知曰。有。漢王曰。公言其賢人何也。對曰。臣之所言者能也。陛下所問者行也。今有尾生孝己之行而無益於勝敗之數陛下何暇用之乎。今楚漢相距臣進奇謀之士顧其計誠足以利國家耳。盜嫂受金又安足疑乎。漢王召平而問曰。吾聞先生事魏不遂事楚而去今又從吾遊信者固多心乎。平曰。臣事魏王魏王不能用臣說故去事項王。項王不信人其所任愛非諸項即妻之昆弟雖有奇士不能用臣居楚聞漢王之能用人故歸大王。臝身來不受金無以為資。誠臣計畫有可采者願大王用之。使無可用者大王所賜金具在請封輸官得請骸骨。漢王乃謝厚賜拜以為護軍中尉盡護諸將。諸將迺不敢復言。王又謂陳平曰。天下紛紛何時定乎。平曰。項王為人恭敬愛人士之廉節好禮者多歸之。至於行功爵邑重之。

士亦以此不附。今大王慢而少禮。士廉節者不來。然大王能饒人以爵邑。士之頑鈍嗜利無恥者亦多歸漢。誠各去其兩短。襲其兩長。天下指麾則定矣。然大王恣侮人。不能得廉節之士。顧楚有可亂者。彼項王骨鯁之臣亞父鍾離昧周殷之屬不過數人耳。大王誠能捐數萬斤金行反間。間其君臣以疑其心。項王為人意忌信讒。必內相誅。漢因舉兵而攻之。破楚必矣。王以為然。

高帝即位。五年置酒雒陽南宮。帝曰。列侯諸將毋敢隱朕。皆言其情。吾所以有天下者何。項氏之所以失天下者何。高起王陵對曰。陛下慢而侮人。項羽仁而愛人。然陛下使人攻城略地。所降下者。因以予之。與天下同利也。項羽妬賢嫉能。有功者害之。賢者疑之。戰勝而不予人功。得地而不予人利。此所以失天下也。帝曰。公知其一。未知其二。夫運籌策帷帳之中。決勝於千里之外。吾不如子房。鎮國家。撫百姓。給餽饟。不絕糧道。吾不如蕭何。連百萬之軍。戰必勝。攻必取。吾不如韓信。此三者皆人傑也。吾能用之。此吾所以取天下也。項羽有一范增而不能用。此其所以為我擒也。羣臣悅服。

文帝拜張釋之為謁者僕射。從行。上登虎圈。問上林尉禽獸簿。十餘問。尉左右視。盡不能對。虎圈嗇夫從旁代尉對。上所問禽獸簿甚悉。欲以觀其能口對嚮應亡窮者。文帝曰。吏不當如此邪。尉亡賴。詔釋之拜嗇夫為上林令。釋之前曰。陛下以絳侯周勃何如人也。上曰。長者。又復問東陽侯張相如何如人也。上復曰。長者。釋之曰。夫絳侯東陽侯稱為長者。此兩人言事曾不能出口。豈效此嗇夫喋喋利口捷給哉。且秦以任刀筆之吏。爭以亟疾苛察相高。其弊徒文具亡惻隱之實。以故不聞其過。陵夷至於二世。天下土崩。今陛下以嗇夫口辯而超遷之。臣恐天下隨風靡。爭口辯亡其實。且下之化上。疾於景響。舉錯不可不察也。文帝曰。善。迺止不拜嗇夫。

時季布為河東守。人有言其賢者。文帝召。欲以為御史大夫。復有言其勇使酒難近。至留邸一月。見罷。季布因進曰。臣無功竊寵。待罪河東。陛下無故召臣。此必有以臣欺陛下者。今臣至無所受事。罷去。此必有毀臣者。夫陛下以一人之譽而召臣。以一人之毀而去臣。臣恐天下有識聞之。有以窺陛下也。帝默然慙。良久曰。河東吾股肱郡。故特召君耳。布辭之官。

宣帝五鳳三年。丙吉病篤。上自臨問吉曰。君即有不諱。誰可以自代者。吉辭謝曰。羣臣行能。明主所知。愚臣無所能識。上固問。吉頓首曰。西河太守杜延年明於法度。曉國家故事。前為九卿十餘年。今在郡治有能名。廷尉于定國執憲詳平。天下自以不冤。太僕陳萬年事後母孝。惇厚備於行止。此三人能皆在臣右。唯上察之。上以吉言皆是而許焉。

時蕭望之上疏曰。陛下哀愍百姓。恐德化之不究。悉出諫官以補郡吏。所謂憂其末而忘其本者也。朝無爭臣則不知過。國無達士則不聞善。願陛下選明經術。溫故知新。通於幾微謀慮之士以為內臣。與參政事。諸侯聞之。則知國家納諫憂政。亡有闕遺。若此不怠。成康之道其庶幾乎。外郡不治。豈足憂哉。書聞。徵入守少府。

益州刺史王襄奏蜀人王褒有軼材。迺徵褒。既至。詔褒為聖主得賢臣頌。於是褒對曰。夫荷旃被毳者難與道純綿之麗密。羹藜含糗者不足與論太牢之滋味。今臣僻在西蜀。生於窮巷之中。長於蓬茨之下。無有遊觀廣覽之知。顧有至愚極陋之累。不足以塞厚望應明旨。雖然。敢不略陳愚而抒情素。記曰。共惟春秋法五始之要。在乎審己正統而已。夫賢者國家之器用也。所任賢則趨舍省而功施普。器用利則用力少而就效衆故工人之用鈍器也勞筋苦骨終日矻矻及至巧冶鑄干將之樸清水淬其鋒越砥斂其鍔水斷蛟龍陸剸犀革忽若彗氾畫塗如此則使離婁督繩公輸削墨雖崇臺五層延袤百丈而不溷者工用相得也庸人之御駑馬亦傷吻敝策而不進於行胸喘膚汗人極馬倦及至駕齧膝驂乘旦王良執靶韓哀附輿縱馳騁騖忽如景靡過都越國蹶如歷塊追奔電逐遺風周流八極萬里一息何其遼哉人馬相得也故服絺綌之涼者不苦盛暑之鬱燠襲貂狐之煖者不憂至寒之悽愴何則有其具者易其備賢人君子亦聖王之所以易海內也是以嘔喻受之開寬裕之路以延天下英俊也夫竭知附賢者必建仁策索人求士者必樹伯迹昔周公躬吐握之勞故有圄空之隆齊桓設庭燎之禮故有匡合之功由此觀之君人者勤於求賢而逸於得人人臣亦然昔賢者之未遭遇也圖事揆

策則君不用其謀陳見悃誠則上不然其信進仕不得施效斥逐又非其愆是故伊尹勤於鼎俎太公困於鼓刀百里自鬻甯子飯牛離此患也及其遇明君遭聖主也運籌合上意諫諍即見聽進退得關其忠任職得行其術去卑辱奧渫而升本朝離疏釋蹻而享膏粱剖符錫壤而光祖考傳之子孫以資說士故世必有聖知之君而後有賢明之臣故虎嘯而風冽龍興而致雲蟋蟀俟秋吟蜉蝣出以陰易曰飛龍在天利見大人詩曰思皇多士生此王國故世平主聖俊乂將自至若堯舜禹湯文武之君獲稷契皐陶伊尹呂望明明在朝穆穆布列聚精會神相得益章雖伯牙操遞鍾逢門子彎烏號猶未足以喻其意也故聖主必待賢臣而弘功業俊士亦俟明主以顯其德上下俱欲驩然交欣千載一合論說無疑翼乎如鴻毛遇順風沛乎如巨魚縱大壑其得意若此則胡禁不止曷令不行化溢四表橫被

無窮遐夷貢獻萬祥畢臻是以聖王不徧窺望而視已明不單傾耳而聽已聰恩從祥風翱德與和氣游太平之責塞優游之望得遵遊自然之勢恬淡無為之場休徵自至壽考無疆雍容垂拱永永萬年何必偃仰詘信若彭祖呴噓呼吸如喬松眇然絕俗離世哉詩云濟濟多士文王以寧蓋信乎其以寧也

成帝河平二年御史大夫張忠奏京兆尹王尊罷尊坐免官吏民多稱惜之湖三老公乘興等上書訟尊治京兆盡節勞心夙夜思職撥劇整亂誅暴禁邪皆前所希有今御史奏尊傷害陰陽為國家憂無言庸違象恭滔天原其所以出御史丞楊輔素與尊有私怨外依公事傳致奏文臣等竊痛傷尊脩身潔己砥節首公刺譏不憚將相誅惡不避豪強功著職脩威信不廢昨以京師廢亂選用為卿賊亂既除即以佞巧廢黜一尊之身三期之間乍賢乍佞豈不甚哉願下公

卿大夫博士議郎定尊素行當如御史章尊乃當伏觀闕之誅放於無人之域不得苟免及任舉尊者當獲舉之辜不可但已即不如章飾文深詆以愬無罪亦宜有誅以懲讒賊之口絕欺詐之路於是復以尊為徐州刺史

成帝時御史大夫于永卒谷永薦用薛宣上疏曰帝王之德莫大於知人知人則百僚任職天工不曠故皐陶曰知人則哲能官人御史大夫內承本朝之風化外佐丞相統理天下任重職大非庸材所能堪今當選於羣卿以充其缺得其人則萬姓欣喜百僚說服不得其人則大職墮斁王功不興虞帝之明在此一舉可不致詳竊見少府薛宣材茂行絜達於從政前為御史中丞執憲轂下不吐剛茹柔舉錯時當出守臨淮陳留二郡稱治為左馮翊崇教養善威德並行衆職脩理姦軌絕息辭訟者

歷年不至丞相府。赦後餘盜賊什分三輔之一。功效卓爾。自左內史初置以來未嘗有也。孔子曰。如有所譽。其有所試。宣考績功課簡在兩府。不敢過稱以干欺誣之辠。臣聞賢材莫大於治人。宣已有效。其法律任廷尉有餘。經術文雅足以謀王體。斷國論。身兼數器。有退食自公之節。無私黨游說之助。臣恐陛下忽於羔羊之詩。舍公實之臣。任華虛之譽。是用越職陳宣行能。唯陛下留神考察。

哀帝初立。欲匡成帝之政。多所變動。丞相王嘉上疏曰。臣聞聖王之功在於得人。孔子曰。材難。不其然與。故繼世立諸侯。象賢也。雖不能盡賢。天子為擇臣立命卿以輔之。居是國也。累世尊重。然後士民之眾附焉。是以教化行而治功立。今之郡守重於古諸侯。往者致選賢材。賢材難得。拔擢可用者。或起於囚徒。昔魏尚坐事繫。文帝感馮唐之言。遣使持節赦其辠。拜為雲中太守。匈奴忌之。武帝擢韓安國於徒中。拜為梁內史。帝骨肉以安。張敞為京兆尹。有罪當免。黠吏知而犯敞。敞收殺之。其家自冤。使者覆獄。劾敞賊殺人。上逮捕不下。官使者上奏請逮捕敞。而天子不下其事也。會免。亡命數十日。宣帝徵敞。拜為冀州刺史。卒獲其用。前世非私此三人。貪其材器有益於公家也。孝文時吏居官者或長子孫。以官為氏。倉氏庫氏則倉庫吏之後也。其二千石長吏。亦安官樂職。然後上下相望。莫有苟且之意。其後稍稍變易。公卿以下傳相促急。又數改更政事。司隸部刺史察過悉劾。發揚陰私。吏或居官數月而退。送故迎新。交錯道路。中材苟容求全。下材懷危內顧。一切營私者多。二千石益輕賤。吏民慢易之。或持其微過。增加成辠。言於刺史司隸。或至上書章下。眾庶知其易危。小失意則有離畔之心。前山陽亡徒蘇令等從橫。吏士臨難。莫肯伏節死義。以守相威權素奪也。孝成皇帝悔之。下詔書二千石不為縱。二千石不以故縱為罪。所以優之也。遣使者賜金。尉厚其意。誠以為國家有急。取辦於二千石。二千石尊重難危。乃能使下。孝宣皇帝愛其良民吏。有章劾。事留中。會赦一解。故事。尚書希下章。為煩擾百姓。證驗繫治。或死獄中。章文必有敢告之字。迺下。唯陛下留神於擇賢。記善忘過。容忍臣子。勿責以備。二千石部刺史三輔縣令有材任職者。人情不能不有過差。宜可闊略。令盡力者有所勸。此方今急務。國家之利也。前蘇令發。欲遣大夫使逐問狀。時見大夫無可使者。召盩厔令尹逢。拜為諫大夫遣之。今諸大夫有材能者甚少。宜豫畜養可成就者。則士赴難不愛其死。臨事倉卒乃求。非所以明朝廷也。嘉因薦儒者公孫光滿昌。及能吏蕭咸薛脩等。皆故二千石有名稱。天子納而用之。

時傅太后始與政事。右將軍傅喜數諫之。由是傅太后不欲令喜輔政。上於是用左將軍師丹代王莽為大司馬。賜喜黃金百斤。上將軍印綬。以光祿大夫養病。大司空何武尚書令唐林皆上書言。喜行義脩絜。忠誠憂國。內輔之臣也。今以寢病一旦遣歸。眾庶失望。皆曰傅氏賢子。以論議不合於定陶太后故退。百僚莫不為國恨之。忠臣社稷之衛。魯以季友治亂。楚以子玉輕重。魏以無忌折衝。項以范增存亡。故楚跨有南土。帶甲百萬。鄰國不以為難。子玉為將。則文公側席而坐。及其死也。君臣相慶。百萬之眾。不如一賢。故秦行千金以間廉頗。漢散萬金以疏亞父。喜立於朝。陛下之光輝。傅氏之廢興也。上亦自重之。明年正月遷徙師丹為大司空。而拜喜為大司馬。封高武侯。

後漢光武為蕭王時。以河內險要富實。欲擇守者而難其人。問於鄧禹。禹對曰。寇恂文武備足。有牧民御衆之才。非此子莫可使也。乃拜恂河內太守。謂曰。昔高祖留蕭何關中。吾今委公以河內。當給足軍糧。率厲士馬。防遏他兵。勿令北度。王引兵而北。恂調糇糧。治器械。以供軍。未嘗乏絕。

建武十一年。郭伋為并州牧。過京師。帝問以得失。伋曰。選補衆職。當簡天下賢俊。不宜專用南陽人。是時在位多鄉曲故舊。故伋言及之。

光武時。武陽侯朱浮上疏曰。陛下清明履約。率禮無違。自宗室諸王外家后親。皆奉遵繩墨。無黨埶之名。至或乘牛車。齊於編人。斯固法令整齊。下無作威者也。求之於事。宜以和平。而災異

猶見者。而豈徒然。天道信誠。不可不察。竊見陛下疾往者上威不行下專國命。即位以來。不用舊典。信刺舉之官。黜鼎輔之任。至於有所劾奏。便加免退。覆案不關三府。罪譴不蒙澄察。陛下以使者為腹心而使者以從事為耳目。是為尚書之平。決於百石之吏。故羣下苛刻各自為能。兼以私情容長憎愛。在職皆競張空虛。以要時利。故有罪者心不厭服。無咎者坐被空文。不可經盛衰。貽後王也。夫事積久則吏自重。吏安則人自靜。傳曰。五年再閏。天道乃備。夫以天地之靈。猶五載以成其化。況人道哉。臣浮愚戇。不勝惓惓。願陛下留心千里之任。省察偏言之奏。

南陽太守杜詩上疏薦陽都侯伏湛曰。臣聞唐虞以股肱康。文王以多士寧。是故詩稱濟濟。書曰良哉。臣詩竊見故大司徒陽都侯自行束脩。訖無毀玷。篤信好學。守死善道。經為人師。行為儀表。前在河內朝歌。及居平原。吏人畏愛。則而象之。遭時反覆。不離兵凶。秉節持重有不可奪之志。陛下深知其能。顯以宰相之重。衆賢百姓。仰望德義微過斥退。久不復用。有識所惜。儒士痛心。臣竊傷之。湛容貌堂堂。國之光暉。智略謀慮。朝之淵藪。髫髮厲志。白首不衰。實足以先後王室。名足以光示遠人。古者選擢諸侯以為公卿。是故四方回首。仰望京師。柱石之臣。宜居輔弼。出入禁門。補闕拾遺。臣詩愚戇。不足以知宰相之才。竊懷區區。敢不自竭。臣前為侍御史。上封事。言湛公廉愛下。好惡分明。累世儒學。素持名信。經明行脩。通達國政。尤宜近侍。納言左右。舊制九州五尚書。令一郡二人。可以湛代。頗為執事所非。但臣詩蒙恩深渥。所言誠有益於國。雖死無恨。故復越職觸冒

明帝時。驃騎將軍東平王蒼上疏。薦吳良曰。臣聞為國所重。必在得人。報恩之義。莫大薦士。竊見臣府西曹掾齊國吳良。資質敦固。公方

廉恪。躬儉安貧。白首一節。又治尚書。學通師法。經任博士。行中表儀宜備宿衛。以輔聖政。臣蒼榮寵絕矣。憂責深大。私慕公叔同升之義懼於臧文竊位之罪。敢秉愚瞽。犯冒嚴禁。

章帝時。韋彪以世承二帝吏化之後。多以苛刻為能。又置官選職。不必以才。因盛夏多寒。上疏諫曰。臣聞政化之本。必順陰陽。伏見立夏以來。當暑而寒。殆以刑罰刻急。郡國不奉時令之所致也。農人急於務。而苛吏奪其時。賦發充常調。而貪吏割其財。此其巨患也。夫欲急人所務。當先除其所患。天下樞要。在於尚書。尚書之選。豈可不重。而間者多從郎官超升此位。雖曉習文法。長於應對。然察察小慧。類無大能。宜簡嘗歷州宰素有名者。雖進退舒遲。時有不逮。然端心向公奉職周密。宜鑒嗇夫捷急之對。深思絳侯木訥之功也。往時楚獄大起。故置令史以助郎職。而類多小人。好為姦利。今者務簡。可皆停省

又諫議之職。應用公直之士。通才謇正。有補益於朝者。今或從徵試輩為大夫。又御史外遷。動據州郡。並宜清選其任。責以言績。其二千石視事雖久。而為吏民所便安者。宜增秩重賞。勿妄遷徙。惟留聖心。

書奏。帝納之

司徒第五倫薦用鉅鹿太守謝夷吾。上疏曰。臣聞堯登稷契。政隆太平。舜用皋陶。政致雍熙。殷周雖有高宗昌發之君。猶賴傅說呂望之策。故能克崇其業。允協大中。竊見鉅鹿太守會稽謝夷吾。出自東州。厥土塗泥。而英姿挺特。奇偉秀出。才兼四科。行包九德。仁足濟時。知周萬物。加以少膺儒雅。韜含六籍。推考星度。綜校圖錄。探賾聖祕。觀變歷徵。占天知地。與神合契。據其道德。以經王務。昔為陪隸。與臣從事。奮忠毅之操。躬史魚之節。董臣嚴綱。勗臣懦弱。得以免戾。寔賴厥勳。及其應選作宰。惠敷百里。降福彌異。流化若神。爰牧荊州。威行邦國。奉法作政。有周召之風。居儉履約。紹公儀之操。尋功簡能。為外臺之表。聽聲察實。為九伯之冠。遷守鉅鹿。政合時雍。德量績謀。有伊呂管晏之任。闡弘道奧。同史蘇京房之倫。雖密勿在公。而身出心隱。不殉名以求譽。不馳騖以要寵。念存遜遁。演志箕山。方之古賢。實有倫序。採之於今。超焉絕俗。誠社稷之元龜。大漢之棟甍。宜當拔擢。使登鼎司。上令三辰順軌於歷象。下使五品咸訓于嘉時。必致休徵克昌之慶。非徒循法奉職而已。臣以頑駑。器非其疇。尸祿負乘。夕惕若厲。顧乞骸骨。更授夷吾。上以光七曜之明。下以厭率土之望。庶令微臣塞咎免悔。

安帝時。尚書陳忠論薦劉愷。上疏曰。臣聞三公上則台階。下象山岳。股肱元首。鼎足居職。協和陰陽。調訓五品。考功量才。以序庶僚。遭烈風不迷。遇迅雨不惑。位莫重焉。而今上司缺職。未議其人。臣竊差次

諸卿。考合眾議。咸稱太常朱倀。少府荀遷。臣父寵。前忝司空。倀。遷並為掾屬。具知其能。倀能說經書。而用心褊狹。遷嚴毅剛直。而薄於藝文。伏見前司徒劉愷。沈重淵懿。道德博備。克讓爵土。致祚弱弟。躬浮雲之志。兼浩然之氣。頻歷二司。舉動得禮。以疾致仕。側身里巷。處約思純。進退有度。百僚景式。海內歸懷。往者孔光師丹。近世鄧彪張酺。皆去宰相。復序上司。誠宜簡練卓異。以厭眾望。書奏。詔引愷拜太尉。

御史中丞樊準薦用龐參。上疏曰。臣聞鷙鳥累百。不如一鶚。昔孝文皇帝悟馮唐之言。而赦魏尚之罪。使為邊守。匈奴不敢南向。夫以一臣之身。折方面之難者。選用得也。臣伏見故左校令河南龐參。勇謀不測。卓爾奇偉。高才武略。有魏尚之風。前坐微法。輸作經時。今羌戎為患。大軍西屯。臣以為如參之人。宜在行伍。惟明詔採前世之舉。觀魏尚之功。免赦參刑。以為軍鋒。必有成效。宣助國威。鄧太后納其言。即擢參於徒中。召拜謁者。使西督三輔諸軍屯。

先零羌豪僭號北地。詔龐參將降羌及湟中義從胡七千人。與行征西將軍司馬鈞期會北地擊之。參兵至勇士城東。為杜季貢所敗。引退。鈞等獨進。參既已失期。乃詐病引兵還。坐以詐疾徵下獄。校書郎馬融上書請之曰。伏見西戎反畔。寇鈔五州。陛下愍百姓之傷痍。哀黎元之失業。單竭府庫。以奉軍師。昔周宣玁狁侵鎬及方。孝文匈奴亦略上郡。而宣王立中興之功。文帝建太宗之號。非惟兩主有明叡之姿。抑亦扞城有虓虎之助。是以南仲赫赫。列在周詩。亞夫赳赳。載於漢策。竊見前護羌校尉龐參。文武昭備。智略弘遠。既有義勇果毅之節。兼以博雅深謀之姿。又度遼將軍梁慬。前統西域。勤苦數年。還留三輔。功效克立。閒在北邊。單于降服。今皆幽囚。陷於法網。昔荀林父敗績於邲。晉侯使復其位。孟明視喪師於崤。秦伯不替其官。故晉

景并赤狄之土。秦穆遂霸西戎。宜遠覽二君。使參懂得在寬宥之科。誠有益於折衝。毗佐於聖化。書奏赦參等。

順帝時當會茂才孝廉。太尉龐參以被奏稱疾不得會。上計掾廣漢段恭因會上疏曰。伏見道路行人農夫織婦皆曰太尉龐參竭忠盡節。徒以直道不能曲心。孤立羣邪之間。自處中傷之地。臣猶冀在陛下之世。當蒙安全。而復以讒佞傷毀忠正。此天地之大禁。人主之至誡。昔白起賜死。諸侯酌酒相賀。季子來歸。魯人喜其紓難。夫國以賢化。君以忠安。今天下咸欣陛下有此忠賢。願卒寵任以安社稷。書奏。詔即遣小黃門視參疾。太醫致羊酒。

尚書史敞等薦胡廣曰。臣聞德以旌賢。爵以建事。明試以功。典謨所美。五服五章。天秩所作。是以臣竭其忠。君豐其寵。舉不失德。下忘其死。竊見尚書僕射胡廣。體貞履規。謙虛溫雅。博物洽聞。探賾窮理。六經典奧。舊章憲式。無所不覽。柔而不犯。文而有禮。忠貞之性。憂公如家。不矜其能。不伐其勞。翼翼周慎。行靡玷漏。密勿夙夜。十有餘年。心不外顧。志不苟進。臣等竊以為廣在尚書。劬勞日久。後毋年老。既蒙簡照。宜試職千里。匡寧方國。陳留近郡。今太守任缺。廣才略深茂。堪能撥煩。願以參選。紀綱頹俗。使束脩守善。有所勸仰。

永和中李固遷將作大匠。上疏陳事曰。臣聞氣之清者為神。人之清者為賢。養身者以練神為寶。安國者以積賢為道。昔秦欲謀楚。王孫圉設壇西門。陳列名臣。秦使懼然。遂為寢兵。魏文侯師卜子夏。友田子方。軾段干木。故群俊競至。名過齊桓。秦人不敢窺兵於西河。斯蓋積賢人之符也。陛下撥亂龍飛。初登大位。聘南陽樊英。江夏黃瓊。廣漢楊厚。會稽賀純。策書嗟歎。待以大夫之位。是以岩穴幽人。智術之士。彈冠振衣。樂欲為用。四海欣然。歸服聖德。厚等在職。雖無奇卓。然

夕惕孳孳。志在憂國。臣前在荊州。聞厚純等以病免歸。誠以悵然。為時惜之。一日朝會。見諸侍中並皆年少。無一宿儒大臣可顧問者。誠可歎息。宜徵還厚等以副群望。瓊久處議郎。已且十年。衆人皆怪始隆崇。今更滯也。光祿大夫周舉。才謨高正。宜在常伯。訪以言議。侍中杜喬學深行直。當世良臣。久托疾病。可敕令起。是日有詔徵用倫厚等。而以固為大司農。

桓帝延熹二年。尚書令陳蕃。僕射胡廣等上疏薦徐穉等曰。臣聞善人天地之紀。政之所由也。詩云。思皇多士。生此王國。天挺俊乂。為陛下出。當輔弼明時。左右大業者也。伏見處士豫章徐穉。彭城姜肱。汝南袁閎。京兆韋著。潁川李曇。德行純備。著于人聽。若使擢登三事。協亮天工。必能翼宣盛美。增光日月矣。桓帝乃以安車玄纁備禮徵之。

時合浦太守孟嘗以病徵還。隱處窮澤。尚書郎楊喬上書論薦曰。臣前後七表。言故合浦太守孟嘗。而身輕言微。終不蒙察。區區破心。徒然而已。嘗安仁弘義。耽樂道德。清行出俗。能幹絕群。前更守宰。移風改政。去珠復還。饑民蒙活。且南海多珍。財產易積。掌握之內。價盈兼金。而嘗單身謝病。躬耕壟次。匿影藏采。不揚華藻。實羽翮之美用。非徒腹背之毛也。而沈淪草莽。好爵莫及。廊廟之寶。棄於溝渠。且年歲有訖。桑榆行盡。而忠貞之節。永謝聖時。臣誠傷心。私用流涕。夫物以遠至為珍。士以稀見為貴。槃木朽株。為萬乘用者。左右為之容耳。王者取士。宜拔衆之所貴。臣以斗筲之資。趨走日月之側。思立微節。不敢苟私鄉曲。竊感禽息。亡身進賢。嘗竟不見用

延熹九年。李膺等以黨事下獄考實。太尉陳蕃上疏極諫曰。臣聞賢明之君。委心輔佐。亡國之主。諱聞直辭。故湯武雖聖。而興於伊呂。桀紂迷惑。亡在失人。由此言之。君為元首。臣為股肱。同體相須。共成美

惡者也。大見前司隸校尉李膺、太僕杜密、太尉掾范滂等，正身無玷，死心社稷。以忠忤旨，橫加考案，或禁錮閉隔，或死徙非所。杜塞天下之口，聾盲一世之人，與秦焚書坑儒何以為異。昔武王克殷，表封閭墓。今陛下臨政，先誅忠賢，遇善何薄，待惡何優。夫讒人似實，巧言如黃。使聽之者惑，視之者昏。夫吉凶之效，存乎識善；成敗之機，在於察言。人君者攝天地之政，秉四海之維，舉動不可以違聖法，進退不可以離道規。謬言出口，則亂及八方，何況髡無罪於獄，殺無辜於市乎。昔禹巡狩蒼梧，見市殺人，下車而哭之，曰萬方有罪，在予一人。故其興也勃焉。又青徐炎旱，五穀損傷，民物流遷，茹菽不足。而宮女積於房掖，國用盡於羅紈，外戚私門，貪財受賂，所謂祿去公室，政在大夫。昔春秋之末，周德衰微，數十年間無復災眚者，天所棄也。天之於漢，悵悵無已，故殷勤示變，以悟陛下。除妖去孽，實在脩德。臣位列台司，憂責深重，不敢尸祿惜生，坐觀成敗。如蒙採錄，使身首分裂，異門而出，所不恨也。帝諱其言切，託以蕃辟召非其人，遂策免之。

時徐州從事臧旻上書訟第五種曰：臣聞士有忍死之辱，必有就事之計；故季布屈節於朱家，管仲錯行於召忽。此二臣以可死而不死者，非愛身於須臾，貪命於苟活，隱其智力，顧其權略，庶幸逢時，有所為耳。卒遭高帝之成業，齊桓之興伯，遺其亡逃之行，赦其射鉤之讎，拔於囚虜之中，信其佐國之謀，勳效傳於百世，君臣載於篇籍。假令二主紀過於纖介，則此二臣同死於犬馬，沈名於溝壑，當何由得申其補過之功，建其奇奧之術乎。伏見故兗州刺史第五種，傑然自建，在鄉曲無苞苴之嫌，步朝堂無擇言之闕，天性疾惡，公方不曲。故論者說清高以種為上，序直士以種為首。春秋之義，選人所長，棄其所短，錄其小善，除其大過。種所坐以賊盜，公負筋力未就，罪至徵徙，非有大惡。昔虞舜事親，大杖則走。故種逃亡，苟全性命，冀有朱家之路，以顯季布之會。願陛下無遺須臾之恩，令種有持忠入地之恨。種會赦出。

獻帝時，公車司馬令謝該以父母老，託疾去官，欲歸鄉里，會荊州道斷不得去。少府孔融上書薦之曰：臣聞高祖創業，韓彭之將征討暴亂，陸賈叔孫通進說詩書。光武中興，吳耿佐命，范升衛宏脩述舊業。故能文武並用，成長久之計。陛下聖德欽明，同符二祖，勞謙厄運，三年乃讙。今尚父鷹揚，方叔翰飛，王師電鷙，羣凶破殄，始有橐弓臥鼓之次。宜得名儒，典綜禮紀。竊見故公車司馬令謝該，體曾史之淑性，兼商偃之文學，博通羣藝，周覽古今，物來有應，事至不惑，清白異行，敦悅道訓。求之遠近，少有疇匹。若乃巨骨出吳，隼集陳庭，黃熊入寢，亥首有二，非夫洽聞者，莫識其端也。雋不疑定北闕之前，夏侯勝辯常陰之驗，然後朝士益重儒術。今該實卓然比迹前列，間以父母老疾，棄官欲歸，道路險塞，無由自致。猥使良才抱樸而逃，踰越山河，沈淪荊楚，所謂往而不反者也。後日當更饋樂以釣由余，克像以求傅說，豈不煩哉。臣愚以為可推錄所在，召該令還。楚人止孫卿之去國，漢朝追匡衡於平原，尊儒貴學，惜失賢也。書奏，詔即徵還，拜議郎。

融又論薦處士禰衡上疏曰：臣聞洪水橫流，帝思俾乂，旁求四方，以招賢俊。昔孝武繼統，將弘祖業，疇咨熙載，羣士響臻。陛下叡聖，纂承基緒，遭遇厄運，勞謙日昃。惟岳降神，異人並出。竊見處士平原禰衡，年二十四，字正平，淑質貞亮，英才卓犖。初涉藝文，升堂覩奧，目所一見，輒誦於口，耳所暫聞，不忘於心。性與道合，思若有神。弘羊潛計，安世默識，以衡準之，誠不足怪。忠果正直，志懷霜雪，見善若驚，疾惡若讎。任座抗行，史魚厲節，殆無以過也。鷙鳥累伯，不如一鶚。使衡立朝，必有可觀飛辯騁辭溢氣坌涌解疑釋結臨敵有餘昔賈誼求試屬國詭係單于終軍欲以長纓牽致勁越弱冠慷慨前世美之近日路粹嚴象亦用異才擢拜臺郎衡宜與爲比如得龍躍天衢振翼雲漢揚聲紫微垂光虹蜺足以昭近署之多士增四門之穆穆鈞天廣樂必有奇麗之觀帝室皇居必畜非常之寶若衡等輩不可多得激楚揚阿至妙之容臺牧者之所貪飛兎騕褭絶足奔放良樂之所急臣等區區敢不以聞

曹操薦荀彧表曰臣聞慮爲功首謀爲賞本野績不越廟堂戰多不踰國勳是故曲阜之錫不後營丘蕭何之土先於平陽珍策重計古今所尚侍中守尚書令彧積德累行少長無悔遭世紛擾懷忠念治臣自始舉義兵周游征伐與彧勠力同心左右王略發言授策無施不效彧之功業臣由以濟用披浮雲顯光日月陛下幸許彧左右機近忠恪祇順如履薄氷研精極鋭以撫庶事天下之定彧之功也宜享高爵以彰元勳

歷代名臣奏議卷之一百二十九

歷代名臣奏議卷之一百三十

用人

魏太祖置酒漢濱關內侯王粲奉觴賀曰方今袁紹起河北杖大衆志兼天下然好賢而不能用故奇士去之劉表雍容荊楚坐觀時變自以爲西伯可規士之避亂荊州者皆海內之雋傑也表不知所任故國危而無輔明公定冀州之日下車即繕其甲卒收其豪傑而用之以橫行天下及平江漢引其賢雋而置之列位使海內回心望風而願治文武並用英雄畢力此三王之舉也

何夔言於太祖曰自軍興以來制度草創用人未詳其本是以各引其類時忘道德夔聞以賢制爵則民愼德以庸制祿則民興功以爲自今所用必先核之鄉閭使長幼順叙無相踰越顯忠直之賞明公實之報則賢不肖之分居然別矣又可脩保舉故不以實之令使有司別受其負在朝之臣時受教與曹並選者各任其責上以觀朝臣之節下以塞爭競之源以督羣下以率萬民如是則天下幸甚

太祖置校事盧洪趙達等使察羣下法曹掾高柔諫曰設官分職各有所司今置校事既非居上信下之旨又達等數以憎愛擅作威福宜檢治之太祖曰卿知達等恐不知吾也要能刺舉而辦衆事使賢人君子爲之則不能也昔叔孫通用羣盜良有以也達等後奸利發太祖殺之以謝於柔

三公無事又希與朝政柔爲廷尉又上疏曰天地以四時成功元首以輔弼興治成湯伏阿衡之佐文武憑旦望之力逮至漢初蕭曹之儔並以元勳代作心膂此皆明王聖主任臣於上賢相良輔股肱於下也今心輔之臣皆國之棟梁民所具瞻而置之三事不使知政遂各偃息養高鮮有進納誠非朝廷崇用大臣之義大臣獻可替否之

謂也。古者刑政有疑。輙議於槐棘之下。自今之後。朝有疑議及刑獄大事。宜數以咨訪三公。三公朝朔望之日。又可特延入講論得失。博盡事情。庶有裨起天聽。弘益大化。帝嘉納焉

文帝踐阼。散騎常侍王象薦楊俊曰。伏見南陽太守楊俊。秉純粹之茂質。履忠肅之弘量。体仁足以育物。篤實足以動衆。克長後進。惠訓不倦。外寬內直。仁而有斷。自初彈冠。所歷垂化。再守南陽。恩德流著。殊鄰異黨。襁負而至。今境守清靜。無所展其智能。宜還本朝。宣力輦轂。熙帝之載。

明帝即位。何曾累遷散騎侍郎。汲郡典農中郎將。給事黃門侍郎。上疏曰。臣聞為國者以清淨為基。而百姓以良吏為本。今海內虛耗。事役衆多。誠宜恤養黎元。悅以使人。郡守之權。雖輕猶專任千里。比之於古。則列國之君也。上當奉宣朝恩。以致惠和。下當興利而除其害。得其人則可安。非其人則為患。故漢宣稱曰。百姓所以安其田里而無歎息愁恨之聲者。政平訟理也。與我共此者。其惟良二千石乎。此誠可謂知政之本也。方今國家大舉。新有發調。軍師遠征。上下劬勞。夫百姓可與樂成。難與慮始。愚惑之人。能厭目前之小勤。而忘為亂之大禍者。是以郡守益不可不得其人。才雖難備。猶宜粗有威恩。為百姓所信憚者。臣聞諸郡守有年老或疾病。皆委政丞掾。不恤庶事。或体性疏怠。不以政理為意。在官積年。惠澤不加於人。然於考課之限。罪亦不至黜免。故得經延歲月。而無斥罷之期。臣愚以為可密詔主者。使隱核參訪。郡守其有老病不隱親人物。及宰牧少恩。好脩人事。煩撓百姓者。皆可徵還。為更選代。

蔣濟遷為中護軍。時中書監令號為專任。濟上疏曰。大臣太重者國危。左右太親者身蔽。古之至戒也。往者大臣秉事。外內扇動。陛下卓

然自覽萬機。莫不祗肅。夫大臣非不忠也。然威權在下。則衆心慢上。勢之常也。陛下既已察之於大臣。願無忘於左右。左右忠正遠慮。未必賢於大臣。至於便辟取合。或能工之。今外所言。輙云中書。雖使恭慎不敢外交。但有此名。猶惑世俗。況實握事要。日在目前。儻因疲倦之間。有所割制。衆臣見其能推移於事。即亦因時而向之。一有此端。因當內設自完。以此衆語。私招所交。為之內援。若此。臧否毀譽。必有所興。功負賞罰。必有所易。直道而上者或壅。曲附左右者反達。因微而入。緣形而出。意所狎信。不復猜覺。此宜聖智所當早聞。外以經意。則形際自見。或恐朝臣畏言不合。而受左右之怨。莫適以聞。臣竊亮陛下潛神默思。公聽並觀。若事有未盡於理。而物有未周於用。將改曲易調。遠與黃唐角功。近昭武文之迹。豈近習而已哉。然人君猶不可悉天下事。以適己明。當有所付。三官任一臣。非周公旦之忠。又非管夷吾之公。則有弄機敗官之弊。當今柱石之士雖少。至於行稱一州。智效一官。忠信竭命。各奉其職。可並驅策。不使聖明之朝有專吏之名也

太和中。樂安廉昭以才能拔擢。頗好言事。散騎黃門侍郎杜恕上疏極諫曰。伏見尚書郎廉昭奏左丞曹璠以罰當關不依詔。坐判問。又云諸當坐者別奏。尚書令陳矯自奏不敢辭罰。亦不敢以處重為恭。意至懇惻。臣竊愍然為朝廷惜之。夫聖人不擇世而興。不易民而治。然而生必有賢智之佐者。蓋進之以道。帥之以禮故也。古之帝王之所以能輔世長民者。莫不遠得百姓之懽心。近盡群臣之智力。誠使今朝任職之臣。皆天下之選。而不能盡其力。不可謂能使人。若非天下之選。亦不可謂能官人。陛下憂勞萬機。或親燈火。而庶事不康。刑禁日弛。豈非股肱不稱之明效歟。原其所由。非獨臣有不盡忠。亦主

有不能使百里奚愚於虞而智於秦豫讓苟容中行而著節智伯斯則古人之明驗矣今臣言一朝皆不忠是誣一朝也然其事類可推而得陛下感帑藏之不充實而軍事未息至乃斷四時之賦衣薄御府之私穀帥由聖意舉朝稱明與聞政事密勿大臣寧有懇懇憂此者乎騎都尉王才幸樂人孟思所為不法振動京都而其罪狀發於小吏公卿大臣初無一言自陛下踐阼以來司隸校尉御史中丞寧有舉綱維以督姦宄使朝廷肅然者邪若陛下以為今世無良才朝廷之賢佐豈可追望稷契之遐蹤坐待來世之儁乂乎今之所賢者盡有大官而享厚祿矣然而奉上之節未立向公之心不一者委任之責不專而俗多忌諱故也臣以為忠臣不必親親臣不必忠何者以其居無嫌之地而事得自盡也今有疏者毀人不實其所毀必曰私報所憎譽人不實其所譽而必曰私愛所親左右或因之以進憎

愛之說非獨毀譽有之政事損益亦皆有嫌陛下當思所以闡廣朝臣之心篤厲有道之節使之自同古人望與竹帛耳反使如廉昭者擾亂其間臣懼大臣遂將容身保位坐觀得失為來世戒也昔周公戒魯侯曰無使大臣怨乎不以言賢愚明皆當世用也堯數舜之功稱去四凶不言大小有罪則去也今者朝臣不自以為不能以陛下為不任也不自以為不知以陛下為不問也陛下何不遵周公之所以用大舜之所以去使侍中尚書坐則侍帷幄行則從華輦親對詔問所陳必達則羣臣之行能否皆可得而知忠能者進闇劣者退誰敢依違而不自盡以陛下之聖明親與羣臣論議政事使羣臣人得自盡人自以為親人思所以報賢愚能否在陛下之所用以此治事何事不辦以此建功何功不成每有軍事詔書常曰誰當憂此者邪吾當自憂耳近詔又曰憂公忘私者必不然但先公後私即自辦也

伏讀明詔乃知聖思究盡下情然亦怪陛下不治其本而憂其末也人之能否實有本性雖臣亦以為朝臣不盡稱職也明主之用人也使能者不敢遺其力而不能者不得處非其任選舉非其人未必為有罪也舉朝共容非其人乃為怪耳陛下知其不盡力也而代之憂其職知其不能也而教之治其事豈徒主勞而臣逸哉雖聖賢並世終不能以此為治也陛下又患臺閣禁令之不密人事請屬之不絕聽伊尹作迎客出入之制選司徒更惡吏以守寺門威禁由之實未得為禁之本也昔漢安帝時少府竇嘉辟廷尉郭躬無罪之兄子猶見舉奏章劾紛紛近司隸校尉孔羨辟大將軍狂悖之弟而有司嘿爾望風希指甚於受屬選舉不以實人事之大者也嘉有親戚之寵躬非社稷重臣猶尚如此以今況古陛下自不督必行之罰以絕阿黨之原耳伊尹之制與惡吏守門非治世之具也使臣之言少蒙察

納何患於姦不削滅而養若昭等乎夫糾擿姦宄忠事也然而世憎小人行之者以其不顧道理而苟求容進也若陛下不復考其終始必以違衆迕世為奉公密行白人為盡節焉有通人大才而更不能為此邪誠顧道理而弗為耳使天下皆背道而趨利則人主之所最病者陛下將何樂焉胡不絕其萌乎夫先意承旨以求容美率皆天下淺薄無行義者其意務在於適人主之心而已非欲治天下安百姓也陛下何不試變業而示之彼豈執其所守以違聖意哉夫人臣得人主之心安業也處尊顯之官榮事也食千鍾之祿厚實也人臣雖愚未有不樂此而喜干迕者也迫於道自彊耳誠以為陛下當憐而佑之少委任焉如何反錄昭等傾側之意而忽若人者乎今者外有伺隙之寇內有貧曠之民陛下當大計天下之損益政事之得失誠不可以怠也

景初元年。司徒司空並缺。散騎侍郎孟康薦崔林曰。夫宰相者天下之所瞻效。誠宜得秉忠履正本德杖義之士。足為海內所師表者。竊見司隸校尉崔林。稟自然之正性。体高雅之弘量。論其所長以比古人。忠貞不用則史魚之儔。清儉守約則季文之匹也。牧守州郡所在而治。及為外司。萬里齊肅。誠台輔之妙器。袞職之良才也。

明帝時。詔書博求衆賢。散騎侍郎夏侯惠薦劉劭曰。伏見常侍劉劭。深忠篤思。体周於數。凡所錯綜。源流弘遠。是以羣才大小咸取所同而斟酌焉。故性實之士服其平和良正。清靜之人慕其玄虛退讓。文學之士嘉其推步詳密。法理之士明其分數精比。意思之士知其沈深篤固。文章之士愛其著論屬辭。制度之士貴其化略較要。策謀之士贊其明思通微。凡此諸論。皆取適已所長而舉其支流者也。臣數聽其清談。覽其篤論。漸漬歷年。服膺彌久。實為朝廷奇其器量。以為若此人者。宜輔翼機事。納謀幃幄。當與國道俱隆。非世俗所常有也。惟陛下垂優游之聽。使劭承清閒之歡。得自盡於前。則德音上通。煇耀日新矣

散騎常侍王肅上疏曰。除無事之位。損不急之祿。止浮食之費。并從容之官。使官必有職。職任其事。事必受祿。祿代其耕。乃往古之常式。當今之所宜也。官寡而祿厚。則公家之費鮮。進仕之志勸。進仕之志勸。各展才力。莫相倚杖。敷奏以言。明試以功。能之與否。簡在帝心。是以唐虞之設官分職。申命公卿。各以其事。然後惟龍為納言。猶今尚書也。以出內帝命而已。夏殷不可得而詳。甘誓曰。六事之人。明六卿亦典事者也。周官則備矣。五日視朝。公卿大夫並進。而司士辨其位焉。其記曰。坐而論道謂之王公。作而行之謂之士大夫。及漢之初。依擬前代。公卿皆親以事升朝。故高祖躬追反走之周昌。武帝遙可奉奏之汲黯。宣帝使公卿五日一朝。成帝始置尚書五人。自是陵遲。朝禮遂闕。可復五日視朝之儀。使公卿尚書各以事進。廢禮復興。光宣聖緒。誠所謂名美而實厚者也

中領軍桓範薦徐宣曰。臣聞帝王用人。度世授才。爭奪之時。以策略為先。分定之後。以忠義為首。故晉文行舅犯之計。而賞雍季之言。高祖用陳平之智。而託後於周勃也。竊見尚書徐宣。体忠厚之行。秉直亮之性。清雅特立。不拘世俗。確然難動。有社稷之節。歷位州郡。所在稱職。今僕射缺。宣行掌後事。腹心任重。莫宜宣者。帝遂以宣為左僕射

齊王即位。曹爽使弟羲為表。薦司馬懿曰。臣亡父真奉事三朝。入備冢宰。出為上將。先帝以臣肺腑遺緒。獎飾拔擢。典兵禁省。進無忠恪積累之行。退無羔羊自公之節。先帝聖體不豫。臣雖奔走侍疾嘗藥。

曾無精誠翼日之應。猥與太尉司馬懿俱受遺詔。且慙且懼。靡所底告。臣聞虞舜序賢。以稷契為先。成湯褒功。以伊呂為首。審選博舉。優劣得所。斯誠輔世長民之大經。錄勳報功之令典。自古以來。未之或闕。今臣虛闇。位冠朝首。顧惟越次。中心愧惕。敢竭愚情。陳寫至實。夫天下之達道者三。謂德爵齒也。懿本以高明中正。處上司之位。名足鎮衆。義足率下。一也。包懷大略。允文允武。仍立征伐之勳。遐邇歸功。二也。萬里旋旆。親受遺詔。翼亮皇家。內外所向。三也。加之耆艾。紀綱邦國。體練朝政。論德則過於吉甫樊仲。課功則踰於方叔召虎。凡此數者。懿實兼之。臣抱空名而處其右。天下之人將謂臣以宗室見私。知進而不知退。陛下岐嶷克明克類。如有以察臣之言。臣以為宜以懿為太傅大司馬。上昭陛下進賢之明。中顯懿身文武之實。下使愚臣免於謗誚。

安定太守孟達薦王雄曰臣聞明君以求賢為業忠臣以進善為效故易稱拔茅連茹傳曰舉爾所知臣不自量竊慕其義臣昔以人乏謬充備部職時涿郡太守王雄為西部從事與臣同僚雄天性良固果而有謀歷試三縣政成人和及在近職奉宣威恩懷柔有術清慎持法臣往年出使經過雄郡自說特受陛下拔擢之恩常勵節精心思投命為效言辭激揚情趣款惻臣雖愚闇不識真偽以謂雄才兼資文武忠烈之性踰越倫輩今涿郡領戶三千孤寡之家參居其半比者守兵藩衛之寄誠不足舒雄智力展其勤幹也及受恩深厚無以報國不勝慺慺淺見之情謹冒陳聞

吳孫權時步騭上疏曰臣聞人君不親小事百官有司各任其職故舜命九賢則無所用心彈五絃之琴詠南風之詩不下堂廟而天下治也齊桓用管仲被髮載車齊國既治又致匡合近漢高祖攬三傑

以興帝業西楚失雄俊以喪成功汲黯在朝淮南寢謀郅都守邊匈奴竄迹故賢人所在折衝萬里信國家之利器崇替之所由也方今王化未被於漢北河洛之濱尚有僭逆之醜誠攬英雄拔俊任賢之時也願明太子重以經意則天下幸甚

陸遜拜上大將軍右都護上疏陳時事曰臣以為科法嚴峻下犯者多頃年以來將吏罹罪雖不慎可責然天下未一當圖進取小宜恩貸以安下情且世務日興良能為先自非姦穢入身難忍之過乞復顯用展其力效此乃聖王忘過記功以成王業昔漢高捨陳平之愆用其奇略終建勳祚功垂千載夫峻法嚴刑非帝王之隆業有罰無恕非懷遠之弘規也

孫休時西陵督陸凱封都亭侯後轉左虎林中書丞華覈表薦凱曰凱天姿聰朗才通行潔昔歷選曹遺迹可紀還在交州奉宣朝恩流民歸附海隅肅清蒼梧南海歲有颶風瘴氣之害風則折木飛砂轉石氣則霧鬱飛鳥不經自凱至州風氣絕息商旅平行民無疾疫田稼豐稔州治臨海海流秋醎凱又畜水民得甘食惠風橫被化感人神遂憑天威招合遺散至被詔書當出民感其恩以忘戀土負老攜幼甘心景從眾無攜貳不煩兵衛自諸將合眾皆脅之以威未有如凱結以恩信者也銜命在州十有餘年賓帶殊俗寶玩所生而內無粉黛附珠之妾家無文甲犀象之珍方今之臣實難多得宜在輦轂股肱王室以贊唐虞康哉之頌江邊任輕不盡其才虎林選督堪之者眾若召還都寵以上司則天工畢脩庶績咸熙矣

孫皓即位樓玄為宮下鎮禁中候主殿中事以應對切直數見責怒後人誣白玄與賀邵相逢駐立耳語大笑謗訕政事遂被詔詰責送付廣州覈為東觀令上疏曰臣竊以治國之體其猶治家主田野者

皆宜良信又宜得一人總其條目為作維綱眾事乃理論語曰無為而治者其舜也與恭己正南面而已言所任得其人故優游而自逸也今海內未定天下多事事無大小皆當關聞動經御坐勞損聖慮陛下既垂意博古綜極藝文加勤心好道隨節致氣宜得閑靜以展神思呼翕清淳與天同極日夜思惟諸吏之中任幹之事足委杖者無勝於樓玄玄清忠奉公冠冕當世眾服其操無與爭先夫清者則心平而意直忠者惟正道而履之如玄之性終始可保乞陛下赦玄前愆使得自新擢之宰司責其後效使為官擇人隨才授任則舜之恭己近亦可得

晉武帝以劉毅清貧賜錢三十萬日給米肉年七十告老久之見許以光祿大夫歸第門施行馬復賜錢百萬後司徒舉毅為清州大中正尚書以毅懸車致仕不宜勞以碎務陳留相樂安孫尹表曰禮凡

早者執勞尊者居逸是順叙之宜也司徒魏舒司隸校尉嚴詢與毅年齒相近往者同為散騎常侍後分授外內之職資塗所經出處一致今詢管四十萬戶州兼董司百僚總攝機要舒所統殷廣兼執九品銓十六州議論主者不以為劇毅但以知一州便謂不宜累以碎事於毅太優詢舒太劣若以前聽致仕不宜復與遷授位者故光祿大夫鄭袤為司空是也夫知人則哲惟帝難之尚可復委以宰輔之任不可諮以人倫之論臣竊所未安昔鄭武公年過八十入為周司徒雖過懸車之年必有可用毅前為司隸直法不撓當朝之臣多所按劾讒曰受堯之誅不能稱堯直臣無黨古今所悉是以汲黯死於淮陽董仲舒裁為諸侯之相而毅獨遭聖明不離輦轂當世之士咸以為榮毅雖身偏有風疾而志氣聰明一州品第不足勞其思慮毅疾惡之心小過主者必疑其論議傷物故高其優禮令去事實此為机閻毅使絕人倫之路也臣州茂德惟毅越毅不用則清談倒錯矣於是青州自二品已上光祿勳石鑒等共奏曰謹按陳留相孫尹表及與臣等書如左臣州履境海岱而參風齊魯故人俗務本而世敦德讓今雖不充於舊而遺訓猶存是以人倫歸行士識所守也前被司徒符當參舉州大中正僉以光祿大夫毅純孝至素著在鄉閭忠允亮直竭於事上仕不為榮惟期盡節正身率道崇公忘私行高義明出處同揆故能令義士宗其風景州閭歸其清流雖年耆偏疾而神明克壯實臣州人士所思準繫者矣誠以毅之明格至不言而信風之所動清濁必偃以稱一州咸同之望故也竊以為禮賢尚德教之大典王制奪與動為開塞而士之所歸人倫為大臣等虛劣雖言廢於前今承尹書敢不列啟按尹所執非惟惜名議於毅之身亦通陳朝宜奪與大準以為尹言當否應蒙評議由是毅遂為州都銓正人流清濁區別其所彈貶自親貴者始

帝以會稽王道子無社稷器幹慮晏駕之後皇室傾危乃選時望以為藩屏將擢王恭殷仲堪等先以訪王雅雅以恭等無當世之才不可大任乃從容曰王恭風神簡貴志氣方嚴既居外戚之重當親賢之寄然其稟性峻隘無所包容執自是之操無守節之志仲堪雖謹於細行以文義著稱亦無弘量且幹略不長若委以連率之重據形勝之地今四海無事足能守職若道不常隆必為亂階矣帝以恭等為當時秀望謂雅疾其勝己故不從二人皆被升用其後竟敗有識之士稱其知人

惠帝時詔羣僚舉郡縣之職以補內官御史中丞傅咸上書曰臣咸以為夫興化之要在於官人才非一流職有不同譬諸林木洪纖枉直各有攸施故明揚逮于仄陋疇咨無拘內外之任出處隨宜中間選用惟內是隆外舉既頹復多節目競內薄外遂成風俗此弊誠宜亟革之當內外通塞無所偏耳既使通塞無偏若選用不平有以深責責之苟深無憂不平也且膠柱不可以調瑟況乎官人而可以限乎伏思所限者以防選用不能出人不能出人當隨事而制無須限法法之有限其於致遠無乃泥乎或謂不制其法以何為貴臣聞刑懲小人義責君子君子之責在心不在限也正始中任何晏以選舉內外之衆職各得其才粲然之美於斯可觀如此非徒御之以限法之所致乃委任之由也委任之懼甚於限法是法之失非己之尤尤不在己責之無懼所謂齊之以刑人免而無恥者也苟委任之一則慮罪之及二則懼致怨謗己快則朝野稱詠不善則衆惡見歸此之戰戰執與倚限法以苟免乎

著作郎陸機薦賀循等上奏曰伏見武康令賀循德量邃茂才鑒清

遠賦齊道素風操凝峻歷試二城刑政肅穆前蔡陽令郭訥風度簡濟韶識朗技通濟敏悟才足幹事循守下縣編名凡悴訥歸家巷棲遲有年皆出自新邦朝無知已居在遐外志不自營年時倏忽而過無階緒實州黨愚智所為恨恨臣等伏思臺郎所以使州州有人非徒以均分顯路惠及外州而已誠以察士殊風四方異俗壅隔之害遠國益甚至於荊揚二州戶各數十萬今揚州無郎而荊州江南乃無一人為京城職者誠非聖朝待四方之本心至於才望資品循可尚書郎訥可太子洗馬舍人此乃眾望所積非但企及清塗苟充方選也謹條資品乞蒙簡察

懷帝時詔王公舉賢良方正刺史王敦以賀循為賢良杜夷為方正乃上疏曰臣聞有唐疇咨元凱時登漢武欽賢俊彥響應故能允協時雍數崇盛化伏見太孫舍人會稽賀循處士廬江杜夷履道彌高

清操絕俗思學融通才經王務循宰二縣皆有名績僚東宮忠恪允著夷清虛沖淡與俗異軌考盤空谷肥遁匿跡蓋經國之良寶聘命之所急若得侍詔公車承對冊問必有忠讜良謀弘益政道矣

元帝為瑯琊王鎮建康時安東司馬王導進計曰古之王者莫不賓禮故老存問風俗虛已傾心以招俊乂況天下喪亂九州分裂大業草創急於得人者乎顧榮賀循此士之望未若引之以結人心二子既至則無不來矣帝乃使導躬造循榮二人皆應命而至由是吳會風靡百姓歸心焉自此之後漸相崇奉君臣之禮始定俄而洛京傾覆中州士女避亂江左者十六七導勸帝收其賢人君子與之圖事荊揚晏安戶口殷實帝嘗從容謂導曰卿吾之蕭何也對曰昔秦為無道百姓厭亂巨猾陵暴人懷漢德革命反正易以為功自魏氏以來迄于太康之際公卿世族豪侈相高政教陵遲不遵法度群公

卿士皆饜於安息遂使姦人乘釁有虧至道然否終斯泰天道之常大王方立命世之勳一匡九合管仲樂毅於是乎在豈區區國臣所可擬議願深弘神慮廣擇良能顧榮賀循紀瞻周玘皆南土之秀願盡優禮則天下安矣帝納焉

元帝擁制使各陳時事損益西閣祭酒丁潭上書曰為國者恃人須才蓋二千石長吏是也安可不明簡其才使必允當既得其人使久於其職在官者無苟且居下者有恒心此為政之較也今之長吏遷轉既數有送迎之費古人三載考績三考黜陟中才處局故難以速成也

元帝時江州刺史應詹上疏曰夫欲用天下之智力者莫若使天下信之也商鞅移木豈禮也哉有由而然自經荒弊綱紀頹陵清直之風既澆糟粃之俗猶在誠宜濯以滄浪之流瀝以吞舟之網則幽顯

明別於變時雍矣弘濟茲務在乎官人今南北雜錯屬託者無保負之累而輕舉所知此博采所以未精職理所以多闕今凡有所用宜隨其能否而與舉主同乎褒貶則人有慎舉之恭官無廢職之咎昔冀缺有功胥臣蒙先茅之賞子玉敗軍子文受為賢之責古既有之今亦宜然漢朝使刺史行部乘傳奏事猶恐不足以辨彰幽明弘宣政道故復有繡衣直指今之艱弊過於往昔宜分遣黃散若中書郎等循行天下觀採得失舉善彈違斷截苟且則人不敢為非矣漢宣帝時二千石有居職修明者則入為公卿其不稱職免官者皆還為平人懲勸必行故歷世長久中間以來遷不足競免不足懼或有進而失意退而得分莅官雖美當以素論降替在職實劣直以舊望登敘校游談為多少不以實事為先後以此責成臣未見其兆也今宜峻左降舊制可二千石免官三年乃得敘用長史六年戶口折半道

里倍之。此法必明。使天下知官難得而易失。必人慎其職。朝無惰官矣。都督可課佃二十一頃。州十頃。郡五頃。縣三頃。皆取文武吏醫卜。不得撓亂百姓。三臺九府。中外諸軍有可減損。皆令附農市息末伎。道無游人。不過一熟。豐稔可必。然後重居職之俸。使祿足以代耕。頃大事之後。遐迩皆想宏略。而寂然未副。宜早振綱領。肅起群望

帝以王敦勢盛。漸踈忌王導等。御史中丞周嵩上疏曰。臣聞明君思隆其道。故賢智之士樂在其朝。忠臣將明其節。故量時而後仕。樂在其朝。故無過任之譏。將明其節。故無過寵之謗。是以君臣並隆。功格天地。近代以來。德廢道衰。君懷術以御臣。臣挾利以事君。君臣交利。而禍亂相尋。故得失之迹難可詳言。臣請較而明之。夫傅說之相高宗。申召之輔宣王。管仲之佐齊桓。衰范之翼晉文。或宗師其道。垂拱受成。委以權重。終致匡主。未有憂其逼己。遂為國蠹者也。始田氏擅

齊。王莽篡漢。皆藉封土之疆。假累世之寵。因闇弱之主。資母后之權。樹比周之黨。階絕滅之勢。然後乃能行其私謀。以成篡奪之禍耳。豈遇立功之主。為天人所相。而能運其奸計。以濟其不軌者哉。光武以王族奮於閭閻。因時之望。收攬英奇。遂續漢業。以美中興之勤。及天下既定。頗廢黜功臣者何哉。武力之士。不達國體。以立一時之功。不可久假以權勢。其興廢之事亦可見矣。近者三國鼎峙。並以雄略之才。命世之能。皆委賴俊哲。終成功業。貽之後嗣。未有愆失遺方來之恨者也。今王導王廙等方之前賢。猶有所後。至於忠素竭誠。義以輔上。共隆洪基。翼成大業。亦昔之亮也。雖陛下乘奕世之德。有天人之會。割據江東。奄有南極。龍飛海嵎。興復舊物。此亦群才之明。豈獨陛下之力也。今王業雖建。羯寇未梟。天下蕩蕩。不賓者衆。公私匱竭。倉庾未充。梓宮沉淪。妃后不反。正委賢任能推轂之日也。功業垂就。晉祚方隆。而一旦聽孤臣之言。惑疑似之說。乃更以危為安。以疎易親。放逐舊德。以佞伍賢。遠虧既往之明。顧傷伊管之交。傾巍巍之望。喪如山之功。將令賢智杜心。義士喪志。近招當時之患。遠遺來世之笑。夫安危在號令。存亡在寄任。以古推今。豈可不寒心而哀歎哉。臣兄弟受遇無彼此之嫌。而臣干犯時諱。觸忤逆鱗者。何誠念社稷之憂。欲報之於陛下也。古之明王思聞其過。悟逆旅之言。以明成敗之由。故採納愚言。以考虛實。上為宗廟無窮之計。下收億兆元元之命。臣不勝憂憤。竭愚以聞。疏奏。帝感悟

明帝時。尚書右僕射紀瞻謂郗鑒有將相之材。恐朝廷棄而不恤。上疏請徵之。曰。臣聞皇代之興。必有爪牙之佐。扞城之用。帝王之利器也。故虞舜舉十六相而南面垂拱。伏見前輔國將軍郗鑒。少立高操。体清望峻。文武之略。時之良幹。昔與戴若思同辟。推放荒地。所在孤

特。衆無一旅。救援不至。然能綏集殘餘。據險歷載。遂使凶寇不敢南侵。但士衆單寡。無以立功。既統名州。又為常伯。若使鑒從容臺閣。出內王命。必能盡抗直之規。補袞職之闕。自先朝以來。諸所授用。已有成比。戴若思以尚書為六州都督。征西將軍。復加常侍。劉隗鎮北。陳眕鎮東。以鑒年時。則與若思同。以資。則俱八坐。況鑒雅望清重。一代名器。聖朝以至公臨天下。惟平是與。是以臣寢頓陋巷。思盡聞見。惟開聖懷。垂問臣導。冀有毫釐萬分之一

成帝咸和末。詔公卿舉賢良方正直言之士。太常華恒舉虞喜為賢良。會國有軍事不行。咸康初。內史何充上疏曰。臣聞二八舉而四門穆。十亂用而天下安。徽猷克闡。有自來矣。方今聖德欽明。思恢遐烈。旌輿整駕。俟賢而動。伏見前賢良虞喜。天挺貞素。高尚邈世。束脩立德。皓首不倦。加以傍綜廣深。博聞強識。鑽堅研微。有弗及之勤。處靜

味道無風塵之志。高挑柴門。怡然自足。宜使蒲輪紆衡。以旌殊操。一則翼贊大化。二則敦勵薄俗

穆帝時安西將軍桓溫薦譙秀表曰。臣聞大朴既虧。則高尚之標顯。道喪時昏。則忠貞之義彰。故有洗耳投淵以振玄邈之風。亦有秉心矯跡以敦在三之節。是故上代之君莫不崇重斯軌。所以篤俗訓民。靜一流競。伏惟大晉應符御世。運無常通。時有屯蹇。神州丘墟。三方圮裂。兔罝絕響於中林。白駒無聞於空谷。斯有識之所悼心。大雅之所歎息者也。陛下聖德嗣興。方恢天緒。臣昔奉役有事西土。鯨鯢既懸。思宣大化。訪諸故老。搜揚潛逸。庶武羅於羿浞之墟。想王蠋於亡齊之境。竊聞巴西譙秀植操貞固。抱德肥遯。揚清渭波。于時皇極遘道消之會。群黎蹈顛沛之艱。中華有顧瞻之哀。幽谷無遷喬之望。凶命屢招。姧威仍逼。身寄虎吻。危同朝露。而能抗節玉立。誓不降辱。杜門絕跡。不面偽庭。進免襲勝亡身之禍。退無薛方詭對之譏。雖園綺之棲商洛。管寧之默遼海。方之於秀。殆無以過。于今西土以為美談。夫旌德禮賢。化道之所先。崇表殊節。聖哲之上務。方今六合未康。豺豕當路。遺黎偷薄。義聲不聞。益宜振起道義之徒。以敦流遁之弊。若秀蒙蒲帛之徵。足以鎮靜頹風。軌訓囂俗。幽遐仰流。九服知化矣

宋高祖時。甯子先上陳損益曰。隆化之道。莫先於官得其人。枚卜之方。莫若人慎其舉。雖復因革不同。損益有物。求賢審官。未之或改。師錫僉曰。煥乎欽明之誥。拔茅征吉。著於幽賁之爻。晉師有成。瓜衍作賞。楚衆無入。蔿賈不賀。今皇命惟新。幽人引領。韶之盡美。已備於振綱。武之未盡。或存於理目。雖九官之職。未可備舉。親民之選。尤宜在先。愚欲使天朝四品官外及守牧各舉一人。堪為二千石長吏者。以付選官。隨缺敘用。得賢受賞。失舉任罰。夫惟帝之難。豈庸識所易。然

舉爾所知。非求多人。因百官之明。孰與一識之見。報效在己。豈容徇物之私。今非以選曹所銓。果於乖謬。衆職所舉。必也惟良。蓋宜使求賢闢於廣塗。考績取其少殿。若才實拔群。進宜尚德。治阿之宰。不必計年。免徒之守。豈限資秩。自此以還。故當才均以資。資均以地。宰莅之官。誠曰吏職。然監觀民瘼。翼化宣風。則隱厚之求。急於刀筆。能事之功。接於德心。以此論才行之年歲。豈惟政無秕蠹。民庶乎足而已。將使公路日清。私請漸塞。士多心競。仁必由己。處士砥自求之節。仕子藏交馳之情。寧子庸微。不識治體。冒昧陳愚。退懼違謬

文帝元嘉九年。詔內外百官舉才。江夏王義恭上表曰。臣聞雲和備樂。則繁會克諧。驊騮騤服。則致遠斯效。陛下順簡黃化。文明在躬。玉衡既正。泰階載一。而猶發慮英髦。凝情仄陋。幽谷空同。顯著揚歷。是以潛虬聳鱗。佇利見之期。翔鳳弭翼。應來儀之感。竊見南陽宗炳操履閑遠。思業貞純。砥節丘園。息賓盛世。貧約而苦。內無改情。軒冕屢招。確爾不拔。若加以蒲帛之聘。感以大倫之美。庶投竿釋褐。翻然來儀。必能毗燮九官。宣贊百揆。尚書金部郎臣徐森之。臣府中直兵參軍事臣王天寶。並局力允濟。忠諒款誠。往年逆臣叛逸。華陽失守。森之全境寧民。績章危棘。前者經略伊瀍。元戎喪旅。天寶北勤河朔。東據營丘。勳勇既昭。心事無竭。雖蒙褒敘。未盡才宜。並可授以邊藩。展其志力。交阯遼邈。累喪藩將。政刑每闕。撫莅惟艱。南中負遠。風謠逈隔。蠻獠狡竊。邊氓荼炭。實須練實以綏其難。謂森之可交州刺史。天寶可寧州刺史。庶足威懷荒表。肅清遐服。昔魏戊之賢。功存薦士。趙武之明。事彰管庫。臣識愧前良。理謝先哲。率舉所知。仰酬採訪。退懼瞽言。無足甄獎

齊明帝詔求異士。始安王遙光表薦王暕及東海王僧孺曰。臣聞求賢暫勞。垂拱永逸。方之疏壤。取類導川。伏惟陛下道隱旒纊。信充符

[illegible]白駒空谷。振鷺在庭。猶懼隱鱗卜祝。藏器屠保。物色關下。委裘河上。非取製於一狐。諒求味於兼采。而五聲倦響。九工是詢。寢議廟堂。借聽輿皁。臣位任隆重。義兼邦家。實欲使名實不違。徼幸路絕。勢門上品。猶當格以清談。英俊下僚。不可限以位貌。竊見祕書丞琅琊王暕年二十有七。業重光。海內冠冕。神清氣茂。允迪中和。叔寶理遣之談。彥輔名教之樂。故以暉映先達。領袖後進。居無塵雜。家有賜書。辭賦清新。屬言玄遠。室邇人曠。物踈道親。養素丘園。台階虛位。庠序公朝。萬夫傾首。豈徒荀令可想。李公不亡而已哉。乃東序之祕寶。瑚璉之茂器。除驃騎從事中郎。

後魏大武帝時。僕射郭祚奏言。考察令。公清獨著。德績超倫。而無負殿者為上上。一殿為上中。二殿為上下。累計八殿。品降至九。未審今諸曹府寺。凡考在事。公清。然才非獨著。績行稱務。而德非超倫。幹能粗可。而守平堪任。或人用小劣。處官濟事。并全無負殿之徒。為依何

第。景明三年以來。至今十有一載。準限而判。三應昇退。今既通考。未審為十年之中。三經肆眚。赦前之罪。不問輕重。皆蒙宥免。或為御史所彈。案驗未周。遇赦復任者。未審記殿得除以不。詔曰。獨著超倫及才備寡咎。皆謂文武兼上上者。極言耳。自此以降。猶有八等。隨才為次。令文已具。其積負累殿。及守平得濟。皆含在其中。何容別疑也。所云通考。當據總多年之言。至於黜陟之體。自依舊來年斷。何足復請。其罰贖已決之殿。固非免限。遇赦免罪。惟記其殿除之。

孝文帝太和三年。淮南王他奏求依舊斷祿。文明太后令召羣臣議之。尚書中書監高閭表曰。天生烝民。樹之以君。明君不能獨理。必須臣以作輔。君使臣以禮。臣事君以忠。故車服有等差。爵命有分秩。德高者則位尊。任廣者則祿重。下者祿足以代耕。上者俸足以行義。庶民均其賦。以展奉上之心。君王聚其材。以供事業之用。君班其俸。垂惠則厚。臣受其祿。感恩則深。於是貪殘之心止。竭效之誠篤。兆庶無侵削之煩。百辟備禮容之美。斯則經世之明典。為治之至術。自堯舜以來。逮于三季。雖優劣不同。而斯道弗改。自中原崩否。天下幅裂。海內未一。民戶耗減。國用不充。俸祿遂廢。此則事出臨時之宜。良非長久之道。大魏應期紹祚。照臨萬方。九服既和。八表咸謐。二聖欽明文思。道冠百代。動遵禮式。稽考舊章。准百王不易之勝法。述前聖利世之高軌。置立鄰黨。班宣俸祿。事設令行。於今已久。苛慝不生。上下無怨。姦巧革慮。闚覦絕心。利潤之厚。同於天地。以斯觀之。如何可改。又洪波奔激。則隄防宜厚。姦悖充斥。則禁網須嚴。且飢寒切身。慈母不保其子。家給人足。禮讓可得而生。但廉清之人。不必皆富。豐財之士。未必悉賢。今給其俸。則清者足以息其濫竊。貪者足以感而勸善。若不班祿。則貪者肆其姦情。清者不能自保。難易之驗。灼然可知。

如何一朝便欲去俸。淮南之議。不亦謬乎。詔從閭議。

宣武帝景明初。洛陽縣獲白鼠。散騎常侍盧和奏曰。謹案典瑞。外鎮刺史二千石令長。不祗上命。刻暴百姓。人民怨嗟。則白鼠至。臣聞禎不虛見。德合必符。妖不妄出。欲彰必至。是以古之人君。或忽瑞以失德。或祗變而立功。斯乃萬古之殷鑒。千齡之炯識。比者災氣作沴。恒陽爲虐。陛下流如傷之慈。降納隍之旨。哀百姓之無辜。引在予之深責。舉賢黜佞之路。道映於堯先。進思納諫之言。事光於舜右。伏讀明旨。俯觀徽譴。敢布庸瞽。以陳萬一。竊惟一夫之耕。食裁充口。一婦之織。衣始蔽形。年租歲調。則惟常理。此外徵求。於何取足。然自比年以來。兵革屢動。荊揚二州。屯戍不息。鍾離義陽。師旅相繼。兼荊蠻凶狡。王師薄伐。暴露原野。經秋涉夏。汝潁之地。率戶從戎。河冀之境。連丁轉運。又戰不必勝。加之退負。死喪離曠。十室而九。細役繁徭。日月滋

甚。苛兵酷吏。因逞威福。至使通原遐畛。田蕪罕耘。連村接閈。蠶飢莫食。而監司因公以貪求。豪彊恃私而逼掠。遂令鬻短褐以益千金之資。制口腹而充一朝之急。此皆由令長牧守多失其人。郡闕黃霸之君。縣無魯恭之宰。不思所以安民。正思所以潤屋。故士女呼嗟。相望於道路。守宰暴貪。風聞於魏闕。往歲法官案驗。多掛刑網。謂必顯戮。以明勸戒。然後遣使覆訊。公違憲典。或承風挾請。輕樹私恩。或容情受賄。輒施己惠。御史所劾。皆言誣枉。申雪罪人。更云清白。長侮上之源。滋陵下之路。忠清之人見之而自怠。犯暴之夫聞之以益快。白鼠之妖。信而有徵矣。伏願陛下垂獻替之鑒。察妖災之起。延對公卿。廣詢庶政。引見樞納。博求民隱。存問孤寡。去其苛碎。輕徭省賦。與民休息。貞良忠讜。置之於朝。姦回貪妄。棄之於市。則九官勿戒而恒敬。百縣不嚴而自肅。士女欣欣。人有望矣。

孝明帝時。光祿大夫右丞張普惠上疏曰。臣聞明德慎罰。文王所以造周。咸有一德。殷湯所以革夏。故能上令下從。風動草偃。畏之如雷電。敬之如明神。是以天子家天下。綏萬國。若天之無不覆。地之無不載。遷都之構。蔗方子來。汎澤所沾。降及陪皂。寧有岳牧二千石。縣令丞尉。治中別駕。及諸軍幢。受命於朝。違而可不預乎。此之班駁。雲雨之不平。謂是當時有司出納之未允。何以明之。仰尋世宗書百官普進一級。中有朝臣刺史。登時袞授。則內外貴賤。莫不同澤。又覆奏稱爰及陪皂。明無不逮。自後人率其心。紛綸。盈庭燋火。誤惑視聽。限以汎前更為年斷。六年三年之考。以意折之。汎前汎後之歲。隔而絕之。遂使如綸之旨。頓於一朝。汎前六年上第者。全不得汎。三年上第者蒙半階而已。汎前汎後合考者。隔絕而不得。無考者無折而全。汎前汎後。有考無考並蒙全汎。與否乖違。勤舊彌屈。差若毫釐。謬以千里。

其此之謂乎。易曰。言行君子之所以動天地。可不慎歟。言之不從。無以抑之。遂奏奪牧守外祿。全不與汎。散官改為四年之考。汎前者八年一階。政令不一。寃訟惟甚。與而復奪。其本在焉。致使邀駕擊鼓者無理以加其罪。誹謗公聽者無辭以抑其言。導咎所由生。慢勃所由起。夫琴瑟不調。撓而更張。善人國之本也。其可棄乎。詩云。樂只君子邦家之基。堯典曰。克明俊德。呂刑曰。何擇非人。周官曰。官不必備。惟其人。咎繇曰。無曠庶官。天工人其代之。詩云。人之云亡。邦國殄瘁。又曰。雨我公田。遂及我私。孔子曰。不患貧而患不均。如此則官必擇人。汎則宜溥。請遠遵正始元旨。近準聖明之汎。內外百官。悉同一階。不以汎前折考。不以散住增年。則同雲共澍。四海均洽。如謂未可。宜以權理折之。易曰。聖人之大寶曰位。何以守位曰仁。春秋傳曰。一曰擇人。如此則乃可無汎。不可無考。守宰之汎。既以追奪。則百官之汎。不應獨霑。溥澤既收。復誰敢怨。夫三載之考。興於太和。再周之限。通於景明。閑劉祿力自有加減。陪臣以事省降。而考則三年。朝官既祿等平曹。吏四周乃限。考祿參差。各稱其任。且一日從軍。征戍若於頻任。終年專使。決斷重於陪臣。恒上若通為三載之考。無汎隔折則各盈其分。亦足以近塞群口。遠綏四方。日昃求賢。猶有所失。況不遵擇人之訓。唯以停久而進乎。自今已後。考黜頗以三宅。華心選進。頗以三雋。居德書曰。舉能其官。惟爾之能。稱非其人。惟爾弗任。斯周道所以佑辟康民。敢不敬承。臣忝官樞副。毗察寃訟。寤寐惟省。謂宜追正。愚固所陳。萬無可採。

尚書右丞吏部郎中遷平東將軍光祿大夫辛雄上疏曰。帝王之道莫尚於安民。安民之本。莫加於禮律。禮律既設。擇賢而行之。天下雍熙。無非任賢之功也。故虞舜之盛。穆穆標美。文王受命。濟濟以康。高祖孝文皇帝天縱大聖。開復典謨。遠三代之異禮。採二漢之典法。端拱而四方安。刑措而兆民治。世宗重光繼軌。每念聿脩。官人有道。萬邦清謐。陛下劬勞日昃。躬親庶政。求瘼恤民。無時暫憩。而黔首紛然兵革不息。以臣愚見可得而言。自神龜末來。專以停年為選。士無善惡。歲久先敍。職無劇易。名到授官。執按之吏。以差次日月為功能。銓衡之人。以簡用老舊為平直。且庸劣之人。莫不貪鄙。委斗筲以共治之重。託碩鼠以百里之命。皆貨賄是求。肆心縱意。禁制雖煩。不勝其欲。致令徭役不均。發調違謬。箕歛盈門。囚執滿道。二聖明詔。寢而不遵。畫一之法。懸而不用。自此夷夏之民。衍相為亂。豈有餘憾哉。蓋由官授不得其人。百姓不堪其命故也。當今天下黔黎。久經寇賊。父死兄亡。子弟淪陷。流離艱危。十室而九。白骨不收。孤煢靡恤。財殫力盡。無以卒歲。宜及此時早加慰撫。蓋助陛下治天下者。惟在守令。最須

簡置。以康國道。臣以郡縣選舉。由來共輕。貴遊儁才。莫肯居此。宜改其弊。以定官方。請上等郡縣為第一清。中等為第二清。下等為第三清。選補之法。妙盡才望。如不可並。後地先才。不得拘以停年。竟無銓革。三載黜陟。有稱者補在京名官。如前代故事。不歷郡縣。不得為內職。則人思自勉。上下同心。枉屈可申。彊暴自息。刑政日平。民俗奉化矣。復何憂於不治。何恤於逆徒也。竊見今之守令。清慎奉治。則政平訟理。有非其才。則綱維荒穢。伏願陛下暫留天心。校其利害。則臣言可驗。不待終朝。昔杜畿寬惠。河東無警。蘇則分糧。金城克復。略觀今古。風俗遷訛。罔不任賢以相化革。朝任夕治。功可立待。若遵常習故。不明選典。欲以靜民。便恐無日。

北齊文宣帝時。制詔問求賢審官。秀州長史樊遜對曰。臣聞彫獸畫龍。徒有風雲之勢。金舟玉馬。終無水陸之功。三駕禮賢。將收實用。一毛不拔。復何足取。是以堯作虞賓。遂全箕山之操。周移商鼎。未納孤竹之言。但處士盜名。雖云久矣。朝臣竊位。蓋亦實多。漢拜丞相。使有鍾鼓之妖。魏用三公。乃致孫權之笑。故山林之與朝廷。得容非毀。肥遯之與賓王。誰有優劣。至於時非蹈海。而自羞作秦民。事異出關。而言恥從衛亂。雖復星干帝座。不易高尚之心。月犯少微。終存耿介之志。自我太嶽之後。克廣洪業。禹至神宗。舜格文祖。陛下受天之明命。光華日月。爰自納麓。乃格文祖。儀天地以設官。象星辰而布職。漢家神鳳。勲用紀年。魏氏青龍。蓋將改號。上膺列宿。咸是異人。下法山川莫非奇士。所以畫堂甲觀。脩德日新。廟鼎歌鍾。王勲歲奏。循名責實選衆舉能。朝無銅臭之公。世絕錢神之論。昔百里相秦。名存雀籙。蕭張輔沛。姓在河書。今日公卿。抑亦天授。與之為治。何欲不從。未必稽首天師。方聞牧馬之術。膝行山谷。始得治身之道。但使帝德休明。自強

不息。甲夜觀書。乙日通奏。周昌桀紂之諭。欣然開納。劉毅桓靈之比終自含弘。高懸王爵。唯能是與。管庫雜遺。漁鹽畢錄。無令桓譚非讖官止於郡丞。趙壹負才。位終於計掾。則天下宅心。幽明知感。歲精仕漢。風伯朝周。真人去而復歸。台星拆而還斂。詩稱多士。易載群龍。從此而言。可以無愧。

隋文帝時。國子博士何妥上八事以諫。其一事曰。臣聞知人則哲。惟帝難之。孔子曰。舉直錯諸枉。則民服。舉枉錯諸直。則民不服。由此言之。政之治亂。必慎所舉。故進賢受上賞。蔽賢蒙顯戮。察今之舉人。良異于此。無論諂直。莫擇賢愚。心欲崇高。則起家喉舌之任。意須抑屈必白首郎署之官。人之不服。實由於此。臣聞爵人於朝。與士共之。刑人於市。與衆棄之。伏見留心獄訟。愛人如子。每應決獄。無不詢訪群公。刑之不濫。君之明也。刑既如此。爵亦宜然。若有懋功。簡在帝心者。便

可擢用。自斯以降，若選重官，必須參以衆議，勿信一人之舉，則上不偏私，下無怨望。其二事曰：孔子云：是察阿黨，則罪無掩蔽。又曰：君子周而不比，小人比而不周。所謂比者，即阿黨也。謂心之所愛，既已光華榮顯，猶加提挈；心之所惡，既已沈滯屈辱，薄言必怒。提挈既成，必相掩蔽，則欺上之心生矣；屈辱既加，則有怨恨，謗讟之言出矣。伏願廣加遂訪，勿使朋黨路開，威恩自任。有國之患，莫大於此。其三事曰：臣聞舜舉十六族，所謂八元八愷，計其賢明，理優今日，猶復擇才授任，不相侵濫。故得四門雍穆，庶績咸熙。今官員極多，用人甚少，有一人兼數職，為是國無人也？為是人不善也？今萬乘大國，髦彥不少，縱有明哲，無由自達。東方朔言曰：尊之則為將，卑之則為虜。斯言信矣。今當官之人，不度德量力，既無呂望、傅說之能，自負傅巖、滋水之氣，不慮憂深責重，唯畏總領不多，安斯寵任，輕彼權軸，好致頹墮，實此之由。易曰：鼎折足，覆公餗，其形渥，凶。言不勝其任也。臣聞窮力舉重，不能為用。伏願更任賢良，分才參掌，使各行有餘力，則庶事康哉。其四事曰：臣聞禮云：析言破律，亂名改作，執左道以亂政者，殺。孔子曰：仍舊貫，何必改作。伏見比年以來，改作者多矣。至如范威漏刻，十載不成；趙翊尺稱，七年方決；公孫濟迂誕醫方，費逾巨萬；徐道度迴互子午，糜耗飲食；常明破律，多歷歲時；王渥亂名，當無紀極；張山居未知星位，前已蹶籍；大常曹魏祖不識北辰，今復轔轢太史。莫不用其短見，便自夸毗，邀射名譽，厚相誣罔。請今日已後，有如此者，若其言不驗，必加重罰。庶令有所畏忌，不敢輕奏狂簡。其餘文多不載。

開皇四年，治書侍御史柳彧上表曰：昔漢光武與二十八將披荊棘，定天下，及功成之後，無所任職。伏見詔書以和干子為杞州刺史。干子弓馬武用，是其所長；治民莅職，非其所解。如謂優老，可加賞賜，若令刺舉，所損殊多。帝善之，干子竟免。

帝勤於聽受，百僚奏請，多有煩碎。彧又上疏諫曰：自古帝王尊道唐虞，然皆勞於求賢，而逸於任使。陛下留心治道，無憚疲勞，乃至營造細小之事，出給輕微之物，一日之內，酬答百司，至日旰忘食，夜分未寢，動以文簿，憂勞聖躬。願察臣言，少減煩務，唯經國大事，非臣下所能裁斷者，奏請詳決。自餘細務，責成所司。帝嘉之。

歷代名臣奏議卷之一百三十

用人

唐高祖武德元年。河南州縣相繼降唐。劉武周降將尋相等多叛去。諸將疑尉遲敬德囚之。歷突通殷開山言於秦王世民曰。敬德若叛。蓋在尋相之後邪。遽命釋之。引入臥內。賜之金曰。丈夫意氣相期。勿以小嫌介意。吾終不信讒言以害忠良。公宜體之。必欲去者。以此金相資。表一時共事之情也。世民以五百騎行戰地。世充帥步騎萬餘猝至圍之。單雄信引槊直趨世民。敬德躍馬大呼。橫刺雄信墜馬。翼世民出圍。更帥騎兵還戰。歷突通引大兵繼至。世充大敗。僅以身免。世民謂敬德曰。公何相報之速也。自是寵遇日隆。

武德中。杜如晦為秦王府兵曹參軍。俄遷陝州總管府長史。房玄齡曰。府寮去者雖多。蓋不足惜。杜如晦聰明識達。王佐才也。若大王守藩端拱。無所用之。必欲經營四方。非此人莫可。秦王自此彌加禮重。寄以心腹。遂奏為府屬。嘗參謀帷幄。

太宗即位。玄齡為中書令。奏言秦府左右未得官者。共怨前宮及齊府左右處之先己。帝曰。古稱至公者。蓋謂平恕無私。丹朱商均子也。而堯舜廢之。管叔蔡叔兄弟也。而周公誅之。故知君人者。以天下為心。無私於物。昔諸葛亮孔明小國之相。猶曰吾心如稱。不能為人作輕重。況我今理大國乎。朕與公等衣食出於百姓。百姓人力已奉於上。而上恩未被於下。今所以擇賢才者。蓋為求安百姓也。用人但問堪否。豈以新故異情。凡一面尚自相親。況舊人而頓忘也。才若不堪。亦豈以舊人而先用。今不問能不能。而直言其怨嗟。豈是至公之道耶。魏徵為太子洗馬。帝名責之曰。汝離間我兄弟何也。徵慷慨自若。從容對曰。皇太子若從臣言。必無今日之禍。帝為之斂容。厚加禮異。擢拜諫議大夫。馮立為東宮率。帝數之曰。汝昨者出兵來戰。大殺傷我兵將。何以逃死。立飲泣而對曰。立出身事主。期以效命。當戰之日。無所顧憚。因歔欷悲不自勝。帝慰勉之。授左屯衛中郎將。

太宗時。御史大夫杜淹奏諸司文案恐有稽失。請令御史就司檢校。上以問封德彝。對曰。設官分職。各有所司。果有愆違。御史自應糾舉。而淹所言大為煩碎。淹默然。上問淹何故不復論執。對曰。德彝所言真得大體。臣誠心服。不敢遂非。上悅曰。公等各能如是。朕復何憂。

尚書左僕射杜如晦奏言監察御史陳師合上拔士論。無人之思慮有限。一人不可總知數職。以論臣等。帝謂戴胄曰。朕以至公理天下。今任玄齡如晦。非為勳舊。以其有才行也。此人妄事毀謗。止欲離間我君臣。昔蜀後主昏弱。齊文宣狂悖。然國稱理者。以任諸葛亮楊遵彥不猜之也。朕今任如晦等。亦復如法。流陳師合于嶺外。魏徵為秘書監。有告謀反。帝曰。魏徵昔吾之讎。止以忠於所事。吾遂拔而用之。何乃妄生讒構。竟不問徵。遽斬所告者。

帝謂侍臣曰。化及與玄感。即隋大臣受恩深者。子孫皆反。其故何也。岑文本對曰。君子乃能懷德荷恩。玄感化及之徒。並小人也。古人所以貴君子而賤小人。帝曰。然。

太宗嘗謂侍臣曰。朕每日夜恒思百姓間事。或至夜半不寐。惟恐都督刺史堪養百姓以否。故於屏風上錄其姓名。坐臥恒看。在官如有善事。亦具列於名下。朕居深宮之中。視聽不能及遠。所委者惟都督刺史。此輩實理亂所係。尤須得人。帝又謂侍臣曰。為政之要。惟在得人。用非其才。必難致理。今所任用。必須以德行學識為本。諫議大夫王珪曰。人臣若無學業。不能識前言往行。豈堪大任。漢宣帝時。有詐稱衛太子。聚觀者數萬人。眾皆致惑。雋不疑斷以蒯聵之事。宣帝曰。公卿大臣當用經術明於古義者。此則固非刀筆俗吏所可比擬。帝曰。信如卿言。帝又謂侍臣曰。朕看古來帝王以仁義為治者國祚延長。任法御人者。雖救一時。敗亡亦促。既見前王成事。是足元龜。今欲專以仁義誠信為治。望革近代之澆薄也。珪對曰。天下凋喪日久。陛下承其餘弊。弘道移風萬代之福。但非賢不理。惟在得人。帝曰。朕思賢之情。豈捨夢寐。給事中杜正倫進曰。世必有才。隨時所用。豈待夢傅說。逢呂尚。然後治乎。帝納之。帝又謂岑文本曰。梁陳名臣有誰可稱。復有子弟堪招引否。文本奏言。隋師入陳。百司分散。莫有留者。惟尚書僕射袁憲獨在其主之傍。王世充將受隋禪。羣僚表請勸進。憲子國子司業承家。託疾獨不署名。此人父子。足稱忠烈。承家弟承序。今為建昌令。清貞雅操。實繼先風。由是召拜晉王友。兼令侍讀。尋授弘文館學士。

帝曰。百官之內應有堪用者。朕未能知之。[illegible]可道次。為天下主誠亦難。朕今行一事。則為天下所觀。出一言。即為天下所聽。用得好人。為善者皆勸。誤用惡人。不善者競進。賞當其勞。無功者自退。罰當其罪。為惡者誡懼。故知賞罰不可輕行。用人彌須審愼。侍中魏徵對曰。舉選之事。自古為難。故考績黜陟。察其善惡。今欲求人。必須先訪其行。審知其善。然後任之。假令此人不能濟事。只是才力不及。不為大害。誤用惡人。假令強幹。為患極多。但亂代惟求其材。不顧其行。太平必須材行俱兼。始可任用也。帝曰。夫人之身。假令無病。不免有疥癬。及時有小惡。處用人求備。理實為難。徵對曰。古為政但舉大體。堯舜之時。非全無惡。但為惡者少。桀紂之代。非全無善。但為惡者多。譬如百尺之木。豈能無一枝節。今官人居職。豈能全不為非。但犯罪者少。即是大化。所司奏凌敬乞貸之狀。帝責徵等濫進人。徵曰。臣等每蒙顧問。常具言其長短。有學識。強諫爭。是其所長。愛生活。好經營。是其所短。今凌敬為人作碑文。教人讀漢書。因茲附託。回易求利。與臣等所說不[illegible]

陛下未用其長。惟見其短。以為臣等欺罔。實不敢心服。帝納之。

徵頻論止足之分。帝未之許。徵曰。群臣委任既久。許其避退。擢用之後。觀其能否。既得預察群才。又無獨任之謗。使善人得進。長廉讓之風。君能行之於今。足為將來永法。帝曰。信如公言。然論者猶有同異。時至京下。當別議。帝嘗坐於丹霄門外之西堂。引徵及右僕射李靖中書令溫彥博等入宴。言及群臣才行。謂靖等曰。朕自為王至於今日。官人或上書獻計。勸朕為善者多矣。日月稍久。官職漸大。志意即移。言論漸少。無不衰倦。惟魏徵與朕為善。官職益高。志節彌厲。見朕一事失所。甚於己身有過。朝夕孜孜。終始如一。自即位以來。惟見此一人而已。是以敬之重之。同於師傅。不以人臣處之。其後每謂房玄齡等曰。魏徵被我拔擢。特異其報。我亦深矣。君與我契闊艱辛。多歷年所。勞苦之極。人莫能加。然自即位以來。輔弼我躬。安我社稷。成我今日功業。為天下所稱。君不得與魏徵比矣。徵多病辭職。帝曰。公獨不見金在鑛。何足貴耶。善冶鍛而為器。人乃寶之。朕方自比於金。以卿為良匠。而加礪焉。卿雖疾未及衰。庸得便爾。帝又謂群臣曰。為政者。豈待堯舜之君。龍益之佐。自我驅使魏徵。天下乂安。邊境無事。時和歲稔。其忠益如此。先是將發十六道黜陟大使。畿內道未有其人。帝親定之。問房玄齡等曰。此道事最重。誰可先使。右僕射李靖對曰。畿內事非魏徵莫可。帝作色曰。朕欲向九成宮。事亦不小。寧遣魏徵耶。朕每行不欲與其相離者。適為其見朕是非。必無所隱。今從公等語遣去。朕若有得失。公等能止耶。乃令李靖充使。魏徵從往九成宮。帝又與群臣論及十六國諸主優劣。曰。符永固何獨為所稱。房玄齡對曰。為任使得人則見稱。無其人則不見稱。當時為有王景略。帝謂群臣曰。此猶朕之有魏徵。徵拜謝焉。徵既亡。帝使人至其家。得書一紙。

始半歲。其可識者曰。天下之事有善有惡。任善人則國安。用惡人則國亂。公卿之內。情有愛憎。憎者惟見其惡。愛者止見其善。愛憎之間。所宜詳慎。若愛而知其惡。憎而知其善。去邪勿疑。任賢勿猜。可以興矣。

侍御史馬周上疏曰。理天下者以人為本。欲令百姓安樂。在刺史縣令。縣令既衆。不可皆賢。若每州得良刺史。則合境蘇息。天下刺史悉稱聖意。則陛下可端拱巖廊之上。百姓不慮不安。自古郡守縣令皆妙選賢德。欲有遷擢為將相。必先試以臨民。或從二千石入為丞相。及司徒太尉者。朝廷必不可獨重內臣。外刺史縣令遂輕其選。又刺史多武夫勳人。或京官不稱職。始出補外。折衝果毅身力彊者入為中郎將。其次乃補邊州。而以德行才術擢者十不能一。所以百姓未安。殆由於此。帝因謂侍臣曰。刺史朕當自簡擇。縣令詔京官五品已

上各舉一人。

治書侍御史劉洎以為左右丞宜特加精簡。上疏曰。臣聞尚書萬機。實為政本。伏尋此選。授任誠難。是以八座比於文昌。二丞方於管轄。爰至曹郎。上應列宿。苟非稱職。竊位興譏。伏見比來尚書省詔勅稽停。文案壅滯。臣誠庸劣。請述其源。貞觀之初。未有令僕。于時省務繁雜。倍多於今。而左丞戴胄右丞魏徵。並曉達吏方。質性平直。應彈舉無所回避。陛下又假以恩慈。自然肅物。百司匪懈。抑此之由。及杜正倫續任右丞。頗亦厲下。比者綱維不舉。並為勳親在位。器非其任。功勢相傾。凡在官僚。未循公道。雖欲自強。先懼囂謗。所以郎中予奪。惟事諮稟。尚書依違。不能斷決。或糺彈聞奏。故事稽延。按雖理窮。仍更盤下。去無程限。來不責遲。一經出手。便涉年載。或希旨失情。或避嫌抑理。勾司以案成為事了。不究是非。尚書用便僻為奉公。莫論當否。互相姑息。惟事彌縫。且選衆授能。非才莫舉。天工人代。焉可妄加。至於懿戚元勳。但宜優其禮秩。或年高及耄。或積病智昏。既無益於時。宜當置之以閑逸。久妨賢路。殊為不可。將救茲弊。且宜精簡尚書左右丞及左右郎中。如並得人。自然綱維備舉。亦當矯正趨競。豈惟息其稽滯哉。疏奏。尋以洎為尚書左丞

高宗時。魏元忠遷監察御史。帝嘗從容曰。外以朕為何如主。對曰。周成康漢文景也。然則有遺恨乎。曰。有之。王義方一世豪英。而死草萊。議者謂陛下不能用賢。帝曰。我適用之。聞其死。顧已無及。元忠曰。劉藏器行副於才。陛下所知。今七十為尚書郎。徒歎彼而又棄此。帝默然慚。

武后時。麟臺正字陳子昂上軍國利害疏曰。臣伏見陛下憂勞天下百姓。恐不得所。又發明詔。將降九道大使巡察天下諸州。兼申黜陟。

以求人瘼。甚大惠也。天下百姓幸甚。臣竊以為美善未盡善也。何以言之。陛下所以降明使。豈非欲令天下黎元衆庶知陛下夙興夜寐憂勤念之耶。欲天下賢良忠孝知陛下夙興夜寐思任用之耶。欲使天下姦人暴吏亦知陛下夙興夜寐務欲除之耶。陛下聖意必若以此而發使乎。則愚臣竊見陛下之使有未盡善也。若愚臣所謂使者先當雅合時望。務為衆人所推。仁愛足以存恤孤惸。賢明足以進拔幽滯。剛直足以不避強禦。明智足以照察姦非。然後使天下姦人畏其明而不敢為惡也。天下強禦憚其直而不敢為過也。天下英奇慕其德而樂為之用也。天下孤寡賴其仁而欣戴其恩也。夫如是。然後可以論出使矣。故輶軒未動於京師。天下翕然皆已知矣。今陛下使猶未出朝廷。行路市井之人。皆以為非任。朝廷有識者亦不稱之。夫天子之使未出魏闕。朝廷之人皆已輕之。何況天下之衆哉。夫欲黜

陟求賢豈可得也陛下所以有此失者在不選人亦輕此使非天下之大任故陛下遂大失至於此也宰相復以為尋常但奉詔而行之苟以出使為名不求任使之實故使愈出而天下愈弊使彌多而天下彌不寧其故何哉是朝廷輕其任也輕其任則不擇人不擇人則使非其實使非其實則黜陟不明刑罰不中朋黨者進貞直者退徒使天下百姓修飾道路送往迎來無益於聖教耳臣久為百姓實委知之陛下欲令天下黎庶知陛下夙興夜寐憂勤政化不可得也故臣以陛下大失在於此也未欲正其末者必先端其本清其流者必先潔其源自然之符也國家茲弊亦已久矣今陛下若不重選此使妙得其人天下黎元必謂陛下尚行尋常之政不能革此弊也則賢人必不出貪吏必得志惸獨必哀吟天下百姓無所賴於陛下此使也臣不勝有願願陛下與宰相更妙選朝廷百官素有威重名節為衆人所推者陛下因大朝日親御正殿集百僚公卿設禮儀以使者之禮見之於是告以出使之意懇懃微戒無敢惑懈遂授以旌節而發遣之先自京師而訪豺狼然後攬轡登車以清天下若如是臣必知陛下聖教不旬月之間天下家見而戶習也昔堯舜氏不下席而天下理者蓋黜陟幽明能折中耳今陛下方開中興之化建萬代之功天下瞻望異見聖政此之一使是陛下為政之大端也諺曰欲知其人觀其所使不可不慎也若陛下必知不可得其人則不如不出使出使煩數無益於化但勞天下之人是猶烹小鱗而數撓之耳伏惟陛下察焉

子昂又上論牧宰疏曰臣伏惟陛下當今所共理天下欲致太平者豈非宰相與諸州刺史縣令耶陛下若重此而理天下乎臣見天下理也若陛下輕此而理天下乎臣見天下不得理也何者宰相陛下之腹心刺史縣令陛下之手足未有無腹心手足而能獨理者也臣竊觀當今宰相已略得其人矣獨刺史縣令陛下尚猶輕之未見得其人是以腹心雖安而手足猶病而天下至今所以未得大利耳臣竊惟刺史縣令之職實陛下政教之首也陛下布德澤下明詔將示天下百姓必待刺史縣令為陛下謹宣之故得其人則百姓家見而戶聞不得其人但委棄有司而挂墻壁耳陛下欲使家興禮讓吏勵清勤不重選刺史縣令將何道以致之耶愚臣竊見陛下未有舟楫而欲濟江河不可得也臣比在草茅為百姓久矣刺史縣令之化臣實委知國之興衰莫不在此職也何者一州得賢明刺史以至公循良為政者則千萬家賴其福若得貪暴刺史以徇私苛虐為政者則千萬家受其禍矣夫一州禍福且如此況天下之衆豈得勝道哉故臣以為陛下政化之首國之興衰在此職也臣伏見陛下憂勤政理欲安天下百姓無使疾苦然猶未以刺史縣令為念何可得哉臣何以得知陛下未以刺史縣令為念臣竊見吏部選人補一縣令如補一縣尉耳但以資次考第從宦遊歷即補之不論賢良德行能以化人而擢見用者縱吏部侍郎時有不知此弊而欲超越用人則天下小人已囂然相謗矣所以然者習於常而有驚怪也所以天下凌遲流一雜賢不肖莫分但以資次為選不以才能得職所以天下百姓無由知陛下聖德勤勞夙夜之念但以愁怨以為天子之令遺如此也自有國來此弊最深而未能除也豈不甚哉昔漢宣帝有言曰朕之所共理天下者豈非良二千石乎故宣帝之時能委任矣伏願陛下與宰相深思妙選以救正此弊使天下之人稍得以安臣有計然甚鄙近未能著之於書願陛下興念明宰相圖之以安天下幸甚幸甚

武后時。魏元忠為張易之兄弟所構。獄方急。蘇安恒獨申救曰。王者有容天下之量。故濟其心。能進天下之善。故除其惡。不然。則鬼神馮怒。陰陽紛舛。陛下始革命。勤秉政樞。博逑謀猷。天下以為明主。暮年厭怠。讒佞熾結。水火相災。百姓不親。五品不遜。天下以為暗君。邪正糅進。獄訟冤劇。何昔是而今非邪。居安忘危之失也。竊見元忠廉直有名。位宰相。履忠正。邪佞之徒嫉之若讎。易之兄弟無功無德。但以媚附。不閱數朞。位勢隆極。指馬獻蒲。先害善良。自元忠下獄。人人偶語。謂易之交亂。且及四國。烈士撫髀。忠臣鉗口。懼易之之權。恐先誅受戮。虛死無名。況賊虜方彊。賦斂重困。而自縱讒慝。搖變遐邇。臣恐四夷低目窺覘。為邊鄙患。百姓託義。以清君側。遂康之人。叩關而至。陛衛左右。徒中以應。爭鋒朱雀之門。問鼎大明之宮。陛下何以謝之。臣今計者。莫若收雷電之威。解恢恢之綱。復爵還位。君臣如初。則天

下幸甚。陛下縱不能斬佞臣。塞人望。且當抑奪榮寵。翦其羽翅。無使驕横為社稷之憂。疏奏。易之等大怒。遣刺客邀殺之。賴鳳閣舍人桓彥範等悉力營解乃免。

明堂災。沂州刺史韋承慶上疏諫曰。以文明垂拱。後執政者未滿歲率以罪去。大抵皆惡逆不道。夫構大廈。濟巨川。必擇文梓艅艎。若垂毀而敗。則是架朽木乘膠船也。臣謂陛下求賢之意切。而取人之路寬。故一言有合而付大任。夫以堯舉舜猶歷試諸難。況庸庸者可超處輔相。以百揆萬機畀小人哉。書聞不報

證聖初。詔九品以上陳得失。獲嘉主簿劉知幾上言君不虛授。臣不虛受。妄受不為忠。妄施不為惠。今群臣無功。遭遇輒遷至都下有車載斗量杷推椀脫之諺。又謂刺史非三載以上不可徙。宜課功殿明賞罰。后嘉其直

長安中。武后謂狄仁傑曰。安得一奇士用之。仁傑曰。陛下求文章資歷。今宰相李嶠蘇味道足矣。豈文士齷齪不足與成天下務哉。后曰然。仁傑曰。荊州長史張柬之。雖老。宰相材也。用之必盡節於國。即召為洛州司馬。它日又求人。仁傑曰。臣嘗薦張柬之。未之用也。后曰遷之矣。曰。臣薦宰相而為司馬非用也。乃授司刑少卿。遷秋官侍郎

韋嗣立拜鳳閣侍郎同鳳閣鸞臺平章事。時州縣非其人。后以為憂。李嶠唐休璟曰。今朝廷重內官輕外職。每除牧守。皆訴不行。非過累不得遣。請選臺閣賢者分典大州。自近臣始。后曰。誰為朕行。嗣立曰內典機要。非臣所堪。請先行以示群臣。后悅。以本官檢校沂州刺史。

中宗神龍中。蕭至忠授中書侍郎同中書門下平章事。上疏陳時政曰。求治之道首于用賢。苟非其才則官曠。官曠則事廢。事廢則人殘。歷代所以陵遲者此也。今授職用人多因貴要為粉飾。上下相蒙。苟

得為是。夫官爵公器也。恩倖私惠也。王者止可以金帛富之。粱肉食之。以存私澤也。若公器而私用之。則公義不行。而勞人解体。私謁開而正言塞。日朘月削。卒見凋弊。今列位已廣。冗員復倍。陛下降不貲之澤。近戚有無涯之請。臺閣之內。朱紫充滿。官秩益輕。恩賞彌數。才者不用。用者不才。故人不効力。官匪其人。欲求治固難矣。又宰相要官子弟多居美爵。並罕才藝而更相誘託。詩云。私人之子。百僚是試。或以其酒。不以其漿。鞙鞙佩璲。不以其長。此言王政不平。而眾官廢職。私家子列試榮班。徒長其佩爾。臣願陛下愛惜爵賞。官無虛授。進大雅。以樞近。退小人於閑左。使政令惟一。私不害公。則天下幸甚。且貞觀故事。宰相子弟多居外職。非直抑彊宗。亦以擇賢才。爾請自宰相及諸司長官子弟。並授外官。共寧百姓。表裏相統。帝不納

韋嗣立為兵部尚書。論職官多濫。上疏曰。臣聞設官分職。量才署

此本於理人而務安之也。故書曰在知人。在安民。知人則哲能官人。安民則惠。黎民懷之。能哲而惠。何憂乎驩兜。何畏乎有苗。者是也。此明官得其人。而天下自理矣。古者取人。必先採鄉曲之譽。然後辟於州郡。州郡有聲。然後辟於五府。才著五府。然後升之天朝。此則用一人。所擇者甚悉。擢一士。所歷者甚深。孔子曰。譬有美錦。不可使人學製。此明用人不可不審擇也。用得其才則治。非其才則亂。治亂所繫。焉可不深擇之哉。凡今之取人。有異此道。多未甚試効。即頓遷擢。夫競趨者。人之常情。僥倖者。人之所趣。而今務進不避僥倖者。接踵比肩。布於文武之列。有文者用理內外。則有回邪贓污上下敗亂之憂。有武者用將軍戎。則有庸懦怯弱。師旅喪亡之患。補授無限。員缺不供。遂至員外置官。數倍正闕。曹署典吏。困於祗承。府庫倉儲。竭於資俸。國家大事。豈甚於此。古者懸爵待士。唯有才者得之。若任以無才。

則有才之路塞。賢人君子所以遁跡銷聲。常懷歎恨者也。且賢人君子。守於正直之道。遠於僥倖之門。若僥倖開。則賢者不可復出矣。賢者遂退。若欲求人安化治。復不可得也。人若不安。國將危矣。陛下安可不深慮之。

玄宗時。姚崇嘗於帝前。序次郎吏。帝左右顧不主其語。崇懼再三言之。卒不答。崇趨出。內侍高力士曰。陛下新即位。宜與大臣裁可否。今崇亟言。陛下不應。非虛懷納誨者。帝曰。我任崇以政。大事吾當與決。至用郎吏。崇顧不能而重煩我邪。崇聞乃安。由是進賢退不肖而天下治。

宣義郎左拾遺內供奉張九齡上封事曰。臣所以上事。以臣愚昧。並當時尤切。不敢飾詞。伏願陛下覽觀可否之宜。幸甚幸甚。臣伏以陛下自克清內難。光宅天下。常欲躋人於富壽。致國於太平。聖慮紆勤。德音屢發。然猶黎人未息。水旱為憂。臣竊伏思之。有由然矣。臣聞乖政之氣。發為水旱。天道雖遠。其應甚速。昔者東海枉殺孝婦。旱者久之。一吏不明。疋婦非命。則天為之旱。以昭其寃。況今六合之間。元元之衆。莫不懸命於縣令。宅生於刺史。陛下所與共理。此尤親於人者也。多非其任。徒有其名。致旱之由。豈惟孝婦一事而已。是以親人之任。宜得其賢。用才之道。宜重其選。而今刺史縣令。除京輔近處雄望之州。刺史猶擇其人。縣令或備員而已。其餘江淮隴蜀三河諸處。除大府之外。稍稍非才。但於京官之中出為州縣者。或是緣身有累。在職無聲。用於牧宰之間。以為斥逐之地。或因時附會。遂忝高班。比其勢衰。且無他責。又謂之不稱京職。亦乃出為刺史。至於武夫流外。積資而得官。成於經久。不計於有才。諸若此流。盡為刺史。其餘縣令已下。固不可勝言。蓋甿庶所繫。國家之本務。本務之職。反為好進者所

輕。承弊之人。每遭非才者所擾。陛下聖化從此不宣。皆由不重親人之選。以成其弊。而欲天下和洽。固不可得也。古者刺史入為三公。郎官出宰百里。莫不互有所重。勸其所行。臣竊怪近俗。偏輕此任。今朝廷卿士入而不出。於其私情。遂自得計。何則。京華之地。衣冠所聚。子弟之間。身名所出。從容附會。不勞而成。一出外藩。有異於此。人情進取。豈忘於私。但立法制之。不敢違耳。原其本意。固私是欲。今大利在於京職。而不在於外郡。如此。則智能之士。欲利之心。日夜營營。寧肯復出為刺史縣令。而陛下國家之利。方賴智能之人。此輩既自固而不行。在外者又技癢而求入。如此則智能之輩。常無親人之者。陛下又未格之以法。無乃甚不可乎。故臣愚以為欲理之本。莫若重刺史縣令。此官誠專智能者可行。宜懸以科條。定其資歷。凡不歷都督刺史。有高第者。不得入為侍郎列卿。不歷縣令。有善政者。亦不得入

為臺郎給舍。即雖遠處都督刺史至於縣令。以次差降以為出入。亦不得十年頻任京職。又不得十年盡任外官。如此設科以救其失。則內外通理。萬姓獲寧。如積習為常。遂其私計。陛下獨宵衣旰食。天下亦未之理也。又古之選用賢良。取其稱職。或遙聞而辟召。或一見而任之。是以士修素行。不圖僥倖。群小不遠。亦用息心。以故姦偽自止。流品不雜。今天下未必理於上古。而事務日倍於前。誠為不正其本。而設巧於末。所謂末者吏部條章動盈千百。刀筆之吏。辯析毫釐。節制搶攘。溺於文墨。胥吏之猾。又緣隙而起。臣以為始造簿書以備用人之遺忘耳。今反求精於案牘。不急於人才。亦何異遺劍中流。而刻舟以記。去之彌遠。可為傷心。凡有稱吏部之能者。則曰從縣尉與主簿。與縣丞。斯選曹執文。而善知官次者也。惟據其合與不合。不論賢與不肖。大略如此。豈不謬哉。陛下若不以吏部尚書侍郎為賢必不

授以職事。尚書侍郎既以賢而受委。豈復不能知人。知人之難。雖自古所謹。而拔十得五。其道可行。今則執以格條。責於謹守。棄其心能自覽者。每選於所授。亦有三人五人。若又專固者。則亦一人不授。據資配職。自以為能。為官擇人。初無此意。故使時人有平配之議。官曹無得賢之實。朱紫同色。清濁不分。是於聖朝有何裨益。故臣以為選部之法。弊於不變。變法之易。在陛下渙然行之。假如今之銓衡。欲自為意。亦限行之已久。動必見疑。遂用因循。益為浮薄。今若刺史縣令精覈其人。即每年當管之內。應有合選之色。先委考其才行。堪入品流。然後送臺。臺又推擇。據所用之多少。為州縣之殿最。一則州縣慎於所舉。必取入官之才。二則吏部因其有成。無多庸人之數。縱有不任。送者妄起怨端。且猶分謗於外臺。不至諠譁於南省。今則每歲選者動以萬計。京師米物為之空虛。豈多士若斯。蓋濫至此。而欲仍

舊致理難於改制。祇益文法。頃碎賢愚。混雜就中以一詩一判定其是非。適使賢人君子從此遺逸。斯亦明代之闕政。有識者之所歎息也。又天下雖廣。朝臣雖衆。而士之名賢。亦可知也。若使毀譽相亂。聽受不明。事將已矣。無復可說。如知其賢能。各有品第。每一官缺。而不以次用之。則是知而不為。焉用彼相。借如諸司清要之職。當用第一之人。及其要官缺時。或以下等叨進。以故時議無高無下。惟論得與不得。自然清議不立。名節不修。上善則守志而後時。中人則躁求而易擬。其故何哉。朝廷若以令名進人。士子亦以修名獲利。而利之所出。衆則趨焉。已而名利不出於清修。所趣多歸於人事。其小者苟求取得。一變而至阿私。其大者許以分義。再變而成朋黨。斯並教化漸漬使之必然。故於用人之際。不可不第高下。若高下有次不可妄干。天下士流必刻意修飾。思齊日衆。刑政自清。此皆興衰之大端焉。不

可不察。易曰。履霜堅冰至。言聖人之見終始之微矣。臣今所言。上刺史縣令等事。一皆指實。縱臣所欲變法。不合時宜。伏望更發睿圖。及詢於執事。作為長算。振此頹風。使官修其方。人受其福。天下幸甚。伏惟陛下聰明神武。動以聖斷。正當可為之運。未行反本之法。微臣企竦。竊有所望。伏願少留宸睠。稍覽愚誠。必無可施。行棄之非晚。不勝塵露裨補之誠。

肅宗至德元年。北海太守賀蘭進明詣行在。上命房琯以為御史大夫。琯以為攝御史大夫。進明入謝。上怪之。進明因言與琯有隙。且曰。晉用王衍為三公。祖尚浮虛。致中原板蕩。今房琯專為迂闊大言以立虛名。所引用皆浮華之黨。真王衍之比也。陛下用為宰相。恐非社稷之福。且琯在南朝。佐上皇。使陛下與諸王分領節制。仍置陛下於沙塞空虛之地。又布私黨於諸道。分統大權。其意以為上皇一子得

天下則已不失富貴此豈忠臣所為乎上由是疎之
代宗大曆十四年常袞言於上曰陛下久欲用李泌昔漢宣帝欲用人為公卿必先試理人請且以為刺史使周知人間利病俟報政而用之
初天下用兵官爵冗濫元王秉政賄賂公行及袞為相思革其弊四方奏請一切不與而無甄別賢愚同滯崔祐甫欲收時望作相未二百日除官八百人前後相矯終不得其適上嘗謂祐甫曰人或謗卿所用多涉親故何也對曰臣為陛下選擇百官不敢不詳慎苟平生未之識何以諳其才行而用之上以為然
德宗興元元年蕭復奉使自江淮還與李勉盧翰劉從一俱見上勉等退復獨留言於上曰陳少游任兼將相首敗臣節韋皐幕府下僚獨建忠義請以皐代少游鎮淮南使善惡著明上然之

貞元十六年義成節度使盧群卒賈耽曰凡就軍中除節度使必有愛憎向背喜懼者相半故眾心不安自今願陛下只自朝廷除人庶無他變
十八年浙東觀察使裴肅既以進奉得遷齊總掌後務刻剝以求媚又過擢為衢州刺史給事中許孟容封還詔書曰衢州無他虞齊總無殊績忽此超獎深駭群情若有可錄願明書勞課然後超改以解眾疑詔遂留中上召孟容獎之
德宗時門下侍郎趙憬陳前世損益當時之變獻審官六議一議相臣曰中外知其賢者用之能者任之責材之備為不可得二議庶官曰臣嘗謂拔十得五賢愚猶半陛下曰何必五也十二可矣故廣任用明殿最舉大節略小瑕隨能試事用人之大要也三議京司闕官曰今要官闕多閑官員多要官以材行閑官以恩澤是選拔必優容眾也宜補闕員以育人材四議考課曰今內庶僚外刺史課最尤者擢以不次善矣臣謂黜陟宜責歲限若任要重未當遷者加爵或秩其餘進退宜示遲速之常若課在中考如限者平轉而歷試之即無苟且之心滯淹之慮五議遺滯曰陛下委宰輔舉才不徧知也則訪之庶僚又不偏知也訪之眾人眾聲囂然十譽之未信一毀之可疑臣謂宜采士論以譽多者先用非大故者勿棄六議藩府官屬曰諸使辟署務得才以重府望能否已試則引而置之朝無俾久滯帝皆然之
翰林學士陸贄薦袁高等狀曰臣近因奏對言及任人陛下累歎乏才憫然憂見於色臣退而思省且喜且懼所喜者鑒陛下急於求賢明君致理之資也所懼者恥近侍不能薦士微臣竊位之罪也輒自揣擇思舉所知猶懼鑒識不明品藻非當反覆參校未果上聞昨蒙宣示中書進擬量移官令臣審看可否者因悟貶降之輩其中甚有

可稱臣以素所諳知兼聞公議此狀之內僅得十人狀所不該又有三四或因連累左黜或遭讒忌外遷互有行能咸著名跡寘之清列皆謂良材若但準例量移及令仍舊出守固非陛下愛賢之意亦乖海內望理之心儻蒙特恩追赴行在試垂訪接必有可觀録用棄瑕既符德號振淹求舊亦闡大猷謹録薦陳庶備採擇其餘差序遠近並具別狀以聞
贄又論替換李楚琳狀奏曰右欽溆奉宣聖旨李楚琳不可久在鳳翔欲俟朕到日簡擇一人替楚琳充節度使楚琳別與一官便隨朕歸京既有迎駕諸軍威勢甚盛因此替換亦是權宜卿宜商量穩便否者臣聞王者有作先懷永圖謀必可傳事必可繼不因利以苟得不乘便而幸成故能上下相安而理可長久也彼楚琳者固是亂人乘國難而肆逞其毒賊邦君而篡居其位按以典法是宜汙瀦既屬

多虞不遑致討乃分之以旄鉞又繼之以寵榮遠至南廵頗全外順
道途無壅亦有賴焉雖朝命累加蓋非獲已然王言一出則不可渝
縱闕君臣之恩猶須進退以禮今若因行韋之威勢假迎邑之兵甲
易置以歸是同虜執以言乎除亂則不武以言乎務理則不誠禍變
繁興為日久矣負釁居使豈唯一人以此時巡復將安入以此撫御
誰其感懷昔漢高偽遊韓信見獲功臣繼叛天下幾危征伐紛紜以
至沒代其徼倖之不可也如此陛下得不為至戒哉議者謂之權宜
臣又未諭其理夫權之為義取類權衡衡者稱也權者銓也故權在
於懸則物之多少可準權施於事則義之輕重不差其趣理也必取
重而舍輕其遠禍也必擇輕而避重苟非明哲難盡精微故聖人貴
之乃曰可與適道未可與立可與立未可與權言知幾之難也今者
甫平大亂將復天衢革路所經首行脅奪易一帥而虧萬衆之義得

一方而結四海之疑乃是重其所輕而輕其所重謂之權也不亦反
乎以反道為權以任數為智君上行之必失衆臣下用之必陷身歷
代之所以喪亂而長奸邪由此誤也夫以韓信才略當時莫儔且負
嫌猜已遭告訐縱之足以亂區寓除之可以安國家尚而成擒猶謂
失策當時被攻戰之害百代流詭詐之譏況楚琳卒伍凡材廝養賤
品因時擾攘得肆猖狂非有陷堅殪敵之雄出奇制勝之略頗同狐
鼠乘夜睢盱晨光既升歛自跧縮今郊畿已乂武衛方嚴汧隴鎮壓
於其西邠涇扼制於其北顧是岐下若居掌中以楚琳瑣劣之資處
掌中控握之地縱令蹢躅何惡能為願陛下姑務含弘普安反側促
駕遄止錄功據勤數肆眚之恩布惟新之令然後徵韋皐楚琳俾入
分文武之職擇元勳宿望命出撫岐隴之師則彼承詔欣榮奔走不
暇安敢蔕介復勞誅鋤措置得宜萬無一跌何遽潛動不為後圖仰

希睿聰試更詳慮謹奏
贄又答論蕭復狀奏曰右欽溆奉宣聖旨卿所奏蕭復事朕已具悉
假使更無別意終是不識事宜今巡行諸道轉恐事多乖失緣孟皡
年老今欲除蕭復為福建觀察使便令赴任去就亦應得所卿意以
為何如者伏以將相之任所委皆崇中外迭居亦是常理然君臣有
禮進退不可以不全理体有宜本末不可以不稱頃盜興都邑駕適
郊畿陛下悔征賦之殷繁念黎元之困悴誕降慈旨深示閔傷特遣
大臣普詢疾苦本期還報將議優蠲衆情顒顒日望上達今若未終
前命遽授遠藩則是膏澤將布而復收渙汗已發而中廢事既失望
人何以觀斯乃進退之禮不全本末之宜不稱謂為得所臣實疑之
儻慮事乖方不欲淹留在外則當諭以詔旨促其歸程遠郡巡歷未
周但令副介分往待其復命親訪物情革弊垂恩用符德踊使務既

畢能否益彰徐擇所宜以圖進退庶於事体允得厥中謹奏
贄為中書侍郎同中書門下平章事議汴州逐劉士寧事狀奏曰右
希顏奉宣聖旨適得李萬榮奏劉士寧因出遊獵三軍將士遂閉城
門不放入發遣令赴朝廷萬榮安撫軍州今已寧帖卿等宜知悉者
伏以劉士寧昏荒暴慢惡貫久盈聖情愛人久為含忍親離衆叛自
取奔亡不勞師徒克靖方鎮恭承宣諭欣賀實深然梁宋之間地當
要害鎮壓齊魯控引江淮得其人則安則強失其人則危則弱今士
寧見逐雖是衆情萬榮總軍且非朝旨此亦安危強弱之機也陛下
審之慎之或恐奏事之人苟私所奉之將妄陳体勢欲徼求承前
授任失宜多為此輩所誤假使心無詐罔其如識之經通與之籌量
解不撓敗今軍州既定足得安詳望且選一朝臣馳往宣勞更審旬
日徐察事情見情而後圖之則冀免有差失候至坐日續更面陳謹

先狀以聞謹奏
贄又論朝官缺員及刺史等改轉倫序狀奏曰右臣聞於經曰濟濟多士文王以寧又曰無曠庶官天工人其代之蓋謂士不可不多官不可不備敦付物以能之義闡恭己無爲之風此理道得失之所由也夫聖人之於愛才不唯側席求思而已乃復引進以崇其術業歷試以發其器能旌善以重其言優祿以全其操歲月積久聲實並豐列之於朝則王室尊分之於土則藩鎭重故詩序太平之君子能長育人才書比梓人之理材旣勤樸斲惟施丹雘禮著造士易尚養賢蓋以人皆含靈唯所誘致如玉之在璞抵擲則瓦石追琢則珪璋如水之發源壅閼則汚泥疏濬則川沼是以書籍所載歷代同途祚屬殷昌必時多儁乂運鍾衰季則朝乏英髦當在衰季之時咸謂無人是任及其雄才御寓淑德應期賢能相從森若林會然則興王之良

佐皆在季代之棄才在季而愚當興而智乃知季代非獨遺賢而不用其於養育獎勸之道亦有所不至焉故曰人皆含靈唯所誘致漢高稟大度故其時多魁傑不羈之材漢武好英風故其時富瓌詭立名之士漢宣精吏能故其時萃循良核實之能迨乎哀平桓靈昵比小人踈遠君子故其時近習操國柄嬖戚擅朝權是知人之才性與時升降好之則至獎之則崇抑之則衰斥之則絶此人才消長之所由也臣每於中夜竊自深惟朝之乏人其患有七不澄源而防末流一也不考實而務博訪二也求精太過三也嫉惡太甚四也程試乖方五也取舍違理六也循故事而不擇可否七也夫多少相縿非嘉量不平輕重相欺非懸衡不定用之苟不得其道則主者實病而權量無尤故按名責實者選吏之權量也宰相者主權量之用也宰相之主吏猶司府之主財主吏在序進賢能主財在乎頒秩俸假使用

財失節則司之者可以改易而秩俸不可以不頒主吏乖方則宰之者可以變更而賢能不可以不進其行甚易其理甚明頃者命官頗異於是常以除吏多少準量宰相重輕宰相承寵私則援引雖濫而必進宰相見踈忌則擬議雖當而罕俞是使群材仕進之窮通唯繫輔臣恩澤之薄厚求諸理道未謂合宜夫與奪者人主之利權名位者天下之公器不以公器徇喜怒不以利權肆忿志不以寡妨衆不以人廢官或其阻執事而擁群材所謂不澄源而防末流之患也經曰無以小謀亂大作無以嬖人疾莊士蓋務大者不拘於小累謀小者不達於大猷嬖者或行異於莊莊者必性殊於嬖理勢相激宜其不同進賢援能諒君子之事遏惡揚善非小人所能君子以愛才爲心小人以傷善爲利愛而引之則近黨傷而沮之則似公近黨則不辨而遽疑似公則不覆而先信是以大道每隳於橫議良才常困於

中傷失士啓讒多由於此所謂不考實而務博訪之患也夫人之器局有圓方大小之殊官之典司有難易閑劇之別名稱有虛實之異課績有升降之差將使官不失才才不失序在乎制法以司契擇人而秉鈞制之不得厥中則其法可更而其契不可亂也擇之不當所任則其人可去而其秉不可奪也如或事多錯雜任靡適從而但役智以求精勞神而救弊則所救愈失所求愈忽故書曰元首明哉股肱良哉庶事康哉元首叢脞哉股肱惰哉庶事隳哉頃之輔臣鮮克勝任過蒙容養尚備職員致勞睿思巨細經慮每有缺官須補或緣將命藉才宰司愼擇上聞必極當時妙選聖情未愜復命別求執奏既不見從則又降擇其次如是至于再至于三所選漸高所得轉下或斷於獨見罔詢僉諧或擢自旁求不稽公議權衡失柄進取多門等差不倫聲實相反此所謂求精太過之患也臣聞權衆之殊不能無

纇。連城之璧不能無瑕。矧伊有情寧免愆咎。仲尼至聖也。猶以五十學易無大過為言。顏子殆庶也。尚稱不遠而復。無祇悔為美。況自賢人以降。孰能不有過失哉。珠玉不以瑕纇而不珍。髦彥不以過失而不用。故玄元之教曰。常善救人。則無棄人。文宣亦云。赦小過。舉賢才。齊桓不以射鉤而致嫌。故能成九合之功。秦穆不以一眚而掩德。故能復九敗之讎。前史序項籍之所以失天下。曰於人之功無所記。於人之過無所遺。管仲論鮑叔牙不可屬國。曰聞人之過終身不忘。然則棄瑕錄用者。霸王之道。記過遺才者。衰亂之源。夫登進以懋庸。黜退以懲過。二者迭用。理如循環。進而有過則示懲。懲而改修則復進。既不廢法。亦無棄人。雖纖芥必懲。而才用不匱。故能使黜退者克勵以求復。登進者警飭以恪居。上無滯疑。下無蓄怨。俾人於變。以致時雍。陛下英聖統天。威莊肅物。好善既切。計過亦深。一抵譴責之中。永

居嫌忌之地。夫以天下士人。皆求宦名。獲登朝班。千百無一。其於修身勵行。聚學樹官。非數十年間。勢不能致。而以一言忤犯。一事過差。遂從棄捐。沒代不復。則人才不能不乏。風俗不能不偷。此所謂嫉惡太甚之患也。臣聞君子約言。小人先言。君子之道。闇然而日章。小人之道。的然而日亡。孔子曰。始吾於人也。聽其言而信其行。今吾於人也。察其言而觀其行。又曰。舉直措諸枉則民服。舉枉措諸直則民不服。然則舉措不可以不審。言行不可以不稽。吶吶寡言者未必愚。喋喋利口者未必智。鄙樸忤逆者未必悖。承順愜可者未必忠。故明主不以辭盡人。不以意選士。凡制爵祿與衆共之。先論其材。乃授以職。所舉必試之以事。所言必考之於成。然後苟妄不行。而貞實在位矣。如或好善而不擇所用。悅言而不驗所行。進退隨愛憎之情。離合繫異同之趣。是由捨繩墨而意裁曲直。棄權衡而手揣重輕。雖甚精微。不能無謬。此則所謂程試乖方之患也。天之生物。為用罕兼。性有所長。必有所短。材有所合。亦有所睽。曲成則品物不遺。求備則觸類皆棄。是以巧梓順輪桷之用。故枉直無廢材。良御適險易之宜。故駑驥無失性。物既若此。人亦宜然。其於行能。固不兼具。前志所謂千年一聖。五百年一賢者。才難不其然乎。夫惟聖人。方体全德。賢之為目。猶有未周。且以未周之才。彌五百年而有一。遂欲求備。曷由得人。若夫一至之能。偏稟之性。則中人以上。迭有所長。苟區別得宜。付授當器。各適其性。各宣其能。及乎合以成功。亦與全才無異。但在明鑒大度。御之有道而已。帝王之盛。莫盛於唐虞。臣佐之盛。莫盛稷禹。稷禹之比無非大賢。然猶各任所能。不務兼備。故尚書序堯舜命官之差。自稷禹殳益以降。凡二十二人。所命典司。不踰一職。用能平九土。播百穀。敷五教。序五刑。禮樂興和。蠻夷率服。洎鳥獸魚鼈。亦罔不寧。蓋由舉

得其人。任得其所。鑒擇授審之於初。不求責於力分之外。不沮撓於局守之內。是以事極其理。人盡其材。君垂拱於上。臣濟美於下。功焯當代。名施無窮。及其失也。則升降任情。首末異趣。使人不量其器。與人不由其誠。以一言稱愜為能。而不核虛實。以一事違忤為咎。而不考忠邪。其稱愜則付任逾涯。不思其所不及。其違忤則責望過當。不恕其所不能。是以職司之內無成功。君臣之際無定分。此所謂取捨違理之患也。今之議者多曰。內外庶官。久於其任。又曰。官無其人則闕之。是皆誦老生之常談。而不推時變。守舊典之糟粕。而不本事情。徒眩聰明。以撓理化。古者人風既朴。官號未多。但別愚賢。匪論資序。不責人以朝夕之効。不計事於尺寸之差。不以小善而褒升。不以一眚而罪斥。故虞書三載考績。三考黜陟幽明。是則必俟九年。方有進退。然其所進者。或自側微而納于百揆。雖久於任。復何病哉。漢制

部刺史秩六百石。郡守秩二千石。刺史高第者即遷為郡守。郡守高第者即入為九卿。從九卿即遷為亞相相國。是乃從六百石吏而至台輔。其間所歷者三四轉耳。久在其任。亦未失宜。近代建官漸多。列級逾密。今縣邑有七等之異。州府有九等之差。同謂省郎。即有前中後行郎中員外五等之殊。並稱諫官。則有諫議大夫補闕拾遺三等之別。洎諸臺寺。率類於斯。悉有當資。各須循守。若依唐虞故事。咸以九載為期。是宜高位常苦於乏人。下寮每嗟於白首。三代為理。損益不同。豈必樂於變易哉。蓋時勢有不得已也。至如鯀陻洪水。績用靡成。猶終九年。然後殛竄。後代設有如鯀之比者。豈復能九年而始行罰乎。臣固知其必不能也。行罰欲速。而進官欲遲。以此為稽古之方。是猶却行而求及前人也。頃者臣因奏事。論及內外序遷陛下乃言舊例居官歲月皆多。朕外祖曾作祕書少監。一任經十餘年。董晉將

順睿情。遂奏云。臣於大曆中。曾任祠部司勳二郎中。各經六考。陛下之意。頗為宜然。以臣愚慮。實有偏見。凡徵舊例。須辨是非。是者不必渝。非者不必守。況於舊例之內。自有舛駁之異哉。先聖之制。權臣用事。其於除授。類多徇情。有一月屢遷者。有積年不轉者。至中歲。君臣搆嫌。始務優柔。百事凝滯。其於選授。尤所艱難。始以煩僻失吾。繼以疑阻成否。至使彝倫斁敘。庶位多淹。是皆可懲。曷足為法。夫覈才取吏。有三術焉。一曰拔擢以旌其異能。二曰黜罷以糾其失職。三曰序進以謹其守常。如此則高課者驟升。無庸者亟退。其餘績非出類。守不敗官。則循以常資。約以定限。故得殊才不滯。庶品有倫。參酌古今。此為中道。而議者暗於通理。一槩但曰宜久其任。得非誦老生之常談而不推時變者乎。夫列位分官。緝熙帝載。匪唯應務。兼亦養才。是以職事雖有小大閑劇之殊。而俱不可曠缺者。蓋備於時而用耳。故記

曰。天子以騶虞為節。樂官備也。唯經邦贊國之任。則非有盛德不可以居。故記曰。設四輔及三公。不必備。惟其人。議者昧於明徵。一槩但曰官無其人則闕。得非守舊典之糟粕。而不本事情者乎。今內外羣官。考深合轉。陛下或言其已有次第。須且借留。或謂其未著功勞。何用數改。是乃循默者既以無聞而不進。著課者又有成績而見淹。雖能否或差。而沉滯無異。人之從宦。積小成高。至于內列朝行。外登郡守。其於更歷。多已長年。孜孜慎修。計日思進。而又淹逾考限。亟易星霜。顧懷生涯。能不興歎。殊異登延之義。且乖勸勵之方。夫長吏數遷。固非理道。居官過久。亦有弊生。何者。時俗常情。樂新厭舊。有始卒者。其唯聖人。降及中才。罕能無變。其始也砥礪之心必切。其久也因循之意必萌。加以盈無不虧。張無不弛。天地神化。且難常全。人之所為。安得皆當。是以分分而廢。至丈必差。銖銖而稱。至鈞必謬。莅職既久。

寧無咎愆。或為姦吏所持。或坐深文所糾。偶以一跌。盡隳前功。至使理行不終。能名中缺。豈非上失其制。而推致以及於斯乎。故聖人愛人之才。慮事之弊。採其英華而使之。當其茂暢而獎之。不滯人於已成之功。不致人於必敗之地。是以鋭不挫而力不匱。官有業而事有終。此理之中庸。故書以為法。遷轉甚速。則人心苟而職業不固。甚遲則人心怠而事守浸衰。然則甚速與甚遲。其弊一也。陛下俯徇浮議謂協典謨。久次當進者。既曰務欲且留。缺員須補者。復曰官不必備。則才彥何由進。理化孰與交修。此所謂循故事而不擇可否之患也。伏惟陛下憂勤務理。夢想思賢。体陶唐有虞聰明之德。以敷求法太宗天后英邁之風。以拔擢然而得人之盛。尚愧前朝。底乂之功。未光當代。良以七患未去。三術未行。而又纔察太深。宸嚴太峻。常人才器。曷副天心。故雖獲超升。亦驟從黜廢。人物殘瘁。抑斯之由。而議者

莫究致幹之端。但思革弊之策。反以廣於進用為情故。以梗於除授為精詳。以避謗為奉公之誠。以擿瑕為選士之要。乃至稱毀紛糅。美惡混并。凡有遷升。必遭掎摭。聖德廣納。不時發明。小人多言。益敢陰詐。以是眩惑。自無全人。進用之意轉疑。汲引之途漸隘。舊齒既凋敗鬱盡。下位或滯淹罕升。故令官序失倫。人才不長。資望漸薄。砥勵浸微。高卑等衰。殆不相續。臣以竊位屬當序才。懼曠庶官。亟黷宸扆。昧識不足以周物。微誠不足以動衆。徒勤進善之心。轉積妨賢之罪。慙惶交慮。焚灼盈懷。凡除吏者。非謗刺之所生。必怨咎之所聚。寧止獲戾。多起於茲。屢屢上干。何所為利。但以待罪鈞軸。職思其憂。兼迫以感恩頓効之誠。不得不冒昧言之耳。其於裁擇用舍。惟陛下圖之。謹奏。

贄又論除裴延齡度支使狀奏曰。右緣班宏喪亡。臣今日面取進止。

令當此選。揔有四人。杜佑盧徵李衡李巽。並曾掌判財賦。各有績用可稱。資望人才。亦堪獎任。聖旨以淮南未可移動。盧徵又近改官。令臣擇一人與江西追取李衡者。臣以支計之司。當今所切。常須衛制黠吏。不可斯須闕人。待追李衡。數月方到。或恐綱條弛紊。錢物隱欺。李巽近追到城。請授給事中。且令權判。若處理稱職。除戶部侍郎。如材不相當。則待李衡到。別商量處分。既免曠廢於事。又得閱試其能。兩人之中。必有可取。陛下累稱穩便。許依所奏施行。臣又退更詳思。以為無易於此。希顏適宣進止。李巽知度支。恐未相當。且空與給事中。朕更思量司農少卿裴延齡甚公清有才。宜令判度支。便進擬狀來。其李衡亦從追取者。伏以周制六官。實司理本。冢宰制國用。量入為出。司徒掌邦賦。敷教恤人。今之度支。兼此二柄。準平萬貨。均節百司。有無懋遷。豐敗相補。利害關黎元之性命。費省繫財物之盈虛。加以饋餉邊軍。資給禁旅。刻急則生患。寬假則容姦。若非其人。不可輕授。裴延齡僻戾而好動。躁妄而多言。遂非不悛。堅僞無恥。豈獨有識深鄙。兼為流俗所嗤。頃列班行。已塵清貫。更居要重。必斁大猷。是將取笑四方。貽殃兆庶。尸祿之責。固宜及於微臣。知人之明。亦恐傷於聖鑒。伏願重循前議。俯察愚誠。更於四人之中。選擇取其尤者。庶諧僉屬。不紊朝經。延齡妄誕小人。任之交駭物聽。臣雖熟知不可。猶慮所見未周。趙憬眼疾漸瘳。後日即合假滿。待其朝謁。乞更參詳。去邪勿疑。天下幸甚。謹奏。

贄又論齊映齊抗官狀奏曰。右希顏奉宣進止。卿等所進齊映替李衡。緣江南與湖南接近。齊映齊抗既是當家。同任方面。事非穩便。宜別商量者。齊映齊抗同姓別房。既非五服之親。則與衆人無異。聖朝推誠致理。未嘗先事示疑。曩之李皐李兼。鄰接方鎮。今之韓潭全義

寀遍軍城。此例甚多。無足為慮。但以中朝要職。常苦乏人。至如映抗良才。並當臺閣妙選。臣等先請授映禮部。聖旨令且向外商量。儻許移鎮江西。亦是漸加恩獎。齊抗文學是用。精敏罕儔。掖垣之駁議司言。南宮之掌賦承轄。俾居其任。皆謂當才。若蒙追赴闕庭。試加顧問。察言稽行。必有可觀。可否之宜。伏候敕旨。

帝嘗親擇吏宰畿邑而政有狀。名宰相語皆賀帝得人。兵部侍郎同中書門下平章事柳渾獨不賀。曰。此特京兆尹職耳。陛下當擇臣輩以輔聖德。臣當選京兆尹承大化。尹當求令長親細事。代尹擇令。非陛下所宜。帝然之。

憲宗元和三年。翰林學士白居易論王鍔欲除官事宜狀奏曰。右臣竊聞王鍔見欲除平章事。未知何故有此商量。臣伏以宰相者。人臣極位。天下具瞻。非有清望大功。不合輕授。王鍔既非清望。又無大功。

若加此官深為不可昨日裴均除平章事內外之議早已紛然今王鍔若除則如王鍔之輩皆生冀望之心矣若盡與則典章大壞又未感恩若不與則厚薄有殊或生怨望倖門一啓無可奈何臣又聞王鍔在鎮日不恤凋殘唯務差稅淮南百姓日夜無憀五年誅求百計侵削錢物既足部領入朝號為羨餘親自進奉凡有耳者無不知之今若授同平章事臣恐四方聞之皆謂陛下得王鍔進奉而與宰相也臣又恐諸道節度使今日已後皆割剝生人營求宰相私相謂曰誰不如王鍔邪故臣以為深不可也其王鍔歸鎮與在朝伏望並不除宰相臣尚未知所聞信否貴欲先事而言或恐萬一已行即言之無及伏惟聖鑒俯察愚衷謹具奏聞謹奏

居易又奏論元稹左降狀曰右伏緣元稹左降事宜昨李絳崔群等再已奏聞至今未聞宣報伏恐愚誠未懇聖慮未回臣更細思事有

不可所以塵黷至於再三臣內察事情外聽眾議元稹左降不可者三何者元稹守官正直人所共知自授御史以來舉奏不避權勢只如奏李公佐等之事多是朝廷親情人誰無私因以挾恨或假公議將報私嫌遂使誣謗之聲上聞天聽臣恐元稹左降已後凡在位者每欲舉事先以元稹為戒無人肯為陛下當官執法無人肯為陛下嫉惡繩愆內外權貴親黨縱橫有大過大罪者必相容隱而已陛下從此無由得知其不可者一也昨者元稹所追勘房式之事心雖奉公事稍過當既從重罰足以懲違況經謝恩旋又左降雖引前事以為責詞然外議諠諠皆以為元稹與中使劉士元爭廳因此得罪至於爭廳事理已具前狀奏陳況聞劉士元踏破驛門奪將鞍馬仍索弓箭嚇辱朝官承前以來未有此事今中官有罪未見處置御史無過卻先貶官遠近聞知實損聖德臣恐從今已後中官出使縱暴益

甚朝官受辱必不敢言縱有被凌辱毆打者亦以元稹為戒但吞聲而已陛下從此無由得聞其不可者二也臣又訪聞元稹自去年已來舉奏嚴礪在東川日枉法收沒平人資產八十餘家又奏王紹違法給券令監軍神柩及家口入驛又奏裴玢違敕旨徵百姓草又奏韓皐使軍將封杖打殺縣令如此之事前後甚多屬朝廷法行悉有懲罰計天下方鎮皆怒元稹守官今貶為江陵判司即是送與方鎮從此方便報怨朝廷何由得知臣聞德宗時有崔善貞告李錡必反德宗不信送與李錡李錡大怒遂掘坑縱火燒殺崔善貞未數年李錡果反至今天下為之痛心臣恐元稹左降後方鎮有過無人敢言皆欲惜身永以元稹為戒如此則天下有不軌不法之事陛下無由得知此其不可者三也若無此三不可假如朝廷誤左降一御史蓋是小事臣何敢煩黷聖聽至于再三乎誠以所損者微所關者大

以此思慮敢不極言陛下若以臣此言為忠又未能別有處置必不得已則伏望且令追制改與一京司閑官免令元稹却事方鎮此乃上裨聖政下愜人情伏望細察事情斷在聖意謹具奏聞謹奏

居易又論太原事三件一曰右嚴綬輔光太原事迹其間不可遠近具知臣前日對時已子細面奏今奉宣輔光已替嚴綬續追此皆聖鑒至明左右不能惑聽合於公議斷自宸衷內外人心甚為愜當其嚴綬早須與替不可更進緣與輔光久相交結軍中補署職掌比來盡由輔光今見別除監軍八人乍失依託或恐嚴綬相黨曲為安陳軍情事宜之間須過防慮伏望聖恩速令貞亮赴本道便許嚴綬入朝二曰右貞亮元是舊人曾任重職陛下以太原事弊使替輔光然臣伏聞貞亮先充汴州監軍日自置親兵數千任三川都監日專殺李康兩節度使事迹深為不可違性自用所在專權若令貞亮慶事依

前。即太原卻受其弊。雖將追改。難以成功。其貞亮發赴本道之時。恐須以承前事功加約束。々其戒懼。此事至要。伏惟聖心不忘。三曰。右范希朝前在振武。威令大行。至今蕃戎望風畏伏。況又勤儉信實。所在士卒歸心。今若太原要人。無出希朝之右。伏恐聖意慮其有年。臣又訪聞希朝筋力猶堪驅使。但且令鎮撫。必愜軍情。待其一二年間。威制成立。然後擇能者。即必易守成規。則雖老年事須且用。其靈武比太原雖小。亦是要鎮。如納臣愚見。伏恐便須擇人與希朝相代。謹具奏聞。謹奏。

居易又論嚴綬狀曰。奉宣令依中書狀撰制除嚴綬江陵節度使。右臣伏以趙宗儒衆稱清介。有恒嚴綬衆稱怯懦無聞。二人臧否優劣相懸。宗儒自到江陵。雖無殊政。亦聞清淨。境內頗安。縱要改移。即合便擇勝宗儒者。且嚴綬在太原之事。聖聰备聞。天下之人。以為談柄

陛下寵其節制。追赴朝廷。至今人情以為至當。今忽再用。又替宗儒。臣恐制書下後。無不驚駭。兼邪人得計。正人憂疑。大乖群情。深損朝政。臣前後奉宣撰制。若非甚不可者。亦不敢切論。今此除授。實甚不可。伏望聖意更賜裁量。其制未敢便撰。伏待聖旨。謹奏。

居易又論孟元陽狀曰。奉宣令依中書狀撰制除孟元陽右羽林軍統軍。仍封趙國公。食邑三千戶。右臣伏以孟元陽激水之功。河陽有政。自到澤潞。戎事頗修。但以老年事須與替。比諸流輩。事迹不同。今所除官。合加優獎。昨者范希朝在太原日。昏耄不理。人情共知。及除統軍。衆猶謂屈。今元陽事迹不同希朝。又除統軍。忠以更屈。雖加封爵。忠是空名。況元陽功效忠勤。天下所數。今[illegible]無能者[illegible]無所推。則臣恐今日已後。無以勸人。以臣所見。若改除金吾大將軍。[illegible]輕重之間。實為得所。只如柳惟晨李簡之輩。有何功業。[illegible]陽借居

此官。動逾年歲。伏望聖慈以此裁量。其制未敢依中書狀便撰。謹奏。

帝嘗問前古王者所以治亂。門下侍郎同中書門下平章事杜黃裳知帝銳於治。恐不得其要。因推言王者之道。在脩己任賢而已。操執綱領。要得其大者。至簿書獄訟。百吏能否。本非人主所自任。昔秦始皇帝親程決事。見嗤前世。魏明帝欲按尚書事。陳矯不從。隋文帝日昃聽政。衛士傳餐。太宗笑之。故王者擇人任而責成。見功必賞。有罪信罰。孰敢不力。孔子之稱帝舜。恭己南面。以其能舉十六相。去四凶。而至無為。豈必刓神疲體。勞耳目之察。然後為治哉。帝以黃裳言忠。嘉納之。

皇甫鎛言利幸於帝。陰藉左右求宰相。戶部侍郎崔群數言其佞邪不可用。既入對。及開元天寶事。群因推言其極曰。安危在出令。存亡繫所任。玄宗故初得姚崇。宋璟盧懷慎。蘇頲韓休張九齡則治。用宇文融李林甫楊國忠則亂。故用人得失。所係非輕。人皆以天寶十四年安祿

山反為亂之始。臣獨以為開元二十四年罷張九齡相。專用李林甫此理亂之所分也。願陛下以開元為法。以天寶為戒。社稷之福也。上命學士自今奏事必取群連署。然後進之。群曰。翰林舉動。皆為故事。必如是。後來萬一有阿媚之人為之長。則下位直言無從而進矣。

帝嘗御浴堂北廊。召學士李絳對。上從容言曰。朕觀前王任多賢才所以理。即今日都無賢才可任。何故也。絳對曰。自古及今。帝王未有不任賢則理。用邪則亂。明著史傳。不敢備陳。夫聖主理當代之人。祇選當時之賢。極其才分。使可致理。豈借賢於異代以理今日之人。近代北齊任楊遵彥則理。用高阿那肱則亂。隋代任高熲則理。用楊素則亂。國家任房玄齡杜如晦魏徵王珪姚崇宋璟則理。用李義甫許敬宗李林甫楊國忠則亂。事狀橫於目前。理亂存於史策。夫致賢之路。歷代不同。大凡王者不以至尊輕待臣下。不以己能蓋於凡器。折

節下書卑躬禮賢天下仰知聖意賢能之人方出是巖穴無晦迹之
儔朝廷有佐時之器矣上曰何以知其必賢而任之乎對曰聖問至
當誠爲難知堯舜亦以知人爲難況近代澆薄眞僞不分固不易知
也然以事小驗之必十得七八矣任官清廉無貪穢之跡當事正直
無阿容之矜章疏諫諍無希望依違之苟在左右獻納無邪佞愉悅
之辭言必及遠大行不顧財利如此則可謂近於賢矣若言必諂諛
動闗名利但攻人之短不揚人之善求己之售不量己之分覬望主
意以希合爲心逢迎君意以恩幸爲志爲主招怨爲身圖利斯可謂
之小人也驗之以行事參之輿議然後用之委用以後名聲相副則
當任之既任之則當久之使代天下之績久而化成然後聖君垂拱
而天下治矣賢者行理端直身寡黨援拔擢賢彥則小人怨謗杜塞
邪徑則奸人攜陷制度畫一則貴戚毀傷忠正進用則諛佞攻擊夫

用賢豈容易哉自非聖主明君懸鑒情僞不使毀謗得行疑似生隙
盡其材器極其智用然後政化可得而興故齊桓公任管夷吾一則
仲父二則仲父齊國大理是任之不疑也管仲對桓公曰既任君子
而以小人參之此害霸也古人以求賢不至則賢者不出故爾以
蝸蚓之餌以求吞舟之鱗設釜鍾之祿以致濟代之器不可得也陛
下但以數事驗之以言校之以實採之於衆任之以權則賢不肖得
矣伏惟聖智詳察上曰卿言得之盡於此矣
帝於延英殿謂宰臣曰古人言官不必備惟其人卿各有親故則必
有冗食者卿當與朕惜官以弘公道吉甫奏曰臣每用一官未嘗不
訪於公議有堪獎進然敢奏陳至於親故不敢援引權德輿曰臣寡
親故亦不敢進用今奉宣示更不敢有違聖旨絳曰至公之道貴無
親疎惟觀其人才與職位相當若有才雖是親故亦合進用昔建中

初德宗臨御天下崔祐甫爲相半年之內除官八百餘員德宗謂祐
甫曰卿除授太多又聞多是親故何也祐甫對曰所問當與不當不
看多之與少其是臣親故方諳知其才器尚不敢用其不諳者安敢
與官德宗賞其言衆以謂所對公當至今人稱之天后朝命官猥多
當時有車載斗量之諺及至元中致朝廷赫赫有名望有事績者多
是天后所進之人有言拔十失五猶得其半若拱嘿避情故之嫌使
聖朝闕濟濟多士之美是依違容悅之臣非聖主至公委任之道也
若才位實乖情故可驗臣豈敢逃責以妨賢路上曰如卿所言至公
之道不論多少秖在至當爾卿當我倚任勿責斯言
帝又問玄宗開元時致治天寶則亂何一君而相反耶絳曰治生於
憂危亂生於放肆玄宗嘗歷試官守知人之艱難臨御初任用姚崇
宋璟勵精聽納故左右前後皆正人也洎林甫國忠得君專引傾邪

之人分總要劇於是上不聞直言嗜欲日滋內則盜臣勸以興利外
則武夫誘以開邊天下騷動故祿山乘隙而奮此皆小人熒導從逸
而驕縱時主所行無常治亦無常亂帝曰凡人舉事病不通於理追
咎其失古人處此有道耶絳曰事或過差聖哲所不免夫子有諫臣
所以救過上下同體猶手足之於心膂交相爲用但矜能護失常情
所蔽聖人改過不吝願陛下以此處之
御史中丞柳公綽與宰臣不協爲所陰中帝對絳怒云如公綽逐突
臺中公事不理我與一遠郡刺史以勵後人何如絳遂奏曰自柳公
綽爲中丞公議皆云稱職性素強直不依附於人衆傳掌權之人有
忌者輙欲去之伏望聖意審詳根由上大悅曰誠如此且任之如有
闕敗去之何晚
元和七年以元義方爲鄜坊觀察使義方媚事吐突承璀李吉甫欲

自托於承璀擢義方爲京兆尹李絳惡而出之義方入謝因言絳私
其同年許季同以爲京兆少尹故出臣鄜坊專作威福明日上以詰
絳曰人於同年固有情乎對曰同年乃四海九州之人偶同科第情
於何有且陛下不以臣愚備位宰相宰相職在量才授任若其人果
才雖在兄弟子姪之中猶將用之况同年乎避嫌而棄才是乃便身
非徇公也上曰善遂遣義方之官

十三年以皇甫鎛程异同平章事裴度崔群極諫其不可上不聽度
恥與小人同列求退不許乃上疏曰鎛异皆錢穀俗吏佞巧小人陛
下一旦寘之相位中外駭笑况鎛在度支專以豐取刻與爲務中外
仰給之人無不思食其肉比者裁損江西糧料幾至潰亂程异雖人
品庸下然心事和平可處繁劇不宜爲相至若不退天下謂臣無恥
臣若不言天下謂臣負恩今退既不許言又不聽臣如烈火燒心衆
鏑叢體所可惜者淮西盪定河北底寧承宗歛手削地韓弘輿疾討
賊豈朝廷之力能制其命哉直以處置得宜能服其心耳陛下建升
平之業十已八九何忍還自墮壞使四方解體乎上以度爲朋黨不
之省

上謂宰相曰人臣當力爲善何乃好立朋黨度對曰方以類聚物以
羣分君子小人志趣同者勢必相合君子爲徒謂之同德小人爲徒
謂之朋黨外雖相似內實懸殊在聖主辯其所爲邪正耳

憲宗時韓愈論孔戣致仕狀奏曰右臣與孔戣同在南省爲官數得相
見戣爲人守節清苦議論平正今年纔七十筋力耳目未覺衰老憂國
忘家用意深遠所謂朝之耆德老成人者臣知戣上疏求致仕故往看
戣戣爲臣言已蒙聖主允許伏以陛下優賢尚齒見戣頻上二疏言
詞懇到重違其意遂即許之此誠陛下仁德之至然如戣輩在朝不

過三數人實可爲國家愛惜自古以來及聖朝故事年雖八九十但
視聽心慮苟未昏錯尚可顧問委以事者雖求退罷無不殷勤留止
優以祿秩不聽其去以明人君貪賢敬老之道也禮大夫七十而致
仕若不得謝則必賜之几杖安車七十求退人臣之常禮若有德及
氣力尚壯則君優而留之不必年過七十盡許致仕也詩曰雖無老
成人尚有典刑此言老成人重於典刑不可不惜而留也今戣幸無疾
疹但以年當致仕據禮求退陛下若不聽許亦無傷於義而有貪賢
之美况左丞職事亦極清簡若戣尚以繁要爲辭自可別授秩崇而
務少者今中外之臣有年過於戣尚未得退戣獨何人得遂其願人
皆求進戣獨求退尤可賢重臣所領官無事不敢請對蒙陛下厚恩
苟有所見不敢不言伏望聖恩特垂察納

愈又舉張籍狀曰登仕郎守秘書省校書郎張籍右件官學有師法
文多古風沈默靜退介然自守聲華行實光映儒林臣當司見闕國
子監博士一員生徒藉其訓導伏乞天恩特授此官以彰聖朝崇儒
尚德之道謹錄奏聞伏聽敕旨

愈爲兵部侍郎舉韋顗自代狀曰中散大夫守大理少卿驍騎尉韋
顗右伏準建中元年正月五日制常參官上後三日舉一人自代者
前件官學識該達器量弘深朝推直道代仰清節顯映班序十五年
餘夷險一致風猷益茂屈居少列未副羣情文昌政本侍郎官重尚
德之舉顗宜當之乞回臣所授庶弭官謗

愈爲京兆君舉馬摠自代狀曰銀青光祿大夫檢校尚書右僕射兼
戶部尚書馬摠臣伏以近者京尹用人稍輕所以市井之間盜賊未
斷郊野之外疲瘵尚多前件官文武兼資寬猛得所累更方鎮皆有
功能若以代臣實爲至當謹錄奏聞謹奏

穆宗長慶二年。以裴度為司空東都留守。諫官爭上言。時未偃兵。度有將相全才。不宜置之散地。上乃命度入朝

六年。或告四州刺史薛謇有異馬不以獻。事下度支。使巡官往驗。未返。上遲之。使品官劉泰昕按其事。判度支盧坦曰。陛下既使有司驗之。又使品官繼往。豈大臣不足信於品官乎。臣請先就黜免。上乃召泰昕還。

敬宗即位。王廷湊屠元翼之家。帝羞惋歎宰輔非其人。使兇賊縱肆。學士韋處厚上疏曰。臣聞汲黯在朝。淮南寢謀。干木處魏。諸侯息兵。王霸之理。以一士止百萬之師。一賢制千里之難。裴度元勳巨德。文武兼備。若位巖廊。委參決。必使戎虜畏威。幽鎮自臣。管仲曰。人離而聽之則愚。合而聽之則聖。治亂之本。非有他術。陛下當饋而歎。恨無蕭曹。今一裴度擯棄于外。所以馮唐知漢文帝有頗牧不能用也。帝感悟。

寶曆九年。王璠等奏李德裕厚賂仲陽陰結漳王。圖為不軌。上怒甚。路隋曰。德裕不至如此。果如所言。臣亦應得罪。乃以德裕為賓客分司。而以隋代之。不得面辭而去。

文宗太和三年。路隋平章事。言於上曰。宰相任重。不宜兼金穀瑣碎之務。如楊國忠元載皇甫鎛皆姦臣。所為不足法也。上以為然。於是裴度辭度支。上許之。

四年。上以鹽鐵推官姚勗能鞫疑獄。命權知職方員外郎。韋溫奏郎官朝廷清選。不宜以賞能吏。上乃以勗檢校禮部郎中。仍充舊職。楊嗣復曰。溫志在澄清流品。若有吏能者。皆不得清流。則天下之事孰為陛下理之。恐似衰晉之風。然上素重溫。終不奪其所守。

宣宗召翰林學士令狐綯與論人間疾苦。帝出金鏡書曰。太宗所著也。卿為我舉其要。綯摘語曰。至治未嘗任不肖。至亂未嘗任賢。任賢

享天下之福。任不肖罹天下之禍。帝曰。善。朕讀此嘗三復乃已。綯再拜曰。陛下必欲興王業。捨此孰先。詩曰。惟其有之。是以似之。進中書舍人。襲彭陽男。遷御史中丞。再遷兵部侍郎。

河陽判官李商隱為節度使王茂元奏舉韓琮等四人充判官狀曰

右琮右件官。早尹殊科。素推雅度。弦柔以貞。濟伏而清。頃佐憲臺。且丁家難。當哀而齒未嘗見。既祥而琴不成聲。逮此變除。未蒙技擢。臣頃居鎮守。琮已列賓僚。謀之既臧。剛亦不吐。頗稽中選。榮借外藩。伏請依資賜授憲官。充臣節度判官。段瓌右件官言思無邪。學就有道。屢為從事。嘗佐正人。加其富有文辭。精於草隸。傳而且檢。通而不流。臣所部稍遠京都。每繁章奏。敢茲上請。已以自隨。伏請依資賜授憲官。充臣節度掌書記。裴蘧右件官魯國名儒。邑鄉右族。松寒更翠。馬老不迷。臣昔忝鑿門。辟為記室。屬辭而夙攄無異。論兵而故校多歸。委以前籌。見其餘地。伏以前任大理評事。已三十三箇月。比於流輩。已是滯淹。伏請特授憲官。充臣觀察支使。夏侯瞳右件官藏器於身。為仁由己。齋莊難犯。勁挺不撓。臣任切拊循。務繁稽約。思留仙尉。以重賓階。伏請依資改授一官。充臣節度巡官。以前件狀如前。臣四朝受任。三鎮叨榮。慕碣石之築宮。廣延儒雅。効西河之擁篲。樂得賢才。韓琮等並無所因依。不由請託。久諳才地。堪列幕庭。伏希殊私。盡允誠請。謹錄奏聞

天平節度使令狐楚奏舉杜勝等狀曰。臣切見杜勝右件官流慶相門。策名詞苑。當仁罕讓。見義敢為。符彩極高。涯涘難挹。臣前任已奏為判官。臨事而每見公方。與語而必相弘益。今臣奇分團練。任切訓齊。將奉廟謨。實在賓彥。伏請賜守本官。充臣團練判官。趙晳右件官。洛下名生。山東茂族。仁實甚富。天爵極高。妙選文場。亟仕侯國。璋

特達蘭杜芬馨。今臣廉問大藩。遷清列部。轄其謀畫。共贊朝經。伏請賜守本官充臣觀察判官。李潘右件官。儒國馳聲。實階擢秀。口含言瑞。身出禮門。臣前任已奏為判官。遇下而和易不流。臨事而貞方有執。今臣職叅國政。務切軍須。實假平均。以同計畫。伏請賜本官充臣觀察支使。盧涇右件官。博涉典經。該覽流略。自孔壁所壞。汲塚之藏。三篋能知。五車盡讀。加之文采兼以器能。前者為臣屬僚。寄在州推獄。明斷而不容吏欺。哀矜而莫有人冤。今者團練之司。稽巡是切。直思獎勸。非敢用情。伏請依資賜授法官。充臣都團練巡官。以前件狀如前。伏以長人者必以吏分勞。退開幕者亦用士為重輕。若不樹人何以報國。況臣素無勲効。謬竊寵榮。至於賢材。敢忘笸篚。前件官並推賓彥。堪贊藩條。伏希殊私。盡允誠請。謹錄奏聞

後晉高祖天福二年。太府少卿邊光範上書曰。臣聞唐太宗有言。朕居深宮之中。視聽不能及遠。所委者惟都督刺史。則知此官實繫治亂。尤須得人。今則刺史或因緣世祿。或貢奉家財。或徼立軍功。或但循官次。寔恐撫民無術。御吏無方。以此牧民。而民受其賜。鮮矣。望選能吏以蘇民瘼。用致升平。奏入。留中不出

三年。詔百僚各上封事。中書舍人竇貞固疏曰。臣聞舉善為明。知人則哲。聖君在位。藪澤豈有隱淪。昭代用材。政理固無紊亂。求賢若渴。從諫如流。鄭所以豎子虞魯。所以識文。倘為國之要。進賢是先。陛下方樹丕基。宜求多士。乞降詔百僚。令各司議定一人。有何能識。堪何職官。朝廷依奏用之。若能符薦引。果謂當才。所奏之官。望加獎賞。如乖其舉。或涉徇私。所奏之官。宜加殿罰。自然官由德序。位以才升。三人同行。尚聞擇善。十目所視。必不濫知。臣職在論思。敢陳狂狷。書奏。帝深嘉之。命所司著為令典

後周世宗。好拔奇俊。有自布衣及下位上書言事者。多不次進用。兵部尚書張昭疏諫曰。昔唐初劉洎馬周起於徒步。太宗擢用為相。其後柳璨朱朴。方居下僚。昭宗亦加大用。此四士者受知於明主。然太宗用之而國興。昭宗用之而國亡。士之難知如此。臣願陛下存舊法而用人。當以此四士為鑒戒。世宗善之

周世宗顯德元年。以違衆議破北漢兵。自是政無大小皆親決。百官受成而已。河南府推官高錫上書諫曰。四海之廣。萬機之衆。雖堯舜不能獨治。必擇人而任之。今陛下一以身親之。天下不謂陛下聰明睿智足以兼百官之任。皆言陛下褊迫疑忌。舉不信群臣耳。不若選能知人公正者以為宰相。能愛民聽訟者以為守令。能豐財足食者使掌金穀。能原情守法者使掌刑獄。陛下但垂拱明堂。視其功過而賞罰之。天下何憂不治。何必降君尊而代臣職。屈貴位而親賤事。無乃失為政之本乎。不從

六年。世宗嘗問相於兵部尚書張昭。昭薦李濤。世宗愕然曰。濤輕薄無大臣體。卿薦之何也。對曰。陛下所責者細行也。臣所舉者大節也。昔張彥澤虐殺不辜。濤累疏以為不殺必為國患。漢隱帝之世。濤亦上疏請解先帝兵權。決國家安危未形而能見之。此真宰相器也

歷代名臣奏議卷之一百三十一

用人

宋太祖時符彥卿鎮大名頗不治太祖以王祐代之俾察彥卿動靜祐以百口明彥卿無罪且曰五代之君多因猜忌殺無辜故享國不永願陛下以為戒彥卿由是獲免

太宗雍熙四年陳王元僖薦趙普上言曰臣伏見唐太宗有魏玄成房玄齡杜如晦明皇有姚崇宋璟魏知古皆任以輔弼委之心膂財成帝道康濟九區宗祀延洪史策昭煥良由登用得其人也今陛下君臨萬方焦勞庶政宵衣旰食以民為心歷考前王誠無所讓而輔相之重未偕曩賢況為邦在於任人任人在乎公正公正之道在於賞罰斯為政之大柄也苟賞罰匪當淑慝莫分朝廷紀綱漸致隳紊必須公正之人典掌衡軸直躬敢言以辨得失然後彝倫式序庶務用康伏見山南東道節度使趙普開國元老參謀締搆厚重有識不妄希求恩顧以全祿位不私徇人情以邀名望此真聖朝之良臣也竊聞憸巧之輩朋黨比周衆口嗷嗷惡直醜正恨不斥逐遐徼以快其心何者蓋慮陛下之再用普也然公讜之人咸願陛下復委以政啓沃君心羽翼聖化國有大事使之謀之月有宏綱使之舉之四目未察使之明之四聰未至使之達之官人以材則無竊祿致君以道則無苟容賢愚洞分玉石殊致當使結朋黨以馳騖聲勢者氣索縱巧佞以援引儕類者道消沈冥廢滯得以進名儒懿行得以顯大政何患乎不舉生民何患乎不康匪踰期月之間可臻清靜之治臣知慮膚淺發言魯直伏望陛下旁采群議俯察物情苟用不失實邦國大幸籍田禮畢太宗欲相呂蒙正以其新進藉普舊德為之表率冊拜太保兼侍中帝謂之曰卿國之勳舊朕所毗倚若人恥其君不及

堯舜卿其念哉

端拱二年太保兼侍中昭文殿大學士趙普薦張齊賢可任為相上奏曰臣叨受寵榮致招殃咎昨縈疾苦全是困危承聖主之憫憐切加救療念微臣之衰朽難以扶持近者雖獲朝參尚無氣力料茲病苦那得久長疑大限以非遙恨深恩之未報儻歸泉壤尚負穹蒼臣是以斟酌物情体量時事今有合關顧慮須至敷陳庶傾無隱之誠願固太平之業況國家山河至廣郡縣尤多寰中之文軌雖同塞上之干戈未息勞民動衆寧有了期歲久年深別憂生事防微慮遠必資通變之才定難扶危宜退謟訣之輩此時機務須藉正人去年醜虜侵邊生靈受弊萬衆軫焦勞之慮十官無翊贊之功最是微臣偏懷愧恥即日同僚共事無非謹審清廉唯於獻替之時並執謙恭之禮稍存緘默寧濟急須宜求抱義之人必有分憂之士臣竊覩工部侍郎張齊賢早居鄉曲流布令名開寶年中西京知府焦繼勳河南縣令盧振等當時同上奏章並以賢良稱舉從來履行本是真純後來御試登科選方奉命親民涖事頗著廉平數年前特受聖知昇於密地公私識者盡謂當才不期歲月未多出為外任臣在鄆州日雖聞消息未測緣由日來微有傳聞或云奏對過當凡言大事須有悔尤其如義士忠臣不顧身之利害姦邪正直久遠方知如裴度為相之日正色當朝捐軀佐國公家之事知無不為而能黜退姦邪不避權勢致其朋黨疾之如讎雖讒毀競生須遭罷免而忠勤顯著轉重功名平蔡州五十年賊臣並因裴度之功李林甫居相位十七年不曾忤旨唯將諂佞自固恩榮黨惡容姦承顏順意安祿山顯有悖逆並不隄防以至敗國亡家皆因悖逆所致林甫既死斵棺棄屍況明皇帝文武聰明唐朝英主良由委任非當為患實多唯有用人不可不

譔。則知抱忠良者豈肯依違。懷諂佞者唯思苟且。若非察言觀行。何以知見否臧。張齊賢素蘊機謀。兼全德義。從來差遣。未盡器能。慮淹經國之才。堪副濟時之用。伏乞皇帝陛下留居左右。歷試艱難。緩急之時。堪期得力。如當重委。必立殊功。臣所以潛貢管窺。望垂天鑒。更希詢訪。免誤安排。冀分宵旰之憂。同建久長之策。臣之此狀。特乞留中。所貴全繫君恩。免貽衆怒。僭踰之罪。無以自逃。

真宗咸平元年。知獅州謝泌乞用宿舊大臣以小人為戒上奏曰。臣伏覩詔書以近日不逞之徒。所陳述者。皆閭閻猥媟之事。臣聞古先哲王詢于芻蕘。察於邇言者。蓋慮視聽壅蔽。故採此以達于物情。亦罕聞用其言。不察其實。而遽行其事也。易曰。小人勿用。必亂邦也。先朝時。侯莫陳利用陳廷山鄭昌嗣趙贊之徒。喋喋利口。人心惟危。賴先帝聖聰。尋各誅剪。然為患已深矣。此皆陛下備見之也。自陛下臨

御以來。盡去此輩。是以天下咸知日月之明。乾坤之大。詩云。靡不有初。鮮克有終。望陛下行之久而惟新。唐明皇初用姚宋則治。晚用林甫國忠則亂。此亦望陛下深加聖慮。臣聞工欲善其事。必先利其器。古者輔聖帝佐明王。建萬世之基。立不拔之策者。必倚老成之人。至於成康刑措。蓋從周召之謀。文景清靜。亦用蕭曹之畫。明皇太平。復是姚宋之策。夫精練國政。斟酌王度。未聞市井之徒。趨走之吏。可當其任也。陛下深察前古。用小人則亂。用大臣則治。然後小人不敢萌心。而大賢得以畢力也。

咸平中。轉運使劉綜上言天下州郡長吏。審官皆據資例而授。未為得人。自今西川荊湖江浙福建廣南知州。或地居津要。或戶口繁庶之處。望親加選任。其執政舊臣及給舍以上知州處。亦擇官通判。又京朝官當任遠官者。率以父母未葬為辭。意求規免。請自今父母委未葬者。許請告營辦。審官投狀。並明言父母已葬。方許依例考課。違者並罷其官。

天禧元年。權右正言魯宗道奏言。守宰去民近。而無以區別能否。今除一守令。雖資材低下。而考任應格。則有司無擯斥。故天下親民者。黷貨害政。十常二三。欲裕民而美化。不可得矣。漢宣帝除刺史守相。必親見而考察之。今守佐雖未暇親見。宜令大臣延之中書。詢考以言。察其應對。設之以事。觀其施為。才不肖皆得進退之。吏部之擇縣令倣此。庶得良守宰宣助聖化矣。帝納之。

真宗時。知處州楊億薦韓永錫上奏曰。臣忝分朝寄。獲總郡符。官吏之間。合知其能否。闕庭之遠。敢避於薦論。臣伏見前監本州縉雲縣茶鹽酒稅三班借職韓永錫早以明經。嘗干場屋。晚不擇祿。遂齒班行。一自監臨。六遷寒燠。撿身奉上。夙夜匪懈之誠。守道安貧。厲風雨弗渝之操。士流推慕。名跡藹然。臣詢於群倫。備知行實。究權之信

不足盡才。州縣之間。可使從政。儻預字人之選。必成循吏之名。臣竊覩淳化四年。選進士諸科舉人充班行。曾降宣命。如兩任六考無遺闕。許與文資安排。永錫考秩之間。與詔書而未應。臨涖之際。實官業之甚優。伏望聖慈特與文資昇獎。徇私黷貨。保其不為。有此臣當連坐。

仁宗天聖五年。左正言劉隨上奏曰。臣伏見宰臣王曾因染微痾。拜章求退。深自刻責。懇懇再三。兩宮盛慈。未賜允許。聽於群議。亦所不安。中外具瞻。早期仍舊。臣職居諫列。亦合敷陳。伏緣進退大臣。治亂攸繫。忠良進用。則天下皆喜。憸邪進用。則天下皆懼。譬之兵器。回柄與人。苟非溫厚端良。未可容易輕授。蓋君子得柄。則裁成景化。折衝禦侮。以安天下。唐明皇用姚崇是也。小人得位。則中傷良善。剸割任情。以危天下。唐德宗用盧杞是也。且君子小人。各有其黨。君子之黨比則禮樂興行。仁義是顯。長轡遠御。邦家用寧。唐太宗之世是也。小

人之黨起則姦邪欺罔請託害政詐作威福以亂天下唐順宗之世是也是以知進退宰臣不可不謹臣覩王曾厚重寡言公忠有守先朝超擢參預鈞衡兩宮聖明倚專機務炎涼屢換畏謹益恭人無間言僉謂賢相而況齒髮未暮疾病可瘳頻解四輔之班似爲一身之利雖知止不殆宜避遜於崇高而憂國如家未可輕於去就伏望聖慈深加敦喻勿受封章疾恙稍平復令視事舉先朝之甲令以宰司之職業侵權撓政者許其寘法黜幽陟明則委以公行振舉綱條彌綸庶務輔佐聖德以成太平豈不美哉臣竊慮聖慈憫其懇誠或遂來請必若將求宰執忠量未易其人中外大臣豈無希望然授其柄政雖簡於聖心得位持權亦防於難制丁謂之類是也臣雖甚寡識亦嘗品量以曾之厚重鎮俗張知白之孜孜奉國呂夷簡之能斷大事曾宗道之事君無隱斯並先帝柬求兩宮登用驅策既久勤勞一心羣議公言未宜改易所有王曾伏願頻降中使傳宣聖旨候其疾損速赴朝參如此則眷注之情益彰於信用補報之效必盡於才謨輿論若斯謹達天聽

寶元元年直史館同知禮院宋祁上奏曰臣伏以陛下躬至聖開大明數引近臣延謀急政退託不敏辟敢言之路曰異便坐以須告猷夫人君擾安而念危則終不危操治而慮亂則終不亂何則幾微之兆成敗之端森然前判於胷中矣臣向已被詔對所欲言事聞於上未合明聽陛下赦其無狀再降德音似欲竭盡下情以裨萬一顧臣敢無辭而對人臣之所以有朋黨者何也由忠邪之不早判耳且君子得位必引其類使協濟忠力不爲私也小人獲進亦引其類使肩動聲勢不爲公也君子指小人所引者曰朋黨小人指君子所引亦曰朋黨君子常少小人常多此人君所以易惑而難詳也陛下何不質之以事驗之以言其言也陰賊忌害巧爲迎合聽之似可用察之而無實小人也其言也質直蹇正多所補益聽之似逆耳察之而有實君子也又以其言驗其人之行事事與言合者爲忠事與言反者爲邪不黜其邪不進其忠則朋黨終不除矣臣下之所讒佞得行者何也由朝廷聽言之路太廣也夫正人能言邪人亦能言古者稱言之無罪者謂有道之言也若邪人憑虛以害有倖架妄以間忠臣亦以爲不可加罪則是以言畏邪矣且邪人緣隙投詐寄事造姦誣人必以難驗之文傷人必以似是之語使進不得自辯於手退有以離間於君於是正人幽憤有功抑退如此者陛下雖加罪焉可也正人則不然發爲中言保爲正論引古今之宜根刑政之本質之衆則無害措之事則可行不爲勢傾不爲利奪如此者陛下雖加賞焉可也故大闢言路而正言不賞妄言不罰則讒佞終不去矣今議者皆曰

朝廷誠安且治臣以爲不然夫三患未去安得爲治直亂之未作耳請試言之夫與賢人謀事而與不肖者斷一患也重選大臣而輕任之二患也大事不畜而小事是急三患也何則賢人必爲國計而不肖者專爲身謀爲國計者必恃至公故言直而援少爲身謀者專挾己私故諂巧而援多人君不能察之則姦詐行矣於是言長利者則破之以小害使終不能爲利圖大功者急之以近效使終不得立功善令方下而謀令移之矣公議始行而私議奪之矣且不肖之人已不能忠而忌人之納忠已爲不善而能敗人之爲善政自作罷以是爲非若朝廷已知其姦未能斥去郭公所以戒亡也已知其賢而與不肖者並任之劉向所以獲罪也此方今患之最切者也夫大臣左輔右弼參贊權綱朝訪夕對彌縫漏闕既以爲忠且賢而擢之材且能而任之矣是宜待之以無二責之以一心今或指纖瑕采飛語小

則被黜大則賜罷朝為卑變黨為犄扤遂令家無全節人無全行何
共有道之世而賢者之足耶誠任之失其理矣徒使繼至者瞻前畏
後偷合取容事存形迹自防謗畏捨國事而不慮苟身謀以自安大
臣如此陛下何頼焉且君視臣如手足彼將以手足為報若視臣如
路人彼亦將以路人為報此患之次也聚天下莫急於財鎮天下莫
切於兵制四夷莫神於機任天下莫謹於官今財已匱而不肯計兵
甚冗而不能擇機至而不敢謀官濫而不知選而執事者但且計小
利害責小經費聳對而排前取旨而奉行日循一日歲偷一歲陛下
又不念此寧是朝廷福耶此患之又次也假如萬一邊境有事盜賊
相扇甲兵宿野糧饋在路此時三患不去誰能出身為國與陛下共
此安危耶誰能執節慷慨與陛下前死不顧耶臣故曰非能治也直
亂之未作耳陛下誠能詔中書門下使擇天下之冗官稍清流品詔

樞密院去天下之冗兵稽明紀律斷自宸衷必取成功不使渙汗復
收匪石中轉則縣官之財有數年之饒為萬一不虞之備策之善者
也臣智識庸暗不足上當清問輕率狂狷惟陛下裁赦其誅
祁又薦張定方狀曰右臣伏以良工揀材為廈明主擇士為國而材
須豫集士待舉知然後落成展采功與時立伏見應沈淪草澤科張
定方年三十八歲識慮沈敏氣直行危文尚体要不工聲病涉知韜
略兼明遁式甘足貧槁久無仕心昨為鄉黨敦勸入應詔舉六論程
藝非其素心有司報罷怡然引去閉關却掃不干州閭竝言忼慨指
摘民弊臣知壽州日以禮致問延至公門觀其議論卓焉切至因取
其所著書得却狄復戎戰書等篇贊多采小紀實求當時亦指文索
事與祠辨詰觸機應變籌策有餘非但倘空言競華論而已臣以為
如定方等輩不可多得或蒙召赴上都程其所長授一職事官令彼

西北邊郡必能研究術略參贊帥臣討論營陣商確攻守至於撥煩
除蠹又其緒餘臣既知其人不敢有蔽謹錄定方所著三軸并封上
如有可采伏乞特賜收試果無所取臣甘苟言之罪
仁宗時呂夷簡執政進用者多出其門吏部員外郎范仲淹上百官
圖指其次第曰如此為序遷如此為不次如此則公如此則私況進
退近臣凡超格者不宜全委之宰相夷簡不悅
康定元年仲淹知延州乞指責管軍臣寮舉智勇之人狀曰臣竊見
邊上將帥常患少人今高繼嵩纔亡人情頗駭恐鎮戎不能守禦却
須藉朱觀往彼朱觀既去則鄜延路又闕敢勇之將國家奄有四海
未必乏才豈天地生人厚於古而薄於今蓋選之未精用之未至今
諸軍諸班必有勇智之人多被管軍臣僚人員等遮亙彌壓未得進
用坐至衰老如朱觀元是軍班出身因歷邊任方得將名伏望聖慈

專督管軍臣僚等於諸班中搜羅智勇之人各舉一名不以將校長
行或試以武藝或觀其膽略出衆便可遷轉於邊上任使如將來頗
立戰功則明賞舉主或屢敗軍事亦當連坐所貴諸路漸次得人不
致頻有那移免使戎狄謂大國乏才愈增驕氣況西北二方將帥之
闕實非細事乞國家常為預備量加遷擢
慶曆中仲淹為陝西經略安撫使奏乞擇臣僚令舉差知州通判踈
曰臣等竊以天下郡邑牧宰為重得其人則致理失其人則召亂推
擇之際不可不慎國家承平以來不無輕授應知州通判縣令因舉
薦擢任者少以資考序進者多才與不才一塗並進故能政者十無二
三謬政者十有七八國家詔令程式天下一体何則能政之處民必
蒙福謬政之下民常受弊非國家法令之殊蓋牧宰賢愚之異也今
四方多事民日以困窮將思為盜復使不才之吏臨之賦役不均刑

罰不當。科率無度。疲乏不卹。上下相怨。亂所由生。若不急於求人。早革其弊。誠國家之深憂也。然自來雖曾詔臣僚各舉所知。或舉主非賢。則多謬薦。臣等欲乞聖慈特降詔書。委中書樞密院臣僚。各於朝臣中薦堪充舉主者三人。候奏到姓名。即逐人各賜勑一道。令於通判內舉成資已上一員充知州。知縣內舉成資已上一員充通判。簿尉中舉有出身三考以上。無出身四考一員充職官知縣。或於職官令錄中舉五考以上之人充京官知縣。仍於勑明言所薦之人。若將來顯有善政。其舉主當議旌賞。若贓汙不理。苛刻害民。並與同罪。所貴生民受賜。寇盜自息。

仲淹又奏乞於職官令錄中舉充京官知縣。曰。臣近與韓琦上言乞擇舉主。令逐人於通判中舉知州一員。於知縣中舉通判一員。於簿尉中舉職官知縣一員。已蒙降勑至密院。入遞次。臣看詳勑頭名

署臣等上言。於理未便。欲乞只作朝廷憂勞之意。特選臣僚舉官。其體甚重。仍乞於簿尉中舉職官知縣一員下添入或於職官令錄中舉五考以上之人充京官知縣。計添一十九字。庶無遺才。

仲淹又奏舉胡瑗李覯狀曰。臣聞臣之至忠。莫先於舉士。君之盛德莫大於求賢。泰通之朝。豈敢隱默。臣竊見前密州觀察推官胡瑗。志窮墳典。力行禮義。見在湖州郡學教授。聚徒百餘人。不惟講論經旨。著撰詞業。而常教以孝悌。習以禮法。人人嚮善。閭里歎伏。此實助陛下之聲教。為一代之美事。伏望聖慈特加恩獎。升之太學。可為師法。又建昌軍應茂才異等李覯。丘園之秀。實負文學。著平土書。明堂圖。鴻儒碩學。見之欽愛。講貫六經。莫不贍通。求於多士。頗出倫輩。搜賢之日。可遺於草澤。無補風化。伏望聖慈特令敦遣。延於庠序。仍索所著文字進呈。則見非常儒之學。

仲淹又同韓琦奏舉雷簡夫狀曰。臣等竊見秘書省校書郎簽書秦州觀察判官廳公事雷簡夫。昨蒙朝廷敦遣。起於草澤。佐幕以來。備見通敏。求之多士。得為異才。欲乞聖慈特加獎擢。與轉一官。就差充邊郡通判。庶觀能效。可進榮階。若不如所舉。臣等甘當同罪。

仲淹又同琦奏乞酬獎張信狀曰。臣等竊見環慶教押軍陳奉職張信。自殿侍在邊上。累次與西賊鬬敵。前在延州趙瑜等手下自前隊殺退蕃賊。得趙瑜等銀椀衣服。後來趙瑜等並轉三資。張信即未曾酬獎。其人氣豪膽勇。武力過人。為一時之猛士。在指使中少見其比。欲乞朝廷特與改轉一侍禁。送种世衡手下管押軍隊。分擘與禁軍一兩指揮專切教習。獨作一隊為奇兵使喚。必能身先士卒。以立勝功。

仲淹又奏舉許元張去惑狀曰。臣竊覩國家用兵以來。急於財利。雖百姓大困。更難刻剝。三軍不足。又須經營。莫若求通敏之才。省枉費

之用。庶幾下不生怨。上不乏須。臣切見殿中丞監在京榷貨務許元。才力精幹。達於時務。伏望聖慈指揮取索榷貨務勾當。過有勞績特與超轉一官。差充江淮制置發運判官。必能減省冗費。疏通利源。不害生民。資助軍國。又臣切見張去惑素有時材。不避艱苦。昨慶州修大順城。建事之初。日有寇至。人情畏懼。却求中輟。遂差張去惑往彼勸諭將佐。晝夜興功。衆乃同心。方能集事。兼於寧州專管修城。或創修山城。功料浩瀚。並以了畢。防城戰具。皆能精辦。臣昨同罪舉本人乞改一官。充陝西轉運判官。已奉朝旨依奏。候有闕即差。今來陝西省罷轉運判官。其張去惑自合别與差遣。伏望聖慈差監在京榷貨務。替許元勾當。臣所舉此二人。若不能辦濟。臣甘失舉之罪。

仲淹又奏舉杜杞充館職狀曰。臣聞書曰。先王生以待旦。旁求俊乂。蓋天下治亂繫之於人。得人則治。失人則亂。故先王盡心焉。臣伏覩朝

廷兩府任人多擢於兩制。詞臣必由於館殿。是館殿為育材之要府。豈宜賢俊不充。至于衰索。唐太宗置弘文館延天下賢良文學之士。令更宿直。聽朝之暇。引入內殿。講論政事。至夜久方罷。今館閣臣僚。率多清貧僑居桂玉之地。皆求省府諸司職任。或聞在館供職者。惟三兩人甚未稱陛下長養群材之意。臣切見虞部員外郎杜杞。太常丞章岷。祕書丞尹源。祕書丞張揆。殿中丞王益柔。殿中丞呂士昌。大理寺丞蘇舜欽。大理寺丞楚建中。環州軍事判官姚嗣宗。國子監直講孫復。或文詞雅遠。可潤皇猷。或經術精通。能發聖蘊。伏望聖慈委中書相度。其間聲實已著者。乞不限資任先次召試。各補館職。或有未協公議者。乞加詢采。更候悉其才行。即賜施行。今後館閣臣僚。供職經二年。不就諸司職任者。乞特與恩例差遣。庶人人英俊之遊。日玩典籍。不親米鹽之務。專修經緯之業。長育人材。無尚於此。臣切聞太

宗皇帝慕唐文皇之英風。特建祕閣與三館並崇。聽朝之餘。時或遊幸。此祖宗盛事。不為不重。今館閣供職員數至少。臣方敢上言所舉雖多皆縉紳有聞之士。更在朝廷取擇。臣謂天下至大。聖人其難之。綱紀或隳。雖治必亂。俊哲所聚。雖危必安。今邊鄙尚虞。旰昃未暇。正宜廣搜時彥。大修王度。以固其本之時也。惟聖慈留意。

三年。仲淹為參知政事。論轉運得人。許自擇知州。上奏曰。臣竊見古者內置公卿士大夫。助天子司察天下之政。外置岳牧方伯刺史觀察使採訪使。統領諸侯守宰以分理之。內外皆得人。未有天下不大治者也。今轉運按察使。古之岳牧方伯刺史觀察採訪使之職也。知州知縣。古之諸侯守宰之任也。內官雖多。然與陛下共理天下者。唯守宰是要耳。比年以來。不知選擇。非才貪濁老懦者。一切以例除之。以一縣觀一州。一州觀一路。一路觀天下。則率皆如此。其間縱有良吏。百無一二。是使天下賦稅不得均。獄訟不得平。水旱不得救。盜賊不得除。民既無所告訴。必生愁怨。而不思叛者。未之有也。民既怨叛。盜賊起而收攬之。則天下必將危矣。今民方怨而未甚叛。去宜急救之。救之之術。莫若守宰得人。欲守宰得人。請詔二府通選轉運使。如不足。許權擢知州人。既得人。即委逐路自擇知州。不任事者奏罷之。仍令權擢幕職官。如是行之。必舉皆得人。凡權入者。必俟政績有聞一二年方真授之。雖以精擇。尚慮有不稱職者。必有降黜。直俟人稱職而後已。仍令久其官守。勿復數易。其有異政者。宜就與升擢之。若然。官修政舉。則天下自無事矣。朝廷唯總其大綱而振舉之可也。

仲淹又奏乞許元張去惑下三司相度任使疏曰。臣近與宰臣上殿因議財用不足。蒙賜德音。謂宜選諸路轉運使。臣尋面對云。轉運司得平和之人則可。得刻剝之人則百姓受弊。尋奉聖旨。民惟邦本。不

可侵擾。臣退而思之。今以江淮制置發運司。為財賦之要地。最宜得人。使二員互換上京所轄諸州。不暇巡歷。臣切見監在京榷貨務內殿中丞許元。智識通敏。可幹財賦。復能愛民。不為侵刻。遂舉充江淮制置發運判官。又著作佐郎通判寧州張去惑。昨在邊陲。實經煩使。遂舉監在京榷貨務替許元。此二人臣曾舉充陝西轉運判官。已奉聖旨依奏。候有闕日與差。既是轉運判官資地。今來舉充上件職任未至過越。切見朝臣宋緘陳執禮為因王欽若妻并宋綬妻陳乞在京監當。有臺官上言不當。已奉聖旨改差。臣在樞密院日。所舉許元張去惑。勾當錢穀。雖與前人陳乞事體不同。亦慮三司別有長才可舉。伏望聖慈指揮三司副使相度此二人之才。如不堪上件任使。即別舉朝臣。庶協公議。

仲淹又奏葛宗古跡曰。臣竊知延州西路都巡檢使葛宗古為侵用

公使錢入己奏案已上朝廷臣昨奏陳邊上得力將佐葛宗古實在其數今恐審刑大理寺斷入極典縱蒙朝廷寬貸亦須降充近下班行必然挫屈更無勇戰之氣臣伏覩刑統節文諸監臨主守以官物私自貸人及貸之者無文記以盜論有文記准盜論並判案減二等即充公廨及用公廨物若出付市易而私用者各減一等坐之議曰即充公廨謂以官物迴充公廨今朝廷支賜臣寮公使錢既已支付逐處更不係省帳拘管不收出剩亦無磨勘其公使錢顯是迴充公廨之物私用者自有上項正條兼元無條貫今將私用公使錢入己為監主自盜之法只是法寺近例斷遣不敢從輕遂至入罪切慮今後有公使錢處官員因循之間為人捃摭多陷除名死罪之坐誠為法之一弊公朝固當正之伏望聖慈宣喚新判大理寺杜曾令上殿指陳侵用公使錢正條付中書參酌免有枉濫其葛宗古弓馬精強復有膽勇在鄜延路中最為驍果今來朝廷選將之際此人實恐難得乞從正條定罪然後議其末減

康定元年知諫院富弼乞令宰相兼樞密使上奏曰臣伏見自來兵機公事全委密院今邊鄙多故不同往時若無更張必有敗闕況事干治亂執政豈可不知文武二途自古一致臣竊觀周史宰相魏仁浦曾兼樞密使國初范質王溥亦以宰相參知樞密院事臣今欲乞依故事亦令宰相兼樞密使所貴同心協力各無猜嫌共議安邊必能集事

慶曆三年弼又乞韓琦范仲淹更往內外事上奏曰臣伏聞近降勑命除陝西四路招討經略使韓琦范仲淹並授樞密副使仰認聖意只從公論不聽讒毀擢用孤遠天下之人皆謂朝廷進用大臣常如此日則太平不難致也然議者惟云進用大臣雖則美矣其如西寇未

殄亦須籍才若二人俱來或恐闕事羣論皆願一名來使處內一名就授樞副之命且令在邊表裏相應事無不集以臣愚慮亦謂羣衆所說甚得允當然近日或聞有異議者謂樞密副使不可令帶出外任恐他時武官援此為例深不穩便此乃橫生所見巧為其說沮陛下獨斷之明害天下至公之論臣謂立此異議者必知韓琦范仲淹以西事方急堅辭此職既未肯從命而來又不令帶出外任是欲惑君聽抑賢才姦邪用心一至於此況先朝累曾有大臣帶兩府職任應急出外事畢還朝不聞後來有武臣援以為例臣願陛下無信異說專採公論一名名來使處於內一名就授樞副之職且令在邊或許二人一歲一更均其勞逸亦甚穩便內外協濟無善於此臣旦夕來聞韓琦范仲淹已有奏報西事未了懇辭恩命朝廷乘此處分深合事宜臣不勝懇懇激切之至

弼為樞密副使薦張昷之等可充轉運使副狀曰臣近曾兩奏乞令中書樞密院通選諸路轉運使副令逐路轉運選轄下知州逐州選部內知縣縣令若此三種官一一得人則天下自然無事朝廷不勞而治矣然欲知民細微利病須要好縣官欲得好縣官須先擇好知州欲得好知州須先擇好轉運使副須是輔弼大臣用心至公精加揀選親戚故舊者不得蓋蔽可告者必告之仇讎踈遠者不得抑塞可用者必用之告之者勿避其怨謗用之者勿求其感激不邀恩於己不推過於人若能如此則天下賢者才者可以盡為朝廷之用何患不得諸路轉運二三十人而已伏緣國家之事莫非至公須是輔弼大臣用心精選當黜則黜則退黜之人以謂朝廷公行自然無怨人既無怨事乃平貼若有大臣不存公共之心推事與人則退黜者以謂朝廷本不退我只是某人私相見排遂生怨怒架造讒謗君聽

既惑事乃破壞。此於朝政為害之大者也。今既委逐路轉運使副升黜一路知州。其權甚重。其事亦大。須是有才識能分別善惡。仍須推心至公。而行事果敢。然後可當轉運之任。今逐路見任及新差下未到任轉運使副。共二十八員。其間的有才識能分別善惡。推心至公。行事果敢者。無三人而已。其餘雖別無顯過可黜。奈何碌碌常才。緩急無用。其間亦有作過之人。但未敗露。或以敗不行。若不更張。必難集事。臣今采於衆論。得九人。皆謂堪充轉運使副。可以委付選擇轄下知州。必得盡公不負朝廷差委。謹具名次如左。三司鹽鐵副使張昷之。知雜御史魚周詢。史館修撰王質。知諫院王素。三司判官沈邈。知濰州董儲。江南東路提點刑獄楊紘。權三司判官杜杞。權三司判官燕度。右九人皆搢紳之選。令來且充諸路轉運。久而皆可拔擢任使。更乞令兩府同共銓量施行。內董儲是宰臣晏殊遠親。然其人實有才用。但年齒稍高。而心力不退。不可以大臣親嫌而廢也。臣又慮諸處見任轉運使副例各未滿。或別無顯過。恐中書以謂替罷無名。臣今欲乞特降詔書告諭天下。備陳轉運使職任非輕。自來有失精選。致職事廢弛。物論大以為非。昨據樞密副使富弼上疏。乞澄汰天下不才轉運使副。下中書樞密院。令同共用心推擇中外有才識堪任轉運使副臣僚。今據兩司條奏到某人已下若干人。堪充轉運使副。已令差赴逐路充職。幹當務在稱職。以副朝廷委任之意。又據兩司條奏到見任轉運使副某人以若干不聞顯効。並仰中書門下就便別與差遣。若降此詔告諭天下。則退者以兩府公黜。自當無詞。進者以兩府選差。孰敢不勉。如此行遣。不是無名。使天下之人耳目一變。謂朝廷進善退惡。政令清明。守官者各知恐懼。不敢因循。豈不美哉。豈不善哉。

仁宗時。宋庠奏曰。聖詔曰。牧守之職。以惠綏吾民。而罕聞奏最。將帥之任。以威服四夷。而艱於稱職。豈制度未立。不能通變於時邪。豈簡擢靡臻。不能勸勵于下邪。臣等竊觀僃史。欲治之主。未嘗不留意守宰。以寧方內。慎求將帥。以清戎索。矧陛下秉至聖之德。御久安之世。靖民防患。孰先於此。謹按朝廷列郡四百。地踰前代。參建官吏。分督政條。其間知州。實匪輕選。大者則領以公相。次者寄以從官。自餘遠迹。由卿監郎官而下。莫不惟材是擇。考績序遷。一有踰違。並從案劾。或降或罷。無所私焉。臣等以謂選任之官。如此粗足。若欲人皆邵杜。政必龔黃。質於前聞。恐難盡善。然重內輕外。今古常情。臣等敢不更務采掄。審加勸沮。或申明約束。或廉察風謠。奏最之科。庶幾可復。然不得謂制度不立矣。若乃將帥之舉。宥密是司。國朝之規。名分難越。儻或奇材拔於羣萃。勇略著於邊疆。任用之間。亦當公論。然亦不得謂簡擢不臻矣。

慶曆中。知諫院蔡襄乞罷呂夷簡商量軍國事。上奏曰。臣伏見前宰臣呂夷簡。被病以來。兩府大臣三次詣夷簡家議事。及守司徒罷相之後。朝廷有旨。令商量軍國大事。今月二日宰臣章得象以下又詣其家評論西事。臣切謂夷簡病時。陛下於內中開設道場。及賜手詔。錫與至多。眷注之心。當世無比。臣謂陛下假人以恩則可。假人以禮則不可。何哉。陛下春秋方盛。固宜親決萬機。却令宰臣樞密詣夷簡決事。臣恐天下四夷聞之。謂陛下如何主也。兩府大臣輔陛下而治天下者。今乃並笏受事於夷簡之門。里巷之人。指點竊笑。臣恐天下四夷聞之。謂大國乏材。而無上下之分。雖陛下特隆恩眷。優待元臣。正得為君之道。而夷簡不能上承陛下之意。而無引避推讓之心。夫為人臣。端居私家。屈大臣而自便。於理安乎。況夷簡謀身忘公。養成

天下今日之患遂致二邊連構百姓困窮萬手所指無敢言者上天
降鑒祖宗垂靈輒以病解而陛下尚令參決大政是陛下至今未之
悟也臣切以陛下即位之初夷簡便為參知政事其後數年漸至宰
相出陳州半年復入又出許州一年有餘移領魏府召歸作相首尾
二十年間不居政府纔二年有餘耳前後雖有王曾李迪張士遜陳
堯佐王隨等更迭為相而歷年之深無如夷簡輔政以來所言之事
陛下一皆聽信而施行之出藩未幾還當大政以病居家兩府問事
得主之深無如夷簡輔政既久得主又深固當敦風教正庶官安百
姓鎮四夷今乃不聞功業但為私計豈不負陛下眷遇之意也夫開
直言進讜論者宰相之体也夷簡執政以來屢貶言者凡三四次如
曹修古段少連孔道輔楊偕孫沔范仲淹余靖尹洙歐陽修等或謫
千里或抑數年或緣私恨假託人主威權以逐忠賢以洩己怒殊不

念陛下虛受惡名此不忠之大者又使天下之人父教其子兄教其
弟咸以直言為諱此乃絕忠讜之嘉謨成本朝之闕政其過一也夫
獎懿行厲廉節宰相之方也古之聖人教人之道先以名節為本若
不使好令名則何惡不為何善不毀縱不陷於惡亦不免碌碌因循
為闒茸之人也夷簡為性不臧欲人附己見為善介特而自立者皆
以好名希求富貴以污之善人恥此往往退縮以避好名干進之毀
是以二十年來人人不肯尚廉隅厲名節淺者因循闒茸深者靡惡
不為蹈無愧恥但能阿附夷簡夷簡悉力護之奸邪不敗浸成此風
習以為俗又使天下之人皆以遂利為智能遠勢為愚鈍此乃廢廉
恥之節成奔競之風其過二也夫善則稱君過則稱己宰相之行也
夷簡一息之施皆須出我門下或先露其事使人預知或先抑其事
然後與行若不可行者則歸怨同列大則稱奉聖旨以是奪附者

陰為羽翼使天下之人迷大公之論有朋黨之議其過三也夫進
賢退不肖者宰相之職也臣見數年以來審官院京朝官吏部銓選
人樞密院三班院使臣授官之後例皆待闕一年二年以此計之冗
官至多而曾不裁損奇材異績不聞獎拔貪墨昏耄之人曾經免罷
責罰及來雪理務施小惠多與收錄使天下貪廉混淆善惡無別其
過四也夫富國恤民宰相之事也自關陝兵興以來修完城壘饋運
芻粟科配百端悉出州郡內則帑藏空虛外則民力殫竭嗟怨嗷嗷
聞於道路不幸有水旱之災其變不可量也蓋由不選材能充三司
使副使發運使轉運使但務收取人情用為資歷纔至數月即又遷
移循環奔走自求升進欲以興財利寬民力其可得乎其過五也夫
懷忠誅逆宰相之略也邊鄙無事之時臣僚或陳備邊之策或述禦寇之
方皆為虛妄引若或降差遣或與衝替邊臣因此唯尚姑息是以士

卒不練器械不完黠羌窺我強弱輒懷異志夷簡當國之後山外之
敗任福已下死者數萬人豐州之戰失地喪師鎮戎之役葛懷敏以
下死者又數萬人蓋由遣命將帥或分或合法制不言上下不和大
戰則大敗小戰則小敗使生靈肝血塗染砂磧父子夫婦存歿冤痛
廟堂之上成筭安在其過六也夫暢國威制鄰敵宰相之謀也自西
師敗衄之後北虜乘隙遣使入朝輒違先帝之盟妄請關南之地歲
增金帛僅二十萬而猶勤兵壓境堅求納字凌脅中國大為恥辱歷
其禍福譬若疽瘡但未潰耳制敵之術為患日深其過七也夷簡出
入中書且二十年不為陛下興利除害苟且姑息以至事事隳壞如
此臣謂夷簡若實有智謀執政從來只務固寵不肯施設是不忠也
若竭盡智謀區處顛倒是不材也不材不忠二者必當一責尚貪威
勢不能力讓或聞夷簡乞令政府一兩人至家商議大事足驗夷簡

退而不止之心也。臣又見故相王旦執政僅二十年後以病退。只帶宮觀使名。不復與聞邦政。故事甚明。其夷簡伏乞勅廷特罷商量軍國大事。庶使兩府大臣專當責任。無所推避。陛下於夷簡正君臣之分。存終始之恩。伏乞陛下斷而行之。以全國體

三年襄乞令韓琦范仲淹更任內外事。上奏曰臣伏見陝西路招討使韓琦范仲淹等。各除樞密副使。並以西寇未寧。懇辭恩命。朝廷再賜手詔。督令赴闕。臣竊料琦等必再有陳論辭免於未決之間。而異同之說有三焉。曰使琦仲淹偕來也。曰一處乎內一處乎外也。曰皆留在邊也。使之偕來者。此朝廷之本意。蓋陛下推獨斷之明。採至公之論。以二人久處邊陲。詳知本末。致之宥密。思有變更。將以求破賊之計耳。然論者之說曰。邊臣最苦者。奏報文字或有稽緩。或即裁制。動不如意。所以久無成功。今得邊臣而任之。則細大可知。表裏相應也。

用兵不勝。由軍制未立。無部分統轄之法。若不更變。未見可勝之期。今得邊臣而任之。可責以更變之術。所以宜一處乎內也。西寇雖已請盟。而戎心不可倚信。琦等素習兵事。上下之情通浹。今盡還朝。新帥鄭戩。山川之險易未知。軍旅之部伍未練。若賊乘我機便。忽有奔突。必難制禦。此所以宜一留於外也。曰皆留在邊者。此沮抑之論也。惡琦仲淹者。若於陛下前百般毀短之。陛下必不信矣。若稱其材德而言。陛下不得不疑也。必謂仲淹等威名已著。羌戎畏其。今將去邊。必有侵擾。臣謂不然。仲淹作招討使。羌戎既畏其威名。今在樞府正議兵謀。其畏必甚矣。若謂關中民情素所倚賴。今既還朝。衆所失望。臣又謂不然。在陝西民既倚賴。今在樞府必陳利病而行之。所賴者愈大。以是校之。情偽甚明。然或者謂二人孰宜處於內外。臣以物議言之。二臣之忠勇。其心一也。若以才謀人望。則仲淹出韓琦之右。處

內者謀之。而處外者行之。故仲淹宜來。琦當留邊。於理甚當也。其韓琦范仲淹。伏乞朝廷不聽辭避。各授恩命。上以明陛下任賢之堅意。下以協衆庶之公論也。

襄又論用韓琦范仲淹。不宜使後有讒間。不盡所長。上奏曰。臣伏見去月已來。陛下拔任諫官。都下翕然稱慶。又數日罷夏竦樞密使。用韓琦范仲淹作樞密副使。制命一出。士大夫賀於朝。庶人喜於路。至有飲酒呼號以為樂者。謂陛下去邪任忠。可刻日以觀太平矣。臣聞易泰之彖辭曰。內君子而外小人。君子道長。小人道消。否之彖辭曰。內小人而外君子。小人道長。君子道消。然則君子進則天下泰。小人進則天下否。陛下退一邪臣。進一賢人。而舉國歡欣者。豈以一邪一賢獨能關天下利害乎。蓋以一邪退。則其類退。一賢進。則其類進。衆邪並退。衆賢並進。而天下不泰者。無有也。雖然。臣竊憂之。頃年莊獻

明肅太后。初棄六宮。陛下親臨庶政。一日出令。邪臣沮氣。天下觀聽。洒然快意。期於一變以臻大治。自後數年。方內無事。左右之臣。易於襲常而恬於苟安。陛下憂勤之心。且亦少懈。已而西羌背違。舉兵寇邊。遣將興師。屢戰屢敗。饋運賦斂。百姓困窮。北虜乘釁。窺我強弱。遣使求地。京師震駭。幸而增賂。以得暫息。四海嗷嗷。日憂一日。以將來之患。當如何也。然猶有忠賢之士而屬望焉。幸而進用。庶其叶力而大有為。以解焦勞之急。陛下奮發剛斷。博採物論。拔而任之。人人懽欣。而臣獨切憂者。誠恐進用之後。或有讒間。或拘舊例。使之不盡所長而去。則天下必有遺材之恨。所損不細矣。當今天下之病。臣請譬諸病者。其安時調養適宜。固不病矣。其在皮膚。醫者能早去之。病且安矣。此二者皆已不及。而病在肢體。正待良醫之時。陛下又選任良醫。儻信任不疑。聽其設施。非徒愈病。又致民於壽考。苟於此時付人良醫

不得盡其術。則天下之病愈深。雖有和扁之妙。難責速效矣。願陛下思祖宗社稷之重。矜四海生民之困。憤西北二虜之恥。發乾剛夬決之道。拔賢材。收衆策。不憚改作以成大功。天下幸甚。

襄爲起居注。乞罷王舉正。用范仲淹。上奏曰。臣伏以當今之務。至要至切者。莫若擇執政之臣。執政之臣苟容不材。欲百職修舉者無有也。切見參知政事王舉正。材能寡下。久忝大用。柔懦緘默。無補於時。天下之人指目。羌虜爲患。兵戈未寧。生民窮困。國賦貧蹙。陛下豈不念祖宗社稷之重。國家安危之計。而令舉正碌碌備員。自陛下擢用韓琦范仲淹以來。人人日期大任。韓琦范仲淹見已到闕。若以處置邊事。韓琦足以當之。乞移仲淹參知政事。其舉正伏乞退罷。以叶公議。

襄又奏曰。右臣近論述參知政事王舉正柔懦緘默。無補於時。特乞罷退樞密副使范仲淹。才名德望。素著於今。乞參知政事。或者以謂若用仲淹參知政事。却令舉正復入樞府。朝廷於大臣不失進退之体。臣切謂舉正軟懦無能。豈可却令入樞府。雖中書總天下之事。重於樞密院專講兵謀。豈可用不才之人也。臣聞人主御群臣。稱職者用之。不職者去之。舉正預政以來。有何建明著於時論。儻不以罪斥而以恩罷。其爲幸也大矣。伏惟陛下天資仁厚。不忍失一大臣之意。奈何羌虜皆擾。生民已困。兵戈未寧。水旱不節。嗷嗷四海。思望休息。急於用才之日。陛下雖欲存小惠。宰輔雖欲詑同列。豈不悞國家大計乎。伏望陛下發乾剛。出聖斷。退舉正。用仲淹。以荅天下之望。臣爲諫官。論列大臣。先當議其才與不才。若舉正遇惡。未欲盡言。願朝廷早以禮去之。無令醜迹暴揚於事爲便。

四年。襄又奏乞留歐陽修狀曰。臣竊見知制誥知諫院歐陽修授龍圖閣直學士。河北都轉運使。臣等已有論列。乞罷河北之任。依舊知諫院。至今未蒙朝命。臣等伏念事有重輕處。才而處。才有長短。適用爲宜。朝廷安危之論繫於天下則爲重。河北金穀之司繫於一方則爲輕。修之資性。善於議論。乃其所長。至於金穀出入之計。勤幹之吏則能爲之。任修於河北而去朝廷。於修之才則失其所長。於朝廷之体則輕其所重。伏惟陛下增置諫員以來。外人不計諫官之能否。但知陛下有開納之美。一旦驟棄修之身。便令遠去。外人不知朝廷任用之意。但以修好切直。不容於時。臣等非私於身。實爲朝廷惜任人之体。伏乞陛下罷修龍圖閣直學士河北都轉運職任。令依舊知制誥知諫院。節。

仁宗時。襄請叙用孫沔。狀奏曰。右臣伏見分司南京孫沔。以罪譴謫。臣以守官海域。去京師至遠。事至傳聞。不得眞實。然觀貶降之重。及有履職之詞。皆謂孫沔知杭州日。有[illegible]民[illegible]。誠有之。固當重責。然沔之治杭州。剗除蠹弊。摘豪強。令行禁止。與浮屠大族日爲讎敵。其間雖有過當。然風俗混淆。至今衆息。所爲如是。雖至愚之人。必能自察。沔雖闊略。然老於人事。以嚴明自處。而輒爲不法至此。使一日罷去。小人共怨。何恃而得安全。是明目而[illegible]陷穽。孰肯爲哉。臣恐審問体量之際。未得其實。臣聞趙氏與父同日下審問。所其父一夕而死。所以道路之言。皆謂榜掠以成其事。古者大臣不堙沈冤。沔以嘗副樞密。待罪而已。臣恐繼今以後。大臣有罪。不能自明。由沔而始。頃年儂賊寇鈔二廣。近侍至多。獨沔被譴。瘴毒惡地。不以危厲。沔親當之。是亦有勞矣。今以累赦之餘。三州按察。安能無過。沔亦老。摧落之餘。豈復自振。然臣子之分。惡名難受。伏乞陛下哀憐。念已用之效。察難明之咎。湔洗拂拭。有所任用。必能修省。以報陛下天地再生之施臣又奏乞選擇翰林學士不用資序劄子曰。臣風聞臣僚上言。為翰林學士員闕。乞未添補。臣竊謂勿減員數。不若精選才賢。有唐以來。此職最為清近。朝夕閒宴。與天子論議天下之事。如陸贄李絳皆不世之才。所論者足以開悟人主。聰明贊成天下之業。今來只循資序。隨例補選。或行迹奸邪。或才識暗懦。中書援名除改。莫敢抑退。況茲一職。動是兩府之資。苟不擇人。豈陛下選任忠良之意。臣欲乞今後翰林學士闕員。中書不得依資差除。伏望出於聖衷選人任用。庶乎奸邪暗懦之人。無由濫進。

歷代名臣奏議卷之一百三十二

歷代名臣奏議卷之一百三十三

用人

宋仁宗時。歐陽脩舉米光濬狀曰。右臣伏自準勅計置河東沿邊糧草。所過州軍。遍見文武官吏不少。其間臨民治軍可稱邊任者。絕難得人。伏見西頭供奉官閤門祗候岢嵐軍使米光濬。年四十餘。世家代州。熟知本路邊事。出於將種。練習兵機。兼有膽勇。會弓馬。自到岢嵐二年。處置皆合事宜。昨代州寧化各為守將非才。引惹北人爭侵疆界。惟岢嵐草城川正當北界要害之地。去年北人來侵疆界。光濬應機拒守。故獨岢嵐得不侵却土地。亦不張皇。臣自過本軍。體問軍民。備得其實。伏覩近降宣命。指揮差李偉替。命赴闕。切以邊鄙常患難材。苟得其人。豈宜屢易。兼自有移替宣命。軍民並各衆狀舉留。其米光濬臣今同罪保舉。再任岢嵐。如再任後犯入己贓。及邊防軍政但有一事敗悞。並甘連坐。其狀奏聞。伏候勅旨。

又狀曰。右臣近曾同罪奏舉西頭供奉官閤門祗候米光濬再任岢嵐軍使。竊知朝廷為光濬病患曾加體量。臣昨任岢嵐。親見光濬絕無病狀。體問得去年偶因飲酒。暫曾不安。竊緣本人有心力。會弓馬。諳熟邊事。善撫軍民。況岢嵐當草城川一路。地形平坦。與北虜止隔界壕。不比代州尚有險固捍禦控扼。光濬得人。臣嘗見朝廷選擇邊將。比及於武臣中求得一人。常患難得。而任使俟其知次第。亦須年歲之間。其米光濬於武臣中不易多得。在岢嵐既久。又已知次第。其人既不病患。又無過犯。料其替去。別得差遣。必與今任輕重一般。與其移易往來。不若責之久任。況知光濬亦累曾乞替。臣今所舉。非徇光濬之私。蓋為邊防之計。其米光濬伏望聖慈特加奬擢。與優轉一官。且令再任。以防緩急可以使喚。如朝廷遷官及再任後犯入己贓

及邊事有所敗誤臣甘同罪

慶曆三年修又論王舉正范仲淹等劄子曰臣伏見朝廷擢用韓琦范仲淹為樞密副使萬口懽呼皆謂陛下得人矣然韓琦稟性忠鯁遇事不避若在樞府必能舉職不須更藉仲淹如仲淹者素有大材天下之人皆許其有宰輔之業外議皆謂在朝之臣忌仲淹材名者甚衆陛下既能不惑衆說出於獨斷而用之是深知其用矣可惜不令大用蓋樞府只掌兵戎中書乃是天下根本萬事無不總治伏望陛下且令韓琦佐樞府移仲淹於中書使得參預大政況今參知政事王舉正最號不才久居柄用柔懦不能曉事緘默無所建明且可罷之以避賢路或未欲罷亦可且令與仲淹對換當今四方多事二虜交侵正是急於用人之際凡不堪大用者去之乃叶天下公論不必待其作過亦不須俟其自退也況若令與仲淹對換則於舉正不

離兩府全無所損伏望陛下思國家安危大計不必顧惜不材之人使妨占賢路如允臣所請即乞留中特出聖斷指揮或尚未欲施行即乞降付中書令舉正自量材業優劣何如仲淹若實不如即須自求引避以副中外公議

修乞力拒浮議終責任范仲淹等上奏曰臣伏聞范仲淹富弼等自被手詔之後已有條陳事件必須裁擇施行臣聞自古帝王致治須待同心叶力之人相與維持而君臣相得之難謂之千載一遇今仲淹等遇陛下聖明可謂難逢之會陛下有仲淹等亦可謂難得之臣陛下既已傾心待之仲淹等亦又各盡心思報上下如此臣謂事無不濟但顧行之如何爾況仲淹富弼是陛下特出聖意自選之人初用之時天下已皆相賀然猶竊謂陛下既能選之未知用之如何爾及見近日特開天章從容訪問親寫手詔督責丁寧然後中外喧然

既驚且喜此二盛事固以朝報京師暮傳四海皆謂自來未曾如此責任大臣天下之人延首拭目以看陛下用此二人欲作何事此二人所報陛下果有何能是陛下得失在此一舉生民休戚繫此一時以此而言則仲淹等不可不盡心展效陛下不宜不力主而行使上不玷知人之明下不失四海之望臣非不知陛下專心銳志必不自怠而中外大臣且憂國同心不必相忌而沮難然臣所慮者仲淹等所言必須先絕僥倖因循姑息之事方能救數世之積弊如此等事皆外招小人之怨怒不免浮議之紛紜而奸邪未去之人亦須時有讒沮若稍聽之則事不成矣臣謂當此事初尤須上下叶力凡小人怨怒仲淹等自以身當浮議奸讒陛下亦須力拒待其久而漸定自可日見成功伏望聖慈留意終成之則社稷之福天下之幸也

四年修又論鄭戩不可為四路招討上奏曰臣伏覩勅除鄭戩知永

興軍兼陝西都部管自聞此命外之議論皆以為非在臣思之實亦未便竊以兵之勝負全由處置如何臣見用兵以來累次更改或四路置都部管或分而各領一方乍合乍離各有利害唯夏竦往年所任鄭戩今日之權失策最多請試條列臣聞古之善用將者先問能將幾何今而不復問戩能將幾何直以關中數十州之廣蕃漢數十萬之兵沿邊二三千里之事盡以委之此其失者一也或曰戩雖名都部管而諸將自各有將又其大事不令專制而必稟朝廷假如邊將有大事先稟於戩又稟於朝廷朝廷議定下戩戩始下於沿邊只此一端自可敗事其失二也今大事戩既不專若小事一一問戩則四路去永興皆數百里其寨柵遠者千餘里使戩一一處分合宜尚有遲緩之失萬一耳目不及處置少宜則為害不細其失三也若大小事都不由戩而但使帶其權豈有數十州之廣數十萬之兵二三千

里之邊事。作一虛名。使為無權之大將。若知戩可用。則推心用之。若知不可用。則善罷之。豈可盡閑中之大。設為虛名。而以不誠待人。其失四也。今都部管名統四路。而諸將事無大小。不稟可行。則四路偏裨各見其將不由都帥。則上下相效。皆欲自專。其失五也。今都部管是大將。反不得節制四路。而逐路是都帥部將。却得專制一方。則委任之意。大小乖殊。軍法難行。名体不順。其失六也。若知戩果不可大用。但不敢直罷其職。則是大臣顧人情避己怨。如此作事。何以弭息人言。其失七也。料朝廷忽有此命。必因韓琦等近自西來。有此擘畫。琦等身在邊陲。曾為將帥。豈可如此失計。臣今欲乞令兩府之臣。明議四路不當置都部管利害。其鄭戩既不可內居永興。而遙制四路。則乞落其虛名。只令坐鎮長安。撫民臨政。以為關中之重。其任所繫亦大。而使四路各責其將。則事体皆順。張置合宜。

修又論三司判官擇人之利劄子曰。臣伏見近差薛紳為轉運使。紳是三司判官資例合作轉運使。然外人議論未允者。若以昔日差人。更有不如紳者。亦不足怪。蓋見朝廷近更新制。不次用人。凡舊轉運使稍不材者。悉令換易。忽見却用薛紳。所以人言未允。昨來京東用沈邈。皆却是宗簡。今用薛紳。又更不及宗簡。此臣之所以未諭也。平時無事。公私上下從容。吏無大小。奉法守常而已。所以齷齪廉謹不為大過。雖備瘖繆懦者。皆可苟祿偷安。而朝廷可以不擇賢愚。一例差撥。官雖漸濫。猶未敗悞。今天下事勢。豈比鄉時。盜賊縱橫。而州郡無備。公私困急。而用度轉多。賦役繁興。而人戶凋耗。雖有出人之才。尚恐不能了事。豈可尚循舊例。依次用人。然臣竊思方今中外差除未肯脫去舊例。如紳之輩。謂其已作省判。須令作轉運。則弊在差省判之時。不早慎擇也。夫前已濫者不能驟革。後來者又不擇之。永無澄清之時矣。臣今欲乞詳定差省判之法。每遇闕人。或令本省使副自舉。或朝廷先擇舉主。令舉主擇人。但重其保任同罪之法。而不必限其資序。如此。則省判得人。省判得人。則將來有好轉運使。有好轉運使。則逐路澄清。民紓用足。以此而言。擇得一省判。為數十州民之福。其利甚大。夫得人為利甚大。則失人為害亦大矣。伏望聖慈留意裁擇。

修改右正言。論轉運所按吏。不必更命提刑体量。上疏曰。臣近見淮南按察使邵飾。奏為体量知潤州席平為政不治。及不教閱兵士等。朝廷以飾為未足信。又下提刑司再行体量。臣竊以轉運提刑。俱領按察。然朝廷寄任重者為轉運。其次乃提刑爾。今寄任重者言事反不信。又質於其次者而決疑。臣不知邵飾果是才與不才。可信與不可信。如不才不可信。則又何疑。然又不知為提刑者其才與飾優劣

如何。若才過於飾。尚可取。萬一不才於飾。見事相背。却言席平為才。邵飾合得罔上之罪矣。若反以罪飾。臣料朝廷必不肯行。若捨飾與席平俱不問。則善惡不辨。是非不分。况席平曾作臺官。立朝無狀。只令御勘亦不能了。尋御史中丞以不才奏罷。朝廷兩府而誰不識乎。其才與不才。人人盡知。何必更令提刑体量。然後為定。今外議皆言執政大臣。託以審諟為名。其實不肯生事。而當然須待言事者再三陳狀。使被黜者知大臣迫於言者不得已而行。只圖怨不歸己。苟誠如此。豈有念民疾苦。澄清官吏之意哉。若無此意。是好疑不決。則尤是朝廷任人之失。自去年以為轉運使不察官吏。特出詔書加以使名。責其按察。今按察使依稟詔書舉其本職。又却疑而不聽。今後朝廷命令誰肯信之。凡任人之道。要在不疑。寧可艱難於擇人。不可輕任而不信。若無賢不肖一例疑之。則人各心闌。誰肯辦事。今邵飾言一不

才顯者。所貴朝廷肯行。然後部下振竦。官吏畏服。今反為朝廷不信。却委別人。則飾之使威。誰肯信服。飾亦慙見其下。今後見事不若不為。不獨部飾一人。臣竊聞諸處多有按察官吏。皆為朝廷不行。人各嗟歎。以謂任以事權。反加沮惑。朝廷之意不可諭也。伏望聖慈特勑其部飾所奏。特與施行。今後按察使奏人。如不才、老病灼然不疑者。不必更委別官。示以不信。所貴不失任人之道。而令臣下盡心。

嘉祐元年。修為翰林學士。論用人之要在先察毀譽之人。奏曰。臣伏覩近降制書。除賈昌朝為樞密使。自日以來。中外人情莫不疑懼。搢紳公議。漸以沸騰。蓋緣昌朝稟性回邪。執心傾險。頗知經術。能文飾奸言。善為陰謀。以陷害良士。小人朋附者眾。皆樂為其用。前在相位。屢害善人。所以聞其再來。望風畏恐。陛下聰明仁聖。勤儉憂勞。每於用人。尤所審謹。然而自古毀譽之言。未嘗不並進於前。而聽察之際。人主之所難也。臣以謂能知聽察之要。則不失之矣。何謂其要。在先察毀譽之人。若所譽者君子。所毀者小人。則不害其為進用矣。若君子非之。小人譽之。則可知其人不可用矣。今有毅然立乎朝。危言讜論。不附人主。不附權倖。其直節忠誠素為中外所稱信者。君子也。如此等人。皆以昌朝為非矣。宦官宮女左右使令之人。往往小人也。如此等人。皆以昌朝為是矣。陛下察此。則昌朝為人可知矣。今陛下之用昌朝。與執政大臣謀而用之乎。與立朝忠正之士謀而用之乎。與左右近習之人謀而用之乎。或不謀於臣下。斷自聖心而用之乎。昨聞昌朝陰結宦官。創造事端。謀動大臣。以圖進用。若陛下與執政大臣謀之。則大臣勢在嫌疑。必難啟口。若與立朝忠正之士謀之。則無不以為非矣。其稱譽昌朝以為可用者。不過宦官左右之人爾。陛下用昌朝。為天下而用之乎。為左右之人而用之乎。臣伏料陛下必不為左右之人而用之也。然左右之人。謂之近習。朝夕出入。進見無時。其所讒譭。能使人主不覺。其漸昌朝善結宦官。人人喜為稱譽。朝一人進一言。暮一人進一說。無不稱昌朝之善者。陛下視聽漸熟。遂簡在于聖心。及將用之時。則不必與謀也。蓋稱薦有漸。久已熟於聖聰矣。是則陛下雖斷自聖心。不謀臣下而用之。亦左右之人積漸稱譽之力也。陛下常患近歲以來。大臣体輕。連為言事者彈擊。蓋由用非其人。不叶物議而然也。今昌朝身為大臣。見事不能公論。乃交結中貴。因內降以起獄訟。以此規圖進用。竊聞臺諫方欲論列其過惡。而忽有此命。是以中外疑懼。物論喧騰也。今昌朝未來。議論已如此。則使在其位。必不免言事者上煩聖聽。若不爾。則昌朝得遂其志。傾害善人。壞亂朝政。必為國家生事。臣愚欲望聖慈抑左右陰薦之言。採搢紳公正之說。早罷昌朝。還其舊任。則天下幸甚。臣官為學士。職號論思。見聖心求治甚勞。而一旦用人偶失。外庭物議如此。既有見聞。合思裨補。

脩又舉胡瑗奏曰。臣伏見新除國子監直講胡瑗充天章閣侍講。有以見聖恩獎崇儒學。襃勸經術之臣也。然臣等竊見國家自置太學十數年間。生徒日盛。常至三四百人。自瑗管勾太學以來。諸生服其德行。遵守規矩。日聞講誦。進德修業。昨來國學開封府并鎖廳進士得解人中。三百餘人。是瑗所教。然則學業有成。非止生徒之幸。庠序之盛。亦自是朝廷美事。今瑗既升講筵。遂去太學。竊恐生徒無依。漸以分散。竊以學校之制。自昔難興。惟唐太宗時。生徒最多。史冊書之。以為盛美。其後庠序廢壞。至于今日。始復興起。若一旦分散。誠為可惜也。臣等欲望聖慈特令胡瑗同勾當國子監。或專管勾太學。所貴生徒不至分散。

脩又舉梅堯臣狀奏曰臣等忝列通班無裨聖治知士不薦咎在蔽賢伏見太常博士梅堯臣性純行方樂道守節辭學優贍經術通明長於歌詩得風雅之正雖知名當時而不能自達竊見國家直講見闕二員堯臣年資皆應選格欲望依孫復例以補直講之員必能論述經言教導學者使與國子諸生歌詠聖化于庠序以副朝廷育材之美如後不如舉狀臣等並甘同罪

脩舉處士陳烈狀曰臣伏見國家崇建學校近年以來太學生徒常至三四百人此朝廷盛美之事數百年來未嘗有也然而教導之方必慎其選其進德修業必有篤行君子可以不言而化者使居其間以為學者師法庶幾內修其實不止聚徒之多為虛名之美也伏見福州處士陳烈清節茂行著自少時晚而益勤久而愈信非惟一方學者之所師蓋天下之士皆推尊其道德謂宜以禮致之朝廷必有

裨補近聞命以官秩使教學於鄉里其禮甚薄未足以稱勵賢旌德之舉臣今乞以博士之職召致太學雖未能盡其材亦是以副天下學者之所欲而成朝廷崇賢勸學之實

再舉陳烈狀曰臣嘗奏舉福州處士陳烈有道德可為博士處之太學竊聞朝廷命以官秩仰之講說而烈辭讓不起臣亦嘗知烈之為人其學行高古然非矯激之士其所蘊蓄亦欲有所施為況聖恩優異褒賁所及是以勸天下之為善者在烈不宜辭避然其進退之際亦有所難蓋朝廷前命以本州教授彼方辭讓而遽有國學之名義不得不辭然自古國家樂賢好士未始不如此在下者逡巡而避讓在上者勤勤而不已以勵難進之節而天下靡然識上有好賢不倦之心上下和成以勸風俗臣謂朝廷宜再加優命致烈必來則於其進退之際已足以兒勵媮薄臣今欲乞未命以官但召至京師彼必無名辭避俟其既至徐可推恩況今胡瑗疾病方乞致仕學校之職不可闕人能繼瑗者非烈不可欲乞早賜指揮

修又舉進士張立之狀奏曰臣伏見朝廷之議常患方今士人名節不立民俗禮義不修所以取士多濫而浮偽難明愚民無知而冒犯者衆蓋由設教不篤而獎善無方也伏見徐州進士同三禮出身見守選人張立之能事父母有至孝之行著聞鄉里本州百姓僧道列狀稱薦前後經史累次保明安撫臣僚亦曾論奏至今未蒙朝廷甄擢其人母年八十無祿以養銓司近制於選人祇許入邊遠官立之家居則患祿下逮親欲就遠官則難於扶侍有至孝之行而進退失所有累薦之美而褒勸不及於立之養親之志所希至少於朝廷獎善之道所施至多伏望聖慈特下銓司採問本人行止及前後論薦迹狀與一本州合入官所貴旌一士之行勸一鄉之人伏以古今致理

先於孝子勸賞最勤今孝悌之科久廢不舉旌表之禮久闕不行欲乞今後應有孝行著聞累被薦舉者與一本州官令自化其鄉里仍乞著為永式其張立之如允臣所奏乞送銓司施行

四年修又論包拯不當代宋祁為三司使狀奏曰臣聞治天下者在知用人之先後而已用人之法各有所宜軍旅之士先材能朝廷之士先名節軍旅主成功惟恐其不邀賞而爭利其先材能而後名節者亦欲使之然也朝廷主教化風俗之薄厚治道之汙隆在乎用人而教化之行於下也不能家至而諄諄諭之故常務尊名節之士以風動天下而聳勵其媮薄夫所謂名節之士者知廉恥修禮遜不利於苟得不牽於苟隨而惟義之所處白刃之威有所不避折枝之易有所不為而惟義之所守其立於朝廷進退舉止皆可以為天下法也其人至難得也至可重也故為士者常貴名節以自重其身而君

人者亦常全名節以養成善士伏見陛下近除前御史中丞包拯為三司使命下之日中外喧然以謂朝廷貪拯之材而不為拯惜名節然猶冀拯能執節守義堅遜以避嫌疑而為朝廷惜事體數日之間遽聞拯已受命是可惜也亦可嗟也拯性好剛天姿峭直然素少學問朝廷事体或有不思至如逐其人而代其位雖初無是心然見得不能思義此皆不足怪若乃嫌疑之迹常人皆知可避而拯豈獨不思哉昨聞拯在臺日常自至中書詰責宰相指陳前三司使張方平過失怨宰相不早罷之既而臺中僚屬相繼論列方平由此罷去而以宋祁代之又聞拯亦嘗彈奏宋祁過失自其命出臺中僚屬又交章力言祁亦因此而罷而拯遂代其任此所謂蹊田奪牛豈得無過而整冠納履當避可疑者也如拯材能資望雖別加進用人豈為嫌其不可為者惟三司使爾非惟自涉嫌疑其於朝廷所損不細臣

請原其本末而言之國家自數十年來士君子務以恭謙靜重為賢及其弊也循默苟且頹惰寬弛習成風俗不以為非至於百職不修紀綱廢壞時方無事而未覺其害也一旦黠虜犯邊兵出無功而財用空虛公私困弊盜賊並起天下騷然陛下奮然感悟思革其弊進用一二大臣銳意於更張矣於此之時始增置諫官之員以寵用言事之臣俾之舉職由是修紀綱而繩廢壞遂欲分別賢不肖進退才不才而久弊之俗驟見而駭因共指言事者而非之或以為好訐陰私或以為公相傾陷或謂沽激名譽或謂自圖進取羣言百端幾惑上聽尚賴陛下至聖至明察見諸臣本以忘身徇國非為己利讒間不入遂得保全而中外之人久而漸信自是以來二十年間臺諫之選屢得讜言之士中間斥去奸邪屏絕權倖拾遺救失不可勝數是則納諫之善從古所難自陛下臨御以來實為甚盛然朝廷補助之效不為無功今中外皆安上下已信纖邪之人凡所舉動每畏言事之臣而事無巨細亦惟言事是聽原其自始開發言路至今日之成效豈易致哉可不惜哉夫言人之過似於激訐逐人之位似於傾陷而言事之臣得以自明者惟無所利於其間爾而天下之人所以為信者亦以其無所利焉今拯併逐二臣自居其位使將來奸佞之人得以為說而惑亂主聽今後言事者不為人信而無以自明是則聖明用諫之功一旦由拯而壞夫有所不取之謂廉有所不為之謂恥近臣舉動人所儀法使拯於此時有所不取而不為可以風天下以廉恥之節而拯取其所不宜取為其所不宜為豈自薄其身亦所以開誘他時言事之臣傾人以覬得相習成風此之為患豈謂小哉然拯所恃者惟以本無心爾夫心者藏於中而人所不見迹者示於外而天下所瞻今拯欲自信其不見之心而外掩天下之迹是猶手探

其物口為不欲雖欲自信人誰信之此臣所謂嫌疑之不可不避也況如拯者少有孝行聞於鄉里晚彰直節著在朝廷但其學問不深思慮不熟而處之乖當其人亦可惜也伏望陛下別選材臣為三司使而處拯他職置之京師使拯得避嫌疑之迹以解天下之惑而全拯之名節不勝幸甚臣叨塵侍從職號論思昔嘗親見朝廷致諫之初甚難今又獲見陛下用諫之效已著實不欲因拯而壞之者為朝廷惜也臣言狂計愚伏俟誅戮

五年脩舉布衣蘇洵奏曰臣猥以庸虛叨塵侍從無所裨補常愧心顏竊慕古人薦賢推善之意以謂為時得士亦報國之一端往時自國家下詔書戒時文諷勵學者以近古蓋自天聖迄今二十餘年通經學古履忠守道之士所得不可勝數而四海之廣不能無山巖草野之遺其自重者既伏而不出故朝廷亦莫得而聞此乃如臣等宜

所宜求而上達也。伏見眉州布衣蘇洵。履行淳固。性識明達。亦嘗一舉有司不中。遂退而力學。其論議精於物理。而善識變權。文章不為空言。而期於有用。其所撰權書衡論機策二十篇。辭辯閎偉。博於古而宜於今。實有用之言。非特能文之士也。其人文行久為鄉閭所稱。而守道安貧。不營仕進。苟無薦引。則遂棄於聖時。其所撰權書等二十篇。臣謹隨狀上進。伏望聖慈下兩制看詳。如有可采。乞賜甄錄。謹具狀奏聞。

慶曆三年。監察御史裏行包拯論縣令輕授疏曰。臣聞古之所重為民父母者。縣令耳。今之所賤而不能振起風教者。亦縣令耳。蓋擢用之際。未精其選。凡其清流素望。或稍挾權勢之人。即苟謀他官。恥為縣邑。但庸人下品。甘於其職。雖郡隸吏卒。皆能詞制。苟免罪戾之不暇。欲振起風教。為民父母。其可得乎。且今朝廷仕進。清選大臣子弟。

偶緣文墨。或希辟命。即自下僚擢陞館職。不然。才出外任。例為簽判。不歷為縣。便作通判知州。洎為長吏。昧於民情。懵然其間。不知治道之出。況四方多務。令長尤在得人。欲乞今後貼職并簽判及京朝官凡歷任中。不曾任縣令及知縣者。不得便為長吏按察之官。且令知縣。方得入通判知州。如此。則宰邑得其人。長吏亦不能僥求而至。

四年。拯請不用苛虐之人充監司第一劄子曰。臣竊見諸道轉運司。自兼按察及置判官以來。并提點刑獄等体量部下官吏章疏相繼。頗傷煩碎。兼聞審刑院大理寺。日近奏案尤多。倍於往年。況無大段罪名。並是掎摭微累。不辯虛實。一例論奏。孤弱無援者。則按以深文。搆勢豪猾者。則縱而不顧。內則徇一身之利。以殖其私。外則竊振職之名。以圖其進。放尤無恥。惟恐不及。至有公清守節之人。或不曲事左右為衆所嫉者。即被加誣搆成其罪。遂使守己之士。或負終身之玷。

可不痛惜哉。且治平之世。明盛之君。必務德澤。罕用刑法。故董仲舒曰。陽為德為春夏。當和煦發生之時。陰為刑為秋冬。在虛空不用之處。以此見天任德不任刑也。王者亦當上体天道。下為民極。故不宜過用重典。以傷德化。昔暴世法網凝密。動罹酷罰。下不堪命。卒致潰亂。老子曰。其政察察。其民缺缺。其政悶悶。其民淳淳。臣願聖明鑒於此言而無忽焉。方今民力凋殘。國用窘迫。若乃專用刻薄好進之吏。則民不聊生。竊恐非國家之福也。雖朝廷累降詔命約束。罕或遵稟。此弊不去。為患浸深。欲望聖慈宣諭執政大臣。應轉運提刑等。並令精選廉幹中正之人。以充其職。苛細矯激之輩。屏而不用。則天下幸甚。

拯又上第二劄子曰。臣先嘗上言以諸道轉運使。自兼按察及置判官以來。并提點刑獄等体量部下官吏。頗傷煩碎。兼審刑院大理寺

奏案尤多。倍於往年。況無大段罪名。並是掎摭微累。不辯虛實。一例論奏。此蓋苟圖振舉之名。以希進用之速爾。遂使天下官吏各懷危懼。其廉慎自守者。則以為不才。酷暴非法者。則以為幹事。人人相效。惟恐不逮。民罹其患。無所訴告。殆非陛下委任之本意也。其被体量之事。或智慮所不及。或人情偶不免。若非切害。亦可矜憫。雖欲改遵宜路。縣豈不痛惜哉。兼訪聞天下茶鹽酒稅。逐處長吏而徇轉運使之意。以求課額羨溢。民則例遭配買。商旅則倍行誅剝。為國斂怨無甚於此。且朝廷設按察提刑之職。蓋欲去貪殘之吏。撫疲瘵之俗。今乃務為苛細。人不聊生。竊恐未為國家之福也。比者韋屬郊禋盛禮。大霈慶澤。欲乞於赦書特行約束。凡官吏先被体量者。情非重犯。咸許自新。後或不悛。必寘於法。庶使橫過之人。免負終身之累。其諸處茶鹽酒稅。亦乞除元額外。不得擅增課利。搔擾人戶。應係自來諸

般調率直乞權罷以安海内生靈之心伏望聖慈少賜省察

仁宗時拯引王旦等故事論奏曰臣讀先朝實録大中祥符中并益二州歲滿當代先帝徧閱侍從官姓名謂輔臣曰此等各有所長然求其文雅適用可委方面者鮮矣每念有唐名賢比肩而出何當時得人之多也王旦等曰方今下位豈無才俊或恐拔擢未至爾然觀前代求賢不求其備不以小疵掩其大德今茲立朝之士誰為無過陛下每務保庇之然流言稍多則亦梗於任使大都迭相稱譽近乎黨糾過訐非近乎公鑒其愛憎惟託上聖誠哉是言至切至當緣近世之患正在於此以四海之廣未必無賢而患在信用之不至爾且頃歲以来足有才名之士必遭險薄之輩假以他事中傷殆乎毀棄卒不得用議者迄今痛惜之欲望聖慈申命宰執應臣僚素有才行先以非辜被譴如楊紘王鼎王綽等雖曾叙用未復職任者並乞復與甄擢或委之繁劇必有成效如是則風化日益美賢傑日益奮積之以久和氣洽乎上下矣

拯知諫院請復封駁疏曰臣伏見朝廷近日凡有除改制命已行或物論未允者則臣僚上疏論駁因而追改者有之然未若精擇而後用之之審也故外議喧然謂進退可否之柄不專於上流聞四方大損國体且兩漢而下並以左曹給事中顯駁正之任李唐尤重其選若擢用未當則論列于內不顯揚于外蓋不欲明君之過沽己之直也近代則不然但建一策議一官則必揚言于朝以為己功噫為臣之選豈當如是乎竊覩國家循舊例置門下封駁司以近臣兼領未嘗見封一勅駁一事但有封駁之名而無封駁之實因循不振豈不惜哉且歷代典故論駁多矣此局幸而未墜秖在舉而行之臣請特正封駁之職選兩制以上慎重介直不撓者主之或命諫官兼掌應

有除授之制並先由門下其不可者得以辨別是非封還詔勅如此則差易改正兼免漏泄少裨聖政

拯又請先用舉到官疏曰臣伏覩近日降勅節文委中書樞密院選舉主二十人今舉堪充知州通判知縣各一員者蓋國家精擇良吏之深旨也所有內外被舉之人至今未見擢任兼訪聞逐路轉運使累有保到州縣長吏等其間不才貪猥之尤甚者欲乞所舉人內先次進用今往彼衝替者俟人數是日方議差除則疲乏之民受害深矣況幅員至廣官吏至衆贓貨暴政十有六七若不急於用人以革其弊亦朝廷之深憂不可不察

拯又論委任大臣疏曰臣嘗讀漢書谷永傳曰帝王之德莫大知人誠哉是言也夫王者端居巖廊之上垂拱而仰成者以能知人能官人使之然爾或異於是則雖堯舜之焦勞癯瘠亦不能成無為之化也伏惟陛下以明叡之姿勵精求治之切中外臣僚才與不才固無有能逃聖鑒者矣且丞弼之重最為今之極選而治亂繫焉若乃挺然盡心敢任天下之責者即當委而付之設或拱默取容以徇一身之利者亦當罷而去之惟在陛下神機洞照甄別而信任之爾若任而不擇擇而不精非止不能為治抑所以為害矣夫近臣中素有公望實才衆所謂賢者陛下既得而知之亦宜亟擢而用之若知而不能用用而不能盡其才何以致理哉不可以邊陲不聳恬然便謂無事況諸路飢饉相繼財用不足府庫虛竭士卒驕惰振舉紀律杜絕萌漸正是可為之時固宜參用賢者助成治体此尤不可緩也大抵今之居位者挾奸倖則蔽善而背公溺愛憎則賣直而嫁禍諂諛然但以勢利相軋苟得無恥豈有援賢進能之意乎儻今知是輩比肩並進而望風俗日益美教化日益成其可得哉論者皆曰今若以廢

直退讓有才之士。擇焉而用。置諸左右。則向日之失。立可矯正。而邪諂苟且忌刻姦險之徒。當不令而去矣。陛下何憚而不為哉。臣以孤賤之迹。叨預言責之任。圖所以為報者。惟思傾竭愚慮。庶可上裨聖政萬分之一。願陛下少留神明。則天下幸甚。

拯又論大臣形迹事疏曰。臣伏見朝廷累年以來。凡進用庶官。議處大事。必避形迹。以為公道。上下相蔽。習以為常。有才者以形迹而不敢用。不才者以形迹而不敢去。事有可為者。以形迹而不為。事有不可行者。以形迹而或行。此蓋苟避中傷。以防後害爾。為身謀則可。為國謀則不當如是。此最時政之大害也。且天子擇宰相。宰相擇諸司官長。諸司官長參舉僚屬。俾公卿大夫而下。各稱其職。然後推誠委任。坦無疑貳。則中外協濟。政務脩舉。如此而不臻治平者。臣所未諭也。臣伏讀唐書太宗朝。或言魏徵阿黨者。帝使溫彥博驗之無狀。因

令彥博讓之。且曰。今後不得不存形迹。他日徵入奏曰。臣聞君臣協契。義同一体。豈可不存公道。惟事形迹。若君臣上下同遵此路。則邦之興喪。或未可知。帝瞿然改容曰。吾已悔之矣。又高宗嘗責侍臣不進賢才。李安期對曰。聖帝明王。莫不勞於求賢。逸於任使。設使堯舜若已癱瘵不能用賢。亦王化不行。況天下至廣。非無英彥。但比近公卿薦引。即遭囂謗。以為朋黨。況沈滯者未伸。而在位者已損。所以人思苟免。競為緘默。若人主虛己招納。廣務搜訪。不忌恩讎。惟能是用。讒既不入。誰敢不竭忠誠。此皆事由上。非臣下所能致也。高宗深納其言。所以貞觀永徽之代。最號太平者。蓋由廣延納之道。推至公之心。使之然矣。宜乎載在史冊。煥為美談。伏自陛下嗣守神器。已逾二紀。日御便殿。孜孜求治。雖古先格王。未有如是之焦勞也。而時多疵癘。民未富庶。國廩罕蓄。邦計益削者。何也。蓋知人用人之道。恐有

所未盡爾。昔齊桓公問管仲曰。何者害霸。曰。不能知人。害霸也。知而不能用。害霸也。用而不能信。害霸也。信而又使小人參之。害霸也。夫管仲一諸侯佐爾。猶慎於信用小人。況巍巍盛德。復將有所闕然乎。伏望陛下奮乾剛之威。確然英斷。申命宰執。進用賢儁。斥去形迹之弊。以廣公正之路。判忠佞。抑僥倖。察左右愛憎之說。延中外讜直之議。慎重名器。振舉綱目。則可使教悖于上。民悅于下。召天地之和氣。致邦國於永寧。惟在陛下日慎一日。力行而已。

拯又彈宋庠疏曰。臣等今日中書傳諭奉聖旨。宣示宋庠自辯及求退等章。臣等蒙陛下擢任諫垣。惟采取天下公議。別白賢不肖敷聞于上。冀陛下倚任。常得其人。以熙大政。不使貪冒非才者。得以膠固其位。害政于事。乃臣等之職分。陛下所責任者也。固不敢緣私誣欺。變白為墨。惑亂陛下耳目。動搖大臣。斯傳以取奇譽。巧資身計。

斯亦臣等所自信。陛下所明照者也。臣等昨於二月二十二日具劄子論列宋庠自再秉衡軸。首尾七年。殊無建明。略無補報。而但陰拱持祿。竊位素餐。安處洋洋。以為得策。且復求解之際。陛下降詔未及斷章。庠乃從容遂止其請。是見其固位無恥之甚也。今乃自辯謂臣等議論暗合己意。臣等亦謂宋庠本意暗合天下之議論。斯不近於欺乎。陛下所深察矣。且云無過。則又不然。臣等竊以前代至于祖宗之朝。罷免執政大臣。莫不以其謨明無效。取羣議而行也。何則。執政大臣。與國同体。不能盡心竭節。灼然樹立。是謂之過。宜乎當黜。非如羣有司小官之類。必有犯狀挂于刑書。乃為過也。唐憲宗朝。權德輿為宰相。不能有所發明。時人譏之。俄以循默而罷。復守本官。憲宗聰明仁愛之主也。德輿文學德行之臣也。當時罷免。只緣循默。不必指瑕求致罪名而然也。至如祖宗朝。罷免范質。宋琪。李昉。張齊賢。亦只

以不稱職均勞逸爲辭未嘗明其過也近歲方乃摭拾細故託以爲名揚于外廷斯乃不識大体之臣上惑聖聽有乖舉措非所以責大臣之義也宋庠豈無細過臣等不言之者蓋爲陛下惜此事体臣等所陳惟陛下聖度詳處若以爲是則乞依前來箚子早賜施行儻以臣等爲謗讟時宰敢肆狂妄亦乞治正其罪重行降黜臣等無任激切竢命之至

拯請選諫議大夫疏曰臣謹按唐六典隋氏門下省置諫議大夫從四品下龍朔中改爲正諫大夫開元初復舊凡置四人掌侍從規諫伏下後言朝政得失故其秩峻其任重歷代以至祖宗未嘗輕授近歲殊不選擇但以任叙遷如吞鋪等輩昏瞶不才而皆踐此職是以朝廷名器容易假人紊黷典常莫斯之甚臣欲乞今後應少卿少監等該磨勘改官如曾經職司委是素有才望爲衆所推者方得轉諫議大夫其餘不得徇入止授以大卿監所貴官無濫進流品益清

拯請選用提轉長吏官上疏曰臣聞王者之總治天下也內則宰臣百執事外則按察之官刺史縣令而已若中外各得其人協心以濟則陛下垂拱仰成無爲無事矣夫轉運使提點刑獄在乎察官吏之能否辨訟獄之冤濫以至生民利病財賦出入莫不蒞焉事權至重責任尤劇設非其人則一路受敝如州縣之職不舉按察之吏又不以聞則朝廷無繇而知是一方之民有終無告者矣昔漢宣帝曰與我共理天下者其惟良二千石乎蓋刺史縣令耳目接於民事政令所出慘舒攸繫今朝廷既以輕授又數數更易其才者雖有育民濟治之具亦烏所施設或又况庸庸者乎今粗舉一二條陳如左竊見近除按轉運使但理資序不甚選擇若江西路劉緯利州路李熙輔戴庸昧衆所共知其提點刑獄亦未甚得人若廣西潘師旦江東令狐挺京西張士安河北席平皆素非幹敏之才或無廉潔之譽猥當是選宜乎不任其職雖近例並委而制奏舉然所舉之人或才者又格以微文不用故不才者往往進焉乃是訶其細而忽其大恐非任才之意也欲乞今後應除轉運使先望實而後資考則所得精矣凡除提刑若係薦之人不協公議即乞責其謬舉別委他官如此則可絕徇私之請矣刺史縣令前後條約非不丁寧其中濫進者亦衆如曾琰自通判便授潤州大郡果非理決人致死又聞韓松知邠州緣本州控接蠻界居當屯治軍馬舊係武臣知州後乞選差文資况韓松累任以不治聞豈可當此邊任乎欲乞今後應差知州並令有司精覈治狀審驗人才以州郡繁簡要僻差而授之庶幾不至敗事所有奏舉縣令亦令流內銓選注繁劇不治之邑是則民瘼少而和氣可召矣伏望聖慈中命宰府奉而行之則天下幸甚

拯請選河北知州疏曰臣近伴北使往回竊見河北當路州軍各係近邊控扼之地所有知州等並是朝廷一一精選蓋欲謹邊防訓士卒以爲急務今則不然但能增飾廚傳迎送使人及曲奉過客便爲稱職則美譽日聞若稍異於此則謗議紛然往往因此降黜者有之緣每年兩次人使往來動經七八个月逐處豫爲準備不敢少懈况去歲兩度非次人使乃是一年之內迎送絕無虛日又何暇略謀訓練哉兼訪聞北虜日夕點集兵馬添創營寨但以西討爲名然戎狄之心殊不可測議者雖云盟誓堅固虜無負德且安不忘危利或生害又况已然之兆不可不預爲之備也臣觀一路武臣未甚得人但借進市恩結挾彌謗爾一旦急用必無成功加以邊備未完邊廩未實苟有騷動將何取濟此朝廷所宜深慮也臣欲乞今後應緣邊及當路知州部署鈐轄駐泊等並武臣中不以官位高下但選擢有武藝

將材可用者任之。專責以守倫撫馭之術。如有實效。不可以浮議數有移替。俾軍民安其政令。緩急不至敗事。如允臣所奏。即乞特賜指揮

拯請選廣南知州疏曰。臣竊見廣南應係知州。例差奏蔭京朝官初任知縣及一考者。伏況世祿之冑。鮮惇義教。童孺之歲。便忝仕籍。未嘗學政。即使司民。甫越碁年。又移典郡。且一邑之事尚未練悉。六條之重安可責成。地雖遠僻。不可輕授。方國家多務。調率旁午。遠民困重。尤在得人。臣前任瑞州日。具知其事。或無職官處。只是知州獨員管勾。其猥冗恣橫之輩。則惟誅求。癃懦懵昧者。又全不曉事。民罹其害。無所訴告。提刑轉運使憚其遠惡。復不能巡歷按劾。但上下相蒙耳。臣欲乞今後奏蔭京朝官合該廣南知州者。並令於次任知縣內。選有治績及舉主者。方得差移。併乞勘會元無職官處。各選置一員。

仍令轉運提刑司非時不得差出。所貴閑掌郡事。輯寧異俗

拯請選利州轉運使疏曰。臣伏見中書劄子。知巴州楊佐奏非体量得巡檢頓士寧為事過當。非理打罵兵士。州司取勘。及提刑轉運使巡歷到州。問頓士寧有何不恊。只一向盤問所劾官。況頓士寧與李熙輔有舊。遽作本司採訪施行。若頓士寧指論臣寮。法何以遵守。又見本路提刑司奏巴州見禁巡檢頓士寧并兵士等。及轉運使李熙輔到彼審問。據頓士寧口稱屈抑。及分析知州不公事。一面行遣差官往彼推勘。及差利州通判史世隆往巴州權交替知州楊佐赴置院照勘。奉聖旨令提刑司選清強官。盡理取勘施行。竊緣楊佐見為長吏。部下官屬既有不公。理合体量按問。今李熙輔乃憑信頓士寧分析。一面差官往彼交替楊佐赴推院照勘。顯是熙輔與士寧有舊。挾私任性。不遵詔勑。若令舉劾之妄。被誣者便下所司與人對勘。則今後部下官屬有過。長吏顧避不敢按問。乃是廢格詔勑。而容長姦惡。此尤事体不可之甚也。蓋熙輔不才庸謬。衆所共知。臣先曾論列。未賜施行。況利州一路。累經災傷。人民凋敝。全藉按察之官綏撫鎮靖。其熙輔所為如此。豈宜久居是職。必恐別生事端。欲望朝廷選差廉敏才識之士。充本路轉運。以安遠民。如楊佐顯有贓私罪犯。即令本路提刑司体量確實事狀聞奏。依條施行。

拯再請選轉運提刑疏曰。臣伏見諸路轉運使并提點刑獄。自來朝廷凡有差除。皆以資序叙遷。或用臣僚薦舉。間容濫進。未甚得人。致一方之民。必受其害。如李熙輔張經等。居按察之任。當一路之重。不能遵守詔勑。振舉職業。而挾私逞憾。無所畏憚。妄攝刑獄。恣行追擾。雖已衝替。未足懲戒。各乞重行黜降。以警將來。所有宣州廖詢。秀州邊瑀。不公事迹。中外傳聞。昨因安撫奏劾。方此彰露。而本路提轉殊

失按舉。居職不稱。合正朝典。臣欲望聖慈。應今後差轉運使提點刑獄臣僚。並請選素有才能公直廉明之人充職。不以資序深淺為限。則逐路得人。而官吏有所禀畏矣

拯請置發運判官疏曰。臣竊以京師大衆之都也。兵數十萬。財用儲廩。皆仰給於東南。主是任者。制置發運使最為今之劇職。固不可輕以授人。況朝廷參用兩制。假以事權。委任之重。不謂不至。伏見發運使許元。自判官。凡涖職八年。東南利害。無不周悉。所以歲運不乏者。蓋久任得人之明效也。緣施昌言。許元。績用頗著。功應別有進擢。則後來雖有才者。必恐未能究財用出入之數。則無由辦集。臣欲乞依許元例。令置判官一員。於朝臣內選差素有公望幹才者充。如前久任。所貴稔熟其事。嗣守成規。或昌言等緩急替移。免致敗事。

拯請復韓贄等臺官疏曰。臣竊見祠部員外郎韓贄。屯田員外郎孫

拔太常博士閻詢等才識明茂資質純正先任御史各以微累黜免多歷年所屢經恩宥勘會前來所坐原情且非大故棄瑕亦合錄用況御史臺闕官甚衆奏舉罕得其人如贇等求之方今實為精選臣以謂可復舊職必允清議伏望聖慈特各還臺或不如所舉臣甘當同罪

拯論河北帥臣疏曰臣伏見河北自商胡決溢之後連歲水旱倉廩匱乏可不深思遠慮而忽天戒也臣近上書以河朔連歲災傷公私匱乏帥臣長吏尤在得人兆有不顧久任者乞於中外臣僚中推擇諳知彼中事宜敢任大責者專委付之俾綏撫疲民經畫遠圖庶幾後患可弭且河朔之於京畿猶心腹之與背脊義同一体休戚均之今災異如是豈可坐視其敝恬然以為無事但欲因循憚於更張措置可乎臣實懼焉惟陛下留神省察以河北事體至太師臣等可用可罷速賜神斷天下幸甚

歷代名臣奏議卷之一百二十三

歷代名臣奏議卷之一百二十四

用人

宋仁宗慶曆三年起居舍人陝西轉運使孫沔過闕論宰相不進賢者為將來之資上奏曰臣竊以直言指佞忠臣之亮識革弊救時聖人之能事古之士有負鈇鑕趨鼎鑊不避死亡之罪以回主上之心非不知愛身命保富貴自為安逸之計而冀取摧折之苦蓋不敢以所損之小忘所補之大也自祖宗有天下垂八十餘載其間正人直士未嘗以言廢者雖時犯顏獲罪要不過黜一官使居於外不踰年而已還豈有若古之伏法流竄而殞絕其身者歟景祐已前綱紀未嘗廢猶有感激進說之士觀今日之政以驗今日之事豈何不慟哭長歎息而後無人為陛下言者臣實恥之亦不敢遠引高論唯以時之要務而陳之願少留宸聽夫州郡承風者吏也皆猥懦老耄縣邑稟令者牧守也皆昏戇罷軟制勅方下人咸以為不足信未踰月而數更奏請已行人咸以為不能久又隨時而改易利權反覆民力殫竭邊鄙久師而自敝戎狄伺隙以爭長事至危而陛下以為安人皆憂而臣下唯相目者何也由宰相多忌不能進賢者朝廷失策不能任正人之所致也先聖所以能致太平者求端方之士用諒直之人故臣之姦佞無不知民之疾苦無不聞知則隨而去之聞則擇而行之書諸史策不可備舉臣但見莊獻總政之年陛下恭默之日有王曾張知白魯宗道李迪蔡齊薛奎以正直迭居兩府曹修古李紘劉隨鞠詠孔道輔以亮節更任諫垣參用才智十年之間中外無大故然猶姦纖僥倖閹寺威福未能悉去亦不爲害景祐以後丞相呂夷簡進當國政以承平可恃以功業可久連黜忠言猒廢直道洎為使相出鎮許昌以王隨陳堯佐代其任才庸負重謀議不協忿爭中

堂取笑多士政事寖廢卽歲罷免又引張士遜冠台席本非遠識致敗乃事戎狄始起於邊陲卒伍竊發於輦轂合纍徒行滅燭逃遁損威失体殊無慚愧尚得三師居第自奉盡執政不得人之效也豈不由丞相不進賢者為將來之資但用不如己者為自固之計故陛下思當今之才無若丞相之賢復名自大名再秉鈞衡于茲三年不更一事以姑息為安以避謗為智西州將帥連敗北虜脅取無厭兵殲貨悖天下空竭刺史守宰千不得一法令變易士民怨嗟隆盛之基忽至于此是由不能進賢退不肖為社稷大計也今夷簡以病求退陛下手和御藥親寫德音恨不移卿之疾在于朕躬四方義士一聞詔書有泣下者丞相在中書二十年三冠輔弼所言陛下無不從所請陛下無不行終始顧遇而未嘗少衰可謂宋朝得君一人而已未知以何道報聖人至深至厚推誠篤信之恩也噫庸常滿前誰階於

此智慮未有居丞相之右者使陛下祇有夷簡而天下無其人也設遂請老何人自代今天下士大夫皆稱賢才而陛下不用者左右毀之也天下士大夫皆謂纖邪而陛下不知者朋黨庇之也天下士大夫皆謂不才而陛下任之謂丞相不知未之有也嗚呼天下重柄累聖相授豈可輕易哉夫貨殖之家有至寶之物猶當謹重扃鑰非慱識者不得一觀豈可付之愚童騃吏終日戲玩不委諸地而毀之則盜斯奪之矣昔太祖以一旅興王業太宗以五路定天下真宗承經營之策數十年閒遂至泰寧何嘗不選用宰相與平章大政為萬世業若屋之柱石身之手足手足委墜心体未有得安者柱石摧朽宮室未有得久者宰相非才天下豈有得致治者也方今北虜伺患以致壓境而取財西賊數勝以使結鄰而請和二方之情偽難知中國之興衰所繫加之民人疲弊政事隳雜此實朝廷非常之時非更張

革變則不能至于治平也臣觀在位之意無已然之見事急則錯置失宜既往則怡懌自若去歲北戎有割地之請未及境而百役暴起晝夜不息遣將帥進官秩推轂轅衣委數十萬兵而遣之一日邀結舊好兵分勢解去無後慮將帥處於閑地不得一瞻天日之表亦不復用兵何憂樂進退之易也如此今入聞西賊款塞公卿忻忻日望和平此乃緩兵息民之一事耳若因此振綱紀修廢墜任賢使能節用養兵則眞德祥符之風當見於今日矣若恬然不顧遂以為安臣恐土崩瓦解不可復救也而丞相便為四方已寧百度已正欲因病默默而去無一言啓沃上心別白賢不肖雖盡南山之竹不足書其罪也若薦用賢才合天下公議俾士大夫能服其心是失之於始而得之於終猶可寬天下萬世之責苟遂容身不救前過不合己者奄之不順己者退之以柔而易制者升為腹心以奸而可使者任為羽翼

以諂佞取人者為君子以愚懦無識者為長者使之在廊廟布臺閣上惑聖明下害生靈為祖宗計則必危為子孫計亦未可保於終若是張禹不獨生於漢林甫復見於唐可不謹哉可不懼哉臣官為侍從班近清列緘默度日榮名可期何必多言自貽狂率上忤聖意若論宰輔蓋不忍陛下受隱晦之名丞相書奸邪之迹為後世所賤也臣又聞天子擇宰相必觀立朝之本末採多士之僉論臨大事而有守秉諒節而不回居外則有撫民之譽在內則有諍臣之風一日登庸萬方受賜落落然有大臣之器此庶幾得矣若循資次補亦丞相素為之地安肯拔賢才於不次哉在陛下察之謹之況國家安危之勢在此一舉亦恐未有人為陛下知此言之也臣見數年前有論西北事者有談兵略者諂佞之輩必群聚而非笑之觀方今之患非言者之過也竊恐臣今日之言亦前日之事也故非擺闔之辭離間

之說悉士大夫有識之論也可以質於天地可以達於君親不愧於人不畏於後臣區區之心幸觀咫尺恥有見聞不盡愚忠雖異日為傾邪所害貶竄誅戮臣亦無悔伏望陛下念祖宗之基業奉社稷之威靈開日月之明奮雷霆之斷永信任忠良而去敗亂之敝事克復昇平在於此日則天下幸甚

慶曆中吏部尚書夏竦進策曰伏以國家安危本乎蒼生蒼生治亂繫乎宰字之官於民甚親古者子男之國今為令佐之任故漢詔郎官出宰百里百里之任非材不居國家之制若何輕之春秋之義用賢治不肖用貴治賤方今令佐弊居叢脞或醫師畫工之詐貧窶京百司吏之論久次貴游子弟之序資蔭京朝職官之譴削奪者皆得調授州縣之間吏道益雜率多不善文法罕諳政事下有姦學以牽其心上無清華以誘其望繫於因循昏於賄賂皆曰過且罰不失為

同類罪且棄不失為豪民以是而觀非用賢治不肖者也況州縣之職苦於庸賤稽首階墀廝役公府民之疾苦不能抗行州之蠹食不敢力禦或牧守非材好自尊大輕視王之命臣不若已之僕御賢者忍恥懶圖政事愚者徇財不顧輕辱以是而觀非用貴治賤者也夫用不肖治不肖則政弊用賤治賤則民不伏以水濟水誰能食之嗚呼縣境相壓令長肩比一清九濁尚為多暨比屋空虛百里瘡痍傷天之和致時之災不在斯人誰當其咎伏念陛下軫念元元垂意令佐擇其材能除其不肖貴其爵服去其庸賤合仲尼春秋之義流先王愛民之惠則太平之化可階而至也

五年翰林學士張方平乞令中書樞密院依舊聚廳議事上奏曰臣伏見宰相賈昌朝陳執中等乞罷兼樞密使已降詔允所請自古已來歷代之前三公之職無所不總國初中書樞密院兩相兼領臣竊詳其時蓋是後周世宗意欲合二府以復唐舊及范質等罷其職遂致事体兩分謀議不一總於主斷實煩柄馭比以戎虜為患邊防多警始命宰弼閱決機務國論粗合習方為常今疆場雖即漸寧戍守未能解備西北虜如畜虎飢則噬人養鷹飽且颺去兩相既罷去此職退朝必更不聚廳便如路人往來杜絕今雖有緩急凡干軍國機要及邊陲事宜令依舊同共商量施行又緣朝廷舉動措体中外人情易搖三邊忽有小虞兩地即須聚議便是非常之事遠動四方之疑合固易離離則難合今聖恩已聽昌朝等解罷使名即密院文書自不通僉諸房事務亦罷呈稟臣愚以為其邊防奏報軍馬機宜依舊常且聚廳每事並皆同議於後或有警急庶幾得以周知儻值有事商量亦免動人視聽若或聖心深納乞特宣諭施行

七年方平論請通中書樞密院事上奏曰臣竊以朝廷政令之所出

萬事之本原一統於中書若樞密院則古無有也起於後唐權宜之制因循相承兵權寖重乃與中書對秉衡軸至於分軍民為二体別文武為兩途宣勅並行議論難一事無任責吏相顧望自古為理患在多門況今二府之中豈盡材敵之士朝綱內弛邊事日生西戎北狄有憑陵中夏之志財用殫窘百職曠廢此時廟堂之上豈容非材夫欲朝廷尊邊事寧其要在乎揀別大臣才不才而已矣陛下若去不才之人又復誰當進用若使宴安竊列容身養望者優游偷倖則勞臣益解体武士益離心殆事体大實在詳察謂宜講求利害稽復古制省樞密院歸於中書若又重於改為則莫若通樞密院之職事於中書見任樞密使副才者留之不才者去之其諸房吏史且皆如舊措置施舍徐更圖議是以一政事之本重賞罰之權杜冗濫之負塞僥倖之望改而張之不傷体裁而成之不動衆陛下幸與一二

宗臣舊老。深圖此議。有益於國。願斷自聖心行之。特降制以宰臣兼〻
樞密使

八年。詔近臣論時政。方平言祖宗之時。文武官不立磨勘年歲。不爲遷升次序。有才實者。從下位立見超擢。無才實者。守一官十餘年不轉。其任監當或知縣通判知州。至數任不遷。當時人皆自勉。非有勞效。知不得進。祥符之後。朝廷益循寬大。自監當入知縣。知縣入通判。通判入知州。皆以兩任爲限。守官及三年。例得磨勘。先朝始行。未見有弊。及今年深。習以爲常。皆謂分所宜得。無賢不肖。莫知所勸。頃陛下稍革此制。其應磨勘叙遷。必有勞績。或特敕擢官。保任者。即與轉遷。如無勞績。又不因保任者。更增展年。其保任之法。須選擇清望有才識之人。令之舉官。如此則是執政之臣。舉清望官。委清望官舉親民官。凡官有闕。惟隨員數舉之。庶見急才愛民之意。

仁宗時。方平請令二府各舉將帥。上疏曰。臣竊思二虜通謀。三邊設備。外則民力漸困。內則府藏寖虛。將帥既少才謀。兵士又非精勁。安邊攘寇。未見長策。天下之勢。深索維持。惟是用人。尤爲急要。宜須不次選擇材能。伏乞陛下特降宸旨。令兩地大臣。人皆舉其所知。或有智勇。堪任將率。勤幹可治錢穀。但其才用明有所長者。各舉三數人。候其舉上。陛下以暇時御便殿。將所舉奏。面質舉者。其前來已試用之迹。及將來堪任使之狀。使據事實陳其材能。衆以爲然。即與進用。不惟拔擢得人。亦可以見大臣知識之深淺。但用得其才。人思陳力。即可以下集衆務。上分憂勞也。

方平又上官人論曰。臣聞股肱元首。一体而後成人。陰陽沖氣。三合乃能生物。君臣之義。相須猶然。故理亂在庶官。安危繫所任。良臣惟聖。后德惟臣。按歷代之典刑。觀先王之治道。莫不柬賢授任。論才賦政。勞於圖擇。佚於任使。堯之克明俊德。舜之時亮天功。分職用人。猶咨四岳。故堯曰疇咨若予采。湯湯洪水方割。有能俾乂。舜曰有能奮庸熙帝之載。疇若予工。疇若予上下草木鳥獸。則是播種必稷。擊拊必夔。各用所長。故善其事。爰及三代。官有世守。業精能偏。百務用舉。在漢武宣之朝。亦稱多士之美。內則有儒雅質直。運籌定令。文章應對之臣。外則有將帥奉使。宣風理民之良。咸稱諸用。各濟其志。以故西漢號爲近古。凡魏晉而下。創圖之主。致治之君。未有不能駕馭英髦。賞拔俊彥。而能建大功業。立大制度。貽謀長世。垂裕載籍者也。然官紀之制。世增其弊。原本要末。請試槩論。蓋天子惟君萬邦。圖任三事。揔百揆者。則謀建庶官之長。列庶長者。則博選衆職之任。畢治其目。尊領其綱。各有典司。不相侵紊。故人有所守。而各安其事。爲法也簡而責效也詳。人君可以垂拱而仰成。百度所以條貫而有序。及乎

隋氏悉攀下權。一命之微。咸自王命。三銓汨混。諸流繁錯。皐陶九德。不足以盡官才之方。周官六計。不足以爲弊吏之法。毛玠之執衡鑑。不足以振頹俗。山公之善題目。不足以發清議。矣唐氏雜用隋制。皇朝多循唐舊。今吏部之職。分而爲五。仕涂煩廣。賢愚不能周知。資格有常。能否固難悉辯。然王者設官分職。以立民極。知人則哲。能官人。安民則惠。大臣舉賢授能。分治邦政。在乎旁招俊乂。列于庶位。夫百司羣吏。既非專達。各有其長。其旦夕承弼。出入起居。發號施令。左右前後之士。固宜周識其善惡。各盡其器能。孰有致君成務輔相之道。可以居廟堂。孰有折衝決勝將帥之略。可以安邊域。孰有沈謀深識。可以斷大事。孰有純誠朴忠。可以臨大節。孰明通塞之術。可以主邦計。孰有方正之[illegible]。可以執邦憲。孰有詳練故實稽古之學。可以備對問。孰有不畏彊[illegible]敢言之氣。可以司諫諍。此皆帝室儀表當世衡石

朝家輕重之所賴。生民休戚之所憑。夫不深詳乎僉議。夙存乎簡注。一職不舉。固有闕政矣。至于專使之才。如終軍陸賈者。牧民之術。如延壽黃霸者。澄清風俗。凌厲名節。如張綱范滂者。明慎刑獄。哀矜平恕。如釋之定國者。此皆內與之為政。外委之宣風。揚主之恩威。為民之舒慘者。又可不素察其能否。而克收其功用乎。臣嘗讀漢書。見元嘉中丞相王嘉上疏曰。前山陽亡徒蘇令發為盜。欲遣使問狀。時無可使者。盩厔令尹逢拜諫議大夫遣之。今諸大夫有材能者甚少。宜先畜養。使之成就。臨事倉卒。乃求。非所以明朝廷也。臣每讀至此。輒廢卷長息。以夫孝哀之世。其天下之廣。職位之衆。猶武宣也。而朝廷虛空。邦國殄瘁。至無一使人之才。得非由上失素儲之道者歟。故臣深願陛下廣知臣之明。為立政之本。采拔罔親疎之間。信任存始終之禮。使端良之士。夙夜乎左右。才德之臣。表率乎臺閣。廉能之吏。刺

守乎州郡。則陛下固可以高拱乎太紫。凝神乎穆清。不出戶牖之前。而天下固已理矣。臣才駑識近。不通理要。相時官人之道。稍近乎政之損益者。論著于後。擬所遺焉。謹論。

方平又上用人體要論曰。臣伏以皇朝兩府。前代三司。所以平章庶政之經。總覽萬事之紀。下賦羣吏之職。恢成天下之務。故高宗以傅說作相。而說旁招俊乂。列于庶位。周官太宰以八柄詔王馭羣臣。西漢丞相東西曹。或起為中二千石。東漢三府察廉秀高第。出補刺守。入居卿校。南朝晉宋以來。五品已上。執政與吏部參掌。以至于唐。宰臣猶得以不次進用官吏。代宗時。元載當國。而公道隘塞。常袞預政而人材凝滯。及崔祐甫作相。日除十數人。未逾年凡除吏八百員。上曰。或謗卿所除官多涉親故。何也。祐甫曰。進擬庶官。必量能補任。臣若與其相識。方可粗諳人才。若素不知聞。何由察其言行。上以為然。

識者是之。憲宗時。李吉甫自承旨作相。謂學士裴垍曰。吉甫自尚書郎流落遠地十餘年。後進人物。罕所接識。宰相之職。宜選擢英俊。君多精鑒。幸聞今之才傑。垍取筆疏其名。凡得三十餘人。數月之內。選用略盡。當時翕然稱重。吉甫有得人之稱。自文宗之世。宗閔德裕之輩挾私後公。結援相傾。而朋黨之議興焉。故文宗曰。去河北賊至易。去此朋黨實難。由是進用一官。遷除一吏。各相顧矚。恐涉譏議。豈至公宰物之道歟。伏惟我太祖太宗之朝。擢賢任能。使人以器。才略奇傑。或數年而至公相。猥昧無庸。或逾紀而不改官。或卑品而處要重。或高秩而居冗散。升沈取捨。惟才是視。故能興造功業。妥綏四表。制度遺文。貽厥永代。夫功名所立。必由駕馭。後世因循成弊。蓋自承平之久。在今致理之本。莫先官人之事。助陛下官人者。豈非宰相乎。空至卿監職參臺省。遷用之命。故在政府。郎官已下。偏乎審官。旨授之

職。統乎選曹。是二有司者。宰司實掄之。且今外任之重。國權所寄。不在廉刺之職。分而為二。轉運使提點刑獄者也。天下諸道。不登百人。是百人者誠才。則天下之政舉矣。此陛下所當東法宰司所宜慎選者也。臣比見詔書。更委兩省兩制薦舉。此固朝廷不欲私用人之柄。與天下公共之意。然凡被舉者。又果盡賢乎。若類其資歷。第其秩倍貫魚受寵。無復區選。定馬於乾。不知適變。是猶按伯樂之圖。而求驥驥於市也。臣愚謂宜斷自宸明。遠遵往制。以用人之柄。責於宰司。凡滯淹之才。俊傑之器。名行磊落。衆實共聞。自可越次甄拔。急收其效。必依階躡級。豈曰用人。雖大吏而不能厭職。居刺守而不聞治狀。大者宜罷歸田里。小者宜退從冗散。漢官儀曰。三公聽採長吏臧否。人所疾苦。條奏之。是為舉謠言。又漢舊制。州牧奏二千石不任位者。皆下三公。遣掾吏按驗而黜免之。此前代中外羣臣。升善退惡。咸自

宰司之故事也。既付之以柄。推之以誠。則一夫不獲。一官不舉。陛下有所問之矣。或曰。經綸屯昧之時。則有不次急用之擢。持盈守成之時。自宜遵常守故而已。臣以為此乃腐儒之談。豈英主之遠謨。且陛下向者躬覽萬機。再新區極。獨斷不謀。拔才振滯。彼一二臣上膺獎擢。咸自早歲驟升清要。又豈資任之云乎。況此三司實掌衆職。動而引例。何謂掄材。能者一日而在下。則失一日之益。不能者一日而在上。則有一日之損。故升拔善良。斥遠邪惡。以一日為晚。何遵常守故之謂乎。夫然。故上下盡心。庶官修舉。天下之士可得而官使也。上無焦勞之憂。旰昃之慮。而百職理矣。謹論。

七年。詔羣臣陳左右朋邪中外險詐而無所行。殿中侍御史何郯䟽閲實其是否。因論誠與疑乃治亂興亡之本。上奏曰。臣聞興邦國之治。在通上下之情。通上下之情。在体天地之道。故天地交而萬物亨。由至和被焉。君臣交而衆情達。緣至誠感焉。在易有之。上下相交而志同。則為泰。蓋人情有通而至也。上下不交而志乖。則為否。由物情乖阻而然也。斯道得失。繫時興亡。傳曰。商以兆人離。周以十人同。離則自疑生。同則由誠至。唯誠與疑乃治亂興亡之本。人君可不鑒哉。恭惟陛下以寬大之資。紹宅丕緒。以博厚之度。信待羣后。純用一德。懷來衆心。然而歷選大臣。其間豈無一持詐之者。博求多士。其間豈無一懷欺之人。然不可以一臣詐而疑衆臣。一士欺而疑衆士。嚮以臣下懲艾所任。疑阻微生。羣臣承風。殊少開悟。献計議者迎陛下之多有嫌避。明約束者覘陛下之旨。動設猜防。日增月加。寖成其弊。亦國体有損。於人情靡安。今略舉疑貳之大端。是以明其害而監其失。夫擇官者宰輔之職。今補一吏則疑其涉私。故常務煩勞於親決矣。分閫者將帥之任。今專一事則疑其異圖。故多方而加其羈制矣。博訪者大臣之体。今見一士則疑其請託。故賓客有時而不許接矣。相先後者士人之常。今進一善類則疑其朋黨。故推薦不得而行矣。分邪正者言官之職。今斥一邪人則疑其愛憎。故忠憤不得而伸矣。凡發任事者皆公卿士大夫之職。周旋忠力乃其責也。彼之觸法皆胥吏小人之事。乾沒奸利。乃其分也。今待周旋忠力之人。防如乾沒姦利之類。欲其廉恥興行。人物忠厚。不可得矣。一生此風。遂致弊俗。非但君疑於下。抑亦臣疑於上焉。故大臣疑用之不專。則不敢任事矣。小臣疑待之不厚。則不敢輸忠矣。備顧問者疑言之不從。則不敢抗論矣。懷忠讜者疑誠之不達。則不敢盡規矣。慕功名者疑任之不固。則不敢專行矣。若循此不返。是朝廷無必可信之士。無必自保之人。君臣上下交相疑而欲天下無否塞之患。猶卻行而求及前人也。此非陛下素志之然。皆臣下避忌順成之過也。夫不忌不克。周文所以基王迹也。豁達大度。漢高所以成帝圖也。雄猜多忌。魏武所以失君德也。唐太宗於君臣去形迹而致貞觀之治。德宗待宰輔多疑貳而召奉天之亂。此數君者。皆非常主也。然而無忌克能豁達則興邦至治之如此。持雄猜懷疑貳則失德召亂之如彼。是皆往世明驗顯效。不得不戒之爾。伏望陛下体天地所以交泰而推誠於君臣之際。監周文漢高唐太宗所以興邦致治而圖其安。戒魏武德宗所以失德召亂而防其危。分國政以授之相。委戎事以歸之將。至於羣司多士。各付所職。使尊者執其要。卑者治其詳。陛下高拱而統臨之。唯威福政令則必自已出。其他盡付之有司。孰敢不為陛下悉力也。傳曰。疑則不任。任則不疑。斯理之然也。以陛下今求治之心。其事在一易慮之間爾。何憚而不為。但慮及之。則風俗可丕變。天下可再會治平之風。夫何遠之有。臣以愚淺。素懵治体。然病今日之賢士大夫以疑阻相承。以成陛下之失。故敢覼縷而陳之。夫忘忠則語切而辭多。伏惟聖明不以狂愚而遺其言。則死幸甚。

皇祐二年。鄭獬雜事論宰相擇賢材而久其任。上奏曰。臣竊以唐虞三代。成天下之治。爲日曠久不敗者。非其時之易治。由其君在位久。歷年多爾。然不唯其君在位歷年之久。抑亦由任其臣專且久也。虞之賢臣。皐陶爲冠。夏之賢臣。伯益爲首。舜禹任之與之始終。故能成至治。湯得天下。以伊尹爲輔。不唯其身任之。及其子孫亦任之。太戊之在位。其相伊陟而已。高宗之中興。其相傅說而已。皆終其世而未嘗聞一易人焉。所以能享其名。周武創王業。唯周召之用。不唯其身用之。及其後王亦用之。所以能成其功。漢高之取天下也。以蕭何。其治天下也。亦以蕭何。何之終。繼以曹參。亦不唯其身任之。至於後嗣亦任之。所以能大其業。劉備之得蜀中。晉元之得江左。顧其業亦甚微矣。然而能抗衡中夏。延及數世者。以任諸葛亮王導專久之致也。唐太宗成貞觀之治非他也。由其信房杜王魏長孫之篤而致也。明皇致開元之治亦非他也。委姚崇宋璟之固而致也。東漢李固杜喬陳蕃時君亦知其賢而用之。然用之不能終。爲邪險害之。所以速衰危之患。隋高祖平天下。由其任高熲之功。任之不能終。以楊素承之。所以無宏遠之業。憲宗之平夏州。破淮蜀。由任杜黃裳裴度崔羣而致也。任之不能終。以皇甫鎛程异間之。所以復有叛渙之患。凡茲歷代任人之效。任之不厭其久。未始不致治。任之不保其終。未始不致亂。爲人君者。必以是爲監。則庶幾凜凜三代之際矣。後漢治郡縣。司倉庫。皆官之輕者。然而當善其吏。久而至子孫者爲美。況其任天下之事。而欲朝受命夕成功。未之有也。伏惟陛下勵精致理。擇賢爲輔。自始即位及今。所命二府之臣已數十人。以三朝所任人較之。皆不若今之多也。然而亟用亟罷。不能持久。其遠者五七年。次者二三年。下者又不及之。唯呂夷簡在相位十數年。中間兩罷而復用之。李迪兩被進拜。始任之數月。其再也才逾年。杜衍之拜。纔及百日。雖進退用捨。聖慮所決。必皆有爲。然而人情見陛下始用之。不聞其盡賢。既退之。不知其有過。其謂諸臣出入二府。皆其常也。但官重則可以補矣。故近來仕至兩省官者。人莫不皆有大用之望。其望無他。不過冀厚祿以溫家族。假官勢以榮子孫。甚者謂一歷二府。得書黃紙。則以爲榮。此尤可怪也。用二府之臣。計非陛下苟用之。必以其有補天下之望者矣。天下之人亦有望於諸臣焉。自進用及今。不聞用而星變爲異。以前世之事爲驗。多謂於大臣不利。天道幽遠。與異之發。固不虛應。然不必在於一端也。竊恐傾危之士。緣以爲言。或以遇有災異。則因當罷免。或以避禍患。則退自安全。陛下或所持不堅。一爲浮言所移。諸臣又將不安其位也。今之任者既不能自固。後之來者亦未必能安也。若是。二府無一定之任矣。二府無一定之任。而欲議天下之治。其無日矣。人君有聖明之資可樂也。尚孳孳於求賢者。亦與之圖致治之具。使功業成於當年。名號榮於後世爾。以陛下聰明神聖之資。於堯舜遠甚。然在位僅三十年。而政理文采未暇浸淫於漢唐之間。由任大臣不久。而人爲苟且之計也。夫國家之弊。莫大於人臣苟且。況大臣乎。今日任大臣者可謂弊矣。伏望陛下懲既往之失。而圖將來之得。其於二府大臣也。必知其賢。然後用之。既用之。必使久於職焉。既久矣。必待之以勿疑焉。審此數端。曠日歷年。而責其成功。人雖中材。苟陛下信任之固。必將勉強爲陛下宣力而講長世之謀。況任得賢材而又久。則堯舜之治無難及矣。

仁宗時。直龍圖閣知潞州尹洙上奏曰。臣聞至治之本在於務大體。

不在乎任察也。漢明帝察察。唐德宗以察為明。皆著譏前史。非盛德之論。然則衆之好惡必察之。至下忠邪必察之。非謂究發隱微作為聰明者也。近聞詔獄所治頗多善士。因醉飽之失。發曖昧之罪。臣竊以為過矣。大抵士君子少長脩飭始終如一者。皆純固介特之士。舉朝論之。百不一二。至於年位尚輕。頗或踈縱。及寄責稍重。始自矯厲而能建事功於世。立名節之效者。不可勝紀。此殆常人之情。明主所深亮也。茲是雖往。臣所慮者。上下相伺。動輒得咎。刻薄之風寖以成俗。於盛明之治。所損不細。非特為二三子言也。又比年以來。既行之恩。尚或中寢。既用之法。罕蒙開釋。豈搏擊之言易以進。寬厚之論難為陳哉。伏惟陛下采漢臣竊私之識。鑒吳王被事之弊。因慶澤之後發寬大之詔。明諭有司。凡臣下纖介之惡。非斷損教誼侵害民物者。勿復以聞。至若暴亂之萌。驕僭之原。誣罔朋比。徇私滅公。此王誅之所先。願陛下留神聽察。無志其細而遺其大。則善者勸而惡者戒矣。狂瞽之言。惟聖明財擇。

翰林學士王珪舉王安國狀奏曰。右臣竊觀漢之取士非一路。每詔郡國舉茂材孝廉與夫文學之高第。又令丞相御史采質樸敦厚讓遜有行者而舉之。間有奇異。又博求賢良方正直言極諫之人。漢所以同風三代者。無異術。特以得人為盛爾。伏見應茂材異等科王安國。翰林學士安石之弟。行義純茂。而學足以明先王之道。其少已自高。恥與天下士出入場屋間。況肯晚以門蔭子弟以苟一時之進哉。今年將四十。身不得廁卑衣之列。行與陛下之民。老于太平而無所為。士大夫咸為惜之。夫三歲一詔貢舉。而實學者未必盡得。制科所得。又不過一二人。豈若漢博取而廣收之。若安國者。儻得間有所求。不亦為明朝得人之助乎。伏望特許如王回孫侔黃君俞舉例。除一恩命。且令於國子監講說。以試其長。或不如所舉。臣當坐罔聞朝廷之罪。

珪又薦孫侔林希劄子曰。臣伏覩前代之治。逸於享國者。未始不勞於求賢也。夫以九宸之邃。非可以博覽天下也。固必考薦者之言而後試用之。至於見試秘書省校書郎孫侔。行義純正。好學不倦。少嘗遊于場屋。其後遂退居江湖。然其所為詞章。非下於諸生也。知永興軍劉敞奏掌本道機宜。亦辭不就辟。夫士於困窮之中。秉節自高。顧今豈多得邪。又新杭州於潛縣尉林希。材學過群衆所共聞之。昨罷官閩中。略至京師。不擇祿而去。未嘗一涉權勢之門。彼誠安於中。而不怵于外。與夫煦煦然苟營於人者。不亦遠哉。伏望朝廷並擢為國子監直講。庶使閩劘道藝於勸學之路。豈云無補之。

珪又薦丘與權劄子曰。臣伏以求治之朝。而翰墨之臣無以愈於薦士之補也。伏見福州閩縣主簿丘與權。景祐中。有聲科場。自爾二十餘年。困于州縣。然孤潔自遠。不能苟合於當途之人。觀其藝文優深。議論純正。所謂遺時右文。宜見收采。臣今保舉堪充國子監直講。如經擢用。犯正入已贓。臣甘同罪。

珪又薦李徽之劄子曰。臣伏見諫議大夫李徽之。相門之秀。蚤探經術。前後累更寄任。而其治不與俗吏同務。昨差知鳳翔府。先帝知其名。特召對而遺之。近以疾求領南京留司御史臺。今聞疾已平。尚在東留。未赴任。方朝廷急於用人。若徽之者。可惜置之閑廢之地。望特出宸衷。試許入見。觀其議論可取。即與一要劇差遣。則徽之既蒙省錄。當益盡補報之心。

珪又薦李庠劄子曰。臣伏見太子中舍李庠。故諫議大夫繹之子。少有才縕。見推鄉閭。歷官以來。累有大臣薦辟。以義茂之器。飾以文雅。

舉有可觀昨因被病退居閑中涉今累年如聞所患已平但安居自守不欲一來京師兼庠未分司以前久不下磨勘文字皆有名試指揮亦辭而不就其風節誠可嘉尚欲望朝廷特與就除陝西一合入差遣以廣惇勸之路

知制誥劉敞乞叙用呂溱狀奏曰右臣伏見南京分司呂溱降官責廢已來聞諸道路皆謂坐費公使錢罪當奪官嘗見呂溱歷典蘇楚杭徐數州所至皆有風稱絕無貪名況其壯年已在近侍豈肯自棄如此然其為人資性疎闊脫略細務誠恐檢防不至故陷深法臣竊見頃年蘇舜欽監進奏院日賣官故紙為伶人之費坐監主自盜除名為民遂卒貶所事出仇人情輕法重至今天下冤之臣恐呂溱所犯多或類此兼溱素貧奪祿閑居便至失所伏望朝廷矜憫特賜牽復使溱少加檢防不忽鄙碎盡心臨事其於補報陛下未可量也

干浼聖慈臣無任戰懼之至謹具狀奏聞

吳育知陝州進資政大學士名還判尚書都省一日侍讀禁中帝因語及臣下毀譽多憎愛所當慎也育曰知而形之言不若察而行之事聖主之行日月之明進一人使人皆知其善出一人使人皆曉其惡則陰邪不能構害公正可以自立百之要道也

祐初呈舉正拜御史丞乃奏張堯佐庸人緣妃家一日領四使使賢士大夫無所勸舉正因留班廷諍乃奪宣徽景靈二使又言先朝用人雖守邊累年者官止遙郡刺史今所用未盡得人而剋期待遷使後有功者何所勸耶且轉運使察官吏能否生民休戚賴焉命甫下而數更不終歲而再三移遷所以未寧民疾所以未瘳者職此故也

皇祐中孫抃以右諫議大夫權御史中丞制下諫官韓絳論奏抃非糺繩才不可任風憲抃即手疏曰臣觀方今士人趨進者多廉退者少以善求事為精神以能訐人為風采捷給若嗇夫者謂之有議論刻深若酷吏者謂之有政事諫官所謂才者無乃謂是乎若然臣誠不能也仁宗察其言遂視事

監察御史傅堯俞彈孫抃上奏曰三公之官歷世攸重蓋所以鎮撫夷夏燮和天人苟非其材闕而不備必使俊傑不待乎以進常品不可以幸至則天下想風靡然皆勸陛下天度廣納恩過乎厚在位者或未更勤勞而寵光已溢往往迭相覬望計校其淹速薄厚不知自省以圖報塞稍復遷延未登大用輒內懷怨懟不平之色見於顏面者何哉以衡鈞之地幸至者特有而不任責之罰常輕耳此當世大敝陛下所宜深察臣竊見參知政事孫抃凝齪自守望實俱輕徒以高科久居清列承旨翰苑無歉於抃乃使茬更二府積有歲時當萬

機之繁無一毫之助居其位而不預其事甘其寵而不知其愧昏蹇之語日以流聞傳笑士民取輕夷狄每進趨軒陛百僚具瞻勤勞之臣為之解體上累日月之照將為方冊所譏且郡縣小官稍不稱職謂為尸素無益誅譴免逐者多矣豈有賦祿萬鍾備員三事憒然無知可以久處其任者乎伏望陛下不以臣言為妄不以臣狀留中付外施行俾抃罷免少抑貪幸且勵忠勤不獨臣愚謂然實中外顒顒之望臣不勝懇激之至

堯俞又乞停薛向新命上奏曰伏以二府之地大政所出各有分職共熙天朝無相奪倫乃可言治儻或躬操網紀而自紛之欲使百司安所取法此源一啓其流將大風聞陝西轉運副使薛向到闕參議馬政纔粗有條貫是否皆未可知朝廷推恩頗異常等既落權字又俟二年除轉運使轉運使自隸中書門下而樞密院一切專行臣雖

淺愚不練國家故事。若果如是。者實紊綱紀。誠非細故。豈可因循。伏望陛下斷自宸衷。停薛向新命。况向資歷尚淺。寵任已優。俟其績用有成。遷擢未晚。不獨審慎名器。塞僥倖之路。且使中書樞密院名分各正。臣非區區為薛向言。蓋以朝廷事体不容虧損。尚有所關。當塞其源。惟陛下必賜施行。臣不勝懇激之至。

知制誥胡宿乞留三御史上奏曰。臣竊以御史者天子耳目之官。所以上廣聰明。下防威福。若有畏懦無狀。緘默不言。即是尸祿素餐。負陛下之任使。罷之可也。若其不畏強禦。糾發姦邪。可謂能言。是其本職。旌之可也。近聞臺官彈奏事連宰相。陛下不置詔獄按問。止令開封府訊狀。憑劉宗孟一面單辭。黜三人御史。於朝政有損。於人情未服。昨日聞御史差勅留中未下。外議皆謂必是聖心覺悟。不黜臺官。人情莫不喜悅。剛猛御史自古難得。今若逐去。須別舉人。所舉之人

未必能勝此也。近日講見未息。姦究須防。古人有言。猛虎在深山。藜藿為之不採。猶言直臣在朝。姦臣遠避也。臣欲乞降旨留三御史在朝。以警姦邪。臣非晚蒙宣召。已曾面論此事。欲乞聖慈更賜詳度。

至和元年。言事御史馬遵論安危之機在於命相。上奏曰。臣每讀唐書。見宰相崔群對憲宗云。開元天寶中事。未嘗不廢卷而嘆。以為知言。其略曰。安危存亡繫所任。明皇用姚崇宋璟張九齡則理。用李林甫楊國忠則亂。人皆以天寶十五年祿山自范陽起兵是理亂分時。臣以為開元二十年罷賢相張九齡。專任姦臣李林甫。理亂自此已分矣。其切至明白如此。豈不謂之知言乎。蓋人之用舍存乎前。國之安危係乎後。譬猶養身常須畏疾。不可以覺痛之日始為受病之辰。當審之歟初也。竊聞弼臣累懇求退。或慮仰慈重違其請。則別須求之以付大柄。今山惟別都之鎮。日食正陽之朔。天變仍見。多事可虞。伏望陛下深惟三聖基業之大。四海生靈之屬。中外之公議。斥左右之私言。鑒開元天寶之理亂。戒林甫九齡之用舍。安危之幾。在此一舉。間不容髮。雖悔何追。陛下擢臣冗職之中。任之以言事之責。日夜惟念。無以補報。若煩碎迂闊之論。不敢上煩天聽。唯中書政本。命相用人。最為急務。與其後時而悔。不若先事而言。在職所宜。雖死無恨。惟陛下留神省察。則天下幸甚。

嘉祐元年。遵又論宰相逐諫官。乞與辨明。疏曰。臣聞御史中丞張昪累上殿論列。為趙抃等昨乞外任。奏章雖入。朝旨未從。及宰相劉沆獨入文字。指言抃等朋黨及罪惡條件。因此除出。則是成命雖自朝廷。本意實由宰相。所以外議喧譁。皆謂宰相逐諫官。非厚誣也。切觀自古帝王。皆以聽忠為賢。拒諫為醜。今頻年出臺官。非朝廷美政。損陛下聖德。若因張昪論列。特與辨明。四方聞之。皆知臺官之出。非陛

下本意。正朝廷之体。全陛下之名。在此一舉。臣以當職。須合力言。為朝廷惜体。為陛下惜名。非特為諸臣而發之也。臣無任區區納忠之至。

遵又疏曰。臣聞御史中丞張昪累上殿言宰相獨入文字。除出臺官趙抃等不當。若謂抃等素非善人。不當除為臺官。既為臺官而後有過。亦當即時降黜。不可久令在朝。俟其求出而後言之。即當行降責以正典刑。不宜尚帶舊官。猶專民政。如其無過。豈敢以空言上除小郡。本末而言。皆為未允。若謂奉行條貫。當出則中書條貫甚多。未必盡能執守。只如宣徽使明有定制。不得過兩員。今除四員矣。如此之類。不可條陳。未聞別入文字。特有條陳。以此而言。乃是意欲舉行。即引為詞耳。宜張昪再三辨明而不能已也。自來臺官多不為人所喜。而權臣尤甚。非權臣天性惡之。勢使之然也。若非聖君主張。盡令權臣

屢罷則諫垣憲省之中求過避禍之不暇豈復能爲朝廷計哉陛下
聖明必照此事伏乞英斷
至和二年侍御史趙抃乞勿令歐陽脩等去職上言曰臣伏以天子
南面之尊左右前後須得正人賢士爲之羽翼朝廷[illegible]大賞罰可以
詢訪有大闕失可以裨益有大急難可以謀議有大禮法可以質正
竊見近日以來所謂正人賢士者紛紛引去朝廷奈何自剪除羽翼
臣未見其能致遠也憂國之人莫不爲之寒心如呂溱知徐州蔡襄
知泉州吳奎被出知壽州韓絳知河陽府此皆衆所共惜其去又聞
歐陽脩乞知蔡州賈黯乞知荆南府侍從之賢如脩輩無幾今堅欲
請郡者非他蓋傑然正色立朝既不能諂奉權要而乃曰虞中傷皆
欲扳溱襄奎絳而去耳今陛下又從其請而外補之臣恐非朝廷之
福朝廷萬一有緩急事則陛下何從而詢訪也何從而裨益也何從

而謀議也何從而質正也所失既多雖悔何及詩不云乎濟濟多士
文王以寧此謂文王雖大聖人得居與安寧者蓋在朝多賢拓之士
而致之然也臣愚伏望陛下鑒古於今勿使脩等去職留爲羽翼以
自輔助則中外幸甚臣無任懇切納忠之至

歷代名臣奏議卷之一百三十五

用人

宋英宗時張方平論進用臺諫官事體上言曰伏見天禧元年初復
臺諫官詔勅云所置臺諫官三年內不得差出仍不兼領職務候及
三年或屢有章疏實能裨益特越常例別與升遷若職業蔑聞言事
無取移授散秩仍遣監臨比來朝廷命臺諫官甚異先朝本意蓋[illegible]
諫官之設所以切磨理體助爲聰明非使其生事掊權爲仕宦捷徑
也粵自近年增置員數而又進擢殊速聽用過當頗開朋黨險危善
良鼓動風波淪胥以敗此雖易轍尚存遺俗不有丕變曷扶國體乞
今後應臺諫官宜如天禧詔勅俾之久於其職以觀其效儻於政令
無所發明雖有奏論不適理道稍明黜陟用勵公忠庶明治方以風
化下

時言事者數與大臣異議樞密副使呂公弼諫曰諫官御史爲陛下
耳目執政爲股肱股肱耳目必相爲用然後身安而元首尊宜考言
觀事視其所以而進退之
治平元年殿中侍御史呂誨乞中外之臣出入更任上奏曰臣竊以
漢宣時悉出諫官補郡吏諫大夫蕭望之爲平原太守內不自得因
上疏召還守少府未幾復爲左馮翊憂畏移病上遣使諭意蓋知望
之材任宰相欲詳試以政事故也唐陸贄亦言中外迭任誠爲國求
治之切務也臣伏覩臣寮有初任不曾歷外官後未嘗出國門鼓身高位
者甚非公朝用賢詳試之道也而又比年二府用人除拜不出於京師
重內輕外亦以明矣以此居內者安爲倚附唯恐補外居外者久而不
復自謂絕陛進之望使盡賢於蕭望之亦未必能平於中也陛下即位
之初馭臣之道宜使均平漢宣詳試之術思任賢共理俾中外之臣出

入吏任。考其績效。責以名實。以是取人。得之必多。太平之治。不難致矣。惟聖神留念。天下之福也。

二年。誨乞親擇御史上奏曰。臣伏覩御筆除授殿中侍御史范純仁監察御史裏行呂大防。朝命既出。公議皆允。臣聞漢孝武即位之初。田蚡為相。薦人或起家至二千石。權移主上。帝乃曰。君除吏盡未。吾亦欲除吏。非明哲之君。智能燭理。則威福之柄。幾為田氏專矣。臣見陛下始除二人者。誠有旨哉。臣向來所陳。請令中外兩制官。每歲各舉才能之人。籍於禁中。要堪任使。即請宸衷自擇。免臨時薦舉。可以杜絕請求之路。此至公之法。願陛下久而行之。被用之人。莫不歸感上恩。必盡死節以圖報效。自昔與王之道。未有不繇於是也。唯聖慮以操柄之重。謹始克終。天下幸甚。

英宗時。誨知諫院。又上疏曰。臣聞漢宣帝拜刺史守相。必親見問。觀其所繇。退而察其行。以質其言。有名實不相副。必知其所以然。斯最切於治道也。國朝故事。親民官通判以上擬任。先引見。仍於中書呈身。替還知州許上殿言利便三事。乃察言觀行之體也。比來引見呈身如故。但未嘗親問。中書不閱實。言利便三事亦皆罷之。天下郡守不得人者十五六。豈聖朝求治之意哉。踈遠之臣。有終身不得近清光伸一言以紓素蘊者。欲君臣之道相屬。上下之誠相接。不亦難乎。臣欲乞今後凡除擬知州人。引見日。令上殿。親有所問。審察其人。仍俾中書與其可否。然後授之以任。替還依舊許言利便三事。因而總核。必得其實。

誨又乞添置言事官上奏曰。臣竊以臺諫官者。人主之耳目。中外之事。皆得以風聞。蓋輔益聰明。以防壅蔽。臣觀天聖景祐間。三院御史常有二十員。而後日益衰減。蓋執政者不欲主上聞中外之闕失。然亦不下數員。今御史闕中丞者累月。御史五員。差出者二人。唯臣與范純仁呂大防供職。封章十上。報罷者八九。諫官二員。司馬光遷領他職。傅堯俞出使虜廷。諍臣僅同廢置矣。自古言路壅塞。未有如今日之甚也。臣切為聖朝羞之。下情何得以上通。天聽何由而遠及。臣伏乞聖衷鑒照斯弊。特為振起。添置言事官員數。以廣聞見。實求治道之大要也。

三年。參知政事歐陽脩上奏曰。臣竊以治天下者。用人非止一端。故取士不以一路。若夫知錢穀。曉刑獄。熟民事。精吏幹。勤勞夙夜。以辦集為功者。謂之材能之士。明於仁義禮樂。通於古今治亂。其文章論議。與之謀慮天下之事。可以決疑定策。論道經邦者。謂之儒學之臣。善用人者。必使有材者竭其力。有識者竭其謀。故以材能之士布列

中外。分治百職。使各辦其事。以儒學之臣置之左右。與之日夕謀議。講求其要而行之。而又於儒學之中。擇其尤者。置之廊廟。而付以大政。使總治群材眾職。進退而賞罰之。此用人之大略也。由是言之。儒學之士可謂貴矣。豈材臣之後也。是以前世英主明君。未有不以崇儒嚮學為先。而名臣賢輔。出於儒學者。十常八九也。臣竊見方今取士之失。患在先材能而後儒學。貴吏事而賤文章。自近年以來。朝廷患百職不脩。務獎材臣。故錢穀刑獄之吏。稍有寸長片善為人所稱者。皆已擢用之矣。夫材能之士。固當擢用。然專以材能為急。而遂忽儒學為不足用。使下有遺賢之嗟。上有乏材之患。此甚不可也。臣謂方今材能之士不患有遺。固不足上煩聖慮。惟儒學之臣難進而多棄滯。此不可不思也。臣以庸謬。過蒙任使。俾陪宰輔之後。然平日論議不能無異同。雖日奉天威。又不得從容曲盡拙訥。今臣有館閣取

士愚見具陳如別奏欲望聖慈因宴閑之餘一迂睿覽或有可采乞
常賜留意

脩又疏曰臣竊以館閣之職號為育材之地今兩府闕人則必取於兩制兩制闕人則必取於館閣然則館閣輔相養材之地也材既難得而又難知故當博采廣求而多畜之時冀一得於其間則傑然而出為名臣矣其餘中人以上優游養育以獎成之亦不失為佳士也自祖宗以來所用兩府大臣多矣其間名臣賢相出於館閣者十常八九也祖宗用人初若不精然所采既廣故所得亦多也是以有文章有學問有材有行或精於一藝或長於一事者莫不畜之館閣而獎養之其傑然而出者皆為賢輔相矣其間不至輔相而為一時之名臣者亦不可勝數也先朝循用祖宗舊制收拾養育得人尤多自陛下即位以來所用兩府之臣一十三人而八人出館閣此其驗也

只曰近年議者患館閣之濫遂行釐革而改更之初矯失太過立法既峻取人遂艱使下多遺賢之嗟國有乏材之患今先朝收拾養育之人或已被遷擢或老病死亡見在館者無幾而新法艱阻近年全無選進臣今略具館閣取人舊制并新格則可見取人之法如何所得之人多少也

一舊制館閣取人以三路進士高科一路也大臣薦舉一路也歲月酬勞一路也進士第三人以上及第者并制科及第者不問等第並只一任替回便試館職進士第四第五人經兩任亦得試此一路也兩府臣寮初拜命各舉三兩人即時召試此一路也其餘經歷煩難久次或寄任重處者特令帶職此一路也今三路塞其二矣自科場改為間歲後第一人及第者須兩任回方得試自第二人至第五人更永不試制科入第三者亦須兩任回方得試其餘等第並永不試則進士高科一路已塞矣兩府大臣所薦之人並只上簿候館職有闕則於簿內點名召試其如館閣本無員數無有闕時故自置簿來至今九年不曾點試一人則大臣薦舉一路又塞矣惟有酬勞帶職一路尚在爾

一新制館閣共置編校八員本為館中書籍久不齊整而館多別有差遣不能專一校正乃別置此八員故選新進資淺之人令久任而專一校讎所以先令作編校二年然後升為校勘為校勘四年後升為校理為校理又一年方罷編校別任差遣然自置編校後適值館閣取人之路漸廢今議者遂只以編校為取士新格往待直館直院直閣校理皆無定員惟材是用不限人數今編校限以八員為定以此待天下之多士宜其遺材於下矣八員之內仍每七年方遇一員之闕而補一人以此知天下滯

材者衆矣

右以臣愚見編校八員自可仍舊每有員闕令中書擇人進擬陛下必欲牢籠天下英俊之士則宜脫去常格而獎拔之令負文學懷器識磊落奇偉之士知名於世而未為時用者不少惟陛下博訪審察悉召而且置之館職養育三數年間徐察其實擇其尤者而擢用之知人自古聖王所難然不以其難而遂廢但十而得一二亦不為無益矣況中人上下養育獎成之不止十得一二也

知制誥韓維緘蘇寀詞頭論同時斥六諫臣上奏曰臣今月七日中書送到詞頭一道除刑部郎中蘇寀守本官兼侍御史知雜令臣撰詞者臣切以自濮安懿王稱親三御史得罪以來群議洶涌人情不以為惬傅堯俞等復不肯就職論事愈急士大夫切為朝廷憂之而天變遽作夷狄加慢忠義愛君之人往往切議庶幾陛下因此儆懼

判前詔之失大還放逐赫然有為以新德政今忽除蘇寀為御史知雜則堯俞等豈復可留之望哉同時而斥六諫臣切恐祖宗以來未有此事内失人望外啓戎心蘆災異先見之戒開禍敗不測之端臣驟蒙抜擢典司告命不敢阿諛隱諱以孤陛下任使其詞頭不敢奉行已具狀繳納中書訖臣緣此事兩違詔旨自度罪惡深大必不得復見清光然區區愚忠猶願陛下深畏天戒謹察人情以為社稷之計

治平閒維知通進銀臺司論范鎮請郡劄子曰臣竊聞翰林學士范鎮上章求補郡外議藉藉皆以為陛下以鎮作宰相批答不稱旨諭令解去不知此事虛實果如此者臣竊為陛下不取鎮誠有罪自可明正典刑若其所失止在文字之間苟非甚悖義理猶當函容以全待近臣之体陛下前黜錢公輔中外莫不以為太重至或相傳謂公輔別有過惡主上不欲暴揚故行遣至此陛下連退二近臣而衆人皆不曉然知其所謂臣恐自此臣下各懷疑懼莫敢為陛下盡心者鎮今既從其自請例須換職領郡於鎮何損但可惜者陛下舉措朝廷賞罰耳臣近對延和嘗論人君好惡當明賞刑以示天下使人知所從避則風俗可移又以為雖聖賢思慮不能全無過差假如陛下設有處分改之則是章納善從諫之美此語甚近陛下亦應記得臣驟蒙抜擢不敢俛默自同衆人伏望聖慈察臣鄉者所言更於此事精加思慮及其未有成命速賜回革所冀不至上累聖德

維又繳納舉臺官勅第一劄子曰臣昨日閤門送到勅一道令臣舉官二人充御史臣伏以知人之道古今至難故聖王取士之法必有所試見其迹效可用然後升進乃不失人臣伏見呂誨等剛果強勁守義不回至于犯死亡之誅不顧忌諱以盡論議求之古今如此至

少臣又聞陛下嚮者自出范純仁呂大防二人姓名除御史衆見純仁等能竭節言事皆謂陛下明哲選任得人純仁等不負陛下所知得事君報國之道今一旦斥逐遠去士大夫莫不竊歎痛惜陛下毀已成之美受可恥之名失當世之屬望貽後代之譏議今奉勅旨令別舉御史臣伏自惟度臣之駑下何敢少望清光雖欲慎舉豈如聖主自擇又人未試用誠亦難知如誨等則有已試之效矣陛下必欲為官求人來群言以興至治則臣願復二人者以佐陛下招賢納諫之美其舉臺官勅臣已具公文繳還閤門未敢祗受干冒天威臣無任悰懼隕越激切之至

第二劄子曰臣今月十三日准中書劄子奉聖旨令臣依勅舉官聞奏者聖量兼容不責奉詔之稽緩特諭恩旨便令祗受然臣伏再惟念事君之道義當傾竭若内懷不盡之意外竊嘗言之名而無益於國事者臣不忍為也故敢不避鈇鉞之誅以申其說臣竊以自古聖王優待諫諍之臣雖甚狂直必加涵忍者非勢不能黜也以為黜此一人則傷衆多之心遂此一失則敗天下之事故不為也治平以來四方傾聽日望陛下開納群言勸帥衆力以光祖宗之大業而返復為此此臣所以痗心疾首為陛下深憂也自呂誨等被黜至於市井之人皆知此事為非美而在朝之臣未聞有識力竭忠為國家救此失者則陛下斥逐近臣貶臺官之效已可見矣聖慮偶失為此一事而上下雷同便即成就使如後日復有它事而人情如此臣恐非陛下之福也今聞傳堯俞等非久還朝萬一復如誨等強爭不已則又將黜此三人乎同時而黜六諫臣此危殆之道也陛下欲履之乎臣所以再不奉詔者實冀以區區懇迫之誠終寤聖意陛下察前後所言甚經思慮不是妄發特奮英斷回革此事以慰天下之心非臣之

利陛下社稷之利也其舉臺官敕見在閤門未敢奉行劄子已繳納
中書訖所有臣不即奉詔之罪惟朝廷處分干犯天威臣無任惶懼
戰越懇切之至
上遇疾慈聖光獻后同聽政天章閣待制兼侍講知諫院司馬光上
疏曰昔章憲明肅有保祐先帝之功特以親用外戚小人負謗海內
今攝政之際大臣忠厚如王曾清純如張知白剛正如魯宗道質直
如薛奎者當信用之猥鄙如馬季良讒諂如羅崇勳者當疎遠之則
天下服
光又論御藥院劉保信等與授外任不得閤理官資狀曰臣伏見
祖宗以來擇內臣謹信者幹當御藥院以其職任實為親近恐名
位寖崇歲月稍久則權勢太重不可制御故常用供奉官以下為
之轉至內殿崇班則出為外官此乃祖宗深思遠慮防微杜漸高

出前古詔謀萬世者也近歲以來頗隳舊法居此任者往往閤理
官資請其俸給久而不法殊失祖宗之意深為不便今茲踐祚之
初所宜革去積弊率由舊章竊聞幹當御藥院劉保信等四人亦
皆自陳乞因覃恩別授外官伏望陛下各依逐人所請及應自來
內臣閤理官資者並除正官授以外任別擇供奉官以下素知心
腹忠信謹愨之人使幹當御藥院仍自今後凡轉官至內殿崇班
以上者並須出外一遵祖宗之制不得閤理官資依舊留任內廷
差遣
詔錄潁邸直省官四人為閤門祇候光為侍讀學士奏曰國初草創
天步尚艱故御極之初必以左右舊人為腹心耳目謂之隨龍非平
日法也閤門祇候在文臣為館職豈可使厮役為之
知常州陳襄乞留陳經不對移任滿狀奏曰臣檢會當州昨攝管下

太子中舍知無錫縣事陳經狀稱爲與本州推官邵奇是親妨礙尋
備錄本官狀申奏其陳經近蒙降勅移知婺州蘭溪縣却差知蘭溪
縣屯田員外郎鄭珙前來對移事須至奏聞者臣今訪聞得知常州
無錫縣事太子中舍陳經自到任以來公慤幹敏練達民政事無大
小躬親聽斷無不曲盡人情緣本縣所管二十三鄉主客戶口獄訟
浩繁積年不決號難治之邑經至一年庶事脩舉兼爲當州脩開運
河從無錫縣界望亭堰至武進縣奔牛堰一帶工料共計一百五十
餘里並是差委本官都大管勾開河司公事諸般經畫以至畢工並
得濟集此方是開濬河身及除去望亭一堰疏導太湖水勢通入運
河雖獲利濟緣近河兩岸民田到水溝瀆及合置堰閘去處並未開
修全藉經向去勸率人戶下手興工大段開掘溝港數處通徹運河
及創置堰閘若遇旱歲即多引導太湖之水澆溉田土大水之後即

時決放河水下江如此則四縣民田遂無水旱方爲經久之利自經
移勅到後舉縣皇皇如去父母不住經州告訴乞留滿任以此見陳
經之爲邑實有惠利使民不忍其去況先有朝旨許職司体量部內
守宰之官如有良吏特與保明再任縣令如經誠不易得臣實爲百
姓惜之欲望朝廷俯從民欲乞留本官終滿此任始末了當上件河
事況推官邵奇考第頗多到官已及一年半欲望朝廷許令成資或
於蘇潤湖秀對換一職官差遣并對移到無錫縣屯田員外郎鄭珙
未有替人却乞依舊赴蘭溪縣勾當並無妨礙如允所奏伏乞早降
指揮謹具狀奏聞
殿中侍御史范純仁奏乞於郊赦前復錢公輔官狀曰知制誥錢公
輔因繳進詞頭責授滁州團練副使竊緣繳進詞頭亦是中書舍人
故事其言雖有過當其情應亦無他不過欲補陛下聰明盡其愚直

而已不應重蒙貶責遂同邪佞贓汙之人中外人心寧不疑懼因此言路頗壅實損惟新之政今聞陛下以水災之後深求直言然在數十近侍之臣亦未聞各上封章指陳時政闕失得非以公輔為戒各務保全其身是使受恩無言於陛下將何所賴伏望聖慈特於南郊赦前牽復公輔一官以明陛下容納直言之意庶使小大之臣各盡忠正上補聖猷則天下幸甚

純仁再乞復錢公輔官狀曰臣近曾上殿奏陳乞於南郊赦前牽復錢公輔一官至今不蒙施行蓋以自公輔貶官之後朝廷除授寧無不當臣僚各以公輔為誡不復敢有言者使濫進者不畏公論苟容者足以偷安虧損聖明無甚於此況臣僚中能不以身計為心而以職事為恤者十無一二陛下容而納之尚恐不勸今又深加貶謫則誰不各求自安人或盡然國家何賴臣之區區實在於此伏望聖慈降臣前奏付中書門下施行使言路復開聖政無壅盡忠勤職者有所勸苟容偷祿者有所羞則天下幸甚

起居舍人傅堯俞再論徐綬上奏曰臣近有狀乞追寢祠部郎中集賢校理徐綬三司判官之命未蒙施行臣雖甚愚竊所深惑不知朝廷之用徐綬以德行邪以文學政事邪以德行則虧缺如此以文學政事則行苟不脩雖游夏冉季將有所不取焉況文學未絕人而政事無所聞者乎儻謂高科必於顯用是朝廷所以待之之意異於衆人矣待之審異則責之宜更深豈有為衆人之所不忍為者而自謂曰我高科也朝廷曰彼高科也授受之際皆以為當然此臣所以深惑者也況陛下踐祚以來天下傾耳拭目以覬望者久矣政事之初崇獎如此等人不獨不足以風勵天下實恐四方之人有以窺朝廷而妄議淺深也惟陛下留神省察

神宗亦判河陽富弼論採聽既多當辨君子小人上奏曰臣伏自陛下踐祚以來未對天表蒙差入內供奉官李從政傳宣撫問密旨丁寧特荷非常之眷絕出流品仰戴恩德天地莫量方屬疾恙所纏步趨殊梗不得入奉冕旒略舒臣節輒以病中傳聞一二事不避斧鉞之誅附李從政上奏伏惟聖明一賜覽省不勝大幸臣竊聞陛下始臨御好博采兼聽務廣聰明此古聖王之所尚而君道之至美也四方鼓舞歌頌以謂臣下情偽時政得失必不能逃聖覽而太平可立致也然其間事体有萬類人品有百端自古人君採聽之際最難至謹得其人則必以正道而忠以告之所說固有益於時也不得其人則專務窺伺循情阿旨變曲直者有之挾愛憎者有之以至陷害忠良援引邪僻張皇威福聳動觀聽大則規取官職小則希求貨財事至如此則人君採聽之至德翻成虧損之大弊也何哉蓋自古以來

君子常寡小人常衆人君採聽之際故得人常少不得人常多得人少故好事常不足不得人多故惡事常有餘何謂也君子力行仁義尊主庇民為好事也君子則惟道是從不計身之進退用則進而行道不用則退而無悶也小人則不然惟利是嚮若為正道所抑其身不得進則蹙蹙不肯休千岐萬路不顧名節經營鑽刺得其進而後已也既以進身為急惟知富貴之可樂則何道之肯守何善之肯為哉又況君子常為小人所勝故從古以來治世少而亂世多者此也緣君子則可以致治小人只以致亂也若是君子小人並立於朝實所難辨蓋小人外則文飾其詞所說理道不減於君子而其心及其所為迹則如水火之異也書曰知人則哲惟帝其難之注云帝謂堯也夫堯為大聖人仲尼比之如天而尚未盡得知人之道況乎居堯之下者哉自三代以降諸侯失國天子失天下子孫散而為皁隸宗社

廢而為丘墟者皆因用小人而致之也由此觀之小人豈當親而用之又豈當信而任之耶臣以謂帝王都無職事所以別君子小人乃帝王之職也然千官百職豈盡煩帝王辨之乎但精求任天下之事所謂大臣者不越十數人不使一小人參用於其間則千官百職委諸大臣分而選之而漸及天下州縣之吏無不得人矣顧雖欲亂不可得也恭惟陛下天賦睿明神受英略守祖宗之基業行堯舜之道德博取衆人之善欲盡萬物之情為君之難無甚於此然願陛下勿謂所采既廣便望所得必多其間須防姦詐小人惑亂聖聽姦謀似正詐辭似忠疑似之間不可不早辨也大抵人君生殺權在乎手不患人不諂奉而密附之也只患人不肯盡忠而有失即諫也諂奉則順情而喜人君喜則富貴可得也諫之則逆耳而怒人君怒則殃禍可致也順情而取富貴者小人也逆耳而受殃禍者君子也取富貴者衆則百

千則千其不避殃禍而欲致人主於無過之地者百千人中未有一二此惟在陛下審察之謹擇之既得其人則專信之力行之無容姦佞破壞則朝廷自理萬方無事陛下可高枕也又聞昔賢有英俊沉下僚之歎形於諷詠若英俊果沉滯於下誠宜急取進之以服士心其有內行不守素履非嘉績効無聞公論不與所以久而不用如此之輩必恐使其朋黨詐以寃抑妄陳危苦之狀以動淵衷亦願陛下深察究其所從來之迹直俟見其實而進退之可也又聞王者端拱垂衣以治天下然所以勸奬群動而能役使之俾自奔走於職業者無他惟官與賞二柄而已捨此復有何道哉官謂爵位賞謂金帛尚德稱其官功協其賞雖官至高賞至厚不為過也先王所以重惜之而不妄與人者非吝之也蓋恐德不稱功不協人有不平之論則無以為勸也近日上殿臣僚頻蒙面賜緋紫者臣不知當賜與未當賜但

聞多於往時耳爵位金帛固不可非次而與之其餘惟章服華顯人亦貴重亦可以為勸奬之物若賜之不以勞又不以年其有勞有年而得之者未以為貴而反恥之為不足勸也陛下凡所賜與本使人知感而勸人勤其職也若徒俾僥倖者喜而有勞有年者恥而不勸則是棄之也何勸勵之有焉書曰車服以庸傳曰惟名與器不可以假人唐有中書令衣緋窄相衣綠者以此知不可不稍貴惜之以為勸奬之一端也臣少而康壯已不及人今既老且病志氣衰索固無所取而妄以狂瞽之說塵澣天聽者實恃陛下虛懷待物無所不容乃敢然也惟聖慈特賜詳覽恐亦有補

弼判河陽除左僕射論除拜大臣當密上奏曰臣在河陽於七八月間東有人自京師來北有人自河朔來亦有南自蔡許西自陝洛來者皆云公以病求解使相章奏頻切上將許之卻為上盡疑令之兩

府大臣復欲用公入相公既未能步趨拜起則必召公作宮觀使且留都下以備訪問時政得失臣輙每問來者此皆朝廷大機宜大除拜理當至密外人何由得知來者則云此固不可得而知也臣雖聞此說然終之不信以謂陛下必不如此既而傳聞韓琦文彥博陳升之郭逵相次皆求罷免又非備禮蓋有必去之意以至侍從及主兵之人各有去位之意其未求去者非欲不去蓋求去者已多未敢有求爾雖勉強且住誰復更肯盡心乎若後有許去者則必節次更有人求去上撓宸衷臣續聞此說略無虛日則臣向之不信亦成疑矣今又蒙差臣充集禧觀使盡如兩月前四方傳來之語都無小異如何使臣不信哉拜詔之日汗流驚駭豈有此等國機大事預令四方人皆知四方尚知則兩府大臣安有不知者耶陛下既如此疑貳則執政者不得不求去也臣曉夕思惟必慮陛下微失防謹政事泄漏

使人人不安。各懷疑懼。而盡欲解去。此田文所謂主少國疑。大臣未附。百姓不信。正如今日陛下之事。然魏王時自然如此。今此則或恐陛下聖慮偶有未周。而致其疑也。致其未附也。致其不信也。陛下必欲解其疑。使之附而信。莫若罷臣新命。推誠以待諸人。必若其間有難久留者。則當徐圖去就。所貴事体兩全。況韓琦以下七人。盡是兩朝顧命大臣。各有忠義之心。豈宜輕議出處。以招天下云云之論哉。臣若貪冒恩寵。便為觀使。優游輦下。醫藥丸。便亦無一郡之責。於臣之幸。天下無比。然卻有所大不便者。何哉。臣若遂居觀職。陛下雖都不還中使傳宣撫問。京師四方之人。亦疑日有使至也。雖或遣使。只是問疾。而都不問及他事。京師四方之人。亦疑凡百朝政皆來問臣也。雖或遣使時復問事。臣都不敢答一語。京師四方之人。亦疑凡百朝政。臣皆剸口議論其短長也。陛下試思之。此三節果能使人不疑

乎。臣知為無不疑之理也。若皆疑之。則今兩府八人者。還有不解体者乎。臣亦知萬無不解体者也。漢宋昌云。公事公言之。若言私。王者不受私。今乃使臣於閑宮觀中靜坐竊議朝廷之政。致見任大臣一一解体。是公耶。是私耶。臣亦知京師四方之人。不論賢不肖。必皆謂之私也。臣徇從陛下私竊之恩。而輙便當之。則是臣如何人耶。不惟取罪今世。至於千古之下。亦不能逃責矣。臣獲罪責於今古之人。固不足惜。然於陛下為君之道。治國之体。還無所損乎。臣亦知所損無大於此也。伏緣天下治亂安危之際。全繫天子任人當與不當。若當則更繫信與不信爾。齊晏子謂用賢而不信。是大不信。豈可目為常事。而容易措置乎。太凡罰一人。衆皆懼而不敢犯。則罰之。賞一人。衆皆[illegible]而有所勸。則賞之。尋常賞罰尚須如此謹重。況用舍大臣。豈宜倉卒乎。今陛下欲用臣一人。反使衆大臣皆解体。而不肯住。則陛下

豈宜遂其事而必行之哉。夫人情亦不難回。但請陛下如臣所乞。追放命臣早還本任。仍更臨朝分明宣諭大臣云。朕欲一見富弼者無他。只為是先朝舊人。都無固必。他既堅來辭免。即卻令歸河陽。天下事豈在一富弼乎。吾自有諸賢倚賴。無所憂慮。即衆心自安。何必更敢求去乎。陛下若决能用臣此說。則前失尚可十救五六。若終不用臣說。則大臣與侍從兵輦官往往離心離德。無術可救。無事可迴。即陛下更與何人共謀國事哉。惟願聖慈萬萬熟慮。莫只一向堅用前意而不移。用誤大事。臣又聞陛下詢訪太多。聽信太雜。因而小人各有希望之心。無所不說。說者既衆。是非溷淆。此說已行。他說又奪。展轉相效。無有紀極。陛下所聞之事。盈塞于心。萬務日生。何暇辨剔。則所行必有當否。所用必有差失。政無一定之論。人無自保之心。上下紛紜。包藏禍患。臣前附李從政所奏劄子。正為此也。更望聖慈并此

文字時賜一覽。非臣之幸。乃社稷生靈之幸也。

元豐六年。弼以司徒致仕。上奏曰。臣聞自古致天下治與亂者。大綱不出用諛佞讜直之人二端而已。諛佞者進。則人主不聞有過。惟惡是為。所以致亂也。讜直者進。則人主日有開益。惟善是從。所以致治也。此乃人主致治亂之大略焉。臣自離朝廷。退居林下。時亦仰知朝廷所為。大率諛佞者競進。讜直者多屢于外。雖有在朝者。蓋恐觸忤姦佞。亦皆結舌不敢有所開陳。又聞近日中外或有事緒上撓聖懷。而忠義之士但仰屋竊嘆。不見有聞于上者。致陛下不得知。而又更張之。此實非朝廷之福也。惟願陛下開衆正之路。杜群枉之門。講求善政。變禍為福。俾天下受賜。坐致太平。此老臣有望於陛下。其間事目甚多。亦不敢妄有條列。但舉其大槩。惟聖君留神而擇焉。不爾。即恐浸漬漸深。禍亂將至。則于時益煩宵旰之憂。而亦無所濟矣。老臣犬

馬區區之志略陳其端伏望聖慈詳少加深思之力行之於天下之幸宗社之福也。

神宗即位初翰林學士呂公著論舉臺官不必校資序上奏曰臣近嘗忝充翰林學士伏見本院自來舉臺官並須前行員外郎以下至太常博士歷通判一任已上者乃須衆學士同狀保舉切以御史之職所以上輔天子聰明下糾察百官事無大小皆得奏論必須資性端方學識兼茂然後可以處憲府任言責由是而求諸多士之中未易中選。今乃限以資格而常次得合必恐其難切見近歲以來前行員外郎以上知諫院者並得薦起居舍人。朝廷之意務欲廣進人之路。而御史兼官之制尚闕蓋有司未嘗講求臣又見比來保舉堪充御史裏行或以資淺報罷臣聞唐太宗雅好直言馬周以布衣為監察御史裏行裏行之名自馬周始其後官卑未得真御史者皆除裏行然則裏行之設。本以待資淺之人。今乃以資淺為不應選正失前代設官之意臣又覩天聖七年言事者以三院御史出為省府判官轉運使其間多是知縣充舉深為僥倖乃詔今後知州通判方得奏舉近日臺官其稱職者雖或次補諫列其不任職者雖真御史亦以舊資出補外任然則資序高下不必校量見聞孔子曰舉爾所知爾所不知人其舍諸夫以人才之難必待數人然知固不可得苟一人知之衆人非出於實信但雷同繫書則又非為國求賢之意凡臣所言灼然易見若增成舊制於體無害伏惟陛下以聖明文武初即尊位左右之臣悉皆訪逮巖穴之士尚將旁求豈獨於御史耳目之官而不能廣開其路伏望聖慈裁許自今後每御史有闕即輪學士御史中雜一員保舉自正郎前行員外郎並依諫官例除兼御史朝官以上不問資序並除裏行太常博士通判及一年者並依舊制如此則用人之法不致苟密而舉善之心各得自盡。不勝大幸。

熙寧二年公著又論臧否人物宜謹密上奏曰臣聞易曰君不密則失臣臣不密則失身幾事不密則害成夫人主延見群臣與謀天下之事而論及人物之臧否此所宜謹密者也苟人主謹密而有所不至則人臣懼後害之及念失身之戒而不敢盡其所欲言此易之所謂不密則失臣者也況人君用人既用其所長固欲知其所短若知其所短而暴之則莫肯盡其心方將同舟而濟共輿而馳苟不能使人人盡其力則其勢未可知也惟留意幸甚。

十年公著提舉中太一宮乞廣收人才上奏曰臣伏覩近詔舉才行堪任陛擢官竊觀陛下自臨御以來虛心屈己以待天下之士士之起草茅由小官而起至顯近者不可勝數然猶孜孜以求賢為急誠欲廣收人才無所遺棄臣伏思自昔有為之君不借賢於異代然唐虞之際亦稱才難則世固未嘗乏賢而人才亦不可多得今陛下降由中之詔非徒為虛文也中外所舉蓋百有餘人雖不盡當誠參考名實而試用之宜有可以鑒寤以應明指者臣又竊詳今日詔意謂之才然數年以來天下之士陛下素知其能嘗試以事而中就閒外者頗多恐其間亦有才實忠厚可為國家宣力者未必盡出於迂闊疏庸而難用也漢武帝時公孫弘初舉于朝以不稱旨罷後再以賢良舉帝以親擢為第一不數年間遂至宰相由是觀之人固未易知而士亦不可忽何則昔日所試或未能究其詳數年之間其才業亦各有進惟陛下更任之事以觀其能或予之對以考其言兼收博納使各得自盡則盛明之世無滯才之嘆不勝幸甚。

公著為御史中丞論推擇太精群材難進上奏曰臣竊惟陛下以聖神之資將與致治其於臣下能否固所周知然臨朝而歎常若乏人

臣竊以為人之難知堯舜猶病然自昔有為之君亦不借才於異代況今之人才衆人之所共知而陛下之所熟講者蓋亦不少若用之既盡然後可以言乏才試之不效然後可以言難知今則不然左右之任尚多闕員而大小之賢鮮得彙進陛下雖推擇至精可以無濫賞之過然羣才難遂誰與致非常之功昔唐之德宗非不愛惜名器由其責人太密授任至難至於東省闕凡累月南臺唯一御史故陸贄以為太精而失士臣竊觀之自昔用人之際所以常多疑貳者患在君臣之間未免形迹居常謀事則多已睽異至於論議則尤難協同臣伏願陛下與執政之臣凡選任之際務存公坦忘去形迹則俊乂咸事天工不曠矣

元豐元年公著為端明殿學士上疏曰臣聞濟濟多士文王以寧方周之興至於免罝之人有可以當腹心干城之任者今三館祕閣之職乃朝廷之華選前世以來將相名臣多出其間得人之盛難以遽數臣在皇祐至和中備員館閣當時同輩後亦往往至通顯比來雖有簡拔其數不多其中或以勞進者又皆外補朝廷平日艱於收擇緩急必之使令以至近者遣使高麗煩煩聖擇古人有言士不素養無以重國臨事倉卒乃求非所以尊朝廷也臣竊以謂天下未嘗乏才也求之而後至用之而後知耳臣愚願陛下考合衆言斷自聖衷更得雋偉之士疏通之才稍增館閣之選平日足以優遊飭厲緩急惟所用之以重朝廷不勝幸甚

熙寧元年樞密使劔南西川節度使文彥博上奏曰先帝切於求治審於任人臣等因進擬差除官上曰朕向在藩邸每聞朝廷除官多是不厭衆論朕以為掄選未得其當及朕臨御以來精意求人不悋好爵今選於衆方知得人頗難然隨才任之便各稱其職可也臣等上奏曰帝王任人不藉才於已往不俟賢於將來隨才任之誠如聖旨

四年彥博又上奏曰臣屢被德音將來西事寧息更須精擇守邊之臣積粟訓兵為經久之制此乃陛下恭紹祖宗之丕基慎守盈成之大諺將欲躋斯民於富壽致天下於太平臣退思之不勝欣抃又思以虛薄孱拙不能上副陛下孜孜求治之意更增悚惕今所擇邊臣雖未得周才及已試之效但思慮精審不輕舉妄動以求徼幸苟圖進身則已善矣獲能訓兵積粟節用愛民恩威兼著將使夷狄懷附非但不敢侵侮而已茲所謂長城巨屏蔽朝廷高枕無虞矣若一用輕險躁妄之人使之守邊為國生事以知身利則邊無寧謐之歲兵無休偃之時中外搔然民不聊生矣臣謂有唐天寶建中之難可為龜鑑開元初明皇勵精求治任姚宋為相馴致太平當時不賞邊功

以防生事及天寶之際林甫國忠作相引用匪人布在朝列時以承平既久財力富盛於是邀功之將務恢封略以甘上心欲蕩滅契丹翦除吐蕃喪師者失萬而言一勝敵者獲一而言萬寵錫之極驕矜遂增哥舒翰統西方二師安祿山統東方三師戍更之卒俱受官名郡縣之積罄為祿秩於是驕將銳卒萃於二統邊隙寖強朝廷体弱祿山一唱中原蕩析元和中宰相李絳亦對憲宗云開元之末姦臣說以興利武夫說以開邊天下勞役以至大盜竊發兩都覆沒憲宗又嘗問侍臣建中之難朱泚盜據宮闕德宗播遷梁漢致亂之由宰臣李吉甫對曰德宗之初躬行節儉任崔祐甫作相動遵至道及祐甫歿繼其任者或非其人忠諫不聞小人乘間邀功便己苟媚當時以為河朔未賓豈用力取甘言先入主聽致惑是時國財不足趙贊司國計纖細刻急括率京師商賈富民又諫官陳京獻策稅屋間架

立法峻急人情愁怨遂致涇師叛亂鑾輿播遷實由輕用兵信小人剝下之謀以致危亂是二臣者皆願憲宗追念前朝之失以為元龜臣今伏聞德音以西事寧息之後慎擇邊帥為經久之制實安邊息民之遠圖乃馴致太平之長策天下幸甚然尚慮有邀功生事之將希時取合之臣潛為甘言上惑睿聽伏望陛下鑒前古治亂之由更加詳察或付之外廷公議可否兼樞密院每進擬用人陛下累云某人好作事可用某人不肯作事不可用臣愚以謂事有可作而不作誠為過矣未可作而作失其宜矣不可作而妄作非惟害事實害治道夫天下之人不從上令而從上好上好是焉下有甚者且中人常情鮮克守道趨時希旨從上所好則必勉強作為不計後之利害止圖一時僥倖者衆矣伏望陛下察其言觀其行原其始要其終可行而行可作而作庶無後害此者臣以劉邵人物志進說未審陛下以謂

如何臣以邵之書主於詳察人物於任官擇材之法有可觀焉故其序云明王之宜玩宰相之宜覽又曰人之質量中和最貴中和之質必平淡無味故能調成五材變化應節是以觀人察質必先察其平淡而後求其聰明至於人主任材亦貴平淡若道不平淡與一才同好則一才處權衆才失任夫一才處權則憸邪之人枉道附離而希進朋比之風翕矣衆才失任則端方之士守分卷懷而思退忠正之路梗矣然則於任人求治之道必有所偏偏則必有所害傳曰遠佞人去鄭聲夫佞者才智之稱蓋邪佞之人必有小小才智以飾身而干進其事君也務納小忠興小利以自效夫小忠必為大忠之賊小利必為大利之害苟人主不早辨之終必致於禍亂如聖人之於去佞其戒尤為深切書曰在知人在安民知人則哲安民則惠能哲而惠何憂乎巧言孔壬伏願陛下貴平淡之道以用人使群才不失其任推哲惠之心以去佞使群邪不干於正堯舜所以致治而於變時雍者由斯道也臣備位樞近內省尸素思竭區區上裨聖政干冒旒冕伏俟嚴誅

元豐三年彥博除大尉開府儀同三司復判河南府過闕入覲上奏曰臣讀漢史鼂錯之策云五帝神聖其臣莫能及故自親事臣謂錯之言乖謬頗甚因試論之夫易之乾曰天道也君道也坤曰地道也臣道也天地既位君臣之象著矣君臣交濟邦家之治隆矣而錯乃云臣不及君故自親事然則古之聖帝明王安用輔相而致治乎所謂五帝者堯舜為聖之優故仲尼刪詩書則斷自唐虞為萬世法二典之載堯則有命羲和為天地四時之官允釐百工庶績咸熙舜則命禹平水土棄為稷官契作司徒皋陶作士垂為共工益為朕虞伯夷秩宗夔典樂龍納言皆選於衆而後用其人各任以職且云僉曰

汝諧慎柬之至也所以百工允釐熙帝之載如此則堯舜果自親事乎仲尼曰舜何為哉端拱正南面而已錯所謂自親事豈非乖謬乎若後之人君謂錯言為是乃以一身一心兩耳兩目獨任自用以周天下之萬務豈不殆哉又將使厥后自聖無復察邇言好問之務仲尼云一言幾於喪邦者謂人莫己若則錯之言亦幾於茲乎臣故著論深切以明之庶幾有所補益

熙寧元年唐介拜參知政事先時宰相省閱所進文書於待漏舍同列不得聞介謂曾公亮曰身在政府而文書弗與知上或有所問何辭以對乃與同視後遂為常帝欲用王安石公亮因薦之介言其難大任帝曰文學不可任邪經術不可任邪吏事不可任邪對曰安石好學而泥古故論議迂闊若使為政必多所變更退謂公亮曰安石果用天下必困擾諸公當自知之中書嘗進除目數日不決帝曰當

問王安石。介曰。陛下以安石可大用即用之。豈可使中書政事決於翰林學士。臣近每聞宣諭某事問安石。可即行之。不可不行。如此則執政何所用。恐非信任大臣之体也。必以臣為不才。願先罷免。安石既執政。奏言中書處分劄子皆稱聖旨。不中理者十八九。宜止令中書出牒。帝愕然。介曰。昔寇準用劄子。遷馮拯官不當。拯訴之太宗。謂前代中書用堂牒。乃權臣假此為威福。太祖時以堂帖重於敕命。遂削去之。今復用劄子。何異堂帖。張洎因言廢劄子。則中書行事。別無公式。太宗曰。大事則降敕。其當用劄子。亦須奏裁。此所以稱聖旨也。如安石言。則是政不自天子出。使輔臣皆忠賢。猶為擅命。苟非其人。豈不害國。帝以為然。

翰林學士司馬光論擇言事官當以三事為先上奏曰。臣今日面奉聖旨。令臣採訪可為諫官者。密具姓名聞奏。臣辭不獲命。退而惶恐。默自思忖。凡擇言事官。當以三事為先。第一不愛富貴。次則重惜名節。三則曉知治体。具此三者。誠亦難才。臣愚何足以識別賢能。竊謂已試之人差為可信。伏見三司鹽鐵副使呂誨。累居言職。不畏強禦。再經謫降。執節不回。侍御史呂景。外貌和厚。內守堅正。見得知恥。臨義不疑。於臣所知之中。此兩人似堪其選。更乞陛下博訪衆臣。裁以聖意。

二年。光再舉諫官劄子曰。臣昨日面奉聖旨。令臣採訪可任諫官者。密具姓名聞奏。臣竊見龍圖閣直學士 陳薦。舊事陛下於藩邸。其忠厚質直。陛下必素知之。直史館蘇軾。制策入優等。文學富贍。曉達時務。勁直敢言。職方員外郎王元規。自少至長。志操堅正。所居之官皆著風迹。集賢校理趙彥若。師民之子。強學慤行。不減於父。平居恂恂。如不勝衣。遇事剛勁。人莫能奪。此四人者。臣所素知。竊謂可備諫職。伏乞聖明更賜裁擇。

三年。光又論不當復劄下舍人院。須令草李定詞頭。上奏曰。臣竊見近者朝廷除秀州判官李定為監察御史裏行。知制誥李大臨蘇頌等累次封還詞頭。數日來。外間皆言朝廷已為之寢罷。今日復聞劄下舍人院。須令草詞。臣竊意朝廷知大臨等既累次封還詞頭。今復草之。則為反覆。必難奉詔。因欲以違命之罪罪之。使今後凡朝廷所行政令。群下無敢立異者。若果如此。則百執事之人。自非偷合苟容者。皆不得立於朝。政令或有得失。陛下復何從知之。晏嬰所謂以水濟水。賈山引秦之季世。以戒漢文帝者。正患其如此耳。臣前論遂臺諫官。今又言大臨等。非敢私此數人。正為國家惜言路之絕耳。伏望陛下審思而謹行之。勿使聰明遂至壅蔽。則天下幸甚。

貼黃國家不次用人。固無常法。然必使衆心厭服。然後為美。是以堯舜非不聰明也。其命官皆先謀岳牧。既衆言僉同。復明試以功。而後用之。故舉不失能。而上下雍熙也。臣素不識李定。實不知其行能如何。陛下果知其賢。何不且試之以漸。俟其功效顯著。衆皆知之。然後不次擢用。則誰曰不可。何必今日與臣下力較勝負。殆非人君廣大之体也。

元豐七年。光又薦范祖禹狀曰。右臣伏以報國之忠。莫如薦士。負國之罪。莫如蔽賢。臣伏見奉議郎同編脩資治通鑑范祖禹。智識明敏。而性行溫良。如不能言。好學能文。而謙晦不伐。如無所有。操守堅正。而圭角不露。如不勝衣。祖禹乃今正議大夫致仕范鎮兄孫。自祖禹年未二十為舉人時。臣已識之。今年四十餘。行義完固。常如一日。祖禹所為本末。無如臣最熟知。臣於熙寧三年。奏祖禹自前知資州龍水縣事。同修資治通鑑。至今首尾一十五年。由臣頑固編集此書。久而不戒。致祖禹淹回沈淪。不得早聞達於朝廷。而祖禹安恬靜默。如可以終身下位。曾無留滯之念。臣誠孤陋。所識至少。於士大夫間。罕遇其比。況如臣者。遠所不及。凡所言。莫非據實。不敢溢美。今所修書已畢。祖禹應歸吏部別授差遣。臣竊為朝廷惜此良寶委棄榛莽。伏望皇帝陛下特賜采録。或使之供職祕省。觀其述作。或使之入侍經筵。察其學行。自餘進用。繫自聖志。如蒙朝廷擢用。後有不如所舉。臣甘與之同罪。

熙寧元年。右正言供諫職孫覺論人主不宜有輕羣臣之心。上奏曰。臣風聞臣下之論。陛下稟聖聰明之資。不世出之才。以臨羣臣。羣臣未有以望清光。伍下風者。故陛下有輕羣臣之心。雖未知信否。而臣竊惑焉。竊以帝王之興。亦各用其一時之人耳。終不借才於異世也。方今人才。雖為乏少。陛下欲與太平。宜且隨才試用。將有真賢大儒

可與成功者至矣。若必得夔稷契然後為相。太公方召然後為將。則臣恐難以待也。昔者燕昭市骨。終得樂毅。齊威不拒九九之數。以成伯功。譬之創大廈者。棟梁榱桷之材無所棄。成大車者。輪轅衡軏之用無所遺。以其各有所施。各適其用故也。昔魏武侯謀事而當。羣臣莫能逮。退朝而有喜色。吳起進曰。昔楚莊王謀事而當。羣臣莫能及。退朝而有憂色。申公巫臣與之。魏武之驕其臣。楚莊王之自以為憂。其度量相去遠矣。書曰。能自得師者王。謂人莫己若者亡。夫王之與亡。其為道不同甚矣。然其所以至此者。乃在乎驕士與求益之間。夫求益而不已。則天下之善歸之。人主而兼天下之善。不王何也。驕士而不已。則不聞其過。日與讒諂面諛之人居。如是雖謂之亡可也。故古者天子聽政。使公卿至于列士獻詩。瞽典。樂史獻書。師箴。瞍賦。矇誦。百工諫。庶人傳語。近臣盡規。親戚補察。瞽史教誨。耆艾修之。而後王斟酌焉。夫矇瞽庶人。非有以賢於王者。然且不廢。況於朝廷之士哉。詩曰。詢于芻蕘。書曰。天下愚夫愚婦一能勝予。若芻蕘之賤。夫婦之愚。王者皆有所取。則其兼覽廣聽。而至於幽隱。及於微物者。此道素行也。今者公卿侍從之官。皆天子所與朝夕謀議以撥事圖策於堂上者。今其見也。近者不過數刻。遠者無名問賜對之期。其或召至左右。乃須待命數日。然後得前。以疏遠難見之人。迫於須臾倉卒之間。則其言不能達其情。其論不能究其事必矣。陛下又或易之而意不在焉。則見其才愈下。其論愈卑也。陛下若能改用此道。數見以盡其恩。切問以觀其意。使其所懷得伸而無遁情。則下莫敢不盡。雖其疏遠者。亦且于于然而來矣。陛下徧得天下之士。而大小各當於用。則太平不旋踵而興。若以人才皆不足與有為。而類忽之。則臣恐其賢者容默苟簡以求去。不肖者偷合諂諛以投陛下之隙。若是則所失

雖近。而為禍甚遠也。易曰。言出乎身。加乎民。行發乎邇。見乎遠。可不謹哉。陛下垂意聽察。不勝大幸。

覺又論君臣相疑之弊。上奏曰。臣風聞羣臣竊論陛下聖質甚美。每加於初。而聖治未能有改於他日。此由聖心所以待遇羣臣者。未能曠然無疑。羣臣之所以事陛下者。亦往往自疑於未信也。臣嘗以謂天下之患。最大而尤切者。莫甚於君臣相疑而相遇以偽。夫以誠待物。物之格者幾何。若以疑焉。則誰敢自盡。陛下欲使羣臣人人自盡。而比周朋黨之行不設。讒誣譖謗之說不行。則莫若事至而制之以義。言至而窮之以理也。夫臣下欲為比周朋黨讒誣譖謗以蔽惑人主之聰明者。其大則欲擅主之權。其小則欲干主之利。陛下知權之所在而謹持之。知利之所出而謹守之。則二者之患息矣。所謂持權者。非以羣臣為不可任也。陛下事至而不制之以義。言至而不窮之

以理。一切惟大臣之聽。則權在大臣必矣。若將不任大臣而顧訪他臣。亦事至而不制之以義。言至而不窮之以理。一切惟他臣之聽。則權又在他臣矣。屑屑然徒取諸此以益彼。未見持權之善也。臣以謂陛下欲羣下之不爲比周。不爲讒諂。莫若察之以明。而謹夫義理之所在。欲羣下之不擅權利。莫若進賢遠佞。而賞當功。罰當罪也。臣觀陛下即位以來。進擢羣臣。其初未嘗不崇獎優異。其後則或厭棄斥外。僅不陵藉之耳。禮曰。進人若將加諸膝。退人若將墜諸淵。此人主之所尤宜戒者也。臣竊以謂凡如此始信而終疑之者。雖其才或下。不足以備訪逮。堪任使。類或爲人所間。釁端一開。則不得爲全人。臣恐陛下持此道不變。數年之後。可以備任使者少矣。伏願察之以睿哲。考之以理義。進退陟黜。惟義所在。則孰敢背公而循私。比下罔上。以自近於誅戮哉。

覺又論任賢使能之異上奏曰。臣前日崇政論事。或未至切者。又蒙陛下曲賜嘉納。有事似至小。推之所害極大。臣雖反復言之。未蒙省察。臣性愚訥。奏對之際。未能悉盡事情。退而追誦陛下之言。未盡於理者。臣請得備論之。臣歷觀舊傳。見人君用臣。二道而已。任賢使能之分既殊。任使之方亦異。有道德仁義。忠言嘉謀。可以任天下之重。揆萬事之理。治亂安危之機。未能兆於四海。而見之堂上。詖詭譎怪若不可以用於時。而收采据摭。無不盡其所長。此可謂役物而不役於物。用人而不爲人用者也。王者得此人焉。任之者與之同心同德。猶元首股肱焉。付之以天下。而上心不疑。託之以四海。而人言不能間。至於所知有限。量所能有彼此。譬之俎豆罇罍之爲器。輪轅棟宇之爲木。方圓大小。短長曲直。各適於用而止耳。此功用役使之士。可以履外。而不可履內。可以青之事功。而不可責之言議。謂之賢之。則仁且有智。德備而才全。不以富貴貧賤動其心。不以用舍得喪違其操。人主不與之同量合德。則不可得而屈。立其朝而道不行則去。故道德之士。常擇君而後起。豈以人主之取舍輕重移其心哉。故人主之得此士也。大則師之。其次友之。則天下治矣。謂之能也。則奔走役使之人耳。可貴可賤。可榮可辱。予奪而進退之。惟上所令。猶恐恐然惟懼其君之厭已也。然而世無是人。則誰爲君役。誰爲君使者。故明主謹視其臣之賢能而馭之。各以其道。善馭臣者。譬之善馭馬。若夫鸞旗在前。屬車在後。行不數十里而舍。則非稱德之驥。倍至之馬。不可以駕君之車。及用之戰陳。用之馳逐。則非駿足疾驅。超軼而絕塵者。不可以獲多而取勝。善馭馬者。亦謹視其所用而已。周禮以八柄馭羣臣。漢書亦曰。泛駕之馬。跅弛之士。亦在御之而已。豈不信哉。臣又聞詩曰。文武吉甫。萬邦爲憲。又曰。侯誰在矣。張仲孝友。說詩者曰。

宣王興。孝友之臣處內。以文武之士征伐在外。主左右而可處乎內者。非孝友之臣不可也。書曰。其侍御僕從。罔匪正人。以旦夕承弼厥辟。出入起居。罔有不欽。然則備從官而不得正人。無乃非先王之意乎。臣所謂近侍之官。未可輕以與人者。以此故也。陛下欲興太平。以盡革天下之弊。而即位以來。所獎拔數人者。多有口才而無實行。務行險以徼幸。而不循常理。孔子曰。遠佞人。周公曰。繼自今立政。其惟克用常人。蓋佞人者。其言似忠信。其行似方直。然而規以售君之寵而肆其志焉。爲其甚似而非也。非至明則莫之能察。非至剛莫之能勝。故雖若顏子者。孔子猶使遠之。常人者。奉法循理。忠信而篤實。終不以亡爲有。以虛爲盈。隨其所用。大小各以見效。至於無常之人。雖巫醫之賤。不得爲之。爲其變亂善惡。顛倒是非。足以害上之政也。今陛下欲尊寵孔子之所遠。而棄忽周公之所用。無乃非政化之美歟。

陛下聖質高明絕出羣臣之上羣臣未有以望萬分者故陛下思得卓越不羈之士與之有為臣謂此輩獨可藉其精力收其智能駕馭而使之不可以為侍從親近之臣也臣恐日浸月長若此曹彙征牆進充滿於朝廷則賢人去正人遜其為患禍尚可以一二而言之哉伏願陛下觀詩書之所任使周公孔子之所用舍無速於近功小利則王道可成禮樂可興伏惟留神察之不勝大幸

覺又論果於用善斷於去惡上奏曰臣聞易否泰之辭曰君子道長小人道消內陽而外陰內君子而外小人則為泰泰者通而治也小人道長君子道消內陰而外陽內小人而外君子則為否否者閉而亂也易之意謂天道不能無陰陽人道不能無小人君子若陽氣盛長萬彙通達則羣剛用事而陰伏於外矣聖人在上賢人道亨則君子用事於內小人在外矣君子小人迭相消長迭相勝負譬圜方之

不相入冰炭之不同器然聖人在上則賢人出見於世將以有為此其氣類感通自然之應也易曰雲從龍風從虎聖人作而萬物覩本乎天者親上本乎地者親下則各從其類也臣又聞傳曰堯有大功廿舉十六相去四凶也舜之治天下功德多矣傳不言其他而以八元八凱之進於朝鯀共工驩兜之流於外以為功謂舜能辨羣臣之正邪處君子小人當於內外則朝廷清明天下大治萬務雖衆何以加於此哉臣又聞管子曰齊威公之郭問其父老郭何以亡父老曰以其善善而惡惡也威公曰若子之言乃賢君也何至於亡父老曰不然郭君善善而不能用惡惡而不能去所以亡也然則人主有善善惡惡之心於用舍之際遲疑而不忍及其久邪臣進而正臣退小人得志而君子潔身以去則其不亡者希矣臣又聞書曰爾無昵于憸人充耳目之官迪上以非先王之典謂人主所任以為耳目者必

皆正人吉士則其行篤實其言忠信所以道上者皆先王之法言也人主之患莫大於昵近小人小人之言人主不必盡用萬一見聽害政大矣古之人君亦有知其小人而用數以後之者初則愛其才藉其力謂可以駕馭而用之及其既久狎熟慣習先意承旨下射人主所好惡之事焉人主忽不自覺其說苟得行則正人相引去而亂敗隨之矣故曰與不善人居如入鮑魚之肆久而不知其臭也臣竊惟陛下以堯舜之質濬明不世出之才即位未幾進退大臣如數白黑四海九州莫不注心拭目以望太平而朝廷之上忠邪混淆君子鉗舌而不敢言正人徊徨而欲去歲且再朞而功緒落落未有治安之漸以陛下之明判此無難者然優遊牽制有所不忍恐其有以得於陛下而陛下惑猶未解也若爾則臣知陛下之計誤矣陛下幸少垂意臣言法否泰之象使君子小人各得內外之常處以成虞舜進賢

去佞之大功果於用善斷於去惡不為郭父老所憂一清耳目之路使先王之典日陳於前臣知天下不足治太平不難成也

覺又論諫官貶秩不當再舉其職奏曰臣近准敕命降授前件官同知諫院臣已祇受訖於二十二日正衙二十三日門謝並畢臣竊以告臣之辭云薦引公卿措置職任此而輕肆宜有懲責臣受命已來夙夜惟思若以臣畎畝無狀學問零落不足以拾遺左右論大臣能否則已矣若以臣所論不當於理則臣所學於古者如此敢違臣所學以徇世乎然敕命已下不敢遽有論列既乞補外而三狀聞奏未蒙報可臣欲勉強就職則臣方以言忤旨得罪奪官傳曰人臣不見察於君不敢立於朝臣雖闇愚敢忘斯義臣謹上考聖人旁稽傳記反覆一二為陛下言之非以避臣之罪也將以明君臣之義也陛下幸赦其罪使得畢陳臣聞孔子所謂諫臣七人者三公四輔也天子

與此七人者履而繩愆糾繆格君心之非羣臣之賢不肖相與謀議
而進退之泯然不見其辨爭之迹而治化已成於天下後世七人者
深任其責始以小官與人主論辨天下之萬事故諫官雖微而與謀
於王体與聞於國論宰相與人主進退賢不肖於廟堂之上諫官與
人主別白賢不肖於造膝之間其所從來久矣孔子曰君子之仕行
其義也又曰勿欺也而犯之故臣之事陛下也情不敢隱而每犯顏
焉義之所在則言之不疑又聞孔子曰君子之事君也將順其美匡
救其惡晏子曰君所謂可而有否焉臣獻其否而成其可君所謂否
而有可焉臣獻其可而去其否若如告辭所謂則人臣之義有匡救
而無將順有獻否而無成可始得事君之義而無隱情也或者乃謂
諫臣小官不當與人主進退大臣之事又或云諫臣雖可以論大臣
之賢不肖然不當云以某代某臣又以為不然衛大夫史鰌以蘧伯

玉賢而不用彌子瑕不肖而任事數以諫而君不聽死且不懈至以
屍諫衛公卒退彌子瑕而用蘧伯玉成帝時御史大夫缺谷永薦薛
宣成帝用之鮑宣以諫大夫上言請黜汝昌侯傅商方陽侯孫寵宜
陵侯息夫躬而召用故大司馬傅喜故大司空何武師丹故丞相孔
光故左將軍彭宣明年上遂召孔光免孫寵息夫躬又召何武彭宣
復為三公杜詩以南陽太守上疏稱伏湛柱石之臣宜居輔弼郎顗
言黃瓊李固可任時政伊尹傅說不足為比此數人者皆位下言輕
或勸人主進退大臣或欲以某代某當時或用或不用焉未嘗以為
非也唐之盛在太宗之臣莫如魏徵時有言徵阿黨親戚者太宗使
溫彥博按之又使彥博責徵不得不存形迹他日徵入奏曰臣聞君
臣叶心義同一体未聞不存公道唯事形迹若君臣上下同遵此路
則邦之興喪或未可知太宗改容曰吾已悔之若徵之言可謂深得
治体矣使太宗以形迹待羣臣羣臣以形迹事太宗嫌疑猜阻上下
之情不通則與秦之末世何異豈能成貞觀之治哉今使言者論羣
臣之非而不言其是論羣臣之惡而不言其美稱其人不得言堪某
職述其才不得言堪其任其為形迹豈不甚哉臣雖非魏徵之賢實
欲陛下復太宗之治也故臣之事陛下也知盡臣之義而無隱情上
不見三公之尊下不知九品之賤愚智忠邪苟知其詳者悉以獻於
左右傳曰為人臣者無以有己明委質以事君則身非已有生殺予
奪唯上所令傳曰匹夫不可奪志豈謂可殺可生者身也可予可奪
而志不可以奪歟以臣賤微言論不合放廢竄逐何傷於治聖恩博
大纔奪兩官或周章震慴喪其所圖遂於陛下懷不盡之意則罪莫
大焉況臣自供諫職纔及兩月得對至于五六而章十餘上臣之本
末計亦粗簡聖心然臣所言無一見效臣論樞密使邵亢在位無狀

而陛下疑之論御史中丞滕甫姦邪而陛下不信則是臣行猶可疑
而言不足聽也陛下置左右耳目之臣而取言行無足采者不知將何
補於治臣所以區區求去者非徒不得其言亦以深為陛下謀耳伏
望聖慈特賜檢臣前後三狀罷臣言職除一外官臣見居家待罪所
有實錄院檢討同知諫院管幹國子監臣並不敢供職
二年覺又論不必每事遣使狀奏曰臣聞朝廷務一切更制庶事將
多遣官出諸路以集之臣竊以為過矣本朝承百年之弊事有偏而
不舉溢而不救者不可勝數將欲變而新之則在張其綱紀正其法度
擇羣材而付之若事事遣使凡皆出於朝廷則臣恐不盡事情而又
生勞擾之弊也臣切以諸路使者多是朝廷素所選擢久更任使幸
以成法授之必能集事其間或有繆懦不才不勝任者自可換以才吏
若又難得職任相當者則若近歲權發遣及副使判官之類或召至

京師或朝廷臨遣使其法度出於一而議論精詳則自集事矣或諸路使者不可多置不足以分幹庶事則聽其辟舉屬吏若近者發運使之於東南則人皆知朝廷所以付畀之意而務竭其力今不擇才否一切遣使代治其職則庸者得以偷安而才者不勸矣

三年覽又論罷司馬光樞密范鎮封駁司不當上奏曰臣前日延和面奉聖旨議改青苗法復常平舊制又患諸路提舉非其人有意更易臣切喜嘆以為中外之論正欲如此而聖諭及之真臣等之所望四方之所幸也翹足企首以俟德音昨日又聞罷司馬光樞密副使罷范鎮通進封駁司若以司馬光爭論青苗新法拒違詔除鎮從而和之駁正而不肯下則是青苗之議持之尚堅而延和宣諭或亦有不果者歟臣屢嘗奏聞青苗新法極為細事徒以大臣講求不詳議論不審而倉卒苟且擾動天下故人情不安論難鋒起當此時雖有

善謀良法難以推行況考之於古而或差施之於今而未當措置外錯如此其甚者哉奈何以難行之法惡人議之至罷一樞密副使絀一封駁司流聞四方所損不細傳載後世何以觀法昔成王翦桐葉以戲叔虞史佚從而封之曰天子無戲言西府之重何止有如司馬光之直諒豈但方於叔虞誥敕之嚴固不止於桐葉陛下有戲言之過則號令之所被眩人以空虛無用之文誥命之所加示人以玩弄可移之物書曰令出惟行不惟反易曰渙汗其大號令行而更改汗出而復反何以使人信而誅其或惰者乎朝廷張官分職固欲人守其官士稱其職也范鎮封駁識者莫不是之不能聽用其言奈何罷其職任傳曰守道不如守官鎮能守其官是封駁得人也遽然罷之豈將患其不順己耶不順陛下者多見容不順執政者輒見斥臣恐人主之權或移於下矣失職者固法之所誅守官者又朝廷之所棄不知陛下將取固祿保位苟容其身以備員充數乎不然何宜進者反聽其罷宜任者反從而黜耶臣以陛下致今日之紛紜而在朝群臣往往求去者何耶徒以青苗新法人情不安所遣使者多非其人大臣建議而不從言者力爭而不聽至於罷免柄臣之新命黜責禁近之守官推劾諫臣之風聞內外騰沸駭動四方臣切懼從此相緣而生治亂從此分矣伏望聖慈采羣論之所長奮乾剛之獨斷亟復常平之舊法悉罷提舉之庶官自然人情復安中外如故

歷代名臣奏議卷之一百三十五

用人

宋神宗熙寧元年翰林學士鄭獬論今世亦有房杜之才上奏曰臣比因賜對論及房喬杜如晦陛下問臣今世有此人否臣對以房杜者曠世無之苟所見未至則安知今世無有如房杜者哉臣退思陛下思得房杜用之此唐太宗之用心也而在陛下求之至與未至耳自古帝王何嘗求異世之士而用之當大業之際富貴乎廟堂之上者天下止知有宇文述虞世基而已又孰知有房杜也則房杜者乃隋室之棄士也及太宗龍躍乎太原於是二人者攀鱗而起左携右挈遂定天下當是時天下灑然始知有房杜焉則今之處幽約甘藜糁者焉知其人不及房杜者耶願陛下網之未密搜之未至耳夫天下之士有材在己者患有為於世猶寒者之欲衣飢者之欲食其求

用之心尤切於世主求賢之意而其迹無繇而至前或湮廢而不遂者可勝言哉惟有道之士以義自勝則雖老死於巖穴間無憾也至於雄傑之士則不然如其差跌則潛心世變幸有風塵之警遂躡而擾之故劉備久不跨馬而髀肉生見而流涕此其志豈斯須忘功業哉而欲漢室之不搖豈可得乎故世主必渠渠懇懇欲得賢而為我用者正為此也虛懷屈己以訪之高爵厚禮以來之上之所好其下必有應者好之而未至不可遽曰今世無房杜高宗思賢其精誠乃通乎夢寐於是得傅說焉此用心之類也臣願陛下推此心繼之以不倦則必有如房杜者杖策而至矣言陋意拙惟陛下裁赦

獬又論薦士及求直言疏奏曰臣聞舉天下之事者不患乎知不及而常患乎力不足力不足則舉而不勝其勢必屈故知之而不能窮天下之理必任群力而舉之茲所以汲汲而求賢也自陛下即位以來未聞卓然褒進一賢者天下之事猶如前日而欲起太平之治者難矣然陛下深拱九重固未能周知群臣之能否夫天子所以寄耳目者公卿大夫也公卿大夫日與庶官接宜熟知其所為其下固有豪偉非常之士而未奮者臣願陛下降明詔俾按察官及兩制正剌史已上各許特薦文武官之有才能者舉如不實令御史劾奏請論以法如此則宜得實才陛下按其籍眡其所舉者衆則茲人必有過人者矣官有缺因而次補之績效既明則又顯擢之不下席天下之賢能積於此矣臣又聞天下之事無窮雖堯舜之明而欲盡無窮之事臣知其必殆然卒所以能為堯舜者以其能兼聽無窮之言也事機出於彼群言會於此雖至深至隱皆可羅列而陳於前矣傳曰舜好問其弗信已乎臣亦願陛下降明詔許中外臣僚草萊之士皆得上封事極言無諱陛下總群策而處之則明徹乎萬里之外矣豈惟得

言哉又將以得士矣言如詣理或可賜對柔顏懌色以索其所蘊則天下之才何逃乎二者皆陛下基命之初急務也如可施用則乞付翰林草詔中書具為條約詔下之日必有畜才而待用者翹然而出矣敢冀陛下留意

神宗時獬又論用材劄子曰臣以為今之急務莫急於得士士之材不材必試而后見臣觀陛下勞於求賢而疑於任使有兼采之名而無必用之實故天下治功未能興起者繇此乎夫求士必於其賢者其人苟賢矣進言曰某士可用也陛下乃以為未又參訪之他人他人以為非也則陛下沈豫往復終疑而不用也以疑心而欲覺天下士安得豪傑之徒奔走而盡力哉昔魏文公謂唐太宗曰貞觀之初賢者所舉即信而任之比來以衆賢舉而用以一人毁而棄不察其原而使讒佞得行也陸贄亦謂德宗求才不如武后時非徒人薦士

亦許自薦而德宗賞鑒獨任雖於公舉武后以易得人德宗以精失士此皆世主疑於任人之弊也然而陛下不能遂用者豈聖意恐用非其才而招四方之指議乎故必審訪其真偽直須材而后試之如此則其擇愈詳其失愈遠矣何則人非美器安能飽衆人之口蓋有愛憎忌疾者廁其間以仲尼之才將用於齊其勢易進也而晏子言遂逐之況幽昧一介之士欲求遇於天下之主其勢至甚難也而不知幾晏子攢頰而議是以天下士絕望於陛下而相與爭馳於大臣之門其志豈遂甘於背陛下哉蓋附陛下不如附大臣附陛下則不得用附大臣則得用其參擾於要地者必多於陛下之所自擢其某人為其門下士可縣而數也此陛下不能自信舉而棄之以資大臣之黨耳然而陛下用人而不精亦復何患乎天下之指議哉陛下之所持賞罰之柄者將焉用之昔之舜與鯀皆四岳之薦一為聖人一為凶人而堯且用之以四岳賢者也不用且恐失士及其試而績不成於是舜起而誅之是堯舜之進退豈不明白哉苟賢者進言曰其士可用陛下何不隨其所長而用之圖其新不計其素錄其長不責其短兼收而並用之則天下豈有遺材如其有成績則賞而進之有敗事則罰斥之至於所舉陞黜亦如之不過數年其進而在上者必敢實材力之士其退而在下者必空疎躁妄之徒則又孰敢以虛名不材者以欺陛下哉

獬又論責任有司劄子曰臣聞舉天下者繁治之則雖周簡治之則易通此理然也凡天下一日有機事陛下必欲手挈而縷解之不亦難為力乎此陛下所以御朝至日旰或不暇食不避苦寒酷暑之凌薄曉夕不得休息而二府亦焦然相與駢聚而議其文牒之判字日不足則斂而歸諸私第至薄晚闔扉乃出至於繫安危之大計則又何暇賜清閑之對君臣從容講摩於都俞之間哉此其故是所以繁治之也是陛下未嘗明職分而以賞罰責下也故羣有司之事則取決一府二府之事則取決陛下如此則上愈勞而下愈不治大綱愈廢而小目愈繁徒何而得優為之哉昔舜謂禹曰汝作司空平水土契為司徒敷五教臯陶作士五刑有服各任以職而舜無為君若舜者可謂知為君哉唐太宗謂房喬曰公為僕射當助朕訪賢材比聞閱牒訟豈暇求人乎若太宗者真能責宰相哉臣以為天子者宜以安危大計責二府以庶事廢置責羣有司凡文治委之東府武治委之西府俾其定議以聞不得取決於上陛下畫可而行之行之而害天下則定議者受責羣有司之事不得取決二府據理以行行之而害於事則有司受責故上所治者彌簡而下所治者彌顓簡則易舉而明顓則不勞而通則萬事有所歸矣臣願陛下先詔二府凡事之叢冗不繫於利害者一切省之合歸於有司可顓而行也二府之事省則俾之顓慮以謀國慮之不精謀之不明行而害天下於是黜而去之提大柄以臨群下此至要之術也則陛下可以高拱乎巖廊之上以觀乎天下之治與萬民共承無疆之福豈不休哉

熙寧元年左丞蒲宗孟上仕進抑塞書前夔州觀察判官蒲宗孟謹昧死百拜上書皇帝陛下臣聞聖人之持天下不幸而至於極弊大壞之際欲更變律令猶當以不可測之術不可知之權風動天下使天下安趨而樂從奔走而不知故未嘗倉卒亟暴為駭擾之法以逆人之欲拂人之情強人之所不喜違衆戾物以招怨取怒紋大憤起深憾而離天下之心也況不至於極弊大壞之際安可無故而為矯世動俗之事結怏怏不快於天下耶爰自迩時朝廷惡官多而吏道雜一切塞絕之如防寇盜如捍讎敵如備狼虎惟患去之不盡而不

忠其有傷梗棘堤障其路苛文峻法離合其薦負增廣其年祀柅絶
其遷升常恐其應條目而符格令合例度而契圜模以取一日之榮
也自古厭士未有如今日之甚簡賤王官未有如今日之障也彰灼
著明而鼓衣冠之怨未有如今日之暴也白衣下士至於吏部選人
上及朝廷之所謂郎曹卿列無一人不被窒遏無一人不拂其所欲
此皆前世好治之君孜孜孶己貪求渴選賴而共與為理者而今日
舉將去之不啻於屏丐人斥遣奴僕之易如之何使英儁自重之士
竭謀盡慮為國家喜奮事功流風迹哉精才奇智之人素守廉隅素
謹德行素重名節不忍捨簪紱而從負販有父母妻子之迫又不忍
去而之山林特其不得已之心含恥強顏出入人上黽勉苟過此甚
可歎向者大臣為法以節約進士經生之數舉天下而計之三年之
間率多數十萬人而取三四百也又裁減任子之令碁歲而補者增

為三歲三歲者增為再郊三丞告老之澤十八道使者遷任之寵例
皆寢罷大較比舊每歲已有千餘人不占仕籍矣入仕之難既如此
既仕之後又多為不可進之格以沮之故舉職官之令行而京官歲
省者常百餘員朝廷猶以為未也召見引對之際又不用銓筦正律
不循祖宗故事予奪無準出於臨時使天下有偶得偶失之嘆惶惑
驚擾以為不便而今年六月己未之詔又令天下通判之人率不得
舉京官而轉運判官亦減其當舉之數士人何所恃而進也前無榮
華以誘其心後無溫飽以足其衣食陛下尚欲責之治黎元養赤子
不已疎乎不徒如此其甚者又有增年遷秩之法止郎限卿之令止
郎而限卿是又何也堯舜已來未嘗有也古之爵祿王者所以厲世
磨鈍而今之爵祿朝廷務以沮善而惰志豈聖人把持天下之術耶
宦而有可止之時則人之為善有可止之心矣為善而可止則朝

廷尚誰與共天下哉陛下豈不思入仕之人乎方今所貴而寵用者
進士一科以進士言之使天下入仕者率三十而得仕四十而京官
比及引年之日不過為陛下中行郎中耳然而其間幾何而至此其
補奏而得仕誦書而入官者又豈人人四十而盡京官耶以此而較
安在明為科條嚴設禁令止郎限卿以取萬載之譏乎此最清朝深
失之議而治世無謂之法殆獻計者慮之不精求之不熟遽曰前而
忘遠圖患小利而不知無益逞一時之見動天下之心使怨府歸於
朝廷釁根蟠于天下不足以懲弊革蠹秖以收憾而取怨矣腐儒小
生不曉治體凡以謂天下之事皆當洗剔痛治然後可以置於太平
遂陳快意之論悅耳之說以亂陛下視聽不知陛下新有大寶正當
以至恩厚德結人而不宜為苛察拂戾之事駭擾天下也嗚呼最易
得者天下之勢最難得者天下之心昔武王有亂臣十人同心同德

而周室以興紂有亂臣三千離心離德不能保天下夫人之心不可
失也如此臣願陛下精意極慮不憚亟更而陳已之失喜進取惡擯
棄人之常情　以古之明王因其情之所喜順而誘之無不得其
欲故知人之足飢寒也與之祿使至於飽煖知人之惡貧賤也與之
爵使至於富貴知人之惡擯棄也與之榮名使榮於進取惟其如是
所以天下聰明才俊豪邁雄傑舉世不可屈服之人皆樂為之用喜
為之盡力其故何耶是非有奇策異筭蓋亦順其情而已今也舉違其
情而欲舉之共天下臣未見其可也願陛下勿為太過已甚之事廓
然開其可進之路疏其窒塞之源使轉運判官與列郡通判復得依
舊舉官以誘州縣仕宦之心使郎無可止之期卿無可限之數以破
消望官塞絶之歎使選人至於改官而資地應格者不奪於臨時以
札銓選惶惑之擾則天下榮望復在衣冠進路復通而仕官復尊而

朝廷復重矣。治平之法。減京官舉職官。使京朝已上四年而磨勘。持此之術。行之十年。仕途自清。吏員自守。何必巧為術以障之。曲為防以蔽之乎。百日之疾。求一日以愈之。必知不可。而五六十年之弊。乃欲盡去。不已遽乎。願陛下從容安意以待之。倉卒亟暴。恐非天下之福。臣過計論事。罪在不赦。惟陛下裁赦。臣宗孟昧死再拜。

二年。右諫議大夫呂誨論王安石姦詐十事。第二狀曰。臣伏蒙宸慈差內臣李舜舉宣諭。為言王安石事。敢不上体聖意。震恐無地。況臣世受國恩。家有忠範。惟知死節。以圖報效。竊以我朝開基一百餘年。四方無事。前古未聞。然太平之久。事固有繫于聖慮者。以是思之。尤當謹於措置。謀謨在於得人。安危在所倚任。圖任舊德。推廣恩信。以至萬務講求利病。在乎沉機默運。不當形迹。因事制宜。脩敝補廢。上應天災。務以安靜。乃今日之事也。王安石者。本以文章進。皇意遽為輔

弼。惟逢迎陛下之意。張皇一時之事。祖宗法度。首議變更。天下利源。皆欲操動。斥逐近侍。盜弄威權。傾危老臣。欲速相位。人情甚鬱。公議不容。獨陛下未悟。信任安石。與之講求治道之要。進退天下之士。臣恐無益於盛時。徒有累於知人。陸象先曰。天下本無事。但庸人擾之。賈誼曰。天下大器也。置之安處即安。置之危處即危。斯真廟堂之論。可為保邦之術也。臣伏望陛下深思社稷之重。判別忠邪之人。應天以篤實之誠。置器審安危之地。丕拱泰寧。天下之福也。安石進說。少加澄省。如臣者。久居要職。實無補報。陛下不當奪生靈之資。而豢無用之臣。雖聖度并容。而公議不與。敢偷安處。以累公朝。瀝懇而言。惟祈鑒照。

監察御史裏行程顥乞留張載上疏曰。臣伏聞差著作佐郎張載往明州推勘苗振公事。竊謂載經術德義。久為士人師法。近侍之臣以其學行論薦。故得召對。蒙陛下親加延問。屢形天獎。中外翕然。陛下崇高儒學。優禮賢俊。為善之人。孰不知勸。今朝廷必欲究觀其學業。詳試其器能。則事固有繫教化之本源。干政治之大体者。儻使之講求議論。則足以盡其所至。夫推按詔（一作）獄。非謂儒者之不當為。臣今所論者。朝廷待士之道爾。蓋試之以治獄。雖足以見其鈎深練覈之能。攻摘斷擊之用。止可試諸能吏。非所以盡儒者之事業。徒使四方之人。謂朝廷以儒術賢業進人。而以獄吏之事試之。則抱道修潔之士益難自進矣。於朝廷尊賢取士之体。將有所失。況苗振罪犯明白。情狀已具。得一公平幹敏之人。便足了事。伏乞朝廷別賜選差。貴全事体。謹具狀奏聞。

兼御史知雜事劉述乞留呂誨上奏曰。臣伏覩罷御史中丞呂誨。差知鄧州。坐言事失實故也。臣伏思本臺儲御史所以許風聞言事者。以事方萌芽。未至形見。及展轉詢採。難以究知其詳。能先時而言之。則可以遏絕禍亂之原。救藥事機之失。其間固容有不審。而於大体無甚害也。

今聞呂誨因言章辟光狂妄離間岐王。以連及輔臣長短。乃是誨盡忠於陛下。以救朝政之闕耳。豈有它哉。今遽然黜之。士大夫相與驚歎。甚為陛下惜此舉也。陛下踐祚方三年。已罷五中丞矣。天下之人不知端末。將謂陛下惡聞直言。但欲人阿意順指耳。豈惟污損聖德之不細。實恐公忠之人。由此解体。奸邪之黨。緣隙而進。以白為黑。以正為邪。陛下覺悟而悔。已後時矣。而況誨之為人。公正峭直。知無不為。四方之士。交口稱譽。乃人之望也。中司之任。朝綱之所寄。今乃轉為動搖。自壞綱紀。臣所未諭也。臣愚伏望陛下察誨之無它。矜誨之過小。追還前詔。俾復舊職。上全國躰。下慰人望。臣之至願也。臣非不知斯言之入。即取權臣之怒。誠不忍孤陛下之任使

以臣不勝彷徨待罪之至。

神宗時，王安石參知政事，帝下詔專令中丞舉御史，不限官高卑。趙抃爭之弗得。劉述為吏部郎中，上言：舊制舉御史官須中行員外郎至太常博士，資任須實歷通判，又必翰林學士與本臺丞雜互舉。蓋衆議僉舉，則各務盡心，不容有偏蔽私愛之患。今專委中丞，則愛憎在於一己。若一一得人，猶不至生事；萬一非其人，將受權臣屬託，自立黨援，不附己者，得以中傷。媒孽誣陷，其弊不一。夫變更法度，其事不輕。止是參知政事二人同書劄子。且宰相富弼暫謁告，曾公亮已入朝堂，宜令不闕人，何至急疾如此。願收還前旨，俟弼出，與公亮同議，然後行之。

孫固知審刑院，神宗問王安石可相否，對曰：安石文行甚高，處侍從獻納之職可矣。宰相自有其度，安石狷狹少容，必欲求賢相，呂公著、司馬光、韓維其人也。凡四問，皆以此對。

朱京擢監察御史，時中丞及同僚多罷去，京抗疏曰：御史假之則重，略之則輕。今耳目之官屢進屢黜，則言者不若靜默為賢，直者不若柔從為智，偷安取容，雖得此百數，亦何益國邪。

起居舍人同知諫院范純仁奏乞詔還呂誨，疏曰：臣竊見前御史中丞呂誨坐言事失實，奪職降知鄧州。緣誨賦性質直，素秉忠義，朝廷許其風聞言事，誨亦得之不疑。既有所聞，遇事輒發，論議雖有過當，其情實可含容。又況陛下舉直錯枉，遏惡揚善之時，如誨之臣，不宜謫去四方，不知其罪，無以獎勸正人。伏望特回睿恩，放罪詔還，雖是已補中丞，亦可別與職任，留之左右，貴激忠良。

純仁又論孫永，且令依舊知秦州，狀曰：臣前次上殿，親承德音，以孫永守邊失策，更且責其後效，有以見聖心寬大，使過責成，深得秦繆公任孟明視之道矣。今日却聞孫永降職移知和州，以李師中代為秦帥。臣竊以帥臣之職，尤須久任，方能諳熟邊事，經緯遠略。若因事屢更，則不惟迎送勞人，兼亦百事更變，兵民之情，不無煩擾。兼臣舊與孫永、李師中相識，各粗知其性行。孫永忠謹慎靜，是可使之安守。李師中實有材力，急難可用，然好進任術，不能靖安其職。若邊事稍寧，必須躁動，別圖進用。如此，則久長之效，未必得知。孫永欲乞且依前來聖訓，孫永與降職，且令依舊知秦州，以責後效。李師中且令在河東，可徐觀其政績，兼免移易勞人，庶事煩擾。

純仁又論富弼疏曰：臣聞股肱惟人，良臣惟聖。則君之倚良臣，猶人之須手足也。手足不可舉，則無以為人；大臣不任事，則無以為國。故虞舜作歌，戒其臣曰：股肱喜哉，元首起哉。是股肱之臣喜於任用，則元首之德日以興起也。陛下即位以來，懃求輔相，冢宰之位，闕以逾年，近得富

弼，委之大柄，四方士民莫不鼓舞，以謂聖主既得賢臣，則德澤日新，太平可待。而弼登用以來，屢以舊疾謁告，入則隨衆循舊，不欲有為，退則謝客杜門，罕通人事。雖陛下丁寧宣召，而弼終未繼職。竊以中書政事，日有萬機，朝夕之間，贊襄是賴。在陛下萬乘之尊，尚以宗廟社稷之重，惟日孜孜，旰昃不暇，而弼乃以養痾自便，處之安然。臣逸君勞，於義安忍。或以謂陛下待弼恩禮雖厚，而誠有所未至；用弼雖重，而任有所未專。使弼不盡其才，所以欝欝失職，而遂邀求去也。以臣思之，竊謂不然。且弼起自布衣，仁宗擢為宰相，先皇帝暨陛下倚為宿德元老，四方士民望弼為賢臣碩輔。在弼報稱之義，自應如何。況陛下懼災求治之時，而弼位居冢宰，君臣之際，不宜形跡，當自任以天下之事，盡陳其所欲為。必曰方今何事可憂，何人可任，何利可興，何弊可革，何者為先務，何者宜緩行，然後審陛下用捨之意，而弼之去就自明，何必僶勉婾阿，自為

卷縮。是非不欲明辨。進退不敢顯言。第且移疾於家。使人主厭於容養。然後翻然決去。方為善謀。若此臣必恐弼惑道家全神養氣之言。徇曲士忘名忌滿之節。不以天下之重易其愛身。不以萬務之急妨其養性。惟已則深於恤物。憂疾則過於憂邦。但能早退自全。即為明哲之術。殊聖人朝聞夕死之義。而弼以為得。此又弼之過計也。且詩曰。雖無老成人。尚有典刑。則是朝之老成。過於典刑之重也。易曰。王臣蹇蹇。匪躬之故。則是人臣之分。不以一身為恤也。今弼若遂邁遂去。則致陛下有不用老臣之迹。弼亦有不能竭節匪躬之名。不用老成。則於聖德有虧。不能匪躬。則於臣節無取。則弼之處身致主。兩皆失宜。而望儀形四方。表率百辟。難矣。臣又自念弼與先臣素有契義。在臣當有忠告之言。而以待罪諫垣。未敢私通書。竊伏望聖慈。將臣此奏宣示弼。如臣妄訕大臣。則乞重行貶責。如以臣言為是。則弼宜恐懼修省。不可更如前日倚疾自便。速當靖恭厥位。同寅戮力。竭致主安民之慮。講興治補弊之術。延訪多士。採擇舉才。上以副陛下倚毗。下以副士民屬望。使虞舜之賡歌。不獨見美於前世。微臣不勝大願。聞弼以足疾。迎送有妨。不見賓客。則將何以詢訪事幾。別識人材。切計弼雖在家養疾。未過安坐靜室。賓客既知弼有是疾。必不責其迎送之禮。若只坐與之語。於弼有何所損。亦乞聖慈宣諭此意。

純仁又論劉琦等不當責降第一狀曰。臣今日忽聞詔令以臺官劉琦等言多失實。事輒近名。擅去官曹。動喧朝聽。等罷各落御史。降充監當者。聞命之際。中外震驚。蓋人臣以率職為忠。人君以納諫為美。率職之臣獲罪。則忠勤不勸。納諫之風或闕。則君德有虧。是以仁宗皇帝開廣言路。優容諍臣。執政不敢任情。小人不能害政。以致太平日久。億兆歸心。先皇帝容納直言。未嘗變色。是時呂誨等與臣為御

史。亦嘗擅納告身。皆蒙慰諭封回。自是誨等力求外補。此陛下之所親見。固為萬世之先。陛下述前繼明。思紹先烈。而因二三執政。不能以道事君。教化或失其後先。刑賞或乖於輕重。中書蔽其本末。但致外議喧騰。凡居言責之臣。敢不即時論奏。既許風聞言事。即是過失得原。而柄臣遂非。捃摭其罪。欲其畏避循縮。遇事不敢輒論。雖於政府便安。而陛下將何所賴。且執政王安石。以文學自負。以議論得君。專任已能。不曉時事。而又性頗率易。輕信難回。舉意發言。自謂中理。近以陛下切於求治。安石不度已才。欲求近功。忘其舊學。舍堯舜知人安民之道。講五霸富國強兵之術。尚法令則稱商鞅。言財利則背孟軻。鄙老成為因循之人。棄公論為流俗之語。異已者指為不肖。合意者即謂賢能。所以薦薛向為通才。指呂誨為無用。致陛下無從諫之美。使時政有揠苗之憂。臣常失望痛心。故已屢有陳奏。孟子曰。不以舜之所以事堯事君。不敬其君者也。不以堯之所以治民治民。賊其民者也。陛下有堯舜之資。而安石議桑羊之術。不恭甚矣。四方百姓未安。而安石欲使小人以擾之。賊之甚矣。加以曾公亮年高不退。廉節已虧。且欲安石見容。惟務雷同苟且。舊則好拘文法。今則一切依隨。趙抃心知其非。而詞辯不及安石。凡事不能力救。徒聞退有後言。此皆陛下大臣所為。安得政令無失。求諫尚恐不及。何暇深責諍臣。蓋以安石之心。將欲果於興事。所以深惡言者。懲戒後來。殊不知成湯罪己而興。禹拜昌言曰聖。周道既衰。則有防川之蔽。秦法雖暴。而有敢怒之民。陛下睿知聰明。洞照古今。豈可啟寵偏聽而失天下之心。伏望陛下平氣虛懷。深為國計。將琦等責降告敕。速賜追還。安石不可久在中書。必恐任性生事。宜速解其機務。或且置之經筵。足以答中外之心。弭未然之患。如是則商湯改過之美。可復見於今。帝

堯從欲之治不獨稱於古臣不勝大願然臣久居諫列智慮不明不能救止未然遂致聖政有失雖陛下不憚改作而臣之職事已隳豈敢復在諫垣輒以居家待罪自今月十日更不供職伏乞重行貶竄以戒百官

貼黃今後政府臣寮爲欲主張親知但只先同議論後至簽數之時別作迴避則言者無由奏彈陛下豈可不察劉述方被劾勢恐執政陷以稽遲之罪劉述既見事有未安自當不敢行下本是盡心職事卻蒙執政深怒況王安石備作中書舍人糾察在京刑獄亦曾繳納詞頭不肯入謝今日不存忠恕以至于此亦乞陛下詳察

第二狀曰臣昨日上言乞追還劉琦等責降誥敕臣已居家待罪以俟竄殛然有愛君之心尚冀一伸伏緣臺官爲天子耳目將使警察

百辟以防權倖之非今琦等一言柄臣便蒙落職監當若指君父之過則將何法以加之況自先皇帝已來人主未嘗自有過失皆因大臣舉措不謹玷累朝廷且君父既爲人所玷累則忠臣孝子寧忍不言陛下不察其心更加貶竄不惟自摧耳目乃使忠孝莫伸方今多士忽疑太半趨附執政陛下又以法令驅之使畏大臣則其任性恣行何所不至陛下雖欲制馭必傷終始之恩所以人主雖當仰成執政而督察之任委之臺官俟有過愆則使彈擊下以使大臣知懼上以全君臣之恩此是從古以來馭臣之要道也陛下將臣此奏反覆究詳特與追還二人以正朝廷之失則臣死之日猶生之年

熙寧三年直舍人院呂大防論御臣之要上奏曰臣伏見陛下求治之意可謂至矣四方疏遠卑賤之吏或一善可稱或一詞可錄不問其秩之高下皆傳名而見之燕閒從容盡其所蘊聖心退託猶以爲未至又詔百官之在朝者各封上其所欲言而以次對於廷下自爾以來且將數年伏惟陛下觀天下之人才未爲不多而閱天下之事理不爲不衆矣然人才多則賢不肖並進而難知事理衆則可與不可雜至而易惑恭惟聖鑒之明固無遁照然區區之愚竊謂古今人主之臨治動則皆稱御蓋天下者車也羣臣者馬也法度者轡策也要在人主善御之而已御得其要則車安而馬習轡緩而策簡御失其要則車危而馬敝轡急而策煩人主之所以貫要者無他在此而已臣愚以謂御臣之要必先退纖柔而進樸直略言詞而責行實然後爲得臣竊見近年被召見用之臣其善事固不少矣而以浮辯巧說而進者或有之臣竊原其端蓋有二途或以一切逢迎徼倖速進及考其成敗則不足經遠或援引古義以證已見不度宜適而謂今世可行者雖所以言者異而敗事蠹理其害則同此陛下不可不熟

察也自古雖聖人在上未嘗不以巧言爲戒者蓋美言之於人易眩而難察易聽而難行故雖堯舜在上亦以巧言令色爲畏以静言庸違爲患以壬人讒說爲憂況其下者哉以此論之故宜專進崇實忠良之士以奉成聖化雖言有怫戾行有簡直作者不合者亦在陛下容養而成就之漢武帝愛司馬遷嚴助之才華而尊汲黯卜式唐太宗好許敬宗李義府之文章而信任王珪魏徵此明主之鑒有以區處之矣以陛下之文明致治將躋于二帝三王之盛而知人之辨必不在漢唐二主之後也

知審官院蘇頌同李大臨等繳李定詞頭第一劄子曰臣等檢會熙寧三年七月六日奉聖旨今後臺官有闕委御史中丞奏舉不拘官職高下令兼權如所舉非其人令言事官覺察聞奏臣四月二十八日上殿面奉聖旨將上件條貫赴舍人院商量草除李定官制者臣

詳定所上件條貫赴院同共看詳蓋爲從前臺官須得於太常博士
以上中行員外郎以下奏舉稱職後來爲朝行中難得資序相當之
人故朝廷特開此制云不拘官制高下者只是不限博士與中行員
外郎耳即非謂選人亦許奏舉也所謂無權者如舊官資序不相當
三丞以下未可爲監察故且令上權前行員外郎以上不可爲侍御
史以下兼詳此皆不爲選人設也若不拘官職高下並選人什其間
如延秀州判官亦可以權裏行不必更改中允也以此言之選人不
可超授臺官明矣至如程顥王子韶等並已先轉京官因中丞薦舉
方蒙特遷中允上權監察今李定是初等職官資序若特與改官只
合轉大理寺丞且選人特改京官已是優異若更授超朝籍廢之憲
臺恩命重疊陛擢非常先朝已來未有此比未知李定有何所長而
可當此殊命也臣等所以喋喋有言不避斧鉞之誅者非他也但爲
愛惜朝廷之法制而遵守有司之職業耳且爵祿賞罰進退黜陟皆
陛下得以專之無所不可者若事下有司則具有條制當官者須奉
行而固執也大抵條例戒於妄開今日行之它日遂爲故事若有司
因循漸致隳紊誠恐倖門一開則仕途奔競之人皆有僥求希望不
次之擢朝廷名器有限焉得人人而滿其意哉前世所以謹重爵賞
不以假人雖有奇才異倫亦須試以職事俟有成效然後超擢者以
此也兼臣等前來論列雖不具記上件條貫亦只指陳選人超授臺
官爲過當耳如宋敏求言去歲驟用京官而遷之今又以幕職官便
陞朝著而峻履糾繩之地切恐即循官制之舊未壓群議臣大臨言
秀州判官除授監察御史裏行不唯超越資序未壓群言抑亦有乖
國朝從來法制臣頌言去歲詔旨專令中丞舉官雖不限資品猶以
京秩薦授人所以無言者以前有詔令故也詳此與今來僉舉到不

拘官職高下條制亦不至違戾以此臣等所以須至再執守初議也
臣等非不知再拒嚴旨獲罪不輕但以意在盡公不敢自爲反覆上
誤朝廷耳所有臣大臨昨日當草薛昌朝除官制初亦疑慮未得允
當既而思之昌朝雖非御史之薦朝廷特除緣是京官爲有程顥王
子韶近例所以不敢違拒非如李定選人之比也欲望聖慈更加詳
察臣等惓惓之誠所有李定除官制臣等未敢具草
第二劄子曰臣今月二十一日准中書劄子右諫議大夫知制誥宋
敏求奏今月十九日當直中書刑房送到前秀州軍州事判官李定
特除太子中允權監察御史裏行詞頭伏以御史之官國朝以來其
任頗重去歲驟用京官而遷之今又以幕職官便陞朝著而峻處糾
繩之地臣恐弗循官制之舊而未愜群議所有詞頭未敢具草奉御
批速送別官命草臣伏以國朝近制進補臺官皆詔御史中丞知雜
與翰林學士更互於太常博士以上中行員外郎以下曾任通判官
中奏舉充三院其未歷通判者即須特旨方許薦爲裏行儻非其人
或至連坐所以慎重臺閣之選也去歲詔旨專令中丞舉官雖不限
資品猶以京秩薦授緣已有前詔故人無間言今定自支郡幕職官
入居朝廷糾繩之任超越資序近歲未有臣恐有違官法無益治朝
敏求所以惓惓而進言者納忠而舉職也議者或曰唐世自諸侯幕
府入登臺省者多矣而定之此除豈爲過耶臣以謂不然在唐方鎮
盛時有奏辟郎官御史以充幕府者由此幕府速遊增重祖宗深鑒
此弊一切釐改州郡僚佐皆從朝廷補授大臣出鎮或許辟官亦皆
隨資注擬滿歲遷秩並循銓格非復如唐世之比而今之三院事任
又重於昔時況定官未終更非時名對不由銓考擢授朝列不緣御
史之薦直寘憲臺雖朝廷急於用才度越常格然隳紊法制必致人

言所益者小。所損者大。再詳敏求前奏。頗得允當。所有李定除官制。未敢具草。

第三劄子曰。臣今月二十三日。准中書劄子節文。尚書工部郎中知制誥李大臨狀。所有李定除官制內有未便。奉聖旨令蘇頌依前降指揮撰詞。臣竊以官品有高下。職事有閑劇。皆所以待才能之士。擢授有資級。保任有常法。亦所以抑奔競之塗。由古以來。茲道不易。祖宗之朝。或有自起孤遠而登顯要者。蓋天下初定。士或棄草萊而不用。故不得不廣搜揚之路。自真宗仁宗以來。每有除授。雖幽人異行亦不至超越資品。蓋承平之代。事有紀律。故不得不循用資品選授之法。今朝廷清明。俊乂並用。進任臺閣。動有成規。而定以遠州幕官。非有積累之資。明白之效。偶因名對。一言稱旨。便授臺官。政府既已奉行。有司不能抗議。使制命遂行。四方聳聞。仕進之間。豈無觖望。況

今天下之廣。英豪之衆。它日或更有非常之人。又過於此。寅緣進見。奏對稱旨。則復以何官處之。寖漸不已。誠恐高官要職。或可以歧路而致。事有萬一。不可不防。臣所以區區建言者。上以遵朝廷之法制。下以盡有司之職業耳。謹按六典。中書舍人之職。凡詔旨制勑。皆按典故而起草。制勑既行。有誤則奏而正之。故前後舍人論列差除。用典故而蒙改正者非一。今三院御史須中丞學士薦舉朝臣乃典故也。或不應此。其敢無言。去歲以京官除授。所以無言者。以前有詔令故也。今若先立定制。許於幕職官中選擢三院。則臣等復有何言。而敢違拒邪。況定之此制。前日敏求大臨洎臣。皆知不應近制。是以各有論奏。今再被詔旨。若便奉行。是臣故違官守。自作二三。上累聖明孰任其責。竊謂威福之柄。人主得以自專。官守有責。臣下得以固執。若朝廷以定才實非常。則當特與改官。別授職任。隨資超用。無所不

可。不必棄越近制。隳之憲綱。若臣上懼嚴誅。靦顏起草。誠慮門下封駁。不肯放過。縱門下不舉。則言事之臣。必須重有論列。或定畏議固執。不敢祗受。是臣一廢職事。而致論議互起。煩瀆聖聽。則臣之罪戾。死有餘責。所有李定除官制。未敢具草。

第四劄子曰。臣今月一日。准中書劄子節文。李定除太子中允監察御史裏行詞頭。奉聖旨劄與蘇頌。所除李定係是特旨。不礙近條。令疾速撰詞。臣爲詳自來本院凡有中書送到詞頭。並是當制舍人奉行。唯是當制日曾封還詞頭。其詞頭再下。若元封還之官却再當日。即轉送以次官命詞。昨日中書劄子送舍人院。是臣當制。所以獨具劄子奏陳。今日輪當李大臨直日。上件劄子合是本官奏行。却專送臣處。顯見不依得自來更直承受体例。是同一職事而差使有異。臣豈敢越次承受。若云因臣論列除改不合條例。便送臣處分。緣上件

論奏。是與李大臨一状同議。事躰不殊。却不依常例。送本院輪次承受。其劄子已具状繳納中書門下。伏乞依自來体例施行去訖。兼臣與李大臨等前後論列李定差除未得允當。蓋是遵守朝廷之法制。奉行有司之職業。初等職官超授朝列。兼權御史。不應近制。所以未敢具草。今來中書劄子稱係是特旨除授。不礙近降條制。臣切謂若果出聖意拔擢。即須是非常之人。名聲顯聞於時。然後可以厭服羣議。爲朝廷美事。不然。則進用之路。自有階漸耳。昔馬周爲常何作奏條陳得失二十餘事。皆當世切務。唐太宗拔於布衣。近世張知白上書言事。論議卓越。真宗皇帝拔於河陽職官。此二臣者。可謂有顯狀矣。逢時遇主。可謂非常矣。然周猶召直門下省。明年方用爲御史裏行。知白召對稱旨。亦命試舍人院。然後授以正言。非如定遠州職官素無聲稱。偶因孫覺論薦。一賜名對。便蒙超授。縱有奇謀碩畫。亦未

顯著於時。豈是以上稱不次之擢。但用其言不試以實。天下才辯之士聞之皆思趨走勢要。以希薦用。此門一開。未必爲國家之福也。故前代用人之法。必加詳試。俟見成效。然後陞擢者。亦所以防僥倖之路也。今臣不避誅殛。再貢瞽言者。誠見陛下容受直言。可不思獻納。少裨補耶。其李定特旨除授。欲望陛下早賜采納群議。或詢近臣若謂定之才果足以副陛下特旨之擢。則臣自當受妄言之罪。萬一臣言不虛。即乞再加詳酌。或別授一官。寘之京師。俟它時見其實狀。進用未晚。如此不唯臣等職事得舉。兼亦可以養成定之才資。免詒異日之論議也。臣不勝夙夜惓惓納忠之至。然臣已是五次論列。累拒詔命。罪在不赦。戰恐待罪。不敢遑寧。

知制誥宋敏求繳李定詞頭。上奏曰。臣今月十九日當直中書刑房送到前秀州軍事判官李定特除太子中允權監察御史裏行詞頭。伏以御史之官。國朝以來其任頗重。雖列屬三院。各有等差。至於肅政外朝。紀綱所寄。號爲清峻。選擇益均。舊制須太常博士經兩任通判。方許舉奏入臺。蓋以歷任既深。則更事益多。朝廷之儀。得以詳熟。景祐初以資任難有相當者。遂許奏舉博士以上通判未滿任者。爲御史裏行。去歲驟用京官而還之。今又以幕職官便陞朝著。而峻處糾繩之地。臣切恐弗循官制之舊。而不厭群議。所有詞頭未敢具草。

知制誥李大臨繳李定詞頭奏曰。臣以今月二十二日。准中書劄子。令看詳宋敏求蘇頌所奏。要得公當。伏以御史之職。糾正內外。自國朝故事。每有員闕。必用太常博士已上。官然後補之。仍須曾歷通判。方許舉薦。今李定秀州判官。除監察御史裏行。不唯超越資序。未厭群言。抑亦有乖國朝從來法制。敏求頌之所陳。蓋亦有補於朝廷。伏望早賜詳酌。所有李定除官制。未敢具草。

大臨又奏曰。臣今月三日。准中書劄子。送下蘇頌繳納李定除太子中允監察御史裏行詞頭。奉聖旨所除李定出自特旨。並不礙近制。命舍人院疾速撰詞。輪次是臣當制。切緣臣與蘇頌前後累次論列。屢煩聖聽。非不知狂率僭易。罪當萬死。然猶喋喋不已者。無它也。蓋以職在近列。忝資書命。詔勅未便。理合奏論。既有所懷。豈敢緘默。切以李定自初等職官。超授御史。不次遷擢。舊例所無。若云差除特自聖旨。不礙近制。大凡朝廷爵賞之出。稍有優異。皆可謂之特旨。或事有未當。豈可以特旨之故。而不許當官者以職事而論列耶。以陛下之聖慮。聰明容納。必無不許之理。以此臣得以盡所懷而終言之。且定自屢仕。塗未聞有卓然稱譽爲時所推。若謂之有經術行誼。則召對數刻之間。陛下豈能盡見其所蘊之深淺也。若陛下以其辯論可取。急於任用。則遷之以一官可也。徐觀其所爲。然後別加遷擢可也。不當遽然置在憲臺。駭動物聽。於定未安。於國體亦有所損。故前頌之所論。唐太宗用馬周。先置門下省。明年方爲御史裏行。國朝用張知白。亦先試於舍人院。然後授以正言。蓋爲此也。今定之除。既未厭群議。若制命一出。豈免門下之封駁。臺諫之章疏耶。臣當此時。雖欲自劾請罪。亦無及矣。縱陛下容恕不加誅責。然臣復何面目以處陛下之左右耶。以此須至先事建言。儻蒙聽察。不唯在臣職業粗得所守。亦於朝廷萬分裨益。臣不勝競惶隕越待罪之至。其李定除官制。未敢具草。伏望聖慈更賜詳酌。

神宗時。校書郎晁補之奏。舉趙元緒狀曰。伏見本府居住朝奉郎新差監在京物料庫趙元緒。父故太子少師致仕。槩。在仁宗朝。曾與韓琦。曾公亮。歐陽修同執政。時仁宗初命英宗領宗正。槩言宗正非所以爲重。乞立爲皇子。後預顧命。與策立英宗嗣大寶。功施社稷。同時以臣之子皆蒙次第褒擢多已通顯而驟之嗣子獨沉常調簪組之傳幾絕如綫元緒刻意承家學問自立吏事足稱勘會知揚州蘇頌知應天府何正臣權京東轉運副使呂溫卿皆嘗論驟之功薦元緒之才可備任使未蒙施行臣竊覩神宗在東宮答驟書云首定大策國已措時於久安世蒙顯休方當與國而長懋驟之有勳王室事固灼著其墳墓居第在宋歲時闕人照管伏望聖慈檢會前後臣僚奏乞特賜甄録其子元緒與一南京差遣庶以廣國家求舊念功之美意而勸臣子之為忠孝者

監察御史陳師錫上奏曰臣聞堯舜禹稷之相遇其朝夕都俞勸戒不過於任賢勿貳去邪勿疑蓋為君之先務在此也夫知任賢矣而任之之意不專賢不可得而任矣知去邪矣而遲疑不斷雖有去邪之意邪亦不可得而去矣昔齊桓公問管仲曰吾欲酒腐於爵肉腐於俎得無害霸乎管仲曰此極非其善者然非害霸也任賢而使小人間之害霸也公曰何以亡管仲曰以其善善而惡惡桓公曰善善而惡惡何以亡管仲曰善善而不能用惡惡而不能去所由是亡也由此言之人君不得任賢去邪之道大不可以王小不可以霸守而不變乎至於亡其能霸且王乎管仲且猶知此況不為管仲者乎宋興百五十餘載矣號稱太平享國長久遺民至今思之者莫如仁宗皇帝仁宗嘗考致治之本亦不過於開納直言善御群臣賢必進邪必退自明道中初親覽萬機見政事之多僻知輔佐之失職自宰相呂夷簡樞密使張耆參副夏竦陳堯佐范雍晏殊等一日皆罷去天下已服其英斷矣寶元之初地震冬雷用諫官韓琦之言而宰相王隨及同列陳堯佐盛度韓億石中立同時見黜嘗用夏竦為樞密使諫官歐陽修論其姦邪即日罷竦判河陽晏殊為宰相諫官蔡襄言其不

恤邊事廣置田宅即日出殊知潁州其後不次擢用杜衍范仲淹富弼韓琦以致慶曆嘉祐之治為本朝甚盛之時遠過漢唐幾有三代之風若仁宗牽於偏聽優柔不斷雖諫官言不見用賢善不進朋姦不去則安能享四十二年太平之福乎臣願陛下遠思堯舜禹稷任賢去邪之道中采齊桓管仲善善惡惡之戒近法仁祖納諫御臣之意則太平之盛指日可見臣以疎遠朴陋誤蒙收擢敢竭所聞上裨萬一伏望陛下留神省察倘蒙加意豈獨一介小臣之幸實社稷生民之福也

黃廉為監察御史裏行建言成天下之務莫急於人才願令兩制近臣及轉運使各得舉士詔各薦一人繼言寒遠下僚既得名聞於上願令中書審其能而表用則急才之詔不虛行於天下矣

知杭州陳襄薦吳師仁劄子曰新制已前嘗選請到本州進士吳師仁在學充教授体訪得本人履行淳正器識高遠嘗隸業太學名聞縉紳應舉不第退歸田里甘貧守道專治誠明義理之學而不為異端之說自充教授以來夙夜孜孜誨誘不倦曾未數月學者翕然向風知所勸激使之久處必有成就人才美厚風俗伏望聖慈特賜收采令充本州州學教授

熙寧中襄為侍御史知雜事又論大臣皆以利進上奏曰臣竊聞已有制命除韓絳樞密副使兼參知政事絳以才望序遷固未為過然朝廷所以用絳之意似乎不厚矣陛下始用王安石參預大政首為興利之謀先與[illegible]事陳升之同領制置三司條例司未幾升之用是遷為丞相而絳又領之曾不數月今又以絳參預政事則是中書選任大臣皆以利進自古致治之朝未有此事也書曰茲惟三公論道經邦燮理陰陽官不必備惟其人此輔相之任也大戊之興也

則有伊陟臣扈格于上帝。巫咸乂王家。高宗之興也。則有甘盤傅說。
而商祀配天。成王之立也。則周公爲師。召公爲保。興作禮樂。遂致太平之
功。不聞以利責之也。唐憲宗剛明果斷。能立事功。以藩鎮漸平。肆意
侈欲。程异皇甫鎛探知其旨。以誅剝財利說之。故憲宗獨排物議。而
以异鎛爲相。裴度素所親信。雖極言論列。終亦不悟。季年昏惑。書庸主
之不君。信乎利之蔽人也如此。君人者之所任與其所好。足以爲戒
矣。今陛下執政之臣。凡以利進者三人矣。雖聖德高明。不足以致惑。
亦不可以不謹也。臣欲乞罷絳參知政事。今後中書選任大臣。必求
道德經術之賢。以處之。而不得以利進。如陛下不欲追寢已行之命。
即乞將制置條例司與青苗補助之法。只歸三司及責之守令。相度
施行。庶不害於王政。而足以全大臣之節矣。
襄知諫院。乞召還范純仁狀曰。臣伏覩近降中書劄子。內聖旨。就差

知河中府兵部員外郎直集賢院范純仁。充成都府路轉運使。劄付
御史臺者。臣聞御史中丞呂公著。右正言知諫院孫覺。皆有文字乞
留純仁。要劇差遣。未蒙俞旨。純仁向以諫官言事。議論有所不合。於
義難處。懇求外官。陛下深示矜容。不獲已而與之善郡。中外之論。已
惜其去。謂無歲月之久。必當召還供職。今復使之遠適。人情殊駭。在
陛下之意。亦不過藉其風力安慰遠民。然內外資望之臣。可以當此一
路者。猶足選擇。如純仁者。忠義勁正。乃陛下耳目之官。嘗以言事被
逐。而志無所奪。輕利信道。不爲苟且之計。求之今日。豈易得哉。衆口
一辭。皆以爲不當去。伏望聖意早賜召歸要近。以厭人望。非特臣之
私言也。謹具狀奏聞。
襄又依赦文舉陳烈狀曰。准御史臺牒。准熙寧十年九月七日勅。奉
聖旨。應內外官待制以上。各於文臣內舉才行堪任陞擢官一員。令

中書審察。如所舉不謬。取旨隨材用試。即不得舉已係帶職及兩府
自己親戚者。臣伏見前授安州司戶參軍充國子監直講陳烈。心仁
氣剛。才智卓越。學聖人之言。而必踐其行。稽先王之法。而必適於時。
博通群經。尤明於典禮之奧。其爲文章。淵源浩博。肆筆而成。求之宿
儒。未有比者。慶曆初嘗與鄉貢。試于禮部。罷歸田里。無復仕進。安貧
力學。積四十年。著書數萬言。未見其止。仁宗朝嘗因近臣論薦。及本
部監司長吏高其風節。數以名聞。累降召命。以學官起之。辭而不至。
世以爲潔身獨行之士。是非知烈者也。烈之所學。皆孔孟之志。觀其
事業。足以有爲。自以身載聖賢之道。未爲苟進。可以禮致而不可以
利畜。如斯而已矣。伏思陛下享御以來。博延髦儁。得人之盛。跨越百
王。如烈之賢。不爲難致。欲望陛下特以禮命召至闕庭。賜對清閒。親
降聖問。使陳二帝三王之術。六經四子之要。與夫當世之務。以著于

篇。必有以上稱陛下尊賢重德之舉。今保舉堪充清要不次任使。如
蒙朝廷擢用後不如所舉。臣甘坐面欺之罪。謹具狀奏聞。
襄又彈李南公除京西運判不當狀曰。臣伏准中書劄子。太常博士
李南公已降勅命。就差權發遣京西路轉運判官。依舊提舉本路常
平廣惠倉兼管勾農田水利差役事。劄付御史臺者。南公資力甚淺。
學術無聞。雖小有才。未足以驟加劇任。近爲制置司奏辟。專以青苗
之法爲便。迎合柄臣。曾未赴官。遽還此命。雖理權發遣。資序其實與
轉運使副事權均一。使廉按一路。所繫不輕。非有資望之人。豈宜越
次輕授。況青苗取利之法。臣已累次論列。乞行寢罷。未蒙指揮。今來
更令轉運判官專領其事。外持使者之權。內與制置司相爲響應。之
以公行率剝。坐致餘贏。在於愛民。誠爲未便。所有南公轉運判官之
命。欲乞追還。別與差遣。試之以事。如其的有顯効。然後擢而任之。庶

使輕揚巧佞之人無由妄進仍乞以臣前後乞罷青苗劄子早賜降付中書裁决施行謹具狀奏聞

襄州尚書都省乞選擇縣令劄子曰臣備位銓衡膺旨授之寄伏見吏負冗雜無所銓品非國家清源正本之道臣固未敢別有改更但以縣令一職最為親民之先者上以宣導主澤下以阜安百姓苟非其人則百里蒙其害此固不得不慎擇也自仁宗天聖間舉之令制始行是時天下翕然以為良法雖窮荒至陋之邑皆號得人然臣觀之猶以為未至何則蓋天下之邑至多而被舉之員不足間以常調入令之人衮同差注故未能均得良吏也臣今相度欲乞應係選人知縣縣令處有闕並以奏舉人充仍詔諸路職司長吏今後奏舉縣令須是實有才行政術可以字民者即不得徇私妄有保薦親舊勢要不職之人如有繆舉專委御史臺覺察彈奏每至舉狀到銓委自判銓臣僚將逐人歷任內勞績及舉主人數並具手實校量銓次籍為上下二等仍令諸路轉運司勘會轄下州軍將所管逐縣戶口多少公事繁簡亦為二等擇其素號繁難不治之邑及京朝官知縣久闕正官之處取係上等手實人以次授之其次等人即與以次縣分作兩等差注如奏舉員數不足即於常調合入令錄資序人中選歷任內有京職官縣令舉主三人充拆合狀與奏舉人一例入等差注如內有賢能之士偶然舉主未足不該入等者然其才術可當繁劇即委判銓同罪保舉入逐等差注每歲判銓二員所舉各不得過十二人其有素行乖越人品猥懦民老癃疾之人雖合入等亦委判銓體量降等與常調差注其奏舉入令人並乞與免見職司長吏廷參其資序仍次幕職官之下而在錄事參軍之上如到任後政績有聞及舉主五人以上合該磨勘者候得替到銓日其任劇縣者即與截

申次等縣者與先次引見如別無治迹及舉主不足自依常選人例施行稍或繆濫違闕不如舉狀者即坐所舉之人如此則天下邑無小大遠近及繁難不治之處舉皆得人偏遠之民咸被聖澤此實陛下安養元元之首務也如以臣言為可采伏乞降付銓司令臣與同判官商議合行條約未盡事件子細具析以聞

歷代名臣奏議卷之一百三十六

用人

宋神宗熙寧四年監察御史裏行劉摯論人才上疏曰臣竊以為治之道唯知人為難蓋善惡者君子小人之分其實義利而已然君子為善非有心於善而唯義所在小人為惡頗能依真以售其偽而欲與善者淆故善與惡雖為君子小人之辨而常至於不明世之人徒見其須臾而不能覆其久也故君子常難進而小人常可以得志此不可不察也恭惟陛下承百年太平覆大有為之會寤寐人物不次而用至於今日未見卓卓有功狀可以補國利民仰稱詔旨而中外頗有疑焉者此何謂也豈所以用之者或未能盡得其人歟臣且以將命出使者言之其規畫法度始皆受之於朝廷也一至於外則大異矣興利於無可興革故於不可革州縣承望奔命不暇官不得守

其職業農不得安其田畝以掊削民財為功以興起犴獄為才陛下振乏均役之意變而為聚斂之事陛下興農除害之法變而為煩擾之令守令不敢主民生靈無所赴愬臣以謂此等非必皆其才之罪特其心之所向者不在乎義而已故希賞之志每在事先而奉公之心每在私後故顛倒繆戾久無所成其能少知治体有愛君之意出憂國之言者皆無以容於其閒是故今天下有二人之論有安常習故樂於無事之論有變古更法喜於敢為之論二論各立一彼一此時以此為進退則人以此為去就臣嘗求二者之意蓋皆有所是亦皆有所非樂無事者以謂守祖宗成法獨可以因人所利據舊而補其偏以馴致於治此其所得也至昧者則苟簡怠惰便私膠習而不知變通之權此其所失也喜有為者以謂法爛道窮不大變化則不足以通物而成務此其所是也至鑿者則作為聰明棄理任智輕肆獨用強民以從事此其所非也彼以此為亂常此以彼為流俗畏義者以並進為可恥嗜利者以守道為無能二勢如此士無歸趨臣謂此風不可浸長東漢黨錮有唐朋黨之事蓋始於此在易之象以君子道長小人道消為泰小人道長君子道消為否傳曰惟君子為能通天下之志書曰皇建其有極又曰無有作好遵王之道無有作惡遵王之路記曰一道德以同俗又曰舜執其兩端用其中於民今天下風俗可謂不同情志可謂暌隔而消長之勢可謂才明矣臣願陛下虛心平聽默觀萬事之變而有以一之其要在乎謹好惡重任用而已爾前日意以為是者今求諸非前日意以為短者今取其長稍抑虛譁輕偽志近忘遠幸於苟合之人漸察忠厚謹重難進易退可與有為之士抑高舉下品制齊量收合過與不及之俗使會通於大中之道然後風俗一險阻平民知所向而忠義之士識上之所好惡無

有偏陂莫不奮迅而願為之用則施設變化惟陛下號令之而已臣謂方今之故無大於此惟陛下幸察

摯又論監司上奏曰臣自待罪風憲屢曾以天下監司為言乞澄汰選擇誠以朝廷政令使監司得其人則推行布宣可以諭上指而究惠澤苟非其人則所謂徒善而已終於民不得被其利夫上之所好下必有甚朝廷以名實為事行總覈之政而下乃為刻急淺迫之行朝廷以教化為意行寬厚之政而下乃為舒緩苟簡之事皆習俗懷利迎意而作故所為近似而非上之意本然也今雖因革之政有殊而觀望之俗故在但所迎之意有不同耳其為患一也昨差役之法初行監司已有迎合爭先不量可否不校利害一槩定差騷動一路者朝廷察其意固以黜之矣推此以觀人情大約類此且天下之事散在諸路總制于監司其大者治財賦察官吏平獄訟考疾苦使者皆

務為和緩寬縱苟於安靜則事之委靡不振世之受敝不勝言也向來黜責數人皆以其非法掊斂意在市進虐民甚者亦非欲使之漫然不省其職廢所宜治之事謂之寬厚也昧者不達故矯枉或過其正臣謂此法不可滋長須要大為之禁伏乞聖慈詔執事申立監司考績之制以常賦之登耗郡縣之勤惰刑獄之當否民俗之休戚為之殿最每歲終以詔誅賞仍自今歲始焉庶幾有所隱括裁制之使循良者不入于弛肅給者不入于薄然上副聖明制治用中之意夫察時之寬猛緩急觀俗之過與不及而張弛其政正今日事也

摯又乞補諫員奏曰臣伏以國之政令常患為名甚美而事無其實竊觀庚戌詔書令內外兩制各舉諫官二員當此之時天下臣庶皆知陛下欲開廣言路謂此官之任職在補發人主聰明而直言朝廷闕失求天下公議所與之人此盛德事也兩制各以所知應令者

蓋數十百人矣然至今頗未見有所用之方陛下厲精政理豈徒文虛名而廢實事耶豈數十百人者之材業皆不足以少副詔意耶不然復將聽大臣自有所擇用之耶夫百執事固大臣之所宜擇然惟有在言路者當出於人主爾諫院自孫洙補外及今逾月缺員已多當陛下求忠言如不及之時伏願檢會去年兩制所舉人數內親選有重望諒直之人補任諫員交輔聖政以實前日之詔不勝大願

館閣校勘王存乞崇用忠實仁厚之吏上奏曰臣准御史臺告報當臣轉對者臣聞為治不在多言顧力行何如耳此至論也陛下自即位以來克己一心憂勤庶政未嘗事燕游之好擢任材能修明法度有黽勉不倦之心內經貨財外明威武有長轡遠馭之略觀前世求治之主規模宏廓而勵精如此者不見一二謂宜天下震動鼓舞以趨太平然為之累年而人情未安衆論不一其故何耶豈非所以為法有未諭於民心而所任行法者有不厭於物論耶陛下亦盍反求所以然矣蓋治貴適宜不必舍近而慕遠事斷當理不必遵古而狹今祖宗法制行逾百年固有陵夷偏弊而不舉者陛下作而振起之是當爾也先王善政有可施於今者祖宗未遑及焉陛下舉而推行之是亦當爾也然議者遂以為本朝之法卑狹潰壞必盡更其故然後為治臣恐好議論者過也古人有言徒善不足以為政徒法不能以自行此言雖有善法必得人而行之切見比年擢用之人才慧有餘而忠實不足行法之吏刻暴相勝而仁厚無聞群情惑而橫議興未必不由於此然則所謂行法適足以壞法也臣恐澆薄相扇寖以成風令卿大夫聚於朝論刑而不及德士庶人交於下言利而不及義夫朝廷進人之賢否風俗繫之風俗之厚薄盛衰隨之仰惟陛下恢堯舜舍己從人之美體仲尼察言觀行之明深抑巧佞險薄之風崇

用忠實仁厚之吏使大宗之風俗淳厚於三代陛下之德化比隆於二帝豈不盛哉臣愚不識忌諱伏惟陛下幸赦而省察之臣不勝拳拳

同鹽鐵判官錢勰乞參舉才德之士上奏曰臣聞天下之治有因有革祖宗遺德在人法度明備此陛下之所宜因而世習久治弊隨以生此當今之所宜革也伏惟陛下操大有為之志而當不可不為之時凡所以不憚更張而務以興利除害追堯舜文武之用心也臣竊嘗深計熟慮當今之宜其先務之要不過擇人而已今陛下先器能而後履歷惟材是舉可謂急於擇人矣然臣尚慮有所獻者以謂人才不悉同而所用有宜適用不盡其才則雖才且無益多才而不涉道則為患大於不才惟道德規矩之士而其才足以經濟世務者此自陛下所宜養育成就以待非常之用者也自餘百執事之任有才智通

敷。可以辨集事務而不能深知禮義之科指者皆足充繁使而不可居內外表率之官。而抱公守道難進易退之士。雖無敏捷趨走之便。而堪屬大事者。此居內可備顧問而居外可為表率。臣願陛下參舉才德各盡其用。必使有德者先進而有才者佐之。俾上不失經國之体。下不失便民之利。以陛下至明不惑之資。洞見情偽。器而使之。天下幸甚。

繪又乞擇經術耆艾之士以備顧問。上奏曰。臣伏見漢制侍中左右曹諸吏常侍給事中。皆加官。多至數十人。或得入禁中。掌顧問應對。唐制供奉學士。以文學言語出入侍從。因得參謀議納諫諍。是皆人主所與燕見者也。恭惟陛下天縱之資。尊意經術。遴揀臺閣未嘗虛授。妙選名儒。以備要近。然皆外領事務。自有官守之責。未協盡規之義。臣願陛下益選其間經術通明有守不畏老為耆艾之士兼取該

貫史學。通知古今。可以謀王體斷國論者。優以清閑。列之親近。使專意討論。以備朝夕燕見。紬繹顧問。啓沃獻替。少裨萬一。則與夫事已施行而使言事者論列利害。彰於群聽。勢相遼邈。而所益廣。惟陛下省察。

御史中丞楊繪論舊臣多求退。上奏曰。臣竊見唐尚書左丞孔戣年及七十致仕。得請。韓愈上疏言。自古以來。及聖朝故事。年雖高。但視聽心慮苟未昏錯。尚可顧問委以事者。雖求退罷。無不留止。優以祿秩。不聽其去。以明人君優賢貴老之道也。禮曰。大夫七十而致仕。若不得謝。則必賜之几杖。及引詩云。雖無老成人。尚有典刑。此言老成人重於典刑。不可不惜而留也。臣切謂孔戣年已七十致仕。得請。愈猶以老成可惜而留之。則近日老舊之臣。年未及七十。而堅求休退者。已聽數人矣。范鎮始六十有三而致仕。呂誨約六十而致仕。歐陽脩六十有五而致仕。富弼年六十有八。被劾後歸養疾。司馬光王陶始踰五十。雖皆未致仕。而得閑散地。雖彼數臣自以知止足為高節。臣所疑何獨近來高者之多乎。唐大中時。吏部侍郎孔溫業求外遷。宰相白敏中顧同列曰。吾等可少警。孔吏部不樂居朝矣。彼白敏中一庸相也。尚能以賢人不樂居朝自警。而況陛下以大聖之資。孜孜求治。而老舊之臣相繼有不待年而求去者乎。老者退而少者進。舊者遠而新者衆。得不微軫於聖懷哉。但恐訪於偏辭者。則曰。彼皆奸邪之人。畏陛下之神明而遠遁矣。否則曰。彼皆沮止新法者。今新法既已便。故皆羞怛而退矣。臣願勿信於偏而少加警於聖慮。則天下幸甚矣。為國任臣之道。惟其用之當而已。故無老少舊新之分也。然而老而舊者常過於重謹而難以與變法。少而新者常喜於進取而易以與作事。臣以為二者之說宜參取之。乃得其當。若取之偏。則少而

新者可與圖其始之利而不肯慮其終之害。老而舊者能防其終之弊而不肯謀其始之變。若能用易於作事者俾圖其始之利而戒之。聽難於變法者俾慮其終之害而防之。則事得其宜矣。古有云。老者之知。少者之決。此之謂矣。切恐少而新者言其利則易從。老而舊者言其害則難入。而或有利十而害百者。但聞其利。不聞其害焉。民或被其害而無由上達矣。

繪又論諫官當人主自擇。上奏曰。臣聞天子有諫臣七人。雖無道不失其天下。謂三公四輔為七人之數。今之諫官即古之三公四輔之職。其任得非重哉。擇之可不謹乎。本朝諫院官多或至五六人。少猶不下三人。然皆出於清衷之自擇。蓋天子既以事委宰相。則天下之人悉趨附而無敢陳其不逮。故置諫官以相維之。其如位宰相者。必不喜諫官之敢言。理固然也。不爾。裴垍安得獨稱美於唐哉。為宰相

者。則必自除附己者為之。乃不如不置也。徒自蔽於耳目而已。陛下博通古今。至於納諫昌拒諫危之說。如唐太宗終始納諫而昌。唐明皇不能終。而危之事。具布史策。不假臣言也。伏覩孫洙補郡。後來官闕而不填者旬月。得非難其人乎。臣切見李絳有云。聖王選當代之人。極其才分。自可致治。豈借賢異代。治今日之人哉。臣願陛下擴在朝之臣。擇其老成諳練典故之士。而置之諫列。以參聽其議論。不無補於聖聰也。而勿委宰相除之。若委而除之。則必取新進之士。不敢異論者。不由檢正并條例而升。則自編校與敕局而授矣。願陛下兼聽而廣視之。取賢深淺之人。雜用之。以集衆才之美。而濟天下之務。幸甚。

五年。御史劉孝孫乞召對之人。量加試用。上奏曰。臣伏見陛下講備衆務。揀拔人材。雖毫善寸長。畢蒙收采。英識睿鑒。前古罕及。然其間有名自遐遠。使之對揚。天資高明。聖問宏奧。幽仄之士。乍對清光。舉動語言。過於兢畏。偶有罷去。能無沮傷。蓋其始名也。皆以為榮。及其罷去也。不勝其辱。況士人或緣臣僚薦舉。或為朝廷所知。比之草澤。必有可采。苟就其材器。各加試用。不惟不沮傷其志。是亦陛下覆載涵育之德也。

孝孫又論方面之寄。勿遽更易。上奏曰。臣前日奏事延和。論及久任官吏之意。臣切謂設官分職。以相經緯。而不責悠久。一切代徙。曾無常任。皆自昔之公患。比來朝廷思革前弊。如監司使者。稍稍任之久。而方面之寄。尚或遷易不常。事大體重。方幸得人。要且勉徇吏民便安之意。少息遞傳送迎之勞。曲假歲月。使得盡所施設。夫豈不美。如留守大名府韓琦。知成都府趙抃。皆朝廷舊臣。天下之所屬望。琦有大節。抃有清德。所至誠服。如其父母。藩垣之外。得斯人而任之。則可以坐分宵旰之憂矣。臣願陛下留神方面。遴揀名德。久其時歲。勿遽更易。雖心在王室。臣子之志。而無以公歸。實厭輿望。臣不勝區區。

九年。監察御史裏行蔡承禧論除授不經二府。上奏曰。臣伏覩近日命趙卨為安南招討使。李憲為之副。外議紛紛。皆云不自二府。此雖陛下擇才之明。亦必與大臣商議。又曰。憲所陳請。多不經由二府。徑批聖語下招討司。此果有之乎。是非之間。臣未易以臆決。風傳之事。或難盡信。然若無其由。安得此語。臣職居風憲。義不可隱。苟有聞見。宜以悉陳。臣竊以人君之職在知言。以言任人。既難偏用。則先參驗其平日之素行。又攷察其今日之所能。凡所能所行。已先參攷。則曰功曰效。徒可類求。自小官而至大吏。自大吏而至大臣。及夫參預政機。圖回樞要。任既重矣。察亦至矣。故古之知治之君。不以疑大臣為嘉謀。以擇大臣為重事。若夫道不足以簡人君之心。行不足以孚天下之衆。所措乖戾。所為諂邪。則數告外廷。去之可也。至於使居其職。而不責以所任之事。使充其位。而不責以所行之言。內計定。而外言得以轉移。近習進。而輔政之語得以侵奪。或文符直行。而不領屬於公府。或論議陰進。而不関決於樞廷。則滅裂紀綱。何莫由此。諒朝廷以為事之大者。必須僉謀。已令大臣詳論。事之小者。不欲迂滯。秖使小臣開陳。或患其宛轉而虛有留難。或以其迫急而不暇詳問。夫王言之出。尤在謹微。其初小不留神。其後遂為故事。某日某事。稍繫政經。已嘗不下二府。某日某事。不繫國體。倘緣却関外司。樂便疾於一時。忘幾微於後日。一啓其漸。寖難改更。況於邊廷休戚至重。且命大臣者。所以同安危而繫休戚者也。今至煩莫若邊鎮。至重莫若將臣。而有不預焉。則大臣之能知其任者。必皆自疑。莫敢安其處矣。既不敢安其處。則同心同德之義虧矣。大臣之罷軟者。必曰。勢位已極矣。

上已為之。而又以力爭。則獲專權之名矣。大臣之不勝其任者。必曰。此出於聖旨。我何預哉。是謂其能者為自疑之端。不才者為容身之地。積此而往。豈國家之利邪。而又君逸臣勞。勢自當爾。主憂臣辱。事皆固然。未有君宵旰於上。而使臣得燕安於其官。主憂勞於中。而使臣乃恬然於其下者也。臣不必遠引古今。以國朝言之。章聖皇帝。責謂李穆。天旱如此。盈車載係於汝安乎。可謂能知責輔弼之方矣。太祖以王著醉於玉堂。而悉逐御史。此可謂能責彈劾之臣矣。蓋平日不侵其所職。則日後可責以有成。臣伏觀近世朝廷所以責臣下者至輕。羣臣所以自任其責者尤鮮。二府侵奪寺監之職。寺監侵外任監司之職。監司侵州縣之職。方今之弊。在所革除。豈可相承。上下如此。則恐權綱一紊。極之則難。臣欲乞除命大臣。臺諫之外。事無巨細。非經二府者。不得施行。其乞不下兩府者。悉傳以法。其大臣或可疑。

若不堪其任者。速令罷免。如二府之論或有異同。陛下總攬其成。裁斷其可而後行。庶盡帝王容下之美。大臣無諉上之名。人人自任其責。君臣之間各盡其道。

侍御史周尹。乞重使者之任。狀曰。臣伏見朝廷近年遣使出外。大則察訪制置。小則幹當公事。遠至兼兩路。近亦十數州。竊原其意。豈非以天下至廣。人情萬殊。高拱深嚴。不能周知。夫事物風俗之變。環顧僻遠。不能親諭以德意志慮之詳。臨遣輶車。旁午道路。蓋欲其宣布上澤。考正法度。講求民瘼。推行美利。擊奸暴。振滯淹。甄別賢否。澄清風俗。此堯之聰明。舜之考績。文王之憂勤。而陛下之求治也。然將命之人。間或不稱所選。煩苛掊刻。失於大體。所至郡縣。惟糾摘簿書。小失刊正。吏文空言。變更已成。而妄作聰明。摧辱監司。而自為威重。聽任失實。措置乖方。期會之嚴。甚於星火。以致職司諂事。官吏驚憂。一方騷然不敢安處。有識聞見。為朝廷深惜。殆非所謂肅肅王命。仲山甫將之。皇皇者華。言遠而有光華之義也。近聞朝廷察訪体量幹當公事等官。內有任意違法者。許本路監司覺察聞奏。必以使者不職如前所陳。故行約束。未令過當。然王人銜命。乃為外司檢察。本末倒置。非所以尊大朝廷也。臣願陛下重使者之任。謹選而時遣之。非素有才行曉知民務之人。不以將命。非廢置利害關於要切之事。不以輕出。無令使者為監司所議。庶幾君命不辱。國体增重。崇忠厚之化。革偷薄之風。

十年。監察御史裏行彭汝礪。論守令許保明再任。上奏曰。臣聞事有善緩而所主最大。理有若迂而所關最急者。守令是也。今之談治道者。咸謂迂緩。忽而不省。然百里之命。千里之寄。財賦之繁。役實戶之。獄訟之重。彼實任之。向使一不得人。則陛下雖有德澤。誰與達此百

姓。雖有沉冤。誰與領此。臣伏見陛下儲神政機。勵精民務。屢下德音。誕告中外。峻刺舉之法。嚴考課之令。四方聳然。咸知趨向。以臣觀之。今四海幅員之廣。有學士大夫之眾。所謂循良之長。慈惠之師。宜不難得。然限以歲月。不足以程其功。繫以資格。不足以起其意。臣今以為宜委按察官。精覈部吏。其有究心政理。宜於其人。有志功名。善於其職者。縣令許知州保明。申監司。知州許監司保明。奏朝廷。不限員數。並許再任。如任內別有功狀。卓然可觀。大者特賜詔除。次者優加秩任。其合關陞磨勘者。並與就任陞改。如此。則能者得極其意。奮迅於事功。中材不忍自棄。自勉於職業。

汝礪又奏曰。臣比緣入對。乞令吏部選薦人才。以待朝廷考擇。蒙恩許令尚書左選。略賜施行。甚大惠也。詩曰。濟濟多士。文王以寧。欲多士。有道在知所以養之。求之而已。養之在久。求之在博。譬猶楩楠杞

榫之木皆須百年而後成蘋蘩蘊藻之菜亦非一所而可得尚書左選惟升朝文臣而已如右選及侍郎選不與焉衆才所聚不謂無人臣欲乞令三選皆倣尚書左選法而推行之責之以不已必有所得上稱朝廷所以求取長育人才之意惟陛下留神

汝礪乞選任大臣諫官狀奏曰右臣學不獨於理又不稔熟於時事雖思胃昧自竭亦自知其無補也臣切自念三代之盛莫如周周莫盛於成康昭不克繼穆幾於亡宣王中興然已不純於文武矣高祖取秦為漢一傳而有呂氏之禍文景之際盛矣而亦有七國之亂武帝好大喜功兵出無虛歲海內為之騷然光武再有天下號令溫雅政教宣昭所克繼者顯肅而已肅巳下無稽焉神堯之功不及湯武太宗之治幾於成康至於高宗孱弱武氏遂專制明皇之興不克厥終唐自此微矣下于五代中國分裂為七八及真人出四海一而聖聖相續太平踰百年矣自三代以來其盛未有如今日也深惟萬物之變相往還於無窮治不能無亂安不能無危臣稽諸天變察諸人事參之往古驗之來今度天下之勢足以為大治亦可以為亂足以為大安亦可以為危治亂安危之機在陛下察之而已臣之不肖自顧無益陛下事惟陛下謹擇大臣以與政事選揀忠直以當言路庶幾利害邪正不壅於聞聽而天下終保於治安也臣不勝拳拳之至臣所陳非一不能以動天聽天下之事在下者不能言之而在上者不能知之雖然不能言之及其能言之則亦行之矣不能知之及其能知之則亦去之矣則是猶未為深能也若夫已言之而不能行已知之而不能去則為害大矣臣不任震慄謹錄奏聞

汝礪又奏曰臣聞為君難任人而用之則為君非難知人難修身而取之則知人非難陛下同天縱之將聖又不厭於學其於天下是非

之理固已昭晰矣惟所以是之而觀天下之賢惟所以非之而觀天下之不肖則邪正曲直何隱於日月之昭昭耶然天下之理有似是而非物之終有敝者不可不察也所任主於仁而有容者也而庸懦者同焉庸懦者其形似仁而非仁也所聽主於知而可以謀也而纖巧者附焉纖巧者其說似智而非智也所使主於勇而足以有為者也而暴戾者出焉是暴戾者其迹似勇而非勇也自陛下即位此類誤陛下多矣幸陛下加察焉子曰始吾於人也聽其言而信其行今吾於人也聽其言而觀其行蓋亦不得已矣然自朝廷至于郡縣凡幾倍自公卿至于士凡幾人欲以一人之知昭明而審察之亦不可勝辨矣使臣為計亦擇其大者而已臣願揔天下之事而兼計之盡天下之才而兼論之而為之圖籍焉自廟堂之上與任安危者當幾何人而其道大其德駿可與同者今幾人自邊境之外所與分邊寄者今幾何人而其謀深其猷壯可以使者今幾人內之為府為監為省為寺者幾何處也外之諸路及為大郡府又幾何處也其德行可以教人其忠謀可以諫諍者可以長人者可以理材者可使者或貴或賤或遠或近今揔幾人敍之吾心謀之公卿大夫聽之民言皆以為可則可以不疑矣以信任之使之國以恩遇之使之身以禮遇之使之盡久之乃遷焉夫其大者已得之矣其小者付之有司亦用所知焉可也以臣所計不過數十人而天下事定矣蓋堯之所知者一相而已舜之所命四岳九官十二牧凡二十二人而已周官之所論三公三孤六卿凡十二人而已天下亦多事矣雖緣而推之將不勝其多而其所求者止於如此乃所以能是也蓋堯以一相使引其類則得十六相舜以二十二人分治內外而不仁者遠周以六卿各率其屬而兆民治此其所

帝所以為王也夫四海之大百官之富未嘗無才也

在人主所取而已。詩曰。薄言采芑。于此菑畝。夫宣王中興之問。乘天下之才寡能之時。崛然興起。求所以為相。所以為將。蓋無不如其意。以今日之盛。祖宗恩德。數被百年。而陛下養育之至。亦何求而不得乎。惟陛下念之。

汝礪又論縣令狀奏曰。臣聞朝廷選職司重於郡守。選郡守重於縣令。亦勢之自然也。然臣嘗以謂一路之為職司者。不過三四人。一州為之守者一人。而為之令者或五六人。或十人。事之自縣而至於州者十止於三四。自州而至於職司者。一二而已。故利害係於民者至多。而其迹尤與民親者莫如令也。陛下作為法度。尤用意於此。而臣所經涉。徧江淮數千里之間。求其能至於不敗事者已少。而其不才苟簡貪冒之人。實不可勝數。其能以至誠推陛下之德意志慮以施於民者。往往而絕也。臣以謂為縣終不得人。則陛下雖有善政。終不得以及天下。莫不有青苗免役也。有處以為大利。有處以為大害。莫不有賦稅也。有處以為增羨。有處以為虧損。然則法之行。果繫於令也。今選人有舉者三人進為令。令得舉者五人。遷為京官知縣。其所保者未為貪汙而已。雖不能。不恤也。邑有小大。人之才有餘不足。循名以授之。則不才者往往誤當煩劇難治之寄。而有能者。或置於寬閑無事之地。此非善使人之方也。且如廬州之舒城。合肥。慎縣。與亳之衛真。皆用京官。如饒州之安仁。餘干。與歙之祈門。皆係舉令。然合肥。慎縣之事。十於衛真。舒城。祈門之煩。非安仁。餘干比也。今不度其力而任之。其能不敗乎。夫喜安逸。惡勤勞。皆人之常情也。非少優與之。則孰肯自投於危辱之地哉。臣乞令逐路監司籍繁難縣。皆待舉而後入。稍優以恩例。其治狀尤善者。超擢之。至無狀者黜之。因以為舉者之賞罰。因以觀舉者之賢否。如此。則縣邑稱[illegible]才能而民莫不受賜矣。然臣初從仕。見自選調為令。自令得以京官為縣。頗自喜。慰人人皆有激昂趨赴事功之心。自此數年。至不樂為縣。雖少年強力。往往自屈以就管庫之安閑。而一縣闕令。嘗更數年。假攝者以為寄寓。而事之敝敗多矣。凡此皆制御太嚴之敝也。且如青苗免役。其條件已不可勝計。一行移之不如式。一出納之不如期。則憂辱已隨之。今審官流內銓。自比年停替者。餘二千人矣。自縣事得罪者十至六七焉。傳曰。未有多禁而能止者。未有多令而能行者。計亦在擇人而已。不為之方。而以煩文繩之。求郡邑之治。猶駕駑馬而責之千里。必不能至矣。惟陛下少寬銜轡。使得有行焉。臣向聞陛下宣諭使人曰。化國之日舒以長。使人可為也。士人聞之。至有感泣者。夫先王有不忍之心。則有不忍人之政。惟陛下力行之。

貼黃。臣問審官吏。令知縣闕次。常有餘處。雖至好縣分。亦不肯注授。故諸處闕官。有至數年者。今逐處縣分。惟能了青苗免役等錢。則監司以為材能。亦不問其它。人不復知有縣令職事。陛下之民。其休戚尤繫於縣令。未為之計。則雖陛下日新政治。民終不獲安息。

汝礪又論遣使狀奏曰。臣聞人君有視聽之明。而不足以周於物。有仁民愛物之心。而不足以達於天下。於是遣使焉。將使以興利也。非智不足以知之。非仁不足以行之。將使以除害也。不忠則不能無欺。不信則不能無詐。然則遣使亦重事也。今諸路有都轉運。轉運。發運。提點刑獄。提舉常平市易。而逐司各有官。勾當內有司農市易將作軍器兵部。其出使者。或三四人。或六七人。而朝廷特遣之使。又皆不與此比。所遣既數。而所與又多。不慎小人。因緣附託。得攝尺寸之柄。而乘權勢之來。一旦作為威福。以迫蹙州縣。將迎少失。則發剔[illegible]細而吏無容之所矣。如程昉以閹人將命而狠愎傲慢。雖近臣往往見其為姦利。暴於民言。獨不知有以告陛下未也。如張靚異時猶奇俊士。其在兩浙。阿附撓正。醜迹今已見矣。如張諤為司農使其屬按開祥。一日罷去者八人。而今報之案。十幾六七。至今留滯未決。如軍監以選人張杲許置皮角。而所至陵轢蹂踐。郡邑為之紛然。陛下之德惠未施。而怨讟先滿於道路。朝廷之事未集。而威令遂輕於天下。以此知使事非可輕也。且古者遣使雖數。然以傳記考之。如大小行人訓方氏撢人之屬。其所職各一事。未有預黜陟與奪如今之易也。今司農寺屬官。所至皆得檢發。而其類乜為橫逆。臣聞先王之使人。其大小輕重。各因其才而已。少年吏更涉未幾。又非有過人之智。而委付如此。必不克堪矣。臣伏思朝廷逐路有職司數人。皆為陛下布宣德意以詔於民者也。今傳選其人。可以任朝廷之事矣。國家改為之始。青苗之法未行。農田差役之事未正。故須專使。如將作補完城壁軍器。計置皮角。亦皆至遣官。今事且就緒。使職司遣人足矣。職司不能集。責之可也。何用紛紛如此也。其它亦申勑所司。慎出其屬。庶幾吏得自盡其力。無使國家威令頓輕於天下也。

元豐間。曾鞏上言曰。右臣伏覩本州人試將作監主簿潘興嗣。五歲以父任得官。三十二歲授江州德化縣尉不行。熙寧二年。朝廷察其高。以為筠州軍事推官。不就。今年五十六歲。安於靜退三十餘年。臣切以康定中。徐復以處士收用。辭不就。得官其一子。近王回孫倅皆以幽潛見錄。命下而回已死。亦得官其一子。李覯以國子直講退歸死十年。亦得祿其後。則國家之於激獎廉退。既肆其所守。又恩及其世。蓋有故事。今與王回同時見錄之人。有孫倅。而後又有興嗣。處幽不改其操。皆已白首。然未有為上聞者。故其子獨未蒙恩。切以康定至今。僅四十年。士之沉志於隱約。而為朝廷所知者。止此數人。蓋枯槁沉溺。其守至難。故其人至少。為國家者。取而顯之。使天下皆知士之特立。無求於世者。未為上之所遺。則自重者孰不勉。浮競者孰不悔。可謂施約而勸博。寵祿之所以厲世。其實在此。臣故敢以聞。伏惟陛下幸察倅及興嗣。躬難進之節。遭遇聖時。用王回徐復李覯為比。加恩其子。使斯人不卒窮於閭巷。足以明示天下。興嗣有子群。年二十六歲。孫倅令家真州。謹狀奏聞。

八年。監察御史王岩叟上奏曰。臣聞治天下者。不患乎無賢。而患有而不能用。用而不能盡。而使小人間之。以亂其治爾。蓋小人之傑者。皆有材可稱。有能可喜。修威儀。正顏色。飾辭令。與賢並進於前。誰非賢哉。此人主所宜察之而勿誤也。臣以謂旁求審覆而深考之。博採公議而審觀之。則賢佞可得而分矣。臣請詳道所以察賢佞之說。陛下垂聰明以聽焉。幸甚。賢人之所為。其進也難。其退也易。利之所在不競也。勢之所居不趨也。言行則惴惴以留。而色不驕。言不行則遲遲以去。而色不怨。以百姓之安為樂。而不以己之安為樂。以國家之危為憂。而不以己之危為憂。矯世厲俗。有所不為。以觸忌也而不變。犯顏逆鱗。無所不盡。以嬰禍也而不悔。不蔽天下之善。不隱天下之惡。專以不欺事其君。執德秉義。終始如一。不觀當時之所好惡而順之。此所謂賢者也。陛下試持此以取之。而天下之賢有不為陛下所得者。臣不信也。佞人之所為。無定志也。無定言也。上所欲為則為之。不惜其君之過舉也。不恤其民之後害也。進人不以為國家而以為己。謀事不以先社稷而以先身。天下有疾苦而不以告也。天下有善良而不以聞也。懷祿耽寵。人情之所共厭。而不自知也。前日以為是。後日以為非而不愧也。然而自古中材之主。未嘗不為所惑者。其巧言可聽其令色可悅仁人君子之朴訥非所敵爾此所謂佞人也陛下試持此以照之天下之佞人有不為陛下所見者臣不信也孔子曰知仁勇三者天下之達德伏惟陛下知足以知之仁足以守之勇足以行之惟知之益深守之益固行之益篤以終之而已延登忠賢以輔成主上之聖德放遠佞柔使不為清明之瑕天下幸甚社稷幸甚

哲宗即位王岩叟為右司諫權給事中繳駁安燾除知樞密院上奏曰臣伏以左司諫之職備門下省近蒙本省批狀差兼權給事中給事中職當論駁臣雖暫權義難苟且今日伏覩畫黄除安燾知樞密院公議不允臣不敢放過門下緣過門之後即是施行既已施行益難追改況燾不才無補陛下而玷處廟堂尸厚祿者之物論謂當置之散地別進賢才今乃超遷總領機務位愈高而德愈不類任益大而才益不宜必恐多致人言上煩聖聽臣所以輒先封還乞陛下更加裁處或陛下必憐其人未欲遽行罷免則願且勿陞其位但令與范純仁並為同知樞院可也臣亦再三為陛下思之唯如此頗為易處伏望聖慈恕臣疎虞僭易之罪察臣區區愛國之心特垂採納

岩叟又論安燾敕命不送給事中書讀上奏曰臣兩次論駁除安燾知樞密院敕命久之不下意謂聖慈已賜開納今切聞已有指揮門下省更不送給事中書讀令疾速施行臣聞命皇恐不知所容陛下必以臣為違拒睿旨遂一面施行臣仰惟國家置官司並要上下相關防相審察唯恐有失誤所以重審之至況給事中喉舌之任若不由過則不成命令何所不可臣違君之命至于再三雖陛下優容未加誅戮臣自知罪不容矣然臣少而讀書本學事君之道今不敢不以其所學事吾君也臣位可奪也而守官之志不可奪也身可忘也而愛君之心不可忘也守官之志可奪則陛下今日雖喜臣從命後日將不復信臣矣愛君之心不忘則陛下今日雖未亮臣後日將復念臣矣陛下聰明照微豈不察臣之所以區區效愚忠而不已者為陛下耶臣自為耶每與大臣結怨仇而不避者為國計耶為身耶陛下欲人阿意順旨則易欲人抗言執議則難臣不為易而為其難亦何心哉但恐因臣不能為陛下守職事而獲沮抑則人人務為其易非朝廷之福也古人有言曰賞當賢則臣下勸罰當罪則姦邪止此國家之大柄而人主不可以不謹也陛下一日逐章子厚於汝州可謂罰當罪矣一日擢范純仁為執政可謂賞當賢矣然安燾之進則未見其當此臣之所以當力為陛下言也陛下曰必行之臣曰必不可行則是以臣抗君也宜乎死有餘責然臣言之不已為之不疑者以臣職當然也守職而不敢曠乃所以奉陛下也

貼黄臣豈不知即時奉行上則可以順陛下之意下則可以悅大臣之心順陛下之意是臣之志也然國体之所深繫悅大臣之心非臣之志也況公議之所不與臣但知以守官盡臣職不敢將職事作人情若少為俯仰便失忠義欺明主誤朝廷是臣負天下國家為罪大矣此臣所以冒犯天威再三論列冀陛下開納也

岩叟再辭書讀乞差官權給事中上奏曰臣封還安燾除知樞密院敕黄伏蒙御批以國家進退大臣皆須以禮況前日延和奏事已嘗面諭卿今復如是非予所以待大臣之意也可速書讀無執所見者臣既居諫諍之地又假封駁之任不敢俯仰姑息而為陛下守官不敢顧避從諛而為陛下持法今燾差除未安已累恩德命令斜出尤損紀綱此事至重實繫國体臣所以夙夜思慮殆廢寢食屢進愚忠

冀回天意。陛下初以壽熙次補而進之。終以壽熙自辭而聽之。是進退大臣之禮也。臣以壽熙為不才。不當雜羣賢並進。所以上助聖明判白贒佞。使在位端亮名節之人。知陛下聰明旌別。感激自勵。是所以副陛下待大臣之意也。及近和殿對蒙被天獎。使臣得安心言事。必賜主張。在臣之分。何以為報。須事無大小有利國家者。知無不言。乃可以副睿眷。况今日之事。諫官御史議論如一。臣之區區豈敢偏執所見。伏望聖慈察臣之心。恕臣之罪。特依前奏早賜施行。

貼黃。臣切恐陛下之意。謂已行之命。重於更改。緣給事中本為封駮。所封駮皆已行之命。置官之意。蓋以封駮為重。而不以已行為重也。自唐至德以來。命令既出。由給事中封駮之。故改而後行者。不可勝數。陛下固已熟知如此。更願優容開納。使有司得為陛下守官。以正綱紀。臣謂為臣之罪。莫大於反覆。臣既再三論列。義難却行書讀。伏望陛下別賜指揮。差官權給事中。以全孤臣之守。

岩叟又奏曰。臣累言安燾之進。不能協公議。不能重朝廷。不能服四夷。又告命不由門下書讀。無以正法度。無以持紀綱。無以救群臣。所繫甚大。至今未蒙省納施行。多士之論。皆以皇帝陛下太皇太后陛下自聽政以來。未嘗有一事不愜天下之心。今乃因不才無狀之人。致累吾君全美之德。非獨臣惜之。天下愛君之人。誰不惜之。臣恐有獻言者誤陛下。但謂已行之命不可回。不復陳義理當如何。此非忠於陛下之言也。非明於王体之論也。自古及今。唯苦口逆耳。諫止君父。使無過舉為天下後世所議。乃忠臣也。乃明於王体者也。臣切以明主惟義是從。不以回已行之命為難。請引仁宗朝一事。以告陛下。

[illegible]三年三月二十一日。除夏竦為樞密使。四月八日。御史中丞王拱辰。諫官歐陽脩等十一疏。追竦樞密使敕。當時名儒石介作為聖德頌。以詠仁宗之美。天下流傳。至今稱為盛事。伏望陛下法而行之。不以改已行之命為難。而以聽諫為重。天下幸甚。臣志在愛君。忘其再三之瀆。惟陛下察臣之忠。臣死無恨。

岩叟又論擇相不可不謹。上奏曰。臣切觀詩書所載。歷代傳記之所著。其稱帝王能事。莫大於知人。知人所先。莫先於輔弼。輔弼得賢。則百寮任職。而上自處於無為之地矣。至簡而全。人君之美。不勞而收天下之功。故臣區區愛君之心。願陛下無失乎此也。伏思陛下聽政方踰年。而治道已清。四方已寧。人人之心。懽欣交通。而無所不足者。陛下進賢退佞。如指白黑之效也。今輔臣缺倚。臣知陛下擇賢而任之。必無所誤。然中外之人。莫不翹首拭目以觀陛下此舉。臣不可不告陛下其戒之重之。孔子曰。衆好之必察焉。孟子曰。左右皆曰賢。未

可也。諸大夫皆曰賢。然後察之。見賢焉。然後用之。陛下以孔子所以不輕信之心而取之。庶乎其無失矣。陛下念公忠之臣得之難也。不可不勞心於初以求之。誠得其人。則陛下逸矣。念佞邪之人去不易也。不可不精意於初以別之。誤進一人。則陛下憂矣。自古以來。世主之患。患在喜高名之士。而陋少文之人。曾不知高名之下有奸才。少文之中多重器。不可不卞也。成天下之業。收天下之事。常爭於辨與不辨毫釐之間耳。賢者居廟堂。則上可以尊天子重朝廷。下可以安百姓。鎮四夷。苟一非其人。則國事衰而人心搖矣。群邪類升。百偽交作。陛下雖欲莫枕而臥。有不可得也。陛下之憂。實臣之憂。敢於未然傾瀝肝膽。庶幾有補萬一。惟陛下采納甚幸。

貼黃。切以命執政大臣。不與差除百官同也。百官雖進。若不合公議。退之甚易。執政既進。朝廷便繫體貌。雖陛下悔而欲罷。亦有

所不可所以不可不謹之者此也。初若不謹後致人言。則陛下傷知人之明矣。

岩叟又乞審於進賢果於去奸上奏曰。臣伏覩陛下即位之初首副天下之望。用司馬光執政。信行其言。以革天下之弊。惟光憂國愛民之誠心。信於上下。信於內外。故陛下一用之。而天下之心安。四夷之心安。而陛下之心亦安。今不幸光薨。臣知陛下之心漠然矣。臣竊聞百姓相與憂曰。吾君能不忘光之言乎。求其類而用之。使持循其法乎。又憂曰。奸人無乃復將為朋。動搖正論。以欺吾君乎。無乃競為身謀。不卹國家之急。以病吾民乎。誰復以吾君之心為心。以吾民之意為意。夙夜盡瘁。以遺其身如光者乎。吾君方倚光以圖治。而天遽奪之。其何意耶。臣願陛下益勵乃心。益謹乃事。益重所付。不可泰然以忘憂也。今宜先有以釋民之憂而安其心者。惟當果於去奸。審於進賢。二端而已。爾夫大忠在朝。奸人雖未去。猶有所忌而不能為也。光薨。奸人今不可少留矣。此臣之所以言陛下當果於去奸也。朝廷輕重。天下安危。生靈休戚。在用人而已。今天下將觀陛下用人以卜否泰。此臣之所以言陛下當審於進賢也。去奸進賢。皆能有以協天下之望。則百姓復何疑而憂哉。惟陛下留之。天下幸甚。

貼黃。自古人臣因妬賢嫉能之心。而遂害國事者。無世無之。臣觀光之賢。上則見信於陛下。下則見信於百姓。人人自以不及也。臣恐此後必有妬光者。陰以妄言毀短光之所為。以疑陛下之心。候間隙一開。則將入其邪說。行其奸謀。以壞善政。此陛下不可不察也。臣平生未嘗與光交接。又未嘗受光恩。非私於光也。惟恐小人或誤陛下耳。今天下事大定矣。民安且樂矣。此治道之成。而聖功之著也。惟在陛下持之益堅。信之益篤。勿有所移。則天下幸甚。中外之人。皆望大禮後罷張璪輩二三邪佞無狀之人。何意璪輩未去。而先失一忠臣。此中外之心以為歎恨之深者也。今因璪輩自有請。願陛下早賜從之。別命忠賢以重朝廷。以為國家倚賴。以慰服天下之心。尤不可更容遲久。玷辱廟堂。使蒼生失望。四夷不安也。

六年。岩叟簽書樞密院事。乞用君子保泰道上奏曰。臣聞論者曰致天下之泰難。守天下之泰易。臣獨曰。天下之泰。致之易。守之難。蓋方其未也。莫不急於求賢。渴於聞諫。得一善惟恐弗之能行。見一不善惟恐未之能去。潛心於隱微。而用意於人之所不到。兢兢業業。不敢暇豫。故卒至於安樂而無事。此天下之泰所以致之易也。既泰矣。曰我尚何求哉。心日益驕。志日益怠。謂賢者足矣而忽於求。謂善言盡矣而厭於聽。謂患之隱者為不足慮。謂事之微者為不足防。奸生而不知。禍變而不悟。故卒至於敗亂而莫之救。此天下之泰所以守之難也。易曰。君子安而不忘危。存而不忘亡。治而不忘亂。又既濟之象曰。君子以思患而豫防之。此皆聖人戒懼於治安無患之時者也。伏惟陛下臨御七年。于茲進賢去佞。協天下之公。興利除害。同百姓之欲。無濫刑。無橫斂。不聞一夫有怨嗟之聲。奸宄不作。兵革不試。時和歲豐。海內寧謐。以古驗今。可謂泰矣。陛下又所以守之者有道。無宮室之好。無聲色之玩。無畋遊之樂。無神仙之惑。無干戈之喜。私謁行苞苴絕跡。百王之蔽乃無一焉。進學勤政。寒暑不渝。德日以新。天下之勢固已不憂矣。而臣尚區區若此。亦何心哉。以謂今日之治不易至此。臣愚誠過計。竊憂朝廷恬於無事。稍怠初心。或容小人參間而壞民泰道。為陛下惜爾。夫小人而無能。不足畏也。惟小人而材然後可畏。在陛下審問之、深考之、明辨之、謹遏之、不使小人得以雜其間。必擇端良忠信不二之君子而用之。則今日之所以保泰道者全矣。備矣。陛下以純一之德守于上。羣臣以純一之意守于下。使泰道日長而無窮。天下無患。臣不勝大願。

岩叟拜樞密直學士簽書院事。入謝。太皇太后曰。知卿才望。不次超用。岩叟又再拜謝。進曰。太后聽政以來。納諫從善。務合人心。所以朝廷清明。天下安靜。願信之勿疑。守之勿失。後少進而西。奏哲宗曰。陛下今日聖學。當深辨邪正。正人在朝。則朝廷安。邪人一進。便有不安之象。非謂一夫能然。盡其類應之者衆。上下蔽蒙。不覺養成禍胎爾。又進曰。或聞有以君子小人參用之說告陛下者。不知果有之否。此乃深誤陛下也。自古君子小人。無參用之理。聖人但云君子在內。小人在外則泰。小人在內。君子在外則否。小人既進。君子必引類而去。若君子與小人競進。則危亡之基也。此際不可不察。兩宮深然之。

岩叟又論劉摯蘇轍上跡曰。臣伏見右僕射劉摯。以人言避位。于今累日。中外之議。惶惑不寧。切以摯自陛下垂簾之初。首當言路。條陳政事。排斥奸邪。無所顧避。天下知其忠。故不次登用。天下之人莫不以為當。而大奸在外。含怒蓄毒。欲食其肉者。非一二矣。今朝廷清明。天下安靜。固出于兩宮虛心求治。開誠納諫之效。然一時戮力盡忠之臣。摯居其最。實陛下同心一体。可保終始無變之人也。自非罪狀顯著。衆所不容。豈可因一二偏詞。軽示遐棄。臣恐適足快羣奸之意。而失衆正之心。非所以為國家計也。臣每患朝廷之上。享陛下高爵厚祿者雖多。而與陛下同心協意者則少。今就少之中。又將退斥。臣反覆念慮。竊以為憂。蘇轍素有時名。元祐以來。排邪助正。竭力亦多。今若止因一舉官失當。便行罷逐。恐於陛下進退大臣之体。有所未允。況言者別有所懷。未易可測。臣不知披肝瀝膽事陛下之日久者為可信邪。足一踐言路未得其腹心者為可信邪。安知其間無朋邪挾私而陰與群姦為地者。陛下何不稍緩其事。試加考察。將必有所見。知臣言之不妄。古人有云。天子重大臣。則人盡其力。軽去就則物不自安。願陛下曲加含忍。以全終始之遇。且使小人不能有以闚陛下。臣遭遇陛下非常之知。不與衆人比。既有所見。不忍負恩。默默自守。臣本欲候來日垂簾面奏。以當行事齋戒。不獲登對。須至冒昧天威。進此狂瞽。惟陛下裁擇。幸甚。

貼黄。臣度言者欲盡塞衆正之口。不過以朋黨加之。先惑聖意。然自古奸人之欲排陷善良者。莫不皆為此無形之說。以肆誣罔。陛下博覽書史。必能深察。

歷代名臣奏議卷之一百三十七

歷代名臣奏議一百三十八

用人

宋哲宗時傅堯俞自知明州召為秘書少監兼侍講擢給事中吏部侍郎御史中丞奏言人才有能有不能如使臣補闕拾遺以輔盛德明善正失以平庶政舉直措枉以正大臣臣雖不才敢不盡力若使窺人陰私抉人細故則非臣所能亦非臣之志也

元祐元年平章軍國重事文彥博奏曰臣伏蒙聖恩特差中使降手詔詢訪仰披訓旨俯集兢營恭惟太皇太后陛下坤厚博載天光大明自聽政以來發號施令及進賢退愚時政汙隆或因或革小大愜當中外欣悅所謂宗社無疆之福太平浸隆之時矣而猶謙勤退託以臣遭遇累聖久竊重任又謂其犬馬之齒加長宜有重言曲賜下問乃詢黄髮采芻蕘之義臣敢不勉竭愚忠粗裨虛佇夫治体之大莫大乎任賢納諫近者所用輔相所擢諫憲皆久積時望大協輿情必能弼直獻納上副陛下求治深切之心以至罷去市易減損青苗停養保馬免納役錢寬保甲按閱之頻遂豐民耕種之業此則市井畎畝之人歡呼之聲必已達於天聽矣豈在老臣條陳而後詳然上之數事有損無益不可久行而罷者本非朝廷所圖皆是近年以來臣僚急進僥倖成風率務妄起事端自求總領粗有微效則過求恩賞事若有害曾無責罰欲其省官省事民安政治不可得矣為今之要當革此弊自去年以來斥去聚斂之臣頗寬農商之利四民樂業萬國歡心無名之入多已削除有常之用當要豐足今之户部實主邦計尚書侍郎郎中員外未聞精擇久任唯見屢遷數易欲使何人專任其責國之大計安所望哉此乃朝廷所宜先而不可忽也又謂臣之所知堪大任者臣素愚昧艱於知人然累玷鈞衡之任惟在薦賢以

圖報國方其當軸任人極於慎柬拔十得五安敢庶幾及出領外藩將踰一紀朝中多士罕有識知雖有所聞莫更所試輕議論薦恐未審詳然熟聞士論謂樞密直學士劉庠端正有守雖已在近職久從外補臣向在樞密庠在太原邊事民政鎮靜不擾光祿大夫前吏部侍郎蘇頌性行淳和學問該博於本朝故事多所詳記若備顧問議論當有裨益朝奉大夫京西路提點刑獄劉奉世才力精明所守堅正向為樞密院檢詳及中書檢正頗得時譽若並召還左右宜有所補更乞聖明詳擇或更有新進可副柬求容臣博訪別具奏陳況天下之大必有多士實於周行然自數十年來養育人材有所未至蓋鄉里舉選不兼取文行禮部復試類取膚淺之學今若條理學校貢舉之法庶幾取士得人以次擢升大任則濟濟以寧如周之盛方朝廷大推仁政勤恤民隱親民之官專在守令臣謂宜申戒吏部慎擇其人政得以和民受其賜前代銓衡授官之後多赴政府引驗問其所長或采其已試之効而遣之間有昏謬不才類多退落如此則郡縣得人政事修舉又用人之法當各因其才器孔門四科分政事文學之品亦須就其所長而受其職職乃無曠前朝選試文學之士即寘於館閣育材之地漸進用之雜學士待制皆主侍從備顧問議論以裨時政今則盡補外任臣謂宜略定員數留充左右供職久當察其器識緩急執政闕人便可僉議進擢臣蒙詔旨詢訪敢不傾盡所蘊但以老昏言無倫理不任隕越惶懼之至

二年彥博又乞中外官久任上奏曰臣以中外任官移替頻速在任不久有如驛舍無由集事何以致治故累曾上言乞中外官各令久任須滿資考近日以來遷改尤為頻數蓋由風俗躁競例欲速遷執政者或避怨謗不能鎮靜欲望中外治安未可期也臣欲令後凡差

除中外官。並具見在任官年月滿未滿。須令任滿。方得交替。如是急速藉才須要其人。則不拘此制。其任滿得替之官須具在任實有勞績。方與照會合閑陞差遣。所貴官吏自此不敢苟簡欲速。百職自然修舉。

貼黃。臣累曾上言。以吏戶刑部官屬。主選大計刑罰并外任監司。及親民之官。並須久任。此繫朝廷致治之本。不可忽也。今乞與三省更申明祖宗舊法遵守施行。

元祐元年。門下侍郎司馬光乞令監司州縣各舉按所部官吏白劄子。臣檢會監司知州通判。於本部官吏內有罪惡顯著而有失覺察者。並連累責降。雖有舊條。然未嘗一一行遣。又慮一路一州吏衆多。上位覺察不盡。又未指定合覺察事件。致寬者則一切不問。急者則濫及無辜。又凡為監司州縣長吏當進賢退不肖。不可但令覺察有

罪。不令薦舉賢才。今欲立舉薦四條。一曰仁惠。謂安民利物最所畏愛非處軟不立曲取人情者。二曰公直。謂心無適莫事不吐茹非內私外公實佞詐直者。三曰明敏。謂深察情理應機辨事非飾詐掠美利口矜功者。四曰廉謹。謂安貧守分動遵法度非訐清釣名偷安避事者。按察四條。一曰苛酷。謂用刑慘苛虐濫法者。二曰狡佞。謂傾險巧詐危人自安者。三曰昏懦。謂不恤物情依阿無守者。四曰貪縱。謂饕餮無厭任情不法者。凡監司州縣於所部之民皆得以此入條舉按官吏。其舉薦者於本部官吏之內。有仁惠公直明敏廉謹者可舉則舉。無有定數。縣舉之州。州置簿記姓名。州舉之監司。監司置簿記姓名。監司舉之朝廷。中書置簿記姓名。各隨所舉。任能任使以試之。果有實效。則漸加擢異。其按察者監司專按察知州軍通判路分都監以上。知州軍通判專按察在州官吏及諸知縣。知縣專按察簿尉及縣界內官吏。若有苛酷狡佞昏懦貪縱者。縣躰量申州。州躰量申監司。監司躰量申奏。續更躰量的確事迹。糾發施行。若有失察覺別致因事彰露。其監司降知州軍。知州降通判。通判各降一資。知縣降監當。其餘所部官吏。監司知州軍通判皆得按察。但不坐失覺察之罪。即挾情按察不以公者。候勘鞫見實。曰依常法。知縣惟得具事迹申州。不得擅勘命官。

太常少卿梁燾乞五事論相之得失。上奏曰。臣聞自古聖主賢君。任用宰相。必取天下公議之所在者。得公議則人望得。得人望則人心得。得人心則四海懽欣交通而無事。四海懽欣交通而無事則坐享太平之福。隆太平之基矣。伏惟太皇太后陛下。嚴靜仁明。與天無私。恭惟皇帝陛下。孝敬聰哲。嗣隆正統。宜得老成道德之臣以為宰相。濟以二三耆哲。同寅協恭。咸有一德。使聖賢事業相資而成康靖之功。此宗社之福。生靈之幸也。夫天下之人所共尊敬依歸者人主也。宰相不敢為欺蔽侮慢。是與天下之人同心以事其上也。以是而人心喜

之。公議從而歸矣。以其盡忠盡公也。宰相敢為欺蔽侮慢。是不與天下之人同心以事其上也。以是而人心怒之。公議從而去矣。以其不能盡忠盡公也。當公議所歸。人主雖欲不用之。不可得也。若不用之。是抑天下之喜心也。邦國所以安者。以人有喜心也。喜心豈可抑之哉。是雖欲不用。亦不可得也。況有用賢之志乎。當公議之所去。人主雖欲用之。不可得也。若用之。是激天下之怒心也。邦國所以危者。以人有怒心也。怒心豈可激之哉。是雖欲用之。亦不可得也。況有去邪之志乎。前世之主。皆務崇用輔佐。以與起治道。然而一失所由。流患後世。初有害政之累。終有難制之憂。甚可懼也。唯聖君賢主。為能得之。於是獲上天之敷祐。洽四海之懽心。其初至明甚易也。臣輒言人主聽言受事之規摹。以廣論相之得失。唯陛下錄其忠而裁擇焉。宰相者患專權固位。竊用人主之威福也。夫持權久者。習強矣。未有不

好其權者也居位安者貪寵矣未有不固其位者也好權則忌人為切固位則謀身為深公議之所不與也有以恭儉行己夙夜在公善則稱君過則歸己不敢避所難不敢忽所易唯知尊主威而盡忠於上可謂不好權不固位矣是公議以為可任宰相者也宰相患在立朋黨以私滅公相為傾危而蒙人主之聰明此公議之所不與也有以中立不倚孤忠自守進一士必以其公譽而不敢以私愛也既進之必曰主上之明以避其恩退一吏必以其公毀而不敢以私惡也既退之必曰朝廷之公以當其怨國家之事必正色直言力行而不回不委曲交結以避一身之危不俛仰顧忌以藉衆力之助唯知尊主威而盡忠於上可謂不立黨矣是公議以為可任宰相者也宰相者患在以權位安自尊大以過主勢上有輕易人主之心下有陵侮多士之氣此公議之所不與也有以謙虛沖約折節下士不恤己之勞苦以君逸民安為急不恤己之菲薄以君裕民富為先唯知尊主威而盡忠於上可謂不以權位安自尊大矣是公議以為可任宰相者也宰相者患在不以正道事其君不恤是非利害唯君意之是成唯君欲之是從至於政疵民病而不為顯言依違因循而不為更張此公議之所不與也有大公至正為心與人主同道一德慨然以立忠言奮然以行正事意在成國家之利而除生靈之害唯知尊主威而盡忠於上可謂以正道事其君矣是公議以為可任宰相者也宰相者患在務結私恩蔽善醜正誘集群邪陽尊忠良陰結奸惡捍據要路相為死黨一倡十和表裏相應幸上之未悟得以肆行其志此公議之所不與也有以樂善好賢安君靜民為事謂爵祿人主之柄也非臣下所敢專必公言於廟堂而請決於上使清明之恩乎行而直流開張公道銷除奸朋唯知尊主威而盡忠於上可謂不結私恩

矣是公議以為可任宰相者也凡此五者所宜辨也君臣之大要古今之先務也人主得之以為安榮失之以為憂悔故聖君賢主必明察而審擇獨斷而力行也陛下如天大明無幽不燭真偽邪正判別白黑誠以曉然知公議之所在者自有人矣伏願自强明德任賢勿貳用公議所在卑命宰相以慰人望以收人心自然陰陽和而風雨時矣一旦明制布告廷臣喜色相視國人讙聲相聞四方忠義咸歸一德天下之願也臣跡在疎遠接士民最近聞公議為真且熟輒敢布於天聽願陛下信其公議之在下者果如此也臣遠觀詔書近覩政事仰識聖意明目達聰欲通下情而盡公議樂聞直言不吝改作是正人端士千載會遇不可失之時故臣不敢苟舉細故上凂宸聰輒忘僭越論國家之大者遠者臣區區之誠以謂人主之職在論一相論相之得失安危之所以分干冒宸嚴臣不勝盡節竭誠激切之至

燾改右諫議大夫乞親賢踈佞堅其始終上奏曰臣聞天下治亂在賢佞而人君之道以用人為先得之賢則君德清明政由忠厚百姓和樂四夷賓敬而朝廷尊安矣故治之所由興者在此甚可愛也失之佞則君德蔽蒙政由煩苛百姓怨讟四夷驕侮而朝廷危辱矣故亂之所由起者在此甚可畏也自古帝王莫不知之然得之賢人常少而失之佞人常多其故何哉蓋始終之勢異而謹忽之心殊也夫治亂之作當其微時間不容髮至其著也判如霄壤之異人君者所宜深戒早辨謹持而不失毫釐也賢人之事君也主於盡忠盡忠則不欺不欺則至公至公則言有所拂事有所違人君者初則親之終則踈之方其急於求治之時責其盡忠勵其不欺行其至公雖有所拂違而必喜之及其久也習於既安而或怠於為治以既怠之心處拂違之間故終有所厭而又踈之也賢人踈則佞人乘隙以入矣佞

人之事君也。主於不忠。不忠則忍於欺罔。欺罔則為私。為私則言皆諛悅。事皆柔從。人君者初則遂之。終則比之。方其急於求治之時。唯知佞人之善眩惑聰明也。必嚴思慮以待之。及其久也。習於既安而或怠於為治。以既怠之心。處諛從之間。故終有所愛之而又比之也。與賢人俱。時有以忤其意。然而卒至於治。與佞人俱。莫不得其所欲。然而卒至於亂。此治亂之相去甚近而甚著。則堯舜桀紂之分。霄壤不足以侔其遠矣。惟大聖人為能廣其聰明。謹其好惡。峻其去取。堅其始終。以救天下之忠。立天下之公。成天下之治。舉以此也。恭惟太皇太后陛下。以大公至正制臣下。皇帝陛下。以至仁純孝承祖宗。親用忠賢。風節頓厲。疎斥奸佞。朋黨漸消。清明之德日以尊。忠厚之政日以脩。和樂興於百姓。嘗敬見於四夷。太平之功指日可待矣。誠願陛下自強剛德。如天不息。必使怠惰之意。不少動於清衷。察兩端之傾危。非根而去之。明一忠之靜正。舉類而進之。將令風俗純厚。朝廷尊安。近者獻其忠。遠者扶其公。仰跂仁祖之治。不難及矣。惟聖心少加思焉。臣愚不勝惓惓盡節。幸陛下裁納。

燾又奏曰。臣伏聞詔命除給事中顧臨待制河北都轉運使。清議頗為朝廷惜之。臨昨任河東轉運使。未久。陛下召入為給事中。是知臨之用宜在朝廷。顧臨論思獻納。號為稱職。未久復出為轉運使。士論以此疑之。未有以識聖意之所在也。竊以侍從之官。親近主上。其進退繫朝廷輕重。不宜輙有改易。今以轉運使求其在外者。宜自有人。以給事中求其在內者。如臨恐不易得。伏望聖慈特賜指揮。留臨依舊供職。庶朝廷多得正人。上下相維。共守祖宗之法度紀綱。助陛下求治之意。

五年。燾為御史中丞。又論宰相以禮去者可以復用。上奏曰。臣伏見陛下眷遇大臣。極其恩禮。不忍聞其過惡。輕奪其位。使傷其進退之名。所以委曲容覆。真有天地之賜。為大臣者。何以副陛下之深仁乎。祖宗之時。宰相率二三年以禮去。今宰相率二三年以罪去。禮去者。顧義重。雖有功而必去。罪去者。顧利重。非有罪則不去。以禮去者可以復用。以罪去者不可以再來。蓋祖宗之大臣。皆以名節自重。一舉動。必存大體。必副人望。不敢專寵祿以自愛。不敢挾權勢以自殖。日思以得罪為憂。以妨賢為懼。故率三二年自引避位。朝廷褒荅。自有恩數。其優者為使相。其次猶須超進數官為大學士。其在位也。名益重。望益高。眷益厚。一旦復用。則中外之民。莫不以為宜。皆為朝廷助喜。此所以朝廷重也。其間亦時有貪鄙之人。當去而不去。以固位戀祿。清議已不容矣。以之招致人言。暴著過惡。從而罷遣之。殆不過一諫官一御史論之。則已不能安矣。如臺諫合攻。連擊者衆。則終身不得復用。故以禮去者多。以罪去者少。大臣既已法。小臣從而廉。士大夫化之。皆磨厲振絜。以節操相高。風俗純美。由此道也。比年以來大臣皆以竊祿偷安為計。寖以成風。雖有大過。猶巧自掩蓋。恐其失位。一二人言之。不知求去。臺諫官共言之。又不肯去。至於紛紛不已。上不能止其言。竟出其章疏。然後請退。聖恩乃聽之。公議為之鄙薄。私友為之歎惜。喪其節守。敗其名譽。冒其過咎。終以疎絕。朝廷雖以之人而欲用之。疑其姦心之不測。畏其清議之不容。卒不敢用。既以有罪不可復用。必用其以次者。安得人材衆多而為用乎。朝廷將無人可用矣。此不可不思也。祖宗之時。輔相之材非不多也。然而進者必以其賢。退者必以其禮。去而復來。所以用之不乏也。臣近嘗建言乞陛下許呂大防以自請罷去相位者。正為如此。若蒙陛下許呂大防令以禮去。不唯大防得其進退之道。且掩覆其罪狀。不為臣言之所指摘不為公議之所不容使之養望於外它日用之必無敢議者設有議者其跡以無罪而去陛下主張之無累知人之明矣是於大防其有天地之賜足稱陛下眷禮之本意也非獨以安大防也又以示後來之人皆思以禮去位而漸以名節自重如祖宗之大臣也朝廷由是尊矣伏望聖慈以安危為計治亂為念以養大臣之譽望為意以勵搢紳之廉隅為術保全大防今日之去存全大防它日之用兢謝旱烈之譴銷厭愁怨之氣上敬天道下順民心中不失君臣之恩一舉而三善得豈不美歟伏惟聖神采納天下幸甚

哲宗時燾為尚書左丞與同列議夏國地界不能合遂丐去哲宗遣近臣問所以去意且令密訪人材燾曰信任不篤言不見聽而詢問人才非臣所敢當也使者再至乃言人才可大任者陛下自知之但須識別邪正公天下之善惡圖任舊人中堅正純厚有人望者不牽

左右好惡之言以移聖意天下幸甚

元祐元年范純仁上奏曰臣近以辭免恩命伏蒙聖慈累差中使封回劄子宣諭丁寧者愚賤之臣屢煩天聽再蒙遣使恩典過優固當勉勵疲駑上副任使然臣有危懇須合力陳竊聞臣今來告命不由經門下審讀臣聞爵人於朝與衆共之所以昭示至公杜絕私門乃有司之職守為朝廷之典章此萬古不易之規而聖王之通道也今聞臺諫臣僚皆習文字論列而未蒙追改陛下必以謂進用輔臣已有成命未當因人之言輕有回改以示威斷欲全恩禮臣之愚慮竊謂不然方今拔擢臣僚須宜遍令多因公卿密啟或非陛下素知若不經歷有司必然難得審當今來臺諫官若俱有文字即是朝野公言其言當則人皆謂之忠賢其言不當則人皆謂之讒黨各自保其名節豈肯輕易奏論非同一人私竊之言可以悞惑聖聽陛下當坦然聽信不必致疑彼皆陛下選用正直使為耳目之官豈有人而不用耳目而可以聽視於天下也況陛下臨御以來聞善必納從諫如流今乃於臣告命持吝不過門下者必不肯已微臣必不敢居久鬱衆情恐失羣望不如因臣辭免特賜允從則上可以資陛下納諫之明下可以成愚臣安分之志而俾近臣得職言路開通廣帝堯捨己從人之風協成湯從諫弗咈之義一舉而數善皆得在聖明可不務乎與夫微臣叨被誤恩違格公議利害相去遠矣伏望陛下察臣竭誠為國不為身謀特賜留神采納天下幸甚

二年純仁同知樞密院時論韓維不許與外任疏曰臣竊聞門下侍郎韓維計與外任指揮臣伏見韓維公忠篤實稟於天性議論賞罰據理直前盡心國家未嘗嫌謗陛下用為執政可謂股肱之良伏惟陛下寬仁大度委任羣臣進退輔弼咸以至公今韓維未聞別有大過

不俟對章陳請遽然逐去必有奸人密行譖訴上誤聖聰致陛下用賢不終使大臣失進退之節實恐正人失望有虧聖政伏望陛下深加審察或因臣寮開陳即令追寢前命以成帝堯捨己從人之聖以繼商湯改過不吝之美臣被恩殊異難以緘默伏望聖慈深賜采察天下幸甚臣與韓維亦非姻戚既欲上裨聖化難以避嫌自安更乞聖慈遍詢文彥博呂公著已下諸大臣則知維之邪正若維果是正人則雖有此小過失全望陛下主張若以小過去之是使奸人得計恐非天下之福臣聞謗韓維者多言其引用親戚乞陛下將進用過韓維親戚逐開三省元是何人發意因與不因韓維自然有無阿私事狀明白庶不誤陛下至公懲戒之意

純仁又論大臣輔政不當顧慮形迹上奏曰臣近見執政議論以章子厚父年將九十因明堂恩霈之後欲請除一鄉郡使便其親臣但

見其可裨仁化。不慮其他。遂共以為當然。繼而聞三省奏上。陛下即賜允許。臣以陛下天地之仁。念其垂老之親。不録往愆。臣實喜不自勝。遂於簾前仰贊聖德。以謂自古臣子無如今日遭逢。繼聞諫官有言。陛下遂寢前命。亦是聖心從諫之美。前日更蒙宣諭此事。三省有失思慮。戒其今後不得如此。臣愚恐有言者。以謂朝廷所怒之人。不當遽有開陳。又謂執政都徇人情。必有主張之者。致煩陛下宣敕戒諭丁寧。微臣固宜佩服聖訓。然有未盡之懇。亦當罄竭敷陳。方陛下急於求治之時。是臣子知無不為之際。豈宜顧慮形迹。蓄縮周防。今所用大臣。多是老於患難。陛下獎之使進。尚恐立志不銳。思慮太周。若更戒使遠嫌。則恐顧避保身自防不暇。在陛下愛惜諸臣。則為恩德之厚。若使輔翊聖政。却恐事無所裨。蓋人臣以匪躬自信為難。媮嬰固寵為易。若今容其所易。沮其所難。則其間希意顧望之人。翻為得計。甚非朝廷之福。伏見仁宗皇帝唯委執政。一無所疑。凡所差除。多便從允。而使臺諫察其不當。隨事論奏。小則旋行改正。大則罷免隨之。使君臣之恩意長行。朝廷之綱紀自正。是以四十餘年不勞而治。況陛下方稽仁皇之治。聖度如天。從諫不倦。任賢不疑。紀人之功。忘人之過。皆是自古人君所難。若更垂拱責成。還於委任臺諫糾其誤謬。侍從罄其論思。群臣一德一心。陛下無為無事。自然不須防慮。百職具修。坐致太平。垂休萬世。天下幸甚。

貼黃。凡人於富貴功名。皆願乘時早享。近用二三執政。年皆六十已上或七十。正是餘年無幾。今幸遭逢陛下行堯舜之政。擢居近輔。可謂千載一時。不於此時攀附神聖。早立功名。不知更待何日。豈肯別懷顧望。阿徇他人。自取上疑。以招危辱。在常情且無此理。況陛下以公望選擇人哉。其間或有進人不敢太速。責人不敢太深者。不過謂事當馴致。不可黑白太明。却恐漸成朋黨。害陛下和平之政矣。萬一因此恐有間言。誤陛下不細。又蒙宣諭。譬如人家尊長所怒之人。卑幼豈可輕易寬解。臣愚以謂不然。蓋人主之量。當如天地。無所不包。眾人所欲進退。則人主從而行之。所謂舍己從人。使無喜怒好惡之迹。不使奸人測見意旨。別生譏間以惑聰明。古今盡然。商鑒不遠。惟陛下稽測。唐魏徵有毀其阿黨親戚於太宗者。帝使溫彥博責以不避形迹。遠嫌疑。徵謝曰。臣聞君臣同心。一體豈有置至公。事形迹。若上下共由茲路。邦之興喪未可知也。帝瞿然曰。吾悟之矣。以此可見自古君臣之間。不當更事形迹。此陛下之所熟聞。臣敢引而言之。

哲宗時。用二三大臣皆從中出。侍從臺諫官亦多不由進擬。純仁上言曰。陛下初親政。四方拭目以觀。天下治亂。實本於此。舜舉皐陶。湯舉伊尹。不仁者遠。縱未能如古人。亦須極天下之選。

純仁為右僕射。論用人疏曰。臣昨日面奉德音。詢及將用之人。臣愚雖不足以贊陛下則哲之明。然不敢不竭心極慮。仰副聖問。須至再三陳奏。少補萬一。伏緣聖政之初。選用股肱。正如舜舉皐陶。湯舉伊尹。須宜譽望出眾。才德過人。方可以倚辦國事。化服羣心。縱未能遠比古今亦須極天下精選。不宜參以中常之士。悞知人之德。伏望陛下深垂聖念。少察愚衷。慎推舉宜之方。以稱安民之化。

純仁又論擇臺諫疏曰。臣累聞德音。欲選擇臺諫官。命自中出。事既出於宸斷。發自至公。宜須言路得人。則中外快愜。然臣愚以謂臺諫者。陛下之耳目。朝廷之準繩。可以分別邪正。規助風化百職之中其任最重當陛下初親庶政四方拭目以觀知人舉直之化萬一小有失當渙汗難收綸綍既行所繫不細更望深留聖念慎加審擇則天下幸甚

純仁爲中書侍郎奏舉彭汝礪疏曰臣近嘗具可充臺諫官人姓名奏入亦嘗與鄧溫伯等面奏彭汝礪等可爲御史中丞乞陛下早賜黜差至今未蒙降旨伏緣舉直錯枉則天下心服孔子曰舉直錯諸枉能使枉者直蓋用得其人則不惟朝廷尊嚴亦可使天下士風知所趣向則其選用當否所繫不輕臣職叨宰弼今逾半年未嘗進用一賢以否要劇於臣可謂失職朝夕不遑寧處所以不避煩黷天聽伏望睿慈早賜選擇庶當聖政之初得以化服多士

元祐元年御史中丞劉摯等論安燾敕命不送給事中書讀上奏曰

臣等伏聞除安燾知樞密院事因給事中兩次封駁不當遂蒙特降指揮更不送本官書讀直下吏部施行臣等切見安燾差除未論當否然朝廷命令之出必由門下中書省審而後行所以謹重防察示至公於天下也今陛下除一大臣因具封駁不當遂廢給事中職業不令書讀則是命大臣以私矣私門一開將何以振肅公道維持紀綱乎伏惟陛下臨御以來政事之舉皆合至公獨此一事設施乖戾恐於盛德所損不細臣等深爲陛下惜之伏望速降指揮追還告命及詳覽臣寮前後論列安燾章疏別賜指揮以全朝廷典法

貼黃制敕不由門下及省審書讀不備則不成命令其經歷之司必不敢過被受之人必不敢當

摯等又上奏曰臣等累次論奏安燾知樞密院不當其錄黃不令給事中書讀及經歷受付官司並不覆奏乞寢罷追改正其罪今已逾日未賜俞允臣等以謂朝廷高爵重位非有德與功不可虛受若以恩禮假借則不協公議今安燾才望素輕備位樞府已爲忝幸一日驟有遷進躐過衆人士論紛然謂朝廷除拜樞府之長殊不遴選非所以鎮社稷服四夷命令既出給事中不得書讀於法式未備而施行門下一省官存職廢紀綱紊亂此事尚書僕射左右丞皆無一言建明執奏遂付有司乃是上下廢法中外徇私何以訓治四方維持萬世所繫甚大極可駭嘆恭惟太皇太后陛下保佑聖德以脩正法度爲急今有此舉人皆惜之非獨惜安燾差除之過分盡惜國家法度之廢失也伏望聖慈檢會臣等累次論列事并今來奏陳寢罷安燾除命所有經歷受付官司并乞早正其罪其范純仁錄黃指揮仍乞由門下省書讀省審施行

摯又乞追還安燾等告命及施行經歷付受官吏之罪上奏曰臣近

見安燾范純仁告命不由給事中直付所司臣以謂朝廷之大失政也故尋具狀與臺官連狀共四次論列至今未蒙追正臣誠不知陛下命令不使給事中書讀此何意也將憚其封駁耶厭其封駁耶夫天下之理不過是非當否而已陛下試思之今來進用燾等若果當其人不緣私授則天下必以爲是而給事中雖百十封駁猶當終使之經歷而後行不然罷其人可也若燾等之進不由公道理有未安天下不以爲是而給事中乃能封還駁正則是拾遺救失善守其官有補于國者陛下當嘉納而改爲之乃盛德之事也不當厭憚其言而廢其職也今陛下以給事中之言爲是耶爲非耶而陛下何故自隳典憲爲此委曲行政不由於直道命官乃出於斜封不知誰爲陛下建此謀者今於門下之錄黃明書云奉聖旨更不送給事中書讀於吏部之告身給事中銜下明書云奉聖旨更不書讀制命乖當未

見有如此者實恐取謗四方貽譏後世不可忽也錄黃初下既見批
旨則門下侍郎合行進駁不合放出既出之後尚書省左右僕射左右
丞亦合執奏不合承行既行之後命令不全吏部亦合申禀不合書
告是官司上下皆阿諛苟且失其職守壞亂紀綱成此繆誤以累聖
德臣不知陛下以名器祿食養大臣置百官將何所用之凡人主出
令差誤古今所不能無但左右之臣將順救正之則不至於成其失
況皇帝陛下富於春秋淵嘿之日而太皇太后陛下聽政不出房闥
之時乎夫斜封墨敕濫官横賞乃前古之所以名亂者也今大臣欲
以此事事陛下若門戶一開何所不有欲望聖慈詢問大臣命令如
此施行是與不是苟以為是則可謂罔上迷國苟知其非而不言則
可謂不忠尚可以任人之國乎伏請速降指揮追還燾等告命依國
朝典故行下所有門下侍郎及尚書省官屬吏部官吏各有前項罪

狀伏乞以臣此章并前後論列文字付外施行

貼黃進任大臣而不使告命偏歷門下乃是陛下先以私自蔽也
制書不全而受之是臣下以私自進也上下如此則何以厭服
中外臣固知燾等之必不敢受也

陛下臨御方踰年正當謹守祖宗法度以銷壓權倖今差除告
命偶有差失左右執政既不肯建明而臺諫之言又不蒙聽納
則朝廷闕失誰復救之陛下既已沮壞給事中所守而又欲隳
言路職業臣所以夙夜憂懼不能自已非獨論燾之進退而上
惜朝廷紀綱所以防微杜漸而已

摯又論司馬光薨當謹於命相上奏曰臣伏見左僕射司馬光薨逝
朝野人情驚悲一詞皆曰天乎不慭遺一老以大濟我國家而奪之
速此何理也臣恭惟陛下以至明至聖首識光忠置諸左右舉天下
以聽之而光亦以大忠直道忘身徇國雖奸謀異心百端排沮而横
身當之夙夜盡瘁以死圖報其純誠至公足以薦天地而貫神明真
所謂社稷之臣矣然而非陛下信任之明仰成之篤則光亦安能自
行其志故天下不獨美光事君之盡節而以陛下任賢不貳為難能
也今光云亡兩宮車駕即日臨奠賻襚之典有加故常下至搢紳善
士閭巷鄉野之人罔不為之哀歎而唯是奸邪之黨醜正惡直之徒
頗已相與有竊喜之意蓋小人從來怏怏不便於新政藏情匿跡日
夜窺伺常幸有非意之變以冀善治之不能成今其臆度以謂陛下
既失光之助則前日求治之志必稍變懈遂可以乘便投隙熒惑而
動搖此其所以喜也且陛下為政以來收拔衆正布列上下制國之
法除民之害雖節文潤色有未齊者至於大本已定十之八九矣惟
陛下益加之意常以辨別邪正保邦愛民為念堅守此指終始如一

而已行之令持循無變則治道成矣廟堂之上必有如光之事朝廷
者臣實懼陛下悼光之後謂誰助我者而意稍有間則邪謀陰計或
起而乘之此臣之所以為私憂而獻其說也抑臣又有過計之言蓋
今上宰虛位竊惟不日制詔命相矣此尤不可以不謹外論籍籍謂
文彥博必代光之任臣固知不然然於萬一之中不可以不言彥博
年逾八十爵位窮極於天下矣前日陛下假其威望以為朝廷之重
其官則天下之師其職則平章軍國重事陛下之禮元老尊崇優佚可
謂得其體也今若任之以為相三省有職守矣其成敗之責豈師臣
之所宜當其繁悉之務豈老人之所能辦殆非所以愛彥博也又彥
博於知人非其所長賢士大夫罕出其門近日有所薦論衆皆傳之
為笑若居上相引用人物每每如此今日引一二明日引三四積而
至於百十常才列于朝路非小害也其人專其位高有所薦者若陛

下違其言則傷恩。皆從之則害政。又非所以安彥博也。臣昨四月中。已嘗建論此事矣。故今日之命。相實繫天下之安危。與善政之成敗。可不重哉。伏望陛下詳考歷選。得其人而任之。以尊廟社。以厭公議。臣不勝隕越待罪之至。惟陛下赦其愚而察其忠。

哲宗時摯為侍御史。乞選監司澄汰州縣上奏曰。右臣准尚書省劄子。准十月十八日聖旨指揮節文。比者詔令屢下。以寬民力。使安公私。官吏或致廢格。旨令州縣悉心奉行。監司點檢。御史臺覺察彈奏者。臣有以見陛下誠心愛民。慎重政令。天下幸甚。臣竊謂州縣之政。廢舉得失。其責宜在監司。夫監司之任亦重矣。人一有賢不肖。則環地數千里休戚繫之。曩時朝廷大更法度。選建推行之人。故不以資任。務得果健強銳奮厲風生之才。蓋規以就事。倚辦於一時。及法行事立矣。而其後用人。猶復因襲。未嘗權量時宜。有所張弛之也。是以至今使者之政。刻覈褊迫。相師成風。郡縣承望。亦莫敢不然。使民不見德與義。而惟刑是覿。惟利是聞者。蓋亦久矣。斯豈政令之本意。然哉。奉宣繆戾。積習至此故也。比蒙聖明哀念元元。取監司罪惡已甚者。既去之矣。然其餘人材頗尚駁雜。情志未一。各懷所私。蓋其陰有觀望者。則必習常而慢令。以致惠澤之壅。其淺中覬利者。則又將矯枉而過正。或廢其所宜治之事。二者不可不察也。唯得其人。庶幾此患。臣欲望聖慈詳酌河北河東陝西素號劇部。尚來所用使者。出於暴進。多非更歷民事。人微望輕。雖自過為威刻。而下終不服。今宜稍復祖宗故事。於三路各置都轉運使。用兩制臣僚充職。以重其任。自餘諸路。亦望推擇資任稍高。練達民政。識治體。近中道之人。分補監司之任。明援之以詔令。使忠厚安民。而不失之寬弛。簡給應務。而不失之淺薄。部使者誠如此。州縣之政隨之。則先朝之仁政。陛下之[illegible]心

德。庶幾下究。而與民休息無難矣。考察見任之無狀者。一切澄汰罷之。被罷之人。苟非有顯過。宜還其資考。別為任使。要令不至於失職無聊而已。方今先務。恐實在此。伏望評酌施行。

摯又乞令蘇軾依舊詳定役法。上奏曰。臣聞中書舍人蘇軾辭免詳定役法。有旨不許。又具辭免者。竊以差役之法。最今重事。陛下欲使利害曲盡。置局講求。此甚盛德。自置局以來。為日浸久。未見就緒。而議法之官。頗已屢易。今聞軾以議有異同。力欲辭避。人人如此。則法度之成。何時可冀乎。臣聞五味不同。而適於口者。味相足也。五聲不同。而悅於耳者。聲相倫也。一可一否。一是一非。雖然並作。此議之所以同歸於盡。一人曰可。皆曰可。一人曰是。皆曰是。信如此。又何以議為哉。議有異同。正宜反覆曲折。相足相倫。以趨至當。而遽為避就。非獨議法難成。使奸人乘之。投隙伺釁。搖撼法意。非國之計也。臣願深詔執事者。毋矜能。毋懷惡。毋以小利妨大體。使利害曲盡。以稱朝廷之意。所有蘇軾。且令依舊詳定。仍乞催促成就。以時布宣。鎮慰天下喁喁之望。

貼黃。呂大防范純仁韓維皆係朝廷選擢兼官為執政事無不領雖離去本局。其責尚存。軾若陳乞獲免。則不復干預。非大防等比。不可不論。

摯為門下侍郎。與同列奏事論及人材。摯曰。人才難得。能否不一。性忠實而才識有餘。上也。才識不逮而忠實有餘。次也。有才而難保。可藉以集事。又其次也。懷邪觀望。隨勢改變。此小人也。終不可用。哲宗及宣仁后曰。卿常能如此用人。國家何憂。

元祐元年翰林學士朝奉郎知制誥蘇軾上論[illegible]官劄子曰。臣伏見近日言者以吏部員多闕少。欲清入仕之源。救官冗之弊。議減任子

及進士累舉之恩。流外入官之數。已有旨下吏部禮部與給舍詳議。

一臣竊謂此數者。行之。則人情不悅。不行。則積弊不去。要當求其分義。務適所中。使國有去弊之實。人無失職之歎。然後為得也。欲乞應任子及進士累舉免解恩例並一切如舊。只行下項。

一奏蔭文官人。每遇科場。依進士法試大義策論。如係武官。即試弓馬或試法並三人中解一人。仍年及二十五已上。方得出官。內已舉進士得解者免試。如二試不中。年及三十五已上。亦許出官。應試大義策論及試法者。在京隨進士赴國學。在外赴轉運司。試弓馬者在京隨武舉人赴武學。在外轉運司差官。

一進士累舉免解合推恩者。並約嘉祐以前。酌中數目。立為定額。如所試優長。係額內人數。即等第推恩。並許出官。如係額外。即並與一不出官名銜。

一流外入官人。除近已有旨裁減三省恩例外。其餘六曹寺監等處及州郡監司人吏出職者。並委官取索文字看詳。有無僥倖。定奪酌中恩例。

右若行此數者。則任子雖有三試留滯之艱。而無終身絕望之歎。亦使人人務學。文臣知經術時務。武臣閑弓馬法律。皆有益於事。而進士累舉有詞學人。自得出官。者無所能。得虛名一官。免為白丁。亦無所恨。如有可採。乞降下與前文字一處詳議。

軾又同鄧溫伯胡宗愈孫覺范百祿等。薦朱長文劄子奏曰。臣等伏見前許州司戶參軍蘇州居住朱長文。經明行脩。嘉祐四年乙科登第。墮馬傷足。隱居不仕。僅二十年。不以勢利動其心。不以窮約易其介。安貧樂道。閭門著書。孝友之誠。風動閭里。廉高之行。著于東南。本路監司。本州長吏。前後累奏稱其士行經術。乞朝廷旌擢。差充蘇州州學教授。未蒙施行。近奉詔中外臣僚。自監察御史已上。並舉堪充內外學官二人。此實朝廷博求人才。廣育士類之意。如長文者。誠不可多得。其人行年五十餘。昔苦足疾。今亦能履。臣欲望聖慈褒難進之節。收久廢之材。量能而使之。特賜就差知蘇州州學教授。非惟祿餼調養一鄉善士。實使道義模範彼州之秀民。

軾等又薦用劉攽上奏曰。右臣等伏見朝議大夫直龍圖閣劉攽。近自襄陽召還秘省。旋以病乞出守蔡州。自受命以來。日就痊損。假以數月。必復康強。謹按攽名聞一時。身兼數器。文章爾雅。博學強記。政事之美。如古循吏。流離困躓。守道不回。此皆朝廷之所知。不待臣等區區誦說。但以人才之難。古今所病。舊臣日已衰老。而新進長育未成。如攽成材。反在外服。此有志之士所宜為朝廷惜也。欲望聖慈留攽京師。更賜數月之告。稍加任使。必有過人。臣等備員侍從。懷不能

已。冒昧陳論。伏候誅譴。

二年。軾乞錄用鄭俠王斿狀曰。右臣聞國之興衰。繫乎習俗。若風節不競。則朝廷自卑。故古之賢君。必厲士氣。當務求難合自重之士。以養成禮義廉恥之風。臣等伏見英州別駕鄭俠。尚以小官觸犯權要。冒死不顧。以獻直言。而秘閣校理王安國。以布衣為先皇帝所知擢至館閣。名對便殿。而兄安石為相。若少加附會。可力致富貴。而安國挺然不屈。不獨納忠于先帝。亦嘗以苦言至計規戒其兄。竟坐與俠遊從。同時被罪。呂惠卿首興大獄。鄧綰舒亶之徒。搆成其罪。必欲置此人于死。賴先帝仁聖。止加竄逐。曾未數年。遂逐惠卿而起安國。今來朝廷赦俠之罪。復其舊官。經今踰年。而俠終不赴吏部參選。考其始終出處之大節。合於古之君子殺身成仁。難進易退之義。朝廷若不少加優異。則臣等恐俠浩然江湖。往而不返。若溘先朝露。則有識必

爲朝廷興失士之歎至於安國不幸短命尤爲忠臣義士之所哀惜臣等嘗識其少子斿斂而篤學直而好義頗有安國之風養成其才必有可用欲望聖慈名使赴闕及攷察斿行實與使並賜録用不獨旌直於九泉之下亦所以作士氣于當代也

軾同傅堯俞孫覺狀奏右臣等伏見徐州布衣陳師道文詞高古度越流輩安貧守道若將終身苟非其人義不往見過壯未仕實爲遺才欲望聖慈特賜録用以奬士類兼臣軾臣堯俞皆嘗以十科薦師道伏乞檢會前奏一處施行

軾又同李常王存鄧溫伯孫覺胡宗愈狀奏右臣等竊見給事中顧臨資性方正學有根本慷慨中立無所阿撓自供職以來封駁論議凜然有古人之風僥倖之流側目畏憚近聞除天章閣待制充河北都轉運使遠去朝廷衆所嗟惜方今二聖臨御肅正紀綱如臨等輩

正當置之左右以輔闕遺或者謂緣黃河潑臨幹治臨之所學實有以於治河治河之才固有出臨之上者欲望朝廷別選深知河事者以使河北且留臨在朝廷以盡忠亮補益之節臣等備位侍從懷有所見不敢不盡

五年軾以龍圖閣學士左朝奉郎知杭州進何去非備論狀奏曰臣自揣虛薄叨塵侍從常求勝己以爲報國恭惟先皇帝道配周孔言成典謨雲漢之光藻飾萬物而臣子莫副其意蓋嘗當食不御有才難之歎伏見承奉郎徐州州學教授何去非文章議論實有過人筆勢雄健得秦漢間風力元豐五年以累舉免解荅策廷中極論用兵利害先帝覽而異之特授右班殿直使教授武學不久遂爲博士臣竊揆聖意必將長育成就以待其用豈特以一博士期去非而已哉而去非立志強毅不苟合於當時公卿故莫爲一言推轂成就之者臣任翰林學士日嘗具以此奏聞乞換文資置之太學雖蒙恩換承奉郎而今者乃出之徐州教授比於博士乃似左遷非獨臣人微言輕不足取信亦恐朝廷不見其文章議論無以較量其人謹繕寫去非所著備論二十八篇附遞進上乞降付三省執政考覽如臣言不繆乞除一館職非獨以收羅逸才風曉士類亦以彰先帝知人之明一經題目決無虛士書之史冊足爲光華若後不如所舉臣甘伏朝典

六年軾爲翰林學士承旨左朝奉郎知制誥兼侍讀乞擢用陳遵彥上奏曰臣竊謂朝廷用人以行實爲先以才用爲急二者難兼故常不免偏取而端靜之士雖有過人之行應務之才又皆藏器待時恥於自獻朝廷莫得而知之如臣等輩固當各舉所聞以助樂育之意伏見左朝散郎前簽書杭州節度判官廳公事程遵彥吏事周敏學

問該洽文詞雅麗三者皆有可觀而事母孝謹有絕人者母性嚴甚遵彥甚宜其妻而母不悅遵彥出之妻既被出孝愛不衰歲時伏臘所以事姑者如未出而母卒不悅遵彥亦不再娶十五年矣身爲僕妾之役以事其母雖前史所傳孝友之士殆不能過臣與之同僚二年備得其實今替還都下未有差遣祿祿衆中未嘗求人臣竊惜之伏望聖慈特賜采察量材録用非獨廣搜賢之路亦以敦厲孝悌激揚風俗若後不如所舉臣甘伏朝典

七年軾爲龍圖閣學士左朝奉郎守兵部尚書上奏曰臣竊謂才難之病古今所同朝廷每欲治財賦除盜賊幹邊鄙興利除害常有臨事乏人之嘆古人有言寬則寵名譽之人急則用介冑之士所用非所養所養非所用此古今之通患也臣伏見承議郎監東排岸司林豫自爲布衣已有奇節及從事所至有聲其在漣水屏除群盜尤倚

方略其人勇於立事常有為國捐軀之意。試之盤錯之地。必顯利器伏望聖慈特與量材擢用。若後不如所舉。臣等甘伏朝典。

元祐元年右司諫蘇轍等論安燾敕命不送給事中書讀上奏曰臣等前月二十八日。奏論安燾除知樞密院告不令給事中書讀。直下吏部施行。事人微言輕。未能仰回聖意。切惟封駁故事。本唐朝舊法。祖宗奉行。未嘗敢廢其法而不守也。蓋此法之設。本以關防欺弊。君臣所當共守。今安燾差除。未允公議。有司舉職。實不為過。而陛下即令廢法。以便一時。古語所謂若有短垣而自踰之。臣等切恐百司法度。自此隳廢。君臣之間。無所據執。何以經久。近日朝廷除呂公著門下侍郎。止因中書吏人行遣差誤。不經門下。而給事中范純仁以失職為言。朝廷忽之行遣。以申明舊法。及今未幾。乃以一安燾之故。特開此例。況燾與純仁並命。二告皆不經書讀。切料純仁必不肯不顧前言。遍勉而受。純仁既不受命。則燾必不敢不辭。燾既力辭而給事中又封駁不已。臣等必恐此命無由復行。伏乞陛下克己為法。擒會前奏。且令燾依舊供職。陛下必謂先朝舊臣。無大過惡。不可輕棄。則同知樞密院。任用不輕。陛下必謂已行之命。不可中止。則命之未行。臣等無由預議。若既行之後。又不得言。則朝廷設置臺諫。竟將安用。陛下明聖。其必不然。臣等區區所惜者。祖宗法度。非敢必行己意。以廢格明詔。惟陛下裁擇。

歷代名臣奏議卷之一百三十八

歷代名臣奏議卷之一百三十九

用人

宋哲宗元祐元年右正言朱光庭論司馬光薨當謹於命相上奏曰臣竊以君臣之義。均乎一體。股肱或傷。何痛如之。司馬光天生正人為陛下出。整齊法度。惠養元元。內則招俊人以在官。外則鎮蠻夷而歛衽。其精忠貫天地。大節扶邦家。正直格神明。康濟逮黎庶。佐佑聖政。除去敝事。十有八九。朝廷已清明矣。天下已安樂矣。光雖疾病中。汲汲王事。造次顛沛。未嘗離去。以至盡瘁沒身。至誠至公。古人無與比。可謂之真宰相矣。陛下乍失良弼。痛傷應深。今司馬光身雖殁。而孜孜為朝廷深意。願陛下勿忘也。司馬光之才業。人或有之。其愛君愛民之心。求之天下。未之見也。愛君不敢欺。愛民惟恐傷。而今而後。陛下每見敢欺罔吾君者。願以司馬光為法。遠而勿用也。然則欺罔者何以見之。謂吾君不能居仁由義。而又不能陳善閉邪。惟能逢迎其惡者。是乃欺罔者也。每見敢殘虐害民者。願以司馬光為法。遠而勿用也。然則殘虐者何以見之。厚斂以困其財。勞役以竭其力。窮兵黷武。置之危地。是乃殘虐者也。此皆司馬光平生之深疾。願陛下常存此心。以察群臣。使公忠進而欺罔退。豈第興而殘虐亡。則司馬光之死猶生之年也。方今朝廷法度雖已修。而未全惠澤雖已施而未浹。正在陛下堅初志。患至忠。勿惑小人邪說。而忘司馬光所以為朝廷孜孜之意。不可變易已行政事也。明堂大禮已畢。張璪必當罷去。陛下勿固留。善退之可也。命相陛下必有以處之。執政中尚闕兩員。除授之際。宜取天下之公望。以忠厚公正。器識宏遠。可以勝大任者任之。勿為近習所惑。妄有所許。則言者不敢負職事。除授既得其人。臣亦非妄言矣。伏望聖慈預深思慮。擇任賢臣。以幸天下。

光庭又同寶文閣待制樞密都承旨劉光世論楊畏除御史不當狀

奏曰臣等伏見朝廷以御史闕員屢詔近臣俾舉所知近者本臺及兩制等數以名聞未嘗采錄中外疑惑莫知所謂及再令舉官敕下略出事因如葉伸穆衍則曰已係省郎陳鵬則曰已係監司臣等既見指此為不應格遂於常調通判資序中以田陳古張微充薦二人者皆敦厚剛正可任言責剳奏以來于今兩月未蒙朝廷有所簡拔今日乃聞以楊畏為監察御史竊惟祖宗之制所有命近臣舉言官者蓋耳目之任不欲置執政之私人也令兩制等奉詔舉官不合大臣之意則安以監司省郎為解拒而不用楊畏不係所舉之士又見充永興軍路提刑未審朝廷何名除授臣等後來所薦既非監司省郎即合依公掄選它日苟不稱職自可併坐謬舉之罪今既未嘗試之以事而便謂其才不堪取舍任情殊無義理伏望聖慈追還楊畏新命止令於兩制等舉到人內選差庶使祖宗之法不至墜廢

第二狀曰臣等近嘗論奏楊畏差除不當未蒙施行臣等伏覩祖宗故事天禧二年二月詔左諫議大夫樂黃目知制誥陳知微於常叅官舉公清強敏才堪御史者各一人臣等竊惟聖訓皆有徵自何者御史之任所以糾察百僚苟非剛正無私不可濫居此職故先須擇舉主使之引類是以受詔者知明主睠倚之厚博簡忠良被舉者体朝廷責任之嚴敦尚名節得人之盛無愧前古厥後方令兩制資次舉官當時議者已謂無善惡皆得薦士故多非其人然未嘗專出於執政也今兩制等初以名聞則猥曰已係監司省郎更令別舉後來所薦既以應格則又棄而不用乃以私意外召楊畏且畏見授永興軍路提刑獨非監司乎前日以此拒人而今日躬自蹈之威福自任反復如此舉官之詔遂成空文祖宗之法日益廢壞臣等竊為陛下惜之況二聖臨御仰成輔弼若言路漸布私黨則政事闕失何由盡達天聰為大臣之計則安為陛下之慮則疏矣伏望聖慈鑒前代奸邪蒙蔽之患循聖人開廣聰明之理罷畏新命以示至公

第三狀曰臣等已兩嘗論奏楊畏差除不當至今未奉旨揮竊觀祖宗以來尤重風憲之任必得公正之士付之彈劾之權所以糾察百僚振肅綱紀雖在人主未嘗敢以己用之必命近臣與本臺長貳更互奏舉以協中外之望如畏者初無自立之譽又非應詔之薦忽蒙簡拔甚喧物議昔王安石當國惟以破壞法度為事每於言路多置私人持寵養交寖成大弊今朝廷之政率由舊章豈容臺臣更蹈覆轍伏望陛下審察事理罷畏新命再令近侍各舉所知庶得端良不廢故事

第四狀曰右臣近以三次論列楊畏差除不當未蒙施行竊聞議者以謂本朝嘗用舊人乃欲持此沮抑公論臣伏覩祖宗以來雖有復名之例率皆風節暴著為搢紳所服如呂晦之類者方可不用奏舉再授言職今楊畏從王安石之學議論駁雜及呂惠卿用事又傾心附托緣舒亶之薦得為御史觀其所主固已刻薄考其素履多復乖異豈可為有故實安引匪人臣竊謂朝廷不至乏才如此之甚伏望陛下審察義理罷畏新命庶幾言路純一眾聽不惑

第五狀曰臣近已四次論列楊畏差除不當未蒙施行臣竊惟御史之官朝廷雖有復召舊人之例謂宜審其才實參以公議如畏之趍向乖僻附麗奸邪搢紳之間多所鄙笑非獨出於臣之私言也況元豐之末已嘗任用在職之日苦無建明雖粗嘗彈擊貴近亦是承望權臣風指為之鷹犬今若不考其素輒授風憲臣恐匪人得進浸壞言路伏望聖慈深賜省察檢會臣累次事理早降旨揮罷畏新命以

稱陛下爲官擇人之意

監察御史上官均論宰相不當閱決細務上奏曰臣聞朝廷設官分職所以治事位有高卑則事有煩簡事有煩簡則心有勞逸位尊者宜逸不逸則不足以謀天下之大務位卑者宜勞不勞則不足以理天下之庶事夫宰相之職弼諧人主運旋樞極其視百官位尊任重天下之事無所不總然而所該者衆則力有不逮致詳於小則大有不及此勢之必然也昔漢陳平爲丞相文帝問以決獄錢穀之數陳平以爲當責廷尉內史宰相者上佐天子理陰陽四時下遂萬物之宜外鎭撫四夷諸侯內親附百姓使卿大夫各得其職此可謂知宰相職任矣唐太宗嘗謂房喬曰公爲僕射助朕廣耳目訪賢才比聞閱視訟牒日數百豈暇求人哉乃敕細務屬左右丞大事關僕射此言宰相不當親細務也臣切見比年左右僕射每至都省閱視訴牒多及百餘少不下三五十又省吏呈稟文書與夫常行細事不知其幾方陛下臨御之初講脩百度左右大臣所宜虛心盡謀董正綱紀以副陛下求治之意今則視聽分於訴牒智慮勞於細務臣切恐政教之大要生民之大利病人才之能否禦戎之操術繫天下之安危治亂者有不暇深思而詳講將有偏弊不擧之處臣切爲陛下惜之今之左右二丞與夫六曹尙書其於謀主體斷國論分領列部委寄選任不爲不重臣欲乞以省中事務類分輕重某事爲關尙書某事爲關二丞某事爲關僕射尙書可以覽決者不必關二丞二丞可以決者不必關僕射如是則位愈高者任愈大任愈大者事愈簡事愈簡者心愈逸事簡心逸則天下之大務得以熟慮而詳究長策遠馭建萬世之基業較省覽訴牒勞心細務利之小大固相遠矣

諫議大夫孫覺乞收還給事中新命且在諫職上奏曰臣竊聞有旨除臣給事中聖恩深厚所不敢當然臣伏見前後執政大臣每臺諫臣寮言有及之者多遷官以寵之使罷言職尋即令人別抉微細過差逐之使去以報其私忿言事官不顧大臣威勢斥言其罪乞行黜免者所以報主上之恩行言守之責也何至言未絕於口而身已擯于外不惟人主威福移於大臣之家又使上爲朝廷不顧忌諱直節敢言之士慄慄危懼不保其身豈可不爲朝廷惜哉臣近因見御史翟思在神宗朝論韓縝受人私饋馬先朝不爲施行翟思爲國子司業進神宗挽詞誤落韻亦小過耳言者及之謫守臨江軍御史黃絳言縝爲相非才即遷降國子司業罷其言職臣見仁宗朝言事臣僚爲國盡忠於大臣無所避忌者仁宗終始保全之故言者敢肆直言以報國恩一時名臣多由此出如臣微賤流落于外十有五年神宗晩歲始賜召還皇帝陛下太皇太后陛下臨政之始首蒙擢寘經筵

去年七月中始供諫職如臣愚賤前後言事不合聖旨者不可勝數宜在斥逐之日久矣今者蒙恩遷給事中於臣之私極爲榮幸然臣前後論縝未蒙施行一日去職使縝得挾怨中傷臣實未知死所今日在得言之地尙可布露本末爲陛下言之一日去職怨嫌已成如翟思黃絳有希縝意旨中臣者臣雖欲自辯不可得也伏望聖慈特賜旨揮收還給事中新命使臣且在諫職他日韓縝去位之後別有差遣臣不敢辭

二年尙書左僕射呂公著論韓維不當罷門下侍郎上奏曰臣伏思陛下自臨政以來慈仁寬大判別忠邪於輔弼之臣每加優禮故得上下安樂人情悅服今來韓維必是進對之間語言乖謬上觸龍鱗然維昨與范百祿爭論刑名等事若以爲性強好勝則有之亦未見奸邪事迹若以奏劾臣寮當有章疏則自來大臣造膝密論亦未嘗

須有章疏比來批語所罪恐未足以宣示四方兼維素有人望久以
直言廢棄陛下始初清明方蒙收用忽然峻責罪狀未明慮必彌嫌
之人飛語中傷以惑聖聽況五六十年來執政大臣不曾有此降黜
恐中外聞之無不驚駭自此人情不敢自安臣又竊思皇帝陛下春
秋方富正賴太皇太后陛下訓以仁厚之道調平喜怒以復仁祖之
政若大臣倉猝被罪則小臣何以自保臣受陛下恩與常人不同意
欲致君於堯舜措國於不傾以報陛下故今來雖當雷霆之怒不敢
愛身以陷陛下於有過之地伏望少留聖慮其批降指揮見只在臣
處收掌聽候聖旨

中書侍郎呂大防論韓維不當罷門下侍郎上奏曰臣今據呂公著
封送錄到降付中書省御批指揮一件為門下侍郎韓維面奏范百
祿不當可守本官分司南京及稱一面繳奏元降指揮臣竊詳韓維

忠讜有素士望甚重陛下自初臨政擢維於沉滯之中委以柄用賢
士大夫莫不稱頌盛德為之相慶一旦忽以奏事差失遽行譴責恐
非所以風示四方開接衆正之體公著不令臣知一面論列必已竭
盡至誠上裨聖治伏望天慈詳察特為開納況維所坐至細止是拙
於奏陳未可加以重責若此命一出則人人有不自安之意繫今日
治躰之根本伏望深思而熟察之少息雷霆之威使全臣子進退之
分臣不勝至懇至願

尚書右丞王存論韓維不當罷門下侍郎上奏曰臣昨日赴崇政殿
上壽聞班列中口語籍籍云韓維罷知外州問之皆不知所因臣雖
未審端的然衆聽驚駭若遇赦黃過省然後論列則徒紛紛無補闕
政是敢不避冒死之誅罄陳誠款惟陛下留聽伏見維秉心端亮有
古大臣之風在熙寧元豐間以論事不合久斥外任陛下臨御首先

拔擢寘之經筵遂參柄用天下公論以為朝廷得人觀維辭氣慷慨
亦自謂老年被遇君臣道合千載一時故每激厲思有補報至于刑
名小事一一盡心議論之間多所詆忤人或謂維執滯而維以此自
任原其用心本欲報國今來忽除外郡衆論恟恟皆不知其得罪之
由若維有陰慝隱奸聖心獨知為人所指摘亦當明示中外使判然
無疑若謂舉措失當則朝廷並是三省同共商量豈容維得專之今
獨加罪於維其他豈可幸免大率賞罰貴在明白大臣進退君子小
人消長所繫自元祐以來罷黜執政亦未見有如此暴者此中外所
以駭且疑也臣自受命為丞轄之日被受德音今來進用出於太皇
太后親選不由左右引援宜盡心報國臣仰服聖訓日夜惕勵思報
萬一今覩中外疑駭之事而隱默不言則有負陛下知奬臣亦何顔
處此伏乞少留聖慮若維別無顯過伏乞聖度包容特寢今來指揮

兼維曾以年老請外他日若賜允從即君臣之間恩義兩全

三年右正言劉安世論寺監官冗狀奏曰臣伏見先皇帝考古眂典
建置治官天下之務分總於三省散隸於六曹循名責實夫躰雖善
而措置法度未暇致詳此議者所以論官冗之弊而首及於寺監也
伏惟陛下即政之初常賦之外一切蠲復所入有限則國用有不足
之慮是以專置官局裁節浮費而膳部併於主客虞部入於屯田又
量事之閑劇以定員之多寡六曹所減凡十九員而官無廢事人無
異議者處之得其理也臣嘗觀先帝時寺監長貳多不並置亦有無
卿少而丞簿行其事者今太僕衛尉鴻臚光祿太府各二卿軍器將
作少府各二監丞簿官屬仍不預焉省曹所減止十餘員而寺監所
增仍倍乎昔前日省官之詔遂為虛文損彼益此何補於治昔杜佑
建議於唐以謂皋陶作士正五刑今刑部尚書大理卿是二皋陶也

垂作共工。利器用。今工部尚書。將作監是二垂也。伯夷秩宗典邦禮。今禮部尚書。禮儀使是二伯夷也。伯益作虞。掌山澤。今虞部郎中。都水使者是二伯益也。舊名不廢。新職日加。空存虛稱。皆無實事。臣每愛其言最為切理。今百司申陳。必經寺監。而長貳鮮敢予奪。悉稟六曹。不惟虛煩文移。淹留旬月。而又省寺旨揮。間多異同。內外有司。艱於遵守。加以官吏猥衆。糜耗廩祿。非有釐革。將不勝弊。欲望聖慈參酌典故。稽考名實。凡寺監之職。可以歸之六曹者。宜盡省之。或事務實繁。及政躰所繫不可罷者。亦宜裁為定員。不使冗濫。庶官得其人。經費易給。

安世又論李察知濟州不當。劄子曰。右臣切聞近日堂除朝奉郎李察知濟州。考之公議。皆謂不可。蓋以察頃在京東。嘗揔漕計。專務掊克。希望進用。及移陝西。與居厚實繼其事。凡所規畫。多察始謀。洎聞居厚擢為待制。數對賓佐。自矜其能。以謂用我計策。遂有成效。彼蒙恩命。已獨不賞。扼腕憤怒。形於辭色。陛下即政之初。以居厚刻剝大甚。特行竄責。察遂杜口。不復論功。究其本末。乃陰險禍賊。奸邪趨利。縉紳之間。鮮有倫比。昨以憂制去官。未即顯黜。中外之人。指為幸免。今朝廷敦尚仁厚。進登賢能。而容刻薄之徒。尚竊民社之寄。非所以明好惡於天下。表勸沮於公朝。伏望聖慈特留宸慮。縱未能投於荒裔。亦復可委以庶符。宜徇僉言。重行降黜。庶使聚斂酷暴之吏。有所戒懼。

哲宗時安世又論何洵直差除不當。狀奏曰。右臣等風聞司勳員外郎何洵直除秘閣校理。秘書郎。切以官制初行。舊帶職名者並為虛設。朝廷許納職以換一官。是時如何洵直因納職特轉與官者。固非一人。而所謂秘書省職事官者。尤為慎選。自陛下初復館職。皆用大

臣薦舉。或揚歷著勞。許帶此職。未有既納職改官。而無故再得職名者。又秘書郎自官制以來。非文行素著。未嘗輕授。今來除洵直校理及秘書郎。在洵直有不當得者二。蓋已經納職轉官。而復還舊職。於法不當得也。雖曾中高科。而行義不為賢士大夫所與。於公議又不當得也。有二不當得。而朝廷以天下之精選。併與此人。其可安乎。臣等蒙陛下擢置言路。固知今日所患者。人材為乏。是以常願陛下推廣聰明。搜訪賢能。臣亦未嘗敢輕議人物。如今日洵直所除。於法有礙。於公議未允。伏望聖慈特賜寢罷。令洵直且依舊作郎官。使天下曉然知名器不可以假人。豈勝幸甚。

安世又論韓玠差除不當。狀曰。右臣伏見朝廷近除韓玠充利州路轉運判官。按玠元豐中已嘗奉使蜀道。推行市易之法。過為苛急。以希進用。至使縣官躬執升斗。求免陵辱。陛下踐祚之初。崇尚寬大。玠為言者彈其慘刻。朝廷尚以為疑。遂委所司躰量。是時玠之叔祖縝方為宰相。而提點刑獄郭槩畏避權勢。不以實奏。陛下責其觀望。先行降黜。其後提舉官例各省罷。而韓維繼為執政。玠之所犯。遂不窮治。乃依無過人。平除河南通判。其誥詞責之曰。西南之政。俾民驚擾。當時議者已謂罰不當罪。今來遽復職司。何所懲戒。況兩川之人。皆陛下之赤子。玠之暴政。已為一路之害。移之隣郡。何以副聖朝仁愛遠民之意。伏望陛下收其新命。以允公議。

第二狀曰。右臣近嘗論列韓玠除利州路轉運判官不當。乞行追寢。至今未奉指揮。按韓玠向任成都路提舉官。推行市易之法。過為苛急。一路之吏民。幾不聊生。言者交攻。詔令可驗。提點刑獄郭槩畏宰相韓縝之勢。躰量不實。陛下責其觀望。先行降黜。其後提舉官悉皆省罷。而韓維相繼執政。巧為庇覆。得不窮治。遂依無過人例。止除河南

通判。當時士論固已不平。今來遽復職司。仍舊隣部。琳之害政。道路流聞。人知復來。孰不憂畏。臣聞兩川之俗。易動難安。朝廷擇使。宜先謹厚知治躰之士。而琳刻薄急進。見於已試。固當懲沮。以抑躁暴。庶幾異日或可再用。而薄責未久。亟委使節。質之公議。衆謂不可。況與琳同時省罷提舉官之無過犯者。今為通判。往往未復差遣。琳實有罪。獨被遷擢。輕重倒置。尤非公道。伏望聖慈檢會臣前奏事理。特降指揮罷琳新命。以稱陛下仁愛遠民之意。

第三狀曰。右臣近以韓琳除利州路轉運判官不當。兩具論列。未蒙允許。固不足頻煩天聽。然而苛虐暴急。見於已試。同時省罷無過之人。今為通判。往往未復差遣。琳實有罪。苟免竄黜。河南未久。遽還使節。輕重倒置。有害政躰。故敢奏陳。乞罷新命。繼聞臺臣亦有章疏。而朝廷沮遏公議。不為追寢。臣固疑之。詢諸搢紳。果有異論。皆謂執政之間。有琳姻家陰為之地。是以臺諫之奏。抑而不行。信如此言。公道安在。況近者三省奏擬高士英為權工部員外郎。竊聞獨出睿斷。以謂終是挠法。遂行追改。中外無不傳誦聖德。心悅誠服。今執政大臣凡是姻戚之家。即不避嫌疑。更相汲引。及言事官明據罪狀論列。即不卹義理。極力主張。甚非所以稱陛下至公擇人之意也。伏望聖慈詳覽臣兩奏事理。特降指揮罷琳新命。以抑僥倖。

四年右諫議大夫范祖禹論呂大防劉摯疏曰。臣伏見陛下罷范純仁。獨任一相。古者三公官不必備。蓋充此位者未易得人。陛下重惜如此。古聖帝明王之意也。然臣竊恐自此天下之事未免益勞聖慮。太平之期未可望也。何以言之。臣觀今日大臣。未有可副陛下任使倚信而不疑。如司馬光呂公著者也。呂大防未為執政以前。人望不及純仁。自居大位。純仁頗失人望。是以大防比之差少過失。然其為人麤疏果敢。好立崖岸。簡於接物。士大夫多不親附。夫自六曹尚書侍郎兩省侍從。皆朝廷所與共為治者也。天子所賴者大臣。大臣所賴者賢士大夫百官。昔司馬光為相。欲知選事問吏部。欲知財利問戶部。凡事皆與衆人講求。便者存之。不便者去之。此天下所以受其惠也。比年以來未聞宰相召一人問以本職事。亦未聞召一賢士大夫問以政事得失。人民疾苦。其監司知州自外來者。亦未聞召一人問以州郡利害。文書成於吏手。官曹不敢爭執。物情不接。上下相蒙。但聞專任吏人而已。若有差失。為害必甚。臣望陛下特出聖斷。以儆飭輔臣。無使大防得專制朝權。無使臣下得乘間窺測聖意。陛下深居帷幄。皇帝未親庶政。尤不可使宰相權重。宜防其漸。劉摯本以骾直敢言。陛下所自拔擢。自居中書。人多言其有窺伺相位之心。與同列論議。多洩其語與言事官相表裏。范純仁好用親戚。摯不與之衆。洩其語於言事官使攻之。呂公著嘗與臣言。摯若進德修業。何患不為宰相。何須如此。摯之此心。同列亦多覺之。夫宰相者不得已而為之。當以為憂。若以此心得之。必無善政矣。然則朝廷何所賴。天下何所望哉。又識別人物。更不及純仁。純仁上則為大防所制。下則數為摯所中。懦而不去。以至於罷。夫陛下總天下之選。取於千萬人之中。得此數人。而猶如此。臣以此知人才之難也。昔神宗以陳升之有才智。既用為相。問於司馬光。光言升之才智誠如聖旨。但恐不能臨大節而不可奪爾。昔漢高祖論相以陳平知有餘。然難獨任。真宗用王欽若丁謂。亦以馬知節參之。凡才智之人。必得忠直之人從傍制之。此明主用人之法也。今陛下專任大防。而劉摯有欲相之心。必與大防協同。此非相參之人也。近用左右丞二人。又皆人望素輕。風節不立。陛下臨御以來所用執政。惟韓縝作相不合公論。餘皆天下之望。其間雖非全德。亦皆有可稱。近所用二人。殊不類前後差除。以臣料之。自此廟堂議論必無異同。朝廷政事一決於大防與摯。無有敢違之者。如此則公道何由得立。臣權安得不盛。恐非國家至計。此臣之所深憂也。惟陛下稍自攬權綱。無使威福之柄漸移於下。臣非敢離間君臣。陛下以諫官為耳目。若有所聞見。不以告陛下。則上負任使。若朝廷政事自此日勝一日。豈獨太防有賢相之名。乃宗社生靈之幸。萬一如臣所慮。豈可不使陛下預知之哉。臣不勝憂國惓惓之心。

貼黃。又言蔡確罪惡。初達朝廷。大臣皆不以為意。及諫官論奏。陛下以怒。然後大防奉而行之。純仁與王存則固執前見。議論立異。此所以不同耳。夫大臣乘人主喜怒以起立勢威。則人皆畏之。人主唯見其順己。而不自覺權移於下。古之強臣皆成於此。惟陛下深謹喜怒。無使臣下得乘其便而作威福也。

祖禹為給事中舉張咸賢良劄子曰。臣伏見前陵井監仁壽縣令張咸。素有履行。富於文學。元祐三年。有近臣舉應賢良方正能直言極諫科。蒙召試祕閣。以不中第復歸本任。臣切惟朝廷復方正之舉。欲求絕異之才。若稍誘進。則士知嚮慕。咸自前舉報罷。益強於學。今官滿赴闕。欲就再試。而兩制已上所舉入已足。遠方孤進。無由自達。伏望聖慈特降指揮。與免奏舉。許令就試。庶使寒俊之士不至遺滯。

五年。祖禹又舉學官劄子曰。臣伏見朝廷分置學官。以教養天下之才。近歲增廣員數。師儒之任。尤難其選。寒遠之士。無因自進。乃如臣輩所當稱舉。以待上用也。臣竊見左宣德郎劉渙。瀛州防禦推官知峽州夷陵縣事李傳。新授滄州南皮縣令張景仁。皆詞學優長。履行修飭。為士人所推重。並堪充太學博士正錄及諸州教授。伏望朝廷更賜考察選用。以助長育人才。

祖禹又薦曾孝純劄子曰。臣伏見奉議郎曾孝純。故太傅公亮之子。節操履行。皆人所難。好學修身。深自藏晦。年十七歲為殿中丞。今三十七歲。出官以來。並不磨勘。熙寧中。鎖廳應舉得解。省試下第。及公亮薨。先帝特賜孝純同進士出身。孝純以父存日嘗許奏一族人而未及奏。堅辭出身。乞迴授族人一官。以成父志。先帝許之。自元豐元年丁父憂。服除。即乞尋醫。至七年。先帝特除太常丞。以不參吏部。又不就命。臣竊以孝純恬尚之節。雖在巖穴之士。寒遠之臣。猶當旌顯以厲風俗。而況三公之後。勳臣之世。豈可有滯才而不用乎。伏望聖慈特加不次陞擢。或處以館閣之職。朝廷必有得人之美。臣忝備侍從。不敢不言。乞賜詳察。

祖禹又薦韓維等狀曰。臣聞報國之忠。莫如薦賢。負國之罪。莫如蔽賢。昔臧文仲知柳下惠之賢而不舉。孔子以為竊位。又以為不仁。臣蒙陛下累加拔擢。寘之諫省。又遷門下。兼職經筵。于今累年。受恩深厚。無禆毫髮。常思竭盡愚慮。無有所隱。庶幾以此少酬萬一。竊慕古人報國以薦賢為忠。實懼有臧文仲竊位不仁之罪。臣今有劄子四道。並乞留中。若陛下以臣言薄有可采。乞出自聖意處分。則臣之幸。如以臣言為不然。臣不敢避妄言之誅。惟陛下裁赦。臣無任震懼之至。

其一曰。臣伏見經筵闕官。宜得老成之人以重其選。韓維素有鯁直之稱。先帝以維東宮之臣。眷遇甚厚。維與王安石不合。以此齟齬。不至大用。未嘗少屈於安石之黨。天下皆以為賢。陛下用為門下侍郎。中外皆謂得人。維於政事雖有執滯不通。然其人風節素高。疾惡如讎。奸邪畏之。前年罷免。不聞顯過。今久領宮觀。乃與章惇為一例。甚非宜也。先帝東宮之臣唯孫固與維二人見存。陛下所宜加禮。君名維以經筵之職。不唯學識論議足以開益聰明。維有人望。物論必大以為愜。臣竊恐執政以維觸忤陛下。故不敢言。夫君之於臣。如父之於子。有過則譴而逐之。怒既息。則名而使之。豈有終怒而不解也。陛下嗣位以來。言事之臣。亦嘗以所言過當上忤陛下。或罷其職。或出之外任。已而皆復召還擢用。是以天下皆知陛下聖意。至公不以喜怒進退羣臣。昔仁宗平生無怒。雖是唐介彈文彥博。其日仁宗極怒貶介春州別駕。尋復悔之。改介英州。未久復召為御史。因此重介剛直。驟被擢至兩制。天下皆知仁宗不徇喜怒。最為盛德。陛下若出聖意。復召韓維。則天下必皆伏陛下之至公。此深為聖德之美。

其二曰。臣伏聞翰林學士承旨蘇頌。近乞致仕。陛下已降詔不允。

臣竊見頌博聞強識。白首好學。至於詳練國朝典故。尤非諸臣所及。熙寧中王安石用選人李定為御史。頌知制誥。封還詞頭。再三不肯草制。坐落職歸班。二年方除一郡。其後又為奸臣所惡。追攝對獄。卒無一事。恐其進用。排斥在外。然先帝素重其博洽。召令修書。眷遇保全。以至今日。更歷夷險。操守不變。方今朝臣資望敍歷。未有先於頌者。頌年七十有一。精力不減少壯之今陛下左右宜得博見洽聞之士。以備顧問。臣竊慮頌別有陳請。伏望聖慈且留之經筵。

其三曰。臣伏見知杭州蘇軾。文章為時所宗。名重海內。陛下所自拔擢。不待臣言而可知。臣竊觀軾忠義許國。遇事敢言。一心不回。無所顧望。然其立朝多得謗毀。蓋以剛正疾惡。力排奸邪。尤為王安石呂惠卿之黨所憎。騰口於臺諫之門。未必非此輩也。

陛下舉直措枉。別白邪正。以致今日之治。如軾者。豈宜使之久去朝廷。況軾在經筵進讀。最為有補。臣愚伏望聖慈早賜召還。今尚書闕官。陛下如欲用軾。何所不可。朝廷選擇常患乏才。每一官闕。久之不補。今有一蘇軾而不能用。不知更求何者為才也。臣竊為陛下惜之。

其四曰。臣伏見刑部侍郎趙君錫。孝行書於英宗皇帝實錄。（臣謹按實錄。尚書工部侍郎趙良規傳云。子君錫甚孝。以良規老而酒色不節。棄官出入臥起隨之。）昔周宣王欲得國子之能導訓諸侯者。樊穆仲稱魯侯孝。宣王乃命之。大雅宣王之詩曰。侯誰在矣。張仲孝友。言宣王使文武之臣征伐。與孝友之臣處內。古之選臣。先取其孝。蓋孝者人倫之冠。百行之首也。人君與孝友之人處。則德性粹美。而風俗淳厚。是以輔道人君者。宜莫如孝也。君錫之孝。士大夫所共知。為人溫良恭敬。動有

規矩。給事中鄭穆。館閣耆儒。操守純正。中書舍人鄭雍。慎靜端潔。言行不妄。穆雍久在王府。清謹無過。此三人者。皆宜置左右備講讀之職。如經筵闕官。伏望聖慈於此選擇。

六年。祖禹再封還解鹽置使狀曰。右臣竊以置官不如議法。議法不知擇人。法者。人之所為也。官者。法之所行也。故事之利害。擇人為先。苟不得人。雖有良法。亦無所施。或反為害。雖改置官司。無益也。仁宗時。范祥獻鹽法。慶曆四年。遣祥與陝西轉運使議其事。至八年。乃以祥為提點刑獄。使推行之。言者爭以為不便。皇祐二年。遣包拯往視之。還言便。三年。又召祥與三司官議。乃擢祥轉運使。至和中。罷。至嘉祐三年。張方平。包拯請復用祥。乃以為制置使。自初獻議。至此十五年方委以總領。其慎重如此之至也。蓋祥有已試之效。故不使繁他職。以盡其能。此乃先得其人而設官也。自祥卒後。皆轉運使副兼之。

熙寧二年。以鮮塩判官李師錫爲轉運判官。自此不除鮮塩判官。以永興軍通判兼之。今朝廷以轉運司職務不專。有害抄法。故欲專置使臣。不知抄法有害。是人壞之邪。是法壞邪。若人壞之也。則當懲治其人。其人不可。别擇任人而已。若法壞也。則當講求范祥之法。修復之而已。臣謹按國史。祥之塩法。後人不能易。小有增損。人輒不便。今不考究其法。而改置官司。官司雖改。而法弊猶存。則與不改何異。若去其法弊。而又得人。則雖在轉運司亦可也。若轉運司侵奪塩利。則重其法禁。誰敢違之。豈必改易官司哉。祖宗時或以提轉兼領。或專置使。或置判官。皆有故事。但自嘉祐以年以後。不專置使。今一旦復之。先有勞費。故不可不慎重。臣竊觀前世承平。治道無不簡易而清静。唯是唐明皇天寶亂政。廣置使名。利出百孔。朝廷近年增置官司。稍多。亦不久而罷。今若增監司一員。以主之。猶愈於别置使之煩。臣前奏已言之矣。閔子騫曰。仍舊貫如之何。何必改作。孔子貴其言。蓋爲治者不尚煩也。諸葛亮偏霸之臣。猶出教曰。事有不至至于十返來相啓告。今孤之舉。臣之愚見。竊謂未安。伏望聖慈更賜詳酌。謹再具封還。

貼黄。檢會李師錫以前不見嘗除判官。蓋判官亦不常置。

竊謂鮮塩一司事務。必不多。故祖宗朝置使時少。不置時多。自轉運司兼領已數十年。不聞闕事。今别置一使。則事權不可輕小。必與提轉略均。乃可以統攝州縣。所主者止是鮮塩一事。抄法利害。又未必繫此。故臣以爲先有勞費。

祖禹改禮部侍郎。兼翰林侍讀學士。轉對條上四事。狀曰準御史臺牒子二月一日文德殿視朝。輪當轉對。奏事。臣有管見。謹具如後。

一臣伏以自祖宗肇造區夏。剗削藩鎮。分天下爲十八路。置轉運

使副。提點刑獄。有州三百州。置守。皆得專達於朝廷。有縣一千二百。縣置令。皆命於天子。其始也。收鄉長鎮將之權。悉歸於縣。收縣之權。悉歸於州。收州之權。悉歸於監司。收監司之權。悉歸於朝廷。監司者。古州牧連帥之職也。郡守者。古公侯之國也。縣令者。古子男附庸之君也。自古封建則有強偪之患。郡縣則無藩屏之衛。漢法古建侯王。終有七國之變。郡守權重。得專生殺。唐世自方鎮至縣令。皆有專殺之威。不請於朝廷。惟本朝之法。上下相維。輕重相制。如身之使臂。臂之使指。民自徒罪以上。吏自罰金以上。皆出於天子。藩方守臣。統制列城。付以數千里之地。十萬之師。單車之使。尺紙之詔。朝召而夕至。則爲匹夫。是以百三十餘年。海內晏然。謀閑而不興。寇竊亂賊而不作。舟車所至。海之出日。無異近地。不惟祖宗仁恩德澤深結於民。亦由制置郡縣。最得其道。前世所未有也。夫監司付以一路。守臣付以一郡。縣令付以一縣。皆與天子分土而治者也。其可以不擇人乎。夫一縣令不得人。則百里之地受其害。一郡守不得人。則千里之地受其害。監司所以代天子巡狩。黜陟功罪。進退能否。內集財賦。外衛封疆者也。若不得人。則一路可知矣。朝廷比年命中外兩制。舉監司。又出省郎爲之。亦有意慎選矣。然監司有善未嘗知也。有不善亦未嘗聞也。夫人之情。能者不見異。而不能者亦見容。則自中人以下。幾何而不惰。是以議者多言監司職事不舉。夫天下之吏。患在不奉法令。而觀望朝廷之意。朝廷之意寬則吏治苟簡。遂至於怠墮。廷之意急則吏治慘刻。遂至於苛。夫觀望上下以爲寬猛者。是未得人也。賢人君子。豈有觀望而爲政者哉。祖宗以來。有考課監司之法。神宗時猶行黜陟。近歲

廢而不舉。臣望陛下詔大臣舉行考課之法。專考察諸路監司。置簿於中書。凡有奏請及功罪皆書之。參之以衆言。驗之以行事。歲終則較其優劣。簡其能者。亦簡其不能者。而廢置之。舉天下十八路監司不過數十人。欲皆知之亦無難矣。夫選天下郡守。此大臣之職也。古者天子親之。漢宣帝曰。庶民所以安其田里而無愁怨歎息之聲者。政平訟理也。與我共此者。其唯良二千石乎。以為太守者吏民之本。數變易則下不安。故二千石有治理效。輒以璽書勉勵。增秩賜金。公卿缺則選諸所表以次用之。是以漢世良吏於茲為盛。稱中興焉。光武廣求民瘼。觀納風謠。吏多得人。百姓寬息。建武永平之治。後世莫及。唐太宗曰。為朕養民者。唯在都督刺史。朕常書其名於屏風。得其善惡之跡。皆注於名下。以備黜陟。是以貞觀之治。幾於三代。明皇開元之初。欲重都督刺史。選京官才望者為之。十二年以山東旱。命選臺閣名臣以補刺史。十三年帝自選諸司長官有聲望者十一人為刺史。又勑京官五品以上。外官刺史四府上佐。各舉縣令一人。視其政善惡為舉者賞罰。是以郡縣多得良吏。其治幾於貞觀。國朝太宗皇帝嘗語宰相曰。朕擇循吏。俟選及三百人。則天下何憂不理。臨御以來。郡縣未理。由擇人之未當也。太宗又嘗選秘書丞楊延慶等十餘人。分為諸道知州。謂宰相曰。刺史之任。最為親民。非其人則下受其弊。審官院上新所選京朝官充知州者二十餘人。御前印紙曆子。太宗親書以賜之。其略曰。惠愛臨民。奉法除奸。因謂知院錢若水曰。所賜戒諭有除奸之語。恐不曉者從而生事。可諭以除奸之要在乎奉法耳。朕盛暑中寫此。豈不勞乎。蓋為官擇人以安百姓也。神宗嘗謂執政曰。朕思祖宗百戰而得

天下。今以一郡付之庸人。深可痛心。自太祖至神宗。未嘗不留意親擇郡守。今二聖垂拱。悉以政事付之大臣。然則今日擇郡守。乃大臣之職也。自京朝官以上。功罪善惡。無若吏部知之為詳。臣愚欲乞先委吏部尚書取當為知州者。具其功過舉主。而擇其可任者保明之。以上三省。三省召而審察之。凡當召者。使之言二事以上。如轉對法。或前任利害。或朝政闕失。不惟可以觀其才識。亦因以廣言路。通下情。昔堯之試舜。亦詢事考言。舜之用人。亦敷奏以言。明試以功。夫欲知其人。不過以言與事二者而已。若其言可底行。及有功狀。與其舉主多名人。則可用無疑矣。其不及者以次差之。其否者與京府或藩郡通判。其罷癃不能任職者與宮觀。有罪者自依舊法降監當。既定其等。然後使御史臺糾其不當者。到官則委監司考其課。每及一年。則以優劣聞而行黜陟焉。如此則能者必出。不能者必漸退。雖未盡善。得人必多矣。夫有監司則有郡守。有郡守則有縣令。未有監司郡守得人而縣令可以容貪虐昏闇之人也。是故天子任宰相。宰相擇監司與郡守。監司郡守當擇縣令。宰相察監司。監司察郡守。郡守察縣令。朝廷據其所察而行賞罰。此豈難哉。夫有考課而無黜陟。與不考同。今吏部雖以上中下為等。文具而已。非有賞罰使人勸沮也。臣伏望陛下明諭大臣。使慎擇監司而專考之。又使大臣代陛下擇郡守。其監司郡守考課必行賞罰。使監司郡守專察縣令。庶使天下官吏漸多得人。然後可以言治矣。

一臣伏見近制舉殿中侍御史監察御史。須通判資序實歷任一年以上人充。臣嘗受詔與兩制同舉。會議終日。無一資序相當可充選者。間有一人應格。又衆論未以為允。雖由舉者審知人

才不廣。實亦拘礙資格。所以尤難得人。緣資格之設。本以向者多不拘資序。或特除選人。故立此法。矯枉過正。臣愚欲乞參酌前後條制。裁處其中。應舉監察御史。取第二任知縣以上。殿中侍御史。取初任通判以上。更不限實歷一年。其寄祿官並以奉議郎以上。所貴資序稍寬。易得應格。兼收衆才。益廣言路。亦經久之通法也。

一臣竊見朝廷常患將帥之才。難得其人。仁宗時每遇邊臣闕。或自禁近除授。試之藩閫。然後大用。外任則都轉運使待制雜學士可用者常數人。選擇而使之。未嘗言乏。豈人才獨多於今。由朝廷養之有素也。將帥之選多出於監司。初為監司者。先自遠路漸擢至京東西淮南。其資望最深。績效尤著者。乃擢任陝西河東河北三路及成都路。自三路及成都召為三司副使。其未可

擬者或與理副使資序。自副使除待制。出為都轉運使。夫自初為監司至三路及三司副使者。其人年勞已深。經歷已多。緣邊山川道路。甲兵錢穀。皆所諳知。故帥臣有闕。可備任使。中才之人。亦能勉強。朝廷以其經歷。亦倚伏而不憂。夫人雖有聰明絕人之才。若未嘗目覩。終不如親歷者所得之多也。自王安石用資淺之人為監司。使之推行新法。其奉法稍寬者。則以為不才。往往廢斥。其苛急聚斂為士民所共疾者。乃得在職。或不次進擢。是故才與不才兩皆廢壞。而資序一切不用。二聖臨御以來。深懲監司刻薄。多以罪黜。其任用者又未嘗以遠近為之資序。每遇帥有闕。則不知可用者為誰。由朝廷養之無素也。臣愚欲乞復祖宗時用監司之法。先自遠路漸擢至京東西淮南。然後選其能者任三路及成都。試之戶部司農太府或左右司郎官。

然後出為都轉運使。遇臣有闕。於此選授。則可用之才必多矣。今監司除授無法。或初除即與近路。及三路自三路却遷之遠地。則人情已不樂。在三路者或久而不遷。其才能資望又不足以備邊帥之任。此所以人常乏也。今若復祖宗三路之法。以任轉運使。其提點刑獄轉運判官亦擇才能者。與諸路更互為之。使往來出入於三路者常多。則知邊事者必衆矣。

祖禹為翰林學士上疏曰。臣伏見元祐之初。陛下召程頤對便殿。自布衣除通直郎。充崇政殿說書。天下之士皆謂得人。雖真宗之待种放。亦不過此也。孔子曰。舉逸民。天下之人歸心焉。夫舉一人而天下莫不歸心者。何哉。為善於幽隱者知其必不廢也。陛下用頤。實為希闊之美事。而纔及歲餘。即以人言罷之。頤之經術行誼。天下共知。司馬光呂公著皆與頤相知二十餘年。然後舉之。此二人者非為欺罔

以誤聖聽也。頤在經筵。切於皇帝陛下進學。故其講說語常繁多。頤草茅之人。一旦入朝。與人相接。不為關防。未習朝廷事体。迂疎則固有之。而言者謂頤大佞大邪。貪黷請求。奔走交結。又謂頤欲以故舊傾大臣。以意氣役臺諫。其言皆誣罔非實也。蓋當時臺諫官王巖叟朱光庭賈易皆素推伏頤之經行。故不知者指以為頤黨。頤匹夫也。有何權勢動人。而能傾大臣。役臺諫。自古處士入朝。無有不被謗毀。蓋處士本不求仕進。能輕富貴。公卿大夫自以己不能如此。故無不稱重。將謂處士入朝。必有過人之能。致太平之術。故其責望常重。至於不賢者。則直以處士為矯詐。為沽激。為釣名。又處士多不次得美官。故其憎疾之多。是以自古處士入朝。未嘗無謗毀也。陛下慎擇經筵之官。如頤之賢。乃足以輔導聖學。至如臣輩叨備講職。實非敢望頤也。臣久欲為頤一言。懷之累年。猶預不果。使頤受誣罔之謗於公

正之朝臣毋思之不無媿也。今臣已乞去職。若復召頤勸講。必有禆
聖明。臣雖終老在外無所憾矣。
元祐中。祖禹爲侍講。爲講讀官劄子曰。臣自居講職。竊謂天子當博
求天下賢才置之左右。以備顧問。禆益聖學。近觀祖宗之時。講筵之
臣多由儒官薦引。故臣每思得人。開達天聽。然無因而言。懼爲煩瀆。
或涉親舊。言則有嫌。今臣已三奏乞外任。將去講職。肝鬲所懷。未敢
不吐露于陛下。臣之愚見。可充講讀者。具列如後。
館官王存。蘇軾。趙彥若。鄭雍。
講官程頤。孔武仲。呂希哲。呂大臨。吳師仁。
右王存端方厚重。素有人望。前已執政。若使之進讀。足以重經筵之
選。蘇軾文章爲天下第一。其名亞於司馬光。但忌嫉之者多。此在陛
下主張而用之耳。趙彥若父師民以經行淳懿。久侍仁宗書筵。彥若

德性。類其先人。博學多聞。詳練故事。去年爲其子得罪。其情可亮。非
有大過。不宜久棄。鄭雍自爲中書舍人。臣嘗言其可備講讀。雍自居
言職。風望愈高。今讀官猶有闕員。此四人者。實允衆論。程頤本末。臣
別具劄子論列。孔武仲學問該洽。講說明白。仁宗時賈昌朝曾公亮。
皆以知制誥兼講職。今武仲若以中書舍人兼職。自如故事。呂希哲
是司空公著之子。公著嘗言此子不欺暗室。其人經術履行。識者皆
謂可備勸講。今已五十四歲。但希哲是臣妻兄。故臣久不敢稱薦。今
將去朝廷。竊謂言之可以無嫌。更乞陛下詢問大臣。參考其人。呂大
臨是大防之弟。修身好學。行如古人。臣雖不熟識。然知之甚久。亦以
宰相之弟。故不敢言。陛下素知臣不附執政。又臣已乞外任。故不自
疑。望陛下記其姓名。以備他日選用。吳師仁自爲布衣。以行誼稱於
士大夫。元祐初。朝廷特召爲學官。衆論皆謂師仁宜入侍經筵。臣前

後已三薦師仁。更乞采於衆論。臣誠狂愚。惟陛下裁赦。無任震懼之
至。
祖禹又薦講官劄子曰。臣伏聞仁宗天聖初。嘗詔天下訪求講說之
士。今陛下方嚮學問。宜博選正人。置之左右。臣誠愚陋。承乏於此。大
懼無以少補聰明。苟有所知。不敢不言。臣伏見前校書郎司馬康。年
三十九。篤志好學。行如古人。資性端方。克肖其父。臣昔與司馬光修
資治通鑑。康爲本局檢閱文字。與之相接近十五年。備覩其人。操守
如一。尤長於講說。使之執經。必能稱職。質於公論。皆以爲宜。臣切以
光之忠直。簡在聖心。如康之賢。陛下必自拔擢。今臣止言其所長。伏
望陛下知察而已。
貼黃。臣聞先朝舊置講官四員。今孫覺在寬假。臣與顔復輪講。委
是闕官。臣與司馬光相知。衆所共悉。今之所言。非敢私於知己。

輒薦其子。實以康之學行可備勸講。臣受陛下厚恩。惟欲得人。
以助聖學。故不敢畏避嫌疑。密入此奏。伏乞留中。特自聖意處分。
祖禹爲著作郎。奏曰。臣伏見左朝請郎馮山。熙寧九年爲秘書丞通
判梓州。御史中丞鄧綰舉充臺官。山自以素與鄧綰迹疏。及不諳知
朝廷事体。乞免赴闕。辭順義正。不爲激訐。而風節自高。山以母老連
任鄉便。二十餘年不到京師。臣素不識山之面。因修先帝實錄。見其
辭奏。而知其賢。詢之西南士人。稱山之美。如出一口。山年已六十三。
丁母憂服除。當赴闕朝參。臣又伏見前睦州青溪縣尉張舉。自治平
四年甲科登第。以侍親未嘗出官。既終養。遂屏居不仕。元祐之初。近臣
論薦。除潁州教授。亦辭不赴。臣於去年四月。具劄子奏舉。未蒙施行。
舉有節行文學。登科二十七年。年已五十。不爲世用。二人者皆可爲
朝廷惜也。伏望聖慈並加不次進擢。寘之清要。以勵風俗。必有所補。

祖禹爲右諫議大夫。論執政闕官奏曰。臣伏聞安燾以毋病在假。孫固以老疾求退。聞燾毋病已危。假。固年踰七十。必是筋力漸難支持。臣竊慮執政有員闕。不敢不先事而言。執政與人主同[illegible]天下之權。其任至重。必有才德公正無邪。可保其不欺謾。爲天下所服者。乃可登用。不可止以勳舊。亦不可止以科第進也。樞密院必得曉知邊事多所更歷之人。門下侍郎資任最隆。皆次宰相。伏乞深留聖意。慎加選擇。陛下自去年以前。所用執政。多協人望。其間雖非全德。亦有所長可稱。惟近日所用二人。殊不類前後差除。臣昨於簾前奏陳。料陛下必盡記憶。今若有闕。不可更不得人。重失天下所望也。臣不勝區區之愚。

祖禹又薦陳祥道禮官劄子曰。臣伏見祕書省正字陳祥道。深於禮學。用意專精。求之諸儒。未見其比。昨任太常博士。上其所著禮書一

百五十卷。豢擢寘秘省校正之職。雖爲清流。然祥道之學。未有所施。今太常禮官。皆朝廷所選用。宜更多得禮學之士。則議論有所質正。伏望聖慈。俟禮官有闕員。復以祥道充職。與理秘書省校正。資任如及歲限。就除帖職。不唯禮官得人。亦朝廷器使人才。用其所長之意也。

五年。侍御史孫升。欲乞明降名用裴綸爲御史因依。上奏曰。臣切聞新除監察御史裴綸。辭免除命甚堅。議者皆言綸之擢用。外廷不知所以被召因依。未嘗經試用之臣。聲迹疏遠。一旦爲人主所知任之爲耳目。非緣近臣論薦。則必有章奏感悟人主。如唐之馬周也。且觀遠臣以其所主。進不以禮。主或非人。雖孔子猶見疑於衆人。必待孟子以爲之辨。況裴綸言行未足以信於天下。而名用未明。宜乎綸辭避而不敢當其命也。御史居耳目紀綱之地。以正色敢言不避權勢爲職。其進也豈可不自重哉。伏望聖慈詳察。明降名用裴綸因依付外。不獨使綸有以自明。立朝無愧。亦所以示天下後世用人之心公也。

歷代名臣奏議卷之一百三十九

用人

宋哲宗元祐間。諫議大夫王覿言進退執政事。上䟽曰臣近者伏見左僕射司馬光。以疾不起。中外人情。所共痛悼。乘輿親奠。恩禮甚渥。固其宜也。光。社稷臣也。執政朞年之間。興利除害。進賢退不肖。功業赫然著於天下。凡有識之士。不以光得行其志爲難。而以陛下特達技擢用光於閑退之中。而信任不疑爲難也。然光之薨。豈自聖情。次及賢士大夫。下至於民庶。莫不嗟惜。而奸邪傾險之人。則方且私相慶快也。非徒慶快之而已。又覬章非光之比者入而爲相。則庶幾得以復騁其私焉。然則陛下命相可得而不慎哉。或謂太師文彥博宜將代光執政矣。臣愚決知不然也。何則。陛下前日既知彥博者老當尊禮之。而不以三省細務嬰之矣。今日豈復用以代光執政哉。陛下以師臣處彥博。最爲得体。仍俾之平章重事。此曠世殊禮也。人臣之榮無以加矣。彥博以耆德重望。而當此殊禮。誰曰不然。固是以尊朝廷而鎮夷夏也。惟不當專委以政。夫三省事務之繁。既非年逾八十之人所能任。且又政事之要。莫甚於用人。而彥博素無知人之譽。故昆者入朝首薦崔台符。而次引楚建中。搢紳傳以爲笑。此陛下聽覽之所及也。臣固知陛下必不委彥博以政也。或者之所謂。乃私憂過計而已。臣又聞中書侍郎張璪將乞補外。而適當大禮之後。執政大臣必更有求去者。或者深疑朝廷以求去者之多。而既不可以皆聽。則璪將緣此而亦留矣。臣愚亦以爲不然也。夫璪之不安其職。自以彈劾者衆。私慝暴著。公議不容而求去焉。與夫無故而求去者異矣。朝廷禮意何可以均一也。自祖宗以來。執政大臣於大禮之後請去者非一。或聽或否。繫於臨時。顧其人之如何耳。若璪者雖無請。尤當去之。况其有請哉。臣故知陛下必不以請去者多。而璪亦得留也。或者之所謂亦私憂過計而已。臣又見侍從之間。久次之人。其才能趣向。鮮有同者。陛下將以補執政之闕。尤不可不慎也。夫知臣莫若君。惟不限以資秩前後。而視其有大公至正之心。能爲陛下消危疑。厚風化。興利除害。進賢退不肖者而用之。則有裨於聖政矣。陛下勿謂司馬光既薨之後。更無其人也。臣願陛下左右大臣。必深察詳擇之。既知其可用矣。則禮遇之信任之。而無忽焉。異日必有盡忠於陛下如光者出矣。苟非其人而有蠹於國。則去之何傷。故曰任賢勿貳。去邪勿疑也。此臣之所陳。陛下皆有已行之效者。聖心慮之當已熟矣。何必臣言。然臣之區區以謂陛下惟能終始於此。則可以成太平極治之業。而無愧於堯舜三代之君也。惟聖慈詳酌。干冒睿聽。臣無任戰汗之至。

覿又奏爲言差除召試事。上䟽曰臣伏聞爲治之要莫先於用人。故書曰。惟治亂在庶官。官不及私昵。惟其能。爵罔及惡德。惟其賢。夫自古以來。爲國家者。豈不欲皆得賢者能者而官爵之。惟其私有所自蔽。則不能者。有時而以爲能。惡有所難知。則不賢者有時而以爲賢焉。此官爵所以不得皆及於賢者能者。而治亂亦不得不異也。臣竊見近日差除。多不協於公議。夫監司者。一路生靈。百城官吏休戚之所繫也。可得而輕授耶。然而闒冗不才如王公儀。庸暗無恥如盛南仲。與賈青。朋奸如程高。爲李憲奴使如孫路者。而皆得以爲之。則彼一路生靈。百城官吏休戚之所繫者。乃在此曹。可不爲之痛惜哉。且陛下之用監司。不可謂不慎矣。既委執政以擇之。又命侍臣以薦之。所用宜皆得人也。今猶公議不以爲然者。蓋人之難知亦已久矣。非特今日也。今侍臣雖薦之。而於能不能之間。豈皆無惑哉。執政加察而川之可也。執政雖用之。而於賢不賢之間。豈皆無惑哉。言事官樸公議而論之可也。言事官之言誠不審。則陛下行之何疑。若以謂侍臣既薦之矣。執政不當復察。而其人雖非。亦用之。執政既用之矣。言事官不當復論。而其言雖是。亦置之。如此。而欲任用之得人。不亦難乎。方二聖臨朝。群賢輔政。不應有此弊。臣但見比者除授既多失當。及言事官論列又不施行。故切疑之。此非朝廷之福也。臣前日復聞除刑部郎中王振為大理少卿。自郎官為少卿。雖非遷擢。然振之為大理官久矣。當楊汲為卿之際。因其滿罷。又薦以為大理正。振憸巧刻深。最為楊汲崔台符所愛信。汲台符鍛鍊之獄。多振力也。前日為郎官已駭物論。今又使之治獄。不惟恐故態復作。以害良善。兼眾論必以謂朝廷復用酷吏為廷尉矣。非所以安人情也。臣愚竊謂承崔台符楊汲王孝先之後。須用稍通經術。性質忠厚之人為之卿。而使天下無冤民。乃有稱於聖政。如振者。當與台符汲孝先同黜。安可以復用也。臣又聞執政所薦館職。非晚召試。外議籍籍。亦謂其人有不足以辱文館者。夫執政大臣各舉其所知以應詔。豈不欲高才盛德之士以稱陛下之任使哉。蓋潔其進者。皆不保其往。愛其才者。或不察其行。故未免人言之多也。臣亦望陛下宣諭執政。更加採聽而去取之。庶幾召試之後。人無異論。臣智識淺陋。豈敢自謂知人。然今所論列。皆得之於公議也。惟聖慈詳察。

覿又留安燾疏。曰臣竊聞同知樞密院安燾家居請郡。臣愚不知聖意之所在。將聽其去邪。不聽其去邪。臣伏見安燾與清臣。其才能皆無足以過人者。當蔡確韓縝章惇張璪當國用事之際。燾清臣惟務順從。不能有所建明。方是時。不惟確縝惇璪為可去。而燾清臣亦可去也。然諫官御史交章列疏。具言確縝惇璪之惡。而罕及燾清臣者。本非為惡之人。雖務順從。其情可恕。故言雖或及而不力也。昨者清臣自尚書右丞除左丞。論者謂清臣雖序遷。而常才不可以更有進擢。臣之說亦如是也。燾自同知樞密院。除知樞密院。論者以謂燾從執政下列。而直出門下侍郎之上。超躐太甚。臣之說亦如是也。蓋其時確縝惇璪未盡去。小人之黨方熾。得全才重德之人。進為輔相。以肅清邪黨。而燾清臣素乏骨鯁之譽。無足賴者。然言者猶止欲朝廷不更升遷而已。未嘗欲陛下逐而去之也。今確縝惇璪皆已罷黜。邪黨既清。先帝之舊執政。惟燾清臣在焉。陛下若遽聽其去。則過甚矣。蓋燾若去。即清臣迹亦不安。而復須求去。其勢然也。臣向論縝璪姦邪。累蒙陛下宣諭。欲存留舊人。此聖度高遠。過於常情萬萬。然縝璪姦邪顯著。勢不可留。以害政。故終為眾論之所不容。陛下必欲留舊人。燾清臣可留也。燾清臣雖常才。而留之無害於聖政。去之有損於國体。此公論也。臣切見言事臣僚。惟務以彈劾為事。今燾之求去。彼雖知其留之為便。而不少肯為陛下言者。避嫌疑也。臣不敢以嫌疑之故。不盡忠於陛下。惟聖慈詳酌。

元祐六年。覿為刑部侍郎。轉對劄子曰。臣伏見諸路監司。移易頻數。座席未煖。已或有欲去之心。職事不安。豈能為經久之計。夫官不宿業。古今之通患也。今雖負多闕少。久任稍難。然中外官司。猶頗有三年之法。至於監司。豈可以責之速效。而轉徙頻數。比它官特甚。大率一路之間。郡縣百數。巡歷經年。未能周遍。官吏之能否。民物之利病。非熟見而詳察之。未易得其實也。或數月而易。或朞年而罷。則雖有高才遠慮。何暇施為。甚者習為因循。苟簡以幸替去。弊無所革。汙吏不知畏。長久之策。置而不講。故轉運司財用日耗。提刑司常平坊場之政。浸以隳壞。此不可以不恤也。臣伏望朝廷立監司久任之法。明詔諸路監司以久任之意使才高慮遠者有所施為因循苟簡者知其無以逃責則各思自竭而職事舉矣。

元祐中殿中侍御史呂陶乞差梁彥通充監司任使。上奏曰臣竊以朝廷分遣監司。臨按郡邑。上民之休戚。一道之利害繫其舉措事權至重。選任或失。人乃受弊非彊明通恕。深知世務者不可輒付。臣將命使遼。經途河朔。官吏能否。粗得而知。伏見右朝請大夫權知邢州梁彥通。性資不苟識慮甚明。慎守官箴。備諳民政不任察而下情通。不峻刑而群吏畏服惠流散屏息寇盜皆有良術見於治效。況彥通更踐之久。累蒙煩使嘗經六任堂選實歷三任知州資序不為不高。勞能不為不著。尚淹一郡。衆論惜之。今知邢州。至三月已及一年。伏望聖慈檢會本人資歷。及其勞效特降指揮差充監司任使。必能宣布德澤振舉教條。上副簡拔之意。

陶又上明任劄子曰。古之聖人。制為君臣。以立於朝廷者。豈獨辨上下之体。全人主之尊而已乎。其勢必相須其義必相濟。將以辨天下之事也。然而君臣之際。常患乎責之非其任。待之失其心無相與之情以固相須之勢。無相信之實。以伸相濟之義。是以賢智才能之士不獲自盡於上。而治道有未至焉。此其故非他。盖人主以細務為先。而不留神於天下之大計。以猜嫌為術。而不思憂患之誰與處也。天下之事。固有大小矣。治亂安危之機。政教威福之具。所謂大者也。舉而責之大臣則當矣。大臣之責既重。而天子待之又深。不以崇高富貴自處而薄其顧遇之禮。不以盈成閑暇為足恃而與之計及存亡。休戚之外。相接以情相交以道。上無疑貳之隙而下無猜嫌之端。則罔能竭忠致力盡其為臣之分。而天下之事不足辨矣。此易所謂泰。而剛向以為通而治也。永惟堯舜之盛。九官分職。禮樂刑政任得其人。而朝廷之上。咨嗟都俞。君有以詢於臣。而臣有以告於君。其言皆出於懇誠。而其道各務於訓戒。昌明之化基於此歟。漢高帝唐太宗皆以英豪蓋世之才。經營天下。奇謀密畫則責之蕭張典章禮樂。則求之房杜。其君臣之間。相與論議。則丁寧反覆。切究事情密如朋友。此聖君賢主善任大臣而能盡其心以崇王道之大略也。二府者所謂經邦論道之官與天子維持天下而圖安危者也。其智慮之所存。其才業之所及。豈止於除吏斷獄之間。而不出金穀律令之外乎。生民未乂。必有以安也。四夷未懷。必有以禦也。教化未至。必有以導也。綱紀未備。必有以完也。朝廷之所責者其重如此。則所待宜何如哉。昔我祖宗皆深明大臣之任而有以待當時之輔相。可謂至矣。或諭以撫夷夏和陰陽為效。或戒以進賢退不肖為職。或命以簿書之外極言時務。或賜以詔旨開禦戎之策。或給以筆札俾疏陳利病其於

君臣之義豈不篤哉。此真忠大節之所以感奮而嘉猷至計之不可默也。天下之務。孰患其不能盡矣。今垂拱坐朝。邇英名對奏內之餘清閒燕見。其亦暇及於此乎。其未暇及乎。臣實疏賤莫得而知也。及於此矣則聖賢之交萬政畢舉。天下之大福也。若猶未也。則上下之情疏。而君臣之義有未至。朝廷庶務失於講之無素重貽他日之悔矣。固非臣之私憂過計也。然好議者切謂陛下嗣政之始天威赫然。睿略雄斷。如高明之不可窺而處左右大臣。雖有遠謀奇策。可以盡天下之利害。猶深思極慮而不敢輒發。則亦朝廷之光懿。伏惟明主以社稷生民為心。敦篤恩義於君臣之際。示之以無所不測結之以有所不疑。降意垂聽從容終日以咨訪詢。求於二府之臣。使之陳當世大務。而與之圖其取捨則慮無遺策。舉無過事。治道日隆而盛德日新矣。又曰。天子待大臣以不疑則上下之情相通。此治化之所由

起也而大臣之報於天子豈可少愧哉夫三公之官不以一職而名者蓋天下之事靡所不統而未嘗專于一也是故與天子論道於朝廷而參六官之政與六卿之教焉且論道而經邦而六官六卿之政教皆有所與則天下之事安有不責於己乎然而理勢有本末体用有大小務其本不務其末爲之大不爲之小此所以持其宏綱聽其治要而不若百官之屑屑也古謂宰相不親小事者如此而已後世惑陳平一時之言而爲之說曰決獄以廷尉治財以司農禮樂有奉常軍旅有將帥宰相者任人授職享其成功而已至於施爲興作皆莫得而與也是說者知末務而不知本可襲常而未可應變矣何則天子保御四海臨制萬事而與之共政者乃七八大臣耳方其天下無事朝廷清明刑訟衰少財用富積禮樂大備兵革不試則大臣無與彼事而享成功可也若乃法令不一而刑罰濫國費不給而民力

困禮荒樂淫而敎化流弊軍旅不足用而夷狄未畏則安可無與其施爲興作之間哉今天下號爲治安然非無事之時也元勳舊德謀議廟堂非無致君援世之術也而天下之人有未諭者三臣是以不敢默也夫是非異論成敗異勢則震之以與奪乃可以成天下之利然而功過隨之行有得失政有可否則補之以獻替乃可以全人主之美然而榮辱繼之賢不肖混淆陞黜繆戾則辨之以進退乃可以用天下之君子然而毀譽應之不震以與奪則不能息天下之害而何以成其利不補以献替則不能救人主之過而何以全其美不辨以進退則不能除天下之小人而何以用其君子是故人臣之於君必息天下之害而不計其功過必救人主之失而不慮其榮辱必除天下之小人而不恤其譽毀此所以成其利全其美而用其君子也漢欲擊匈奴右地魏相以爲不可報怨於遠夷願罷其兵既而三世

稱藩無敢入寇唐欲赦吳元濟以悅方鎮裴度謂不與賊俱全請自督諸將以討乃能平蔡人之亂此震以與奪者也今天下之事或急於邊或切於國或未宜於民而羣臣有以更張廢置之議聞於廟堂則少爲之裁然而多委之有司且要以不可有失者何也王嘉在位數務諫諍陳蕃楊震疏佞邪列災異語皆切直魏元成指陳當否多至數千萬言此補以獻替者也今朝廷之政未容無失或繫於睿德或該於聖教或動於天變惟諫官御史敢語其端而未聞謀猷入告彌縫衮闕者何也傳遷奸政則孔光勇於罷黜楊彤在朝則王商爲之奏免此辨以進退者也今天下之士上自朝廷之吏而下至山林之匹夫修潔操行苟有所立則大臣嘗收其器而用之矣至於宿惡巨慝足以賊民黷化幸而未投於罪罟則未聞顯白其狀而廢放之以激濁下流而感起昏俗而猶使之貪爵冒位以居人上者何也凡

爲此者豈非以人君之權不敢侵而功名貴其全歟惟明主深察夫人臣之難與爲君之不易既待之不疑以通其情又亮其不侵以責所報則庶乎能釋天下之未諭者而天下可以大治也

陶又上議官策曰天下承平既久任官之弊極於今日矣仕路寬通紛紜壅塞而朝多倖位也吏負愈衆國費益廣而生民困窮也郡縣之重政有匪人而德澤不宣也日月爲勞職業不厲而萬事惰廢也人人競進苟覬祿利而廉恥銷亡也積數十年之弊而欲一朝革之不窮其源而決之於橫流未見其可以澄清也弊固有原矣入仕之法不精用人之制不慎也臣不敢遠攄古訓立爲迂疎之論以取高於衆惟引述祖宗成憲參以近事願朝廷揆酌其宜而用焉可也貢舉之數雜流之選比歲講議熟矣獨任子之恩雖加裁抑而猶或踈焉臣故曰入仕之法不精也建隆之制歲補有定員而重以試覆試

不如奏者坐之也。祥符之詔。入學習經。限年課試。對於廷而授之職。公卿子弟。有以術業不明而罷歸也。夫定貢入學之制。固未易復。於今。而習經試覆。可少倣而行矣。臣愚以為凡蔭奏者。可著籍而未命。詔以一藝為能。若經史。若兵刑。惟習之聽。嚴其科格。而覈其能否。能者官之。而未能者使之退而復習。要其成而後命之。則上有考實之功。下無增年之詐。恩補之數。頗損於舊。而不患於冗濫矣。夫州縣之吏。為考六七。舉者五六人。則可以為京秩。而治縣。門資而京秩者。考六七。舉者一二人。則亦可以治縣。治縣者六歲。舉者又二人。則可以為治中。為治中者五歲。舉者又三人。則可以為郡守。此國家欲才能善之深術。使人樂為之用而不已也。然而法制一定。循襲既久。泥不知變。則進退在下。而與奪不出於上。反為用人之大弊。甚可歎也。且天子之尊。人皆畏信而不敢慢者。惟取舍在我。而不徇於衆人也。今

責其考任如此。限其舉者又如此。苟有合於式度。則選吏而上至郡守。皆可計日而得。是下有必取之勢。而上無必不與之理。安敢議其賢愚而進退哉。所謂人主之威柄者。猶不得而持之也。夫不議賢愚而惟式度之從。則黑白雜糅。而官政敗壞。不足怪矣。臣故曰。用人之制不慎也。臣聞祖宗之時。州縣之吏陞見而改秩。其陞黜可否。一出於人主之意。而無必得者矣。凡以私被坐。與決獄而失於深故者。屢對而不遷矣。自擇能吏分治方州。而責以秦彭之效矣。選治中以佐武人。今之為牧者矣。錄外官功過。而閱於禁中矣。以名召對而旌擢者二十四人矣。凡此者。皆以明威斷而示獎勸也。今陞見之吏。未嘗不遷。向之不遷者。惟增歲考而益薦員也。郡守治中之舉。歲無常數。而塞詔者衆。惟有司第其先後而授之也。外官之功過。天子未嘗盡知也。召對而旌擢者。未見其人也。為法如此。而求任使之當。將可得乎。臣愚以為凡吏有陞見而改秩者。莫若循按故事。差次功過而持可否之。增考益薦之令。輒廢而不用。凡京秩而占素所謂舉而陞者。起今以往。悉宜罷去。時詔大臣部使者二千石。慎擇良吏而薦。如近日九異之比。歲不過幾人。命有司與左右之臣。詳考行能。撤用資格。如比歲政府除選之類。任以守宰郡丞之職。明主周詢廣采。而寵榮其卓然者。則與奪在式度之外。而進退出於威柄。天下之吏。孰不淬濯奮厲。而求聞於朝廷哉。其衰懦猥闒。自知不能有立於斯世者。必亦銷散縮藏。而不敢覬幸矣。任官之大敝。庶幾可以革也。又曰。救弊之術如治水。既澄其源。而不疏其流以就潔清。則必散漫四出。漸漬汙濁之地。而使為向時之患。臣前所論者。宜為之先。可以澄其源矣。繼而有潔流之議。則安敢默哉。夫精其入仕。慎其用人者。所以進天下之賢而退不肖也。以一日之法制。施於千萬人之間。而救數十年之弊

則天下之賢。豈能盡進。而不肖者。豈能盡退邪。蓋亦大為之防而徐道之。磨以歲月。而期及於彼也。夫天下之吏。非盡賢而亦非盡不肖。其勢相雜而未一。則導之之術。莫若明趣向。嚴責任。使天下之人曉然知君子小人之分。不可少亂。而朝廷懲勸之道。詳審別白。則賢者安其是。而不肖者易其非。何弊之不可去哉。今日之患。蓋趣尚不明。責任不嚴。君子小人之分亂。而所導非所勸故也。趣尚者。義利之辨。責任者。勤怠之分也。厲之以趨義。而不誘之以就利。所以明趣向也。然而趨義者多矣。督之以勤勞。而不開之以怠惰。所以嚴責任也。而怠惰者少矣。趨義則廉。就利則貪。勤勞則稱職。怠惰則廢事。此人情之所同。而天下之共知也。朝廷之於百官。貴其廉而賤其貪者。欲天下之吏皆廉也。而或誘之以就利。則安能勸天下之廉乎。樂其稱職而惡其廢事者。欲天下之吏皆稱職也。而或開之以怠惰。則安能勸

天下之稱職乎。且仕而受田者。所以旌圭潔之行而養之。非計其歲入之豐而設為高爵重位也。守以長千里。丞以佐郡。而令以治縣。名器之辨在此而不在彼也。今圭田之給皆躐而授之。不復議名器而惟歲入之辨。守或俛而為丞。丞或詘而為令矣。為之者豈皆安庸而無知哉。世所謂善人能吏者。往往流入其中。而無甚愧之色。謂法令許我以然也。趣尚之不明如此。則仕者何利不就乎。此貪冒之風所以起也。夫張官置吏而分以職者。欲舉吾事也。事而不舉。則職廢。雖罪之。亦無憾矣。生民之疾苦未蠲。賦稅之重輕未一。監司守宰之過也。可責之矣。朝廷嘗欲恤其疾苦。均其重輕。而不責於可責之官。乃特遣吏以辨。臣不知豐爵厚祿而素養之。命曰與我共理者。將安用邪。責任之不嚴如此。則居官者何事而不怠乎。此廢弛之患所以成也。二者非獨吏之不肖。皆朝廷有以導之而不然矣。臣故曰。所導非所勸也。嗟夫。圭田之躐授。是以起天下之貪冒矣。況奸贓有復用而無永黜哉。祖宗之禁不如是之疎。開寶已來有棄市者也。恤民均稅之特遣吏。足以容天下之廢弛矣。況不職聞上而無失舊物哉。祖宗之恩不如是之濫。淳化中有處以州佐者也。臣故曰。莫若明趣尚。嚴責任。趣尚明。責任嚴。則吏勸而政舉也。又曰。夫古之循吏。布宣德澤。設為條教。使民宜之。深而信之篤。所居稱治。所去見思。風迹炳然。垂休千載。而後世莫能及之者。何也。非古之人皆賢。而後世之吏多不肖也。非風俗醇漓代變。而治體不可復也。意者朝廷之於君子。待之不適其分。用之不盡其材。而遂有所不為乎。尊賢與不肖者。人倫之大別也。尊賢所以勸不肖。退不肖所以任賢。此乃以天下之士求為之用而務有所立也。今智愚混亂而失其別。用捨[illegible]輕。惟武度之聽。是故雖有卓然之才。雜處其中而無所辨異。則其心必亦自惰而不欲有

為矣。此所謂待之不適其分也。法令者禁非防過之具。為小人而設也。君子不幸而過。猶議其賢能而釋之。則用之於君子。可踈而不可密也。可踈而不可密者。使才勝於法。而是以適用。不使法勝於才。而無能施也。舉今之法。蓋密於君子。而使之不能施其才矣。科條詳悉。網羅備具。大至於生殺與奪之間。小及於出入起居之際。一不可離於法。是故雖有倜然之士。頗發所存。以盡行己之道。回環四顧。而皆為法之所繩。則其心憒懣沮怯而不敢復議。安敢觸罪冒禁以求驚世駭俗之名乎。是以其勤勞止於簿書刀筆。其思慮不出於規矩繩墨矣。此所謂用之不盡其才也。夫君子之始仕。則未嘗不以濟時及物為先務。安有不欲不敢之心哉。及乎既從事於其間。而觀其勢之如此。而志願之相違也。於是抑而不振。晦而不彰。淪而不流。藏而不試。惟明主思致天下之力。而輔成治道。豈不惜於此乎。昔之賢君待循吏者可見矣。拜刺史守相。輒親見問。觀其所由。不數變易。使民服從教化。有治効者。勉以璽書。賜金增秩。公卿缺。則以次選用。今皆不可得而有也。民政之重。宜莫如守宰。一官而共之者三人。群趨於有司。閱籍而聽命。計以歲月。輒復代去。雖百職曠惰。而未至於受贓。則登拔所不及。其術略不苟。而民賴以治。則碌碌言罷退而合為一。又群趨而聽命矣。其所得之分。則分毫無損益也。昔之賢臣為循吏者。亦可見矣。使郵亭鄉官養鰥寡貧窮。而又為之制喪祭之具也。擅發倉廩以賑餘縣流民。而得全活也。減少府用度。齎乃布遺諸生詣學京師也。以守相賦斂違法。而遽解印綬也。以孝婦冤獄不理。而謝病求去也。今皆不可得而有也。於法無有。而人不可以行也。一郡之廣。坐視斯民之將斃。而不能輒濟者。朝廷有未報也。一邑之大。熟察斯民之所勞。而不能輒革者。州郡有未從也。不慮乎此。而遽為之。則姍笑其

近名既駁其興事甚者至於罪廢而不録也。昔之人怭闒嬉間多出於繩檢之外以望其成功。今之吏委曲遜避以趨於法禁之中而求其無過也。嗟夫。上之所任者既如彼之輕。下之所畏者又如此之重。則尤異之效循良之政何時而及於古哉。得之有別而使進退出於威柄則臣嘗議其略於前矣。嘉祐之詔有察守宰治行而命以久安者何中道而止也。惟明主既先之以擇才授任而不取必於式度又繼之以循率先憲而戒其屢易以拂去不欲之心而使之磨礪。凡天下之吏有以宜民便國而抵罪者寸特議其過而時亦宥之勿拘深文。遂至廢斥以振動不敢之氣而使之馳騁。則賢者無自情而有所施。古之循吏出矣。昔漢臣有言二千石部刺史三輔縣令有材任職者人情不能無過差宜可闊略令盡力者有所勸可為今日道也。

陶又乞戒飭謝景温劄子曰。臣切以朝廷威令之不行亦已甚矣。爵祿者人主所持以為馭下之柄而臣子乃敢自擇其輕重也。王命一出而遂改之中外無以取信則何以聳動四方而尊國体乎。蓋自陛下繼統以來恭默未言紀綱法度一付宰執凡有進擬多可其奏遂使不知分義之人動懷僥倖謂朝廷可慢而命令不足處進退去就惟己之便。此風一啓為害不細。固當戒其漸也。西蜀天下之大鎮事權委寄素號雄重出守者有大用之漸。陛下於臣僚何負矣。近者差謝景温知成都。乃以老病求免。其意非他蓋重內而輕外好近而惡遠避難而就易且有所待也。況景温自開封以罪罷奉得知蔡州在蔡州未數月遷穎昌未赴穎昌乃知成都。可謂恩渥隆厚矣。不滿其意有以為辭。委質事君豈可如是。景温果病且老乎。則宰執不當除之。使違命而不行也。果非病且老乎。則是內倚權要親為之助而自擇其便也。彼大邦名鎮慎選而任之尚且偃蹇不行傲慢自若則窮陬僻郡問關險阻聞命而往者又何不幸也。雖朝廷委曲函容徇從其請遂領便郡而公議殊不平之。平居無事僥假太過。今日除一官而不行明日遣一使而得免萬一急難倉猝不知如何用人矣。祖宗之世孰敢侮慢至於此也。昔真宗除郭贄知大名自陳戀闕真宗曰。朕命贄知大藩而不行則何以使人。卒遣之。又以陳若拙知潭州若拙懇辭不已遂令責降。英宗以閻詢知廣州還延不赴乃落待制知商州此皆人主慎與奪之權重命令之術也。願陛下法而行之。夫景温之事詔命已然臣非敢乞行追路止欲望朝廷特令戒飭以肅驕蹇仍乞宣諭宰執自今已往凡有除擬並須慎擇其人使無可避之理務在必行或敢妄有辭免即行降黜所以重命令尊朝廷乃今日之急務。

鄭潤甫除翰林承旨中書舍人鄭雍當制制未出言事者五人交章攻之換為侍讀學士。雍言二職皆天下精選以潤甫之過薄不當革前命以為姦邪不當在經幄。今中外咸謂朝廷姑以是塞言者。如此則邪正何由可辨善惡何由可明。若每事必待人言是賞罰之柄不得已而行非所以示信天下也。

時二府禁謁加嚴雍為左諫議大夫又上言曰。旁招俊乂列于庶位。宅百揆職也。彼有是不及公卿之門者猶當物色致之。奈何設禁若是。且二府皆天子所改容而體貌之者乃復防閑其私如此乎。於是復賈誼廉恥節行之說以諫詔弛其禁。

帝嘗問朋黨之弊。御史中丞胡宗愈對曰。君子指小人為姦則小人指君子為黨君子蓋義之與比者陛下能擇中立之士而用之則黨禍熄。明日具君子無黨論以進。

韓川還殿中侍御史上疏言曰。朝廷於人才常欲推至公以博采

及其弊也。則鬻於利權勢。而抑於孤寒。常欲收勤績以赴用。要其終也
則莫不收虛名而廢實效。近制太中大夫以上。歲舉守臣。遇大州闕。
則還諸所表。他雖考課上等。皆莫得預。推原旨意。固欲得人。然所謂
太中大夫以上。率在京師。唯馳鶩請求者得之為多。至於淹歷郡縣
治狀應法者。顧出其下。則是謹身修潔之令不若營求一章之速化
也。於是詔吏部更立法。
八年。左司員外郎張舜民。乞留范純仁。上奏曰。臣聞物之危者。莫甚
於綴旒朝露。事之急者。莫過於拯溺救焚。以今日朝廷之勢言之。彼
二事者猶未足喻也。東朝在殯。陛下初總萬機。求助之分。夙宵在疚。
天下之人。傾耳拭目。以觀盛德日新之政。而大臣不安。小人得路。數
日已來。朝暮忪惱。至於市井行路之人。皆謂宰相爭議不叶。出而避
位。在於平日。已驚動耳目。況大行太皇太后殯塗未乾。股肱之間。已

見攜貳。若不有小人乘微間謀。亦未必至此。又見已經雙日御殿。別
無宣押指揮。便謂聖意已有厚薄。純仁必不肯任。浮論百端。不可纏
數。然臣愚獨念大行太皇太后。召范純仁於服藥之前。而陛下聽其
去於大殮之後。不唯君臣去就之分如此之速。小人間謀之謀由此
得行。使朝廷治亂之端。自此遂分。而於聖德初政。亦有深累。在臣之
愚。與凡百姓在廷之士。都邑四方之人。寧不為陛下惜也。嘗觀前代
去留大臣所繫甚重。近日劉摯蘇轍之行。有如遺芥。中外之人。不知
其由。識者歎駭。疑惑至今未已。今純仁又去。安知居者之得自安乎。
一年再出相。二年三出相。非朝廷之美。後雖有皋夔稷契。誰肯盡心
竭誠以事陛下乎。上則大臣自疑。下則小人乘間。朝廷之勢。不言可
知。以臣之愚。不若且留純仁。仍乞陛下面戒二相。使之叶力濟務。勿
聽間言。內是以伐小人之謀。外則以慰四方之望。使天下之人咸曰

純仁欲去。陛下能留之。小人有謀。而陛下能伐之。惟君知臣。惟睿作
聖。寧不美哉。臣職不在言路。身非近臣。獨區區之誠。見危急之微萌。
憤朋黨之傾覆。痛東朝之委託。憂陛下之孤惸。伏思雪涕。出位失言。
不勝迫切之至。
貼黃。臣於元祐二年。嘗備員御史上殿。親聞大行太皇太后宣諭。
祇為官家年幼。臣僚且要盡公。勿令小有朋黨。今聖訓在耳。仙
遊未遠。而朋黨已成。追誦德音。不勝摧痛。
元祐中。劉涇上時議策論人才曰。臣聞皇車帝輅之隙閑。而不
以載御。則龐聚猶積薪。象尊龍瓚之牆陋。而不以獻酌。則汙賤猶
瓦甓。人材作輟。殆有類此。蓋天下不可一日無人。而胚胎盤錯。固有
漸就。非君師孰識之哉。朝廷據大鼎烹千歲。不調之殊羞。養賢無方。
可謂盛矣。然臣不避竊有疑者。或大作之。或大輟之。使人材一擁而

憔悴何也。比年之前取材之路廣。用材之基峻。得材之數富。方斯時
也。天下之士挾寸銖者。不安於家。日夜增長。人人以見遇相波瀾。君
相歡忻。各得所願。可掌而見也。一噎之戚。至於廢食。取材之路迫狹
如山蹊。用材之基陵遲如蟻垤。得材之數空荒如壞圃。天下之士聞
有廢於家者矣。無復皡皡煌煌可掬之光采也。夫豈以取材之路廣
則爵祿有濫及之憂。用材之基峻。則小人有輕進之患也哉。君子小人。
更為倚伏。兼收博採。則此類何所不容。要之識用君子。識除小人而
已。以輕進為患。而一切拒其來。正所謂廢食於噎也。臣官小邦。去國
為遠。莫能盡知。然比日取材用材得材三者何如哉。臣恐士大夫委
放怠而不自振。舉山林迂野妄以鄙論疑朝廷也。臣意人才比他物
他事不同。早夜提撕於前。鞭策於後。當使之以千里為歷塊。九州為
席上可也。少不介意。則平居福會。可以章免。一遭急難。則爵祿濫及。

尤甚於取材太廣之初小人輕進愈多於用才太峻之際豈若謹持之處作輟之中定以爲天下豪傑之歸宿乎詩之用賢首材常居太平無事之秋蓋太平無事則人君以用才爲不急而有至於窺覦故也古者有大過惡朝黜暮收者匿金盜嫂臣賊是也匿金盜嫂臣賊苟材足贖焉亦安得以一時之陷溺遂終身廢乎凡人見困於空乏拂亂之地動心忍性者罕矣從而後用之則感激罪悔可以死責此古人所以有取於匿金盜嫂臣賊之意也臣願陛下加廣取材之路拔車山淵試以難劇如昔始事之時至於宿愆疵瑕皆得復用以洗滌山川鬱鬱之滯氣加峻用材之基無遂廢於小人輕進之嘆加富得材之藪以上齊文王棫樸宣王采芑之事較他事物相虧補利害何如哉蓋自天地闢位以來未有以多得人材而反至於潰乱弱削者也

涇又論縣邑曰臣聞守令之擇其難一也而今尤爲難方天下簡便無事則銓門如歸市爭取徑去無留轍者比年以來銓法爲之一變先後名歷當與不受往往淹歷歲時或下就空閑不急之局以庇蔵其身至用換武巍使衝停過惡之人以充其乏而使士大夫有不樂就之心銓司有輕用之意受命之日一縣之綱領百里之民已自墮壞矣尚何督責寄委之盡文哉以臣究觀縣道其法度既以可守而甚者特苗役事有陷失不前之憂然又力堪倚辦則雖百十苗役無是念也誠不樂就者縣有大小事有簡繁大且繁者過常多小且簡者過常少然其間盡心力爲之與夫偃仰休閒而治者同一官守同一罷去而上下法綱又常寬於大縣無功是過在人情亦安肯俛首就之哉熙寧之前縣有望次其祿金分十千至十五隆殺之異非此色人不得爲此等縣雖其拘攣然亦可以懲艾矣今選人祿金第爲一例其以資序升饒者又別事也祿金等則利圭田圭田等則利事簡三者無所利而徒就事繁過多之地雖使卓茂魯恭尚有難色焉臣比見武人以試法換應于以歲月遷往往出爲大邑其詞言進止百色梗梗良可取嗤侮而況責其總政事爲陛下愛百里之嬰兒乎是爲奸胥過惡之愚弄而已以此言之負不洗之過愆而傷弓破膽又可知也臣聞諸議者謂宜以事体簡劇爲上中下三等上縣月給食金五十中縣月三十下縣不給仍以所隸縣贓罰不係省錢充則官無橫費而人有樂盡之意矣今兼兵之邑監當之局一比常邑所給爲優一比常邑所給等而責輕此所以人人樂就焉陛下試以令官局較之有安坐無事而月給食金者何可勝數至於州縣主糶之官出金入粟曾無寸勞而數滿萬則已自次第給之矣反於縣道重愛惜乎又況官無橫費而使人人樂爲其利害何如哉乃若議爲循資減年升季等賞則臣疑過甚而恩有不及周者況今興利捕盜試法差委其常典大率用此又加以縣道歲月之遷則益紛紛矣所以覆縣道者既重矣然後可以議擇材而受也故凡上縣則歸之中書爲堂除少倣今守倅權入之法或旁升或止用皆可也中縣委銓司以所謂脚色者差擇焉是一舉而兩得之也則賢者獲盡其材而不肖者可以謹守免過今司農之丞簿以歷縣道爲正蓋新進麤生有不聞稼穡之勤故爾司農上有大吏非此屬所得專而猶峻爲之若此況一邑百里付在令手而使之紛紛顛倒爲左右口實彼丞佐亦安得必正救之哉朝廷每一造新則嘗責監司以對移舉選倚成爲急而監司又忽忽奉行而已與其澄汰之於末流則曷若追始出之本一清爲源源之利乎比年以水利擇材固善矣然一邑百里徒以水利爲恤則他関民事者果可以悠悠而已哉今所謂長官者人人差

之。而謂諸軍皆曰知縣。奈何使親民之官。與若夫牧子比也。亦惟朝廷有以增重焉

同知太常禮院劉攽輪對劄子曰。准御史臺告報。臣以當轉對者。臣器識淺庳。知慮短乏。不足以周知先務裨助教化。然臣年七十。讀書學古所聞不少。經歷世事。所見非一。愚者之慮。何啻千數。將有一得。上副詔求。臣某頓首死罪。具條畫如左。臣觀前世之事。見致治之道。莫不始於務民。所以使務民者。在於治民之官。治民之官不同。有善取民者。有善養民者。善取民者。得民財而已。行一切之政。不日而賦入如流。速了目前。似若可喜。善養民者不然。必察以歲月。曠日持久。勤於撫字。而後百姓家給人足。其效難於遽見。然善治天下者。知取民不可以久常。而養民之為貴。故去彼取此。國家承五代之敝。聖化更治。不數十歲而民安富蓋貴。養民之吏而吏得其職爾。何以言之。本

朝之法。中外之官。莫不以郡縣為資敘。百官知民事之為先。賢才不以居外而為卹。是其所以宣布德澤周遍幽隱。臣愚以謂此尚有未盡者。宜稍益而廣大之。且郡縣大小不同。事之繁簡相遠。當差為五等。異其品秩。殊其俸祿。自守令掾屬幕職以為陞降。能者進而居上。不能者退而就下。即中都顯官源人。輒取其優最者予之。如此。則中外之官。知務養民為先。莫不競力於民事。則百姓何慮乎不富庶。而王化何憂乎不淳俗哉。臣聞前漢議秦人之政曰。徒文具無惻隱之實。是實要之確論也。國家法令詳備。每有所施。為輒著為條貫。而未嘗求民之情。夫法令所以助治。而非為治之本也。今設以無辜之人。文致其罪。案牘完備。在上者雖極聰明。無由別白。則此無辜者終亦已矣。由是觀之法令雖完。不如吏之良也。既得良吏。亦宜闊略微文。使得中其智慮。如是。則聖澤下究。元元蒙惠矣。又伏見朝廷分別諸路。使監司督察州郡。諸路皆數千里之廣。列城至于百十。生齒之眾。官吏之盛。監司為上耳目而聽視之。若不清廉好義。不足以正身率下。若不智患敏事。不可以興利除害。若不平心一意。不可以分別臧否。若不勤身勸事。不可以周遍幽隱。四者有一。則一路之治無由可舉。國家付其重權。而內無督察之者。中材之人。莫不因循苟免。或肆其喜怒寵積用罷。或顛倒民務。以害為利。或怠惰自肆。不勤職業。或思避權要。抑絀孤遠。甚無謂也。臣謹按漢以御史中丞外揔州郡。故贊薛宣之材。為其所稱述。黜退白黑分明。今國家亦宜如漢制。擇御史二人分察外路監司。聽其風聞言事。即有顯過。露章推劾。如此。則案察之官不敢曠職。朝家耳目萬里無蔽矣。

哲宗時校書郎李昭玘論治吏進策曰。君主靜。臣主動。君任逸。臣任勞。靜而逸則使人。動而勞則使於人。故動而不辭勞。而不怨者。義之

制也。舉天下之物無以易我者。莫大乎身。舉天下之人無以先我者。莫親乎家。既以身事人。則身不得而有。既以家食人。則家不得而懷。可予可奪。可殺可活。莫適而非君也。又焉得擇事而後安哉。孟子不往見諸侯。孔子君命召。不俟駕。曾子居武城。越寇至則去。子思居衛。齊寇至則未嘗逃。以孟子則無官也。曾子則師也。若孔子之不俟駕。子思之不去。蓋事君之義。不可不畏也。先王之時。大夫使於四方。雖四牡之嘽嘽。周道之倭遲。勤至於不敢懷歸。憂至於不遑將母。其心則非不悲其居則未嘗寧處。不以不能忘私之恩。勝不敢慢命之義。故也。非特使臣之如此也。至於戍役之士亦然。薇既老而不得食。歲既暮而不得歸。驅之以行道之勞。迫之以雨雪之苦。告之以靡使歸聘之私心。繼之以我行不來之死志。義使然也。非特戍役之士如此也。雖婦人猶能勉其夫之勤勞。告其夫以不可懷歸之義。凡以致其義

而已矣。夫或生或死。或安或危。莫之為而為。莫之致而至。是數者皆天也。若夫遇事不苟免。臨難不易節。有質直而無流心。此士之於君臣之際。當自致而已。苟為不知義。而操富貴之勢。憂事物之累。惴惴然惟恐其去已。則凡可以避患者無不為也。臣嘗觀東漢之時。班超開通西域。立功萬里。五十國皆款關納質。馬援清隴西。定嶠南。跋窮域。冒毒霧。終死蠻徼。二人者豈甘心絕域。萬死一生之計哉。忠義所激然也。以光武之賢。臣能自致如此。而陛下聖德聰睿。不自有已。優禮公卿大夫。輕施爵祿。嚮之以樂與之心。屈之以不倦之聽。將以責在位之臣。行令而無壅。赴功而不避。然而天下之大事。社稷之長策。古人未盡之遺利。當世必行之良法。皆出於上之經營注措之先。而猶不能奉承趨走。以應指顧。至於轉徙以避事。苟簡以違命。憚遠適則以親辭。厭繁使則以病告。使人之如此。孰有為上守節死義者哉。何不旌拔一二忠義之臣。與議政事。放斥不職之吏。錮而勿用。以懲偷慢。以勵風節。使兄弟之臣誠死宗廟。法度之臣誠死社稷。輔翼之臣誠死君上。捍難禦患之臣誠死城郭。人君恭己正南面。其於責成也何有。

昭玘又上策曰。先王之設官也。與之亮天工。治天職。其人足以任官。其官足以行法。朝無幸位。位無曠事。然後可以比群吏之治。收庶績之熙而成王業。方其任人也。未嘗不勞於所求。優其所使。蓋士之明先王之道。達今王之變者。得位則行。不得位則止。近之以至恭則就。不恭則去。故有爵以貴其德。有祿以富其功。有冠冕佩服之尊。有車服徒御之盛。所以立於朝廷。長於民上者。過之已至矣。屈樛木之高而引之無遺。歷卷阿之中而受之無拒。有諫則行。有言則聽。與之以美意。樂之以至誠。又亦至矣。為人臣者。固宜同寅協恭。正直在位。致其

道以養人。修其身以行法。內盡其心而不欺。外竭其力而不懈。不擇事而辭難。知無不為。為無不至。以服其下之所勞。以報其上之所施。不能如此。而私義以害其公。私智以非其上。懷祿圖存。背公死黨。則先王復何以馭焉。有刑以治之而已。夫刑之所加。常在於不善之小人。今乃彼於公卿大夫之際。下則喪廉恥之節。上則傷尊賢貴貴之義。非所勸也。先王之意。以謂使之既有禮養之。既有仁。在位獨不恤。而違上慢命以亂成法。所以設官分職。復何望於治人哉。此刑之不可廢也。方其功之所取。則晝日三接。不嫌於無威。罪之所去。則肆諸市朝。不疑於無恕。堯之於舜。雖迭為賓主。而善善之樂。惟恐其不優。舜之於四凶。雖放流竄殛。而惡惡之刑。惟恐其不著。聖人之情無所苟也。其於進賢退不肖之義。各從其當而已矣。周官太宰以官刑糾邦治。大司寇以官刑上能糾職。大司徒令於教官曰。各恭爾職。考乃事。以聽王命。其有不正。則國有常刑。雖然。其刑之也。又豈一日而誅之。而輕絕終身之善哉。曰不至則待之以月。月不至則待之以歲。一歲之遠。猶以為未也。三歲大計。然後誅之。夫誅之則甚辱。辱之則不速。然猶殺不即正。以干上之典。此刑之所以無赦也。先王之責人也既如此之詳。而躬自厚者亦未嘗不謹也。成湯不邇聲色。不殖貨利。檢身若不及。然後制官刑以儆於有位者。躬自厚之道也。主上取人以身。修身以道。凡謀之所可聽。言之所可行。降之不遑。舉之不次。朝獻其言而暮試其能。朝為布衣而暮為卿相。用之不遺其學。與之不求其備。可謂厚於與人矣。內則於稽其德。外則勤勞其行。敦信以一好惡。明義以審是非。可謂自厚矣。官人百吏。猶不能傒上之志。行上之令。告之以嘉猷。示之以周行。或乖爭以起事。或偷慢以違命。罔上而不忠。趨利而無義。在所察治而已。傳曰。臨事接民以義。應變寬裕有容。恭莊以先之。政之始也。然後中和察斷以治之。政之隆也。然後進退誅賞之。政之終也。一年而與之始。三年而與之終。今之謂歟。

紹聖元年。吏部侍郎彭汝礪上奏曰。臣等以謂治天下之道。在得人。欲得人。在知所以養之。吏部總在選百官之籍。當功罪資歷凡升黜之事。以詔朝廷予奪。自唐以來。為任至重。於今非古矣。廢興進退。條目具備。凡所注擬。吏按法以前。曰某人於法如此。在所取。某人於法如彼。在所後。長貳無所可否。惟法之為聽。雖知其人為賢否。錙銖不能移輕重。夫知人亦難矣。今可以知之者。莫若吏部。觀其事而知名實。聽其言而知好惡。見其容而知尊卑。察所舉而知所與。斯亦過半矣。臣以謂人材登之今日為甚。謂當稍責吏部。薦拔材能。上于朝廷。朝廷察之。或賜以對。或試以事。籍之以待任使。焉凡薦惟其人。非其人而薦之。為朋下。以人君為可欺。為罔上。朋下罔上。必誅無赦。如此則士皆知自愛以待上之考察。任其事者。皆思為朝廷得人。不敢為苟簡計。此豈小補之哉。然其要則在擇長貳而已。若夫明好惡以示之。隆學校以養之。選師儒以教之。此惟陛下加之意而已。

二年。秘閣校理畢仲游上言曰。君子以名用人者。為其信於衆也。一人譽之不足以成名。必衆人譽之。然後可以成名。則名者信於衆之謂也。然士有依名而蹈利。不思行己之何如。養交取合亦足以成名者。故君子之用人。必索其實。孔子曰。吾之於人也。誰毀誰譽。如有所譽者。其有所試矣。試者。所以索其實也。而太史公亦曰。其實中其聲者謂之端。實不中其聲者謂之窾。窾言不聽。奸乃不生。則名實者。用人之大契。君子所以配仁義而並行之公道也。昔漢宣之治雖不及三代。然刺史守相輒親見勞問。觀其所由。退而考察以質其言。有名實不相應者。必知其所以然。公卿缺。則選諸所表以次用之。故漢世多良吏。於孝宣時為多。而龔遂黃霸之徒皆得以良吏自見於世。元成而下。孝宣之業雖衰。然名實之法猶有存者。故建武永平間。郎官出宰百里。尚書令僕亦為郡守。而虞延第五倫鮑昱之徒。更以郡守入為三公。守令之重如此。是以卓茂魯恭皆以縣令為循吏。茂亦卒至三公。則孝宣名實。非徒一時之稱。蓋得孔子試之之意。而後世可以循用故也。自唐以來。官在內者重。官在外者輕。故張九齡欲重刺史縣令之權。歷都督刺史。然後入為侍郎列卿。歷縣令然後入為臺郎給諫。而法亦卒不克行。本朝之制。九品可以為縣令。七品可以為郡守。則是九品之賤。已當漢郎官之選。而七品之人。已任漢令僕事矣。持祿處內者。既無治民之責。而多進退之門。守法在外者。則斅出於俗吏而不見用。就有用之者。不過由縣令而居幕府。由郡守而為監司。所謂臺郎給舍令僕三公。未有由此途而出。則內官安得不重。外官安得不輕。是以名實相紛。毀譽淆亂。養交取合之人漸以得志。則守令如龔遂黃霸卓茂魯恭。亦何道而進。今兩漢之法雖卒難行。然當躰其大意。稍重郡守縣令之官。通都大邑有善政者。數加獎勵。使必由縣令然後居寺監。由郡守然後至臺省。則人人樂於外官。赴

功治職。齊民可受其賜。而寺監臺省亦將得真材。毀譽名實無所紛亂。又合孔子試之之意。蓋事有不名而自至者。西漢重功名。則權奇倜儻之士出。東漢重名節。則蹈難死義之臣衆。有唐尚文詞。則詩歌賦頌紛紛之人亦出而不絕。今果重在外之官。使必由縣令而後居寺監。由郡守而後至臺省。則謂良吏者亦將不期而自至。名實之論。惟所加意。

仲游又論人材上言曰。人材之所以難得者。非難得也。物生天地之間。貴賤美惡未嘗偏無。何獨至於人而無材耶。其所以無材者。知之不以其道。處之不以其分。是故雖有材而如無材。材之在人。非比貌象聲色可以外求也。不更事變。則有材者且不能自知。而況他人而可以知之乎。蕭曹絳灌樊酈之徒。非與高祖遇。則沛上之刀筆屠沽負販人爾。豈自知有將相之器哉。孔子曰。吾之於人也。誰毀誰譽。如有

所譽善有所試矣。又曰。視其所以。觀其所由。察其所安。人焉廋哉。以孔子之聖。豈不待試而後知人。而孔子必試之。則聖人之術可見矣。所以者。所用之心也。所由者。所更之事也。而所安者。窮達利害不動之謂也。既原其所用之心。又論其所更之事。卒要於窮達利害而不動。則人之賢與不肖材與不材已過半矣。而有譽之者且必試之而後進。則孔子之門多賢智者。其道然也。後世取人之詳者。小瑕細行或廢其終身。而用人之寬者。拘大故而不問。既不原所用之心。又不論所更之事。卒不要窮達利害之際動與不動。而有譽之者。又往往不試而後用。則雖孔子之聖。殆無以盡其賢與不肖材與不材。故曰。知之不以其道也。人之無材未能害於事也。惟有材而不肖則可以亂天下。故有材之人。所宜深察賢與不肖之時也。而近世之用人。取其材而置其賢不肖。人或問之。則曰。我用材爾。此在上者自以為知術。

而智士之所以寒心而太息者也。漢之張湯桑弘羊。唐之裴延齡皇甫鎛。唯其有材而不肖。故雖汲黯卜式裴度陸贄不能與之敵。而卒亂漢唐之治。則用人者當先定其賢不肖。而後論材與不材。昔堯之用人。伯夷典禮。夔典樂。后稷播種。皋陶為大理。而皆君子也。使后稷有張桑裴鎛之行。而能播種。堯肯任之乎。而近世用賢。則不問材不材。用材。則不問賢不肖。用賢則不問材。不材猶可也。用材不問賢不肖。則不可。故曰。處之不以其分也。今以大宋之有天下。豈比前世而獨乏材也。惟知之以其道。處之以其分。則材將自至。材者至而天下治矣。然私有所怪者。莊子曰。寓言十九。重言十七。夫人之材。雖寓言重言之所增益。而不寓於他人。使有重者言之。而自獻其材。則材之大小已可知矣。而近世之用人。十有五六其自獻者。此又愈於知之不以其道。處之不以其分。然則知之以其道。處之以其分。而無取自獻之材。正今日之先務。

三年。監察御史蔡蹈論臣僚上殿不得差遣上奏曰。臣竊見朝廷近日引見上殿臣僚。已蒙賜對。退而俟命。十有七八不報而去。臣伏思疏遠小臣。偶緣薦引。仰瞻天顏。罔不震懼。進對之際。倉卒遺忘。所不能免。若其辭貌不近柔佞。而有鄙野之氣。就列之久。會有變革。且器使之。以觀其能。既而無所取材。斥之未晚。先王之時務得人材。雖侏儒聾聵。有司必修聲籧篨蒙瞍之用。所謂器而使之者也。今朝廷方患人材乏少。職事官負闕。自左右僕射而下。以至寺監丞簿。往往通攝。無以充數。今其進既艱。則人材益見乏少。因而自抑不敢以賜對為望。則遠近相傳。士志畏怯。不自勸勉。殆非養才也。詩曰。芃芃棫樸。薪之槱之。傳曰。量才而任官。度德而定位。又曰。與人不求備。如此則下無遺才。而朝無曠位矣。官人之盛。雖成周不得過也。惟陛下圖之。

哲宗時。改元建中靖國。當國者欲和調元祐紹聖之人。故以中為名。右正言任伯雨言。人才固不當分黨與。然自古未有君子小人雜然並進可以致治者。蓋君子易退。小人難退。二者並用。終於君子盡去小人獨留。唐德宗坐此致播遷之禍。建中乃其紀號。不可以不戒。

歷代名臣奏議卷之一百四十

歷代名臣奏議卷之一百四十一

用人

宋徽宗立左司諫鄒浩上疏曰。孟子曰。左右諸大夫皆曰賢。未可也。國人皆曰賢。然後察之。見賢焉。然後用之。左右諸大夫皆曰不可。勿聽。國人皆曰不可。然後察之。見不可焉。然後去之。於是知公議不可不恤。獨斷不可不謹。左右非不親也。然不能無交結之私。諸大夫非不貴也。然不能無恩讎之異。至於國人皆曰賢。皆曰不可。則所謂公議也。公議之所在。槩已察之。必待見賢然後用。見不可然後去。則所謂獨斷也。惟恤公議於獨斷未形之前。謹獨斷於公議已聞之後。則人君所以致治者。又安有不善乎。伏見朝廷之事。頗異於即位之初。相去半年。遽已如是。自今以往。將如之何。願陛下深思之。

知永興軍王覿上殿劄子曰。臣竊以朝廷用人。凡內外之職。豈不欲其久任。特患員多闕少而未能耳。員多闕少之弊。理當綏圖。則久任未易遽也。唯是逐路監司。輕用之則員多。慎擇之則員少。何疑而不久任。今一路郡縣數十。察官吏之能否。究民物之利病。非一歲再歲之所能盡也。不使久其職。則務為苟簡。取辦目前。職業浸隳。弊事滋長。夫天下之廣。吏員之眾。朝廷安能遍察。獨賴監司為之耳目。振其綱領。况逐路不過數人。選擇差易。誠皆得其人而久任之。則四方萬里之民。家賜豈少哉。惟聖慈留神以幸天下。

覿為御史中丞。薦用丁隲上奏曰。臣伏聞報恩無先於薦士。不祥莫大於蔽賢。况當顯俊之朝。敢效相先之義。臣切見朝散郎丁隲。才識高明。學問深博。持義足以表俗。文章足以華國。安於管庫。垂二十年。雖公論之所共高。而自視常如不足。方今政事之急。正在人才之少。如隲之賢。未宜流落於外。伏望朝廷擢置清要。必有補於聖治。如後不如所舉。臣甘坐貢舉非其人之罪。

元符二年。殿中侍御史陳師錫論任賢去邪在於果斷上奏曰。臣聞堯舜禹稷之相遇。其朝夕都俞勸戒。不過於任賢勿貳。去邪勿疑。蓋為君之先務在此也。夫知任賢。而任之之意不專。則賢不可得而任矣。知去邪。而遲疑不斷。雖有去邪之意。邪亦不可得而去矣。昔齊桓公問管仲曰。吾欲酒腐於爵。肉腐於俎。得無害霸乎。管仲曰。此極非其善者。然非害霸也。任賢而使小人間之。害霸也。又曰。郭何以亡。管仲曰。以其善善而惡惡。威公曰。善善而惡惡。何以亡。管仲曰。善善而不得用。惡惡而不能去。郭由是亡。由此言之。人君不得任賢去邪之道。大不可以王。小不可以霸。守而不變。將至於亡。其能霸且王乎。管仲且猶知此。况不為管仲者乎。宋興一百五十餘載矣。號稱太平。饗國長久。遺民至今思之者。莫如仁宗皇帝。臣竊嘗考致治之本。亦不過於開納直言。善御群臣。賢必進。邪必退。自明道中親攬萬機。見政事之多僻。知輔佐之失職。自宰相呂夷簡。樞密使張耆。參副夏竦陳堯佐范雍晏殊等。一日皆罷去。天下已服其英斷矣。寶元之初。地震冬雷。用諫官韓琦之言。而宰相王隨及四列陳堯佐盛度韓億石中立同時見黜。嘗用夏竦為樞密使。諫官歐陽修論其奸邪。即日罷竦判河陽。晏殊為宰相。諫官蔡襄言其不恤邊事。廣置田宅。即日出殊知潁州。其後不次擢用杜衍范仲淹富弼韓琦。以致慶曆嘉祐之治。為本朝甚盛之時。遠過漢唐。幾有三代之風。若仁宗牽於偏聽。優柔不斷。臺諫論列。言不見用。賢善不進。朋姦不去。則安能饗四十有二年太平之福乎。臣願陛下遠思堯舜禹稷任賢去邪之道。中采齊桓管仲善善惡惡之戒。近法仁祖納諫御臣之意。則太平之盛。指日可見。伏望陛下留神省察。

三年。中書舍人曾肇論惟材是用無係一偏上奏曰。臣竊觀唐太宗初即位。急於求治。搜拔賢傑。不以一途。故取魏徵於仇讎。取馬周於布衣。取王珪杜淹韋挺於流竄。其餘罪亡俘虜之臣。咸引在朝。惟材是任。卒賴其助。以成貞觀之治。及我太祖皇帝踐祚之始。亦以人材為先務。是時。乘五代衰亂之餘。太祖皇帝征伐四方。粗定天下。制度典章。尚多闕略。又自郭周以後。藩鎮幕府。不得奏辟。士大夫罕有資蔭。入官之門。惟進士經學二途而已。然歲取進士止三十人。經學止五十人。選舉既難。示無滯材。太宗知其然。故在位二十餘年。所擢士以萬計。會短取長。不求其備。一時草澤遺逸之人。收拾略盡。本朝名臣多繇此出。後世稱誦。以謂太宗明於治体。以天下為度。非衆人所及。故能越去拘攣。以牢籠豪傑。為國之用。此誠不世出之英。書後嗣所宜師法者也。臣伏見近歲以來。內則臺省清要。外則藩府守將類

多闕負。或曰乏材。而然。臣謂古者不借材於異代。無世而無材。患在用之不廣爾。用之不廣。則取人有限。取人有限。則材者不必用。用者不必材。是以上之政事。有曠廢不舉之憂。下之懷能抱器之士。有鬱塞不伸之嘆。此宜今日之所留意也。陛下臨御以來。銳於更化。其所引援。固已不專一途。然臣愚過計。尚意左右之臣。或未盡以皇極大中之道。啓迪於陛下。陛下於用人之際。不能無方。致陛下勵精求治之初。有人材不足之慮。伏望陛下遠稽唐貞觀所以致治之繇。近以太宗皇帝振舉滯淹為法。無惑於浮言。無係於一偏。斷自聖心。唯材是用。收其大者以為棟梁柱石。其小者亦足備榱桷居楔之任。庶於經營清朝。無施不宜。以成治功。以通衆志。豈獨天下之幸。實社稷無疆之福也。在易之泰曰。包荒。用馮河。不遐遺。朋亡。得尚于中行。蓋嘗上下交泰。君子道長。小人道消之時。荒穢者包之。馮河不中者用之。

遠者不遺。密近者不朋比。如此。故得尚于中行。所以為盛。在書之皇極曰。無偏無黨。王道蕩蕩。無黨無偏。王道平平。無反無側。王道正直。如此。故能作民父母。以為天下王。惟陛下留聽毋忽。

肇為翰林學士。論減罷監司守臣上殿狀曰。臣聞朝廷之事以民為本。與民親者。莫如逐路監司。及州長吏。祖宗以來常重其選。故監司辭見皆得上殿。而州長吏人數猥多。不可人人延見。則擇其州之要重繁劇。與夫沿邊守禦之地。為長吏者則許上殿。舉天下之大。無慮三百餘州。而長吏得對清光。親承訓敕者。不及百人。不為多矣。近者伏覩詔書知州軍辭見合上殿者減罷其半。於半之中。又減朝辭上殿者二十有二州。其辭見得上殿者。纔一十有三州而已。紹聖四年文臣一路兵鈐及監司職任並須上殿指揮。又罷不行。臣愚竊所未諭也。夫祖宗必令監司知州軍上殿者。豈苟然哉。視其貌。則疲癃老

疾無所逃。與之言。則能否邪正莫能欺。因此以察執政用人。則精粗得失無不見矣。為監司長吏者受命而行。躬聞德音。則人人曉達上旨。有所遵守。政成而歸。親面天顏。則人人各述所知。口陳指畫。而上下之情。無有不通者矣。非獨如此。躬親庶政。收攬威權者。人主之大柄。延見臣下。諮詢不倦者。人主之盛德。祖宗以來。所以不憚日昃之勞。不厭應接之煩。蓋有以也。今陛下初即寶位。方當勵精為治。日接群臣。以廣聰明。以通衆志之時。而遽有此變更。臣愚竊恐四方聞之。或意陛下倦於諮詢。或意陛下略於待士。而為監司長吏者亦將苟且因循。無自勵之志。非所以崇德義興治功也。夫自古帝王有志於治者。未嘗不廣延群臣。博問兼聽。而於治民之官。尤所注意。昔宣帝每拜刺史守相。輒親見問。觀其所繇。退而察其行。以質其言。有名實不相稱。必知其所以然。嘗曰。庶民所以安其田里而無歎息愁恨之

聲者政平訟理也。與我共此者其惟良二千石乎。故西漢二百餘年。獨宣帝世循吏為盛。漢之刺史。即今監司之任也。漢之守相。即今之知州軍之任也。宣帝所以綜覈名實。為漢賢主。其本在此。以陛下明聖。方將興建德業。比隆三王。如宣帝所行。為之甚易。臣愚欲願陛下近守本朝成憲。遠稽漢宣故事。出自聖意。申命輔臣。自今監司知州軍辭見上殿。並如舊制。內監司及帶一路兵鈐。仍依紹聖四年旨揮。其餘則依今年六月十六日詔書施行。所貴上術祖宗之典。下貽子孫之法。其於政體。蓋非小補。惟陛下留意毋忽。天下幸甚。

右正言陳瓘論絕述上疏曰。臣切惟天下萬事。爲人主所當問者一事而已。用人是也。堯舜之法。試而後用。是以九年然後見伯鯀之罪。歷試然後知大舜之聖。不試而用。其失多矣。陛下欲開言路。首還鄒浩。取其有既往之善。可謂得已試之材。允合人心。無可正救。而聞御史中丞安惇卿尚緣往事論浩罪惡。欲寢已成之命。自明前舉之當。其說以謂先朝之事。且當遵承。國是所繫。不可輕改。臣請以祖宗故事明其不然。昔唐介之忤仁廟也。內指貴妃。外詆宰相。竄于嶺表。昭示天下。是則鄒浩盡忠之言。何異於唐介。先帝一時之怒。何異於仁祖。仁祖有日新之意。久而變通。是以還介於一年之內。先帝有日新之意。未及改命。而棄天下於數月之間。愛君之人。念此傷痛。光續前緒。正在今日。豈有事事不改。而可以謂之善繼。天下皆非。而可以執爲國是乎。國家一繼一述。皆本於孝。善繼人之志。善述人之事。以太平之久。自堯舜三代乃至漢唐皆不及焉。一人有慶。兆民賴之。孰大於此。若夫不改父之臣與父之政。則是孟莊子之所謂孝耳。戰戰兢兢。何足為天子道哉。陛下居武王繼述之位。而執法之臣。揚孟莊子不改之說。曲徇其請。則臣下享因循之利。從公議。則聖主被愆忘之譏。非上誤朝。一以私意。風憲之職。當如是乎。然則鄒浩既來。安惇卿可去矣。雖聖度寬容。姑爾含貸。而明示好惡。亦不可緩。黜幽之典宜自安始。伏望即降指揮。以警列位。天下幸甚。

瓘又乞罷王師約樞密都承旨上疏曰。臣聞成王即政之初。群臣進戒之詩曰。陟降厥士。日監在茲。蓋言陟黜人材。上合天意。然後可以慰天下之心。初政之所宜謹。無大於此也。臣伏見駙馬都尉王師約近除樞密院都承旨。非祖宗用人之法。違神考設官之意。臣不可以不論也。本朝矯衰唐之弊。駙馬都尉無有任權要者。惟王貽永尚太宗女鄭國公主。一年而主薨。貽永即納所賜第。後三十年。乃歷遷任。仁宗知其賢。擢任樞密。當此之時。貽永名為帝婿。實已疏外。今師約賜第猶存。而未歷邊任。豈可用貽永之例。而遽擢於樞密之地乎。神考詔樞密院置都承旨。以文臣為之。副承旨以武臣為之。或參求外戚之可任者以充此選。然一文一武。不相參也。今以師約擬文臣之任。豈神考設官之意乎。陛下遠師堯舜。近法祖宗。四方萬里。無不延頸舉踵。以觀初令。未拔寒俊。而遽以姻戚先之。巖穴之士。將何望焉。三省樞密院進擬如此。失天下之心矣。願陛下守祖宗用人之法。稽神考設官之意。罷師約新除。以允公議。

瓘又上奏曰。臣十二日曾具奏狀。言駙馬都尉王師約除樞密院都承旨。非祖宗用人之法。違神考設官之意。乞行寢罷。未蒙施行。臣所當論未可已也。師約在元豐中嘗為神考之所試用。其人修謹寡過。士論亦頗與之。然而臣之所言。非論師約之賢否。特以初政用人。不循舊章。未拔寒士。先擢姻戚。違失巖穴之心。以為廟堂之累。區區之忠。非立異也。若蒙陛下採狂瞽之言。寢已行之命。則用衆從善。無負為兩得。伏望聖慈特降睿旨。罷師約新除。以全初政之美。

瓘為校書郎。論立賢無方。上奏曰。臣聞書曰。萬邦黎獻共惟帝臣。詩曰。率土之濱莫非王臣。故東西南北之人。皆可任也。成湯大有為之時。所專任者。伊尹一人而已矣。然而孟子曰。湯執中立賢無方。所謂無方。則立于朝廷者。非一人而已也。臣謂神考之用人。正與成湯相似。熙寧之初。專任王安石。熙寧之末。則立朝廷者不主一人而已矣。是以天下洗心之士。無彼無此。皆願為神考之用。而朝廷之上。平無偏黨。成湯之用人。何以加此。紹聖大臣。以纂述王安石為主。託繼述之文。借朋黨之說。以屏除異己之人。因司馬光則謂洛人皆不可用。因呂大防則謂陝人皆不可用。因劉摯則謂東人皆不可用。故自紹聖以來。西北士大夫皆無望於朝廷。甚非神考所以立賢無方之意。臣謂善救弊者先救其偏。此陛下今日之急務也。蓋無方之說。可以救一時之弊。可以為初政之法。

瓘又論用人惟己。上奏曰。臣聞用人惟己。亦成湯之事也。臣嘗謂立賢無方。則朝廷不偏。用人惟己。則臣下無黨。為君之難。在此兩者。成湯所以能由此道而為後王之師者。始於執中而已矣。中則不偏。中則無黨無偏無黨。王道蕩蕩。神考熙寧之初。立賢有方。用人惟安石。熙寧之末。立賢無方。用人惟己。一弛一張。得文武之道。有始有卒。見聖人之心。此陛下今日之所當法也。

瓘又同任伯雨。乞罷溫益給事中。上奏曰。右臣聞漢高祖即位之初。所先封者。皆故舊親愛之人。用張良之言。急封雍齒。於是群臣人人有自堅之意。唐太宗即位之初。秦府舊人未遷官者。皆有咨怨。房喬以為請。而太宗答曰。設官分職。以為民也。當擇賢才而用之。今不論其賢不肖。而直言怨嗟。豈為政之體乎。臣愚以謂張良之諫。有益於高祖。房喬之請。無補於太宗。此二君者。一則有聽諫之明。一則有察

言之公。故當即政之初。不失用人之理。此漢唐既往之善。初政之所當稽也。臣伏聞太常少卿溫益除給事中兼侍讀。按益知潭州日有新州羈管人鄒浩道過本州。晚投僧寺。就宿寄食。而益差本州兵馬都監遣浩出門。續令走卒數輩逼浩登舟。使之冒風夜渡而去。浩以言事得罪。既經行遣。不知所過州軍更緣何事催督逼逐。使至於此。又分司安置人范純仁。劉奉世。韓川。呂希純。呂陶。皆在本路。並為益所侵困。當時用事大臣。以益為是。而天下公議以益為非。今陛下召還鄒浩。厚禮純仁。而奉世之徒皆已敘復。所以合天下之公是非也。益之所為。又已達于聖聽。謂宜躬攬之初。正益之罪。而乃擢置侍從。處之經筵。付以封駁之任。非緣端府舊僚。何以致此。臣願陛下用堯舜大公之法。稽漢唐既往之事。罷益新除。黜之于外。使天下皆知陛下不以故舊之私恩而廢天下之公議也。如是則一除之失。何足以累聖政。而不吝之明。適足以新盛德。臣不勝惓惓愛君之忠。惟陛下加聽。幸甚。

瓘又進故事曰。韓琦范仲淹並為樞密副使。

臣瓘曰。韓范二人。先以朋黨見疎。今復並用。臣愚嘗謂若欲辨朋黨。先須除忌諱。仁祖之初。范仲淹。杜衍。富弼。韓琦之徒。當時指為朋黨。朝廷行遣仲淹。書其罪惡。兩次榜于朝堂。景祐中勅榜。則以謂仲淹憸言罔上。立黨挾私。躁率詆欺。密行離間。寶元中勅榜。則以謂仲淹挾朋相援。奸利自營。結陰婞以濟仇。託強辭而市直。當時諫官乘勢擠排。和其言者如出一口。據此兩次勅榜。則是仲淹以奸憸敗露。永可棄絕。及仁祖翻然悔悟。所謂奸憸者。忽取其正直。所謂詆欺者。忽以為忠信。如上天寒暑陰晴之變。非臣下常情所可測度。後并韓琦並用。皆大合於公議。天下謂之韓范。神考為

韓琦作神道碑。實載其美。當景祐寶元之間。歐陽修論朋黨。引商紂桓靈之事。觸犯忌諱。無所不至。仁祖取其議論。不罪其言。故天下公議。終不見掩。臣所謂若欲辨朋黨。先須除忌諱者。仁祖已試之效也。神考熙寧之初。專任王安石。自安石與呂惠卿紛爭之後天下有王黨。有呂黨。神考於王黨之可用者亦用。呂黨之可用者亦用。故二黨之禍。不及朝廷。而於既往之事。緣此悔悟。從而改舊者多矣。未嘗悔過而執吝也。夫惟不吝。然後用人惟己。此神考之所以合乎成湯者也。蓋改過不吝。則忌諱自除。用人惟己。則朋黨自消。臣故曰。若欲辨朋黨。先須除忌諱。

以殿中侍御史唐介為尚書工部員外郎直集賢院。初介為臺官。彈宰相文彥博。忤旨貶嶺南。未幾復殿中侍御史裏行知復州。尋遣中使召為殿中侍御史。論者以謂天子優容言事之臣。近古未之有也。至是介避言責。又欲安全之。故有是命。

臣瓘曰。臣嘗謂天之運也。譬如車輪之轉。高者復下。下者復高。其變無常。不可執也。執者失之。老子之大戒。仁祖之責唐介。一年之間。即復名用。不唯於唐介如是。凡言官之斥逐者無不然也。言章及於大臣。則大臣必罷。若大臣復用。則言者亦還。正如車輪之往來。流轉而無所執也。上意不偏。下亦無黨。其妙沓沓。非衆目之所能視。其理悶悶。非衆心之所能思。此仁祖自得於獨知者也。豈外入之也。莊子曰。天道運而無所積。故萬物生。帝道運而無所積。故天下歸。聖道運而無所積。故海內服。仁祖用人之術。可謂如天運而無所積矣。天下之所以歸。而海內之所以服也。臣嘗攷唐時牛李之黨。自牛僧孺對策之後。至李德裕死于崖州。一翻一復。凡四十二年。而後朋黨之禍息。仁祖在位四十二年。所用之人。其類不一。然不至立黨而相攻者。以上無偏執。運轉在我。故機圓術妙。足以轉天下。而不為天下之所轉也。臣謹按古之朋字。即鳳字也。一已在上。而衆鳥從之。人主用人惟已。則天下之人皆來朋我。若威福在下。則臣下各自立朋。此自然之理也。

老子曰。貴以賤為本。高以下為基。

臣瓘曰。文帝納賈誼譏切之言。養臣下以節。不辱大臣。於是堂陛愈高。而基本愈固。易曰。以貴下賤。大得民也。何以異於此哉。臣嘗謂自三代以降。善治天下者。無如孝文。然其術出於老子。故仁祖之於老氏也。取其簡約。而神考之於漢文也。謂無間然。蓋老異於孔。而其本則同。漢劣於周。而善亦可取。此二聖之所以垂訓也。仁祖皇祐四年謂輔臣曰。朕臨御以來。命參知政事多矣。其間忠純可紀者。蔡齊。魯宗道。薛奎而已。宰相王曾。張知白。皆履行忠謹。雖時

有小失。而終無大過。李迪亦朴忠自守。第言多輕發耳。龐籍對曰。才難自古然也。上復曰。朕記其大。不記其小。臣三復聖訓。因考王曾知白之所以見重於仁祖者。蓋能以清淨之術。助無為之化。所謂大而可紀者。其在茲乎。

諫議大夫龔夬論封駁差除狀曰。臣伏聞新除程伯孫王纖蔣長生黎珣。鮑朝賓等。充郎官給事中。以伯孫等皆大臣姻戚。已行駁奏。未奉俞音。復命他官書讀。側聞清議殊未為允。蓋執政薦士。自當旁招俊乂。若有姻戚果賢耶。人自知之。今中外朝臣資任人材如伯孫者。何可勝數。又況賢俊如林。未蒙識擢。而首論用此數人。是以士論紛紛。不以為當。若大臣專引親舊。多非其才。則朝廷不得無疑。若是則後日雖欲進賢。不可得也。於是天下之真才。朝廷不可得而用矣。門下本以省審為職。若給事中所駁。改付別官書讀。是非不可不決。後

官所書是耶。則前官不爲無罪。若前書所駁非耶。則後官豈可謬書。若一切不問。唯命令之速行。則給事中之職幾於廢矣。恐非建官設屬。轉相維持補捄政事之意。伏望聖慈特賜詳酌施行。

大觀初。蔡京再相。凡所立法度。已罷者復行。祠部郎官葉夢得言。周官太宰以八柄詔王馭群臣。所謂廢置賞罰者。王之事也。太宰得以詔王。而不得自專。夫事不過可否二者而已。以爲可而出於陛下。則前日不應廢。以爲不可而不出於陛下。則今不可復。今徒以大臣進退爲可否。無乃陛下有未了然於中者乎。上喜曰。邇來士多朋比媒進。卿言獨無觀望。遂除起居郎。時用事者喜小有才。夢得言自古用人。必先辨賢能。賢者有德之稱。能者有才之稱。故先王常使德勝才。不使才勝德。崇寧以來。在內惟取議論與朝廷同者爲純正。在外惟取推行法令速成者爲幹敏。未聞器業任重。識度經遠者。特有表異。恐用才太勝。願繼今用人。以有德爲先。

大觀中。吏部侍郎慕容彥逢論理會守令劄子曰。臣伏見陛下勵精政事。比降明詔。惠綏庶民。教養多士。所以訓戒丁寧甚悉。眞極盛之舉也。臣竊謂陛下聖謨高遠。固非臣子所能仰望清光。至於推行德意。悉慮見於事實。而與士民尤親者。蓋在於守令。舉皆得人。幾事勸功。不以便文自幸。則太平之基。豈復他求。秀朝廷制考課之法。殿最賞罰。既詳且備。臣愚欲乞守令任滿課入優等者。除合得賞格外。其未經選擢之人。三省審察。如人材果可任使。隨其資秩特加獎拔。或寘諸省府寺監要劇之選。或委以諸路監司按察之寄。若此群吏聞風莫不激勸。各以循治自奮。豈惟究宣惠澤。上以副陛下惻怛之誠。又足以搜揚疎遠。益爲官擇人之術。其效豈小補哉。伏望聖慈特詳酌施行。

徽宗時。御史中丞王安中論知縣闕官劄子曰。臣竊惟陛下天資仁聖。愛民重本。詔書數下。德意具昭。而奉承者在朝廷。推行者在郡縣。自朝廷下之省部。省部下之監司。監司下之郡。皆行文書而已。至于郡下之縣。始及於元元之衆。然則最近民。而實行陛下之德意者。莫切於縣令。臣伏覩近日諸路奏請。如夔吉管下永靜將陵德州平原成都利州等路。皆以縣無正官。上達聖聰。而河南明州陝西廣東。且皆奏乞差人。吏部以見榜闕多自春季至今。更不刷闕見在任人。曰有申明過滿乞省罷及催差替人者。而替期未至者亦多乞宮觀。或頗就監當。大抵諸路縣邑不闕官。則多未有替人。太平多士之時。人樂仕宦。而百里之任。頗獨憚往。其說有四。苟免之塗多。難工之事衆。督察之官不公。賞罰之施不均故也。先帝成憲。初改官人。必令作縣。闕陞通判。必實歷知縣人。熙寧元豐間。用恩賞改官免知縣者少。今恩賞改官者衆。而用考第改官人。力足以取堂除乞宮祠。則不復到部。通判闕。自監當人以上。稍有因依。皆可徑得。蓋不必用實歷闕陞。況創制員闕。有與當實歷者。諸司辟官。有乞理實歷者。然則誰肯屑爲縣道哉。臣所謂苟免之塗多者。此也。治縣之才。世固以爲難。而責辦於法度之中。取成於法度之外者。又不能無。凡買物曰置場之類者。不均敷。則不能應拋降之數。凡責物曰鋪戶之類者。不抑配。則不能及椿立之額。運送綱栰。貼助夫役。水旱之訴。蠲租則失漕計之指。公使之須。守法則取州郡之怒。臣所謂難工之事衆者。此也。守倅之賢。未必能服人。而行縣季點者。又其下僚。監司之才。未必能戢下。而往來督責者。又其屬官。文檄之辭。陽戒以無違詔令。而風指之峻。陰趣使抵冒法禁。守倅監司。未特資以免責。而喜功生事者。方以爲進身之利。臣所謂督察之官不公者。此也。致功能事。縣任其勞。論罰則

獨厚於他官第賞則每居於下列臣所謂賞罰之施不均者此也夫
近民之官而所以病之者若是遂使所在闕人元元受弊方趦議員
多而添闕孰若先填闕以修官臣愚欲望聖慈申嚴賞罰之制舒究
責辦之實戒監司守倅使同利害公賞罰勸沮使當功罪庶幾人無
憚往之心不爲避免之計縣得正官職有常守必有能爲陛下宣布
德澤勤卹下民者事始朝廷而及天下其利甚大惟陛下財擇
尙書右丞陸佃執政與曾布比而持論多近正每欲參用元祐人才
尤惡奔競嘗曰天下多事須不次用人苟安寧時人之才無大相遠
當以資歷序進少緩之則士知自重矣又曰今天下之勢如人大病
向愈當以藥餌輔養之須其安平苟爲輕事改作是使之騎射也
左司諫江公望乞用元祐人才上言曰臣日者獲邇清光親承聖訓
以今日之治躰當以繼述爲先復賜宴閒俯聆睿旨以今日朝廷所

患元祐人爲多臣退而思之既持繼述之論必章於元祐之說此理
勢之必至者也夫孝子之心莫不以繼述爲美指廟圖孝於神考矣
持繼述之論牢不可破輔政非其人以媚於己爲同忠於君爲異有
一語不合時學必目爲流俗一談不相侔時事必指爲橫議借威柄
以快私隙必以亂君臣父子之名分以感動人主故元祐之臣投荒
屏裔爲之一空所引陰險憸佞輕浮刻薄之小人內結中貴以偵伺
主意外生邊事以持久祿位人力困竭國用匱乏天下爲之騷然泰
陵不得盡繼述之美大臣持論不平之過也昔成周之時作興人材
化雨德風浸潤被拂菁菁有阿陵之養芃芃是薪槱之用一遭幽厲
之禍人才彫落至宣王中興有德輶如毛民鮮克舉之愛莫助之之
歎宣王知人才可以培殖而生可以護養而成若芑之新田菑畝培
殖護養有力故南征薄采而是用也元祐人才皆出於熙寧元豐培

養之餘遭紹聖竄逐之後彫踈落莫所餘無幾天假殘息若有待焉
陛下有作萬物興覩雨露滂沛咸被滌洗不旋踵名寘禁近或布在
臺省要藩便郡班班有之萬無一生之人今既獲全活百有十非之者
一切供原豈惟不失前日仕宦亹亹焉有進擢之望人非木石豈不
懷恩陛下不用則已用之則若臂之使指若手足之捍頭目豈復有
不應我哉陛下持繼述之論而以元祐人爲多不過患其不爲使爾
此正非所慮也陛下操利勢持名器躰乾剛之德用皇極之道以臨
御天下以役使群動人臣結髮辭親委質就仕既移所事而事陛下
豈有驁然不爲使哉陛下不迫其所難不彊其所不能祇欲同心協
力遵奉神考已成之法度除將講求繼述之美意與天下共享其利
爾昔齊桓釋射鉤之讎而管仲得以濟其功晉文不宿斬袪之怨而
勃鞮得以成其名王珪魏證易所事而不以陰計爲諱唐太宗用其

直而卒成仁義之治神考於元祐之臣其先非有射鉤斬袪之讎陰
計之隙也先帝信仇人而黜之陛下黜仇人而用之用其隙猶足以
濟治况非其隙而用之者乎其肯爲陛下盡也必矣陛下若立元祐
爲題必有元豐紹聖爲之對有對則諍興諍興則黨復立矣縉紳之
禍何時已也可不痛哉陛下嘗榜朝堂并布告天下以爲政取人無
彼時此時之間損益惟時之宜用舍惟義之所在又改元詔旨亦稱
思建皇極嘉靖庶邦蓋嘗端好惡以示人本中和而立政皇天后土
實聞此言陛下欲渝斯言其如皇天后土何論述事則一無所作述
之而已此詩所謂率由舊章而閔子騫所謂仍舊貫何必改作者也
論繼志則治雖不同而同歸于道時雖不同而同歸于治治啓之敬
承禹道武王之卒伐功者也惟道是同豈泥于已陳之迹哉二典常
道也可則君之否則稽之何常之有惟其不常是乃所以爲常道也

伏望陛下以繼述為大計以因時損益為盡美雖步驟馳騁不越於神考法度之間皆是以為治是猶王良遺父之挾與馬駕御疾徐之節在我雖欲項領而為之用勢亦不可得已況非迫其所難而強其所不能也揚雄曰御得其道則天下狙詐咸作使御失其道則天下狙詐咸作敵治天下者審所御而已能審所御雖狙詐且為之使況不為狙詐者乎故有國者惟患人才之不多不患多而不可用惟患不能用而已陛下明喻群臣以朕之所謂繼述者如此朕之所以遇元祐之臣者如此咸俛承聖訓各務同心協力以成繼述之美以保富貴安榮朕於爵祿何所愛焉儻陽為公心陰結死黨專立異論務汩成法或怏怏非其君而驁不為使則明行誅斥以戒在位朕於汝無愧汝負朕為多自速之禍也悔何及焉先之以訓誥之情申之以丁寧之義終之以惻怛之意此周公所謂予不惠若兹多誥蓋有不獲免者矣如是元祐之人惟患其不多繼述之義無患其不盡天下何患其不治也在陛下御之而已夫仁者善合人不仁者善離人惟聖人能置人於其間是猶水火之不相能也置鼎焉故能濟烹飪之功成五味之和今宰相執政侍從臺省陛下善置人焉雖若水火之不相能也必有足以濟治者矣此尤不可不察也匹夫之智雖聖人有所不知芻蕘之言雖聖人亦知採擇臣之言偶類乎匹夫之智也臣之職無異於芻蕘陛下或加採擇則聖人之不知所以為知之至也

左正言任伯雨上言章惇狀奏曰臣聞名不正則言不順言不順則事不成故欲成天下之大事者必以正名為本臣前者所論章惇求去不可不許此乃名正言順之事在陛下斷之而已惇為先朝宰相先帝山陵未畢未可以出惇也出之太遽則名不正矣今也不然陵土未復而惇自求去去就在惇不在朝廷亦如王珪既死別命舊相死生在珪不在朝廷也惇處可嫌之地迹不自安果於求去理可必從陛下之所以留惇者何哉以別無舊相可以代惇故耳臣前者妄陳愚計以謂范純仁之賢可以代惇舉而相之則天下之心皆向朝廷況是先朝舊相付以陵事乃其宜也急用純仁而果於去惇則可以慰四海思賢之心可以示二聖用平之意用平則人無反側得賢則事可諮詢假使純仁辭疾不來而朝廷眾美實已兼具考之公議孰曰不然唐順宗之初叙用譴逐之人陸贄陽城皆當時之賢者未聞詔命死於貶所時不待命可追恨今純仁年過七十加以篤疾萬一不待詔除溘先朝露非唯無以慰天下之心亦恐老成之言願告于朝廷者不得剖露豈特二聖之所不足亦純仁垂死之恨也漢宣帝欲封丙吉而憂吉病不起欲使人加紼而封及其生存也古之明君留意用賢其急如此今純仁老矣盲不見物押班升降勢必不能然而舊德雅望非宰相不足以處之若也堅辭然後改命處以閑局侍以優禮有疑則問

貼黃仁宗時自侍從而上多以方寸小紙細書問之邇事便詢先慰天下思賢之心終獲黃耇嘉言之助若不早許惇去倚是以成此事矣臣願陛下先下臣前章三省然後從惇之請改命純仁所有永泰陵使事令先朝執政時暫攝俟純仁到闕然後交割如純仁辭免則權付之人便可充使如此則進退輔臣不為無禮改命陵使人無間言名正言順無可疑者臣願陛下上稟慈闈斷而行之天下幸甚

尚書右丞范純禮從容諫曰邇者朝廷命令莫不是元豐而非元祐以臣觀之神宗立法之意固善吏推行之或有失當以致病民宣仁

聽斷一時小有潤色。蓋大臣識見異同。非必盡懷邪為私也。今議論之臣。有不得志。故挾此開口以元豐為是。則欲賢元豐之人。以元祐為非。則欲斥元祐之士。其心豈恤國事。直欲快私忿以售其奸。不可不深察也。又曰。自古天下治亂。繫於用人。祖宗於此最得其要。太祖用呂餘慶。太宗用王禹偁。真宗用張知白。皆從下列寘諸要途。人君欲得英傑之心。故當不次飭拔。必待薦而後用。則守正特立之士。將終身晦迹矣。

宣和中殿中侍御史許景衡奏罷宮定宋中孚參部劄子曰。臣竊惟承平日久。吏員滋多。而大小使臣尤為冗濫。吏部待次者動經數年。廩祿不繼。誠可矜憫。陛下至仁及物。獨智察微。灼見注差不行。多緣吏職淆雜。蓋以偶叨一命。徑歸銓選。注擬冗猥之由。是自此出。政和七年十一月六日。特降御筆手詔節文。應緣人吏補官。不得參部。式曰。後續降處分。並許執奏不行。務在百執恪意遵守。著為永法。無或衝革。宸翰布告中外。鼓舞孤寒。武臣方有就祿之望。伏覩近降指揮。開封府廳司使臣宮定宋中孚許令參部。依舊本府祗應。議者咸謂前降御筆。焯如日星。豈容胥吏小人。輒敢邀求衝改。如使出於特恩。亦難前立永法。伏況前日平江府奏辟吳彥璋充司戶曹事。既有成命。而吏部執奏。以為彥璋曾坐圍田水利不實。已係御筆勒停。伏蒙陛下特垂天聽。究見始末。遂罷奏辟指揮。確守禁約。杜絕欺罔。有識悅服。如蒙大賚。今者宮定等徒以一時僥倖之故。首破御筆永不衝革之法。比之彥璋辟命。事体尤重。若不特賜改正施行。深恐後來紛紛籍籍援以為例。豈惟吏部右選冗濫之弊未易澄革。且使雲章奎畫榜著為永法者。殆成虛文。此尤不可不論者也。竊覩自頃朝廷大政。皆由御筆處分。宜其百辟遵承。庶績咸熙。然而歷年于茲

向之積弊猶未盡去。蓋有如開封胥吏之類。撓法害政者。未嘗鋤治故也。臣愚伏望陛下奮乾剛之威。守已行之令。凡有僥倖干請。一切斷以明刑。夫以天下之至公。示聖人之大信。則立政立事。豈不遠過唐虞成周之盛哉。在陛下誠意篤行之而已。臣不勝大願。所有開封府使臣宮定宋中孚。伏乞睿斷嚴賜施行

欽宗靖康元年。監察御史余應求論將相當同心協謀疏曰。臣嘗謂自古人君出應帝王之運者。必有同心一德之臣。以大公至正相與去私情。由直道。謀議雖異。不害其為同。趣操雖殊。而不乖於用。故能輔佐彌縫。經綸圖回。以定禍亂。以寧邦家。以立法度。以施政教。成莫大之功。定可久之業。請舉古事以明之。昔唐房杜之相太宗也。玄齡每議事。必曰非如晦莫能籌之。及如晦至。卒用玄齡之策。蓋如晦長於斷。玄齡善謀。兩人深相知。故能同心濟美。佐佑帝室。姚宋之相明皇也。崇善應變以成天下之務。璟善守文以持天下之正。二人道不同。同歸于治。故能輔佐開元。治隆中興。夫三百年間輔弼者不少。稱良相止四人。非唯君臣遇合之難。而輔佐之臣協心共謀者為尤難也。其次又有武夫勳臣。亦能躰國徇忠。釋私忘怨者。若廉頗藺相如之於趙。寇恂賈復之於漢。郭子儀李光弼之於唐是也。夫平居無事之時。執政大臣猶欲其同心如此。又況於艱難未定之時乎。武夫勳臣。猶能釋私忘怨。躰國徇忠如此。又況儒學之士。以道義相許。以公忠相望。以古人事業相期。本無怨隙嫌疑也。豈一旦各據勢位。遂乖素願。務徇其私。而固為異同者乎。恭惟陛下以甚盛之德。撫中興之運。時否而望泰。法弊而望變。民困而望息。國危而望安。夷狄四侵而兵未解。財賦久匱而用益急。賢否渾淆而未辨。名器冗濫而未清。紀綱已弛而未振。號令數易而未孚。焦心勞思。忘寢與食。其憂勞天下

如此。是宜執政大臣。仰體至意。如房杜姚宋。同心相濟。以圖治功之時。必無宿怨私憾。如廉藺賈寇郭李之所存也。然而議論趣操。不能無異。要當公心正念。以大公至正之道相與。無置私情於胷中則善矣。又況人之受才。自有限量。不可同也。陛下今所注意而任用者不過一二大臣。以臣觀之。亦各有所短。吳敏失之懦。李綱失之果。徐處仁失之苛。失之怯者才不足也。其弊則優柔懦弱而失事機。失之果者器不足也。其敝則勇銳於事。而或過舉。失之苛者識不足也。其敝則煩碎伺察而失大體。若能各去其短。無任私情。無𢙣私忌。協心共謀。才不足者去其怯而克斷。器不足者去其果而謹畏。識不足者遠謀慮而務大體。庶可安靖邊境。為中興之助矣。非特此也。种師道姚古皆邊鄙老將。有謀略威望可以倚仗。初名師道。都人待之如望歲焉。陛下既加信任。又畀姚平仲以節。平仲失利。非師道罪也。及姚古

至。併與師道罷之。或謂兩家世為仇敵。不可並用。臣謂廉藺賈寇。先國家之急。而後私讎。子儀光弼握手涕泣。正在今日。陛下何不以此義諭之。而兩任之乎。兵革方興。老將氣沮。謀格而不用。非所以盡人謀也。欲望聖慈下臣此章。示將帥大臣。儻皆能如臣所言。陛下雖未能深居高拱。亦可少安矣。陛下更能留意論相。以尊朝廷。安中國。而御遠夷。非特為諸臣之幸。實宗廟社稷天下蒼生之幸。

應求又論用人太易上奏曰。臣聞重爵位。則多士勸。謹用人。則朝廷尊。益與之不重。則下輕上爵。易於用人。則去之必速。此理之必然者。近者朝廷此弊尤甚。未流至今未之能革。陛下臨御甫三月矣。凡用四宰相。凡執政列侍從者十餘人。初不謹取。故去之每速。近日除用尤為超躐。有趣召未至。而已屢遷者。有未收功效。而與崇職者。有自下僚徑為侍從者。有取其一言。解褐為師儒者。有一日差除至二十餘人者。其人之賢愚能否。固未暇論。然視爵位亦太輕矣。用人亦太易矣。夫賢才之士。有可不次用者。如湯之於伊尹。高宗之於傅說。不過一人而已。未聞當時百執事之眾皆然也。方今名器冗濫而未清。仕進僥倖而未抑。誠宜大有刻革。以新初政。乃復輕易如此。臣竊惜之。願詔執事特加詳謹。毋倫具官僚。毋超躐除授。毋徇私愛。毋用非才。使綸綍之下當人心而無煩言。則朝廷尊而多士勸。政事修而夷狄服矣。

翰林學士許翰論相上言曰。臣嘗學易。觀否泰之象。則知君子小人未嘗相無於天下。雖堯舜在上。世必有小人。雖桀紂在上。世必有君子。其所更為治亂相及如此者。堯舜錯之得宜。而桀紂置之失當也。故錯之得宜。則君子小人並受其福。是以皆謂之泰。置之失當則君子小人各窮于禍。是以同謂之否。所謂當與不當。要在內外之間而

已矣。泰內君子而外小人。則其象內健而外順。否內小人而外君子。則其象內柔而外剛。剛者君子之德。柔者小人之德也。使君子有為於內。則內健可以制天下。使小人委聽於外。則外順而天下從之。何謂內外。傳曰睽。外也。家人。內也。否泰反其類也。故人君躬必與小人睽。而以君子為家人者。類固相及。雖然人君以一人之明。而欲以盡知天下之君子。親之使為家人。又欲盡察天下之小人。睽而遠之。則雖堯舜之聖難於此。然圖其易。則必有要矣。舜選於眾舉皋陶。則不仁者遠。湯選於眾舉伊尹。不仁者遠。故易曰。君子有解。小人退也。前日君子小人。上下倒植。內外逆施。茲固充斥。臣未易遽論。而獨竊怪陛下即位以來。朝廷之間。未見泰象。臣是以請先論之。如近日王孝迪之昏庸。已污翰苑。而擢中書侍郎。蔡懋之頑固。已敗樞府。而猶遷右丞。當時四方聞之。無不悵然失望。此則陛下既悟而罷之矣。今又將

相張邦昌於廟堂。則是古之所謂外。今之所謂內。類進之禍。豈復勝言。臣切意陛下聖明。豈不知前日之亂。皆生於大臣姦諛。不去此屬無以為治。而相邦昌者。蓋或權以濟胡騎之行。未必遂用。故臣未敢正擊。而一發其端於此。他日若果用之。則臣請得以死爭之。臣以謂陛下正始之時。置相不可不謹。譬如植木。始得嘉木。有種其後。材將不可勝用。始得惡木而植之。則惡木日滋。其極將至無復取材。且君臣一體。相須而成。自昔未見有君無相而能成大業者也。故陛下欲為文帝。則相必有陳平周勃。欲為唐太宗。則相必有房玄齡杜如晦。欲為堯舜三代之君。則必有堯舜三代之佐。而後終無不稱。為無不成。將前卜天下之安危。在始觀置相之得失。故願陛下考而慎之。先王知人之道。要在公聽並觀。驗左右之言於諸大夫。驗諸大夫之言於國人。驗國人之言於其人。可見之迹。灼知其賢而後用。此孟子用人之法。而易之所以為泰者。故臣輒敢論思先之以為治本。

翰為御史中丞。上言曰。臣聞否泰以類相屬。否則小人以類來。泰則小人以類往。先王之智。不能遍知四方萬里之遠。使君子小人不亂於前者。要在求其類之所自。推而廣之。如裘挈領。則順者不可勝數也。方今天下姦惡如織。蕪穢郡縣。戕賊黎元。凡才無爛羊之能。冒寵有續貂之嘆。吏部充塞無闕以擬。註授書空。廩不給於祿廩。若不一大鏟革。恐終不可有為。今以軍興多故。郡縣貫遺。鞭笞良民。無直而羅。上下皆弊。公私甚勞。而姦宄無用之人。坐縻倉廩之蓄。此所謂繁其華者傷其實。披其枝者傷其根者也。願詔吏部稽考廢官。凡由楊戩李彥之公田。王黼朱勔諸道之應奉。童貫譚稹等西北之師。孟昌齡父子河防之役。與夫蠻蜀湖南之開疆。關陜河東之改幣。具越山東茶鹽陂田之利。管觀池苑營繕之功。後苑書藝局文字庫所與之賞溪朋比德。各從其類。又若近習所引。獻頌可採。効用有力。應奉有勞。特赴殿試之流。此皆殃民蠹國。敗俗妨賢。姦宄取位。賕賄買官。所叨恩數。不限高卑。一切褫奪。還其本秩。若非此族。而橫竊名器。如橫行節度之貴。仕祕閣延殿之華。貨或以童稚奴僕而濫膺。或以商賈胥徒而貨取。人人論列。簡牘徒繁。願令吏部各具閥閱。諸臺諫分使看詳。上之朝廷。次第裁抑。其坐公田得罪如鮮于可非理謫逐。宣自元斷。月日復其資秩恩數而升擢之。以勸忠諒。然後位著可清。賢能可進。生民可安。國用可節。昔唐斜封墨勅。官一日停數千員。不以為疑。今亦何難哉。夫糞土為牆。匠石不能施塗墍。鄭衛調戀。后夔難以致簫韶。詩曰。周雖舊邦。其命維新。願陛下順天休命。而一新之也。

右諫議大夫楊時論用人太易上奏曰。臣聞書曰。天命有德。五服五章哉。天討有罪。五刑五用哉。夫命有德。討有罪。皆天也。人君不得而

私焉。奉天而已矣。臣竊觀陛下即位以來。未三月。更易宰輔凡八九人。大臣民之表。君之天子躰貌之而厲其節者也。其進之也易。故其去之也輕。欲其自重而不苟難矣。孟子曰。左右皆曰賢。未可也。諸大夫皆曰賢。未可也。國人皆曰賢。然後察之。見賢焉然後用之。夫上自左右卿大夫之言。下逮庶人之議。皆曰賢。則用之。可以無疑矣。然猶察之。見賢焉然後用之。其考審豈不至矣。夫湯之用人。惟己。由此道也。昔季布為河東太守。人有稱其賢者。文帝召之。欲以為御史大夫。又言其使酒難近。罷之。季布曰。陛下以一人之譽召臣。又以一人之毀去臣。恐天下有識者聞之。有以窺陛下也。若季布之為人。固無足為陛下道。然其言足有取者。臣恐陛下用人如此。天下聞之亦有以窺陛下也。近見百司群吏。有待次一二年者。而復除他人代之。此近日嬖倖受賄賂而私請者之所為。前此無有也。陛下欲盡循祖宗之

法。不可復用此例。謹之於始。猶懼不終。始之不謹。後將若何。臣伏望
陛下重惜名器。無輕以授人。一非其人。則民受其弊。亂之所由生。不
可忽也。仍願聽言而加察焉。見賢而後用。見不賢而後去。無容私焉
奉天而已。天下幸甚。
太學生陳東乞復李綱舊職疏曰臣等聞任賢勿貳。去邪勿疑者。社
稷之主也。奮不顧身。死生以之者。社稷之臣也。妬賢嫉善。妨功害能
者。社稷之賊也。陛下聰明英睿。獨智旁燭。賢邪判然。天下戴以為社
稷之主。而在廷之臣。奮勇不顧。以身任天下之重者。李綱是也。所謂
社稷臣也。其庸繆不才。忌嫉賢能。動為身謀。不恤國計者。李邦彥。白
時中。張邦昌。趙野。王孝迪。蔡懋。李梲之徒是也。所謂社稷之賊也。陛
下斷然不疑。拔綱於九卿之中。不一二日任為執政。中外相慶。知陛
下之能任賢矣。斥時中而不用。知陛下之能去邪矣。綱任而未專。時

中斥而未去。復相邦彥。又相邦昌。自餘又皆擢用。何陛下之任賢猶
未能勿貳。去邪猶未能勿疑乎。今又聞罷綱職事。臣等驚疑。莫知
所以。綱起自庶官。獨任大事。邦彥等疾如仇讎。恐其成功。因綱用兵
小不利。遂得乘間投隙。歸罪於綱。然一勝一負。兵家常勢。小勝固未
足為喜。而小挫亦未足為辱。況示怯示彊。奇謀祕計。豈可遽以此傾
動任事之臣。臣等竊聞邦彥時中等。盡勸陛下他幸。見事有急。各陳
乞親黨外任。遣家屬隨之遠去。豈身為大臣。不能以一家死社稷之
難。其意止欲倉卒之際。各保妻孥耳。諸大臣一鼓而倡之。百官有司
群起而和之。遂令京城之人。閧然騷動。弗安其居。若非綱為陛下建
言。則乘輿播越在外。宗廟社稷已為丘墟。生靈已遭魚肉。陛下將有
棄宗廟社稷之名。賴聰明不惑。特從綱請。中外聞之。雖愚夫愚婦莫
不舉手加額。仰嘆聖德之盛。綱之力豈曰小補之哉。是宜邦彥等譖

謗忌嫉。無所不至。臣等伏見邦彥等享高爵厚祿。為日最久。坐視天
下之弊。未嘗肯發一言以圖補報。至如王黼童貫蔡攸。共興北師。唯
鄭居中力爭以為不可輕舉。而王安中者。力贊其役。邦彥等輩略不
可否於其間。實陰助黼以貽今日之禍。陛下新即寶位。邊有變亂之
虞。邦彥等不引咎歸已。自求貶放。而尚偃蹇固位。忌賢嫉能。陛下若
聽其言。斥綱不用。則宗社存亡未可知。且虜人既和之後。尚敢縱兵
肆掠。屠我畿內。犬羊之性。急則搖尾。緩則跳梁。聞陛下任綱。自知滅
亡無日。請和之意。必更激切。而邦彥等乃得藉口以沮成謀。綱罷命
一傳。士大夫失色。兵民騷動。至於流涕相弔。咸謂不日為虜擒矣。則
是陛下罷綱。非特墮邦彥等計中。又墮虜計中也。聞邦彥等尚執前
議。必欲割地與之。曾不知祖宗土地。得之甚難。又況河北實朝廷之
根本。而三關四鎮實河北之根本。若棄三關四鎮。是棄河北。若棄河

北。則朝廷復可都大梁乎。自真宗仁宗兩朝以來。北虜蓋有割地之
請矣。朝廷寧屈己增幣以塞其欲。至於土地。一寸不肯與之。今陛下
即政之初。邦彥等便欲棄祖宗境土。不知割與太原中山河間以北
十有餘郡之後。邦彥等能使虜人不復叛盟乎。綱孤立無助。天下共
知。其可以大用。臣等請為陛下言其一二。頃歲京師大水。自宰相大
臣。下及百官。爭占舟船。或結木栰為避水計。獨綱慷慨為上言之。至
為姦臣譖逐。數年不用。前日邊報初至。宰相骨肉盡皆出京。獨綱妻
孥未嘗遷徙。陛下方深顧北之憂。而左右無一人為陛下請行者。綱
獨奮然而以身任之。綱之用心可見矣。陛下何忍信朋邪之謀而斥
正人端士乎。若綱用兵小挫。遂當廢罷。則童貫創開邊隙。以貽今日
之禍。近又引兵數十萬。以事雲中之役。殲於匹馬隻輪無返者。朝廷
曾不議貫之罪。何綱小挫而加罪乎。一進一退。在綱為輕。在朝廷為

甚重今日宗社安危在此一舉奉陛下即反前命復綱舊職以安中外之心付种師道以閫外之事陛下若以臣等之言為未足取信試御樓呼耆老一問之呼軍民一問之呼行道商旅一問之試咨有官君子使言之必皆曰綱可用而邦彥等可斥也用捨之際陛下不可不審

太學生雷觀乞擇相上奏曰臣為諸生時權臣務鉗天下之口臣之父兄師友聞引古論事小有激昂則必深戒力止以謂毋多言以取禍其後臣入太學九載具知權臣果能以身障言路恐其姦惡而臺諫官徒備員以進不聞一言使祖宗紀綱法度掃地殆盡天下之民咸不得其所致夷狄猖獗兵連禍結以成今日之釁者皆言路不通上下蒙蔽之失也善乎臣之友生高閌之言曰天下之利害當使天下之人議之天下之人得以利害之言盡聞于上則當言之人雖欲緘

默取容不可得也言官得以盡其職則執政之臣雖欲擅權為姦不可得也陛下臨御之初即下求言之詔詔下踰月上封事者不減千數然未聞以其人言其事實為利而行之其人言其事實為害而罷之豈求言之詔徒有文具邪抑獻言者皆猥冗不足取邪無乃付之有司而執事者尚徇前弊沮遏而不行邪此獻言者不能無疑也當今所急止一言而已論相是也國家崇寧以來相非其人官以類進私昵者官之惡德者爵之賢能之士反斥逐不用目為姦黨其治亂不待今日而後見識者已分於崇寧之初矣雖欲正刑明辟以嚴誤國之誅固自無及言之復何益乎然不究其為亂之階則莫知其撥亂之道臣為陛下略指前日宰相姦術之大者言之假紹述二字而行己之作為假國是二字以主己之好惡假享上二字以逞己之私欲進直言者以狂妄斥立正論者以邪說禁善阿諛者以純正用姦術

既行無所忌憚敗壞法度紊亂紀綱靡所不為莫可勝舉致使黠虜之幾危社稷而陛下受莫大之屈辱者皆前日相非其人之故也陛下即位以來見於施為慨然有求治之心而論相之職亦未為稱此臣所以謂為當今之急務也白時中老繆無用罷相之日公議稱快咸謂陛下必能擇賢而相之乃但遞遷李邦彥張邦昌爾士大夫皆言二人亦前日輔相之無狀者察其操術未過持兩可以固養恩寵而已前日輔相之無狀姑置勿論第自陛下即位以來一二大事彼曾有慷慨一言乎虜所言者從之所欲者與之不聞有忠義一言奮然以折敵人之心其何以威撫四夷而使之畏服乎蠹國害民起戎招盜十數巨姦天下之人思食其肉不饜而二人初不敢誰何至因人言稍行罷黜詎能不畏疆禦而退不肖乎陛下知求言從諫而未知論相何先後緩急之失序邪臣又慮有為陛下言者必曰邦彥邦昌

曩在政府亦嘗以燕雲不可圖童貫不可再遣今果如其說義當相之臣以謂不然二人在政府日果知如此則當力陳其不可之狀至不見聽則以死繼之縱未能死則宜引去然卒持祿不諍不過畏童貫之禍也今日之禍皆前日肉食者之過豈可不擇人而用之乎東漢陳龜曰三辰不軌取士為相四夷不恭拔卒為將今何等時而遞遷貴臣邪自祖宗以來相臣多因言官論列直指某人可相某人不可相無非天下之公議此最為我宋之盛典崇寧以來臺諫一蒙時相拔擢則多懷私恩無有直言者矣此亦不可不察也今日之相莫若陛下誠心廣求虛己任用勿謂天下無其人也

欽宗時起居郎胡安國繳葉夢得落職宮觀詞頭上奏曰准刑房送到詞頭一道臣寮上言龍圖閣直學士應天尹葉夢得初為蔡京所知亟躋躐禁從後為吳敏所用除應天尹及其妹婿許亢宗自郎官超

拜起居舍人等事奉聖旨葉夢得落職宮祠許亢宗罷起居舍人與郡者謹按夢得自少年時不自慎重為蔡京所知躐居要官誠為可罪然其人頃由謫籍起守蔡州郡事甚理暨移潁昌政聲尤著許潁間士民至今思之目者南都不治自葉著陳迪宋昭年等相繼留守軍儲闕乏不能彈壓各生變故幾至危亂及夢得下車纔及數月府事嚴肅糧餉充溢其治狀不可得而掩也今虜寇日深所在州郡人情震駭設或變生倉卒而材具優裕必可捍禦外盜保守一州捍衛王室如夢得者少矣此乃棄瑕責效之時乃以蔡氏所引而棄諸閑散良可惜也今河北宣撫副使昨在越州方臘寇境設計謀卒保越城臘以破走後在真定亦著聲迹而乃不幸為童貫之所引也可以為貫黨廢其才而不用乎湖南安撫使郭三益前在洪府值運司調發戍卒不支錢糧幾至叛亂三益發言裁處戍卒遂帖而三益乃王黼之所引也可以三益為黼黨廢其才而不用乎故贈諫議大夫陳瓘在元符末論列蔡京其言曰京所引置布列中外凡數百人使京在朝則此數百人者皆蔡京之黨黜京于外則此數百人者皆朝廷之用人皆以為名言今陛下既正典刑治京死之罪京死道途假竄嶺表若子若孫悉皆編置家財籍沒於府庫地土悉歸於縣官不復有蔡氏矣則凡二十年間昔日為京所引用者今皆朝廷之人也若更指為京黨則人才之廢棄於艱難乏使之時衆矣且黨論何時而消弭乎以臣愚見棄瑕捨過消伏黨與正在今日欲乞陛下察臣所論或有可取特賜聖裁如夢得輩得以通下情宣上澤使血氣周流榮衛條暢免於死亡之患矣故稽于衆者堯也好問者舜也拜善言禹也改過不吝湯也不聞亦式不諫亦入文王也然人情惡人逆耳而喜人順從旨路難於開闢而易於壅閼元符末年下詔求言擢用

名士豐稷王覿繼長於憲臺陳瓘鄒浩並升於諫省其以言無隱凛凛乎至和嘉祐之風矣曾未期年臺諫正臣刻名黨籍布衣俊造屏斥膠庠由是方開之徑復成茅塞初闢之路荊棘並生天下莫不鉗口結舌以言為諱至於胡塵犯闕戎馬在郊而猶不敢以聞也靖康之初太學諸生不避刑禁伏闕上書乞誅六賊蓋積二十年抑鬱不平之氣而伸眉吐舌發舒於一日之間有大升黜未協公論而數十萬衆不謀同詞頃刻而集天下之大情亦可見矣言路不可壅亦已明矣曾未數月而余應求李光以憲臺得罪陳公輔程瑀以諫省去官趙令衿以獻書論事黜送銓曹潘良貴以奏對語侵責司征市而言路茅塞荊棘復生群臣諱言乃至失國伏自南渡以來追賞東澈優卹其家促召馬伸俾歸行闕至於返正赦令初下其節文曰自今朕躬過失及宰執臣寮行事失當皆許論列言事得當不次旌擢雖有抵牾亦不加罪甚矣其有意乎言路之闢也然觀邸報袁植以乞誅朱琳等而出守徧州呂祉以與諫長異同而通刺外郡臺諫班列益蕭踈矣言事者乞誅棄郡以警動方州守土之臣朝廷寬假責其後効以明使過之義自不相妨至於同列各陳所見不相朋比是明其公何必出之於外以示茅塞言路之漸乎故臣願堅守赦文久而弗變召還植祉以昭言路開闢之端則下情不壅而治道成矣

李光奏引對人乞先經三省劄子曰臣伏見陛下踐祚之初下詔求言虛懷聽納雖疎遠小臣間或引對親賜詢考將以開廣言路簡拔儁髦此盛德之舉也臣愚竊慮陛下驟當幾微臣下忠邪未易洞照其間頗有利口辯言乘時僥倖以徼寵祿姦人窺覘名器浸輕而貫材忠樸之士往往恥於自售甚失陛下所以惻怛訪逮之意欲乞今後臣寮非本職合上殿人委三省大臣博采公議先次審察如委有

仟實。及策略議論過人即令引對。廡鬻抑絶奔競以來儁異之士。光又乞假借臺諫。委任大臣。劄子曰臣伏見陛下自即位以來懲艾前日姦邪當國。杜塞言路之弊。於是增置諫員。雖憲臺六察。咸得言事。又許臣寮實封投匭。職事不應上殿人。亦得奏對。開公正之路。閉私邪之門。海內聞風莫不稱慶。今纔數月。未聞用一直言。得一賢士而言路浸復有壅塞之患。近降旨揮奏事既罷。不得從容留身。不合上殿人。雖有旨揮亦令覆奏。臣知陛下有厭言之意矣。諫官御史。不稍假借。一言近意。旋被斥逐。臣知陛下有拒諫之實矣。陛下貴為天子。富有天下。如天地之無不覆燾。日月之無不照臨。而懷疑偏任。惴惴然惟恐羣臣之欺己。此得御姦邪之術。而未得任忠賢之道也。陛下所謂親除者。一舉而得余應求。再舉而得陳公輔。此二者。今乃迎合大臣。或為游說。例被斥逐。使誠有之。是親除之人。豈是信任乎。以

天下之大。四海九州之廣。而陛下欲以耳目所及。擢用一二士大夫。所任未必得人。而先已失衆心矣。衆心一失。人懷疑貳。不知孰與共守天下者乎。不亦所得者小。所失者大乎。耿南仲為東宮官。輔道陛下十有餘年。此腹心之臣也。雖甚愚陋之人。莫不知之。而李綱敢與抗論。詆訐其短。此其疏率無謀可知矣。而謂懷姦以事陛下則非也。彼懷姦以事陛下者。知南仲不可動搖。則陰交而固結之。上可以保寵榮。下可以行私意。而天下安危。社稷存亡。則有時而不暇恤也。耿南仲與陛下同休戚利害者。其設心豈有他哉。特其所見或有偏係不通之處。未能曠然使陛下以大公至正之道。照臨百官。撫御寰區也。臣恐姦邪之徒。窺見陛下好惡。更相譖毀。迭相媒孽。無忠信仁厚之風。成猜忌刻薄之政。人人惴恐。莫肯披露情實。以事陛下。伏望稍司淵慮。假借臺諫。則盡聽納而容狂直。体貌大臣。則專委任而責成功。臣誠狂愚。不識忌諱。有所聞見。懷不能已。伏惟陛下留神聽納。天下幸甚。

歷代名臣奏議卷之一百四十一

用人

宋高宗建炎間。編脩胡銓論臣寮陳乞子弟差遣䟽曰。臣勘會銓司。近年銓選人倍多。負闕甞少。待闕者多是孤寒貧乏之人。得替住京。動經年歲。遇有合入闕。咨多被權貴之家。將子弟親戚陳乞。便行衝改。或已注授。却令待闕。或纔到任者。即被對移。只就權貴幹當家私。不問孤寒便與不便。兼臣所見臣寮陳乞。多非急切事故。或云近便鄉里。或云看覷墳塋。僥倖希求。妄託名目。孤寒阻滯。徒益怨嗟。臣欲乞今後臣寮須有急切事故。如委任邊計。不許般家。及致仕分司。丁憂病患之類。方許陳乞子弟差遣。其餘雖無事故。自将恩澤陳乞者。許銓司勘會。如已注人者更不注。已到任者更不衝移。並令別具陳乞。仍不許連併陳乞兩任。如允臣所請。乞下銓司遵守施行。

御史中丞許景衡乞除尚書省長貳與并除樞密二臣劄子曰。臣聞謀之貴衆。斷之貴獨。今天下大政。一歸於陛下宸斷。惟是賛襄彌綸。同德協謀者。則不厭其衆且多也。竊見尚書省比闕長貳。而同知樞密院事亦久闕而不除。雖用近制三公通治三省。然文昌政事之本。樞筦總兵之地。各有任屬。安可久虛其位哉。伏況近年財用匱乏。民力困弊。賞罰僭濫。官吏猥多。姦贓害民。請屬成俗。軍政不立。邊防未完。陝西並邊諸州地震彌月。壓傷軍民。京東淮南浙西積水被野。有害秋稼。此正陛下敷求輔佐。振舉紀綱之時也。臣愚伏望廣明博考天下之公議。慎選當世之忠賢。以補政府之闕。使之上賛聖治。以亮天工。而熙庶績。海內幸甚。

景衡又論宗澤劄子曰。臣竊聞議者多指開封尹宗澤過失事。未知是否。如何澤之為人。及其為政。固不能上逃聖鑒。第未知果指何事而言也。若只緣拘留金國使人。此誠澤之失也。然原其本心。只緣忠義所激。出於輕發。未盡識國家事躰耳。又未知別有何等罪犯也。然臣自浙度淮以至行在。得之來自京師者。皆言澤之為尹。威名政術。卓然過人。誅鉏強梗。撫循善良。都城怡然。莫敢犯者。又方修守禦之備。歷歷可觀。臣雖不識其人。竊用歎慕。以為去冬京城之內。不能固守。良由大臣無謀。尹正非才之故。使當時有如澤等數輩。赤心許國。相與維持。則其禍變亦未至如此其酷也。往者不可咎。來者猶可追。今來只校其末度小疵。便以為罪。不顧其盡忠報國之大節。則臣雖至愚。竊以為過矣。況澤昔在河朔。遭遇陛下。遮留拱衛。継參幕府。宣力為多。今尹天府。其績効又章章如此。則其所為終始亦可考矣。而議者獨不能少優容之。其不恕亦甚矣乎。且開封宗廟社稷之所在。其擇人居守。尤非他州別路之比。今若罷逐澤。則當別選留守。不識

今之搢紳。其威名政績亦有加於澤者乎。若有其人。則除授交割尚費日月。兵民亦未信服。防秋是時。計將奈何。若未有其人。則澤未宜遽然更易也。人材難全久矣。惟聖人以天地為度。包容長養。兼收而並用之。庶幾其有濟也。其宗澤伏望聖慈。上為宗廟社稷。下為京師億萬生靈。特賜主張。厚加委任。使成禦戎治民之功。天下幸甚。臣無任懇切拳拳之至。

景衡又論黃潛厚除戶部尚書劄子曰。臣伏覩近降指揮。黃潛厚除戶部尚書。除目始下。外議紛然。咸謂潛厚是宰相潛善親兄。遷拜亦既超踰。職事又為同省。此為可略。理實未安。臣蒙誤恩。適在言責。雖欲默焉。不可得也。竊惟官有親嫌。義當迴避。不獨祖宗成憲。蓋亦前世不易之制也。今州縣小官。凡係內外之親。稍有服屬。則當引嫌求避。又況文昌六書。實總事柄而可兄弟並處者乎。前此潛善在中書門

下省。而潛厚為戶部侍郎。理固無嫌。既除宰相。而潛厚尚仍舊職。議者惑焉。而未及論列者。豈非以其除授在前故耶。今者忽從列侍。進長地官。攙恩驟遷。實駭觀聽。竊聞潛善潛厚各有章奏。乞行迴避。臣愚欲望睿慈特從其請。一則示朝廷至公不為貴近屈法。一則使天下知宰相不私所親。以成潛善兄弟之美。所謂一舉而兩得也。願賜采擇。

景衡又乞令黃潛厚回避第二劄子曰。臣昨具劄子論列黃潛厚於宰相潛善為親兄。今來所除戶部尚書。實有親嫌。甚遂人各請回避。欲乞睿慈特從所請。以示至公。以成其兄弟之義。至今未蒙施行。臣聞法者天下之法也。當與天下共守之。若朝廷先自違法。則何以責天下之不守法者哉。且州縣小官。苟有親嫌而不回避。則監司郡守必按劾之。若朝廷之上。兄弟之親。不自請避。而諫官御史又不論列。

是天下之法。只行於郡縣之間。而不行於朝廷之上也。如此。欲望人心服。而治功成。不亦難乎。且使今日諫官御史畏避而不敢言。然公議終不可掩也。它日必有言之者。竊意陛下亦必追咎臺諫阿附。而不盡言也。故臣寧得罪於今日。不敢得罪於它日。況潛善亦累曾奏乞回避。陛下正宜從之。是不獨成潛善之美。亦使臣免它日罪戾。不勝幸甚。所有潛厚除戶部尚書指揮。伏乞改正。別與差遣。

景衡又奏乞差張瑱知和州劄子曰。臣訪聞和州境上數為盜賊侵擾。有本州通判張瑱者。廉明有吏幹。郡人愛戴之。遂詩方略。嚴守禦。賊不敢犯。比瑱罷去。賊遂破城。縱火。官府民居。一日而燼。瑱雖以年格并知州資敘。得請宮祠。聞其精力未衰。尚可為郡。若朝廷以和州兵火之餘。欲擇守臣。宜莫如瑱矣。用人在乎因任而已。試得其成效斯可以無疑矣。臣與瑱未嘗相識。得諸士論如此。故輒以聞。願賜裁擇。

元年。知開封府宗澤條畫四事劄子曰。臣聞人君職在論一相。昔舜有天下。選於衆舉皋陶。不仁者遠。湯有天下。選於衆舉伊尹。不仁者遠。皋陶贊舜去四凶。而後九德咸事。庶績其凝。伊尹贊湯革夏。而後咸有一德。格于皇天。是知不仁者遠。不能播其惡於衆。始能使衆賢和於朝。更相汲引。以成大功也。以人君深居九重。其彌縫燮理。鎮撫表正。但仰成于朝而已。高宗得傅說。而商中興。憲宗得裴度。而唐中興。臣願陛下於稠人廣衆中。不以親踈。不以遠近。不以夢。不以卜。虛心考察。參以國人左右之言。爰立作相。俾之應變守文。果得其人。能率厲衆志。交修不逮。其在位皆節儉正直。小大之臣咸懷忠良。以持天下之正。以成天下之務。天下其有不大治者乎。陛下果尊道德。遠邪佞。與大臣言欽而信。毋使小人參焉。與賢者遊親而禮。毋不肖

者與焉。用賢勿貳。去邪勿疑。斯言行而天下治矣。書曰。知之非艱。行之惟艱。知之不行。無益也。行之不至。無益也。茲事在陛下力行之而已矣。

四年。中書舍人綦崇禮舉仇悆充監司狀奏曰。准尚書省劄子。奉聖旨。行在從官。各舉可充監司者。右臣伏覩起復朝散郎新差知建昌軍仇悆。性資忠厚。趣操端方。進士登科。富於學術。歷任縣道。皆有治迹。律身無過。疾惡如讎。其為政以奉法循理為務。抑豪右。伸寒弱。不撓於彊禦。不詘於勢利。所至而人思愛之。使其當一道之寄。必能激濁揚清。除民疾苦。如言者之論。今保堪充監司任使。如蒙朝廷擢用。後有不如所舉。臣甘當同罪。謹錄奏聞。

崇禮為兵部侍郎。面對第二劄子曰。臣聞君之有臣。所以濟治。臣効其實用。則君享其功。臣竊其虛名。則君受其弊。實用之利在國。虛名

之美在身。志於國者。不計一己之毀譽。而惟天下治亂之憂。潔其身者。不顧天下之治亂。而惟一己毀譽是恤。然而効力於國。其實甚難。而世未必貴。竊名於己。其爲則易。而且以得譽。二者之用。搖繫風俗。關治亂。有天下者不可不察也。昔西京之士惟其徇國而不求名。故漢道以昌。司馬氏之臣務爲浮虛。而無實用。故晉室以亡。前世之鑒。其可忽諸。臣竊觀今日士夫之俗。而知國家之不競。蓋在於此。無激昂奮厲之志。而以循謹自持。爲賢無捐軀致命之節。而以全身遠害爲智。方聖哲馳騖。惟日不足之時。則知無不爲者。所宜貴也。而見謂生事。當黎元凋瘵。勞來還定之日。則服勤州縣者。在所尚也。而取譏俗吏。以至避言利之名。而常賦經用寢以不理。要解事之目。而舊章故實多所廢格。若此之類。皆便己自爲。非國家之福。豈陛下所利哉。臣愚伏望睿明深燭厥理。凡官人賞罰之際。取其能濟時用。有益於國家者進之。察其虛名無實。欺衆要譽者退之。黜陟既明。好惡既彰。則人材風俗。從而丕變。而真賢實能出爲陛下用矣。

高宗時。崇禮講筵殿進呈劄子曰。臣觀光武躬好吏事。亦以課覈三公。其人或失。而其禮稍薄。至有誅斥詰辱之累。任職責過。一至於此。故朱浮嘗上疏譏諷苛察。譴帝信刺舉之官。黜鼎輔之任。有所劾奏。便加免退。然則能以令終者寡矣。及浮爲司空。而坐賣弄國恩免。又以陵轢同列。帝每銜之。但惜其功能。不忍加罪。則是凡所見黜。蓋亦有以自取。非獨苛察之爲咎也。如馮勤早以材能爲帝所賢。在司徒之位。欲令以善自終。乃引浮爲戒。丁寧反覆。勉之以忠臣孝子之誼。於是勤愈恭約盡忠。以任職覲重。歿而悼惜之。推是心也。彼於三公大臣。夫豈不能保其始卒之恩哉。惟其人耳。昔伊尹告太甲曰。惟尹躬先見於西邑夏。自周有終。相亦惟終。此伊尹事君之志。而詩稱仲山甫曰。既明且哲。以保其身。夙夜匪解。以事一人。此宣王任賢之美。爲人臣者。其上如伊君。其次如仲山甫。亦已足矣。揆之言行。考之詩書。所美者在此。則勸之爲賢。於斯不疑。嗚呼。君爲元首。臣爲股肱。一體相須。休戚同焉。苟過則稱君。固非人臣歸美之誼。而移過於下。亦非人君罪己之實。惟君臣各盡其道。則上下並受其福。此魏徵所以願爲良臣也。臣區區効忠于此。惟陛下加察焉。

崇禮又論朋比劄子曰。臣伏見近者陛下特奮英斷。以某等朋比姦回。斥去不疑。邪正既分。中外咸服。竊惟兩省政令所出。都司紀綱所在。臣恐後來居職者或懲羹吹虀。不復論事。浸以癈職。彼朋比之徒蓋皆依託正義。果於侵訐。一唱十和。以售其姦。雖被斥逐。猶自相稱譽。未必貼然退聽。今既更用。若廢職不舉。鯁言不聞。是使其徒得以藉口。下則鼓惑流俗。上則歸過朝廷。爲害不細。臣愚欲望聖慈特出睿訓。戒諭在官者。使各舉職盡言。開肆厥心。毋懲前事。務以闢公正之路。杜邪枉之門。仰副陛下焦勞念治之意。

崇禮又乞漕司官通共應副財用劄子曰。臣伏見諸路轉運司官多係雙員以上。自來朝廷於本路有所興作。或供軍之類。漕臣應主其財用者。往往指名專委一員應副。蓋欲獨任其責。而事能倚辦也。然所委之官。不惟苟欲事集。以免咎罰。既專應副。便有希賞之心。不暇顧其經費。則必督責州縣。凡所有錢物。或盡用無餘。本司官不預差委者。以其有被受專旨。勢亦不能留占。徒致紛爭。及漕計不足。則又督責州縣。取於常數之外。而州縣受其弊矣。州縣受其弊。則百姓被其害矣。此蓋從來朝廷未之思也。臣愚欲望聖慈特降睿旨。自今後諸路應有非泛用度。其漕司官更不專委。並令通共應副施行。

崇禮又面對第二劄子曰。臣竊觀蜀地。自昔蓋多英才。由漢司馬相如王褒揚雄相繼之後。世不乏人。至于皇朝尤賴其用。如陳氏堯叟。堯佐堯咨。范氏鎮首祿。祖禹。蘇氏洵軾轍。皆蜀人也。其餘知名者未易悉數。兵興以來。衣冠奔播。川蜀士人。多還故鄉。就便從辟。不出四路。今行朝累年。在廷更無蜀人。而近自江淛。遠至荊淮閩廣。州縣間亦罕聞有在官者。此豈陛下旁求俊彥。立賢無方之意耶。近者德音雖有指揮。仰宣撫監司郡守。於未有差遣人內擇可用者具其才能以聞。願赴行在者。未得邀限固盡善矣。臣愚猶以為未也。伏望聖慈深詔大臣。先行搜訪選擇材實素有聞者。不以有無差遣。不待去處薦名。直從朝廷號召而收用之。以示陛下公天下之心。以慰彼方士大夫之望。

紹興間。張浚議任事上奏曰。昔漢高祖得陳平於亡虜。其信任不疑。至捐萬金而輕以予之。苟書生儒士與聞其計。得不痛惜而力止之

乎。臣謂非特漢祖為難能也。陳平受之而不辭為尤難焉。使今之為臣者。蒙陛下以萬金付與。殆將自失而走矣。夫拯天下之難。救生民之急。非君臣同德一心。慨然有高天下之氣。事未易立也。平本無王佐之才。特其英姿雄略。差出一時耳。尚能輔漢成四百年之業。況以陛下之明聖。仰承祖宗積世休德。苟為臣下者。不惜其身。不顧其私。不慮其禍。任天下之責而為之。庶乎或有濟矣。如臣愚陋。終恐不足以副使令之萬一。

二年浚又上言曰。臣昔歷考傳記。深究前代得失存亡之因。竊觀漢高祖所以屢危而復振。不過豁達大度。信任三傑耳。夫漢高祖承亡秦之餘。自始及終。以此道平定天下。是知寬洪任人。真御天下之長策。方今金虜狂暴。無異亡楚。陛下承祖宗二百年之緒。仁恩惠澤。沛然在人。而又聖德日新。著聞天下。中興之治。夫何遠哉。臣愚願陛下

鑒漢祖之所以得天下者。黙而識之。事有疑貳。與之更新。舉能用賢。期以信任。蓋自崇觀以來。士風寖壞。學儒為業者。往往背道而營私。故進說於人君者。或懷朋黨之私。或快宿昔之忿。遂使大臣不得行其志。小臣不得盡其才。且夫郡守方伯之任。亦已重矣。往年被論者動輒十數。相繼罷斥。跡其所攻。率多舊過。臣謂處今之職。贓污不才。民實受害。按而得實。黜之可也。而指摘往事。虛實未明。數郡之間。迎送不暇。此豈為國家計乎。況多事之日。利害有大於迎送。以此推之。近臣進退。將帥用捨。尤當謹審。且布衣之交。尚有腹心相與。者緩急之間。誓死期許。況陛下以帝王之尊。御天下之大。欲致中興。欲平禍難。非得社稷之臣。數輩信而任之。果何能濟耶。至於夷考其大節。究觀其忠義。求之於始。信之於終。此又陛下之所優為。臣愚願併以為獻。

浚又條具四事上言曰。臣嘗觀詩曰任賢使能。周室中興。賢以言其德。能以言其才。當今大亂後。國勢紛擾。與創業圖事者無異。才德無全之人。不可以盡得。猶宜專取實有才能者。是以漢興之初。如陳平無行。英布犯法。彼其智勇果有益於實用。亦略而取之。如責細行事形跡。漢何以立四百年之基也。又況言語文詞之士。徒以親近之故。先獲任用。宣力四方之人。豈不解體。易曰。大君有命。開國承家。小人勿用。其詞必繫於師之上六。蓋上六。師道之終也。用師之始。則異於此時。然其所謂勿用。非盡絕而不用也。特不使之居廟堂處上位而已。觀孔子釋爻象之辭。謂小人勿用。必亂邦也。使其非居廟堂處上倍何以至於必亂邦乎。此事在陛下心曉獨斷。以助成中興之業。無惑腐儒紛紛之論。致臨事緩急無可倚仗之人。伏乞睿照。

浚又上言曰。堂上遠於百里。堂下遠於千里。門庭遠於萬里。人君端

拱九重之內。而欲徧知天下之事。盡察天下之情。不亦甚難乎。臣嘗謂為君有要道。在夫善任人而已。不然。則一己之聰明。何以勝千萬人之思慮。是故自古賢聖之君。必選端正忠實之士。以充左右侍從之列。廣問博詢。而姦邪壅蔽之計不行。昔人之喻。謂虎有以狐自隨者。以狐終不能竊弄其威也。然狐隨虎而行。則百獸為之肅畏。而其威信焉。曷若遠而去之之為愈乎。在昔人君之於臣下。固有知其操術之不正。施為之犯義者。謂我之聰明是以制而御之。曾不知其耳目所不及者。所損多矣。可不戒哉。

竣又議皇極之道。上言曰。甚矣古之人君喜人為善而樂人之改過也。臣於洪範見之。其言曰。凡厥庶民。有猷有為。汝則念之。不協於極。不罹于咎。皇則受之。而康而色。曰予攸好德。汝則錫之福。時人斯其惟皇之極。夫不協于極而受之。自言好德而信之。聖人所以待下者

豈不忠且恕乎。或謂好德者許之。則亦容有欺詐。聖人信而弗疑。得無碍於治乎。是不然。聖人脩身以化人。推誠以待人。積之歲月。雖欺詐者且將遷而為善。况於不忍為此。以負其教誨者耶。蘇軾之論。以謂唐武后之無道也。非獨進人無所留難。士之自薦。皆得盡其才。其後開元之間。幾致刑措。皆武后所收也。德宗好察而多忌。士無賢愚。例不得進。國空無人。以致奉天之禍。故陸贄有言。武后以易得人。陛下以精失士。至哉斯言也。臣故併陳之。

竣又議進退人才。上言曰。人主之於人材。試之州縣。養之館閣。見其可用則用之。不必以未盡深知為嫌。見其可去則去之。見其可罷則罷之。不必恥其用之於前。而遽廢之於後也。要當如天地之於萬物。一切待以無心。吾之為此。凡以為民而已。非有一毫私意於其間也。雖然。人才之遇合。又有大患焉。或因一言之契。意雖無長才奇略。褒以柄用。或因一事之拂。意雖有賢德美行。寖以疏遠。此無它。蓋其喜怒好惡之氣。未能平之以歸于道。故投隙乘間者得以行其姦也。夫如是。則日復一日。賢者益退。不肖者益進。終至於國家喪亡。天下大亂。初以為得計。而其失計莫大於此矣。初以為我之威福得以肆行。而其後威福不行莫大於此矣。故古之賢君。莫不正身平氣。以求合於聖人之道。其用意終在天下百姓。不敢私其一己。是以於進退人材之際。無不當理焉。臣願陛下力行之。

竣又言曰。臣前日親奉玉音訓諭。以謂有天下國家者。凡以為民。今刺史縣令之官。未盡得人。令臣選擇。臣私自喜幸。仰慶陛下酌見治道之原。顧雖愚庸。竊有獻。當今治民之官。少得其人者。無它。蓋因內重外輕。祖宗之法盡廢故耳。流落于外者。終身不獲用。經營於內者。積歲得美官。此治道之所以分。而斯民之所以不被其澤。臣請一

二而數之。稍有時望。躐序而遷。雖無實效及民。忠言補上。而身已富貴矣。此其一也。大臣取人。假借拔擢。英豪之說。曾未踰時。便居侍從。進用如此。孰不歸心。故其所言所為。求報於人主者少。求附於大臣者多。此其二也。士大夫一居州縣。遂無進身之望。貪汙自謀。不顧廉恥。此其三也。受知於大臣。其身遷化。惴然惟懼斯人之去也。毀譽由此而不公。議論由此而不一。分門戶立朋黨。無不至焉。此其四也。富貴可以倖得。名位可以巧取。其脩身必不專。其為學必不篤。罔上賣交。惟利是視。風俗何自而厚哉。此其五也。所用之人。既非素望。夷狄之所輕侮。天下之所憤疾。此其六也。不歷民事。利害不明。詔令之行。職事之舉。安能中理。此其七也。一歲屢遷。官不修職。其視公家之務。殆如傳舍。此其八也。夫內重外輕。其害於天下百姓。且不便於國家之計。如此。可不思所以變其道耶。雖然。驟而行之。人情駭愕。是非共

起無益於事。惟徐徐而理之。事事而正之。磨以歲月。治道可復也。

浚附子栻入奏曰。臣竊惟自古大有為之君。必有心腹之臣相與協謀同志。以成治功。得失利害。君臣一體。不容秋毫之間。然後上下觀望。嚮應影從。事克有濟。如伊尹之於成湯。太公之於周。其次管仲之於齊。諸葛亮之於蜀。書傳所載。始終可考。不然。作舍道邊。何日可成。安危禍福之幾。其應不遠。可不畏哉。恭惟陛下天錫勇智。接踵帝王。而臣區區。昔蒙眷遇。任以邊事。所恨臣學識淺短。不先其本。屑屑於軍旅之末。負罪聖賢。咈違天地。以致將士失律。讒誣繼興。蓋內治未先。齋為從事於外。其應必爾。皆臣不知本原。孤負陛下。以至於此。早夜悔恨。事無所及。臣今衰老。況復誤事如此。天下士大夫之心。其誰復信之。而陛下亦安得不有疑於心。在臣去就。所當審決。今邊隅粗定。軍旅粗整。虜以傷敗之故。其勢本能為竭國之舉。而臣以孤蹤跋前

疐後。強顏閱日。動輒掣肘。平日之氣。消磨殆盡。陛下將安所用之。伏望陛下深為國計。精選天下巖穴之賢。付以中外大柄。任之專。信之篤。如前數君所為。謀出於一。而使之旁招忠信之士。相與參濟。不使小臣得以階間。不使浮議得以輕搖。先內後外。以圖恢復。庶幾月積其功。歲著其效。太平之期。有可望也。載惟陛下當至艱至難之時。遇古未有之強敵。自非君臣相與為一。朝夕圖回。鈞任其責。不較利鈍。終期有成。誠恐歲月易添。後悔難追。甚可痛惜也。臣老矣。罪戾又積。伏願陛下矜憐。賜以骸骨。使之待盡山林。無令出處狼狽。取笑天下後世。臣不勝大幸。

浚又議彈擊上言曰。自昔為臺諫之臣者。通曉古今。深明治道。其弛張獻替。莫不以天下國家為念。嘗考其所言輕重緩急。皆有條理。於姦人之有才者。則必力排而極詆之。惟恐其言之不切。論之不詳。非有心於甚惡之也。謂不如是。則彼之姦計得以行。彼之才術得以施。將為天下國家之害矣。至於人材平下。政事差失。姑擊之使退。未嘗以陰昧之事切切然深指之。使其人幸而悔悟。尚可以為朝廷之用。不為無補也。乃若宗工巨儒。功在社稷。則初不以末節細故而輕議其失。蓋欲使四夷八蠻知有是人。斯足以增朝廷之氣。近世進用非人。皆失此意。臣獨願陛下掩人之過。成人之美。則孰不歸心而樂為吾用也。

紹興四年。王之道論擇守令以結民心上奏曰。臣聞孟軻有言。得天下有道。得其民。斯得天下矣。得其民有道。得其心。斯得民矣。國家承兵火之餘。斯民凋瘵為甚。而扶持至今。乃中興之漸者。祖宗之德澤在民心。而民心未厭也。臣愚以為今日之急先務。莫大於結民心。而結民心者。無踰於擇守令。自陛下即位。于今八年。未聞某人出守某

郡。出宰某邑。親遣而問之曰。當今作郡以何為先。當今作邑以何為急者。其在官也。亦未嘗察其所言。驗其所行而誅賞之。以示勸沮者。其還也。亦未聞勞而問之曰。爾之作郡。除民之害者有幾。興民之利者有幾。爾之作邑。戶口孰與昔盛。耕桑孰與昔富。而覩其人材。考其政績。擢為公卿百執事者。伏望聖慈憫斯民之疾苦。鑒孟軻之至言。明詔內外臣僚。內而監察御史以上。外而牧守監司以上。並保舉所知。堪為監司守令者各三人。使明言其所長。然後名赴都堂。命宰相擇而用之。朝辭之日。陛下間延對便殿。訪以得失。審其賢否。丁寧告戒而遣行之。庶幾監司守令。知所以愛民。天下之民。亦知陛下之愛我如此。其至也。故緩急可使如左右手。為人君而天下可使如左右手。茲古人所謂仁者無敵。尚何外侮之為慮哉。

吳伸論大臣非辜書曰。正月二十九日。右迪功郎新授監廣州寘口

塲鹽稅臣吳伸謹齋沐裁書昧死臣聞趙襄子見圍於晉陽罷圍有功之臣五人高赫無功而受上賞五人皆怒襄子曰吾在拘厄之中不失臣主之禮者唯赫也子雖有功皆驕寡人孔子聞之曰趙襄子善賞士乎賞一人而天下之臣不敢失君臣之禮臣讀至此每興嗟而不能自已豈舉世無高赫之徒乎將功同而賞異乎將使忠信之士不容於朝端乎將使忠信之士陷於罪戾乎昔人有所謂忠信而獲罪者此臣所以區區晝則忘食夜則忘寢痛為天下國家惜也臣聞建炎之間苗傅作亂一夫唱惡竊位遷移廢主立幼擅國威權當是之時天下皇皇左右無措皆有驕君之心未聞有盡禮之臣至於能赴國難者尤鮮其人獨一張浚以微弱之書生率天下之義士忠誠一發勇冠三軍遂擒元兇用復大寶張浚之忠聞于八荒達于皇天豈特夷狄知之雖三尺之童亦知之豈特三尺之童知之而陛下

亦自知之昔申蒯陳不占赴莊公之難不能成功後世猶且義之況於唱天下之大義立不世之大功乎臣雖不敢僭擬仲尼之褒然竊謂張浚賢於高赫遠矣嗟夫才有短長事有優劣可謂忠有餘而智不及臣請為陛下畢陳其說臣聞張浚之帥陝右也憂國忘家見危致命食不兼味祿不羨餘聞利國之言咨嗟而不能已見忠義之士延禮唯恐其後廉潔愛民士卒化之而不貪公忠御下吏民喜之而無謗此所謂忠有餘者也料敵人之不審陷曲端於無辜昧左右之譖言執一己之私斷失五路之地豳數萬之師覆軍陝右延敵窺川取怒朝廷欲怨鄉曲此所謂智不及者也今五路失利四川孤危罪在張浚夫復何說而臣有言者無他臣恐快朋黨之私墮敵人之計絕忠臣之路何以言之臣聞女無美惡入宮見妬士無賢不肖入朝見嫉蓋貪冒之心人情所同朋黨之患古今皆有且夫為臺諫者必

欲速為侍從為侍從者必欲速為輔弼為輔弼者必欲速專鈞衡此貪冒之漸也甲居台輔則甲有親戚故舊乙居台輔則乙有親戚故舊甲或罷政則甲之親戚故舊無所依焉乙或罷政則乙之親戚故舊無所依焉此朋黨之私也今張浚還朝不復元樞之位必正台司之權在同列必嫉之或有所擠東易差除在百寮必嫉之若不群而攻之排而逐之則上下俱繳遷陞之階朋黨不得少同其位為一衆口銷金積毀銷骨擠以失地之罪陛下不得已而逐之豈不快朋黨之私乎臣聞魯以季友治亂魏以無忌折衝虞不用宮之奇而晉并之吳不用子胥而越并之田單縱反間於燕而樂毅罷陳平縱反間於楚而范增去子玉死而文公之君臣相賀廉頗逐而白起之籌策得施借使張浚智雖不及數子忠實優之臣竊謂今世如張浚者復有幾矣萬一忠臣見逐必有不忠者至觀其用兵雖敗金人未必不

忌其忠設或反間得行而張浚罷去豈不墮敵人之計乎臣聞齊桓前有尊周之功後有滅項之罪春秋書夏滅項為齊侯諱之故古人以功覆過良有以也今張浚復辟之功大失地之罪小非特臣得以知之天下之人所共知之何哉金人起兵三十餘載北滅契丹南侵中原天降喪亂醜類孔熾張浚以五路散地之兵當百萬犬羊深入重地之虜如假投卵其不敵也明矣尚能枝梧數年與之相持及其退保四川敵人卒未能下蓋亦張浚之功也若曰失陝西之地潰五路之兵為可罪則曩者失太原之利致陷神京失汴京之利播遷二帝禍延今日遂使羣華巡狩於海濱賊臣割據於中土當時用事之臣比之張浚罪狀有差如是張浚功大而罪小也又明矣設若寘浚於罪地使後之有功者人人欲與赤松子遊使未立功者將以張浚為戒後有患難誰肯赴之豈不絕忠臣之路乎臣竊見里巷交談人

人為浚危之咸曰其黨某人欲有言也張浚之來章疏列上必於失
地之外吹毛求疵增其過惡陛下雖有衆下心明必不能却如簧之
言以保全之若然則張浚未來則其罪緩張浚即至則其罪速萬一
果如道路之言則張浚罪逐將無所逃何則張浚不至則議者必曰
慢而不恭有違命之惡張浚即來則議者必曰覆軍之將有失地之
罪今遲遲其行豈非畏人之言乎抑亦自謂無功而歸羞澁其行乎
方其未至已有論列其罪者及其還朝罪之何疑臣又聞道路之言
曰非特一二人欲言之且將群而攻之不特群而攻之必使之罪去
而後已嗚呼開言路者所以納公忠而去偏黨也今以朋黨之私而
所親所舊雖有大惡則過而庇之非親非故雖有小過必招而逐之
至使執政不敢除一吏忠臣不獲全其身可痛惜哉嗟乎言張浚之
短則易為張浚之事則難若試以言張浚之人而任張浚之責則敗

績尤甚於浚矣臣竊謂艱難以來未有如浚比者萬一使言皆必行
而浚罪去不知誰可繼其忠乎古人一賢勝百萬之師若賢者不容
於朝且欲修政事而攘夷狄不亦難乎臣嘗聞周公使管叔監商管
叔以商畔夫周公弟也管叔兄也周公之過不亦宜乎當時以功覆
之後世亦未嘗罪周公而議者則曰周公之過如日月之蝕焉今張
浚失地之過雖明而赴難之忠亦至臣恐巧言易入聽斷所難伏望
陛下痛加察焉無使朋黨得以快其私無使敵國得以乘其間幾使
忠臣因而晦其跡實宗廟社稷之福天下生靈之幸也臣與張浚居
處則異鄉勢位則相邈既非親戚亦非故舊初無私於浚也今論張
浚之一身而玷及滿朝之權貴臣固知不得罪於今日必斂怨於他
時臣之棄斥幾不能免其必有言而無愧者臣自謂視富貴為甚輕
以忠義為甚重今至公之論忤及權臣不過使臣終身不得仕進爾

至如張浚復辟之忠古今所難臣實慕之使臣以忠義得罪雖伏之斧
鉞赴之鼎鑊在所不辭豈畏朋黨之害乎臣之所陳披肝瀝膽聽之罪
之唯陛下所命焉干冒冕旒臣無任俯伏待罪之至臣仲昧死百拜
張浚引咎去相位言者引漢武誅王恢為比觀文殿學士李綱奏曰臣
竊見張浚罷相言者引漢武誅王恢事以為比臣恐智謀之士卷舌而
不談兵忠義之士扼腕而無所發憤將士解體而不用命州郡望風而
潰無堅城陛下將誰與立國哉張浚措置失當誠為有罪然其區區徇
國之心有可矜者願少寬假以責來效
九年綱又除潭州荊湖南路安撫大使綱具奏力辭曰臣迂疎無周身之術
動致煩言今者罷自江西為日未久又蒙湔祓畀以帥權昔漢文帝聞季布
賢召之既而罷歸布曰陛下以一人之譽召臣以一人之毀去臣臣恐天下
有以窺陛下之淺深願臣區區進退何足少多然數年之間亟奮亟躓上累

陛下知人任使之明實有係於國體詔以綱累奏不欲重違遂允其請
八年趙元鎮援潘良貴常同事上奏曰臣昨日入省致齋不當趨朝奏事伏見
親筆批諭潘良貴及常同差遣臣以不簽書刑罰文字兼職名未定須俟面
奏然後施行臣嘗謂朝廷貴在安靜安靜則和氣薰蒸天下自然蒙福今
幸朝多君子無乖異之人攪擾其間是以坐致安靜之風而良貴天資其
魄輕舉妄發而常同輩又不分別曲直隨俗毀譽自作不靖致此紛紛仰
惟陛下以日月之明照臨百辟天威神斷曲盡事情在臣之愚無復可議然
尚有一得之慮欲已不能冒犯威顏無所逃罪臣於此數人者何有厚薄之
異至於進退取捨實關國體在臣不敢不言也張絢良貴皆二浙之士與
臣本無契分常同雖嘗薦之然自作言官屢以語言侵臣臣嘗因此懇求
避位子諲始識於种師道宣司幕中雖臧里貴游子弟而好學樂善文雅
有餘平日交游議論之間凡有補於正論有助於善類者未嘗不竭其誠

心士大夫以此稱子諲而子諲亦以此受知於陛下至如良貴常同輩皆子諲素相欽重者今常同既出張絢决不可留是因子諲而致此數人相繼而去恐於子諲不甚光美亦非其本心也臣輒獻愚忠願陛下少留聖慮如子諲無罪不當外補或陛下不欲私潜藩之舊即乞優與職名處之近郡非晚復可召用良貴與次等職名即與小郡與本等職名即與宮觀如此則重輕一分而賞罰之意天下曉然知之矣常同張絢且降不允旨揮俟行遣良貴等了絕然後徐為區處或移閑慢或令補外無不可者庶幾朝廷安靜士論厭伏足以彰陛下包納狂直之美而子諲去就之間亦復盡善矣且良貴等今日之過誠不可恕若考其平素亦曰端良之士倘一旦併逐深恐子諲心懷憂懼益不自安蓋其人畏義而樂善故也臣區區愚直豈敢懷私黨庇如陛下不以臣言為然即一如親筆批諭行遣未晚然臣待

罪宰輔實不欲數數之徒妄議朝廷亦所以愛惜子諲耳不避煩瀆重取誅譴唯陛下深加省察臣不勝萬幸

高宗時元鎮又上奏曰臣適蒙陛下降出任申先辯訴言章奏狀緣兩日假故未及進呈又緣親筆不敢住滯為復只今行出或容臣二十一日奏禀訖然後施行從來從官落職不可無名必坐其奏狀乃降旨揮臣詳觀申先所陳意以論列沈與求因緣致此言誠過差不為無罪臣願陛下廓天地之量少賜容忍以全事体若所言別無過當則何緣落職唯其肆言不遜衆所難堪而陛下能容忍之是乃盛德事臣區區之愚所有曲折唯聖聰省察申先之得罪於陛下激怒於衆人本因與求之事今若坐其所奏落職行遣臣恐張浚不免憂疑而章惇蔡卞之黨懽忻鼓舞於外矣以陛下寬仁大度不能容一狂直使大臣不安群小交賀臣竊為陛下惜之臣備位宰輔無所補報唯有朴忠敢不竭盡

貼黄臣於申先非有所厚昨申先論列沈與求臣深不以為然亦嘗奏禀許陛下尚能記憶今申先奏章有議者謂臣不當與臺諫立敵此臣戒申先之言也又言大臣方行臺諫之言以示無私則申先於臣不無怨望而臣不避譴逐輒敢冒瀆聖聽誠以責一申先為小故而其間所繫利害為甚大臣非敢倚張浚為重陰濟其私意也伏望睿照

元鎮又奏曰臣嘗以任申先落職事叙陳曲折煩瀆聰聽伏蒙聖慈俯鑒愚懇特賜親筆許令奏禀訖施行仰認天地之仁少霽雷霆之怒不唯申先保全進退亦使臣下遇有所見得盡區區無所隱避則陛下涵容之德高明溥博闊略細故所志者遠大矣幸甚幸甚然臣尚有欲告於陛下者初陛下以伯雨之言追貶惇卞錄用申先所以旌

別淑慝明辯是非雖在九泉之下猶知懲勸則是以為萬世臣子善惡之戒當時中外咸知此道復興者以陛下聰明絕人洞見底蘊不為浮議所惑而臣亦不量微薄不避衆怨身任而當之今曾未幾時申先乃蒙存全誠以臺諫四人之請陛下不得已而行之者又因其赴訴之言更加削奪則非所謂示世賞之道也臣恐惇卞之黨有以窺伺聖意禍機一發姦計遂行不特申先粉碎雖如微臣勢難苟免是不得不懼臣故輒為申先一言亦所以自為謀也併幸慈憐矜察

直龍圖閣李光乞委官節錄封事劄子曰臣恭聞陛下因城內火災惕然恐懼延問近臣憂形于色乃發德音下明詔以求直言此甚盛之舉也陛下自即位以來數遭變故倉卒之際每下求言之詔勤勤懇懇發於至誠然歷歲閱月國勢日削夷狄日強盜賊益熾百姓益窮天地之變水旱為災星辰失度寒暑反時此豈盛德之報也哉臣

意陛下有求言之名而無聽言之實故也。今艱難之時。懷憤獻忠者。當累及之。臣竊慮封事之多。未易省覽。未免壅積。是徒為文具而已。臣伏見仁祖時嘗委張方平司馬光。詳定中外所上封事。盡心料簡。合於義理可施行者。雖文采不足。一一奏聞。光與方平亦嘗奏乞其間識慮稍出於衆。開陳政躰。文采詳明者。乞賜名對。面加詢訪。果有可采。籍其姓名。隨才擢用。今中原士大夫。輻湊東南。所獻封事。豈無公論。臣愚伏望聖慈檢會祖宗故事。專委侍從官二員。擇其公忠端亮者。俾之遴選。擬所可取者。節錄成冊。每季或逐月進呈。以備乙夜之覽。忠言嘉謀。庶有裨益。以仰副陛下恐懼修省艱難求助之意。

光為禮部尚書。乞增選臺諫狀曰。臣伏奉二月九日手詔節文。以太陽有異。氛氣四合。俾侍從之臣。遵前後詔書。各舉能直言極諫之士一人。臣猥以庸瑣。冒居從列。天變如此。既不能仰承聖意。有所建明。

又不能薦舉一人。以應明詔。雖陛下不以為罪。臣實愧懼。臣伏見朝廷自罷制科。踰六十年矣。士子唯習經義。為有司應用之文。一旦責以賢良之舉。當具詞業繳進。恐如嘉祐故事。臣竊謂實難其人。又近年以來。風俗駸駸衰壞。士大夫唯務依阿。操求濟之說。畏沽激之名。不以堯舜之道事陛下。當今雖開言路。而嬰鱗犯顏者。臣固未之見。況求踈遠草萊之士。如富弼蘇軾之流。豈易得哉。宜其寂寥而無聞也。今朝廷艱難至此極矣。陛下親馭戎輅。以捍大敵。因災異以求直言。雖拯焚救溺。未足諭其急也。若依常格。薦舉儻或有之。俟其進卷稍中程度。方許召試。又有過閣六論。行遣迂緩。比至大廷。非假以歲月。不易集也。此豈陛下今日因天變求言之本意哉。臣恐或者妄議陛下徒有求言之名。而無求言之實。雖臣亦竊疑之。臣在宣和間。初除尚書郎。例合進對。方是時也。權倖當路。姦邪充斥。臣懷不能已。力陳一二弊事。首以開言路為獻。大臣銜之。謫臣知桂州陽朔縣事。況臣今日蒙被陛下獎遇。致位通顯。當國家禍亂之後強虜僭臣以竊覩。加以天變如此。陛下赧然在疚。下詔丁寧。旁求直諒之士。冀聞藥石之言。可謂切矣。而臣久稽明詔。罪無可逃。臣竊惟方今小大之臣。百司庶府。無言責者。既不復論事。但時因轉對。誦陳言以塞責而已。陛下所賴以周知四方利病。覩政闕失。繩人主之愆違。辨臣鄰之邪正者。不過三五臺諫官耳。自古天子有爭臣七人。唐制。散騎常侍諫議大夫各四人。左右拾遺補闕各四人。共十有六人。國朝左右諫議大夫。左右司諫正言各二人。常不下六七人。專論人主過失。夫人非堯舜。誰能無過。賴諫臣以正救之耳。御史者。邦之司直。專以排擊姦邪為職。唐制。御史大夫一人。中丞二人。侍御史四人。殿中侍御史六人。監察御史十人。本朝因之。雖其數或有增損。未嘗闕也。故自三公

宰執侍從百司。力敵勢均。一非其人。咸得論奏。故能排擯倖於進用之始。折禍亂於未萌之前。其任豈不重哉。陛下即位以來。臺臣諫官預言事之列。不過二三人。而中丞諫議久虛其位。豈士大夫懷姦朋比。能以忠實事陛下者。未易得邪。何久而不除也。如其不然。士大夫未嘗負陛下。而陛下疑之。是陛下自塗其耳目也。大抵人主意向。雖一嚬一笑之間。衆得而窺伺之。其應如響。在陛下所行何如耳。陛下用一骨鯁之士。則在位皆節儉正直。而萬物吐氣矣。陛下用一諛佞之人。則在位皆持祿保寵。小人無忌憚矣。其利害豈不萬萬哉。臣久去闕廷。身紆郡紱。寵祿既優。無所裨補。重念忠臣雖在畎畝。猶不忘君。偶因明問。輒復妄發狂瞽之言。仰瀆冕旒之聽。死有餘罪。惟陛下赦其愚而採聽焉。

著作郎張嵲。因對言。吳蜀唇齒之勢也。蜀去朝廷遠。今無元帥一年

矣。蜀之利害臣粗知之。忠勇之人。使之捍外侮則可。至於撫循斯民則非所能辦也。宜於前宰執中擇其可以任川事者委任之。然川蜀繫國利害非腹心之臣不可。令早得一賢宣撫使為要。又言自駐蹕吳會以來。似未嘗以襄陽荊南為意。今宜亟選儒臣有牧御之才者。為二路帥使之招集流散興農桑治城壁。以為保固之資。益重上流之勢。

歷代名臣奏議卷之一百四十

用人

宋高宗時章誼乞謹選執政大臣。上奏曰。臣聞人主繼天而為之子。宰相代天工而熙庶績。百辟卿士猶日月四時運行而不息者也。如此。則君無為而逸。臣有為而勞。故曰。天何言哉。四時行焉。百物生焉。自堯舜禹湯文武以來。未之有改也。今陛下即位累年于茲。求治甚切。宵衣旰食。焦勞憂慄於廟堂之上。而群臣奉令承教。優游逸樂於下。豈所謂本末倒置上下易位。以此求治。是適越而北轅也。夷狄內侵。誰為陛下建攘却之策者。盜賊紛擾。誰為陛下言消弭之術者。財用匱乏。人民流散。宗社靡寧。土疆日蹙。執政大臣略無扶顛持危之意。但以致身宰輔。位高金多為樂。即有緩急。謀在奔走。設使陛下覺悟。或行罷免。高可望開府大觀文。次不失資政節度使。國勢微弱。兵禍相纏。九族分離。二聖播越。陛下獨受其無聊。此臣所以疚心瀝膽。願陛下慎選執政大臣之意。陛下得二三賢執政。慰天下之望。弭夷狄之難。而陛下優游無為。責成仰治。天下才智之士。皆為陛下奔走自竭。然後君臣之位正。而治道得矣。此天之道也。非臣之臆說也。惟聖主留神幸甚。

誼又乞參稽眾論選擇大臣。上奏曰。臣聞爵人於朝。與士共之。刑人於市。與眾棄之。蓋刑賞大政。帝王不敢私決擇也。其好惡予奪。必詢之眾庶。謀之卿士。以觀公議之所在。然後用捨焉。考之於經。虞舜聖君也。所用禹益伯夷之屬。亦聖賢之臣也。其未得也。必始於疇咨。其得之也。乃由於僉舉。是以孔子稱之曰。舜有臣五人而天下治。又曰。無為而治者。其舜也與。言得人之盛。致治之美也。後世朋比之臣。懷私植黨。欲鉗眾多之口。以迷奪人主之視聽。於是立為說曰。下翫其上爵賤人圖柄臣則國家搖動由是天子進退大臣不聞天下之公議而執政用事之人引用黨與雷同瓦合日入於亂亡之域而人主如孤立矣今陛下所與共圖天下之治者唯二三執政也人或未充官或未倫非降疇咨之命不足以得俊傑之才迫者參知政事謝克家以疾辭位陛下深惟國計之重牽聽其請下推大臣妨賢之誚外厭衆庶望治之情甚大患也臣聞參知政事之選位亞宰司任重職大必咨僉諧之舉乃竦中外之聽如得其人曰與宰相議論可否仰副陛下側席之求則安榮自此成禍灾自此弭土疆自此復苟非其人治亂分矣孟軻有言曰左右皆曰賢未可也諸大夫皆曰賢未可也國人皆曰賢然後察之見賢焉然後用之伏望陛下體虞舜好問之德觀孟軻察言之道公聽並觀參稽衆論慎極一時之選然後斷自聖心使此大政不勝天下之幸

誼又乞重宰相之責上奏曰臣竊見陛下御極以來五命相矣前此四相以不稱職而罷今皆從容閒曠不受憂責在彼未為失計也陛下之國勢日蹙宗社日危萬官億姓六宮九族遷徙不常殆無容足之地此宰相誤陛下也陛下終以論一相為人主之職而未嘗躬行威斷其於禦戎大計未有指授臣恐又無以善其後矣夫禦外患者必先定攻守之策成內政者必先操威福之權宰相者為陛下擇攻守之人而佐陛下施賞罰之政者也前此御營之兵宰相領之而急則奉陛下以趨攻守之策何如哉賞罰喜怒不攷功罪自其已出威福之權何如哉陛下誠能指授方略而責宰相以辟土疆躬親聽斷以明賞罰則宰相之任雖專而宰相之責亦重委任責成期以歲月境外之患可弭中興之功可冀君臣並受其福豈不美歟

誼又論大臣數乞引去上奏曰臣竊觀日者大臣數為出入致煩陛下遣使宣諭傳詔勞問至於再三然後就職自春徂夏殆無虛月此雖於人臣進退之禮所不可廢而論其以誠事君自任以天下之重者恐未安也禮記曰事君者量而後入不入而後量孔子曰陳力就列不能者止夫今之為陛下大臣者其除拜之始必自負其才以謂

虜可平盜賊可息土疆可復以此為己任故其嘉言讜議仰當上心是以受而不辭所謂量而後入也及其執政之後事有不遂其初心而求去者將必有說矣諫不行言不聽膏澤不下於民則去焉可也力少而重未易任智小而大未易謀不能而止則去焉可也不然則功已成矣名已遂矣不伐其功不居其名體天之道引身而退則去焉可也今陛下聽言納諫其於大臣奏請未嘗少却而大臣任陛下之事非功成名遂之時但數因人言乍去乍留此甚非大臣以道事君之義也臣謂大臣當為陛下建天下之大利除天下之大害以身任

天下之責如樂毅之輔燕以破齊為任如種蠡之輔越以報吳為任如諸葛孔明之輔蜀以興復大漢為任如周公之輔成王以平三監滅淮夷為任誠以此自任則雖有流言飛語所不恤也大臣今日之事陛下其所任者何事其欲去者何事去就紛紜誠無益也公孫弘曰揉曲木者不累日銷金石者不累月周公朞年而化臣弘尚竊遲之公孫弘何人哉能以天下自任如此臣願睿明深詔執事責其恢復之大功而使之勿為區區之苛禮攘夷狄弭盜賊指日以冀當今之成效不勝大幸若其受任無功仰辜委寄雖曰進退有禮亦何以塞天下之望哉

誼又乞重監司之選上奏曰臣伏觀部使者之職號為外臺所以統治郡縣頒宣詔條廉問風俗任至重也前世選授大槩有二欲諳練世務求之久次則惟其官欲簡拔俊良待以非常之舉則惟其人是

以舜之四岳十二牧周之方伯連帥漢之州牧刺史唐之採訪使其高者咸預公卿之選下者亦秩真二千石所以用貴理賤求之久次也若夫圖事任職務在得人登賢選能惟恐不及則凡文學政事有一可稱風操識度在所甄録者雖無積月累歲之勞假以權發遣之號蓋亦不待次而舉也近時委任頗異於此伏望聖明考此二端增重部使者之職自非豪傑卓異之材毋勿輕授上觀虞周下採漢唐使嘗歷從官卿監之人咸預茲選而與臺閣省寺之除更為出入不唯可以革去內重外輕之弊且復輶軒所至吏民有所矜式仰稱陛下知人任使之明不勝幸甚

誼又論劉綱合還鎮戍隸一將帥上奏曰臣聞滁濠州鎮撫使劉綱昨在江東別無職守欲歸淮南軍衆乏食進退無據士卒散擾於是挺身自歸朝廷冀蒙措置而羈旅累月每詣都堂宰執略不省顧端坐客次見士大夫輒流涕自言誠可憐憫臣愚以為劉綱果有罪犯自當早正典刑若猶可恕或其無罪則當付以職任無宜閑廢緣劉綱之父劉位身本農家頗富於財自靖康建炎以來出身衛國戡平巨寇卒死於兵今劉綱所領皆其父部曲往往盡是莊客家僮若不令劉綱自行鈐束或聞劉綱貧困無歸決須散為盜賊別生變亂昔唐朱泚帥涇原以忠誠自歸既至長安猶留不遣一旦部曲擁泚為亂幾亡唐室蓋亦當時措置乖誤也伏望聖慈畧鑒前事特賜睿斷發遣劉綱還鎮戍如岳飛體例領其部曲隸一將帥使不失職不勝天下之幸

誼又論徽州知通棄城乞獎擢汪希旦上奏曰臣聞近者張琪之兵自臨安府奔走侵犯徽州其徽州知通望風棄城而遁六月十三日張琪人馬猶在臨安府之昌化縣而十四日徽州已無官吏矣有寄

居官汪希旦者知官吏逃避之地自徽州城中折簡招致使臣郡守禦至十八日尚未有還任者遂具事因申尚書省樞密院至今張琪人馬未知所向徽州安危亦未可知而郡守通判尚未有申奏文字至朝廷者臣又不知本路帥臣監司曾無申發文字與汪希旦相繼而來者也夫郡守通判帥臣監司受任以守一州一路而盜發不知盜至不擊上不能聞之朝廷請兵討捕下不能躬率吏民力為戰守率皆奔走掩匿不以上聞此則畔官離次不勝其任矣如汪希旦者素非朝廷倚任校閑置散之人也乃能憂國如此臣謂防秋甚近諸路帥臣監司知州通判所宜一例選擇悉付能臣則今年戎虜可卻盜賊可息若委任非人復如徽州知通者將誤陛下立國之勢矣所有徽州知通朝廷固宜汰斥其汪希旦亦乞審明量事獎擢以為人臣能否之勸

劉行簡上殿劄子曰臣竊惟為政之要莫切於救弊事之弊者固非一端而尤以人材為急自古人主所與共天下之治者未嘗不屬之公卿大夫士必得真材實能列于庶位備為吾用猶懼有闕比歲以來乃或不然舉所謂材能者皆斥去之事孰與濟人材淪落莫甚斯時迄今垂二十年槁死寂寞之濱者不可勝數矣其幸而未擠於溝壑者於今亦無幾人可勝慨歎昔人或以十年不調白首為郎尚痛恨其不遇方之斯時猶未為失其所也臣以衰晚誤膺簡召首探庸虛豈有深謀祕畫可以仰裨日新之政惟有振滯淹之說頗以為獻伏望陛下深詔大臣搜舉向來擯斥委棄不用之士取其尤者越次拔擢必皆仰戴恩德益輸忠蓋于以共成治道實非小補惟陛下留神財幸

行簡又上疏曰李道裕貞觀末為將作匠有告張亮反者詔百官議

[illegible]言亮當誅。獨道裕謂反形未具。帝怒不暇省。斬之。後[刑]部闕侍郎。[命]宰相屢進。不可。帝曰。朕得之矣。往[者]張亮者。朕時雖不從。今尚[悔]之。遂命道裕。臣竊謂臣受知於君。不以一時遇合為難。而以知其心之所存為不易。太宗之於道裕也。始棄其言。卒乃用之。豈以疇昔[之]事為過而悔之歟。曰。不然。太宗願治之主也。其措心積慮未嘗不在於天下國家。雖一事之疑。必悔之。況其平時欽恤用刑。每決死罪。必三覆五奏而後定。意太宗之斷未必為謬。而追悔不忘。若是者。豈[欽]恤刑之心誠有合耶。嗚呼。人主未嘗無願治之志。然而不克有濟者。[illegible]誠不至而已矣。苟出於誠。則反覆[參]驗。久而不忘。惟其當而後已。[illegible]於聽用之際有合於心者。雖[棄]之於前。而收之於後。不以自慊也。若[德]宗之於陸贄則不然。當危[illegible]之時。[illegible]贄言是聽。天下既定。乃追仇盡[illegible]惕然以讒倖逐。猶棄[illegible]焉。[illegible]此一事足以觀人主之用心矣。何必多耶。

[illegible]簡又乞命侍從臺諫舉縣令。疏曰。臣聞刺史入為三公。郎官出宰[百]里。守令之任。在古甚重。其體惟均。朝廷循襲故常。漫不加擇。唯郡[守]國家選除。外縣令注擬悉歸銓曹。臣竊以謂近民之官。縣令為最。[苟]得若此。而況今日中外多故。軍旅荐興。安民保疆。其事不一。為縣令者。若非但如前日出入阡陌。勸督農桑。詳期會簿書而已。苟非其人。為患滋大。唐太宗嘗詔內外五品以上舉任縣令者。於是官得其人。民無愁歎。漢馮野王上書。願試守長安令。宣帝奇其志。然終不以與之。蓋遴選如此。臣愚以謂莫若倣古之意。令侍從臺諫各舉所知可充縣令者若干人。上之朝廷。左右司置籍以備選用。然後命監司守臣察縣令之不職者汰之。以所籍姓名隨闕除授。倣以五品之服。任[illegible]有進秩陞等之賞。其治行尤異者。不次拔擢。使之[illegible]。則人人激昂以赴事功。舉當者有重賞。舉謬者有薄罰。庶幾近民之官技十得五。有以仰副陛下仁民愛物之意。

權吏部侍郎廖剛論縣令劄子曰。臣竊聞朝廷近日有意遴選縣令。此誠惠養元元之急務。然古有郡守入為三公。郎官出宰百里。惟外內無輕重之偏。是以人榮其官而樂於治民。近世不然。內重外輕。至縣令為尤甚。凡督責難辦罪罰易及非他官比。故人未有願為者。拘於格法。不得已然後為之。彼稍負才器可以得美官者。未嘗過而問也。然則奈何欲薦舉而使之為邪。臣謂差注一切吏部。而重其賞罰以為勸沮可也。選人除軍功捕盜非實歷令丞一任。不許改本等官。京朝官非實歷知縣兩任。必如祖宗法。外不得為通判。內不得為郎官。其有治績顯著者。優加旌別。如漢增秩賜金之類。而貪汙不法者。又必重寘典憲。如此。則才者庶亦願就。而妄作者有所憚矣。蓋不必薦舉為可賴也。昨者陛下嘗詔衆為令者。夫才者既有不願就。而其乞憐於親舊以得之者。往往非才。此其弊也。且事故有要領。使監司郡守皆擇得其人。則視令之賢否而進退之。正其職耳。烏在遍天下之令。皆選之於朝廷。區區管見。惟陛下裁擇。

剛又論除中丞上殿劄子曰。臣嘗聞唐文宗擢丁居晦為御史中丞。謂宰相鄭覃曰。朕嘗與居晦論世人言李杜元白為四絕。如何。居晦曰。此非君上合論之事。朕以此記得居晦可為御史中丞。又謂牛僧孺可以為大夫。覃曰。向為中丞。頗不能擊搏。恐非風望。文宗搖首曰。不然。鸞鳳自與鷹隼異。此文宗任人之意也。臣闒茸下材。陛下不以其不肖。擢居是職。固不敢望古人萬分之一。然臣伏讀訓詞。責臣持大體以正國之紀綱。有以見陛下之意與文宗合矣。人主惟患不得論道經邦燮理陰陽之人。與之躋一世於仁壽之域。若乃區區藝文之末豈所留神者哉居今之世[illegible]有[illegible]於文[illegible]也中外執法固當維持邦憲擊去姦邪之為國紀者乃掎摭細故務[illegible]爪於爪兔之微曾何足道覃之不察僭儒術乎文宗不以為然臣願陛下不以文宗為無足法而忽其意臣亦不敢徇流俗之見專事苛察而忘大體也惟聖明鑒焉

剛又論朋黨劄子曰臣聞洪範之書曰無有作好遵王之道無有作惡遵王之路無偏無黨王道蕩蕩無黨無偏王道平平無反無側王道正直會其有極歸其有極此箕子為武王陳世之大法蓋帝王不易之常道也若好惡悖於正[illegible]而徇其私則不能蕩蕩如天之大平平如天之明失所謂大中至正之道矣會歸其有極大中至正之訓也人君惟以大中至正之道照臨百官無有愛惡無有戚踈一視同仁則萬邦黎獻化上之德亦將惟皇之極是訓是行以近天子之光焉有所謂朋黨者哉蓋天子作民父母以為天下王薄海內外無小無大孰非吾之臣子無賢無不肖孰不欲媚于天子以求其所欲此載天履地者之常情也然而後世乃有朋比之徒結為死黨或至於相與欺君罔上而不顧者何哉臣嘗思其故矣請試為陛下言之今夫人主以甲為朋黨也方與乙共治之惟乙之徒是與惟甲之徒是惡他日以乙為朋黨也則又與丙共治之惟丙之徒是與惟乙之徒是惡乃至更出迭入亦莫不然此朋黨之弊所以至於牢不可破也何則利害有以怵之彼慮其所終則其勢不得不然耳故臣嘗謂朋黨之名雖生於君子小人之相鬪其實人君有以致之也誠使王道明於上善惡別白仁賢不肖襲情在位在野各安其分則朋黨何自而興乎臣每聞聖訓常自謂於物無心有以見廣大之德與天地合矣然至於論臣下朋附之迹則未免有彼此之間臣故不避誅責[illegible]以是為言也願陛下垂日月之明而惟君子小人是辨鑒往代之[illegible]而惟皇極之道是遵賢則用之豈曰彼之黨嘗所擯棄而必疑之哉猥瑣無用則置之豈曰彼之黨嘗所援引而必錄之哉若進若退若取若舍初無係吝於其間而必合天下之至公此所謂皇極之道也如是則君子之徒莫不以類而進萃聚於朝志同謀合濟濟其和而天下之人方且胥慶以為得人雖有姦慝不得厚誣以為朋黨矣凡以朝廷清明君子小人之分素定初無可疑故也由是觀之大中至正之道行則朋黨不革而自消是誠在我而已惟睿明不以臣言為迂而加採擇焉天下幸甚

剛又奏曰臣聞易以內君子而外小人為天地交泰之時蓋君子道長小人道消泰之道也反是則為否而天下無邦矣人君之用君子小人可不謹哉蓋小人未嘗無適用之才固不必盡廢然而必外之者誠言足以惑人主之聰明非事足以亂人主之心志一容其身則膠固而不可去仲尼論為邦貴於遠佞人者以此臣願陛下選任之際每加察焉旌別淑慝無使小人得間於君子庶幾朝廷清明風俗純一在位皆有羔羊之德而詩人無候人之刺矣不亦善乎

胡寅上疏曰臣聞周公制法使民與賢出使長之使民與能入使治之以是致太平垂萬世後漢憙平時緣朝議以州郡相黨人情比周乃制婚姻之家及兩州人士不得對相監臨立三互法禁忌甚密蔡邕上疏論其非且曰韓安國起自徒中朱買臣出於幽賤並以事宜還守本邦豈顧循三互繫以末制乎司馬光韙其言近年指揮監司郡守不得除用土人違周公之訓蹈憙平之失出於當時用事大臣私意非良法也夫得賢才使臨本邦知利害尤悉愛百姓尤切不賢不才者雖在他方以非吾土為害滋甚矣不知擇人而謬於立法此與

三互同為後世笑也臣愚伏望陛下明詔大臣蠲除近禁盡公選擇惟務得人有功則賞有罪則罰何憂其徇情亂政而以是忌不廣示天下哉

寅又上疏曰臣竊見洞庭水賊本緣官吏非人政煩賦重所致今治之之術以郡縣得人為本而縣令尤為近民若得其人則能奉行寬恤之政使未為賊者安土樂業已為賊者壞植散群其選付責成不在兵將之下豈可輕也軍興以來使宜辟置及於縣令固已非是又乞不以諸般拘礙皆許奏辟於是詐官負罪姦贓無行一切拘礙不敢至朝廷參銓部者咸輻湊之其為赤子之害可勝言乎又況鼎州昨緣程昌禹借補烏合官吏猥多急政豪奪為楊么驅民今程千秋繼之尤當加意選擇縣令而所陳如此豈可聽許臣欲乞因千秋所請特降指揮應殘破縣分奏辟令佐者須選已出官歷任無贓私罪

犯之人方許奏請差注其未出官無歷任曾犯贓私罪及見係貶降未經敘復或無出身告敕批書印紙而稱兵火去失者即不得輒行奏辟及不得陳乞不以諸般拘礙辟差庶幾縣令得人百姓受惠掉棄兵刃復緣南畝以臣愚見不以諸般拘礙辟差縣令利害甚大所有已降指揮臣未敢書行

校書郎王十朋輪對劄子曰臣一介小臣不識忌諱不知朝廷事體愛君憂國出於天性妄懷嫠不恤緯之心竊聞道路洶洶咸謂虜情叵測有南下牧馬巢穴汴都窺伺江淮之意廟堂之上帷幄之臣必有料敵制勝之策臣不可得而知然議者以謂邊奏有警則群臣失色相顧傳聞稍息則恬然便以為安且謂敵有內難勢必不來夫不恃我之有備而幸敵之有難其謀國之術亦疏且殆矣自建炎至今虜未嘗不內相殘賊也然一酋斃一酋出其勢愈熾曷嘗為中國利

哉要在所以自備者如何爾我有先備敵雖強而不足憂我苟無備必雖有難羣之何益彼或不以有難為畏乘我稍怠長驅而來其將何以禦之耶臣謂今日禦戎之策莫急於用人用人之要莫先乎人望蓋知人之術自古所難蕭何不生孰能識韓信於未知名之日孟軻復出亦必取士於國人皆曰賢晉悼公以民譽而用六卿遂成復霸之業東晉以人心而起謝安遂成破敵之計國家寶元慶曆間西夏叛命仁宗以經略安撫之任付之韓琦范仲淹二人雅有時望軍中有一韓一范西賊破膽之謠兵不大用而元昊臣服皇祐中用文彥博富弼為相朝士相賀仁宗得古之用人或以夢卜曾不知人當從人望夢卜豈足憑耶元祐初相司馬光遼人夏人相戒曰中國相司馬矣謹無生事人望之能服人如此今若外若內士大軍民口無異辭咸謂有天資忠義材兼文武可為將相者有長於用兵士卒樂為

之用可為大帥者今乃投閑置散無地自效或老於藩郡以泯沒其材內為讒邪之所媢忌外為夷狄之所竊笑天下輿情憤悶抑鬱臣願陛下斷然為社稷計起而用之以從人望可以作士氣可以慰人心可以寢敵人之謀可以圖恢復之大計陛下縱未大用之亦宜付以江淮重任使自當一面為國長城亦可無西顧憂矣臣又聞范仲淹初以言事得罪尤為宰相呂夷簡所惡斥逐于外及西方用兵仁宗思用仲淹夷簡薦之仲淹果能成功夷簡不失為賢相陛下當以仁宗之心為心大臣當以夷簡之事為法相與任用天下之賢才以為排難解紛計天下幸甚社稷幸甚其次有舊宰執侍從及嘗言事之臣名節素著者或守遠藩或食祠祿或已休致或在謫籍亟宜起廢置諸朝列其聲名風采亦足以聳動一時謀謨措畫必有大過人者諸將有以驍勇善戰稱者悉宜列置分布於荊襄江淮間以

為爪牙藩屏用賈誼衆建諸侯而小其力之法以駕馭之如是則異人輩出可以供任使矣猛虎在山藜藿不採國有人焉雖當自消臣以為禦戎之策莫大於此

右正言陳淵論用有德上奏曰天下之士有有德者有有才者有有智者人君用之唯其宜而已智者謀之才者辦之有德者守之是三者闕一不可用或偏焉必不能有所濟矣故書曰凡厥庶民有猷有為有守汝則念之才智與有德者之謂也或曰治平之時唯德是恃艱難之際所當用者才與智而已是不然夫有德者何施而不可昔高帝定天下天下所謂傑然者三人既以為其腹心爪牙之用矣其餘如曹參周勃陳平亦皆足以相國才智之徒蓋不少也然必待四老人者出以傳太子然後漢室以安光武中興寇鄧耿賈之流二十八人皆依乘風雲俱有可稱所謂才智者亦衆矣然必起良吏卓茂以為太傅然後風俗以變由是言之才智之士艱難之時雖不可無而有德者亦不宜忽矣

淵又論用老成上奏曰夫學然後知其不足經歷既多然後知其誤謬方少年恃其天資過人盛氣以待物更事之後未有無悔者也悔而知改猶是以為善悔而不改終於敗國亡家者有之矣故學不可以已也若乃學焉而未至事不素練則老成之人可尊而不可忽人主深居九重之中稼穡艱難之未知而能應天下方來之變者知此而已昔者孫權年未及冠而能使曹操望其營壘曰生子當如孫仲謀此可謂一時豪傑之主矣然其母嘗以屬張昭故昭每諫之必以太后為言我太祖皇帝英傑之資無與倫比而杜太后嘗令趙普輔之夫孫權之智不減張昭而太祖之聖豈趙普所可跂及乎取其經練之多歷事之久而已況於不及二君而欲棄老成人未見其可也

虞允文奏還吏部侍郎汪應辰除知衢州詞頭疏曰臣聞士君子之進退去留必觀於時時當去而不去傷乎廉時當留而不留傷乎義廉義舉而公議定矣今虜酋犯我邊境多事君父勤宵旰之憂乃智者効謀勇者効力忘家報國之時也應辰蚤歲以文章決科陛下親擢為第一賜名之寵多士至今歆豔年甫四十又蒙親擢為言語侍從之臣不為不遭遇矣一旦無故補外廷紳之論咸疑之謂應辰之才望實周於世用朝廷若藉其才望以禦外侮則衢之為郡不為要邊若以其罪當黜則不明言其罪以正其當黜之名若出於應辰之請則有傷於事君之義而非書生報國之本心也應辰之去名既不正苟不以為非則援引而求去者繼出而紛紛矣多事之時如使人材相繼去國此物論所以為朝廷惜也臣愚欲望睿慈將應辰衢州之命特賜追寢且令依舊在職以待後日或有任使庶幾朝廷百僚各安其職不為苟去之計而公議自定更乞自宸衷裁酌施行

武義大夫曹勛上書曰臣聞官者勵世磨鈍者也人者嚮德慕名者也官得其宜則事辦而功就人樂其事則功倍而邦寧故聖王覲向順宜因事制法所以勵人厚國也恭惟陛下建中興之業必制中興之典然後驅一世之民而成興王之功臣欲乞如古制為武功官賞十等惟寵戰功它賞不與每授令槩於銜官同則以此高之密院別置籍記載其名謂之入等則不次色用陞擢使念庶約功而得死節革濫而收實才方時右武於是在焉或可施行乞下臣具等格聞奏

帝嘗詔權禮部侍郎周必大同王之奇陳良翰對選德殿袖出手詔舉唐太宗魏徵問對以在位久功未有成治效優劣苦不自覺命必大等極陳當否退而條陳陛下練兵以圖恢復而將數易是用將之道未至擇人以守郡國而守數易是責實之方未盡諸州長吏倏來

忽去。婺州四年。易守者五。平江四年。易守者四。甚至秀州一年而四
易守。吏姦何由可察。民瘼何由可蘇。上善其言。
必大除敷文閣待制兼侍讀。兼權兵部侍郎。兼直學士院。上勞之曰。
卿不迎合。無附麗。朕所倚重。必大奏言太宗儲才。為真宗仁宗之用。
仁宗儲才。為治平元祐之用。自章蔡沮士氣。卒致裔夷之禍。秦檜忌
刻。逐人才。流弊至今。願陛下儲才於閑暇之日。
吏部侍郎洪遵薦王珏奏狀曰。臣伏覩降授右朝散大夫王珏。廉勤公
明。所至可述。頃為夔州湖北路轉運判官。每出按屬部。盡以隨行胥
吏。閉之一室。臨當啓途。須衆吏上馬已。然後乃去。雖供帳帟幕亦只
用漕司者。至於薪水芻粟。不得已合用者。皆估計其直。給錢償之。州
縣無秋毫之費。民間詞訴。躬親聽決。無一不得其平者。部內贓吏望
風斂迹。不敢復肆。嘗於武昌築堤。外遏江漲。內灌民田。行旅農人均

被其賜。兩道歌詠其政。以為近所無有。前知真州。到任才五月。官無
乏事。又能取其贏餘。積米數千石以為來歲軍儲之備。拊循凋郡。日
不暇給。千里之民。上下便安之。一時諸司以激濁揚清為職。既不能
為吏以羅織成罪。按章所言。類無實迹。而使之錮於聖世。人以為冤。
誠如近降指揮。所謂有公累而其材實可用者起之。則廢必能趨事
赴功。如蒙朝廷拔拭。付以煩劇去處。施之政事。當有可觀。臣今先次
舉到王珏一員。保任終身。如犯贓及不職。甘與同罪。謹録奏聞。
紹興中。遵又薦用林珣上奏曰。右臣伏覩右通直郎新差通判福州
軍州事林珣。本出書生。敏於為政。治民有愛利之術。持己有公廉之
稱。昨知宣州宣城縣。縣有笪岳豐稔兩陂。溉溪水以溉田。自政和初。
為水所壞。莫能修復。兩陂之民。歲常苦旱。珣修治朞月而畢。高山之
頂。皆為良田。明年宣城大水。破圩凡一百六十餘所。而陂口不動。百

姓更名曰林公泉。後知常州無錫縣。舊例令佐四廳催科。浮民得以
為姦。號為雜催者至七百餘人。因緣侵漁。人蒙其害。經界覆實官在
縣置枷械於門。追呼自便。又於太保長名下勒取丁口圖帳七千餘
本。皆魚鱗細圖。期限嚴峻。遂以重價就買官中本送納。珣始至之日。
即時禁止。又戶長催科。舊以五日一比較。有逃絕則令償填。稍遲緩。
則加杖責。徒為苛擾。元不集事。珣親行鐫諭。盡革宿弊。是年官物不
出省限皆足。而戶長未嘗輒追一人。到官酒壚茶肆。至無村民之跡。
差役有闕。人爭先為之。及為邵武軍通判。有水口土軍擅開武庫。被
甲持刃。驚動遠邇。珣以計撫定。得其首惡四人按誅之。餘一無所問。
先是和平大寺兩寨。戍卒循習縱肆。官吏不能彈壓。自此為之帖然。
凡平時能害齊民。如公吏弓手亡賴子弟及詐為秀才宗室者。以事
詣曹。窮治不貸。悉皆斂迹。一郡方安其惠化。實緣小人誣譖。遂以罷

去。今朝廷雖知其有冤。起倅藩府。然尚待遠次。未究設施。臣與珣初
不相識。采之士大夫公議。知其所為所行。灼然有大過人者。臣今保
舉堪充繁劇州郡守臣任使。臣除已舉王珏外。今來所舉林珣係第
二員。如蒙朝廷擢用後。其人終身犯贓及不職。臣甘與同罪。謹録奏
聞。
遵又薦胡璉上奏曰。右臣伏覩左從事郎胡璉。學古為政。勤身奉公。
嘗為洪州豐城令。邑當水陸之衝。民狡吏頑。素號繁劇。前政或坐應
辦不登。或緣獄訟不理。多以罪去。惟璉興利除害。抑彊扶弱。痛治豪
猾之撓政者。善良得以安堵。諸司率皆薦之。如蒙朝廷旌擢。付之大
縣。必有可觀。臣今保舉堪任知縣縣令。如後不如所舉。臣甘與同罪。
臣除已舉過左宣教郎羅鞏外。今來所舉係第二員。謹録奏聞。
左正言鄧肅辭免除左正言第十三劄子曰。臣嘗觀宣和司隸高伯

振觀望王甫。不敢誰何。每出灣乎諫官道路之人皆得以慢罵之。誅
康諫議洪芻。阿附耿南仲。不恤國難。一日過朱雀門。群小擁其馬以
數之曰。國步如此。爾所諫皆何事。彼二人者方其巧為身謀。以竊禁
從。往往自以為得計。殊不知欺君之罪。重於欺天。故伯振死於白刃。
而洪芻流于海島。皆天有以罰之也。臣誤蒙三朝之知。實緣論事。宣
和之末嘗進乞罷花石詩。群臣欲置於死地。上皇赦之。仍欲名對。靖
康之初賜對便殿。力詆權臣。當時指以為狂。而淵聖咨之。尚寘於寺
監。今年不食楚粟。飢餓殆不能行。萬死一生。奔赴行在。陛下即擢於
言路。初望天顏。遽論宰執。必待其去。臣言乃已。當時士夫謂臣必踵
張所吳給之轍矣。而陛下錫臣以五品之服。且褒以聖語。謂臣論事
正當甚可取。顧臣何人。上蒙聖眷如此。雖瀝臣之血而膽臣之肝。不
足以謝天地之德也。然臣之職則諫臣也。若陛下曰然。而臣亦曰然。若

陛下曰否。而臣亦曰否。是奉天子者也。非諫天子者也。雖聖德眷遇。
未即賜罪。然臣獨不愧於心乎。獨不愧於天地神明乎。今雖可免。異
日將如何哉。不為高伯振。即為洪芻矣。此臣愚所以日夕惶恐而未
知死所也。竊惟人主之職。在論一相。陛下初登九五之位。名李綱於
貶所。而任之以鈞衡。其待之非不專。而禮之非不厚。然李綱學雖正
而術疎。謀雖深而機淺。固不足以上副眷注之誠矣。惟陛下嘗顧臣
曰。李綱真以身徇國者。今日罷之。而責詞嚴甚。此臣所以切有疑也。
既非臺章。又非諫疏。不知遣詞者亦何所據而言之。臣若觀望。豈復
敢言。臣愛君甚。敢默默乎。且兩河百姓。雖願効死。而五月之間。略無
統領。民心茫然。將無所適從矣。及李綱措置不一月。聞民兵稍集。今
綱既去。兩河之民將如何哉。儒楚之臣。罪當萬死。前日紛紛皆在朝
廷。李綱先乞逐逆臣張邦昌。然後叛黨稍能正罪。今綱既去則叛臣
將如何哉。叛臣在朝廷政事乖矣。兩河無兵則夷狄驕矣。李綱於此亦不可
謂無一日之長也。昔者宣王所以為中興之主者。內脩政事。外攘夷狄而已。
陛下聖德過於周宣。所以脩政事而攘夷狄者。豈可後哉。李綱一日之長亦
惟陛下采之。
御史中丞張守論差李公彥李正民權官不當劄子曰。臣聞正朝廷以正百
官。正百官以正萬民。蓋朝廷施設。不問大小。當則人心服。否則人心離。在廟
堂跬步之間。而利害實繫於四方萬里之遠。不可不慎也。伏見太常少卿減
為一員。近自外召黎確為太常少卿。促赴行在。視事之二日。又除李公彥為
太常少卿。交割職事。臣所未諭。使公彥賢於確。即當降旨罷確而用公彥。不然
則是重疊除授也。既知重疊除授。即當改正。今踰旬日。未聞施行。若以罷確
為是耶。而確亦久以得著名稱。士論未以為非也。又伏見中書舍人有闕。祖
宗故事。差起居舍人兼權。又闕即差它官。今董逌為右史。而差左司員外郎

李正民權中書舍人。臣所未諭。使正民賢於逌。即當便用正民為中書舍人。
不然。即是董逌不學無文也。逌不學無文。則不當擢為右史。若曰逌不可權
攝耶。而逌亦久以文學著稱。士論亦未以為不可也。無故罷黎確而用李公
彥。疑其厚於公彥。然人必以為公彥攘之。恐非愛人以德之意也。亦恐攘奪
之風自是起矣。近捨董逌而遠取李正民。未必薄於董逌。然人不能無疑。而
逌亦無以自安。恐非以禮處人之意也。亦恐祖宗故事自是廢矣。方今號令
不行。紀綱未立。舉措之間。人心所繫。伏乞詔大臣詳酌改正施行。
守為殿中侍御史論增置教授狀曰。臣伏見六月二十二日聖旨復置教授四十餘員。
仰知眷明留神儒術。雖在軍旅。不忘俎豆之意。然揆聽公議。未能無疑。恭以國
家自遭夷狄之禍。二聖播遷。鑾輿出狩。兩河之地。已陷胡虜。西京關陝。尚為
賊巢。邊亭無卧鼓之期。潢池有弄兵之警。征役守禦。遠近騷然。行闕防秋。宮
在朝。名雖講道。焦勞廟謨。深秘四方萬里。不能戶知。但見詔旨增置教授。必謂

先其所緩後其所急此不可者一也崇寧以來蔡京用事舉天下學置教授
矣餼廩所出未可貲計其所以教養成就之才亦未甚愈於昔也宣和之末
卒無救於禍亂方今痛懲往謬急所當先覆車是鑒貽笑後世此不可者二
也或謂士人猥多無闕可授姑欲以此發遣滯留臣聞為官擇人未有為人
而擇官也況茲多艱理宜省併冗員減節浮費縱使未暇豈當復增況得祿
私喜不過此數十人頭彼竊議而解體者不知幾千萬人此不可者三也師
儒之官要在遴選近制改科參用詩賦以進習經憎不通曉者取兼習詩賦
可為人師者誠恐今日未易多得姑徇一時之求以失四海之望未見其利
此不可者四也其間借有試中教授之人數固不多自有祖宗以來舊置教
授窠闕因以除授誰曰不然昔叔孫通歸漢弟子百餘人無所進莫不疑之
通曰漢王方蒙矢石爭天下諸生寧能鬭乎故先言斬將搴旗之士其後漢
業既定禮儀既成拜為奉常通因進曰諸弟子儒生隨臣久矣願陛下官之
高帝悉以為郎諸生喜曰叔孫生聖人也知當世務蓋因時制宜先後緩急古
今不易之道也今陛下方居漢高之馬上而公卿大臣豈當出通下伏望聖
慈明詔大臣追罷已降指揮俟軍務平定日取旨施行天下幸甚

守又狀曰臣近嘗具疏論列復置教授事未蒙施行臣竊謂學校建官固為
美事但無事之日教養士類務飾太平稍多何傷在於今日誠恐未可所有
利害曲折已具前奏臣又聞堯舜之仁不徧愛人急親賢也堯舜之智不徧
愛物急先務也故雖堯舜之聖必度緩急之宜而有為也陛下上法堯舜以
圖回治功時當艱難理有先後尤宜因時乘理以求所急顧茲防秋在俟選
將練兵扞外治內孜孜汲汲如救焚拯溺而乃增置教官數十員何異適楚
而北轅救經而引其足邪今謂士人多聚東南舊任試中及合差之人差除
不行因設官以與之臣竊以為過矣夫試中之人數目甚少舊所有處亦可
[illegible]為舊任者多則自行三舍以來曾任教授者不可勝數也若謂合差之
人多則不過及此四十餘人耳此數十人雖喜於得祿其間粗有知識
固未必以為然也又況所不及者邪方其無闕之可授則人固息於僥求
及其有闕而不及則人必懷於怨望利害得失固亦明甚又況崇寧以來
設官冗濫無非徇一時之求也卒致財殫力屈夷狄內侮貽陛下今日之
憂若以為教授可復則崇寧以來冗濫之冗官何障而不復乎伏望聖慈
檢會前奏亟賜寢罷天下幸甚

呂頤浩論黜浮薄之士上奏曰臣前日與宰執進呈潘悲差充川陜宣諭
李愿下幹辦公事面奉聖訓令說與李愿潘禁比因上殿觀其為人頗輕
不可全信此行祇以禁久在西方知川陜人意備詢問爾夫潘禁臣素不
識但嘗召至都堂觀其為人有口辯善談論然舉止輕儇議論抑闔政如聖
訓臣與宰執退而仰嘆睿照精明以此推之人之才否忠佞豈能少逃於聖
鑒臣嘗觀自古立功立事之人皆剛毅木訥重厚寡言其輕儇辯捷之人聽
其言雖可喜使之臨事非惟鮮克有濟亦往往至於敗事故自古聽言之際
尤不敢忽昔張釋之對漢文帝以謂絳侯東陽侯言事曾不能出口豈效嗇
夫喋喋利口今以嗇夫口辯而超遷之恐天下風靡不可不察釋之之論是
矣唐德宗寵任裴延齡姦奏對恣為詭譎皆衆所不敢言延齡敢之不疑德
宗雖頗知其詭譎但以好詆毀人冀聞外事故親厚之[illegible]形神浮躁有
口辯德宗親信之此二人者皆以辯捷變亂是非虐政不綱孔子謂惡利口
之覆邦家者此也臣願陛下日後引對臣僚之際更加詳審察其趣向而用
之庶幾所進擢者皆重厚沉毅之人而退黜輕儇浮薄之士使小人不得間
君子則可以立功立事協濟中興之大業矣臣不勝拳拳之至

秘書正字張孝祥論涵養人才劄子上奏曰臣聞國勢之強弱不係
於土地之廣狹甲兵之利鈍而係夫人才所謂人才者有一焉文章
足以藻飾治具風采足以羽儀薦紳此平時用之而有餘者也靜有

以察未形之機。動有以應方來之變。如藥石真可療病。如穀粟真可救飢。此則平時既未嘗涵養蓄儲。而羽檄交馳之際。則又不可頃刻而無此者也。恭惟陛下以天縱之聖。躬履興運。而宵旰求治。深思遠慮。將以遺子孫萬世之安。搜羅人才。惟恐或失。所謂藻飾治具。羽儀薦紳者。固自不乏。然臣區區之忠。猶効此言者。誠懼夫實用之才尚少也。夫楩楠杞梓。自拱把知其為良。然不假之以歲月培壅封埴。遽責之以任重。鮮有不撓折者。是人才貴夫涵養。欲望聖慈深詔二三大臣。俾更廣求實才可用之人。善謀能斷。文不足而質有餘者。置之中都。扶持長養。屢試熟察。以須其成。在平時則隆國勢。以折未萌。於緩急則受任奔走。禦侮捍患。無不可者。誠得一二十輩。森布在列。則陛下可以垂拱無為。固宗社於盤石。而二三大臣亦可以優游怡愉於廟堂之上。而無所事矣。

樞密行府參謀鄭剛中。請除罪籍。上奏曰。臣檢會今年正月五日赦書。內一項。新復州縣見停廢文武官將校公吏。未經甄敘人。並許赴所在自陳。保明以聞。當議特與甄敘。臣切詳劉豫僭竊。逆天悖道。謂之有功者。實助豫為虐之人。謂之有罪者。未必真坐累也。今豫所錄者。朝廷包含混貸。捐其舊惡。豫所斥者。朝廷從而棄之。可乎。方使無辜抱恨之人。伸吭自訴。有司錙銖原減。論如常程。則是朝廷尚為偽齊行法也。臣愚欲乞應新復州縣官吏軍民被罪。有文字照驗者。並不理遺闕。減降未經敘復者。即依本等敘復。內有元因劉豫補受。復為劉豫廢奪者。永不在甄敘之限。庶幾功罪兩平。衆論惟允。

剛中又乞委任李寀。上奏曰。臣竊觀四牡。勞使者之詩也。序詩者謂有功而見知則說矣。臣昨日上殿。因稟奏江西盜賊。聖訓以李寀恐不能辦了此事。臣退而有疑。朝廷頃以江西多盜。恐州縣不能存撫至於失業。遣察官採訪措置。而名以宣諭。此寀奉使之指也。為寀者布宣德意。按察官吏。訪求致盜之端。講究弭盜之術。則寀之事畢矣。至於討捕誅戮。則非兵不可。猶一病人。陛下方命醫視之。而藥未具也。為醫者觀其形色。審其氣候。其處納邪。其處受病。歸告主人。使具藥而攻之。則醫之事畢矣。江西之盜。在處皆有。而虔吉最甚。江西之兵。合不過三二千人。餘皆土軍巡尉之屬。與賊不相當也。深山峻谷如窟如巢。兵至散而民。兵退聚而盜。寀將所有之兵。分布搜討。能當幾處。筠州黃十五負險不服。寀方督申世景圍捕。而虔吉袁撫接連湖南諸處。往往三五百人成群出沒。此蓋盜多兵少。力所不及也。非擁兵坐視。而徒以招安為事也。若謂寀出使之日。便不帶兵前去。則寀之意。豈不以數郡皆有盜賊。根株連結。自非得其要領。未易進兵。又恐前期遣發。重有勞費。是猶醫者欲見病然後求藥於朝廷。爾寀

之策非不善也。如聞寀自到江西。僚屬盡力。一路官吏。遂皆究心。數千里之外。利害動息。皆使到朝廷。此其為補。亦非小小。雖未可謂之有功。陛下亦當知而使之說矣。得無有告陛下者曰。李寀授之以兵而不欲。令果不辦矣。信有是也。則須陛下思朝廷所以遣寀之意。本不專使捕賊。而寀所以先措畫招安者。蓋坐無兵。今朝廷方分遣大兵隨張守以去。亦須得寀徧歷諸郡。詳究利害。使民間知朝廷專有耳目之官。與之採訪。上下感懼。而平定有期。若謂寀無功於江西。而不令究其施設。則前日遣使之意虛矣。願闢燭微之睿。旁昭靡監之臣。臣不勝區區。

剛中又論人才。上奏曰。臣聞世之論治道者。莫不以求才為急。夫人君以一身之微。受寄託之重。孰不欲與賢智共之。然用之不因所長。則得之雖多。寧有補於治道乎。大抵用才如用藥。苓术參桂。之[illegible]之

無益也。惟寒溫緩急。各因其性。然後有起病之功。不然。是與無藥等爾。道德才智。徒取之無益也。惟長短小大。各隨其能。然後有致治之效。不然。是與無才等爾。皐禹稷契夔龍伯益。皆一世俊傑。舜知用之。至於禮樂刑政。各不失其所付。茲其所以聖與。陛下履中徽之運。圖復古之功。以禮為羅。賢俊並致。臣子雖一介無它技。而盛德包覆皆所不遺。是則無才者非今日之患。而量才任用者正所急爾。昔馮簡子善斷事。子太叔善決。公孫揮善辭令。裨諶善謀。而鄭國之政。常使裨諶謀可否。簡子斷之。公孫為辭令。成乃付子太叔行之。是以無敗事也。陛下以至誠之意。昭日月之明。何所不察。區區之言。尚瀆陛下因任群材。使小大之臣。各迪有功。且無用非所長之失。則消埃之微。或有補於萬分。惟陛下留神省察。與三數大臣圖之。

剛中又乞留曾開。罷柳約名命。上奏曰。臣竊得於傳聞。曾開罷禮部侍郎。衆論疑惑。開之所坐臣未得而詳也。然聖恩從來優禮侍從。未嘗輕有罷黜。雖言章論及其短者。猶委曲保全其去。此開之罷。所以人不能無疑。每見人稱開厚重質實有文采。論今日朝廷人物者必指為善類。宜無顯過得罪於清議也。或謂止緣近日論議使事。略有異同。遂至牴牾。獨臣以謂不然。陛下聖度如天。物物並受。數降詔旨。謂今此通和之事。無非審處中道。務令經久可行。固嘗許群臣條奏利害一二來上。陛下之心。可謂酌人情而濟世者。則開也雖有大同小異之見。君父寧不諒其心乎。謂緣論使事而罷者非也。求其所以致罷者而弗得。無乃閑驥愚太甚。有至妄發狂瞽之言。聖人初有不能容者。則開之罷。疑或出於此也。臣數日前嘗上疏乞罷柳約召命。未聞施行。夫約之為人。陛下當自知之。事童貫而求其薦。事路真官而問其術。奸淫之事。又詳於孫悟之妹。其素行不待臣暴章之而後著也。然如約者陛下猶欲拔拭而用之。則如開者豈不能容忍而留之乎。約之來。陛下雖未必侍從之。開之去。陛下雖未必終忘之。但朝路見一曹開去。一柳約來。進退人材。似有可疑。此衆論之所以惑也。一曹開去。使未損於朝廷。恐如開者又或去焉。則有損矣。一柳約來。使未累於朝廷。恐如約者又或至焉。則為累矣。聖人虛心屈己。禁萌於甚微。而防患於甚久。方今虜使遠來。計議未定。愛君憂國之人。心魂夜悸。禍福之幾。皆在乎此。是雖衆智交陳。群策並入。原其用心皆為區區。正當容納。各領其意。他日事成。使論事者自懷無遠見之羞。脫或不成。陛下回思言者不至有悔。如是可矣。況陛下南渡以來。聖德日躋。略無過舉。如前日胡銓上書狂悖削吏瓆而投荒宜矣。然猶從大臣之請。俯加原貸。則開之罷。臣誠有望於聖恩焉。武帝初不能堪汲黯之言。其後則曰天子置公卿輔弼之臣。寧令從諛承意陷主於不義乎。故卒優容之。此臣所以懇祈於天聽也。臺諫。天子以為耳目。下有公論而不上聞。則是耳目失其所司也。臣恐為是哉。纏纏之言。期以報陛下而已矣。上瀆天威。罪當萬死。惟聖慈幸赦之。

剛中又論久任良郡守。上奏曰。臣聞人君張官置吏。欲其以實德惠民而已。官吏不能皆良。而畏朝廷之責。故虛文之弊由之以生。臣願以責實之說。區區為陛下言之。退而又為陛下求所以革虛文之道。其莫如久任乎。夫吏員之冗。無如今日。久任之說。非所宜言。而臣所謂久任者謂良郡守也。郡守不良者易而去之。一方之福。其有安便風俗。百姓信愛。確然能布宣上意。使實惠被民者。大抵閱三數政而得一人。輕為奪之。為害多矣。臣親見州郡長吏更易之際。非但公私費耗。迎送煩擾。文書獄訟變移之弊。為不可言。往往上下苟且。人情弛[illegible]介將求定。既而長吏者至。風俗不能周知。利害不能徧察。處朝廷督辦有條苟不詭謾以紓一時之急則無以塞責況復遷延歲月待更易而去則其自爲謀者善矣此所以忍爲虛文而不顧也幸而得一良吏教令已孚績用方著朝廷亦何苦奪此而與彼乎謂欲以旌其能則增秩賜金之典可按而行也或謂臣曰守令之選既有成法令無遽易者矣如臣所聞或三兩月或半歲久者亦不至於成資而罷是法雖具有時而廢也前史謂忠良之吏國家所以爲治也求之甚勤得之至寡臣願陛下申嚴成法重長吏之遷徙可乎令有治狀者亦可賜金增秩俟其終滿召用之未晚也聖人爲官擇人不爲人擇官陛下留意行之臣恐州縣虛文之弊自此可息

右僕射呂搢奏曰臣自歷官以來荷累朝黼扆之知茲者又蒙聖恩爲臣比經艱難粗立功效擢寘宰輔臣敢不仰體眷禮優厚雖糜骨粉身亦恐未能圖報天地父母之德苟有所見安忍不爲陛下別白詳言之臣竊攷祖宗留意人才度越前代是以元祐間名儒鉅公相繼而出人亦各奮已長陛下聖學高明博觀圖史此不能逃睿鑒矣惟是王安石首先變亂祖宗法度紹聖間章敦蔡京蔡卞兄弟之徒各快私意以忠爲邪以邪爲忠將元祐諸人累更竄逐衣食不繼歿于遐荒海嶠者甚多子孫禁錮貧悴異常人至于今冤之而敦輩忌爲是舉豈不有負國家耶臣區區愚見今陛下六飛雖暫駐吳會然臣恭料宸衷仰思二聖之心瞻念陵寢恢復境土則未始一日而忘也如元祐諸人經隔歲月並未曾追復官職依條格合得恩數亦不曾給付雖其間有子孫族屬緣兵火之後捨鄉里墳墓隨車駕南來者甚衆然尚有淪陷北界者亦多欲乞聖慈廓獨照之明廣好生之惠不以臣爲僭率貸其狂妄將元祐臣僚命有司條具經選貞之令並例復元授官爵子孫合陳乞恩數照應格法放行庶幾南來之族無不感戴鴻覆之澤在北界之家亦知陛下懷思中原淪陷名臣之族痛念向來皆由姦邪誤國宗社播遷而一朝盡還其父祖官爵恩澤人非木石安得不銘佩陛下耶臣今所乞亦恐虜詐而叵測先將元祐之家子孫用之本朝則所失愈多後雖欲爲亦無及矣更望睿慈不下臣此章只作聖意批出庶幾遠邇存歿皆戴陛下矣冒瀆天聽臣無任怔惶戰慄之至

范宗尹嘗仕僞楚故凡受僞命者皆錄用戶部侍郎季陵上疏曰前日士大夫名節不立論事者皆喜攻之瑕疵既彰不復可用縱加拔拭攻者踵來雖君相制命亦不能爲之地臣試舉其罪大者言之崇寧大觀以來黨助巨奸由詭道以獵寵榮者不知幾何人邦昌亂朝不能死節者不知幾何人苗劉專敕拱手受制者不知幾何人以義責之固不容誅以情恕之亦不幸耳弄筆墨者文致其罪既得惡名誰敢引薦臣願明詔宰執於罪戾中選擇實能量付以事勿因一眚廢其終身仍詔臺諫爲國愛人勿復言

馮當可論守令銓選上奏曰臣竊謂於民至親莫如守令守令之選難得其人當今銓選所行並依格法格法所當與雖庸謬之資有司不得而奪雖循良之才有司不得而與天下論者皆言欲救其弊莫若任人或使內外薦揚或令主者詮擇然風俗弊壞爲日既久奉公竭節蓋鮮其人或恐銓擇任情薦揚非實誠無益於救弊徒妄至於紛紜而已臣愚願陛下謹擇監司勿以輕授監司陛下耳目之臣也苟得嚴明督察之才風彩一路黜陟其廉污廢置其賢否下吏有所矜式小民有所告訴則雖萬里之外如在咫尺之前州縣非才誠非所患自軍興已後民力彫弊重以漁擾民念不堪守令之多陛下豈能爲民盡擇今天下監司不過數十人耳少加簡拔不患無才陛下

付授之際往往亦將視其資格之高卑不復論其人才之可否健者以趍期會爲急懦者以不生事爲賢至於剌舉精明使州郡望風畏肅者未之見也陛下愛民如子民國之本也守令虐民國之巨蠹也監司剌舉守令之精鑒也伏惟少留聖慮

歷代名臣奏議卷之一百四十三

歷代名臣奏議卷之一百四十四

用人

宋孝宗隆興二年張浚次平江奏論人才曰臣初十日自平江府門外起發屢得兩淛物價不貴據諸處報聞水已通糧運畢集建康鎮江榷貨兩務日納二萬餘緡俱臣回日取見錢糧的確數目別具聞奏伏乞聖慈少寬念慮臣今日得知泰州范愉申到被虜脫歸人曾充虜寨軍曹司備知虜中人馬錢糧數目與向來范常由換并近日于崇之所供申數目一同仰惟陛下聖知自天神機獨照虜之強弱形勢盡在目中所患者同心同德之助而文詞之士識見淺陋無肯爲陛下竭死力任重責者向若智者獻謀勇者效命通財計者究心於經畫練邊事者盡節於封陲先其所急後其所緩一意圖事有死無二如創業之時馬上求治陛下何憂夫事之不濟哉臣願陛下急收人才爲吾羽翼必使議論歸一讒說莫聞以撥今日之變天下幸甚

廷臣上言謂國朝視文武爲一體故有武臣以文學換授文資文臣以材略智謀換右職當邊寄者蓋文武兩塗情本參商若文臣總斡戎事不換武階則終以氣習相忌有不樂從者矣今兵塵未息方厲恢復之圖願博採中外有材智權略可以臨邊可以制閫者倣舊制改授從之乾道以後又選大將之家能世其武勇者武舉及第武藝絕倫可爲將佐者會廷臣言曰方今國家之兵東至淮海西至川蜀殆百餘萬其間可爲將帥者不在其上則在其下而朝廷未知振其氣表其才也今文臣有三人舉者則爲之循資再任五人則爲之改秩而武臣無有焉古語曰三辰不軌擢士爲相蠻夷不恭拔卒爲將宜令都統制視監司者歲舉武臣二人視郡守者歲舉一人以智勇

俱全爲上善撫士卒尊有膽勇者次之不拘將校士卒優以獎擢被舉人有臨戰不用命者與文臣犯入己贓者同併坐舉主帝可其奏仍著爲法

隆興間起居郎胡銓上疏曰臣聞人主高拱一堂之上而天下之事無不知人之賢不肖無不察事之利害無不聞豈他術哉不過曰委任一相而已矣夫一相豈能盡知天下之事盡察人之賢不肖而盡決夫事之利害哉不過曰人之賢者進之人之不賢者退之言之善者用之不善者罷之事之利則行之害則去之故賢相能兼衆人之善而賢主能兼宰相之善然世之治也宰相尚能而遜其下羣賢竭智以事其上上下有禮而治功成由不爭也謂之懿德世之亂也宰相稱其功以加衆人衆人伐其技以憑其上是以上下無禮而亂虐生由爭善也謂之昏德自古天下國家廢興存亡之端未嘗不係乎斯二者也夫留侯漢朝第一也坐籌畫策天造地設漢庭無能出其右者然樊噲諫沛公無止秦宮沛公不從留侯曰噲言善願聽之婁敬說漢王都關中上疑之留侯曰婁敬之言是也於是上即日車駕西都關中夫韓淮陰猶恥與噲爲伍而婁敬脫輓輅一妄庸人耳而留侯亟推其言於漢王可不謂大賢哉魏相亦中興賢宰也其謀謨廟堂之上必有大過人者然讀趙充國二疏傳則亦用衆臣之長耳充國欲罷兵留屯計可謂迂矣相推其言以爲可必用帝乃從其計疏廣爲太子傅平恩侯許伯建議使其弟舜監護太子家廣曰太子師友必於天下英俊不宜獨親外家相免冠謝上曰此非臣等所及宣帝由是聽之夫用兵大議也太子國本也魏相不以二臣爲輕議而更以爲可從孝宣中興丙魏有聲豈不由推賢揚善而致然哉區區之愚仰惟裁擇

乾道中秘書省正字林光朝上疏曰臣聞之道塗竊謂陛下即位以來每有人才不足之歎昨者御便殿對宰臣論及用人之道雲章奎畫聚而成書臣以正字名官一代謨訓所當紬繹幸因賜對得以吐狂愚之說願陛下少垂聽焉陛下有虞舜之孝有夏禹之儉有文王之勤勞又其經營土宇整頓人物有唐太宗之明天下以是數者歸之陛下蓋以其實狀也非虛名也陛下温顏聽納如此不憚煩不應有人才不足之歎此臣所未諭也夫以天地所養雨露所滋雜然百物古猶今也百物之在天下何嘗不足古今天下豈有人才闕然不足之時耶人君自處常若不足則人才斯有餘矣若自以爲有餘則安得不起人才不足之歎乎高帝自以爲有餘則四皓不肯出光武自以爲有餘則嚴子陵不肯仕若以謂天下之大不得此數人者是未足爲輕重然舜所得纔五人耳尚得一皐陶文王得夫二老者帝王之世人才非不足而其未易得也又如此陛下嘗有意於唐太宗之事太宗所得者房玄齡杜如晦一時人物又皆夤緣房杜得以盡其所長是貞觀之時未嘗以人才不足爲患也臣因論太宗之事偶於此又得一說天下人才有遭逢成就在乎上之人今天下以鄭國公魏證爲純臣若無一事可議者方其遨遊於李密竇建德二者之間使如是終身無所遇合則安得爲全人以是知豪傑之士琢削鐫磨或有待乎上之人陛下何遽以人才不足爲患也芻蕘之言多不切事情惟陛下裁赦冒犯天威不任隕越

淳熙中光朝爲中書舍人繳奏謝廓然賜出身除殿中侍御史詞頭狀曰臣昨蒙陛下記錄孤遠召臣於嶺外遭遇臨雍夤緣從橐臣之僥冒亦已太過當此晚節非有好名干進之疑事或可言雖死何憾臣竊聞王安石欲以李定爲監察御史裏行宋敏求知制誥不敢具

草。今月二十六日送到錄黃一道，謝廓然可賜出身除殿中侍御史。此在公論有所未安。臣職當書行，若畏禍忍恥，不得已書之，他日陛下必然有所悔，則臣為欺君者。臣之殘年尚在人數中，豈應負此名。此臣所以不避誅斥，而略陳大槩。臣備數詞掖，凡再行謝廓然詞，未嘗不備述上意，以謝廓然為能吏。今陛下賜以太常之第，命以御史之官，是科目太凡，名器太輕，非所以開張正塗，謗來讜論也。前日嘗欲以李大正為六察官，未幾復寢，豈謂科目出於至公，不以輕予人也。謝廓然之所長者，可以治財賦，理獄訟，至於耳目之司，紀綱之地，則有所不可。六部寺監所係者一職，惟御史府所係者國體。天下以為可畏者，諫官御史也。非御史可畏，畏公議也。安得如范純仁、呂大防者除書之下，公議自定，苟或人人皆可為御史，則公議不立。公議不立，則天下亦何畏哉。是國體輕重在於此，不可不早定也。中書號

奏議卷之一百四十四　四

令所自出，令出惟行弗惟反，今此一件，臣若書行，不知中書所當繳者為何事。然天子擇言事之官，而臣以本職有所可否，則為犯雷霆之威，無復生全。臣已闔門待罪，所有錄黃，臣未敢書行。

乾道三年，虞允文奏論用人久任利害，疏曰：皇帝御選德殿，命臣俊卿、臣允文、臣克家入奏事。已乃賜坐從容論今日治道，上顧謂臣等用人必當其才，必久其任，其效乃著。臣等對各有指，臣某昧死奏，誠如陛下聖訓。然自古才難知，而用之亦難。惟公其選，則才無不當，久其任，則職無不舉。虞舜氏命官置牧之意，具載於書，其嚴如此。上曰良是，命臣等各述所對，將刻之屏障，君臣交修，垂永永戒。臣等拜手退繹，推原本始，上稱明詔。臣觀舜典八百一十二言，命官之序，周悉亶複。皐陶以刑，契以教，夷夔以禮樂，禹則播九州，告水功，各司一職，不相亂也。三年而考其績，九年而黜陟之，水土平，刑政舉，庶功畢奏。考其當時選用之際，上則為之塈讒說，難壬人，下則往哉欽哉，贊濟相遜，不求責於力分之外，不苟簡於授受之初。其選公，故能當其才，而可久其任。庶政惟和，萬邦以穆，叔季而降，君臣之間，非不知此，至分職任事，即背此而馳，抑亦有繇也哉。授者無委能之意，受之者有偷合之心，或才不才之并處，而娼忌生，或君子小人之參用，而機謀勝，一王尊之賢，佞不察於愛憎，而曾參之是非，亦失於疑似，甚者朋邪醜正，險陂害成，溺於親昵，而用其偏壁，以權勢而防其進。風尚既薄，人僞益滋，陰植黨與而伺候短長，巧出語言而變亂白黑，私謁日勝，公道日暖，用之無適當之才，任之無可久之效，此自古及今害治之大者，危亡之相尋，可畏可懼，而不可不察也。且羿非射則無術，秋奕非奕則無藝，倉扁棄醫則無活人之功，蓋執一而求與百俱廢矣。故武王之治，位事惟能，孔子之言使人以器，如因其能，隨其器，久任而責成

奏議卷之一百四十四　五

之，失之者亦鮮矣。昔在慶曆樞密副使臣弼上言，欲輯三朝典故，文字編成一書，寘在二府，俾為舉範，因乾德任官之詔為之釋曰：先朝臺省之任，必取才望相當，能稱其職者，以三年為滿，所以人無躁進之心，官有宿守之業。近者除授數月即遷，人知速去，官無成績，雖競之風，由此而甚。嗚呼，弼誠知治體者也。臣不佞，竊於今日有感於斯言。臣某謹書。

允文又上言曰：臣聞論相繫之人主，而擇相當以天下，故宰相者天下之選也。選不以天下而用於一人之私意，所相非所任，所任非所相，而天下之心必有所不服矣。舜之舉皐陶，湯之舉伊尹，所以必選于衆，而不仁者自遠也。陛下登大位今七年，勤於論相，數置而亟免者已七八輩，豈陛下所樂為哉。意者論相之初，擇之不審也。以陛下之聖，則天縱，以陛下之智勇，則天錫，以陛下之所立規摹，則天授，群

臣何敢望清光萬分之一。而敢冒當輔相之位。故泯默就職。奉行文書。尚皇皇然。鰓鰓然。有不勝任之憂。其欲求免於譴訶亦難矣。舜之相皋陶。湯之相伊尹。方冊所載。一君一相之間。道與氣合。禮與情偕。上下相須。驩欣交通。無形迹疑忌之嫌。治功之成。高出千古。豈有他哉。以聖賢明良之會。相偕而不相遠也。荀卿論人主之道。有曰身能相偕者王。其相須蓋如此。昔魏武侯與群臣謀事。群臣不能及。罷朝有喜色。吳起諫以楚莊王之言曰。世不絕聖。國不乏賢。今寡人與群臣謀事。而群臣不及者。楚國殆矣之歎。至唐太宗與臣僚論事。有不出太宗意者。太宗退而憂之。景德之間。真宗與陳堯叟更論前代求治之君。蓋嘗舉其事以相為戒也。如臣不才。視近歲數輩相有不能企而及者多矣。學不足以自信。明不足以自防。一身之孤。不足以自保。而欲使臣輔陛下。天之所縱。所錫所授者。求其能審國是。斷國論。強國勢。立功立事。以副陛下簡拔之意。臣雖甚愚。自知其不可也。臣願陛下舉舜湯所以選者。思楚莊王唐太宗之所憂者。法真宗皇帝君臣所以相戒者。旁求非常之才。以應非常之運。擇之於未用之前。信之於既用之後。使之議論天下之事。陛下虛心而察納之。使之負荷天下之責。陛下端己而責成之。論議負荷。不岐為二。而是非自定。利害自明。壅蔽之勢不分。毀譽亂真之禍不作。則治功必進。治效必成。四海之大。惟陛下意所欲為。而實非臣之所能也。改命更擇。以幸天下。臣敢以死請。伏惟財幸。

乾道五年。汪應辰進杜黃裳李德裕告君故事曰。唐憲宗與宰相論自古帝王。或勤勞庶政。或端拱無為。互有得失。何為而可。杜黃裳對曰。王者上承天地宗廟。下撫百姓四夷。夙夜憂勤。固不可自暇自逸。然上下有分。紀綱有序。苟選天下賢才而委任之。有功則賞。有罪則刑。選用以公。賞刑以信。則誰不盡力。何求不獲哉。故明主勞於求人。而逸於任人。至於簿書獄市煩細之事。各有司存。非人主所宜親也。昔秦始皇以衡石程書。魏明帝自按行尚書事。隋文帝衛士傳飡。皆無補於當時。取譏於後來。其耳目形神非不勞也。所務非其道也。夫人主患不推誠。人臣患不竭忠。苟上疑其下。下欺其上。將以求理。不亦難乎。武宗以李德裕為相。德裕言於帝曰。致理之要。在於辨群臣之邪正。夫宰相不能人人忠良。或為欺罔。主心始疑。於是旁詢小臣。以察執政。如德宗末年。所聽任者惟裴延齡輩。宰相書勅而已。此政事所以日亂也。陛下誠能選擇賢才。以為宰相。有姦罔者立黜去之。常令政事皆出中書。推心委任。堅定不移。則天下何憂不理哉。

臣竊以唐自天寶後。惟憲宗武宗能修政事。復振威令。觀杜黃裳李德裕所以告其君者。可謂得其要矣。二帝能信用其言。宜其有成功也。

六年。周必大上言曰。臣聞立政圖事。人才為急。然而平居選擇則易。緩急求之實難。又況一官易效。通才難得。優趙魏者不可為滕薛。有文事者未必有武備。自非儲蓄素廣。品目素定。一旦任違所長。用過其量。譬之以驥捕鼠。使蚉負山。小大雖殊。其失一也。仰惟陛下內修政事。外攘夷狄。今日先務。孰有大於此者。臣願深詔執事。雜舉中外文武之才。不限員數。不拘資序。區分所能。總為一籍。若馭軍。若臨邊。若經理財賦。若行視利害。若監司。若郡守。推類以往。詳議格目。仍於其間各紀所長。假令其人可馭軍也。又須別列其孰智。孰勇。孰當為偏裨。孰當為統帥。其人可治郡也。又須辨其孰中和。孰健決。或使之撫雅俗。或使之治繁劇。人為一格。格儲數人。繼此有得。接續來上。藏之禁中。副在二府。無事之日。預加審覈。遇有任使。按圖而取。比之既寒

索累已渴凌井其為例一世利逐矣
七年必大為禮部侍郎又論人才上言曰臣聞帝王用人之道二不次而任者大才也循次而升者常才也誠使鷹揚如太公先覺如伊尹一旦拔於耕釣之間寘諸輔佐之列人亦孰以為過若乃佞而託於忠偽而託於誠私而託於公苟不察焉其害深矣孔子曰始吾於也聽其言而信其行今吾於人也聽其言而觀其行古猶如此況後世乎仰惟陛下知人則哲如帝堯立賢無方如成湯人才小大固不逃於聖鑒然乃者嘗遣使理財矣又嘗遣使按軍矣方被命之初截截幡幡似若可聽及責成效蔑如也此無它用之過其量實之不待功彼既冒受寵榮則懼誕謾獲罪於是多方以掩其過妄作以蓋厥愆雖以陛下之明隨加譴斥然而兵民已被其侵擾財用已為其蠹耗噬臍之悔可勝計乎臣願陛下於用人之際因言以考其實試可而後遷彼知爵祿不可僥倖取也必將趨事赴功少副陛下總核之路而真才實能見矣

淳熙二年必大為右文殿修撰論久任上言曰臣伏觀自昔人君大抵始於憂勤久則豫怠非固欲其如此馴致焉耳陛下則不然臨御大寶十四年于茲自強不息新而又新可謂度越百王光于載籍是宜功成治定坐臻無為之效然而大欲未得彌軫宵旰者何也人主有急治之心群臣無任事之實故也臣試舉當今要務一二而言之陛下既擇內外將帥之官矣而士卒勇怯甲兵堅窳未免悉關於淵聽既擇內外主計之臣矣而調度盈虛水旱備豫往往猶煩於聖慮以至興一利除一害小大之臣舉未有獨當其責者不過遵守成算奉行文書而已事成則例遷爵秩蒙受賜予不成則猥曰委任不專非我罪也縱加之罰率用輕典是以初為苟且之計而終懷幸免之心

使陛下之善政良法舉為虛文顧歲得日殊未有以少副憂勤者非以此歟臣願陛下勞於用人逸於仰成凡任以是職必責以是事久其歲月盡其才力底績而賞使之勸曠官而罰使之懼一人雖容上百職交修于下如此而功弗成效弗著臣不信也揚雄曰於帝則逸於道則勞陛下念焉

必大改數文閣待制上言曰臣謂官冗久矣而今為甚蓋上有名器寖輕之弊則下有淹滯失職之嗟惟其寖輕故勸沮之法壞惟其失職故苟且之心生何謂勸沮之法壞古之設官專待賢能故賢者得之則勸而不肖者以不得為沮能者得之則勸而不能者以不得為沮今也不然進士以藝任子以世雜流以歲月由未嘗考其賢與不賢能與不能也應格斯與之耳然則勸沮之法安得不壞何謂苟且之心生今分職有限而入流無窮一官闕則十數人守之其在吏部者大率十餘年僅成一任凡往來之費待闕之資皆仰給於三年之俸破貪者益貪懦者益懦低首下心便文自營以冀官滿而去尚何敢與上官抗論是非為下民辨白枉直哉且不特吏部注授為然也所謂堂除乃拔擢人才之地今郡守皆除三政俸貳闕至八年凡卓然才智之士自為朝廷所知者固所不問姑以中人論之三十而仕七十告老若十年而為一官則平生不過四任而已然則苟且之心安得不生臣願陛下明詔三府力裁入流之數以清其源毋艱既仕之路以遏其流庶幾數年之後其弊稍革而人材見矣

三年必大為兵部侍郎論用人二弊上言曰臣嘗觀司馬光歷年圖序以謂人君之道一用人是也自三代兩漢以迄于唐用得其人則不興用匪其人罔不亂布在方冊昭然可考陛下聖學高明深燭此理故自即位以來內度於聖心外採諸衆論求人惟恐不及用才惟

恐不盡下至占一善名一藝者咸表而出之固當上嘉虞舜製論而刋諸石矣然屢省乃成尚未能仰副聖心者何也深惟其原殆有二弊一曰上下之分未嚴二曰義利之說未明何謂上下之分未嚴夫任賢使能人主之柄也助人主進賢退不肖大臣之任也近世則不然一官或闕自衒者紛至始則不度能否悉力以求之求而不得則設計以取之示之好惡莫肯退聽限之資格而取必不已未聞朝廷有所懲戒也如此而望其尚道嚮方胡可得哉何謂義利之說未明居是官思是職者義也背公而營私者利也今中外求官者不知其幾人未得之則計職務之繁簡廩稍之厚薄既得之則指日而望遷擾比而欲速所謂公家之事姑應簿書期會而已初未嘗為旬歲計也如此而望其趨事赴功斯亦難矣夫十室之邑必有忠信況以天下之大豈謂無人臣所以為是言者誠以風俗之薄厚繫士大夫

之向背若二弊不去則風俗日壞國家何賴焉臣願陛下明詔執政大臣深思向來致弊之由共圖今日革弊之術使士風稍振百官舉職庶幾不失陛下用人之本意羔羊之詩曰召南之國化文王之政在位皆節儉正直斯致治之樞要也

四年必大又奏曰臣聞舜之時稷播百穀契敷五教臯陶作士后夔典樂終身守其官未之或易所謂三載考績三考黜陟亦不過遷爵秩加服章而已是以任久而責專志定而功成後世人才既不如古仕於朝者又遷擢靡常今歲為其職來歲任其事一或不然輒興滯留之歎往往用過其量處非其據職業多曠績用弗成為臣者既以被譏而國家亦不能收用人之效茲今昔之通患也臣愚欲望聖慈於任使百官之際益留宸念始也審度才力隨其大小付之以事而勿使躐等終也考覈功效或增秩或賜服而勿使數易蓋不躐等則僥倖之望息而速進之念絕不數易則當職之心勉而厭倦之意消自然下安其分上獲其利豈曰小補哉

淳熙元年參知政事龔茂良上言曰官人之道在朝廷則當量人才在銓部則宜守成法法本無弊例實敗之法者公天下而為之者也例者因人而立以壞天下之公者也昔之患在於用例破法今之患在於因例立法請稱吏部為例部今七司法自晏敦復裁定不無疎略然守之亦可以無弊而徇情廢法相師成風盡用例破法其害小因例立法其害大法常靳例常寬今法令繁多官曹冗濫蓋緣此也望令敕局參附法及乾道續降申明重行攷定非大有抵牾者弗去凡涉寬縱者悉刋正之庶幾國家成法簡易明白賕謝之姦絕冒濫之門塞矣於是重脩焉

孝宗時正字趙汝愚論謀國者必有腹心之臣上疏曰臣聞古之欲

謀人之國者必有所謂腹心之臣齊威公之管仲越勾踐之范蠡漢高祖之良平唐太宗之房杜是數君臣者其相與謀也皆竭誠盡意無復嫌疑如父子兄弟之謀其家自為一定之計故其施也有序其動也有期非僥倖萬一者之所為也陛下英明神武將大有為於天下至於腹心之任臣獨疑之陛下臨政以來其所顯用者多矣其間深謀密畫外廷不可得知然而遠者不過二三年近纔數月而罷去來紛紛邈無定論蓋亦有可議者矣豈非相與之誠或有所未至乎非惟人懷自疑之心專事形迹以求苟免而吏下知其無權亦從而慢之雖欲自力不可得也將何以責其謀國之效哉臣愚伏願陛下眷求賢哲察而後信之夫輕信於前者必重疑於後為其因失而致戒也惟察之深然後能信之篤陛下誠能察人於未試之先而信賢於既用之後使大小之臣咸得以才自盡則陛下何功不立何事不成

臣謂今日清源正本之要宜在於是。惟陛下擇焉。

汝愚為集英殿修撰帥福建又申乞甄叙商榮付安撫司自效附奏曰。契勘本路阻山瀕海。常有盜賊不時出沒。正在平居收蓄人材。以備緩急一旦之用。某伏見保義郎商榮。昨自僞境伏義來歸。忠勇絕人。累著勞效。先任夔州磨盤巡檢日。嘗過北界。收復州縣。朝廷以其生事。責送建寧府拘管。據商榮供具到腳色。蓋是當時主將有賞使之然者。榮惟懷忠義。而不知朝廷事體。遂致輕犯觸罪章。原其本情。實為可憫。今來拘管已十有三年。累經赦宥。並不稍加甄叙。竊恐無以激昂士氣。欲望敷奏將榮權付本司自效。隨宜支破請給。俟將來立功效日。別與陳乞差遣。

汝愚又奏按知金州秦嵩狀曰。臣嘗讀前史。伏觀秦漢以來。謀臣良士。凡言制御夷狄之術者。莫不以謹擇邊吏為首。其選重矣。究其為術。雖若不同。而大槩有五。其一曰。以廉律己。化服異類。二曰。智勇絕人。威震敵國。三曰。謹固封疆。不起邊釁。四曰。撫摩邊民。厚固根本。五曰。愛養士卒。盡其死力。能此五者。則雖有彊敵。亦可以坐制矣。今有人焉。受朝廷邊陲重寄。而罪惡盈積。略無善狀。臣不敢以被詔命。朝夕去此。顧惜人情。遂置而不問。惟聖明裁擇。臣伏見知金州秦嵩。所在貪汙。贓狀狼籍。衆共指議。不可具陳。昨知黎州。常遣諸寨土丁入蕃界採臕脂木以為什器。一日又遣土丁二十七人過大渡河。採斫板木。遂為青羌所執者五人。死者二人。纔至生事。今任金州。不住遣入於黎州販賣。近販金珠過大安軍。而為稅官所覺。收稅至數百緡。則其貨物之多從可知矣。望其以廉律己。化服異類。可乎。嵩始壯特猶可幸其一割之用。今聞久病。不能良行。每出見賓客。輒用兩人扶掖。比丁家難。哀悴可知。而尚爾經營。志在苟得。望其能智勇絕人。威震敵國。可乎。嵩在黎州。既緣採板木生事。土丁五人為青羌拘執不還。嵩一時計無所出。遂厚賂奴兒結。俾往青羌調護其事。已而盡得所執土丁及所斫板木以歸。嵩既苟逃譴責。而奴兒結亦自以為功。欲徙居于安靜舊寨。深入漢地數十百里。據沈黎之門戶。而嵩遂許之。不能拒也。是時羌中豪猾隨而至者三十餘人。白水三村附從者亦數十人。雄視一方。深據要害。於是蜀人上下憂懼。欲逐之不可。欲遣之不能。遂為沈黎腹心之害。非賴留正以計殺之。則大為邊患。其勢未已。今仰憑陛下威靈。邊事寧息。然數年之間。勞師動衆。費耗百出。推原亂階。則嵩實為之也。今任金州。亦未嘗以邊事為意。歸正人逃亡盜賊出沒。皆縱而不問。望其能謹固封疆。不起邊釁。臣知其不能矣。上津一縣。本隸商州。去金州絕遠。通邑人户纔二千家。而歸正人實居其半。政賴守令加意存撫。猶恐不及。而嵩專事掊克。略無顧恤之意。每歲令副尉奚文欽將茶隨門除俵。至秋熟時。每茶一斤。折納粟麥三斗或四斗。有償納不足者。則來歲從而筭息。息復增息。每歲轉加。臣聞上津一縣二千餘家。而總欠金州茶錢二萬餘貫。稍稍豐熟。則督責盈門。纔遇飢荒。則逃移北界。本司案牘。前後具存。望其能撫摩邊民。厚固根本。臣知其不能矣。嵩在黎州日。役軍役數十百人入山採打竹木。木為柴薪。竹為火炬。轉賣公庫。收錢入己。瑣碎如此。其他可知。轉運司支降諸軍糴米本錢每石五道。嵩但以布帛雜物準錢一道。配與諸寨土丁科糴粟米。支散軍糧。取其餘利。諸軍怨之。至今切

齒如此而望其愛養士卒盡其死力臣又知其必不能矣臣
竊惟金州北鄰大敵而居四蜀之衝其地望不為不重又安
撫一司錢物甚富朝廷本以待邊防之計諸司未嘗檢覈不
幸相繼累政多不得人變化出沒無從稽考竭民膏血盡以
為贓吏封植貨賂之資可為傷痛又金州民事多與戎司相
關閭閻萬有親戚在軍中濫充將佐故凡事皆俯首聽命略不
能為百姓主持人情怨嗟無所赴告伏望聖慈將秦嵩特賜
黜責稍紓兩郡軍民之憤遴選有資望文臣與圖共理一方
幸甚

汝愚又薦部內知縣黃謙林　李信甫趙彥繩疏曰臣等伏以
一邑之宰㝡為近民而親使其能以体國愛民為心者是誠可
嘉臣等任一道之責自惟無以補報朝廷果有廉能循良之吏

為陛下撫字百里治狀有聲輒隱然不以上聞臣等豈容無罪
竊見知建寧府建陽縣黃謙持身有道為政有方自視事以來
留心撫字前後士民列狀條其政績者非一據其所陳自有建
陽莫之與比臣等初未之信及体訪覈實但見其政平訟理民
無愁歎百姓愛之如愛父母況建陽劇邑財賦素窘㝡號難治
黃謙本儒者每旦未明即起治事夙夜盡公未嘗少懈終始二
年殆如一日以此人心悅服租賦樂輸而官用充衍餘財與前
政補欠數萬緡而餘力與諸生講論經學亦可謂之通財矣知
泉州晉江縣林　廉靖介潔獨立有守曩曾知平江府崑山縣方
赴任間前官任內有積逋累萬計州郡欲使之認納林　不忍以
貽民害毅然不奪寧甘心棄官而去其重義輕祿有如此者臣等
具今之邑政以律身奉公為先以厚風俗為本吏職民宜不擾

而雜境內豐殖安其田里公事一切任理不為權勢所移人推其公竟
亦不敢干之以私往來者交口稱之誠可謂端方之士矣知福州懷
安縣李信甫學有源流夙敦愷悌忠知準衡無所偏黨故其見於踐
履施於政事惟務安靖不為表暴以民隱為急以公調為緩身任逋
負斂不及民慈祥之政洽於一同比以微恙在告旬浹士民羣集縣
庭為之禱祈却之不去其得民情若此知建寧府崇安縣趙彥繩天
性明達優於治縣首務革去宿弊以寬民力如除科鹽之害杜督逋
之患又務勸農以敦本置學糧以養士公私不勞辦集士民為之稱
快聽訟必使兩造案前委曲難問有如父子以故事無冤枉今之縣
令難乎其人此四人者為福建八郡諸邑之冠欲望聖慈特加顯擢
以為良吏之勸以慰四邑百姓之心

汝愚又薦陳葵趙幼聞王聞詩上奏曰臣昨權吏部侍郎日準尚書

省劄子奉聖旨令臣薦舉才行兼備未經擢用者二三人臣後因賜
對嘗奏知緣薦舉文字是臣始初奏請在臣不無妨嫌乞免薦舉是
時恭奉聖訓令臣候將來人才日奏來臣自後蒙恩補郡不敢妄有
奏陳今臣已到任一年有餘自惟疏庸別無補報所見一路州縣小
官中實有才行兼備未經擢用之人可以仰荅明詔者臣若復畏
知而不言臣則有罪臣伏見從政郎南外睦宗院宗學教授陳葵天
資粹溫充以問學其言約而義富其履卑而行尊自登第二十餘年
棲遲選調安貧守道未嘗干祭臣觀其人經明行修表裏純茂如良
金美玉可為清廟之器從政郎福州候官縣丞趙幼聞器資端亮識
度寬容恬淡優游不急仕進凡勢利之際衆人所共趨者幼聞獨退
然引避若無意於世者至公家有利病則未嘗不首出為臣言之臣
觀其人忠信篤實可臨大節承務郎前福州連江縣丞王聞詩故太

子孝弟十朋之子內行修飭頗有父風出而臨民不苟於事故事公卿之子凡到堂者類得優與差遣況十朋爲陛下舊學清名直節當世貴重而其子能敦尚志節兩任秩就吏部注授差遣今任既滿且復經年蕭然里居衣食不繼乃有不復榮仕之意臣觀其人廉靖修潔可勵風俗如蒙朝廷擢用之後將來不如所舉臣甘坐謬舉之罪

汝愚又薦進士劉伯熊常增上奏曰臣等恭覩淳熙十五年九月八日明堂赦文內應士人有節行才識學術素爲鄉里推重不求聞達者委帥臣監司同加搜訪連銜結罪保明聞奏臣等仰惟皇帝聖德格天極禮告備必形齋宥廣搜遺逸孜孜訪問常如弗及臣等仰奉明詔精意考擇今有其人敢不論薦臣等伏見簡州鄉貢進士劉伯熊學術淹通制行淳古屢該免解不復就舉屏居著論不求聞達潛

然味道之腴無書不覽其所爲文言約理盡蔚爲後學蜀士大夫多出其門且其孝友信義不但聞於一鄉至論當世之務靡不通貫成都府鄉貢進士常增蚤歲穎悟首與薦名之列後亦該免不復就試隱居山林已三十餘年草衣疏食不改其度足跡未嘗至城市著書立言有補風教一邦之人皆敬而愛之欲乞逕用赦書優加褒擢庶幾山林博習之士不至湮汩無聞非惟表盛世搜揚之禮亦以爲異時風俗之勸其於聖政實非小補

汝愚乞諸軍各置參謀官狀奏曰臣伏觀自古所命將帥皆用王之卿士極詩書禮樂之選迨至唐世凡雄邊重鎮亦無不選任名臣其功名顯著者往往入爲宰相其後如裴度李德裕亦皆所至茂著勳績惟我國家累世承平將帥之任不逮前古此非天之降材於今獨異亦由選任之際文武太分以至是耳故雖有慷慨功名之士皆無由習知軍旅之事而專於武勇者則例以儒生迂闊視爲無用此緩急之際朝廷所以有乏才之歎也臣伏見唐之諸鎮皆許辟名儒生學士並參戎幕若裴度在淮西用韓愈爲行軍司馬此固不論若烏重胤奮自行伍亦能以禮羅致石洪溫造二人皆一時名士賓主之間能兩無疑阻者良由當世之法文武並用士大夫聞見習熟故久自安之耳今沿江諸軍舊例有許置主管機宜文字及幹辦公事去處其職本在階級之外頗得唐之遺制然皆奪於權要或狃於私情選任太輕士亦羞鄙望其高識遠慮必能參理戎務協贊軍謀難矣臣愚欲望聖明參稽古制思爲國家長久之計於三衙及鎮江建康鄂渚興州屯軍多處每軍特置參謀官一員如江池之類元未置主管機宜文字處與增置機宜文字一員使之與聞軍事然非稍優其禮則士不屑爲非精選其人則無益於事如蒙睿慈特賜採納其合

理資任令從請給之屬並乞下有司詳議施行庶幾他日異材間出爲國家用誠非小補

汝愚又乞罷諸軍承受上奏曰臣仰惟陛下神聖聰明比隆堯舜渙發大號斥遠巨姦朝野聞之莫不鼓舞以服陛下之斷以頌陛下之明幸甚臣聞安危有本成敗有機撫機而失後必有悔陛下赫然奮發明斷臣謂陛下此舉威行萬里中外將士孰不人人聳懼朝廷之所爲若朝廷乘此事機一新天下之觀聽革除蠹弊委任忠良四方聞風易於感格此其勢甚順也臣所願者惟在陛下加之意而已矣臣竊觀今日之弊其最大者無如諸軍置承受其始秖緣諸軍有奏報文字或有滯留之弊故各置承受務要速達然而因循既久姦弊實多外以壅隔諸軍之情內以潛窺陛下之意傳聞諸軍凡有奏請文字皆先取決於承受承受視以爲可則進呈承受以爲不可則退

去或進或退有司皆無由稽察非若章奏通進二司皆有文據可照
檢也故軍中雖有着實利害皆無由自達而陛下聖意微有喜惡彼
必先事知之於是將帥禍福輕重之權陰受制於承受而貨賂之風
掊克之政行矣雖陛下聖明在上每事体察而軍情戎務固有不容
盡知者也臣伏觀祖宗時雖有走馬承受之名然實非今日之制蓋
祖宗時三路沿邊走馬承受皆在本路置司遇有機速公事方許馳
傳入奏朝見訖亦不得在京遷延久住其使臣皆是三班院選差雖
間有差內侍去處其見本路帥臣之禮秖許依屬官例其視今日事
體輕重豈不萬萬甚相遠耶臣伏見行在百司凡有奏發急速文字
皆經由通進司晝時進入陛下勤勞不倦無不朝奏暮報何獨至於
諸軍奏請而反有滯留之弊哉此其情蓋可見也陛下誠能明立章
程嚴爲賞罰斷而行之顧何不可臣愚伏望申嚴訓戒今後諸軍除

帥程文字並依舊赴章奏房投進外凡有機速文字並許實封晝時
赴通進司投進通進司即時別項進入或有合降付三省密院商量
文字亦乞明詔大臣先次將上取旨施行其諸軍承受並乞住罷庶
絶上下壅隔之弊然後收還將帥之權俾爲輔相之責蓋將帥者三
軍之司命國家安危之所繫也其賞罰進退之權雖歸之人主而蒐
選考察之事當責在大臣昔漢之高祖光武唐之太宗聰明英武過
於羣臣何啻百倍至於任使諸將收采人物亦皆訪於蕭何鄧禹房
杜數公若大臣平居恬然不以人材爲意臣恐一旦邊陲有警不幸
諸將或乖人意不審陛下此時誰與謀者此臣所以不得不深憂而
過計也至於承旨一司比來權任甚重解紱易轍實在此時選任之
間尤宜詳審歷考累朝故事蓋許文武並用臣採之輿論得之公言
咸謂前侍從中亦有老成忠實曾在督府諸曉軍政徧歷宰掾深識

事宜者惟陛下博詢衆言斷自宸衷極一時授受之公示四方好惡
之意自然本朝增重士氣激昂化貪爲廉易懦爲勇富强可待克復
有期乃若姑踏故常憚於改作非惟玩歲愒日無益於事亦恐此機
一失後益難爲力也昔齊威王即位既九年諸侯並侵齊國不治一
日發憤烹阿大夫及左右嘗譽之者於是羣臣聳懼莫敢飾詐務盡
其誠齊國大治强於天下此非其嚴有足稱者蓋其乘勢便利遂能
一意行之有若順風行舟故用力少而見功多也使威王今日烹一
阿大夫明日復用一阿大夫臣恐徒爲是紛紛終無益於齊之治亂
矣今之事勢實類於此臣伏思累日不能默默僶俛經旬假故未敢
請對而愚衷迫切恐失事機謹遵用八月壬子詔書實封入奏惟陛
下裁擇幸甚

袁說友論實才上言曰臣聞聖人之用人不務愛其始之所似可喜

而每信夫終之所果可用蓋天下之才貴乎實而不貴乎名也高標大
言自立名字足以驚眩當世而譏評時政則又恐上軋下鼓動震喝
若纚纚可愛豈不似可喜哉然終之成就迄於荒忽澶漫不適於用
而沽激矯訐自足以取名矣至於實才之在天下非有奇傑卓鷙之
伊以自表立往往自爲可用能行之學以致力於事功誠實之地顧
以虛名者視之殆無一可喜然實之所在要其成就於後者必有績
用惠利之可書是以聖人之用人知其始若可喜者爲不足進而終
之果可用者爲必可恃則有以黜虛僞之名崇務實之士而實才之
用始足以辦天下矣仰惟陛下臨御今十八年焦勞求賢以起平治
而事功之立猶未能盡副宵旰之念何哉夫實才之與虛名其相去
已不侔矣而士大夫好名之弊甚於好利好利者其弊止於一身而
好名者將欺天欺君欺人自欺之不暇人而至於所欺者如此則大

用而禍大小用而禍小。是豈為國家福哉。大抵士之在朝。振職以治內可也。實之不務。而或模稜以固位。姑息以養譽者。反以得立朝之名。[illegible]之職。練兵而愛民可也。實之不務。而或掊斂以稱最。緖託以求譽。反以得作郡之名。右選之職。熟韜鈐而尚智謀可也。實之不務。而[illegible]雅以緣飾言語以媒譽者。反以得兼資之名。昕朝賜對詳利害而計實用可也。實之不務。而或訐詈以為直。矯飾以沽譽者。反以得讜言之名。相師成風。以為當然。而弗之變。使人主焦勞獨運於其上。而百職浮靡掠名於其下。坐縻歲月而功效弗彰。抑可惜也。今之人才。固未盡至於此。然以陛下求賢甚勞。顧治甚切。而大勳之集尚未足以當聖意者。臣恐隆虛名之弊。猶有以累陛下之知人也。今欲曠然大變。使人皆有趨事赴功之心。不事大言。不務好名。不為矯行。以恪意於實用實效之地。此且在陛下一好惡爾。臣竊觀仁宗皇

帝謂張士遜曰。今之士多不能補益時政。又揚君之過。以釣虛名。朕甚惡之。大哉聖人之謨訓也。故雖一耀州縣令張龜年。亦以其賦調先期。犴獄無擾。即下詔褒用。於是實材輩出。項背相望。仁宗之治。軼迹三代者其機在此。臣愚欲望陛下於用人之際。凡文武之臣。內外之職。悉別以名實。而考其始終。度其人有志於實用。而不事矯詐沽名者則浸以任使。若其大言無當。敢為務辯駕虛名以動主聽者。一毫不以假借。仍申諭大臣於進退百寮。一以實材為急。陛下一好惡之頃。大臣一進退之際。將不出歲月。皆視儀聽唱。靡然嚮風。懲虛名而務實用。誰不能為國家辦事者。則天下之大事舉矣。惟陛下財幸。

中書舍人崔敦詩奏乞以公道用人。䟽曰。臣聞國家之治忽。繫乎公論廢存之間。蓋所謂公論者。非可以強名。衆心之所謂當然。乃天道也。臣嘗觀孟子論進賢舍不才之法。曰。左右皆曰可勿聽。諸大夫皆曰可勿聽。國人皆曰可。然後察而用之。左右皆曰可殺勿聽。諸大夫皆曰可殺勿聽。國人皆曰可殺。然後察而殺之。蓋左右之言常得自售其私。諸大夫之論猶恐未協于衆。至於國人之論。舉國之所謂當然。是謂至公。是謂大同。未有不得夫用舍之當者也。臣仰惟本朝祖宗法天立道。朝堂之上。持公論以調萬化之平。縉紳之間。伸公論以廣九重之聽。是以治功之盛。超冠古昔。爰自熙寧大臣變更法度。于時士大夫欲排羣議以行私說。一切指公論為流俗。自是名節不競。馴至弊敗。臣嘗以為公論所在。治道是由。人主者天下公論之主也。臣恭惟陛下遠撫旁招。兼聽一視。朝廷無私黨。天下無壅情。王道蕩蕩。過乎三代之盛。然而聖人之德。又當新而不窮。臣子之心。每有加而無已。臣伏願陛下建大中之極。開旁燭之明。深詔大臣。施舍廢置。必詳觀輿議之歸。明敕近臣。是非善惡。必悉考僉言之當。要使公論

在上。昭然明白。亦俾中外知聖意之所向。則天下幸甚。

翰林學士承旨洪遵舉監司郡守上奏曰。臣伏覩右朝奉郎權知侯州軍州事張允之。儒雅醞藉。長於治民。前守臨江。今知盧溪。周旋兩郡。皆以治最聞。可謂循良之吏。使當一路。必能激濁揚清。奉行德意。右承議郎充江淮荊浙福建廣南路都大提點坑冶鑄錢司主管文字鄭沔。䟽通修潔。臨事不苟。嘗為廬州合肥令。治效顯著。泉司為屬前後三任。鼓鑄之事。尤所諳曉。部使者惜其未薦之。因任按以一郡。必有可觀。允之及沔。係見今可任之人。右承議郎新差通判明州軍州事吳松年。名臣之子。敏於詞翰。踐更事任。積有能聲。緣未歷親民之官。故無績狀可書。至於廉勤公明。乃其天資。異時可備剌舉之選。右通直郎知平江府吳江縣張畯。學古入官。奉公不撓。為令吳江。當舟車之衝。外應軍須。內究民事。以至大駕行幸。一辦無闕。幹旋蕞邑。

民間無秋毫之擾。異時付之郡寄。必能趨事赴功。然年及暇。係將來
可任之人。臣今舉到張允之等四員。保任終身。如後不如所舉。甘與
同罪。謹錄奏聞。
遵知建康府薦溧〃來程滑老劄子曰。臣竊見右宣教郎知建康府
溧水縣丞公永愛民戢吏。有循良之風。剖決優游。庭無滯訟。催科不
擾。及秋二稅。率先辦集。前後士民舉留者甚衆。右從事郎知池州建
德縣程滑老。敏於臨事。有剸劇之才。去年秋境內旱災。躬行阡陌檢
放。皆實拯荒之政。靡所不講。比之旁邑。流亡最少。百姓德之。臣所領
縣四十有三。其可稱者絕無而僅有。欲望聖慈。特加旌擢。庶幾風動
一路。以為能吏之勸。
遵又奏舉邵宏淵劄子曰。臣一介疎逖。陛下付以方面劇寄。夙夕惟
念。常懼無以圖報萬一。苟有管見。不敢緘嘿。臣竊謂今日先務。選將

兩兵莫此為急。仰惟陛下銳意中興。留神軍政。汲汲求人。惟恐不及。
天下幸甚。臣伏見邵宏淵驍勇有謀。為時宿將。驍雄之目。著聞中外。
昨在湖湘立功。鼎人德之。血食至今。逆亮犯順。宏淵提孤軍抗方張
不制之虜。真揚免於塗炭。兩郡為之立廟。其人雖六十餘。而矍鑠強
健。不廢鞍馬之習。久處散地。公論惜之。欲望天慈斷自聖意。收拭錄
用。庶幾緩急之際。可以倚仗。臣觸冒宸嚴。無任戰灼之至。
遵又奏舉趙撙郭剛劄子曰。臣比以悍卒奸禁。專輒行誅。上章自劾。
干瀆天聽。伏蒙聖慈灼見。曲賜原貸。臣遙望闕庭。無任感激之至。臣
竊見馬帥趙撙到軍以來。盡革前日刻剝之政。軍士舊逋。一切蠲放。
按視軍馬。拊於教閱。分諸將不得役使。令下之初。人人悅服。建康
都統制郭剛。留心軍政。一歲有餘。葺治器甲。為之鼎新。不時於諸軍
控教。紀律嚴明。轅門敬畏。將帥得人。實為今日先務。臣備員數闔寄。

有所聞知。不敢自嘿。僭冒淵聰。臣不勝震懼之至。謹具奏聞。伏乞睿照。
中書舍人史浩上奏曰。臣等恭惟陛下龍飛御極。曾未浹旬。首擢臣
等寘之從列。深惟際會。竊自省循。陛下入繼聖學。雖出生知。然而就
傅以來二十餘年。太上皇帝遴選儒臣。俾為輔導。及其成效。蓋有自
來。譬如多稼。有年。既耕而種。既種而穫。夫豈一日之力哉。臣等晚備
誦說。聖質已成。初無涓塵裨益。而猥蒙厚恩。先諸舊學。心實不安。此
而不言。使陛下未發晉文求介推。世祖召嚴光之令。臣實有俛。功蔽
賢之罪。欲望聖慈特降明詔。凡曾侍潛邸臣寮。依累朝故事。第加恩
典。
浩為觀文殿大學士。兼侍讀。上奏曰。臣聞誤國之罪。莫大於蔽賢。報
君之忠。無踰於薦士。臣嘗承乏經帷。薦士職也。敢失其職。以速官刑。
又況臣千載一時。遭遇聖明。從始暨終。自頂至踵。受陛下生成之恩。

特出倫等。欲報之心。宜何如哉。臣今老矣。智慮荒落。不足以寄陛下
腹心。筋力衰疲。不足以任陛下股肱。然區區報國之誠。雖老不能忘
去。朝夕思念。唯有進達賢才。異日倘有毫分之補。庶幾臣之志願償
一二焉。重惟內之庶尹百僚。已經選用。外之監司帥守。已經臨遣。臣
皆不敢寘論於其間。若夫懷才抱識。沈伏下僚。而未能自達者。據臣
所知。尚十餘人。明州鄞縣主簿薛叔似。學窺往聖。志慕前脩。試吏之
始。已有能聲。君任之以事。當無施而不可。新紹興府司理參軍楊簡
性學　明辭華。條達孝友之行。閨內化之。施於有政。其民必敬而愛
之。新建寧府崇安縣主簿陸九淵。淵源之學。沈粹之行。輩行推之。而
心悟理融。出於自得。新無為軍軍學教授石宗昭。學問操履。文采政
事。四者皆過人。而深自韜晦。無矜異之心。新寧國府府學教授陳謙
材術既高。文章尤美。推其所用。必能。才職新鄂州推官葉適。資禀甚

高傳記能文其學進而未已前江東安撫司幹辦公事崔惇禮學問該通辭藻華贍與其弟惇詩相埒識者惜其未用新江陰軍江陰縣尉家燚學問醇明性資端厚守正而無矯激久在庠序士子推服添差通判常州趙善譽宗子之秀學問文采俱有可觀吏材尤高不在彥逾下前撫州州學教授張貴謨文學吏治務求實用試之以事必有益於時監臨安府回易庫胡拱故禮部尚書沂之子沈厚似沂而拱行尤峻安恬守道不願人知前衡州州學教授舒璘性資誠慤好學不倦而練達世故材實有用新紹興府府學教授舒烈性質和粹操履端固平居雖簡易而遇事有守明州州學教授王恕博通性理諳曉民事時輩推其為可用之材監潭州南嶽廟湛循性資和裕學問通明頃中甲科不求榮進而為親請祠時輩推之臣所知見處下僚未經先達薦引者凡一十有五人如蒙聖慈以臣言為不妄即乞

睿旨降付中書省籍記姓名隨才錄用

歷代名臣奏議卷之一百四十四

歷代名臣奏議卷之一百四十五

用人

宋孝宗時蔡戡論用人上奏曰臣聞為治莫如求賢求賢莫如變俗俗所趨向視上之好惡而已自古人君未嘗借財於異代所用者不過當世之人在人君作而成之祖宗盛時韓范文富余尹歐蔡比肩於朝故能成四十二年太平之治固萬世不拔之基元祐初載司馬光呂公著范純仁呂大防劉摰蘇轍輩相繼用事一時侍從臺諫之臣皆天下選故後世謂元祐之治有嘉祐風非天之降才獨萃於此時蓋祖宗所以作成之者固有道也祖宗之制莫重制科其次則進士高第制科第三等進士第一人初授職官成知縣代還升通判再任滿方試館職制科第四等進士第二人以下及諸科任子從可知矣祖宗以文學取之故以州縣試之欲其諳練民事而適於用也今

則不然進士高第雖授外任闕期未及召命已下詞科出身今日拜命明日升朝又有初非異科不歷外任夤緣交結徑登朝籍曾不數年持節擁麾而去州縣之事瞢然不曉材者猶不免付之胥吏經年累月習而後知不材者終身憒憒惟吏是從民被其害不可勝言甚非祖宗立法之意祖宗之制凡執政侍從未有不歷省府而後大用蔡齊進士第一亦先為三司使歐陽脩一代名儒亦先知開封府然後為執政蘇軾制科異等亦先為開封府推官呂公著素有時名亦先除戶部判官然後為侍從其他名公鉅卿莫不如此祖宗求之以名用之以實故人皆可用而事無不立也今則不然凡中詞科舉進士者蓋有不離闕廷不歷繁劇自館閣升左右史入禁近大率十年可致卿祠下視六部七寺鄙曰冗局簿書獄訟目為鄙事不屑為之往往不通世務不達吏道天下無事尚可充員萬一緩急鮮不敗事

甚非祖宗用人之意。臣謂今日卿士大夫屬秩於下，不爲無人。陛下當體每有才難之歎，蓋非乏材也，作成人材未得其道也。臣願陛下特賜睿旨，討論祖宗舊制，因時斟酌之。凡制科、詞科及進士三人用近日崇虛例，特與添差職官，任滿方許改名。其餘進士任子，必歷州縣差遣六考以上，仍有宰執侍從監司郡守舉薦，召對而後除職事官。凡館職、學官、太常宗正寺、將作軍器監官，必兼察其間才學之士可以大用者，必歷省府邊藩，次第而至卿相。若是，則守一官，效一職，終身無榮進之望。天下之士既知聖意所在，莫不洗滌磨礪，各奮所長，以赴功名之會。祖宗得人之盛，將復見於今日。

戡又論委官差人侵擾州縣上奏曰：臣恭惟國家設官分職，上下相繩，大小相維，如臂之使指。故內則省部，外則諸司州縣，凡有文移，次第而下，符檄所至，敢不聽從。比年以來，文移既繁，期會無信，前後相牾，新故相仍，州縣疲於應酬，不無違滯。於是委官差人，相望絡繹，公私煩擾，不可勝言。所委之官，憑藉權勢，妄作威福，陵轢守宰，鞭箠吏胥。州縣奉承，惟恐不至。公庫非時宴餉，驛券計日批支。凡所干求，惟命是應，少不如意，謗罵隨之。甚者搜摘隱微，造作言語，還司之後，公肆詆誣，譖愬既行，陰被其害。前者未去，後人復來，旁午道塗，充滿驛舍。又有使臣承局，計囑文移，托追索之名，爲取給之具，所在州縣，常有數人。此曹無知，惟利是視，苟不厭其所欲，迫脅吏輩，慢侮官曹，踰月累旬，坐待不去。州縣之擾，莫甚於斯。臣愚欲望睿旨嚴飭有司，凡省部追索州縣金穀，以次移之諸司，諸司移之屬郡，屬郡移之屬縣。凡有慢令者，亦以次而劾之。大者罷黜，小者鐫秩。諸司有追索於屬郡，屬郡有追索於屬縣，亦如之。輒委官差人侵擾部內者，必置諸罰。庶幾此弊頓革，州縣之吏得以展布四體，趨事赴功。仰副陛下願治之意。

戡又論用人不當上奏曰：臣聞自古人君立事用人，未有違衆自任而能成功者也。未問事之是非、人之賢否，先觀衆心之向背如何。書曰：謀及乃心，謀及卿士，謀及庶人，謀及卜筮。夫謀而至於庶人，可以已矣，又且質諸鬼神，不聞逆多從少，而其事可立也。孟子曰：左右皆曰賢，未可也；諸大夫皆曰賢，未可也；國人皆曰賢，然後察之，見賢焉，然後用之。夫國人皆曰賢，可以已矣，又且察其人焉，不聞國人皆曰不可，而其人可用也。故人心之所不欲，雖有良法，聖人不能必行；人心之所不與，雖有典故，聖人不敢必用。蓋違衆而立事，事雖可立，亦必不濟；違衆而用人，人雖可用，亦必無功。而况事未必是，人未必賢，詎可輕咈人心乎。古之稱堯者曰稽于衆，舍己從人；稱舜者曰舍己從人，樂取諸人以爲善。堯舜聖之盛者，天下後世不可及矣，宜其任己而自用也。方且舍己從人，蓋謂一己之聰明，或有所偏，不若天下之聰明爲公也。恭惟陛下體堯蹈舜，冠德百王，方欲規恢遠圖，紹復大業，人心向背，不可不察。夫立一事，而人心不欲，必其事之不可立也；用一人，而人心不與，必其人之不可用也。彊人心而爲之，非徒無功，且恐適所以害之也。臣願陛下法堯舜舍己從人之義，稽箕子謀及庶人之言，詳孟軻國人皆賢之說，於立事用人之際，博採公議，俯徇人心。人心之所同，即天意之所在，能順人心，則合天意，以此立事，何事不立。以此圖功，何功不成。惟陛下所欲爲耳。

戡又乞遴選監司上奏曰：臣聞漢制部刺史秩六百石，位下大夫，掌奉詔條察二千石，居所部，各舉爲守相。夫以小制大，以卑臨尊，輕重若不相準，然當時所遣，非御史丞相史，則諫大夫博士皆朝廷要官也。夫嘗仕朝廷，則德意具悉，而知所以欽承；嘗爲要官，則名望素重。

而知所以自愛。秩卑則樂進。賞厚則勸功。故漢部刺史得人為多。其後更置州牧。秩真二千石。行之未久。功效陵夷。姦軌不禁。卒仍其舊。國朝選任監司。略循漢制。多以朝臣為之。雖執政侍從為郡太守。皆得廉按。其權頗不重歟。比年以來。此選寖輕。往往自守貳循次而至監司。不復選擇。故其名望不足以服眾。風采不足以動人。州縣亦多易之。部內一有達官要人。趨走奉承。唯恐或後。職業之不修。獄訟之不理。冤抑之不伸。莫敢過問。甚則饋遺相往來。酒食相追逐。一為所啗。夫復何言。此監司之所以失職。州縣之所以被害也。而況川廣去朝廷最遠。所賴外臺耳目之寄。激濁揚清。戢姦惠良。以稱臨遣之意。苟非其人。上下蒙蔽。遠民何所控訴乎。今諸路監司。不過五十人。臣愚欲望睿慈明詔大臣。選朝廷要官有風力才幹者。更迭用之。庶幾監司得人。廉按稱職。州縣之間。無復有貪暴偷墮之吏。天下幸甚。

王質奏論使材二疏。一曰。無責全材。臣嘗論曰。聖人之用天下。常使人欣欣有自喜之心。下自一介之吏。等而升之。人各自顧負荷。可用於世。才者常思奮其才。智者常思泄其智。一旦苟可以施為。則激昂馳騁。惟恐後時而不發。當此之時。天子優游於上。而天下之人奔走於下。大者則為之勞心以集大事。小者則為之勞力以濟其職。孜孜矻矻以自逞其能。疲弊辛苦。終其身而不倦。甚者蹈白刃。觸湯鑊。冒患難而不知避。惟夫自以為無用於世。則氣消意壞。雖有才智。久而散緩腐敗。以至於枵然而無用。夫天下之才智。可作而不可沮也。世之良弓激而發之。一寸之鏃。可使有千步之勢。弛而放之。與仆株朽木同。故聖人常以有用引天下。以為無用而自絕。則其可用蓋無幾矣。臣嘗歎息唐八司馬。皆天下雄豪偉特之才。如柳宗元。劉禹錫。其所蘊藏蓋百分未試其一。故其發厲軒昂之氣。雖憂深憔悴之中。猶自見其文章議論而不可泯。其精華果銳。盤屈而低折。不得已而暴露於荒州僻郡之間。蓋亦有過人者。而程异晚年復振。則唐之財用遂霈然。此豈可以不惜也。蓋嘗讀洪範之書。以為皇極之道。廣大而不狹。寬厚而不苛。而堯舜禹湯文武。所以用天下之術。頗可以推見於此。何者。有猷者有謀略也。有為者有膽力也。有守者有志節也。有謀略者能畫。有膽力者能辦。有志節者能立。此不可不念也。故曰汝則念之。雖然。有謀略者或至於詐而不知正。有膽力者或至於縱而不知法。有志節者或至於執而不知懼。蓋非天下之中道矣。雖然苟未罹於惡者亦不可以不受也。故曰不協於極。不罹於咎。皇則受之。嗟夫。皇極之道。非聖人孰能行之。荀彧。崔浩。張華。王猛之謀略。杜黃裳。李德裕張柬之。郭崇韜之膽力。申屠嘉。張昭。竇武。何進之志節。此固經者有所不錄也。臣聞昔者太祖皇帝以大度致天下之士。深知趙普之

貪。曹翰之横。而包涵覆蓋。未嘗見於辭色。故趙普曹翰俱得以為名臣。自雍熙端拱之後。用法愈詳。而責人愈密。蓋其弊至于今有二。一曰記舊惡。而不開其新。二曰。録其暫失。而不責其後效。且天下之士誰能無援而進者。陛下以天下之權付之宰相。凡取予黜陟。皆出其手。而今之議者曰某人故相黨也。臣愚不知誰非其黨歟。既斥其尤。則其他自可以淬磨洗濯而與之更始。故臣以為莫若棄其舊而開其新。夫人一辭令之不當。一措置之不審。雖大智有所不免。而何必銖稱寸量於其間。銖稱寸量。則自公卿大夫以下。至於州縣之丞尉。其破碎而不全者甚多。而非可以一二數也。故臣以為莫若略其暫失。而責其後效。故夫天下之勢。要使輕重兩適其平而已。臺諫者列善惡之實。而致諸天子。天子者權善惡之宜。而置諸士大夫。是以能平輕重之勢。何者。臺諫列善惡之實。而處之以公。故人無邪心。天子

權善惡之宜而行之以恕故人無棄才此所謂並行而不相悖者然臣之論非所施於大姦慝也

二曰無拘定制臣嘗論之曰聖人之於天下惟其我取必於人而人不能取必於我是以天下惟聖人之為聽何者我取必於人則權在我人取必於我則權在人人主之所為奔走於天下者權也以奔走天下之具而委之於人則欲富者富欲貴者貴如執券取償其勢不得不應隨其所欲而應之則我之富貴有限而彼之所欲無窮置而不應則閧然有不平於其心浮躁者則怨怒而形於色辭而長厚者亦不免歎息滯悶而不能一日釋其意以為天子爵祿彼當予我而我當得也倚之以必予而不予以為吝計之以必得而不得以為枉故人主多負謗於天下而天下多不盡力於其君所貴夫聖人者不牽於天下之私情而附合於天下之公論彼天下之私情孰不欲富孰不欲貴而聖人一以公論槩乎其間必其有可以得富貴之理然後遷之以富貴之資故得之則釋然有以自慰其意而不得者亦慊然有以自愧自慰以當天下欲為之心而自愧以作天下不為之氣臣嘗讀西漢百官年表以為武帝規模法度固不若古帝王之粹而其役用天下皆聖人不言之妙術也張歐為中尉九年而遷甯成之遷四年韓安國之遷一年商丘成為大鴻臚十二年而遷而田千秋之遷一年田廣明之遷五年故臣以為武帝之用人有不可以遲速推漢制宰相之闕則取諸三公三公之闕則取諸九卿然而石慶之死御史大夫當遷而不遷而太僕公孫賀得之公孫賀之死御史大夫商丘成當遷而不遷而涿郡太守劉屈釐得之御史大夫延廣之罷九卿當遷者甚衆無何取諸濟南太守之王卿御史大夫公孫弘之絀九卿當遷者甚衆無何取諸河東太守之番係故臣謂武帝

之用人有不可以次第度彼武帝者以為吾之爵祿而使天下以意揣而情窺則吾爵祿之權將折而歸諸天下是故示之以不可知之端而引之以不可窮之緒使天下惟知愛之而為為之而力而終莫敢有所歆羨邀持於其間此固武帝之所以為雄材大略也近者大臣之議患夫在朝廷者居之數月則悄悄然已有欲進之心居之滿歲則汲汲然遂有必進之意又少遲之則凜凜然不可留此是以故歲之詔定日月以為遷易之限曰將以沮躁進者之心也患夫在朝廷者不量淺深不度高下無故而遷不愧不得而得不遜也是以故歲之詔循序以為進擢之格曰將以塞僥倖之路也此二者其意則甚公而其名則甚義然臣之所慮者士大夫取必於朝廷之爵祿而朝廷又自開其必取之門臣之所不識也夫天下惟不可為此必然之說也為此必然之說則人將有必然之心今將致其力者則先令之曰行百里予百金而未至於百里百金固不可得也至於百里雖跛躄者亦無以卻之矣其初欲以致有力者而其終不能卻跛躄此必然者之過為今日之計莫若參其才之優劣揆其績之高下廢置予奪雜出於必然之間使天下之人知之而不能名名之而不能議然後有以深服天下之心而致天下之力夫使天子之爵祿而日月可以驅致資序可以必得雖童子皆能逆計之矣而烏能以鼓舞天下哉

貸又論馭臣勿窮恩上疏曰臣嘗論之聖人之服天下惟其我無望於人而人不能無望於我夫是以能鼓舞天下才俊豪傑之士至於奔走勞苦終其身而不厭夫天下之才俊豪傑所為奔走勞苦終其身而不厭者何也有所深慕而不可以遽取有可得之方而無必得之理欲進則有所務欲退則有所不忍捨聖人默然其顧眄嚬笑而

天下爭先為役。而聖人漠然。終未嘗有所求於天下。夫使天下才俊豪傑之士。稍有所長。則挾其所習以邀其上。軒然自以為天子不可一日無我也。而天子盼盼然惟其欲之為徇。悚然亦自以為天下不可以一日而無斯人也。天子以為天下不可以一日而無斯人。則斯人亦以為天子不可以一日而無我。夫如是則黃帝堯舜不能以號召天下。嗟夫。天下誠不可無才俊豪傑之士也。而不可使之失機。故聖人駕馭才俊豪傑之士。應於用恩而信於用法。大抵一為我之所役於爾者輕。而爾之所托於我者重。我可以無爾。而爾不可以無我。然聖人之所以憑藉而倚伏者甚重而不輕也。是之謂機。昔者高祖倔起於匹夫之微。而與秦楚爭天下。所藉以為心膂爪牙者惟二三豪傑是賴。然高帝銖分寸量。未嘗有以大慰其心。下其城則得其邑。破其敵則錫其爵。否則終歲不遷。至於以一齊而授韓信。猶嶄嶄而

不肯予。彼高帝非有所嗇。以為我之官爵有時而窮。土地有時而盡也。要使有時而窮者常若無窮。有時而盡者常若無盡。使夫豪傑之士相與回旋曲折於無窮盡之中而莫自知。此固高帝之所以為善將將者也。唐明皇寵一安祿山。自營州都督十遷而至宰相。自平盧一軍。五增而兼三道之兵。祿山之才未盡。而爵祿已窮矣。臣聞之習鷹者。搏擊之權在鷹。而飲食之權在人。故鷹之於人。常不惜其搏擊之力。以易其飲食之資。而人之於鷹。常重惜其飲食之資。以邀其擊搏之力。而後能用鷹。有淺丈夫者。惴惴然惟恐其不可使也。則雉兔雞鼠。日陳于前。其不颺去者鮮矣。而安能為盡力於擊搏哉。明皇之於祿山。是養鷹而飽者也。臣嘗論祿山逆計萌於天寶之中年。然而隱忍涵養。以爵祿之窮而後發。是故役使天下豪傑之士。必使彼之才有盡而我之爵祿不可窮。今之為大將。平居無事。為天子統會士

卒而已。非有攻城略地之功。汗馬之勞也。然而無故而進其階。加其職。夫今之為大將者。類非小官也。馴致不已。不數月可以極人臣之位。昔者曹彬克江南。太祖皇帝惜一節度使不與。拳拳留之以待巴蜀之平。狄青交廣逆儂智高。議者欲寵以樞密使。獨宰相龐籍以為西北猶未平。後有大功。何以賞之。蓋其深謀遠慮以為寧使之常有所不足。而不可使之自安於有餘。今無故而窮之。何也。且天下未嘗無緩急也。窮之於無事之時。則何以使之於有事之際乎。臣懼其才未足。而爵祿先窮也。

樞密院檢詳文字李樁上奏曰。臣仰惟陛下宵衣旰食。勵精求治。親攬權綱。進退人材。宜乎內外咸康。丕臻至治。以稱陛下焦勞圖回之志。而外則吏強官弱。民志不伸。田野未闢。物價翔踴。州縣窘匱。百姓窮苦。游手不戢。盜賊時有。內則主勞於上。臣逸於下。百寮苟且。多為

身謀。直言不聞。相徇成俗。命令數更。未適攸當。其故何哉。臣愚竊意陛下腹心無謀畫之臣。規模無一定之計。故百僚苟且。相徇成俗者。不識陛下之規模也。命令數更。未適攸當者。腹心無臣以謀陛下之事也。陛下非不求謀畫腹心之臣以圖至治。蓋求之未有其人也。然則多士在朝。寰宇之廣。豈無其人。是以為國家用者。臣愚竊意陛下用人進之欲速。退不盡禮。進之欲速。故多不勝其任。退不盡禮。則真才實能隱晦而不出矣。臣愚欲望陛下審擇其人以用之。陛下聞其賢矣。置之左右。與之論天下之事。其剖析如流者。固易見也。其遲疑不決者。亦易見也。陛下知其才矣。察其操守。觀其志趣。皆不逃聖鑒矣。既賢且才。則與之謀畫治天下一定之規模。使百僚知所趨嚮。莫敢苟且。內外弊風。俱不勞而變矣。陛下圖治之心遂矣。臣疏遠小臣。唯知盡忠。不知忌諱。僭輒狂妄之誅。惟陛下寬之。以來忠讜之言。天下

甚。

椿又轉對曰。臣竊謂人材不可不擇。天下本非乏材也。顧作成之如何耳。陛下臨御以來。收拾人物。多出親擢。至郡守監司兵將官其參辭悉令陛對。大開言路。雖微賤之士。皆得論事。陛下未嘗憚煩。焦心勞思。以圖治功。宜乎多士在庭。盡忠竭力。於濟國事。四海福康。使陛下端拱無為。不勞而治斯可矣。比者泛使之來。莫測其意。大小之臣以至細民。俱懷疑懼。而不聞一士為陛下謀者。臺諫侍從。亦皆緘默袖手以觀。賴陛下神聖獨斷。自有以服之。人情乃寧。享陛下高爵厚祿者。不為不多。而一有小事。而莫能有毫髮之助。可不謂人材乏乎。至如州縣闕乏。當申之於漕司計度之。以有餘補不足。漕司不足。則當申之省部。科撥足矣。至於煩陛下遣中使宣問。又差奉使會計。累月往來。僅能罷一人易一人。且諸路數百州。一一溷瀆聖躬如此。可

不謂人材乏乎。先儒以謂天生一世人。自足以了一世事。今非無人也。但不任其職也。何以不任其職。風俗使然也。風俗若何。主勞而臣逸也。陛下親攬權綱。聖主之事也。謂如近日陛下逐臺諫罷執政。可以銷朋黨破姦邪正紀綱。保善類。群臣莫不厭服陛下之英斷。所謂親攬權綱。如是而已可也。若會計州縣之收支。機察小臣之微罪。臣願陛下不必經聖慮也。提綱振領。舉其大者。則小者皆次舉也。臣仍願陛下嚴禁臣寮游權倖親近之門。為士大夫而游近倖之門。臣知陛下必深惡之。然勢或使然也。陛下每惡腐儒及為巧佞所誤。致陛下於進退人材之際。無所取信。則必求所以察察之術。以察察人。不自膺近。何從而知之。故得罪而不由中書者。或以謂近習所察也。得進而不由中書者。或以謂權倖所薦也。未必實然。萬一有此理也。規進之士。不知義命。唯進是求。或以苞苴。或以諂諛。交結附麗。寖以成

風。人材所以委靡。臣仰惟陛下聖明之朝。而目覩此風。實痛惜之。臣流落寒士。隻影孤立。本無才術。誤蒙陛下擢用。行年六十有四。疾病在身。來日無幾。尚有所見。畏忌而不言。是臣負陛下恩遇也。臣切切之心。無由上達天聰。今因轉對。得露愚誠。臣又願陛下選擇有人望負道德之重者進用之。使負道德之士。進退人材。議論得失。必不忍負陛下而任私意矣。以公道用人。以名節取士。則士風振而人材出矣。晉琅琊王初過江東。王導輩以未有人望歸之。以為憂。故收拾東土之望。顧榮賀循紀瞻卞壼之流。進用之。遂能立國。蓋人望者國之基本也。其可忽諸。然則何以知負道德之重者。以唐明皇之所以用宋璟。仁宗皇帝之所以用富弼。則易知之矣。臣狂瞽之言。冒犯天威。死有餘罪。臣不任戰懼待罪。伏乞睿照。

椿薦掄正。乞擢用北人。上奏曰。臣愚陋無取。屢蒙陛下親擢。逐對之

際。親承玉音。以臣北人。所以名用。則臣荷陛下特達之知。且知陛下不忘中原之意也。仰惟陛下欲用北人。豈不以其性多忠實。豈非惡傾巧之人。所以進忠實之士。則臣固當以忠實事陛下。不敢求奇巧圖。迎合以希覬官爵。庶幾有以上稱陛下用北人之本旨。臣竊惟伏自太上皇帝南渡艱難之時。任呂頤浩。所以能誅逆臣。破群寇。扶宗社。立紀綱。可謂有大勳勞。及叛臣挾虜勢。侵犯淮甸。太上皇帝用趙鼎。遣諸將破虜軍。而後國勢張。宗社固。天下翕然歸重。此二臣者皆北人也。當時若非二臣決未必能立此功業。自二臣遷廢死亡。其家皆破碎。北人立朝者殆鮮。況北人南來。今五十年矣。所存無幾。其近年歸正之士。又亦屈指可數。且北人性多拙直孤立。以拙直孤立處之機巧奔競風波之內。其何能立也。不唯不能立。臣亦慮必將有受害者矣。又有流落失所之士。飢寒切身。俯仰於人。干求進望。不復有北方

直實之氣味者。不可不察也。故陛下雖有用北人之意。未有以上副聖心所欲也。臣嘗聞晉琅琊王初過江東。王導輩以未有人望歸之。以爲憂。故收拾東土之望。顧榮賀循紀瞻卞壼之流進用之。遂能立國。臣願陛下兼收並進。惟賢是用。唯道德是尊。不必曉然露欲用北人之意。庶不失東南士心。亦足以保全那殘流落北方之士。果有剛敏材器如呂頤浩。學術方正如趙鼎者。願陛下尊而用之。然後有以稱陛下用人之心也。伏乞睿照

椿兼尹京。又奏曰。臣伏聞漢陳平以智稱。不以德稱者也。任宰相不荅刑獄錢穀之對。稱知宰相之職。所以能成不世之勳。唐稱賢相。前有房杜。後有姚宋。表表在人耳目。于今稱美。房杜不言功。蓋舉皆得宜。故無功可稱。姚崇薦郎吏。明皇仰視不荅。以謂言郎吏非宰相事。崇聞歎服。後世稱其得體。宋璟自南海至都下。不與中使交談。當時爲人歸重。至今凜然可尊。不惟五人之能。是文帝太宗明皇用人得其道也。故能成刑措。貞觀開元之治。非偶然也。仰惟陛下睿智仁明。上希堯舜。賢於文帝太宗明皇遠矣。十餘年間。焦勞求治。躬攬權綱。三帝之勤政。未足上擬聖德之彷彿。而考實其治。則未及漢唐全盛之時何哉。主勞於上。臣逸於下。天下之事無任責之人。故用力多而見功寡。其以此也。臣每自遠方來。與士大夫處。但聞得失升沉之計。罕聞憂國爲民之言。以奉公者爲野。以真實者爲愚。習以成風。上下苟且。故政無大小。皆待陛下躬自與決。才無能否。皆待陛下親行進退。至于出納之吝。上勞聖躬。士大夫惟知圖進。不復以國家治亂關於心。所以未臻至治也。易曰。君子安而不忘危。存而不忘亡。治而不忘亂。是以身安而國家可保也。食君之祿。不留意於此。烏足以爲士君子哉。臣愚願陛下飭大臣。戒百寮。各使不忘聖人之戒。明安危存亡治亂之理。盡心臣道。各率乃職。毋勞君父。以圖自逸。共裨聖政。日躋至治。天下幸甚。

椿又曰。臣聞晉室之南渡也。王導實佐之。始至江東。深以東南人望爲念。故收拾顧榮紀瞻等用之。所以能立國。南北雖分。而能保其正統者。得人心故也。仰惟國家仁厚之政。洽于民心。雖遭艱難阻隔。而人情不忘。歸仰非東晉可以比擬。伏自陛下臨馭以來。未嘗一日忘中原。故孜孜以人材爲念。中原之士。尤得選擇。至如臣之愚。亦蒙異眷。薦被超擢。臣仰體陛下聖慮。以北人稟性忠實者多。所以收用。期於忘身徇國。以圖治具。德至渥也。臣自念生長河朔。賦性愚拙。流寓江湖五十餘年。每歎人材之難得。蓋緣士風之不振。願陛下惟才是用。不拘南北。兼北人至此無幾。况陛下兩宮身居南土。不可不固結其心。惟臣言之無嫌。承平全盛之時。北人立朝。尚以疎直不得行其志。矧今日絕無而僅有。陛下雖欲全之。適所以危難其全矣。此臣所以痛心疾首。願陛下深思遠慮。選才於公論。毋取於交結。信任其忠實。毋取於詭隨。庶幾士風漸革。真才輩出。不患不能輔佐聖時。以圖至治也。臣不勝皇懼待罪

衛涇奏論人才疏曰。臣聞人君論制天下。所與建功立業者。惟人才是賴。然自古及今。未有儲之不廣。養之不素。而能備大有爲之用者也。仰惟陛下臨御日久。博觀今日人才。熟若以爲果有餘邪。果未足也。以爲不足。則內而朝廷。外而郡縣。百司庶府。其在任者員備而無缺。其待選者倍蓰而又多。以爲有餘。則因循玩歲而職業不舉。委靡從俗而士行不脩。執政大臣所以圖回於廟堂。左右侍從所以論思於邇列。皆陛下所親信委任。非臣疎賤所得知也。至於當世知名之士。一時簡記之臣。皆陛下異時之所拔擢錄用。陛下亦嘗致察於斯

矣其自任以重輔導君德不汲引親舊以為黨與不棄遺踈遂以誤信用是以當腹心之任者幾人昌言正色別白賢否務存大體而不責苛細務振紀綱而不望風旨是以任耳目之司者幾人持節轉舉肅清所部不結權要以自信不借孤寒以示公是以膺臨遣之寄者幾人勸課農桑使民安業不為姑息以要譽不肆貪暴以害民是以稱牧養之責者幾人一旦邊陲有警羽檄交馳臨機料敵彈壓三軍之衆威聲德望鎮撫中外之心是以備緩急之用者幾人聖明在上天涵地育臣不敢謂舉無其人也聞之議者竊謂今之士大夫徇利而不顧義務名而不務實習成軟熟則謂之得體稍知激昂則指為生事公清鯁亮者苦落落而難合脂韋容悅者常齪齪以自媒忠誠篤實者以迂闊而見踈貪鄙巽懦者以僥求而倖進是以氣節頹敗而不立風采銷委而無餘庸庸垂紳默默尸位若大若小渾然一律前

至者冒寵而無恥後來者效尤而何憚賈山曰士修於家而壞於天子之庭此之謂也風俗成矣國家何賴而況邪徑未塞群小爭趨苞苴賄賂之公行干託請求之無厭附炎逐臭希寵爭榮陛下以至公之心而猶牽於毀譽之偏私以至明之見而未免於人情之曲徇邪正之辨未盡昭白是非之論未盡公當頹弊風俗沮壞人材莫甚於此臣願陛下充昭聖德奮自宸衷念國勢之所以未張思人材之所以未振廣薦賢之路必惟賢者而後任盡任賢之道毋使不肖參其間窒其邪枉之門時出非常之斷崇奬骨鯁之吉則諛默之風自革簡拔靜退之人則躁進之徒自遠廣寬容之度毋疑人臣之為近名養敢言之氣毋使人臣之懷畏罪儲之日廣養之日厚風俗丕變賢能輩出一旦取而器使之唯陛下所志而曰人材不足者臣不信也將見主威以隆國脉以固靜足以強根本動足以復土疆何弊之不革何事之不成何功之不立哉惟陛下留神省察豈惟臣之幸天下之幸也

逕繳徐耕祠祿上奏曰臣竊惟御史耳目之司朝廷紀綱所繫惟無私乃能體國正己斯可律人必振揚風采砥礪廉隅然後風憲尊嚴百辟整肅伏見朝奉郎徐耕素乏聲稱誤膺簡拔自頃入臺凡所論奏多不厭塞衆望其劾翁點也反為點上章詆毀指其所言率挾私意耕雖苦詞辯數訖無以自解識者固已譏其辱臺所宜引避乃偃然自安已而蘇師旦之敗交通之跡尤為彰露物議甚喧亦可以言去就矣而耕包羞居職如罔聞知累月以來一無建明日惟覬望遷擢此其風采銷靡廉恥道喪尚足以稱陛下糾繩之任乎近因縱容親戚販鬻私酒豐場務捕獲動以千計付之有司公行可也乃力與庇護甚至縱令僕廝爭奪紛競都人聚觀請囑守臣必欲釋放遂至

徹聞天聽陛下曲全事體猶欲與郡之命今因其引疾畀以祠祿陛下所以待耕可謂厚矣而耕不自愛重上負陛下久尸要任敗壞臺綱若不別白言之切慮中外莫知其故反疑陛下輕去臺臣有累聖德臣愚欲乞睿斷將徐耕祠祿旨揮特賜寢罷俾之循省庶幾上以彰陛下黜陟之公下以釋搢紳疑似之論不勝幸甚臣雖時暫無補不敢隱嘿隨廢職守所有錄黃臣未敢書讀謹錄奏聞

逕又繳兵部郎官劉炳除江西提舉上奏曰臣竊惟常平使者之任分一道剌舉之權若昔先朝選掄持重在外必登最郡課績有治聲在內必服勤郎省著聞朝蹟始與茲選是為拔擢儻授非其人則公論不置臣伏見新除江西提舉劉炳試州遠外資望甚淺夤緣收召遂厠朝列繼以宣司辟置諂諛超躐郎選以寵其行而炳天資闇愚材術踈短職在裨贊補報蔑如進退之間義當自奮顧方入部就職

偃然安居物議沸騰乃謀去就復徼幸便節迤邐所欲丐外之章不知引咎猶謂非不欲趨事赴功敢為大言欺罔衆聽學士大夫豈知禮義廉恥行不顧言當如是乎縱朝廷寬大不欲加罪使之善去幸矣況炳為丞未久為郎又纔數月凡郎曹久次而去者亦不過得節是宜幽黜而反被拔擢人雖置而不問炳獨不知愧乎臣愚欲望聖慈特發睿斷將劉炳新除江西提舉旨揮特賜寢罷且與待闕州軍差遣庶幾朝廷不至過寵在炳受之亦安乃所以全其進退之節不勝幸甚所有錄黃臣未敢書行謹錄奏聞

衛博上殿劄子曰臣聞人主無它職以進退大臣為職大臣無它職以佐天子進退百執事為職在列之臣有一賢焉以復于上而進之可也有一不肖焉以復于上而退之可也知賢而進之知不肖而退之大臣之職然矣近世以來廟朝之論進賢則有聞矣於不肖者之

退則未之或聞也職業之不修狎誼之不辜冗瑣之冒進貪邪之自植非彈擊之來上廉問之發舒則清議不加憲章不及者有之沿襲之風從來久矣聖人在上朝廷清明小大之臣罔不精白以承休德固不容不肖者濫吹其間然於大臣所以佐人主進賢退不肖之職豈宜有偏而不舉之弊臣愚欲望聖慈明詔在廷各恭乃事厲乃待一乃心俾二三大臣精校而審覈之以揚進退之任庶幾賢不肖之別不致混殽真材實能奮迅而出有以上副陛下厲精求治之意

博又上劄子曰臣聞人各有能有不能羿之射精矣而不能敺秋之奕造父之馭至矣而不能舉烏獲之任鑿冰者不可使琢玉刻朽者不可以鑽堅瞽之樂刖之門宮之守雖聖人不能廢其用夔之樂垂之工皋陶之理雖大舜不能更其任所貴乎量才授職因事賦官者正在是爾今之仕者自一命而至於公卿自箠楚簿書而至於稽古

禮文之事莫不欲擅其能尚以一藝自名一能自售者非特其心歉然不滿而人固亦小之此古之所以職業設而萬事治後之所以職業設而萬事隳方且胥然有乏材之歎則亦厚誣天下之士矣仰惟陛下焦心望治盡已任人士有尺寸之長未嘗不錄擢之所以為盛陛下盡得之矣雖然張湯官御史大夫而仍兼治獄劉晏位宰相而不去鹽鐵度支此特漢唐近事當聖朝豈固因循軌轍而尋覆昔人之下哉臣愚欲望聖慈詔執事大臣無責人以全藝無強人以不能明習典章者則使之居臺閣善調盈虛者則使之主國計治獄者必法理之士分閫者必智勇之臣錄所長棄所短久任而責成之將見百工熙庶績凝策勳乎三五之上矣

侍御史王十朋上奏曰臣聞古之為民師帥者能以德化人則人恥於為盜能以威服人則人不敢為盜能以智略屈人則可以除一時

之盜三者俱無焉則何以為民師帥共理天下乎臣竊見廣賊海寇久未撲滅上勞聖慮者蓋縣師守不得其人既不能使之懷德畏威又無智略以勦除之也朝廷不詰其致亂之由懲其不職之罪又從而遷為大藩因而久任亦可謂失刑矣臣切見知明州韓仲通不能防禦海寇致昌國定海諸縣皆被其毒而海道為之不通初有捕致海寇者仲通從而縱之遂致其徒益熾昌國令嘗獻謀於郡仲通怒而不聽四明人莫不切齒朝廷既不罷黜之又除知紹興府仲通不能治一郡其可以典大藩帥一路乎知靜江府俞良弼不能弭雷化之盜遂致蔓延而二廣為之騷然運使鄧酢用虔吉茶商以翁凌鐵良弼忌酢俾與茶商等皆不奏功致茶商憤然嘯呼而起醜黨數千人陷沒州縣殺戮官軍守臣有死者其勢方熾朝廷不能正良弼之罪乃因而久任之安能使鼠竊狗偷輩即時殄滅乎仲通刻薄小人昔

為秦檜鷹犬其惡備見於白簡臣不復論之議者猶謂其有幹才可以任使及治四明最無善狀專用公帑交結黨援海盜猖獗略無計畫其才亦可見矣良弼雖無仲通之惡然聞其老繆不事事況二廣去朝廷為最遠斯民所恃以為命者惟師帥之臣爾良弼為大帥而盜賊充斥如此何以安遠人乎臣欲乞睿斷罷仲通紹興之除奪良弼靜江之帥別擇有用之才以代之將見海廣二寇不誅而自滅矣

十朋又上疏曰臣聞有旨令龍大淵往兩淮撫諭者仰見聖心憂念將士故遣左右心腹之臣為勞來旋歸之使或出於大淵不憚勞苦慨然請行亦可嘉也然命令初下議者囂然咸謂自古遣使或巡行天下或撫諭軍民皆於士大夫中遴選人才如漢之八使用張綱等唐之十一使用庾何等是也太上皇帝紹興間亦嘗遣使撫諭矣或用臺察或用郎官出於遴選時稱得人今大淵雖為潛藩舊臣議者謂非出於朝廷遴選之公銜命撫師有輕國體又慮大淵之出聞者謂是陛下所親信之人州縣必希意而將迎諸軍或望風而交結萬一復致人言如前日臺諫給舍之論列豈不重貽聖憂亦非所以保全大淵也臣以謂王師之還陛下已降詔慰撫之矣今只委張浚勞來安集之不必更遣撫諭之使切恐將士以宿州不利而還未測朝廷之意忽聞使命之出心必懷疑不如寢而勿行以安反側不然乞命宰相於朝列中擇其忠實通曉者敕遣之以重光華之使以塞中外之議不勝幸甚

十朋為著作郎上疏曰臣聞人主之職莫大於論相尤宜遴選於嗣位之初論相得人則可以相與大有為遴選於嗣位之初斯可以慰天下惟新之望昔舜之受命也選於衆而首舉皋陶湯之革命也選於衆而首舉伊尹高宗中興也首求諸野而爰立傅說成王訪落也

首以師保而並履周召漢高祖首相蕭何而成創業之功唐太宗首相房杜而致貞觀之治明皇首相姚崇憲宗首相杜黃裳武宗首相李德裕我太祖之有天下也宰相雖因周舊其自圖任也則首用趙普仁宗即位之始則相王曾又以李迪張知白魯宗道為宰執皆正人也英宗因舊相韓琦曾公亮而委任之又起富弼為元樞用歐陽脩為參政治平之治最稱得人神宗又因治平宰相而委任之及韓琦既去則代以富弼元祐垂簾之際首用司馬光又起文彥博於已老平章軍國重事又相呂公著又並相呂大防范純仁元祐人才於茲為盛歷代帝王與我祖宗任用大臣皆極一時之選又皆遴擇於新政之初足以厭伏天下人心君臣相與有為各成一代之勳業人主之職其有大於此乎恭惟太上皇授陛下以大寶之位又以一相遺之虛右揆以待陛下自擇天下莫不拭目以觀此舉臣願陛下擇諸內外千官百辟之中孰有清德雅望負王佐才者孰有兼資文武可以救時活國者必諸大夫國人皆曰賢天下蒼生望其起者然後用之可也苟惟不然寧虛位以俟之不可使庸人鄙夫僥倖而得以失天下之望非特此也人主之職雖在於論相至若侍從臺諫亦不可不親自識擢宰相得人則內可以奠安宗社外可以鎮服四夷又得賢侍從以論思獻納真諫官以拾遺補過才御史以糾肅姦邪如是則內之百執事外之監司郡縣皆可以得人陛下端拱一堂之上群天下人才如意而任使之內修外攘中興之功不日可冀矣

十朋代越帥王尚書上疏曰臣聞唐杜牧論兵謂上策莫如自治夫內修政事蓋自治之策也任賢使能又自治之要者昔漢以汲黯寢淮南之謀晉以謝安破苻堅之衆唐以陸贄濟奉天之難我國家寶元慶曆間西夏叛命仁宗皇帝以經略安撫之任付之范仲淹韓琦

軍中有一韓一范。西賊破膽之謠。兵不大用而元昊已服。今我與虜強弱不敵。惟當以人才勝之。苟得伏節死義如汲黯輩。則謀當自寢。風流雅望如謝安輩。則敵當自退。忠謀讜論。如陸贄之徒。則難當自解。兼資文武。宏材偉略。如韓范二臣。則虜當自服。所謂一士止百萬之師。一賢制千里之難者也。臣又聞范仲淹初以言事得罪仁宗。尤為宰相呂夷簡所惡。斥逐于外。及西方用事。仁宗思用淹。夷簡亦力薦之。仲淹果能成功。夷簡不失為賢。今邊境未寧。正是側席求賢之日。臣願陛下以仁宗之心為心。大臣以呂夷簡之事為法。拍與任用天下之賢才。以為排難解紛之計。仍詔侍從臺諫監司郡守。各舉人才。勿遺跡賤。朝奏暮召。如恐不及。如是。則異人輩出。可以供陛下之任使矣。夫猛虎在山。藜藋不採。國有人焉。難當自消。自治之術。莫大於此。

知溧陽王師愈論養人才。上奏曰。臣聞致治者。必資於人材。願治之君。輔治之臣。皆能知之。皆能言之。然而每患人材之難得者。豈天下果乏材也哉。自古成大業者。未嘗借材於異代。況我國家聲教所暨。不為不廣。受天地之中以生者。今猶古也。顧所以養之取之用之如何耳。鄧林之木信美矣。必培其本根。茂其枝幹。斯能成可用之質。大匠覩其質而採伐之。斵削其樸。斯能成堪任之器。因其小大。度其長短。或為宗桷。莫不各適其宜。然後大廈可成矣。凡用人材者亦若是。嘗觀有周之時。菁菁者莪。在彼中阿。豈非樂育於其始乎。追琢其章。金玉其相。豈非作成於其中乎。疏附先後。奔奏禦侮。各當厥職。非器使之效乎。此所以濟濟多士。獨稱於有周也。今之用人。似恐不然。一時俊乂。稍有稱於世。忌嫉者衆。未指其小瑕。則索其擿慝。或誣以昧昧難明之過。必使之困躓而後已。吁。是誠何心哉。況夫人之所稟賦

負材術者。不能無可議之失。尚氣節者。未必有應變之具。必欲求全肆毀。奚可哉。苟或見用。又且不度其力小。而責以任重。不假以歲月。而責其速效。宜乎歷年之久。治效之未成也。臣愚欲望聖慈遠鑑有周之隆。近察鄧林之木。凡曰人材。始則保護愛惜之。次則磨礱作成之。終則隨器久任之。其不能成事功者。臣未之信也。管見瞽言。冒黷天威。戰兢之至。

師愈又奏曰。臣聞自漢罷侯置守。秩二千石。任共理之寄。其祿厚矣。其任專矣。其權重矣。故當時郡守。多有治功著於方冊。迨至武帝置刺史以臨之。秩止六百石。蓋欲以小制大。稍殺其權。未至太輕。其任之專。固自若也。人亦奮勵以成治功。惟我國朝待遇守臣。禮固甚厚。祿亦不薄。二年成資。添置監郡。任已不專矣。又置監司以臨之。權已輕矣。雖欲自奮。已不若兩漢之肆。近歲以來。二年成資者十無二三。監司統監其負益衆。郡守之權輕。無如是之甚者。且以江東一路言之。止九郡耳。有兩總領。兩運使。兩提刑。又有安撫提點提舉各一員。是則一人守郡。臨之者九人。十羊九牧。猶未足以況也。至若監司置司之郡。益又甚焉。豈非長官尊太。為郡守者欲行一事。欲下一令。動輒掣其肘。而吏卒撓政。未可縷舉。稍加繩治。交鬭釁隙。郡守必至斥去而後已。監司縱有賢者。欲懲其弊。而吏卒之徒。恥其不勝。必多方為計。使監司墮其術中而不自知。吁。可歎也哉。安平之時。已難於成事功。涵容調護。尚可愒日。或有盜賊之警。兵革之用。必致敗事。甚失建侯作屏之意。臣愚欲望聖慈明詔宰執。凡監司之郡。必擇宰執侍從及曾任臺諫有風力者為之守。其位望頗重。庶可展其所長。不然。止令監司兼領郡事。必久其任。責以治效。至若會府帥臣之權。頗與之均。尚庶幾焉。

師愈直煥章閣知長沙論作邑之難上奏曰臣聞字民之官莫親於縣令陛下愛育斯民如保赤子重縣令之選嚴黜陟以別善否德至渥也為縣令者孰敢不仰躰聖意恪脩厥職然而官卑權輕法密責重上下皆得以鈐制害之者太衆乞為陛下詳陳之願少垂聽覽上焉有監司守倅始則敺之冒法以辦事來則寘之深文以自解況又有私喜怒於其間無所分訴此其一也次則有屬官有曹職官有本縣同官有寄居有過客多欲遂其私為賢令者豈能盡如其所欲往往撰造是非譖之監司守倅為監司守倅者略不加察從而罪之此其二也下則有本縣人吏有豪強上戶有教唆把持健訟之猾民相為表裏又皆欲遂其私為賢令者豈肯徇其所欲於是人吏闚缺失豪強率錢帛教唆把持者議狀本裝點畫詞遣健訟者訟之輕則欲其逐去甚則使之敗官喪身破家而後已此其三也抑又有監司州

府之案吏與夫承局排軍院虞候散從官平時持一紙引傲睨無禮下視縣令稍有所求稍不如其欲裝事端以譖訴監司守倅者聽之屬官曹職官助之其不被害者鮮矣此其四也陛下擇字民之官為甚重而上下小大害之者如此其衆雖使卓魯復生欲展其材詎可得乎是以作邑者莫不嘗其難上官者亦皆知其難第莫肯加卹耳甚負陛下任官愛民之意然而京朝官作邑尚敢不顧其害與衆為敵間有善政至若選人作邑抑又難焉選人非無賢才然而皆懷寸進之心皆為改官之計鮮不彌縫上下以干虛譽甚者至易官錢以買舉狀相習成風臣下知其所患者在此尤得以制之故選人作邑為尤難也臣愚欲望聖慈罷選人作邑盡令京朝官為之庶可革其仰從之弊責以字民之効仍敕監司郡守凡知縣顯然貪贓無狀者依公按劾重寘典憲識不足卹其謬懦不材者逐之亦無害唯是清

強賢令為上下所不喜者當保護愛惜之或為人所誣當直其冤庶幾賢材可行其志字民之効著矣

歷代名臣奏議卷之一百四十五

用人

宋孝宗時韓元吉進故事曰唐書杜黃裳傳憲宗嘗問前古王者所以治亂黃裳知帝銳於治恐不得其要因推言王者之道在脩己任賢而已操執綱領要得其大者至簿書獄訟百吏能否本非人主所自任昔秦始皇帝親程決事見嗤前世魏明帝欲按尚書事陳矯不從隋文帝日昃聽政衛士傳飧太宗笑之故王者擇人任而責成見功必賞有罪信罰孰敢不力孔子之稱帝舜恭己南面以其能舉十六相去四凶而至無爲豈必刓神疲體勞耳目之察然後爲治哉帝嘉納之由是平夏蜀翦齊滅蔡復兩河以幾東還宰相紀律設張赫然中興自黃裳啓之

臣觀憲宗即位懲建中貞元多難之餘強藩悍將頡頏莫制當時宰相杜佑鄭絪輩循巽懦姑息不足任此故帝欲以身任之實甚勞矣夫群

臣之不足任是未得其可任者也而黃裳不自以爲嫌乃爲帝言爲治之要在擇人任之恐其弊精神於簿書獄訟之間卑視聽察察於耳目之際而已爾由是憲宗翻然感悟擇人任焉然黃裳僅能言之而無天年繼以李吉甫始任其責出郎吏以爲刺史省冗官八百員省吏千四百併州縣停入仕易藩鎭者三十六又繼以裴垍整齊法度課吏治別淑慝獎勵諫官悉使言事百度脩舉朝無幸人其後則若李藩之塗詔李絳之論事裴度之討賊帝皆一意任之無復自任俾各得盡其才而竭其慮庶政內修天威四出剷平畔亂竟復兩河無不如志論者以謂憲宗剛明果斷非止伐蔡一事也使大臣如杜佑鄭絪而任之則安得爲明闇黃裳言而不用則安得爲斷要在明於可明斷於可斷得其人爲先則尚何所勞哉故人君勞於求賢逸於得人非畏其勞也畏其非所當勞而枉用焉唯求賢是以當之若勞於細務則群臣返將安坐拱手視吾之勞而莫肯任事也史臣謂憲宗中興由黃裳啓之其不誣也

楊萬里進千慮策論相上曰臣聞聖人不能爲天下求宰相而能爲天下受宰相惟能受之是乃能求之歟知所以求之而不知所以受之則雖焦心側席而相不至搜巖剔藪而相不出夢卜物色而相不眞蓋亦有出而至者矣其如不眞何人主曰賢天下曰否人主曰忠天下曰邪人主曰才天下曰繆夫是之謂相不眞是故一言而天下譁之一動而天下折之非天子悟而遂斯人則斯人懟而去之耳且夫一邑不可欺以令一郡不可欺以守而天下獨可欺以相哉聖人之求宰相初不求也非不求也不求者所以深求之也是故聽天下之自求其人而我無與焉其得之也蓋曰爾自求之爾自得之吾爲爾用之爲耳其用之也則曰爾遺我以其人吾爲爾相之矣其人欲者而天下不允則

曰還爾相矣是之謂能爲天下受宰相古之聖人惟其受而不求是以求而必得得而必任任而必久久而必成蓋得而必任故其人敢於盡任而必久故其功不敗於搖敢於盡而不敗於搖亦何事之不成哉而古之君子之相其君亦不敢犯天下之所不許天下不許而君許之君子有深藏遠遁以自脫天下之譏而已昔者漢武帝相車千秋而取譏於匈奴魏文帝以賈詡爲太尉而貽笑於孫權張昭薦李濤爲宰相而周世宗薄其無大臣體夫能言天下不敢言之事而回人主不可回之疑有如千秋之賢乎策袁紹則取袁紹策馬超則取馬超有如詡之謀乎知張彥澤之必爲晉患知周高祖之必不爲漢臣有如濤之先見乎而或以譏笑於敵國或以不取於其君古者人主之用相如此其難也楚以遠子馮爲令尹而子馮不食以避之晉以蔡謨爲司徒而曰我爲司徒後世必哂竟不拜唐李鄘爲宦者引爲相而鄘

恥之竟不就職。三君子者皆賢者也。夫豈不堪於相而不欲富貴哉
古者君子不輕以身相人。如此其嚴也。後之君子違天以利其身。昧
衆以欺其君。不計其身之所有。以僥其分之所無。可謂不智乎。及得
其所無。而天下皆責之以所有。上以誤其國。下以誤其身。皆是也。可
謂智乎。陛下即位之初。蓋嘗謀之國人。而得賢相矣。天下方以爲賀
而陛下以爲疑。非陛下疑之也。姦臣有以啓陛下之疑也。使陛下持
之不堅。天下恨之。陛下悔之。亦無及矣。而近歲以來。每虛宰席以待
其人。天下聳而望曰。其必有以慰我。既而麻制一傳。則天下悱然誹
之。或曰。此無聞之人也。或曰。此非君子。或曰。此何人。而何以了此事。
故朝廷輕用之。輕視之。亦輕罷之。其來不爲朝廷重。其去不爲朝廷
輕。其進不爲天下喜。其退不爲天下戚。舜之於皐陶。湯之於伊尹。武
王之於太公。齊威之於管仲。蜀先主之於諸葛亮。似不如此。蓋陛下

知爲天下求宰相。而不知爲天下受宰相也。故老相傳祖宗朝嘗闕
宰相。天下之望在於韓琦富弼。故洛之人則曰。我丞相三詔不起也。
相之 曰。我侍中屢詔不行也。此天下之人自擇宰相以遺朝廷。
人。天下 無其人。天下之望豈無所在。陛下從其望之所在者而用
之。擇之在天下。受之在聖主。用而觀之。效則久之。此真天下之相也。
而獨擾擾焉何也。
論相下曰。臣聞天子之相。必其人有以自恃而後其人爲足恃。蓋天
下大器也。有有此器者。有負此器者。天子者有此器者也。宰相者負
此器者也。匹夫有百金之器。則必擇其負。擇其負故重其人。夫惟重
其人。而後負之者輕其器。蓋人可以勝器。而器不可以勝人。人勝器
者全。器勝人者顛。舉天下之大而負之。負之而不能堪。挈之而不能
舉。事至而亂。變起而驚。己且無以自恃。而天子何恃焉。古之大臣居

天下之至安而不驕。居天下之至危而不懾。不勞談笑。不動聲色。而
天下自定。此其意非苟爲不測之量。虛爲不折之氣。以鎮服物情而
已。其必有以自恃也。恃在應。應在裕。夫敵國之相圖。姦雄之相窺。固
輕發於吾之所窮。而重發於吾之所裕。夫惟先事而破其謀。有事而
出其不意。發則應。應則不窮。天下安得而不定。天子者得斯人而相
之。則天下可以高枕而無足憂。何則。有足恃者也。後之君子懦者既
不足與有爲。而其勇者又往往得其所恃之似。而無以實之。蓋亦有
所謂不勞談笑。而不動聲色者矣。然可與之居安。而不可與之居危。
可與之守常。而不可與之應變。此其中無應變之機。而其外示鎮服
之度。故無事則若不可測。而有事則敗矣。故夫古之相其君。而當天
下之變者。蓋有鎮物以破敵者矣。有同乎鎮物而不同乎破敵者焉。
有推誠以解紛者矣。有同乎推誠。而不同乎解紛者焉。有示強以止亂

者矣。有同乎示強。而不同乎止亂者焉。謝安邀遊飲博。以當苻堅。房
琯彈琴清談。以當安史。此同乎鎮物也。然淝水大勝。而陳濤大敗。何
也。人不同也。蓋安有謝玄。而琯有劉秩。此其所以不同於破敵歟。郭
子儀單騎以入回紇。張延賞亦使渾瑊儆備以盟吐蕃。此同乎推誠
也。然回紇拜郭子儀。而唐以安。吐蕃幾擒瑊。而德宗欲出避。何也。情
不同也。蓋回紇之寇。子儀知其情之不得已。故變寇以爲盟。吐蕃之
盟。延賞不知其情之欲圖唐。故變盟而爲寇。此其所以不同於解紛
歟。裴度答朱克融以兵匠速來之語。景延廣答契丹以橫磨大劍之
語。此同乎示強也。然克融卒不敢動。而契丹遂滅晉。何也。勢不同也。
蓋以克融而犯唐。則以臣而叛君。以晉而怒契丹。則背惠而召怨。此
其所以不同於止亂歟。當天下之變。而決天下之機。不可以一法應
也。得其一法。而不得其不一之法。未有不敗事者。方晉之未捷。謝安

與主何以異。而陳濤之未敗。平凉之未變。契丹之未動。所謂房琯者。延賞者。景延廣者。誰不以為謝安郭子儀裴度復出也哉。蓋應變之難如此。今強虜盜有中原之半者。四十年矣。自逆亮之斃。其君臣日夜伺吾之隙。而求吾之便。亦五六年矣。此何等時耶。然無事則皆而不戚。有事則驚而失措。不知朝廷所恃以應變者何人耶。豈其以天下之大。而空無一人之足恃。上之人獨得而不憂也。然則將求謝安郭子儀裴度之才。何從而得之。夫子曰。如有所譽者。其有所試。人之能不能。雖聖人不能逆知之。其能知之者。以其試之也。然才可試。而變不可試。臨變而試才者。無死而試醫者也。古之聖人惟能擇天下甚難之事。以試天下之才。故一旦有急而不亂。則試之者熟。而備之者素也。嘗聞寇準以小臣言事。而為太宗之所知。太宗屢以事密詢於準。已知其有宰相之才。當是之時。天下承平。豈有它變。其何事

於準哉。其後真宗澶淵之役。獨決親征之議。對敵高卧。天子恃之以為無恐。諸將恃之以成大功者。乃前日太宗所密詢之人也。今宰相之才。無事而不求。且不試。衆而不締。明年何衣。稻而不麦。明年何食。臣實憂之。

萬里千慮策論冗官上曰。臣聞聖人之為天下。必與天下難其初。難其初猶病於末。況易其初者乎。易其初。則天下孰不曰。聖人之於我易也。則我之求也何難。於是貧求富。賤求貴。不獲者求與。而聖人亦曰來。吾富爾。吾貴爾。吾與爾。天下皆欣然曰。聖人之於我果易也。則求者紛然而來。來者不勝其衆。則應者不勝其費。使費而有以贊也。則與天下盡費而何惜。然求者無窮。與者有極。與者既竭。求者方來。以有極塞無窮。則上不堪其煩。以方來責既竭。則下不厭其冀。下不厭而上不堪。則上之人閉戶以却其下。其初惟恐天下之不來也。而不慮

其來而無以受。惟恐天下之不說也。而不慮其悅而無以繼。其始不慮其終。無及於慮。則安得而不閉戶也。與其閉之也。孰若其初之不開也。開以召之。獨得閉而却之哉。舟人之操舟也。有萬斛之舟焉。有一葦之舟焉。以一葦之力載一葦。則一葦小而大。以萬斛之力載萬斛。則萬斛重而輕。不善操舟者。不計其舟之能。而惟其人之悅。百人而登一葦不知拒也。百萬之粟而委於萬斛之舟不知辭也。幸中流而不遇風也。中流而遇風何如哉。則人浮於舟也。天下非舟乎。堯舜之時。民之善而可封者。比屋焉。士之可用而願為臣者。萬邦黎獻焉。為堯舜者。將盡封而官之乎。官不過百。而國不過萬。則盡天下之地有不足於封。而盡朝廷之官有不足於任者矣。納以言。以採諸其中。明以功。以試諸其外。可者取。否者黜。天下之悅不悅。堯舜不恤也。則人不浮於舟也。官何自而冗。朝廷自天子龍飛之初。固天下之大慶

也。固不可以無天下之大賚也。然潛藩之附。出節之鎮。士之從恩而官焉。進士之以年得官。而未應於格者。皆以橫恩而官焉者。以千計。焉。何其多也。任子之法。議臣請因多故而痛省之。可省而不省也。郊焉而任者。又以數千計。何其愈多也。此而不惜。至於吏部灑墨而不去。管簿汗牛。而日增。不加少。而官不加多。則減館職罷寺簿於内。而省監司之寮屬於外也。而官冗自若也。不難其初。而難其後。其有及乎。為今之計。龍飛之恩無所於省矣。而任子猶可議否也。任子之法。借未能限其入官之門。盍亦嚴其試吏之塗耶。勿限其門。名也。嚴其塗。實也。寬與嚴並。名與實偕。則有不省之省。不減之減者。夫子之射也。觀者如墻。夫子不拒也。至使子路出而令焉。則去者半矣。此之謂不拒之拒。勿限其門。如墻者也。嚴其塗。半去者也。吾非去之也。吾之法行。而彼自去也。仕進之路之盛者。進士任子而已。士之舉於太學

舉於州郡三歲而一詣太常者亡慮數千而南宮之以名聞得官者僅於三百焉累舉特恩而得官者僅於二百焉則是大比者再而進士之官者僅及於千也至於任子公卿侍從每郊而任焉庶官再郊而任焉校於進士則郊者再而任子之官者五六其千也進士之修身積學有老死而不一第得之難如此而取之不勝其寡任子者至未勝衣而命焉得之易如此而取之不勝其多則官冗之源在進士乎在任子乎故臣以謂借未能限其入盍亦嚴其試試何為而嚴也任子之銓其歲視進士之大比而非大比則不銓取人之法其數視進士之多少而以初銓為定額其場屋之日昔以吾今以三則繫焉者簡矣其中程之藝昔以一令以三則易焉者難矣如是而中者乃得補州縣之吏而其五不中者然後特與之補吏焉自宰相子弟下至於庶官之子弟必均焉則一舉而三利得矣貴游子弟脫綺襦之習

而勵寒素之業以成其才一也得之不輕則愛之也重孰不自奮於功名而國與民不受其厲二也進士任子其進也均則兩無怨其来者徐則應者不迫初難而末甚易不過十年官曹清矣三也又何官冗之足病也哉

論冗官下曰臣聞任官者寧以事勝人無以人勝事寧以恩棄人無以人棄恩先王之時一事一官也不惟一事一官也蓋有數事而一官也以一官而任數事是之謂事勝人事勝人故居官者無餘暇而身無餘力心無餘思無餘思則明無餘力則精無餘暇則不懈精明而不懈則一人無餘也而治百事有餘矣況數事乎今則不然一官而數人居之一事而數人治之數人而居一官則不競其公而競其私數人而治一事則任其功而不任其責甲則曰吾之官正也彼則增也乙則曰官無異官事無異事也我何增爾何正焉至於事之缺而不理民之不悅而有辭上以責之則皆曰非我也責將誰執哉此以人勝事之病也先王之時官者不於材未論之先而祿者必於位既定之後以材詔官則非材不官矣以位詔祿則祿不及於無位矣非材不官則天下願官者不僥於官而趨於材祿不及於無位則天下干祿者不冒於祿而求有所立以得位蓋有有材而不官有所立而不位者矣未有不材而官無立而位者也則祿之為祿誰得竊取而素餐之是之謂寧以恩棄人今則不然人有餘官不足於是有無官而增官官有餘而位不足於是有無位而制祿夫有是人有是官有是位而祿之蓋曰子大夫之勤也不可以不食也今也臨無民也治無事也而創為空虛之名以為之位而賦之祿不曰祿之棄耶此以人棄恩之病也昔者堯舜在上禹皋夔龍在下何其事之多而人之寡也一日萬幾事不多耶而皐陶一人也明刑則斯人焉弼教則斯

人焉制蠻夷則斯人焉治寇則斯人焉刑也教也蠻夷也寇賊也是得為細事耶舉數大事而一士師之官兼之而數事如一事也大亨如細事也則天下之官有下於士師而天下之事有小於此數者其有以人勝事者乎三代之士蓋有貧而祿仕者矣疾而食於上者矣抱關擊柝也乘田委吏也此貧而祿仕者也然士則祿仕也而非抱關擊柝非乘田委吏則祿亦有及之者乎無也則必有職而且功也瞽者食於樂跛者食於門此疾而食於上也然人則食也而非能樂非能門則祿亦有及之者乎無也則必有事而且勞也則當時之祿其有以人棄恩者乎古今之官蓋未有冗於今日者也祖宗之制每路監司提轉而已今則提轉之外又有提舉茶常平者焉郡有常賦賦有常入一吏運牙籌足矣不可以無官長也臨之以一轉運足矣今則有使有副又有判焉小郡兵馬之官至於五六人而同一職小

邑征稅之官。至於二三人而共一事。以人勝事莫甚於此。老氏之宮。嶽瀆之祠。率建官以領焉。自宰執侍從之斥者。歸者。老者。與夫庶官之一命而上而貧者。墮者。容者。皆為之置。使。為提領。甲之為主管。為監。當。此何職哉。此職何事哉。國之安危。民之休戚。政之利害不知也。而一日不廩之則怨。問之則曰。我奉祀也。如是者千百焉。國得而不貧。民得而不病耶。以人棄恩莫甚於此。楚人有拙於耕者。患於踐其所種而莫之生也。則以數人肩其輿。而已坐於上以種焉。自以為策之得矣。既而鄰田之稻生矣。而己之稻不生。夫楚人者非不知愛稻也。而愛非其愛也。以己之不踐為不踐。而忘其數人之踐為踐之大也。設官以為民也。恐一官一人之不治。而以數人治一官。得無踐吾民者多耶。人有毀瓦畫墁而得食。則食人與食於人者交受其笑。制祿以食功也。以士大夫之無位而創為奉祠空虛之位以祿之。得無

與毀瓦畫墁者類耶。臣願朝廷痛革其弊。每路之監司。止設提轉之二職。而轉運止於一員。析鹺茗以隸於刑。舉常平以歸於漕。則監司之冗員省矣。大郡之兵官不踰於二。而小郡則止於一。大邑之征稅設官者一。而小邑則兼以令丞。至於幕職。有簽書而又有判官者。簿尉之可以併省者。則存其一。而廢其一。則郡邑之冗員省矣。庶乎人不勝事也。先嚴任子試吏之法。三歲一試。而補吏者不過五百。則來者徐。而官曹漸清。然後乘其清而去其浮食。所謂祠祿者一切罷之。庶乎不以人棄恩也。嗟乎。不制其來。勿病其衆。不散其衆。勿病其冗。前之說行。所以制其來而散其衆也。制之散之。而後去其冗。則盡去天下之冗官。而天下有不覺者矣。覺且不覺。怨且得而怨也耶。

萬里千慮策論人才上曰。臣聞才之在天下。求之之法愈密則愈疏。取之之塗愈博則愈狹。然則天下之才。果不可求乎。古者一代聖人之興。則一代之人才亦從而興。夫豈不求而自至也。蓋聖人者度越世俗之拘攣。徹藩墻。去城府。神傾意豁。以來天下度外奇傑之士。故才者畢赴。不才者自伏。後世之君。以為天下之人舉將欺我而不可信。於是立為規矩。創為繩墨。以驗揚澄汰天下之士。取之不勝其精而實粗。得之者皆截然入規矩中繩墨。而奇傑之士。皆漏於規矩繩墨之外。故求治而莫之與治。遭亂而莫之與除。紛紜膠擾而不能成功。然則天下之才。求之安事於密。而取之安事於博哉。蓋密則必有所隔。博而未離於密也。國家自祖宗知規矩繩墨之未足以羅度外奇傑之士也。是故進士任子以待群才。制科以待異才。得人蓋不少矣。然自制科中罷而復行。今四十年。而竟未有一士出而副側席之求。此其故何也。無乃今之制科非古之制科歟。無乃不用規矩繩墨而規矩繩墨愈急歟。故臣嘗謂今欲求制科奇傑之士。夫惟有所不求

斯可以求之矣。昔者西漢制科之盛。莫武帝若也。嘗求其所以策之之說。則曰。上嘉唐虞。下悼桀紂而已。則又曰。禹湯水旱。厥咎何由而已。何其甚平而無難也。非無難也。不暇於難也。夫武帝者方夙寤晨興以願聞治道之要。不暇而暇搜蠹簡摘瘦辭以為苛難。以與書生角一日之記問也哉。今則不然。先命有司而試之。以莫知所從出之題。既又親策於廷。而雜之以奧僻怪奇之故事。不過於何晏趙岐孔安國鄭康成之傳注與夫孔穎達之疏義而已。此豈有關於聖賢之妙學英雄豪傑濟世之策謀也哉。以訓詁之苛碎而求磊落之士。以蟲魚之散殊而釣文武將相之才。不幾於施鰌鱓之笱以羅橫江之鯨。挂黃口之餌以望鳳之來食也耶。其不至固也。非惟不至也。亦不能也。非惟今之士不能也。雖使古之聖賢如孟軻者復生。亦不能也。孟子之時去周之盛時與今孰遠也。孟子與孟獻子相去猶近也。

諸侯惡周籍之害己而去之。孟子已不能記其詳。孟獻子之友五人。孟子已忘其三。則孟子亦安能中令之所謂制科也哉。夫孟子者。固無事於此能也。孟子則有所不能者矣。孟子曰。如欲平治天下。舍我其誰。韓子曰。孔子以是傳之孟子。此孟子之所能也。今也不求天下之士為孟子之所能。而求其為孟子之所不能。則是其所求者非其所求也。故曰。今欲求制科奇傑之士。夫惟有所不求。斯可以求之矣。且朝廷以此等求士而不得也。求而得。則亦烏用是呫呫者為哉。張華能對千門萬戶之問。而不能救賈后司馬倫之亂。前之敏。後之癡。小之明。大之暗。臣愚欲望朝廷參之以祖宗漢唐制科之本意。立大端而去細目。使士之所治。上之為六經之正經。下之為十七代史與諸子之書。而削去傳注與僻之問。其學則主乎有用。其辭則主乎去諛。上及乘輿而不誅。歷詆在廷而不怒。使天子得聞草野狂直之論。

而士得專意乎興亡治亂經濟之業。庶乎奇傑有所挾者稍稍出矣。議者曰。求馬者非求駑也。求駿也。今去其難而純乎易。則懼駑者之至。如之何。是不然。求馬者求其一日千里。若抑將求其它技乎。今求馬者。不問其能千里與否。而曰吾欲其能掘蚤而捫蝨搏鼠而擒兔也。可乎。士之能瘦辭隱帙者豈曰奇傑。而奇傑之士焉在瘦辭隱帙之能不能也。雖然。臣猶欲有言焉。士固有挾策謀而不能乎文辭。有能乎文辭而不肯入有司之刀尺。苟軍旅之問。委諸將以為謀臣才士。不問於文與武。仕與未仕。而諸郡大吏之薦名數進士之定額。十之一。以其半而試士之能古文者。略放宏辭之體。以其半而試士之知兵獻策者。略倣武舉之制。上之於宗伯而取之。視進士之科名焉。其數不出乎奏名之常荀。而不羈之士。不至於橫棄。其與以聲病之客而取科級者。不猶愈乎。如此而猶有遺才焉。詎不信也。

論人才中曰。臣聞天下之情。有所大不可曉者。常喜背人主之所向。而向人主之所背。人主當宁太息。悵不盡得天下之才而用之。庶幾乎危可安。亂可治。而亡可存也。此豈非人主之所向也哉。然求忠則得姦。求才則不才者至。姦邪不才之人。蓋人主之所甚不欲者也。示天下以所向。而天下必背其所向。示天下以其所不欲。而常得其所不欲。天下之情。如此其不可曉也。是豈真不可曉歟。天下之情甚易曉也。何也。人主無不淺之旨。而密旨在所向之外也。天下之人伏其外以窺其中。從其淺而得其密。是故背人主之所向。以陰合其所向。天下之情甚易曉也。子之養親也。膾炙以為羞禮也。蛙蛤以為進非禮也。子問父以所膳。必曰膾炙。而不曰蛙蛤也。然退而察其親。則蛙蛤之為嗜。為子者。何憚而不進之以蛙蛤哉。夫父曰膾炙。而子曰蛙蛤。曷不從其所命。而從其所不命耶。蓋其所命者飾也。其所不命者

真也。故夫不從其所命。而從其所不命。善從命者也。人主之令天下曰。吾好忠而惡姦。好才而惡不才。夫豈不善。然天下並進而嘗之。忠與姦兩售。而才與不才各求售焉。則其好惡一切有所反。當此之時。天下宜何從。昔者田子與隰子登臺南望。不言。而隰子知其意在於伐木。曹公下雞肋之令。三軍莫喻。而楊脩知其意在於返師。上之人舉目搖足。而天下已知其旨矣。聖天子即位五年于茲。下求言之詔。開狂直之塗。而忠言猶未聞也。嚴薦舉之法。謹聘台之程。而真才猶未出也。天下其真無才耶。蓋天子之令。天下有所必不敢信者也。天子如此其聖明也。願治如此其急也。求才如此其勤也。而天下有所必不敢信者何也。天下但見夫布衣撾鼓而訴民瘼。則下之吏而屏之遠方也。後進小臣越職言事。觸犯忌諱。則罪之以沽名躁進。而臺諫又冥搜其過。以破壞其人也。舊德宿望朴忠而敢諫。則上下左右

群憎而朋嫉之。不罷黜廢放則不止也。元勳將相。敢任大事而能決大計者。則排斥抑塞而死徙殆盡也。夫歡忻以致其來聳踴以起其懦。愛憎長養以防其消循懼天下之才不至也。今也日夜深沮而痛折之。使天下之士。出一語言則曰猖狂。厲一節行。則曰矯激。作一事功。則曰生事。而曰天下真無才也。此雖一飯九歎息。一日百下詔。天下之忠賢奇傑。勇於言而敢於為者。誰敢信而來哉。何則所求者之言。與所好者之旨。其真有不可欺也。譏而不怪將遂成風。是風一成。則治亂存亡之機。將必至此。夫風也者。無形而不可執。無根而不可拔。倡之莫知其所自起。知之莫知其所自隨。合散翕忽。如童子之謠。非天非鬼。而不勝其秘怪。非作非傳。而不勝其流布。禁之則愈滋。窮之則莫推。而是風也。成則閔人之國。粹然於唐虞三代。故其祚長。囂然於秦。故其祚短。凜然如東漢。故其國難拔。靡然於魏晉。故其國速亡。風之所在。而國隨之。甚可懼也。古之聖人必有以默觀天下之風。見其發。知其成。整其微。不待其定。是故柜其所從變之端。而導其所宜歸之塗。故天下之人陶其風者。自非下愚。皆得以成其才而收其用。何謂導。導在好。好在獨。人主之所好。獨而不分。則天下誰不逆探其好而爭為之趨。導迎其獨而莫為其它。使天下趨而不它。則雖捐肝腦蹈鼎鑊前者未既而後者來。東漢之凜然者。夫固有導之者也。仁祖之世。天下爭自濯磨以通經學古為高。以救時行道為賢。以犯顏敢諫為忠。此風一振。長育成就。至嘉祐之末。號稱多士。其將相侍從臺諫之才。猶足為子孫數世之用。而不見其盡。何也。仁祖之所好獨在是也。聖天子即位之初。不可謂無仁祖之所好矣。然分而不一。未久而移。今天下風變矣。變而之凜然則幸也。而臣未見其凜然也。變而不反。噤噤默默。帖帖靡靡。此風一成。天下有急。不知誰為[illegible]哉。臣不勝大懼。

論人才下曰。臣聞人有常言皆曰。今天下乏才。天下真乏才耶。才者天之生也。古多才而今乏才。則是天之厚於古而薄於今耶。穡非后稷。而無歲無粟。地非渭川。而無地無竹。天之生物。今猶古也。而獨不生才耶。臣嘗聞之。天下之才。其生在天。其成不在天。天生之。君成之。亦君壞之。才生於天。而壞於君。而曰天下乏才也。可乎哉。蓋天下之才。莫難於成而莫易於壞。士之幼而壯。壯而老。父兄之所訓誨。君師之所長育。不知其幾何日。博之古今以入其智。試之世務以出其能。不知其幾何事。或昔之過而今補之以功。或彼之短而此濟之以長。嘗險易而涉風霜。不知其幾何變。閱日之久也。更事之多也。應變之熟也。而其才猶有不成者矣。幸而成才。則上之人當如何而愛惜。故曰才莫難於成。人之至情。自非前無千載之眩。後無萬人之怵。獨立自信。如比干。如伯夷。誰不違於禍以趨於福者。天下之人如是而成才矣。日夜瑩之。猶恐昏之。日夜築之。猶恐隳之。而上之人乃不使之免於禍。則是才者國之獲身之賊也。其誰不解體。故曰才莫易於壞。惟善用才者。不惟能成天下之才。亦能轉壞以為成。而不善用才者。不惟不能邀其成。而亦不能扶其壞。今日壞其一。明日壞其二。天下之才。銷委腐敗。而緩急乃無一人為之用。無一人為之用。其果無才耶。使善用者起而承之。濯磨翦拂而用之。則故者新。憔者奮。而散者聚。天下之大功不終朝而可成。後世見漢高帝。唐太宗收攬天下英雄。而盡得其用。以為後世無復有此之人物。不知漢之所用。即秦之所棄。唐之所得。即隋之所遺。何前之無而後之有耶。蓋壞其成與成其壞。惟上之人如何爾。今天下之無才。豈真無耶。抑上之人成之者過少而壞之者過多耶。國朝人才。一成於慶曆。再成於元祐。初壞於紹聖大壞於崇觀。當其成也。數世收其用。及其壞也。至今被其患。光堯之興。復表元祐之名臣。又從而序進其子孫。盡斥崇觀之姦黨。又從而廢其裔。使天下曉然知忠義才德之士。暫閼而愈光。姦佞誤國者。終不逃其誅。振而作之。十有餘年。人物之盛。凜有慶曆元祐之風。雖中更權臣排去異己。長告訐。興羅織。以痛折天下之忠臣義士。然士大夫之器質既成。終不為改。譬如玉之已琢。不復為璞。金之已鍊。不復為鑛。陛下始初清明。盡起諸老而置之於朝。天下相慶。如見漢官威儀也。陛下亦知其所自乎。光堯成之。陛下用之也。當是時山林枯槁之士。毫髮絲粟之才。孑孑然而來。紛紛然而起。人人有自奮自喜之意。今未久也。而霍然分散。為之一空。此何為者耶。孟子曰。昔者所進。今日不知其亡也。王無親臣矣。李固曰。一日朝會。見無一宿儒可顧問者。誠可歎息。今日之事。得無類此。陛下亦嘗察之乎。察之卷

亦嘗憂之乎。且陛下之於天下之才。自用之。自壞之。天下知其不然也。意者左右之有讒人歟。讒人之讒也。亦豈曰吾讒人也。蓋曰吾忠也。其逐君子。亦豈頓逐也。蓋有漸也。自以為忠而逐人有漸。人主不察。則讒者昌矣。今夫小人之與君子。不為異也。將以同而迎其害。必以同而欺其儕。退則與儕同。進則不與儕同。而與主同。彼小人者。退而不與君子為同。則其諂不密。進而不與君子為異。則其諂不力。是故初實之。終陷之。公孫弘之背汲黯是也。小人之陷君子也。宋曰斯人可逐也。必先陽為之地。而外若與之厚。既以釋其君。又以安其人。釋則不疑。安則不戒。夫惟君不疑而人不戒。是故一旦逐之。而莫之覺。武后之言於高宗。乞賞來濟是也。讒必有名。讒而無名。則言之者怍。而聽之者不堅。古之讒者必有以不怍其言而堅其君。蓋曰非有利於我也。而不利於國。其君安得不瞿然動。決然從乎。姚崇之託足疾以譖張說是也。吁讒人之千機百穽如此。君子者舉而觸焉動而中焉。為人主者奈何恬而不察。察而不憂耶。此臣所以流涕而深言之。惟陛下幸察。臣聞用才有道。無所不惜者。才之所從富也。不是惜者。才之所從壞也。今天下老成之才。視之以為不足惜。壞而棄之。臣恐才之不壞者寡矣。臨事而無人。則又曰天下無才。屈原曰。舍騏驥而不乘。焉遑遑而更索。此臣之所以歎也。

萬里又上奏曰。臣聞聖人之於天下。惟其有所甚疑。是故有所不疑。天下幾路。一路幾州。一州幾邑。而聖人以一身臨乎其上。以百吏分手其下。天下所謂守令者。豈郡龔黃而縣卓魯者耶。聖人者將遂以為吏皆能愛吾赤子。而吾民皆無疾苦愁歎者耶。欲不疑而不得也。聖人則有所不疑者矣。蓋人不可以盡信。亦不可以盡不信。盡信則天下之姦有所蔽。盡不信則天下之人皆無可寄者。聖人者擇天下

之有可寄。以察天下之有所蔽。是故深居九重而見民之肥瘠於四海之外。優游巖廊而聞民之歌笑於大山長谷之間。唐虞之牧。西京之部刺史。唐之十道使。今之提轉刺舉之監司。皆天子之所寄以不疑者。雖然。今之監司疑則不疑矣。無乃太不疑耶。臣聞之先儒蘇軾曰。養貓以去鼠。不可以無鼠而養不捕之貓。養犬以防姦。不可以無姦而養不吠之犬。夫不捕不吠之貓犬。不過無功而已。未有大害也。然已在所不養。今則不然。貓與鼠同乳。犬與盜搖尾矣。欲望其止於不捕不吠而不可得也。朝廷亦嘗留意乎。蓋監司之於州縣有所不敢問。有所不暇問。有所不復問。其郡之守。嘗為侍從也。則監司幸其復為侍從。而有所求。某郡之守。嘗為臺諫也。則監司懼其復為臺諫而有所擊。至於縣令之與在朝某官有姻有舊者。皆不敢問。民訴某守。則執其人。封其辭以送某守。民訴某令。則下其帖以與某令。是為

守令艱難也守令從而甘心焉後有冤者夫誰敢自言此之謂不敢問朝廷舊歲免和糴而江西之州有因秋糧而每斛數和糴十之二者朝廷罷兵再歲而舊歲江西之縣有督馬數如星火者大旱不稔而不末減飢民流徙而不知恤監司視之亦如秦越也此之謂不暇問郡縣之胥憑守令之寵以暴吾民民訴之者若拔山然蓋監司既庇其守令則併庇其胥此之謂不復問朝廷以監司為可信安知其不可信聖人之為天下不使民有所怨而不洩則其怨有當之者怨而不洩者惟無發也一發則必極於大亂而不可止君相之於監司盍亦如唐開元之精擇採訪使而又專責臺諫以稽責之歲取其功罪之尤者明著之以示天下而不次陞黜一二人焉以聳其懦臺諫急則監司警監司警則州縣肅庶幾民怨之少洩不至於一旦如潰洪河決蟻壞也

萬里乞留張栻黜韓玉上書曰臣聞人主無職事進君子退小人此人主之職事也昔者舜之功亦多矣而傳獨以舉十六相去四凶為舜之大功魯平公非不賢矣而後世乃以信臧倉疑孟子為平公之恨人主之職事豈復有大於進退賢否者乎恭惟皇帝陛下以治功之不振為大憂以國勢之不強為大恥比年以來選置宰相更易百官凡負天下之望稱士林之秀者陛下朝取一人夕取一人羅而致之朝廷之上山林之士幾無遺矣慶曆元祐之盛殆不過此詩曰靡不有初鮮克有終臣切觀近日之一二事而私憂陛下之變於初也臣竊見左司郎中張栻有文武之材有經濟之學蓋其父浚教養成就之者三十年以為陛下一日之用陛下知之亦十年矣陛下試之亦屢更煩使矣寘之都司處之講筵陛下亦駸駸用之矣天下方拭目而觀非觀朝廷也觀栻也積平生之學天下想其負所學贊聖主

之知天下想其負所知而栻自立朝以來凜凜自奮其在都司有所不知知無不為其在講筵有所不言言無不盡天下不以為栻之賢而以為陛下之聖蓋身賢非賢而用賢為明能言非難而聽言為聖且如前日樞臣張說之除在廷之臣無一敢言獨栻言之人皆以為成命之難回而陛下即為之改命是時天顏之喜聖語之褒行路之人皆能言之以為堯舜之捨己從人成湯之改過不吝陛下兼而有之然一旦夜半出命逐之遠郡民言相驚以為朝廷之逐張栻是為張說報仇也臣以為不然陛下如惡其人必不聽其言既聽其言必不惡其人然天下之人難以戶曉此意未必出於陛下而此謗獨歸於陛下此臣所以不勝其憤而為陛下一言也至於小人如韓玉者士論籍籍謂其人狼子野心工於詭讒深於險賊當陛下厲恢復之志推豁達之度使功使過不疑不貳故如玉者亦偶得以備使令於

前而玉小人不知聖恩之深陰懷兩端之志其大姦大惡之狀臺臣既言之矣臣獨聞之士大夫之間玉有書與知識云不勝秋風鱸魚之思識者聞之莫不寒心昔陳平背楚歸漢終為漢之用侯景背魏歸梁終不為梁之福今之待玉幸其有陳平之用而不察其有侯景之詐豈不危哉且臺諫者古之法官蓋天子之耳目朝廷之紀綱也宰臣聞其有言則狼狽而出府大將聞其有言則犇走而釋兵非畏臺諫也畏國法也今臺臣之言玉者至於七八矣而玉頑然坐曹不以為意是無國法也法存則國安法亡則國危他日萬一有姦雄焉其誰肯為陛下言之借使言之其誰畏之議者皆曰陛下逐一君子如彼其易而去一小人如此其難陛下何以得此聲哉此臣所以不勝其憤而為陛下一言之也大抵小人之言不可聽也故君子則小人必以為黨排小人則小人必以為訐臣聞昔者孔戣之去韓愈上書

留之唐帝不以為黨張湯之姦李息畏禍不言汲黯深以為責臣雖無汲黯之見責不敢不發韓玉之姦臣知陛下之不罪諫臣過於唐帝不敢不留張拭之去劉向曰用賢則如轉石去佞則如拔山此漢成帝之為也陛下之聖必不為此但恐言之而利害不明諫之而忠誠不切不足以感動聖心爾臣願陛下沛然改命留其所當留去其所當去朝廷輕重在此一舉臣區區獻忠不勝萬死

萬里又上留劉光祖奏曰臣昨被命覆考殿試進士鎖宿半月不知近事至二十五日二十六日唱名蒙恩賜告少休私室忽聞殿中侍御史劉光祖除太府少卿又聞光祖即欲出國門上章丐祠奉聖旨不允有以見光祖不負陛下之知又見陛下眷留光祖之勤也臣頃守筠州恭遇陛下龍飛九五之初日夜翹首跂足仰覩陛下維新之政責己愛民尊賢納諫勤學問遠聲色斥近倖凜凜乎漢宣帝唐太宗之上矣惟一二執法言責之臣孤陛下之器使往往假彈擊之權以濟修怨之私意文姦邪之說以排異己之正士識者歎息四方何觀臣是時蒙陛下收召臣子大義豈宜俟駕而行世路孔艱又欲自崖而返辭不獲命進退徊徨積憂熏心鬢髮盡白既蒙賜對再賓周行黽俛就列愧無補報適者陛下赫然震怒斥逐一二之臺諫親擢光祖為副端而光祖忠氣奮發知無不言言無不盡陛下虛懷嘉納言無不聽聽無不行在廷相賀以為公道之昭明太平之濟登也而今也光祖之遷外議籍籍或謂光祖以言事犯天威或謂論權倖除授未蒙施行臣以為聖明在上必無此事及見不允光祖丐祠之請益知聖主之可恃而外議之未然也昔何武之去鮑宣留之而復召孔戣之去韓愈留之而不從臣與光祖初無一日之雅今茲偶然同朝竊慕二臣為國留賢之義願陛下勿詒唐帝失賢之悔儻聖意惓然

遂行其言而復光祖言職固足以大慰中外之望若其未也亦當略行其說使近倖不至輕視陛下耳目之官朝廷益尊而光祖亦藉以可留實天下幸甚臣謹昧死以聞

著作郎兼國史編脩員興宗議冗員上奏曰臣聞古之聖人知民不可以獨治故因民而設官知吏不可以泛命故量官而置吏使天下吏稱其官民安於吏用一人則百人勸登一吏則百事治事任至簡則員不容多擇吏最精則士不容濫一吏去則一吏補材業之相形大小之相勉外郡之官闕則選之於士民省部之官闕則選之於外郡至於禁從以上次第選置其材愈高則其用愈遠職業一定無有泛濫之虞三代漢唐之初所以世蒙其治吏安其分者由此之故也逮至隋唐之末風俗寖流廉恥隳壞天下之吏紛紛沓沓上設官者不已下求仕者亦不已凡有司選部所集如聚鵝鴈填咽滿前困資除授有司不敢措手於其間雖欲察其賢否賢否恐未易察也臣觀唐末此弊頗甚百官泛濫有試銜有設官有兼有守有判有知聯絡輕重仕法如此其不齊也用以進士用以制科用以辟召又用以雜科流外與夫白薦鬻爵之名縱橫錯雜入流如是其不清也彼以仕法之不齊入流之不清雖使左稷右契知銓掌課一旦欲去官冗之弊臣竊見其難為也而況隋唐拘拘不變者乎共惟國家奕葉載德太祖太宗振刷海內真宗仁宗法而效之累朝惟以賢俊為急不以除授為私太平興國初朝官班簿纔二百人至咸平初止四百人天聖元年漸至千人夫以四海之大設千員之官當時猶病其冗故先儒李淑謂明道已前選士一歲入京官不過數人祖宗欲革冗濫纖悉如是真為萬世法也恭惟陛下臨御以來明照群臣嚴束百辟一有鶩緩不職之吏投閑置散此聖意欲除千載之惑而大驅吏蠹

也。然銓司諸路每一官闕猶不下數人爭之。大抵仕流冗。人皆見
任子之泛。皆病進士之濫。皆患特恩之廣。心則知之。不能出口何也。
恐一言則怨者衆也。然臣子之義。可以利國者。不䘏怨言。先儒范仲
淹嘗奏疏於仁宗皇帝曰。冠蓋塞路。簪紱盈門。謂之賞延。無乃大甚。
願與大臣特新此議。仲淹以任子之制。不少加裁節。則吏源卒未可
清也。臣願朝廷略稽仲淹之節任子。少損其制可乎。此言行。則一冗
去矣。先儒李淑嘗奏疏於仁宗皇帝曰。取人既廣。則求學益疎。願啓
封閣名。兼採聲實。約今歲吏部闕官之數。為來年進士入等之準。是
進士或至泛濫。則實材未易致也。臣願朝廷略稽李淑聲實之說可
乎。此言行。則二冗去矣。先儒蘇軾嘗言於哲宗皇帝曰。吏部以有限
之官。難以待無窮之吏。將來特奏名。止乞量行收取。其餘不理選限。
是則特恩積弊不去。則僥倖或有未懲也。臣願朝廷略行蘇軾量取

之說。軾之言行。則三冗去矣。凡是三冗。皆吏道之大冗也。今朝廷既
以漸革之。則吏亦漸省矣。吏省則遂可以省祿。祿省則又可以省費。
如是則溥海郡縣。凡在仕版。漸不紛雜。求逃陛下指顧之用也。昔唐
太宗定海內官七百員。曰。吾以此待天下賢士足矣。唐太宗聰察之
主。猶且如是。況陛下天禀聖智。倍萬於太宗者乎。願陛下一加揀擇
則海內之至幸也。陛下迩者已詔有司加意選舉矣。銓吏蕪如銓曹
之門。隱匿闕次。引例異同。捃摭小節之弊已漸削也。若更少清入仕
之門。於此至治。果日月異也。
興宗又議守令上奏曰。臣聞古者天下之勢分寄於列侯。今者天下
之勢。分寄於列郡。古以一侯守一國。今以一吏守一郡。其賞罰政教
施為措置。皆足以繫一方之利害。外邑。即古之附城也。縣令。即古之
子男也。大小相貫。職任不淺。守令其何可忽也。兩漢之治。惟此為急

能吏所在。近即近取之。遠即遠取之。才業俱備。名實相副。是時百官
有能。然後為刺史。刺史有能。然後為郡守。公卿者。又選郡守之有能
者也。郡守不輕其付。至於如此。若乃縣令之進。其法類是。孝者廉者。
諸郡則舉之。才者賢者。五府則辟之。既久而後進。既試而後用。初用
則以為長。漸用則以為令。故其士民已信其人。蒙其化。是則兩漢縣
令之輕重。亦猶太守之輕重。臣嘗反復窺兩漢之冊。未見其輒輕此
職也。嗟夫。自唐中葉以降。太守之職寖薄矣。齊民寖受其病矣。若進
士者。多以不根之文。决科十數年之後則得之。任子者。多以乘肥衣
輕之餘。遊官十數年之後則亦得之。將吏者。多以淺淺奔走之勞。十
數年之後。求試邊郡。則又得之。夫以取之之實既異於古。進之之途
又多於古。是以若此其無別也。雖然。數百歲之後。一遇聖制。此弊即
可滌去也。恭惟陛下思深道遠。聽覽明備。天下之吏。舉無不矚。而況

守令最為近民者乎。臣竊聞道路之言。迩者凡守臣過闕庭。陛下必
察其辯智。以驗其才。問之政事。以覈其實。退又咨訪。以考其行。陛下
丁寧加意牧守。乃三代命侯之意。兩漢不足遠於陛下之前矣。然臣
竊觀今者州縣守令。未盡仰認德意。勵己修飾。此則諸路銓格之病
也。蓋銓司及諸路務拘一定之例。凡知縣兩任。例關陞通判。通判兩
任。例陞知州。吏以資而授其官。如人受雇而計其直。一有不將。恐其
怨咨。是以昏懦不職之徒。養資以苟歲月。遂可因循而望州郡。如此
之類。前後不可槩舉。彼以非才得州郡於莽鹵。則其治郡亦必出於
莽鹵。得縣道於苟且。則其治縣亦必出於苟且。臣見比年治郡之吏。
問不得人。多僕役其境內。或貪送迎以自尊。或徇燕遊以自適。或指
宣布為虛文。或以苛斂為善政。縣令之弊。與是相等。壯者則欲苟免
而亟去。老者則欲苞苴而緩行。一邑之間。簿書有不精者。吏胥有不

畏者。徭役有不均者。鰥寡有不恤者。是固先儒之患矣。仰賴陛下深察此弊。近者聖旨令諸路守臣體訪部內知縣。或有癃病老疾之人。申取朝廷指揮。改差岳廟。如貪贓暴虐者。亦奏聞取旨。當議罷黜。聖謨洋洋。縣令殃民之政。自此庶少革乎。然而臣猶慮州郡大吏。猶有囂然不率者。欲望朝廷更加精叙。始則嚴其選。中則督其課。終則勸其實。而郡縣庶幾畢理也。蓋諸郡通判。一有不才。未敢自用。郡守可以制之。郡守不才。加以自用。通判無如之何矣。臣愚伏望諸州通判闕陛知州。自非卓然有顯異之跡。曾佐其州。建明其事。曾佐其官。能夫其弊。雖資合入郡。既無此功。又無平日行義。郡國之符。不宜輕付。此臣之所謂始嚴其選者也。監司既以舉刺守令為事。若守令有非常之績。與不可掩之罪。監司能舉能刺。則宜同其賞。不舉不刺。則宜同其罪。乞朝廷常令監司課守令。又令御史課監司。用力小而見功多。總覈名實。在陛下指顧之間。決無難者。此臣所謂中則督其課也。昔張九齡嘗以郡守之能者。宜擢為列卿。縣令之能者。宜擢為臺郎。陛下比嘗名擢能吏矣。聖意廣遠。自超古昔。臣願益充而行之。臣又見四川等處。中有繁劇縣道最難治者。不下數十。累年闕官。非敢闕官也。吏不敢為也。伏望朝廷令四川條具繁難縣道。合有幾邑。幾年闕官。能吏如願調者。一任無過。乞與特轉一次。如是則劇繁之邑。有才者必不辭。無才者必不至。終歲無闕官曠事之弊矣。此臣所謂終則勸其實者也。夫以守令不職。擴陛下日月之明。赫然臨於其上。又因是三者。勸懲於其下。臣將見郡縣畢治矣。臣言雖若循常。然細慮之。治本實不過此。陛下亦必樂聞之。蓋聖人常有父母斯民之心。無一日而不在民故也。

右諫議大夫黃洽言。宰相代天理物。要在為國得人。人主之命相。任

則勿疑。宰相重則朝廷尊。朝廷尊則廟社安。宰相掄才任職。當盡公心。君子進則庶職舉。庶職舉則天下治。上首肯再三。乃曰。卿如良金美玉。渾厚無瑕。天其以卿為朕弼耶。

陳傅良以言事去。彭龜年黃度楊方相繼皆去。工部郎李大性抗疏言。朝廷清明。乃使言者無故而去。所甚惜也。數人之心。皆本愛君。知其愛君。任其去而不顧。恐端人正士之去者。將不止此。孟子曰。不信仁賢則國空虛。臣所以為之寒心也。

嵊縣尉謝深甫言。今日人才。楊中後外者。多安詭。矯訐沽激者。多眩鬻。激昂者急於披露。然或隣於好夸。剛介者果於植立。而或鄰於太銳。靜退簡默者寡有所合。或鄰於立異。故言未及酬。而已齟齬。事未及成。而已挫抑。於是趨時徇利之人。專務身謀。習為軟熟。畏避束手。因循苟且。年除歲遷。亦至通顯。一有緩急。莫堪倚仗。臣願任使之際。必察其實。既悉其實。則涵養之以蓄其才。振作之以厲其氣。栽培封殖。勿使沮傷。上嘉納。

秘書郎國史院編脩實錄院檢討官呂祖謙脩徽宗實錄書成進秩。面對言曰。夫治道體統。上下內外。不相侵奪而後安。鄉者陛下以大臣不勝任。而兼行其事。大臣亦皆親細務。而行有司之事。外至監司守令。職任率為其上所侵。而不能令其下。故豪猾玩官府。郡縣忽省部。掾屬凌長吏。賤人輕柄臣。平居未見其患。一旦有急。誰與指麾而伸縮之邪。如曰。臣下權任太重。懼其不能無私。則有給舍以出納焉。有臺諫以救正焉。有侍從以詢訪焉。倘得端方不倚之人。分處之。自無專恣之慮。何必屈至尊以代其勞哉。人之關鬲脈絡。少有壅滯。久則生疾。陛下於左右。雖不勞操制。苟玩而弗慮。則聲勢浸長。趨附浸多。過咎浸積。內則懼為陛下所譴。而益思壅蔽。外則懼為公議所疾。

而益肆詆排。願陛下虛心以求天下之士。執要以總萬事之機。勿以一偏任或誤。而謂人多可疑。勿以聰明獨高。而謂智足徧察。勿詳於小而忘遠大之計。勿忽於近而忘壅蔽之萌。

秘書丞陳居仁入對。論文武並用。長久之術。陛下獎進武臣。深得持平救偏之道。然未必得智謀勇略之士。或多便佞輕躁之徒。將復有偏勝之患。帝嘉納。

太常博士黃黼輪對。言周以輔翼之臣出任方伯。漢以牧守之最擢拜公卿。唐不歷邊任。不拜宰相。本朝不爲三司等屬。不除清望官。仁宗時韓琦范仲淹龐籍皆嘗經略西事。久歷邊任。始除執政。邊奏復警。范仲淹至再請行。貝州之變。文彥博親自討賊。乞於時望近臣中。擇才略謀慮可以任重致遠者。或畀上流。或委方面。習知邊防利害地形險阨。中外軍民亦孚其恩信。熟其威名。天下無事則取風績顯著者不次除拜。以尊朝廷。邊鄙有聲。則任以重寄。俾制方面。出將入相。何所不可。上嘉獎曰。如卿言可謂盡用人之道。

嚴州教授袁樞嘗奏言。臣竊聞陛下嘗讀通鑑。屢有訓詞。見諸葛亮論兩漢所以興衰。有小人不可不去之戒。大哉王言。垂法萬世。遂歷陳往事。自漢武而下。至唐文宗。偏聽姦佞。致于禍亂。且曰。固有詐僞而似誠實。憸佞而似忠鯁者。茍陛下日與圖事於帷幄中。進退天下士。臣恐必爲朝廷累。上顧謂曰。朕不至與此曹圖事帷幄中。樞謝曰。陛下之言及此。天下之福也。

陸游論選用西北士大夫。劄子曰。臣伏聞天聖以前選用人才。多取北人。寇準持之尤力。故南方士大夫沉抑者多。仁宗皇帝照知其弊。公聽並觀。兼收博采。無南北之異。於是范仲淹起於吳。歐陽脩起於楚。蔡襄起於閩。杜衍起於會稽。余靖起於嶺南。皆爲一時名臣。號稱聖宋得人之盛。及紹聖崇寧間。取南人更多。而北方士大夫復有沉抑之歎。陳瓘獨見其弊。昌言於朝。曰重南輕北。分裂有萌。嗚呼。瓘之言天下之至言也。臣伏覩方今雖中原未復。然往者衣冠南渡。蓋亦衆矣。其間豈無抱才術蘊器識者。而班列之間。北人鮮少。甚非示天下以廣之道也。欲望聖慈命大臣近臣。各舉趙魏齊魯秦晉之遺才。以漸試用。俟其尤者而任之。庶上遵仁祖用人之法。下慰遺民思舊之心。其於國家必將有賴。伏願留神省察。

游又論作起士氣。劄子曰。臣伏讀御製蘇軾贊有曰。手抉雲漢。斡造化機。氣高天下。乃克爲之。嗚呼。陛下之言典謨也。軾死且九十年。學士大夫徒知尊誦其文。而未有知其文之妙。在於氣高天下者。今陛下獨表而出之。豈惟軾死且不朽。所以遺學者顧不大厚哉。然臣竊謂天下萬事。皆當以氣爲主。軾特用之於文爾。趙普氣蓋諸國。故能成

混一之功。寇準氣吞醜虜。故能成却敵之功。范仲淹氣壓靈夏。故西討而元昊款伏。狄青氣懾嶺海。故南征而智高殄滅。至於韓琦富弼文彥博之勳勞。唐玠包拯孔道輔之風節。大抵以氣爲主而已。蓋氣勝事則事舉。氣勝敵則敵服。勇者之鬭。富者之博。非有他也。直以氣勝之耳。今天下才者衆矣。而臣猶有憂者。正以任重道遠之氣。未能盡及古人也。方無事時。亦何所賴此。一旦或有非常。陛下擇群臣使之假鉞而董三軍。擁節而諭萬里。雖得賢厚篤實之士。氣不素養。臨事遑遽。心動色變。則其舉措豈不誤陛下事耶。伏望萬機之餘。留神于此。作而起之。毋使委靡。養而成之。毋使沮折。及乎人才爭奮。士氣日倍。則緩急惟陛下所使而已。且吳蜀閩楚之俗。其渾厚勁朴。固已不及中原矣。若夫日趨於拘窘怯薄之域。臣實懼國勢之寖弱也。不勝私憂。犯分獻言。恭惟陛下裁赦。

中書舍人張孝祥論用才之路欲廣劄子曰臣聞國之強弱不在甲兵。不在金穀。獨在人才之多少。項羽未嘗不強也。未嘗不勝也。而漢祖卒取天下。蓋項氏之臣。所謂傑出者往往不能容。反為劉氏用。無惑乎項亡而劉之興也。臣恭惟陛下以英武不世出之姿。當艱難之時。獨運神斷。思濟宏業。孜孜汲汲。二年于茲。而成功泯然。未有端緒蓋所謂人才者尚少。不足以備使令耳。今入官之門雖廣。而用才之路實狹。古者取於盜賊。取於夷狄。取於仇讎。取於姻戚。苟才矣。初不問其生出之本末也。今茲不然。非進士科。則朝廷已不敢輒有除用幸而用一人焉。議者必曰此非清流也。此其人之戚黨也。此其人之子若孫也。此故嘗有所負犯也。此跌宕而不羈也。其用武臣亦然。吹毛求疵。深排力詆。夫如是。而欲力致天下之豪傑。以濟非常之事難矣。欲望聖慈深詔大臣各體此意。一去拘攣。收拾度外之士。博取而詳察。以備緩急之用。人才既多。使之治財賦。使之治軍旅。使之宣力四方。陛下將無往而不獲。無為而不成矣。臣不勝惓惓。

知宜黃州劉清之入對。言用人四事。一曰辨賢否。謂道義之臣。大者可當經綸。小者可為儀刑。功名之士。大者可使臨政。小者可使立事至於專謀富貴利達而已者下也。二曰正名實。今百有司。職守不明非曠其官。則失之侵偪。願詔史官考究設官之本意。各指其合主何事。制旨親定載之命書。依開寶中差諸州通判故事。使人人曉然知之。而行賞罰焉。三曰使材能。謂軍旅必武臣。錢穀必能吏。必臨之以忠信不欺之士。使兩人者皆得以效其所長。四曰聽換授。謂文武之官。不可用違其才。然不當許之自列。宜令文武臣四品以上各以性行才略及文武藝每歲互舉堪充左右選者一人。於合入資格外。稍與優長

歷代名臣奏議卷之一百四十六

歷代名臣奏議卷之一百四十七

用人

宋光宗紹熙元年湖南轉運判官陳傅良薦宋文仲等狀曰臣恭覩明詔搜羅湖廣遺材竊見通直郎知潭州長沙縣宋文仲有通務之才而發於謙和有及物之志而安於靜退蓋文仲雖生長南士其家學則中原文獻也頃丞萍鄉藹有民譽方臣假守桂陽得其爲人就訪之而文仲嘗爲桂陽録事參軍授臣本軍會計録一卷臣遵行之所以能蠲除宿負罷弛斜科不得罪於其民者文仲之助也尋領使事訪以九郡利病無不周知前者倉司糴補諸郡米僅十萬斛今者漕司蠲錢亦數萬緡皆文仲發之臣以爲文仲雖衡陽人實國士也奉議郎知常州無錫縣吳獵學問本於純實器識期於遠大所居閭郡宗爲師友凡與之遊類多自愛而獵於其交有善稱之不容口有

過捄之不遺力有急難雖不利於其身赴之不恤也頃從事桂林幕府與平李接之亂未嘗言功已而帥臣劉焞不理於口而獵誼不避罪屢訟其寃人臣如此其不負國必矣臣守桂陽獵適爲贈軍酒官助講荒政甚於飢渴桂陽故事遇皇帝登極奉表進銀三千兩屬方捄荒之際力不辦此臣懼無以塞責獵寔敎臣申請減額迄蒙睿旨損三之一爲惠一方獵與有力臣以爲獵雖長沙人亦國士也文林郎知潭州攸縣蔣礪素稟端亮恥爲苟簡往歲江陵令茲攸縣廉惠之譽兩邑同辭觀其爲吏苟不便於民雖上官令之不聽苟便於民雖匹夫不獲伸則身任其責也臣嘗見其詣闕所上書論廣右利害有四捄弊之説及與提點刑獄司論經總制錢其言惻怛可以施用則迩臣所謂遠方因革可備咨訪者在靜江則礪其人也奉議郎知全州清湘縣楊焴賦受沉審濟以通練亦佐桂幕與平李接之亂隨宜知變見謂善謀而其操履自不可奪及今爲縣益著吏績郡實賴之臣得其嶺外鹽筴本末一書自開寶訖于淳熙上下二百餘年變然明白其論以政和蔡京變法實爲亂根馴致二廣連年多盜官船客販迭爲民擾蓋利東路則西人被其害利西路則東人被其害宜爲損益兼惠兩路斯可以便公私息紛更以臣所見廣鹽之説十數家未有如焴之平者則迩臣所謂遠方因革可備咨訪者在臨賀則焴其人也如臣不肖非有知人之明能得此數子於衆人未識之先正以久居於此或聞之公論之孰或見之同事之詳如宋文仲吳獵之在湖南蔣礪楊焴之在廣右朋儕鄉黨咸所推先牧守賓僚無不器重臣如隱默不惟負蔽賢之罪是不奉明詔也已於今年某月某日具狀奏聞臣愚欲望聖慈特賜甄録以昭示公朝不遐遺之美謹録奏聞伏候勅旨

四年傅良爲起居舍人兼中書舍人繳奏給事中黄裳改除兵部侍郎狀曰臣以樓鑰差充御試官時暫兼攝吏左房書黄事近者新除鄭汝諧權吏部侍郎録黄一道臣已書行去訖給事中黄裳不肯書讀輒有論奏臣於鄭汝諧有鄉曲之好於黄裳有僚友之情與此二人初無厚薄鄭汝諧之除授堪與不堪黄裳之封駁當與不當臣不復論忽奉聖旨改黄裳兵部侍郎此臣之所不敢默默也何者給舍封繳是謂官守其言行則謂之振職其言不行則謂之失職振職謂之功失職謂之罪此百王以來與國家列聖之所務暴白者也今者黄裳之言臣不識陛下以爲是歟抑以爲非歟若以爲是則當聽從若以爲非則當罷黜今也陰廢其言而陽遷其官是非不明賞罰倒置臣竊以爲當今之時不宜有此何者陰廢其言而陽遷其官古來傳記嘗有此事若非猜阻之君喜攬任數以此爲蓋抹之術則是姦

回之臣嫉賢醜正。以此爲中傷之計。今陛下寬容樂易。非待阻之君。二三大臣請共正直。非姦回之佐。不謂清朝有此過舉。臣頃常奏事屢言君德當與天同。毋蒙淵聽曲加獎納。今夫天發生則爲雨露。肅殺則爲霜雪。未有明示雨露之恩。而密加霜雪之慘者也。由此觀之。若裒所言悖理傷道。營惑聰明。懷姦挾私。變亂事實。則陛下且出其章播之公衆。明怒而明黜之。如此施行。豈不正大。若裒所言止於爲國過慮。然悖理傷道之失。或是求人太備。無懷姦挾私之邪。則以陛下明恕。何所不容。豈應遣使遠有遷改。今乃名爲進官。而實奪其當言之職。外示優假。而中不無怒絕之意。遂使凡有官守。人人自疑。黃裒雖去。何以繼之。縱頗緘默。誰無愧恥。隨事正救。未知所終。則此際之後。將見給舍竟爲虛設。雖有忠賢。無以自明。此臣之所甚憂而不敢默默也。欲望睿慈少霽天威。收回成命。令黃裒依舊供職。以釋在廷之疑。以爲來者之勸。

傅良又上奏曰。臣昨具奏給事中黃裒緣封駁不行。改除兵部侍郎。乞收成命。且令黃裒依舊供職。所有錄黃一道。當日繳還中書門下省去後。更不付出。仰見聖心本無適莫。不唯閭畧黃裒違忤。亦復不以僭越罪臣。感激隆寬。倘以論報。然黃裒尚未被受供職指揮。瑣闥闕官。今已數日。臣愚竊度。或者陛下以爲無此故事。尚遲之耳。臣攷之史傳。人臣暫失人主之意。將及去官儀而再留者。不可勝數。今特舉給事中二事爲陛下誦之。唐呂元膺自給事中除同州刺史。及入謝。奏對激切。憲宗嘉之。翊日語宰相曰。元膺讜言直氣。朕欲留在左右。使言得失。李藩裴垍進賀曰。陛下納諫。遠於前王。臣等既不能廣求直士。又不能數進直言。合當負罪。今請以元膺復爲給事中。上悅而從之。且夫元膺解職刺州。已有成命。而憲宗終惜其去。李藩裴垍復贊其留。遂令元膺再還舊官。故憲宗號爲英主。裴李亦稱名相。雖然此猶是唐朝故事。非本朝家法也。紹興二年。以兵部尚書權邦彥爲簽書樞密院事。給事中程瑀三疏駁之。尋令他官書讀。程瑀乞罷。遂遷兵部侍郎。瑀不拜。除龍圖閣待制知信州。臺諫官江躋方孟卿皆言黃門職典出納。願不留瑀自助。竊爲朝廷惜之。上批復除瑀給事中。及入謝。上曰。給事之設。正要駁異。豈在雷同。朕以卿再三求去。勉從所請。然深不欲卿去。故再有此除。瑀出。特賜象笏。是則陛下家法也。仰惟高宗中興之初。君臣相與。不事形迹。故程瑀志在報國。不以嬰鱗爲懼。而敢於駁邦彥。江躋方孟卿志在惜賢。不以朋比爲嫌。而敢於留瑀。而高宗天錫勇智。從善如流。故亦不以反汗爲吝。而深信躋等之說。用瑀如故。傳之史籍。千載美談。臣所以不敢信宿進此二事。以贊聖斷之決。伏望宸衷體高廟無我之心。二三大臣。効李藩裴垍獻替之力。特收成命。速降黃裒依舊供職指揮。以增聖治之光華。以勸臣工之興起。而微臣不肖。亦得與江躋方孟卿同託不朽。曷勝榮幸。

傅良又繳奏張子仁除節度使狀曰。臣恭覩數日以來。一二州詔講慶壽之禮。足以歡兩宮之心。除當田之令。足以快四海之望。中外大小之臣。莫不手額矜忭。延頸以企。曰。近者二三大臣進退哀榮之典。久未予決。意自今聖心豁然。如天開霽。必次第處分矣。忽奉宸旨。張子仁除節度使。果有以見九重燕閒。未嘗不軫懷勳舊。而及其後人。誠舉斯心而加諸大臣。則一指揮之頃耳。然而人之關繫有重輕。則事之施行有先後。今二三大臣進退哀榮之典。宰執臺諫屢嘗奏請。乃留未下。而遽加恩於勳臣之子。則是輕重不倫。先後失序。臣竊未曉。不敢不爲陛下條陳之。且夫留正輔相初政。于今四年。言聽志行。曾

矣有君臣之間而倉卒不審便出脩門揆之經義未爲中節然而待
放郊外屛居山樊今者欲陳情亦既累月陛下誠恕之歟則策免舊章
皆可覆視誠不欲其亟去歟則或以少保歸班但解機政或以內祠
領使朝奉朝請則爲政者進退唯命矣復何辭若猶鞅鞅觖望稟命
不虔則持憲臣寮豈容但已然則今置正弗問而遽加恩於子仁獨
何歟恩足以及勳臣之後而念不至上相此臣之所未曉者一也非
特此也趙雄以抱痾不痊乃佚鄉郡陛下強起之以帥江西雄之遜
牘亦一再上而重違天威當暑出峽竟以舊恙卒于官萬里旅櫬道
路惻然雖雄勳業不敢望過厚之禮而有司常產安用損益何爲恤
典遲遲至今至如尤袤三朝老儒而陛下之潛邸僚友也最蒙眷簡
行且大用而其致仕遺表之章亦數月未報然則今置雄等弗問而
遽加恩於子仁又何歟恩足以及勳臣之後而念不至故老此臣之
所未曉者二也非特此也關陝對壘今六十年國家以十萬貔貅付
之吳氏父子三世全蜀晏然不煩西顧者吳挺之力也陛下方將召
見闕庭行衆徽杕杜之禮曾未及講挺復致仕故尤以爲傳聞失實
屛申奏而不信豈非託重於挺愛之欲其生乎陛下之意則厚矣而
非其事情也以挺之威望敵國之所窺覦則擇代不可以不謹以挺
之恩信士卒之所懷感則恤終不可以不至以挺之事權海內偏重
則一旦而收之又不可以不深加思慮也方今急務未有過此然則
今置挺弗問而遽加恩於子仁抑又何歟恩足以及勳臣之後而念
不至大將此臣之所未曉者三也雖然臣所云云特謂輕重不倫先
後失序物論沸騰因事而進言耳若夫張子仁者今在閑散人不稱
歎雖少長將家而無橫草之勞雖久綴班行而無涓埃之補不知何
故得此殊渥且夫開府建旄非叙遷之官也告廷孚號非私昵之賞

也無故而取之則交結之謗在子仁適足以禍之無故而予之則非
況之患在聖朝不足以勸人況張子仁嘗使令姚德打死命官歐陽
安中又有外宅婢阿關用炮烙刀刃之刑虐害阿鄭等嘗經法寺
定斷臺官覺察矣又皆以議功僅從追奪即其怙勢奸法見於奴婢
罪狀明白不當除授大略如此其他紡嫌臣未暇數以煩天聽臣不
勝拳拳欲望聖慈下采公論將張子仁無故恩數速賜罷寢以光
華主德尊重名器而亟因羣情舉行體貌大臣之禮則社稷之福也
搢紳之願也所有錄黃臣未敢書行謹錄奏聞
第二狀曰今月十二日恭奉御筆付下臣昨奏繳張子仁除節度使
事奉御筆爲係勳臣之子特除節度使可與書行須至再有奏聞者
臣昨不揆愚賤嘗繳奏張子仁除節度使事退惟螻蟻輒抗雷霆言
雖當理死有餘罪今者恭奉御筆令臣書行仰惟聖度如天曲賜容
忍而又親灑宸翰明示風旨顧臣何人尚敢違忤雖然臣聞修當行
之政者足以慰傒望之情施無故之恩者足以來謗讟之臣前所
奏固知子仁之爲勳臣子也但方群情嗷嗷延頸累月皆以留正待
放而罷命未聞趙雄告終而恤典不及凜然西陲擁兵十萬吳挺物
故閫無主者當此時也而授鉞於閑散庸繆之臣宜先者反後宜緩
者加急則是捨當行之政而推無故之恩臣恐僥望者惶惑而謗讟
至矣此所以深爲聖明惜此事體且夫報荅舊勞孰與輔初政者之
爲親矜憐後裔孰與專帥閫者之爲重此事理曉然豈唯群臣雖子
仁固知之也使子仁稍有念慮則亦於此恩數跼蹐不安矣臣是以
不敢隱嘿須至再三庶幾熙朝不以無故之恩而先當行之政恭惟
陛下聰明仁孝遠繼三五儻蒙少霽威嚴下采狂瞽而今而後天意
豁然萬幾之間群疑冰釋事關廊廟則立見施行事在疆埸則便衙

處置。上以承兩宮之志。下以盡百辟之情。人無後言。事無後患。如是。則國家尊榮。朝野忻豫。雖勳舊子孫。憑藉寵靈。窮極富貴。亦物議之所不及矣。至如張子仁有罪無功。自是不當有此除授。則臣不暇論。所有元御封付下臣奏狀一件。連粘在前。謹錄奏聞。

紹熙中。太學博士彭龜年乞留侍御史劉光祖。以伸臺諫。上疏曰。臣等備數學官。素餐無補。事有職守。不敢越思。惟念國家開設學校。所以涵養天下公議之原。而臣等僅以課試文藝。苟求塞責。誠不足仰稱明指。日夕憂懼。不知所為。適有一事。偶關士氣之消長。臣等儻顧出位小嫌。緘默自愛。揆之初心。實所不忍。臣等伏見殿中侍御史劉光祖。近除太府少卿。士論紛紛。皆謂因論吳端除授之故。事之始末。疏遠小臣不能盡知。或是或非。皆不敢決。然臣等竊以為不可者。偶留近倖。而遽遷臺臣。其於國體。所繫甚大。臣嘗竊觀祖宗借重臺諫之

意。揆之古昔。所未前聞。劉安世劾胡宗愈。至二十餘章。而不以為瀆。貴重大臣。如文彥博。因唐介一言。為之亟罷。而不以為橫。蓋所以優假直臣。尊安國勢。其為計慮至深遠也。今光祖論端。其言必不如安世之切。陛下偶然進端。亦未必寵任如彥博也。而祖宗處之如彼。陛下處之如此。比而觀之。孰得孰失。當不待人言而後喻矣。陛下嗣登大寶。始初清明。隆寬盡下。邁迹三五。豈容有此瑕玷。傳播四方。寧免疑惑。況天下士氣方患不振。今日之事。朝路籍籍。皆以為不可。而告陛下者曾幾何人。平居則仰屋竊歎。遇事則緘默不言。陛下既未有以興起斯敝。而敢言者復不得伸。臣等深恐言者自此不敢言。而不言者亦以言為戒。甚非國家之福也。臣等私憂。猶不止此。陛下所以遷端者。止念其服役之久。而言者適然攻之太亟。陛下亦適然拒之太堅。小人不知。必謂其徒得君如此其專。攬勢如此其固。附聲託影。寖成驕橫。則他日將有不勝憂者。當是之時。臣等恐陛下尤費區處。如今日也。陛下天資恢廓。以虛受人。於天下事初何容心。其始本無親昵近倖之意。而遽進端。其終亦無厭薄臺諫之意。而遽踈光祖。然疑似之迹。未能昭明。群情共憂。所當深慮。昔韓維因論臺官進退。有曰。自古聖王優待諫諍之臣。雖甚狂直。必加含忍。其勢非不能黜也。以為黜此一人。則傷眾多之心。遂此一失。則敗天下之事。故不為也。老臣憂國。其言懇切。深中事情。臣等欲望陛下平心定氣。更加審處。少抑近倖之恩寵。以伸臺諫之公論。復留光祖。俾復其位。使天下曉然知陛下聖德光明。本無偏倚。自此無復顧慮。各罄心腹。以不負陛下任使。實宗廟無疆之福。臣等冒犯宸嚴。罪當萬死。不勝俯伏俟命之至。

龜年論續降指揮之弊。上疏曰。臣聞古之善治天下者。詳於用人。而略於用法。故法不過制其大綱。而君臣之間。相與講切者。唯擇人以

付之而已。故所用無非才。而法亦恃以無敝。後世徒欲以法籠絡天下。左牽右制。一創百補。不勝其繁。而用人之際。鹵莽滅裂。一切不問。故人適足為法之蠹。而紛紛改更。皆非法之真敝。實人敝之耳。恭惟陛下聰明憲天。不自克聖。寬洪盡下。言無不聞。近日天下利害。雖瑣細猥繁。亦得以上達天聰。然究其所言。類多責詳於法。而不求治於人。故朝下一敕。夕更一令。所謂續降者殆不勝紀錄。曾不知官非其人。法亦徒設。姦吏舞弄。出此入彼。適足以亂吾法耳。故臣妄謂善治天下者。任法不如任人。變法不如變俗。使天下士大夫。皆持公徇忘私。國爾忘家之心。以蒞官効職。則國家之法。何者非善。苟有所不及。亦必有以治之矣。臣之區區。願陛下與二三大臣。先講所以官人之方。無使資格得以容不才。薦舉得以行私意。移審度人情之心。以審度人物。變推行己私之智。以推行公道。則求用之人。必無不才。所居

之官。必稱其職。雖以今日之法爲天下蓋有餘矣。不然臣未見徒法可以立者。唯陛下留神。

吏部尚書趙汝愚奏薦張漢卿元汝楫狀曰。臣等備數銓曹。慚無補報。所得滯淹之士兩人。職守所在。不敢隱默。竊見從事郎張漢卿。初任監興國軍在城酒稅。到官未久。偶太守不相知。督責太過。漢卿不堪其辱。遂和淵明歸去來詞一篇。大書于印曆而歸。今杜門讀書。恬澹自守。已十有六年。又承節郎元汝楫。嘗監復州酒稅。課亦登辦。時郡中公使庫有煑醞酸腐。太守責令酒務變賣。汝楫辭曰。在城拍戶。困於省額。不聊生矣。豈能認無用之酒。陪無名之錢乎。堅拒不受。太守怒。抑汝楫下簽廳供責。吏稍侵之。汝楫曰。我直彼曲。何供之有。遂取印曆一抹而歸。今躬耕畎畝。蓋二十餘年矣。臣等竊惟漢卿等。皆一介小官。能不爲勢利所屈。忍貧絶祿。不辱其身。若朝廷稍旌異之。

使各充其所志。則異時臨事。必有可觀。伏望聖慈特將漢卿汝楫並與堂除差遣一次。仍令吏部取索印紙重別換給。庶幾廉恥道興。縉紳知勸。誠非小補。

汝愚薦蜀中三縣令狀曰。臣頃歲蒙恩備員制師。竊見西蜀四路多士如林。其間學行優長。俱被朝廷選用。惟諸邑知縣。未聞以治績蒙擢用者。竊恐無以深慰遠俗。臣伏見承議郎劉甲。乃元祐名擘之曾孫。幼孤能自奮立。昨知夔州雲安縣。其邑素號難理。惟甲寬而有制。明而不苛。爲政優游。人自悅服。既去而人思之。宣教郎程驤。人物秀整。嘗宰戩眉青城兩大縣。而青城尤多巨族。租賦皆不以時輸送。惟驤到官。不用刑罰。雖經累月而杖未嘗啓封。人亦無犯。從事郎謝辛爲人磊落有志事功。上津極邊僻遠。久無人願就。惟辛一聞辟命。略不辭難。時有朝旨修鵠嶺關。工役甚大。而窮山極谷民戶凋零。勢必

甚擾。賴辛躬行險阻。委曲措辦。事濟而人安之。在任三年。綏撫善良。鋤治強狡。四境安靜。及辛既滿。經今累年。復無一人肯就辟者。右三人非惟所居政績尤異。而文學行誼亦皆可觀。伏望聖慈特賜旌擢。以爲四蜀官吏之勸。一方幸甚。

汝愚又應詔薦李信甫徐誼鄭湜王聞禮范蓀楊翼之狀曰。臣已見朝請郎主管建昌軍仙都觀李信甫。質實無華。剛毅有守。入居臺院。頗著直聲。出守近藩。亦多美政。朝奉郎兩浙西路提舉常平公事徐誼。育德粹溫。受才膚敏。方居學校時。已慨然有憂世之志。今把麾持節。所臨有聲。朝奉郎知建寧府鄭湜文爲國華。積有時望。建寧災寇之後。人情未安。自湜下車。寬猛並用。旬月之間。吏民悅服。右三人各嘗任監司太守。可備郎官卿監之選。宣教郎荊湖北路安撫司幹辦公事王聞禮。故太子詹事十朋之子。重厚質直。有其父風。臨事毅然。

義形於色。宣教郎邛州蒲江知縣范蓀。資稟粹然。清約自守。臣見其嘗臨利害。群議紛紜。蓀獨退避不爭。人服其量。從政郎前汀州武平縣丞楊翼之。風力敏彊。有志當世。莅官則政事可紀。居鄉則信義可稱。右三人資歷未深。可備職事官之選。若蒙朝廷擢用之後。其間有不如所舉者。臣甘坐謬舉之罰。

知潭州朱熹同監司薦潘燾韓越蔡咸方銓狀曰。臣等竊見比年以來。臣僚申嚴薦舉之法。以革獨員之弊。蓋所以示公道而杜私情也。然人之才固有不同。而薦之者所見亦或不一。往往獨員之薦常多而列銜之薦常少。繇此故也。臣等備員帥臣監司。其於一路人才。職當留意。既不敢以己見獨薦。而參之以公論。苟有可以備采擇者。又安敢隱嘿。竊見朝請大夫權知邵州潘燾。以學問持身。以儒雅飾吏。不鄙夷其民。首以教化爲務。崇尚學校。修建先賢祠宇。民有嚚訟。諭

之以理事至有司敏於決遣由是庭訟日簡郡圄屢空湖北猺寇侵犯邊境而熹處置得宜民用安堵至於移屯置寨爲民防患者無所不用其至其他設施一一切不苟臣熹昨與帥臣周必大已嘗以其姓名薦聞矣朝請郎權知全州韓邈名臣之後材力有餘入仕以來凡三作邑皆有可紀民情利病纖悉洞究全之爲郡久費枝梧而邈迺能檢視吏姦稽考滲漏民間輸納不多取斛面縻費商稅寬減苛細前政財賦不辦邈至未幾即不欠漕計且足郡用奉議郎權通判邵州蔡咸有高祖襄精明之風自初試吏即以能聞用獲盜賞改官又用收强賊應副錢粮賞循資又因水潦賑濟中書籍記姓名比者邵有猺人之擾咸詣山前督捕暴露經時多設方畧鉤致蠻獠之情卒能使之恐懼納款其他佐理郡政不競不隨經總制錢不待催督每歲溢額總所亦已保奏委之賑濟措置有方民被其惠奉議郎提刑司幹辦公事方銓器資宏裕識趣高明向宰懷安劇邑運事三師皆稱其寬簡不擾急吏緩民所薦之詞如出一口懷安之民至今稱之今任湖南屬官其在幕中靖重寡言澹若無營至於酬應事機多所贊助前任提刑孫某嘗以其學識深潜持守正固薦充所知是四人者職雖不同然其才各適於用欲望聖慈特加旌擢以爲趨事赴功者之勸如後不如所舉臣等甘坐謬舉之罰須至奏聞者

熹知漳州薦龍溪縣令翁德廣狀曰右臣叨被誤恩假守偏郡自到官以來惟思所以仰稱使令之意以爲布宣德意固爲郡守之職然苟屬縣奉行不得其人則無自而及於百姓故嘗深察諸縣令佐之賢否其背公營私廢弛不職者已嘗按劾具奏得旨施行其泚官公勤委有善狀者又豈敢默默而不以上聞乎臣伏見朝奉郎知龍溪縣翁德廣天資剛直才氣老成不爲赫赫可喜之名而每有懇惻愛

民之實臣嘗以縣事大要者三察其施爲知其果有可稱者刑獄詞訟財賦是也縣所解徒流以上罪歲率數十臣取其案牘觀之見其親畫條目委曲難問必盡囚辭而後已又州司理院再行審鞫而囚卒無異辭皆以縣之所鞫爲得其情是能上體國家哀矜庶獄之意也漳之四邑龍溪爲大理訴之牒日百餘紙巧僞詆讕姦詐百出德廣乃隨事處決終朝而畢人服其公未嘗有知責留禁之人是能使百姓無屈抑不申之訟也縣所賦入最爲浩繁合三縣之數不足以當龍溪十分之八郡之經費賴以取足德廣乃從容應辦民自樂輸吏無追督是能足用裕民而無抑配科斂之患也攷其治行蓋庶幾乎古之循吏者竊謂若使凡爲縣者皆能如此則國家德澤不患於壅隔而田里之間亦不復有歎息愁怨之聲矣臣與德廣爲同郡人其孝友稱於宗族行義信於鄉閭臣素知之固已甚審至此一年察其所以施於有政者又知如此故今不復以鄉曲爲嫌已照薦舉格令舉充陞陟員數又念方以災患乞奉香火朝夕得旨便當解罷而德廣去替亦以不遠竊恐後來者知德廣之賢未能若臣之詳偶至脫略則在臣有見賢不能舉之罪臣愚欲望睿慈察臣所舉出於公論將德廣特與陞擢差遣以爲官吏勤事愛民之勸臣不勝大幸謹錄奏聞

蔡戡奏薦鄂州通判劉清之狀曰照對臣等待罪本路職任雖不同其於薦賢報國臣子之心則一部內有賢知而不舉當得蔽賢之罪臣等不敢隱嘿竊見承議郎通判鄂州軍州事劉清之學行醇篤議論正平不爲矯激以盜虛名不肯詭隨以追時好其憂國愛民之心趨事赴功之意出於懇惻居官首以風化爲務留意學校廣延生徒又率介冑子弟欲習兵書者肄業其中荊楚之俗明鬼病者不藥而

巫。死者不葬而久淸之力禁止之。而又斥淫昏之祠。表烈女之墓。抑告訐之風。使民知嚮。屢攝郡事。邦人宜之。頃任太常寺主簿。以憂去官。今任滿。其人靜重。恥於自媒。臣等不言。終恐湮沒。欲望睿慈特賜旌擢。或且試以一郡。必能撫字疲民。假以一節。必能澄淸屬部。儻不如所舉。臣等甘坐謬舉之罰。

戩奏薦衡州通判宗嗣良狀曰。照對諸州通判。亦號按察官。郡守或闕。必以次攝事。如得其人。則郡政賴以修舉。所補不細。臣等近遵聖旨。考察一路郡守臧否。具名聞奏去訖。惟是通判攝行郡事。顯有勞效者。臣等職在廉察。其敢蔽而不言。竊見通直郎權通判衡州軍州事宗嗣良。故觀文殿學士京城留守澤之孫。澤以忠義著聞。而嗣良天資明敏。濟以勤恪。自到官之初。適值知州趙彥恂因言章放罷。嗣良實攝州事。衡爲湖南劇郡。嗣良不以時暫權攝。而懷苟且之心。決

遣滯訟。曉夕不懈。蠲除苛斂。務寬民力。稽察欺隱。財賦自足。首尾半年之間。起發上供錢物。應副官兵請給。並無違闕。而不聞秋毫之擾。安撫轉運兩司委嗣良和糴米三萬餘石。未嘗過糴。而應期了辦。其他處事。多合人情。一郡士民。翕然稱之。近已得守臣張縡到任交割訖。縡嘗知南康軍。嗣良爲建昌知縣。累政皆以罪去。而嗣良獨以治辦稱。縡亦素知其能。到郡之初。賴以協濟。兼詢訪得嗣良初任汀州長汀縣主簿。郡守以廉吏薦。嘗蒙中書省籍記姓名。次任靜江府靈川縣令。亦爲漕臣所薦。今觀其人稟資強敏。足以辦事。存心忠厚。不肯擾民。如蒙朝廷付以劇任。必有可觀。欲望聖慈特賜旌擢。使之展盡其才。亦爲能吏之勸。不勝幸甚。

戩又奏薦臨安通判王補之狀曰。臣猥以疎庸。承乏京邑。適値多事。加以歉歲。應辦百出。惴惴然惟僨敗是憂。所賴寮佐同心叶濟。僅無遣闕。臣嘗具奏乞將趨事赴功之人。稍加旌擢。激厲其餘。得旨依奏。臣竊見臨安府通判王補之。天資敏明。濟以勤恪。精通法令。兼曉義理。臨事不苟。處事適中。而又行之以公。持之以恕。每有滯訟疑獄。多委參訂。必加詳審。於人情法意。無不曲當。昨來禁中修造阜陵發引與夫舉行荒政。悉以委之。一皆趨辦。臣賴其裨贊爲多。考其治行實爲一府僚屬之最。兼其人試中法科。曾任大理寺丞。例當得郡。而乃俯就倅貳之職。其廉於進取可知。欲望聖慈特賜旌擢。他日或有緊難任使。必能了辦。儻不如言。甘坐謬舉之罰。

戩又奏薦胡槻方侯似狀曰。照對臣等所部二十四州。去朝廷最遠。仕者不憚數千里深入瘴鄉。無非爲利。媮惰苟且。浸以成風。鮮有不溺其習者。其間廉平之吏。僅或有之。求其材術優異。治績昭著者。得二人焉。臣等隱默不言。不惟獲蔽賢之罪。淑慝不分。亦無以示勸。臣

敢冒死奏聞。竊見奉議郎知邕州胡槻。名臣銓之孫。家學有源流。其人性資明爽。風力強敏。有志事功。究心職業。前任靜江府通判。差權貴融象三州。所至輒最。諸司交薦之。邕管撫邊。控禦溪洞。彈壓盜賊。最爲要地。管下武緣宣化二縣。群盜淵藪。豪猾巨寇。根株囊橐。盤固累年。吏不能制。槻到官未久。廣設方略。遣人擒捕。殺其渠魁。蕩其巢穴。餘黨屏息。境內帖然。比年以來。沿邊官吏。多爲州洞所啗。恣其侵擾。不敢呵問。槻正己律人。無一毫與之交私。示以威信。蠻猺知畏。姦民販鬻生口。賣出外界。槻力行禁止。此患少息。蠻人互市。吏卒姦弊百出。槻痛革之。又能節撙用度。修葺城壁。建樓屋千餘間。除治軍器。訓練士卒。以備不虞。勸誘州洞士人入學聽讀。使知忠義。職務具舉。課其治效。實爲一道之最。又朝奉大夫通判靜江府方侯似。故相禹之孫。其材具風力。不在槻下。雖兩佐郡。未究所長。前任澧州通判。

帥臣王藺余端禮相繼力薦於朝。會偕適以憂去。今任到官累月。協贊郡政非一。其人明而能恕。敏而加審。凡定奪公事。躬覽案牘。剖決是非平允詳盡。合於法意。當於人心。委之以事。不擇劇易。不避嫌怨。毅然有守。不可干以私。動遵繩檢。恪守廉隅。不爲流俗所移。寮吏之中。未易多得。實爲一府之望。臣等與二人素無雅故。亦非請託。既知其才。不敢隱蔽。欲望聖慈特賜旌擢。以爲遠方官吏之勸。儻不如所言。臣等甘坐謬舉之罰。

戡又奏薦高商老周熺劉董狀曰。照對臣等俱蒙誤恩。臨涖劇部。思欲推廣德意。惟賴郡守得人。凡二十四州之廣。其有治績顯著者。蔽不相繼奏聞。向者諸司嘗以知邕州胡槻爲一路之最。首先剡上。未蒙朝廷施行。續加考察。復得其人。不避煩瀆。輒敢論薦。伏見朝請郎權知象州高商老。行義著聞鄉閭。才術見推流輩。文學吏事。皆有過人。頃宰劇邑。已著能稱。前後守臣以其政績上聞。嘗降四軺指揮。令爲象臺行將兩考。爲政平易。民懷吏畏。檢柅姦弊。郡計自然有餘。撫摩凋殘。田野爲之加闢。以至興修學校。繕治城池。鼎新軍營。易茆以瓦。區處有方。人不知役。繼累政窘匱之餘。而能百廢具舉。稽之列城未易多得。又朝散大夫知潯州周熺。問學深醇。操履堅正。秉心靜退。恬於勢利。士論鄉評。莫不歸重。繼宰兩邑。吏民至今去思。逮爲總所幹官。分務沚陽。革去弊蠹。號爲稱職。諸司亦嘗交章論薦。今茲試郡清潯。愷悌宜民。恪意牧養。流亡復業。獄訟清簡。人皆安之。在一路中。獨無訟牒至于諸司。又能持身廉介。以律寮吏。久例以魚稅錢幾千緡充郡守月給。熺皆却而不取。人所難能。攷其治行。近古循吏。又朝奉大夫知宜州劉董。元祐故相摯之後。動遵家法。嚴正有守。吏不能欺。試郡西融。諸司已嘗論薦。宜陽控扼群蠻。最爲衝要。而郡計窘匱。事多廢弛。自董到官數月之間。興滯補弊。井井有條。理諸傜奉賜官兵廩祿。率皆按月支給。無復異時逋滯之苦。奉行鹽筴。尤得其宜。調度頗以豐裕。民傜安堵。不相侵擾。實爲邊最。臣等參訂共議。得此三人。不敢隱默。自貽蔽賢之罪。亦不敢私徇。以干謬舉之罰。欲望聖慈特加甄擢。庶幾可爲遠方牧守之勸。

戡又奏薦蔣來叟狀曰。臣守藩行且再朞。自念初無毫分可以稱塞。惟有薦賢報國之心。不能自已。竊見靜江府雖邈在嶠南。然國家二百餘年聲教所暨。風化所漸。爲日滋久。比來文物寖盛。人材間出。過於疇曩。往往困於僻遠。無路自達。終老炎荒。今有卓然傑立。而爲郡適在巡管之內者。不敢隱嘿。謹以薦聞。竊見知賓州蔣來叟。天姿敏明。抱負瓌偉。績文種學。夐出輩流。莅官臨民。動輒可紀。早中甲科。繼登朝列。其人材可與中州之士頡頏。實爲二廣人物之秀。今守荒遠小郡。規摹施設。如古循吏。治行藹聞。爲一路最。特處之未得其地。用之不盡其材。使之陸沉瘴鄉。誠爲可惜。若假以內地麾節。漸加擢用。必有可觀。臣愚欲望聖慈特賜甄錄。以爲遠方表勸。庶使嶺外士子。仰認聖主不忘遠之意。後來人材出者。皆知激厲。以備國家器使。不爲無補。臣不勝區區至願。謹錄奏聞。

戡又奏薦趙時侃方信孺狀曰。照對臣今月二十六日。承宰州公文準吏部符七月初二日三省同奉聖旨。在內令侍從臺諫兩省御監郎官。在外令監司郡守前宰執侍從。不拘文武。序各舉人材三兩人。限三日具奏者。臣伏覩奉議郎通判賓州軍州事趙時侃。性資闓爽。吏事精明。濟之以中和。飾之以儒雅。初調武進縣尉。已有能稱。適值歲飢盜熾旁午。時侃廣布耳目。多設方略。尋即捕獲。用賞改官。及宰句容。剖決民訟。皆得其平。經理財賦。不擾而辦。興利除害。愛民戢吏。

邑人至今思之今任毗陵郡丞究心職業有志事功處心和平不尚苛刻涖事勤恪不爲苟且佐理郡政調娛爲多諸司所委看定按牘平讞獄訟咸謂允當列銜論薦者至再前後舉者二十餘人其人老成詳審練達疏通凡所施爲無不中節事方叢委時從處之綽有餘裕付以一路必能澄按所部畀以一郡必能惠養小民委之繁劇必能治辦今已書兩考旦夕受代唯朝廷所用又承務郎知紹興府蕭山縣丞淮東隨軍轉運司幹辦公事方信孺材猷雋明風力強敏文采吏事皆有可觀粤自弱歲下筆出語固已驚人出於天資非由學力及其入仕慷慨敢爲事不辭難所治輒辦初調番禺縣尉承累政廢壞之後創立廨宇盡造營房置辦軍器教閱弓手境內肅然番禺新會闕令府檄攝事剗剔蠹弊百廢一新朝廷行下勸諭納粟本府委令信孺措置到三萬餘石諸司知其才同銜奏辟知增城縣上章列薦者無慮十數今任以獲盜賞改秩知蕭山縣丞到官未幾姓名聞于朝廷選差充淮東隨軍轉運司幹官見在軍前應辦其人年壯氣盛有意功名奮厲激昂不擇劇易少加涵養必爲成材內而繁難職事外而沿邊任使皆可試用此二人者臣或目擊其治行或熟知其才業舉以應詔將來朝廷擢用後不如所舉甘伏朝典

哉又奏薦万俟侣張忠恕狀曰照對臣等濫膺委寄剌舉列城五嶺之西封域至廣薦賢揚善職所宜先雖在僻遠猶當識拔況居臺府之下豈出流輩之中若不公共奏聞何以明示表勸伏見朝奉大夫通判靜江府万俟侣好學自修不墜祖烈涖官行已皆有可觀廉介自將公正不撓遇事明審而持心近厚材優治劇而不爲煩苛入仕已及六任前後兩丞會府所至皆有聲績自倅靜江逾一考詳定案牘剖決精當攷覈簿書最弊洗空吏不能欺事至立辦動遵繩檢不

可干以私頃在長沙時帥臣王藺余端禮相繼力薦于朝比來諸司亦嘗剡上雖已報聞未蒙甄錄又通直郎充廣南西路轉運司主管文字張忠恕生長名門耳濡目染不學而能服勤儒素而無貴介之習妙齡秀發而有老成之風試吏之初人已夸歎遂爲賓幕尤見其材運司財計至爲浩繁分典南銓尤難平允加以漕臣仍年數易中間鹽筴通滯爲多忠恕乃能一意裨替檢柅吏姦區處得宜事皆修舉頃爲臨安府樓店務時帥漕各舉以所知比來漕臣亦嘗論薦前此以其方始到官故諸司未敢列薦臣等竊詳二人雖中州僚佐之盛恐亦未易多得而使之淹回遠方實所共惜欲望聖慈特加擢用庶使臣子歆羡知嶺海之間無異畿甸有善必錄無遠不聞人皆樂於遊宦以興起事功實一路幸甚

哉又乞選擇監司上奏曰臣聞范仲淹執政患諸路監司不才取班簿視之每見一人姓名以筆勾去以次更易富弼曰公是一筆焉知一家哭仲淹曰一家哭何如一路哭耶遂悉罷之韓琦當國用監司或非其人者崔公孺曰公居陶鎔之地宜以造化爲心造化以蛇虎者害人之物故置蛇於藪澤置虎於山林今公乃置之通衢使爲民害可乎夫監司者號爲外臺耳目之寄其權任亦重矣苟得其人百姓知所畏苟非其人一路受其害可不遴選耶國初始置轉運使淳化中遣官提點諸路刑獄天聖中置轉運判官熙寧中置提舉常平其後又有提點坑冶茶馬市舶俱號監司一路之間多至五六人使有風節才力者爲之一二人足矣何以多爲如其不然重爲民害凡除一監司繫以中數歲費三萬緡公帑萬緡迎送萬緡俸給五千緡兵卒券食五千緡賢者居之所費止此不才者抑又甚焉多取頭子錢者有之抑賣公庫酒者有之科買土產物者有之巡歷之餽遺覓

諸文卒之取乞批支盖非一端州縣之擾可知也而又遷易不常費用不貲且以湖北漕言之淳熙三年殆今五六年間凡送迎三十餘次如此漕計安得不匱民力安得不困乎以臣愚見未若省其員而擇其人夫畿甸之內最爲浩穰向來獨員亦未有不辦之事今江東西湖南北福建並置兩漕其一似可省矣淮浙閩廣產鹽之地置提舉可也湖南北江東西似可併矣茶馬坑冶職兼數路遣使可也閩廣市舶職務至簡似亦可併矣員省則可以減費員少則易於擇人費減則用度足人擇則職務舉此必至之效也臣愚欲望聖慈明詔大臣應諸路漕臣止除一員江湖提舉茶鹽閩廣提舉市舶議所以省併之然後遴選有風力資望者分使諸路監司得其人必能激濁揚清而守令職稱守令得其人必能奉法循理而田里安業爲治之要莫先於此取進止

醴泉觀使周必大奏論任官疏曰臣聞堯舜而下設官分職未嘗不以久任爲先鯀堙洪水汨陳五行其猶待其九年然後易置臯舜亦以三載考績九年然後黜陟幽明後世何獨不然粤自漢唐以迄于今論者孰不以是爲急務固無待於縷陳只如本朝文彥博年過九十更事最多當元祐二年輔哲宗初政累上言謂中外任官移替頻速在任不久有如驛舍無由集事何以致治今聖主臨御詢事考言竊計講之已熟次第施行抑臣偶有管見輙妄言之今外路迎送守倅監司借請不貲凋耗郡計最爲大弊其尤可慮者川廣小郡廂禁軍人數至少每遇迎新送舊往往別作名色盡數差撥遠者一年近或半歲奔走道路廢其閱習平時既已傷財緩急又將誤事若皆任滿猶且庶幾其閒偶有事故則歲中一再如此何以堪之臣意欲朝廷將川廣小郡迎送在千里之外者別爲區處或就所過州郡隨其川陸應副舟車遞節交替所費度不甚多其本處迎送止以鄰境爲斷一則大省借請二則不妨備禦然須所過州郡體國奉公乃無阻滯其餘大郡事力可辦又當別作措置願付議臣審詳利害使之悠久可行免至輕於出令若乃選擇得人深戒數易或令因任舉增秩賜金之典則不勞更張善無以加矣

監察御史虞儔輪對劄子曰臣聞邦本之安危常係乎民情之舒慘民情之舒慘常係乎守令之賢否書曰民惟邦本本固邦寧唐張九齡曰元元之衆繫命於縣令宅生於刺史蓋擇守令以結民心以固邦本聖哲之格言帝王之先務也臣竊見今之州縣若守若令莫不以財賦爲先未嘗以民事爲意其農桑之勸不勸差役之均不均戶口之安不安獄訟之理不理如秦人之視越人肥瘠蔑焉不加憂喜於其間至若催科一事則急於星火上供有常額則以出剩爲能者

限有定期則以先期爲辦斛斗升合所以準租也則對量加耗尺寸銖兩所以均稅也則展取奇零不求羨餘之獻則爲乾沒之謀搥肌剝髓十室九空民財既殫民心亦怨萬一水旱繼作年穀不登飢寒迫於身其不去而爲盜賊者鮮矣善乎揚雄有言曰秦之有司負秦之法度秦之法度負聖人之法度是以秦之末年郡縣皆殺其守令而叛蓋怨疾之久矣唐至僖懿以後奢侈日甚賦斂愈急連年水旱百姓流殍盜賊並起尤憎官吏得者無不殺之亦若秦而已矣夫張官置吏而使民疾之如讎則其爲國不亦危乎易曰履霜堅冰至是豈可不爲寒心哉我本朝有天下二百餘年所恃以爲萬世不拔之基者人心而已臣願陛下躬行節儉減省冗費不專以區區財賦爲急明詔大臣精擇守令且以惠養斯民爲先俾之以課勸農桑平均差役安集戶口理斷獄訟蓋農桑既勸則民有餘財差役既均則民

有餘力。戶口既安。則民無流移。獄訟既理。則民無寃抑。雖有天災。不能使之困。雖有姦民。不能使之亂。人心既固。邦本永寧矣。宗社幸甚。生靈幸甚。

傅又輸對劄子曰。臣聞爲君之道。不過用人聽言之二端而已。用君子而以小人間之。非也。聽忠言而以讒言沮之。亦非也。夫薰蕕不同器。鸞鴞不並棲。君子必惡小人。小人必害君子。君子不能勝小人。小人常勝君子。自古至今。勢不兩立。君子在內。小人必在外。小人在內。君子必在外。內外之分。否泰係焉。毒藥苦口利於病。忠言逆耳利於行。苦口則難受。逆耳則難從。小人善窺人主之意。務爲迎合。君子則據正論事。而不肯詭隨。雖上之人公聽並觀。然久之不能無惑。雖灼知其爲姦邪。然未有能決去之者。況執狐疑之心。持不斷之意乎。昔漢元帝即位之初。蕭望之張猛劉向與夫恭顯許史之徒。雜然並立

於朝。是非相攻。好惡相激。元帝初心。固亦洞然。卒也望之引決於私室。張猛自殺於公車。劉向擯斥不得進用。其紀綱日以紊。權柄日以移。國祚日以衰。無足怪者。雖能更制七十餘事。以公田及苑振業貧民。減樂府。息罷甘泉宮衛。齊三服官。節用愛民。蓋小善無益也。然則爲君之道。豈不在用人聽言之間乎。昔子夏有言。舜有天下。選於衆。舉皐陶。不仁者遠矣。湯有天下。選於衆。舉伊尹。不仁者遠矣。陛下聽明如舜。勇智如湯。真異世而同符者。有如漢元帝之事。亦不可不鑒。雖然。小人之情僞。常以疑似而亂真。惟無心於上者。乃克有所見。權衡無心於輕重。故錙銖莫欺。水鑒無心於妍醜。故毫釐罔遁。人主苟能無心以御群臣。是非邪正。一付之衆議。衆議所是。我則與之。衆議所非。我則去之。彼惡得而欺我哉。夫合衆人之視。然後爲公視。合衆人之聽。然後爲公聽。書曰。天視自我民視。天聽自我民聽。衆之所在。

雖天不廢也。惟陛下留神。取進止

起居郎劉光祖乞留侍講朱熹劄子曰。臣孫遠之迹。幸得依日月之末光。侍立螭坳。勸講經幄。至親至近。凡有所懷。敢不輸瀝血誠。上干天聽。臣十九日直前面對。奏陳本職之外。因言朱熹前後論事。望且畧與施行。庶幾其人久在經筵。補助聖德。臣之愚慮。蓋恐朱熹自見有言不行。決至求去。召之難而去之易。四方視此爲國重輕。所以乞陛下采擇其言。畧行一二。良以此故也。臣當時只慮熹從此因不合而求去。使人得以窺議國家。不圖是日陛下不知積因何事。大不樂熹。批出與之宮觀。熹自求去。臣猶恐虧損事體。今陛下乃自去之。其所傷抑已多矣。然必有其故。而臣等不知。不然。陛下何用之急而去之遽。寧臣之言轉力。陛下怒之轉深也哉。趙汝愚本爲愛護君德。存全國體。見此御筆。密不使人知之。雖其同列亦不以告。意謂天意終

回。然後徐令熹從容自請。遂其難進之素志。而陛下未察。以爲助熹而不行人主之命令。中批徑達。熹所觀此。則聖怒之深。固可知矣。自昔英雄之主。怒及忠賢。如漢武帝之於汲黯。唐太宗之於魏徵。蓋其怒也。如雷霆之震而不測。及其悔也。如日月之食而復明。臣請爲陛下陳之。武帝方招徠文學儒者。詔策之曰。吾欲云云。黯對曰。陛下內多欲而外施仁義。柰何欲效唐虞之治乎。帝默然怒。變色而罷朝。公卿皆爲黯懼。帝退謂左右曰。甚矣汲黯之戇也。及莊助爲黯請告。武帝則曰。古有社稷之臣。至如黯近之矣。前以爲愚戇。而後則以爲社稷之臣。武帝豈終怒黯哉。太宗於魏徵言無不從。徵前後二百餘奏。無不剴切。一日朝罷。怒曰。會須殺此田舍翁。長孫皇后問曰。誰也。太宗曰。魏徵數廷辱我。后退具朝服立於庭。太宗驚問其故。后曰。妾聞主明臣直。今魏徵直。由陛下之明故也。妾敢不賀。太宗乃悅。夫太宗之

於證方盛怒而欲殺閹后言之善則悅而從之太宗豈終怒證哉漢唐之英主無終朝之怒此猶以義理而矯其天資者也本朝仁宗皇帝仁厚之主也亦嘗有所不堪而怒尋復悔之唐介之事是也介彈文彥博仁宗怒曰介言他事乃可至謂彥博因貴妃得執政是何言也介面質彥博其爭愈切仁宗大怒玉音甚厲衆恐禍出不測是時蔡襄脩起居注立殿陛即進曰介誠狂直然納諫容言人主之美德必望全貸遂召當制舍人就殿廬草制貶春州別駕明日御史中丞王舉正救解之上亦中悔改爲英州別駕仍從介言罷彥博政事其後召介復用爲御史大夫仁宗暫怒而即悔不惟無恨介之心又使之再在言路真所謂聖度如天非漢唐二君所能及也今陛下之怒熹無乃類於是乎臣安知在內無莊助之請長孫后之賀而臣實居蔡襄之任敢不以仁廟事陛下乎雖然熹明先聖之道爲今宿儒職專勸講蓋陛下之所尊禮又非黯證介三臣之比也三臣以直諫逢怒而熹以古道獲疏則儒者果無益於人之國如此乎且熹爲人陛下在潛邸久知其姓名以壽皇之英明嘗欲用之而卒不及用以太上之寬厚又欲用之而竟不能致者蓋小人望風而嚴憚之有素此熹所以在外則負四海之望在朝則無一日之安也然陛下即位之始首召熹而寘之於侍從者何哉陛下初膺大寶以危惕爲心招來耆儒而崇獎之用慰遠近之望此陛下初政之最善者也而熹本不可屈老乃更變深存宗社之念夫是以翻然一來臣素不識熹每與相見但勉令少安不可遽爾求去以副主上嗜學渴賢之意趙汝愚亦嘗令臣勉熹切未須深切言事第磨以歲月涵養聖心俟既浹洽不患不言聽而諫從恐多強人主以所難行久必生厭厭而請去則傾乖始謀轉使朝廷難於處置也熹比往來已是與人曲折聞臣此

言自謂酌量可否亦欲遲久有補聖明獨不知曾向陛下言及何人說及何事忽觸天威至於即日罷遣臣料必不因十九日經筵留身所奏之一事而陛下遂赫然去之也熹久有重望又在經幄不同他官進之退之皆當有禮故大臣重惜事體不即施行祕而不言仰冀密回天意而方逢宸怒未軫聖思踧踖彷徨對人絶無顏面且陛下亦嘗念之乎使太上前者因廷臣盡言而舉遜之則方人心欲變之際祖宗社稷誰與扶持陛下曆數誰其翊戴今群賢幸集而一旦無故先去首召首用之大老使人解體而離心臣兩日如醉如迷不謂聖君忽有此失只如臣往年以執憲殿中極論吳端超遷給諫失職既蒙宣諭執奏如初遂忤太上之意奪臣言職然猶俟臣三請祠而後許臣去國今陛下既曰憫熹耆艾又何恩意之薄如也且古之君子進人以禮退人以禮今之君子進人若將加諸膝退人若將墜諸淵今陛下之於熹無乃加膝墜淵之謂乎夫天道乃人事也前日不測之風雷即兆陛下時出不測之號令有如此也熹麋鹿之性惟恐不入山林臣等姑羈縻之而陛下乃解而縱之是使熹得遂初欲而陛下自乖始圖陛下得無未之或思也歟臣叨荷寵榮不忍嘿嘿伏望聖慈覽臣此章釋然悔悟以示遠近以安群聽昔帝堯捨己從人而成湯改過不吝無使前日尊儒重道之心一變而爲惡直醜賢之舉臣非助熹者也乃真助陛下者也惟陛下財幸

侍講朱熹以言事去監登聞鼓院游仲鴻上疏曰陛下宅憂之時御批數出不由中書前日宰相留正之去去之不以禮諫官黃度之去去之不以正近臣朱熹之去復去之不以道自古未有舍宰相諫官講官而能自爲聰明者也願亟還朱熹毋使小人得志以養成禍亂

殿中侍御史林大中奏言進退人才當觀其趣向之大體不當責其

行事之小節。趣向果正。雖小節可責。不失爲君子。趣向不正。雖小節可喜。不失爲小人。又論今日之事。莫大於讎耻之未復。此事未就。則此念不可忘。此念存於心。乃以來天下之才。作天下之氣。倡天下之義。此義既明。則事之條目可得而言。治功可得而成矣。

歷代名臣奏議卷之一百四十七

歷代名臣奏議卷之一百四十八

用人

宋寧宗即位。朱熹召至闕。未幾予祠。校書郎項安世率館職上書留之言。御筆除熹宮祠。不經宰執。不由給舍。徑使快行直送熹家。竊揣聖意。必明知熹賢。不當使去。宰相見之。必執奏。給舍見之。必繳駁。是以爲此駭異變常之舉也。夫人主患不知賢。爾明知其賢而明去之。是示天下以不復用賢也。人主患不聞公議。爾明知公議之不可而明犯之。是示天下以不復顧公議也。且朱熹本一庶官。在二千里外。陛下即位未數日。即加號召。畀以從官。俾侍經幄。天下皆以爲初政之美。供職甫四十日。即以內批逐之。舉朝驚愕。不知所措。臣願陛下謹守紀綱。毋忽公議。復留朱熹。使輔聖學。則人主無失。公議尚存。不報。

嘉泰二年。葉適上奏曰。臣聞欲占國家盛衰之符。必以人材離合爲驗。昔周文武身致多士。作而用之。預卜天命。最爲長久。召康公爲成王賦卷阿之詩。言求賢用吉士。其興託淵然以深。其旨意沃然以長。不以美而以戒。其詞曰。藹藹王多吉士。惟君子使。媚于天子。又曰。藹藹王多吉人。惟君子命。媚于庶人。夫上媚天子。下媚庶人。不以抗犯爲能。而以順悅爲得。此豈有諂曲之意存乎其間哉。忠信誠實。盡公忘家。惟以國之休戚關憂樂。不以己之曲直校勝負。故能上爲人主所信。下爲百姓所愛。蓋人材合一之時。和平極盛之治。其效如此。非末世所能及也。往者陛下初嗣大寶。臣服在百僚。偶當進對。輙不自已。竊嘗申繹卷阿之義。爲陛下獻。天啓聖明。德意開廣。志慮日新。銷磨黨偏。秉執中道。人材庶幾復合。和平可以馴致。臣究疾羸殘。自覩斯事。不勝感歎。臣聞治國以和爲體。處事以平爲極。和如危人之味焉主於養口而無酸鹹甘苦之爭也使猶有酸鹹甘苦之爭則非和矣平如工人之器焉主於利用而無痕跡節目之累也若猶以痕跡節目爲累則非平矣故善調味者必使衆味不得各執其味而善制器者必能消衆不平使皆效其平人臣誰無有已惟明主能使其忘已仁宗初年嘗有黨論至和嘉祐之間昔所廢棄皆復湔洗不分彼此不間新舊人材復合遂爲本朝盛時臣久病積衰已絕榮望區區之愚所幾人臣忘已體國寘心既往圖報方來如子事父無有怠竭職任所係畢智陳力分守所嚴極忠盡敬不私一身以自徇而與公家相爲後先如此則下知和平之實義上享和平之實福遠追文武近法仁宗以無愧於卷阿之詩惟陛下財幸

開禧二年適又奏曰臣聞君莫賢乎好士不衰臣莫忠乎愛君愈厚竊觀自昔人主渴想治功招徠賢俊意好所加不間疏遠而四方之

士無不承風延頸爭欲自竭及其既衰怠忽厭棄視羣臣倏進乍退若鳧鴈去來不復計惜而其臣遂皆喪氣解體消縮畏避往往曰君不已用時不我容懷自疑之心興不遇之歎矣然則君之好不衰而臣之愛愈厚乃自古及今之難事也臣恭惟陛下天度淵沖聖心昭曠多士彙起衆善類升旬除月召惟恐不及罔因先容多出公論人材可以無遺落之憾矣雖其間固有已進而復退屢遜而不前將用而輒止願試而未獲者而況剛柔異性通介殊方毀譽多端好惡難一要亦未能盡合也固守以待深愛君宜愈厚蓋人臣之義當然臣願陛下益堅至誠不衰往好君門四闢萬方競進拔擢官使何患乏人然非真賢實材不足以贊事業非多聞直諒不足以補闕遺非睦德醇行不足以紀民彝非孤忠峻節不足以勵士操非爾雅不足以飭治學非本統不足以垂訓詁爲辨主拙爲巧師凡此不同并包無

覆納我洪造揚于明朝信國家之盛時矣臣惓惓愛君終始不移義畢於此惟其狂愚豈逃睿照

寧宗時余天錫上疏曰臣荷國恩起家分閫旋蒙趣覲躐玷邇聯時權禮部侍郎曹豳實在諫省蓋嘗抗疏謂用臣太驟臣與豳交最久相知最深今觀其所論於君父有陳善之敬友朋有責善之道而豳遂遷官臣竟污要路豳以不得其言累疏乞去夫亟用舊人而遂退一莊士則將謂之何哉豳老成之望直諒多益真之近班可以正乃辟可以儀有位欲望委曲留行使之釋然無疑安於就職則陛下既服好賢之美而微臣亦免妨賢之愧帝從之

直學士院陳傅良繳奏朱熹宮觀狀曰准中書門下省送到錄黃一道三省同奉聖旨朱熹依舊煥章閣待制提舉隆興府玉隆萬壽宮任便居住又准送到并免朱熹謝辭錄黃一道令臣書行臣竊以爲

朱熹者三朝故老難進易退二十十餘年多任祠祿今也欣慕聖明幡然一出天下相賀以爲得人則進退之間豈宜容易未審何故遽聽退閒除目之頒滿朝失色一則歸咎宰執不能回宸旨於未出之初一則交譏給舍不能還成命於已行之後紛紛之言其來未已臣所以纔有所聞一再具奏未蒙報可方切惶惑今此錄黃當臣書行臣若嚴憚天威循首惟命則是上累主德下喧士論皆臣之故臣必不敢區區欲望聖慈追寢上件指揮所有錄黃臣未敢書行謹錄奏聞

貼黃臣伏思念若但寵其行未足以彰陛下不吝之德莫若留之方慰人望伏乞睿照

宗學博士許應龍論量能授官第二劄曰臣聞量能而授官此古者用人之要術也夫人之才不能皆全或純於道德或善於才幹優於理民者將畧未必長精於心計者法律未必審校短量長惟器是適

則事無不舉分職授任或乖其宜則績用不成故有虞之世能敷教者使作司徒能典禮者使作秩宗明五刑則命之作士諧八音則命之典樂各專一能各守一職未嘗迭遷而互用之故百工惟時庶績其凝而泰和之治亦由此而致奈何後世用人不問德之宜否才之稱否既使之治兵又使之理財方使之理財復使之典獄禮樂之任付之若而人工技之司付之若而人以一人之身而責之以百官之所為備宜其人材之難為也夫責之以所難為則人之能為者鮮遂相率而不為故典禮者雖未知禮而不以為媿典獄者雖未知律而不以為慊其意蓋曰百司庶府皆然也吾何以知為哉固有才稱其職得以究其所長者至於遷擢或又移之他職矣所職之事苟非其所素習則不得不委之吏故吏得以容其姦而本末源流蠹弊根穴蓋有不及察者流弊至此故居官者皆不度其才之短長德之小大

朝欲為此暮欲為彼而有不安厥職之心然則為官擇人者其可無以處之乎昔司馬光屢言於祖宗之朝欲慱選在位之士使德行者掌教化政術者為守長勇畧者為將帥明法者典法明禮者典禮此正量能授官之意在今日所當講明者而或者又曰雖量其能當久其任善於其職者增秩加賞而不徙其官苟數遷數易則心懷去就事復苟且是固然爾然好進者常情之所不能免儻積歲不遷將有十年不調之嗟從事獨賢之歎怠惰之心必生廢事之弊猶故是則久任之說固未易以遽行也為今之策惟精於財計者必使之理財迨其遷也復以精於財計者代之長於銓綜者必使之典銓迨其遷也復以長於銓綜者代之至於典禮典兵莫不皆然雖不久其任而前後相繼者莫非其才之所長則亦何事之不舉何職之不稱哉今日用人試金科者多處之以刑法之官歷邊事者率付以邊陲之寄

此固因才授任之美意也尤願陛下明詔大臣益廣此意精加采擇於百司庶府之間莫不各隨其才而無強其所不能則人人各盡所長復循名責實考其幽明而黜陟之則庶官無曠當匹休於前古矣

起居舍人吳泳疏言世之識治體而憂時幾者以為天運將變矣世道將降矣國論將更矣正人將引去而舊人將登用矣執持初意封植正論茲非砥柱傾頹之時乎若使廉通敏慧者專治財賦淑慎曉暢者專御軍旅明清敬謹者專典刑獄經術通明使道訓典文雅麗則使作訓辭秉節堅厲使備風憲奉法循理使居牧守剛直有守者不聽其引去恬退無競者不聽其里居功名慷慨者不佚之以祠庭言論闓爽者不寘之於外服隨才器使各盡其分則短長小大安有不適用者哉

兵部員外郎左司郎中起居舍人兼太子右諭德曾從龍使金還輿

官疏言州郡累月闕守而以次官權攝者彼惟其攝事也自知非久何暇盡心於民事獄訟淹延政令玩弛舉一郡之事付之胥吏幸而除授一人民望其至如渴望飲足未及境而復以他故罷去矣且每易一守供帳借請少不下萬緡郡帑所入歲有常數而頻年將迎所費不可勝計然則輕於易置公私俱受其病欲望明詔二三大臣郡守有闕即時進擬其有求避憚行者悉杜絕其請其繳劾彈柱者疾速行之蓋郡計寬則民力裕利害常相關故也

御史唐璘召對緝熙殿首疏奏天變而至於怒民怨而幾於離淩宇將傾天下有不可勝諱之慮陛下謂此何時縱欲累德文過飾非疏遠正人狎暱宦官濁亂朝政自取覆亡宰相用時文之才為經世之具不顧民命輕挑兵端不度事宜頓空國帑委政厥子內交商人賄塗大開小雅盡廢瓚璘婣婭敢預邪謀視國事如俳優以神器為奇

貨都人側目朝士痛心盍正無將之誅以著不忠之戒崔與之操行類揚綰雖修途莫景力不逮心而命下之日聞者興起喬行簡頗識大體朝望稍孚而除授偏私事多遺忘宜擇家相賛宗手輔民物以慰父母之望毋使天變寖極人心愈離也上爲改容

韓侂冑用事箝天下之口使不得議已太府寺丞呂祖儉以讜死布衣呂祖泰上書直言申以危法流之遠郡侍講王居安奏請明其寃以伸忠鯁之氣又疏言古今之治本亂階吏爲倚伏以治易亂則反掌而可治以亂治亂則亂去而復生人主公聽則治偏信則亂政事歸外朝則治歸內廷則亂問百辟士大夫則治問左右近習則亂大臣公心無黨則治植黨行私則亂大臣正小臣廉則治大臣汙小臣貪則亂始用人稍誤是一侂冑死一侂冑生也趙彥逾與樓鑰林大中章燮並召居安言鑰與大中用宗廟社稷之靈天下蒼生之福彥逾不可與之同日而語彥逾始以趙汝愚不與同列政地遂啓侂冑專政之謀汝愚之斥死彥逾之力居多而彥逾者汝愚之罪人也陛下乃使與二人者同升不幾於薰蕕同器邪正並用乎非所以示趨向於天下也

侍御史李鳴復論擢任二府之臣當責其實上奏曰臣聞臺諫者天子之耳目宰執者天子之股肱也耳目聰明則四方萬里之遠無幽而弗燭股肱運動則一日二日之幾無衆而不舉歐陽脩嘗謂宰相尊行其道諫官卑行其言諫官雖卑與宰相等蓋以夫尊卑異勢雖有小大之殊而關繫一理實無等差之別脩以書遺司諫故不及臺臣然而臺諫皆有言責者也臣以虛庸繆膺委寄惴惴朝夕常有不勝其任之憂故申嚴紀綱自本臺始臺綱既肅將推之朝廷達之天下使皆井井有序莫重於中書莫嚴於右府命令之所自出理亂之

所攸關而閱歲踰時員猶多闕貳公弘化變以告聞天下事物之衆豈一人之智所能周知朝廷機務之繁豈一相之力所能獨任此非獨臣憂之凡位于朝者莫不憂之非獨位于朝者憂之凡天下之有識者亦莫不憂之陛下聖慮洪深寢章敷涣久居政府者循序而進召自遠外者以次登庸中外聳瞻無不舉手加額而朝儀位序交章推遜又究乎虞廷濟濟之風一事而衆美具焉此皆陛下選任至公精神感召故人情胥悅僉論允諧甚盛舉也雖然陛下之選用數臣也非徒爲是觀美也必有以責其實數臣之際遇陛下也非但講相遜之虛文也當有以副其實曩者權臣懷引類之私故賢否混淆薰蕕雜處今無有矣儻衆正聚於中群邪屏於外而猶治不加進無益也曩者權臣懷獨運之私故緘默成風模稜成習今無有矣儻居可爲之地逢可言之時而猶畏避退縮無益也慶曆中范仲淹富弼歸自陝西擢置二府仁宗皇帝特開天章閣從容賜問凡所條奏輒見施行其傾心待遇如此陛下之擢任數臣將以有爲也可不以是爲法乎杜衍謹守規矩仲淹自信不疑韓琦純正而質直富弼明敏而果銳平日閑居則相稱美之不暇爲國議事則公言廷諍而不私是四人者當時賢之後世頌之此三大臣之得君將以行其道也可不視此爲勸乎厥今機會鼎來事力未裕廟堂之上縉紳之間謀論略有不同襄閫之和淮閫之戰意嚮逈然各異天下正觀數臣之所以補報陛下者果有何策陛下之所以捭任數臣者果以何能夷夏盛衰在此一舉生靈休戚繫此一時謂宜謹之重之使道出萬全試無一擲此尤第一義也二三大臣任重股肱而臣以繆悠職司耳目殿肱耳目誼均一體是用不識忌諱冒貢愚忠惟陛下察焉臣不勝拳拳

臣又聞二府每困於多事而僚屬常病於闕員以闕少之員臨繁劇之務胥吏環擁案牘滿前目不停視手不停筆十未去二三已報會堂矣精力強敏猶能自出其已見期限或迫不免受成於吏手否則淹延遷頓至有踰數月不下者大化更新積弊當革必也清其務擇其人使官無闕員員無廢事而後可此亦二三大臣所當講行者也

嘉定初袁燮爲樞密院編脩輪對劄子曰臣聞天下有一日不可不明者正道也天下有一日不可不用者正人也用正人則正道明用邪人則正道鬱正道明則黜陟有叙而治本立正道鬱則是非顛倒而權綱紊臣恭惟陛下履位之初委任賢相網羅天下正直之士鱗集于朝人情翕然以爲治本可立太平可致而欲竊威權者從旁睨之不便於己有嫉惡之心彭龜年逆知其必亂天下嘗因面對顯言其姦陛下悚然開納賜坐從容俾罄其說龜年亦盡誠無隱退而稱頌聖德寬明容受讜直臣時備數學官實親聞之深爲天下賀然龜年繼以罪去而權臣根據自若於是乎姦心浸長無所忌憚羣邪和之排斥善類積而至於無故興師幾危社稷嚮若陛下篤信龜年之忠折姦邪於萌蘗之初豈至是哉雖然往者不可及來者猶可追正人端士今不爲乏惟陛下用之爾書曰有言逆於汝心必求諸道有言遜于汝志必求諸非道此萬世人主聽言之要法也言雖忤意而合於道斯忠言矣言雖可喜而悖於理斯不忠矣往年龜年所進合於道之言也今日復有指陳闕失盡忠無隱者即龜年之言也陛下追思龜年蓋嘗臨朝歎息語輔臣曰斯人猶在必大用之褒贈溢于常典榮名冠於西清擢其後嗣寘諸班列固已深知龜年之忠矣陛下此時之心即二帝三王敬賢納諫之心也常存此心急聞剴切之言崇奬朴直之士若龜年之效忠者接踵而至矣一龜年雖没衆龜年繼進何憂天下之不治哉昔天聖中御史曹修古論事鯁切忤宮闈意謫守小郡不幸而卒其後仁宗深知其忠嘆其用之不盡優贈以官無子而官其壻察其如修古者敬而聽之自是忠言讜論源源而來孔道輔范仲淹包拯韓琦富弼歐陽脩余靖王素蔡襄唐介趙抃范鎮司馬光之流皆以端亮切直相望於三四十年之間以君德則修明以朝綱則清肅以深仁厚澤則結於人心而不可解忠諫之有益於國豈不明甚伏惟陛下念忠臣之愛君仰仁宗以爲法使士氣常伸而正塗常闢則光明盛大之治復見於今日矣且臣聞之風俗無常惟上所導導之以正直則人心皆趨於正直矣導之以邪佞則人心皆趨於邪佞矣此誠風俗之樞機而治亂安危之所由分也可不謹歟惟陛下留神省察

九年燮又輪對劄子曰臣聞君子爲陽小人爲陰陰足以干陽則君子之道消中國爲陽夷狄爲陰陰足以干陽則中國之勢弱是故善爲天下者當使陽制陰而不當使陰干陽今淫雨爲沴兼旬未止此乃陰盛而陽微也君子道消中國勢弱此其證也豈小故哉陛下謹天之戒敬天之怒則當求其所以弭災消變之策富弼有言天子無職事惟辨君子小人而進退之此天子之職也人望之所屬者登進而不遺公論之所非者擯斥而不用君子小人燦然如黑白之明邪不害正陰不干陽此誠弭災消變之上策也往時陛下奮發乾剛誅鋤元惡收還威柄登崇俊良天下喁喁翹首以觀日新之政一二年來正論漸微正塗漸梗賢者相率絜身而去忠言嘉謨以宗社生靈爲念者漫不如更化之初而謟諛緘默以順爲正自營其私者尚多有之此豈天意之所望哉立政一書實萬世人主用人之法其言曰

籲俊尊上帝又曰克知三有宅心灼見三有俊心以敬事上帝然則人主爲天事天之實莫急於用賢其理明甚抱魁傑之器而沉伏於下僚棲遲於遠外不獲展盡其所長非天所以生賢之意也一春多雨及夏尤甚霖霪不已蠶麥俱傷且有餘於今必不足於後旱涸隨之飢荒繼之吾民重困而國勢益岌岌矣皆由未合天心所以災變若此蠢爾殘虜其國垂亡而輒敢侵犯王略無所忌憚皆由君子道消所以召侮如此此天所以大儆陛下也豈可不推原天意一舉一錯之間益致其謹歟書曰崇德允元而難任人蠻夷率服傳亦云進英俊以彊本朝本彊則精神折衝陛下必欲今日國勢恢張威聲震疊亦惟擇夫剛毅正直不肯詭隨公論之所屬而猶沉伏于下僚棲遲於遠外者拔擧而尊禮之則精神立變矣誰敢侮之夫正直之士其言鯁切故人主易以疎諂諛之臣其言軟美故人主易以親然鯁

切者譬諸良藥雖苦口難受而足以伐病軟美者譬諸醇酒雖適口可悅而足以亂德殘虜見侵中國之大病也汲汲治之猶恐不及又豈可遲緩乎以忠言爲良藥亟服之而不疑自然元氣充實外邪不能入矣堯舜之聖急於親賢漢高帝之興也納善若不及唐太宗聞馬周之賢召而未至四輩督促古者聖賢之君大抵皆然伏惟陛下毋以茲事爲可少緩明詔二三大臣獎拔忠賢不啻飢渴天下幸甚

三年工部員外郎楊簡上奏曰嘉定元年冬十有二月臣獲輪對三劄奏陳不勝痛切未蒙施行臣幼承父訓毋執已見改過從善臣著于心不忘使臣所言非則何敢固執已見而不改臣自知學以來今行年七十熟復其思無以易此陛下試取臣三劄複觀之陛下虛明如日月之照臨是非坦然且今江淮湖湘之寇並作由賢不肖渾殽監司守令而下多非其人是非顛倒尅虐不恤下民怨咨故聚而爲盜近陛下下明詔非不諄諄告戒而羣臣或竊議往往監司亦視爲文具如昨陛下今當行詔旨所言而已精擇衆所推服正直不暴不撓之士巡行以黜陟天下之監司守令賢則久任不可輕易知人甚難不可求備畧其小過大過必黜若用臣前者輪對三劄施行之可使羣盜無作維日愿無變即致治安先正范仲淹富弼亦言委逐路自擇知州委州自擇知縣仍久其官守其有異政者就與陛擢臣自習擧子事業至于今不知其幾思幾慮深念時務條件雖多皆莫先於擇賢久任而後次第可行欲弭寇盜莫先擇賢久任欲移風易俗莫先擇賢久任欲鞏國祚莫先擇賢久任願陛下與大臣圖議勿循舊例自取禍亂力行范富之說及下采臣言以弭禍亂以安社稷若慮員多闕少久任則無闕可處士大夫則臣謂所任既賢其餘不肖乃害民敗國之人不足深恤臣不勝爲國軫憂不勝惓惓

簡又奏曰臣嘗觀堯舜舍己從人禹以益贊而班師湯以改過而稱聖武王聞旅獒之諫而不諱子貢曰君子之過也如日月之食焉過也人皆見之更也人皆仰之曾子曰我過矣漢高帝猶曰吾不如子房吾不如蕭何吾不如韓信唐杜淹建議而封倫折之淹默然太宗曰何不申執淹曰臣服其議又何言此不惟當時太宗悅之臣於數百年之後亦深服淹之大公不私到于今念之不忘淹雖有他過而於服義一節臣心服之近代以來改過服義之心寖衰王安石本有非常之譽後諸賢競議新法咸決於去位安石豈不動心致疑而決策不回者恥於改過也故其末流至於小人類進禍及國家今朝廷遇大事必集議尤公無我取法唐虞三代臣深惟改過乃聖賢之大德而近世士大夫或未至明白多以改過爲恥故人亦不敢忠告臣願陛下取羣臣之改過服義者表章之升擢之力障文過飾非之類

波彰明大公無私之正德，使群臣凡百建議不遂非飾辭以服義為大善，則集衆智歸于一是，國家何事不辦，而堯舜禹湯之大道復大明於今日矣。臣深念近世士大夫知改過服義為聖人之大德者誠所罕見，臣不勝念念，惟陛下留神大明斯道，以幸天下，以成大功，以垂法萬世。臣不勝惓惓。

嘉定中秘書郎袁甫上疏曰：臣淺陋書生，充員冊府，幸叨賜對，再覲清光，此時不言，豈惟有負斯心，亦且有負陛下。請罄愚衷而畢陳之。

臣聞朝廷諱言邊事，非國家之福也；士大夫敢言邊事，實國家之幸也。雖然，邊事外也，敢言外事而不敢言內事，亦豈國家所望於臣子者哉。凡今之言邊事者，不過曰將未擇、兵未練、財未豐爾，識大體者又不過曰規模未立、血脈未通爾。獨不思是數端者，其病不在外而在內，不在四肢而在腹心。曷謂腹心之疾？規模未立，偷安者撓之也；血脈未通，壅蔽者隔之也；將帥未擇，忌嫉者沮之也；兵財未治，欺誕者壞之也。陛下端居蠖濩之宮，不能盡知邊事，則必委諸一三大臣，大臣一耳目之聰明，亦不能盡知邊事，則必有諮訪之人。朝夕相親之素，或得以容窺其機；優柔浸潤之久，或得以巧中其意。玩視變故，動輒揣摩，事雖迫切，偷安之說先入為主，漸啓荒怠之習，而國勢日微，稍厭忠直之臣，而人才日靡。規模若此，自謀不給，何暇謀人。陛下儻慨然覺悟，痛懲前失，庶幾偷安者無所售其說矣。邊塵一起，事變萬端，自非大開樂告之門，何以翕受群言之入。今則猜防已甚，情愫難孚，邊境之間，妄意揣度，以為朝廷之上真偽不分，締交先容者有所奏陳，則虛事類指為實；孤立寡援者或有控請，則實事亦指為虛。夫朝廷固未必盡然，而疑似則亦有可議。比者蜀事初若可駭，旋以奏報失實，斥免帥守漕臣，自此相戒，言蜀事者少矣。臣得之傳聞，方

殘虜徙汴之始，倉皇奔逸，可謂無措，而上下之間相與辯論，輸寫真情，有言畢達。虜以鼠伏烏竄之餘，尚有悖謀並來之意，我以朝廷清明之際，乃自貽上下間隔之憂，此微臣所以痛心也。陛下儻大明公道，則壅蔽者無所容其姦矣。擇一大帥，謀一邊守，採諸輿議，未必乏才，而必取夫平居親倚、左右薦導之人，蓋曰如是而後始可信任耳。不知至誠許國者無不可信，而平居親倚者未必真可信也；抱負奇偉者無不可任，而左右薦導者未必真可任也。謹護風寒之地，蓋有舉朝明知用非其人，而莫肯為陛下一言者，姦雄竊窺，有輕我心，夷狄聞之，謂中國何至於夙負物望可當方面者，往往忌嫉之說牢不可破，雖陛下亦惑之矣。臣不知為國擇人，何苦沮抑忠賢，以快忌嫉者之私乎。足食足兵，有國所重，經理圖回，夫豈無策。今陛下未有弭兵之期，而先有厭兵之心；好用言利之人，而實無理財之術。自其厭兵之心先主於胸中，是以群下之言紛然而迎合，外飾虛名而內有排正論之實，陽言守禦而陰蓄主和議之心，豈不謂之欺誕可乎。我帥交賄非無明禁，與其懲賄賂之姦，不若杜其所從入之門；州郡苞苴非無明禁，與其革苞苴之弊，不若清其所由來之源。今不務為此，而日求生財之策，由是括常平之積，取州郡之羨，曰吾將以供軍也，竭彼盈此，有同兒戲，不謂之欺誕可乎。臣是以妄論今日之病雖蔓延於外，而實根本於內，欲鋤其萌，當除其根。偷安之根不去，則規模終不可立；壅蔽之根不去，則血脈終不可通；忌嫉之根不去，則將帥終不可擇；欺誕之根不去，則兵財終不可治。此斷斷不易之理也。陛下何不超然遠覽，深思內憂有甚外患，而日夜講求消靡之方乎。我祖宗之御天下也，政事委於中書，可謂專矣，然必擇公忠鯁切、風采著聞者使為臺諫，必擇端亮守正、敢於論駁者使為給舍，天下之事

有利有害群臣之衆有正有邪所當彈者臺諫得以公彈之所當駮者給舍得以公駮之此祖宗設官邪肅朝綱之大本也今日誠體祖宗之意以行之俾任是職者不捨大而論細不避難而言易紀綱既正百官承休豈復有爲偷安爲壅蔽爲忌嫉爲欺誑以惑吾之聽者哉唐太宗英主也魏徵進諫且曰兼聽則明偏聽則闇甚矣聽之易偏而邪之易以害正也臣願陛下盡兼聽之美戒偏聽之私充元氣禦外邪正內治以安邊境國勢日張基圖日固以綿我宋億萬年無疆之休實天下幸甚

侍御史劉漢弼密奏曰自古未有一日無宰相之朝今虛相位已三月尚可狐疑而不斷乎願奮發英斷拔去陰邪庶可轉危而安否則是非不兩立邪正不並進陛下雖欲收召善類亦不可得矣臣聞富弼之起復止於五請蔣芾之起復止於三請今嵩之既六請矣願聽其終喪亟選賢臣早定相位帝覽納

袁說友上言曰臣茲者恭覩陛下學念根于至誠學力期于無倦添置講員增益經史日有定課夕有訪問務爲入耳著心之學不爲故事虛文之舉中外慶賀如出一辭臣竊惟自古聖王之治其端本澄源所恃以長久者在於親君子遠小人而已惟尚書一經其言此道最爲詳盡敢因陛下添講此經得以少述其畧益告舜曰任賢勿貳去邪勿疑以言任君子則貴於專去小人則貴於決也禹告舜曰知人則哲能官人安民則惠又曰何畏乎巧言令色孔壬以言能任君子則不畏於邪佞小人然後惠及於斯民也伊尹告太甲曰逆忠直遠耆德比頑童時謂亂風邦君有一于身國必亡以言不親忠直之君子而比頑童之小人則亂亡可立至也傅說告高宗曰惟治亂在庶官官不及私昵惟其能爵罔及惡德惟其賢以言用賢能之君

子則治用私惡之小人則亂也周公告成王繼自今立政其勿以憸人其惟吉士用勵相我國家以言成王初政當去小人任君子則能竭力以輔國也穆王告伯冏曰謹簡乃僚毋以巧言令色便辟側媚其惟吉士以言人主左右當選用吉士而毋用便辟之小人也凡此數端載之尚書毋以親君子遠小人爲安國家利社稷之本然而自古人主固有始也知君子之可親而終也則移而爲親小人者矣固有貌親君子而心實疏之至於小人則貌與心俱親者矣固有君子以拂意而日疏小人則以順旨而日親者矣固有小人指君子以爲黨人主終墮其計而遂疏君子者矣固有毀言日至譖語日聞而君子則以譖毀而去者矣是五者之患豈有他哉蓋君子之事君也以正正則難入小人之事君也以順順則易親君子難進而易退故其勢易以疏小人挾智以固寵故其勢易以親君子每責難於君故率多齟齬小人則逢君之惡故樂於聽從唯賢君聖主見善明用心剛知天下之治亂繫於君子小人之用否爲之取捨進退使之各當其所而不相亂別白區處使之各定其論而不能惑唐虞三代之治蓋無有越此者漢元帝用蕭望之其始也亦知親君子矣一墮小人之謀卒以洪恭石顯而衰漢業唐元宗相姚宋其始亦知親君子矣一墮小人之謀卒以林甫國忠而亂唐室以是知人主之親君子爲甚難而尤難於悠久人主之親小人爲甚易而尤易於亂亡漢唐二君其明驗大效可以槩見本朝范祖禹之言曰小人莫不養君之欲豈獨奢靡之娛悅耳目足以蕩君心哉人君樂得其欲而不知爲天下害惟能親正直遠邪佞則可以免患矣至哉斯言其深得小人之用心乎仰惟陛下初政所及動合人心其親君子遠小人固以深得其說矣而臣猶以是爲言者誠恐自今以往歷日寖遠時日益異事日益變守不

為陛下長久之慮乎。臣願陛下深究尚書一經其言親君子遠小人如是切至。鑒漢唐二君治亂之所分。觀范祖禹論小人之情狀甞軫聖懷。分別邪正。外而百僚庶君內而左右近侍。凡忠誠正直之臣道學實德之士。此皆君子也。願陛下視如手足。親如腹心。不以日久而浸踈。不以拂意而輕厭。凡便僻邪佞之輩虛誕貪譖之徒。此皆小人也。願陛下嫉如仇讎視如草芥不以親昵而偏信。不以悅意而愈親堅此聖心。守此聖鑒。陛下享國萬年。而長用此道。毋採於異議毋奪於譖言。則尚書一經。帝所以帝。王所以王。端可齊驅而並駕矣。臣不佞。荷陛下開納其言。固常見之行事。茲用感激奮厲。盡瀝肝膽為陛下一言。唯聖慈留神毋忽焉。

知成都曹彥約奏曰。臣竊見陛下更化以來拔擢人物寸長片善選用無遺。可謂深於愛賢矣。士大夫食祿任事。思所以報君體國。外可

以宣力四方。內可以主持正論。然而緩急之際。當饋太息。每有人才不足用之患。其故何歟。蕭望之可使為太傅。不可使為馮翊。黃霸可使為潁川守。不可使為御史大夫。人才之於世用。要各有分劑也。持正論者未必有吏治。行惠政者未必有遠才。優於教道者未必有剖決之能。篤於孝友者未必有強明之譽。鳧脛雖短。續之則憂。鶴脛雖長。解之則悲。雖有聖智不能加毫末於其間矣。漢武帝得人之用。冠絕前代。史於贊語稱之。剖析甚至。謂之滑稽者不必責以質直。謂之文章者。不必責以篤行。各有所長。大畧可見。儻不以其力之可為者而用之。以其所不能者而強之。營進者常處其所易。盡力者常居其所難。人才雖盛。宜不足以有用於世也。臣自識事以來。讀呂公著所為手記。具載人物。纖悉詳備。德履之有可紀。政術之有可稱。直如其名。不載其事。其他一言一行。稍不可廢。則云某人稱其能文某人[illegible]

其有守。念前賢愛人物如此。心甚慕之。亦甞取今世搢紳之士筆之簡冊。求如公著所記者。以為準則。將以供當路之所問也。比年國事既多。薦召亦衆。歷數舊編。則見於錄用者十已八九。用人路廣。而猶有乏才之歎。臣竊惑焉。豈用之不得其所。不足以盡其才耶。將忌間者撓之。而不得以行其志耶。如其忌間者撓之。而不得以行其志。則主盟於上者。固當有以任其責。若謂用之不得其所。不足以盡其才。則不為無說矣。古人度德而定位。量能而授官。省其私以觀其所與。試其事以觀其所能。與之言以審其所欲。教之語以警其所不逮。然後以是事任之。以是效責之。毀言日至。而不置其疑。謗書滿篋。而不改其度。婁敬建和親之議。則使之結約者莫如婁敬。王恢建馬邑之策。則使之擊輜重者莫如王恢。事成宜享其利。事不濟宜受其罰。載在史策。不一而足。孝宗用史正志之為發運。遣湯邦彥之為泛使。距

今未遠。猶出諸此。不知不測用人之說何所起也。開禧倡議復古。未必全誤。當路者以術數處之。其規撫已狹隘矣。起武將於散地。俾守襄陽。臨行問所欲。則曰到彼當自知耳。輟近臣於禁路。俾宣諭湖北。臨行請所為。則曰飢民與忠義相挺耳。及規恢之旨方播。而諸將之師已出。宣威之命方下。而三交河之敗已聞。謂用兵而不厭於詐。詐於境外可也。烏有共事任事之人。乃相與為隱哉。今之用人固不相與為隱。然使其心腹不得以洞達。利害不得以辭告。上之所以識之者未盡。下之所以自結於上者猶踈。則視相與為隱者纔一間耳。時方急於用將。因得以論將言之。臣頃在湖南。得節制鄂州討捕軍馬。知偏裨之中勇怯之不能皆一也。又知其亂於統制統領。而不敢有所自言也。自準備將以上。日引一二輩與之坐。以觀其情。自訓練官以下。日引一二輩與之語。以察其技。卒然迎敵則擇取其欲行者遣

之而不欲者不強也故其被命者皆樂行而其遇敵者皆樂戰然亦如此而已耳未敢見其一捷而以大將許之也自開禧以來外侮狎至廟堂之上莫不以選將為急務士大夫間莫不以選將為至計謂可以為將者則有之矣謂可以為大將則舉天下難之而不敢言也勇而有力者常十一勇而有志者不百一勇而有謀者不千一勇而重厚知國家事體者雖萬億不得其一也十而有一者行伍也不足問也百而有一者部隊將不足薦也千而有一者可以薦而將百人矣萬而有一者可以薦而將千人矣至於萬億而不得其一即所謂重厚知國家事體者也彼大將者豈若小將之易與哉動而與兵法合謀靜而與前賢合德爵祿不足以累其心中御不足以變其令觀朝廷施設可以知曲直望敵人營壘可以知勝負小挫不足以言辱小勝不足以言功非明哲不足以知其人非信任不足以重其事與其以常人當之猶不若闕之之為愈也臣常薦人為統制矣朝廷以軍帥處之而不稱非其人不可為統制也臣常薦人為沿邊鈐轄難任使矣朝廷亦以軍帥處之而不稱非其人不可為沿邊鈐轄難任使也謂臣所薦者輕而朝廷所以用之者重雖足以自慰謂朝廷以用人之急而塞其向進之路雖臣亦不敢以為喜也何也中才之人分量有限敢戰之士志趣不等善戰者可以先登陷陣不可與議進取之大計捐軀者可以斬將搴旗不可與計廉隅之小節其初本急欲用之而其後乃塞其向進之路用人之難一至於此每訪愈下其才愈難擇將之說如之何而可以繼也劉光世童貫之將也為中興名臣韓世忠梁師成之將也其功業烜赫如此今改絃而用諸將非必擇世之敗事者盡棄之而後可也用得其道而使之勿疑處得其平而使之勿驕舍短取長庶乎其可耳故臣嘗論之惟天下之至公而

後可以來天下之賢惟天下之實德而後可以用天下之賢郤缺戰勝晉臣得封陳平計行無知受賞古人用賢之意為天下分職耳豈必自我出而後為得哉丘山合土而為高江河合水而為大願陛下用人之際開心見誠使有口者皆得以盡言有言者皆得以受賞則求賢之路廣矣若乃薦於此者或用之於彼薦之急者或處之以緩於幾事則密矣非用人之實也汲黯見憚淮南寢謀元王設醴穆生委質古人敬賢之意為斯世有用耳豈有愛之而不敬敬之而不愛者哉直諒多聞者必有益於人便辟善柔者必有損於道願陛下用人之際表裏如一所可敬者親之惟恐不速則用賢之效著矣若乃曲留名德而不用其言包荒巧宦而不忍其去於體貌則均矣非用人之實也有用人之實則公論服無用人之實則志士疑此又眾人之所難言而臣不敢有隱者也陛下寬其罪而加察焉臣不勝幸甚

魏了翁罷督予祠右正言李韶論曰了翁刻志問學幾四十年忠言讜論載在國史去就出處具有本末端平收召論事益切去年督府之遣體統不一識者逆知其無功了翁迫於君命黽勉驅馳未有大闕襄州變出肘腋未可以為了翁罪樞庭之召未幾改鎮改鎮未久有旨予祠不知國家四十年來收拾人材煒然有稱如了翁者幾人願亟召還處以台輔

韶知泉州又奏曰人主職論一相而已非其人不以輕授始而授之如不得已既乃疑之反使不得有所為是豈專任責成之體哉所言之事不必聽所用之人不必從疑畏憂沮而權去之矣

江淮轉運副使真德秀薦知信州丁黼等狀曰右臣疎庸一介誤蒙陛下付以外臺耳目之寄嘗竊自誓以為臧否人物其責非輕倘一毫輙徇其私則內愧此心外慚物議臣雖甚愚實所不敢往者蓋嘗

以公論弗容而効數吏矣今部内之官有爲公論所孚而嘿不以聞
何以逭蔽賢之罰臣竊見朝奉郎知信州軍州事丁黼性本誠實學
有師傳脩身立朝物論素所推許今爲郡守曾未數月循良豈弟之
政已流聞於四方朝散郎通判建康府事曾耆年天資耿介履行端
莊出自名家老於州縣精明峻潔意氣不衰承議郎提領建康府户
部贍軍酒庫所主管文字李寀性行粹温規摸詳縝早親師友多所
見聞澹然自持不爲苟進奉議郎分差建康府諸軍粮料院楊若行
方識遠論正氣平静重自將恥爲表襮從政郎建康府府學教授楊
邁篤於問學副以詞華心術端良操守無玷此數人者雖其職守不
同然質諸衆論皆所謂君子之才非區區擅一長辦一職者之比用
敢仰體清朝之意各以實聞伏望聖慈特賜甄擢儻一詞繆妄臣甘
伏罔上之誅

德秀又薦洪彥華等狀曰臣一介迂愚濫將使指理財弊訟職務寔
繁所賴僚屬相與協濟竊見承議郎江南東路轉運司主管文字洪
彥華天資樸茂學問淹該居常務自韜晦不以己長示人而徐考其
所爲則言行相副表裏如一曩宰衡之茶陵適值儉歲疚心撫字民
無流亡至於應辦和糴招募効用皆不擾而集諸司嘗以政最剡聞
于朝甫及期年以内艱去邦人父老懷其遺愛久而不忘繼宰信之
上饒以惠利爲政如在茶陵時然其恬退自將安於平進故知之者
少臣謂如彥華者若加進用俾究所蘊必有可觀從事郎前江南東
路轉運司主管帳司趙彥覃賦性敏明持身潔白鄉爲鄂州録參日
其年尚少已爲吳獵詹體仁所知目以佳士其在漕幕宣力最多振
荒以來朝夕講究如己休戚臣以廣德而縣畜傷尤甚九月間即令
彥覃前往與本郡守貳圖所以拯救之方而能悉心盡瘁不憚勞苦

九所以區畫多適事宜給散有方人被實惠臣比循行至郡士民稱
之如出一口聞其滿替皆願借留臣謂如彥華彥覃者若寘之煩劇俾效
所長亦必有以自見臣於二人者察之既熟又皆當代去儻不亟加
論薦是謂蔽賢甫敢冒聞以備采擇伏望聖慈將彥華彥覃特賜旌擢
若後不如所舉臣甘坐之
德秀薦本路十知縣政績狀曰臣等竊見江東一道爲縣四十有三
而號爲難治者居其太半蓋上供送使爲數寖繁月椿版帳率多白
撰爲令者朝夕惴恐惟財賦不辦是憂至於撫循疾苦伸理冤滯往
往視爲弗切上下循習謂之當然有能於煎熬之中少施寬裕之政
不專以催科爲急而以字民爲心其在臣等所當激勸今采諸物論
得十人焉謹具列于左須至奏聞者宣教郎知徽州歙縣馮特卿器
資清峻學識通明到官以來孜孜所職至誠篤實一意在民催科有

方不擾而集縣民程暉之子爲盜所殺蹤跡曖昧民曾委之迹捕乃
能多設方畧日夜究心曾未數月罪人斯得姦宄讋伏寃結獲伸考
其風績可爲本道之最奉議郎知饒州鄱陽縣趙汝俞天族之英篤
志爲善清修雅淡有儒素之風當官而行不爲阿徇廉静無擾田里
安之宣教郎知信州弋陽縣柴景望學校舊人雅有士譽強毅自守
卓犖不群弋陽近歲凋弊日甚自其到任撫摩爬梳結立義役以革
紛爭賣弄之弊優卹户長以除科較代輸之苦裁決獄訟一出至公
人情翕然稱爲賢令宣教郎知信州玉山縣徐榆天資靖專心術端
良涖官之初適郡守趙不㩲務爲苛暴嘗吏重足而立同時諸邑鮮
不逢迎榆於其間獨能弗改常度慈祥豈弟藹然有循吏之風去夏
邑境洪水驟至榆方在告力疾而出巡行淋勞不俟申請捐公錢以
字民賴以全活者甚衆宣教郎知池州青陽縣許溪學問淹該材力

強濟池之諸邑。襄因宣限困於預借。溪始至官。適逢儉歲。朝夕勤瘁。如理家然。既償舊逋。又免新借。邑之蠹瘼。於是一洗。亦頗以少紓。蓋有功於此邑者。宣教郎知太平州當塗縣王洽。故侍講師愈之子。天資粹雅。操行潔脩。其為邑也。心乎愛人。用刑督賦。常有不得已之意。士民稱誦。翕然一詞。承事郎知寧國府宣城縣尤爚。名家之子。生長見聞。宣城夙號煩劇。爚材力精敏。治辦有方。務以恩信及民。不為苛猛。歲適旱飢。推行荒政。曲盡其至。及除蝗孽。宣力尤多。臣等每因百姓至庭。試加訪問。皆稱其賢。已決之訟。番訴絕少。承議郎知建康府溧水縣俞遷。老成詳練。通知物情。其治邑以省事不擾為本。人甚安之。奉議郎知池州貴池縣蔡汝揆。廉謹自將。精勤不懈。奉行荒政。能盡其心。奉議郎知池州銅陵縣魏執中。持身恪謹。為政寬和。始終如一。有可稱者。右臣等所部縣令之可稱者。雖非止此十人。而得諸見

聞。間有未審者。不敢遽加論薦。自特卿而下。人品高下。亦各不同。大槩主於字民。則均在可取之域。故臣等輒效舉爾所知之誼。伏望朝廷特賜甄錄。若後不如所舉。臣等甘坐謬妄之辜。

徳秀又奏曰。臣等伏讀嘉定八年九月辛未明堂大禮赦書內一項。應士人有節行才識學術素為鄉里推重。不求聞達者。委監司帥臣同加搜訪。每路一二人。仍與本州長吏。具從來所為事實所通學術連銜結罪保明聞奏。即不以常材備數。委三省再加察訪。如所舉不妄。特與擢用。仰見聖朝網羅遺逸之意。臣等朝夕博訪。期所以稱塞明詔之萬一。竊見文林郎監潭州南嶽廟趙蕃。元祐故家。學有源委。識慮深遠。節操清高。蚤歲得官。臨事有立。年逾四十。即上祠請隱居求志。垂三十載矣。安貧處約。泊然無營。少工於詩。晚益平澹。身雖閑退。而愛君憂國之念。未嘗少忘。其在州里。誘掖後進。一以孝弟忠信為本。蕃雖名在吏部。然其行誼學識。素為鄉曲所推。不求聞達。正應詔旨。臣等既深知其為人。又其家居適在所部。庸敢輒以名聞。伏望朝廷更加察訪。如臣等所舉不妄。即乞特加旌擢。以厲士俗。其於世教。蓋非小補。謹錄奏聞。

歷代名臣奏議卷之一百四十八

歷代名臣奏議卷之一百四十九

用人

宋寧宗時衛涇論人才六事上奏曰臣聞人材盛衰繫國隆替國之將興則朝多雋良精神可以折衝及其將畢士氣銷弱緩急不可倚仗此爲國遠慮者所當憂也然材之盛衰不同非天之生材有時其所以壅閼摧傷之者固非一端也書稱用人必詢於僉謀孟子論用賢必斷之國人蓋人材至多非一人所能盡知所可信者天下之公議也公議所與從而與之公議所非從而去之予奪去取一本乎公議則人之賢不肖曉然而易辯矣若捨公議之所在信任左右以爲耳目則愛惡毀譽或行其間浸潤膚受有不自覺左右所謂賢未必爲公議之所與也公議所謂賢未必不爲左右之所忌也其言亦間有合於公議者矣蓋欲取信於人主而爲他日不肖者之地也如是

則謟諛阿附之徒僥倖獲用而孤立獨行之士無自而進矣此人材所由衰者一也人主之德莫大於虛心無我舜之所以大不過曰舍己從人夫惟虛心無我則可以翕受衆正舍己從人則能取人以爲善苟或蔽有我之累無舍己之誠則愛憎任情不得其正鯁亮者未必非忠也而終惡其忤己諛說者未必非佞也而終喜其順己任政事者據誼執正則以爲好異遵守成模則以爲稱職任言議者論奏無隱則齟齬難合少所建明則馴致進用抑不思鯁亮者果爲愛君乎諛說者果爲愛君乎此人才所由衰者二也序進賢能大臣之職也人主不能自用天下之才故舉而屬之大臣大臣進用乖方裁量失平則易其人可也達賢進能之柄不可奪也大臣欲避主疑以爲自安之計遂不以明揚士類收拔人物爲己任用捨進退惟奉成旨不敢平章至使衡柄旁出進取多門大臣失職此人材所由衰者三也人材固未易徧識伏於疏遠者尤不能知操柄者茍平心應物廣詢博採以爲賢則用以爲不賢則棄借未盡當十得六七矣奈何平居爲親故擇官之意常多爲國求材之意常少好趍進者以昵己而亟用樂安恬者以疎己而見遺權力多助者不能沮止孤寒寡援者不能薦進守格法則賢愚同滯務甄拔則槩量無準此人材所由衰者四也士大夫之資稟不能皆齊而其趨向亦各異亮直者或易至過抗而安於循默者必指以爲沽名剛正者或少所涵蓄而便於容悅者必指以爲矯激私相詆訾浸淫不已遂致人主入其言亦疑其爲沽名疑其爲矯激也而疾之彼固未免於或偏也就其偏而論之世之容默者常多而剛直者常少人主又不能爲之保持所以多者常勝而少者常見沮也此人材所由衰者五也士大夫所以重於朝廷者以去就不茍也有官守者不得其職則去然後可以守其職有

言責者不得其言則去然後可以行其言夫義所當去聽其去非特足以全士大夫進退之節亦所以重朝廷之職守也若漫然欲去而不力從然止之而即止去就義乖廉恥道喪是人材之與紀綱上下交壞之也士大夫愈見薄矣此人材所由衰者六也由此觀之人材盛衰曰君曰大臣曰士大夫皆不能無責焉方今明盛之朝固無棄材之嫌而未免有乏人之憂者其來非一日也臣願陛下深惟國家之安危憫惜人材之衰少先斷自宸衷公聽兼聽照臨壅蔽捐去愛憎獎納忠讜然後明詔大臣不私於進退士大夫不私於論議使群材並進無摧傷壅閼之患則朝廷之基本鞏固賢雋輩出建功立業無不如意矣此尤當今之急務也惟陛下財幸

涇奏舉王觀之狀曰臣聞報國之道當舉賢才舉賢才之道當考實蹟臣承乏江西闔寄首尾已是三年前此亟未敢輕於舉賢蓋欲遲

之於久參之於衆察加考察庶得其實今蒙恩易鎮行且去此一道官吏之政績最以實聞竊見承議郎江南西路轉運司主文字王觀之家學淵深天資夷粹往年編入宣幕守荊論蜀者率賴其助試邑江之德化善政尤多今爲江西運管處事極有條理然未嘗矜能以求名持論主於正大而尤知潔己以律下識者皆以爲遠器朝請郎撫州通判趙時通公族之英自致名第揚歷州縣俱以材稱貳政天府過事不苟無滿而罷或者惜之通守撫州就攝郡事邦人說服其明允又稱其廉平驗之行事允有實政承議郎江南西路安撫司主管機宜文字洪僕風度端凝吏能整密生於相閥克守儒風自爲漢陽簽幕諸司已交薦其材及至試邑黃陂治辦之外又有學道愛人之政今爲本司機幕每事明審無不合宜雖容撥煩廉介可敬陸沉幕屬未盡其長朝奉郎筠州通判孫格七閩之秀早拾儒科明習

條章老成端介昨來宰泉之同安殊有能聲今茲通判筠陽凡所關決未始留滯宣教郎知建昌軍新城縣何遜策名太學擢第一科初爲隆興節推當路交薦其材且繼任成都撫幹諸司亦表其廉能試邑新城盡起宿弊催科不勞而辦田里無不安之通直郎知撫州崇仁縣彭耕名父之子克世其美其才足以強濟其心主於寬平崇仁當累政玩弛之餘耕到官數月治聲藹然獄訟既清財賦亦裕推其餘力猶能廣學校築堤岸以惠邑人通直郎知臨江軍新淦縣趙公括學古入官脩飭廉謹早年甘守遠次務師先達以爲文及壯試吏所至去思新淦縣邑素多豪猾公括廉介守法不畏強禦苗稅而竣櫛之吏不能欺邑以大治奉議郎知隆興府新建縣桂如箎儒行吏能俱有足取安於平進廉不近名服勤邑事行且受代臣察其聽斷之間並無過舉通直郎知筠州高安縣潘熏生長名家習熟文

獻持心近厚律己以廉其在高安安靜不擾而邑事整整有理閭里安之文林郎贛州瑞金縣丞陳景仁奮身上庠遂策名第再轉而爲丞劇邑每事健決不避權豪洊攝邑寄無不辦治州郡材之從政郎隆興府武寧縣丞連元操守端溫學術該洽贊毗邑務潔己奉公靖共自將不事奔競迪功郎臨江軍軍學教授徐价經學脩明文詞贍麗能謹庠序之教務崇義理之文教道有方士類多之已上十二人臣始得之於衆言未敢深信及驗之行事委有實績仍其間多是前後累經監司守臣論薦非特臣一己之私言欲望朝廷特賜審察擢用他時必能效尺寸於事功誠非小補

涇又奏舉滕璘等狀曰臣誤當聖恩分閫江右一道十二州之官吏雖不能徧觀盡識然其間學以從政居官可紀者采諸公論察加考察今得七人知而不舉臣則有罪竊見朝奉郎隆興府通判滕璘天

資靖重學術淹該早爲省殿試前名未肯輒干捷徑盤旋州縣逾三十年晚遭班行未究所蘊今通守本府涖職公勤叶贊爲多從事郎江南西路轉運司幹辦公事趙師秀操尚清修詞章典麗一第二十七年未脫選曹師秀怡然不以介意自參漕幕處事正平持身潔廉贊畫平允承議郎知隆興府奉新縣潘景伯器度高雅政術疏通三仕于隆興邦人稱之無間言試邑奉新留心撫字剖決滯訟平易近民奉新之人無不賢之宣教郎知隆興府武寧縣趙善璙資性宏達材諝端良既由門蔭以登門第又中法科以試廷評出宰武寧曾未數月催科不擾而辦獄訟不察而明武寧之人無不德之迪功郎贛州州學教授蔣日宣稟資重厚行己端良自收科名益進學問分教章貢士譽日隆其誨人以行義爲先不專以文詞爲上迪功郎建昌軍軍學教授黃宜履行粹夷文學醇茂奮從舍選復取甲科初仕盱

洺歲月未久然其教人必以規矩士類服之迪功郎袁州分宜縣尉鄭魏挺學問老成典刑詳練登名前列自當注擬教授魏挺乃能不卑小官屈就尉職出入阡陌戢盜安民廉勤強濟邑人稱之以上七人不惟文學可采亦有政績足觀科名皆在人前職位猶在人後欲望朝廷他時特賜旌擢以為一道官吏之勸

涇又奏舉徐範等狀曰按準淳熙十六年七月十六日勑節文臣寮奏乞令監司帥守各舉其所知不必列銜同薦只乞令監司各公共按舉又準嘉泰二年三月二十四日指揮節文乞如後來增添所薦科目所知廉吏等名目悉行罷去又準嘉定六年八月一日勑中書門下省臣寮奏節文適者從臣奏請欲復所知之舉嚴臧否之法乞須示監司帥臣繼自今凡所舉部內人才與夫所知臧否科目之薦務在公心採訪取其才行卓絕績用彰著者指實聞上八月一日三

省同奉聖旨依臣伏覩從政郎南安軍大庾縣令徐範名父之子家有史材試邑大庾究心撫字居多可紀之績宣教郎知筠州新昌縣事沈鎧名臣之孫脩謹好學涖吏民社留心聽斷殊有廉平之稱脩職郎南安軍南安縣令揚洽學問淵深文詞藻贍為令南安平易近民迪功郎筠州軍事推官俞機生長名家優有才具贊幕筠陽事不辭難迪功郎筠州司法參軍詹卓學問醇正父子世科政術通明守以廉介人稱其賢宣教郎知撫州樂安縣董仁澤早擢儒科兼通世務樂安最為荒陋仁澤興仆植僵民懷其政宣教郎知江州德化縣事林杲克守家法極有吏能究心撫摩令脩於庭戶之間民皆便之宣教郎知隆興府分寧縣事陳元衡父曾身名第有志事功律己奉公撫民戢吏百里安之迪功郎監江南西路轉運司造船場溫良輔識度和平幹才整密處事謹審而有辦集之能如範等者實臣所知欲望聖慈更加考察特賜旌擢臣今所舉徐範等九人充所知

涇又奏舉蕭舜咨狀曰臣近者不度疎外輒以一道屬吏之實績冒昧上聞繼而博加採訪察致參考猶有未盡與其避再瀆之嫌而有遺材之愧不若冒三獻之恥而效勿欺之忠竊見宣教郎知撫州金谿縣事蕭舜咨成均高選奉策名第材猷脩碩操守端方禔身無瑕臨政不苟金谿凋弊陋邑實賴其撫摩寬平之實人甚安之從事郎撫州軍事判官彭去非舊由門蔭遂取世科學識醇明器資鯁亮行己有恥守法不阿臨川前後守臣多資其贊畫廉潔之實人尤稱之迪功郎江州湖口縣尉陳韡夙有師承蚤收科級務為實學未事空言志尚既高識趣亦遠儻及其華而用之必能以事業表見今仕湖口適丁歲飢捄荒有術邑人德之已上三人去替各已不遠輿論既無間言諸司亦嘗交薦驗之行事誠可旌擢欲望朝廷特賜甄錄以風厲一道之官吏使居官廉平行己忠實者有所激勸誠非小補

涇又奏舉章琢甄世光乞賜較錄狀曰臣竊惟用人之道猶之用器擇人之術比之擇材器不可不及鋒而用材不可不及時而擇及鋒則多利器及時則多良材臣前後薦士已成屢瀆今於所部又得二人其材與器皆堪煩使若漸養更久必大可觀然知其可使辦事又當及其英銳早加收拾竊見承務郎監潭州廣積倉兼衙倉章琢材力強濟識度精明博通舊聞練達世務本州倉官前此並緣久例不免侵漁琢能持身潔廉遂絕此弊郡有亡金之獄累月不得主名臣委之考鞫數日卒得其實使之剖析凝滯當無留難迪功郎潭州醴陵縣尉甄世光奮自儒科曉暢民事出入阡陌未始辭勞而又不事詭隨能自植立醴陵之治理效世光之助為多已上二人欲望朝廷特賜較錄他日或有繁難任使必能辦治惟乎朝廷及鋒及時而採取

之。

涇又列薦徐筠朱著留筠乞賜甄擢狀曰。臣等誤蒙聖恩。付以一道耳目之寄。凡所部官吏之庸濁苛刻者。不敢避怨。具以實聞。悉蒙朝廷施行。不勝遠民之幸。至於良二千石治行表表。衆所共睹者。若知刺而不知舉。何以勸功。竊見朝請郎權知全州軍州事徐筠。學古好脩。謹身率下。不事表暴。力行撫摩。刑役清平。田里安帖。餘事著書。肯補後學。又能崇教化以厚風俗。築城壁以固藩籬。其他善政。不一而足。朝請大夫權發遣道州軍州事朱著。持身潔廉。蓄學醇正。居家孝友。賦政中和。到郡之初。雖未為久。而豈弟之實。信服於民。財賦獄訟。色色整辦。加之志趣端靖。不為苟合。人品既高。政術亦茂。朝散大夫權發遣邵州軍州事留筠。存心簡靖。臨事寬明。雖出相門。實通吏道。到官以來。能於整辦之中。不失拊循之實。已上三人。臣等參之頗審。

若蒙朝廷特賜甄擢。決不上孤使令。

涇又列薦薛洽等狀曰。臣等竊惟承流宣化。其責在守令。揚清激濁其責在長吏監司。臣等誤膺委寄。旣以一路郡守之有治行者冒昧奏聞。若及守而不及令。何以為字民者之勸。竊見奉議郎知潭州長沙縣薛洽。持身清潔。涖事醇明。謹儉自將。不事形跡。每月催科。僅足則止。能藏富於田里。不窮民以自豐。考之近時。可為廉吏。通直郎知潭州安化縣趙崇模。胄出相門。學有家法。明練而不好察。公廉而務近民。安化民獠錯居。崇模以豈弟行之。無不馴服。用之他日。當為遠器。宣教郎知潭州醴陵縣羅嚞。為以學醇正。臨事寬明。能於催科之中不廢撫字之政。終日孜孜。主於愛人。考之行事。允有賢業。通直郎知潭州湘鄉縣趙伯駿。恬靜有守。廉介無華。剖決得宜。不事苛察。湘鄉邑大事叢。伯駿從容治之。若有餘地。參之輿論。委有能稱。宣教郎知道州營道縣蔡師仲。性資融明。器度開爽。達於政術。每事練詳。而又持身廉勤。御下有方。若試之事任。實為通材。從事郎知衡州耒陽縣趙彥餙。奮由屬籍。自致儒科。練達吏能。不廢學業。得時師臣朱熹亦嘗舉之。今為耒陽。居多惠政。已上六人。臣等互加參稽。頗為詳審。欲望朝廷特賜旌擢。以為作邑之勸。他日設不如所舉。則繆罔之罪。臣等所不敢逃。

涇又奏舉李鼎等狀曰。臣竊惟國家分道置師。許以察吏。臣子以身報國。未若薦賢。臣承恩守藩。閱歲得於考察。宜有薦揚。竊見宣教郎知潭州益陽縣李鼎。資性和平。學業醇茂。初任宜春簿。領繼為臨賀教官。皆以脩潔受知當路。循次改秩。試邑益陽。適承彫弊之餘。力行撫摩之政。能脩學校以勸士。寬期會以安民。獄訟不察而明。催科不擾而辦。平易近民。於鼎幾之。從政郎邵州州學教授陳覿。賦資

靖恭。持身端介。平昔安分。未始干進。舊從朱熹講學。尤以名義氣節為重。分教邵陽。極力作成。不專事於文辭。能誨人以廉恥。恬退有守。於覿似之。從事郎郴州桂東縣令黃龜鼎。材諝疏通。器能肅給。三仕于桂陽。民懷其惠。今為桂東縣令。乃昔峒寇所巢。龜鼎雖務懷柔。未不姑息。華暴而良。漸有端倪。還定安集。龜鼎有力焉。從政郎道州江華縣令莫介忞。氣好脩。文采亦富。見於議論。每事正平。江華之在舂陵。號為難治。介力行撫字之政。不忍鄙夷其民。學道愛人。介有志焉。已上四人。在臣部內。具有實迹可采。欲望聖慈特賜褒擢。以厲其餘。庶見九重不忘遠之意。

涇又奏舉朱端等狀曰。臣蒙恩任使一路。雖職不專於刺舉。至官吏能否。亦嘗考察。以備器使。今所部守貳。有能名著。采之公言。纔得四五。知而不舉。是謂蔽賢。伏見朝請郎知南劒州朱端常。才具優長。儒

雅飾吏。襄宰長洲縣事整辦諸司列薦其能朝廷嘗加擢用。今守延
平尤有治效。撙節郡用。置惠民倉。俾糴米儲積以助常平。閱習禁軍。
月有按試等第支賞以厲士卒。考其施設實有可觀。朝奉郎通判泉
州何松性資明達。政術亦優。一試劇邑以辦治稱。兩為郡丞以循良
著。溫陵浩穰民夷錯雜屯戍軍兵。松億以時彌縫關決賴以協濟。承
議郎通判邵武軍趙善稌宗室近屬能自奮厲強明敢決。所至有聲。
通守齊安牙稅增羨十餘萬緡盡數起解無所欺隱殆為諸郡之最。
今倅昭武合發上供。亦不擾而辦宣教郎通判建寧府張國均性質
篤誠遇事不苟奉議郎通判汀州樓鐩才華茂美所至有聲富沙大
府民物繁夥臨汀偏州俗習獷悍皆能協贊其守政化大行此五人
者考察已久並著能名委有政績欲望朝廷特加表用以為官吏之
勸。

涇又奏舉陳嗣宗等狀曰臣聞進賢受上賞蔽賢蒙顯戮在上之令
則有勸懲。為臣之義第知體國臣誤蒙聖恩付以一路。玩歲愒日無
補毫分。惟有薦賢是為報效。近則親所目擊遠或采之公言既得其
人不敢隱嘿。伏見儒林郎福建路提刑司檢法官陳嗣宗天資靜重。
學問深醇斷獄議刑持平守正處置明允人無異詞文林郎前汀州
州學教授孔夢符文學著稱議論英發曾為從臣列薦中書籍記選
用從事郎西外宗學教授林士遜風猷醞藉經學淵源訓導有方麟
趾化洽。宣教郎前知福州寧德縣王克恭學問正醇器識宏遠究心
撫字遺愛在民繼之者宣教郎郭伯良器質純厚才識茂明平易近
民。催科不擾奉議郎前知泉州同安縣章太蒙學術醇正操履端方
政尚中和民惜其去。久淹州縣未盡其才承務郎知福州長溪縣江
澗祖聽訟有方催科不擾濬河以便民耕修學以養士類具有實政。

非敢溢美承務郎知福州懷安縣趙師玘以宗室子能自飭修撥煩
劇綽有餘刃宣教郎知建寧府建陽縣黃千里舍法優等擢第乙
科文學議論可備館閣承奉郎知建寧府崇安縣趙必愿克紹家學
奮取儒科抱負不凡實為遠器從政郎建寧府左司理參軍吳端忠
稟資仁恕遇事詳明盡心平反獄無冤濫承務郎知福州長溪縣丞
黃以大操尚剛潔政事通明剖決民訟無不平允修職郎泉州安溪
縣主簿王仲龍名臣之後學有本源簿領卑官未究其用迪功郎福
州候官縣主簿黃侗詞學優贍論議有餘迪功郎福州閩縣三簿鄧
植履行端潔通曉事情皆限於特科無以自見此十有五人或懷才
抱藝或立事建功片善寸長悉有可錄量能授任不厭其多伏乞朝
廷特加旌擢

涇又奏舉陳孔碩狀曰臣叨竊寵榮遂延災疾蒙恩從欲俾奉叢祠
縱使危喘幾全不復可為世用拳拳報國之忠猶於薦賢或可自見
臣伏見朝散大夫福建路安撫司參議官陳孔碩學得師承行推介
潔有志斯世不事空言以其才術無施不可臣頃玷從班被旨薦士
初未識面得之士友。即嘗薦聞已而朝廷博採公言旋加甄擢將漕
廣西職事脩舉措置溪峒漸有倫緒再蒙召用以病力辭遂得鄉郡
議幕官閑無事誠足優賢朝廷方脩內治且防外禦如孔碩之才處
以閑曹誠為可惜臣與之同僚首尾一年益熟其人不能自嘿欲望
聖慈特賜改除若內若外隨所委任必有以上副隆指見於事業臣
釁犯天威下情無任

涇又奏蔡汝揆等狀曰臣誤蒙聖恩畀昇江右閫寄已五閱月日夕
搜訪官吏之有實政者已得六人焉知而不舉近於蔽賢竊見朝散
郎通判筠州軍州事蔡汝揆受材膚碩遇事精明昔宰貴池諸司嘗

合薦其政。今為高安通守。公心關決。郡無留事。吏民一詞稱之。朝奉
大夫前通判隆興軍府事史復祖。優有吏材。勤守法律。三為郡倅。所
至有聲。隆興滿歸。人惜其去。考其行事。具有條理。宣教郎知隆興府
豐城縣事汪綬。奮自名門。留心官業。材雖強毅。政甚平和。本府日放
詞狀。豐城邑大而訟獨少。田里相安。俱無間言。承奉郎知建昌軍南
城縣事黃以大。家世良吏。復親名儒。律己廉平。示民安靜。昔丞長溪
臣嘗舉其政績。今南城邑政過長溪遠甚。行且書滿。民憂其去。宣教
郎知撫州樂安縣事孫起予。儒學吏能。皆有足稱。乙第三十六年。人
歎其滯。樂安獷俗而起予反以學道愛人之美。承事郎知袁州宜春
縣事黃應酉。有政有文。精力英發。初登名第。鄉黨稱之。宜春劇邑。而
應酉兼有催科撫字之譽。是六人者。臣不惟觀諸文移之申明。而又
考諸案牘之剖決。不惟采諸士大夫之公論。而又訪諸詞訟之細民。

委得其實。故敢冒言。欲望朝廷特賜旌擢。
涇又奏舉留丙揚怨等狀曰。臣誤蒙聖恩。再分江右之閫。玩惕罔功。
日夕懼惕。惟念事君以人。薦賢報國。尚可少效萬分。故於一道之官
吏。孳孳搜訪。其為政有實績者。敢不悉為陛下言之。臣竊見朝請大
夫知撫州軍州事留丙。稟資重厚。賦政和平。雖生相門。諳練民事。撫
之郡計董董而到官五月。不趣迫而事以辦。鎮靜不擾。田里安之。年
事以迫。若速加擢用。猶足以得其數年之力。朝散郎擢知臨江軍事
楊怨。器識沉靜。學術醇明。備更繁難。曉暢吏事。到郡踰年。臨政不事
察察。力行撫摩。崇尚教化。財計昔迫而今寬。訟牒先繁而後簡。軍民
相安。人稱其賢。朝奉郎添差通判隆興軍府事趙不澄。文行粹夷。資性
誠愨。不以館閣清流而不屑吏事。不以耆儒宿德而簡畧訟牘。每事
詳審。精力強明。有德有才。人愛而敬之。朝奉郎通判隆興軍府事俞

遷。克守家學。卓有能聲。昔宰溧水。其政已為諸邑之最。今倅是邦。一
力裨贊。郡事多賴之。搜剔蠹弊。而吏不敢肆。灼知情偽。而民不敢欺。
施於內外繁劇之任。必有可紀。通直郎通判南安軍張清臣。生自名
門。習於吏事。揚歷州縣。安於平進。南安斗壘。自溪峒擾變以來。民產
失耕。冒佃而經總制。欠額數多。幾於束手。清臣於關決平允之餘。能
條理財賦。以無乏供人所甚難者。承議郎通判隆興軍府事許被曾
出世家。持身清謹。存心職業。不事表襮。到官方及數月。其見於關決
者已多可觀。吏民信之。畧無間言。從事郎充江南西路安撫司幹辦
公事徐清叟。學業醇茂。奮身甲科。分教當塗。鄰境士類從之如歸。今
茲婉畫。率皆可行之實。守正不阿。足為遠器。從事郎充江南西路轉
運司幹辦公事方大琮。志氣好脩。文采亦贍。早為南宮亞選。士論稱
之。主董漕幕。剖決詳明。考其行事。允有賢業。已上八人者。在本路守

貳幹官之內。考察頗審。誠未多得。其間率皆累經監司論薦。欲望聖
慈特賜甄擢。
涇又奏舉范應鈴狀曰。臣竊謂國之根本在乎民。民之休戚在乎令。
臣邇者不揆疏外。以一道官吏之政有實績者。冒昧數奏。而縣政之
卓然可稱者猶未殫舉也。宣教郎知撫州崇仁縣事范應鈴。持身清
介。遇事精明。初任尉于吉之永新。屢與郡太守爭辯是非。而守常屈。
崇仁當積弊難治之後。應鈴嚴於吏而寬於民。苦節非泛之費。蠲罷
妄藝之取。私謁不行。豪猾屏迹。不畏強禦。實可大用。承議郎知隆興
府南昌縣事趙師陶。稟資粹溫。持心平正。六年嶺外。休譽藹然。得邑
南昌。仍在舊所遊學。人情至稔之地。師陶善待故舊。屏絕請託。凡民
間爭訟。親自體訪。必欲盡得其情。而獲罪者皆伏而不怨。平易近民。
允有賢業。承議郎知袁州萍鄉縣事趙彥章。文學過人。長於議論。公正。一

第三十五年。安恬自若。前任本路提刑司幹官。以所得京削。遜與別司毋老之人。今為萍鄉。無非學道愛人之政。撙紳樂道之。宣義郎知筠州高安縣事余珪。樸茂温雅。政術詳明。生於相家。苑若寒素。朸入浙西倉幕。已有令譽。今於高安彫瘵之邑。不事敲朴。月解自辦。撫摩小民。而獄訟平息。上下皆安之。奉議郎知隆興府新建縣事邵應桴。為學醇正。處事寬明。分教于衢于徽。皆稱士論。改秩作邑。飾以儒雅。能於催科之中。不廢撫字之政。參之公議。委有能稱。宣教郎知撫州臨川縣事趙崇尹。賦姿開爽。遇事直前。犯險潢池。以脫選。附臨川煩號繁劇。崇尹到官未久。聲譽甚休。能於整辦之中。不失和平之政。考之行事。可謂通材。承事郎知建昌軍廣昌縣事滕仲寅。生長名族。服習典刑。再進官塗。多所揚歷。廣昌僻在山谷。風俗頑獷。仲寅一以無事理之。獄訟簡寡。政譽翕然。從事郎知吉州永新縣事潘復擢。自儒

科精曉吏事。前者分教蘄春。大得士譽。今永新鄰接溪峒。加以豪户盤結。復調娛得宜。強者伏而弱者愛之。刑役清簡。綱紀肅然。此八人者。皆作邑有善狀。字民有實政。為一道所稱。欲望朝廷特賜甄錄。

涇又奏舉吳軫等狀曰。檢準淳熙十六年七月十六日勑節文。臣寮奏乞令監司帥守各舉其所知。不必列銜同薦。乞令監司各公其接舉。又準嘉定六年八月一日勑中書門下省臣寮奏節文。通者從臣奏請。欲復所知之舉。嚴臧否之法。乞須示監司帥臣。繼自今凡舉部人　才與夫所知臧否科目之薦。務在公心採訪。取其才行卓絕。績用彰著者。指實聞上。八月一日奉聖旨依。臣竊見迪功郎撫州州學教授吳軫。文學俱優。恬退有守。始到官舍。訪問郡之宿儒。率學之諳生。親登其門。請為學正。提點刑獄孫德輿聞之。謂此風不行久矣。不待有求。即騰剡之薦。考其教育勤有成法。從政郎隆興府府學教授梁致恭。學術醇正。質直無華。奮自膠庠。以取科第。留意教養。每考察士　子於文詞之外。孤寒無媒。諸臺自舉之。於其垂滿。人惜其去。從事郎筠州軍事推官李伯賢。生長名家。自有植立。持身勤恪。遇事詳明。筠之郡政。多其區畫。井有條理。士論材之。修職郎隆興府武寧縣丞趙公珊。奮自屬籍。卓有吏能。律已公平。持心寬厚。武寧巖邑。公珊一以和平佐其長。財賦辦治。人情安之。迪功郎江州德安縣主簿周良。學有源流。行無瑕玷。德安邑計彫弊。不可為。邑宰為之引去。良被檄越丞職。以攝邑事。整治半年。不鞭扑而財計蘇。民稱其賢。從事郎建昌軍南豐縣主簿趙希楚。服習家訓。通曉吏道。臨事不苟。諸臺多所委任。本司凡有差檄。究心了辦。不表襮而聲譽著。人誦其能。迪功郎隆興府奉新縣主簿黃之望。材具優長。器能肅給。蚤歲志學。有聲場屋。奮身名第。留意職業。委以事任。皆得其當。迪功郎建昌軍南城

縣尉黃師稷。天資端謹。材譜通明。於職事所當為者。莫不修舉。而猶能裨贊其長。以分任邑事。求之下寮。未易多得。修職郎興國軍永興縣尉趙崇畏。材識優長。政事勤恪。奮身科第。抗志高騫。出入阡陌。戢盜字民。境內肅清。邑人德之。如軫等九人。實臣所知。欲望聖慈特賜褒擢。

涇又奏舉趙汝誠等狀曰。臣近舉撫州教授吳軫等充所知。而一路官吏猶有四人焉。與其取蔽賢之罪。寧受再瀆之譴。敢盡為公朝言之。臣竊見奉議郎通判建昌軍兼管內勸農事趙汝誠。器資峻拔。政術詳明。為丞為宰。當路交薦。今倅盱江。剸決平允。財計辦治。人稱其能。通直郎知隆興府奉新縣主管勸農公事趙希晋。賦性開爽。遇事雋明。敭歷寖多。政譽且嫩。催科撫字。皆究其心。一邑相安。人器其業。承奉郎知隆興府武寧縣主管勸農公事兼兵馬監押趙師巖。智不執

方材無滯用雖生屬籍實事儒素租賦趣辦縣務簡寡田里驩然民安其政迪功郎贑州司法參軍鄭斯立經學通明操行端潔手不釋卷月評所推自是館閣之器淹汩州縣士論惜之以上四人者今舉充臣所知後不如所言甘坐謬舉之罰

經又應詔舉真德秀等充廉吏狀曰臣伏準尚書省劄子幷吏部牒中書門下省八月十八日三省同奉御筆可令侍從兩省臺諫卿監郎官及在外前執政侍從諸路帥臣監司各舉廉吏可以為表勸者三人疏名聞奏以備選擢者右臣荻病退老不與世事相接然有朋舊來訪生死因及一二竊聞近來貪吏稍多哀民剋軍一切聚斂民之膏血竭矣民惟邦本本固邦寧民心一搖關繫甚大聖天子初政軫念及此特降御筆令舉廉吏以表勸之愛護邦本此意切矣臣知陛下非應故事為觀美而已臣竊謂今日一州一路惟大吏貪黷為

甚小吏固有貪者然民之被害尚輕若大吏貪黷民之被害有不可勝言者小吏之廉亦豈無人但泛泛枚舉恐未足為表勸非明詔之意若大吏之貪者非臣所當言敢以大吏之廉足以表勸風俗者三人為陛下言之臣竊見前知泉州真德秀章㯋二人者天資潔廉操守純固泉南多舶貨賢士大夫間有不免而二人者前後為泉皆於舶貨毫髮無取去泉之日舶商擁道攀送以大香炷餞其行二人者皆卻不受商人無以效其勤持香至郡治曰此吾欲獻使君而使君皆不受吾安可復留以大盞注香於郡之門香聞闔府相與涕泣而祝之何施而得此於人也傳曰臨財毋苟得司馬遷薦李陵云臣見其臨財廉至大夫平居暇日未嘗不曰能廉至臨財未免有可議而二人者臨財如此可謂忠信行乎蠻貊矣又見前知汀州趙崇模廉介有守未自表襮臨汀大禮年分進奉本色銀二千兩及文犒諸軍

八千餘貫兩項共為一萬五千緡例取之縣縣敷之民崇模到任即自於州家抱認嚴戢諸縣敷斂民咸德之又諸寨土軍久不補刺崇模任內刺百餘人二年所支錢粮自當萬五千緡皆州郡撙節支遣於民間賦稅日前所欠並與倚閣邦人翕然以為前此守臣蓋未嘗有大槩汝愚諸子皆能守家法而崇模賢譽益高此三人者皆大吏之廉足以為表勸者今德秀已蒙公朝擢至禁從章㯋見蒙收召崇模今為輔郡公朝已皆獎用似不待臣言者然臣區區竊謂使大吏之廉者皆如此三人則斯民蒙福邦本益固實萬世無疆之休故特述此三吏之廉節風厲天下庶大吏之貪者茍有羞惡之念必知愧懼若小吏之貪者聞大吏之廉必皆化而為廉所謂中人以上可以語上也其關繫風俗之樞機實非細事是敢冐昧奏聞

經又應詔舉李燔等狀曰今月二十三日準尚書吏部符承嘉定六

年正月十八日勑中書門下省臣寮劄子奏節文乞明詔內外之臣各舉所知在內侍從臺諫兩省官在外帥守監司並以期限不拘資格才術統屬各許於文臣常調之中舉實才之士二三人其有言行可稱事功可述並條列聞奏以其所薦籍之中書精加審覈次第選掄儻或欺誣必與連坐正月十八日三省同奉聖旨依自指揮到日限十日聞奏臣伏見文林郎添差江南西路轉運司幹辦公事李燔經術精博趣操剛方早從師友多士推服分教襄陽為帥臣鄭挺挾私奏劾自是杜門刻志學問不屑意祿仕堂審掌故列屬寺廷皆辭不就尚淹選調未厭師虞宜加崇獎以勵廉退奉議郎前荊湖南路安撫司主管機宜文字陳元勳文彩高華吏能強濟素安平進有志事功方峒寇搶攘宣勞幕府剸裁區處曲盡事宜帥臣曹彥約嘗以功狀聞于朝廷今已書滿以其才力使任劇煩優有餘裕承直郎差

充江淮荆湖福建廣南路坑冶鑄錢司幹辦公事鄭準性資與之端學
術淹該業名儒科。通練世故。陸沉州縣。未究所蘊。若蒙選擇。必有以
自見於時。臣誤蒙聖恩。俾分閫寄。自揆疎拙。無以補報。祗承明詔。許
之薦舉。敢以所知三人者冐昧以聞。如燔之學行。實堪臺閣之選。若
元勲。若準。眞可備中外職任。將來不如所舉。臣甘坐謬舉之罰。

涇又奏舉趙崇度等狀曰。臣等誤蒙聖恩。分職臺閫。深圖報國。莫急
薦賢。今於部内得一二人。敢用條陳。以備器使。臣等伏見宣教郎知
桂陽軍趙崇度。家法嚴整。吏事詳明。推其惻怛忠誠之心。施於拊摩
愛利之政。桂陽為郡。地險而僻。民健以嚚。崇度臨之以至廉。行之以
不擾。人自感服。舉無異詞。即其操履。允是遠器。文林郎知郴州宜章
縣趙彥丸。沉浸詩書。被服儒素。其父公謎。在孝宗朝為賢監司。遺愛
去思。今滿蜀道。彥丸克濟前美。不隳家聲。今宰山邑。政有條理。申嚴
舊制。結集土丁。邑境有備。故峒冦之擾。止在旁邑。而獨不犯其境。百
姓以此感之。從事郎邵州新化縣令徐簡。出自儒家。邃於講學。丈墨
議論。能世其傳。故施於邑政。藹有循良豈弟之風。嶮俗頑民。安其政
教。羞怙惡懼。首里知懷。是三人者。分處郡邑。皆能為陛下牧養小民
培殖國本。况崇度乃故相忠定公汝愚之子。陛下念其父之忠勲。諸
子多蒙録用。豈待臣等以為軒輊。特以職守所在。不敢蔽賢。如彥丸
如簡。則沉淪下僚。無蚍蜉子之援。若不論薦。何由自達。伏望聖慈特
賜擢用。則三人者必能有所植立。仰益明時。後或不如所舉。甘坐謬
舉之罰。

涇又奏舉封彥明充將帥狀曰。準行在尚書吏部符。承嘉定五年十
月二十八日。都省劄子。臣寮奏節文。諸路帥憲。許每歲奏舉可備將
材。及堪充鈐轄以上任使者各兩人。於奏内聲説。或不如所舉。甘

罪罰。隨以姓名籍之宥府。候將帥有闕。參以衆薦。次第除用。如經録
用。有悞使令。撿照元舉官。重加責罰。以革徇私濫舉之弊。十月九日
奉聖旨。依臣竊惟養之當有素。而不可取具於臨時者。將才也。自頃
用兵江淮。諸將遇敵輙敗。蓋望風奔潰者多有之。豈非蓄養無素。而
取具臨時之過歟。臣伏見降授成忠郎封彥明。奮身行伍。有志事功
頃在兵間。粗著勞効。方和議未成時。制置大使丘崈嘗薦於廟堂。臣
於是時。實備位政府。崈謂其人材武勇。若奬勵作成之。他日必為朝
廷之用。頃因峒冦猖獗。自殿司統制移飛虎軍。本以才選。偶不諳地
利。失於輕動。遂致敗衂。因此罪廢。然其御下整肅。能與士卒同甘苦。
軍中至今思之。謫居郴歸。未蒙湔祓。愛惠頓挫。當益增其所未能。廢
棄之久。實為可惜。臣一向退閒。少與兵將官交接。敢以所知。上塵明
詔。伏望聖慈弃過匿瑕。特賜甄録。以備邊場之儲。亦激勵將才之一
術也。臣今舉封彥明。係嘉定六年第一貟之數。後不如所舉。臣甘坐
謬舉之罰。

涇又奏舉布衣胡大壯乞賜褒録狀曰。撿準嘉定五年十一月十三
日。近降指揮。臣寮上言節文。方今收用人材。非止一途。然山林畎畝
之間。懷德抱道。不求聞達者。豈無其人。願俾監司守臣博加採訪。具
以名聞。無為文具。朝廷審察其實。以禮招致。從而尊顯之。庶幾上有
得賢之實。下無遺材之嘆。三省同奉聖旨依。臣聞君以求賢致化。臣
以選賢報國。古之道也。恭惟陛下聖化日新。上法乎祖宗。崇儒重道
博選賢俊之意。比者明詔有司。加惠遺逸。責之搜訪。俾以名聞。臣欲
考察其實。以禮招致。而尊顯之。雖堯舜之用心。夫禹之勤求。不是過
也。臣濫分符閫。遠在湖湘。欽承德音。夙夜惟謹。廣求精選。幸得其一。
詎敢忘報國之誼。干蔽賢之典。而不以上達哉。臣伏見潭州衡山縣

布衣胡大壯故寶文閣直學士謚文定安國之孫右承務郎宏之子也挺志高遠制行介潔自其少時已著孝友之稱既長受其祖安國之學於父宏研究經術博通墳典其持論以明義利為本其立已以尚誠實為要冠歲學成即不事科舉隱居衡嶽之下躬耕自給讀書自娛爵祿外慕一毫不以嬰其心深藏固匿足跡未嘗至城市州縣官必禮於其廬然後得見於是行成于身理于家信于鄉黨達于遠邇邦人敬愛咸慕其道德尊之曰西園先生平日著述雖多而封建論數篇尤為先達推重近時如前帥臣曹彥約提舉樂章咸嘉其行相繼剡上本州以嶽麓書院堂長虛席嘗遣官吏以禮延致至今力辭未就臣觀其學識節行足以師表後進蓋亦古之所謂逸民也臣竊聞孝宗朝嘗有詔舉遺逸於是福建諸司苟燁等以魏挺之之名來上則挺之自布衣召對賜第命為學官又嘗與監察御史謝諤論郭雍之學皆本於易則雍自沖晦處士加封頤正先生此皆近事彰彰在人耳目者矧自陛下更化以來動遵孝宗成憲至於獎進恬退尤所急先今大壯年踰六十雖曰無求於世而體力康強亦非無用於世者若使朝廷試加表異俾如魏挺之郭雍輩得以齒下士被光寵于朝不至與草木俱腐則興起人心轉移風俗視孝宗時亦何難焉是以臣愚輒體古人報國之誼不敢泛然論薦而以大壯應詔欲望聖慈特降睿旨下之三省斟酌典故將大壯量才褒錄或畀之一命而授以在外學官之職或錫之綸誥而假以處士之名庶幾山林巖穴之棄材悉為時用可以仰副陛下求賢致化之意矣臣不勝惓惓

涇又奏舉黃學行等狀曰臣聞事君以人者臣道之大端薦人於天子者諸侯之職分臣適班秘殿分閫遐藩圖報國恩所當薦士知而不舉臣竊恥之臣竊見從事郎前全州州學教授黃學行識度高華學業醇茂登優舍選復召儒科分教清湘留意樂育鄰境士類從之如歸餘日著書進而未已守臣曾松徐筠嘗薦其政績文學近者提刑樂章提舉林行知亦薦其文行俱高臣參酌公言允有實跡從政郎永州零陵縣令劉用行器資沈靜趣向端方決科效官尤精吏事初任眞州楊子縣尉克舉其職備著公勤制帥黃度守臣潘友聞皆嘗露章薦其材美今為零陵令勞心撫字已著善聲稽之輿論允謂通材迪功郎潭州寧鄉縣主簿李劉學問深粹器識醇明更化之初於貢闈對策論事剴切知舉樓鑰等得其文以為洋洋晁董公孫之對可為清朝得人之賀既而從臣曾暌何異黃疇若又以其學問淵源文詞秀發可配古作薦之於朝今為寧鄉簿領臣每試之以事見其剖決詳明議論平正表裏無瑕足為遠器已上三人資歷雖淺文學俱優在臣部內考察頗審況前後各有論薦欲望聖慈特賜甄擢以為館學臺閣之儲設他日不如所舉臣敢辭謬舉之罰

涇又奏舉張聲道張履信薦視已賜甄擢狀曰臣蒙恩分閫尸位逾年職在藩宣責兼刺舉欲率其屬當簡乃僚竊見朝請郎改權發遣永州軍州事張聲道早擢儒科嘗丞冊府文采學問士論所推自去班行薦更麾節今為永州留心郡政剖決民訟發擿吏姦撙節非泛之資罷去非義之取如零陵舊有竹稅久已無竹而稅額尚存聲道到任採訪即為蠲放客旅舊苦重征多不入城市井蕭條聲道寬其認額民旅遂通又能捐俸助學勤身率下豈弟之政田里安之識者謂其材堪臺閣不當淹郎遠外朝請郎通判潭州軍州事張履信賦資清謹臨事強濟昨守嶽邑已著能聲帥守監司屢嘗論薦近判本州過滿三考凡事任責未始辭難起發經總制錢數目浩瀚稱提新

會協贊為多其他關涉舉無淹滯持身廉潔始終如一試以內外劇繁之任必有可觀朝奉郎前通判衡州軍州事廖謙器質端方克宗家法嘗任理掾以直去官兩為劇縣治狀稱最衡陽貳郡備著賢勞承攝永道二州首尾年餘剔除姦弊愛惜財賦一毫不以妄用代者賴之近雖蒙朝廷差知房陵然其材術操行宜在激濁揚清之選已上三人者老本路守貳之內不易多得欲望聖慈特賜甄擢他日必能各以所長見於世用

涇應詔舉人才舉游九言等狀曰臣承尚書吏部牒準今月十二日都省劄子節文七月十二日三省同奉聖旨在內令侍從臺諫兩省郎監郎官不拘文武臣各舉人才三兩人某人有某才堪辦某事某人有某能堪任其責並須明著實迹結罪保明仍限三日具奏者臣伏覩迪直郎主管建昌軍仙都觀游九言資材剛實不專意於文藝

淳熙間知靜江府張栻嘗露薦章於孝廟朝稱其臨事有斷留意軍伍間事今已三十年更嘗既多其才益老近任江東撫幹贊畫帥閫區處事務軍民至今思之但其人過於自許幾有亢許之累如朝廷棄瑕錄用置之幕府或邊鎮任使必能盡瘁報國有所植立朝奉郎主管台州崇道觀錢文子器識弘毅不以科目自居頃縣幕僚改秩宰邑醴陵不卑其官刻意民事撫摩善良鋤治姦惡盜賊為之屏息豪傑望風戢斂縣計上供之外沛然有餘及試郡天台振厲風采治民馭軍寬猛得宜偶嘗處事少差未免矯枉之失如朝廷湔祓簡揍處以繁劇州郡或經理財賦必能彈壓斡旋不至乏事承議郎前通判慶元軍府黃寔世事精練吏道敏強嘗為劇縣財計不擾而辦獄訟咸得其平吏畏民愛前後少見其比嘉泰二年有旨令宰執論薦邊郡守臣謂宜才學優長邑政有聲是以充選緣其資格未及且俾實歷通判得倅四明郡政多所裨補海道利便講之尤熟兼曾在淮郡守官諳悉事體議論可聽儻蒙朝廷照已降指揮擢用或別有繁難職任其才蓋所優為臣竊惟朝廷興舉事功方貪才使過之時此三人者皆有可用之實不宜寘之閑地今或嘗因廢黜見處祠祿或任滿替罷未有差遣是敢冒昧上塵明詔如將來不如所舉臣甘坐謬舉之罰

涇又奏舉蕭遵等狀曰臣蒙恩分閫自揆罔功惟念薦賢可以報上今有當官可紀居鄉有譽察識已熟詎敢壅蔽弗以名聞臣伏見朝請大夫充荊湖南路安撫司參議官蕭遵材識優長政事勤恪克守家學蔚有文名前宰臣侍從皆舉充著述之選嘗以倅得郡而有恬退之心兩為湖南帥幕深知利便軍民相安人誦其德朝請郎通判潭州軍州事施�福器度恢閎林識明達留意官業備著勞能嘗為淮

東倉屬荒政賴其經理為邵陽倅善撫蠻猺再貳長沙關決平允不事苛擾屬郡稱之朝奉郎通判潭州軍州事姜注稟資溫粹持心正平濟美故家飾以儒雅其試邑贊幕俱有聲稱當路交章至于再四今倅是邦稱提錢會公私流通人蒙其惠承議郎充荊湖南路安撫司主管機宜文字謝孫復天資廉謹識見疏通出自名門精於吏事昨任建寧吏屬能區畫茶利及宰浦城能字民發姦今贊機幕曉暢軍務措畫搞賞裨助為多從事郎全州州學教授謝興甫文行華美氣質粹和謹重好脩學術甚正嘗為殿試第五名十年不調今始分教清湘到官以來嚴於教養士子賴其作成從事郎新廣南西路提點刑獄司幹辦公事郗夢祥學識該通詞章炳蔚議論守正孝友可稱奮由甲科不自矜耀嘗分教郴陽兼攝倅職隄防盜賊動中事機今待遠次鄉黨稱其材業此六人者皆當官可紀居鄉有譽前後帥守

監司屢有薦舉材之有用於此可見欲望聖慈隨其所長特加録用他日必能展效不負選掄

涇又奏舉趙綸等狀曰臣竊謂國之根本在乎民民之休戚係乎令得其人政無不舉知而不薦何以勸功伏見通直郎知潭州益陽縣事趙綸相門濟美具有典刑天資粹和學識明遂近方吏選試邑益陽綸到官之初寬以撫良善嚴以御彊梗民訟以時剖決曲直各得其當催科先出信由並無重疊追擾一邑之政整然可觀從事郎知潭州善化縣事趙彥楷屬籍老成儒科自奮持心寬厚律己廉平善化為潭州附庸爰自前官縱弛之後繼以貪吏裒斂之餘彥楷區畫有方鉤索蠹弊不事鞭朴財計自裕一郡之人皆以為能從政郎衡州耒陽縣令祝夢良上庠秀發材學優長吏事詳明有如素習耒陽為衡外邑自比歲盜起鄰境是調發屯駐之衝民不奠居正資安集夢良到任未冬一意拊摩平易近民推為循吏此三人者皆作邑有善狀不負字民之選臣愚欲望聖慈特與甄擢俾就器使以勸循良不勝幸甚

涇又奏辟宋億充潭州通判狀曰臣契勘潭州管縣十二獄訟繁多事緒叢委全藉倅貳相與協力濟辦其有參贊畫諾備宣賢勞廉潔著聞士論推服就俾關決允為公舉臣伏見宣教郎武安軍僉判宋億資禀粹美學問深醇奮身科目雅安平進三任九考始脫選階今為僉幕已遂過滿凡擬斷民訟共稱公平臣自到任以來見其處事明審不為詭隨持身廉勤不自表襮一郡僚屬少出其右臣今照得通判潭州軍州事張履信合在今年十月滿替已辦取接下政鮑華據張履信繳申鮑華回書稱以地遠艱於涉歷別求便利闕次欲望聖慈就差宋億抵替鮑華見闕已差下馬相改替宋億不特倅貳得人郡事賴以協濟亦使本路官吏知廉平有守如億者得見知於公朝庶幾寡廉鮮恥之人聞風知慕洗心易慮以趨事赴功所謂崇靖退以抑躁競厲廉隅以革貪激揚勸沮之方莫此為急

涇再奏舉宋億狀曰臣二年分闈初乏寸長僅免曠瘝實賴僚佐臣伏見奉議郎前僉書武安軍節度判官廳公事宋億學有師承行無玷闕靜重能守廉潔不私奮由甲科雅安平進用舉主考第始獲更選以年制所拘遂授僉幕臣在鄉里已知其賢及來長沙適同王事朝夕相與識察益熟凡擬斷獄訟悉得其平區處職事皆協于理清不矯亢和不詭隨一郡賓僚少出其右臣嘗乞以倅貳奏辟後準回降以不曾作縣難於施行臣實愛其人不容但已乞令再任仰荷俞允首尾四載操守如一臣之拙政蒙助甚多近日滿替咸惜其去而臣又誤叨改畀之命若不再以億之人材政績浼瀆天聰則實有蔽

賢之罪其何以勸來者欲望聖慈察臣斯舉出於公論特降睿旨試以內外陞擢之職俾盡所長庶幾明時無失士之嗟在下免陸沉之歎扶持世道豈曰小補

歷代名臣奏議卷之一百四十九

用人

宋理宗親政即以考功員外郎洪咨夔為禮部員外郎召入見乞養英明之氣及論君子小人之分帝問今日急務對以進君子而退小人開誠心而布公道耳言在陛下一念堅凝又問在外人物對以崔與之護蜀而歸閑居十年終始全德之老臣若趣其來可為朝廷重真德秀魏了翁皆陛下所簡知當聚之本朝

紹定六年翰林學士知制誥真德秀上奏曰臣側聞中外之論皆謂今日賢材滿朝而治效不立議論盈庭而弊事不脩憂時者為之歎惜異意者為之姍侮豈所謂賢者非賢而衆議之紛紛舉不足采耶臣竊謂人材有大小之殊而善用者取長畧短皆足以有濟議論有同異之別而善聽者去非從是皆足以有補子產相鄭擇能而使之

馮簡子能斷大事子太叔美秀而文公孫揮能知四國之為而又善為辭令裨諶謀野則獲子產皆因其所長而任之用能卓然自立於晉楚二彊國之間堂堂天朝人材豈下於鄭者願詔大臣日加延訪使敷陳所蘊而攷察其所能條舉衆弊而分委以經畫課其效之成否隨之以黜陟焉如此則可用之人出矣漢昭帝時吏民上書言便宜有異輒下杜延年平處復奏神宗皇帝詔中外上言得失委司馬光張方平同詳定選擇及哲廟嗣位臣民皆上封事亦令光與執政看詳此皆故事之可法者也近覩御筆令將端平奏議繕寫成冊以進羣言繁多無所決擇文書盈几倘由徧觀願倣先朝已行之典命兩制近臣或兩省都司官二三人付之看詳刪去浮辭剟取要語仍各從其類繕錄成袟凡關於君德帝學者進入禁中備陛下之覽閱關於朝政邊防者送三省密院備大臣之采擇繼今臣下章奏悉用此法苟當於理無不施行如此則可用之言見矣用人聽言各有其實倘治之不立而弊之不修耶若夫悠悠泛泛玩愒歲月以虛譽用人而無以覈其能否以虛文聽言而無以訂其是非臣恐弊事日滋治效愈邈其患未知所終也懇切有陳伏祈聖察

德秀為禮部侍郎上奏曰臣聞敵國外患自昔有之根本安強形勢鞏固則敵雖盛而不足憂根本單虛形勢削弱則敵雖微而有足懼臣觀今日近有金虜遠有韃人狡焉窺覦意在叵測而淮壖之變尤駭聽聞群情方搖未易底定蓋嘗深思熟計竊以為聚正人端士於朝廷使之盡言補過者此內固根本之方也布賢牧良將於方維使之養民訓兵者此外固根本之要也根本強則形勢張矣古之有國者以人材為輕重故一干木足以藩魏一季梁足以安隨覈效甚明不可誣已今朝廷之上紳綅濟濟夫豈乏人然敏銳之士多於老成

政事之才富於經術慷慨敢言者少故正論罕聞廉退自重者少故士風弗競陛下嗣服之初嘗以耆艾而褒傅伯成楊簡矣以儒學而褒柴中行矣近復以恬退而用趙蕃劉宰矣海內聞風孰不欽歎然前此三臣雖加異數而聘召未聞是有優賢之名而無用賢之實也至於直亮敢言有如陳宓徐僑者非特召擢未加雖褒寵且莫之及此議者所為弗滿也陛下誠欲収用賢之效臣願處伯成簡於內祠置中行於經幄若宓若僑擢之言論之地且益求其類而招徠之使華髮舊德之良清名峻節之彥峩冠委珮畢萃於朝廷陛下開心見誠俾之條陳闕失大臣虛懷無我與之商確事宜毋縻以好爵而言論不從毋隆以虛文而情意弗浹則賢者之所有皆為朝廷有矣如是而內之根本弗強非所慮也趙簡子將保晉陽必先有以寬其民之力李牧將攻匈奴必先有以養其兵之銳今四方長人之官撫字

不聞而叨憤日甚萬金之産或一朝而白奪累世所積或微罪而沒官夏秋之賦輸納至于再三關市之征苛細及於毫末鞭笞雜下而燕笑自如膏血已殫而溪壑未滿以此貿官職以此廣田廬於是乎民貧至骨矣諸道總戎之帥訓肄不勤而掊克是務自偏裨以乎士卒其家貲稍厚者必使之治貨財非優之也蓋幸其負課而掩有也其廩給稍豐者必以之供役使非親之也蓋利其捐金而求免也軍中相語以酒壚藥局爲籍貲産之梯媒謂當其事者必不能自免也回易房廊爲陷子孫之坑穽謂其身雖死而監督至於無窮也主帥剝偏裨偏裨剝隊伍有日給千錢而不足衣絮者有月廩數斛而不飽糟糠者以此飾苞苴以此買歌舞於是乎兵貧至骨矣嗚呼兵民俱病一至斯極此何時而莫之救耶臣願陛下明詔輔臣一新黜陟用廉仁之守而去貪殘任賢能之將而斥暴橫使之視民如子卹軍

如家崇飲氷食蘗之風均挾纊投醪之惠俾人有生意而士有奮心如此而外之根本弗強非所患也漢人有言本強則精神折衝本弱則招殆致凶爲邪謀所陵臣觀方今之勢可謂弱矣司馬光嘗謂祖宗苦身焦思以變衰唐之俗陛下高拱熟視以成後魏之風適曰之事何以異此不亟圖之則紀綱日以陵夷風采日以銷鑠駸駸焉將有不可復振者此臣所以痛心疾首思有以爲陛下告也今區區所陳實轉弱爲強之本惟朝廷不以爲迂而采用之則其效有可以歲月期者詩曰心之憂矣不遑假寐臣不勝惓惓

德秀爲戶部尚書上奏曰臣前二疏略盡愚忠中夜以思復懼有所未盡者敢不空臆言之臣竊惟今日廟謨不可無一定之決群臣不可無相濟之和自頃偏師失利陛下特發英斷薄責帥臣姑令以功贖過蓋得秦穆用人之意而置司于泗嶽通東淮仰窺聖筭沉深淵

悟進取之難漸爲收歛之計夫臣至公無我不膠先入之言從容回斡蓋有不可曉然示人者然臣尚慮將帥恥於無功或云洛陽雖失東南之兩都自如或云虜將已斃河南之戍兵盡去或又謂韃有內變未能報東門之師凡若是者若可喜而實未然也昨者洛邑之失望風輙遁汴睢之守其能堅乎一將雖亡豈無他將戍兵暫去寧保不來惟幸內變之或然則可牽制而未動然犬羊多詐安能以此誑人方粘罕聚衆來南亦有林牙復興之報若廟朝不審遽信所聞猶豫之間計不早定必待敵至然後圖之則遲緩未免失機倉猝而不及審處曷若及今酌理勢之所宜務規模之先立按爲定論毋或轉移以之應敵庶有餘裕臣所以謂廟謨不可無一定之法也先聖有言君子和而不同所貴乎君子者以其叶心而共濟非以其阿意而相從也比者更張以來登延衆彦將追元祐之風而群賢持論頗有

不一之患故兵議既興有以先發制人爲說者有以量時度力爲言者彼是此非莫能相一而臣顧以爲喜者蓋同異紛紜之中實至當之論所由出故也然朝廷之上初未嘗以同異爲好惡而縉紳之列乃或以同異爲愛憎臣則憂之夫主於先發制人者爲國也主於量時度力者亦爲國也意見不同同於爲國盍亦平心商搉惟是之從可也奚必以異己而相嫉乎元祐中廩廩向治矣惟羣賢自爲矛盾小人得以乘之稔成紹聖之禍今雖未至於斯可不預防其漸臣願陛下戒諭羣臣各盡忠益事求適當不必苟同見有異同勿相疑忌成衆賢和朝之美取同心報國之功此臣所以謂羣臣不可無相濟之和也臣志在納忠喋喋無已仰祈聖察

德秀謝奬廉吏奏劄曰臣今月十六日伏準尚書省劄子八月十五日三省同奉御筆近真某奏事朕因訪問廉吏某以知袁州趙篨夫

尉朕惟奬廉所以律貪亦庶幾化貪為廉之効以惠吾民趙篋夫可除直祕閣與監司差遣劄送臣者伏念臣叱叨召札入對便朝具陳生靈耗斁之由皆本州縣貪殘之故淵衷有惻天語載詢欲知廉吏之姓名以備聖時之采擇念頃過宜春之境頻嘗聆守土之賢百口自隨惟祿是仰一介弗取其節可稱遂以所聞冒陳于上退而竊省尚有當言若崔與之師成都值載歸艎之圖籍楊長孺守長樂捐侵公帑之圭銖皆最為當世所推乃不能悉數以對方重愚臣之怵惕忽傳宸筆之褒敭當九重厲精思治之秋正四方視儀聽唱之日一守臣之蒙擢殆若細微百執事之嚮風孰不興起祗承命告倍切忻愉汙吏革心實關公道聲言獲用豈曰私榮顧承明詔之作新更廣宸聰而咨訪循良未舉盍宏封密之規貪濁當懲可廢烹阿之典乃者澄源而正本尤先昭德以塞違使清光之化首倡於朝廷而廉恥

之俗交興於中外庶幾民生日阜邦本弗搖此下臣獻替之微忠抑初政施行之急務敢因奏謝僭有敷陳伏乞睿察

起居郎魏了翁論除授之間公聽並觀如元祐用人上疏曰臣伏準正月已巳詔書令臣舉賢能才識之士又準辛卯詔書令臣悉心啓迪毋有所隱顧一介疏賤旬月之間洊被詔墨竊窺聖意固欲兼采衆知急聞直言然臣嘗妄議下之從上也不從其所令而從其所行夫使耆俊在服忠言日聞直不見疏才不招忌則聲氣之合有不待勸勉而至者不然闒茸得志阿諛成風愛賢而不親禮善而不用則稍知自好者將望望然去之矧所謂真才碩能者乎熙寧元豐之間非無君子也自王安石呂惠卿遂異己以快其私元氣銷靡若不復見一旦哲宗踐阼崇慶垂簾振而新之則大小胥奮於是司馬光文彥博呂公著在相位呂大防韓維劉摯范純仁在政府鮮于侁蘇轍孫覺梁燾范祖禹朱光庭傅堯俞呂陶為臺諫蘇軾在翰苑范百祿曾肇劉攽蘇轍在詞掖而經筵講讀官則傅堯俞韓維范祖禹趙彥若崇政殿說書則程頤召而不至則范鎮也史官則陸佃曾肇朱光庭黃庭堅自餘此類不可殫紀然而所謂元祐諸賢之盛則非借才於異代也有作新觀感之實德有丁寧惻隱之真意故數月之間精采頓異乃爾雖然此特元祐初年也七八年間大抵若此其間調亭既入雖若稍不逮初然正論卒勝世號宣仁為女主中堯舜寧不信然臣愚欲望陛下試取臣言參稽史冊內以稟承慈訓外以申命七臣自今除授之間公聽並觀如元祐用人使才器分量無一不當其位則實意所孚善類皆為時而出詩曰國雖靡止或聖或否民雖靡膴或哲或謀或肅或乂陛下幸毋以乏才忽之臣不勝區區

了翁為吏部尚書乞趣詔崔與之參預政機上奏曰臣伏覩陛下親

攬大政特頒手書首以廉隅砥厲臣節首召撫府聞命蹻躍大邦小侯望風胥勸然而終以染濡熏習之久回適之謀淪浹肌髓鄙夫任人禎頓寡恥貪吏債帥誅求亡厭此風終未殄也乃者陛下特敕御筆遠自廣南召崔與之參預政機除書一頒中外胥慶而與之方以年邁疾侵固請謝事夫當仕有官職而以其官召之則不得以疾為解陛下所以詔諭之者非不切至而與之重於一出特為晚節計耳與之初辭宗伯再辭天官今又力辭政府古所謂大臣者與之庶幾有焉今若賴其沈靜廉退之節表正羣工亦足以華競鎮浮廉頑立懦臣愚欲望陛下親御宸翰以趣其行勉以君臣之大義諭以家國之深憂庶其幡然而來協助親政則陛下意嚮所形必有聞風興起者矣臣無任區區

端平初帝嘗訪廣東經畧安撫使崔與之以政事之孰當罷行人才

之孰當用舍與之力疾上奏曰天生人才自足以供一代之用惟辨其君子小人而已忠實而有才者上也才雖不高而忠實有守者次也用人之道無越於此蓋忠實之才謂之有德而有才者也若以君子為無才必欲求有才者用之意嚮或差名實無別君子小人消長之勢基於此矣陛下厲精更始擢用老成然以正人為迂闊而疑其難以集事以忠言為矯激而疑其近於好名任之不專信之不篤或謂世數將衰則人才先已凋謝如真德秀洪咨夔魏了翁方此柄用相繼而去天意固不可曉至於敢諫之臣忠於為國言未脫口斥逐隨之一去而不可復留人才豈易得而輕棄如此陛下悟已往而圖方來昨以直言去位者亟加峻擢補外者蚤與召還使天下明知陛下非疏遠正人非厭惡忠言一轉移力耳陛下收攬大權悉歸獨斷謂之獨斷者必是非利害胸中卓然有定見而後獨斷以行之似聞獨

斷以來朝廷之事體愈輕宰相進擬多沮格不行或除命中出而宰相不與知立政造命之原失其要矣大抵獨斷當以兼聽為先儻以不兼聽而斷其勢必至於偏聽實為亂階威令雖行於上而權柄潛移於下矣

端平中中書舍人袁甫直前奏事劄子曰臣恭惟陛下軫國步之多艱憂更化之未效特發睿斷並命宰輔陛下此心上通于天中外臣民疇不鼓舞臣竊謂宰輔之職固貴乎專亦戒乎太專太專則責不歸一太專則失於獨運陛下知左揆之忠直無他腸而恐其勤勞太過不可以無助也於是置右弼以佐之陛下之心不過如是而寡見淺識者妄窺形似謂聖意將有所移矣陛下察右弼之老成有素望必能長慮卻顧共圖國事也於是使濟左揆之所不及陛下之心不過如是而旁睨竊聽者又揣摩意見謂聖心將偏有所重矣並命二相可謂至當而紛紛之論如此臣謂陛下英斷奮發雖莫過於此衆而二相之事陛下乃莫難於此時何難爾難於塤篪之相應金石之相宣如有虞濟濟之盛時也雖然是不難天下萬事莫善於公莫不善於私房玄齡問正主庇民之道於王通通曰先遺其身能遺其身然後能無私無私然後能至公至公然後以天下為心矣世之為大臣者未嘗不自謂能遺其身也然身若何而可遺必方寸洞然無一毫之私意而後能遺其身必不市恩不修怨不相傾相軋而後能遺其身必天下之所謂君子者進而用之天下之所謂小人者黜而遠之凡親故貴緣私相援引陰相囑托者一切屏去而後能遺其身若夫任私意矜小智徇偏見聽邪說胸中膠膠擾擾非真有國爾忘家公爾忘私之心則何足以為至公臣之所謂公者非曰外焉示公而已也貌似同心而中生矛戟烏在其為公耶是故專制擅決者固不足

以為公而徘徊猶豫善避形迹者似公而亦非公也勇往好勝者固不足以為公而謙遜畏抑務為小心者似公而亦非公也何則宰輔者國家之柱石柱石不牢大廈將顛而何謙遜畏抑之有且非獨大臣之身為然也彼與之謀議者豈無素相厚善托以心腹之人哉若其中立不倚徇義忘利者侃然正色為謀必忠是固有益而無損矣如其內懷顧望各有所主則造作語言緣飾事端讒間之隙既開交鬬之風滋熾於是朋黨之論興矣用一人焉彼以為此之黨此以為彼之黨而人主始莫知所適從矣行一事焉彼以為此之私此以為彼之私而人主始惑於聽聞矣無事之時倡為此論猶慮簧鼓是非徒亂人意況當中外搶攘事變蠭起之際乎方今至大至急之務亦多端矣楮輕物貴民不聊生一也軍情動搖志在好亂二也韃人窺我將謀大舉三也閫外諸帥不相協和四也凡此者皆付之悠悠泛泛

不肯出力為公家遠計。而朝夕所從事。不過互相猜疑。迭求勝負。久而習慣。愈激愈甚。明主臨朝。慨嘆惟曰其柰朋黨何。士大夫相與私議。亦曰其如朋黨何。此正唐人所謂去河北賊易。去朝中朋黨難。今雖未見其形。而兆已先見矣。先見之兆。不務防微。待其彰著不可捨。乃欲從而救之。不亦難乎。本朝朋黨之論。惟韓琦當國。有以消平調一之。遂使兩黨之迹。渙然氷釋。琦既罷。相黨論復起。諸賢斥逐無虛日。而小人忌琦者。獨以其後扶持善類。琦力為多。臣願以此事為大臣勉。元祐之初。革新庶政。惟元豐舊黨。分布中外。多起邪說。以搖撼在位。呂大防倡調亭之說。宣仁聖烈皇后疑不能決。蘇轍抗章謂大臣若正己平心。為安民靖國之計。則人心自定。雖有異黨。誰不歸心。宣仁是之。臣願以此語為陛下獻。雖然。抑臣又有深於此者。蓋人主之英斷。不自外生。當由心出。臨朝之時。尊嚴若神。未足為英主也。要必無纖芥[illegible]其澄明之性。則發為英斷。自然有不可玩者。如其齋莊於路寢。而舒肆於燕私。酒色觀游。便僻側媚。凡所以營惑耳目感移心志者。有一於此。則國家大事。其精力必有所不及。其志慮必有所不周。大臣見其然也。亦且憂懼悶鬱之不暇。而況權勢之相逼。黨與之相擠。日夜圖回。各求其自全之計。國事將誰與任責耶。大臣既不任責。則人主之腹心耳目。不得不寄於所親信之人。凡在左右者。幸其有可乘之隙。則黜白為黑。以紫亂朱。將何所不至哉。然則探本窮源。又在陛下正身以率下而已。舜之歌曰。股肱喜哉。元首起哉。此責在大臣也。皐陶之賡歌曰。元首明哉。股肱良哉。此責在人主也。臣竊觀今日並命二相之後。而有一人焉不能平心以徇公。則將先之以猜疑。而終之以朋黨。有猜疑之萌。則股肱不可謂之喜。聽朋黨之說。則元首不可謂之明。臣非敢為是過慮也。誠見今日通國上下。

惟知患在韃虜。而不知憂伏蕭墻。惟知變在兵寇。而不知禍起縉紳。是以悃悃愚忠。不知忌諱。惟陛下與二相深思舜皐陶之言。而亟圖之。天下幸甚。宗社幸甚。

聖語。　甫奏曰。陛下並命二相。天下莫不欣悅。為二相者。所當各盡公心。勿徇己私。則可以上副陛下委任之意。讀至陛下置右弼俾助左揆之所不及。玉音云。朕意正是如此。外間何為有紛紛之論。某奏天下事有一必有兩。兩則易於不一。惟英主有以一之。漢文帝嘗並相陳平周勃矣。一則智謀。一則重厚。有文帝在上。雖是二相。而歸於一。唐太宗嘗並相房玄齡杜如晦矣。一則善謀。一則善斷。有太宗在上。雖是二相。而亦歸於一。然則今日何慮紛紛之論。惟在陛下一人而已。讀至莫善於公。莫不善於私。玉音云。極是。某奏主意所向。人情之所趨也。主意向左。彼則趨而左。主意向右。彼則趨而右。陛下不可不察人情之所趨。趨之之初。未遽見有大害。趨而不已。分朋植黨自此始矣。讀至讒間之隙既開。交鬬之風滋熾。而朋黨之論於是乎興。玉音云。此事極可慮。又云朕嘗宣諭大臣云。朕並命兩相。正賴叶心共濟國事。卿等宜深體此意。某奏陛下聖諭極當。讀至人主之英斷不自外生。當由心出。某奏臣在講筵。每奏陛下此心所宜常常清明。不可少有昏蔽。陛下責宰輔以叶心。須是陛下先自正心可也。今亦是數述此意。讀至大臣既不任責。則陛下之腹心耳目不得不寄於所親信之人。凡在左右者。幸其有可乘之隙。則黜白為黑。以紫亂朱。將何所不至。某奏陛下於此不可不着精神。若使大臣不任責。而左右得以乘其間。彼之巧謀詭計。於不知不覺之中。入陛下之胷腹。此其利害不小。玉音云。此果是利害。不可不察。某奏陛下之言及此。宗社之福也。讀畢。玉音又問白除二相。不至有嫌疑否。某奏陛下以赤心委任二相二相俱賢何至遽生嫌疑但臣所謂人情之所趨向徧徇若陛下無以一之却恐嫌疑從此生且如目今中外多事可謂甚矣左揆一向辟避右揆又一向畏遜若各事形迹深恐擔閣國家事無人承當緩急之際將若之何某又奏近日廣寇已平京口叛卒不用招安盡行誅勦國威稍申又雨澤霑足雨後快晴一飽可望但韃虜可憂須及今勉二相如救焚拯溺速作措置玉音云人情好亂誠為可慮某奏陛下所以當日新盛德剛健不已者正將以弭禍亂之萌也若陛下不進德大臣又不任責以好亂之人情激成事變直易易耳陛下以臣此劄宣示兩相俾其力行一箇公字玉音云卿議論極當便當示兩相遂退

甫又上奏曰臣竊惟前歲之夏猥以淺學獲侍經帷玉音下問漢元帝親近儒生乃優游不斷孝宣之業衰焉用儒何為若此特不得真

儒用之耳臣是時仰贊王言之大且力陳元帝之時如蕭望之劉向之徒雖未是為真儒然亦忠愛懇惻赤心為國惟元帝聽信不專惑於讒間此所以優游不斷漢業寖衰陛下既俞臣之言矣臣竊見端平更化之始魁壘耆艾俊傑之彥濟濟在列陛下銳意望治衆賢交進嘉謨曰敬天愛民曰講學納諫言制敵則曰勿和言救楮則曰節用此皆究極根源之地而陛下日聞衆君子之說以為如此可以坐致昇平矣而筭計見効茫如捕風內沮外訌楮輕物貴人情皇惑國勢阽危陛下以為端平君子未能有過於嘉紹而反不及焉於是心疑君子之無益於人國矣噫其果無益於人國耶抑名曰用君子而實未嘗盡其用耶夫所貴乎真君子者如精金良玉一心事君決無他念專意為國決不營私似迂闊也而實懇切似高亢也而實敬畏似爭辯也而實和平果盡其用則有益於國大矣今陛下先懷無益

之疑於是興拊髀之歎而竊窺陛下之意向者真以君子為誤國而微動陛下之悔矣夫誤而且悔則當求不誤者用之無使至於復悔可也柰何旁蹊曲徑趨者如市淫朋比德習以成風遝事繹騷一時憂窘及其暫退動色相賀心志一驕靡所不至前日私意之不敢逞者今則逞矣前日倖門之不敢啓者今則啓矣至於治國之要務禦敵之至計實政未嘗講實備未嘗修秋風一起憂窘又如初矣臣恐嘉熙之誤未必不如端平之誤而嘉熙之悔又未必不似端平之悔也然則其欲果安在歟臣嘗反覆深思竊謂上有堅凝之定力則下有堅凝之實効今泛泛悠悠如舟流之靡届昏昏憒憒如醉夢之未醒用君子矣而又使小人間之朝而進一說焉陛下以為可暮而進一說焉陛下復以為然是可謂之堅凝乎是可謂之定力乎臣以為莫若封植君子之根本使無纖罅微隙之可投專意責成勿搖浮議則

必不至於誤且悔矣天下大物也陛下不能自治顓命一相一相不能獨任而博資衆賢此大公至正無偏無黨之道也惟在聖君賢相力持堅凝之志破君子無益之說勿疑其悞而易至於悔則為君子者乃可展布四體畢智竭忠而責其堅凝之効矣如使倏用驟變乍侫乍賢則羣臣且將狐疑孰有固志而陛下左顧右盼無足以稱任使者則臣恐陛下孤立於上矣昔仁宗朝張昇為中丞彈劾無所避上曰卿孤特乃能如是昇曰臣仰託睿聖是為不孤今陛下之持祿養交者多而赤心謀國者少陛下似孤立也信哉是言衆賢聚在本朝更相儆戒互相輔翼非獨賢者之勢不孤而人主之勢亦不孤舉朝皆持祿養交之臣其徒實繁其根彌固小人不孤而人主則孤立矣臣願陛下察否泰之機辨君子小人之實無使積成孤立之勢可也大凡君子無近功小人無遠慮小人以為可安可樂者鴆毒也一

中其毒身且危矣君子以為可安可樂者藥石也磨以歲月疾必瘳矣臣追憶陛下發漢元帝用儒之問有感於心是以罄竭愚衷冒犯天聽惟冀陛下勿至於屢誤屢悔而終收君子有益之功此實宗社無疆之休臣不勝惓惓

聖語 甫又奏乞陛下保護愛惜君子不可輕易動搖上曰端平更化之初賢者布在朝廷未曾做得一事衆弊膠轕愈不可為甫奏劄子正是極論此事以臣所見非是端平君子無益於人國乃是朝廷任用不篤未能使君子展盡所長耳陛下先疑君子無益於人國乘間者謂君子誤國今則陛下能不悔用君子此則大計利害讀至旁蹊曲徑淫朋比德與夫私意倖門等語甫奏陛下當於此警省若欲杜絕此弊須是有堅凝之志乃可且如去年天變陛下赫然奮發進退輔相大臣天下歌詠陛下聰明剛斷今顚

任一相圖濟艱難勿為小人轉移方可謂之堅凝讀至人主孤立等語甫奏仁廟可謂堯舜之主張昇尚謂之孤立蓋左右前後赤心為國者少而持祿養交者多此所謂孤立也陛下若終疑君子無益於人國則將屢誤屢悔迄成孤立之勢矣可不懼哉上甚開納讀畢上又論及楮券事問秤提如何某奏楮券到今已是築底別無良策朝廷且欲一時扛得價起不得已行此策昨日見邸報閩浙四郡守皆以價高遷秩猶恐受賞者不能自保其後若萬一更欲行罰則斷斷不可何則天下長吏未必盡賢如朝廷責其不能奉行繩以峻罰為郡守者患欲逃責免禍暴酷之路一切施行民無所措手足矣故臣區區懇告陛下切勿用罰召怨以傷邦命

上曰是

甫為中書舍人兼崇政殿說書經筵進講故事曰元祐元年司馬光言朝廷詔近臣舉可任監司者待其不職亦可并坐舉者呂公著曰亦須執政審擇光曰自來執政只於舉到人中取其所善者用之韓維曰今不先審察待其不職而後罰之甚失理義公著曰除用多失亦由限以資格維又言光持資格太謹光言資格豈可少維曰資格但可施於敘遷若升擢人才豈可拘資格

臣聞國朝之置監司深得漢元封置部刺史之意劉安世嘗極論之以為秩低而權重秩低則其人激昂自進權重則得行其志此良法也祖宗盛時中外又安州縣奉法田里無事實由監司得人之故見謂青齊福星者不特鮮于侁一人而已蓋監司與他官不同天下郡縣之吏朝廷除授豈得人人而察之寄按察之權於監司是擇監司者所以擇天下之守令也臣久在外服粗嘗諳歷大率監司之選必清威有時望而後足以激懦習必強敏有風力而後足以糾官邪必

曉練有精神而後足以察奸弊此等人才真未易多得欲諸路監司俱得若人必不拘資格而後可臣於呂公著韓維之語實深有感焉以元祐盛時可謂賢才彙征之會而監司之任尚有除用多失之憂何哉蓋懲王安石用資淺之人專以資格為重故也司馬光之言曰安石執政始置提舉常平官又增轉運副使判官皆選資淺輕俊之士為之夫安石專用輕俊之士固不可苟有持重知大體聰明識時務而資格未至者可坐視民生之愁困世道之陵夷而不亟選用之乎維之言曰資格但可施於敘遷若升擇人才豈可拘資格斯至論也今日楮輕物貴役重賦煩兵驕民窮寇盜間作求治之要莫切於擇監司而擇監司之要不當專限以資格漢部刺史以秩低而取之正以此耳今真才實能每有拘閡而不獲用乃甘心取夫軟熟苟且者而責之以攬轡登清之舉則宜其廢職而害民也臣願陛下深思祖宗置監司之意玩繹呂公

著韓維之言明詔大臣妙選賢明監司勿盡限以資格使之分布諸道以振紀綱以銷禍亂不勝幸甚

唐太宗大曆十四年以崔祐甫為門下侍郎同平章事初至德以後天下用兵諸將競論功賞故官爵不能無濫及永泰以來天下稍平而元載王縉秉政四方以賄求官者相屬於門大者出於載縉小者出於卓英倩等皆如欲而去及常袞為相思革其弊杜絕僥倖四方奏請一切不與而無所甄別賢愚同滯崔祐甫代之欲收時望推薦引拔常無虛日作相未二百日除官八百人前後相矯終不得其適德宗嘗謂祐甫曰人或謗卿所用多涉親故何也對曰臣為陛下選擇百官不敢不詳諳苟平生未之識何以諳其才行而用之上以為然

臣聞用人之大弊有二其始皆以善為之而其流乃至於大不善不可不察也何謂大弊有二或失之寬或失之嚴失之嚴者繩墨太謹而無翕受兼容之量失之寬者規模太廣而有不辟嫌疑之譏茲二者俱未能無弊也常袞為相杜絕賄賂公行官爵冗濫之餘慮無以振頹綱而浼狂瀾茲矯之以嚴崔祐甫代之懲袞之狹隘而賢智有鬱伊之嘆故復矯之以寬夫矯之固善矣其矯嚴者拘而寬者縱知矯他人之弊而不知己自墮於一偏之弊故史之論袞雖嘉其杜絕僥倖而又謂其賢愚同滯則是倖門雖窒而正路未闢太嚴之害固應如是耳祐甫欲收時望作相未二百日除官八百人一時寧不甚快然攷其所用多涉親故前後相矯一弊去一弊生豈非矯枉太甚之過乎善哉司馬之論曰用人無親踈新故之嫌惟賢不肖之為察又曰己不置毫髮私意於其間蓋私者天下之大蠹也不避親故之嫌者固私矣執故果賢以嫌而不用者亦私也遠嫌畏謗者固私矣必待已之所素識而後用之者亦私也何者俱未能克己故也擇人以代天工烏有所謂己哉苟以公為心當用則用當捨則捨付諸天下而已何與焉三代王佐事業遠矣諸葛亮其庶幾乎郭攸之費禕董允向寵之徒森布朝列一時得人可謂盛矣然亮未嘗以己意而私黜陟也廖立李平用公論斥之而深足以折服其心雖遭廢弃終無怨色非無私何以能若是史臣評之曰開誠心布公道盡忠益時者雖讎必賞犯法怠慢者雖親必罰吁若亮之相業又豈袞與祐甫之所能及哉

周威烈王六年齊威王召即墨大夫語之曰自子之居即墨也毀言日至然吾使人視即墨田野辟人民給官無事東方以寧是子不事吾左右以求助也封之萬家召阿大夫語之曰自子守阿譽言日至吾使人視阿田野不辟人民貧餒昔日趙攻鄄子不救衞取薛陵子不知是子厚幣事吾左右以求譽也是日烹阿大夫及左右嘗譽者於是羣臣聳懼莫敢飾詐務盡其情齊國大治彊於天下

臣謂齊威王烹阿封即墨之事人特見一時威權之奮發耳不知平日咨察之功蓋有素也於即墨則曰吾使人視即墨於阿則曰吾使人視阿威王不輕信毀譽之說而必謹擇夫寄耳目之人其人果可信也吾然後使之是故賢否一定而賞罰不差近者朝廷有討田收券之令臣奏䟽凡三四甚為陛下惜此一舉何則科歛無名動搖人心非美事也况今日任牧民之寄者大而郡守小而縣令誰懷視民如子之心旁緣此令朘削脂膏姦胥黠吏又縱尋斧焉本根之傷多矣臣嘗於經筵舉威王之事為陛下反覆言之以為任陛下之耳目者在内則臺諫在外則監司陛下所使為臺諫監司者誠如威王之使人視阿即墨瞭然如見之目前而赫然

加賞罰焉。則封者無愧。而烹者亦甘心矣。如陛下一出此令之後。聽諸路之守令。肆其欺誕。任其搥剝。惟求取辦於一時。不顧元氣之日耗。臣竊為寒心焉。強敵攻支體於外。而陛下又自戕腹心於內。歟今論者。但知輒人之可畏。而不知屢畝之令。自生一輒。可畏尤甚。若陛下寄耳目之人。夙夜容察。吏不得肆其姦。尚庶幾焉。不然殆哉。太祖高宗創業中興。艱難甚矣。陛下其無忽。

前漢元帝紀贊曰。帝少而好儒。及即位。徵用儒生。委之以政。貢薛韋匡迭為宰相。而上牽制文義。優游不斷。孝宣之業衰焉。

臣今月初九日。獲侍清光于經筵。陛下舉漢元帝好儒故事。王音臣論者謂元帝特未得真儒而用之耳。如得真儒而用之。何患牽制文義。優游不斷耶。此論甚佳。卿以為如何。臣奏聖學高明如此可為宗社慶。可為善類慶。然凡真儒固鮮。而識真儒者尤鮮。譬之

玉焉。真玉未必無瑕。人見其瑕也。遂輕棄之。不知雖曰有瑕。不害其為玉。何可棄也。若石而無瑕。不過石耳。又奚足貴。人才亦猶是也。真賢實能。豈無微過。惟識真者不以小疵掩其大德。如徒寸寸而量。銖銖而較。則真儒不以小瑕而棄者幾希。此惟在陛下明知人之鑒。以洞燭人才之底蘊而已矣。陛下欲然嘉納。臣退而思之。尚有未盡之遺論焉。當元帝時。劉向之剴切。蕭望之之剛正。雖未足為古之儒就漢世言之。亦可謂儒之真者矣。元帝非不知二賢之可用也。向數有論奏深當上心。則曰。君且休矣。吾將思之。望之為師傅。帝知其經明行修材任宰相。夫既心知之。則當篤任其人。既曰將思之。則當力行其言。然向之精忠。終不能奪王氏盜竊之權。而望之一為恭顯所陷。恥以其身就吏。寧死而不悔。嗚呼。當是而謂元帝好儒可乎。論者謂帝特不得真儒而用之。故有優游不斷之失。不知有儒如蕭劉。尚且外為尊敬之貌。而內無信用之實。卒使抱恨以終其身。假令得古之真儒。元帝能用之耶。然則人主之病。莫大乎柔弱。柔弱而不斷。則左右小人乘間投隙。變亂是非君子不得一日安於朝廷之上。此則漢元帝膏肓不治之疾。而非漢無真儒之所致也。有天下者。尚鑒茲哉。

侍御史李鳴復奏曰。臣聞內君子外小人為泰。內小人外君子為否。君子小人之進退。治亂之所由分也。舜有天下。十六相在所舉。四凶在所去。可謂能知人矣。而伯益猶告之曰。任賢勿貳。去邪勿疑。勿之為言戒辭也。所以堅帝舜舉相去凶之念。而使之不變也。今陛下既知賢之當任矣。臣願一此心而不二。既知邪之當去矣。臣願信此心而不疑。二三大臣。能勉其所當勉。羣有司百執事。能戒其所當戒。而陛下又能味伯益之語。堅帝舜之心。則天下無不治矣。臣不勝惓惓。

惟陛下垂察。

鳴復知紹興府奏曰。臣嘗觀司馬光論修身之要有三。曰仁。曰明。曰武。治國之要亦有三。曰官人。曰信賞。曰必罰。歷仕三朝。皆以此為獻。且曰。臣平生力學所得。至精至要。盡在於是。光端人也。以不欺事主。臣竊慕之。臣向者待罪臺端。妄論禦外之策。莫過於和戰守。理內之道。無出於兵民財。和戰守雖三。而當以固守為重。兵民財雖三。而當以節財為急。其區分條畫。所以別其輕重之宜。緩急之序者。無慮數千言。既又欲其言之必可行。思其事之必可成也。復以用人之說進。謂稽諸既往。揆之方來。所以致內外之兼治。當自得人始。臣今去國。朝夕思念所以獻之陛下者。不敢易以他說。和戰守固不一也。然得其人。則和可成。戰可勝。守可固。兵民財固不一也。然得其人。則兵可強。民可安。財可裕。特在吾君吾相所以責成委任者何如耳。今朝廷

之人論事之臣多任事之臣少好名之士常趨乎同列務實之士安沉於下寮發言盈庭紛然聚訟若可刻期課效矣或付以事任則逡回羞澁懍乎若刀鋸鼎鑊之在前知所以言而不知所以行何益哉嗚佩造朝歡然聲價謂宜無職不舉矣及責以事功則誕謾迂闊茫乎如捕風逐影而莫究其適名爲知役而實則如此何益哉因其言而委之以行然後見其言之果有補於時因其名而責之以實然後信其人之真有用於世聽言觀人之法莫切於此邇者侍從臺諫卿監郎官被旨薦士連章累牘多至數十人少亦不下七八人朝廷已書之於籍矣上以實求下必以實應外而和戰守之應酬內而兵民財之經理正當於爲選之於爲用之司馬光有言用人之道采之欲博辨之欲精使之欲適任之欲專采之欲博者無求備於一人也辨之欲精者無使名冒實僞冒真也使之欲適者用不違其才也任之欲專者無使邪慝之人敗之也然後爲之高爵厚祿以勸其勤爲之嚴刑重誅以懲其慢賞不私於好惡刑不遷於喜怒此人君之要道也光之言即臣之說也陛下誠於是爲而加意則所以禦外所以理內將井井有序而成効可求矣臣稟資愚魯奇跡孤危蒙陛下眷遇之隆覆存之篤慚無以報乎遠闕庭輒效司馬光舉其平日之所已陳者謹複言之陛下不以其爲常談而垂聽焉宗社幸甚天下幸甚

嗚復又奏曰臣昨嘗妄論禦外之策莫過於和戰守理內之道無出於兵民財其輕重之宜緩急之序已皆白言之然稽諸既往揆之方來所以致內外之兼治未有不自得人始也今日之人才何如哉數十年來贓汙習成廉恥道喪孔子曰性相近也習相遠也又曰惟上智與下愚不移當柄臣氣焰熏灼之時逐長風而孤騫冒狂瀾於既倒者固不能盡無若見義而謬爲伯夷見利而甘爲盜蹠者滔滔皆是也今鴆行鷺序太半虛員省府名濫率多刓印朝廷欲辦一事舉一職彷徨四顧每難其人則人才之不足非今日所當加意乎雖然天下未嘗無才亦視夫上之人所以作成振起者何如耳用人之道其要有二一曰量才而授之以事二曰久任而責之以實昔司馬光嘗論官人之法其爲說曰人之才性各有所長官之職業各有所守自古得人之盛莫若唐虞之際然稷契臯陶垂益伯夷夔龍各守一官終身不易苟使之更來迭去易地而居未必能盡善也光之意蓋謂收採天下之英俊隨其所長而用之則天下事將無不可爲者今習俗蠹壞已汙者固不可使清而公道昭明秀來者豈宜併棄陛下舉監司則有詔舉將帥則有詔舉公廉明練堪任師閫監司則又有詔內而侍從臺諫外而執政從官內而三衙環衛外而總管軍帥各搜羅推擇以供陛下之器使者不知其幾矣舉而不實試而不效懲之以連坐之法可也未用而遽疑其不可用已舉而過慮其不足舉悠悠歲月徒嘆乏才宸乎不再豈不甚可惜哉陛下儻能宣諭大臣重加遴選勿限資格曉錢穀者使治財賦明政術者使爲守長負智謀者使任將帥其他如禮樂刑政觸類而長莫不皆然下至醫卜百工亦隨其能而任之將見人心激卬各勸乃事而懲勸之法得以施之於後矣臣故謂量材而授之以事在今日所當行者此也光又嘗進理財之策其爲說曰官久於其業而後明工久於其事而後成是以古者世官相承以爲氏先朝陳恕領三司十餘年至今稱能治財賦者以恕爲首豈恕之材智獨異於人哉蓋得久從事於其職故也光之言非獨可爲理財之法施之他職將無不可者今大化更新宿弊當革經久之政不講僥倖之風尚存陛下試思親政以來見之除授者凡幾任某人以某事所著者何績歟某人以某職所成者何功

不日而遷視官府如傳舍數期而去謂職業為假途僨軍而寵以美
官豈足為勸剥下而使之佚罰何以示懲責任不專而倖心生黜陟
不明而玩心作以此圖治尚何怪事功之不立哉陛下儻能明詔大
臣俾以是官必課以是績理財者使之究見源流而財必欲其裕治
民者使之周知疾苦而民必欲其安主兵者使之精加訓練而兵必
欲其強其他職任視此施行有功則增秩加賞而勿徙其官有罪則
流竄刑誅而勿貸其罰將見人[illegible]惕各盡所長而前日之委寄皆
班班然有實效之可紀矣臣故謂久任而責之以實在今日所當行
者此也且自古未嘗借才於異代也周宣王當王室板蕩之後側身
脩行任賢使能有仲山甫以出納王命有申伯以式是南邦有方叔
召虎以驅攘夷狄則周未嘗無才漢宣帝當權臣擅命之餘厲精為
治信賞必罰命丙魏以輔政命龔黃以治郡命趙充國以控制西羌

則漢未嘗無才蓋天生一世人自足辦一世事激之則雲合響應沮
之則巖隱穴藏吾君吾相果能舉之以公待之以信委之以事責之
以實寵之以厚賞又威之以顯罰如是焉而猶有乏才之歎謂朝廷
不尊萬事不理百姓不安四夷不服臣未之信也康誥稱文王之德
曰庸庸祗祗威威顯民蓋用其可用敬其可敬刑其可刑古聖人為
治之道初不外此惟陛下裁擇

嗚復又上奏曰臣猥以孤蹤來從萬里蒙陛下特賜親擢俾玷邇聯
大懼疏愚一無稱塞尚以煩言而去國今以召旨而造朝方圖入奏
而赴堂治事之令已頒方切控辭而隨班引見之命已下遭遇有此
戰兢寔多臣竊見皇祐中文彥博為唐介論奏介貶別駕彥博出知
許州其後彥博入朝因言介頃為御史言事多中臣病雖有風聞之
誤然責之太過請復召用彥博之寬洪介之剛直當時兩賢之杜範

唐璘曹豳趙涯皆嘗論臣者臺諫言事職也言之無罪聞之足以戒
四臣之有言於陛下臣之藥石也今臣偶叨誤恩辭不獲命恐四臣
者懷不自安欲望聖慈特出宸斷於範於璘召而再使之來於豳於
涯留而弗使之去庶各修職業共濟事功開大公至正之門去分朋
植黨之患特在陛下一轉移間耳

淮東制置使李曾伯特薦陳通判等二十員狀奏曰臣㳟貳淮邊涓
埃無補兄具奉祠歸里之請未忘薦賢報國之忠郎其周旋事任之
間得於嘗試嚌啜之熟其有已為公朝之所識別本司之所薦辟不
敢復贅乃若懷珪璋而滯邊璞抱杞梓而困泥塗者蓋得二十人焉
搭於限員未皇盡舉恐遺實用敢以名聞竊見宣教郎通判泰州軍
事陳力修以經術飾吏以直道事人議論不凡器識宏遠從事郎充
淮西江東總領軍馬錢粮所幹辦公事陳應先學造前修而益力文

為後進之所宗退然一儒不競於物是二人者望實素孚宜備館學
之選通直郎通判淮安州軍事李仲鼇軍旅之事生長見聞通敏之
才閱歷詳熟文林郎充浙西兩淮發運使司幹辦公事鎮江府分司
陳寱友闈士之平實見諸飛輓有治劇才文林郎差充淮西轉運司提
轄催促綱運物斛官孫具會淮士之翹英采諸條陳有事功志是三
人者佐藩條辦漕事幹畧俱優足任邊方繁重之寄迪功郎淮東提
舉司幹辦公事林月卿贊畫臺幕以肅給聞從事郎僉書招信軍判
官廳公事沈孫膺佐理邊城以公勤著迪功郎廬州舒城縣主簿章
公權議論表儒時賢多以大魁期之今讀其文而信鸞棲枳棘人所
共歎迪功郎濠州州學教授鄧益惆悃無華辭藻絢麗從事郎滁州
州學教授孫子秀刻意問學操履　有迪功郎泰州州學教授林遷
經明行脩甚宜歟官從事郎通州州學教授費龠决科稽古克世其

家若乃氣節之克自植自立言論之不為激隨俱能風猷相尚則迪功郎高郵軍高郵縣主簿佘豔文材俱懿學政兼優明清謹於三尺惠愛洽于一同則迪功郎高郵軍司法參軍周福孫從事郎真州揚子縣令茅巽其人也律已以嚴蒞事以敏讞獄以恕則從事郎林子顯從事郎泰州司理參軍李賁從政郎高郵軍錄事參軍趙希炤其人也此十五人者雖才行各有不同而器能皆適於用夫廣廈集衆材而成菁莪自微草而育如蒙睿慈悉賜甄錄隨才器使必有可觀

端平中監察御史吳昌裔論宰相不當指臺臣為朋比上奏曰臣聞世之盛也人主暢皇極之道以公天下世之變也人臣借朋比之說以空善人遠而漢唐之禍近則元祐之籍皆因朋黨遂至阽危㡬監昭昭甚可畏也臣來自遠方濫班朝列簿正容臺蓋踰一年無左右以為之先容無臣鄰以為之延譽素位而行不願乎外乃去夏孟饗

竊聞陛下宣諭宰執問臣姓名越三日除王府官又諭宰相謂臣可充此選臣一介疵賤不知何以誤蒙陛下簡記耶臣於去冬傳聞蜀邊孔棘三上祠請竟閼俞音忽蒙御筆除臣監察御史不知陛下又何所取臣而有此除擢耶臣感激恩遇欲報無所竊謂數十年來臺諫言人主者易言大臣者難攻及上身者猶能曠度有容議及宰相者往往罪在不測所以朝廷闕政不敢盡言臣於入臺之次日首言國朝臺諫之彈擊大臣次月輪事又言二相之私用親故以宰執之非才備位如陳卓者則劾而退之以宰士之庸人利口如余鑄顏耆仲等則擊而去之是皆秉之公論一毫無所容心惟知忠於陛下之職分而已近者竊見左丞相鄭清之卧家不起從駕不出免牘屢陳有曰激成朋比又曰稔成朋比殆似指及臣等不知所謂朋比者比何人耶夫朋比二字乃善人之厲階非治世之美事也所貴乎宰臣者正欲堅融善意以涣其羣翕受人言以平其施今乃自為朋比之說以猜疑言事之臣蓋緣清之始也輕於用兵而國威喪終也折於從和而虜難滋根本盡撓智勇俱竭朝夕凛凛懷不自安惟恐人之議己又緣臣範首論何炳而其親朋懼臣清叟連抨明人而其鄉黨懼臣繼論劉克莊等而其賓客懼故其徒倡為此說以動清之亦復持此說以惑陛下始於群小之自謀成於累疏之自辯故為形迹激作擠排不盡逐臺諫不止也夫宰相雖尊人臣也臺諫雖卑法官也今除吏盡由宰相惟有臺諫出於陛下親擢若宰相有闕失而禁臺諫使不言以一夫之私情廢天下之公法臣恐自此威權倒植耳目塗塞陛下雖有八柄之專而徒擁虛權於上矣是豈揔覽之初意哉臣不避誅譴輒敢傚歐陽脩辯雪琦弼仲淹朋黨之論懇懇為陛下言之陛下若愛惜紀綱以臣等之言為是則乞將全臺論列逐

賜施行以消朋比之風若猶存體貌以臣等之言為偏亦乞將言事諸臣速賜處分以全進退之節毋使廟堂之上與公論為敵兆縉紳之禍而開危亂之萌天下幸甚宗社幸甚臣不勝拳拳

昌裔同杜範乞留徐清叟疏曰臣等一介疏賤分察臺綱與殿中侍御史徐清叟同事自供職以來感激恩遇知無不言所上奏章動關國體每蒙陛下曲賜優容臣等誓欲糜捐以圖報稱今於二十九日忽聞御筆徐清叟除太常少卿臣等愰然莫測所謂豈因清叟近日三漸劄子立言及貴近致激陛下之怒耶臣等竊見陛下自更政弦廣開言路凡言二郎言諸當路言及小人復用聯篇累牘語涉疎狂雖在小臣靡不容受清叟既居臺貳正色盡言是亦職分之宜未知其言之聳慜今陛下一旦出令俾遷他官此必有左右近臣懷護挾私以此移主意而陷善良者奉常清官似不為小清叟得去亦所甘心然盛

明之朝乃使直臣以言事去職不惟於臺綱有損播之天下亦恐於
聖德有虧一舉兩失臣等深切惜之用敢援祖宗朝臺臣留御史例
欲乞聖慈亟回成命仍令清叟赴臺供職足以彰陛下改過不吝之
美君以臣等之言為僭欲乞併與清叟俱黜庶幾不辱此臺有辭于
世謹録奏聞

又疏曰臣等昨於二十九日冒犯上聽乞留徐清叟仍任言職自謂
上觸渝怒必取譴呵繼聞省劄俾權戶部侍郎臣等仰見陛下初心
不以直言為忤再加異數以示優恩上意益昭群疑咸釋然臣等竊
謂臺諫出處寔關國家重輕故殿中侍御史馬遵罷而合臺請留殿
中侍御史龔夬去而諫省同論或至八奏或至聯名此皆為治世之
美事亦足彰列聖之盛德臣等雖愚不肖誤蒙親擢不敢不以先正
事祖宗者事陛下故一再奏聞非私清叟也為陛下惜敢言之臣也

非比同列也為陛下扶紀綱之地也陛下動遵成憲容受讜言未嘗
因事黜一言者今以清叟言及貴近而出則自今不復有言貴近者
矣言及小人而去則自今不復有言小人者矣豈不杜塞正路而自
啓多門哉臣等謂遷之美官而使出不若復以言責而使留欲乞陛
下矜清叟之盡言念臣等之惜體不嫌反汗特賜追還如唐開元之
制令御史依舊視事以昭聖明之德以光祖宗之功臣等荐瀆聖聰
甘俟顯黜謹録奏聞

又疏曰臣比者為徐清叟言事去職遂同杜範弁疏留之非惟事體
相關蓋亦職分當爾側聽累日未蒙施行若以陛下為怒其言耶則
露朝數奏經筵宣諭詞旨甚温未嘗見天顔之含怒也以陛下為諱
其直耶則宣示二邸戒敕諸璫中外竦服豈以彰盛德之有容也然
而供職三月遂令出臺同列聯章曾不反汗遂使盛世有諱直言之
事明主有出臺諫之名陛下即位以來未嘗有此過舉臣之愚陋深
切惑焉或謂顧復私親交迫於內左右近侍列拜於庭故不得已而
出之宮禁事祕非臣所得而知或謂清叟嘗因造開兵端論及廊廟
節帖奏疏專攻宰臣故欲借此以去之廟謨密運亦非臣所能測但
見陛下和顔受諫倏變而雷霆清叟正色盡言忽奪風憲意者必有
挾私交譖乘間密移觸人主之威而重臺臣之罪者臣知非陛下之
本心也方清叟被命之始臣等不免固留今聞已出城闉何敢更有
煩瀆惟臣與清叟同被親擢同論宰相三漸之疏實嘗聞之清叟既
翻然引去而臣乃偃然獨留豈有面顔復司分察若非與之同出將
恐自此孤危用敢陳情仰干淵聽欲望聖慈罷臣言職畀以叢祠俾
得歸守故廬返脩初服以全進退之誼實拜高厚之恩臣言不欺有
如皦日謹録奏聞

昌裔又論楊恭等疏曰臣竊惟國家用人之塗有二資格所以待常
才特用所以拔奇士法意兼取號為得人今有碌碌亡奇而用不以
次者臣采之公論得二人焉奉議郎幹辦行在諸司審計司楊恭品
格凡庸資性貪刻自登仕籍不守官箴為獄掾則以寡謹而劾為邑
宰則以多贓而罷待年叙用自有憲章今未填邑債而辟幕官未赴
州貳而升計府去彈劾時僅二年耳人言籍籍咸謂超躐儒林郎主
管尚書戶部架閣文字王龍榮人品纖細資質巽柔雖躐科名未有
敭歷初為州幕甫踰一年改辟帥屬又止數月夤緣外補遂入中都
倉門之命甫頒而閣庫之除已峻閱其官簿盡未書三考也近者趙
與之獄閒龍榮亦與其事詭遇求進士論恥之夫六院臺省之儲掌
故文儒之選而以望輕資淺得造其閒且進不以正頗有鼯鼠之虞
此豈所以清表著乎欲望聖慈將恭龍榮並賜罷黜以為輕躁奔競

者之戒。謹具覺察以聞。

貼黃論陳允迪等。臣竊見陛下更化之初。於郡守監司最嚴其選。近來除授。率多非人。今有出使罔功。而領藩符沿郡無狀。而持憲節。臣敢摘其尤者言之。新知常德府陳允迪。貪人也。起身世家。鮮克由禮。褒飾湖廣。肆為姦贓。苞苴以奉權門。囊橐以豐己欲。相載入召。已玷臺評。今聞里居。率無生意。而猶經營復用。出守桃源。桃源舊總所隸也。不知允迪何以見湖北吏民乎。新江東提刑林杲。妄人也。通判福州。嫗噴有煩言。近守番陽。恣為暴斂。奉行稅畝之令。畧無恤民之心。至追印紙以督縣官。枷吏卒以嚇閭里。旬日取辦。民產蕩然。迨倚閣令頒。而輸錢已足。遂為己有。不以實聞。今乃僥倖恩除。使風一道。番陽乃建臺之地也。不知杲何以見江東父老乎。臣參伍見聞。知其貪虐甚著。欲望聖慈將允迪杲特罷新任。別選良吏。以惠兩路之民。

昌裔又論史宅之上疏曰。臣聞人主之體臣以恩。人臣之正主以義。恩者。所以懋功。義者。所以制命也。仰惟陛下以忠信重祿勸士以恩。厚隆禮馭臣。概念故相彌遠之勞。不替始終待遇之意。節以一惠。秩以三師。爵以真王。至於以從橐及其孥。以御筆保全其門戶。可謂過於恩矣。然晉重耳之賞。猶不及介推以為難。與處叔孫昭子之不勞。仲尼以為不可。能彌遠貪天之功。褒主之勢柄。國自擅黷貨無厭。大臣議之於前。小臣爭之於後。原其心。暴其過。至于今而未衰者。此非正義之在人心。不可以恩勝乎。近覩邸報。史宅之除煥章閣待制知袁州。除目之頒。上下疑惑。不知陛下姑欲以寵之耶。將實以用之耶。姑以寵之。則宅之鄙鄔之金。足以自潤。銅山之鐵。足以自饒。武安之甲第腴田。足以自給。不待得千里以為富也。實以用之。則宅之多欲寡[illegible]必不能廉以表民。怙侈宣驕。必不能儉以固本。恣安長傲。必不能敬以臨事。又安能導王德意以致之民也。宜春州小地狹。人安吏循。難愈。蓋昔臨之號為佳郡。今以再世學為貪之子。一日不更事之人。強其不堪。自所非據。得無有忝共理之寄乎。況宅之方其父病時。代擬除目。如條。及其病棘。時僥覬恩賞。如嬉戲。皆陛下所習知者。縱或未能如先朝之制。聽謝事之文。除職賦閑。亦為優眷。乃欲以郡政授之。臣恐非所以愛之也。昔大將軍光卒。宣帝思報定策之功。一家三人。皆封為侯。時張敞上書請罷三侯就第。謂宜明詔以恩。不聽羣臣以義固爭。而後許之。尚使宣帝非少恩之主。漢廷有引義之臣。君明臣良。仁至義盡。必不至醞成他日霍氏之禍也。今陛下錫命既恩。不失為厚。而臣等竭節守義。未能忘言。欲望聖慈特將宅之袁州新命不嫌。及汗侍其控免。即予以祠。至於宅之除授。乞收回於造命之前。庶

幾上無過舉。而下無煩言。臣等狂瞽之忠。不至屢瀆天聽。謹具覺察以聞。

淳祐四年。同知樞密院事趙葵疏奏。今天下之事。其大者有幾。天下之才。其可用者有幾。吾從其大者而講明之。疏其可用者而任使之。有勇畧者治兵。有心計者治財。寬厚者任牧養。剛正者持風憲。為官擇人。不為人而擇官。用之既當。任之既久。然後可以責其成效。又乞亟與宰臣。講求規畫。凡有關於宗社安危治亂之大計者。條具以聞。審其所先後緩急。以圖籌策。則治功可成。外患不足畏。

歷代名臣奏議卷之一百五十

用人

宋理宗淳祐中太常寺主簿高斯得言大臣貴乎以道事君今乃獻替之義少而容悅之意多知耻之念輕而患失之心重內降當執奏則不待下殿而已行濫恩當裁抑則不從中覆而遽命嫉正而比邪喜同而惡異任術而詭道樂諛而憚勞陛下虛心委寄所責者何事而其應乃爾時范鍾獨當國過失日章故斯得及之

十二年斯得為秘書少監兼侍立修注進故事曰哀帝時鮑宣上疏曰今朝臣亡有大儒骨鯁白首耆艾魁壘之士論議通古今喟然動衆心憂國如飢渴臣未見也厚外親小童及幸臣董賢等在公門省戶下陛下欲與此共承天地安海內甚難夫官爵非陛下之官爵乃天下之官爵陛下取非其官官非其人而望天說民服豈不難哉宜

急召故大司空何武師丹故丞相孔光故左將軍彭宣皆智謀威信可與建教化圖安危龔勝為司直郡國皆謹選舉可大委任也陛下前以小不忍退武等海內失望陛下尚能容亡功德者甚衆曾不能忍武等耶順帝時李固上疏曰安國者以積賢為道陛下初登大位聘南陽樊英江夏黃瓊廬陵楊厚會稽賀純四海欣然歸服聖德厚等在職雖無奇卓然夕惕孳孳志在憂國臣前在荊州聞厚純等以病免歸誠以悵然為時惜之一日朝會見諸侍中並皆年少無一宿儒大人可顧問者誠可歎息宜召還厚等以副群望

臣嘗觀舜之命官曰咨汝二十有二人欽哉惟時亮天功皐陶之陳謨亦曰無曠庶官天工人其代之夫人君代天理物朝廷之上庶官所治皆天事也其可一時之不亮一官之或曠哉然曠官有二無其人曠也非其人亦曠也舜之所命禹宅百揆棄后稷契作司徒皐陶作士垂共工益作虞伯夷典禮夔典樂龍作納言既不虛其位又皆當其才得人之盛卓冠千古嗚呼尚矣後世朝廷之官類多曠廢非果乏才也有而不能用耳哀帝時鮑宣言朝臣亡有大儒骨鯁白首耆艾魁壘之士論議冠古今喟然動衆心憂國如飢渴者至於使外親小童在公門省戶下可謂曠官之甚也然何武師丹彭宣龔勝之倫蓋當時號為骨鯁耆艾者乃以排外家丁傅廢斥不用順帝時李固言朝會見諸侍中並皆年少無一宿儒大人可備顧問者亦可謂曠官之甚矣然樊英黃瓊楊厚賀純之徒蓋當時號為宿儒大人者乃以忤權臣梁冀病免而歸二君有才不用乃使不才者充位備數以妨賢俊其曠天工也甚矣雖然二漢之官非其人而曠也今日之病則不但非其人而又至於無其人焉尚書六員不置其一侍郎八員闕其五大小卿監十七

員闕其九二府掾屬九員闕其六郎曹二十餘員闕其半謂天下果乏才耶則祖宗以來如慶曆元祐乾道淳熙之際人才輩出滿朝廷皆取諸當世而足不借才於異代也何獨今日而無之采諸公論在外諸臣可備侍從卿監郎曹郎吏之選者固有其人柰何正學直道與時落落諫人之國者觀望上意嘗使朝廷空虛而不肯召用其負一世之望能排小人不勝項背相望而去者視之亦不甚惜使鮑宣李固見之能不以何武師丹黃瓊楊厚樊英為歎乎然而今日所甚病者又在於二相矛盾私意相持坐視朝廷曠官廢事歷歲踰時曾不知恤陛下亦未嘗少加訓敕使之留意於選任也舜皐陶以天工相戒固如是乎臣願陛下深詔大臣妙選時髦速補衆職之闕庶幾併志合謀共熙帝績不至取國空無人之誚天下幸甚

淳祐間徐元杰進故事曰唐杜如晦傳如晦長於斷房元齡善於謀兩人深相知故能同心濟謀以佐佑帝當時語良相必曰房杜云

臣聞自古人臣莫難於遭時而得君尤莫難於同時而得君然同時得君矣或未能真切同心輔君以共治正恐天下之事不壞於專則壞於避其何以副天下之望哉故人臣非相得之難而相知之為難相知既深則相信而不疑不相知之深則相悅而莫克相濟心之同不同率以是基之昔者周公作誥於召公不悅之曰周召似不深相知者然周公挽留之辭切召公終為之動是周公之所以知召公者如此召公其不知周公乎觀書如無逸如周官如立政如君奭諸篇凡其格君致治大畧可睹太宗以英明之姿出而撥亂立極杜如晦為相而房元齡同之天下新定臺閣制度憲章容典率二人討裁傳稱如晦長於斷元齡善於謀必歎美之曰兩人深相知故能同心濟謀以佐佑帝終之以語良相者必曰房杜史氏可謂至論矣夫人臣辦天下之事者才也而所以能辦天下之事者心也元齡如晦皆有講學之力河汾王通告元齡以正主庇民之道必能遺其身而後能無私又斷之曰至公然後能以天下為心及稱如晦則曰若逢明主於萬民其猶天乎至比之春生夏長秋斂冬成極於萬類咸宜百姓日用不知之驗異時二人得君以共治皆此心此學之推此史氏又稱之曰宰相所以代天者也輔贊彌縫而藏諸用使斯人由之而不知而進之於古明哲之域尚非二臣充其無私猶天之心寧免屑屑於形迹之粗拘拘於肝鬲之外雖已同患難而濟其治未思同安逸以慮其危計目前瑣細之利害而宗社生靈悠長之遠慮邈然不以是介心則何以維係有唐三百年之天命而至於我宋遠如是哉吁臣於是益嘆元齡如晦非同心濟謀之難而相知之深真可謂之難也夫以太宗天下新定之餘氣勢翕合股肱協同猶必一乃心力而後有濟今天下視唐為何如耶以臣觀之蓋同舟遇風之時也前乎制柁者非其人舟弊漏而日湊淺幸以聖主而得賢臣間關運動若將出淺而入洪矣而篙工棹卒呼呼未齊維楫失亡謾不之救滲漏四溢又弗之窒今焉兩分制柁之責坐舟中者皇皇然望其出手撑駕率衆工而謀共濟顧乃悠悠泛泛莫知所之脫有風濤之虞其不淪胥以敗者幾希元齡如晦之事載在方冊視周召為庶幾蓋今日元臣宿望所素習聞者也相知夙深同心叶濟臣敢以是為今日勉雖然元齡如晦史臣稱之以良相宜矣自古君明則臣良虞書之歌曰元首明哉股肱良哉庶事康哉陛下明侔日月燭臨羣工迺若命相之初崇奎寶畫寵錫道揆者曰開誠心布公道集衆思廣忠益所以責望股肱者至矣臣又於此益願陛下申飭此意日日以是警勸之矧今所最急者莫切於邊防國用之實政惟在乎蒐求實才各副任使課責實效上寬顧憂此二揆所當夙夜究心濟世于理可也然切念夫稍懲和豫者許寬調攝之期可宣勤勞者戒勿嫌疑之避惟國事之大者俾商畧共圖若常程除授期會調度之務許令二三執政相與隨宜而區處必也審量中外之人物參錯邊庭之事任凡已收召者用之必當其所尚多遺逸者汲汲聘用而無疑庶不至坐失事幾付歲月於虛擲少俟右揆體力康平之餘諭其疇昔相知之深勉其心德叶同之報豈非宗社生靈之幸歟不然以儒者之道為無益於人之國家豈但為世俗竊笑而已哉臣興言及此不覺涕零天地鬼神昭布森列不可誣也惟陛下以是宣諭二三大臣使之同衷至公血誠之心以

作羣工以厲庶政興滯補弊責實勸功今何如時不可緩矣易曰納約自牖臣恃聖德之明敢因條奏故事而冒陳之惟陛下矜赦

元术應詔薦士上奏曰恭惟聖旨揃擇自侍從至郎官各薦舉淳實敏明堪充內外職事官者臣猥以踈庸濫陳近列辭無報稱常切淩兢每惟內外之修攘莫重賢能之任使朝思夕念所以懇懇切切告之廟朝者初不敢厭其數凡舉世公論所推予之者亦既莫不屢瀆天聰矣惟是才業之著于州縣者未悉以上聞氣節之著於卑官者又限於資格今即臣平日察知之深如京官如選人各以五員為明時薦臣謹第其人品編書其銜位姓名作四項條奏如左

一臣伏見承議郎新通判邵武軍陳義和眷由學校見謂典刑頃分教泉南郡使者陳韡欲以京剡占義和辭曰愚年踰五十矣他人誰肯相繼薦舉謝不受諸司聞而異之不旬月而舉剡溢格俾作邑晉江廉靖公恕士民歌之及倅鐔津嘗攝郡事一日必晉救荒有政殆不減青州所活民命之數堂有垂白之母家事率稟命而行母子俱賢道途翕稱之臣與為代方敬其人之孝廉且剛介而不屈於權勢每事必就問之不謂當路風聞之訛遽使之去臣為之泣別焉今猶待次昭武軍分之次

士論稱嘆久矣宣教郎前知信州玉山縣蔡薦積心苦學抗志前脩初尉建昌已有植立弓兵畏愛辭捕忘疲三載居官境內奠枕其丞衡陽佐理聲績具見於當路之所稱追為八桂糾曹盡心刑獄一郡無冤民薦敘及格試令玉山勞心諄諄視民猶子一毫不以安施至於戢姦鉏暴殊不以強禦而沮前後舉陞陟舉科目舉旌擢者率二十餘剡臣亦嘗備數薦之矣宣教郎新擬知福州古田縣事鄭保有文藝而充以器識交名勝而博於見聞徒客詞翰之間有古作者氣象其為鹽場官也措置規模吏卒為悚及縣命叢劇剖決如流至今士

民稱之迨居沿海制幕識慮精詳且有婉畫事之可否見必立答寧甘犯時之所忌不忍苟徇以病民契舊滿朝恬然不以希進為意臣謂此三人才識氣節宜甄錄陞擢可以備異時風憲之選

一臣伏見朝奉郎通判潭州軍州事趙崇粟才具疏通心事平實臣雖不識其人聞其政於宰鉛邑之時邑廩場兵八百人前後每困於月支之不及入戶以預借為苦經理有道公私通融不煩文移而或不給蓋其為政有本末待士有禮遜謹庠序之教而興以孝悌凡士習科舉之業崇粟率以旬課考覈為士民化之勸脩文符而獄訟日以簡寡今倅長沙凡郡綱軍政之所係善贊帥長客商畧之帥亦傾心採納其善足以庶務關決墜舉曠修邦人歌別駕之功往來士夫類能言之宣教郎新知臨安府臨安縣王亞夫生長名門多識往行才學器識卓爾不凡初

為會稽倉官考核姦欺盡瘁稱職攝撫幕諸賢貴尤長帥府以部內多凋敝之邑一一試之攝宰亞夫以撫字之意行於催科之中所去見思旗幟遮道及為閩清令莫不舉偏補弊各適其宜邑多大家不阿不撓良善為之吐氣臣其素以恬靜自持不挾書不干進當路聞風而爭舉之臣與之交嘗謂臣曰平心徹物世間事無不可為者臣以是尤敬之臣謂二人者才學實切於實用宜拔擢獎任以備他日都曹之選

一臣伏見從事郎監行在省倉上界門趙希懷名父之子崇胄之賢省其為海鹽簿領時究心銷注曉夕忘疲藹然有廉平之譽當路名賢知其局蘊之宏深已加旌擢者殆不容口今為省倉門官尤嚴於吏卒出入往來之禁檢核欺弊最切究心薦舉及格蓋非有求而得者臣在都曹熟諗厥德之已為他人所先矣從

政郎監行在編估局詹文杓孝行著於家庭賢譽藹於鄉井舊身庠序先價翕騰分教瑞陽文風為之丕變今為京局疏導貨滯。檢梘吏欺尤能以職業自見。臣與同里。知其平實無華。雅有志向。非矜眩騖外者之比。臣以為是二人者可以備二令掌故採擇之需。

一臣伏見迪功郎特差監行在贍軍激賞庫葉采學有淵源文有氣骨平居雅有膽畧人多以後來陳韓期之由其婦翁李方子所得於晦庵朱熹之真傳故能服膺古訓而勿失。今職居究庫。勉竭忘勞。捧檄僉纖。多所及物。時賢皆以廉勤公介稱之。采方志於向上事業。暇則手不釋卷。異乎馳逐京塵者多矣。迪功郎新建昌軍軍學教授盧鉞奮身庠序卓然以名節自持。方其流俗頹波率先以天理民彝之不可亂者為之啓奏。忠誠懇惻奮不顧身而一以國之安危存亡者晝夜慟哭。臣與素昧近甫識之。蓋嘉其志。敬其人。汲汲然薦引之。迪功郎新信州上饒縣主簿湯漢家學相先。文價蚤定。其所交游者皆前輩老師宿儒也。不惟著述具有法度。至於操履亦有榘儀。近世名賢率尊尚之。或奬薦之。奏名別頭。夫對天陛昌言無隱。犯時忌而不顧。其辭大畧謂上下相習於欺。大欺則大得志。小欺則小得志。蓋箴切當時之膏肓。今待次勺稽。奉朝命主象山書院。相與諸生。日由乎悖文約禮之地。是雖未及乎民。而所以及於士者亦不貲矣。臣以為是三人者謂宜度越拘攣。或陟之文學掌故。或改畀以見次教官。豐殖長養。以待異時之顯用。豈不足以壯國之精神。臣生而愚戇。一無他長。惟有必敬賢材。不翅飢渴。今所薦引劑量久之。既已明著其所長。亦一一知其績用。況朴實廉敏萬口一評。如蒙聖慈擢用後或不如所薦。臣甘重坐繆舉之罰。

劉克莊進故事曰。杜衍為相。尤抑絕僥倖。凡內降與恩澤者。一切不與。每積至十數。則封還之。或詰責其人。謂歐陽脩曰。外人知杜衍封還內降耶。吾居禁中。每以杜衍不可告之而止者。多於所封還也。其助我多矣。

臣按內降。非盛世事也。詩詠后妃以無私謁為賢。桑林禱旱以婦謁盛自責。蓋自昔未嘗無是事。但古先哲王理欲明。界限嚴。能防其微。杜其漸爾。降及叔季。非惟不能防杜。又且開扃破鐍以導其來。西園買官。斜封墨敕。至今遺臭。故諸葛亮有合宮府為一體之論。唐人有不經鳳閣鸞臺何名為敕之歎。我朝家法最善。雖一恩寵之微。必由朝廷出令。列聖相承。莫之有改。其後老蔡用事。患同列異議。始請細札以行之。初猶處分大事。既而術及細微。後不勝多。至使小臣楊球張補代書。謂之東廊御筆。浸成猖亂。臣嘗竊論祖宗盛時。內降絕少。間出一二。則有論列者。有繳駁者。有執奏者。誨純仁等寧謫而不以濮議為是。茂良必大寧去而不與兩知閤並立。衍寧罷而不肯求容權倖之間。此所以為極治之朝也。臣采之輿言。謂邇日蹊隧僥營。廟堂積輕。中外除授。間有不由大臣擬擬。近臣薦進者顯仕率貴游之子。專城多恩澤之僥。驟郡調守上煩宸斷。小臣改秩或出中批。既累至公。亦傷大體。求者爭者奉行者皆以為常。不以為異。遂使天下之人以誨純仁茂良必大之事責望有司。以衍之事責望大臣。以仁宗禁中之語責望明主。臣竊為陛下君臣惜之。本朝名相多矣。惟衍號為能卻內降者。豈有他道哉。臣嘗考之。其拜也在慶曆四年九月。其免也在明年正月。當國僅三數月。噫。此衍之所以能直道而行乎。臣故謂小臣能以去

就為輕雖大事可論大臣能以去就為輕雖內降可執橫恩可寢人主能以朝廷紀綱為重貴近干請為輕則堂陛尊而命令肅矣惟陛下留神

權司封郎官許應龍論董材進故事曰太宗嘗語宰相曰統制諸夏肖有道理內外官吏當量才任使如匠者創屋棟梁榱桷咸不可闕天下至廣不能獨理致治之道全在任人苟得其人何患不理寧宗御製用人論曰人君以任使百官為事百官則分職以治其事用得其宜則百職舉而庶事立用失其宜則百職廢而庶事隳蓋人才有能有不能固不可以一槩論也擇不厭精任不厭久小有以成小而天下無廢事大有以成大而天下無廢政如是則太平之基可立先王之治可追矣

臣聞天下無不可為之事而患乎無可用之才何世不生才何

才不資世臨政願治之主孰不以人才為急也然或資之以成功或任之而敗事其必有故矣蓋可用者用之則足以勝其任而無事之不集不可用者而輕用焉則舉措必乖其宜而何功之可成是以英明之君不慮夫事功之難立而惟慮夫真才之難得兼收而博采詳觀而諦審必其人之果智也而後使之謀事果勇也而後使之禦敵持重者委之備邊塞通練者委之治軍賦綏御有方者委之弭盜賊衡量輕重各當其任以之圖事何向不濟請以漢宣帝之事明之今觀其時膠東有流離之民潢池有弄兵之寇關東之漕運重費而羌之烽燧時驚事緒膠轄若未易經理也然帝之所以處此者惟於人才之間切切乎可不可之辨任將則問其誰可擇守則公舉可用謀事則反覆詰難廢其計之可必用者始從而聽信之則帝之所以用人者蓋考之詳而擇之精矣故賑飢則著勞來之效糴穀則省轉漕之費渤海之盜安之而自弭先零之衆緩之而自降理內禦外無不如意得人之效蓋可覩矣共惟陛下以聰明之資紹延洪業厲精思治側席求賢將欲內修外攘以措天下於泰山之安然疆埸之防尚費經畫垂亡之虜猶未掃除蠻獠雖欲降而招撫未定飢民雖稍蘇而瘡痍未瘳若是之類所當深思而熟計然使無人以任其責則悠悠歲月曷覩成效無亦擇可用之才而使之畢力以圖功乎邊郡之牧將帥之屬或廷訪於廟堂或奏辟於諸司其所以求才之意可謂至矣然知人之道自古所難闊論高談者若善謀輕舉妄動者若敢為露才揚己者若多多而益辦緩持遲鈍者若隨機而應變苟輕信而遽用之則非惟不足以圖事而反至於生事不特不能以成功而或至於喪

功則少明目而達聰詳考而精擇以言進者則察其所行以覈其言以名取者則考之以實以驗其名以能舉者則試之以事以觀其能若然則毀譽不足以亂其真虛誕莫得以肆其欺矣患乎不得人哉雖然用人於閒暇之時與用人於緩急之際不可以一律拘也蓋當緩急之際擢之未峻則無以使之勸任之不專則無以責其成何者邊陲之地非內郡比況當多事之時人所憚往苟無高爵重祿以誘之孰肯犯難而不辭閫外之寄所係甚重安危之機變於瞬息苟不假之以事權則動皆掣肘何以乘機而制變故擢之峻則感激思奮任之專則事權歸一夫如是以戰則克以守則固尚何外患之足慮哉然非精擇之於其始而徒曰峻擢之可以使人也而輕予之以不次之官豈無大言無實者得以竊吾之爵祿乎不知其才之果

長可以責其後効而徒曰使功不如使過則敗衂之將其將奚用乎此尤所當察者惟陛下留神。

應龍又論用人進故事曰昔司馬光進言謂設官分職以待賢能大者道德器識以弼諧教化其次明察惠和以拊循州縣其次方畧勇果以捍禦外侮小者刑獄錢穀以供給役使豈可專取文藝之人欲理萬事耶然則四方之人雖於文藝或有所短而其所長有益於公家之用者安可盡加弃外使終身不仕耶又曰人各有所長或優於德而嗇於才或長於此而短於彼雖皐陶稷契尚各守一能況於中才安可求備故孔門以四科取士若專引知識則嫌於挾私難服衆心若止循資序則官匪其人何由致治乞朝廷設十科以舉士

臣聞天下固有不一之才人主當無執一之見盖人才之在天下若十指然小大長短雖若不齊而皆適於用兼收並蓄待用無遺

則皆有以自見而天下無不舉之事苟用一而廢一則互相傾軋必有分朋植黨之弊昔皐陶謂翕受敷施九徳咸事則俊乂在官可以撫五辰而凝庶績柰何後世之君不知出此文帝好清靜而豪傑之士難合武帝用才智而道德之士見遺宣帝尚刑名而儒學之士不用皆由所尚之偏故天下之才不能以盡用要之人主當與天同量栽培傾覆生育長養各隨其稟賦之自然而無容心於其間苟好惡之私先累於其中則人才高下必不能隨宜器使而急於求進者必至迎合黨同而伐異俱欲求勝非惟不足以成事而清流濁流之患實基於此司馬光論任人欲取道德器識明達勇果刑獄錢穀者並用之而長於此短於彼者不可求備此乃官使人才之要術也嗟夫人才不同彼此異見其來非一日矣足一躡軍門視文士如仇讎首一戴儒冠輕武弁如草芥矯矯特立則以靜重為苟容處事詳審則以剛直為沽譽長於吏才則以明經術者為腐儒專於學問則以了官事者為俗吏少俊則以老成為遲鈍寬厚則以嚴明為苛刻各分黨與判乎其不相入也人主用才惟求以辦吾事濟吾治而已安可主一而廢一哉陛下建用皇極無黨無偏耆德者召之文學者用之吏事者任之或長於將畧或精於財計或以循良稱或以讜直名莫不擢用固無一毫好惡之私然求賢之詔屢下剡薦之牘交馳而人心多私罕以實應靖退不競者無由自達單寒寡援者未免見遺臣願陛下開衆正而達四聰使任薦舉者悉參公論舉能其官則錫以進賢之賞稱匪其人則加以謬舉之罰如此則真才實能皆為吾用而何事不立中興之烈可指日以冀耳惟陛下與大臣亟圖之

應龍又進故事論久任曰英宗朝呉申言近年以來官吏數易王舉

元自三司副使一年之中凡歷四使沈立自知滄州未及半年已更三任蘇寀累任皆不及一年哲宗朝上官均言太守以一郡為傳舍吏民以太守為使客送故迎新紛紛道路太守不暇整治其紀綱吏民豈有信服其政事耶臣以為奉行朝廷之法令而利澤天下者內則係百官長貳外則係監司郡守內外不得人則不足以稱職得人而屢易則不足以舉職職不舉則政事廢弛而下受其弊雖有才者與不才者相去無幾朝廷雖有良法美意是為徒法而已

臣謂久任而責成功此用人之良法也夫人才各有所長因其長而任之遲之以歲月則可以自見苟數遷數易則人無固志事多苟且況更代之際意向或有不同施設未免相反涖事方新蠹弊不能盡知胥吏必生欺誕內外之治所以不能並舉者職此之由也今內而百司庶府不問人才之能否惟以職任為資歷理財未

幾則又易而典禮明刑未久則復使之典教。一人之身無官不可為。久而不遷則懷淹滯之歎。如此則百事何由舉。祇見其因循歲月耳。外而監司太守或一歲而再遷或甫至而復易迎新送舊交錯於道。知吏之不久者不率其政令吏知去之不遠不究其心力。是以民瘼未蘇吏治不振其弊有不可勝言者。矧邊陲之寄尤不容不久。雖以三歲為期然邇日以來移彼易此殆無虛月。縱有諳熟兵畧留意邊備之人。然效未成而已去。兵卒何由而閑習備守何由而堅固。今多事之秋將欲興起治功其可不以久任為先乎。內則量能而授官長於財計者則所遷者皆理財之職明於法理者則所擢者皆法理之任至於他官亦莫不然。克稱其職則優加旌擢使之知勸未必遠易以強其所不能。任於外者因其有風采則使之持節因其有政事則付以典郡。庶各盡其才以圖績效。治最上聞則遷秩升職以示甄別。迨其既久則擢之以不次之職以酬其累歲之勞。夫有功見知則說。孰不勉勵以稱上意。吁此非難轉移者特在乎堅守而不變耳。雖然任人固不可不久而擇人尤不可不精。苟非其人則癃老者必至廢職。疎謬者必至悞事。而貪黷苛刻者必至為無窮之害。必詳考之於其初而後可以久任於其後。此又澄源正本之論。惟陛下與大臣亟圖之。

應龍又進故事論均內外曰。昔大中祥符中張知白上言昔唐李嶠嘗云安人之方須擇郡守。竊見朝廷重內官輕外任。每除授牧伯皆避命致訴。比遣外任多是貶累之人。風俗不澄皆由於此。望於臺閣妙選賢良分典大州。共臻庶績。淳熙間臣僚上言伏見今之士大夫以州縣為滯路以朝廷為徑途。此內重外輕之所由致。欲望聖慈鑒斯久弊特留宸慮均中外仕進之路。凡郡邑之吏有治行名迹純實不欺。無間疎遠不次擢用。以風厲天下。孰有不勸者乎。

臣謂重內輕外。此吏治所以不振也。夫人之情有功而見知則說。非才而任事則必有瘝曠之虞。今之持節把麾者多不安於外而慕於內。內則遷擢之必速而爵位之易崇。外則績效之雖彰而褒遷之未必及。故因循苟且。玩歲愒日。而治效蔑聞。況仕於內者或不恤物論致遭彈擊。往往畀以外任。夫仕於王朝職閑事簡尚不勝任。乃使之分一郡一道之寄。事叢如毛決不能理。豈不為民之病乎。苟於臺閣妙選賢良使之更迭。以示重外之意。復於監司郡守擇其有聲績者寘之朝列。以示褒表。至於廷紳之貶黜者則處以直館而不任以民事。夫碌碌未庸者既不復用則有志事功者孰不思勉以見知。如是則吏稱其職而民安其業。蓋有不難致者矣。

應龍又進故事論名實曰。真宗時王旦有識畧善鎮定大事。其於用人。不以名譽必求其實。苟賢且才矣。必久其官。眾以為宜為某職然後遷之。士雖咈於己者。亦不以私廢。仁宗朝司馬光言致治之道在於任官。且謂奸計之臣。銜奇以譁眾養交以市譽。居官未久聲聞四達。朝廷或以眾言而賞之。則虛偽者無不爭進矣。其失在於國家采名不采實矣。以名行賞則天下飾名以求功。

臣聞漢宣帝不審膠東相之偽。是後俗吏多為虛名。齊威王能察阿大夫之譽。於是人人不敢飾非。夫徇名而不責實。此今之大弊也。且邊陲未寧國論未定。兵增而財愈匱。患變而威不振。正當嚴綜核之政圖興起之功。任人則必求其可用之實。而雜偽以假真者所當辨。論事則必求其可行之實。而大言無當者所當察。崇獎忠正抑遠虛浮。行之以公守之以堅。則分朋植黨妄相稱譽者莫得以肆其欺矯情飾貌悉於媒進者不能以揜其跡如此則上下相安皆求以實自見而天下無不舉之事矣王旦謂用人必求其實而司馬光謂采名不采實則虛偽者無不爭進真至當之論也二公皆我朝之賢臣勵相國家以致升平其大要不外乎此然則今日欲振起事功以復祖宗之盛可不以是為先歟夫名固國家之所當尚而士大夫之所當慕也耻沒世而名不稱君子以徳名為幾名茍不立必同流合汙無復氣節為人上者不可不加砥礪然必因名以考其實因實以責其效則任人而必獲實才議事而必得實用茍外事表襮而中實無有更相標榜而實不副名蹈常襲故而不達時宜矯枉過正而徒欲立異施之於政則扞格而難行若是者是特虛名耳果何益於國家之大計哉是必聽言而觀行使偽不得以亂真庶可收

實才之用而立太平之基茍是非不審徒以其好名而一切厭之則其心未服異論迭起賢否混殽非惟不足以成事而清流濁流之患或兆于此是必審思之明辨之則衆正之路闢群枉之門塞濟濟布列無非真才庶績咸熙萬邦咸寧可指日以冀耳

洪舜俞進故事曰明道中執政除親舊二人為正言司諫上謂曰祖宗法臺諫官須出宸選若大臣自除則大臣過失無敢言者治平二年以范純仁為殿中侍御史呂大防為監察御史裏行近制御史有闕則命翰林學士御史中丞迭舉二人而上自擇取一人為之至是闕兩員舉者未上內出純仁大防姓名而命之

臣聞臺諫天子耳目之官耳以司吾之聰目以司吾之明而人執之可乎張行成無先容舉為殿中侍御史柳公權有諍臣風屈為諫議大夫萬衆親擢適臣莫與之如是則任耳目之寄者激昂振厲思稱主知周而無所比正而無所阿朝政之得失廟論之是非相業之修廢不吐不茹悉以上聞不至於壞私恩徇偏見以亂天下之公我朝祖宗法臺諫官須出宸選正以是也異時唐介論文彥博王陶彈韓琦以二輔臣之賢猶不為之少隱況下於文韓者乎雖然臺諫不由進擬固是攬馭臣之枋要必人主有至明之見而後能奮獨斷以聳衆望否則不謀之外廷謀之左右親暱附下罔上抑又甚矣大明在上邪正洞燭得范純仁呂公著而內出姓名得歐陽脩余靖王素而御筆親除斯無愧累朝之盛

牟子才除起居舍人進對直前奏劄曰臣聞君子之於小人猶陰之於陽不能以相無而消長有常亦非人之所能損益也先

儒以為聖人作易於其不能相無者既以健順仁義之屬明之而無所偏主至於消長之際淑慝之分未嘗不致其扶陽抑陰之助蓋陽屬君子陰屬小人固不可相無亦不可相亂尤不可相暴泰之為卦內健而外順內陽而外陰內君子而外小人所以深致內外之辨使之介限一明不相殽亂君子得其位而進以有為小人得其欲雖退而無怨故聖人名之以泰泰之為言安也言君子小人各得其所而不相害乃所以為安也自古惟堯舜之時足以當之三代而下治亂靡常然不過由此二道用君子則去小人用小人則去君子未聞君子小人而參用者也用君子則治用小人則亂亦未聞君子小人參用而可以久安而無亂者也然則有天下國家而欲久安而無亂者必自辨君子小人始不明君子小人之辨而泯其異同混其

賢否。而曰吾所以是為安也。豈幸而已矣。非聖人所為致泰之道也。臣抑嘗讀國朝元祐之事。而竊有感焉。夫元祐之所以為元祐者。用君子而退小人也。元祐之所以為紹聖。則君子小人並用故也。方元祐之四五年。當時言者已凜然以邪正之不辨為憂。朱光庭則謂用人之際。當以善與利二者之間加明察。使正臣日進。而邪臣永退。范祖禹則謂憸人在前則害政事。在下則害風俗。大則傾覆邦國。小則殘敗善類。不當使之在位。為他日患。蘇轍則謂君子小人。勢如冰炭。同處必爭。一爭之後。小人必勝。君子必敗。不可惑於浮議。引與共事。王岩叟則謂小人無能。斯不足畏。小人而材。然後可畏。當明辨力遏。毋使小人得以雜其間。其言皆深切著明。反覆詳盡。而於泰之一卦。莫不援以為據。蓋以為保泰之道在乎此。

而豈泰之道亦在乎此。是豈私憂過計哉。使當時盡用其言。絕禍萌。敦治本。雖百年元祐可也。柰何調亭之說。雖賢如呂大防。范純仁。劉摯亦且惑之。楊畏。鄧温伯。李清臣。皆小人之雄。而引之腹心。俾得乘間抵巇。陰唱邪說。紹述之論起。而君子不能以一日安其後。黨錮禍熾。雖大防純仁摯亦皆不免報復之禍。則調亭之論。蓋亦踈矣。遂使國家當其禍敗。至於宣靖之事不可勝悔。而光庭祖禹轍岩叟之流。獨受知言之名。可不為痛哭流涕者哉。伏惟陛下臨政願治。垂三十年。宜可以為元祐矣。而乃岌岌乎紹聖且宣靖。宜可以為泰矣。而乃駸駸乎為姤為遯。陛下亦嘗思其故乎。陛下未嘗不用君子。而不純於用君子。未嘗不去小人。而不盡於去小人。故其勢不免參而用之。夫君子小人。勢不兩立。參而用之。則是正

邪相軋。而陵之日闘于下。豈有安靖之理哉。陛下試觀三十年間君子小人。幾進幾退。幾僨幾起。幾勝幾負。相尋至今。未有止極者。皆以此也。陛下見其如此。不察其故。以為是紛紜華競者。皆君子之過也。而小人又擠而陷之。以為必去其類。而後可靖國則益誤矣。故始於君子小人並用。而卒至於君子日空。小人日盛。臣竊惟小人不去。其害之大者有三焉。累君德也。害治體也。敗善類也。敢為陛下悉言之。小人性本巧惡。又敢欺誣其狡獪之術。是以進迎而為悅。其淫詖之辭。是以譸張而為患。變黑為白。指鹿為馬。以之惑人主之視聽。而亂其是非。甚至借人主之喜怒。以成其威福。恥為正論。而厚誣其君為不可以責難。陰進邪謀。則歸過於上。以自逃於公論。遂使謗議流聞。聲光不著。此則欺誣之說有累於君德也。小人性本傾

危。又好反覆。勢在彼。則始趨而終背。勢在此。則始背而終趨。閃倏游颺。蹤跡詭秘。巧險側媚。情態乖張。其狀似三變。柔行巽令善為模稜。軟語卑詞。曲相容悅。其狀似兩來。操三變之心。行兩來之術。而視勢之所趨為向背。此反覆之說有害於治體也。小人性本刻薄。又喜激發。上惡諱競。則曰是好名也。是多言也。上惡朋比。則曰是某黨也。是交結也。上惡誕妄。則曰是欺罔也。是浮矯也。駕虛翼偽。造謗興訛。其譖貝錦。其言巧簧。陽為納忠。陰實激怒。其術一售。其勢遂成。梟心虺志。無所不為。此激作之說有害於善類者也。此三害者。千岐萬轍。為變多端。不懼上之悔患。務行其言。不恤國之憂危。務伸其志。不虞君子之困敗。務遂其說。為禍之烈。如此。而可使之一日參乎君子之間耶。今通國之所謂小人者。陛下亦知去之矣。臣以為非去之之難。而辨之之難。

去一小人是一小人也安知一小人之去無一小人之進辨之則幾
矣夫君子小人如數一二如別蒼素辨之無難者是在陛下之心耳
陛下如能致知格物以明此心賤貨貴德以一此心明目達聰以廣此心
使此心之體如衡之平如鑑之空既不失其好惡本然之真又有以得
其是非當然之則所謂君子小人之情狀固無所逃乎陛下之前而
陛下又即其賢否枉正之所在而爲用舍進退之分焉柔邪巧佞阿
意承旨者必斥剛方鯁亮犯顔苦口者必容輕儇便給狡慧削刻者
必遠而莊重靖嘉溫純朴茂者必親出入多岐陰有所主者必屏忠
信不二孤立無朋者必用去其庸猥卑雜而存其耿介挺特去其狠
戾駔獪而任其弘毅惠和懲其躁競無恥而擢其靖退有守黜其陰
默深阻而取其疏明洞達不以鄉原而易狂狷不以嬖人而嫉莊士
不以美疢而疏藥石則忠邪之位定而內外之限明豈不能致元祐

泰亨之治哉今上而論思獻納多忠讜忠正之臣次而給舍臺諫皆
端亮純實之士下而百司庶尹又能時發讜言於靖共正直之餘陛
下宜鑑鏡其心勿以小人參乎其間而二三執政亦宜去係累之私
昭平明之治融朋黨之意絕反覆之慮一以開誠心布公道之言而
爲進君子退小人之地思元祐諸老拳拳之愛鑒紹聖以往紛紛
事務使邪正不暴陰不勝陽以成泰內之治豈不難歟不然賢未不
以知人才之孰忠孰邪而姑聽其一時之乍賢乍佞則臣謂用者不
必用去者未嘗去而所謂安者乃禍亂之所伏也臣隱憂所發肎進
瞽言不勝拳拳

子才乞留察院徐經孫奏狀曰臣昨日忽聞察院徐經孫輕車出關
不勝駭愕退竊自歎以爲臺諫天子耳目之官既以耳目寄之凡所
論列皆當聽行以求廣其耳目矧今人才日衰公論日塞陛下方欲
扶持振起以幸惠世道而數月以來姦庸之流乃皆乘藉氣勢以抗
天下之公議趙順孫以此去經孫復以此去通國藉藉皆謂以一不肖而
去二臺官倚陛下重於去一不肖而輕於壞祖宗三百年臺諫哉臣
且不知車載斗量世何乏斯人復何益於陛下而所以累陛下者如
此也陛下高見遠識超越古今而或者乃輒以妖邪庸鄙之論肆言
君父之前而無所忌甚至以厭玩而矯誣夫謂其君不能者謂之賊
此中外之所共切齒而彼方以議論不足聽流品不足別之言逆遏
公論使天下無有復言其姦者是必有教之者也臺諫一言之而輒
去則其計得而其勢張矣臣竊窺陛下聖明必不以其言爲是而於
紀綱之地亦必不忍摧抑阻遏使至此極也區區之愚惟望陛下主
持公道存全事體詔追經孫復還言職堅屏邪說以厭輿論庶幾去
留輕重之間不至有偏則或可救一二於末流也昔仁宗朝唐介以

論文彥博逐已而彥博亦罷去元老大臣仁德之重而猶不免於兩
罷陛下亦何愛于此哉臣待罪兩制伏見未三月間而逐言者非臧
世美事不敢泯默而無一言謹瀝愚忠上裨聰聽之萬一輕觸蕭斧
惟陛下幸赦

子才又繳黃蛻狀奏曰臣聞玉堂給札故事也祖宗盛時率以來天
下之英才觀其論議以定一時之國是非細故也比奉詔旨召試湯
漢黃蛻二人臣待罪禁林偶當發策私切惟念十數年所問之題或
言度數或言古史或言錢穀之瑣屑或言禮樂之繁簡皆非當世要
務輒不自揆撰述四條以靜激順拂用舍得失爲問而抑揚開闔不
爲技辭意甚坦白其所關皆當今國論大節目使答策者隨問指陳
回可以空臆盡言極論時弊而無所回撓諱避今觀臣蛻所對以借
學經靖順之誤爲執事大人之譏最切中今日之病與臣所問喜靜

惡激喜順惡拂之語尤相發明至於論君子小人分數消長早晚講不當併為一國家紀綱不可廢其言皆是也惟是揄揚大姦一節用意包藏最咈天下之公議臣讀之至此口呿汗下為駭愕且蚘之言曰淳祐初元二相當國雖牢籠把握之人議其姦然擔當開拓得去毅然與人主論是非則於大臣身上事本不為過嗚呼信斯言也是杜富韓范其人也其扶植大姦可謂至矣然嘗論之古之專任宰相者謂其能總攬庶務凝定國勢非使之牢籠把握以固權利也今大姦以挾數用術為劫制人主之具而人主不之覺以邪謀祕計為愚弄人主之資而人主不之悟彼之所以得罪天下者此尔而謂人議其姦可乎古所謂擔當開拓得去者謂其德足以任重致遠量足以翕受敷施非謂小有事而無忌憚也今大姦不能捍禦外患而專假和議為買靜之鎡基而自謂有才不能開誠布公專任私意為誤國之張本而自謂有術彼之所以得罪於天下者此爾而謂擔當開拓得去可乎古所謂毅然敢與人主論是非者謂其能匡救忠邪剖析義理也今大姦信任羣小戕喪王國為是而擯棄忠賢一念則不以為非也以刻薄政事朘削元氣為是而封培忠厚一脈則深以為非也彼之所以得罪於天下者此爾而謂能與人主論是非可乎古之所謂大臣者謂其以道事君不可則止也今大姦以功利之說富國強兵之資而勇於自利以權謀之術操制天下之本而巧於自謀公論已沸而不知退事勢已窮而復欲求彼之所以得罪於天下者此爾而謂能盡大臣之事可乎夫誤國之罪大於此彼以一身而會其惡此固陛下之所深惡而天下公論之所不容也陛下自甲辰改紀昇而斥之明示意向以弗復用十餘年間通國上下無敢齒之者而臣蚘乃輙犯不韙嘘久寒之灰而重然之蚘非病狂喪心臣不知其所以為言何也其不出於大姦之嗾使必出於一時之觀望彼大姦之心無一日不在鉅鹿下又重之以人物眇然之秋姦黨矚目之際一旦給札之士奮然推稱其才量以為可以當天下之大事此猶稱卓莽而譽盜跖固卓莽盜跖之所驩欣而鼓舞也萬一有怵其邪說或動宣室之思信其邪謀遂下追封之詔則天下之事去矣邇日以來外論閧然以為大姦復出此必大姦自謂嗾餌之說得行其徒譁然附之遂以為此言出公論之推許而陛下且將信而復用之也陛下荷祖宗之託所以為貽謀燕翼計者甚至決不忍輕怵其說舉天下而付之一擲然此論易於蠱惑若非陛下深長其思堅定其守則必為邪說所搖必為小人所亂其所關係甚大臣蚘副本初傳之日縉紳暨六館之士一詞憤之臣蚘攬人之議已也則亟更定元本改人議其姦一句莫為擠其姦改大臣身上事本不為過一句為反有非君子所可及者蚘之心跡至是益周章矣夫譽大姦而誤主聽其罪固不勝誅竄元本而欺天下共心尤不可恕然蚘尚敢於欺陛下何不敢於欺天下哉臣行將告歸本不欲多言以重仇怨而縉紳六館之士往往咎臣以為不當無所可否存之以惑觀聽至危言切責以為黨姦臣竊觀蚘含糊於當世之事而果決於譽姦相之能誇詡擔當開拓之才以潛移上意覆護牢籠把握之罪而追仇議者公論在人自不可泯第改本既出是非並行或恐外以逃公論之抵排而陰實為姦人之道地果如人言則臣罪大矣用敢冒昧陳其顛末庶陛下知大姦之不可用而邪論之不可信也昔高宗皇帝謂輔臣曰試館職人當取實有文學議論若召試備禮非祖宗取人之意近日三人試卷朕嘗親覽如沈長卿輩尚懷朋附又不實陳實事大哉王言眞召試取人之良規也臣謂今日臣蚘之言即沈長卿尚懷朋附不

指實事之意也。欲望陛下以高宗皇帝為法，深察明附之言，堅定凝固，寘大姦於度外，則宗社幸甚。

歷代名臣奏議卷之一百五十一

歷代名臣奏議卷之一百五十二

用人

宋理宗時牟子才奏趙汝騰徐霖不當遷逐狀曰：臣比因輪對，有感時事，輒論君子將散，其幾有十，履霜堅冰，危慮并迫，荷陛下忻重採納，至於元祐紹聖反覆之際，留問再三，所以為世道憂者至勤切也。錄此一意，可以凝國是，可以熄邪說。群臣百僚交誦聖明，曾未數日，趙汝騰除翰林學士以遷去，徐霖與在外差遣以逐去。駭機忽發，事變倏異，與臣前所聞於陛下者如出兩轍。臣竊惑焉，陛下既知所以為世道憂，則求所以保之可也。不惟不能保，而又自摧斲擯斷之，臣以為必有誤陛下者，而非陛下之本意也。不然，以陛下之聖明，而有此何也？唐德宗非不愛陸贄，而終仇其盡言；非不用蕭復，而常嫌其輕己；至於盧杞姦邪，則曰朕殊不覺；裴延齡則更以為忠。蓋德宗性與小人合，與君子殊，德宗庸主也，豈不然哉！而陛下則聖明也，惟聖明為能鑒忠邪，別淑慝，故臣竊有望於陛下也。夫正邪無兩立之理，陛下所為更化之意者，以用賢也；所為用賢之意者，以去邪也。用賢去邪無他道，在陛下堅其初意而已。霖之去，內批甚駭；汝騰之出，臣莫知其端。或謂有所營救，而陛下疑之；或謂有所抵觸，而陛下怒之。臣不能詳也。陛下用汝騰為給事，小人重足而立，反目而視久矣。一二繳駁，仇怒者衆，飛語搖撼者有之，詭辭浸潤者有之。汝騰悉縮不安，已為去計，四方之誚責者曰：吾猶謂某人當論奏而不論奏某事，當諫止而不諫止。汝騰固知其勢之甚難，而力之不可勝，猶賴陛下聖明而為之主，而陛下固弗肯主，則惟有去耳。汝騰老矣，不憚數千里冒被畏景，來事陛下，亦欲有所建立，而徒取空名以歸，豈其願哉！勢有不得已焉耳。名汝騰[illegible]哲類之所主也，其真純端亮，無所矯飾，蹤明洞達無所回隱忠君憂國懇欵至恍始火熱氷寒出於天性況同姓之卿義同休戚夫非欺陛下者獨其好賢太切嫉惡太甚故見一君子則極口稱譽不顧立黨之嫌見一小人則極力去之而不計報復之禍黨則多疑仇則多怨其所以去殆或以此然陛下可不亮其心乎徐霖固小人之所仇也自其力抗權姦方張之勢且不暇顧其軀命豈計名哉幸而不死因以得名亦陛下養其氣節成就至此天下莫不聞之一旦論事少許即呵斥摧挫無復禮意陛下毋乃摘其小疵而遺其大慮乎霖既駭去仇人笑而天下願忠之士搖手咋舌以霖為戒臣竊以為非便也霖雖狂狷不猶愈於鄉原乎鄉原者滔滔皆是而何惡於霖也霖所論事豈是一一非若坐之以要君則自昔所記鬻拳兵諫薛廣德欲頸血污車輪朱雲折殿檻大呼等事則又甚矣臣以為霖狂則有之彼蓋恃陛下恩厚遂忘忌諱亦不料至於如

此也彼豈不能紆徐為和固循歲月以取好官何苦犯危難自貽讒口陛下亦察其心可乎汝騰善類之所主霖小人之所仇陛下始焉尊用二人固所以昭用賢去邪之意今一日盡去初意變矣衆賢解體羣邪得志事勢岌岌正復可憂故臣以為非陛下本意必有誤陛下者也惟聖明豁然捐去疑貳察其心亮其忠汝騰必勿失之霖終保全之以充善類以沮小人以凝初意以回世道幸甚幸甚或謂汝騰已出理無復還臣以為有司馬光故事在光以中丞論張方平黜翰林學士抗疏力辭神宗手詔諭光稱其經術行義且謂苟以言事罪卿豈復還卿美職於是取告勑付閤門趣光令受光奏謝罪請上殿後受告詔光受告後上殿所以保全者如此今陛下以此意降詔遣使趣之使受其舊職則汝騰豈不能為陛下一留哉霖則陛下既予之郡矣然猶有愚見非為霖計也元祐中端維以與范百祿爭論刑名事罷御劉至謂奏劾臣僚既無明文何異姦邪呂公著累章力爭而中批之詞猶厲則請論不已及使毀反覆數陳其言謂皇帝宜調平喜怒以復仁祖之政而維卒善罷其為人主心術之慮至矣霖小臣非敢方維特欲陛下反覆斯言而深鑒焉非特霖幸諸臣之幸也臣立朝自有本末上無附麗下無比周公論所激冒犯天威無所避死

子才又為趙汝騰辯葉大有劾章狀奏曰臣聞君臣父子之間天下誠實之所在也臣子告君父之言必以其實非其實而敢於誣蔑以告者是以私意而窺君父也嗚呼尊如君父而忍欺之則何事而不為欺邪臣竊見近者趙汝騰除翰林學士知制誥未供職間而諫議大夫葉大有急劾去之士論怫駭併為一談汝騰文學行義昭著天下立朝有謇諤之節居官有廉平之稱往歲初間凡三十餘疏而後

去今春受詔五閱月而後來其難進易退之風天下高之今忽為大有誣奏遂云此衆議所以洶洶不平始大有為汝騰所繳奏臣猶疑其深讎高壘為自全計或用苛案故智以老其鋒今乃發其褊心造為誣語以欺陛下陛下察大有之懷私念汝騰之無罪格奏不下所以愛惜人才存全事體可謂曲盡矣而大有不體陛下美意乃更錄副本散布中外且欲揭之通衢此與紹聖元符揭之朝堂等異世一心臣偶得其本參詳始末然後知其言汝騰特發於私意而遂忘其欺耳昔司諫江公望箚揚前一疏地是人臣對君父極言天下事去處唯上不欺天中不欺君下不欺心則可免矣有欺天乎欺君乎抑欺心乎臣子之事君父官無尊卑其義一也況有長諫者而職在諫君臣為說書而職在正君為有大有以汝騰不實之罪上欺君父而臣不以其實為陛下告乎大有言汝騰叨升卽閣胥直翰林殊失典

故無一篇文字可觀。臣聞近世詞臣。無出汝談之右。汝騰師事汝談。為所推許。其掌書命。蔚然有汝談之風。大有乃以無文詆之。大有文采不耀。每為江萬里所鄙笑。徐霖在館。嘗以其文氣萎薾。痛為改竄。大有為文如此。而反汝騰之毀。其曰無一篇文字可觀。是欺陛下也。大有言汝騰因趙善湘媢嵩之之父彌忠。而丐恩乞憐於嵩之。用事時。初無氣節之可書。臣聞汝騰直翰苑時。行史嵩之督府轉官制中有精能履長之間等語。嵩之以為輕己。遂不受三官。而甚惡汝騰。緣此得罪。大有乃謂丐恩乞憐。無氣節之可書。是欺陛下也。大有又謂汝騰兄弟。卵翼於陳韡。後排之如寇讎。其身久館穀於此人。近攻之一如路人。夫陳韡之凶暴。以夫之說。請汝騰排之。天下莫不以為。於所謂卵翼館穀。臣不能詳知。但大有嘗為汝騰所舉。其為卵翼館穀多矣。一旦彎射羿之弓。詆其所謂人面獸心。將自指邪。指汝騰邪。是又

欺陛下也。大有謂故相清之察其不能文。不畀視草之職。缺缺失望。追其來斯毀清之為甚。臣聞清之雅敬汝騰。屢以官誘之中間。嘗欲除直院。汝騰不領其意。議論寢異。最後因日食正陽。疏其賄政。清之益怒。陳垓密受風旨。遂遭誣劾。固不待再來而毀清之也。大有謂其缺缺失望。是欺陛下也。大有又言汝騰。詐曰清貧。行李不辦。不知其在鄱陽。求嘉盤女嫁。肴未請俸料乎。臣聞汝騰所守三郡。皆有善政。世號循吏。而清廉一節。尤為皎皎。其歸也甚至無屋可居。寄跡蕭寺。無田可耕。取仰祠祿。閩士類能言之。不特閩士人人能言之也。大有乃謂三郡無未請之俸料。且俸料乃赤旁所封之。祿朝廷所以養廉耕使盡取。亦其當然。大有以踐蔑之詞。至是窮矣。是欺陛下也。大有又謂汝騰大則稱長宗盟。晉不容一老之遺。次則破格相輔。將襲二臣之後。臣聞汝騰之徽以夫寶章公論。彼其盤錯已深。一擊匪易。而以為稱

長宗盟。計何其小也。汝騰聲勢豈去一以夫。而後能稱長宗盟哉。至於破格相輔。尤為非據。汝騰每謂宗姪不可為宰相。雖汝愚為之猶不免禍。蓋以是過與篝之姦謀。且其聲利素薄。此來不過作數月留。為國家定大計。排大姦而已。豈有意於襲二臣之後哉。且大有既為諫長。一武可居政府。所以徘徊顧望而不肯去者。原其本心。正欲襲二臣之後。而反以此議汝騰。是欺陛下也。大有又謂陛下灼見徐霖之首鼠。斥之於外。京師萬衆。咸仰天日之清明。汝騰以同謀而敗露。乃誣奏而欺天。臣聞大有嘗乞憐於汝騰。詞甚哀苦。而汝騰亦許其革面矣。徐霖聞而非之。頗誚責汝騰。於是奏疏有乞盟大賢。豈可放之之語。汝騰讀之。頗然。觀此則非同謀可知。而大有疑汝騰漏言。使霖播之。深恨汝騰。遂謂同謀敗露。誣奏欺天。是又欺陛下也。大有又言汝騰濡滯郊關。愈聽譁徒。又要私黨。以代乞留貫上書。以為公議。

夫孟子不用。三宿出晝。屈原被放。徬徨去郢。豈若是淺丈夫倖倖然去則窮日之力哉。且同列諸賢。董槐其去。和闌求賢。天理所激。謂之買斷可乎。草茅之士。重惜其去。作詩送別。分誼當爾。謂之譁徒可乎。大有不明為士之誼。遂以此為鉗制之術。此何異腐鼠之嚇鵷鶵也。不知留行諸人。可得而鉗制乎。是又欺陛下也。大有謂臣擢自丙午冬。非清之之力也。又素排嵩之之姦。又無一事干與篁㥁。又未嘗黨垓榮攻一正人。臣聞嵩之以牒試胄濫屈大有。大有窮而無歸。怨則有之。若謂非清篁㥁之黨。則將誰欺。清死篁㥁去。而遺毒餘烈。至今為梗。以大有為之死黨故也。雖冢置一喙。殆難自解。凡垓榮所論列。皆是大有嗾使。今乃欲避其名。以欺天下。此尤姦之大者。臺諫中今無垓榮之可嗾。遂自劾汝騰。以泄其忿。其陷害忠良之意。至是愈不可揜。且大有以不孝誣江萬里。欲制獄以限陳億子等二十士。謂之不傷

君子可乎。是亦欺陛下也。凡大有所言，臣參稽反覆，無一之實，其欺甚矣。而又有大可畏者，臣不可以終莫之辨也。臣聞諫議大夫、給事中俱隸後省，皆紀綱之地。今汝騰以社倉事論大有，其職分也。未聞言之是否，紀綱所在，大有所當懼思也。乃視如不聞，揚揚上殿，後見不避，顯劾汝騰，則給舍可廢也，紀綱可紊也。且汝騰辭召已七閱月，使果有過惡，胡不攻之於先，而獨用此數日乎。汝騰繳之，彼亦劾之，臣不知此　意也。公乎私乎。自來臺諫按劾，雖小人行其胸臆，猶有託焉，未聞直述其私，形之彈䟽。臣觀大有所論汝騰之文，累數百言，無非自爲辯數。然則汝騰不得罪於君父，不得罪於公論，而獨以忤一大有，用爲罪狀，播之遠邇，姦雄小人所不敢爲者，而大有爲之，臣不知大有何所恃而敢爾也。大有不過欲假陛下之威，隆其權勢，以恐遏天下，使無敢復有議其姦者。然不知祖宗三百年之臺諫，專爲

大有設乎，專以爲大有報復之地乎。生此厲階，漸不可長，此其一也。自昔小人之攻君子，莫不反用其鋒。在元符，指司馬光爲姦邪；在慶元，則指朱熹爲偽學。雖以章、蔡、何、劉諸人回山倒海之力，猶不能移萬世之公議。今大有目汝騰爲頑夫，爲姦邪，爲凶，與臺臯隸口語藉其說之不足行，固不待後世矣，何能爲有無哉。獨其敢於變亂黑白，熒惑聰明，所謂小人而無忌憚者也。又立黨之一說，爲穽於國中。夫小人而欲亡人之國，必先空君子之類。君子無過，惟坐之以朋黨，而朋黨人主之所甚惡也。黨錮之禍起而漢衰，清流之禍起而唐亡，大有胡忍而爲此也。且大有左挾以夫，右挾與篙，而內主埈榮，獨無黨乎。急於矯枉，以稔流禍，此其二也。大有至謂近日水災爲甚，皆汝騰鼓流俗、唱浮論所致。昔恭、顯之流，以地震爲蕭望之、劉向之罪，白虎無光，爲周堪、張猛之咎，其說傅會甚巧。以元帝之暗，猶察其妄，至

詔切責六七，而大有乃敢以此言進於陛下，未知大有以陛下爲何如主也。是以陛下爲元帝之不如也。且劉向所謂將同心以陷正臣者，正爲大有輩設耳。言之獨不泚其顙乎。國家不幸有大災異，正賴君臣上下交相規戒，崇陽抑陰，以弭變怒，而大有忽唱爲邪說，務過玩變，欺天誣人。大有庸淺鄙陋，未能知人，況能知天邪。論一異浸淫靡已，此其三也。若此三說，臣竊料其意不止於去汝騰而已。大有心才本平凡，氣質甚下，少年僥倖，不暇學問，昧於聖賢命義之大戒，妻妾宮室之念驅之於中，利慾富貴之圖誘之於外，而又有柔邪之資、諂佞之口，足以自媒。世謂巧宦，逮其得志，又以奸深領袖臺端，羽翼元惡。上則以妾婦之顏媚惑聖聽，下則以鬼蜮之智陰戕善類，傳寀坦之衣鉢，爲埈榮之指蹤。論者以埈榮爲梁成大，以其公爲小人，小人而顯者也；以大有爲李知孝，以其陰爲小人，小人而隱者也。原情定罪，浮於埈榮，而一去一留，是謂

佚罰。夫鷹化爲鳩，識者猶憎其目，而欲翼其可誘爲善，未已踈乎。今外議籍籍，皆謂大有上殿之日，面承密指，退而草疏，遂肆詆誣。又謂陛下積怒汝騰，嚴薄君子，固留大有以排根。以臣所見，萬無或然，皆大有專徇己私，快圖報復，遂使歸過君父，謗流海宇，在大有亦復何情。大有每謂已決歸期，非敢欺誑，又謂若逐汝騰，則拜辭君門，退處畎畝。夫百大有不足以當一汝騰，然淚其邪正，混其是非，猶誇曰兩罷也。今汝騰除職予郡，而大有頑然自如，轉石拔山，有識痛恨。以大有爲臺諫，則汝騰非給舍乎；以汝騰爲黨，則大有非私黨乎；以汝騰爲無錄黃不當繳駁，則大有非當論事而反肆抨彈乎。陛下見其務爲唯阿，謂之恭謹，可托腹心；是其好進說諛，謂之盡誠，可寄耳目。苟且抗之以職，公議主之以彰聖斷，而忠賢之去，如土梗弁髦。天位天職，陛下獨不與一大有共之乎。夫世變之趨，如江河之日下，雖天地鬼神

有莫能移。而欲亦手捧況以礙之。臣固知其不可也。今小人之勢已成。君子之禍將作。然與混默以陷淪胥之害。寧盡言而就黨錮之誅。用敢直疏其事。無所回隱。所謂立朝之大節。事君之大誼。臣知此而已。他不暇計。惟陛下亮其不欺。

子才又論救高斯得徐霖李伯玉狀奏曰。臣聞國於天地間。必有與立者。其惟君子乎。君子進則國之所與立者存焉。君子退則國之所與立者忽焉。其理昭昭。如燭照龜卜。不可誣也。伏自陛下更新大化。收召時賢。歐陽脩所謂選之千官百辟之中。而得此數人者。莫不布在班列。氣象翕然。四海流聞。是為盛事。頃緣某大有以私意攻趙汝騰。遂致一時大起諍論。交攻互擊。上瀆聖聽。賴陛下審察是非。已入有竟逐。其去既處得當。衆論無譁。比日以來。事體小定。凡百有位。豈無肺腸。亦願各務靖恭。安其職業。以彰陛下優容之德。以成聖朝肅睦之風。而高斯得徐霖等忽為御史所劾。雖御史意見與人異殊。然此二人者。皆號君子。其大節表表可觀。今乃文致其罪。牽聯盡去。是以或者議論紛然。謂其似是而實非。托污而寄治。蓋知陛下適來積怨徐霖。欲逢迎風旨。遂肆擠排。而又并以此時中傷斯得。不特快平日之積忿。亦以致諸人之必爲一。有語言不倫。舉動過當。則又指為自託好名。或謂之訕上要君。或謂之侵官越職。用為罪狀。激怒聖心。諸人戇愚。殊不之悟。連臂接跡。如墮其機。以臣觀之。豈惟諸人不悟。雖陛下明聖。亦未察焉。昔陳執中婢奴之死。言者持之甚急。范鎮乃以為非。且以尊治其私。奚論人體。夫以鎮之待小人。猶恐之如此。今何獨無鎮之心乎。況斯得素號剛方。不畏強禦。觀其平日論奏。燕幾陳瓘鄒浩之特操。似未可以此少之也。若王益柔傲歌之作。王拱辰一網盡去。韓琦亦以為非。且謂攻益柔豈為傲歌。意蓋有在。

琦之於小人。深阻之如此。今何獨甘於拱辰乎。況霖之為狂。考其行有得於曾晳琴張之遺意。亦未可以此少之也。所幸陛下灼見群情。大為容覆。斯得既除職與郡。徐霖亦昇以寬科。是陛下雖勉行臺臣之言。而終有保全君子之意。一時氣類莫不驩然。以為世道之回猶可望也。而伯玉復以罪去。未勉憂疑。夫以內批而逐臣寮。此豈盛時美事。韓維之去。呂公著爭之。朱熹之去。趙汝愚留之。皆以內批施行。而為宰相執奏。後豈不知將順之美。豈不識朋比之嫌。而輒犯天威。力伸論救。蓋謂人君舉動。實係觀瞻。稍失和平。有傷事體。且於君德。關繫非輕。故寧犯不測之誅。而不欲置其君於有過之地。陛下夙存寬大。優禮群工。止緣積怒於徐霖。遂有指揮之聚。怵莽決不已。慎以為常。至于再三。殆似手滑。而宰相憚於忤旨。俛首奉行。況之公著汝愚。夫為有愧。且李伯玉本無過尤。偶以論奏之章。有關風憲之體。伯玉草茅簪直。不暇周詳。但見都司彈糾之條。謂即祖宗可行之事。遂因輕舉。上觸威顏。遂虧而不見泰山。當時蓋有所蔽。不然。豈復專來遠伯玉何苦蹈之。況伯玉心事真純。制行平實。豈肯比周為黨。蓋亦忠憤所驅。在於明時。似可矜諒。昨所下御筆。詞旨嚴峻。聞者驚駭。皆謂陛下有高視宇內之意。輕視臣下之心。而欲一切震之以威。臣愚以為過矣。夫聖人推誠而任理。虛己以盡人。以天地日月為心。何嘗有好惡之私。以風雨霜露為教。何嘗有喜怒之迹。昔我仁祖撫育臣民。四十一年。率用此道。故逐唐介而旋召介。斥范仲淹而復用仲淹。其從逆耳之言。亦皆所過者化。而且謙恭寅畏。終始不渝。用能固結人心。扶植元氣。以為燕翼之地。所謂數世之仁也。恭惟陛下天德清明。尚符仁祖。獨於好惡之際。喜怒之間。猶願反之聖心。深加懲艾。霽嚴威於雷激霆砰之際。持定見於衡平鑑空之時。諒斯得徐霖之孤忠。察伯玉戇愚之無罪。繼來如仁祖之用介於既斥。用仲淹於既黜。
亦當察其萋斐鴟以包荒。特回反汗之仁。用祗不遠之復。繼自今日
益恢至公。毋以好惡亂是非之真。毋以喜怒汩性情之正。毋以朋黨加
忠賢之罪。毋以獨運崇一己之威。毋以辯詰窮言者之辭。毋以疑貳
來讒邪之口。毋以憸人任紀綱之責。毋以御筆快斥逐之私。庶幾聖
德日新。異端潛泯。上無變容動色之事。下無疾聲大呼之尤。公道光
融。豈不甚偉。臣職在經筵。事當正救。不敢雷同拱默以苟容其身。冒
犯天威。無所逃罪。

貼黃。臣久具此奏。蓋皆平心而論。非有矯激。不過願陛下存大體
齊威嚴而已。既塵於上聞。徒抱憂愛。今獲覩清光。若吐而復茹
則是昧其本心。欺陛下矣。謹復以元奏上徹聖聰。惟陛下幸察。

子才乞留徐霖狀奏曰。臣頃因誤蒙汲玷班行。待罪奉常。叨榮三館

秘耦未去。愧負初心。今月八日入局。見校書郎徐霖去國後所申秘
書省狀。因而詢問。方知臣霖應詔言事。論及諫議大夫京兆尹之罪。
三辭不獲。遂申都省。徑出國門。此等舉措。雖駭觀聽。然與口去而心
留。陽受而陰辭者。不可同日而語。三館之士。見其所為。莫不擊節。於
是聯名合辭。為王留行。纔而得之傳聞。則謂昨來宰相親以東漿勉
而留之。既而遣宰士尹煥即其寓止。慰而留之。昨又聞御筆下廟堂
諭意留之。既又札委尤著姚希得前路挽留之。君相不下士久矣。今
吾君吾相謙勤勉勞至于再三。可謂待士有禮矣。可謂不鄙薄人言
矣。士而聞此。莫不奮厲。況臣霖親受寵渥。豈不欲黽勉就職。以補陛
下留行之意。然再三思之。數十年來風俗不美。蓋皆緣世俗有所謂
禮數之說。有所謂祠請之說。所以轉相倣效。公然為之。不愧不怍。今
臣霖飄然徑去。不以富貴利達動其心。此其所謂過人遠甚。觀其申
省之詞。有以知言去而復留。稱辭而又受。甘伏簡書。是猛省截斷
無復回之理矣。況衆所論諫議大夫。有失出詔獄黨蔽奸臣之罪。京
兆尹有李昴英所言森列可畏之事。則是與此二臣為敵矣。夫與人
為敵。而自出弱辭。自行狹路。而使敵有可攻之隙。其何以勝天下之
公議耶。此臣所以敢謂臣霖決不復回也。陛下若果有意留之。惟有
亟罷諫議大夫京兆尹之職。則可以使之必回。不然。霖之去萬牛不
可挽矣。其或霖之去果不可回。則遷擢之間。或與改合入官。或與之
近郡。添倅以華其歸。則臣今日之去。豈不足以風厲諸臣。而霖春秋
方富。又豈不能進用於他日。以重王國耶。惟陛下擇斯二者。乃若諫
議大夫京兆尹之所為。未問其有罪無罪。合公議與不合公議。只以
廉恥一節激厲之。彼豈不內自愧。首勇於一去。以存全國家之大體耶。
切聞京兆尹宣押歸府之後。不復治事。騰章乞祠。則是猶知廉恥也。

獨諫議大夫乞留徐霖之疏。乃反自以為是。更無一語求退。其逆亮
陛下未必施行。則是全無廉恥也。夫禮義廉恥。國之四維。所以維持
人心者此也。所以維持世道者此也。諫議大夫以己律人者也。而先
自壞所以維持人心維持世道之具。而欲以此糾正官邪。其誰能服。
況其資質柔佞。心術回邪。道路之人皆能言之。若國家養此不稱之
貓。留此不鳴之鴈。祗是汙辱臺諫耳。欲望陛下出自聖意。別選骨鯁之
士。以振諫議大夫之職。其於天下所補不細。又豈養廉恥厚風俗而
已哉。所有京兆尹。陛下既以民訟不可留滯。俟令日下治事。則乞嚴
行宣諭。俾之洗心滌慮。改過自新。免致再有人言。則京畿衆大之區
兩浙旱荒之地。有所賴利矣。臣本蜀人。職聯三館。與臣霖素非親知。
於諫議大夫京兆尹亦無仇怨。陛下亮臣之心。赦臣之罪。特賜施行。
公議幸甚。

子才延和殿面對第一劄子曰臣一介疎慵待罪博士已因愚戇濟乞退聞將期獲展於素心乃遂繳牘於二奏荐申前請洗闢俞音致令孤子之蹤尚玷班聯之末茲緣參告適值對班幸天表之再瞻豈愚言之敢愛臣聞區別是非者天下之公言包容賢否者當今之邪說自昔言者每當國論危疑之秋欲混邪正為一說略然號於天下曰皇極曰大中以為包含依據之的而不知經之所謂皇極者非此之謂也蓋皇者君也極者至也言人君之身居至極之地以為天下之標準周公所謂以為民極者是也自漢儒誤以大中二字而訓之而後世遂以為寬洪廣大之言又以大中為含洪姑息善惡不分之目如元祐之調亭元符之建中慶元之建極皆是也然嘗謂之君子小人不可並用君子小人之說不明而是非顛倒賢否貿亂其餘甚遺烈往往之以斲喪元氣殘害國家蠹壞善類而不自知也元祐更化

以來奸邪失職居外日夜伺隙覬求復入呂大防輩乃欲合兩黨而用之其意將以消平舊怨也而蘇轍則謂邪正不可兼用兼用必至交爭此元祐調亭之說也自此說一行未幾而李清臣以吏書入矣又未幾蒲宗孟以兵書進矣又未幾而鄧溫伯之徒復以外藩起矣雖瓚瓚纖緊諫官論列事得暫止然此路一開終不能遏小人之進激而為紹聖反覆之禍則此說實為之兆斲喪元氣之斧斤矣元符末年瓘浩雖來章蔡未去邪正雜揉朋黨交攻元祐之黨嫉視熙豐之人紹聖之人忿怒元祐之黨曾布一旦以大中至正之道改元建中其意蓋欲以元祐兼紹聖而行之也而曾肇則謂當先分別君子小人然後可以行大中至正此元符建中之說也自此說一行而鄧洵武以愛莫助之圖進矣又未幾而溫益錢遹之徒擢要津矣又未幾而蔡京為左丞且拜右僕射矣雖旌別淑慝有詔紛亂憲章有戒然此

機既抉終不足以止小人之來激而為宣靖危亂之禍則此說實為之非殘害國家之鴆毒乎慶元中侂冑專國擯逐善類至標道學之目以為攻詆之資羽翼既張惡謀受禍權臣稍厭前事或者附會又立為建極之說以示廣大含容之公一時君子雖幸學禁之稍寬而見遠識微之士則深憂邪正之相揉此慶元建極之說也自此說一行小人懼其事之變也復旋言者以辦治為請矣未幾而偽師之墓嚴行約束矣又未幾而習偽攻偽之禁申敘其嚴矣雖廢退之士先後復官而復讎之說一進終不能止小人之言激而為開禧用兵之禍則此說實為之非蠹壞善類之蟊賊乎是三說者雖其為意各有不同大抵皆以含糊鶻突為說是以忠邪並世薰蕕變化荃蕙化為蕭茅嘉穀化為稊稗人類殄絕世道陵夷所謂斲喪元氣殘害國家蠹壞善類之禍靡不有之是非天之作孽也人才之辨不明而其禍必

至於此也陛下以聰明之資當艱難之會其於人才進退之間嘗致其謹矣然天下之才有君子有小人其名既殊其類又別嘗即其情狀而觀之大率不過數端其言剛正不撓無所阿徇者君子也辭氣卑佞伺候顏色覘闕意向切切然貪進務入者小人也光明正大疎暢洞達磊落特無纖芥可疑者君子也依阿淟涊回互隱伏閃倏狡獪睢盱鄙賤枉道苟合者小人也君子小人情態昭晰固若黑白之了然而其似是而非似非而是者言與行違迹與心異者則尤人之易惑也今不問賢否不察疑似而一槩以大度包容之曰我調亭也我建中也我建極也豈不誤人國家哉故皇極大中之說其始則包君子小人而為一其極則君子受其禍小人受其福其始則納天下國家於無事其極則天下受其危而國家受其禍故一小人之進若未甚害也及其久也呼儔引類根據朝廷交通宮闈劫制人主然則當正邪

交攻。從定未定之前。而進皇極大中之說者。陛下其可不察其説之所以然哉。今君子少而小人多矣。自甲辰啟釁以來。臣漢弼死。臣範死。臣元杰死。今臣大宗。臣應起又死矣。臣性傳去。臣澂去。臣斯得去。臣焱去。臣昂英去。臣萬里去。臣公許去。臣韶去。臣作去。臣倫去。臣霖去。臣楷去。今臣汝騰。臣伯玉。臣鉞又將去矣。君子之黨。落落如晨星曉月之孤。又借皇極大中之說。為邪黨游説之地。則君子盡去。而陛下之國空矣。國空無人。則陛下孤立于其上矣。陛下其亦省察于此乎。省察之道。無他在致謹於用人之際而已。繼自今立政用人。有若清臣。溫伯。孟宗等輩。其勿徇偏見。勿惑人言。而為其所怵則天下大勢決不如元祐之變紹聖也。有若洵武。適孟。蔡京輩。其勿搖異說。勿顧身禍。而為其所惑。則天下大勢決不如元符之變崇寧也。又有若何澹。京鏜。劉德秀。胡紘等輩。勿聽性論。勿怵私情。而為其所覆。則天

下大勢。決不如慶元之變嘉泰也。謹之未擇之前。遏之未來之頃。彼皇極大中之說。將日銷月鑠。而國是定于一矣。惟陛下留神。

子才為起居郎。因災異進對劄子。曰臣嘗肅容稽首。伏讀國史。至景祐中。京師地震。直史館葉清臣上疏。有曰。頃范仲淹余靖以言事被黜。天下之人。齰舌不敢議朝政者。行將二年。願陛下深自咎責。詳延正直敢言之士。庶幾明威降鑒。而善應來集也。書奏數日。仲淹皆得近徙。臣有以見仁宗皇帝祗畏天威。優容讜直。未嘗以遜非為心也。又讀至范仲淹既徙潤州。讒者恐其復用。遽誣以事。語入。上怒。亟命置之嶺南。參知政事程琳獨為上開說。明其誣枉。上意解。仲淹卒得免。臣又有以見仁宗皇帝照破姦讒。消弭誣枉。未嘗以終怒為心也。夫人才天下之元氣。公議國家之精神。所恃以為天下國家。此而已。今清臣一言。而仲淹有近徙之命。程琳一言。而仲淹破讒誣之疑。雖

執政大臣。如王隨。陳堯佐等輩。亦不能沮抑而齟齬之。此四十二年之治。所以獨為本朝之冠也。猗歟盛哉。陛下纂圖御極幾三十餘年矣。容諫尊賢。一念每以仁祖為法。比者更化。登崇俊良。澗谷諸臣悉膺聘召。氣象翕然向慶曆矣。乃有直臣不容。相繼遠引。如臣汝騰則以奪璜閣去。臣霖則以論事不合去。臣斯得臣碩爚則以泰來之勅去。臣伯玉則以都曹論臺臣去。臣棟則以奪中書去。臣鉞則以謁告去。越明年。臣夢炎則以乞郡去。臣遇順則以論貴戚之卿去。自是以來。上之人則以常人吉士為國下之人則以譁兢朋比為的。彰然立赤幟以鉗天下之口。以拂天下之公論。然風雨如晦。雞鳴喈喈。惡惡之士。未嘗不以譁兢朋比為忌。而不言國事之非也。雖至愚如臣。亦有救解直臣之說。消平喜怒之說。獨相之初。不可不謹重之說。避殿之後。不可復賀雪之說。君相之體。不可獨運之說。大德浸衰。不可不

修省之說。奸邪不可比肩之說。君子小人消長之說。蜀上流當立三大屯之說。貴戚之卿不可帥越之說。喜靜惡激。甚傾惡拂之說。御筆不可不收回之說。蜀亡不可不急救之說。大奸不可復用之說。多言數窮。取罪已甚。揆以時義。所合沐歸。累章陳詞。有志未遂。而臣之微意。亦欲於未去之時。深為君子謀。所以冒萬死吐露於陛下之前者。正以臣汝騰等排奸論事。雖或過於激。或流於狂。或失於不中節。然要其本心。則皆忠於愛君。忠於衛社稷。忠於扶世道者。今綿歷已踰二年。而疑謗猶未盡釋。幾若與之相忘於江湖之表。豈諸臣他有過尤。不足以供一時之用耶。以臣察之。諸臣以清白為質。以正平為則。以嶠嫮為能。以芳菲為服媚。以博謇為好尚。以中正為矩矱。未嘗有所過尤也。曰。然則何為而棄梗乎。曰。謠詠好妬。既妄謂蛾眉之善淫。而靈脩浩蕩。又不察民心之屈抑。此朋比譁競之譖。所以入人之

膚ㄥ撼人之心。至于今而未解也。上之人不過曰吾方以安靜爲善。彼乃以譁競爲說。不思每有除拜。衆言輒紛紛。當時反以爲好事。似未可以譁競咎之也。吾方以獨運爲政。彼乃以朋比爲心。不過上自以爲是。諸大夫莫敢猜其非。識者乃以順旨雷同。深負爲臣之義。似未可以朋比疑之也。動搖山嶽之地。既以譁競朋比之說。媒孽於其先進退百官之朝。復以主靜喜順之說。陰制於其後。此諸臣所以屈心抑志。寧鬱邑而不伸。死直忍尤。寧顑頷而不遂也。且非特諸臣也。後之以直道忤時者矣。抵皆如是也。臣每一念此。爲之動色。以相哀鳴心而長喟。臣既不能隨諸臣以去。已爲遯尾之厲。若貪榮戀寵。倖倖復留。而不能爲諸臣出一語以解久結不解之憤。其視東漢之世。顧音鈎黨之罪者。何止去三十里哉。臣既以書抵宰臣。又當天變荐臻之時。盛夏常寒之際。復效葉清臣程琳輩。開解仁祖之意。爲陛下底裏言之。欲望宸聰開悟。聖斷果決。念人才無終棄之理。察世道有當反之機。特舉仁祖所以近徙范仲淹等故事。拔拭已去諸臣。節次擢用。使見爲監司郡守者。畀以收召。以需遠次者。畀以見次郡。見食祠廩者。畀以近次郡。在謫籍者。畀以祠廩。被謫降者。復其元官。而畀以廩祿。在選調者。特與改秩。而畀以外任。一如仁祖節級近徙之制。不惟上可以回天心而弭天變。下可以允公議而服人心。雖諸臣得路亦將永肩乃心。盡展所學。以扶宗社。以福蒼生。其所裨益。豈淺淺哉。臣一無能解。每念報國。獨惟薦賢。用敢以諸臣抑屈久困之狀。祈哀於陛下。若猶未以臣言爲然。是永錮諸臣。終非盛世之美事。臣愚至是。其技已窮。惟有痛自訟責。寧屈徼臣之身。以贖諸臣之過而已。拳拳此心。天地鬼神實臨之。惟陛下幸赦

詔免諸州守臣上殿奏事。右丞相葉夢鼎言。祖宗謹重牧守之寄。將

赴官。必令奏事。蓋欲察其人品。及面諭以廉律己。愛育百姓。其至郡追見吏民。具宣上意。庶幾求無負臨遣之意。今不遠數千里而來。恐瞻天顏而不得見。其非立法之本意。又乞容受直言。進少保。

度宗咸淳八年。起居舍人高斯得上言曰。臣竊惟尚書本秦官。漢承秦置。其始皆用士人爲之。武帝晚來游宴後庭。始用宦者。至成帝增置尚書五人。復用士人。然不過掌簿書章奏之事。其任猶輕。及光武時事歸臺閣。尚書之任始爲優重。出納王命。敷奏萬機。盡政令之所由宣。選舉之所由定。賞罰之所由出。斯乃文昌天府。衆務淵藪。內外所折衷。遠近所稟仰。故李固云。尚書猶天之有北斗。斗爲天喉舌。斟酌元氣。運乎四時。信乎其爲天下樞要也。其長官則有令有僕射。漢或以大將軍領尚書事。或以師傅錄尚書事。其下有左右丞。有六曹尚書。蓋以萬機之繁。故與建官屬以綜理之。章帝時。陳寵上疏。謂天下樞要在於尚書。聞者多從郎官超升此位。寵特指六曹尚書耳。若錄公及令僕乃百僚之長。非寵之所指也。是時諸尚書多以苛刻爲能。故寵云。天下樞要在尚書。今超升此位者。徒曉習文法。察察小慧。而無大能。恐以居天下樞要之地。必忠厚純實。知國家大體者。然後可以綜理萬務。補弊救偏。爲國家輯安靜和平之福。銷苛嬈刻覈之風也。今之彌綸省戶者。固亦得人。然寵所言或尚有之。又排徊觀望。不敢剸決。使樞要之地。壅底不通。此今日之大患也。聖問所及。敢不吐其狂愚。伏乞睿照

九年。斯得又上奏曰。臣聞人君以眇然一身。臨四海九州之大。而缺令氣之爲視聽之類。戚樂其生。豈一手一足之所致哉。故建萬國。親諸侯。使之協比其民。禮循和輯。不困不傷。然後司牧之職。盡而無負於上天之畀付矣。唐虞岳牧。三代封建。皆由此道。雍熙泰和之治。嗚

嗚感哉自罷侯置守以來英君誼辟欲有為於天下者未嘗不以此為先務漢之文帝孝宣唐之太宗明皇是已臣謹置三君而以聖聞之所及者論之開元之初明皇厲精為治承則天殘酷之餘懲僉民生新免毒螫思有以撫摩而綏靖之故孜孜以遴選牧守為急開元十三年帝自擇諸司長官有聲望者吏部侍郎許景先兵部侍郎寇泚尚書左丞楊承令大理卿源光裕等十一人為刺史詔宰相諸王御史以上祖道洛濱盛具奏太常樂帝親御翰墨以十韻詩賜之德意宣備恩光赫奕牧民之吏歆豔歎息人君意向如此宜乎四海之內鄉風而聽隨流而化開元三十年之治比迹文景庶幾成康豈倖而致哉惜乎始勤終怠或文德初心遽移天寶之後牧守不復親擇貪暴橫行為百姓苦唐業衰矣臣嘗謂人主欲治天下當先治其心君心一正衆欲盡除聾者司眎瞽者司聽一意於民寧有進銳退速之患哉盡此道者惟我孝宗皇帝乎在位二十八年不邇聲色不殖貨利富貴崇高之奉一毫不入於心故夙寤晨興盡思極神惟憂民而已嘗曰朕一日須行天下一兩遭而於精擇郡守尤極留意選德殿置金漆大屏列天下郡守姓名其間朝夕省閱輔臣進擬必問其行治才術窮極根柢懼大臣之私也除目必列鄉貫於前嘗謂王淮等曰郡守之任卿等宜精擇若至朕前有所揀退則怨歸於朕矣至於臧否之法尤極其精命監司歲終具所部郡守覈其治狀分為三等曰臧曰否曰平臧者陟之否者黜之平者置而不問歸守不以時上雖嘗相位者亦不免於罰乾淳之治吏稱民安終始如一豈區區唐帝之所可同日而道哉今日宅生之寄遴選諸所衷亦既盡心爾矣然田里之間猶有歎息愁恨之聲視乾淳盛際不能無憾故臣畧舉陛下家法大槩為獻惟陛下留神

金世宗時蕭貢為翰林修撰上書論比年之弊人才不以器識操履巧于案牘不涉吏議者為工用人不務因才授官惟視貲叙名器不務慎與人多僥倖守令不務才實民罹其害欲望擢有才以振澆俗核功能以理職業慎名器以抑僥倖重守令以厚邦本然後政化可行百事可舉矣

同知清州防禦事常德暉上書言曰吏部格法止叙軍勞雖有材能拘帶下位刺史縣令多不得人乞密加訪察然後顯問今酒稅使尚選能吏縣令可不擇人乞以能吏當任酒稅使者任親民之職上是其言謂宰相曰朕思廉職多不得人中夜而寤或達旦不能寐卿等注意選擇朕亦密加體察紇石烈良弼對曰女真契丹人須是曾習漢人文字然後可方今大率多為黨與或稱譽於此或見毀於彼所以難也上曰朕所以密令體察也

熙宗天眷二年嘗密謂侍臣曰朕每閱貞觀政要見其君臣議論大可規法翰林學士韓昉對曰皆由太宗溫顏訪問房杜輩竭忠盡誠其書雖簡足以為法上曰太宗固一代賢君明皇何如昉曰唐自太宗以來惟明皇憲宗可數明皇所謂有始而無終者初以艱危得位用姚崇宋璟惟正是行故能成開元之治末年怠於萬機委政李林甫姦諛是用以致天寶之亂苟能慎終如始則貞觀之風不難追矣上稱善又曰周成王何如主昉對曰古之賢君上曰成王雖賢亦周公輔佐之力後世疑周公殺其兄以朕觀之為社稷大計亦不當非也

章宗時上封事者言提刑司可罷禮部侍郎張暐上疏曰陛下即位因民所利更法立制無慮數十百條提刑之設政之大者若為浮議所搖則內外無所取信昔開元中或請選擇守令停採訪使姚崇奏

下道採訪猶未盡得人。天下三百餘州縣多數倍。安得守令皆稱其職。然則提刑之任誠不可既擇其人而用之。生民之大利。國家之長策也。因舉漢刺史六條以奏。上曰。卿言與朕意合。

宣宗貞祐三年。權監察御史完顏素蘭奏曰。臣聞興衰治亂有國之常。在所用之人如何耳。用得其人。雖衰亂尚可扶持。一或非才。則治安亦亂矣。向者乣軍之變。中都帥府自足勦滅。朝廷乃令移剌塔不也等招誘之。使帥府不敢盡其力。既不能招。愈不可制矣。至於伯德文哥之叛。帥府方議削其權。而朝廷傳旨俾領義軍。文哥由是益肆。改除之命。輒拒不受。不臣之狀亦顯矣。帥府方且收捕。而朝廷復赦之。且不令隸帥府。國家付方面於重臣。乃不信任。顧養叛賊之奸。不知誰為陛下畫此計者。臣自外風聞。皆平高琪之意。惟陛下裁察。上曰。汝言皆是。文哥之事。朕所未悉。誠如所言。朕肯赦之乎。且汝何以

知此事出於高琪。素蘭曰。日見文哥牒永清副提控劉溫云。所差人張希韓至自南京。道。副樞平章處分。已奏令文哥隸大名行省。勿復遵中都帥府約束。溫即具言於帥府。然則罪人與高琪計結明矣。上領之。素蘭續奏曰。高琪本無勳勞。亦無公望。向以畏死故擅誅胡沙虎。蓋出無聊耳。一旦得志。妬賢能。樹奸黨。竊弄國權。自作威福。去歲都下書生樊知一者詣高琪言乣軍不可信。恐終作亂。遂以刀杖決殺之。自是無復敢言軍國利害者。宸聰之不通。下情之不達。皆此人罪也。及乣軍為變。以黨人塔不也為武寧軍節度使。往招之。已而無成。則復以為武衛軍使。塔不也何人。且有何功。而重用如此。以臣觀之。此賊變亂紀綱。戕害忠良。實有不欲國家平治之意。昔東海時胡沙虎跋扈無上。天下知之而不敢言。獨臺官烏古論德升張行信彈劾其惡。東海不察。卒被其禍。今高琪之奸過於胡沙虎遠矣。臺諫職當言責迫於兇威。噤不敢吁。然內外臣庶見其恣橫莫不扼腕切齒欲一剸刃。陛下何惜而不去之耶。臣非不知言出而患至。顧臣父子迭仕聖朝。又食厚祿。不敢偷安。惟陛下斷然行之。社稷之福也。

貞祐四年。完顏素蘭再任監察御史。奏言。臣近被命體問外路官廉幹者擬不差遣。老懦弱不公者罷之。其申朝廷別議擬注。臣伏念彼懦弱不公之人。雖令罷去。不過止以待闕者代之。其能否又未可知。或反不及前官。蓋徒有選人之虛名。而無得人之實跡。古語曰。縣令非其人。百姓受其殃。今若後官更劣。則為患滋甚。豈朝廷恤民之意哉。夫守令治之本也。乞令隨朝七品。外路六品以上官。各舉堪充司縣長官者。仍明著舉官姓名。他日察其能否。同定賞罰。庶幾其可。議者或以闕選法泰資品為言。是不知方今之事。與平昔不同。豈可拘一定之法。坐視斯民之病。而不權宜更定乎。

宣宗時。涇州觀察使張行信奏曰。近聞保舉縣令。特增其俸。此朝廷為民之善意也。然自關以西。尚未有到任者。遠方之民。不能無望。豈舉者猶寡。而有所不敷耶。乞詔內外職事官。益廣選舉。以補其闕。使天下均受其賜。且丞簿尉亦皆親民。而獨不增俸。彼既不足以自給。安能禁其侵牟乎。或謂國用方闕。不宜虛費。是大不然。夫重吏祿者。固使之不擾民也。民安則國定。豈為虛費。誠能裁減冗食。不養無用之人。亦何患乎不足。今一軍充役。舉家廩給。軍既物故。給其子弟。感悅士心。為國盡力耳。至於無男丁而其妻女猶給之。此何謂耶。自大駕南遷。存贍者已數年。張頤待哺。以困農民。國家糧儲常患不及。顧乃久養此老幼數千萬口。冗食虛費。正在是耳。如即罷之。恐其失所。宜限以歲月。使自為計。至期而罷。復將何辭。上多採納焉

元光元年九月上謂宰臣曰。有功者雖有微過。亦當貸之。無功者雖

可貸耶。然有功者人喜謗議。凡有以功過言於朕者。朕必深求其實。雖近侍爲言不敢輕信。亦未嘗徇一己之愛憎也。尚書右丞相高汝礪因對曰。公生明。偏生暗。凡人多徇愛憎。不合公議。陛下聖明。故能如是耳。二年正月復乞致政。上面諭曰。令若從卿。始終之道俱盡。於卿甚安。在朕亦爲美事。但時方多故。而朕復不德。正賴舊人輔佐。故未欲遂卿高志。汝礪固辭。竟不許。因謂曰。朕每聞人有所毀譽。必求其實。汝礪對曰。昔齊威王封卽墨大夫。烹阿大夫及左右之嘗毀譽者。由是羣臣恐懼。莫敢飾非。齊國大治。陛下言及此。治安可期也。

元太宗時。太原路轉運使呂振副使劉子振以贓抵罪。帝責中書令耶律楚材曰。卿言孔子之教可行。儒者爲好人。何故乃有此輩。對曰。君父教臣子。亦不欲令陷不義。三綱五常。聖人之名教。有國家者莫不由之。如天之有日月也。豈得緣一夫之失。使萬世常行之道獨見廢於我朝乎。帝意乃解。

世祖至元十四年。名相威拜江南諸道行臺御史大夫。乃上奏曰。陛下以臣爲耳目。臣以監察御史按察司爲耳目。倘非其人。是臣之耳目先自閉塞。下情何由上達。帝嘉之。

世祖時。東平布衣趙天麟上太平金鏡策曰。臣聞。夫龍之爲物也。千變萬化。無適不宜。大則乘風雲。震雷電。奮迅其頭角。翕闢其爪牙。沛霖雨以洒八荒。潤禾苗以濟羣下。小則陶侃之梭。張華之劍。擇闢之鈚。臺公之杖。或躍在淵。或蟠于泥。此蓋既能大而又能小者也。夫鵬之爲物也。化質於北溟。運程於南海。背逾千里之太。翼若垂天之雲。擊洋水之三千。搏扶搖而九萬。以之槍榆枋。則不及斥鷃。以之捕狐兔。則不及鵰鶚。此蓋能大而不能小者也。夫雞之爲物也。朝遊庭除。夕宿塒櫓。文備一身之表。武鬬一時之命。至於凌晨三唱。風雨不移晨鼙不失。若以鵬鷃及希有比之。則霄壤懸矣。此蓋能小而不能大者也。物既如此。人奚不然。故爲委吏而會計當。爲乘田而牛羊壯者。宣父也。範圍天地。有教立焉。爲萬世帝王之師。拯六合生靈之溺者。亦宣父也。非龍而何哉。孟公綽可以爲趙魏老。不可以爲滕薛大夫。黃霸長於治郡。而功名損於相位。卽小大之殊也。能乎龍乎。豈可以常得乎。伯夷聖之淸。柳下惠聖之和。猶且失於一偏。孟子謂之隘與不恭。然則人之周於道。備於事者。千載一二人耳。其具體而微乎微者或嘗有之。亦已希矣。由此觀之。舉世英賢。多曾一節爲人上者。取一節可也。董子云。量材而授官。其此之謂與。今國家選法。腹外三年爲一考。腹內二年半爲一考。自非負罪之身。皆有進而無退。臣謹按虞書云。三載考績。三考黜陟幽明。言舜之考官如是也。又按漢史云。文帝時。吏居官者或長子長孫。其二千石亦安官樂職。言文帝之任人

如是也。臣以爲方今選法宜以賢能爲先。未宜以日月爲上。不革此弊。則是公卿之位。咸可累考幸趨而希之也。且人才有大有小。例以初仕者職小則淹滯英才。例以久宦者職遷則施爲安得皆稱哉。切恐郡縣之官。以苟且存心。有更張之事。則計之曰。三年之後。吾將去此。何用勞吾心哉。因循而已矣。見賄賂之物。則思之曰。一旦交代。未獲卽除。何以爲家費哉。營資而已矣。又況郡縣之民。迎新送故。甚爲勞費。其弊將至於無如之何矣。或者以郡縣之官久則擅權生事。錢穀之官久則私弊難制。臣謂此言非也。若循三德八才而用之。則皆才德應官之人矣。人情大可見。莫不慕榮貴。位在國家錫之殊寵。用當其才。然亦有不遷之之道焉。言當加爵而不卽移其職也。伏望陛下量其短長。察其可否。細木常使爲楣。大木常使爲宗。凡內外官員。三年第一考爲初考。上等加官階二級。中加一級。下則仍舊階。而上中

下三等皆復守其本職六年再考如初考而復守本職九年終考如再考然後黜陟其職也凡考法令廉訪司官重甘保結考其行實而牒司路以達于上司銓定階次籍記倚閣凡三考黜陟其事業循當者依累次官階而除之以次第所宜其才德超異者雖階次甚卑而待之以不次之位如是則居官守祿者既思階次之超升而盡其公道又懼憲職之知覺而滅其私心庶幾乎選法有以定矣

天麟又論禮大賢策曰臣聞色斯舉矣舉則獨善其一身翔而後集集則澤加於天下者聖賢之士也知輔世貴德而下於一介之德務好善忘勢而屈其萬乘之勢者聖明之主也故丹山彩鳳不可以常網而羅之滄海長鯨不可以常竿而釣之寰區溥海不可以常士而治之命世大賢不可以常禮而招之今聖明溥班明詔博訪碩人斯蓋取士之一節未盡舉逸之大方也夫賢有放情江海傲志山林隱

於朝野賤役之中混於市井編氓之內和其表而存其裏遺其世而存其身此豈賢者之本心哉蓋由不得已而然也彼且志潔道義心藐功名以德言為衣而弗榮軒冕之服以道腴為味而弗嗜膏粱之饌所恥者德未及古人而已矣所行者盡其在我者而已矣又乎耳聞丹詔意慕清朝彈貢禹之塵冠空彥倫之蕙帳奔趨魏闕啓沃堯心陛下卑辭而得之屈己以崇之乞言而行之推誠以任之使夫未至之流皆欣欣而曰吾王之道兮與吾道同吾王之心兮與吾心契鶚一鳥也尚克薦禰芝一草也猶能表瑞矧伊人矣能無感哉於是商山皓髮襲步武以呈光稷下鴻儒運茅茹而現景昔者堯尊一舜而得十六舜舜尊一禹而得九禹者由斯道也其或援爵以縻之徵而儔之或覊之以天威或置之而不問使夫已進者因事而乞骸骨未進者懲類而甘蘊羨雖復麻經迭降幣帛交馳誰肯鳴英倡俊以先服王室之勞哉此所以燕昭不憚於敬築金臺而蜀主不難於親顧茅廬也輕賢而賢者不至非賢者之虛養高而樂貧賤蓋防其道之不果行也在上之待賢以殊禮非在上之徒自輕而欽寒素蓋由其道之在于彼也故道者人君之師也道之所在恐不獲及亦既見止亦既遘止豈暇計貴賤輕重之云哉縱未盡至亦足以激厲風俗如惠然咸來則可以同熙帝載得賢之道舍莫由斯今國家鼎安方域囊括封疆國保於民民保於賢宜乎顒顒之士輻湊金門濟濟之徒並生王國然而內有御史外有憲司大臣之抵罪尤甚官吏之坐贓猶衆設明刑而不息峻令而自如凡以官不得人故也古之十室尚有忠信今之萬國寧無賢才伏望陛下謙虛自守體貌遺賢英廣而新之又新和天倪而行所未行務下恩恭育才為樂蒐胎矢以致特角之麟受馬首以致千里之駿戴昭邦憲寔彼周行如此

則皇基永固庶職無曠神祇安樂而戕殺彌臻閭里和寧而室家相慶矣

天麟又論清閑閱曰臣聞治國之方得賢為首齊家之本教子為先立身之法務學為貴此三者天理之極人事之大也三代之隆人生八歲自王公以下至於庶人之子弟皆入小學而教之洒掃應對進退之節禮樂射御書數之文及其十有五年則自天子之元子衆子公卿大夫元士之適子皆入大學而教之以窮理正心修己治人之道所以備委任也今國家廉敘官門之子弟上至朝臣下及外職莫不各有其格也其用之則不計賢愚其崇之則有踰才德若其資稟峭異學問優長乃足以負荷寵光增崇階陛儻有幼冒驕氣家振豪風借勢吹聲行空顧影耀衣服之鮮靡競僕馬之繁華是犬飛鷹弓挾彈豈識聖賢之道哉於是父兄既不能教之以義方又有使習

吹彈鼎鍔之藝從而務衒其咮麗妙絕也歟後行文經營資蔭識司王事不亦難哉必㴬乎罪正欲寘於法邪則子文之治猶在不可以忘之而使人臣解體也正欲原其罪邪則欒黶之惡已彰不可以宥之而使後人自懲也終亦寧忘已往之臣而顧將來之儆以寘其人於法矣則不若初不廢之之為愈也夫犂牛之子騂色者固當用之矣靈輒之子禿角者其可用之乎婁敬委輅脫輓而建漢畿之安叔孫通起於枹鼓而立漢廷之儀寗戚飯牛下車而顯齊孫叔敖舉於海上而霸楚此四人者雖無閥閱而皆有實用也故王者之用人如工師之用木巖阿有可用之材不以巖阿之地卑而棄之危巔有無用之材不以危巔之地高而用之也君子之教子如豪家之有玉不以玉為已有貴價而不使玉人雕琢之不以子為已有貴基而不令嚴師教訓之也志士之好學如貪夫之喻利真知利可喻而喻之矣

得利既多而不厭也欲令官門之子弟勤學在乎君君令已行在乎父兄父兄付于明師其學在乎子弟矣伏望陛下載宣天旨令有司試閥閱子孫弟姪不限人數問以時務伍件演揩書寫果如試蒙古進士定其高下等第及當廕之資格既又據三德八才累等第資格之官階而用之凡閥閱免鄉府省三試直赴御試凡學術荒疎又不能赴試者姑令學焉待其甲選而用之凡閥閱三舉不第恩賜出身量用凡已進者則有考幽明之法在焉臣又以居官者皆化下民者也有子弟而不能化何以化民哉更望陛下載宣天旨凡見任官官之家子孫弟姪八歲以上三十以下不通經書而父兄不令習經書不曉文法而父兄不令習文法者委憲職糾察見任官而罰之使居官者惟憲職之糾察而欽師以教其子弟矣為官門子弟者知富貴之不可幸希須先學而後獲則甘嗜於學問矣國家得天下之英材

而樂育之以備他日之用可無遺恨矣

天麟論束利官曰臣聞誠之所感可透金石節之所持可凌霜雪皆天資卓厲人力難加設或中下之流已有養善之心而見利而思義者上也捨軀而就利者下也伏惟宇宙中人其多甚於從化之儔亦在乎率之而已今國家屢詠嗜利之臣用謝士民之意莫如官階內外差分清濁之班人物高低遂有賢愚之辨然貨利之司者定惟豪之人而清肅其心者皆掩身以避之領商計之務者但選市井之族而廉幹其德者皆因名以棄之則是未居于職已防污濫之譽與名既用伊人先約資財之償其失陷致使當職之人肆情從欲上失在公之委任而盡其位下為私室之經營而枉其心愈治之而姦詐愈生愈防之而計數愈繁然財貨係于錙銖而為罪者不可一日廢焉矯枉者不能不過于直也伏望陛下載宣天旨令有司定

制凡倉場庫務之諸官舊條省部出付身者令並罷以勸職分品之高低視城郭之可否而設之凡錢穀官條舊曾出付身者並從行省劄付增崇其職凡錢穀官舊無俸祿者今並受除品以量多寡以給之凡中外官員不拘門蔭或憲職或民官皆量給以充錢穀官考滿銓功過以黜陟凡利官既或高爵又厚其祿又得高於臨民之官又恩以後遷升之益自然相率而廉幹矣其或敢犯憲綱不盡心於正職者則自作孽而已矣是協哉十年不敢後陞降等量材而用之可也其或誤犯憲綱非力所及者則當实而已矣止徵其所當償既償而隨即降等量材用之可也若然則利官得人利源通暢上有稗於國用下不損於民資矣臣又以方今倉場庫務官一年交代意者因恐爵階之多積弊於中久而難救故也若循舊制則雖一月一代其弊益生何則蓋立制以相繩無厚禮以相勵直利以相引也豈一

年一代。而主出付身者將行文照驗之。不暇又何暇辨其人之廉與不廉。幹與不幹哉。更望陛下戒宣天旨。令有司定制。凡錢穀官三年一考而易之。凡錢穀官曾無虧欠。委隨處廉訪司每年四季四度案覆。凡有虧欠者。則令隨處廉訪司就行別擬廉幹之人。代其犯者之職。申上用之。獨犯者而徵所償。餘足則申上定之。若然。則自無虧誤之人。設或有之。亦不至於數多。而難以徵矣。

至元十四年。中書左丞許衡論生民利害上疏曰。四年五月二十一日。史中丞傳奉聖旨。擬當今害民的公事。利害的公事。交同姚丞旨兩个一處文書裏寫來者。欽此。臣等所見。謹條以奏。生民休戚係於用人之當否。用得其人。則民賴其利。用失其人。則民被其害。自古論治道者。必以用人為先務。用既得人。則其所為善政者。始可得而行之。以善人行善政。其於為治也何有。望皇帝陛下念及生民。實天下之幸。但朝廷用人失於大寬。委任之初。不知審擇。使善惡邪正混然無別。既授以政。而居民之上矣。中間固有暴擾侵漁之害。其勢然也。今不求其本。直欲改其事之一二。以為便民之舉。將見一弊才去。一弊復生。後日改行之事。其害民者未必不甚於前也。徒見紛更。恐終無益。臣等伏願皇帝陛下順考古道。簡用實材。重御史按察之權。嚴糾彈考覈之任。使賢者日進。不肖者日退。則天下之民何患不安矣。臣等區區拙見如此。惟聖主裁之。

仁宗每與李孟論用人之方。李孟曰。人材所出固非一途。然漢唐宋金科舉得人為盛。今欲興天下之賢能。如以科舉取之。猶勝於多門而進。然必先德行經術而後文辭。乃可得真材也。帝深然其言。決意行之。

文宗在集慶潛邸。欲創天寶寺。令有司起民夫。江南行臺監察御史亦乞剌台言曰。太子為好事。宜出錢募夫。若欲役民。則朝廷聞之非便也。至是。文宗悉召江南行臺監察御史。俾皆入為監察御史。而欲黜亦乞剌台。自當諫曰。當陛下在潛邸時。御史盡心為陛下言。乃忠臣也。今無罪而黜之。非所以示天下。乃除亦乞剌台僉憲湖南。

順帝時。蘇天爵奏曰。臺諫糾劾貪邪。在乎公天下之好惡。辨明誣枉所以著一人之是非。好惡既公。則惡黨消而奸弊息。是非既著。則善類伸而治化興。欽惟世皇肇立臺憲。登明選公。欲四海人才之來集。揚清激濁。務一時公論之持平。比若風紀之司。論列涉乎輕易。或因察識之未審。故致辨論之多端。自昔國家皆有國是。國是既定。則邪正判而公道行。國是不明。則是非雜而人心惑。宋宰相王旦語諫官韓琦曰。近見章疏所陳。其高若訥多是擇利。范希文未免近名。要須純意為國家事。斯其諫論之良法歟。夫天生人才。足周一世之用。作而成之。則才常有餘。沮而棄之。則才恒不足矣。然公族貴冑必生於閥閱之家。而謀士輔才或出於山林之下。故伊尹聘于有莘。傅說起于版築。孰曰出身之卑賤。豈論家世之寒微。此古者數路用人之意。滯于一也。夫法令。朝廷所定。廷尉天下之平。或笞或杖。受省部中書于中臺。或降或黜。無例者必定擬于刑部。是慎重于守法。輕于用刑。今動輒曰省院臺勿用。則當用者豈政資政之選。為雜職矣。又曰有選衙門勿用。無選者孰敢用乎。是不復得叙矣。職官犯贓猶有一貫至三百貫之分。至論其罪。則有殿降叙不叙之別。豈有一遭論列。或犯在革前。或事涉疑似。輒坐雜職任用之。終身不叙之罪。豈法之平允哉。且犯罪者至于流遠。家屬尚留于京師。劾者未至當刑。遽遣歸于鄉里。蓋緣無事可尋。強生于擬懷。著特為之汙染。致使高尚之人。間而退藏。有志之士亦為斂避當路興王全才之嘆。後世有國無人之譏。其於世道甚有關係。夫執賢執否在君子固自信而不疑。去泰去甚。當言者宜核實以詳審。今始者一人糾言其罪。次者二人辨明其非。三人共列于一堂。何以酬酢乎庶政。縱使不行報復。豈能消弭嫌嫌。夫史官定千古之褒貶。臺諫判一時之是非。褒貶公。則後世之人信。是非明。則天下之人勸。人或好惡偏于所偏。邪正因以失實。輕則訐人之陰私。甚則誣人之父祖。是以清濁混殽。善惡錯亂。朝是而暮非。春劾而夏辯。奏請有煩于聖聽。辨論實撓于臺端。寖至于斯。當究其理。大抵為治莫先於擇人。擇人貴在于守法。蓋諸人呈言並無罪責者。所以通上下之情。臺諫論事務得其實者。所以重耳目之寄。若不中其賞罰。何以端其本原。舉人不當。今有連坐之科。論事不實。古有抵罪之禁。今後論言人者必須鼓後為坐。果犯贓罪。並從臺憲追問。其餘罪名。仍須法司定擬

如此。則事不至于反覆。法必底于允平。奏請不煩于聖聽。毀譽弗紊于朝堂。刑政肅而國體尊。是非明而人心服。公論幸甚。天下幸甚

歷代名臣奏議卷之一百五十二

歷代名臣奏議卷之一百五十三

求賢

晉平公浮西河。中流而歎曰。嗟乎。安得賢士與共此樂者。船人固桑對曰。君言過矣。夫劍產于越。珠產江漢。玉產昆山。此三寶者皆無足而至。今君苟好士。則賢士至矣。平公曰。固桑來。吾門下食客者三千餘人。朝食不足。暮收市租。暮食不足。朝收市租。吾尚可謂不好士乎。固桑對曰。今夫鴻鵠高飛沖天。然其所恃者六翮耳。夫腹下之毳。背上之毛。增去一把。飛不為高下。不知君之食客。六翮邪。將腹背之毳也。平公默然而不應焉。

齊宣王坐。淳于髡侍。宣王曰。先生論寡人何好。淳于髡曰。古者所好四。而王所好三焉。宣王曰。古者所好何與寡人所好。淳于髡曰。古者好馬。王亦好馬。古者好味。王亦好味。古者好色。王亦好色。古者好士。

王獨不好士。宣王曰。國無士耳。有則寡人亦說之矣。淳于髡曰。古者驊騮騏驥。今無有。王選於眾。王好馬矣。古者有豹象之胎。今無有。王選於眾。王好味矣。古者有毛廧西施。今無有。王選於眾。王好色矣。王必將待堯舜禹湯之士而後好之。則禹湯之士亦不好王矣。宣王嘿然無以應。

趙烈侯好音。謂相國仲連曰。寡人有愛。可以貴之乎。連曰。富之可。貴之則否。君曰。然。鄭歌者槍石二人。吾賜之田人萬畝。連諾而不與。烈侯屢問。連乃稱疾不朝。番吾君謂連曰。君實好善。而未知所持。公仲亦有進士乎。連曰。未也。曰。牛畜荀欣徐越皆可。連進之。畜侍以仁義。烈侯逌然。明日欣侍以舉賢使能。明日越侍以節財儉用。察度功德。所與無不充。君說。乃謂連曰。歌者之田且止。以畜為師。欣為中尉。越為內史。賜連衣二襲。

楚威王問於莫敖子華曰。自從先君文王以至不穀之身。亦有不為爵勸。不為祿勉。以憂社稷者乎。莫敖子華對曰。如華不足知之矣。王曰。不於大夫。無所聞之。莫敖子華對曰。君王將何問者也。彼有廉其爵。貧其身。以憂社稷者。有崇其爵。豐其祿。以憂社稷者。有斷脰決腹。壹瞑而萬世不視。不知所益。以憂社稷者。有勞其身。愁其志。以憂社稷者。亦不為爵勸。不為祿勉。以憂社稷者。王曰。大夫此言。將何謂也。莫敖子華對曰。昔令尹子文。緇帛之衣以朝。鹿裘以處。未明而立朝。日晦而歸食。朝不謀夕。無一月之積。故彼廉其爵。貧其身。以憂社稷者。令尹子文是也。昔者葉公子高。身獲於表薄。而財於柱國。定白公之禍。寧楚國之事。恢先君以揜方城之外。四封不侵。名不挫於諸侯。當此之時也。天下莫敢以兵南鄉。葉公子高。食田六百畛。故彼崇其爵。豐其祿。以憂社稷者。葉公子高是也。昔者吳與楚戰於柏舉。兩軍之間。夫卒交。莫敖大心撫其御之手。顧而大息曰。嗟乎子乎。楚國亡之月至矣。吾將深入吳軍。若扑一人。若捽一人。以與大心者也。社稷其為庶幾乎。故斷脰決腹。壹瞑而萬世不視。不知所益。以憂社稷者。莫敖大心是也。昔吳與楚戰於柏舉。三戰入郢。寡君身出。大夫悉屬。百姓離散。棼冒勃蘇曰。吾被堅執銳。赴強敵而死。此猶一卒也。不若奔諸侯。於是贏糧潛行。上崢山。踰深谿。蹠穿膝暴。七日而薄秦王之朝。雀立不轉。晝吟宵哭。七日不得告。水漿無入口。瘨而殫悶。旄不知人。秦王聞而走之。冠帶不相及。左奉其首。右濡其口。勃蘇乃蘇。秦王身問之。子孰誰也。棼冒勃蘇對曰。臣非異。楚使新造盩棼冒勃蘇。吳與楚人戰於柏舉。三戰入郢。寡君身出。大夫悉屬。百姓離散。使下臣來告亡。且求救。秦王顧令不起。寡人聞之。萬乘之君。得罪一士。社稷其危。今此之謂也。遂出革車千乘。卒萬人。屬之子蒲與子虎。下塞以東。與吳人戰於濁水而大敗之。亦聞於遂浦。故勞其身。愁其志。以憂社稷者。棼冒勃蘇是也。吳與楚戰於柏舉。三戰入郢。君王身出。大夫悉屬。百姓離散。蒙穀結鬭於宮唐之上。舍鬭奔郢曰。若有孤。楚國社稷其庶幾乎。遂入大宮。負雞(一本作離)次之典。以浮於江。逃於雲夢之中。昭王反郢。五官失法。百姓昏亂。蒙穀獻典。五官得法。而百姓大治。此蒙穀之功。多與存國相若。封之執圭。田六百畛。蒙穀怒曰。穀非人臣。社稷之臣。苟社稷血食。餘豈患無君乎。遂自棄於磨山之中。至今無胃。故不為爵勸。不為祿勉。以憂社稷者。蒙穀是也。王乃大息曰。此古之人也。今之人。焉能有之耶。莫敖子華對曰。昔者先君靈王好小要。楚士約食。馮而能立。式而能起。食之可欲。忍而不入。死之可惡。然而不避。章聞之。其君好發者。其臣抉拾。君王直不好。若君王誠好賢。此五臣者。皆可得而致之。

蘇子謂楚威王曰。仁人之於民也。愛之以心。事之以善言。孝子之於親也。愛之以心。事之以財。忠臣之於君也。必進賢人以輔之。今王之大臣父兄。好傷賢以為資。厚賦斂諸臣百姓。使王見疾於民。非忠臣也。大臣播王之過於百姓。多賂諸侯以王之地。是故退王之所愛。亦非忠臣也。是以國危。臣願無聽群臣之相惡也。慎大臣父兄。用民之所善。節身之嗜欲。以與百姓。人臣莫難於無妬而進賢。為主死易。垂沙之事。死者以千數。為主辱易。自令尹以下。事王者以千數。至於無妬而進賢。未見一人也。故明主之察其臣也。必知其無妬而進賢也。賢人之事其主也。亦必無妬而進賢。夫進賢之難者。賢者用。且使已廢。貴且使已賤。故人難之。

燕昭王問於郭隗曰。寡人地狹人寡。齊人削取八城。匈奴驅馳樓煩之下。以孤之不肖。得承宗廟。恐危社稷。存之有道乎。郭隗曰。有。然恐主之不能用也。昭王避席頓請聞之。郭隗曰。帝者之臣。其名臣也。其實師也。王者之臣。其名臣也。其實友也。霸者之臣。其名臣也。其實賓也。危國之臣。其名臣也。其實虜也。今王將東面目指氣使以求臣。則廝役之材至矣。南面聽朝。不失揖讓之禮以求臣。則人臣之材至矣。西面等禮相亢。下之以色。不乘勢以求臣。則朋友之材至矣。北面拘指。逡巡而退以求臣。則師傅之材至矣。如此。則上可以王。下可以霸。唯王擇焉。燕王曰。寡人願學而無師。郭隗曰。王誠欲興道。隗請為天下之士開路。於是燕王常置郭隗上坐南面。居三年。蘇子聞之。從周歸燕。鄒衍聞之。從齊歸燕。樂毅聞之。從趙歸燕。屈景聞之。從楚歸燕。四子畢至。果以弱燕并強齊。夫燕齊非均權敵戰之國也。所以然者四子之力也。詩曰。濟濟多士。文王以寧。此之謂也。

漢武帝元狩三年。上招延士大夫。常如不足。然性嚴峻。雖素所愛信

者。小有犯法。輒按誅之。汲黯諫曰。陛下求賢甚勞。未盡其用。輒已殺之。以有限之士。恣無已之誅。臣恐天下賢才將盡。陛下誰與共為治乎。黯言之甚怒。上笑而諭之曰。何世無才。患人不能識之耳。且才猶有用之器也。有才而不肯盡用。與無才同。不殺何施。黯曰。臣雖不能以言屈陛下。而心猶以為非。願陛下自今改之。無以臣為愚而不知理也。居久之坐法免。

吳孫權時。荊州士人新還。仕進或未得所。婁侯陸遜上疏曰。昔漢高受命。招延英異。光武中興。羣俊畢至。苟可以熙隆道教者。未必遠近。今荊州始定。人物未達。臣愚慺慺乞普加覆載抽拔之恩。令並獲自進。然後四海延頸。思歸大化。權納其言。

唐太宗曰。古來帝王皆欲國祚長久。但為威勢既高。下情不能上達。加以君子小人。雜廁其間。用不得人。遂至亡滅。侍中魏徵對曰。巧佞忠正。無代不有。但相時君所好而進。若用忠正則理。用邪佞則亂。必然之理也。太宗曰。為帝王者必須慎其所與。只如鷹鷂鞍馬聲色殊味。朕若欲之。隨須即至。如此等事。常敗人正道。邪佞忠正。亦在時君所好。若任不得賢。何能無滅。徵對曰。臣聞齊威王問淳于髡曰。寡人所好。與古者聖王同否。髡對曰。古者聖王所好有四。今王所好唯有三種。古者好色。王亦好之。古者好馬。王亦好之。古者好味。王亦好之。古者好賢。王獨不好。齊王曰。今無賢可好也。髡曰。古之美色。即有西施毛嬙。奇味。即有龍肝豹胎。善馬。即有飛兔綠耳。此等今既無之。王之廚膳後宮外廐今亦備矣。王若以今之無賢。不知前代賢者得與王相見否。太宗深然之。

德宗問政治之要。都官員外郎閻播曰。為政之本。要得有道賢人乃治。帝曰。朕比下詔求賢。又遣使黜陟搜遠所遺。須能者用之若何。

播曰。陛下雖求賢。又使舉薦。然止得求名文辭之士。焉有有道賢人肯奉牒丐舉選耶。帝悅曰。卿姑去。還當更議。

憲宗嘗御洛堂北廊。從容言曰。朕閱覽前史。見興化致理之美。奉公竭忠之臣。未嘗不加興歎。想其風彩。洎我貞觀開元之化。備在青史。垂於不朽。朕不量菲薄。欲庶幾仰承祖宗之道。追蹤古昔之風。將欲拔俗之士。致濟代之才。舉茲凋瘵。納諸仁壽。邊境靡烽燧之警。郡縣無愁怨之音。禮義興行。盜賊屏息。無忝謚號。不為宗廟之羞。何行而可以至是也。學士李絳對曰。陛下興聖懷稽德音。追帝皇之高風。紹祖宗之丕烈。思延釣築之士。想致唐虞之化。非臣凡近愚昧。所宜捷承聖言。而祇應清問也。臣聞聖人與天地合德。日月合明。思發於心。故易曰。出其言善。千里之外應之。況其近者乎。又曰。先天而天弗違。後天而奉天時。天且不違。而況於人乎。昔周成王泣啓金縢。皇天[illegible]

之返風。宋景公誠發德言。熒惑為之退舍。天人相感。今古同時。記曰。川澤通氣。山川出雲。嗜欲將至。有開必先。言聖靈相通。有感而應也。今陛下以上聖之資。操易化之運。積勵精思理之志。求希代濟時之賢。感於誠懷。勞於夢想。言出於口。行加於人。神祇將效靈。才俊固當接武。豈惟殷宗求於傅說。周文獲於渭濱。顧言必從。志誠斯應。惟聖人為能之。抑臣又聞來必觀其實。不觀其言。信其行。不信其言。若欲天下副陛下之誠。從陛下之化。自非聖躬行之以導其下。則無由而致。未有表正而影不直。聲鳴而響不吞也。今陛下以常士之禮。而待拔俗之賢。以凡品之祿。而望超代之器。是由垂蝸蚓之餌。以釣吞舟之鱗。設弓弋之繳。以羅垂天之翼。固不可得而致也。昔文王養老。而伯夷太公出。昭王禮士。而鄒衍樂毅至。故必以身先之。以誠致之。未有不應者也。陛下誠能正身勵己。尊道貴德。親信端士。遠棄邪佞。盡

忠進直者獎之。希合苟從者斥之。與大臣言議而信之。不使小人參其事。與賢士游觀而禮之。不令不肖者攙其隙。唯義所比。不論親疎。唯仁是行。不論貴賤。要冗官無益於時者。則祿及才能矣。出宮女之希御幸者。則時無怨曠矣。簡繁數之儀。則禮得其節矣。除靡慢之奏。則樂得其和矣。將師廉。則士卒勇矣。官師公。則治化洽矣。法令行。則下不違矣。教化篤。則俗必遷矣。如此則聖問周達。德聲遐宣。可使金石爭響。鳥獸率舞。而況於人乎。則必賢哲慕義。英彥赴嚮。伊尹必負鼎而來。呂望必投鉤而起。由余必棄戎而委質。寧戚必捨牛而効用。三傑成功於高祖。四七展才於光武。龍吟則山雲起。虎嘯則谷風生。自然之應也。然後陛下坐明堂。朝群后。興教化。作禮樂。立風俗。厚人倫。遠比堯舜。興宗迹。與祖宗合德。時臻至理。代稱中興。則向者聖念所思。睿心企及。何遠之有哉。惟陛下勤行之。爾若言之不至。無至也。

伏惟陛下念之。伏惟陛下勤之而已。上曰。美哉斯言。朕當書之於紳。因有進貢。撿自古明君賢臣亂君邪臣事跡。造屏風焉。

宋仁宗慶曆四年。右正言同修起居郎余靖上奏曰。臣竊聞京西轉運使杜杞。准中書劄子。奉朝旨抽赴闕。欲令計置收捉宜州蠻賊者。臣以為朝廷蓄養賢俊。當如民家收積財貨。平時先有營度。至急乃得其用。伏自去年以來。陝西舉知州始用杞。三司擇通判則又用杞。京西多盜賊則又用杞。今蠻人作叛則又用杞。皆席未遑暖。而即移之。是使杜杞有奔命之勞。朝廷有乏賢之歎。如斯事體。良亦可惜。臣親見杜杞言京西之政。始有端緒。而未盡施設。今遽捨去。不成續效。此屢易官之患也。伏惟廟堂之上。當思天下有多少賢才。可與共了天下事者。廣為詢訪。預作處置。某人可了某職。某人可當某路。一旦緩急用之。如指諸掌。此乃廟堂之榮。當有素定者也。今二年之內。

講求賢俊。只知有一杜杞。何觀聽不廣。示天下以狹也。設使對路更有賊盜。則將又移杜杞。無乃取笑四方乎。每見大臣謀事。當平居無事時。優游暇逸。如不足憂者。及一隅有警。則愴惶移易。如素不經心者。且去年冬。兩府大臣。共選諸路轉運使。故田瑜為廣西轉運使。梁載為判官。必謂才能出人。今蠻徼纔動。未見瑜等如何處置。有甚利害。早已疑之。此擇人之術不自信矣。始若不知。不如勿用。只如近差王絲往湖南安撫。待其奏報不中事節。乃知其人不可委任。知人不明。為害不細。伏望陛下敕諭兩府大臣。廣思博採天下賢才。以應萬務。無使臨事倉卒有乏才之歎。則社稷之福。古人有言曰。霸王之善。終不採持於往賢。求嗣於後。皆自是識拔不明。求之不至。不可厚誣四海。謂之乏賢。惟陛下圖之。

神宗時。程顥論養賢上疏曰。臣竊以議當世者。皆知得賢則天下治。

而未知所以致賢之道也是雖衆論紛然未極其要朝廷亦以行之爲艱而不爲也三代養賢必本於學而德化行焉治道出焉本朝踵循唐舊而館閣清選止爲文字之職名實未正欲招賢養材以輔時贊化將何從而致之也臣歷觀古先哲王所以虛己求治何嘗不盡天下之才以成己之德也故曰大舜有大焉善與人同樂取於人以爲善今天下之大豈爲乏賢而朝廷無養賢之地以容徐察其器實高下而進退之也臣今欲乞朝廷設延英院以待四方之賢凡公論推薦及巖穴之賢並招致優禮視品給俸而不可遽進以官止以應詔命名凡有政治則委之詳定凡有典禮則委之討論經畫得以奏陳而治亂得以講究也俾群居切磨日盡其材行其志使政府及近侍之臣互與相接陛下時賜召對訪以治道可觀其材識器能也察以累歲人品益分然後使賢者就位能者任職或委付郡縣或師表

士儒其德業允異漸進以帥臣職司之任爲輔弼爲公卿無施之不稱也若是則引彙並進野無遺賢陛下尊賢待士之心可謂無負於天下矣

哲宗元祐初王岩叟乞依治平故事詔執政舉館職上奏曰臣伏以國家之所急在人材而人材之難不可以倉卒而得必及其閒暇廣聰明以求之則一日有用隨取隨應無顛沛之患矣求而得之宜優異寵榮以發其光華雍容歲月以濡其德美而養其望使人人有以見天下而後進而用之則朝廷尊名器重天下之人信且服矣臣伏覩祖宗所以盛儒館之選萃天下之賢而育之者此道也故巨公名卿莫不由此途出今秘書之官限員太狹不足盡天下英豪之選充國家緩急之求臣切惜之伏望聖慈依治平故事詔執政各舉可充館職者五人既以收群材之美且以觀大臣之能方陛下新聖政以光纘先業之時臣以謂求材養賢最先務也惟陛下留神采納

岩叟又論求賢當去六蔽上奏曰臣伏觀自古治世天下之人安樂無事日躋於仁壽之域而不自知者以人主清心以照理至誠以用賢之效也事莫不有理也心清則理自見天下未嘗無賢也誠至則賢自來恭惟陛下臨政逾年是非不能惑於聽邪正不能亂於前不勞聰明而萬事皆理者心清以照之也惟是人材得之未多朝廷之間除授之際常覺艱難不稱盛時之事可爲陛下惜耳陛下勿謂天下之賢盡於此也而得賢之心足勿謂雖有賢者不易致也而求賢之心倦陛下內篤此誠以自厲外勅同德協心之臣以求之臣以謂無不得賢之理然古有六蔽焉不去之則衆賢終不可盡得臣請爲陛下道其理略有私意則爲蔽執偏見則爲蔽忌於諭心則爲蔽喜於附己則爲蔽有自賢之心則爲蔽簡貴自居而不與物親則爲蔽此

求賢之所難陛下不可不知也願陛下深詔執政大臣使上同陛下清心至誠之美而警戒六蔽之患則天下之賢無遠近無隱顯皆收得之爲朝廷用以賢繼賢社稷之福生靈之幸與天壤相等矣臣不勝愚忠

孝宗淳熙二年兵部侍郎周必大上奏曰臣聞富人之造居室也率種木於數十年之初故未嘗有求而無之之患況夫興事造業貽謀萬世其可不儲材於閒暇而欲取具於斯須乎前事布在方冊臣不敢泛論且以本朝觀之太祖太宗蒐攬豪傑恢張四維凡作成之方無所不用其至及真宗仁宗之世名卿才大夫磊落相望是其效也仁宗丁時太平增光前烈尤以涵養士類爲急自治平至元祐悉獲其用厥後章惇蔡京相繼秉政專爲身謀靡思國計方且沮士氣以壞風俗獎讒諂以植黨與卒令裔夷謀夏所從來遠矣太上中興一洗前弊紹興初擇拊卿士得人爲多既而秦檜以患失之心濟忌嫉

怯同已者用。異己者逐。人未詳姦惡至今。使陛下欲復古。則將相未能仰副隆指。欲養民則守令未能布宣寬詔。當饋而歎蕭曹。撫覩而思頗牧。抑有由也。臣愚欲望聖慈明諭二府為國長慮。博求文武之英。布列中外。迫而言之。可使收功於當世。遠而言之。又將為利於無窮。顧今要務。孰大於此。昔西漢蘇令發。欲遣大夫使逐問狀。時見大夫無可使者。召盩厔令尹逢拜諫大夫遣之。王嘉因言今諸大夫有材能者甚少。宜豫畜養可成就者。則士赴難不愛其死。臨事倉猝乃求。非所以明朝廷也。嘉言可取。惟陛下念焉。

寧宗時。衛涇上奏曰。臣竊惟人主建功立事。興治保民。必以人才為急。自昔人才之盛。莫如成周。臣嘗觀菁莪之詩。而知成周所以育才之多。觀嘉魚之詩。而知成周所以與賢之實。觀臺萊之詩。而知成周所以得賢之效。序菁莪者曰。君子惟能長育人才。則天下喜樂之言

君子長育士類。猶大陵之長育微草。使菁菁然茂盛。其後遂有百朋之錫。人才之多固可見矣。序嘉魚者曰。太平之君子。至誠樂與賢者共之。夫與賢而出於忠之誠。則志念純篤。精神交孚。無復疑間。故嘉賓燕樂綏安。而卒章喻以甘瓠樛木。有君臣固結不可解之義。其與賢之實為如何也。序臺萊者曰。得賢則能為邦家立太平之基。言君子得賢。則其德廣大堅固。如南山之有基址。夫用賢而至於如山之有址。則層級比次。地望相接。久而不墜。故邦家光榮。萬壽無疆。不惟一時德音之茂。且足以保艾爾後。蓋其得賢之效。彰明碩大而有不可掩者。惟成周人才之盛。本末如此。故能成文武之功業。卜年世於綿遠。豈他道哉。肆我本朝。自太祖太宗躬履艱難。混一區宇。肇皇化。務急先人才。網羅收拾。唯恐或遺。愛護長養。唯恐弗及。至景德祥符垂和嘉祐之際。人才盛矣。逮天聖慶曆間。議論相持。怨忌交作。銳衰益

衰。惟我仁祖容養復如天并包四外。元臣碩輔。一以至公平心區處。遴於國體。迄無所傷。故蘇軾有言。仁宗皇帝四十二年之間。蒐攬天下豪傑。不可勝數。既以為股肱心膂。而其任重道遠者。又留以為子孫百年之用。至今賴之。是以國家太平之久。莫盛此時。足與成周異世而同符也。恭惟陛下聖明天縱。德音日新。十年以來。銳意廣蓄儒茂。建皇極。凡前日議論之不一者。今皆歸一。趨向之難合者。今皆復合。拔擢滯淹。後隨器收用。無新舊彼此之間。無重輕取舍之偏。士生斯時。可謂幸矣。如臣一介庸陋。無所取材。憂患疾病。屏伏田里。念絕榮望。誤蒙聖恩。起之閑廢。擢領名郡。繇緣奏事。獲望清光。方將遠去闕庭。區區愚衷。不能自已。竊謂今日公正之路既開。和平之福滋集。靖原所自。若非陛下君臣同心。保全臣子。愛惜士類。忠厚惻怛。何以臻此。臣更願陛下與執政大臣推明此意。以廣育材之地。持守此意。以盡與

賢之實。堅永此意。以收得賢之效。自今中外士大夫精白以承休德。勉勵以赴事功。使人才之盛。無愧詩人之所詠。上同祖宗之盛時。則靜可以保治安。動可以圖興復。惟陛下意畱。豈不休哉。

理宗時。禮部尚書魏了翁進故事曰。慶曆四年四月。右正言同修起居注余靖上疏曰。臣切聞京西轉運使杜杞。作中書劄子奏。朝旨催赴闕。欲令計置收捉宜州蠻賊者。臣以為朝廷蓄養賢俊。當如民家收積財貨。平時先有營度。至急乃得其用。伏自去年已來。陝西舉知州。始用杜杞。三司擇判官。則又用杜杞。京西多盜賊。則又用杞。今茲蠻人作叛。則又用杞。皆席未暖而即移之。是使杜杞者奔命之勞。朝廷有乏賢之歎。如斯事体。良亦可惜。臣親見杜杞言京西之政。始有端緒。而未盡施設。今遽捨去。不成續效。此屢易官之患也。伏惟廟堂之上。常思天下有多少賢才。可與共了天下事。皆應先為詢訪。預作

處置其人可了其職。某人可當某路。一旦緩急用之。如此諸掌。乃廟堂之策當有素定者也。今二年之內。講求賢俊。只知有一杜杞。倚觀聽之不廣。示天下以狹也。設使別路更有賊盜。則將又移杜杞。無乃取笑四方乎。每見大臣謀事。當平居無事時。優游暇逸。如不足憂者。及一隅有警。則倉皇移易。如素不經心者。伏望陛下敕諭兩府大臣。廣思博採天下賢才。以應萬務。無使臨事倉猝有乏才之歎。則社稷之福。古人有言曰。霸王之主。終不採將於往賢。求將於後進。自是識拔不明。求之不至。不可厚誣四海謂之乏賢。惟陛下圖之。

臣竊見余靖上疏。乃慶曆四年四月也。方是時。晏殊爲相。范仲淹杜衍富弼諸賢皆在二府。而韓琦分陝專任西事。本朝人物於斯爲盛。而靖也以一事之不素講。猶孜孜以儲才爲言。臣聞天爲斯世生才。自足給一世之用。用之有不給。則以求之有未至。於是常知乏才之可歎。而不知遺才之實多。夫使其兼收並蓄。如醫之儲藥。工之擇木。粗細畢程。大小各當。則左抽右取。惟意所欲。何憂乎人才之不足。何患乎事機之遝至。奈自後世長養成就之功少而摧折委棄之意多。脫有緩急。則弄印四顧。莫知所畀。夫未能射御而責以獲禽。然且不可。茲其爲射御不已多乎。太祖皇帝未取太原。君臣之間擬曹翰以守之。亦可謂早矣。而臣普猶曰。翰死孰可代。且太原未取。而先擇守。未置守而先擬代。載在史冊。人不以爲太早。而以爲當然。不知今日三邊重地。陛下與二三大臣亦嘗慮及此者。不惟三邊爲然也。內之百司庶府。外之牧守監司。皆當以是致思也。燕閒之覽。儻謂其可采。惟陛下速圖之。

中書舍人兼經筵說書袁甫進故事曰。唐太宗貞觀三年。上謂房玄齡杜如晦曰。公爲僕射。當廣求賢人。隨才授任。此宰相之職也。比聞

聽受辭訟。日不暇給。安能助朕求賢乎。因敕尚書細務屬左右丞。唯大事應奏者乃關僕射。

臣謂太宗以宰相親細事。則不能助朕求賢。蓋充陰迫遽。而精力有限。以有限之精力而耗於迫遽之者。陰用之於細事。則必不能專心於求賢。此必然之理也。近者兩相並命。庶明勵翼。陛下親灑御札。從右揆之請。使自丞相以下。以乃入百執事。各勤勵職業於本局。寅而入。未而出。誠率厲群工之要務。然區區之意。謂可以革向來百官怠惰苟且之弊耳。若夫爲宰相者。僅了細務於朝堂而未能同心叶應。助陛下求賢。此乃太宗之所深慮而未可爲今日喜也。夫以房玄齡杜如晦爲唐賢相。猶且區區於目前之細務而未能專以求賢爲急。太宗於是以事之小者使尚書左右丞相當之。而大事乃關於僕射。此令一出。爲房杜者何所辭其責哉。甚矣求賢一事至難盡也。拘攣者不能越常度。輕易者不能精選擇。好惡多者。先親故而後孤寒。忌心勝者。樂軟熟而妒忠鯁。此求賢之所以難也。間有高蹈丘園。不屑軒冕者。亦當汲汲焉眷心。刻意致敬盡禮。必欲其竭時一出。既得之矣。又必度其才能之所堪。與其職任之宜稱。使犁然當於天下之心。然後能收求賢之實效。固非曰一人舉而遽用之。一人毀而遽棄之也。昔周公之爲輔相也。執贄而見者以千百計。周公不憚吐握之勤。以身先天下士。故得士爲盛。今者晨入堂而出已迫暮。其所宜求賢也。何人哉。不廣咨聽明塞。招延稍息。則議識起。真賢恥於自售。而求售者多倖人。是亟乎其難也。臣望陛下明詔二三大臣。不惟退堂之後。宜盡求賢不勸之意。其會于堂也。正當各以所聞所見某人爲賢。某人爲才。某人宜居某職。某人宜任某事。開心腹。露情愫。無與講明問辨。以

盡其所蘊。日日如是。則一日得一日之人才。月月如是。則一月得一月之人才。廟堂或未能盡識。則當進侍從之臣。相與開廣而究極之。講明既盡。則進而告君。豈復有銓鑑不審。是非易位者哉。今之所謂進擬者。亦略近此意。然規模狹而不廣。意向私而未公。所以用人雖多。而得人甚鮮者。正坐此耳。舍此不務。乃一切諉之曰今世乏才。韓愈有言。其眞無馬耶。其眞不識馬耶。臣亦曰。其果乏才耶。其乏識才者耶。願陛下與二三大臣更加之意。

黃爲秘書少監上疏曰。臣聞天地變化。草木蕃。天地閉。賢人隱。陛下新更大化。正天地變化。人物蕃盛之秋也。臣竊惟比年以來。百物日漸衰耗。小民愁苦。大不聊生。臣濫叨麾節。十有餘年。其在江東。旣目擊凋殘窮悴之態。易守富沙。所見尤甚於江東。旋被奏事之命。適經三衢。視臣七八年前假守之時。氣象大異。猶可諉曰。寇賊使然。及

歸抵四明。則蕭條之狀與三衢同。人人嗟咨。家家嘆息。耄耋之人亦云前此未見。臣心甚駭之。天地生物。尚有終窮。今物耗且竭。氣蕭條。豈無所以然之故。歷觀史冊所載。大抵物貨衰少。井邑荒涼。往往不見於隆盛之時。而多見於叔季之世。當其隆盛也。公道開明。衆賢彙進。布列在位。蔚然輝光。凡融結於宇宙之間者。無非瑞氣之發。則天不愛道。地不愛寶。物產蕃阜。乃變化之餘故耳。及叔季之世。佞偶騁賢智。壅蔽上下。苟翫精采。萎苶凡形見於天壤之內者。景象迫促而不舒。物產壅閼而不暢。無復明寶異之勢。而有日銷月鑠之形。亦理之所必然耳。多賢則潤澤豐腴。乏才則膏液枯竭。已事之驗昭哉可觀。今日豈不多賢歟。更化以來。招徠蓄艾。登崇俊良。一反天地閉塞賢人隱伏之證。則當有天地變化萬物繁阜之效。今也賢才衆多。而物意焦枯如前所陳者何歟。豈氣數至此而微。有非人力之

所可挽回歟。抑變衰爲盛。必有旋轉造化之妙。而非時賢之所能及歟。否則衆雋雖聚本朝。而分職授任。未能各當其處。坐觀者多。而任責者少歟。又否則陛下雖有好賢樂善之念。未免貌敬心疎。彼之有所抱負者。實未能展布歟。是數者之中。必有一二于此矣。而臣又竊有隱憂者。深恐悠悠歲月。續用未應。陛下亦見在朝之士。所謂醇儒雅望者。略無拔擢。新奇之策。必將漸起厭心。且別求未輕銳有才之人。善言利而多心計者用之。譬如人抱沉痼之疾。風寒暑濕之所陵薄。其受病固非一日。積漸耗散。生意纔一髮耳。氣象蕭條。則其病證也。人才則醫也。計畫則藥方也。有善醫焉。未及盡用其方。乃遽更他醫。雜試而輕攻焉。則一髮生意。所存幾何。今日所用之人是也。而所以用其方者未也。陛下何不集在廷之彥。如慶曆間開天章閣給筆札。俾各條陳當世之利病。何以振朝廷之綱。何以裕國家之計。何以

濟民生之急。何以杜邊鄙之勢。察脉觀證。對病用藥。鑿鑿精實。勿事空談。上之人擇其尤的切可行者。使各竭力任責。課功計效。凡布列周行者。不至虛度光陰。粉飾觀美。則事事振起。物物精神。昔日血氣之微弱。未有不轉爲盛強。苟徒慕賢人衆多之名。而無庶明勵翼之實。使賢者仰屋竊嘆。而憸人刻覈之說。得以投隙而入。則元氣先蠹。而血氣隨之。其銷鑠耗竭。決不止如今日而已。臣來自遠方。不識忌諱。盡吐肝膈。惟願陛下力守更化以來求賢如不及之初意。毋數小有轉移。君臣上下。吾心刻意。是究是圖。將見薰爲大和。民物蘇醒。享變化蕃盛之效。消閉塞隱伏之幾。特一轉移之間耳。惟陛下篤信而力行之。宗社幸甚。生靈幸甚。

洪咨夔進漢武帝順帝故事曰。上方欲用文武。求之如弗及。始以蒲輪迎枚生。見主父偃而歎息。群士慕嚮。異人並出。卜式拔於芻牧。弘

畢羅於賓獨衛青奮於奴僕日磾出於降虜斯亦曩時版築飯牛之倫
明已漢之得人於茲為盛儒雅則公孫弘董仲舒兒寬篤行則石建
石慶質直則汲黯卜式推賢則韓安國鄭當時定令則趙禹張湯文
章則司馬遷相如滑稽則東方朔枚皋應對則嚴助朱買臣歷數則
有唐都落下閎協律則李延年運籌則桑弘羊奉使則張騫蘇武將
率則衛青霍去病受遺則霍光金日磾其餘不可勝紀是以興造功
業制度遺文後世莫及

順帝知能任使故士得用情天下喁喁仰其風采遂通備玄纁玉帛
以聘南陽樊英天子降寢殿設壇席尚書奉引延問失得急登貴之
寵處降已之禮於是處士鄙生忘其拘儒拂巾袵褐以企旌車之招
矣至乎英能承風俊乂咸事若李固周舉之淵謨弘深左雄黃瓊之
政事貞固桓焉楊厚以儒學進崔瑗馬融以文章顯吳祐蘇章种暠

欒巴牧民之良幹龐參虞詡將帥之宏規王龔張皓虛心以推士張
綱杜喬直道以糾違郎顗陰陽詳密張衡機術特妙東京之士於茲
盛焉向使廟堂納其高謀彊場宣其智力帷幄容其寤辭舉措稟其
成式則武宣之軌豈其遠而

臣聞求賢而不用與不求同知人而不善任使與不知同人
主有志於治孰不知非賢罔乂而急於求賢者有行可際可公養
之士亦莫不起而應其求海濱之大老至洛陽之年少至衆山之
高卧者至周南之滯留者至明庭立鵠華階振鷺非不極一時之
盛而知不盡所抱用不盡所知如醫者聚參苓求桂玉札丹砂於
一囊品雖至珍用與病違雖聚無益也武帝蒲輪之詔一下而異
人並出順帝玄纁之聘一馳而俊乂咸集好賢急士之意前後無
間然武帝有儒雅篤行質直推賢定令文章滑稽應對曆數協律
運籌奉使將率受遺所聚凡二十七人而漢以之盛順帝有淵謀
政事儒學文章牧民將帥推士糾違陰陽機術所聚凡二十人而
漢以之衰蓋武帝於人才之長短小大洞察底蘊隨所用而各當
順帝第知求之而高謀不見納寤辭不見容智力不得宣賢雖濟濟
朝廷足以美觀聽而已諸葛亮嘗言親賢人遠小人先漢所以興
隆親小人遠賢士後漢所以傾頹一親一遠之間盛衰判矣易之
損益皆以十朋之龜弗克違明衆賢之助在損之六五益中自損
以從在下之賢則為元吉在益之六二賢者欲致益於君君能受其
益未可盡必也惟守正固以待之至王用之以享于帝然後言有志於
治者其可以徒聚天下之賢哉賢者之聚亦豈可徒縻爵祿之榮
而不思相與共慰天下之望哉

徐元杰上言曰臣竊惟自昔天下之事非人才不能以有濟今問之
在朝則耆舊凋零問之在野則遺逸散漫於此而有作成興起之念
焉則何材而不資世臣聞之師曰人主愛惜人才必於卑微寒畯之
時而豐殖培養儲為超躐登用之地故遴選之必極其精委用之必
當其任師儒教導之官不容以輕畀職幕刑獄之吏切戒於盤于外
而監司郡守必謹簡其賢內而職事散官必更迭而出上而御筵郎
曹又上而侍從臺諫給舍凡自內外及見任之與閑退者莫不具姓
名而籍記之其在內則三省而下咸責以考察之公其在外則監司
郡守遂嚴其舉剌之法所薦惟賢則必賞所舉或繆則必罰材或足
以集事雖譎詐可以御而使功或足以掩過雖愆尤可以宥而錄繼
自今欲乞陛下明詔大臣取內外小大之臣分置簿籍盡紀姓名開
具功過其為籍也隨職任之小大為編排之次第每每各以一本而
叢之餘部留之省府上之禁嚴庶乎按圖考索如指諸掌若是則緩

急可以搜尋。出入可以更迭。而無臨事乏材之嘆。此亦在一作新之頃而已。詩曰。周王壽考。遐不作人。所以見豐芑數世之仁也。惟陛下矜采愚慮而亟圖之。

秘書郎許應龍上奏曰。臣聞天下固有不一之才。人主當有兼容之量。夫才之在天下。若十指然。長短小大。雖若不齊。而皆適於用。惟平心以聚之。毋重彼而輕此。毋執一而廢一。則人莫得以窺其隙。而不至於彼此求勝負。相傾軋。以成分朋植黨之弊。昔皐陶論官人之法。謂翕受敷施。九德咸事。則可以撫五辰而凝庶績。奈何後世之君不知出此。文帝好清淨。豪傑之士難合。武帝用才智。道德之士見遺。宣帝尚刑名。儒學之士不用。皆由所尚之偏。遂不足以盡天下之才。要之人主當與天地同其大。品物流形。洪纖高下。何所不有。惟天地之量足以容之。栽培傾覆。生育長養。各順其稟賦之自然。而無容心於

其間。故萬物並育而不相害。人主代天而行化。惟無以好惡之私先立於中。則人才之重厚浮薄。小大長短。悉歸於運化之內。天下既無不用之才。人才亦無不遇之嘆。尚何黨同伐異以至於相激哉。盡是道者。惟我朝仁祖爲然。慶曆初。人才彙進。黨論微有萌蘖。仁祖納之以如天之量。均調消息。兼容翕受。使無彙仆迭起之患。而有協恭和衷之美。故仁祖之世。獨稱多士。嘉祐治聲。振古無有。職此之由也。嗟夫。人才不同。彼此異見。其來非一日矣。是一蹋軍門。視文士如仇讎。首一戴儒冠。輕武弁如草芥。矯矯特立則以靜重爲苟容。廢事辭書則以剛直爲沽譽。長於吏才。則以明經術者爲腐儒。專於學問。則以了官事者爲俗吏。少俊則以老成爲遲鈍。寬厚則以嚴明爲苛刻。彼是此非。判乎其不相入也。人主以公天下爲心。其於人才。惟求所以辦吾事濟吾治耳。烏可用其一而廢其一哉。所尚苟偏。則互相訾毀。

迭爲勝負。非惟不足以成事。而清流濁流之禍。實肇於此。陛下踐祚以來。召耆德之臣。用名家之裔。既舉賢能。復舉將帥。既褒直言。復褒廉吏。文學者用之。吏事者用之。無一毫好惡之私。有保合大和之意。固可以示皇極之公矣。雖然。野無遺賢。斯可謂至治之極。王多吉士。斯可立太平之基。今日用人。固無好尚之偏。得人之盛。其果如帝王之世乎。若猶未也。則招延之路。尤不容以不廣。雖求賢之詔屢下。剡薦之檀交馳。然人情易私。率以實應。單寒寡援者無由自達。靜退不競者未免見遺。臣願陛下益達四聰。大開衆正。使任薦舉之責者。皆以至公爲念。拔尤取類。無一或遺。以備上之采擇。則俊乂在官。百僚師師。當臣休於隆古矣。惟陛下與大臣亟圖之。

度宗咸淳八年。秘書少監高斯得上言曰。臣聞天之生才。何代無之。特在乎人主皇皇汲汲以求之而已。苟能以至誠動之。以意氣來之。

彼將雲合霧集。爲吾所用。安有乏才之患哉。帝王尚矣。若漢之武帝求賢如飢渴。亦不世出之令主也。始因感董仲舒之言。令郡國舉孝廉。自是茂材異等之科。賢良文學之選。詔書無歲不下。於是群士慕嚮。異人並出。文武在庭。穆穆布列。公孫弘董仲舒兒寬之儒術。司馬遷相如之文章。汲黯韓安國鄭當時之論議。東方朔徐樂嚴助之應對。衛青霍去病之將略。蘇武張騫之奉使。其餘不可勝數。故能內修百度。外攘四夷。制作文章。有三代之風。恢拓境土。極萬里之廣。史臣紀述其事。謂其欲用文武。求之如弗及。漢之得人。於茲爲盛。信矣。蔡邕立於靈帝之朝。蓋漢之季世也。當是時。樂松賈護。多引無行之徒待制鴻都門下。帝皆待以不次之位。又取市賈小人。謂之宣陵孝子凡數十人。悉拜爲郎中。後因災異命群臣陳政要。故蔡邕以武帝之世。名臣輩出。文武並興。爲對。欲以勸帝去無用之小才。求經國之賢。

主帝之昏暗。何足以知此也。臣嘗因是而有感於祖宗之事。是時名臣輩出。文武並興。亦豈減於漢之武帝哉。惟我仁祖。聖度天寬。旁招俊乂。德望則富弼文彥博。威略則韓琦范仲淹。諫爭則蔡襄余靖。文章則歐陽脩蘇軾。載在國史。不可選紀。其後氣脉傳于元祐。流風被于淳熙。名公鉅卿。項背相接。豐芑數世之仁。猗歟盛哉。陛下統承三祖。寤寐英髦。豈得文武名臣。以興事造業。光于祖宗。而環視中外。猶若有未滿人意者。豈至誠簡與之意未著。而翕受敷施之道未廣歟。臣願陛下恢張聖聽。洞闢四門。使正氣翕合。而野無遺賢。何患治功之不成。外患之不弭哉。邕事暗君。言之不行宜也。陛下既有取於邕之言。故臣敢效邕歷舉祖宗之事以告。惟陛下採擇焉。臣不勝惓惓。

度宗時。端明殿學士牟濚進王岩叟上哲宗論求賢當去六蔽故事曰。臣伏觀自古治世。天下之人安樂無事。日躋於仁壽之域。而不自知者。人主清心照理。至忱以用賢之效也。事莫不有理也。心清則理自見。天下未嘗無賢也。忱至則賢自來。恭惟陛下臨政適年。是非不能惑於聽。邪正不能亂於前。不勞聰明。而萬事皆理者。心清以照之也。陛下勿謂天下之賢盡於此也。而得賢之心足。勿謂雖有賢者不易致也。而求賢之心倦。陛下內篤此忱。以自厲外勑同德協心之臣。以求之。臣以謂無不得賢之理。然古有六蔽焉。不去之。則衆賢終不可盡得。略有私意則為蔽。執偏見則為蔽。局於褊心則為蔽。善於附己則為蔽。有自賢之心則為蔽。簡貴自居而不與物親則為蔽。此求賢之所難。陛下不可不知也。願陛下深詔執政大臣。使上同陛下清心至忱之美。而徹去六蔽之惑。則天下之賢。無遠邇。無隱顯。皆將得之為朝廷用。以賢綏賢。崇社之福。生靈之幸。與天壤相等矣。

臣聞堯舜之仁。不偏愛人。急親賢也。孔子謂博施濟衆。堯舜其猶病諸。蓋天下至大。民物至繁。聖人安能人人而濟之。惟親賢為愛人之本。此堯舜之所以急先務也。陛下臨御以來。詔旨丁寧。與士大夫更始。弓旌四出。枚名正人端士。亦既布在朝列矣。而寤寐求賢。惟日不足。親灑宸翰。勉諭近臣薦進賢士大夫。堯舜之用心也。臣竊以為何代不生才。何才不用世。而薦進人才。乃近臣之職分。猶待陛下丁寧勉諭耶。先皇帝在位四十一年。培豐水之芑。以為聖子神孫之地。至深至厚。謂宜隨求隨應。隨取隨用。何至有人物眇然之嘆耶。臣觀王岩叟進言于哲宗皇帝。有曰。願陛下勿謂天下之賢盡於此也。而得賢之心足。勿謂有賢不能致也。而求賢之心倦。而終之以去六蔽以來衆賢。岩叟所以勉其君以忱於求賢者。猶恐其有所蔽也。今聖賢相逢。上下同德。明白洞達。決無所蔽。感而必應。倡而必和。必有推人之有善若己有之之心。而為陛下登進人才。蓋賢者之欲得君行道。亦猶聖主欲得賢以共治也。患不能自達爾。舉爾所知。爾所不知。人其舍諸。非陛下望近臣之意乎。雖然。求賢而不用。與不求等。用賢而不信。與不用等。唐李絳有曰。賢則當任。任則當久。賢者中立而寡助。舉其類則不肖者惡。杜群枉則懷奸者嫉。一制度則貴戚怨。儆正過失則人主疎忌。夫然故用賢豈易事哉。絳之言至言也。臣願陛下近采岩叟之言。遠覽李絳之論。其於賢才也。心忱求之。心忱用之。則天下之賢者至矣。惟陛下留神。

元世祖至元中。翰林集賢學士程鉅夫上奏曰。臣聞治天下者必盡天下之才。故曰立賢無方。曰旁招俊乂。又若限以方所。儗以技藝。雖曰用人。猶無人也。國家既已混一。江南、南北人才。所宜參用。而環視中外。何寥寥也。豈以其疎遠而遂郤之歟。此群臣之私意。非陛下至公之度也。臣何以知之。臣往在江南。屢聞明詔。一則曰求好秀才。二則曰求好秀才。而以好秀才致之陛下者幾何人。江南非無士也。亦非陛下不喜士也。是群臣負陛下也。且陛下遣使江南。丁寧之曰。求好人。夫所謂好人者。大而可以用於時。細而可以驗於事。蓋無所不該矣。而凡出使者皆昧陋愚淺。不達聖見之高明。止以卜相符藥工伎為好人之充。此何謂也。不惟不達聖見。且使遠方有識之士。或以淺窺朝廷。臣竊恥之。臣之愚陋。雖未足以為好人。然世所謂好人者。儻無則已。有則臣必識之。江南百餘州之廣。垂百餘年之涵養。豈無一二表表當世不負陛下任使者。臣奉命而往。布宣德意。庶幾遇之。如得其人。以驗臣言。則望陛下先試以一職。任事使之自卑而高。自難而易。小有益則小進之。大有功則大用之。磨以歲月。自見能否。且陛下如用若人。則不但愚臣得畢所知而已。他時奉命出使者。皆知陛下德意。特見異人輩出。不遠數千里為朝廷用。得人之盛。視古無愧。臣不勝大願。謹錄奏聞。

歷代名臣奏議卷之一百五十三

歷代名臣奏議卷之一百五十四

知人

齊桓公末。管仲病。公問群臣誰可相者。管仲曰。知臣莫若君。公曰。易牙何如。對曰。殺子以適君。非人情不可。公曰。開方何如。對曰。倍親以適君。非人情難近。公曰。豎刁何如。對曰。自宮以適君。非人情難親。管仲死。公用三子。三子專權。公卒。易牙入。與豎刁因內寵殺群吏而立公子無詭。宋伐齊。齊人殺無詭立孝公。孝公卒。公弟潘因開方殺孝公子而立潘。

魯哀公問於孔子曰。當今之時。君子誰賢。對曰。衛靈公。公曰。吾聞之。其閨門之內。姑姊無別。對曰。臣觀於朝廷。未觀於堂陛之間也。靈公之弟曰公子渠牟。其知足以治千乘之國。其信足以守之。而靈公愛之。又有士曰王林。國有賢人。必進而任之。無不達也。不能達。退而與分其祿。而靈公尊之。又有士曰慶足。國有大事則進而治之。無不濟也。而靈公說之。史鰌去衛。靈公邸舍三月。琴瑟不御。待史鰌之入也而後入。臣是以知其賢也。

衛侯在楚。北宮文子見令尹圍之威儀。言於衛侯曰。令尹其將不免。詩云。敬慎威儀。維民之則。令尹無威儀。民無則焉。民所不則。以在民上。不可以終。公曰。善哉。何謂威儀。對曰。有威而可畏謂之威。有儀而可象謂之儀。君有君之威儀。其臣畏而愛之。則而象之。故能有其國家。令聞長世。臣有臣之威儀。其下畏而愛之。則而象之。故能守其官職。保族宜家。順是以下皆如是。是以上下能相固也。衛詩曰。威儀不可選也。言君臣上下父子兄弟內外大小皆有威儀也。周詩曰。朋友攸攝。攝以威儀。言朋友之道。必相教訓以威儀也。故君子在位可畏。施舍可愛。進退可度。周旋可則。容止可觀。作事可法。德行可象。

人衆可樂動作有文言語有章以臨其下謂之有威儀也
楚莊王時有善相人所言無遺策聞於國莊王見而問於情對曰臣非能
相人也能觀人之交也布衣也其交皆孝悌篤謹畏令如此者其家必日
益身必日安此所謂吉人也官事君者也其交皆誠信而好善如此
者事君日益官職日進此所謂吉人也主明臣賢左右多忠主有失
皆敢分爭正諫如此者國日安主日尊天下日富此之謂吉主也臣
非能相人能觀人之交也莊王曰善於是乃招聘四方之士夙夜不
懈遂得孫叔敖將軍子重之屬以備卿相遂成霸功詩曰濟濟多士
文王以寧此之謂也
魏文侯謂李克曰先生嘗教寡人曰家貧則思良妻國亂則思良相
今所置非成則璜二子何如李克對曰臣聞之卑不謀尊疏不謀戚
臣在闕門之外不敢當命文侯曰先生臨事勿讓李克曰君不察故

也居視其所親富視其所與達視其所舉窮視其所不為貧視其所
不取五者足以定之矣文侯曰先生就舍寡人之相定矣
文侯與田子方飲酒而稱樂文侯曰鐘聲不比乎左高田子方笑文
侯曰奚笑子方曰臣聞之君明則樂官不明則樂音今君審於聲臣
恐君之聾於官也文侯曰善敬聞命
漢文帝立召田叔問曰公知天下長者乎對曰臣何足以知之上曰
公長者也宜知之叔頓首曰故雲中守孟舒長者也是時孟舒坐虜
大入塞盜劫雲中尤甚免上曰先帝置孟舒雲中十餘年矣虜曾一
入孟舒不能堅守毋故士卒戰死者數百人長者固殺人乎公何以
言孟舒為長者也叔叩頭對曰是乃孟舒所以為長者也夫貫高等
謀反上下明詔趙有敢隨張王罪三族然孟舒自髡鉗隨張王敖之
所在欲以身死之豈自知為雲中守哉漢與楚相距士卒罷敝匈奴

冒頓新服北夷來為邊害孟舒知士卒罷敝不忍出言士爭臨城死
敵如子為父弟為兄以故死者數百人孟舒豈故驅戰之哉是乃孟
舒所以為長者也於是上曰賢哉孟舒復召孟舒以為雲中守
武帝征和元年趙王彭祖卒彭祖所幸淖姬生男號淖子時淖姬兄
為漢宦者上召問淖子何如對曰為人多欲上曰多欲不宜君國子
民問武始侯昌曰無咎無譽上曰如是可矣遣使立昌為趙王
漢昭烈皇帝領益州牧時以諸葛亮為軍師將軍以蔣琬為廣都長
不治大怒亮請曰蔣琬社稷之器非百里才也其為政以安民為本
不以脩飾為先願主公重加察之遂雅敬亮乃不加罪許靖為蜀郡
太守成都將潰靖謀出降薄之不用法正曰天下有獲虛名而無其
實者許靖是也然今始創大業天下之人不可户說宜加敬重以慰
天下之望乃禮而用之

魏明帝景初二年詔中都侯孫資曰吾年稍長又歷觀書傳中皆歎
息無所不念圖萬年後計莫過使親人廣據職勢兵任又重今射聲
校尉缺久欲得親人誰可用者資曰陛下思深慮遠誠非愚臣所及
書傳所載皆聖聽所究尚使漢高不知平勃能安劉氏孝武不識金
霍付屬以事殆不可言文皇帝始召曹真還時親詔臣以重慮及至
晏駕陛下即阼猶有曹休內外之望賴遭日月御勒不傾使各守分
職纖介不間以此推之親臣貴戚雖當據勢握兵宜使輕重素定若
諸侯典兵力均衡平寵齊愛等則不相為服不相為服則意有異同
今五營所領見兵常不過數百選授校尉如其輩類為有疇匹至於
重大之任能有所維綱者宜以聖恩簡擇如平勃金霍劉章等一二
人漸殊其威重使相鎮固於事為善帝曰然如卿言當為吾遠慮所
當今日可參平勃侔金霍雙劉章者其誰哉資曰臣聞知人則哲惟

帝舜之唐虞之聖。凡所進用。明試以功。陳平初事漢祖。絳灌等謗平
有受金盜嫂之罪。周勃以吹簫引彈。始事高祖。亦未知名也。高祖察
其行跡。然後知可以付與大事。霍光給侍中二十餘年。小心謹慎。乃
見親信。日磾夷狄。以至孝質直。特見擢用。左右尚曰妄得一胡兒。而
重貴之。平勃雖安漢嗣。其終勃被反名。平劣自免於呂須之譏。上官
桀桑弘羊與霍光爭權。幾成禍亂。此誠知人之不易。爲臣之難也。又
所簡擇。當得陛下所親。當得陛下所信。誠非愚臣之所能識別。
帝問司徒陳矯司馬公。忠貞。可謂社稷之臣乎。矯曰。朝廷之望。社稷
未之知也。
後魏高祖引見王公已下於皇信堂。高祖曰。政雖多途。治歸一體。朕
每蒙慈訓。猶自昧然。誠知忠佞有損益。而未識其異同。悄懼忠貞見
毀。佞人便進。寤寐思此。如有隱憂。國彥朝賢。休戚所共。宜辨斯真僞

以釋朕懷。尚書游明根對曰。忠佞之士。實亦難知。依古爵人。先試之
以官。官定然後祿之。三載考績。然後忠佞可明。尚書中書監高閭曰。
竊謂袁盎徹慎夫人席。是其忠。譖殺晁錯。是其佞。若以二人言之。望
之爲忠。石顯是佞。高祖曰。自非聖人。忠佞之行。時或互有。但忠功顯
即謂之忠。佞迹成。斯謂之佞。史官據成事而書。於今觀之。有別明矣。
朕所問者。未然之前。卿之所對。已然之後。閭曰。佞者飾智以行事。忠
者發心以附道。譬如玉石。皦然可知。高祖曰。玉石同體而異名。忠佞
異名而同理。求之於同。則得其所以異。尋之於異。則失其所以同。出
處同異之間。交換忠佞之境。豈是皦然易明哉。或有託佞以成忠。或
有假忠以飾佞。如楚子綦後事顯忠。初非佞也。閭曰。子綦諫楚。初雖
隨述。終致忠言。此適欲幾諫。非爲佞也。子綦若不設初權。後忠無由
得顯。

唐太宗貞觀六年謂魏徵曰。古人云。王者須爲官擇人。不可造次。即
用朕今行一事。則爲天下所觀。出一言。則爲天下所聽。用得正人。爲
善者皆勸。誤用惡人。不善者競進。賞當其勞。無功者自退。罰當其罪
爲惡者戒懼。故知賞罰不可輕行。用人彌須慎擇。徵對曰。知人之事
自古爲難。故考績黜陟。察其善惡。今欲求人。必須審訪其行。若知其
善。然後用之。設令此人不能濟事。只是才力不及。不爲大害。誤用惡
人。假令彊幹。爲害極多。但亂代惟求其才。不顧其行。太平之時。必須
才行俱兼。始可任用。
十一年。徵又上疏曰。臣聞爲人君者在乎善善惡惡。近君子而遠小
人。善善明。則君子進矣。惡惡著。則小人退矣。近君子。則朝無粃政。遠
小人。則聽不私邪。小人非無小善。君子非無小過。君子小過。蓋白璧
之微瑕。小人小善。乃鉛刀之一割。鉛刀一割。良工之所不重。小善不

足以掩衆惡也。白玉微瑕。善賈之所不棄。小疵。不足以妨大美也。小
人之小善。謂之善善。君子之小過。謂之惡惡。此則蒿蘭同臭。玉石不
分。屈原所以沉江。卞和所以泣血也。既識玉石之分。又辨蒿蘭之臭
善而不能進。惡而不能去。此郭氏所以爲墟。史魚所以爲恨也。陛下
聰明神武。天資英睿。志存汎愛。引納多塗。好善而不甚擇人。疾惡而
未能遠佞。又出言無隱。疾惡太深。聞人之善。或未全信。聞人之惡。以
爲必然。雖有獨見之明。猶恐理或未盡。何則。君子揚人之善。小人訐
人之惡。聞惡必信。則小人之道長矣。聞善或疑。則君子之道消矣。爲
國者急於進君子。退小人。乃使君子道消。小人道長。則君臣失序。上
下相隔。亂亡不卹。將何以求。夫以善相成謂之同德。以惡相濟謂之
朋黨。今則清濁共流。善惡無別。以告訐爲誠直。以同德爲朋黨。以之
爲朋黨。則謂事無可信。以之爲誠直。則謂言皆可取。此君恩所以不

給於下臣忠所以不達於上大臣不能辨正小臣莫之敢論近遠承風混然成俗非國家之福非為治之道適足以長姦邪亂視聽使人君不知所信臣下不得相安若不遠慮深絕其源則後患未之息也今行之而未敗者由乎君有遠慮雖失之於始必得之於終故若時逢少隨往而不返雖欲悔之必無所及既事失以傳諸後嗣復何以垂法將來且夫進善黜惡施於人者也以古作鑒施於己者也鑒貌在乎止水鑒己在乎哲人能以古之哲王鑒於己之行事則貌之妍媸宛然在目事之善惡自得於心無勞司過之史不假芻蕘之議巍巍之功日著赫赫之名彌遠為人君可不務乎

徵論人臣有六正六邪上疏曰臣聞知臣莫若君知子莫若父父不能知其子則無以睦一家君不能知其臣則無以齊萬國萬國咸寧一人有慶必藉惟良作弼俊乂在官則庶績其凝無為而化矣故堯舜文武見稱前載咸以知人則哲多士盈朝元凱翼巍巍之功周召光煥乎之美然則四岳九官五臣十亂豈惟生之於曩代而獨無於當今者哉在乎求與不求好與不好耳何以言之夫美玉明珠孔翠犀象大宛之馬西旅之獒或無足也或無情也生於八荒之表塗遙萬里之外重譯入貢道路不絕者何哉蓋由中國之所好也況從仕者懷君之榮食君之祿率之以義將何往而不至哉臣以為與之為忠則可使同乎龍逢比干矣與之為孝則可使同乎曾參子騫矣與之為信則可使同乎尾生展禽矣與之為廉則可使同乎伯夷叔齊矣然而今之群臣罕能貞白卓異者求之不切勵之未精故也若勗之以公忠期之以遠大各有職分得行其道貴則觀其所舉富則觀其所養居則觀其所好習則觀其所言窮則觀其所受賤則觀其所不為因其材以取之審其能以任之用其所長掩其所短進之以六正戒之以六邪則不嚴而自勵不勸而自勉矣故說苑曰人臣之行有六正六邪行六正則榮犯六邪則辱何謂六正一曰萌芽未動形兆未見昭然獨見存亡之機得失之要預禁乎未然之前使主超然立乎榮顯之處如此者聖臣也二曰虛心盡意日進善道勉主以禮義諭主以長策將順其美匡救其惡如此者良臣也三曰夙興夜寐進賢不懈數稱往古之行事以厲主意如此者忠臣也四曰明察成敗早防而救之塞其間絕其源轉禍以為福使君終以無憂如此者智臣也五曰守文奉法任官職事不受贈遺辭祿讓賜飲食節儉如此者貞臣也六曰國家昏亂所為不諛敢犯主之嚴顏面言主之過失如此者直臣也是謂六正何謂六邪一曰安官貪祿不務公事與代浮沉左右觀望如此者具臣也二曰主所言皆曰善主所為皆曰可隱而求主之所好而進之以快主之耳目偷合苟容與主為樂不顧後害如此者諛臣也三曰內實險詖外貌小謹巧言令色妬善嫉賢所欲進則明其美隱其惡所欲退則明其過匿其美使主賞罰不當號令不行如此者奸臣也四曰智足以飾非辯足以行說內離骨肉之親外構亂於朝廷如此者讒臣也五曰專權擅勢以輕為重私門成黨以富其家擅矯主命以自顯貴如此者賊臣也六曰諂主以邪佞陷主於不義朋黨比周以蔽主明使黑白無別是非無門使主惡布於境內聞於四隣如此者亡國之臣也是謂六邪賢臣處六正之道不行六邪之術故上安而下理生則見樂死則見思此人臣之術也記曰權衡誠懸不可欺以輕重繩墨誠陳不可欺以曲直規矩誠設不可誣以圓方君子審禮不可誣以奸詐然則臣之情偽知之不難矣又設禮以待之執法以御之為善者蒙賞為惡者受罰安敢不企及乎安敢不盡力乎國家思欲進忠良退不肖十有餘載矣徒

聞其語不見其人何哉蓋言之是也行之非也言之是則出乎公道行之非則涉乎邪徑是非相亂好惡相攻所愛雖有罪不及於刑所惡雖無辜不免於罰此所謂愛之欲其生惡之欲其死者也或以小惡棄大善或以小過忘大功此所謂君之賞不可以無功求君之罰不可以有罪免者也賞不以勸善罰不以懲惡而望邪正不惑其可得乎若賞不遺疎遠罰不阿親貴以公平為規矩以仁義為準繩考事以正其名循名以求其實則邪正莫隱善惡自分然後取其實不尚其華處其厚不居其薄則不言而化期月而可知矣若徒愛美錦而不為人擇官有至公之言無至公之實愛而不知其惡惜而遂忘其善徇私情以近邪佞背公道而遠忠良則夙夜不怠勞神苦思將求至理不可得也書奏太宗甚嘉納之

刑部尚書張亮坐謀反下獄詔令百官議之多言亮當誅唯殿中少

監李道裕奏亮反形未具明其無罪太宗既盛怒竟殺之俄而刑部侍郎有闕令宰相妙擇其人累奏不可太宗曰吾已得其人也往者李道裕議張亮云反形未具可謂公平矣當時雖不用其言至今追悔遂授道裕刑部侍郎

二十一年太宗在翠微宮授司農卿李緯戶部尚書房玄齡是時留守京都會有自京師來者太宗問曰玄齡聞李緯拜尚書如何對曰玄齡但云李緯大好髭鬚更無他語由是改授緯洛州刺史

太宗嘗從容問揚州都督長孫無忌曰朕聞君聖臣直人常苦不自知公宜面攻朕得失無忌曰陛下神武聖文冠卓千古性與天道非臣等愚所及誠不見有所失帝曰朕冀聞過公等乃相諛悅朕當評公等可否以相規何如皆拜謝上曰高士廉心術警悟臨難不易節所乏者骨鯁耳唐儉有辭善和解人酒杯流行發言可意事朕二十年未嘗一言國家事楊師道性謹審自能無過而懦不更事緩急非可倚岑文本敦厚文章論議其所長也謀常經遠自當不負於物劉洎堅正其言有益不輕然諾於人自補闕馬周敏銳而正評裁人物直道而行所任皆稱朕意褚遂良鯁亮有學術竭誠親於朕若飛鳥依人自加憐愛無忌應對機敏善避嫌求於古人未有其比總兵攻戰非所善也

太宗以王珪善人物且知言因謂曰卿標鑒通晤為朕言玄齡等材且自謂孰與諸子賢對曰孜孜奉國知無不為臣不如玄齡兼資文武出將入相臣不如靖敷奏詳明出納惟允臣不如彥博濟繁治劇衆務畢舉臣不如胄以諫諍為心恥君不及堯舜臣不如徵至潔濁揚清疾惡好善臣於數子有一日之長帝稱善而玄齡等亦以為盡已所長謂之確論

肅宗乾元元年張鎬聞史思明請降上言思明凶險因亂竊位人面獸心難以德懷願勿假以威權又言滑州防禦使許叔冀狡猾多詐臨難必變請徵入宿衛時上已寵納思明會中使自范陽及白馬來皆言思明叔冀忠懇可信上以鎬為不切事機罷為荊州防禦使

代宗大曆十三年上召李泌入見詔以元載事曰與卿別八年乃能除此賊不然幾不見卿對曰陛下知羣臣有不善則去之含容太過故至於此上因言路嗣恭初平嶺南獻琉璃盤徑九寸朕以為至寶及破載家得嗣恭所遺載盤徑尺當議罪之泌曰嗣恭為人小心善事人精勤吏事而不知大體昔為縣令有能名陛下未暇知之而為載所用故為之盡力陛下誠知而用之彼亦為陛下盡力矣且嗣恭新立大功陛下豈得以琉璃盤罪之邪上意乃解以嗣恭為兵部尚書

德宗興元元年議者或言韓滉聚兵修塢陰蓄異志上疑之以問李泌對曰滉公忠清儉貢獻不絕鎮撫江東盜賊不起所以修城為迎鑾之備耳此乃人臣忠篤之慮柰何更以為罪乎上曰外議洶洶卿弗聞乎對曰臣固聞之其子皐為郎不敢歸省正以謗語沸騰故也退遂上章請以百口保滉

德宗常從容言盧杞清介敢言然少學不能廣朕以古道人皆指其姦而朕不覺也中書侍郎同中書門下平章事李泌對曰陛下能覺杞之惡安致建中禍邪李揆和蕃顏真卿使希烈其害舊德多矣又楊炎罪不至死杞擠陷之而相關播懷光立功遂使其叛此欺天也帝曰卿言誠有之然楊炎視朕如三尺童子有所論奏可則退不許則辭官非特杞惡之也且建中亂卿亦知桑道茂語乎乃命當然對曰夫命者已然之言主相造命不當言命言命則不復賞善罰惡矣

桀曰我生不有命自天武王數紂曰謂己有天命君而言命則桀紂矣帝曰朕請不復言命

時議者多以李勉大梁失守不應尚為相李泌言於上曰李勉公忠雅正而用兵非其所長且大梁不守將士棄妻子而從之者殆二萬人足以見其得衆心矣且劉洽出勉麾下勉悉衆以授之卒平大梁亦勉之功也上乃命勉復位

翰林學士陸贄奉天論解蕭復狀奏曰右萁寧奉宣聖旨緣國家賦稅多出江淮既未收復京城恐遠路傳說過甚所以欲得遣一大臣往彼宣慰以安遠近之情初欲簡擇此使並先共宰相商量皆云蕭復久任江外刺史諳彼事宜又就宰相之中名望最重令其往彼宣慰人必望風悅服其時蕭復亦自見此商議更無異同朕猶不能自斷遂喚諸朝士班次對見一一親向說宣慰之意問其穩便已否皆云至要並無異詞朕所以更不疑惑已與擇得發日及其臨行從一等却論奏欲得且留蕭復又頻有朝官上封事亦與從一等意同朕忽見此翻覆非常悵恨數日思量不測其故意況必是蕭復計會遣其論奏蕭復又有何事苦欲得住其意深不可會卿比來諳此人性行否兼與朕子細思料若不肯去其意何在者蕭復往年曾任常州刺史臣其時寄住常州首尾二年閱其理行及到京邑多與往來感勵慕為清貞矯枉太深時或過當論經義則以守死善道執心不回為本議人物則以魏元忠宋璟為師己之所行皆欲盡善故涉好名之累亦無應變之才用雖不周行則可保至如二三其德翻覆挾姦復之為人必不至是安有覬承計議退自變渝私誘官僚曲令干說是同兒戲非近人情雖甚狂愚猶應不敢若稍恭慎固當不為況乃

見稱名流獲踐清貫備股肱之任承渥澤之私何心何顏忍至於此假令蕭復之意或欲逗留在於從一之徒寧肯附會臣緣自到行在常居禁中向外事情視聽都絕忽承顧問莫測端由陛下必欲研窮斯理亦不為難察初舉蕭復充使本是從一等商量後請蕭復不行又是從一等論奏一矛一楯理必有歸或遣或留意將安在但垂睿詰孰敢面謾蕭復若相屬求則從一等何容為隱從一等儻自迴互則蕭復不當受疑陛下奚憚而不辯明乃直為此悵恨也夫明則罔惑辯則罔冤惑莫甚於逆詐而不與明冤莫痛於見疑而不獲辯是使情偽相揉忠邪靡分姦實居上御下之要樞惟陛下留意幸察謹奏

憲宗御延英殿與宰臣言向外人言朋黨頗甚如何武元衡李吉甫未對而李絳奏曰朋黨之稱為臣也臣歷觀自古及今帝王最惡者是朋黨姦人能揣知上旨非言朋黨不足以激怒主心故小人譖毀

賢良必言朋黨尋之則無迹言之則可疑所以搆陷之端無不言朋
黨者夫小人懷私常以利動不顧忠義自成朋黨君子以忠正爲心
以懲勸爲務不受小人之佞不遂奸人之利自然爲小人所嫉譖毀
百端者蓋緣求無所獲取獲無所得故也忠正之士直道而行不爲
諂諛不事左右明主顧遇則進疑阻則退不爲他計苟安其位以此
常爲奸邪所搆以其無所入也夫聖賢合跡千載同符忠正端慤之
人所以知獎亦是此類是同道也非爲黨也豈可使端良之人取非
僻之士然後謂非朋黨也陛下親行堯舜之道高上禹湯之德豈謂
上與數千年堯舜禹湯爲黨是道德同也孔子聖人也顏回已下十
哲希聖者也更相稱贊爲黨乎是道業同也仲尼祖述堯舜憲章文
武又曰吾不復夢見周公遠者二千年近者五百年豈謂之黨是聖
人德行同也後漢末名節骨鯁忠正儒雅之臣盡心匡國盡節憂時

而宦官小人憎嫉正道同爲搆陷目爲黨人遂起錮黨之獄以成亡
國之禍備在史策明若日月豈不爲誡乎詩人嫉讒佞之人曰取彼
讒人投畀豺虎可謂三復也上曰朕無疑卿等意況言朋黨未至公
之道爾絳又對曰趨利之人常爲朋黨以同其私故守正之人常遭
搆毀以遠其私故也小人多詐譖言常勝正人少機直道常不勝伏
希陛下監其事情而察其言行則可矣
上御浴堂北廊召學士李絳對碩問畢上曰有一事甚異朕比來未
能言之鄭絪身爲宰相事朕不盡心朕與宰相商量欲詔盧從史却
歸潞府續追入朝鄭絪輒漏洩我意先報從史令其陳奏潞府無糧
三軍且請山東就糧爲人臣豈合有此事耶故事合如何處置絳對
曰若實有此事雖以誅族於陛下未足塞責復曰陛下從何得之計鄭
絪必不自洩從史必不自言陛下先知何以得之上曰吉甫密奏絳

對曰臣與鄭絪先後懸殊不相往來臣約其事體必無此理鄭絪甚
讀書頗識事體時稱佳士素有美名雖不知其才術如何至於君臣
大義不合不知去就若身居宰參陛下密謀便敢洩之於奸臣雖術
同犬彘性如梟獍亦不合至此況絪頗知古今洞識名節事出萬端
情有難測莫不同列有不便之勢尊權有忌前之心造爲此亂冀其
去位若不過陳危事安得激怒上心伏望陛下深賜詳熟無令人言
陛下惑於讒佞也上良久曰亦應如此朕幾誤爲處分至是遂已
憲宗時京兆少尹裴武銜命使鎮州令諭王承宗割德　　兩州歸朝
廷武飛表上言一如朝廷意旨遂除承宗所署德州刺史薛昌朝爲
德　節度令中使賫旌節授之而魏博田季安得飛報先知之遽報
承宗言昌朝與朝廷通遂星夜追昌朝德　州節度及旌節至魏州
又爲季安留連得爲宴樂停七八日而昌朝尋已追到鎮州朝命遂

不行比及武使回事宜與先上表參差并言人譖傷武去使回宿宰
相裴洎宅遲明方見憲宗大怒乃召學士李絳因碩問奏對畢上顧
色甚震怒曰裴武詞我苟求脫禍於賊中上言不實令我制除薛昌
朝今果不受又使回未見先宿裴洎宅須左除嶺南遠處絳奏言裴
武甚諳練時事往陷在河中李懷光賊中事跡可稱今所銜命不合
絕有乖錯大底賊多變詐難得實情以臣愚慮思度王承宗恐國家
必有征討請割德　　兩州且得安全尚有四州之地亦是保其富貴
求安之計必是此心然鄰道魏博東平淄滄與王承宗勢同事等恐
他時亦爲朝廷所割必是爲鄰道所搆扇以利害鼓動之不得守其
初心此必然之理也伏望且尋訪之裴武所上表只得上承宗初時
意便且奏來後必恐鄰境脅制誘動遂有後變計裴武不敢不盡其
心今陛下擇裴武使兇逆悖亂之邦一不如意便有貶責臣恐今後

奉使賊中。無復得誠實。其後奉使者皆以武為誠。依阿可否之間。必曰其言及表章則如此。其深心則臣不可保。不可顯言是非。陳列事狀。若朝廷不得實狀。別處置或有乖錯。非國家所利也。若受賊中財賂。言語不實。則須重責。以懲姦欺。又言先於裴泊宅宿。且裴武久為朝官。其諳制度。裴洎身為宰相。特授恩私。必無未見而便宿宰相家。固無此理。昧劣於此兩人。猶不敢至是。況皆是詳練時事之人。計必無此事。必有搆傷裴洎裴武。陛下不可不察。上良久曰。誠有此理。事合從寬。更不用問。武得守其倍

武宗立。召淮南節度使李德裕為門下侍郎同中書門下平章事。既入謝。即進戒帝辨邪正。專委任。而後朝廷治。臣嘗為先帝言之。不見用。夫正人既呼小人為邪。小人亦謂正人為邪。何以辨之。請借物為諭。松柏之為木。孤生勁特。無所因倚。蘿蔦則不然。弱不能立。必附他

木。故正人一心事君。無待於助。邪人必更為黨。以相蔽欺。君人者以是辨之。則無惑矣。又謂治亂繫信任。引齊桓公問管仲所以害霸者。仲對琴瑟笙竽。弋獵馳騁。非害霸者。惟知人不能舉。舉不能任。任而又雜以小人。害霸也。太宗德憲四宗。皆盛朝。其始臨御。自視若堯舜。寖久則不及初。陛下知其然乎。始一委輔相。故賢者得盡心。久則小人並進。造黨與。亂視聽。故上疑而不專。政去宰相。則不治矣。在德宗最甚。晚節宰相惟奉行詔書。所與圖事者。李齊運裴延齡韋渠牟等。訖今謂之亂政。夫輔相有欺罔不忠。當亟免。忠而材者屬任之。政無他門。天下安有不治。先帝任人。始皆回容積纖微以至誅貶。誠使雖小過必知而改之。君臣無猜。則讒邪不干其間矣。

會昌中。德裕論侍講奏孔子門徒事狀。上言曰。今月十三日於延英殿。陛下謂臣等云。侍講稱孔子其徒三千。亦可謂之朋黨。臣等自元和以來。嘗聞此說。幸因聖慈下問。輒敢覼縷而言。西漢劉向言。昔孔子與顏回子貢更相稱譽。不為朋黨。禹稷與臯陶轉相汲引。不為比周。何則。忠於為國。無邪心也。臣常以鯀共工讙兜與舜禹雜處堯朝。共工讙兜則為黨。舜禹則不為黨。何者。共工讙兜相與比周。迭為掩蔽也。如賢人君子則不然。忠於國則同心。聞於義則同志。退而各自行己。不可交以私。是以趙宣子隨會繼而納諫。司馬侯叔向比以事君。不為黨也。公孫弘每與汲黯請間。黯先發之。弘推其後。武帝所言皆聽。汲黯雖與公孫弘並進。然庭詰云。齊人少情。譏其布被為詐。則知先發後繼不為黨矣。國史稱太宗嘗與房玄齡圖事。則曰。非杜如晦莫能籌之。及杜如晦至。竟從玄齡之策。此又同心圖國。不為黨也。何者為黨。漢書稱朱博陳咸相為腹心。背公死黨。東漢周福房植。各以其黨相傾。議論相軋。故漢朝朋黨始於甘陵二部。及其甚也。謂之

鉤黨。繼受誅夷。以王制言之。非不幸也。魏朝何晏丁謐依附曹爽。祖尚浮虛。使有魏風俗由茲大壞。此皆為朋黨也。略舉數節。以明其類。至於歷代朋黨。不可殫言。仲尼知季路之不免。子游譏子張之未仁。曾子罪卜商喪親無聞。夫子咎宰我鑽燧為久。惡既不掩。善固宜稱。此又不為黨也。班固稱周室既微。由是列國公子。魏有信陵。趙有平原。齊有孟嘗。楚有春申。抵掌而游談者。以四豪為稱首。於是背公死黨之議成。守職奉上之義廢矣。此四豪者。各有門客三千。而謂之黨。仲尼三千則不為黨。蓋仲尼之徒。惟務仁義。不以爵祿為貴。四豪之門。惟務譎詐。常以勢力相高。今侍講欲以奔走權勢之徒。攫挐名利之輩。比方孔門上哲。實罔聖聰。臣未知元和以來。所謂黨者。為國乎。為身乎。若以為國。則隨會叔向汲黯房玄齡之道可得行矣。不必聚黨成羣。以臣觀之。今所謂黨者。進則誣善蔽忠。附下罔上。歙歙相是。

態不可容。退則車馬馳驅。唯務權勢。聚於私室。朝夜合謀。清美之官。盡須其黨。華要之選。不在他人。陰附者羽翼自生。中立者抑壓不進。孔門顏冉豈有是哉。陛下以此察之。則姦僞自見。臣恐更有小人妄陳此說。輒舉事例。廣裨聰明。伏望陛下留臣此狀。時賜覽閱。所冀小臣瞽說。免惑聖心。臣不任懇激之至。謹錄奏聞。

宋真宗咸平六年。右諫議大夫田錫乞詢求將相狀曰。臣嘗讀唐太宗實錄。見李靖文武材略。隋將韓擒虎即其類也。靖每與擒虎論兵。未嘗不稱善撫之曰。可與論孫吳之術也。初事隋。為殿內直長。吏部尚書牛洪見而重之。曰李靖王佐才也。今國家自先帝平晉之後。與戎狄結隙。將相舊人。相次彫謝。邊鄙閭州縣屢為戎狄所陷。皇威不振久矣。時議乃以將相無人亦久矣。即不知今來朝廷公卿大夫間。有如韓擒虎與李靖論兵否。有人如牛洪知李靖有王佐才否。若有人能論兵。有人負王佐才。未審陛下知之否。有人善論兵。有人負王佐才。乃是帝王合先知之矣。自來皇城司差人探事。又別差探皇城司探事人。如此察探京城。民間事無鉅細。皆達聖聰。近又差朝臣為巡撫使。及差朝臣以點檢酒務名目出外採訪。所採訪之事。不過民間利病。不過官吏能否而已。即未聞委公卿大夫察訪善論兵之人。詢求有王佐之才者也。由是見所求者瑣屑。而所忽者遠大也。陛下若以宗廟社稷為憂。以生靈為念。即宜以遠大為務。求將相急也。臣每奉聖謨。令陳鄙見。仰祈英睿。特賜披詳。

仁宗時。參知政事范仲淹奏辯滕宗諒張亢疏曰。臣聞議論太切。必取犯顏之誅。保任不明。豈逃累己之坐。彝典斯在。具寮式瞻。臣自邊陲誤膺獎擢。擢任不次。遇事必陳。竊見故監察御史梁堅彈奏滕宗諒於慶州用過官錢十六萬貫。有數萬貫不明。必是侵欺入己。及邠州宴會并涇州犒設諸軍。乖越不公。至聖慈赫怒。便欲竄去。臣緣在彼目擊。雖似過當。別無切害。不曾有一兵一民詞訟。至於慶置邊事亦無疎虞。臣遂進諫。乞聖慈差官勘逐具與辯明。未銷挫辱。恐誤朝廷賞罰。又有上言張亢驕僭不公。臣亦乞根勘辯明。或無深過。如有大段乖越侵欺入己。臣甘同受貶黜。臣所以激切而言者。非滕宗諒張亢勢力能使臣如此竭力也。蓋為國家邊上將帥中。未有曾立大功可以威衆者。且遣儒臣以經略部署之名重之。又借以生殺之權。使彈壓諸軍。禦捍大冠。不使知其是人也。若一旦以小過動搖。則諸軍皆知帥臣非朝廷腹心之人。不足可畏。則是國家失此機事。自去爪牙之威矣。唐末藩鎮多殺害。逐去節度使。於軍中自立帥臣。而當時不能治者。由帥臣望輕。易於搖動之故也。今燕度勘到滕宗諒慶州一界。所用錢數分明。並無侵欺。其毀却涇州前任公用曆。勘到千連人。只稱有送官員等錢物。亦不顯入己。又是元彈奏狀外事。件所有張亢借公用錢買物事。未發前已還納訖。又因移任借却公用銀却留錢物准還。皆無欺隱之情。其餘罪狀。多未據實。其干連人。當盛寒之月。久在禁繫。皆是非辜。若令燕度勘問二人。既事非確實。必難伏辯。或逼令認罪。又是陛下近臣。不可辱於獄吏。或至錄問有辭。即須差官再勘。其合干人當轉不聊生。兼邊上臣寮見此深文。謂朝廷待將帥少恩。於支過公用錢內搜求罪戾。欲陷邊臣。且塞下州郡。風沙至惡。觸目愁人。非公用豐濃。何以度日。豈同他處臣寮優遊安穩坐享榮祿。陛下深居九重。當須察此物情。知其艱苦。豈可使獄吏為功。而勞臣抱怨。臣欲乞聖慈據燕度奏到事節。特降朝旨。差使臣二人賷去。取問滕宗諒張亢。如實是已犯。使仰承認。當議量情親斷。如別有緣由。亦具分析聞奏。候到見得別無枉抑。便可取旨斷遣。如有異同。即乞朝廷。別選官勘鞫。免致宛滯。其干連人。且乞指揮放出。知在。臣則已有不合保此二人罪狀。乞聖慈先賜貶黜。免令臣包羞於朝。受人指笑。儻聖慈念臣不避艱辛。尚留驅使。即於河東河北陝西乞補一郡。臣得經畫邊事。二一奏論。或補三輔近州。臣得為朝廷建置府兵。作諸郡之式。以輔安京師。臣之此請出於至誠。願陛下不奪不疑。況臣久為外官。不知輔弼之體。本是麤材。秖堪犬馬之用。若令臣待罪兩府。必辱君命。且畏人言。臣無任祈天望聖請命激切屏營之至。

仲淹又奏。雪張亢䟽曰。臣昨日見樞密院進呈張亢所奏。曾將公用錢回易到利息買馬及交鈔。乞與遊索之人。自甘伏罪。乞不追究遊索之人。取旨下燕度結案聞奏。臣伏覩編勑指揮。若將公使錢回易到別物公用。但不入已。更不坐罪。其張亢所奏二事。若未有發露。乃是自首。縱已發露。亦不入已。合該上項編勑指揮。臣昨與韓琦在涇州同使公用錢。曾為慶州簽判祕書丞馬倩身亡。本人家貧親老。與錢一百貫文。又涇州保定知縣大理寺丞劉繫礼丁父憂。家貧起發不得。與錢一百貫文。又彌州推官監環州入中陳珎度丁父憂。家貧無依。與錢五十貫文。又進士黃通來涇州相看。與錢五十貫文。並是一面將公使庫錢回易到利息相兼使用。即不曾侵使着係省官錢。自來邊上有公使錢處。為有前項條貫及有回易利息。但不入已。各是從便使用。今來若依編勑施行。則張亢自首與遊索人錢。不曾入已。又是燕度元勘外事節。朝廷自可指揮。不須却送入案。兼恐追尋元遊索之人。或在遠方。何時結絕。若不用上件編勑指揮。則臣與韓琦亦有上件與人錢物罪狀。須至自劾。昔人有言曰。法者聖人為天下畫一。不以貴賤親踈而輕重也。伏望聖旨送樞密院依詳編勑。及將臣與韓琦用錢事狀。并張亢所奏二事。二處定斷。以正典刑。

慶曆四年十二月。知潞州尹洙論公論朋黨繫於上意䟽曰。臣聞知賢而不能任。任之而不能終。於治國之道。其失一也。去年朝廷擢歐陽脩余靖蔡襄孫甫相次為諫官。臣知數子之賢且久。一旦樂其見用。又慶陛下得賢而任之。所慮者任之而不能終爾。以陛下知臣之明。脩等被遇之深。豈有任之而不能終哉。蓋聞唐魏元成既蒙文皇親為撰碑文以賜之。後有言其阿黨者。遂仆其碑。近世君臣相得。未有如唐文皇與魏元成者。間言一入。則存歿之恩不終。臣未嘗不感憤嘆息而不能已也。以是而論。則知任之為易。終之實難。可不慮哉。屬聞歐陽脩領使河北。臣以邊任之重。故不復以內外為疑。今又聞蔡襄出知福州。未審襄以親自請。為以過斥。若以過斥。豈當進其官秩。若以親請。則襄在京師。不三四年。已再省其親。士大夫去遠方而仕京師者。孰不思其親。豈獨襄得遂其私恩哉。則襄之不當出明矣。陛下優容諫臣。在唐文皇上。脩等之才。雖不愧古人。然所施為。未能少及於魏元成。則間毀之言。不必待其歿而後發也。伏惟念知之之已明。任之之已果。而終之之甚難。則天下幸甚。然臣愛脩等之賢故惜其去朝廷而不盡其才。如陛下待脩未改於初。則臣有稱道賢者之美。如其恩遇已移。則臣負朋黨之責矣。夫今世所謂朋黨甚易辨也。陛下試以所進用者姓名。詢於左右曰。某人為某人稱譽。必有對者曰。此至公之論。異日其人或以事見踈。又詢於左右曰。某人為其人營救。必有對曰。此朋黨之言。昔之見用。此一臣也。今之見踈亦此一臣也。其所稱譽與營救一也。然或謂之公論。或謂之朋黨。則公論之與朋黨。常繫於上意。不繫於忠邪。此御臣之大弊也。臣既為陛下建忠謀。豈復顧朋黨之責。但懼名以朋黨。則所陳之言。不蒙見采

此又臣之深慮也惟聖明裁察焉

樞密使副陜西安撫使韓琦乞别白朋黨狀奏曰臣竊聞已降詔書申誡朋黨此蓋陛下恢善治勸薄俗之深意也臣輒有管窺之見少思開助聖明竊以自古迄今人臣在朝有忠賢有奸邪有好公之人有挾私之黨既為性之不同則各以類而相附大凡忠賢與好公之人建一事補一官則必公其是非蓋是者言是非者言非唯在於公故政化可興而邦家是賴此乃善者以類而進不可謂朋黨若奸邪與挾私之人建一事補一官則必私其是非蓋是者言非非者言是唯在於私致使白黑不分而上惑主聽者真所謂朋黨也在聖君審而察之決而行之若有此等朋黨必望陛下重加貶責不可務寬俾其忠賢與好公之人以類而進奸邪與挾私之人以黨而退則朝廷清明朋黨自息也若但行詔諭未賜别白臣恐天下搢紳自今而後

欲建一善事稱一善人必再三思之曰得無涉朋黨之迹乎則中道而止矣縱有忠義之人不顧形迹建一善事稱一善人若惡之者譖于上曰此朋黨之為耳則善事與善人皆廢而不用矣惟陛下熟察而必行之天下幸甚

五年河北都轉運使歐陽脩論小人欲害忠賢必指為朋黨上奏曰臣聞士不忘身不為忠言不逆耳不為諫故臣不避群邪切齒之禍敢干一人難犯之顏唯賴聖明幸加省察臣伏見杜衍韓琦范仲淹富弼等是陛下素所委任之臣一旦相繼罷黜天下之士皆素知其可用之賢而不聞其可罷之罪臣雖供職在外事不盡知然臣竊見自古小人讒害忠良其說不遠欲廣陷良善則不過指為朋黨欲動搖大臣則必須誣以專權其故何也夫去一善人而衆善人尚在則未為小人之利欲盡去之則善人少過難為一一求瑕唯有指以為黨則可一時盡逐至如大臣已被知遇而蒙信任則難以他事動搖唯有專權是上之所惡故須此說方可傾之臣料衍等四人非有大過而一時盡逐弼與仲淹委任尤深而忽遭離間必有以朋黨專權之說上惑聖聰者臣請試辨之昔年仲淹初以忠言讜論聞於中外天下賢士皆爭稱慕當時奸臣誣作朋黨猶難辨明自近日陛下擢此數人並在兩府察其臨事可以辨也蓋杜衍為人清慎而謹守規矩仲淹則恢廓自信而不疑琦則純正而質直弼則明敏而果銳四人為性既各不同雖皆歸於盡忠而其所見各異故於議事多不相從至如杜衍欲深罷滕宗諒仲淹則力爭而寬之仲淹謂契丹必攻河東請急脩邊備富弼料以九事力言契丹必不來至如尹洙亦號仲淹之黨及爭水洛城事韓琦則是尹洙而非劉滬仲淹則是劉滬而非尹洙也數事尤為彰著陛下素已知此四人者可謂天下至公之

賢也平日閑居則相稱美之不暇為國議事則公言廷諍而不私以此而言臣見衍等真得漢史所謂忠臣有不和之節而小人讒為朋黨可謂誣矣臣聞有國之權誠非臣下之得專也然臣切思仲淹等自入兩府以來不見其專權之迹而但見其善避權也夫權得名位則可行故好權之臣必貪位自陛下召琦與仲淹於陝西琦等辭至五六陛下亦五六召之至如富弼三命學士兩命樞密副使每一命未嘗不懇辭懇辭之者愈切陛下用之愈堅此天下之人所共知臣但見其遜避太繁不見其好權貪位也及陛下堅不許辭方敢受命然猶未敢别有所為陛下見其皆未行事乃開天章召而賜坐授以紙筆使其條事然衆人避遜不敢下筆弼等亦不敢獨有所述因此又煩聖慈特出手詔指定姓名專責其條列大事而行之弼等遲回近及一月方敢略陳數事仲淹老練世事必知凡事難遽更張故其所

懷志雖遠大而多若迂緩但欲漸而行之以久其皆有效弼性雖銳
然亦不敢自出意見但舉祖宗故事請陛下擇而行之自古君臣相
得一言道合遇事便行更無推避臣方怪弼等欵陛下如此堅意委
任督責丁寧而猶遲緩自疑作事不果然小人巧譖已曰專權者豈
不誣哉至如兩路宣撫國朝常遣大臣况自中國之威近年不振故
元昊叛逆一方而勞困及於天下北虜乘釁違盟而動其書辭侮慢
至有貴國祖宗之言陛下憤恥雖深但以邊方無備未可與爭屈意
買和莫大之辱弼等見中國累年侵凌之患感陛下不次進用之恩
故各自請行力思雪恥緣山傍海不憚勤勞欲使武備再脩國威復
振臣見弼等用心本欲尊陛下威權以禦四夷未見其侵權而作過
也伏惟陛下睿哲聰明有知人之聖臣下能否洞見不遺故於千官
百辟之中親選得此數人驟加擢用夫正士在朝群邪所忌謀臣不

用敵國之福也今此數人一旦罷去而使群邪相賀于內四夷相賀
於外此臣所以為陛下惜之也伏惟陛下聖德仁慈保全忠善退去
之際恩禮各優今仲淹四路之任亦不輕矣惟願陛下拒絕群謗委
信不疑使盡其所為猶有裨補方今西北二虜交爭未已正是天與
陛下經營之時如弼與琦豈可置之閑處伏望早辨讒巧特加圖任
則不勝幸甚臣自前歲召入諫院十月之內七受聖恩而致身兩制
常思榮寵至深未知報效之所今群邪爭進讒巧而正士繼去朝廷
乃臣忘身報國之秋豈可緘言而避罪敢竭愚瞽惟陛下擇之
至和元年侍御史趙抃論邪正君子小人上言曰臣聞欲治之主得
人其昌左右前後皆盡賢正也謀謨讜言皆盡延納也忠厚鯁亮之
士日益招來便佞詭姦之徒日益擯絀播令風化日益流布朝廷中
外日益尊安若然富壽之域坐躋太平之象立見噫左右前後一日

不得賢正之人而為之輔翼雖堯之癯瘠舜之孜孜夏禹之克勤文
王之不暇食未如之何也已漢劉向謂正臣進者治之表正臣陷者
亂之基誠哉是言也在易君子道長小人道消於卦為泰其辭云上
下交而其志通也正臣非君子歟反是則於卦為否矣否之辭則曰
上下不交而其志不通內小人而外君子邪臣非小人歟此言為天
下者宜進君子而退小人也明矣谷永所謂帝王之德莫大於知人
者其有旨哉夫南面而聽天下也公卿百執事雜然滿前孰為正孰
為邪孰為君子孰為小人在聖人明眎而聰聽之精擇而慎柬之真
偽明白人焉廋哉大抵輔相樞機之任得正人也得君子也然後同
德而同心也則其下所謂邪者小人者靡然相與俛首帖耳以去而
徘徊所留亡幾矣鑒觀古昔信史備存有虞大聖人也任十六相世
濟德美檮杌饕餮流竄四裔民至于今稱之亡窮周成哲王也善有

旦奭則倚之不貳惡有管蔡則誅之勿疑故年七百而世三十也始
皇惑高斯之佞不能奪憖叔孫之才不能與秦嬴之敗曾不旋踵元
帝知恭顯之姦不能擯愛蕭望之之賢不能用炎漢之運從而衰下
唐太宗納房杜王魏之切議誅侯君集張亮之兇僻遂成貞觀之治
天皇聽敬宗之附會戮無忌之忠良終有易姓之禍其後元振朝恩
之擅權元載盧杞之竊倖代德之勢其危殆相繼不絕如綫茲誠用
人之得失莫不繫國之安危間分兩塗不可不辨恭惟陛下以上聖
之姿御神器之重開納忠讜纘承祖宗數路以求人一德以求治然
而邇來日星譴見聖衷焦勞蝗潦為災民力彫弊帑庾空窘戎狄窺
覦官冗兵驕風俗奔競今將治其弊安其危豈一人獨運於巖廊之
上而能致之哉當此時也謂宜博選忠直方正能當大任世所謂賢
人端士者遠得而亟用之位于丞疑輔弼之列朝夕獻替得嘉謀嘉

猷發為號令。使天下耳目聞見。太平之政。在今日爾。臣不勝大願。願陛下宸斷不疑。舉正以却邪。陟君子而黜小人。有為於可為之時。無因循後時之悔。則天下幸甚。宗廟之靈。社稷之福。此其時也。臣遠賤之迹。愚亡所能。唯思死節一誠。上報陛下採擢優奬之德萬分一二。臣無任許國竭忠激切待罪之至。

至和二年。知制誥劉敞論呂溱等補外上奏曰。臣伏以馭臣之道。在分別。邪正。正臣當親而近之。邪臣當踈而遠之。至於天下之人。亦皆以此窺朝廷。若正臣聚於朝。則姦雄屏息。治平可望。若邪臣聚於朝則僥倖競進。頓敗可待者。不可勝察也。臣伏覩朝廷太平積久。賢能衆多。然其間邪正亦雜有之。或愛君憂國。公正發憤。或朋黨比周。背公植私。亦有循默自守。不能為善。又不敢為惡。陛下臨御三十餘年矣。以上聖之資。監群下所為。固無遁形。固無隱情。然有可戒謹者。在此而已。凡正臣常難進而易退。邪臣常易進而難退。何以言之。正臣者。惟義所在。言則逆君之耳。是所以難進也。言或不用。不欲自顯。白事而去。是所以易退也。邪臣者惟利所在。言則逢君之欲。是所以易進也。行雖惡不顧禮義。名雖醜不知愧恥。患失之耳。是所以難退也。此兩臣者。願陛下參伍觀之。毋使當親者踈。當踈者親。則朝廷尊榮。而社稷安矣。近者翰林侍讀學士呂溱樞密直學士蔡襄繼出典郡。今又聞御史中丞孫抃翰林學士歐陽脩知制誥賈黯韓絳並乞補外。此六人等皆有直質無邪心。論議不阿執政。有益當世者也。誠不宜許之。使四方有以窺朝廷。而姦佞僥倖之雄。因而競起。此則邪正分別之一端也。臣以孤拙忝侍從。日夜思惟無以少裨聰明。恐陛下忽於正臣之易退。而忘左右前後直道之不容也。臣不勝其愚。謹獻所聞。惟賜采擇。

言事御史馬遵論欲用忠賢當去左右之私言上奏曰。臣聞自古六君皆欲求忠以自助。求賢以自為。然而治少而亂多者。蓋其所謂忠者不忠。而賢者不賢也。故知人則哲。堯舜其難。今陛下至仁求治。堯舜之用心也。其於知人亦不為易。必欲得忠賢而用之。莫若去左右之私言。采中外之公議。則其人可知矣。知而用之。則朝廷無事。而天下太平矣。狂言聖擇。或補萬分。

英宗眷遇右司諫同知諫院傅堯俞。嘗問曰。多士盈庭。孰忠孰邪。堯俞曰。大忠大佞。固不可移。中人之性。繫上所化。英宗納其言。

神宗初立。以吳奎為參知政事。時已召王安石。辭不至。帝顧謂侍臣曰。安石歷先帝朝召不起。頗以為不恭。今又不至。果病耶。有所要耶。曾公亮曰。安石文學器業不敢為欺。奎曰。臣嘗與安石同領群牧。見其護前自用。故為迂闊。萬一用之。必紊亂綱紀。乃命知江寧。奎又嘗進言。陛下在推誠應天。天意無他。合人心而已。若以至誠格物。物莫不以至誠應。則和氣之感。自然而致。今民力困極。國用窘乏。必俟順成。乃可及他事。帝王所職。惟在於判正邪。使君子常居要近。小人不得以害之。則自治矣。帝曰言堯時四凶猶在朝。奎曰。四凶雖在。不能惑堯之聰明。聖人以天下為度。未有顯過。固宜包容而不可使居要近地爾。帝然之。

帝召問集賢校理開封府推官滕元發治亂之道。元發對曰。治亂之道如黑白東西。所以變色易位者。朋黨汩之也。帝又曰。卿知君子小人之黨乎。曰。君子無黨。辟之草木。綢繆相附者必蔓草非松柏也。朝廷無朋黨。雖中主可以濟。不然。雖上聖亦殆。帝深以為名言。太息久之。

熙寧初。王安石為翰林學士。一日講席群臣退。帝留安石坐。曰。有欲與卿從容論議者曰言唐太宗必得魏徵劉備必得諸葛亮然後可以有為二子誠不世出之人也安石曰陛下誠能為堯舜則必有皋夔稷卨誠能為高宗則必有傅說彼二子皆有道者所羞何足道哉以天下之大人民之衆百年承平學者不為不多然常患無人可以助治者以陛下擇術未明推誠未至雖有皋夔稷卨傅說之賢亦將為小人所蔽卷懷而去爾帝曰何世無小人雖堯舜之時不能無四凶安石曰惟能辨四凶而誅之此其所以為堯舜也若使四凶得肆其讒慝則皋夔稷卨亦安肯苟食其祿以終身乎

熙寧元年安石論孫覺令吏人書寫章疏上奏曰臣今日蒙宣諭以孫覺令吏人書論列大臣章疏臣初亦怪其不能謹密但疑此朋友所當誨責非人主所當譴怒既又反覆思惟陛下以覺為可聽信故擢任諫官進賢退不肖自其職分所當論列雖揚言於朝以迪上心

於義未為失也但令吏人書寫章疏誠不足以加譴怒凡人臣當謹密者以君子小人消長之勢未分言有漏泄或能致禍如其不密則害將及身若遭值明主危言正論無所忌憚亦何謹密之有乎唯有姦邪小人以枉為直懼為公論之所不容則惟恐其言之不密若得此輩在陛下何所利乎若陛下疑覺有交朋黨之私招權之姦則恐威德之世不宜如此魏鄭公以為上下各存形迹則國之興廢或未可知若陛下不考察邪正是非而每事如此猜防則恐善人君子各顧其迹不敢盡其忠讜之言而姦邪小人得伺人主之疑以行讒慝也若陛下恐陳外之聞此或不安臣亦以為不然漢高祖雄傑之主也然鄂千秋論相國蕭何功次而高祖不疑乃更加賞亦不聞蕭何以此為嫌陛下聖賢高遠自漢以來令德之王皆未有能企及陛下者每事當以堯舜三代為法奈何心存末世猜吝之事乎書曰任賢勿貳去邪勿疑不明知其賢而任之以為賢不明見其邪而疑之以為邪非堯舜三代之道也陛下以臣為可信故聖問及之臣敢不盡愚今日口對未能詳悉故謹具劄子以聞

上嘗從容語及知人之難右正言供諫職孫覺曰堯以知人為難終享其易蓋知人之要在於知言人主用臣之道任賢使能而已賢能之分既殊任使之方亦異至於所知有限量所能有彼此是功用之才也可以處外而不可以處內可以責之事而不可以責之言陛下欲興太平之治而所擢數十人者多有口才而無實行臣恐日浸月長彙征增進充滿朝廷之上則賢人日去正人日遠其為禍患尚可以一二言之哉願觀詩書之所任使無速於小利近功則王道可成矣

覺又上奏曰臣前日獲奉清光親承聖諭以知人為難臣時倉卒以對不盡所懷退竊私喜聖諭及此則以同符帝堯天下幸甚夫堯以

神明之德睿聖之資而以知人為難故四凶舜禹雜處其朝而終能辨之知所信任蓋天下之事難之則易易之則難堯以知人為難故終享其易而成巍巍之功季世之君易於知人信任偏蔽以致禍敗者不可勝數臣竊惟孔子曰不知言無以知人中庸曰取人以身脩身以道然則知人之要在於知言知言之方在於脩身而務學群臣進見者其言亂雜而不一其情隱伏而難知倉卒須臾之間未可以試之而見也人主苟能貫乎聖人之道通乎天下之理則言出而知其所指事至而要其所歸譬之權衡不可欺以輕重法度不可欺以長短苟為不學而燭理不明物來則眩矣尚何人之能知哉陛下躬上聖之資兼孔孟之業固足以燭萬務而察群下之情臣願陛下益聞所未聞見所未見使天下之理明白昭晰心如定鑑不將而不迎則賢不肖判然君子小人辨矣惟留神財幸

二年覺又論不當召對小臣詢兩府臺閣人物上奏曰臣聞近者召對臣僚雖或疎遠微賤陛下亦霽天威賜以清閒此固聖主好問盡下推誠不疑甚盛之德也或聞進對之間陛下時時論及人物上自兩府大臣下至臺閣新進使之區處題品此雖陛下廣其聰明不專一人之言以為信但欲周知羣下之智能長短情狀曲折然臣竊以謂知人堯舜所難孔子亦曰不如鄉人之善者好之其不善者惡之得對之人未必皆賢而公其好惡既令才識可采亦未必盡知人之明閒荅之際陛下不能不微見聖懷流俗之情多事容悅苟所喜者飾其賢觀所惡者詆其醜或陛下少加酧對必漏其所言大臣聞之必懷顧慮小臣聞之必事朋黨臣以謂人主不得不知群臣之忠邪人才之高下苟於侍臣從官之中忠信篤實而好惡不私材資敏明而鑒裁不眩者時賜考察參伍其人亦不至於失士

知諫院楊繪上奏曰臣竊以人君之所難者其惟知人乎人藏其心非察其言之可采必觀其行必試其事然後其才能可得而用矣虞書曰萬方黎獻共惟帝臣惟帝時舉敷納以言明庶以功車服以庸此之謂也恭以百寮轉對不行者十數年陛下即位首復其事此真明目達聰兼視廣聽之術也然而止取其名乎將取其實乎如取其名則書之史冊傳之四方亦足以為美矣如取其實則今之轉對者前一日入奏于上閤至其日再拜於上前而退則所奏之事有可採者或假手於人若因而進用之則偽濫者何由而旌別乎欲乞先觀其言設有可采即於轉對之時召而訪以事閱其能否真偽之狀既審其可用仍未可以言而遽進之先命之以事而觀其才用之實而擢於位如此則數奏以言明庶以功車服以庸之典復行於今日

四年繪權御史中丞又上奏曰臣竊以知人之難雖聖人不免有失如堯之為君可謂聖人矣禹曰知人則哲能官人惟帝其難之能哲而惠何憂乎驩兜何遷乎有苗何畏乎巧言令色孔壬此言堯亦難乎知人也如孔子之為師可謂聖人矣曰以言取人失之宰予以貌取人失之子羽則孔子亦難乎知人也夫知人之道古聖人以為難而不免有失則今之人不逮於古聖人者其得自謂無難無失乎然在察於衆而不以一己之愛憎而定人之賢否則知人庶乎其無失者矣恭惟陛下聖德天縱負知人之哲苟知之則用之無不當然天下百官之衆豈能盡出於聖知乎則必責在宰相也今居宰相之任者獨王安石臣謂其人之文章之德行之政事信為宰相唯於知人之道或恐不能無失焉以臣之愚而觀之其得失在於以一己之愛憎而定人之賢否而已臣請以既往之事明之只如呂公著者王安石始而愛之遂力薦之以為天下之賢也一旦言青苗不便終而憎之遂

力排之以為天下之不賢也陳升之者王安石始而愛之遂力薦之以為天下之賢也一旦言乞罷條例司遂力排之以為天下之不賢也韓絳者王安石始而愛之遂力薦之一旦於陝西捲助役錢榜終而憎之遂力排之以為天下之不賢也薛向者王安石始而愛之遂力薦之以為天下之賢也一旦言助役錢不便終而憎之已沮之効之矣非遠必將力排以為天下之不賢也至於李常之類不可勝紀其始徇我則愛之薦之以為賢其終違我則憎之排之以為不賢知人之道豈若是哉然既往之事不足復議臣之所憂者在於將來也安石之位今已為宰相則尊於往時矣其勢也漸而專矣人知徇之者得路則刻薄者望風而進矣人知違之者得怒則阿諛者登門而附矣以阿諛而被用者唯富貴是圖必無正人之理以刻薄而受知者唯沽激是務必無愛人之道戾之者日去順之者日衆戾之者日

者則其間或有守之君子也順之者日衆則其間或詭隨之小人也陛下之任安石也如此而安石不能知人愛人之徇己也而憎人之違己也如此雖陛下保安石必不作過若萬一有擅權專恣之事既附之者衆而無敢違之者則陛下何由而知乎縱安石實不作過若萬一有思慮不及之政事而行之有害於時者尚何人敢與安石言之乎觀其愛人之徇己而力薦之憎人之違己而不肯用雖有敢言之者安石其肯舍己而迴乎上孤而下執臣之所憂在乎將來者此也臣願陛下體察安石於知人之道未盡凡百除注無只信其愛憎而更參之於衆人則天下幸甚臣未受命爲御史中丞以前未嘗敢以一言上聞誠知陛下信之之篤徒以取憎於執政也今既受命爲御史中丞矣則不憚誅譴而言之乃其職爾臣每聞其門下人議論但稍有違安石意者遂相與呼爲流俗之議也以今觀之流俗之議安可

忽諸無使將來之視今日或有如今日之視去年也邊事外也民政內也外憂如皮膚內患如心腹可得謂之必無矣臣謂今日之後只有順之者而無復有忤之者不同於既往也乞陛下以宗廟社稷爲念以天下生靈爲念而無重違安石一人之意凡百除注或有未得知人之美者乞參之於衆人或出於聖斷裁正之

三年知開封府鄭獬上奏曰臣比者進對伏蒙陛下稱臣攝尹京府爲治甚好百姓便之臣內惟承乏纔四十餘日實無善狀可副陛下褒諭之意故不敢祇拜以謝又以隆暑日旰不敢久對是以私懷鬱塞恐慄而不安臣才能朽下安能治劇夙夜勉強粗免罪戾若曰百姓便之萬無此理且所謂便之者蓋知其閭里之疾苦除弊興利使元元之衆去愁歎而就安佚庶乎可也今臣於此未有毫髮則百姓何便之有然不識陛下從何而得之陛下聰明好問縣逮訪於下多言者或以此譽臣此妄譽也當其進言時陛下何不使條臣所行便民之事彼必窮而無對設使有對且實則陛下亦當深察之然後以爲信今臣無是而陛下遽信之如有以臣不肖而毀之者陛下亦必聽之矣何則善惡之來不考其實既容妄譽必亦容妄毀此臣不敢喜而有懼也昔者列子居鄭客有言之於鄭子陽子陽遺之粟列子再拜而辭曰君非自知我也以人之言而遺我粟至其罪我也亦必以人言則吾所以不受也臣雖至愚安知陛下不以妄毀而黜臣哉故帝王聽納之際不可不察不察其實則天聽可得而欺蓋臣乘之以逞其欲於是以白爲黑以是爲非附己者進背己者斥分布朋類彌縫其失使朝廷之上惟聞黨人之論而不知有天下公議善乎孟子之言左右皆曰賢未可也諸大夫皆曰賢未可也國人皆曰賢然後察之見賢焉然後用之左右皆曰不可勿聽諸大夫皆曰不可勿

聽國人皆曰不可然後察之見不可然後去之如此則當進者無苟得之幸當退者無私歎之恨進退各當其分又孰有致疑於其間者哉伏願陛下高視遠照毋牽私言使天下曉知毀譽之不能亂政則非獨臣之願實天下之願伏候進止

獬又奏曰日者陛下陞黜大臣出於獨斷二府不得與謀中外聞風莫不震動伊鬱之士至有通夕不寐拊髀而起躍者以爲自天禧已來五六十年間未有此等事攄祖考之宿憤快四海之公議則孤立特出之臣可以出氣以高眡於天地間矣然而慶於始者未必不憂於後見於微者未必不昧於著今進退之柄在於宰相無雄傑跋扈之志竊取其柄以植私家故陛下一日攝而歸己此不爲難而所以爲難者乃在知人昔堯之聖猶曰知人惟帝其難之則　而役愈爲難矣今賢不肖雜然以進深情厚貌言與行違陛下　聰明焉能

揆其肝膽而辨其眞偽乎。辨之術則莫若試之。凡陛下所得士未宜使驟褒擢。如曰我能治民。則且試之治民。如曰我善治財。則且試之治財。如曰我善爲禮。則且試之爲禮。如曰我善爲樂。則且試之爲樂。凡其所長者。宜從其長而用之。用之有效。群臣以爲然未也。大臣以爲然亦未也。陛下察之。見其有效。然後賞之。如其不然。則宜黜之。賞罰明而人自勸。雖堯舜不踰於此。則其知人者豈不爲難乎。既用其賢矣。時以不肖者參焉。既用其智矣。時以愚者參焉。於是黑白淆亂。邪正倒置。則天下之事去矣。昔者秦始皇自侈。以爲天下無賢。及漢祖之起。蕭張韓黥乃秦之棄士也。隋煬帝自大。亦以爲天下無賢。及唐宗之起。而房杜英衛乃隋之棄士。今天下之廣。豈無賢者。惟無棄士以資敵人乃幸矣。然陛下既得士。宜用其所長。在三司者。則宜擇錢穀吏。尹京者。宜擇通政事之臣。在御史。宜擇強毅之臣。在侍從。宜擇文學通古今之臣。如此則才盡其所蘊。而官宿其所業。天下之事不舉者。未之有也。故舜之命夔典樂。則不復典禮。命禹作司空。則不復作司徒。命稷播農。則不復作士。以夔禹之賢。而不能兼二事。況以庸庸之材。而欲兼天下之任可乎。故今世不爲官擇人。而爲人擇官。惟履踐之多。則爲大臣。不問其治與不治。此天下所未能沛然也。今天下之士。如有自薦。或因大臣所舉。且試召之。使論其事。而觀其蘊。然後命之以職。試其所爲。如此。則焉廋哉。

御史知雜劉述乞假監司之權令察守令狀曰。臣嘗謂天下守宰如一一得人。則和氣可以立召。太平可以力致。不爲難也。何以言之。朝廷若差除守宰。多限以資級。未能周知其人善惡。及臨事之際。方見其才之短長。德之良否耳。能周知而習見者。必也監司之官乎。設有一人。其資性既醇謹。其持身亦清廉。柰何才識短謬。不能燭知義理。區別淑慝。而使之居守宰之任。則下得侵其權。吏得縱其姦蠹蠹細民受弊而無告矣。復有一人狡猾貪汚。而能屬託吏胥。彌縫上下。陰爲姦贓。不見其迹。斯二人者。人皆知其不可以長民矣。而爲監司者雖欲發擿而斥逐之。而無實狀可得。且復懼爲反噬。隱忍而不敢爲。閒或能直以不才貪猥之說。聞于朝廷。萬一聽而罷黜之。旋踵之閒則冤懟之聲已聞於上矣。醜言巧詆。隨而加諸。朋姦之人。互爲掎摭。無幾何。則職任復舊矣。彼監司者懲其若是。既不能有所裨益。未若苟簡循默之爲宜也。爲監司計則得矣。爲朝廷計。則非天下之福也。伏望聖慈深鑒此弊。少假監司之權。使得竭忠悉慮。精察守宰有如前所謂二人者。爲衆所惡。當深譴而痛繩之。投諸四裔可也。終身不齒可也。而其事權可不假借之乎。監司得其權。則郡縣綱紀既舉。而民受其賜矣。然則監司事權。朝廷既假借之。則推擇之閒。不可不審也。願陛下深詔政府。精選轉運使提點刑獄。唯人是求。不必限以資序。即得其人矣。可以責之力振風教。審覈官吏。使弱不勉者不敢怠其職。剛暴失中者不敢肆其情。農桑勸而孝悌興。徭賦均而獄訟息。然後間下特旨。令於守宰中擇有豈弟之政。吏畏而民愛。事狀灼然者三兩人。密加薦拔。特與增秩賜金。使之再任。或陞擢任使。如此則郡縣有中和之政。監司有澄清之功。行之不疑。當見其效。

元豐間。以司徒致仕富弼論辨邪正上奏曰。臣伏蒙聖造擢寘宰司。雖步履尚艱。稍稽入覲。屢得寬告。踧踖私門。然不敢安居。常思當今切務。欲伸報塞。而事頗紛綜。固非筆墨可盡。今且以一事最大者。仰塵天聽。伏惟聖慈更賜裁察。夫君臣之道。本是一體。君者元首也。執政者股肱心膂也。諫臣御史侍從論思者耳目也。內外群有司者筋肌支節血脈也。體若具備。方能成人。爲君者上下之官。亦具而無闕

方能成國者正如爲人之體也人之體一脉不和則爲疾矣君之國
一官不和則爲害矣體之不和爲疾最大者股肱心膂也國之不和
爲害最大者執政也夫執政者輔贊萬機爲國大臣日至君前議論
天下大事賞善罰惡進賢退不肖喜怒繫乎人情之舒慘邪正繫乎
朝廷之盛衰是執政者天下之所觀望群有司之所師表也執政不
和則群有司安得而和哉群有司不和則萬務安得而治哉萬務不
治則天下之民受其弊矣民既受弊則國家衰亂隨之此萬萬必然
之理也是故爲國者欲求治且安非天下人和不可也欲天下和
非執政先和不可也執政者乃朝廷教令之所出而天下治亂之所
繫也安得不和也尚書皐陶曰同寅協恭和衷哉周武王曰紂有億
兆夷人離心離德予有亂臣十人同心同德康王曰三后協心同底
于道夫三后皆當時聖賢此足見聖賢若不和亦不能同致其道也

且夫執政者和則類無猜嫌所論皆合事必極其理盡其善然後行
下人固悅服而稟從之承流宣化風動草偃遂使天下蒙其利則豈
有不治而安者乎及其至也乃能致昇平而令國家享祚於數百年
者矣昔西漢陳平爲右相周勃爲左相既誅諸呂平以勃功高遂以
右相推勃及平對文帝決獄治粟事有條理勃自知能不如平復推
平爲右相也唐太宗召宰相房喬以杜如晦能斷大事如晦復謂喬
善嘉謀而太宗卒用喬策茲四相者非用心至和以天下爲任安肯
互相推讓爲國遠慮如是其切而不自爭勝耶此乃臣前所謂執政
者和則致時昇平使國家享祚數百年之明効也若執政者不和則
議事之間動有疑貳或忿爭於官府或辯列於君前咸蓄不平之心
必無至當之論假使強自牽合終成乖戾互相厭苦終致傾擠門下賓
朋助爲搖撼彼此窺伺是非紛拏忿逞私憾之嫌何卹公家之事既

行於下人不悅服而不肯稟從淪胥展轉遂至天下受其弊則豈有
不衰而亂者乎其甚者至有賈禍召亂爲國大患而不可救者矣昔
唐憲宗相裴度時方鎮跋扈度勸帝用兵諸道叛亂者悉皆歸服憲
宗遂成中興之業王室大振既而悞用李逢吉大姦邪嫉度功業令
門下朋黨號八關十六子者興造謗訕百般中傷以至撰作謠讖謂
度有天分憲宗既惑度遂罷去尋致河朔徐汴再陷賊庭王室復弱
矣僖宗用鄭畋盧攜爲相爭黃巢邀請節旄事攜以畋語至切遂拂
袂投硯而起喧於都下然衆議畋語爲是攜議爲非時又用宰相王
鐸爲都統出討黃巢攜大不悅益固執不與巢節旄只授以率府其
意欲激黃巢之怒使鐸不成以快己志殊不以天下安危爲慮而僖
宗不明終用攜議巢果大怒擁衆百萬自嶺表橫行天下是時大亂
無一州一縣不用兵者俄而兩京陷沒僖宗幸蜀生民塗炭之極自

古無比久之巢雖漸敗而朱溫自巢軍投來終移唐祚自號大梁茲
二相者營私徇己用心不公擠陷忠良敗壞時政或翦弱王室或覆
亡宗社爲臣至此隕族何償此臣前所謂賈禍召亂爲國大患而不
救者之明效也以此是見執政者和與不和實繫乎天下治亂之本
存亡之機也如人股肱心膂之病可以喪其生也至於諫官御史侍
從論思及內外群有司者亦不可謂其職小而容有不和也苟有不
和則如人耳目筋肌支節血脉之疾安得爲其小而不治之使和平
哉周武王曰紂有臣億萬惟億萬心予有臣三千惟一心夫三千者
舉其內外官也成王曰庶官惟和不和政厖禮曰和者天下之達道
也漢劉向亦曰衆賢和於朝則萬物和於野昔賢又以烹調鼎鼐更
張琴瑟操執轡駁合煉藥石設於方以爲諭者或大或細未有不以
和爲主也爲君者不可不察也不可不審其所擇也夫內外大小之

官所以致其不和者何哉止由乎君子小人並處其位也盖君子小人方圓不相合曲直不相投貪廉進退不相侔動静語默不相應如此而望議論恊和政令平允可得邪安可幸而致邪易泰卦君子道長小人道消則時自泰矣否卦小人道長君子道消則時自否矣若使君子小人並位而處其時之否泰必無兩立之理君子常寡小人常衆則小人必勝君子不勝君子不勝則奉身而退樂道無悶萬一小人不勝則陰相交結互為朋黨駕虚鼓扇白黑雜揉千岐萬轍眩惑主聽必得其勝而後已小人既勝則益復肆毒梟心逞志無所不為所以自古泰而治世少否而亂世多者亦止乎小人常勝君子常不勝之所致也小人但能亂不能致治若小人或能致治則易更九聖必不於小人道長之時謂之為否也凡六十四卦三百八十四爻大抵諸聖以意象配君子小人而為善惡至多不可悉數也易曰小

人不恥不仁不畏不義不見利則不勸不見威則不懲夫小人者聖賢無不鄙而惡之故易曰小人而乘君子之器盗思奪之矣詩曰憂心悄悄慍於群小此皆聖賢鄙惡小人之甚者也書曰君子在野小人在位民棄不保天降之咎此謂用小人則民叛而天降災也仲尼曰君子中庸小人反中庸荀子亦曰君子小人相反也夫小人所為既與君子相反矣則安可使之並處哉所議安能得其恊和哉夫天子無官爵無職事但能辨別君子小人而進退之乃天子之職也自古稱明王明君明后者無他惟能辨別君子小人而用舍之方為明矣至於煩思慮親細故則非所以用明之要也夫前車者後車之所望也古事者今事之所鑒也仲尼删書於堯舜大禹皆稱曰若稽古傅説戒高宗亦曰事不師古以克永世匪説攸聞恭惟皇帝陛下稟上聖之資嗣累朝之基纘服未久勤勞已至更望考前世盛衰治亂之

迹近代安危存亡之機凡於選求力辨邪正所喜者未可遽用所怒者未可遽棄之禮曰愛而知其惡憎而知其善者是也又人所毁者未必為惡人所譽者未必為善仲尼曰衆惡之必察焉衆好之必察焉者是也孟子尤於進退之説至詳齊宣王問曰吾何以識其不才而舍之孟子對曰國君進賢如不得已將使卑踰尊踈踰戚可不慎歟左右皆曰賢未可也諸大夫皆曰賢未可也國人皆曰賢然後察之見賢焉然後用之左右皆曰不可勿聽諸大夫皆曰不可勿聽國人皆曰不可然後察之見不可焉然後去之夫一國之人皆曰賢皆曰不可亦不可以謂之出於衆議而不可不從之也孟子尚以謂未可信而進退之猶須躬自察焉直俟王親見其果賢則用之親見其果不可則去之此所以大防姦人朋比毁正譽邪也亦所以防偏見者以丹素甘辛而好惡之差也盖恐用捨或爽則所損多也實慎之

至也苟如是而失之者尚恐不免然亦鮮矣陛下君臨天下必不得如孟子之辭盡聞天下所議論若夫左右之説及在廷諸人之語則皆可聞之矣然固未可遽信而遽行更在博詢而參校之也所詢者須詢於可詢者也詢之必不肯誤陛下也若詢及姦險浮薄不正之人則向所謂愛憎毁譽偏見者皆有焉有之則邪正錯亂是非混肴陛下至英至睿亦莫得而辨之也茲事雖自古聖王亦以為至難皋陶曰在知人在安民禹曰惟帝其難之帝謂堯也仲尼獨取堯舜比之如彼尚以知人安民為難况自堯而後者哉由是而語陛下可不慎之慎之又慎之大抵有天下者得人則治而安不得人則亂而危至甚則又繫乎存亡也臣前所援據特一二而已但且欲證臣狂瞽非臆説也其有在方策者比比皆是不可殫引陛下開卷則見之矣惟望慎之慎之又慎之也臣昨蒙陛下召從儕左之外起於衰病之

中。秖是念其舊人。授以國柄。辟不獲免。夙夜驚惶。若非傍假衆賢。共成大政。則臣虛薄老朽。立見敗事。况夫四海至廣。萬機至煩。更藉天下之才。以濟天下之務。所以不避煩瀆之罪。願陛下持古鑒今。選賢與能者。乃犬馬之至誠也。惟聖情開納。則非臣之幸。乃宗廟之慶。生靈之福也。臣死罪死罪

彭汝礪論列樂士宣等奏曰。臣伏覩禹戒舜曰。謹乃在位。帝曰。俞。禹曰。安汝止。臣竊惟舜在深山之中。聞一善言。見一善行。沛然行之。若决江河。堯歷試諸難。登陟帝位。聰明睿智。足以有臨。禹猶訓戒之。安其好惡之所止。蓋雖聖人。未能無過。賴左右正人。昌言嘉謀以補闕失。共惟陛下聽政之初。與大臣論大行太皇太后盛德。自古無也。謚法。數字豈能盡。有以知陛下以儉素為高行。以愛民為先務。擢知開封府錢勰持疏决上前。陛下乃閔矢傷審盜賊。詢禁繫。有以知陛下

明治道之大體。吏部侍郎引見改官。選人內有决殺人者。乃命展一任。有以知陛下存好生之德意。聖語一出。疾於郵置之傳。中外臣庶。惘不悅服。實社稷之長福。天下之至願也。近聞樞密院劄子。發遣左藏庫副使京東西路都監樂士宣供備庫副使滑州管勾浮橋黃經。左藏庫副使催促裝卸石段王臨。西京左藏庫副使山陵脩奉所勾當蘇　等赴闕。並特與入內內侍省東頭供奉官寄資供職。方陛下獨覽萬機。九州四海。群黎百姓。拭目傾耳以俟陛下之施為。以窺陛下之好惡。宮闈灑掃之臣。內外侍省豈乏是哉。臣俯伏思惟明道年中。章獻明肅皇后上仙。七日。仁宗皇帝召見李迪。起復章得象聽政。五日。詔內外毋得進獻以祈恩澤。及緣親戚以通章表。若傳宣有司實寢。奏內降除官及與差遣。即未得行。裁抑僥倖。中外大悅。未御正殿。召宋綬于河南。還范仲淹于重州。黜內侍江德明羅崇勳等于外。

仁宗臨治之始。能安其好惡之所止。動則天下丕應。在位四十二年。以昭受上帝之休。陛下勉聽羣臣之請。躬臨正宁。未聞褒召賢德。旌顯端士。亟還頗僻已試之內臣。非所以示美德於天下。臣竊為陛下惜。陛下留神大禹戒舜之言。若稽仁祖聽治之意。令士宣等各歸本任。仲虺稱湯之德曰。改過不吝。故能聖敬日躋。為百世之盛王。惟陛下財擇幸甚。臣謬職從官。與侍經幄。苟有所見。豈宜緘默。僭冐上陳。冀聖德萬一之助。臣無任惶懼戰越待罪之至。謹錄奏聞。

汝礪再論列樂士宣狀奏曰。臣今月初五日論列樂士宣等事理未聞指揮施行。臣俯伏惟念大行太皇太后奄棄大養。陛下初攬政事。唯登進正直。斥遠姦邪。講求國弊。俗究民瘼。是朝廷之先務。天下之顧望也。陛下曾未及此。亟召士宣等赴闕。及王毅之徒入內。殆非仁宗皇帝聽政家法。中外臣庶為之太息。陛下好惡之端。輕發於此。纖

猾小人。將投間而亂政。此天下治亂之幾。社稷安危之漸。不可不深思而熟計之。臣所以不避鈇斧之誅。冐聞天聽。書曰。有言逆于汝心。必求諸道。有言遜于汝志。必求諸非道。伏望聖慈特留睿念。廣堯帝捨己從人之量。虛商湯從諫弗咈之心。早賜指揮檢會臣前奏付外施行。臣不勝大願。干冐宸嚴。臣無任惶懼戰越待罪之至。

元豐元年。知樞密院事呂公著乞選用前日議論之人不終遺棄上奏曰。臣聞皐陶陳謨。以知人為難。孟子論道。以知言為要。所謂知人則哲。能官人。何憂乎驩兜。何畏乎巧言令色孔壬者。知人也。詖辭知其所蔽。淫辭知其所陷。邪辭知其所離。遁辭知其所窮者。知言也。故曰。帝王之德莫大乎知人。而成敗之機在於察言。是以堯舜在上。明目達聰。詢四岳以難任人。命納言以聖讒說。使惡直醜正者不能亂天下之俗。服讒蒐慝者不能遷人主之意。然後四門穆穆。而朝廷清

明權歸於上。而天下無事。臣向蒙陛下擢在樞府。中謝曰。不敢縷陳細務。輙論及判別忠邪之道。嘗謂陛下勵精為治。十年不懈。小大政事。日欲增葺。而朝廷之間。邪說尚勝。大抵小人之害君子。必求要切之語。以中之。使之不能自解。方朝廷修改法度之初。凡在朝野。孰無論議。陛下聖度兼包。豈嘗記錄。而小人賊害指目未已。苟昔有異同之論。而今不為言者所容。則必指以為沮壞法度之人。不可復用。非陛下加意覺察。則端人良士類遭排格。當時粗陳此語。陛下頗賜開納。近日除顧臨開封府推官。程顥判武學。縉紳聞之。皆以為顥昔任御史。嘗有所言。陛下不以為過。有稍用之意。朝廷用人不終遺棄。必料傳之四方。士人無不欣仰。然命下數日。復因言者而罷去。則知臣前所陳者。其風猶未殄也。臣實不佞。嘗為一二識者私道陛下盛德竊以為陛下春秋鼎盛。履崇高之位。操生殺之柄。而記人之功。忘人

之過。極天地山海之量。此羣下以愛戴。而人人願立於朝也。小大之臣。雖姦回傾僻如鄧綰者。猶降責不踰年遽復侍從。授以方面。則是盛明之世。本無棄絕之人。邪正賢不肖。亦未易以一言而定也。臣愚以謂今日公卿士夫。嘗於朝廷法令有所可否。然其愛君許國之心愈久而愈明者甚衆。其唱和雷同。承迎附會。而姦言汙行。卒為陛下所照者。蓋亦不必然。則人固未易知。而士亦不可忽也。況如顥者。陛下早自知之。其立身行己。素有本末。講學論議。久益疏通。且其在於言路之日。時有論列。皆辭意忠厚。不失臣子之體。使得復見用於聖世。其奮身報國。未必在時輩之後。兼所除武學差遣。亦未為仕宦之要津。而小人斷斷必以為不可者。直欲深梗正路。廣沮善人。其所措意。非特一二人而已。臣區區所慮者讒說殄行之徒。日以熾盛。則守正向公之士。愈難自立。其於聖政。不為無損。臣受恩與常人不同。苟

有所當言。不敢顧避緘黙。以負陛下優遇。惟陛下幸察。

歷代名臣奏議卷之一百五十四

歷代名臣奏議卷之一百五十五

知人

宋哲宗元祐三年，尚書左丞王存乞明論朋黨所在狀曰：臣今月十八日，同三省延和殿奏論王覿罷諫議大夫除外任差遣事，伏蒙陛下宣諭：近日朝廷煞有朋黨。臣與呂大防等奏：陛下所謂朋黨，乞明示臣等，庶知懲戒。既而不蒙宣諭。臣退竊恐悚。蓋朋黨者，附下罔上，紛亂邪正，眩惑視聽，陰為姦利，此人臣之巨蠹，萬世主所深惡也。漢之黨事始於甘陵二部，浸淫不已，至于衣冠塗炭垂二十年。唐二李朋黨互相排斥凡四十年，幾危朝廷國家。慶曆間亦有朋黨之論，當時富弼、韓琦、范仲淹等頗遭排擯，賴仁宗盛德，不至傾害。去年因張舜民被黜，自此議論之人分為二黨，亦互相詆毀。聖明燭知，稍加擯抑，今雖其勢頗

沮，而餘風未殄。臣職預教屬風俗，常竊患之。今蒙宣諭近日朝廷朋黨，未審聖意謂庶官近侍邪，抑謂執政之臣邪？必是察見實狀，亦當明諭中外，厚加譴黜。蓋執政之人同心同德，乃克濟務，若審知有挾邪朋比之人，不可一日使居此位。居此位者須待以不疑。若懷疑心，則必有小人造作飛語，乘間而進者。儻陛下涵容不欲暴露，而執政被疑，各懷形迹，其害陛下聖政為不細矣。臣蒙被拔擢，使預機政，雖甚愚鄙，然粗識為臣去就之節，固無貪戀祿位之心。所以夙夜黽勉，欲効其區區者，誠荷陛下不次之遇，思有以補報萬一。是以心有所懷，不敢嘿嘿。伏望聖慈因延和殿奏對，明諭臣等以朋黨所在，使得省循。如臣迹狀有涉於此，願從竄黜，以肅在位。臣不勝惶懼之至。

翰林學士、朝奉郎、知制誥兼侍讀蘇軾辨舉王鞏劄子曰：臣近舉宗正寺丞王鞏節操方正，可備獻納科。竊聞臺諫官言鞏姦邪，及離間宗室，因論事臣以獲薦舉，奉聖旨除鞏西京通判。謹按鞏好學有文，強力敢言，不畏強禦，此其所長也。年壯氣盛，銳於進取，好論人物，多致怨憎，此其所短也。頃者竄逐萬里，偶獲生還，而容貌如故，志氣逾厲，此亦有過人者。故相司馬光深知之，待以國士，與之往返論議不一。臣以為所短不足以廢所長，故為國收才，以備選用。去歲以來，吏民上書蓋數千人，朝廷委司馬光看詳，擇其可用者得十五人，又於十五人中獨稱獎二人，孔宗翰與鞏是也。鞏緣此得減二年磨勘，仍擢為宗正寺丞。則臣之稱薦與光之擢用，其事正同。若果是姦邪，臺諫當此時何不論奏？鞏上疏論宗室之疏遠者，不當稱皇叔皇伯，雖未必中理，然不過欲尊君抑臣，務合古禮而已，何名為離間？況鞏

此議，執政多以為非，獨司馬光深然之，故下禮部詳議，又兵部侍郎趙彥若亦曾建言。若果是離間，光亦離間也，彥若亦離間也。方行下有司時，臺諫初無一言，及光沒之後，乃有姦邪離間之說，則是鞏之邪正係光之存亡，非公論也。鞏與臣世舊，幼小相知，從臣為學，何名論事？三者之論，了無一實，上賴聖明不以此罪鞏，亦不以此責臣，止除外官，以厭塞言者之責。臣復何所辨論，但痛司馬光死未數月，而所賢之士變為姦邪，又傷言者本欲中臣，而累及鞏，誣罔之漸，懼者甚衆。是以昧冒一言，伏深戰越。

哲宗時，御史中丞蘇轍乞分別邪正劄子曰：臣竊見元祐以來，朝廷改更弊事，屏逐群枉，上有忠厚之政，下無聚斂之怨，天下雖未大治，而紀今五年，中外帖然，莫以為非者。惟姦邪失職，居外日夜窺伺便

利規求復進未免百端游說動搖貴近臣愚竊深憂之若陛下不察其實大臣惑其邪說遂使忠邪雜進於朝以示廣大無所不容之意則氷炭同處必至交爭薰蕕同器久當遺臭朝廷之患自此始矣昔聖人作易以陽外陰內君子外小人則謂之泰內陰外陽內小人外君子則謂之否蓋小人不可使在朝廷自古而然矣但當置之於外每加安存使無失其所不至怨恨無聊謀害君子則泰卦之本意也昔東晉桓溫之亂諸桓親黨布滿中外及溫死謝安代之為政以三桓分蒞三州彼此無怨江左遂安故晉史稱安有經遠無競之美然臣竊謂謝安之於桓氏亦用之於外而已未嘗引之於內與之共政也向使安引桓氏而寘諸朝人懷異心各欲自行其志則謝安將不能保其身而況安朝廷乎頃者一二大臣專務含養小人為自便之計既小人內有所主故蔡確邢恕之流敢出妄言以欺愚惑衆及確

恕被罪有司懲前之失凡在內臣僚例蒙推恤盧秉何正臣皆身為侍制而明堂薦子止得選人蒲宗孟曾布所犯明有典法而降官襯職唯恐不甚明立痕迹以示異同為朝廷斂怨此二者皆過矣故臣以為小人雖決不可任以腹心至於牧守四方奔走庶事各隨所長無所偏廢寵祿恩賜常使彼此如一無迹可指此朝廷之至計也近者朝廷用鄧溫伯為翰林承旨而臺諫雜然進言指為邪黨以謂小人必由此彙進臣嘗論溫伯之為人粗有文藝無他大惡但性本柔弱委曲從人方王珪蔡確用事則順指如意及司馬光呂公著當國亦脂韋其間若以其左右附麗無所損益過使流轉緩急不可保信誠不為過也若謂其懷挾姦詐能首為亂階則甚矣蓋臺諫之言溫伯則過至為朝廷遠慮則未為過也故臣願陛下謹守元祐之初政久而彌堅慎用左右之近臣毋雜邪正至於在外臣子一以恩意待之使嫌隙無自而生愛戴以忘其死則垂拱無為安意為善愈久而愈無患矣臣不勝區區博采公議而效之左右伏乞宣諭大臣共敦斯義勿謂不須改更之政輒懷異同之心如此而後朝廷安矣取進止

再論分別邪正劄子曰臣今月二十三日延和殿進呈劄子論君子小人不可並處朝廷因復口陳其詳以瀆天聽竊覩聖意類不以臣言為非者然天威咫尺言詞迫遽有所不盡退復思念若使邪正並進皆得與聞國事此治亂之機而朝廷所以安危者也臣誤蒙聖恩典司邦憲臣而不言誰當救其失者謹復稽之古今考之聖賢之格言莫不謂親近君子斥遠小人則人主尊榮國家安樂疏外君子進任小人則人主憂辱國家危殆此理之必然而非一人之私言也故孔子論為邦則曰放鄭聲遠佞人子夏論舜之德則曰舉皋陶不仁

者遠論湯之德則曰舉伊尹不仁者遠諸葛亮戒其君則曰親賢臣遠小人此前漢所以興隆也親小人遠賢臣此後漢所以傾頹也凡典冊所載如此之類不可勝紀至於周易所論尤為詳密皆以君子在內小人在外為天地之常理小人在內君子在外為陰陽之逆節故一陽在下其卦為復二陽在下其卦為臨陽雖未盛而居中得地聖人知其有可進之道一陰在下其卦為姤二陰在下其卦為遯陰雖未壯而聖人知其有可畏之漸若夫居天地之正得陰陽之和者惟泰而已泰之為象三陽在內三陰在外君子既得其位可以有為小人奠居於外安而無怨故聖人名之曰泰泰之言安也言惟此可以久安也方泰之時若君子能保其位外安小人使無失其所則天下之安未有艾也惟恐君子得位因勢陵暴小人使之在外而不安則勢將必至反覆故泰之九三則曰無平不陂無往不復竊惟聖人

之戒深切詳盡所以誨人者至矣獨未聞以小人在外憂其不悅而引之於內以自遺患者也故臣前所上劄子亦以謂小人雖決不可任以腹心至於牧守四方奔走庶務各隨所長無所偏廢寵祿恩賜彼此如一無迹可指如此而已若遂引而寘之於內是猶畏盜賊之欲得財而導之於寢室知虎豹之欲食肉而開之以垧牧天下無此理也且君子小人勢同冰炭同處必爭一爭之後小人必勝君子必敗何者小人貪利忍恥擊之雖去君子潔身重義知道之不行必先引退故古語曰一薰一蕕十年尚猶有臭蓋謂此矣昔先皇帝以聰明聖智之資疾頹靡之俗將以綱紀四方追迹三代今觀其設意本非漢唐之君所能髣髴也而一時臣佐不能將順聖德造作諸法率皆民所不悅及二聖臨御因民所願取而更之上下忻尉當此之際先朝用事之臣皆布列於朝自知上逆天意下失民心徬徨躑躅若無所措朝廷雖不斥逐其勢亦自不能復留矣尚賴二聖慈仁不加譴責而宥之於外蓋已厚矣今者政令已孚事勢大定而議者惑於浮說乃欲招而納之與之共事欲以此調停其黨臣謂此人若返豈肯徒然而已哉必將戕害正人漸復舊事以快私忿人臣被禍蓋不足言而臣所惜者祖宗朝廷也蓋自熙寧以來小人執柄二十年矣繼立黨與布滿中外一旦失勢睥睨者多是以創造語言動搖貴近脅之以禍誘之以利何所不至臣雖不聞其言而槩可料矣聞者若又不加審察遽以為然豈不過甚矣哉臣聞管仲治齊奪伯氏駢邑三百飯疏食沒齒無怨言諸葛亮治蜀廢廖立李嚴為民徙之邊遠久而不召及亮死二人皆垂泣思亮夫駢立嚴三人者皆齊蜀之貴臣也管葛之所以能戮其貴臣而使之無怨者非有他也賞罰必公舉措必當國人皆知其所與之非私而所奪之非怨故雖仇讐莫不

歸心耳今自竊觀朝廷用捨施設之間其不合人心者尚不為少彼既中懷不悅則其不服固宜今乃直欲招而納之以平其隙臣未見其可也詩曰無競維人四方其訓之陛下誠以異同反覆為憂惟當久任才性心良識慮明審之士但得四五人常在要地雖未及臯陶伊尹而不仁之人知自遠矣故臣願陛下斷自聖心不為流言所惑毋使小人一進後有噬臍之悔則天下幸甚天下幸甚臣既待罪執法若見用人之失理無不言言之不從理不徒止如此則異同之迹亦復著明不若陛下早發英斷使彼此泯然無迹可見之為善也臣受恩深重輒敢先事獻言罪合萬死取進止

元祐四年四月起居舍人范祖禹辨邪正劄子曰臣聞邪必害正正必去邪自古以來未有邪正並立而可以為治者也雖堯舜在上未嘗無小人唯能使小人不勝君子所以治也雖桀紂在上未嘗無君子唯使君子不勝小人所以亂也在易內君子而外小人其卦為泰泰者通而治也內小人而外君子其卦為否否者閉而亂也天下治亂未有不由君子小人君子在位必無惡政小人在位必無善政聖人為天下唯能使小人外而不內在野不在位而已非能使天下皆無小人也陛下自初臨政以辨別君子小人為先登進忠良斥退邪惡以致今日之治所進所退天下之人皆以為然雖舜舉十六相去四凶不過如此也而比年以來大臣以兼容小人為寬好惡不明邪正不分所引進者不盡得人夫今日之省寺他日之侍從也今日之侍從他日之輔弼也宰相豈能使之終身不進乎周公作立政以戒成王常準人綴衣虎賁趣馬小尹左右攜僕藝人表臣百司皆勿以憸人其惟吉士夫憸人在上位則害政事在下位則壞風俗大則傾覆邦國小則戕敗善類朝廷之內庶官可不擇人也邪人得志則正

人不安。正人不安。則國無善政。宰相以進賢退不肖爲職。而邪正不分。豈不負國。書曰。惟說式克欽承。旁招俊乂。列于庶位。此相之事也。臣伏望陛下戒飭大臣。各以公心求賢。多引鯁正之人。以重朝廷。無使小人得在下位爲他日之患。以副陛下至誠求治之意。取進止。

五年。吏部侍郎兼侍讀范百祿分別邪正條目上奏曰。臣愚竊以爲分別邪正。自古所難。惟察言觀行。考其事實。所謂正直之人。或天資亮直。或家世忠義。或有志報國。或自立名節。所謂姦邪之人。或趨迎上意。或希合權貴。或性識頗僻。或冀望寵利。凡此二端。其情非一。不可遍舉。今輒疏其條目于後。導人主以質直。使之虛中聽納。則爲公正。導人主以諂諛。使之諱過拒諫。則爲姦邪。導人主以德義。則爲公正。導人主以功利。則爲姦邪。導人主以尊宗廟。嚴祭祀。則爲公正。導人主以簡宗廟。略神祇。則爲姦邪。導人主以親睦九族。惠養耆老。則

爲公正。導人主以疏薄骨肉。棄老遺年。則爲姦邪。導人主以恭儉清淨。奉循典法。則爲公正。導人主以驕侈放肆。不顧舊章。則爲姦邪。導人主以稼穡艱難。惠及鰥寡。則爲公正。導人主以輕鄙農事。不卹惸獨。則爲姦邪。導人主以柔遠息兵。則爲公正。導人主以用兵攻戰。則爲姦邪。導人主以原情謹罰。則爲公正。導人主以峻法立威。則爲姦邪。導人主以安民利衆。則爲公正。導人主以勞民動衆。則爲姦邪。導人主以進君子。用善良。則爲公正。導人主以近小人。用惡德。則爲姦邪。右謹具進呈。伏望特留聖意。推此事類。以觀人情。則邪正可分。而聰明無惑矣。臣不勝惓惓犬馬之忠。

六年。翰林學士梁燾論爲政之要。在辨邪正之實。上奏曰。臣聞人主之德。莫大於知人。朝廷之政。無先於急賢。德以聰明爲高。而政以忠厚爲本。恭惟太皇太后陛下。至公至正。明而有斷。皇帝陛下。仁孝莊敬。靜淵深通。閱天下之事日益多。進天下之材日益廣。講求祖宗治體日益熟。察見中外人情日益詳。然而聰明或有所遺。而忠厚未至於成者。臣竊疑之。或者聖心未加意於執要乎。今日爲政之要。在於辨邪正之實也。唐李德裕有言曰。邪正相攻。上惑主聽。正人呼邪人固爲邪矣。邪人亦呼正人爲邪。人主何以辨之。臣故曰。在辨其實也。所謂正之實者。能推公心以愛君憂國爲計。不附下。不罔上。樂進善類。愛惜生靈。臨大節而忘其身。事兩宮而一其志。爲陛下常求長久安寧之計。近思自於左右宮庭之間。遠慮至於夷夏海隅之際。皆欲得其歡心。康寧無事。上下一意。其爲安靜真切如此者。是正人也。此類進。則聰明開廣。內外大安。豈不爲國家忠厚之福耶。所謂邪之實者。綫公急私。復仇報怨。外陽爲忠。育內陰懷姦。曲其言似忠。而其實欺罔也。其氣似敢。而其實凶險也。自謂介特。而其實朋黨也。自謂純

一。而其實二三其德也。貪祿競進。猜忍傾奪。專以傷害善良爲講。而又附托權要。出死力爲之鷹犬。不憚不恥。以肆其毒。不恤國之憂危。務伸其志。不懼上之悔患。務行其言。其爲傾搖多端如此者。是邪人也。此類進。則聰明眩惑。內外大疑。豈不爲國家忠厚之患耶。今聽其言。而求其用心之微。觀其行。而考其處己之端。其向背之異。有無之殊。雖未能盡究。而亦可以槩見矣。願陛下自信素知之心。而守之以定。深辨姦詐之說。而斷之以不疑。斥其邪人。以安正人。正人知所依歸。皆以無恐。得以奮忠竭節。卑身圖報。則朝廷之理。不難致也。臣不勝惓惓納忠之至。

貼黃。臣向在言路。得侍清光。伏見陛下照物必盡其情僞。而豈有包容。論政深達其義理。而語有次序。雖古之英主。不能過也。臣等累嘗奏聞。以謂邪正不可並用。陛下深以爲是。知邪正之忠

相攻也。今並用矣。臣等又謂邪人在外，正人在內則可治。陛下亦以為是。知邪人在內則害政也。今邪人在內矣。臣等又謂使邪人少，正人多則可治。陛下亦以為是。知邪人之多，則交相朋比損正人之道也。今邪人多矣。以在內衆多之邪人，與寡少之正人並用，勢自不敵，豈能久安而終無憂悔乎。柰何與前日之聖意不同耶。必有姦人移惑聖意也。如不悟則姦邪乘隙，競進計，終至於成其禍。此聖明所宜早辨，勿為淸衷他日之憂悔也。

貼黃：陛下自御政以來，選用可信之臣，以忠孝報陛下之恩者，今在朝廷不過數人。羣小怨嫉，陰結為朋，力謀排陷者，不一日也。其心欲盡去此數人，則姦謀可行，大姦有後來之望。此數人者，方以時事難守為憂，孤立難安為懼。若非陛下知其從來忘身忘家，當怨去姦，有愛君憂國之心，力賜主張，則豈能安全至於

今日也。在於今日之勢，尤為難立，仰賴聖造終始主張也。此數人者，亦未足深惜，但恐小人復興，攻擊轉多，萬一如此，則為太皇陛下即日之悔，為皇帝陛下他日之憂，此可為大懼也。欲聖明凝神深慮，以杜其漸，待其事起而後處，則其勢必强，橫難制。縱終能制之，憂勞亦已深矣。伏望聖慈每當進擬人材之際，丁寧審問，謹重開可，使私邪漸少，朋黨自衰，朝廷日有安靜之望，聖政日有淸明之益。此道既行，可以緩憂矣。小人姦言最是難辨，蓋其巧矣，似忠害善，似直狠愎，似敢誣罔，似公人主聽之，一誤則德業俱損，若不早辨，則終至憂患。故聖人曰：惡利口之覆邦家者。自古人君以為戒，聖明不可不察也。

哲宗時，殿中侍御史呂陶奏乞罷言職事上奏曰：臣嘗觀古之聖君賢臣，相與圖治，能闢衆正之路，杜羣枉之門，功業隆而聲名白者，其術無他，在乎絕朋黨而已。蓋朋黨之患，不止於忘國家之事，以私己自營，挾疑似之說，以養交固寵，而其患乃在乎中傷忠直爾。忠若先傷，則凡懷忠者不容，直者先斥，則凡任直者不免矣。然後率天下之人為不忠不直，而相與共欺其君者，朋黨也。故為天下國家者，不患不能知治道，而患在不能知朋黨；不患不能知朋黨，而患在不能去朋黨。昔者劉向論朋黨數千言，李德裕從而推廣其說，然二人者卒為朋黨所害，使人主能知其弊，則二人者豈有不能自明之理哉。故曰：患在不能知之也。唐文宗聰明俊偉，有志於治，嘗嘆曰：去河北賊易，去二李之黨難。始失其制，終成其亂，雖欲痛治，勢所未可。故曰：患在不能去之也。蓋人主所恃以治天下服萬民者，公議也。朋黨作則公議亡，人心無所賴，上下相徇，毀譽亂真，人主雖獨公其心於上，天下誰與同其是非憂樂哉。臣視往事之鑒，嗟念久矣。起自疎遠，無左

右之助，陛下擢於衆人之中，付以言責之任。感槩自誓，惟無死所以報萬一。然臣嘗謂諫官御史當尊朝廷，肅臣下，謹名器，正綱紀，遠比周。然後為稱職。故遇事必言，不暇恤已。抵梧同列，亦既多矣。遠戾權貴，亦已甚矣。頃因程頤不嚴君臣之分，欲就別殿說書，臣以謂禮貴防微，事宜戒漸，名分一僭，賞生厲階，乃獻封章，論其不可。奏削方去而陛下已悟其失，有旨改正，則是頤之妄請不待臣言，而陛下已辨也。臣於頤素無嫌怨，所論奏者乃職事爾，非欲沮頤以伸己也。同舍緣此，反目相視，不啻仇敵，陰懷毗睚，伺隙求報。未幾，張舜民罷職，臺諫紛然共議，嘗敕亦欲率臣同入文字。臣既思慮短闇，始欲救之，遂諾，良貳以謂可言，既而再思，理有不可，其後全臺具疏，力來强臣，臣乃詳論舜民之言不可行，舜民之罷不當救，而却其請，不敢雷同。及至召赴三省，宣諭其人，各以為恥，懷怨愈深，意欲使臣不可獨免，遂形惡聲，上流聖聽

仰賴陛下睿明天縱照見邪隱社稷神靈弗祐非道斯人黨與不攻自破孤臣獲全復進諫列此天地之造也今韓維之上客程顥之死黨猶指舜民之事以攻臣是朋黨之勢復作而朝廷可欺乃天下之深憂也臣安可忍不辨而去哉所以辨者小則欲明一身之枉大則欲救天下之害也願陛下垂聽而察焉大凡臺諫供職之始當有章疏所言之事必以遠者大者為先以近者小者為後此其體也今政令之得失生民之利害必有大於舜民之事者而不先言之乃汲汲言臣者意非他也其一則賈易為程顥報怨也其一則杜純藉此以悅韓維也韓縝誤神宗之政事韓宗師忝祕閣之除命韓宗儒醜穢之迹郭茂恂贓貪之罪臣累嘗彈劾則維之憾臣亦深也彼杜純者與韓氏為婚姻維既判北京乞差純為本路運判朝廷起純於停廢之中而遣之在河北未數月召為大理少卿荷德於韓豈肯不報其

人天資刻深持法苛峻每斷疑獄主議維重以求合韓維之意維多從其說於是表裏相成與范百祿異論維因此益喜之忽有侍御史之除命下之初不協公議臣是時深欲論奏適會傅堯俞等事奉辨明恐不知臣者謂臣又起爭端遂隱忍而罷則純之言臣以悅韓維迹狀亦明矣至于賈易為程顥之黨則士大夫無不知之今二人者不知何詞以罪臣也謂臣已嘗出言欲救舜民既而不救有反覆之罪乎是不詳臣深思而欲臣苟合也昔季文子三思而後行孔子聞之曰再斯可矣蓋中人之性燭理不能盡明況於事變必再三思慮則庶幾無悔雖聖人亦許之夫以孔子之聖許季文子之再思而臺諫不容臣之深慮亦已過矣謂臣與同官罷職不出力以救之為薄於風義乎則事固有輕重理固有取捨不可執一而言也臣雖不救同官薄於風義其過小也實知不當救而苟為辭說附助黨與以救之則欺於朝廷其罪大也臣寧有小過而不敢為大罪寧致同列之深怨而不誤國家之大事臣何愧也臣之罪止於此而言者源源未絕必欲臣廢逐而後已臣深痛朋黨弊至於斯也夫朋黨之人寄佞於忠托姦於直濟之以智成之以敢不可不察也昔劉崇魯哭李磎白麻者為諂崔昭緯也劉栖楚攆李紳之冤者為附李逢吉也豈宜聖世復啓此風小分書類大成黨錮漸不可長也臣伏聞神宗皇帝嘗戒諫官曰不得潛為朋比陰有中傷祖宗訓戒著在史冊安可忘哉恭惟皇帝陛下堯仁舜孝規天模地答揚祖考之光訓越對上帝之景命伏惟太皇太后陛下聖哲仁慈超出千古四海治理萬機得失神遇而心悟其於邪正了無遺察臣雖以螻蟻之命立於虎豹之群憑賴天地之力未賜斧鉞之誅以安其餘生而不憂也雖然臣猶喋喋不能已者蓋衆口可以鑠金積毀可以消骨曾參殺人入市有

虎言者三至未免置疑跬步一差遂投朋黨之陷穽此臣所以深憂也夫竭力事君有死無貳死得其義又何憾焉臣之區區惟恐不得死於陛下之斧鉞而將死於朋黨之陷穽則臣猶有憾也伏望陛下哀憐鑒照罷臣言職免使紛紜煩惑天聽臣不勝幸甚

陶又乞罷京西路轉運副使除一小郡上奏曰臣近拜疏具陳本末乞罷言職免使紛紜之論煩惑天聽孤危之誠必蒙聖察繼聞除臣外路轉運副使雖陛下知臣無他哀憐全庇未遂誅戮猶欲付之一道養以厚祿天地父母恩深德厚其幸極矣然臣尚敢冒鈇鉞之威傾布腹心求免寄任者蓋為陛下以臣為是公也黨人以臣為非私也受恩於陛下則生可保也得罪於黨人則死不可保也當此之時臣欲不言而去則負陛下拔擢生成之恩不有鬼誅必有人禍臣欲言之而去則議者必謂臣因罷職補外憤怒狂躁敢肆譏謗則臣言

與不言皆可罪也。雖然臣今日在諫列則猶可言。明日罷而去則不可復言。徒抱恨而死目不瞑矣。臣寧取憤怒狂躁之責而不忍負陛下拔擢生成之恩也。蓋為皇帝陛下承祖宗廟社之寄恭默未言。太皇太后保佑嗣聖務以德治簾外之事有所不知每與講謀天下之政令者唯執政數人而已。每欲詢求朝廷之闕失者唯臺諫數人而已。每使談演經術開發聖性以充廣道德仁義之實者唯講讀數人而已。則居此職者安忍以回邪欺罔報陛下乎。今臺官以阿附彈奏而執政應之於內講官以怨仇欲報而諫臣助之於外在臣一介固不足卹。然此風一啓非朝廷之福也。何則今日惡一小官而擊去明日憾一大吏而中傷推此而上何所不可雖陛下他日覺之亦恐根株已深而剗除不易也。況臣今日已後不復面見清光無由更上章疏。故於此時敢效古人之尸諫詳悉條陳當今之事以補前疏之略。

願陛下知之者六。然後退就斧鉞亦未為晚。伏望陛下寬臣憤怒狂躁之罪一賜省覽幸甚幸甚。臣聞本朝故事為御史者有兩府是舉主並須迴避。蓋置臺諫以檢察兩府之過若用其門生故吏慮致私徇此祖宗御下之機權至深至密近歲以來此制隳壞只避親戚不避舉主。昨除杜紘為侍御史明知是韓維親家略不迴避當然用之無復忌憚中外傳聞莫不駭嘆。蓋杜紘之子為韓維壻紘與維情愛豈不相厚動息豈不相通。維有過則紘必不言。維有怨則紘必不報。害政之端莫甚於此。今紘雖已罷去深恐他日兩府又用其親戚及門生故吏為臺諫表裏作事以誤朝廷。臣今日不可不言而去此願陛下知之者一也。紘之本末如此而人不敢言者畏韓氏之勢也。韓氏之勢誠可畏矣。宗道為左司宗古為司封宗師為衛尉劉攽為中書舍人。未甚過也。陛下方以安靜為治進退大·務全恩禮臣亦未

敢指此以詆韓維也。至于近日則頗專恣以宗文為光祿丞。又有待次而權軍器丞者又有奪吏部之闕而為北京通判者乃其子與姪也。孔宗翰為刑部侍郎。杜紘為大理卿張元方為府界提點辛雍為太常博士馬玿為清河輦運宋彭年為司農少卿楊景謨知開封縣謝景溫免成都得揚州郭茂恂貪贓放罪得晉州徐耘待闕差摩勘滌院物帛皆其親也。臣方欲極力言之。而自遭枉奏勢未暇及。今韓維雖已罷免臣恐他日宰執有如維之彊橫臣今日亦不敢不言而去。此願陛下知之者二也。朝廷以太平無事尊賢重道。起程頤於山林之下而任以勸講日侍天子之側。而訪以道義則非禮勿動非義勿言可也。今乃講讀之罷往往與內侍褻語非其體也。向者皇帝陛下偶因發嗽未御講筵頤乃申請乞今後須得關報。亦駭中外之聽。不知義也。詳定學制疏謬無恥。禮部逐一駁正。三省至今依違未決

議者非之。臣又風聞頤在汝州侵占民田。數家起訟。那怨在彼兩平其事。然未審其實有無。果無之則是他人以惡語加之也。果有之則殊非朝廷所以待頤之意也。臣知此久矣未深信之而不言也。至于今日則不可不言而去此願陛下知之者三也。古者冢宰制國用於歲杪量入以為出。周公制禮太宰以九式均節財用。然則邦家經費乃執政所當留意也。今聚斂之弊蠲除已盡而浮冗之費殊少裁節。雖降詔委官裁減冗費。而所減者唯將官公使一項。歲可省十萬貫。其他則皆細碎毫末爾。臣恐他時所入不足以備所出。未免過於取民。宜詔三省與戶部裁定國費華僥倖慎姑息。上以富國下以厚民。此願陛下知之者四也。國家宗社所以延長萬世德澤及人淪浹骨髓者。蓋懲秦漢以來至于五代之弊無族誅有貸法故也。天聖中詔天下刑名疑慮情理可憫者皆許上請。例蒙寬貸。州郡縱有不應奏

之罪則與免駮勘自昔至今由死得生者不知幾萬人矣近歲刪去此條於是天下之獄在可疑不可疑可憫不可憫之間者皆畏駮勘更不奏請率皆文致其罪處之死地臣恐刑獄益寃而濫死者衆則與免駮勘之條不可不復此願陛下知之者五也夫君子小人之道各有消長觀大勢何如則治亂可知矣君子並進則治小人彙征則亂世主所以防微杜漸而慎其用捨也今朝廷選拔材器澄清流品勤亦至矣而間有小人雜於其中不可不慮也王安禮者有吏材曉民事委以藩郡乃其所長然其人操行汙濁心膽麤豪神宗亦嘗稱為惡人既差知成都必過闕下不宜留在朝廷況許將今冬成資宜令速赴新任盧秉者昔在兩浙提刑創興鹽法害宮東南至今瘡痍未復在渭州處置邊事惟求合李憲之意曲奉於憲有如尊親憲嘗薦之秉相次服除決不可用宜置之散地苗時中李公南路昌衡輩皆刻薄之資見於已試而又任之以經畧發運轉運使之職必無以副朝廷德意而惠養元元矣此願陛下知之者六也凡此六者陛下既已知之願以聖謨英斷收攬威權運於掌上使大臣小吏不敢為欺天罔日之事則宗社幸甚生民幸甚臣雖朝去闕庭暮死溝瀆亦無憾矣臣既與當塗之人多有仇怨今轉漕之職必難安處未免煩言重澁天聽伏乞除臣遠小一郡俾安其分

元祐元年左司諫朱光庭乞以善利二者別邪正之臣上奏曰臣聞自古治天下之先務唯別邪正之臣爾正臣進則天下入於泰邪臣進則天下入於否然則何道而別之在善與利之間也正臣一意在善務引君以當道故盡忠盡公未嘗不敬邪臣一意在利苟患失之故為佞為欺無所不至恭惟陛下天縱至聖明目達聰灼見正臣之在善日寘諸朝審知邪臣之在利遂之於外臣願陛下堅持此志每

用人之際以善與利二者之間常加明察使正臣日進而邪臣永退則天下何患乎不泰也

同知樞密院事范純仁論不宜分辨黨人有傷仁化狀曰臣昨日簾前呂大防奏蔡確黨人甚盛欲陛下留意分別臣奏以為朋黨難辨却恐誤及善人大防以臣言為不然以謂正人必去姦邪朝廷豈有含糊不問臣遂言此事正宜詳審不可容易大防亦取臣言乃云須當審細臣遂引王安石好同惡異之患再三奏陳然尚抱區區之誠未能少開宸聽退而憂惕不能自安然須至重複陳論以竭愚見庶裨聖政少畱大恩竊以朋黨之起蓋因趣向異同同我者謂之正人異我者疑為邪黨既惡其異我則逆耳之言難至既喜其同我則迎合之佞日親以至真偽莫知賢愚倒置國家之患何莫由斯至如王安石自負學術即非全無知識止因喜同惡異遂至黑白不分引呂惠卿為大儒黜司馬光為異黨至今風俗猶以觀望為能後來柄臣固合永為商鑑恭惟仁宗皇帝政教施設實為帝王之師從諫審刑任賢容衆正與陛下今日之政相同慶曆中先臣仲淹與韓琦富弼同時大用歐陽修石介以夏竦姦邪因以疾其黨類彼黨遂起大謗誣先臣與琦弼有不臣之心歐陽脩尋亦坐罪石介幾至斲棺其時朋黨之論大起識者為之寒心上賴仁宗容覆兩黨之際帖然自消此事至今以為美談陛下聞之必熟則是仁宗所行陛下可以取為成法今來蔡確之罪自有國家典刑不必推治黨人旁及枝葉臣聞孔子曰舉直措諸枉能使枉者直則是舉用正直而可化枉邪為善人矣又曰舜有天下舉皐陶不仁者遠則是用仁者而不仁者自當屏迹矣何煩分辨黨人或恐有傷仁化而況陛下聖度包容與天同德至公克己今古無儔前來特降詔書盡釋臣寮往咎不復究治恐

累太和。自此內外反側皆安。上下人情浹洽。盛德之事。誠宜久行。臣心拳拳。實切於斯。仰惟皇慈。深加采納。天下幸甚。

純仁又繳奏歐陽脩朋黨論。疏曰。歐陽脩朋黨論曰。朋黨之說。自古有之。惟幸人君辨其君子小人而已。大凡君子與君子以同道為朋。小人與小人以同利為朋。此自然之理也。然臣謂小人無朋。唯君子則有之。其故何哉。小人所好者利祿也。所貪者財貨也。當其同利之時。暫相黨引以為朋者。偽也。及其見利而爭先。或利盡而交疏。則反相賊害。雖其兄弟親戚。不能相保。故臣謂小人無朋。其暫為朋者偽也。君子則不然。所守者道義。所行者忠信。所惜者名節。以之脩身則同道而相益。以之事國則同心而共濟。終始如一。此君子之朋也。故為人君者。但當退小人之偽朋。用君子之真朋。則天下治矣。堯之時。小人共工驩兜等四人為一朋。君子八元八凱十六人為一朋。舜佐堯。

退四凶小人之朋。而進元凱君子之朋。堯之天下大治。及舜自為天子。而臯夔稷契等二十二人並列于朝。更相稱美。更相推讓。凡二十二人為一朋。而舜皆用之。天下亦大治。書曰。紂有臣億萬。惟億萬心。周有臣三千。惟一心。紂之時。億萬人各異心。可謂不為朋矣。然紂以亡國。周武王之臣三千人為一大朋。而周用以興。後漢獻帝時。盡取天下名士囚禁之。目為黨人。及黃巾賊起。漢室大亂。後方悔悟。盡解黨人而釋之。然已無救矣。唐之晚年。漸起朋黨之論。及昭宗時。盡殺朝之名士。或投之黃河。曰。此輩清流。可投濁流。而唐遂亡矣。夫前世之主。能使人人異心不為朋。莫如紂。能禁絕善人為朋。莫如漢獻帝。能誅戮清流之朋。莫如唐昭宗。然而皆亂亡其國。更相稱美推讓而不自疑。莫如舜之二十二臣。舜亦不疑而皆用之。然而後世不誚舜為二十二人朋黨所欺。而稱舜為聰明之聖者。以能辨君子與小人

也。周武之世。舉其國之臣三千人共為一朋。自古為朋之多且大。莫如周。然周用此以興者。善人雖多而不厭也。夫興亡治亂之迹。為人君者可以鑒矣。又論曰。嗚呼。始為朋黨之論者誰歟。甚乎作俑者也。真可謂不仁之人哉。予嘗至繁城。讀魏受禪碑。見漢之羣臣。稱魏功德。而大書深刻。自列其姓名。以夸耀于世。又讀梁實錄。見文蔚等所為如此。未嘗不為之流涕也。夫以國與人。而自夸耀。及遂相之。此非小人。孰能為漢唐之末。舉其朝皆小人也。而其君子者何在哉。當漢之亡也。先以朋黨禁錮天下賢人君子。而立其朝者皆小人也。然後漢從而亡。及唐之亡也。又先以朋黨盡殺朝廷之士。而其餘存者皆庸懦不肖傾險之人也。然後唐從而亡。夫欲空人之國。而去其君子必進朋黨之說。欲孤人主之勢。而蔽其耳目者。必進朋黨之說。欲奪國而與人者。必進朋黨之說。夫為君子者。故常寡過。小人欲加之罪

則有可誣者。有不可誣者。不能徧及也。至欲舉天下之善。求其類而盡去之。惟指以為朋黨耳。故其親戚故舊。謂之朋黨可也。交游執友。謂之朋黨可也。宦學相同。謂之朋黨可也。門生故吏。謂之朋黨可也。是數者皆其類也。皆善人也。故曰欲空人之國而去其君子者。惟以朋黨罪之。則無免者矣。夫善善之相樂。以其類同。此自然之理也。故聞善者必相稱譽。稱譽則謂之朋黨。見善者必相薦引。薦引則謂之朋黨。使人聞善不敢稱。則人主之耳不聞有善於下矣。見善不敢薦。則人主之目不得見善人矣。善人日遠而小人日進。則為人主者張倀然誰與之圖治安之計哉。故曰。欲孤人主之勢。而蔽其耳目者。必用朋黨之說也。一君子存。羣小人雖衆。必有所忌。而有所不敢為。唯空國而無君子。然後小人得肆志於無所不為。則漢魏唐梁之際是也。故曰。可奪國而與人者。由其國無君子。空國而無君子。由以朋黨

而去之也。嗚呼。朋黨之說。人主可不察哉。傳曰。一言可以喪邦者。其是之謂歟。可不鑒哉。可不戒哉。臣聞舉直措諸枉則民服。故陛下臨御之初。舉用二三正人。而天下悅服。蓋有泰卦拔茅連茹彙征之象。所謂上下交而其志同。則陛下得以裁成天地之化。而太平可致也。近日頗有匪人搆造謗言。毀黷良善。始以疑似之事。玷汙一二忠臣。漸興朋黨之名。將以盡逐善類。若陛下辨之不早。必致邪正難分。賊陛下知人之明。失陛下求治之意。浸成遯卦否卦之象。則是小人道長。亦恐聖功難成。臣伏惟陛下深居九重。博采群議。惟以至公臨御天下。故進退百辟。悉用臺官諫官之言。然臺諫之所風聞。未必皆是善人之好惡。所彈奏亦在深詳。臣又聞孔子曰。衆惡之必察焉。衆好之必察焉。又曰。鄉人皆好之何如。曰未可也。鄉人皆惡之何如。曰未可也。不如鄉人之善者好之。其不善者惡之。大抵善人少而不善人多。則是君子不免為小人所惡。故雖衆而必察。若專采善人之好惡。則不善人搆造之言。易為明辨。若不追監前言。無由防其微漸。臣切見本朝歐陽脩作五代史。於六臣傳後論及朋黨之事。輒敢備錄上進。伏望萬機之暇。略賜觀覽。庶幾仰裨四聰之萬一也。臣不勝區區激切之至。

帝嘗問朋黨之弊。御史中丞胡宗愈對曰。君子指小人為姦。則小人指君子為黨。君子蓋義之與比者。陛下能擇中立之士而用之。則黨禍熄矣。明日具君子無黨論以進。

陳次升奏對曰。臣伏覩周紳。李彥倫。巴冝。張康國。蔡蹈。吳伯舉。李植。朱剛。近因賜對。除朱剛知泗州。吳伯舉太常博士。餘皆提舉常平司官者。竊以爵所以旌有德。祿所以待有功。非德而爵。無功而祿。何以為天下之勸。故人主以爵祿為操柄。而砥礪天下之才。常必得其人。人必稱其職。恭惟神宗皇帝勵精庶政。允釐百工。大臣每薦人材。必召對。能者隨其才而進之。否則令歸本任。蓋所以明黜陟之公也。風聞前任官登對。朱剛宗不稱旨。故與知州差遣。且自通判升為郡守。已是進職。若得常調一郡。亦僥倖。今乃除知泗州。況泗州地望非他郡之比。經是任。外則為監司。內則省寺監官。如此。則是與稱旨者蓋無異矣。以剛之守泗雖不足論。然召對所以旌別人材。今例有選任。是有召對之名。而無升黜之實。朝廷用人如此。良可惜哉。除授恐累國體。伏望陛下稽孜先朝政事。召對臣寮。必擇其能者而進之。其不稱旨者。令歸本任。庶使賢否有別。多士知勸。其朱剛若先有旨揮與知州差遣。即改差常調一郡。少示黜陟。灼允公議。取進止。

校書郎李昭玘進策曰。知人者自信。知於人者信人。道可以治天下。則與之謀天下。道可以治一國。則與之謀一國。器大者不拘之以苛細。器小者不責之以闊遠。能者官其能。藝者食其藝。使辨士不得以辭勝。才士不得以文亂。勇士不得以氣激。智士不得以機合。貪士不得以利摩。有德者居上。無德者居下。有功者進。無功者退。量材而授官。按法而麗罪。如師曠之不可欺以聲。離婁之不可欺以色。言之所舉。意已得之。皃之所見。情已察之。姦良憸正。毀譽是非。無以逃於我。而陟降沮止。廢置予奪。亦無不自乎我。此知人自信者也。內無主。外無學。好惡無別。取捨無擇。故人觀其倚而潛以應之。倚於名高則詭說之徒至。倚於厚利則聚斂之徒至。倚於法術則刻核之徒至。倚於計數則譎變之徒至。善言獻於前。重祿餽於後。使夫喜功易進。挾押闔之謀。試揣摩之術。排擊於必爭之徒。譁噪於並趨之地。前之既入。後則知之。昔之既獲。今則據之。名器可以餌取。威福可以意移。此知於人而信人者也。知人之君。使人畏上之知而不敢為也。故勢重而威專。知於人之君使人唯恐不爲以自修。故勢輕而威奪。凡此兩者治亂之所繫。而人君之所察者也。孔子曰。不知言無以知人。然則知人之本。未始不先乎知言也。夫天下無事。則欲言者息。天下有事。則不能言者出。故以言擇人。以人責事。雖堯舜不能廢也。言乎經大事興大利。舉偏而補弊。革舊而造新。此必有趨變之功也。言乎明憲度謹禁令。犯義者黜。犯刑者誅。此必有制法之功也。言乎節財用阜通貨賄。使公私無不足之患者。此必有富國之功也。言乎修車馬備器械。選將礪士。使敵人不敢加兵。此必有强國之功也。言乎稼穡有務農功有時。竭人力盡地利。此必有養人之功也。言乎明道德達禮樂。人無賢不肖。才無愚智。學則成。不學則棄。此必有教人之功也。然許人以可用。則不可用者無以知。億人以不能。則能者無以見。故因而任之。使自事之。因而與之。使自舉之。功當其事。事當其言者賞。功不當其事。事不當其言者誅。大臣不能爲朋黨之助。左右不能爲先容之助。士大夫不能爲游談之助。賢不肖是非之迹。循其後迹之而已窮矣。故好誣者不能詭言。言則不實之罪隨之。好匿者不能隱言。言則不忠之罪隨之。好大者不能參言。言則惑衆之罪隨之。好毀者不能譖言。言則毀賢之罪隨之。處其誠可言則言。誠不可言則止。知其言之不可罔。而名實之不可揜也。昔者齊威王命大夫治即墨。而毀言日至。使人視即墨。則田野闢。人民給。命大夫治阿。而譽言日聞。使人視阿。則田野不闢。人民貧苦。故召即墨大夫封之萬家。召阿大夫烹之堂下。於是齊國震懼。人人不敢飾非而務盡其誠。雖然此知言者也。推此以責人之功。未足以盡人之才。盡人之才。惟聖能知之。人之才。於此於彼。各有所能也。不害其所能。而用其所不能。則所能者悅於見知。而所不能者終不敢以非其才而自薦。唐太宗嘗謂高士

廉臨難不易節。而所乏者骨鯁。唐儉出言可喜。而未一言及國家事。楊師道自能無過。而懦不更事。長孫無忌應對機敏。而攻戰非所善。岑文本敦厚而謀長經遠。劉泊堅正而其言有益。馬周敏銳。褚遂良竭誠依人。太宗知此數人之才而用之。數人者亦莫不盡心以應上。使夫聖不足以通人。知不足以周物。疇克之哉。故知人者始於試人之言。而終於盡人之才。凡此者出於聖王獨見。非下之所能爲也。

左諫議大夫劉安世論朋黨之弊狀曰。臣嘗於史冊之間。考前世已然之事。蓋有真朋黨而不能去。亦有非朋黨而不能辨者。此實治亂消長之機。不可不察也。東漢之衰。姦人先以黨事誅戮禁錮天下之賢者。而在朝皆小人也。故漢以之亡。此所謂非朋黨而不能辨者也。唐之季世。牛李之徒。迭進相毀。巧相傾覆。而善人君子廢斥無餘。其所用者皆庸鄙不肖也。故唐以之亂。此所謂真朋黨而不能去者也。蓋君子之進。則至公引類以報國。小人之進。則徇私立黨以固寵。雖世主深疾臣下之背公成朋。而小人窺見間隙。鄉原上意。閉匿其私。陽若可信。反指君子引類之公以爲有黨。黨之與類。相似而不同。是非虛實。間不容髮。辨之不早。遂生亂階。此正人所以常被誣。而小人所以常得志也。祖宗遠鑒歷代之弊。愼擇耳目之官。所以開衆正之路。塞羣枉之門。而日近士論稍有朋黨之迹。深恐姦人乘主上沖幼陛下委任大臣之際。陰引邪慝。潛斥端士。孤朝廷之勢。而蔽人主之聰明。盜刑賞之柄。以快羣小之私意。此弊浸長。非國家之福也。臣願陛下深覽前史之戒。愼終如始。獎借臺諫。以養多士敢言之氣。庶能破姦邪之謀。而消未形之變。天下幸甚。

紹聖二年。監察御史常安民論大臣唱紹述之說。上奏曰。臣切惟今大臣爲紹述之說者。其實皆借此名以報復私恩。一時朋附之流從

而和之遂至已甚張商英元祐時上呂公著詩求進其言諛佞無恥士大夫皆傳笑之及近為諫官則上疏乞毀司馬光呂公著神道碑周秩在元祐間為太常博士親定司馬光謚為文正及近為正言則上疏論司馬光呂公著乞斲棺鞭尸陛下察此輩之言果出公論乎朝廷凡事不用元祐例至王珪家蔭孫五人皆珪身後所生乃引元祐例許奏薦近日講復官制職事官不帶職寄祿官不帶左右至於權尚書侍郎獨以林希李琮之故不復改易如此等事謂之公心可乎故凡勸陛下紹述先帝者皆欲託先帝以行姦謀謂他事難以感陛下若聞先帝則易為感動故欲決恩讐陷良善者須假此以移陛下之意不可不察宣仁聖烈皇后甚得人心前日陛下駕幸秦楚國夫人第澆奠及輟朝并命勅葬諸費從官給人人無不歡呼高遵惠為侍郎士論皆以為當聞吳厚向得罪出於宣仁之意近聞待制舍人再

激而大臣尚欲再下頒陛下主張此事以順人心今權臣恣橫朋黨滿朝未嘗一言及之唯知論元祐舊事力攻已去臣僚臣荷陛下獎枝不敢負恩摧枯拉朽之事臣實恥為之舉朝嫉臣誣陷非一臣賦性愚直恐終不能勝朋黨之論願乞外任以避之

畢仲游上言曰學問之未成可以習也善行之未見可以積也而知人之明則不可強得乎天子為諸侯得乎諸侯為大夫得乎丘民而返為天子則民不可以不安欲安民而無其人則將誰使安之故二者帝堯之所難而天下之務實先者也孔子曰視其所以觀其所由察其所安人焉廋哉又曰吾於人也誰毀誰譽如有所譽者其有所試矣蓋孔子不敢自謂之知人必視其所以觀其所由察其所安而又因其譽而試之然後有所定而近世之知人詳者求其簿書刀筆繩墨之間而勇者以日皮視天下士而遂言有以知之殆非聖人所以知人之方也今自公至士自正至旅其等級之相去固繁而數千萬人必人人而察事事而量待其適可而後用則雖帝堯孔子有所不能而況後世之人乎傳曰治衆如治寡度數是也制衆如制寡刑名是也今取人之麤者既有學校科舉公卿大夫保任之法而精者孔子所謂視其所以觀其所由察其所安與因所譽而試之之理在天子由此以知其一相一相由此以知其部刺史監司部刺史監司由此以知郡守縣令郡守縣令由此以知其下則自公至于士自正至于旅雖未易知然亦有可以知之之理蓋視其所以乃人所用之心觀其所由乃人所從之道而察其所安蓋能有所不動既得其所用之心又見其所從之道而利害得喪之間且能安而不動則人之賢愚思過半矣然後隨其所譽而試之則雖聰明智慮非聖人之比而其所以知之者乃聖人之方使行者不能盡而得其略猶與求於

簿書刀筆繩墨之間而以日皮取天下士者為有間矣故古者進賢受上賞蔽賢蒙顯戮而諸侯貢士一適之謂好德再適之謂賢三適之謂有功既有學校科舉公卿大夫保任之法以治其麤又有孔子所以知之以治其精而為之賞勸以勵之則雖親厚情深而不能逃吾之法令也既不思孔子所以知人之方又舉賢而不肖則無罰舉賢而賢則無賞而唯用學校科舉保任之麤法嘆人之難知蓋未可歎也

元符三年陸佃蔡州召還上殿劄子曰臣竊惟聖君踐祚要在正始正始之道當自朝廷朝廷一正四方遠近莫敢不一於正記曰朝廷曰退燕遊曰歸師役曰罷蓋用師役未有不罷者也燕遊有出而無歸則縱朝廷有進而無退則爭又曰朝廷之美濟濟翔翔所謂濟濟舜命九官是也所謂翔翔翔而後集是也朝廷之上公卿大夫如此

可謂美矣。竊見近時學士大夫往往競進。務相傾奪。以善求事為精神。以能訐人為風采。以忠厚為重遲。以靜退為卑弱。相師成風。莫之能止。正而救之。實在今日。恭惟陛下睿天聰明。深燭民隱。修明百度。首以人材為急。而臣逮侍神考。元祐補外。迨今一紀。陛下即政之初。首加識拔。此臣夙夜未知所以論報之方。區區愚忠。不能自已。伏望陛下慎初謹始。正自朝廷。眷忠厚之臣。擢靜退之士。使躁輕者革心。浮薄者易慮。建用皇極。布宣中和。以興百志。以凝庶績。以追唐虞三代之治。臣愚不勝願幸。

歷代名臣奏議卷之一百五十五

歷代名臣奏議卷之一百五十六

知人

宋徽宗立。左司諫陳祐狀奏曰。臣兩奉聖旨。計會左正言任伯雨同商量論列宰臣韓忠彥援引元祐臣寮事。勘會元祐臣寮刑部李彥求。賈易。工部豐稷。趙㪚。太常張耒。楊康國。吏部黃庭堅。晁補之。考功劉唐老。司勳陳察。人才均為可用。特迹近嫌疑而已。今若論列付之三省。不免改易。既非利害所繫。徒有分別黨類之名。天下之人且妄意朝廷逐去元祐之黨。復興紹聖之政。事議論蜂起。愛惡相攻。必復為異時之患。且今紹聖人才比肩於朝。一切不問。元祐臣寮纔十數人。便輒攻擊。是朝廷之上公然之黨也。

中書舍人曾肇上奏曰。臣聞治天下在於正朝廷。正朝廷在於辨邪正。朝廷之上。邪正不分。而欲有為於天下。難矣。蓋正者君子。邪者小人。君子在上。小人在下。君子在內。小人在外。則君子道長。小人道消。而朝廷尊。天下治矣。小人在上。君子在下。小人在內。君子在外。則小人道長。君子道消。朝廷不得其尊。天下不得而治矣。君子小人之不並立。猶冰炭之不可同器。鑿枘之不能相入也。何則。君子所鄉者公正。小人所鄉者私邪也。君子所知者遠且大。小人所知者近且小也。君子所趨者義。小人所趨者利也。君子所守者一定而不可移。小人則觀望希合。隨時上下。而未嘗一也。是以君子之道常直而難合。小人之言常遜而易入。自非明智不惑之君。未有不屈彼而伸此者。故以堯之聖而曰畏巧言令色孔壬。以舜之聖而曰堲讒說。以孔子之聖而曰遠佞人。善為國者。必使君子小人兩得其所。而不能相參。然後君子有以御小人。小人不能害君子。苟朝廷之上。忠佞並進。賢不肖雜處。則其於圖事揆策。任賢使能。取舍必有不同。取舍不同。則主聽惑主聽惑則君子有時而屈小人有時而伸矣君子見絀則君子之類不得立小人見伸則小人之類更相援引充塞要路以是為非以白為黑蒙蔽欺罔無所不為禍亂之源甚可畏也夫自昔為人君者豈樂屈君子伸小人以啓禍亂之源哉蓋小人聽其言則似辯任之事則似材又能先意承志以逢人主之好姦言曲學以避人主之惡浸淫滋蔓日漸月磨故能使人主甘心而不悟也然則何以辨之亦在虛心正志以察之而已昔者舜禹共兜雜處堯朝堯能賢舜禹而退共兜故大治孔子與季孟皆仕於魯魯公賢季孟而退孔子故大亂由是觀之君子小人豈能自消長哉在人主取舍何如爾昔者劉向嘗為漢元帝好儒而優游不斷故向以謂執狐疑之心者來讒賊之口持不斷之意者開群枉之門讒邪進則衆賢退羣枉盛則正士消元帝不能用向言而委政恭顯漢室繇是而衰諸葛亮嘗與蜀先主論親賢臣遠小人先漢所以興隆親小人遠賢臣後漢所以傾頹君臣相勉卒成三分之業至如齊威公任管仲隰朋則九合諸侯一正天下任寺貂易牙則身蒙其禍為世大僇唐明皇用姚崇宋璟則有開元之治用李林甫楊國忠則有天寶之亂一人之身而前後成敗之效如此然則邪正果可不辨哉臣故以為治天下在於正朝廷正朝廷在於辨邪正惟陛下留神省察

右正言崔德符上乞辨忠邪書曰臣聞諫諍之道不激切不足以起人主意激切則近訕謗夫以人臣而有訕謗之名此讒邪之論所以易乘而世主所以不悟天下所以卷舌吞聲以言為戒也臣嘗讀史見桓帝以災異數見博求直言及劉儒上書則不能容又觀曹鸞訟黨人而被誅李少良論元載而見戮未嘗不掩卷興歎愴然有山林不返之意比聞國家以日食之異詔求直言蚍蜉區區欲報萬一而詔有言之失中朕不加罪又曰尚悉乃心無悼後害則感極而繼之以泣蓋陛下披至情廓聖度以來天下之言如此而私秘所聞不肯一吐是天下臣子負陛下也伏讀詔書曰凡朕躬之闕失左右之忠邪政令之臧否風俗之美惡朝廷之德澤有不下究閭閻之疾苦有不上聞咸聽直言臣以謂方今政令煩苛而民不堪擾風俗險薄而法不能勝德澤非不厚而施設不得其當疾苦雖欲聞而詢求不得其人此特未暇為陛下一二陳之而特以左右之忠邪為本忠邪判天下無餘事惟其有忠不能明有邪不能去而陛下之闕失莫大乎此賤臣於草萊未識朝廷之士特以陛下左右之人有指元祐之臣以為姦黨者此必邪人也昔侯覽曹節嘗以黨人之論籍呂誅李膺杜密甫夏馥為黨魁指范滂所用為范黨海內塗炭二十餘年廢錮誅徙者不可勝計漢自此亡李宗閔牛僧孺李德裕各植黨與更相報怨縉紳之禍不解者四十餘年唐亦自是不復振以本朝社稷之靈宗廟之福而儉人乘間以黨人為名掃除天下善士漢唐衰亂之禍將復見於今日甚可駭也夫毀譽者天下之公論臣竊惟朝廷毀譽與天下大異故責受崖州司戶參軍司馬光陛下左右之人以為姦而天下皆曰忠今宰相章惇陛下左右之人以為忠而天下以為姦此理何也臣請畧言姦人之迹而陛下試以是觀之夫乘時抵巇以盜富貴探微揣端以固權寵專營一己之私不顧國家成敗者謂之姦可也變亂是非傾移主意懷道德者必加誣汙負高名者志在翦除謂之姦可也苞苴滿門私謁踵路陰交不逞密結禁庭謂之姦可也以奇技淫巧蕩上心以倡優女色敗君德然後獨操刑賞自報恩讎者謂之姦可也蔽遮主聽排逐正人微言者造以刺譏直諫者陷以指斥以杜天下之言以掩滔天之罪謂之姦可也凡此先有之

乎惇有之乎片惇之所有而光之所無也夫有其實者名隨之無其實者而與之名天下其誰信之傳曰謂狐為狸則非特不知狐亦不知狸是故以佞為忠則必以忠為佞於是乎有謬賞濫罰謬賞濫罰行而佞人倘佯矣如此為國不亂者未之有也夫光凡事四朝以忠信長者聞於天下危言正色奮不顧身雖古名臣無以遠過而謂之姦欺天下也欺後世也夫一人可欺也朝廷可欺也天下後世不可欺也昔周勃木強敦厚故屬大事安劉氏非勃不可汲黯好直言面折人短故能寢淮南之謀輔少主守成賁育不能奪由是言之姑欲周旋奏事便佞捷給則人人皆可為公卿必期於利害安危之際無負於國家非正人不可臣狐生晚輩平生不識光而光又已死何所愛惜所惜者國家為姦邪報仇而負天下之謗耳至如惇狙詐險賊臣不能盡知可惟天下士大夫呼曰惇賊昔李栖筠為御史大夫天

下尊之不敢名呼為贊皇公侯僅一布衣之士西河之人尊之而不敢名呼曰侯公今惇貴為宰相人所具瞻天下以名呼之又指以為賊何也辜負主恩盜竊國柄忠臣痛憤義士不服故賤而名之又指其實而名之以賊也且以一事中外所共知者言之惇指元祐之臣盡以為黨而投之必死獨蘇頌無恙固天下之賢者然所遂皆頌等夷以謂不預政事則頌元祐時宰相此何理也惇竊國柄也自陛下承天寶命入紹大統海內翹然日跂新政故京師人曰大惇小惇殃及子孫又曰大惇小惇無地安身大惇謂章惇小惇則御史中丞安惇也夫百姓至愚而神此言雖小可以見天下之心也公議所在借使陛下史臣不書而天下之人必有書之者昔晉侯一國耳六官之長皆用民譽而無謗言於是乎能霸陛下廣有四海選擇一二臣顧反若此臣恐傷天地之鑒累日月之明失天下之心貽後世笑夫小

人譬之蝮虵毒蝎其凶忍害人根於天性隨遇必發天下無事國勢安強不過賊害忠良破碎善類至緩急危疑之際則必有反覆賣國之心跋扈不測之變何以知之蓋自古欲盡去正人者非姦臣則逆子殺蕭望之張猛蘇建京房賈捐者石顯也逐韓瑗來濟褚遂良長孫無忌上官儀者許敬宗也逐張九齡誣王忠嗣殺李適之者李林甫也貶杜佑陷李揆殺顏真卿者盧杞也殺孔融楊脩荀彧者曹操也誅戮關中舊族者董卓也盡去中朝名士者柳粲也夫正人者君之羽翼姦賊患之必翦其翼然後得志惟陛下前知詭計密挫姦謀力收骨鯁之臣自為羽翼其所以消災變于無形守太平于長久也夫宰相者使百官各任其職者也比年以來諫官不聞論得失御史不聞劾姦邪門下不聞封駁詔令共持喑嘿主事婀娜非宰相使之而誰也昔李林甫以其罪大滅項惡極通天則招天下邪人佞夫布

在言職務以禍福無敢上言由是竊相位十有九年罪大惡盈而人主不知此可以為後世戒也其以一事言之漢成帝欲立趙昭儀為皇后太中大夫劉輔上書以忠切得罪而師丹谷永辛慶忌之徒交章請救夫以漢緒中衰猶有清議主張爭臣頃者諫官鄒浩以言事得罪先朝左右大臣拱而觀之諫垣同列無一語者又從而擠之去夫左右大臣股肱心膂而言官其耳目也皆天下安危之所係而一切姦諛若此則陛下亦欲柬拔忠藎圖回太平孰為陛下言之孰為陛下行之姦詞互奏邪說沓進陛下亦有堯舜之聰明不得行朝進一人而復止暮逐一佞而再收是非紛紜邪正參錯而天下之事敗矣共惟陛下躬睿聖之資體溫文之德皇天眷眛宗廟顧享畀付神器今欲欽承上帝慰荅祖宗之靈而國勢若此此臣所以為陛下慮也夫日者陽也陽為君子食之者陰為臣為小人今日有食之臣侵君

小人勝君子也。且四月正陽之月。陽極盛陰極衰之時。而陰且侵陽。故其變爲大。其所以消復之道。臣不敢曲牽異說。旁取雜家。姑以經傳所陳聞於陛下。十月之交。日食之詩也。刺四國無政。不用其良。上至卿士司徒。下至趣馬師氏。咸非其人。左氏傳曰。國無政。不用善。則自謫於日月之災。弭災之道有三。一曰擇人。二曰因民。三曰從時。唐宋璟曰。日食修德。使君子道長。小人道消。止女謁。放讒夫。所謂修德也。此言播于詩。著于傳。可以覆視。惟陛下畏天威。聽明命。獨運乾剛。大明邪正。毋違經義。毋鬱衆心。則天意解矣。若夫伐鼓用幣。素服徹樂。而無修德善政之實。則非所以應天也。傳曰。應天以實不以文。惟陛下至誠毋忽。

建中靖國元年。殿中侍御史尹涉乞戒朋黨之弊。狀曰。臣嘗聞自古朋黨之論既起。未有不爲朝廷患。臣不敢遠引漢唐敗亂之迹。爲今

日戒。臣竊覩紹聖元符間。朋黨之說互作。豈朝廷所欲爲哉。亦有傾危變詐之士。日以飛箝捭闔爲術。奔走一二權臣之門。陳謀獻計。以意求合。務希寵利。遂使搢紳之禍。幾半朝廷。而班列爲之一空。五六年間。海內多故。君臣無閒暇之日。此陛下所親見也。伏自陛下即位以來。治尚簡靜。以與天下休息。更革庶事。惟務便安。進用羣臣。不間新舊。任賢以勿貳。去邪以勿疑。由是朋黨之論不攻而判。天下士大夫始得安枕而寢。比下明詔。以謂爲政取人。無彼時此時之別。又以建中靖國元年爲紀年之號。則陛下切於致治之意。蓋可見矣。然臣竊聞近士人中。或有乘時射利之徒。伺候府第。出入權門。或巧締讒言以中人。或妄生虛譽以舉類。或倡異同之論以潛惑上聽。或騰反覆之說以陰動柄臣。或執異見。欲以混淆人物之正邪。或騁曲辯。欲以變更朝廷之好惡。假浮議以奪正。任私意以亂公。轉是作非。牖虛爲實。豈顧紛紛之害理。唯期協輔以進身。黨與漸成。必壞風俗。不行禁飭。曷底靜安。臣願陛下聽覽之際。聖慮先及。仍詔中書門下。特行戒勵。及出榜朝堂。庶以少慰中外士大夫危疑之心。知朝廷深惡朋黨之弊。使善人君子可以存立。則大中之道何患不建。惟陛下察之。

徽宗時。校書郎陳瓘奏曰。臣聞爲善者可愛。爲惡者可憎。禮曰。愛而知其惡。憎而知其善。則是可憎者有可愛也。可愛者有可憎也。此乃聖人經世大公之法。人主用之。兩平之術。非兩可也。前日朝廷之上。深疾兩可。凡安石之所可。而神考之所謂不可者。必改神考之不可。以從安石之可。執一而廢百。其爲乖謬也甚矣。然則一可者偏。兩可者平。平者之言。必有可採。臣故曰。兩可可聞。孔子曰。我則異於是。無可無不可。無所不可。其可多矣。況兩可乎。此正是聖主制治之所當務也。

殿中侍御史何鑄上疏論士大夫心術不正。徇虛以掠名。託名以規利。言不由中。而首尾向背。行險自售。而設意相傾。習爲事君之失。懷險戲之謀。行刻薄之政。輕儇不莊。慢易無禮者。爲行己之失。乞大明好惡。申飭中外。各務正其心術。毋或欺誕。蓋有所指也

左司諫江公望薦人材上疏曰。臣親奉睿旨。俾臣論奏人物。臣退竊思之。此固臣之所當告正。陛下之所欲急聞也。臣聞之孟軻曰。是非之心。智之端也。充是心。是是而非非。則足以知人矣。皐陶曰。在知人。惟帝其難之。苟以爲難。則靡所不咨矣。堯躬明德在上。賢不肖宜若白黑之不可亂。如驩兜之黨蔽。猶且咨之。蓋盡人所知。然後能無所不知。陛下勇智天錫。聖敬日躋。廣覽遠聽。嚴究側微。無所不逮。故於人物如鑑無心。妍醜不能逃其質。若權衡應物。輕重未嘗失其平。猶下咨微臣。以廣耳目。舜帝堯之用心也。若臣涉世甚疎。經國有志。二

十年閒世味無一經心粗知靜趣傳曰心靜天地之鑒心苟靜天地猶可鑒況人物乎臣之所知或得所稱或觀於已試或爲寮友而知其所趣或於孤遠而見其持守不厚族姓不問黨與不間親讐不挾權倖采之公議僉以爲允陛下廓天地之度無物不容晦神明之用有瑕必匿搜羅包括咸在其中遺其所短用其所長不求其備隨器而使故人無不盡之才才無不濟之治因臣一人之所知以類而求臣之所知才不可勝用矣求之一人且如是矧公天下而求之乎易曰拔茅連茹以其彚征吉以言君子泰亨之時拔其一則各以類從矣此正今日之所急陛下不間踈遠如臣者尚且咨之孰不爲陛下盡焉伏乞更賜咨訪以驗臣之不妄謹列姓名于左

公望又論哲宗紹述上疏曰自哲宗有紹述之意輔政非其人以媚於已爲同忠於君爲異一語不合時學必目爲流俗一談不伴時事必指爲橫議借威柄以快私隙必以亂君臣父子之名分感動人主使天下騷然泰陵不得盡繼述之美元祐人才皆出於熙寧元豐培養之餘遭紹聖竄逐之後存者無幾矣神考與元祐之臣其先非有射鉤斬袪之隙也先帝信仇人而黜之陛下若立元祐爲名必有元豐紹聖爲之對有對則爭興爭興則黨復立矣陛下改元詔旨亦稱思建皇極蓋嘗端好惡以示人本中和而立政皇天后土實聞斯言今若欲渝之奈皇天后土何

殿中侍御史龔夬乞明忠邪劄子曰臣聞好惡未明人迷所嚮忠邪未判衆聽必疑臣頃在外服側聞朝廷聖政日新遠邇忻戴及被命詣闕又聞進退人材皆出睿斷此固甚盛之舉也然而姦黨既破則彼將早夜爲計以謀自安不可不察或遽欲革面以求自入或申邪說以拒正論或妄稱禍福以動朝廷或託言祖宗以迫人主或巧事

貴戚或陰結左右大抵姦人之情其計百出不可盡舉其要則欲變亂是非渾殽曲直以疑朝廷將幸其既敗復用已去復留而已矣君子直道而行未爲機變則必墮姦人之術內若然則天下之治忽未可知也故必在朝廷洞察忠邪斷而行之若小不忍則害大政恭惟先皇帝聰明聖神臨政願治臣昔蒙賜對親被聖訓勿爲阿附以期自守今臣不言則爲上負厚恩下廢所守朋姦罔上自取犯義之罪惟陛下深察臣言以示好惡以明忠邪而陟降多士使遠近皆知進賢退姦之意將天下鼓舞聖化太平之治不難致也

欽宗靖康元年侍御史李光論王氏及元祐之學奏曰臣愚昧朴拙當陛下初政偶承乏使擢寘言路每因進對備聞德音未嘗不以紹復祖宗法度爲說忠臣義士莫不歡欣鼓舞自須德化之成也臣今月十七日入臺伏覩三省降到黃榜一道臣寮上言以王安石爲名世之學發明要妙著爲新經天下學者翕然宗師又言熙寧元豐閒內外安平公私充實法令備具賦役均平其意專以王氏之說爲是公肆誕慢無復忌憚以陛下聖明未可遽欺既以司馬光與安石俱爲天下之大賢又云優劣等第自有公論觀言者之意必不肯以光爲優以安石爲劣矣光與安石行事之是非議論之邪正皎若白黑雖兒童走卒粗有知識者莫不知之當熙寧元豐閒如韓琦富弼歐陽脩之屬尚皆無恙安石惡其議也皆指爲因循之人擯斥不用卒以憤死恭惟太祖太宗創業之艱難真宗仁宗守成之不易規摹宏遠矣安石欲盡廢祖宗法度則爲說曰陛下當制法而不當制於法欲盡逐元老大臣則爲說曰陛下當化俗而不當化於俗蔡京兄弟祖述其說五十歲閒搢紳受禍生靈被害海內流毒而祖宗法度元老大臣掃蕩禁錮幾無餘蘊矣幸賴宗廟社稷之靈上皇悔悟以祖

宗不校之甚。全付陛下。今言者又創為熙豐之說。以安石為大賢。臣恐此謗一出。流聞四方。鼓惑民聽。人心一搖。不可復收。非朝廷之福也。

諫議大夫楊時乞分別邪正消除黨與狀曰。臣嘗考漢唐之所以亡。其始皆自於朋黨。善乎歐陽脩之言曰。始為朋黨之論者誰歟。甚乎作俑者也。眞可謂不仁之人哉。所謂一言喪邦者。其是之謂歟。自蔡京用事。始進朋黨之說。以斥逐異己者。使無敢言。然後肆意無所不為。以馴致前日之禍。上皇晚悟其非。以搢紳賢能。陷於黨籍。形之詔旨。而追悔不及。此陛下之所宜深鑑而奉承之者也。近聞士大夫間。復有為朋黨之說以欺聖聽者。或指為蔡黨。或指為王黨。或指為李黨矣。以二十餘年之間。而是數人者實秉國政。天下之士不仕則已。其仕於朝者。皆其薦引也。非蔡則王。非王則李。若盡指以為黨而逐

之。是將空國無人矣。此言果行。則搢紳之禍。未有已時。而國之安危。未可知也。然臣切謂所以致黨論之興者。抑有由矣。蔡京之罪甚於王黼。而李邦彥動為身謀。首畫遁逃之計。割地捐金。質親王以主和議。罷李綱而納誓書。其悞國亦與京黼不殊。今王黼伏誅。而京父子止竄湖外。邦彥猶未黜責。公議未厭。此論者所以疑有其黨也。臣伏望睿斷。取京父子與邦彥大正典刑。投之嶺海。庶允公議。其間為蔡氏邦彥所用之人。當一視之。察其賢而用。不賢而去。分別邪正。消除黨與。則天下幸甚。苟無事實。縣以黨附為言者。是必姦人欲中傷善類。不可不察也。朋黨之禍。昔人論之多矣。唯歐陽脩所撰五代史書。其言最為詳切。謹錄進呈。伏乞詳覽。

監察御史余應求論朋黨宜辨之於早狀曰。臣嘗觀李德裕李宗閔各分朋黨。互相傾軋。因小以臣大。因久久害公。終成牛李之禍。文宗

患之而不能去。每歎曰。去河北賊易。去朝廷朋黨難。臣謂君子小人。其勢不兩立。猶如冰炭薰蕕之不可並也。故君子得位則斥小人。小人得路則排君子。勢之必然。無足怪也。惟明君能辨其人為賢為不肖。其事為公為私。其言為實為虛。其心為忠為邪。則君子小人自判。而朋黨不足患矣。文宗暗君也。不知察此。而患不能去之。豈不謬哉。國家自元祐紹聖以來。起朋黨之論。幾四十年。然猶假政事之異同以名之也。近歲尤甚。不問人之賢否功罪何如。凡為執政所引用者。皆指為其黨。故有蔡黨王黨之目。更相非毀。迭為進退。不復顧國家之大體。唯恐其黨之不進也。又其甚者。蔡京一門父兄子弟之間。自小黨與。果何理哉。此弊不除。為患甚大。陛下稟英睿之資。奮剛斷。辨忠邪。進賢退不肖。必無疑貳。此君子道長而小人退聽之時也。自今羣臣誰敢為黨者。然而考之師言。揆之物情。咸謂一二新進大臣與

前此用事者議論不能無不協。趨向不能無少異。已有紛爭之語。騰聞之迹。浸浸不已。然隙日深。非持不能用心輔陛下維新之政。臣恐小人之黨日盛。而君子獨立寡助。朋黨之禍又甚於前矣。伏惟陛下辨之於早。壞植散羣。無使滋蔓。不勝幸甚。

靖康中起居郎胡安國上殿劄子曰。古者人君南面向明而治。蓋取諸離。為日至明之象也。日食常數耳。春秋每食必書何也。日者人君之表。苟有食之。則暗而不明矣。臣子悖君父。則暗而不明。妾婦乘其夫。則暗而不明。政權在臣下。則暗而不明。夷狄侵中國。則暗而不明。故春秋每食必書。所以為南面之大戒也。昔漢元帝即位之初。更制七十餘事。以公田及苑振業貧民。減樂府員。罷黃門狗馬。除甘泉宮衛卒角抵齊三服官。節用愛民。其稱甚美。然紀綱日紊。國祚日衰。姦執日強。黎元日困。以知人不明。失其操柄耳。蕭望之社稷之臣。而恭顯

譖佞引決於私室。張猛忠正之士。而自殺於公車。劉向宗室之英也。排擯詆毀。令不得進用。至於許史宦官。則信任不疑。大本既失。雖有恭儉之小節。何足以正紀綱。隆國祚。抑莽軌。救黎元之困厄乎。至如昭帝以盛則不逮孝元之長。以文學則不如孝元之博雅。然奉身調度。又未必如孝元之節儉也。然能辨上官桀之詐。信任霍光。漢祚復安。黎元按堵。誠得君人之本耳。陛下有溫恭之德。有儉約之行。有憂勤願治之誠。有好謀納諫之善。過於漢元遠矣。抑未知群臣之邪正。已皆明白於胸中而不惑乎。亦有疑焉而未之決也。如其不惑。則固善矣。倘有疑焉。而不決之於早。則君子必遠。小人必親。天下之事去矣。小人善窺人主之指意以求合。君子則唯義之從而不苟。是故古之明德於天下者。先正其心。有所忿懥。則不得其正。有所好樂。則不得其正。有所憂患。則不得其正。有所恐懼。則不得其正。四者不除。親小人遠君子必矣。陛下誠能格物致知。誠意正心。而鑒於春秋所書侵蝕之咎。洞察正邪。灼知忠佞。如日中天。臨照萬物。則君人之本立。而天下之事定矣。

高宗建炎間。尚書右僕射李綱上言曰。臣昨日奏事。論及人主之職在知人。雖堯舜猶以為難。誠能別白邪正。使君子小人不至於混淆。然後天下可為。伏蒙宣諭知人亦非難事。但考其素行則知之。竊仰聖訓。誠得知人之要。然臣竊謂國家艱難之際。圖回事業。雖材智兼用。然惟腹心。非君子不可。何哉。君子愛君而不謀身。憂國而不謀家。以公忘私。以義忘利。而小人則反此。自昔人主信小人而任之。其國未嘗不至於危亡。夫小人豈不欲安存而惡危亡哉。然使之謀人之國。必致於此者。以其無遠見而操術然也。彼方以謀家保身營私誕利為得計。而於國事恬不加恤。非不加恤也。以謂必不至於危亡而不知恤也。唐天寶末。楊國忠既激安祿山叛。以信其言。又促哥舒翰出兵潼關。恐其不利於己。動為身謀。不顧社稷。計及遣陳元禮之變。刃加於頸而後知。蓋亦晚矣。是其所以求全者。乃所以自族也。范祖禹有言。夫避害就利者。小人之常也。利於己而不利於人則為之。害於國而不害於家則為之。自以為得計矣。而不知害於國則亦害於家。不利於人。則亦不利於己。是以自古小人之敗。必至於家國俱亡而後已。此聖人所以戒小人之勿用也。然而為人主者。曷嘗不欲用君子而退小人哉。卒之君子多不能安其身於朝廷。而小人常得志者。君子行道直。自信篤。去就輕。好惡正故也。行道直。則不能阿諛以取容。自信篤。則不能過防以遠害。去就輕。則不為爵祿之所累。好惡正。則不為姦邪之所喜。自非人主明足以察。誠足以任。則君子雖欲有為於當世。不可得已。齊小白之任管仲。信而弗疑。此所以成霸業。故曰有人而弗能知。害霸也。知而弗能用。害霸也。用而弗能信。害霸也。信而以小人參之。害霸也。霸猶如此。況欲圖天下之事業。以起中興之功哉。陛下既得知人之要矣。更願致察於君子小人之間。天下不勝幸甚。

紹興間。綱為江西安撫制置大使。論朋黨劄子曰。臣觀自昔論朋黨者。無如歐陽脩之為詳盡。其言曰。夫欲空人之國而去其君子者。必進朋黨之說。欲孤人主之勢而蔽其耳目者。必進朋黨之說。欲奪國而與人者。必進朋黨之說。夫為君子者。固嘗寡過。小人欲加之罪。則有可誣者。有不可誣者。不能遍及也。至欲舉天下之善。求其類而盡去之。惟指以為朋黨耳。故其親戚故舊。謂之朋黨可也。交游執友。謂之朋黨可也。宦學相同。謂之朋黨可也。門生故吏。謂之朋黨可也。是數者皆其類也。皆善人也。故曰欲空人之國而去其君子者。惟以朋黨罪之。則無免者矣。夫善善之相樂以其類同此自然之理也。故聞善者必相稱譽則謂之朋黨。得善者必相薦引則謂之朋黨。使人聞善不敢稱則人主之耳不聞有善於下矣。見善不敢薦則人主之目不得見善人矣。善人日遠而小人日進則為人主者偎偎然誰與之圖治安之計哉。故曰欲孤人主之勢而蔽其耳目者必用朋黨之說也。一君子存群小人雖衆必有所忌而有所不敢為惟空國而無君子然後小人得肆志於無所不為則漢魏唐梁之際是也。故曰可奪國而予人者由其國無君子空國而無君子由以朋黨而去之也。嗚呼朋黨之說人主可不察哉。脩之言如此誠為切當臣以謂人主之所至惡者朋黨也。小人之所以陷害善良者朋黨也。為國家患有不可勝言者朋黨也。人主操天下之利勢端居九重之中惟恐人之相與朋比以為欺罔故曰其所至惡者朋黨也。君子汲引善類以其彙征而小

人指為朋黨可使盡去不為已害故曰所以陷害善良者朋黨也。黨錮之禍起而漢室以傾牛李之黨熾而唐室以微故曰其為患有不可勝言者朋黨也。嘉祐間韓琦范仲淹富弼之流用於朝遂其所薦引類多君子小人不悅指為朋黨欲盡斥去賴仁宗皇帝有以察之。故小人之言不用而韓琦范仲淹富弼之德業得以光明于時此宗社無疆之福也。劉向有言曰執狐疑之心者來讒賊之口持不斷之意者開群枉之門漢元帝優柔不斷故蕭望之周堪劉向之徒不容於朝唐文宗優游不斷故曰破河北賊易去此朋黨難人主之德剛健如天光明如日辨是非察邪正則小人道消君子道長愚智賢否各當其分尚何朋黨之是患哉。臣竊見近年士人中尚有乘間投隙造為險詖之言以惑陛下之聽者一時名士皆指為朋黨賴陛下有以察之不用其說而善類得所依怙剛明威德可以無愧於仁宗矣。

然小人之情譬如穿窬之盜稍失隄防有隙可乘則必復出為惡伏望聖慈考歐陽脩之言而察仁祖之用心消小人而進君子早建中興之業以致太平天下幸甚。

紹興四年張浚論君子小人之辨上言曰臣昨奉清光竊見陛下於君子小人之際反覆詳究退自慶幸以為治道之本莫大於辨君子小人之分聖意孜孜于此宗社生靈之福也。昔唐李德裕言於武宗曰邪者正者勢不相容正人指邪人為邪邪人亦指正人為邪人主辨之甚難臣以為正人如松柏特立不倚邪人如藤蘿非附他物不能自起臣嘗以類推之君子小人見矣。大抵不私其身慨然以天下百姓為心此君子也。謀身之計甚密而天下百姓之利害我不顧焉此小人也。志在於道不求名而名自歸之此君子也。志在於利掠虛美邀浮譽此小人也。其言之剛正不撓無所阿徇此君子也。辭氣柔

佞切切然伺候人主之意於眉目顏色之間此小人也。樂道人之善惡稱人之惡此君子也。人之有善必攻其所未至而掩之人之有過則欣喜自得如獲至寶旁引曲借必欲開陳於人主之前此小人也。難進易退此君子也。叨冒爵祿蔑無廉恥此小人也。臣嘗以此求之君子小人之分庶幾其可以槩見矣。小人在倍則同於已者譽之以為君子異於已者排之以為小人不顧公議不恤治亂不畏天地鬼神是以自崇觀以來至於今日異於已者而嫉其為君子爭臣以為必無之也。彼其專為進身自營之計故好惡不公至於亡身亡家亂天下而莫之悔惟陛下親學問節嗜慾清明其躬以照臨百官則君子小人之情狀又何隱焉。

浚謝賜御書否泰卦因陳卦義上言曰臣昨日特蒙聖慈頒賜臣御筆親書周易泰否二卦臣以愚庸之質叨竊相位絲毫無補俯仰實

懋。不謂聖恩。有隆疇昔。賜之寶翰。許以珍藏。感荷私心。非言可盡。臣竊惟自古小人之傾陷君子。莫不以朋黨為言。夫君子引其類而相與並進。志在於天下國家而已。其道同。故其所趨向亦同。曾何朋黨之有焉。小人則不然。更相推引。本圖利祿。詭詐之蹤。莫可迹究。或故為小異。以彌縫其事。或內外合符。以信實其言。人主於此。何所決擇而可哉。則亦在夫原其用心而已矣。臣嘗考泰之初九。拔茅茹以其彙征。而彖以為志在外。蓋言其志在天下國家。非為身故也。否之初六。拔茅茹。以其彙貞。而象以為志在君。則君子連類而退。蓋將以力守善道。而未始忘憂國愛君之心焉。觀二爻之義。朋黨可以破矣。臣又觀否泰之理。起於人君一心之微。而利害及於天下百姓。方其一念之正。畫而為陽。泰自是而起矣。一念之不正。畫而為陰。否自是而起矣。然而泰之上六。三陰已盡。復變為陽。則否之所由而生焉。否之

上九。三陽已盡。復變為陰。則泰之所由生焉。當今時適艱難。民墜塗炭。陛下日新其德。正厥心於上。臣知其將以致泰矣。異時天道悔禍。幸而康寧。願陛下常思其否焉。區區臆說。敢併以為獻。不自知其妄陋也。惟陛下裁赦。

浚乞别邪正上言曰。方今士大夫之賢者。莫不欲主張清議。發明正道。以為萬世人臣之戒。誠以有天下國家。要在夫得人以維持之。故忠義大節。不可不明。苟使持祿保身。隨時俯仰者。得行其志。則馮道之徒復見於後日矣。豈人主之利耶。然臣嘗謂天下自有要道。隨時舉措。則盡得天下之心。而致治不難也。且圍城之後。明受之變。當時從邦昌而為侍從。徇苗傅而有所施為。其罪固大。厥後乃繼踵作相。持握化權。果何以勸忠義示風俗耶。若夫論者必欲正其罪而暴白之。則又失中矣。何者。士大夫之不能死節義。則無所不為。而死者人之所甚難。未可人人而責之也。今正名其罪。則有過者無以自新。非其本心者。無以自見。附偽之人。知其無所逃於天地之間。將與我為死敵矣。非國家之善計也。臣願陛下戒忠義之不可不勸。思有以發揚而榮顯其身。至於不幸而得罪於名教。則亦優容涵覆。特遠而去之。不委以心腹之任。則取天下。定國家。明教化之術。盡於此矣。

浚議君子小人上言曰。朋黨之論起。而君子小人之名紛然交作。莫知其孰是孰非。自古患之矣。夫志在天下國家。此君子也。志在一身。此小人也。然而託君子之言。行小人之志。其事甚微。其情難辨。人主當留意焉。然自昔帝王之用心。惡聞人之有過。而喜人之改過。其小人也。特使之退聽自省而已。幸而改過。猶復用之於外焉。若必曰某為君子。某為小人。一二別之。又未知真能辨之否也。加人以不善之名。則人必報之以至惡之實。朋黨交傾。端自此始。然則人主宜如何

哉。知之于心。待之以權。使上下內外。各當其分。真為小人者。方且化而遷矣。使其言者之悞。而吾未嘗以此名加之。人心豈不悅服乎。

浚又曰。臣竊聞真宗皇帝嘗著忠臣良臣及權臣姦臣論。臣以為忠類權。良類姦。何以言之。忠則任事。任事則多怨。豈不幾於擅權乎。良則委曲。委曲則不暴。豈不幾於為姦乎。然則人主於此。如之何而辨之哉。則亦視其志之所存而已矣。彼其志在天下國家。切切然以身任內外之責。是之謂忠。志在納君為善。將順其美。是之謂良。若乃營私立黨。蔽欺君上。苟利於身。以死力行。則為權矣。逢君之惡。事每阿徇。反覆無詐。陰肆譏間。則為姦矣。臣故別白而共論之。

高宗時。[illegible]元鎮除宣撫處置使。朝辭上奏曰。臣踈遠之迹。荷陛下特達知遇。愧無死所圖報大恩。方國家多事。中外之人。乃委臣總師遠戍邊鎮。主憂臣辱。其何忍辭。然自惟念渡江以來。遭逢器使。揚歷臺

諫再叨樞筦與聞政事趍走殿陛密勿冕旒批誠獲伸無復顧惜雖
聖主全度見謂樸忠而萬目睽睽指為迂闊今乃以奇孤寘偶之身
將使於萬里之遠曾無一毫之善可厚記憐安得不少陳悃愊以瀆
聰聽臣竊見自古人君善用人者莫不專其委任假以事權任專則
媢嫉必生權重則嫌謗立至唐之賢臣勲業如郭子儀猶困於魚朝
恩程元振之謗傷名德如裴度亦被沮於元稹魏洪簡之朋比子儀
明哲自將僅免危疑之累而度辨論激切卒陳幽鎮之功況勲名寵
眷未及兩人求其成功亦已難矣向者陛下當建炎圖治之初遣張
浚出使川陝國勢事力百倍於今浚於陛下有補天浴日之功陛下
待浚有礪山帶河之固君臣相信內外相資委任之篤今古無有而
終致物議以就竄逐臣頃在紹興人或指臣黨浚故浚之責不敢以
一言及其是非今考究其用心推尋其情實要師失地錯繆之迹則
有之未必盡如言者之甚也大率專黜陟之典受不御之寄則小人
不安於分義謂名器可以虛授爵賞可以苟求一不如意便生觖望
川蜀之士至於醵金募士詣闕陳論展轉相傳以無為有一經指摘
何以自明是以有志之士雖欲冒犯死亡為國立事而每以浚為鑒
戒也雖然浚固有罪矣臺臣抨彈之可也諫官論列之可也人君赫
斯震怒雖誅殛之浚亦無憾今乃下至草澤布衣之士行伍冗賤之
流凡有求浚而不得者上書投牒人人詬罵肆言醜詆及其母妻甚
者指為不臣跋扈極人間之大惡皆歸之於浚嗚呼一何甚哉夫與
浚之功與陛下之信也而謗者至此則明君不能自信矣今臣無浚
之功陛下之信臣無如浚以有功而見知也乃當此重責遠去朝廷
臣恐好惡是非行且紛紛於聰明之下昔樂羊一篋之謗幾陷誣蔑
賴文侯之明乃成中山之功魏尚數級之失遂致吏議唯文帝晚悟

後有雲中之效伏望睿明鑒古今之得失念事功之難成憫臣孤真
曲加庇覆使得展布四體竭志畢慮少寬陛下西顧之憂非特臣之
幸也意迫情切干犯明畏臣不勝恐懼俟罪之至
劉行簡進故事曰魏文侯謂李克曰先生嘗有言曰家貧思良妻國
亂思良相今所相非成則璜二子何如對曰卑不謀尊疏不謀戚臣
在闕門之外不敢當命文侯曰先生臨事勿讓克曰君弗察故也居
視其所親富視其所與達視其所舉窮視其所不為貧視其所不取
五者足以定之矣何待克哉文侯曰先生就舍吾之相定矣
臣嘗聞前脩之言以謂知人無法臣心疑之夫知人堯之所難也
故皋陶為舜陳九德之事曰寬而栗柔而立愿而恭亂而敬擾而
毅直而溫簡而廉剛而塞強而義此知人之法也而謂之無可乎
及求之孔孟之書而得其說者有二曰視其所以觀其所由察其
所安人焉廋哉一也聽其言也觀其眸子人焉廋哉二也然後知
是道也不可以言可言者其迹而已至於曉然獨得於心者豈言
之所能盡哉謂之所以也所由也所安也與夫言辭眸子之間不
知何者為是何者為非何者為君子何者為小人皆未嘗言其狀
而大佞似聖大智似愚亦未易以此辭辨察則知人之難也雖聖
人不敢易言之然則知人之道非內明而無所蔽惑又惡能曉然
獨得於心哉惟明也一見而得之眉睫之間為有餘如其不然則
終日與之言而不知其人之心由是論之所謂知人者謂之無法
可也皋陶之陳九德特言其所可言者與其成德之事而已其不
可言者不在是焉魏文侯謀相而未定也問諸李克克以居視其所
親富視其所與達視其所舉窮視其所不為貧視其所不取五者足
以定之文侯之意遂決其故何哉公子成與翟璜皆賢也文侯固

知之深矣。其得於所親所與所舉之間。豈一日之積哉。不然。不如是之決也。臣獨喜李克之言誠有助於後世知人之道。雖所謂獨得於心者不在於是。而於吾聖人之說亦無所戾云。

行簡為監察御史上殿論用君子小人之說。既曰。臣聞天下之治。衆君子成之而不足。一小人敗之為有餘。何者。君子雖衆。其道則孤。小人雖寡。其勢易蔓。君子之憂在於天下國家。小人之憂在於一身。君子之於法度紀綱。必欲正之。故為之也難。小人之於法度紀綱。必欲亂之。故為之也易。自古賢聖之君。未嘗不欲近君子而遠小人也。小不加察。而小人已至。故立政之書曰。繼自今立政。其勿以憸人。其惟吉士。又曰。時則勿有間之。所謂間之者。非君子小人並進也。衆君子而一小人。亦足以為間而敗政。臣請以易之說明之。夬之為卦。以五陽決一陰。陽為君子。陰為小人。故繫辭曰。夬。決也。剛決柔也。君子道長。小人道憂也。夫以五君子決一小人。不曰小人道消。而曰道憂何也。蓋上下交而志同。如泰之時。然後小人之道不行。若乃以五君子臨一小人。徒能使之憂而已矣。惟其有憂。則將圖之無不至矣。恭惟陛下躬天縱之聖。懋日新之學。通達古今。洞照治體。日者好惡既明。黜陟既允矣。臣猶以是為言者。誠以事之幾微。小不加察。則小人者乘間伺隙而入。其害至於敗政。不可不懼也。臣以一介之賤。驟對清光。謂天下事無急於君子小人之說。故首用為獻。伏惟留神幸察。

直龍圖閣李光乞辨君子小人劄子曰。臣竊謂君子小人相為消長。而治亂因之。蓋用君子則治。用小人則亂。未有兩存而可以有為者也。易曰。開國承家。小人勿用。象曰。小人勿用。必亂邦也。故內陽而外陰。內健而外順。內君子而外小人。則為泰。內陰而外陽。內柔而外剛。內小人而外君子。則為否。自古聖君賢臣。立言垂訓。未嘗不以小人為戒。本朝仁宗皇帝專任韓琦富弼范仲淹。故四十二年之間。天下大治。羌夏又安。海內生靈蒙福至今。蓋不使小人參其間也。夫邪正之不兩立。猶薰蕕之不可同器而藏。梟鸞之不可接翼而處也。非正勝邪。則邪必害正。此必至之理也。陛下即位于今五年。延見士大夫多矣。君子小人之情狀。固難逃於聖鑒。臣請為陛下畧言其槩。君子者難進而易退。孤立而無朋。人主任用不疑。則秉公心。由直道。其所舉措。必欲合天下之公論而後已。其事上也。則進思盡忠。退思補過。獻其可。而退其否。逆所順。而強所劣。道合則幡然而來。不合則奉身而退。如斯而已。小人則不然。方其未得之也。則枉道而求之。及其既得之也。則固寵保位。惟恐失之。於是內結近倖。外交權臣。傍引小人。傷害善類。故詩曰。營營青蠅。止于榛。又曰。躍躍毚兔。遇犬獲之。又曰。萋兮菲兮。成是貝錦。蓋小人讒間之言。能變白為黑。則如青蠅。伏匿詭詐。則有若狡兔。而文致人之罪惡。則無異於貝錦也。蘇軾有言曰。君子之難致如麟鳳。色斯舉矣。翔而後集。況可麾而却之乎。小人之易進如蛆蠅。腥羶所聚。瞬息千萬。況可招之使來乎。神宗皇帝嘗問滕甫曰。卿知君子小人之黨乎。甫曰。君子無黨。譬之草木。綢繆相附者。必蔓草。非松柏也。朝廷無朋黨。雖中主可以濟。不然。雖上聖不治。神宗歎息。以為名言。臣願陛下以此觀之。則邪正分矣。方今艱難之際。國勢之危。若綴旒然。可言之事未易悉數。所謂端本清源之術。臣願陛下辨君子小人而已。書曰。任賢勿貳。去邪勿疑。蓋任賢而使不肖間之之謂貳。見邪而不能剛決以去之之謂疑。臣愚伏望陛下持大公至正之道。以撫御海寓。法天地簡易之德。以照臨百官。知其忠賢。則任而勿貳。察其姦宄。則去之勿疑。奮乾剛以明黜陟。隆委任而責成功。天下幸甚。

右正言陳淵論考實上奏曰臣聞人主之道在乎知人而知人之要莫若考實不考其實而欲以耳目之所聞見心志之所測度期於得人雖堯舜不能也今夫騏驥之於駑駘其枝固不相侔矣使之同一皁櫪飄糜而飲食之雖騏驥亦何以自別乎故必待歷塊超澗奔逸絕塵然後知其異於凡馬也堯舜號為知人而書之所稱曰明試以功車服以庸夫明試以功考其實也車服以庸因其實而用之耳若舜之在下堯既聞其聰明矣又歷試之至於用鯀亦然四岳舉之堯曰方命圮族既而曰試可乃已自今觀之若舜者宜不待試而若鯀者又不必試然且云爾者考其實而已唯考其實故舜之聖終有以底績而鯀之不肖不能逃其罪於九載之後也廼者朝廷進用人才間有異於是者雖陛下明於知人處之莫不曲當無可議者然臣嘗謂人之才智隱於無為若功業則遇事而後見方其無為非識者莫能辨遠遇事之後雖庸人亦得而可否之故用人之際唯在考實考實之法非固尚勞績而略志節也所以審衆情而核真偽者不得不然也況庶官之於侍從如霄壤之不相侔百官之於臺省如涇渭之不相似若不待其經歷既久名稱流聞人人皆以為宜遷然後授之亦恐艱難之際終不足以厭人望矣臣故以堯舜考實之道為獻位卑言高惟陛下財赦

歷代名臣奏議卷之一百五十六

歷代名臣奏議卷之一百五十七

知人

宋孝宗時敷文閣待制四川置制使范成大論知人劄子曰臣聞古今未嘗有不生才之世而君子常患於無知人之明今有知人之明則天下之人無不才者無知人之明而徒起乏才之嘆是亦厚誣天下而已不知其知兵而使之治財不知其知財而使之治禮及其不集事也則均受不才之名一旦各以其所長易地而使之三人者猶前日之人也而各以其才稱一動其機才否為之變是機也非智力之所能為天與之明道與之妙其於人也交際容庸於精神視聽之表固不可以言語筆舌諭也文王之立政克知三有宅心灼見三有俊心是以有能官人之名夫謂之克知謂之灼見此豈有諭而可傳哉今不先究知人之明而但起乏才之嘆不謂誣可乎臣嘗謂錢穀甲兵萬事之統皆可以立說惟人才不知未可以置論何者知人之明在人君心術之微而非變政易令之所及故也嗚呼知人之明尚矣其次莫若公公雖非明而可以生明去胸中之私喜怒用天下之公是非以進退天下之才雖不能皆當要亦十得七八伏惟聖明省臣激切而加意焉

左諫議大夫王之望上奏曰臣愚不肖陛下過聽擢長諫垣臣未知所以稱塞竊聞唐魏鄭公以諫諍為心恥君不及堯舜平居歆慕以謂人臣如斯可以無愧矣然賢人君子立人之朝孰不欲堯舜其君至於得行其志者宰相之外獨諫官耳臣今謬當其職敢不以鄭公之心為心乎或者以堯舜為不可及欲致君堯舜者謂之責難於君臣以為不然堯舜之道甚大而易行堯舜之政甚簡而易為顧後世不之察耳堯舜之道行於其躬者惟孝施於其下者惟仁陛下既允

蹈之。一無所難。信乎甚大而易行矣。堯舜之政。則在於官人。而官人之道。在於敷奏以言。明試以功而已。堯告舜曰。詢事考言。乃言底可績。禹於皐陶亦云。此所謂敷奏以言者也。舜命禹作司空曰。汝平水土。成允成功。稱皐陶曰。汝作士。明刑弼教。民協于中。時乃功。此明試以功者也。陛下於羣臣中。敷奏之以言歟。言發於前。而底績於後者何人也。明試之以功歟。功作於始。而克成於末者何事也。以此察之。則虛名不足以惑衆聽。橫議不敢以搖至公。姦欺不容。真僞判矣。共工靜言庸違。象恭滔天。而驩兜乃嘆美其方鳩僝功。欲堯之用之。而堯竟不從。此言之不驗者也。四岳薦鯀治水。堯曰。咈哉。方命圮族。九載績用弗成。此功之不效者也。舜既承堯。首正四凶之罪。天下咸服。堯舜之政。豈不甚簡而易為乎。陛下以聰明睿知之資。承光堯付託之重。屬時多事。未嘗一日以位為樂。憂勤庶政。三十年于茲。宜其治效崇成。而未有云獲者。非道之不洪。政未舉耳。臣伏見今朝廷之上。妨功固位之習未殄。背公死黨之論日聞。以妄誕為才能。以凶悖為堅正。各執偏見。而不求天下之通論。各私所主。而不恤公家之大計。大抵圖國甚拙。而為其身謀則工。愛君不專。而附其交黨則力。孔子曰。鄙夫不可與事君。未得之。患不得之。既得之。患失之。苟患失之。無所不至。此風不革。陛下雖欲彊兵富國。為治安之計。臣固知有所不能也。伏願陛下明詔在庭。各厲節操。平其心於論議之際。端其趣於向背之間。使廉恥興行。風俗丕變。訪之以言者。必要其驗。試之以功者必覈其實。若附下罔上。違為弗靖。怙終而不變。則虞舜四凶之罪。在陛下其得已乎。如是則朋比自破。功罪不誣。而天下可運於掌矣。此帝王致治之要術。御世之至權也。惟陛下留神。宗社幸甚。

王十朋除知湖州。上疏曰。臣嘗謂君子小人。常相為消長。人君未嘗不欲進君子而退小人也。然小人常見用。君子每見踈者。蓋君子小人之難知。雖堯舜猶以為病。君子目小人為小人。小人亦指君子為小人。當孔顏桀跖相鬭于前。左右佩劍。彼此相笑之際。人君以一人之聰明。誠有不易辨者。況君子直而踈。小人巧而佞。直則動多忤意。踈則不能無過。故人主反疑君子為小人。巧則能以智術自將。佞則動能迎合上意。故人主反以小人為君子。自古所以治少而亂多。蓋由君子小人之不辨也。共惟陛下稟聰明絕人之資。行帝王正大之道。歷古興亡治亂之迹。皆洞然在聖學中。君子小人之情狀。固已備知之矣。然天下所謂君子者。或未能盡用。或暫用而卒棄之。所謂小人者。或未能盡去。或暫去而復合。得非知人之哲。亦猶堯舜之難乎。夫君子小人雖不易知。而亦有可知之理。君子孤立。如松柏。小人附麗如蘿蔓。君子進必由直道。小人進必由邪徑。往者潛藩二使命之臣。竊弄陛下之威福。士大夫無恥而好進者。莫不奔走其門。陛下赫然震怒。奮自英斷。斥而遠之。天下莫不鼓舞聖德。然附麗而進者。猶未正典刑。唐憲宗既誅王叔文。并斥八司馬之徒。終身不用。元和威令復振。號稱中興。蓋由此舉。今之附麗者。初無八司馬之才。而惡則過之。附叔文者。官止為郎。未有若今之竊高位達官者。小人朋比之迹。固不逃聖鑒。宜擇其一二之尤者。薄正其罪。又取其能自卓立不附炎於炙手可熱之時。與嘗言其罪惡者。稍進用之。如是則君子小人知所勸懲矣。語曰。君子喻於義。小人喻於利。君子之進必以道。詎自奮。小人之進。未有不以利求合者。前日朝廷以財賦不足為憂。小人遂獻羨餘以求進。朝廷不惜名器。以美官要職處之。諸路監司郡守。翕然胥效。為刻下益上計。州縣騷然。民不聊生。近者臣僚論列。陛下嘗罷一監司。固足以為後來之戒。然其尤者。方進用未已。全其大而治其細又何足以懲耶臣所謂君子小人有可辨者陛下第觀其自何門而來以何術而進因可以灼知其為人矣宰執大臣天下之選固不可使小人雜處其間侍從之臣以論思獻納為職即異日之宰執大臣也又其可使小人居之耶治道在知邪正然邪正難於盡知陛下宜於宰執侍從臺諫之臣精加識擇自卿監而下與外之監司帥守責之宰相可也臣言狂妄惟陛下察之

乾道六年秘書少監周必大論漢儒上言曰臣愚不肖蒙陛下過聽擢在班列又取漢宣帝之言親製賛書明示好惡使知所趨向在臣榮遇可謂至矣敢因訓詞所及推廣聖意冒陳一二惟陛下察焉臣聞儒有君子有小人孔子嘗以是告子夏不可以不辨二帝三王之時稷契伊周道德隆備功業光明此君子儒也春秋戰國之際以詐謀相高以功利相傾此小人儒也雖然二者是非黑白猶易辨也至西漢則不然所謂社稷臣者乃在乎周勃之鄙樸汲黯之少文霍光之不學至於服儒衣冠持禄保位則公孫弘蔡義韋賢輩實為之是非白黑貿易如此宣帝察而嫉之故曰俗儒不達時宜好是古非今使人眩於名實不知所守何足委任蓋有激而云爾雖然漢儒多僞高帝固有以啓之也當創業之初叔孫通以儒服降彭城知帝憎之乃變服服短衣所守如此是託儒以希進耳帝遽信之毋怪乎魯兩生之不至也臣故曰漢儒多僞高帝啓之也使宣帝而知此且將求真儒用之何至雜霸哉我藝祖皇帝則不然創業于初者一趙書記也混一于後者亦趙書記也規摹不易凜凜乎帝王之佐豈嘗如叔孫通輩希世用事以為進取之資乎累聖以來卿相多名儒者太祖任人之效也臣願陛下以漢為監以太祖為法則名實決不能眩而士大夫趨嚮一歸于正矣

乾道閒國子祭酒胡銓論禮及知人疏曰臣嘗於經筵恭聞聖訓有及於惟禮可以已之之說臣退竊嘆曰大哉王言如不欲平治天下則已如欲平治天下捨禮何以哉如不欲恢復天下則已如欲恢復天下捨禮何以哉何謂禮禮即道也道者適治之路也有言逆于汝心必求諸道有言遜于汝志必求諸非道可謂善言禮矣陛下聽朝之暇反復思之今日某人言逆耳可憎也然憎而知其善予豈不念戴記之言乎予豈不念魏徵之言乎予豈不念唐明皇之有取韓休乎一言可以興邦予豈不念仲尼之言乎是謂求諸道今日某人言順旨可愛也然愛而知其惡予豈不念戴記之言乎予豈不念魏徵之言乎予豈不念唐明皇之不悅蕭嵩乎一言可以喪邦予豈不念仲尼之言乎是謂求諸非道夫求諸道而知其果善也此必端人也此必非佞人也則記其姓名於坐右徐而察其行事誠端人也然後斷然用之求諸非道而果惡也此必壬人也此必非端人也則記其姓名於坐右徐而察其行事誠壬人也然後斷然遠之此堯舜三王之用心而陛下獨得於惟禮可以已之之說大哉禮乎所以平治天下者此也所以恢復天下者此也頗明皇何足道哉臣祇進其獻鈇者亦可謂不自量矣

吏部侍郎韓元吉進故事曰唐書魏徵傳徵見太宗頓首曰願陛下俾臣為良臣毋俾臣為忠臣帝曰忠良異乎曰良臣稷契咎陶也忠臣龍逢比干也良臣身荷美名君都顯號忠臣已嬰禍誅祇取空名此其異也帝曰善

臣聞唐初諸臣徵為善諫者也徵之此言葢欲激昂太宗俾躋於無過之地而已至於忠良之別講之猶或未盡也徵之意正以輔佐為良諫諍為忠爾然孔子之語忠以孝事君者也故揚雄亦以

言令稷契謂之忠。今觀典謨之書，則稷契咎陶何嘗不獻言於堯舜之世。唯其言之而可行，諫之而悉用，君臣之際，泯然其無迹，而天下臻於極治。非必激訐矯抗，以犯雷霆之威，觸鈇鉞之怒，然後以為忠也。自徵為是說，後世遂以良臣或不事於諫諍，忠臣殆將殺身以成名，不可不辨也。臣則以為正直謂之良，不欺謂之忠，皆人臣所當為之事。有不必分爾。當可諫而諫，不害其為良；當可從而從，不害其為忠，是未可以一偏議也。然徵之事太宗，反復於君子小人之際，最為詳盡。且謂太宗輕褻小人，禮重君子，夫輕小人而重君子，頗不易哉。繼之則曰：重君子也，恭而遠之；輕小人也，狎而近之。近之莫見其非，遠之莫見其是。莫見其是，則不待間而疏；莫見其非，則有時而暱。皆人情之所難言者，其為忠亦至矣。特於忠良之別，雖有激而云，反有所未盡。故臣表而出之，以俟上聖之擇焉。

國子正陸九淵刑定官輪對劄子曰：臣嘗謂事之至難，莫如知人；事之至大，亦莫如知人。人主誠能知人，則天下無餘事矣。管仲嘗三戰三北，三仕三見逐於君，鮑叔何所見而遽使小白置彎弓之怨，釋囚拘而相之？韓信家貧無行，不得推擇為吏，不能自業，見厭於人，寄食於漂母，受辱於胯下，蕭相國何所見而必使漢王拔於亡卒之中，齋戒設壇而拜之？陸遜，吳中年少書生，呂蒙何所見而必使孫仲謀度越諸老將而用之？諸葛孔明，南陽耕夫，偃蹇為大者耳，徐庶何所見而必欲屈蜀先主枉駕顧之？此四人者，自其已成之效觀之，童子知其非常士也。當其困窮未遇之時，臣謂常人之識必無能知之理。人之知識，若登梯然，進一級則所見愈廣，上者能兼下之所見，下者必不能知上之所見。陛下誠能坐進此道，使古今人品瞭然於心目，

則四子之事，又豈足為陛下道哉？若猶屈鳳翼於雞鶩之羣，自與瑣瑣者共事，信其俗耳庸目，以是非古今，臧否人物，則非臣之所敢知也。

朱熹除兵部郎官未就職，為侍郎林栗所劾。太常博士兼實錄院檢討官葉適上疏曰：臣聞臣子告君父之言，必以實，非其實而敢告者，惟私意之是徇，而忘君父之為不可欺者也。臣竊見近日朱熹除兵部郎官，未供職間，而侍郎林栗急劾去之。士論怪駭，莫測其故。蓋熹素有文學行誼，居官所至有績，因王淮深惡，不敢仕。陛下差熹江西提刑，使之奏事，熹趑趄辭避，終未敢前。淮既罷去，陛下趣熹入對，用為郎官。人知陛下進熹有漸，無不稱慶，忽為栗誣奏逐去，衆議所以洶洶不平。臣始猶疑之，以為栗何故至此，得非熹果有事，外人不能知，而栗獨得其實，以告陛下也。暨栗劾奏熹文字播傳中外，臣始得以始末參驗，然後知其言熹罪無一實者，特發其私意而遂忘其欺爾。栗雖貴而近，臣雖賤而遠，然臣子之於君父，大義一也。烏有栗以熹不實之罪欺罔君父之前，而臣忍不以實陳於陛下乎？栗言熹敢自稱私計非便，且欲回就江西提刑，已受省劄，未肯赴部供職。臣聞熹既受除郎官省劄，即時遣回江西提刑司接人客將兵卒等，皆已辭去。其時朝士有候熹者，皆共見之。熹以腳疾發動，不任下床，遂申尚書省乞給假候痊安日供職，是栗謂熹只欲回就江西，不肯供職者，非其實也。栗言熹四司郎官廳印記不肯收受，推出門外，令送長貳，緣長貳不合收管郎官廳印記，臣再令送還，仍加鎖鑰。既能出入宮門，上殿奏事，并遍謁宰執臺諫，即乘轎入部供職，良不為難。兼郎官印記，難以兼攝，在外慮有失者，其朱熹堅執不從，臣為貳卿，不能率屬，致其偃蹇，拒違君命，實負慚德。所有印記無所歸者，不免令四

司人吏抱守終夕至于達旦臣聞熹未對之前脚疾已作當對之日偶然少止對下之後與宰執臺諫相見脚疾痛復劇既申尚書省秪受恩命止乞給假供職適會歇泊自休未及將上所有郎官印記熹既未供職豈可受乎熹已申省乞給假矣雖欲聽栗鐫諭而扶曳供職可乎郎官未供職以前印記合是何官收掌此正長貳之所當知其可推以委熹乎是栗謂熹不受印記偃蹇拒違君命非其實也栗又言熹本無學術徒竊張載程頤之緒餘以為浮誕宗主謂之道學妄自推尊所至輒携門生十數人習為春秋戰國之態妄希孔孟歷聘之風繩以治世之法則亂人之首也臣聞朝廷開學校建儒官公教育於上士子闢家塾隆師友私淑艾於下自古而然矣使熹果無學術歟人何用仰之果有學術歟其相與從之者非欲強自標目以勸人為忠為孝者乃所以為人才計為國家計也惟蔡京用事諱習

元祐學術嘗有不得為師之禁今栗以諸生不得從熹講學為熹之罪而又謂非治世之法宜禁絕之此尤非其實也栗又言熹要索高價妄意要津傲睨累日不肯供職以為作偽有不可掩夫栗逆探熹之用心而暴揚之此非臣之所得知也臣所得知者熹以今月初八日除郎十一日再為江西提刑栗之劾熹當在初九初十兩相去隔日之間而栗以熹累日不肯供職是栗急於誣熹而不自顧其言之非實也栗又言陛下愛惜名器館學寺監久次當遷郎官者只今兼權其視郎選亦不輕矣而熹乃輕之兵部郎官本係大宗丞計衡兼權以熹之故移計衡於都官而以兵部處熹所以待熹亦不薄矣而熹乃薄之臣聞陛下明詔曾任監司知縣者始得除郎其事久矣學館寺監雖久次而未嘗歷知縣監司則不可不兼權豈得謂其當遷郎官哉差除之際那換闕次移衡用熹熹何德焉是又栗急於誣熹

之罪組織其言語足其文爾而不自顧其言之非實也栗又言職制者朝廷之紀綱熹既除兵部在臣合有統攝乞將熹新舊任俱且停罷臣聞唐左右丞進退郎官矣本朝故事未之或然惟臺諫彈劾有停職之請給舍繳駁有寢罷之文至于六部寺監舉劾其屬必曰乞行迴避徼其文婉其義所以重臺綱尊國體也今熹得為栗之屬尚未供職而栗望風劾之且兼有給舍臺諫繳劾百官之例何哉栗以職制紀綱劾熹而先自亂之是職制紀綱非其實也凡栗之辭始末參驗無一實者至於其中謂之道學一語則無實最甚利害所係不獨朱熹臣不可不力辨蓋自昔小人殘害忠良率有指名或以為好名或以為立異或以為植黨近創為道學之目鄭丙倡之陳賈和之居要津者密相付授見士大夫有稍慕潔修粗能操守輒以道學之名歸之以為善為玷闕以好學為已愆相為鉤距使不能進從旁窺

伺使不獲安於是賢士惴慄中材解體銷聲滅影穢德垢行以避此名殆如喫菜事魔影迹犯敗之類往日王淮表裏臺諫陰廢正人蓋用此術於陛下彰善癉惡封殖人才以為子孫無窮之命者其損不細矣栗為侍近就其蹇淺無以達陛下之德意志慮亦信於下而更襲用鄭丙陳賈密相付授之說以道學為大罪文致語言遂去一熹自此游辭無實讒口橫生善良受禍何所不有臣伏見栗恥不得與廟號之議遂為堯宗之說而人知其橫怒詳定所人吏執覆遂至罷局而人知其專而況職匪風聞官有常守今又苟恣一身之狠愎不畏君父之高明公形無實之言顯逐知名之士陛下原其用心察其旨趣舉動如此欲以何為誠不可不預防不可不早辨也臣去冬蒙恩面對論一大事有四難五不可之條其說至長未獲究竟方齋心滌慮以俟陛下反覆詰難庶幾竭盡愚衷今以郎官去留何至上封

事謏謏徒洶宸慮哉蓋見大臣以下畏栗兇燄莫敢明辨積其厲階將害大體爾伏願陛下正紀綱之所在絕欺罔於既形無惟其近惟其賢無惟其官惟其是摧折暴横以扶善類奮發剛斷以慰公言國家之本孰大於此臣不勝効忠思報之至干冒宸嚴伏地待罪

孝宗崩光宗以疾不能執喪時趙汝愚知樞密院奏請太皇太后迎立寧宗于嘉邸以成喪禮朝野晏然遂命汝愚為右丞相登進耆德及一時知名之士有意慶曆元祐之治韓侂胄竊弄國柄引將作監李沐為右正言首論罷汝愚中丞何澹御史胡紘章繼上竄汝愚永州國子祭酒李祥博士楊簡連疏抹爭俱被斥國子生楊宏中曰師儒能辨大臣之冤而諸生不能留師儒之去於誼安乎衆莫應獨林仲麟徐範張衜蔣傳周端朝五人願預其議宏中遂上書曰自古國家禍亂之由初非一道惟小人中傷君子其禍尤慘君子登庸杜絕邪枉要其處心實在於愛君憂國小人得志仇視正人必欲空其朋類然後可以肆行而無忌於是人主孤立而社稷危矣黨錮敝漢朋黨亂唐大率由此元祐以來邪正交攻卒成靖康之變臣子所不忍言而陛下所不忍聞也臣竊見近者諫臣李沐論前宰相趙汝愚數談夢兆擅權植黨將不利於陛下以此加誣實不其然汝愚乞去中外咨憤而言者以為父老惟呼蒙蔽天聽一至於此章穎力辨其非首遭斥逐聞者已駭既而祭酒李祥博士楊簡相繼抗論毅然求去告假幾月善類皇皇一旦有外補之命言者恐其扶植正論極力詆排同日報罷六館之士為之憤惋涕泣今李沐自知邪正之不兩立而公議之不直已也乃欲盡去正人以便其私於是託朋黨以罔陛下之聽臣謂二人之去若未足惜殆恐君子小人消長之機於此一判則靖康已然之監豈堪復見於今日耶陛下屬精圖政方將正三

綱以維人心柔羣議以定國是遠聽奸回褒疑善類此臣等之所未諭也臣願陛下鑒漢唐之禍懲靖康之變精加宸慮特奮睿斷念汝愚之忠勤察祥簡之非黨灼李沐之回邪明示好惡旌別淑慝竄李沐以謝天下還祥簡以收士心臣雖身膏鼎鑊實所不辭書奏不報

光宗即位楊萬里召為秘書監入對言天下有無形之禍僭非權臣而僭於權臣擾非盜賊而擾於盜賊其惟朋黨之論乎蓋欲激人主之怒莫如朋黨空天下人才莫如朋黨黨論一興其端發於士大夫其禍及于天下前事已然願陛下建皇極於聖心公聽並觀壞植散羣曰君子從而用之曰小人從而廢之皆勿問其某黨某黨也

紹熙元年軍器少監兼權侍左郎官劉光祖論辨學術邪正上奏曰臣聞是非不明則邪正互攻公論不立則私情交起此固道之消長時之否泰而實為國家之禍福社稷之存亡甚可畏也不可忽也臣本疏庸陛下過聽親擢孤遠使待罪言責凡賞刑僭濫號令乖違民病未瘳官箴不戢皆可因人而舉効隨事以奏陳曉顯然而易知者未是以深慮若夫是非方殽而邪得以害正清議方晦而私得以勝公往鑒昭然危機所伏方今之憂孰大於此明是非以別邪正立公論而抑私情方今之事孰先於此臣觀本朝士大夫學術議論寔為近古是以愧漢唐追三代其端本也以居仁由義為道以正心誠意為學其交際也以共學為朋而實非朋以同道為黨而實非黨窮達知其有命進退知其有義是以進之不見其泰退之不見其戚窮而在下則以探性命之奥為勲名樂至道之味為鍾鼎達而在上以責難為尊主忠諫為愛君本朝盛時初非有彊國之術而國勢尊安根本深厚蓋其學術議論率由於此故也咸平景德之間渾然不見其際當斯時也道臻皇極而治保大和至於慶曆嘉祐蓋謂盛矣不幸

而壞於熙豐之邪說，疎棄正士，招來小人，幸而元祐君子起而救之，而末流太分，事故反覆，紹聖元符之際，群凶得志，絕滅綱常，其論既勝，其勢既成，崇觀而下，嗟乎尚復可言也。臣所謂道之消長，時之否泰，而實為國家之禍福，社稷之存亡，初非虛語也。臣從遠方，誤玷班列，去來之間，今已一紀，見聞所慮，患可指陳。臣始至時，雖聞亦有譏貶道學之說，而實未覩朋黨之分，中更外艱，去國六載，已憂兩議之各甚，每恐一旦之交攻，遠臣復來，其事果見，因惡道學，乃生朋黨，因生朋黨，乃罪忠諫，嗟乎，至於以忠諫為罪，則其去紹聖幾何，臣竊為人言豈可因疾其學而併攻其黨，因攻其黨而併棄其言，得無甚也。陛下至聖至明，初無彼此，而衆論既已交興，聖意豈得無惑，臣本蜀人，為學自有源本，亦在朝序，與人亦無親疎，但以終歲之私憂，竊為明主而別白，凡今道學，伊洛為宗，然非程氏之私言，出於大學之記

載大學之教，明德為先，其間舉詩人之言，於是有道學之目，曰如切如磋，道學也；如琢如磨，自脩也。然則臣所謂以居仁由義為道，正心誠意為學者，又在於切磋而琢磨之。今之道學，其得之有淺深，其行之有誠偽，得之深者固合於大學之明德矣，得之淺者又可不切磋而琢磨之，使益深而遽自矜以召禍，則無乃亦非與。行之誠者斯足以為君子矣，行之偽者人將見其肺肝然，是固其師友之所不予也。而又何為乎，臣每因論學之間，必有至平之論，往往偽者色愧，淺者心服，又安敢一槩輕譏而痛疾之也。何況其間率多善士，善士所至人必喜稱，因其喜稱，又以為黨，若俱擯絕，安得更有好人，必取凡才充塞朝路，陛下履位之初，端拱而治，凡所進退，率用人言，初無好惡之私，豈以黨偏為主，而一歲之內，逐者紛紜，中間好人固亦不少，反以人臣之私意，微累天日之清明，方是時大臣無所異同，給舍無所

封駁，侍從無所論救，竊嘆而已。委寄謂何，所以至斯，良皆有故。今之君子不明大道，自視太高，而責人太苛，自視太高則實將有所不副，責人太苛則衆將怨且怒。雖然以此窮居議道猶云可也，朝廷之上，賢能並用，名利之途，智愚同馳，古今然也。而或者乃唱為薦士之擧，若區別而封域之，夫薦士非不善也，然而凡有所取豈無所遺，凡有所揚豈無所抑，品題既衆，則疑怨叢興，心雖主於至公，迹已涉於朋黨，議論先喧於羣口，用否豈必於一言，是以一時之虛名，而貽後日之實禍，彼既得志，決不我容，況我於窮達進退之間，亦未有充實涵養之素，彼加誣謗，以修往怨，必致過甚，而快私情，往往推忠之言謂為沽名之擧，至於潔身以退，亦曰憤懟而然，欲激怒於至尊，必加之以訐訕，事勢至此，循嘿乃宜，循嘿成風，國家安賴，臣欲熄將來之禍，故不憚反復以陳，庶幾聖心廓然，永為皇極之主，使是非由此而定，

邪正由此而別，公論由此而明，私情由此而熄，道學之譏由此而消，朋黨之迹由此而泯，和平之福由此而集，國家之事由此而理，則生靈之幸，社稷之福也。如其不然，使相激相勝，展轉報復，為禍無窮，臣實未知稅駕之所。臣蒙恩擢任，請對之初，首以是非公論為言，以見異時無所稅駕之禍，伏乞聖慈留神采覽，必能上當於天心，然後下臣此章，風曉在位，一洗往陋，共趨至公，臣言或非，甘受誅責，干冒聰聽，退增隕越。

光宗時，朱熹與祠，司農少卿劉光祖言：漢武帝之於汲黯，唐太宗之於魏徵，仁宗之於唐介，皆甚怒旋悔，熹明先聖之道，為今宿儒，又非三臣比，陛下初膺大寶，招徠耆儒，此初政之最善者，今一旦無故去之，可乎。且曰：臣非助熹，助陛下者也。再疏不聽。

蔡戡論邪正上奏曰：臣聞知人人君之盛德，人君無職，事惟辨君子

小人而進退之耳君子小人如白黑如薰猶天下皆知之初不待辨也但人君不知之耳蓋讒諂面諛者似乎忠乘機投合者似乎智脅肩諂笑者似乎恭小廉曲謹者似乎賢排斥小人者或以為譏沒引善類者或以為黨面折廷爭者或以為訐難進易退者或以為矯人君智不足以燭之則君子小人始混殽而莫辨此安危治亂之所由分也昔唐德宗謂李泌曰人言盧杞姦邪朕殊不覺泌曰人言杞姦邪而陛下不覺此杞所以為姦邪甚矣德宗之闇也信任一盧杞至於禍敗而不悟誠可為萬世人主之戒也方今朝廷清明正人端士布滿朝列大者忠誠而許國小者靖共而在位初無小人廁於其間此皆壽皇涵養多士之功太上網羅人材之力比來國家多事若非大臣極力扶持衆賢相與叶贊天下事未可知也臣謂陛下既得羣材而用之要當信任而不疑無使小人相參庶幾君子得以展布四

體圖回治功用一小人必將引類而升邪正雜揉忠佞並處交爭而互勝終必至於小人進而君子退此古今之常理也今君子在內小人在外各當其分臣尚何言哉恭惟陛下臨御之初所當謹始國家安危之幾天下治亂之原實係於君子小人消長之際此臣之愚衷所以拳拳而不能自已也惟陛下財幸

光宗嘗謂太常少卿羅點曰卿舊為宮僚非他人比有所欲言毋憚啓告點言君子得志常少小人得志常多蓋君子志在天下國家而不在一己行必直道言必正論往往不忤人主則忤貴近不忤當路則忤時俗小人志在一己而不在天下國家所行所言皆取悅之道用其所以取忤者其得志鮮矣用其所以取悅者其不得志亦鮮矣若昔明主念君子之難進則極所以主張而覆護之念小人之難退則盡所以燭察而隄防之

寧宗時司封郎官袁燮奏曰陛下即位之初委任賢相正士鱗集而竊威權者從旁睨之彭龜年逆知其必亂天下顯言其姦龜年以罪去而權臣遂根據幾危社稷陛下追思龜年蓋嘗臨朝太息曰斯人猶在必大用之固已深知龜年之忠矣今正人端士不乏願陛下常存此心急聞剴切崇獎朴直一龜年雖歿衆龜年繼進天下何憂不治臣昨勸陛下勤於好問而聖訓有曰問則明臣退與朝士言之莫不稱善而側聽十旬陛下之端拱淵默猶昔也臣竊惑焉夫既知如是而明則當知反是而闇明則輝光旁燭無所不通闇則是非得失懵然不辨矣

嘉定七年起居舍人真德秀直前奏劄曰臣聞君子小人之分義利而已矣君子之心純乎為義故其得位也將以行其道小人之心純乎為利故其得位也將以濟其欲二者操術不同故所以導其君者

亦異夫為人君者受諫則明拒諫則昏明則君子得以自盡昏則小人得以為欺故為君子者惟恐其君之不受諫為小人者惟恐其君之不拒諫彼小人者豈以受諫為不美哉蓋正論勝則邪說弗容公道行則私意莫逞故其術不得不出於此昔唐憲宗嘗謂李絳曰比諫官多朋黨論事不實皆陷謗訕欲黜其尤者若何絳曰此非陛下意必憸人以此營誤上心因極陳其說以明人臣進諫之難帝曰非卿言我不知諫之益憲宗唐之英主也憸人之言一入幾至於黜諫臣蓋朋黨謗訕皆人主之所深惡因其所惡而激怒之雖憲宗之明不能無惑非絳深知小人情狀而極辨之則皇甫鎛李逢吉之徒豈必末年而後用事嗚呼人主為社稷計其可不致察乎此哉臣嘗歷考前古凡小人欲排正論大抵數端未曰立異則曰好名不曰賣直則曰歸過而其甚者則曰朋黨也謗訕也蓋為君子者以引君當道為心致有

得失必不苟從不苟從則近乎立異矣竭忠論事必合人情既合人情必得時譽如此則又近乎好名矣好直鄰於賣直救過類於歸過乃至持論偶同則可謂之朋黨盡言無隱則可謂之謗訕凡此數端皆迷誤君心之酖毒蠹絶言路之榛荆也自非至聖至明未有不為所惑仰惟本朝聖哲相承招徠讜言如恐弗及方其盛時天下之士仇然獻議固有疎狂繆戾不切事體沽激矯亢不本忠誠者亦皆優容不以為罪其間小人不便或進巧說若景祐中范仲淹既坐言事絀議者因請敕牓朝堂有曰險邪罔上者有辟挾私立黨者必懲自謂是以梗言路矣而仁宗尋即悔悟誕降明詔毅求直言召還仲淹竟至大用而慶曆之治以成哲廟初用司馬光之言下詔求諫當時有不欲者預設六事以排之曰若陰有所懷犯非其分或扇搖機事之重或迎合已行之令上以觀望朝廷之意以徼幸希進下以眩惑

流俗之情以干取虛譽若是者必罰無赦光復上疏爭之以為此非求諫乃拒諫也人臣惟不言言則入六事矣哲宗宣仁亟俞其請而四方言利病者始獲上聞元祐之治實基乎此向使二宗納姦言而不悟逺正論而不容則小人之計行君子之道喪豐功大業安得傳示永久為本朝盛極之日乎若乃指公論為流俗者王安石之私心分上書為邪等者蔡京之姦計斥忠賢為僞黨者韓侂冑之狡謀覆轍甚明厥鑒非遠臣愚伏望陛下恢洪聖度以徠天下之忠言昭晰聖鑒以察群臣之心術凡在廷之士有勸陛下以親近端良不諱已過者必君子也不惟聽受之又當獎擢之有勸陛下以疑忌人言惡聞闕失者必小人也不惟拒絶之又當擯斥之使鳴鳳之瑞日聞而妖狐之音頓息若是而治功不隆天休不格者非所聞也惟陛下留神反復愚臣之言

魏了翁上奏曰臣猥以不佞自先帝龍飛親擢凡十年間五叨聘召雖或去或就時義各異而其間宦相似者侂冑既殛臣首被特招彌遠既終臣又膺嚴詔深惟兩朝不凡之遇感深至涪所當倍道疾驅恪恭明命乃再辭而後入非敢緩也方嘉定狶為更化取其嘗忤權要者以次收用江浙閩越之彦未數月而集惟蜀士之名者五人乃以道遠未至則背秋涉冬事體已與前異於是楊輔除金陵劉光祖除襄陽皆自近畿而返范子長畀節不得入對趙大全雖丞奉常旋遣論罷臣卒以固辭得請移守廣漢方改元更始之初海内拭目以觀太平豈謂一韓方斃又生一韓臣嘗身履其事者私自惟念臣實何人而常居更化召用之選故多憂易怖欲進還卻踰年而後造闕者猶未免以嘉定疑端乎也今得諸道路則所見之事固已不逮所聞嗚呼何治之日果不足以勝亂之時邪恭惟皇帝陛下以賢聖仁

孝之風著無心而得天下以艱難險阻之俗啻不心以保天下凡古今治亂之變固已周知熟察而背芒於霍光疑立於德裕韜光晦迹以行其所悅彌遠不恤也陛下有堯舜之資而彌遠事之以漢魏叔季之主而操懿自為耳操專國二十五年以授其子丕司馬懿專國二十五年以授其子師昭及其孫炎今彌遠竊權之年視操懿已過之雖以二子庸劣無丕炎之黠未有以濟其無君之謀而凶頑惡醜根株牽連彌雜弗剷遺孽餘毒必復滋蔓則將有甚操懿者陛下獲操大柄雷霆之威日月之光搜聾發聵蟄燭褱灼近自抗疑常淵遠至閩廣巴蜀凡為權臣所斥者皆已收拾無遺雖臣獨被重譴之餘亦得以玷招來之末矣臣雖不能為時損益然再辭不獲命則亦昧於一來尚幾拭目新化之成而得諸道路咸謂汴洛之師委寇資敵惠廣之寇猝州連城雖使求和虛實未保北人内附情僞難明今日

而徐邳諸郡覆軍明日而建寧郡卒作亂蓋可怖可愕之事時時有之至於禁旅下靜公私闘戶井邑羅肆未圖輦轂之下而亦有此於是道謗市議者率謂羣賢日至正論日聞而事變乃爾莫不歸咎儒生徒能誦說經義而於君德於國政絕未見絲毫之益雖館職試言學校上書亦例疑經術為空虛無用之具夫道謗市議小人之無識不足問也而學自孔氏者亦加姍侮嗚呼是未知諸賢之心也詩曰靡哲不愚言如愚人之混俗而苟容也又曰善人載尸言如祭尸之不言而坐食也若以是責諸賢雖亦有詞是豈知權姦擅國之久無一不壞辟諸衣敝而生蟣虱木蠹而生蜉蟻補紉培養此豈一旦夕之功而乃遽以四十年積壞之事責衆君子於朞月之間亦為不知務矣而況正論雖日聞而實未盡行賢才雖日至而實非信任豈誠諸賢之過而必為歸咎之說者此小人之情狀殆未可測也臣来自下士不知事體第以累朝之事明之竊意今日之事必有乘間俟隙之人潛伏於冥冥之中而人不察焉且元祐之治僅四年而浸路又四年而改紹聖若安石之餘黨搖之也建中靖國之治未半年而遂變又半年而改崇寧若京卞之餘黨移之也檜死之後暫正而遂已者檜之黨如該如卨如思退諸人蟠結如故也侂胄死而更化為具文者彌遠彌堅固由韓妾以進一時達官皆同類也今彌遠既斃矣開平治之期所宜懲創紹聖崇寧之失堅凝元祐建中之治則豈惟壽國家元氣之脉亦可以杜姦人窺伺之端而朝廷之上牽於係累之私進回頗畏以生觸隙遂使朋姦罔上之徒旁緣事變之來譏笑善類將以為援引權黨撼搖國是之地至煩陛下慨然於舊弼之思且漢文帝拊髀而嘆無頗牧唐穆宗當饋而嘆無蕭曹夫無頗牧無蕭曹是誠可嘆也今何至乏才如是而陛下直以漢文唐穆之嘆用之凶狡貪墨之人萬一聞之四方則於聖哲知人之鑒亦不為無玷矣而況觀人之法亦視其所主若所主者寺人瘠環是亦瘠環之類也豈有進不以正而可以當大事乎陛下方為權臣所操而不得伸者十年萬一信任匪人又為所操有如鼂錯所謂日損一日歲亡一歲日月益暮盛德不究於天下者不知天下後世以陛下為何如主也臣被命於改元之後繳名於衆正之列亦冀聖德日新治效日隆脫四十年韓史濁亂之厄而自附於慶曆元祐之臣則臣之願也而豈欲為拂心逆耳之言以貽陛下之厭憚誠見陛下以上知之資開昇平之運天下望治者一年有半而謂小人才於君子謂君子不才於小人夫才云者能為善之稱也故齊聖廣淵明允篤誠忠肅恭懿宣慈惠和則謂之才掩義隱賊毀信廢忠獓狠明德侵欲崇侈則謂之不才程頤嘗言才稟於氣氣有清濁稟其清者為賢稟其濁者為

愚蓋古人以德行為才本乎性情之正而有以充之此君子之才也後世以暴為才狃乎氣質之偏順而長之小人之才也君子之才可以開物成務小人之才至於敗國喪身幾微之間安可不察今陛下以委任之才而釐然有感使出於一時之忿懥而不得其正則忿懥之平也猶可反諸正若遂執此見以為觀人之法使此曹得志則必引其儕類以紛亂衆事如呂惠卿之擾王安石蔡京之逐韓忠彥雖於受知受舉之地且不暇恤而何有於同列於是時也賢者必相携持而去凡粗有知識者亦皆凜凜乎有危亡之憂矣乃者侍從臺諫閒無一言僅有給舍論列亦未有所施行乃因其自陳而姑聽之愛護存全若將有待識恐宿根未翦一旦發見則必如章惇蔡京始焉恤公論而強從終必逐諸賢而後用臣竊有深憂焉今陛下丕建二相必將進退人物一新中外之觀聽此正君子小人消長之機天下

國家安危之候天命人心去留之日臣願亟軫宸慮與二三大臣察人心邪正之實推世變倚伏之機必知糾御之易於移今必惟公論之不可不恤念忠恍謹實者雖無目前速效之可見而決無反覆難信之憂凶狡貪墨之輩雖有一時逢迎之可悅決有包藏不測之患書曰天位艱哉德惟治否德亂惟陛下思念而豫防焉臣以讒逐之餘誠不自意再望清光眷眷憂國之忠懷積臆將為陛下歷歷言之獨念進退人物乃治忽安危之繫用敢不避狂僭輒以是為羣言之首雖攘臂當虎為士所笑然懇懇吹齏臣實恥之惟陛下幸赦其愚衷說文上言人材議論曰臣以駑下不才蒙陛下過聽擢在版曹蓋三年矣心力竭而事功蔑有歲月久而曠責益深陛下既不賜誅斥且復進而使之全蜀重寄華閣新班一旦盡以畀臣而無難者恍拜綸綍從天而下乾坤施厚螻蟻命輕臣實未知糜捐報稱之地也茲者陛辭引道遂遠闕庭而毣毣孤忠頗有以仰贊睿謨少裨廟算惟陛下垂聽焉臣仰惟陛下臨御以來于今三載凡規摹之創立好惡之弛張定國是以正人心懲異端以明正學此其為治之大要立政之宏綱蓋亦知其說矣然而上之明效大驗下之游談聚議殆亦有所未喻者臣請掇其大者悃言之今日之事患在人才之不振而議論之未一也人才不振何以立事功議論未一何以靖邦國事功不立則陛下雖日焦勞雖日圖治恐無事則可以苟安緩急則不可為矣邦國不靖則陛下雖日旃召雖日勸懲臣恐無事則君子猶可自存緩急則小人乘間而起矣此臣之所甚慮者也然則將何術以處此哉臣願陛下必有以作成天下之人材必有以堅守今日之議論可也臣聞天下未嘗無才也激之則強抑之則弱勸之則銳銷之則鈍而強弱銳鈍之間皆在人主用之如何耳今以天下之大而謂之無

人才可乎其平居暇日孰無趨事赴功之心也往往欲有所為首未一見而掣其肘者已在後矣小有建立不要其成而議其害者已沮之矣甚者以姑息為美政而士大夫之欲慷慨敢為者則又恐以過當獲譴矣姑息之政既行於是官府無綱紀名分無等衰當官不敢為而小人無忌憚矣此則姑息之害人才者也以循嘿為官業而士大夫之欲興利除害者則又恐以生事受謗矣循嘿之風既盛於是百弊日以滋吏姦日以熾才否之不分而一事不可為矣此則循嘿之害人才者也非無可用之人才而人才不容其自見非無可為之事業而事業無路以自修於此而諉曰今日而無人才豈不負陛下也臣願陛下奮乾之剛用夬之決慨然以人才為急務凡臣下之可與有為者使之各用其長各盡其力毋使掣肘者之在其後毋使議害者之沮其成盡斥姑息之說深懲循嘿之弊有以大振其強銳之氣而毋導其鈍弱之機有弊使之必革有姦使之必治上則獎借激勵而作其事功之心下則滌蕩振刷而絕其怠惰之意如此則無事之日既能為陛下長久之計一有緩急皆是為陛下用矣臣故曰作成天下之人材者此也臣聞天下之理長久而可恃者莫過於誠實夫誠與偽對實與虛對誠實虛偽蓋薰蕕玉石之不相似也古之人臣所以尊君親上建功立業愈久愈信牢不可破者惟誠與實而已是豈有一毫偽心一毫虛語哉如金石之堅如蓍龜之信此誠天下長久可恃之理也彼虛偽者誠何人哉聽其言甚美觀其貌甚莊其口才則辯給而甚吝其心謀則婉曲而叵測然其志則無不私也無不欲也心勞日拙動見肺肝欲以欺人且將自欺矣其於尊君親上建功立業臣知其必不可保也且居仁由義以為道正心誠意以為學儒者以斯道斯學為己任未嘗不誠且實也使見彼之虛與偽亦

甚惡而攻之。何者。誠恐竊近似而累其户庭。陛下天縱聰明。曉然知誠實者之可恃。而虛偽者之可嫉也。苟得道學之誠且實者而用之。豈不足比隆盛世乎。故凡道學固本於誠且實。奈何多為竊道之名以沽名媒利者所累。上之人辨形察迹。率不復用。謂若可以少革矣。然疑防過當。賢者退伏。玉石俱焚。今其虛偽之徒。反自煽於在下之議論。乃猶有可慮者。黨與之密謀將有以搖國論。訕謗之横起。將有以恐衆心。斂形匿色而懷乘間投隙之姦。內合外連。而有指天誓日之憤。此其志甚不小也。豈惟為清朝之累。而道學諸君子亦因之而為累。誠非誠實者之所樂聞。議論之未一。蓋莫甚於此矣。夫人心最易搖也。况人主之好惡哉。唐太宗嘗曰。人主惟一心。而攻之者衆。陛下深居九重。苟非卓然自有堅確之見。斷不可易。臣恐日復一日。歲復一歲。如所謂虛偽假託之徒。必將多端百計。候釁伺隙。以攻陛下之心。而道學之誠且實者同歸於廢棄。而不得復用於世矣。其說一售。其計一行。如潰癰疽。如決隄防。其為禍害庸有已也。可不畏哉。中庸大學。豈非格言。存誠務實。豈非吉士。惟其兼收並蓄。務廣户庭。歸斯受之。反為所累。論久則定。事久則明。誠實者固難混棄。而虛偽者强為營鼓。臣願陛下以今日之議論既已深求誠實之可恃。虛偽之可嫉。堅持此説。力守此見。理到之議論勿變。勿易。道學之誠實勿惑。勿疑。宰執臺諫侍從皆所以維持軒輊此議論者也。自此或小不審。捨其誠實。一用虛偽之黨而為之。則議論即變於上矣。周行百執事。皆視聽此議論者也。自此或小不審。捨其誠實。一用虛偽之黨而為之。則議論即變於下矣。願陛下詳加謹擇。多為審辨。凡除授之際。使誠實者幸得見用。而虛偽者斷無間之可入。則陛下斯可高枕而卧矣。臣故曰。堅守今日之議論者此也。陛下儻采臣言。以堅聖志。歷千

百年而守之常如一日。則人才可用。議論可一。天下之事斯可以有為矣。人才之趨事赴功者。豈無足以為陛下用。而道學之誠且實者。亦何負於陛下哉。臣一麾清光。萬里而去。貪戀聖恩。有懷欲吐。一則恐以循嘿而壞有志之人才。一則恐以虛偽而傷誠實之道學。獨以一劄專以二說為陛下獻。少効臣子愛君之忠。其他細務瑣說。不復以瀆天聽。惟聖慈財幸。

知泉州李韶遷權禮部尚書。復三辭不許。入見疏曰。陛下改畀正權並進時望。天下孰不延頸以觀大治。臣竊窺之。恐猶前日也。君子小人。倫類不同。惟不計近功。不急小利。然後君子有以自見。不惡聞過。不諱盡言。然後小人無以自託。不然。治亂安危。反覆手爾。

歷代名臣奏議卷之一百五十七

知人

宋理宗寶慶元年冬宗正寺簿梁成大轉對首言大侫似忠大辨似訥或好名以自鬻或立異以自詭或假高尚之節以要君或飾矯偽之學以欺世言若忠鯁心實回衺一不察焉薰蕕同器涇渭襍流矣言不達變謀不中機或巧辨以為能或詭訐以市直或設奇險之說以駭衆聽或肆妄誕之論以惑士心所行非所言所守非所學一不辨焉枘鑿不侔矛盾相激矣

理宗時翰林學士知制誥真德秀俾雪葉棐誣枉乞加録用狀奏曰

臣恭覩皇帝陛下躬親大政以來開衆正杜羣枉進君子退小人積年蒙蔽之餘一旦豁然天日澄霽至於疎遠小臣行治有聞者多預召擢誣枉斥廢者亦被洗湔公道昭明衆志用勸今有人焉嘗捐軀命委家族為一方翦除宄叛而扼於讒口困躓弗伸者殆將十年其事實關於臣臣而不言誰當言者臣嘉定之末旋臬湖湘所部武岡軍守臣司馬遵不善撫循致激戎伍之變臣以本軍簽書判官廳公事葉棐寬和得衆委以攝郡寄授方畧俾為之圖棐能外示涵容而陰設規畫不數旬間誅斬宄渠闔郡底定臣即奏于朝蒙恩特進三秩就陞通判以奬其忠勞既又改倅江陵欲付以事任而司馬遵者閒廢頗久志圖復用撰造誣罔之辭以媒言路言者適其鄉曲不暇審詳遽行彈奏削秩免官其後辟倅汀州又以劾免今按其所論大要有三曰脅長吏而奪之印也曰諭賊黨以逐郡守也曰掩諸卒禽賊之功以為己有也臣身與其事謹為條析而辨明之司馬遵當叛卒嚚譁之初皇恐失措以疾為辭牒送印記又以手帖懇囑叮嚀郡之官僚亦合辭致請時事變叵測人情憂危棐不獲已出任撫定之責而數申諸司求免攝郡臣為檄永州通判魏泌前往究實欲以代之泌至武岡而永守達以論罷有旨令交與次官泌既亟歸零陵臣遂復以付棐迄能顯立功效不負歃令然其本心蓋求免而不獲非欲攝以規利也文移具在一一可覆而謂棐迫而奪之印可乎其誣一也臣既劾遵于朝又慮其久留旋命萬一不測或生他虞則賊之宄焰又將愈熾一境生靈皆有魚肉之憂不獲已令遵先次離任而嚴督巡尉護出數程戒諭卒徒毋得凌犯遵於桃跂藉甬之時得自拔以去盡室獲全棐之保護不為無力而謂諭賊黨以逐之可乎其誣二也臣聞變之後與棐書問往來輒為隱語使用以賊攻賊之策時諸營千餘人悉已從賊而棐能於中擇可仗者數人出臣所下賞榜文帖密以示之諭以禍福結以恩信然後陳喜李成等踴躍效命非棐發縱指示雖百陳喜安能成功其間當賞之人皆棐保明申上未幾命下補承信校尉者四人棐於諸卒亦無負矣而謂掩其功以為己有可乎其誣三也方是時叛卒恣横求得欲從諸郡之兵爭相慕傚有瞋目語難之態而邵州之勢尤急臣繆尸帥事日夕軫憂幸棐功成聞者惕息憂端頓弭軍律用張臣之薦辭謂其事雖止一方其利實及一路蓋以此也而遵不思由己以致變乃反嫁罪而誣人使棐以慈祥豈弟之資而被凶險傾邪之目詆誣至此可謂欺天言者未必有心遵實織成其罪棐既鐫斥遵遂得祠懲勸易施重為可歎臣平居念此每為拂膺今者天啓聖明宏開公道而臣猥以不肖受任全閩棐之本貫在臣治所祠廩之給又在本州議幕虛員委令承攝亦能多所裨益以此人材豈宜久棄且昔嘗賴之以免責今可不為之訟冤事之本末不敢悉塵天聽已備錄申尚書省外棐以儒科入仕治邑有稱兩任通判共歷貳考八月有奇今以朝請大夫主

管建昌軍仙都觀資歷已深。治行無聞。伏望聖慈念其捐身捍亂之功。憫其遺孤家食之久。優加錄用。使天下之士知能為國宣力者。雖見枉於一時。終獲伸於異日。其於勸厲實非小補。須至奏聞者。得旨。以莫知贛州。

淳祐十二年。秘書少監兼侍立修注官高斯得奏曰。臣竊覩仁宗皇帝朝歐陽脩為諫官。因小人唱為朋黨之說。以誣君子。進朋黨論。謂朋黨非所患。在辨君子與小人而已。其言深切著明。可以一洗千古朋黨之論。為人君者所當篤信而力行之也。夫脩謂周武之臣。三千人共為一朋。自古為朋之多且大莫如周。而周用以興。言善人不厭乎多也。今善人方患其少。而或者尚指以為黨。欲排去之。亦何與脩異見乎。臣竊見近者名臣去位。係國安危。臣謂舉朝之士皆將起而爭之矣。然以事關諫臣。畏威懼禍。自宰執而下。留行者不過八九人。諫臣誣劾其人。留之不可。能與諫臣爭是非者。又不過四五人。可謂至寡。而不能為朋矣。諫臣反謂其要私黨以乞留。又謂逐去其人。則朋黨可消。以激怒陛下。嗚呼。天下安有四五人而可以謂朋黨者哉。夫虞周之朋不厭其多。彼諫臣者固不足以知此矣。若以漢唐之朋黨言之。則漢之三君八俊八顧八及八廚。唐之八關十六子。與其徒充斥朝廷。布滿天下。如是而指為朋黨猶可也。今蹈方據正之士。疏稀寥落有如晨星。方患其氣勢單弱。不足以敵群小而主公議。而猶欲以朋黨陷之。不亦欺天誣人之甚乎。且仁宗之諫臣持論如此。而陛下之諫臣持論如彼。公私邪正固不待辨。然亦可以覩世道矣。臣願陛下留脩所著於坐隅。朝夕省覽。以虞周信用君子者自勉。毋惑於小人誣陷之言。廢錮善良。獲安宗社有賴。不然。脩所言漢唐末世以亡朋黨之禍。甚可懼也。可不監哉。

淳祐間。侍御史陳垓誣劾程公許右正言蔡榮誣劾黃之純。二公罷出。六館相顧失色。太學生劉黻率諸生上書言。黻等蒙被教養。視國家休戚利害若己痛癢。朝廷進一君子。臺諫發一公論。則彈冠相慶。喜溢肺膺。至若君子鬱而不獲用。公論沮而不克伸。則憂憤怫結。寢食俱廢。臣聞扶植宗社在君子。扶植君子在公論。陛下在位幾三十年。端平間。公正萃朝。忠讜接武。天下翕然曰。此小元祐也。淳祐初。大姦屛迹。善類在位。天下又翕然曰。此又一端平也。奈何年來培養保護之初心。不能不為之轉移。祖宗建置臺諫。本以伸君子而折小人。昌公論而杜私說。迺今老饕自肆。姦種相仍。以諂諛承風旨。以傾險設機阱。以淟涊盜官爵。陛下非不識拔群賢。彼則忍於空君子之黨。陛下非不容受直言。彼則勇於倒公議之戈。不知陛下何負此輩。而彼乃負陛下至此耶。當陛下詔起槐堂之秋。而公許起自家食。正君子覘之以為進退之機。迺今坐席未溫。彈章已上。一公許去。若未害也。臣恐草野諸賢見幾深遁。而君子之脈自此絕矣。比年朋邪扇熾。緘默成風。奏事者不過襲陳言應故事而已。幸而之純兩疏。差強人意。迺今軟媚者全身。鯁直者去國。一之純去。若未害也。臣恐道路以目。欲言輒沮。而公論之脈自此絕矣。況今天下可言之事不為少。可攻之惡不為不多。術窮桑孔。浸有逼上之嫌。勢挾金張。濫膺牧民之職。以乳臭騃子。而躐登從臺。以光範私人。而累典輔藩。錢神通靈於旁蹊。公賂反類於互市。天下皆知之。豈陛下獨不知之。政惟為陛下紀綱者。知為身謀。不為陛下謀。陛下明燭事幾。詎可墮此輩蒙蔽術中。何忍以祖宗三百年風憲之司。而壞於一二小人之手耶。臣汝騰。陛下之劉向也。則以忠鯁斥。臣子才臣棟臣伯玉。陛下之汲黯也。則以切直罷。遂使淳祐諸君子。日消月磨。至今幾為之一空。彼誠何心我高宗紹興二十年之詔有謂臺諫風憲之地年來用人非據與大臣為支黨濟其喜怒甚非耳目之寄臣竊觀近事不獨臺諫為大臣支黨內簡相傳風旨相諭且甘為鷹犬而聽其指嗾焉宰相所不樂者外示優容而陰實頤指臺諫以去之臺諫所彈擊者外若不相為謀而陰實奉承宰相以行之方公許之召也天下皆知獨斷於宸衷及公許之來也天下亦知嘗得罪於時宰豈料陛下之恩終不是恃宰相之嗔竟不可逃耶陛下萬機之暇試以公許之純與垓榮等孰思而靜評之其言論孰正孰邪孰忠孰佞雖中智以下之主猶知判別是非況以陛下明聖而顧不察此近見公許奏疏嘗告陛下揭至公以示天下垓則以秘密之說惑上聽公許嘗告陛下以寵賂日章官邪無警欲塞倖門絕曲徑垓則縱挾客以兜攬關節持闔扁以脅取舉狀開賂門以簸弄按章至若之純之告陛下力伸邪正之辨明斥媚相之非謇謇諤諤流出肺肝榮身居言責聞其風聲自當愧死尚敢安肆萋菲略無人心乎且陛下擢用臺諫若臣磊臣卿臣洽夔臣應起臣漢弼臣凱臣燧光明俊偉卓為天下稱首然甫入而遽遷或一鳴而輒斥獨垓榮輩貪饕殘忍久汙要津根據而不拔劉向所謂用賢轉石去佞拔山者乃今見之可不畏哉矧今國嗣未正事會方殷民生膏血朘削殆盡所賴以祈天命係人心惟君子與公論一脉耳小人以不恤之心為無忌憚之事其意不過欲爵祿日穹權勢日盛以富貴遺子孫耳豈暇為國家計哉自昔天下之患莫大於舉朝無公論空國無君子我朝本無大失德於天下而乃有宣靖之禍夫豈無其故哉始則邪正交攻更出迭入中則朋邪翼偽陰陷潛詆終則倒置是非變亂黑白不至於黨禍不止向使劉安世陳瓘諸賢尚無恙楊畏張商英周秩輩不久據臺綱其禍豈至此烈古語云前車覆後車戒今朝廷善類無幾心懷姦險者則以文藻飾佞舌志在依違者則以首鼠持圓機宗社大計孰肯明目張膽為陛下伸一喙者則其勢必終於空國無君子舉朝無公論無君子無公論脫有緩急彼一二憸人者陛下獨可倚仗之乎若垓之罪又浮於榮雖兩觀之誅兩裔之投猶為輕典陛下留之一日則長一日之禍異時雖借尚方劍以礪其首尚何救於國事之萬一哉又曰自昔大奸巨擘投閒散地惟覘朝廷意向以圖進用之機元祐間章惇呂惠卿皆在貶所自呂大防用楊畏為御史初意不過信用私人牢護局面不知小人得志搖唇鼓吻一時正人旋被斥逐繼而張惇復柄用雖大防亦不能安其身於朝廷之上今右轄久虛姦臣垂涎有日矣聞之道路餽遺不止於鞭韉脉絡潛通於禁近正陛下明察事機之時若公論不明正人引去則遲回展轉鈞衡重寄必歸於章惇等乃止今日之天下乃祖宗艱難積累之天下豈堪此輩再壞耶

理宗時董重珍為秘書郎兼莊文府教授入對上五事且曰隱蔽君德昔咎故相故臣得以專詆權臣昭明君德今在陛下故臣以責難君父乞召真德秀魏了翁用之帝謂之曰人主之職無他惟辨君子小人重珍對曰小人亦指君子為小人此為難辨人主當精擇人望處之要津正論日聞則必知君子姓名小人情狀矣

吳昌裔論君子小人上奏曰臣蜀人也無荷殳之力以備戎行無郤兵之智以衛鄉國獨以文墨議論委質中朝孤立危言靡所裨益茲蒙陛下過聽擢臣於禮樂之司付臣以軍旅之事君命為義何敢辭難今當遠離蒙恩賜對深惟根本大計不勝臣子至情輒竭愚忠仰裨睿覽臣聞君子小人之間天地陰陽之大分也稟剛善者公明正大而無纖芥之可疑得陰柔者私暗回邪而有變態之難測君子如

鳳麟。如松柏高翔特立。無所依憑。小人如蛇蚓。如藤蘿。非附他物。不能自起。蓋嘗以此博觀當世之士。而忠邪善惡。有如冰炭不同。故守道據正。靖共尒位者。君子也。希進競利。苟志於得者。小人也。竭節盡言。中立不倚者。君子也。隱情惜己。隨時上下者。小人也。有直質。無流心。所言常依於義者。君子也。有口才。無實行。其辯足以飾非者。小人也。端良忠實。自結主知。而不肯曲奉權要者。君子也。詭詐狡獪。不安常分。而專欲捷出他徑者。小人也。砥善首公。力行好事。護持氣類者。君子也。陰毀陽譽。設為危機。陷害善良者。小人也。寬平無我。咨諏善道。常與公論為主者。君子也。險愎自用。媢嫉人言。率與公論立敵者。小人也。樂行憂違。難進易退。道合則從。不合則奉身以去者。君子也。尸祿素餐。頑頑無恥。利合則交。利盡則反目相抵者。小人也。廉不近名。義不黷貨。一介有所不取者。君子也。行汙寄治。身私託公。患失無

所不至者。小人也。勤彊夙夜。盡瘁百為。常以天下之重自任者。君子也。畏避形迹。互觀顏面。不以至公之道事君者。小人也。鞠躬盡力。忠於職分。雖歷夷險。不貳其行者。君子也。恫疑虛喝。敢為大言。脫有緩急。不可保信者。小人也。大抵君子為陽。小人為陰。陽明勝則治象盛。其道浸登於明昌。陰濁勝則亂機萌。其勢漸趨於暗塞。自古小人衆而君子孤。亂世多而治世少。無他。亦視君德之強弱而已。蓋人君始初清明。中有所主。不為物慾流轉。則知正陽方升。而羣陰退聽。及其壯志消平。主不勝客。或為好惡移奪。則如陰氣盛長。而陽德日消。消長分數之不同。此正邪聚散之證候也。故滯於所偏信。則邇言入惑於不當疑。則遠臣懼。自聖而謂莫己若。則拂士日遠。有言而曰莫予違。則佞人日庸。以讒慝為愛憎。則是非雜揉。以意見為厚薄。則邪正倒植。寄耳目於小臣。則詭遇之徒。捷進剪羽翼。於忠諫。則知幾之上

不來。其始機括之轉。浸淫不知。而其弊至於國空主勢孤立。可不畏哉。仰惟陛下天地其量。日月其心。虛己受人。開道求諫。凡人之彥聖。言之切直。是能容之。其心非不休休然也。而比年以來。初意漸變。好賢善念。既衰於更化之初。而從諫盛心。寖移於親事之後。始未嘗不信君子。而卒無近効。則不免猜疑。初未嘗不容正人。而數有危言。則遂生厭薄。於是有經術明大誼者。指之為迂。好議論有風節者。目之為險。犯顏敢諫者。謂為好鬧。指佞觸邪者。謂為近名。昔之所進。今不知其所亡。前之作賢。後忽以為作佞。善人國之嘉禾。而今以為無用之病櫓。忠言國之良劑。而今以為難近之烏喙。至於有言責者。往往華以美遷而出之。是豈陛下之本心哉。蓋由讒人害正之謀。利口傾善之計。所以留根而為毒者。至今尚深也。大學之論心曰。有所忿懥則不得其正。有所好樂則不得其正。洪範之建極曰。無有作好。遵王

之道。無有作惡。遵王之路。此言私喜怒之不可有。而偏好惡之所當無也。豈非萬世人君治心建極之準的哉。臣願陛下虛心平聽。燭理並觀。察大學之所有。洪範之所無。苟有才誠合一者。進之雖不快于心勿棄也。有心迹自異者。黜之雖順適己志勿取也。有砥節礪行。為世所爭者。予之。雖意之所憎勿廢也。有懷私誤國為衆所棄者。棄之。雖心之所愛勿徇也。不以左右親昵私聽斷。不以外庭疏遠而生猜疑。使自心腹以至耳目喉舌之地。皆不容有毫髮邪氣留於其間。則以之求天命而固。以之收人心而凝。雖夷狄盜賊。聞風亦有所憚矣。臣奉命從軍。不當復與國事。然每見諸葛亮出師一疏。拳拳以君子小人為言。且三致意於宮中府中之事。公誠懇惻。宛有王佐氣象。蓋軍旅之事。尚才能。朝廷之士。先名節。外之得以奔奏禦侮而就功名者。未有不由內之孝友忠純者。有以養君心而斷國論也。一有忽

功嫉能之人雜之。則其弊不閱。而甚聞至矣。尚何暇議勝敗哉。詩云。憂心悄悄。慍于羣小。臣之愚慮。惟陛下察之。

許應龍破朋黨進故事曰。孝宗皇帝嘗曰。朋黨不難去。惟賢是進。惟不肖是退。弗問其他。則黨論自消。漢唐末世明黨皆數十年不能解以至禍亂。其患在人君聽納之不明耳。若能公是公非。惟理適從。何朋黨之有。當時大臣因奏曰。用人惟論賢否。則無朋黨。如唐之牛李。論者謂德裕之黨多君子。宗閔之黨多小人。然德裕之黨豈無白敏中之傾險。宗閔之黨豈無周墀之正直。但於兩黨中用賢者。黜不肖者。則其黨自破之

臣聞朋黨之患。其來久矣。不患是非之難知。而患考察之不審。自古欲空人之國。而盡去君子者。必進朋黨之論。欲孤人主之勢。而蔽其聰明者。亦進朋黨之說。此言一入。則無分可否。不辨真偽。一

槩而去之。遂至朋家作仇。兆釁無已。苟能公心無我。靜觀潛察。不問其黨與之有無。而惟論其人之賢否。使其奉公守正。協恭和衷。雖更相稱譽。豈為比周。則信之任之。何嫌其為黨。使其同惡相濟假公濟私。文飾姦言。觝排善類。則當斥之絕之。以破其植黨。如此則淑慝洞分。疑似莫惑。當使衆賢和於朝。而小人無所容其迹矣。尚何朋黨之是慮哉。奈何世之人主。意見或偏。進一人焉。則意其類之皆賢也。並蓄兼收。而不察其真與偽。退一人焉。則疑其徒之皆黨也。斥逐無遺。而不辨其是與非。況進退之間。或出一時之好惡。未必合於天下之至公。烏可併其類而為之升黜。縱使為君子之黨。其間豈無讐偽假真。而巧於附麗者乎。安可例以為賢而是信是使。縱使為小人之所引。其間豈無和而不同。而介然有守者乎。安可疑以為不賢。而盡屏盡棄。然則孝宗聖訓。所謂若能公是公非。惟理適從。何朋黨之有。真萬世之龜鑑也。抑又聞高宗皇帝嘗謂朝廷用人。止論其才不才。言者好以朋黨罪士大夫。乃朝廷使之為黨。非所以獎賢才而厚風俗也。然則為人上者。惟當任賢勿貳。去邪勿疑。以至公為心。而盡破朋黨之論。則君子道長。小人道消。可以常為泰而不為否矣。

考功郎官趙景緯論監司守令。其說曰。知人之難。自古已然。人才之使莫今為甚。或觀望而撓於勢。或阿私而徇於情。或是非不公。而以枉為直。或毀譽失實。而以汙為廉。遂使舉刺不當。不足以服天下之心。與其糾劾於有罪之後。而未必盡得其情。孰若精擇於未用之先。而使之各稱其職。

起居舍人牟子才上劄子曰。臣竊惟陛下月正元日。誕布宸奎。以用人為第一義。且曰。古今治亂之原。由正邪用舍之故。臣拜手稽首作

而歎曰。大哉王言。陛下之及此。世道之福也。夫自昔人主莫不好治而惡亂。進君子而退小人。然治日常少。而亂日常多。君子常退。而小人常進者。何哉。由辨之不早辨也。夫人主無他職。在於辨君子小人而已。今陛下濬發睿衷。形之明詔。必灼然有以見治亂之所關。邪正之所在。而知所以辨之矣。此臣所以深為世道幸也。詩曰。豐水有芑武王豈不仕。以言人才之咸於涵養也。蒹葭蒼蒼。白霜為霜。以言人才之成於患難也。陛下圖任以來。善類招旌四出。凡光明碩大。剛中端厚之士。莫不並列於朝。既足以為豐芑數世之儲矣。而其流落不偶。如積被摧抑者。如新蒙湔洗者。如持麾節于遠外者。甘於家食。淹於倅貳。困於幕府之下僚者。大抵皆蒼葭白露之餘。老於憂患。而堅貞可用。苟不及時收召。臣恐其歲月侵尋。而骨骸消靡。良可惜也。此在陛下加之意而已。然臣嘗深患靜慮。以為陛下端平以來。未嘗不

用君子也。其後疑君子爲無功。而喜小人之有材。循至近歲誤任大姦。遂使空國無君子。而用一副當人。凶慝參會。怨憤流行。幸召禍患。使非鹿磯一捷。則宗廟社稷可爲寒心。陛下亦豈知其禍之至於此哉。覆車未遠。所謂小人者。定皆絶意勿用。如人之飢。終不食烏喙。渴終不飲鴆漿可也。今大姦既殞。而餘毒遺烈入人者深。惟陛下盡聚諸賢。養元氣以敵外邪。然如胡安國有言。仁宗皇帝所養之君子。既久且遠。自以消亡。而王安石所敎之小人。方蕃息未艾。臣恐分數多少之間。正所當慮也。且小人無材。何以動人主。彼其治辦也似能。其權譎也似智。其奉上也似忠。而不知鷙忍禍賊。實國家之斧斤。生民之乳虎蒼鷹。而善類之鬼蜮螟蝗也。凶于而國。害于而家。其可再誤。即夫所謂一介臣。斷斷猗無他技。其心休休。其如有容。以保子孫黎民者。固在此而不在彼也。儻忽於幾微。辨之不早。臣恐汲黯不足以勝公孫弘張湯。裴度不足以勝皇甫鎛。陸贄不足以勝延齡。邪正反覆而世道隨之矣。易之坤曰。履霜堅冰至。泰曰。無平不陂。無往不復。姤曰。繫于金柅。牽道柔也。可不謹哉。臣嘗觀元祐之時。司馬光文彥博呂公著在朝。位呂大防韓維劉摯范純仁在政府。蘇轍孫覺梁燾鮮于侁朱光庭傅堯俞呂陶在臺諫。蘇軾在翰苑。范百祿曾肇劉攽蘇轍在詞掖。范祖禹在給舍。傅堯俞韓維范祖禹趙彥若程頤在經筵。可謂盛矣。一隙不謹。而楊畏李清臣鄧伯温之儔。已議其後。天下事蓋有不可勝言者。不然。雖百年元祐可也。臣不勝惓惓。

子才輪對論君子小人聚散劄子曰。臣待罪著庭。凡七閱月。一無補報。比因水災。冒犯愚慮。荷陛下寬貸。不賜誅殛。在愚臣已深感幸。竊當輪對。游瀆宸嚴。臣聞國於天地。所恃以立者。人才耳。然人才之在天下。有賢有否。有聚有散。賢而聚邪。則精神之運動。心術之流行。皆足以福天下。不幸而散。則世道之所關。非國家之福也。不賢而聚邪。則妖孽之薰蒸。刻薄之流注。皆足以禍天下。幸而散。則人情之所喜。亦國家之福也。然則君子之聚。乃所以爲小人之散。而君子之散。又復爲小人之聚。一聚一散。相爲循環。此正天運關闢之樞。世數屈伸之機。國祚脩短之端。生民休戚之限。世道隆汚之幾。一息少有間焉。則小往而大來。陽消而陰長。有天下者。不可不鑒也。我國家五星聚奎。實主文治。列聖相承。惟以收攬人才爲第一事。雖棫樸之能官人。卷阿之用吉士。不是過也。咸平景德之間。渾然不見其際。所謂人才之太極。政事之太和也。天聖以來。王曾呂夷簡相。君子嘗一聚矣。未幾而散於景祐百官之一圖。又散於慶曆聖德之一詩。又散於王拱辰打就之一網。是天聖以來之人才。散於忠邪之相激。然其害止於散而已。神宗初年。富弼復相。至和嘉祐之君子。未至於散也。熙寧之邪說一進。而先朝之大臣最先散。未幾而議新法不合者盡散。未幾而條例司之賢者亦散。是熙豐之人才散於法令之變更也。然其害止於散而已。元祐初。司馬光相。呂公著文彥博相繼輔政。君子又聚矣。品流太分。事故反覆。濫觴於吏額之小爭。浸淫於調停之初議。滔天於策題之分辨。而君子之黨盡散。極而至於朝堂之榜。黨碑之鐫。竄謫忠賢。曾草菅之不若。是元祐之人才散於別白之太過。其爲禍蓋不止於散也。建中靖國初。起范純仁。相韓忠彥。君子又聚矣。天下方以快活差除爲喜。而曾布温益志在朋奸。置政事局。而輕元祐重元符。進變助圖。而左軾轍。右京卞。意向一偏。而君子遂盡去。而元符上書人一皆以邪目之。是建靖之人才散於中非中。而靖非靖。其爲禍蓋不止於散也。中興以來。張浚趙鼎爲相。君子又聚矣。未幾秦檜當國。力主和議。一時讜論。如胡銓等三十二人。不肯附麗。如李綱等八十餘人。卒皆擯棄。或死於囹圄。或死於貶所。或流落於魑魅之區。累赦不移。或棲遲於林泉之下。屏逐不出。是紹興之人才。散於多主戰而少主和。其為禍又不止於散也。慶元初。趙汝愚相。凡一時知名之士。朝除暮拜。略已無遺。姦憸小人。相與反目而感。怨恨之餘。亟引非類。布居臺評。於是汝愚引用之人。以次而去。大者貶竄。小者斥退。而舉褚六七屏竄。相黨之禁愈嚴。士大夫之禍愈酷。是慶元之人才。散於嫉專門而禁道學。其為禍又不止於散也。臣嘗通考國朝之人才。大抵屢散。有散之大者。散之小者。有散之緩者。散之速者。有散之遽者。散之極者。始而君子攻小人。其變也君子攻君子。甚至於君子而力引於小人。始而小人攻君子。其變也小人攻小人。甚至於小人而陽附於君子。推移不一。債起相尋。終要其極。亦不過散而聚。聚而散耳。闞汗青而慨歎。撫往事以興嗟。今日正當君子大聚散之秋。其可不先幾徼而逆致其防乎。陛下即位幾三十年。君子之類凡三聚而三散矣。端平親政。一聚散也。甲辰改紀。二聚散也。丁未更化。三聚散也。今日二相並建。公道復明。加辟招旌。翕若少聚矣。然方剛忠鯁者湮之外。服魁壘卓犖者屈之家食。抱負耿介者多鬱沈。操守端靖者罕投擢或若猶以為未聚也。來者不合而旋去。居者靡固而易搖。落如晨星。索如霜葉。則又幾於散矣。夫聚之常覺其難。散之常覺其易。何也。君子不為富貴所撓。則去就輕。去就輕。則知醴酒不設。楚人市籍之幾。必先幾而去矣。然不知其初費幾召節也。君子不為利慾所迷。則出處定。出處定。則知剖胎毀卵。鳳凰不來之意。必以兆而行矣。然不知其初費幾綸詔也。此聚之所以難。而散之所以易也。君子敢言以抗小人之鋒。雖有大艱難。不復計其身之濟否也。雖有大機穽。不復計其身之利害也。君子敢為以摧小人之銳。雖有大禍患。不暇顧其身之死

生也。雖有大譏毀。不暇顧其身之合否也。此聚之所以難。而散之所以易也。然其聚也。常以君相好賢之篤。其散也。常以黨人娼疾之深。其聚也。常以至誠樂與之實。其散也。常以疑惎不容之過。其聚也。常以氣類汲引之公。其散也。常以意向異同之別。其聚也。以尊敬之積。其散也。以厭薄之形。其聚也。以培植之加。其散也。以摧抑之遽。其聚也。以去邪遠佞。其散也。以崇讐醜正。其聚也。以戶庭坦夷。其散也。以城府深阻。其聚也。以朝廷清明。其散也。以流品殽雜。其聚也以公。其散也以私。其聚也以義。其散也以利。聚散之權。常寄於若有若無之中。而聚散之機。常決於且信且疑之際。故聲凶鬬觀。時或小嘗弩羽疊至。散之幾也。徒中倒戈。自相擊觸。一彼一此。散之幾也。論事如爭意向小異。釁隙漸生。散之幾也。表正賺邪。鼓盧成實。撼搖其居。譏局張穽柔機。死舌射影。中傷散之幾也。寓意歌詩。更相賢聖。肖取議識散之幾也。招納黨人。平治舊怨。兼用正邪。散之幾也。顯爭力抵。激動忿心。陡分利害。散之幾也。操舟共濟。實左虛右。輕重不倫。散之幾也。顧懷私恩。妄談彼善。潛疑人心。散之幾也。此十幾者。其造端甚微。其為禍實大。月暈而風。礎汗而雨。事有其兆。識者隱憂。且小人失職在外。摧毒含蠆。其姦足以熒惑主聽。其辨足以煽搖人心。其機權智術足以怵中立之人。其錢財氣力足以張異議之勢。彼見朝廷舉動少有睽違。即萌睥睨之心。搢紳議論稍有係吝。即開姗笑之口。天時不順。則幸災而樂禍。國本未定。即乘間而抵巇。苟得一隙。即伺隙以肆其姦。苟得一機。即緣機以逞其志。今日謂某賢。必當逐去。明日謂某姦。且將召用。訛撼靡已。朋類實繁。又有君子之似者。心懷夘翼之恩。進則不能旅於君子。退則恥為伍於小人。於是立為狡獪閃鑠之論。以洗其附麗之迹。言雖若公。意則有為。若是者。如言八關五鬼之類

耳其操心用意雖鬼神莫窺其際使此説得行則為毒也忽戾而不可解亦有小人之靡者心懷汲引之思進則不類於君子退則無間於小人於是立為詭荒畀諂之論以晦其苟合之迹言雖可致意則難量若是者亦猶三變兩來之類耳其處心積慮雖公輸莫諭其巧使其説得售則為害也陰沉而不可藥邪氣日盛元氣日微此般之所以不可常而其勢必至於散彼豈不知聚而為解散而為屯聚而為泰散而為否然不能不散者上無以保之下無以安之則散亦勢之常也臣愚欲乞陛下聖心豁然察君子體國之忠誠亮君子救時之實意勿以好名疑之勿以訐直惡之勿以迂踈棄之保全愛護使是非由此而定邪正由此而別公論由此而明私情由此而熄朋黨由此而消國是由此而凝天命由此而延續主勢由此而不孤相業由此而光大則用儒之效磅礴於兩間流行於四海昭彰於萬世豈不為邦家之榮生靈之福哉不然君子一蹶其禍殆未知所終也臣私憂過計懼君子之不能久安也歷數我朝聚散之故實恭以今日聚散之危機為陛下獻詩曰予其懲而毖後患惟陛下深念之臣不勝拳拳

元世祖在潛邸聞李治賢遣使召之且曰素聞仁卿學優才贍潛德不耀久欲一見其勿他辭既至問河南居官者孰賢對曰險夷一節惟完顏仲德又問完顏合答及蒲丸何如對曰二人將畧短少任之不疑此金所以亡也又問魏徵曹彬何如對曰徵忠言讜論知無不言以唐諍臣觀之徵為第一彬伐江南未嘗妄殺一人擬之方叔召虎可也漢之韓彭衛霍在所不論又問今之臣有如魏徵者乎對曰今以側媚成風欲求魏徵之賢寔難其人又問今之人材賢否對曰天下未嘗乏材求則得之舍則失之理勢然耳今儒生有如魏璠王鶚李獻卿蘭光庭趙復郝經王博文輩皆有用之材又皆賢王所嘗聘問者舉而用之何所不可但恐用之不盡耳然四海之廣豈止此數子哉王誠能旁求於外將見集於明廷矣

世祖時布衣趙天麟上太平金鏡策論考幽明曰臣聞一人在上握四海之權衡四海承風仰一人之造化功名之要地榮利之宏機廉士貪夫文儒武帥或欲呈其才德而冀其道之得行或欲肆其姦回而冀其情之獲逞故正人指邪人為邪而邪人亦指正人為邪忠者以佞者為佞而佞者亦以忠者為佞交攻不一雖曰難分立法取中亦為極易也唐朝以體貌豐偉為貴所謂市瓜喜大而或失其香晉室以清談虛曠為先所謂畫餅充飢而委無真用此唐之不能及三代而晉之不能及漢唐也今國家入仕之門太多考選之方太闕臣以為王者之左右攜僕亦貴乎正不正則如蝎蠹之內生天下之大官小吏並須乎賢不賢則如蝗蝻之外起臣謹依經考史辯以愚意條陳聖人之九徵及當今所切二十六美之三十九類與夫三要惟陛下察之所謂九徵者一曰遠使之而觀其忠二曰近使之而觀其敬三曰煩使之而觀其能四曰卒然問焉而觀其智五曰急與之期而觀其信六曰委之以財而觀其仁七曰告之以危而觀其節八曰醉之以酒而觀其則九曰雜之以處而觀其色所謂二十六美之三十九類者一曰文史之美三類草制飾詔誥悉詞精也校書正字訂為定體也教誨後學德多成也二曰禮官之美三類補衮拾遺將順其美也朝會祭祀儀章丕乘也宣慰風俗雍熙聿致也三曰樂官之美一類金石宮商理協聲正也四曰知人之美一類善惡周覽灼曉于心也五曰敬賢之美一類推轂進士常若不及也六曰考校之美

一類。彰善癉惡。照文無失也。七曰。糾察之義一類。彈劾所至。不避權豪也。八曰。廉訪之義二類。廉察官吏。儆懼肅清也。訪問風俗。化成禮義也。九曰。宿衛之義一類。小心周密。京輦增威也。十曰。籌計之義二類。帷幄畫計。邊衛倒戈也。排壘整陣。臨時合權也。十一曰。督領之義三類。器械精完。士卒閑習也。號令嚴明。部伍齊肅也。臨敵耀威。身先仕伍也。十二曰。鎮防之義一類。守堅持重。寇盜難窺也。十三曰。屯田之義一類。勸勵稼穡。勤事多獲也。十四曰。芻養之義一類。孳畜頭足。茁壯蕃滋也。十五曰。使臣之義二類。喉舌宣納。威美昭光也。委幹事務。辨濟平允也。十六曰。決斷之義三類。勾檢考覈。瑕隙無隱也。要察圓明。因無問言也。疑獄得情。處置合律也。十七曰。農桑之義一類。董督樹藝。水旱有備也。十八曰。董役之義一類。監役合宜。丁夫忧事也。十九曰。關津之義一類。姦詐不漏。行旅不壅也。二十曰。營造之義一類。練事分功。捷於供奉也。二十一曰。明利之義一類。出納有常。簿籍易照也。二十二曰。算數之義一類。多寡有方。了然肯臆也。二十三曰。僧官之義一類。扣宣釋教。守戒精嚴也。二十四曰。道官之義一類。弘宣道教。守德精嚴也。二十五曰。醫官之義二類。科品明分。舉無不應也。開發後學。成材者衆也。二十六曰。陰陽之義二類。曆法推步。授時無外也。卜筮循經。不為詭異也。所謂三要者。一曰公。二曰廉。三曰勤。徑情服事。不邀功利。謂之公。賄賂在前。不以為念。謂之廉。服勞王室。悉心竭力。謂之勤。九徵之徵盡矣。二十六義之類備矣。三要之要具矣。選法者。校之源委終矣。伏望陛下以九徵考左右攜僕僕臣。正而欽后益以正矣。更望陛下以二十六義之三十九類。與夫三要之說。明諭選曹。及內外百官。若三年當考之時。凡一義三要者為上等。凡一義二要者為中等。凡一義一要者。有要無義者。有義無要者。皆為下等。凡義要並無。而雖無大罪者。亦停免之。凡罪犯顯明。則有憲職在焉。始以三德八才用之。終以二十六義三要考之。則自中及外。大小官吏。將若玉壺之冰。秋霄之月。凜乎其清。皎乎其明矣。

至元間。言者訟丞相史天澤親黨布列中外。威權日盛。漸不可制。詔罷天澤政事。使待鞫問。中書右丞廉希憲進曰。天澤事陛下久。知天澤深者無如陛下。始自潛藩。多經任使。將兵牧民。悉有治效。陛下知其可付大事。用為輔相。小人一旦有言。陛下當熟察其心跡。果有肆橫不臣者乎。今日信讒。故臣得預此旨。他日有訟臣者。臣亦遭疑矣。臣等備員政府。陛下之疑信若此。何敢自保。天澤既罷。亦當罷臣。帝良久曰。卿且退。朕思之。明日帝召希憲諭曰。昨思之。天澤無對訟者。事遂解。

歷代名臣奏議卷之一百五十八

歷代名臣奏議卷之一百五十九

建官

商湯問伊尹曰三公九卿大夫列士其相去何如伊尹對曰三公者知通於大道應變而不窮辯於萬物之情通於天道者也其言足以調陰陽正四時節風雨如是者舉以為三公故三公之事常在於道也九卿者不失四時通於溝渠脩堤防樹五穀通於地理者也能通不能通能利不能利如此者舉以為九卿故九卿之事常在於德也大夫者出入與民同衆取去與民同利通於人事行猶舉繩不傷於言言之於世不害於身通於關梁實於府庫如是者舉以為大夫故大夫之事常在於仁也列士者知義而不失其心事功而不獨專其賞忠政彊諫而無有姦詐去私立公而言有法度如是者舉以為列士故列士之事常在於義也故道德仁義定而天下正凡此四者明

王臣而不臣湯曰何謂臣而不臣伊尹對曰君之所不名臣者四諸父臣而不名諸兄臣而不名先王之臣臣而不名盛德之士臣而不名是謂大順也

湯問伊尹曰古者所以立三公九卿大夫列士者何也伊尹對曰三公者所以參五事也九卿者所以參三公也大夫者所以參九卿也列士者所以參大夫也故參而有參是謂事宗事宗不失外內若一

漢成帝綏和二年丞相翟方進等奏言春秋之義用貴治賤不以卑臨尊刺史位下大夫而臨二千石輕重不相準臣請罷刺史更置州牧以應古制從之乃置州牧秩二千石

哀帝建平二年丞相朱博又奏言部刺史秩卑賞厚勸功樂進前罷刺史更置州牧秩真二千石九卿缺以高第補其中材則苟自守而已恐功效陵夷姦軌不禁臣請罷州牧置刺史如故從之

東漢桓帝延熹中宦官方盛任人充塞司空周景與太尉楊秉上言內外吏職多非其人舊典中臣子弟不得居位請皆斥罷帝從之於是黜刺史牧守以下五十餘人或死或免天下肅然

靈帝中平五年太常劉焉見王室多故建議以為四方兵寇由刺史威輕且用非人所致宜改置牧伯選清名重臣以居其任會刺史郤儉賦斂煩擾謠言遠聞而耿鄙張懿皆為盜所殺朝廷遂從焉議選尚書列卿為州牧各以本秩居任州任之重自此始

魏齊王嘉平中時校事放橫黃門侍郎程曉上疏曰周禮云設官分職以為民極春秋傳曰天有十日人有十等愚不得臨賢賤不得臨貴於是並見聖哲樹之風聲明試以功九載考績各脩厥業思不出位故欒書欲拯晉侯其子不聽死人橫於街路郤吉不問上不責非職之功下不務分外之賞吏無兼統之勢民無二事之役斯誠為國

要道治亂所由也遠覽典志近觀秦漢雖官名改易職司不同至於崇上抑下顯明分例其致一也初無校事之官干與庶政者也昔武皇帝大業草創衆官未備而軍旅勤苦民心不安乃有小罪不可不察故置校事取其一切耳然檢御有方不至縱恣也此霸世之權宜非帝王之正典其後漸蒙見任復為疾病轉相因仍莫正其本遂令上察宮廟下攝衆司官無局業職無分限隨意任情唯心所適法造於筆端不依科詔獄成於門下不顧覆訊其選官屬以謹慎為粗疏以謥詷為賢能其治事以刻暴為公嚴以循理為怯弱外則託天威以為聲勢內則聚群奸以為腹心大臣恥與分勢含忍而不言小人畏其鋒芒鬱結而無告至使尹摸公於目下肆其奸慝罪惡之著行路皆知纖惡之過積年不聞既非周禮設官之意又非春秋十等之義也今外有公卿將校總統諸署內有侍中尚書綜理萬機司隸校

尉督察京輦御史中丞董攝宮殿皆高選賢才以充其職申明科詔以督其違若此諸賢猶不足任校事小吏益不可信若此諸賢各思盡忠校事區區亦復無益若更高選國士以為校事則是中丞司隸重增一官尓若如舊選尹模之奸今復發矣進退推算無所用之昔桑弘羊為漢求利卜式以為獨烹弘羊天乃可雨若使政治得失必感天地臣恐水旱之灾未必非校事之由也曹恭公遠君子近小人國風託以為刺衛獻公舍大臣與小臣謀定姜謂之有罪縱令校事有益於國以禮義言之尚傷大臣之心況奸回暴露而復不罷是衮闕不補迷而不返也於是遂罷校事官

晉武帝時議省州郡縣半吏以赴農功光祿大夫荀勗議以為省吏不如省官省官不如省事省事不如清心昔蕭曹相漢載其清靜致畫一之歌此清心之本也漢文垂拱幾致刑措此省事也光武并合吏員縣官國邑裁置十一此省官也魏太和中遣王人四出減天下吏員正始中亦并合郡縣此省吏也今必欲求之於本則宜以省事為先凡居位者使務思蕭曹之心以翼佐大化篤義行崇敦睦使昧寵忘本者不得容而偽行自息浮華者懼矣重敬讓尚止足令賤不妨貴少不陵長遠不間親新不間舊小不加大淫不破義則上下相安遠近相信矣位不可以進趣得譽不可以朋黨求則是非不安而明官人不惑於聽矣去奇技抑異說好變舊以徼非常之利者必加其誅則官業有常人心不遷矣事留則政稽政稽則功廢處位者而孜孜不怠奉職司者而夙夜不懈則雖在挈瓶而守不假器矣使信若金石小失不害大政忍忿悄以容之簡文案略細苛令之所施必使人易視聽願之如陽春畏之如雷震勿使微文煩撓為百吏所黷二三之命為百姓所饜則吏竭其誠下悅上命矣設官分職委事責

成君子心競而不力爭量能授任思不出位則官無異業政典不奸矣凡此皆愚心謂省事之本也苟無此愆雖不省吏天下必謂之省矣若欲省官私謂九寺可并於尚書蘭臺宜省付三府然施行歷代世之所習是以久抱愚懷而不敢言至於省事實以為善若直作大例皆滅其半恐文武衆官郡國職業及事之興廢不得皆同凡發號施令典而當則安儻有駁者或致壅否凡職所臨履先精其得失使忠信之官明察之長各裁其中先條上言之然後混齊大體詳宜所省則令下必行不可搖動如其不爾恐適惑人聽比前行所省皆須更轉復或激而滋繁亦不可不重也

宋文帝元嘉末議省錄尚書揚州治中從事史沈懷文上議曰昔天官正紀六典序職載師掌均七府成務所以翼平辰衡經贊邦極設總屬之原著夫官典和統定要昭于國言夏因虞禮有深冢司之則周承殷法無損掌邦之儀用乃調佐王均緝亮帝度而式憲之軌弘正漢庭述章之範崇明魏室雖條錄之名立稱於中代總釐之實不愆於自古比代相沿歷朝罔貳及乎爵以事變級以時改皆興替之道無害國章八統元任靡或省革按台輔之職三曰禮典以和邦國以統百官四曰政典以平邦國以正百官鄭康成云冢宰之於庶僚無所不總也考于茲義備于典文詳古準今不宜虛廢不從

後魏宣武帝時黄門中正甄琛上表曰詩稱京邑翼翼四方是則者京邑是四方之本安危所在不可不清是以國家居代患多盜竊世祖太武皇帝親自發憤廣置主司里宰皆以下代令長及五等散男有經畧者乃得為之又多置吏士為其羽翼崇而重之始得禁止今遷都以來天下轉廣四遠赴會事過代都五方雜沓難可備簡寇盜公行劫害不絶此由諸坊混雜釐比不精主司闇弱不堪檢察故也

凡使人攻堅木者必為之擇良器今河南郡是陛下天山之堅木盤根錯節亂植其中六部里尉即攻堅之利器非貞剛精銳無以治之今擇尹既非南金里尉鈆刀而割欲望清肅都邑不可得也里正乃流外四品職輕任碎多是下才人懷苟且不能督察故使盜得容姦百賦失理邊外小縣所領不過百戶而令長皆以將軍居之京邑諸坊大者或千戶五百戶其中皆王公卿尹貴勢姻戚豪猾僕隸蔭養姦徒高門邃宇不可干問又有州郡俠客蔭結貴遊附黨連群陰為市刼比之邊縣難易不同今難彼易此實為未愜王者立法隨時從宜改絃易調明主所急先朝立品不必即定施而觀之不便則改今閑官靜任猶聽長兼況煩劇要務不得簡能下領請取武官中八品將軍已下幹用貞濟者以本官俸恤領里尉之任各食其祿高者領部尉中者領統逐尉下者領里正不亦請少高里尉之品選下品中應遷之者進而為之則督責有所肇轂可清也

隋文帝初即位時天下州郡過多河南行臺兵部尚書楊尚希上表曰自秦并天下罷侯置守漢魏及晉邦邑屢改竊見當今郡縣倍多於古或地無百里數縣並置或戶不滿千二郡分領具寮以衆資費日多吏卒入倍租調歲減清幹良才百分無一動雖數萬如何可覓所謂民少官多十羊九牧琴有更張之義瑟無膠柱之理今存要去閑併小為大國家則不虧粟帛選舉則易得賢才敢陳管見伏聽裁處

帝覽而嘉之

唐太宗貞觀七年時尚書省詔敕稽壅或成復下弥年不能決治書侍御史劉洎言尚書萬機本貞觀初未有令僕職併務繁左丞戴冑右丞魏徵應事彈舉無所回撓百司震肅不敢懈比者勳親在位品非其任功勢相傾[illegible]欲自彊[illegible]囂謗故郎中嘿奪惟事咨禀尚書依違不得專裁莞轄玩弛綱紀不振今宜精選左右丞兩司郎中使皆得人非惟救曠滯之弊固當矯拂趍競也上嘗謂房玄齡等曰致理之本惟在於審量才授職務省官員故書稱任官惟賢才又云官不必備惟其人若得其善者雖少亦足矣其不善者縱多亦奚為古人亦以官不得其人比於畫地作餅不可食也詩曰謀夫孔多是用不就又孔子曰官事不攝焉得儉且千羊之皮不如一狐之腋此皆載在經典不能具道當須更併省官員各當所任則無為而理矣卿宜詳思此理量定庶官員位玄齡等由是所置文武總六百四十員太宗從之因謂玄齡曰自此儻有樂工雜類假使術逾儕輩者只可特賜錢帛以賞其能必不可超授官爵與夫朝臣君子比肩而立同坐而食遣諸衣冠以為耻累

時故事軍國重事則中書舍人各執所見雜署其名謂之五花判事中書侍郎中書令省審之給事中黃門侍郎駁正之至是上謂王珪曰國家本置中書門下以相檢察正以人心所見互有不同苟論難往來務求至當捨己從人亦復何傷比來或護已短遂成怨隙或避私怨知非不正順一人之顏情為兆民之深患此乃亡國之政煬帝之世是也當時羣臣如此必自謂有智禍不及身及天下大亂家國兩亡其幸免者亦為時論所貶終古不磨卿曹各當徇公忘私勿雷同也後又謂侍臣曰中書門下機要之司詔敕有不便者皆應論執比來惟睹順從不聞違異若但行文書則誰不可而何必擇才也房玄齡等皆頓首謝

肅宗時諸州悉帶團練使中書侍郎同中書門下平章事楊綰

奏。刺史自有持節諸軍事以掌軍旅。司馬古司武。所以副軍。即今副使。司兵參軍今團練判官。官號重複。可罷天下團練守捉使。詔可。又減諸道觀察判官員之半。復言舊制刺史被代。若別追。皆降魚書乃得去。開元時置諸道採訪使。得專停刺史。威柄外移。漸不可久。其刺史不稱職若贓負。本道使具條以聞。不得擅追及停。而刺史亦不得輒去州詣使所。如其故闕。使司無署攝。聽上佐代領。帝善其謀。於是髙選州上佐。定上中下州差置兵員。詔郎官御史分道巡覆

德宗建中初。河朔兵拏戰。民困。賦無所出。戶部侍郎判度支杜佑。以為救敝莫若省用。省用則省官。乃上議曰。漢光武建武中。廢縣四百。吏率十署一。魏太和時。分遣使者省吏員。正始時幷郡縣。晉太元省官七百。隋開皇廢郡五百。貞觀初省內官六

百員。設官之本以治衆庶。故古者計人置吏。不肯虛設。自漢至唐。因征戰艱難以省吏員。誠救弊之切也。昔咎繇作士。今刑部尚書大理卿。則二咎繇也。垂作共工。今工部尚書將作監。則二垂也。契作司徒。今司徒戶部尚書。則二契也。伯夷為秩宗。今禮部尚書禮儀使。則二伯夷也。伯益為虞。今虞部郎中都水使者。則二伯益也。伯冏為太僕。今太僕卿駕部郎中尚輦奉御閑廄使。則四伯冏也。古天子有六軍。漢前後左右將軍四人。今十二衛神策八軍。凡將軍六十員。舊名不廢。新資日加。且漢置別駕隨刺史巡察。猶今觀察使之有副也。參軍者參其府軍事。猶今節度判官也。官名職務。直還易不同爾。詎有是實哉。誠宜斟酌繁省。欲致治者先正名。神龍中官紀蕩然。有司大集選者。既無闕員。則置員外官二千人。自是以為常。當開元天寶中。四方無虞。編戶九百餘萬。帑藏豐溢。雖有浮費。不足為憂。今黎苗凋瘵。天下戶百三十萬。陛下詔使者按比。纔得三百萬。比天寶三分之一。就中浮寄又五之二。出賦者已耗。而食之者如舊。安可不革。議者以天下尚有跋扈不庭。一省官吏。被罷者皆往託焉。此常情之說。類非至論。且才者薦用。不才者何患其亡。又況顧姻戚家產哉。建武時。公孫述隗囂未滅。太和正始太元時。吳蜀鼎立。開皇時陳尚割據。皆羅取俊乂。猶不慮失人以資敵。今田悅輩繫刑暴賦。惟軍是卹。遇士人如奴。固無范雎業秦賈季彊狄之患。若以習久不可以遽改。且應權省別駕參軍司馬。州縣額內官。約戶置尉。當罷者有行義。在所以聞。不如狀。舉者當坐。不為人舉者。任參常調。亦何患哉。如魏置柱國。當時宿德盛業者居之。貴寵第一。周隋間授受已多。國家以為勳級。纔得地三十頃耳。又開府儀同三司光祿大

夫。亦官名。以其太多。回作階級。隨時立制。遇弊則變。何必因循憚改作邪。議入不省

德宗立。銳於治。建中三年。詔中書門下兩省分置待詔官三十。以見官故官若同正試攝九品以上者。視品給俸。至稟餼幹力什器館宇。悉有差。權公錢收子贍用度。史館脩撰沈既濟諫曰。今日之治。患在官煩。不患員少。患不問。不患無人。兩省官自常侍諫議補闕拾遺四十員。日止兩人侍對。缺員二十一員未補。若謂見官不足與議。則當更選其人。若廣聰明以收淹滯。先補其缺。何事官外置官。夫置錢取息。有司之權制。非經治法。今置員三十。大抵月費不減百萬。以息準本。須二千萬得息百萬。配戶二百。又當復除其家。且得入流。所損尤甚。今關輔大病。皆言百司息錢。毀室破產。積於府縣。未有以革。臣計天下財賦耗斁大者唯二事。一兵資。二官俸。自它費十不當二者一。

所以黎人重困杼軸空虛何則四方形勢兵未可去資費雖廣不獲已爲
之又益以閒官冗食其弊柰何藉舊而置猶可若之何加焉事遂寢
時李泌請復所減州縣官上曰置吏以爲人也今戶口減於承平之時而
吏員更增可乎泌對曰今戶口雖減而事多於承平且十倍故吏不得不
增且所減皆有職事而冗官不減此所以爲未當也至德以來置額外官
敵正官三分之一若聽使計日得資然後停加兩選授同正員官如此則
不惟不怨兼使之喜矣又請諸王未出閤者不除府官上皆從之
憲宗元和六年檢校兵部尚書兼中書侍郎同中書門下平章事李吉甫
疾吏員廣繇漢至隋未有多於今者乃奏曰方今置吏不精流品龐雜存
無事之官食至重之稅故生人日困冗食日滋又國家自天寶以來宿兵
八十餘萬其去爲商販度爲佛老雜入科役者率十五以上天下常以勞
苦之人三奉坐待衣食之人七而內外官仰奉廩者無慮萬員有職局重

出名異事離者甚衆故財日寡而受祿多官有限而調無數九流安得不
雜萬務安得不煩漢初置郡不過六十而文景幾三王則郡少不必政紊
郡多不必事治今列州三百縣千四百以邑設州以鄉分縣費廣制輕非
致化之本願詔有司博議州縣有可併併之歲時入仕有可停停之則吏
寡易求官少易治國家之制官一品奉三千職田祿米大抵不過千石大
曆時權臣月奉至九千緡者州刺史無大小皆千緡宰相常衮始爲裁限
至李泌量閒劇稍增之使相通濟然有名在職廢奉存額去閒劇之間厚
薄頓異亦請一切商定乃詔給事中段平仲中書舍人韋貫之兵部侍郎
許孟容戶部侍郎李絳參閱蠲減凡省冗官八百員吏千四百員
敬宗寶曆五年上以太廟兩室破漏踰月不葺罰將作度文宗正俸命中
使帥工葺之補闕常邑諫曰國家置百官各有所司苟爲墮曠宜擇能
者代之今曠官者止於罰俸而以其事委之內臣是以宗廟爲陛下所私

而百官皆爲虛設也上善其言即命有司葺之
武宗會昌中李德裕請增諫議大夫等品秩狀曰臣據大唐六典隋氏門
下省置諫議大夫七人從四品下今正五品上自大曆二年升門下中書
侍郎爲正三品兩省遂闕四品建官之制有所未備謹按左氏傳云袞職
有闕惟仲山甫補之能補過也仲山甫則周之大臣漢書汲黯拜願出入
禁闥補過拾遺後漢書張衡爲侍中常居帷幄從容諷諫拾遺左右此皆
大臣之任故其秩峻其任重則君敬其言而用其道況謇諤之地宜有老
成之人秩不優崇則難用耆德其諫議大夫望依隋氏舊制升爲從四品
分爲左右以備兩省四品之闕向後與丞郎出入迭用以重其選
德裕又請復中書舍人故事狀曰伏見天寶以前中書舍人六員除機密
遷授之外其他政事皆得商量宰臣姚崇奏云事有是非理均與奪人心
既異所見或殊抑使雷同情有不盡臣既是官長望於狀後略言事理優

劣奏聽進止自艱難以來務從權便政頗去於臺閣事多系於軍期決遣
萬幾專在宰弼伏以陛下神武功成昧旦思理精意庶政在廣詢謀詩云
不愆不忘率由舊章前漢魏相好觀故事以爲古今異制方今務在奉行
故事而已數條漢興以來國家便宜行事奏請施行臣等商量今日以後除
機密及諸鎮奏請戎事有司支遣錢穀等外其他臺閣常務關於州縣
奏請系於典章及刑獄等並令中書舍人依故事商量臣等詳其可否聞奏
後晉出帝開運末御史中丞顏衎上言纔除御史者旋授外藩賓佐復有
以私故細事求假外拜州郡無參謁之儀出入失風憲之體衎恐四方
得以輕易百辟無所準繩請自今藩鎮幕僚勿得任臺官雖親王宰
相出鎮亦不得奏充賓佐非奉制敕事勿得出京自餘不令出臺雜務
後周世宗時詔中外臣僚有所聞見並許上章論議翰林學士竇儼
上疏曰設官分職授政任功欲爲政之有倫在從官之無曠今朝廷

多士省寺華資。無事有員十乃六七。止於計月待奉。計年待遷。其中
廉幹之人。不無愧耻之意。如非歷試。何展公才。請改兩畿諸縣令。及
外州府五千戶以上縣令為縣大夫。升為從五品。下畿大夫見府尹
如赤令之儀。其諸州府縣大夫見本部長如賓從之禮。郎中員外郎。
起居補闕。拾遺侍御史殿中侍御史監察御史。光祿少卿以下四品
太常丞以下五品等。並得衣朱紫。滿日準在朝一任。約舊官遷二等。
自拾遺監察除授四日。即為起居侍御史中行員外郎。若前官不是
三署。即罷後一年方得求仕。如此。則士大夫足以陳力。賢不肖無以
駕肩。各繫否臧。明行黜陟。利民益國。斯實良規
宋太宗淳化四年。同知給事中事柴成務等上奏曰。臣等昨奉敕命。
差臣等同知給事中事。制敕如不便。依故事封駁。臣等尋檢會到門
下省故事。并合起請事件。具劄子進呈。繳送付中書。續准敕命。自今

後應除職官勳爵。不以廢置封贈。並下畫敕。其刑政損益。并起請釐
革制置公事。並不正宣。宜令魏庠已下候到省詳依令敕施行駁正
追改者。臣等考求舊典具有明文。封謂封還詔書不即行下。駁謂駁
正臺議。然後奏聞。蓋王者謹出令重改作之制也。今若詔書已行。方
勒追改。稽諸故事。頗異前聞。而況設官居方。是為著位。職司其事。必
有正言。苟名實之相違。慮典章之斯廢。詔敕輕行之失。請以近事明
之。中間竊覩敕下西路釐革青白鹽法。又覩差使制置江湖諸茶鹽。
皆聞妨害公私。尋並停罷。比行追改。已紊成規。蓋於經度之初。而闕
討論之理。臣等欲乞起今後除職官勳爵。不以廢置封贈。祇下畫敕
外。其有上章起請釐革制置公事。並望且下中書議其可否。候議定
命門下省審覆奏請付外施行。公當者量與旌酬。妄誕者明加懲戒。
賞罰並舉。浮競悛心。如此則詔敕無追改之名。官曹有陳力之地。循

符典故。用叶彌綸。
至道二年。祠部員外郎主判都省郎官事王炳上言曰。尚書省。國家
藏載籍典治教之府。所以周知天下地理廣袤風土所宜民俗利害
之事。當成周之世。治定制禮。首建六官。漢唐因之。自唐末亂離。急於
經營。不遑治教。故金穀之政主於三司。曹名雖存而其實亡矣。謹按
吏部四司。天官之職。掌文官選舉。周知天下吏功過能否。考定升降
之類。戶部四司。司徒之職。掌邦五教。周知天下戶口之數。禮部四司。
宗伯之職。掌國五禮。辨儀式制度。周知天下祠典祠祀之類。兵部四
司。司馬之職。掌武人選舉。周知天下兵馬器械之數。刑部四司。司寇
之職。掌國法令。周知天下獄訟刑名徒隸之數。工部四司。司空之職
掌國百工。周知天下封疆域圻山澤草木川瀆津渡橋船陂池之數。
凡此二十四司所掌事務。各卦圖書具載名數藏之本曹。謂之載籍。

所以周知天下事。由中制外。如指諸掌。今職司久廢。載籍散亡。惟吏
部四司官曹小具。祠部有諸州僧道文帳。職方有諸州閏年圖經。刑
部詳覆諸州已決大辟案牘。及旬禁奏狀。此外多無舊式。欲望令諸
州每年造戶口稅租實行簿帳。寫以長卷者別寫一本送尚書省藏
於戶部。以此推之。其餘天下官吏民口廢置祠廟甲兵徒隸百工疆
畎封洫之類。亦可以籍其名數送尚書省分配諸司。俾之緘掌。俟期
歲之後。文籍大備。然後可以振舉官守。興崇治教。望選大僚數人博
通治體者。參取古今禮典及諸令式。與三司所受金穀器械簿帳之
類。仍詳定諸州供送二十四司載籍之式。如此則尚書省備藏天下
事物名數之籍。如祕閣藏圖書。太學藏經典。三館藏史傳。皆其職也。
太宗覽奏嘉之。詔尚書丞郎及五品已上集議。吏部尚書宋琪等上
[illegible]。王者六官法天地四時之柄。百官之本。典教所出。望委崇文院

檢討六曹所掌圖籍自何年不繫都省詳其廢置之始究其損益之源以期恢復既而其議亦寢

太宗時下詔求讜言著作郎羅處約應詔上奏曰伏覩今年春詔旨責以諫官備員未嘗言事雖九寺三監之官亦得盡其讜議陛下處恭勞神厲精求理力行王道坐致太平先天而不違德生民而未有所以撒玄黄之協氣為動植之休祥而猶不伐功成屢求獻替此真唐堯虞舜之用心也臣累日以來趨朝之暇或於卿士之內預聞時政之言皆曰聖上以三司之中邦計所屬簿書既廣綱條實繁將求盡善之規冀協酌中之道竊聞三省上言欲置十二員判官兼領其職責各司其局尤執厥中臣以三司之制非古也蓋唐朝中葉之後兵冠相仍河朔不王軍旅未弭以賦調筦榷之所出故自尚書省分三司以董之然國用所須朝廷急務故僚吏之屬倚注尤深或重其位

以處之優其祿以寵之罷勉從事者姑務其因循盡瘁事國者或主於睚眦因循則無補於國睚眦則不協於時或淺近之人用指瑕於心計深識之士以多可為身謀蠹弊相沿為日已久今若如十二員判官之說亦從權救敝之一端也然而聖朝之政臻乎太平當求稽古之規以為垂世之法臣嘗讀說命之書以為事不師古匪說攸聞又二典曰若稽古帝堯若稽古帝舜皆謂順考古道而致治平以臣所見莫若復尚書都省故事其尚書丞郎正郎員外郎主事令史之屬請依六典舊儀以今三司錢刀粟帛筦榷支度之事均在二十四司如此則各有司存可以責其集事今則金部倉部安能知儲廩帑藏之盈虛司田司川孰能知屯役河渠之遠近有名無實積久生常況此却復都省之事下臣猶能僉知其可況陛下聰明睿哲乎然議者以為不行已久難於改更若斷自宸心下於相府都省之制故典存焉上令下

從孰為不可蓋人者可與習常難與適變可與樂成難與慮始在戶易有之天地革而四時成此言能改命刱制及小人樂成則革面以順上矣況三司之名興於近代堆案盈几之籍何嘗能省覽之乎復就二司之中吏分置僚屬則愈失其本原矣今三司勾院即尚書省比部尤為勾覆之司周知內外經費陛下若欲復之則制度盡在追及九寺三監多為冗長之司雖有其官未舉其職伏望陛下當治平之日建垂久之規不煩更差使臣別置公署如此則名正而言順言順而事成省其冗員則息其經費故書曰唐虞稽古建官惟百夏商官倍亦克用乂伏望法天地簡易之化遵洪範大中之道可以億萬斯年垂衣裳而端拱矣

時皇子益王元傑改封吳王行揚州潤州大都督府長史領淮南鎮江兩軍節制張洎當草制因上疏議曰謹按前史皇子封王以郡為

國置傅相及內史中尉等佐王為治自漢魏以降所封之王如不之國朝廷命卿大夫臨郡即稱內史行郡事東晉永和泰元之際有琅邪王會稽王臨川王故謝靈運王羲之等為會稽臨川內史即其事也唐有天下以揚益路幽荊五郡為大都督署長史司馬為上佐即前代內史之類也其大都督之號非親王不受其揚益等郡或有親王遙領朝廷命大臣臨郡者即皆長史副大使知節度事臣請質之前代段文昌出鎮揚州云淮南節度副大使知節度事兼揚州大都督府長史李載義鎮幽州云盧龍軍節度副大使知節度事兼幽州大都督長史即其例也今益王以揚潤二郡建社為吳國王居大都督之任又已正領節度使豈宜却加長史之號乃是國王自為上佐矣若或朝廷且以長史拜受其加銜內又無副大使知節度使之目儻或他日別命守將俾臨本郡即不知以何名目而除授也臣草制

之夕便欲上陳慮奏報往反有妨明日宣降茲事有關國體況吳王
未領恩命尚可改正乞付中書門下商議施行
權御史中丞王化基獻澄清略言時事有五其一復尚書省曰國家
立制動必法天尚書省上應玄象對臨紫垣故六卿擬喉舌之官郎
吏應星辰之位斯實乾文昭著故事具明方今省署名實未稱夫三
司使額乃近代權制判官推官勾院開拆磨勘憑由理欠孔目勾押
前後行皆州郡吏局之名請廢三司止於尚書省設六尚書分掌其
事廢判官推官設都官分掌二十四司及左右司公事使一人掌一
司廢孔目勾押前後行為都事主事令史廢勾院開拆磨勘憑由理
欠等司歸比部及左右司如此則事益精詳且盡去州郡吏局之名
也六卿如闕即選名品相近有才望者權之郎官如闕則於兩省三
院選名幹有清望者依資除之其二十四司公事若繁簡不同望下

本省官屬參酌其類均而行之其二慎公舉曰朝廷頻年下詔以類
求人但聞例得舉官未見擇其舉主欲望自今先責朝官有聲望者
各舉所知其舉到官員則置籍并舉主名姓籍之所舉之官實著廉
能則特旌舉主若所舉貪冒敗事連坐舉主陛下自登寶位十年于
茲已經選掄得人多矣然下僚遠官不無沉滯望令採訪司及州郡
長吏察廉以聞籍以待用則下無遺材矣其三懲貪吏曰貪吏之於
民其損甚大屈法煩刑徇私肆虐使民之受害甚於木之受蠹若乃
用非其人而不絕以法雖夷齊顏閔不能自見蓋中人之性如水之
在器方員不常顧用之者何如爾望令諸路轉運使副兼採訪之名
責以覺察州府軍監長吏得失俟其澄清部內則待以不次之擢置
於侍從之間所貴周知物理能備顧問且足為外官之勸也其四省
冗官曰古人建官初不必備者惟得其人也國家封疆雖踰前世而

分設庶官實倍常數意欲盡籠天下之利而民物轉加凋弊二十年
前江淮諸郡揚楚最居要衝務穰事衆地廣民繁然止設知州一人
署領官事其餘通判判官推官及州官等悉皆分筦權務倉庫當時
事無不集兼少獄訟其後十年臣任揚州時朝廷添置監臨使臣等
職實踰本州官數諸州冗員似此非一今以朝官諸色使臣及縣令
簿尉等高卑相折而計之一人月費不啻十千以千人約之歲計用
十餘萬千更倍約之萬又過倍使皆廉吏止縻公帑設或貪夫參錯
其間則取於民者又加倍焉望委各路轉運使副與知州同議裁減
若縣令簿尉等官自前多不備置可兼者兼之如此則冗官汰矣其
五擇遠官曰負罪之人多非良善貪殘兇暴無所不至若授以遠方
牧民之官其或怙惡不悛恃遠肆毒小民羅殃卒莫上訴甚非撫綏
遠人之意也若自今以往西川廣南長吏不任負罪之人則遠人受

賜矣書奏太宗嘉納之
真宗咸平二年舉入閤故事孫何次當待制乃獻疏曰六卿分職邦
家之大柄也有吏部辨考績而育人材有兵部簡車徒而治戎備有
戶部正版圖而阜貨財有刑部謹紀律而誅暴強有禮部祀神示而
選賢俊有工部繕宮室而備隄防六職舉而天下之事備矣故周之
會府漢之尚書立庶政之根本提百司之綱紀令僕率其屬丞郎分
其行二十四司粲焉星拱郎中員外判其曹主事令史承其事四海
九州之大若綱在綱唐之盛時亦不聞別分利權創使額而軍需取
足及玄宗侈心既萌召發既廣租調不充於是蕭景楊釗始以地官
判度支而宇文融為租調地稅使始開利孔以構禍階至于肅代則
有司之職盡廢而言利之臣攘臂於其間矣於是叛亂相仍經費不
充迫於軍期切於國計用救當時之急率以權宜裁之五代短促曾

莫是思。今國家三聖相承。五兵不試。太平之業。垂統立制。在此時也。所宜三部使額還之六卿。慎擇戶部尚書一人。專掌鹽鐵使事。俾金部郎中員外郎判之。又擇本行侍郎二人。分掌度支戶部使事。各以本曹郎中員外郎分判之。則三使泊判官雖省猶不省也。仍命左右司郎中員外總知帳目。分勾稽違。職守有常。規程既定。則進無揞克之慮。退有詳練之名。周官唐式。可以復矣。茲事非艱。在陛下行之爾。

咸平四年。左司諫楊億奏曰。臣位列朝行。次當轉對。輒傾鄙見。上瀆宸聰。退省狂愚。伏增恐懼。臣竊以朝廷之所貴者唯班爵。是先君人之所重者唯名器為急。是以籩豆之事。各有司存。樽俎之間。不相踰越。思不出位。君子稱其守官。必也正名。先王以之經國。恭惟國家克遵舊制。並建群司。公卿大夫。表著咸設。臺省監寺。曹局畢陳。然而徒有其名。不舉其職。只如尚書會府。上法文昌。治本是資。政典攸出。條目皆具。可舉而行。今之存者。但吏部銓擬。秋曹詳覆。自餘租庸筦榷由別使以總領。尺籍伍符。非本司而校定。職守雖在。或事有所分。綱領雖存。或政非自出。丞郎之名空設。而無違可糾。端揆之任雖重。而無務可親。周之六官。於是廢矣。且如寺監素有於掌執。臺閣咸著於規程。昭然軌儀。布在方策。昔者漢行故事。宣帝以之中興。曾為長府閔子譏其改作。臣以為國家憲命擬之未允。故置審官之司。憂議讞之或濫。故設審刑之署。恐命令之或失。故建封駮之局。臣以為在於紀綱之不舉。不在於琴瑟之更張。若辯論官材歸於相府。即審官之司可廢矣。詳評刑辟屬於司寇。即審刑之署可去矣。出納詔命關於給事中。即封駮之局可罷矣。至於尚書二十四司各揚其職。寺監臺閣悉復其舊。按六典之制度。振百司之遺墜。在我而已。夫豈為難。如此。則朝廷益尊。堂陛益峻。典故益舉。品流益清。端拱而天下治者由

茲道也。臣又以唐虞之時建官惟百。夏商官倍。秦漢益繁。施及有唐。典策咸在。自三公之極貴。九品之至微。著於令文。皆有員數。傳云。官不必備。唯其人。蓋闕之斯可矣。若乃員外加置。任非其才。故竈下羊頭。形於嘲誚。斗量車載。播厥風謠。國體所先。尤須慎重。臣竊觀班簿。員外郎及二百餘人。郎中亦及百數。自餘太常國子博士殿中丞中舍洗馬俱不下數百人。率預常參。皆著引籍。不知職業之所守。多由恩澤之序遷。臣竊以昔館陶公主為子求郎。以為上應列宿。以至更直建禮。伏奏明光。含香握蘭。雍容侍從。又嘗讀唐朝故事。益知省郎之貴。三院御史。歲滿顧遷者多拗項以望省署。因而名播。或次補綸闈。或使除給諫。出刺大郡。猶謂左遷。今乃百十為群。殆非為官擇人之旨。臣欲乞按唐制。應九品以上官。並定員數。臣又念昔者秦之開郡置守。漢以天下為十三部。命刺史以領之。自後因郡為州。以太守為刺史。降及唐氏。亦嘗變更。曾未數年。又仍舊貫。今國家多命省署之職。出為知州。又設通判之官。以為副貳。此權宜之制耳。豈可為經久之制哉。臣欲乞諸州並置刺史。以戶口多少。制其俸祿。分下中上望雄之等級。品秩之際。率如舊章。與常參官比視階資。出入更踐。省去通判之目。但置從事之員。建廉察之府以統臨。按輿地之圖而區處。昔者與國初詔廢支郡。出於一時。十國為連。周法斯在。一道置使。唐制可尋。至若號令之行。風教之出。先及於府。府以及州。州以及縣。縣以及鄉里。自上而下。由近及遠。譬如身之使臂。臂之使指。提綱而衆目張。振領而羣毛理。由是言之。支郡之不可廢也明矣。臣欲乞復置支郡。隸於大府。量地里而分割。如漕運之統臨。名分有倫。官業自舉。臣又覩唐制內外官俸錢之外。有祿米職田。又給防閤庶僕親事帳內執衣白直門夫。各以官品差定其數。歲收其課。以資於家。本

司又有公廨田食本錢以給公用自唐末離亂國用不充百官俸錢並減其半自餘別給一切權停今羣官於半俸之中已是除陌又於半俸三分之內其二分以他物給之鬻於市鄽十纔得其一二曾糊口之不及豈代耕之足云昔西漢張敞蕭望之上言以為倉廩實而知禮節衣食足而知榮辱今吏俸不足者常有憂父母妻子之心雖欲為廉其勢不能於是宣帝下詔云吏皆勤事而俸祿薄欲其無侵漁百姓難矣遂加吏俸著於策書臣竊見今之結髮登朝陳力就列其俸也不能致九人之飽不及周之上農其祿也未嘗有百石之入不及漢之小吏若乃左右僕射百僚之師長位莫崇焉月奉所入不及軍中千夫之帥甚可駭也豈聖朝稽古之意哉臣欲乞今後百官俸祿雜給並循舊制既豐其稍入可責以廉隅官且限以常員理當減於舊費冗食悉罷周行自清臣又念唐虞之制也凡預品官各設

資考課其最殿歸於有司或歷階以升或越次而補國朝多以郊祀覃慶因而稍遷考功之黜陟不行士流之清濁無辨陛下深鑒其弊始務惟新昨有事於禋燔但偏加於階爵雖矯前失未振舊規臣欲乞依舊內外官各立考限復令考功循舉其職每歲置使校考以表盡公資秩改遷賞罰懲勸一遵典故以振滯淹臣又念昔者成周之制也公侯子男皆列土以建國大夫卿士並受田而無征西漢已來用秦武功之爵唯列侯啓封或踰萬戶至關內侯或有食邑未過數百家自是因循以至唐室但食邑者率為虛設言實封者歲入有差殆及聖朝並無所給至於除拜之際猶名數未移空有食采之稱真同畫餅之妄臣欲乞依元和中所定實封條貫支給削去虛邑但行實食以寵勳臣臣又念國家每屬嚴禋即覃大慶敘封追贈罔限彝章乃至太醫之微司歷之賤率荷蓼蕭之澤亦蹟石窌之封恩雖出

於殊常事不循於經制臣又以勳散之設名品實繁律文以勳官為二官已經刪定故事加散官至五品必以上聞今朝散銀青猶關命服護軍柱國全是虛名臣欲乞自今後常參官勳散俱至五品者許封贈官階勳俱至三品者許立戟每遇慶澤命有司准式施行既禮秩之昭彰固名品之分別臣又以五等之爵施之于今雖有啓封之稱曾無胙土之實苴茅建社固不可以遽行翼子貽孫亦足徵於舊典臣欲乞內外官封至伯子男者許廕子至公侯者許廕孫別封國公者許嫡子嫡孫一人襲封並命有司考求前制所冀國朝無虛授之寵臣下知延賞之恩臣又以今之加功臣之稱始於唐德宗幸奉天扈蹕將吏並加奉天定難功臣之號因一時之賞典為萬世之通規近代已有將相大臣有加至十餘字者尤非經據不可遵行所宜削除

以明憲度昔者講求典禮晉國以清考覈名實漢朝稱治當至代誕敷之際是舊章咸秩之時跂見太平正在今日臣學術素淺文理未明輒述狂言以塞明詔須越于下啓處不遑干冒天聰臣無任省循戰汗激切屏營之至

大中祥符四年龍圖閣待制知審官院張知白上奏曰臣竊覽方冊見唐虞之制立四岳十二牧百工允釐百揆時敘又曰三載考績三考黜陟幽明漢史載宣帝為名盛之主義其任人責成知王道之根本常曰與我共治者其惟良二千石乎斯言也傳示不朽後之人孰不稱頌我國家受命上穹光啓鴻業順考古道增崇慶基陛下聽政之初愛民在念慎彼宸範垂為政經授之守臣俾治黔首斯固踵唐虞之盛而稱首於百王矣昔唐李嶠常云安人之方須擇郡守竊見朝廷重內官輕外任每除

牧伯皆避命致訴。比遣外任。多是貶累之人。風俗不澄。實由於此。望於臺閣妙選賢良。分典大州。共康庶績。臣請輟近侍。率先庶僚。鳳閣侍郎韋嗣立因而請行。遂命以本官出領州郡。伏見江淛州郡方切擇人。茍有闕員。俾之承乏。臣雖不肖。願繼前脩。矧唐年非遠。州郡故事仍在。倘以為允。乞舉而行。

真宗時。右正言夏竦進策曰。臣聞古爵五等。裂地受封。各命陪臣。咸思俾乂。秦滅六國。分為郡縣。百世因仍。遂廢古制。天下之治歸州縣。州縣之治歸庶官。歷代以來。所難其選。設吏部之曹。張銓品之官。鑒裁不同。廢置各異。自非毛玠之尚苦節。陳群之建九品。山濤之識量。任愷之忠直。王泰之接待。辛術之正明。高孝恭之藻鑒。裴行儉之博識。欲其材器無遺。與奪惟允。雖悉誠竭力。猶將不逮。唐室之制。入仕多門。選調之間。轉為繁總。格式

既冗。貨賄滋豐。冗流遂失澄清。官序遷成陵替。國家因天成命。司牧元元。分命庶官。共治天下。銓衡劇地。公朝急務。長定之格。選集之期。考課之規。各有攸敘。奈審覈注擬。出入多途。請求之路文午如雲。令史之門。衣冠若市。貪夫優游於常調。廉吏憤悱於選門。能材且患於循資。庸器自安於久次。以至州僚縣佐。頗有廢事曠官。一吏失循。千民失所。蓋吏部不勤慎擇多士。有曠精求。負乘貽災。維鵜致誚。紓民濟物。諒在伊人。誠當委注賢明。專幹銓選。並稽往制。擇善而從。但人數衰少。則題品易至。賄賂不通。則轉遷易當。如其不逮。抑之散地。若有上材。擢之非次。無使恩出私門。權歸吏手。則精麤可別。勞逸自分。但衆官懷黽勉之心。即萬國有治平之狀。

竦又進策曰。張官設吏。求材審能。官職攸敘。百姓允治。古者旁求儁彥。周制論辨材能。六國談說授官。嬴秦農戰入仕。漢則孝廉有道之舉。方正秀茂之科。上計之制。任子之令。魏晉而降。取士多門。制度去繁。官途益雜。唐革隋命。因損舊儀。置勳品九等。自諸錄事及諸省令史。始爲謂之流外。由是府胥獄掾。垂帶拖紳。器名忽矣。陵遲官府。莫之統一。國家經始。尚循唐制。百司伎藝。皆收之選綱。守當之名。勒留之補。歸司出職。頗繁有徒。一命親民。多乖治狀。濟其私弊。抑有成規。蓋府寺之吏。書算之工。因循久次。不曉藝文。及預官常。何知政要。可令申命司屬。各限通經。選集之期。量加試難。少識前言往行。必知樂善嚮方。不惟文德。慶誕由是。蒼生受賜。願觀狂瞽。以適時宜。

竦又進策曰。今之牧守。當古諸侯。權有生殺。祀有社稷。其人存則王澤下流。天時無害。庶官各守其序。四民不遷其業。其職廢則旱蝗肆

孽。瘡痏徧野。政出於吏胥。獄成於賕賂。故國之股肱。莫先其任。漢宣帝有言曰。與我共治者。其惟良二千石乎。國家之制。貴尚州牧。在顯忠遂良。於斯惟盛。而求賢審官。或未純一。頗有因緣久次。出分符竹。結託貴要。遂領藩條。或得用於虐刑。或成名於廚傳。以是奉法各異。為政差殊。彊者失於猛。寬者失於縱。謹者失於凝滯。敢者失於造次。和者弊於黨。很者弊於戾。或貪而有能。廉而無材。明於法令。拙於化育。喜於慈惠。躁於防戒。雖材不求備。難以適中。而仕官惟賢。固宜慎選。然則罪莫大於貪暴。惡莫甚於闒懦。去此而往。其失可追。伏願陛下委注台司。議新其制。明考課之令。重刺舉之權。自非該通學術。熟習政事者。不得除授。仍歲詔尚書省上其殿最。明示賞罰。若為治有狀。則即郡進爵。但有善化不渝。何必三年而代。無使人弊於迎送。官弊於數易。惟陛下念之。夫隆守文之業。增太平之基。不在斯今。惟一[illegible]

其責
仁宗景祐四年蘇舜欽上疏曰臣聞事不師古傳說所譏必也正名仲尼之訓臣竊以國之寺監乃卿佐之局南省諸曹皆尚書之任近朝多差京朝官或員外專判於理不順且遠方一州一郡唯使相及僕射以上方得言判豈京朝小官得判省寺重地臣欲乞今後非有本官者但稱權及勾當不令專判庶合前規
慶曆元年吏部尚書夏竦議職官疏曰臣聞官必正名職惟守器稽考古道職官惟攄自雲紀火師之立龍名鳥氏之設則有司存各供王事堯命羲和分掌四嶽舜陟帝位官名倣序司空以宅百揆司徒以遜五品士典刑服虞掌上下秩宗以主三禮典樂以諧八音垂若予工龍允朕命夏商官倍其名罕見五長分治方國六卿咸主軍事官告陳於左相百官聽於冢宰姬旦踐阼憲章昭備太宰掌之以

治法地官責之以教象宗伯主禮司馬布政秋官主典刑之任冬官以考工之職凡百有司皆正服位春秋列國陪臣命秩亡秦尚首商君立爵祖龍姱詭多設官名劉氏因緣遂成典故若漢官之制定名於祿百石而上差等十六或中或比頗正序列魏文盜漢乃設九品拓跋亂華爰分階從梁氏置戎號之官隋室廣殿中之任其間南北離割羌胡猾亂兵革薦仍禮樂無度官以漸替職亦旋失有唐啓祚創置相因逮其末齡官號滋雜姑息將帥多加使領五代因循官次相近國家削除前弊稽考故實損益沿革時謂適中但百執承事理有可疑建官分職職與官殊量材受爵爵與材異或隸官棘寺翻司太倉之粟繫職青宮乃主關市之征或呼為博士不通章句之學號為著作而知筆削之事或終年典禮未聞因損之議連歲執法詎有彈劾之跡或明於科律不登讞獄之司長於規刺難希諫諍之列或寺人命秩於方牧降虜受寵於通籍位以資升或過其材官以久遷或非其事人皆謂官為請俸之具位乃稱呼之號名實相違不可以訓語曰必也正名禮曰各司其局傳曰惟器與名不可以假人又曰一日失職則死及之故宣尼嘉虞人之守官仲康罪羲和之離次蓋官不易方守不假器陳力就列臣無虛授沐猴非戴冠之物方柄非圓鑿之偶函矢之業不同庖祝之任有殊傳曰其人存則其政舉其人亡則其政息又曰國家之敗由官邪也任官之道可不慎歟誠當稽堯舜之事行三代之法正其官司辨其職掌使上下之位無或僭差彼材彼技授之彼官此職此位付之此事位不以資惟其人遷不以久惟其材寺人可以厚祿而不可以峻權降虜可以鉅賜而不可以華資若守帑藏倉庾之物主監榷督責之局可別制官號昇之典守隆皇宋之禮法敵守文之功業傳曰名位不同禮亦異數周官曰

以儀辨等則人不越蓋任官惟賢不可不擇名以出信不可不正擇其賢則職舉職舉則政成正其名則事順事順則禮備禮樂之制自官始惟陛下采念狂簡寬貸萬死則天下幸甚
三年二月知制誥田況上疏曰臣聞有唐兩省自諫議大夫至拾遺補闕共二十人每宰相奏事諫官隨而入有所關失即時規正其實皆中書門下之屬官也今諫議大夫無復職業自司諫正言知諫院皆遺補之任而朝廷責其言如大夫之職矣而地勢不親位序不正在朝廷則與衆人同進退非所以表顯而異其分也今筦庫冗散之吏尚赴內朝豈諫諍之臣不得日奉朝請臣前任諫院每聞一事皆諸處采問比及論列或至後時今若令諫官得奉內朝之事兼王素歐陽脩蔡襄皆以他官知諫院居兩省之職而不得預其列於體未便欲乞今後並令綴兩省班次所貴名體相稱副陛下選求之意

知諫院歐陽脩論舉館閣職劄子曰臣伏見國家近降詔書條制館閣職事有以見陛下慎於名器漸振紀綱然而積弊之源其來已久僥倖之路非止一端今於澄革之初尚有未盡其甚者臣竊見近年外任發運轉運使大藩知州等多以館職授之不擇人材不由文學但依例以為恩典朝廷本意以其當要劇之任欲假此清職以為重然而授者既多不免冒濫本欲取重人反輕之加又比來館閣之中太半膏粱之子材臣幹吏羞與比肩亦有得之以為恥者假之既不足為重得者又不足為榮授受之間徒成兩失臣欲乞今後任發運轉運知州等更不依例帖職若其果有材能必欲重其職任則當升拜美官優其秩祿況設官之法本貴量材隨其器能自可升擢豈必盡由儒館方以為榮

一臣竊見近年風俗澆薄士子奔競者多至有偷竊他人文字干謁權貴以求薦舉如丘良孫者又有廣費資材多寫文冊所業又非絕出而唯務干求勢門日夜奔馳無一處不到如林槩者此二人並是兩制臣寮奏乞召試內丘良孫近雖押出而林槩已有召試指揮舊來本無兩省以上舉館職明文尚猶如此奔競今若明許薦人則今後薦者無數矣臣欲於近降詔書內兩省舉館職一節添入遇館閣闕人即朝廷先擇舉主方得薦人仍乞別定館閣合存員數以革冗濫

一臣竊見近降詔書不許權貴奏蔭子弟入館閣此蓋朝廷為見近年貴家子弟濫在館閣者多如呂公綽錢延年之類尤為荒濫所以立此新規革其甚弊臣謂今後膏粱子弟既不濫居清職則前已在館閣者雖未能沙汰尚須裁損欲乞應貴家子弟入館閣見在人中若無行業文詞為衆所知則不得以年深遷補龍圖昭文館并待制脩撰之類所貴侍從清班不至冗濫

脩又乞置諸路按察使疏曰臣自初忝諫官於第一次上殿日首建言方今凋殘公私困急全由官吏冗濫者多乞朝廷選差按察使糾舉年老病患贓污不才四色之人並行澄汰仍具呈按察之法條目甚詳如臣之議本欲使使者四出而天下悚然知朝廷有賞善罰惡之意然後按文責實其惡者黜其善者升中才之人盡使警勵凡臣所言者乃所以救民急病澄革四十年蠹弊之事若非遭逢聖主銳意求治之時上下力行之不可也柰何議者憚於作事唯樂因循秖命諸路轉運使兼其職尋亦再具論奏其論格而不行按察空文遂至寢廢生民蠹病日益可哀伏見陛下聖德日新憂心庶政近發手詔督勵宰輔然天下之事積弊已多如治亂絲未知頭緒欲事事更改則力未能周而煩擾難行欲漸漸整緝則困弊已極而未能速效臣謂如欲因功少為利博及民速於事切則莫若精選強幹朝臣十許人分行天下盡籍官吏能否坐而升黜之如臣前所陳然後可臣聞治天下者如農夫之治田不可一槩也蒿萊蕪穢久荒之地必先力行芟闢然後以時耘耨今特遣之使如久荒而芟闢也轉運兼按察乃以時而耘耨者爾寬猛疾徐各有所宜也漢之刺舉唐之黜陟使考課使之類每歲遣出祖宗朝亦有考課院蓋按察升黜古今常法非是難行之異事也方今言事者多以高論見棄或以有害難行如臣所言只是選十餘人明幹朝臣察視官吏善惡炳然有迹易見者著之簿籍朝廷詳之黜其甚者耳臣自謂於論不迂行之有利無害然尚慮議者未以為然謹別條具冗官利害六事以明利博效速而可行不疑伏望聖慈特賜財擇如有可采乞早施行一曰去冗官則民之科率十分減九臣伏見兵興以來公私困弊者不惟賦斂繁

全由官吏爲奸每歲科率一物則貪殘之吏先於百姓而刻剥老繆之人恣爲群下之誅求朝廷得其一分奸吏取其十倍民之重困其官在斯今若去此四色冗官而代以循良之吏事隨便宜絶去騷擾使民專供朝廷實數科率免却州縣分外誅求故臣謂於民力十分減九也比於别圖减省細碎無益者其利博矣二曰不才之人爲害深於贓吏國家之法除贓吏因民先發者乃行之其它不才之人大者壞州小者壞縣皆明知而不問臣謂凡贓吏多是强黠之人所取在於豪富或不及貧弱不才之人不能馭下雖其一身不能乞取而恣其群下共行誅剥更無貧富皆被其殃爲害至深縱而不問故臣乞欲盡取老病繆懦者與贓吏一例黜之三曰内外一體若外官不澄則朝廷無由致治今朝廷雖有號令善者降出外方若落此四色冗官之手則或施設乖方不知朝廷本意反爲民害或留滞廢失全

不施行而又無糾舉多作空文若外邊去却冗官盡得良吏則朝廷行下之令雖有乖錯彼亦能回改或執奏更易終不至爲大害是民之得失不獨上賴朝廷全賴官吏善惡以此而言冗官豈可不去四曰去冗官則吏員清簡差遣通流凡天下官有定員而入仕之人無定數既無退黜冒濫者多差遣不行賢愚同滞每有一闕衆人競争得者無廉耻之風不得者騰怨嗟之口濫官之弊近古無之今若擇四色冗官去之則待闕之人可無怨滞五曰去冗官則中材之人可使勸懼今天下官吏豈必盡是不才蓋爲朝廷本無黜陟善惡不分若見國家責實求治人人旌别則中材之人皆自勉强不敢因循雖有貪殘亦須斂手六曰去冗官則不過朞月民受其賜方今朝廷雖有憂念恤民之意然上下困乏必未有餘力廣恵及民若但去冗官則民受速賜蓋臣嘗見外處州縣每一繆官替去得一能者代之不過數日民已謳謡今若盡去冗官之吏而以能吏代之不過朞月民必受賜此臣所謂及民速於事切者也

脩又上疏曰臣曾上言爲天下官吏冗濫者多乞遣使分行按察昨日切覩降敕下諸路轉運使司令兼按察使切以轉運使自合按察本部官吏今若特置使名更加約束則於常行之制頗爲得宜必欲救弊於時則未盡善且臣初乞差按察使者蓋欲朝廷精選强明之士切聞朝議以所選非人故不遣使今所委轉運使豈盡得人乎其間昏老病患者有之貪贓失職者有之此等之人自當被劾豈可劾人其間縱有材能之吏又以幹運財賦有米塩之繁供給軍須有星火之急既不暇徧走州縣專心察視則稽遲鹵莽不能無之故臣謂轉運使兼按察使不才者既不能舉職又不暇盡心徒見空文恐無實効在於事體不若專遣使人伏自兵興累年天下困弊飢荒疲瘵

既無力以振救調斂科率又無由减省徒有愛民之意絶無施恵之方若但能逐去冗官不令貪暴選用良吏各使撫綏唯此一事及民最切苟可爲人之利何憚選使之勞况自今年累遣安撫豈於今日頓以爲難今必恐三丞至郎中内難得其人即乞且依前後安撫於侍從臣僚臺官館職中選差十數人少處路分兼察兩路其侍從臣僚仍各令自辟判官分行採訪用臣前來請事件施行其轉運兼按察使若能精選其人亦乞著爲今後常行之制臣伏思從來臣寮非不言事朝廷非不施行患在但著空文不責實効故改更雖數號令雖煩上下因循了無所益今必務日新求治革弊救時則須在力行方能濟務臣所言者生民之急務也天下之利也不但略言一二以塞言責而已伏望留意詳擇

脩論大臣不可親小事疏曰臣伏見兵興累年天下多故樞密之職

宰注非輕雖典兵戎體均宰輔至於大小機務其繁又倍於中書所以國家舊制都副承旨皆用士人位比屬僚事參謀議祖宗之制尤慎擇材或取其歷職詳練者以爲副使自承平以來綱紀寖廢惟用人使備員而已當四方無事之時兩府撿例行事上下尸曠恬然不恤自兵戎既動中外事繁猶務因循致多敗誤今承旨不親職事惟署文書凡百行遣皆委諸房小吏使副大臣不免親臨細事既不得精心思慮專意廟謨至於碎務繁多又不能躬自檢察遂使邊防急奏多苦滯留軍國密謀動成漏泄凡關事體不便處多皆由樞臣難自躬親而承旨不能舉職也臣今欲乞依祖宗舊制承旨特用士人如武臣中難得其人即請於文官中精選材能換與合入官資責其舉職仍令樞密使副條列常行事目有可以分職責成者悉以委之使大臣專意廟謨屬吏分行職事時參國論庶有裨補既復朝廷之

舊制又於事體而合宜伏望聖慈特賜裁擇

至和二年脩爲翰林學士上奏曰臣竊以學士侍制號爲侍從之臣所以承宴閒備顧問以論思獻納爲職自祖宗以來尤精其擇苟非清德義行藹然衆譽高才博學獨出一時則不得與其選用至艱員數至少官以難得爲貴人以得職爲榮搢紳之望既隆則朝廷之體增重其後用人頗易員數漸多往時學士侍制至六七十員近年以來稍謹除拜即今猶及四十餘員臣謂愛惜名器不輕授人朝廷既已知之矣而爲國家計者宜於此時創立經制今惟翰林學士中書舍人知制誥各有定員其餘學士待制未有員數臣今欲乞檢詳前史及國朝故事自觀文殿大學士至待制並各立定員數遇有員闕則精擇賢才以充其選苟無其人尚可虛位以待如允臣所請乞賜詳議施行

脩兼判三司院時又上奏曰臣勘會本班見管使臣八千一百一十二員自古濫官未有如此之多也臣遂將簿籍根磨增添數目只自皇祐二年終至今實四年半之內自借職以上增添二千八十五員於中近日增添并多只自皇祐五年終至今年六月一年半之內增四百九員殿侍猶不在數蓋由曲恩濫賞臨時無節以日計月所積遂多牽計一歲常增四百五十員若不塞其濫源則更三五年後不勝其弊矣於今裁損已爲太晚若更增添則四海之廣不能容濫官天下物力不能給俸祿矣臣今略舉入仕僥倖者二事乞先賜指揮釐革其餘見在者既不可減損惟其入仕之源欲乞令當政大臣早賜擘畫所貴不爲將來之患所有臣擘畫二事各具畫一如後

一自來諸皇親宅前勾當人除郡王宮殿侍年深有例送三班院差使外其餘宮院殿侍及客司書表宅案等別無恩例只自慶

曆八年刱立年限上自郡王下至觀察使以下應緣皇親宅前殿侍客司書表宅案等並只勾當五年便送三班差使等第年限轉充借奉職此入仕之源最爲僥倖者臣今欲乞應郡王已下宅前殿侍客司書表宅案勾當及五年者更不送三班只令在宅依舊勾當所有合轉殿侍至借職年限並依慶曆八年密院劄子指揮如此則皇親勾當人不妨恩澤只是免得諸宮院送納三班後續補人數兼諸宮院若得依舊勾當並是諳熟委使之人又三班減得人數甚爲利便

一百司人吏舊來出職皆有職名年限近年多侯轉及職名及年限未滿多乞情願就近下恩澤或僥求因入奏帶及抽差勾當敘勞酬獎及合作選人者情願就班行之類今乞一切止絕

右臣所起請只是因述濫官略陳此一事如允臣所請乞下三班

院與句當臣僚同共鋪陳條貫立定新制。奏乞朝廷降下施行

歷代名臣奏議卷之一百五十九

歷代名臣奏議卷之一百六十

建官

宋仁宗皇祐元年。知諫院錢彥遠上奏曰。臣以侍讀侍制職名。乃漢文學諸吏。唐常侍給事之官。清貴嚴近。職在侍從。獻納規諷諫諍。非資重才周。文華兼美。不授。非以恩例敘遷可得。國朝揀任精極。先帝時。侍制張知白自叅知政事方除翰林侍讀學士出外。及祥符中。特置侍制四員。令更直秘閣以備顧問。則聖人求賢擇才之意深矣。而近歲除授頗多。凡任使稍重。例帶此職。邊防列鎮。印綬纍纍。不唯名數益輕。兼恐獎擢有濫。夫爵祿品秩。其選謹則職事脩舉。其流雜則賢愚混淆。一失本源。沮勸何賴。臣欲乞今後自翰林侍讀樞密直龍圖閣等學士。及龍圖天章閣侍制。並依翰林學士知制誥故事。各限定員數。遇有闕方許除授。其三路帶安撫使臣僚。並乞別除職名。所

貴內外流品有殊。朝廷之官益重。

二年。侍御史知雜事何郯上奏曰。臣伏見朝廷以文武官入流無限。審官三班院流內銓皆除注不行。故嘗詔羣臣博講利害。以求省官之策。令選人改官已增立年考。胥史出職。又議塞他岐。唯貴勢奏薦子弟不加裁損。則除弊之源有所未盡。臣檢會文武臣寮奏薦親屬條制。文臣自御史知雜已上。武臣自閤門使已上。每歲遇乾元節。得奏親屬一人。諸路轉運使提點刑獄三司判官開封府判官推官郎中至帶館職員外郎諸司使至副使。遇郊禋。得奏親屬一人。總計員數。上自公卿。下至庶官子弟以蔭得官及他橫恩。每三年為率。不減千餘人。舊制須以服紀親疎等降推恩。然未立年月遠近為限。所以恩例頻數。臣寮蔭補近親外。多及疎屬。遂致入仕之門不知紀極。漢法保任。唐制資蔭。本止及子孫。他親無預。又不著為常例。今本朝需

恩至廣。人臣多繼世不絕。恩固甚厚。然事久則弊。亦當改張以救其失。臣欲乞今後文武臣寮官序。合每歲遇乾元節得奏薦親屬之人。除子孫依舊外。朞親候遇郊禋許奏一人。其餘親屬再遇郊禋許奏一人。其官序每遇郊禋得奏薦親屬之人。除子孫依舊外。朞親候再遇郊禋許奏一人。其餘親屬候三次遇郊禋許奏一人。如此等級裁減。一年內可省入官數十人。積年而計。所省漸多。則仕路之冗不澄汰而自清矣。朝廷向來已曾更改資蔭條制。然而親子孫亦以限年釐革。是致人心怨嗟。遂即復故。臣今所請。以奏薦親疎為等降。皆緣人情。蓋人情於近親則恩甚厚。於疎屬則恩漸薄。今既許近親依舊。制其疎屬止以年月遠近為限。不盡隔絕。酌於衆心。計亦無怨。唯聖明斷而行之。則官濫之源。庶或可塞。其邊臣及路分合得恩例。即乞依舊如許施行。仍乞候過今秋大享後為始。

嘉祐元年。知諫院范鎮上奏曰。臣謹按唐制五品以上蔭孫。三品以上蔭曾孫。而無蔭兄弟叔姪之文。今文官自知雜御史以上歲奏一人。自帶職員外郎以上三歲奏一人。武官自橫行以上歲奏一人。自諸司副使以上三歲奏一人。又無兄弟叔姪曾孫之品限。而旁及疎從。所以入流寖廣。仕路益雜。臣欲乞見任兩府聽蔭兄弟叔姪。見任學士。正任團練使以上。比唐三品得蔭曾孫。知雜御史正刺史以上。比唐五品得蔭孫。帶職員外郎諸司副使以上專得蔭子。兄弟叔姪降曾孫一等。曾孫降孫一等。孫降子一等。又歲奏一人與三歲奏一人。自有京官試御齋郎之別。（武官亦如此）欲乞歲奏一人者。亦令三歲奏一人。於所得官上遞加一等或二等以優異之。（若得奉禮郎大祝者與大理評事諸寺監丞之類）議者若曰。今自學士而下。捨兄弟叔姪而專任子孫。非所以廣親愛之道。臣竊以為不然。兄弟叔姪。於公則刑不相及。於私則財不

相及。（若令因官置到資產。不及兄弟叔姪）至於朝廷爵賞則輕加之。為不可也。臣欲乞除品合得蔭外。朝廷必欲狥其私愛。加惠旁宗。且令依舊奏補。無使入流。如有才藝。自隨科目貢舉課試。中科目者。比類白身人優與推恩。其無子孫者。特聽奏旁親一人入流。如此則下不失私親之愛。上無冗官濫賞之弊。

仁宗時。宋庠奏曰。聖諭曰。承平寖久。仕進多門。人浮政濫。員多闕少。滋長奔競。糜費廩祿者。臣等聞欲影之正者。必端其表。欲流之潔者。必澄其源。此雖老生之常談。然實治道之要術。朝廷設官取士。固有成規。三年一開舉場。九品盡由銓選。其餘資蔭入仕。流外出身。或依託權臣。謂之門客。或因緣酬獎。不累年勞。舉例承恩。詭名希寵。人浮政濫。抑有由來。臣等以謂取士者政之表也。補吏者官之源也。近歲舉人殿試。有老榜之目。但論舉數。無取藝能。釋褐雖被朝恩。參選已登暮齒。縱分職任。盡昧廉隅。臣等欲乞將來科場罷茲一事。又每歲百司人吏出官甚衆。羣臣子弟增年就祿。員多闕少。不得不然。今審官院流內銓例許成資便令除替。雖守闕者暫時為利。罷任者赴選益多。苟且因緣。不能盡舉。以上三事。欲乞各付所司審加詳議。委中書門下裁酌以聞。如此施行。似堪經久。

參知政事范仲淹上疏曰。臣謹按三代之制。皆立三公。建六卿。太公周公召公。周之三公也。以論道經邦為師傅。又天官冢宰掌邦治。地官司徒掌邦教。春官宗伯掌邦禮。夏官司馬掌邦政。秋官司寇掌邦禁。冬官司空掌邦土。此周之六卿也。各帥其屬以佐王理邦國。大事從其長。小事則專達。亦以三公兼六卿之職。取其重也。周用此制。而王道大興。世祚緜久。至八百年。我國家有周之天下。未能行周之制。亦當約而申之。以治天下。則可卜長世之業矣。今中書乃天官冢宰

之任。樞密院乃古夏官司馬之任。其地官春官秋官冬官之職。各散於群有司。皆無六卿之正。又無三公兼領之重。而兩府間惟進擬差除。多循資級。評論賞罰。各遵條例之外。上不專三公論道之職。下不專六卿佐王之業。雖庶政不脩。天下不理。咎將安歸。臣請朝廷於百職中選其務之重者。命輔臣兼領其綱要。體周之三公下兼其六卿。法周之六卿各帥其屬。以佐理邦國。唐貞元中。詔宰相齊映判兵部。李勉判刑部。劉滋判吏部。崔造判戶部工部。又嘗命宰相兼諸道鹽鐵轉運使。是宰相下兼其職。以重其事也。其不脩舉者。朝廷得以責之輔臣。任責則庶政之弊可救。天下之治可期。惟陛下裁擇。

一。審官是京朝官所集之府。固當區別善惡。黜陟幽明。使賢者知勸。歲終書其一歲黜陟之數。以何等功而進者幾人。以何等罪而退者幾人。各分其類。具目進呈。

一。吏部流內銓條詔程式頗關煩碎。權勢之與孤寒。優便之與遠惡。在乎均平惻隱。方協至公。況群材所聚。倚在銓品。亦天官冢宰之任也。臣請命輔臣兼判。每至歲終。書其一歲之黜陟。以何等功而進者幾人。以何等罪而退者幾人。各分其類。具目進呈。

一。國子監及諸道郡學。聚天下之士。講議詩書。服習禮樂。長養賢俊。為國器用。此地官司徒之職也。臣請命輔臣兼判。以總天下郡學。每遇科場開日。或有德行文學之士。鄉里所推重者。不以應舉不應舉。許郡學士衆舉履行善狀。詔所屬薦舉。逐處官員吏體量名實相副者。保明聞奏。當議別行敦遣。以勸天下之士。

一。三司天下金穀之府。今窘於財用。經費以艱。刻剝既深。生靈重困。宜疏通利源。以救天下之弊。此地官司徒之政也。臣請命輔臣兼判。此當今之急務。每至歲終。書其減省冗費之數。增息財利之數。蠲放困窮之數。具目進呈。

一。司農寺管天下常平倉。本欲凶歲用濟生民。今逐處弛慢不為急務。倉廩漸虛。災傷無備。赤子之命。委于溝壑。又勸農之政。新須詔令其天下官員勸課勞績。並合委本寺考較以聞。此亦地官司徒之政也。臣請命輔臣兼判。每歲終以諸道常平倉增損之數。并親民官勸課功狀之優者。具目進呈。

一。太常禮院用歷代之禮。或不謹於典法。隨時縣蕝。綱紀寖壞。制度日隳。太常寺用歷代之樂。或八音失序。慢於大祀。則神祇不享。禍罰可召。此春官宗伯之職。朝廷之所重也。臣請命輔臣兼判。至歲終具禮樂有所損益。或廢墜有所脩舉。畫一進呈。

一。三班院使臣數千人。其品流至雜。難於區別。磨勘差遣。有榮悴。臣請命輔臣兼判。常選可用於邊隅。或可委以錢穀。或可付

以親民。或可任以殄寇。至歲終以所選人數。具目進呈。

一。殿前馬步軍司總轄諸軍。其體最大。更戍邊鄙。要在均平揀擢材勇。貴其精當。至於戰陣之法。號令之要。皆須服習。此夏官司馬之政也。臣請命輔臣兼判。至每歲終。以將校選擢之數。軍旅服習之效。具目進呈。

一。審刑大理寺評天下之法。生死榮辱。繫於筆下。禍及非辜。感動天地。二帝三王盡心此道。即秋官司寇之政也。臣請命輔臣兼判。每至歲終。具天下斷案中大辟流罪以特恩減放并法寺辯明出入數進呈。

一。刑部一司詳覆天下已斷文案。凡天下訴冤之奏。盡委刑部辯之。此亦秋官司寇之政也。今官屬寡弱。與審刑大理寺勢不相敵。豈敢盡行駁正。故沉冤之人。十無一雪。臣請命輔臣兼判。至

每歲終具天下斷案詳覆到差失公事幷辯雪過貪寃人數進呈。

右伏望聖慈各委輔臣兼判前件職司其創置新規更改前弊官吏黜陟刑法輕重事有利害者並令兼判輔臣與奪其大體者別具奏呈令中書樞密院更從僉議然後奏取勑裁其逐司常務即主判官員依舊施行。

仲淹又上疏曰臣謹按唐初內開十六衛以聚武臣外開折衝果毅府五百七十四以屯兵伍使三時務農一時習武無事則武臣居內以奉宿衛有事則武臣居外以統軍旅自武德至開元百三十年天下府兵無逆亂者及開元末倚安忘危仍廢府兵天下遂亂其後兵伍皆市井徒驕蹇怨叛終喪唐室國家今於河北點得義勇鄉兵二十萬宛如唐之有府兵也然所置官屬及揀點法制即與唐未類且

逐處官非其人不能以恩撫綏以威制服臣恐一旦倉卒未為國家之用既教以弓矢馭之失道則寇亂之資已先成矣今河北州縣部內各管義勇其長吏中才可馭衆或智可防亂或威懾衆望者有幾人哉臣料按察使奏黜者不過老昧貪猥之人存留者不過勤謹畏懼之士其馭衆防亂恩威得所者必未多也由此觀之是陛下河北二十萬之衆未有統領而無所倚賴也今北戎方盛河朔千里無陜西關山之險又官軍數少難當大敵或更增置官軍即財力已困無以供億如此則陛下將何為必安之計不可不思也豈易百十員官吏為難而不以統二十萬兵伍為重然國家恐北戎之疑必未欲多置兵伍臣請且選逐處州縣長吏須命一二才臣專往河北與轉運使安撫使令行按察逐處知州知縣縣令內有才智不長非可統理兵衆者雖無過犯並等第列名聞奏內近成資者差人承替未近成資者與移諸路州縣却將諸處舉到知州知縣縣令人內揀選有材幹者先差往河北填替仍授以訓兵之要其知州並別授宣命專管勾義勇兵甲公事知縣並帶都監監押其縣令中有願換班行充知縣兼監押者並聽亦乞於武臣中選堪知縣者前去如此則得人稍多必能統領教習使行軍陣之序金鼓之節賞罰之約緩急遣就統領可戰可守未誤大事又良吏撫馭恩威得所雖有飢饉不為寇亂其河東路即乞續次依此施行此國家大計非臣之敢輕言也

時張方平上論曰臣聞周制大國三卿命於天子自大夫群士皆命於其君王卿士之官屬亦各自選用故穆王命伯冏為太僕正曰愼簡乃僚惟其吉士漢之藩國朝廷獨為遣傅相其中尉千石而下得自署置三府各擇掾吏州郡從事列曹衆職悉任之于刺守魏晉始建九品官人之法中正裁人材於外吏部銓授于中而辟署之制仍行

不廢隋開皇中內外庶官罔論大小悉歸選曹無復外補唐氏雜襲古法稍復其制採訪節廉之官屬判官而下皆自延請其已就署除乃上聞未奉報者稱攝既王命者同正肅代之後嶽牧權重或自除支郡刺史專殺二千石凡諸辟用悉兼臺省國朝興國初始罷假攝而重臣近職出臨方面自介倅賓佐逮諸掾吏得自王官請辟相承惟舊於政殊無損者而頃議者復為過論以為多引交舊或容請託又慮孤平之人纔上被代使奔命之不暇且郡縣送迎之蒋勞由是復上奏辟之制臣聞書戒任賢之貳易美彙征之吉傳褒舉善詩貴烝髦且朝廷官人之法大體以保任論薦為選擢之路位登朝列職分半剌固可以舉其所知矣況大臣者上所尊禮而信用者膺其選之寄求自助之良設令引交舊而得賢容請託而不失才其亦何愆乎義凡所謂善知人者必審其善惡察其器能非交舊則何從知之

既無交舊之素。則必求於長者之譽。吾人之論。採清議。訪鄉評而取之。是故涉乎請託矣。魏盧毓曰。夫名不足以致異人。而可以得常士。畏教慕善而後有名。是不猶愈於殊無善而稱者乎。而議者迎事端以設防。蔽滯俗情而虧大體。使大臣知善而不得用。知濫而不得去。是何取乎理哉。臣愚以為宜復舊制。稍為條約。遂其援能之善。塞其過分之請。論辟之始。當依遷次而補除。贊助有闕。自用常科而奬薦。誠有人乎物論非可掩之瑕。事出倖私。有駭眾之迹。自可使憲司彈劾。外臺察廉。暴其妄舉之愆。示以必行之典。如此則當薦延者有顧慎之意。勵名行者有伸知之望。吏皆勸向。事斯備舉。翹楚必刈。向駒可縶。上為掄技以漸之道。下免滯淹不調之歎。干旄好善。雖紀浚郊之美。棫樸官人。終歸周朝之盛矣。

方平又上論曰。臣伏以今外權之重。惟轉運使。一道百城。號令千里。官吏之黜陟。財賦之弛斂。恩澤之流壅。民政之慘舒。郡縣觀聽其風稜。國朝倚辦乎外務。提眾職之綱轄。實方面之師表。蓋漢刺史之職。而唐度支諸道巡院留後之任也。漢制。刺史掌以六條督察二千石。而不主金穀貨利之事。其主金穀貨利之事者。則大農有部丞州一人。而郡國有均輸鹽鐵之官。唐世亂後。急於兵食。所計臣始兼轉運諸院榷之名。而諸路置巡院官掌賦調之式。委輸之藏。而不總州郡之政吏民之事。其總州郡之政吏民之事者。則有按察採訪黜陟之使。今之外臺乃兼其任。按國寄用。勢望甚雄。小大之政。無所不統。夫其捃拾勾剔。錐刀毫忽之計。損餘補羸。給報調度之算。正一胥史可辦者爾。轉運使之大體。在乎訪視風俗。革正其因循之弊。廉實官吏。周知其否臧之才。此固水木之本源。衣服之冠冕矣。是之弗圖。而猥事乎米鹽芻秸之微。株效乎圭勺星銖之謬。而宿蠹大猾。據都占部。府署為豺狼之窟。州縣為虺蜴之宅。以至暴于天聽。達于四方。而外臺猶莫之舉也。此豈所以與天子共理之意歟。比者朝廷議郡長吏之罪。而轉運使坐累左遷。斯見乎朝旨務澄肅乎外政者也。夫聖人立法。所重成俗。習見既久。四革已難。今天下之俗。鄉和易而惡堅介。貴循常而重改作。建一功。利必蒙生事之名。免一惡。隱已落所怪。鳥眾喙乎早飛。故雖網罾之蒙寄任于今。猶頓牧之當漢文之世也。臣又詳轉運之名。蓋以賦輿為主。似非專為舉賢黜惡而設也。子曰。必也正名乎。則其居是職者。先聚斂而後民政。又不可多譏也。昔在兩漢。雖有刺史督州。而又時遣使四出。察郡吏之治。故前漢則有繡衣直指。傳行郡國。得專戮二千石。後漢則有美俗清詔之名。分行四方。唐雖有採訪按察之職。而亦時遣郎官御史。訪事得失。臣愚以為宜舉漢唐之典。精選臺閣之臣。才識深明。風度方重者。銜命分道。參考

民謠。以升聞廉正。劾免庸暴。必列疏其能否之迹。實錄其善惡之狀。以行誅賞之法。以立褒罷之道。至于有可興之功利。有可蠲之疾苦。草萊有幽潛之士。閭巷有節義之人。因得搜揚以輔政道。數年輒一遣而勿限于常。如此則吏知沮舊。常懷戒懼之意。民有侵枉。益開辨理之塗。利害上達而不遺。恩澤下流而無壅矣。

知制誥胡宿上奏曰。臣等昨奉勅。為翰林學士韓絳上言。國家奄有四海。承平百年。官制未備。方古為陋。欲望討論有唐官制及本朝官制。品秩事任。量加裁定。正其名體等事。奉聖旨差臣等同共詳定。臣等累曾懇辭。不蒙允許。尋具劄子陳乞。且未置局。容臣等取前代官制。將今日官位職任商度可改正者。可裁損者。可申明者。各條三兩事。先送中書門下。更加商量。若果可施行。即置局辟官。次第刪定。奉聖旨依奏。臣等今詳定到事件如左。

一、漢置丞相，其後改置三公，官皆有府，辟召掾屬。唐制以尚書門下中書三省長官為宰相，尚書令、僕射、侍中、中書令是也。官品未至者，同中書門下三品。今平章事即其比也。參知政事，唐初亦是正宰相，崔溫等嘗為之。國朝之制，下宰相一等。若用唐制正其名體，則四輔之任，當悉用平章，依漢制即須立丞相府。

一、唐制御史大夫一人，中丞二人。國朝之制，大夫不置，以中丞為臺長，他官或以給事中、諫議大夫權之。若欲改正官制，置丞相府，則大夫當復，輕重乃等。

一、唐制無公卿為樞密使，五代用兵，始與中書對掌機密。即欲改正官制，當以院事還中書及尚書兵部。

一、尚書省二十四司，既為虛名，所以官冗員衆。即欲正官制，當罷三司，復二十四司及九卿官，使有定員。其郎官不在本省治職事者，並以前資及散官處之。其在外任者，或依唐制置上中下等州刺史及別駕之類，隨官品任之。或欲輕其權，則曰知某州刺史之類。

一、文武散官及檢校兼官勳爵實封等，在開元已前，頗有實事，於今唯散官猶敘服色，粗繫輕重，其餘悉皆虛名，無益治體。即欲改正官制，當例行省罷。若以假虛名而佐實職，兼存亦可。

已上所謂改正者也。略舉一隅，若於今可行，即推此類具正之。

一、大理寺決天下獄，刑部覆之，於事已足，又加審刑院，則為駢衍。即欲裁損官制，當以院事官屬還刑部。

一、吏部尚書侍郎分領銓事，則當差以輕重，分別流品。今審官院掌京朝官磨勘差遣，而流內銓惟典州縣幕職官，體制不倫。即欲裁損官制，當以審官院職事歸尚書銓，州縣幕職官歸侍郎銓。

一、群牧司、提舉司、糾察司之類，皆古無此職。即欲裁損官制，悉當省罷，還屬尚書九卿。

已上所謂裁損者也。略舉一隅，若於今可行，即推此類具正之。

一、左右史並當隨宰相入立仗下，以記言動。今史官之任，不及聞前殿政事，故德音善政，多失紀錄。今欲申明復此舊制。

一、中書出制敕，唐制並經門下審覆，然後尚書出告身，經歷三省。比來唯於中書發敕，虛署三省官名。今欲申明復此制，國朝令文具載。

一、國朝近制，觀文殿大學士惟待舊相，自資政殿大學士至天章閣待制已上，其間多有無員數，除授浸廣者，邊幅不立也。諸舊有員者，宜依舊數；未有者，宜差定其員，著為久制，以革濫員之濫。

一、唐制舍人六人，分判尚書六曹事，所以佐丞相謹政令，欲乞申明此制。

一、舊制九卿之職，不隸尚書，今卿監職事三司關領者，宜取還寺監，亦省侵官之類。

一、唐制左右丞判尚書省事，給事中判門下省事，中書舍人判中書省事。國朝門下省權用近臣判之，中書省即舍人年深者判，與唐制略同。准昨上言者稱近臣判省太重，考按唐制，似不如此。惟常袞自以同中書門下事，即當兼判中書省，是時崔祐甫以舍人判省，謂袞侵官，士論由此不平袞也。

一二一班自供奉官至殿侍差借之類唐制武選皆無此名目宜徙置於外以區別華冗

一朝廷若欲從改正之識即候改正之後設官分職如周唐乃可約六典著書垂之後世若未能如此而欲著書惟可將會要及諸司編勑并格令刪繁取要因今日官名粗書職分而已

已上所謂申明者也略舉一隅若於今可行即推此類具正之

時知諫院包拯上䟽曰臣謹按唐制御史府其屬三十人所以重風憲之職國朝以來選任尤劇天禧中御史六員蓋朝廷紀綱之地爲帝王耳目之司必在得人方爲稱職自非端勁特立之士不當輕授近歲知雜中丞不專奏辟或命兩省臣寮參舉而條制約束罕得應詔雖素有才望又限以資考推擇之際頗慎其選臣竊見頃年添置御史裏行二員緣所舉之人秩序差淺困之不次必無畏避自後因循而罷物議惜之方今臺官員數最少糾彈之任所繫尤重欲乞令中丞知雜依舊例於陞朝親民官內保奏堪充御史裏行二員始稍不稱職並嚴坐所知

時劉敞上議曰臣伏見故事諸讓官者或一讓或再讓或三讓皆有品秩非不欲人人讓也讓之迹近名則容僞而爲禮者惡煩煩近於褻故設中制有所止之也昔舜命九官夔龍不讓其他伯益之徒一讓而止此則治世之法也竊見頃來士大夫每有除命不問高下例輒累讓雖有出其至誠恬於勢利然亦已踰典制遞變益矣若習俗遂巧流風稍澈必且挾僞采名要上迷衆更以此爲進取之捷徑奔競之秘策甚可惡也豈獨煩於禮哉夫讓雖美道君子所有餘小人所不足然非其真則醜亦甚昔鄭公孫段辭爲卿退則又使太史命已子產惡其爲人其後卒爲亂故飾僞之敝至於此非國家之[illegible]公孫段尚其小者耳子之擅燕王莽代漢其始皆以善自名已而[illegible]入於邪也臣謂賢者之節難進而易退難進而易退者非苟讓一官之謂也謂其能擇於義不犯非禮也故雖不多讓其節猶可見衆人之情好得而惡失好得而惡失者亦非勉受一職之謂也謂其不擇於義越禮而動也故雖復飾讓其情亦彌險讓與不讓一以故事舊典爲準無使釣利者要君采名者售僞不幸而不位子產之精識則公孫段之徒紛然競於朝矣臣言似迂而慮實遠望賜財幸

英宗治平三年知制誥韓維上奏曰臣昨日聞御史知雜呂誨等以言事被黜至今不見敕至封駁司訪聞乃是中書直封送本家臣切以封駁司給事中之任也凡制敕必由此而下有所不便得以封還論奏古今之通制也今罷黜御史事關政體而遂不使有司預聞紀綱之失無甚于此臣伏思王者建立官局張設法度擇人守之所以防檢繆失共成治道而朝廷自壞其法不知爲此將以何利也伏望聖慈旨揮中書追誨等敕命令由本司使臣得申論議以正陛下之官法

維又上奏曰臣近以御史知雜呂誨等降黜敕命不由門下封駁司直送本家嘗具論奏乞追還以正官法至今累日未見施行臣伏思古者並建庶官各有法式所以共成治體遠防禍敗雖王者不得而私也況大臣乎淳化中命樞密直學士向敏中張詠點檢看讀發敕敕命其實封敕文並仰中書房候印押下送向敏中等看讀然後了卻實封發放祖宗所以審重號令防檢繆失如此其至今朝廷一旦騁私意以壞聖王之法快目前而忘後世之[illegible]猶何謂也方今官失其法人忘其職百事隳廢日就衰靡臣愚切謂宜有以力振[illegible]而

陛下君臣方共為此事。臣切為國家憂之。伏望聖慈以臣此奏并前兩上章。早付中書施行。臣懦不能為陛下守官。伏待譴黜。

維又奏曰。臣近以降黜呂誨等敕命不由銀臺司。累具論奏。今又聞罷傅堯俞等敕。亦是直送本家。臣切以法制者天下之公器。非天子所得私。而亦臣下所不敢輒廢也。故法有不便。事則易之。未有設而不行者。人有不稱職。即去之。未有存而不用者也。陛下纔畢亮陰。即降詔戒厲臣下曰。內外因循惰職者衆。未聞推利及民。盡心憂國者。又訓以易憲孳孳各脩厥職。詔下以來。未及一年。不聞群司有所進益。而公卿大臣乃自壞法度。違戾詔文。臣雖區區為陛下愛惜此事。章三四上。不蒙省察。京都之內。禁門之中。尚且如此。而欲以風勸天下。推利及民。豈可得哉。孟子有言曰。有官守者不得其職則去。有言責者不得其言則去。今有言責者既不得其言而去矣。不得其職者尚且胡顏苟處乎。況臣兩還詔旨。今又不能仰遵聖訓。為官守法。罪戾仍重。豈久玷侍從。尚竊封駁之名。伏望聖慈特賜罷黜。所有銀臺司等職事。臣更不敢僉書。見居家待罪。

英宗時。翰林學士張方平上奏曰。伏以知制誥之職。所以代王言為誥令。由此召入禁林。充學士。非才譽允洽。倚以當其選。比來朝廷率以體例次補。日近誥命。或有鄙淺。傳為口實。前代國家有事之際。或以單剳之辭。折衝千里之外。使三軍感厲。萬方悅勸。背逆凶醜。或以革心。戎狄異類。或以向化。故知文辭書命。有足以助國威。宣王澤也。祖宗之世。有自州縣之職。拔擢辭禁。有自兩禁黜為管庫者。蓋惟才而是用。豈為人而擇官。其脩起居注。史館脩撰。即次除知制誥之資序也。今朝士不脩廉恥。至冒憲章法座之前。輒自干請。竊謂若此除授。宜詳加推擇。必其人流才地辭學器識。他日可以備大臣之用。而後擢處其職。文物盛於本朝。光華照於天下。使名器以重。堂陛以隆。天下幸甚。

右正言劉安世建言。祖宗之待館職也。儲之英傑之地。以飭勵其名節。觀以古今之書。而開益其聰明。優其廩不責以吏事。所以滋長德器。養成名卿賢相也。近歲其選寖輕。或緣世賞。或以軍功。或酬錢穀之能。或徇權貴之薦。未嘗較試。遂獲貼職。多開倖門。恐非祖宗德意。望明詔執政。詳求文學行誼。審其果可長育。然後召試。非試毋得輒命。庶名器重而賢能進矣。

神宗熙寧二年。御史中丞呂公著上奏曰。臣竊以三代聖王之政。至於久則不能無弊。在審所救云爾。國家享天下逾百年。凡當世舉可以脩舊起廢興利除害者。固非一日。至於近日改更宗室法度。省罷銀臺奏白。減外親奏薦。廢置疲癃官吏之類。中外之論孰曰不然。惟

是制置三司條例一司。本出權宜。名分不正。終不能厭塞輿論。蓋以措置更張。當責成於二府。脩舉職業。宜倚辦於有司。若政出多門。固非國體。宰相不任其責。則坐觀成敗。尤非制世御下之術。兼臣昨來已曾論列。所有制置條例一司。伏乞罷歸中書。其間事目有可付之有司者。即付之有司。

公著又上奏曰。臣近具劄子。乞罷制置條例司歸中書。至今未蒙施行。臣聞孔子曰。名不正則言不順。言不順則事不成。今來制置一司。上既不關政府。下又不委有司。是以從初置局。人心莫不疑眩。及見所行事物論日益騰沸。蓋朝廷大事無不出於二府。惟是今來制置條例。實係國家安危。生民休戚。而宰相不得與聞。若宰相以為可自正與之共論。以為不可。亦不當坐觀成敗。但畫書敕尾而已。至於倉場庫務瑣細利害。又恐不必執政大臣。然後能集。臣又聞聖人之

政貴乎顯仁藏用。管仲霸者之佐耳。及其為令猶曰法成而鄰國不知。今朝廷處置實未能有利及民。然而先置一司。使天下疑惑愁怨至今不定。恐非策之得者也。乞檢會臣前奏施行。

公著又奏曰。臣近為降下司馬光等告敕到封駮司。尋以為不便。遂具封駮聞奏。切知已直降光等告敕付閤門。臣伏以祖宗置封駮之職。蓋以朝廷政令不能一一盡當。故使有司得各竭其意以補闕遺。臣既繆當官守。苟有愚見。誠不敢自默以失祖宗置司之意。是以即有論列。今來朝廷既以臣言不當。自當顯行黜責。其所降敕告亦須經由本司。蓋臣雖可罷而此職終不可廢。若因臣一言不當。遂使今後封駮之司不復能舉正職事。則是祖宗法度由臣而壞。伏望聖慈正臣封駮不當之罪。特加顯黜。以振綱紀。

熙寧三年。右正言李常上奏曰。臣伏聞近差諸路提舉常平廣惠倉

條敕旨不由封駮司。中書以為係是舉差。臣切以為過矣。國朝因唐故事置門下封駮司。自是非機密宣敕。皆使詳讀。然後頒下。其或失當。得以釐正。所以謹出制命之意亦已至矣。故祖宗以來。多選方正望重之臣典領是職。緣於朝廷所補非輕。且為責任甚重。今遣使四出。得興利除害。舉察州縣。使事之重。與監司略等。而不付之有司參考能否。隳廢綱條。理實未順。兼封駮之任。雖人主親所選任。皆得以其職言。今曰舉差。臣所未諭。臣恐朝廷典則寖得緣事廢紊。伏望聖慈特賜旨揮。並依舊制。庶命令所加。務於詳審。有司職業貴以脩舉。

元豐中。判三班院曾鞏上言曰。右臣伏見聖恩以新雕印唐六典頒賜近臣。以及館閣。竊以唐初以尚書中書門下三省參領天下之事。以令僕射侍中為宰相之任。然選士用人。出兵授田。刑罰禮樂。至於工官所主。則一本於尚書。尚書侍郎分為六官。郎員外郎各有攸司。又分為二十有四。所以弥綸庶務。至微至悉。其大則以永業口分之田制民之產。以租庸調制民之賦。以諸府十二衛制民之兵。三代以來。其政最為近古。太宗所以致治者蓋出於此。其事至衆。而舉之有條。其體至大。而統之有要。可謂得建官制理之方。明皇之世。迺考尋舊章。著之簡册。以六卿所總領。則象周官。名其書曰六典。而開元十四年。張說罷中書令為尚書右丞相。不知政事。自此政事歸中書。而尚書但受成事而已。亦其書之所記也。則當是之時。尚書已不得其職。其所著者蓋先代之遺法也。其本原設官因革之詳。上及唐虞以至開元。其文不煩。其實甚備。信可謂善於述作者也。臣向在館閣。嘗見此書。其前有序。明皇自撰者。而其篇首皆曰御撰。李林甫注。及近得此書不全本。其前所載序同。然其篇首不曰御撰。其第四一篇。則曰集賢院學士知院事中書令脩國史上柱國始興縣開國子臣張

等奉勅撰。蓋開元二十二年張九齡實任此官。然則此書或九齡等所為歟。不敢以疑說定也。伏惟皇帝陛下神智聖性夙成。自天方革敝興壞以脩太平之業。繼唐虞之跡。而稽古不倦。旁及此書。迺自禁中鏤版。傳之以賜在位。豈不以其官儀品式去今未遠。而行於今者尚多。將使學士大夫得而求之。其於就列。皆知其任。其於治體開益至多。非聖慮所存規模宏遠。則何以訓勵群臣委曲至此。臣備數內閣。以文學為職。宜略知典故。不可以衰退駑鈍怠惰苟止。故敢昧冒以請。伏望聖慈依例賜臣一部。使得伏玩思索。萬一得奉清閒。尚可孛強以備訪問。不勝犬馬區區之誠。貪冀恩私。不知僭越。其於罪戾所不敢逃。干冒宸嚴。臣不任戰慄之至。

鞏又上言曰。臣伏以陛下稽古正名。脩定官制。令百工庶務類別以明。其於講求經畫。皆出聖慮。弥綸之體。固已詳盡。然推行之始。去故

取新竊恐百執事之人素未諭於其心習於其耳目一日之間或未盡知其任群吏萬民聽治於上者或未盡知所趨待夫問而後辨推而後通則必有煩阻之患留滯之虞若圖之於早定之於素則一日之間官號法制一新於上而彝倫庶政敘行於下內外遠近雖易視改聽而持循安習悉與於常此臣所以區區之愚庶有補於萬一也今百司庶務既已類別若以所分之職所總之務因今日之有司擇可屬以事者使之區處自位敘名分憲令版圖文移案牘訟訴期會總領循行舉明鈞考有革有因有損有益有舉諸此而施諸彼有捨諸彼而受諸此有當警於官有當布於衆者自一事已上本末次第使吏制之前習勤已定則命出之日但在奉行而已蓋吏部於尚書為六官之首試即而言之其所總者選事也流內銓三班東西審官之任皆當歸之誠因今日之有司擇可屬以事者使之區處自今僕

射尚書侍郎員外郎以其位之升降為其任之煩簡使省書審決其當屬郎員外郎其當屬尚書侍郎其當屬令僕射各預其所屬預為科別如此則新命之官不煩而知其任矣曹局吏員如三班諸房十有六諸吏六十有四其所別之司所隸之人不必盡易惟當合者合之當析者析之當損者損之當益者益之使諸曹所主因其舊習如此則新補之吏不諭而知其守矣憲令版圖文移案牘訟訴期會總領循行舉明鈞考其因革損益之不同與其舉諸此而施諸彼有捨諸彼而受諸此有當警於官布於衆者皆前事之期莫不考定如此則新出之政不戒而知其敘矣夫新命之臣不煩而知其任新補之吏不諭而知其守新出之政不戒而知其敘則推行之始去故取新所以待之者備矣其於選事如此勞至於司封司勳考功當隸之者內服外服庶工萬事當歸之者皆推此以通彼則禮部之任不待政

出之日問而後辨推而後通也推吏部之事以通於百工庶職如此則體雖至大而操之有要事雖一變而處之有素一日之間官號法制鼎新於上而彝倫庶政敘行於下內外遠近雖改視易聽而持循安習無異於常區區之愚庶有補於萬一者在此而臣愚淺辭不知治體貪於傾盡而不知其言之妄採掇增損賫待聖斷惟陛下之所財幸

犨又言曰臣竊以周制六卿各率其屬皆有分職見於禮經至唐自三省而下分命庶官亦各以其職事見於六典今陛下講求化原更定官制蓋作憲垂法繇古以來其於大體有不可易者雖唐虞三代未嘗易也至於緣人情因世故斟酌損益有不可不易者故雖唐虞之際極盛之時凡巡狩四方則皆脩五禮而周人治象之法亦歲有更革況於時異事殊而可以膠於一方之說泥於一篇之跡哉欽陛

下更制改作其彌綸大意則遠體周官而近因唐制此所謂於其大體有不可易者也至於從宜應變則解縱拘攣獨出聖謨不牽常筭此謂斟酌損益有不可不易者也夫能審其不可易者而因之斷其不可不易者而更之惟當而已然後可以明制作之體惟陛下聖性之卓故能處之無疑此非群臣之所能望也今更定官制其所先者在於使群臣庶位皆明知其職分職分既明然後在事者得各因其名以效其實而攷察者欲覈其實則必推其名此作法之大要所謂不可易者也今庶尹百工分位既定宜有新書如周官六典明白之文使內外上下曉然究悉以熙庶績而康萬事臣適典明命亦得各以百執事所分之職載於訓詞以飭戒在列以稱陛下董正治官循名責實之意其書宜以時頒布以幸天下如體重事鉅其不可不易者文字論次尚有未周則百司所守小大之務亦宜先有條具委曲

章明施於列位使人人皆知其任勸於赴功而臣亦得討論演暢見於王者之訓以副聖君勵精求治爲世作則之心

肇又言曰臣伏以陛下發德音正官號法制度數皆易以新書太平之原實在於此今論次已定宣布有期四方顒顒跂足而望臣切恐施行之際新舊代易之初庶工之間或吏屬因循或簿書緣絕其於稽察漏略檢防散逸彌綸之體不可不早有飭戒欲乞明諭有司架閣有未備者備之版籍有未正者正之凡憲令圖牒簿書案牘皆當次比整齊斂藏識別以至於官寺什器凡物之屬公上者亦皆當鈎考詳於簿錄庶於新舊更易之間得無漏略散逸之敝非獨儆當今典領之懈且以絕異時追究之煩

戶部尚書韓忠彥侍郎蘇轍韓宗道言文武百官宗室之蕃一倍皇祐四倍景德班行選人胥吏率皆增益而兩稅征榷山澤之利與舊無以相過治平熙寧之間因時立政凡改官者自三歲而爲四歲任子者自一歲一人而爲三歲一人自三歲一人而爲六歲一人宗室袒免以上漸殺恩禮此則今日之成法乞檢會寶元慶曆嘉祐故事選官共議詔戶部取應干財用除諸班諸軍料錢衣賜賞給特支如舊外餘費並裁省

神宗時鄭獬上奏曰臣竊見言者患官入之冗故有省任子之議臣願條其一二者昔之兩制至宰相正刺史至節度使歲補一人出入特恩不預焉今二府郊祀則補二人兩制及正刺史而上一人是省於舊三之二矣帶職員外郎至諸司使已上舊郊祀一人今兩郊祀一人是省於舊已半矣昔之選官以三年今選以四年及其至可以任子時已六七十矣人而至六七十其心覬一子承家豈不惓惓可憐哉今誠再省之恐太刻薄有以傷陛下[illegible]愛之心其猶有可省者

嬪御而已或有一二而不在此也雖然患入官之冗者奚不擇焉而後仕今無黑白一槩以入官雖有司試以格詩類皆倩人茲與不試同如欲省任子則莫若有擇焉凡任子已補欲出身仕者從其所能而試之或以一經或以禮學或以法律或以文辭武臣則試武伎或以策略每歲二月集于有司如試進士武舉法差官糊名較實中程乃得仕如此則得仕者必少而所取者材子弟各相勉強於學又有勸焉如有不能文墨而獨可以才幹者則請家一人不試而得入官此所以盡人之能而且不絕其世祿也至於俱無能焉則終身不得仕是不才而已又何憾焉臣又以臣下至病眊不欲去者顧祿而已至不得已乃求宮觀留臺監權是終無去意臣欲乞分司致仕官其俸錢皆勿奪俾終其身病眊者有所養則必有相引而去彼居閭里待次累年俸錢亦不絕也縣官何惜一二千錢俾之得以禮而引退且有優遇老臣之恩至於貪贓酷吏一有所犯此可終身勿令仕茲亦有省官之術焉臣誠不欲陛下初即位德澤未及宣究而遽有刻薄之吏制此臣所惜也如臣議可采欲乞付中書與衆人之奏論定其可者焉

獬又上奏曰臣近蒙降到詞頭除東上閤門使果州團練使李定爲遙郡防禦使臣雖已進草竊恠議者藉藉不已熟究其然誠爲濫寵何則諸司使副在祖宗朝例無磨勘天聖中方許四年一遷至昭宣使止閤門使副四年一遷至客省使止皇祐中橫行始有定員不得遙數近時橫行遷者以謂員既有定則更授以遙郡及諸司使遷至皇城使者又惜昭宣使不除亦授以遙郡但恐數十年間帶遙郡防禦觀察者比比皆是則所顧者小而所失者更大正任團防有十餘年不遷者觀察使有終身不遷者心覬其遷則謂非有戰功則不可

平時息兵徒何而求戰功哉朝廷愛惜名器如此之重何為遥郡則
接踵而授人許之自刺史累十二年便可至觀察使一日有横恩解
其使名即為真拜豈重於彼而獨輕於此耶屬者劉永年為團練使
十餘年以邊任方除防禦使既除而言者指為非是於時即行追罷
今宓為團練使纔四年以磨勘轉遙郡防禦使又四年則遂為觀察
使非濫寵而何宜議者之不已也此弊不可遂長於此猶可以為救
宜詔兩府更定武臣遷官條例使淹速各得其敘以革前失如欲定
之此授亦宜追還庶幾清朝官無幸位

知諫院陳襄上奏曰臣近有劄子以銓選吏員冗雜縣令最為親民
之官欲乞稍加銓擇以手實之優劣縣政之繁簡各分為兩等選循
良幹敏之吏以治其劇其次等縣亦並以奏舉人及常調縣令歷任
有三人舉主者充注嚴其保任之責而優其獎待之數使賢能者有
所勸激而勉充其選亦銓衡選任之先務也留中多日未蒙頒降施
行竊意陛下重其更張不欲使常調入令之人別無差遣因茲濡滯
注擬不行臣竊以為不然契勘銓司常調令錄大率不過九百人除
見任錄參或監臨場務及自該入等差注人固已三分之二矣其餘
得替守選注官待闕又已過半則逐時在銓守候差遣常無一二百
員今所汰去者盡是舉官不足或無勞效莫非昏耄不職之人雖由
此罷之其害猶小或付之百里之命使民倒植其為患豈不大哉臣
今相度欲乞將諸路州軍條主戶三萬已上縣分主簿及節鎮判司
員闕並理令錄資序許常調令錄不該入等人注填如願折資差遣
亦從其便則員闕足以相當而無留滯之患矣臣又觀天下京朝官
知縣員闕其間甚有戶口浩穰獄訟繁劇號為難治之處者累政而
以事去官或曠歲而人無授者如南劍州之尤溪邵武軍之邵武建

之浦城信之上饒洪之分寧虔之雩都如此之類天下甚多審官院
雖有指定繁劇兩等選差條貫然多該說未盡如前數邑率皆不預
其數欲乞下諸路轉運司別令體訪定奪轄下自來最為煩難不治
之邑凡有若干將合入本路分入揀選腳色舉主多有勞績或曾係
臣寮奏勅奏舉素有才望之人不依名次保明超授謂之繁劇選差
其次雖有難治之邑但封疆闊遠主戶及三萬以上者並於以次腳
色內銓擇謂之選差內有圭田優厚號為善闕如秀之華亭明之鄞
縣常之無錫之類凡有若干並升為通判差遣謂之優選其係繁劇
選差人候任滿日別無遺曠許先次指射更與優選一次仍與通判
合入人相兼選擇合闕升通判者與理通判資序其係選差者除兼
兵與中等已上圭田處依舊條無酬獎外其餘不以路分遠近但能
振職量其績效亦並與先次或優選一次已上如逐任內治迹稱最

當與優加獎擢其有繆濫不職者主判官稍涉私徇情亦乞特行黜
降如此則高才良吏知有懲勸而樂親民政天下繁難不治之邑莫
不均被仁澤矣如有可采伏望并臣前狀降付中書特賜詳酌施行
襄又上奏曰臣竊謂縣有知令最為親民之官不可一日虛其位而
或任非其人也臣所領審官東院契勘近日合入親民資序官七十
餘員知縣闕次八十餘處全然差注不行自新法已來縣道事繁督
責嚴密被累者多故雖有廉良之才稍知自重則莫不畏罪規避無
敢就者至有折資願就閑局此人情可知也今來任知縣人不減五
十餘員并正任監當人又自有九十餘員其監當闕次只有十處不
惟縣道闕人兼監當待次人無由發遣臣愚欲乞詔諸路監司長吏
今後縣道官員除庸謬不職及委是故違新法合行衝降外自餘若
非違越不職偶因過不逮之人亦加容貸原情薄責使不至於黜降

則人人樂居其職無或規避也仍乞今後於元係親民降充監當人內選擇脚色如公罪及私罪杖已下情理不至深重歷任曾有舉主十人以上者許中中書審察與依合入遠近權指射知縣硬闕幷無人願就過滿見闕理監當人資任請受仍不許不依常制奏辟如此則縣道不至闕員而儆累之人免於留滯可以責其後効矣

襄又奏曰臣竊以諫臣司衮職之闕格君心之非臺官糾正朝綱繩愆之事此孔子所謂名不正而言不順也臣今欲乞諫臣惟司人君言動之過補時政闕失之事若夫百寮之愆繆臺綱之不振則有御史在焉庶幾臺諫之任皆得專職而言責不紊矣

襄又奏曰臣竊以封駁一司乃朝廷慎出命令之關防也故凡宣勅之出莫不由於門下若蓋慮政令有所未便刑賞有所未中差除有

所未當則有司得以看詳而舉駁是非亦補朝政之一也近者翰林學士知通進銀臺司兼門下封駁事范鎮奏爲差從舉廣惠倉官員勅不下封駁司事中書檢會為係舉官更不下封駁司以臣觀之夫舉官任人國之大典萬一有不當義當駁奏豈可與閑慢文字一例直降不由所司上廢朝綱下失官守此近年已失之事豈可按以為法哉臣欲乞今後中書樞密院除閑慢機密事依例直發外自餘事關朝政有所可否者其宣勅並合降付封駁施行庶不失祖宗之成憲也

襄又奏曰臣竊以審官東院之職自少卿監知州軍至京朝官而下不減三千餘員注擬陞改所繫非輕事目尤衆宜其法式詳備乃可遵行而見用一司編勅自熙寧八年頒行以來中間續降節文屢有衝改已非舊文蓋立法之初失於簡略吏員既衆發遣不行動多窒礙條約事理不能周盡或輕重失當於義未安有司動須申明士人時有詐述裁決辨理上煩朝廷臣自蒙恩領職歲月頗久考求利害粗有條理臣今欲乞將審官東院一司勅依國子司天監例許從本院看詳刪去煩文補其闕略凡前後申明所得朝旨可立以為法者並行編定其事理未盡未便者並具奏陳或申中書詳酌刪成審官東院令勅式庶幾著為定法可以久遠施行

起居舍人同知諫院范純仁上奏曰臣聞古者天子有諍臣七人所以廣聰明而益治道也昔在章聖之朝開廣言路置諫官六員仁皇慶曆之初亦嘗增置員數近年以來止及三員又自呂誨改御史中丞其闕至今未補當陛下求治之際耳目之官正宜多設伏望聖慈檢會慶曆故事增補諫官員數庶使言路得人上裨聖政

純仁又上奏曰臣近曾上言乞添置諫官員數未蒙朝廷施行伏緣

諫官適天子耳目之臣設之不可不備當陛下明目達聰之際尤藉群才協力況有呂誨員闕久而未補陳襄至今未到惟臣獨員當此責重進無同寅協恭之助退無商議講求之益以臣暗拙實懼曠闕伏望聖慈指揮檢會臣前來劄子早賜施行

歷代名臣奏議卷之一百六十

建官

宋哲宗元祐元年門下侍郎司馬光上疏曰臣等聞三王不相襲禮五帝不相沿樂況國家設官分職張立治具上下相維脩飾明備何所愧於漢唐何必事事循其陳迹而失當今之宜也謹按西漢以丞相總百官而九卿分治天下之事光武中興身親庶務事歸臺閣尚書始重而公卿稍已失職矣及魏武佐漢初建魏國置秘書令典尚書奏事文帝受禪改秘書為中書有令有監而亦不廢尚書然中書親近而尚書疎外矣東晉以後天子以侍中常在左右多與之議政事不得任中書於是又有門下而中書權始分矣降及南北朝大抵皆循此制唐初始合中書門下之職故有同中書門下三品同中書門下平章事其後又置政事堂蓋以中書出詔令門下掌封駮日有

爭論紛紜不決故使兩省先於政事堂議定然後奏聞開元中張說奏改政事堂為中書門下自是相承至于國朝莫之能改非不欲分也理勢不可復分也鄉日所謂中書者乃中書門下政事堂也唐末諸司使皆內臣領之樞密使參預朝政始與宰相分權矣降及五代改用士人樞密使皆天子腹心之臣日與議軍國大事其權重於宰相太祖受命以宰相專主文事參知政事佐之樞密使專掌武事副使佐之自是以來百有餘年官師相承中外安帖百司長官及諸路監司諸州長吏皆得專達或申奏朝廷或止申中書樞密院事大則中書樞密院進呈取旨降勅劄宣命指揮事小則批狀直下本司本路本州本人故文書簡徑事無留滯神宗皇帝以唐自中葉以後官職繁冗名器紊亂欲革而正之誠為至當然但當據今日之事實考前世之訛謬刪去重複去其冗長必有此事乃置此官不必一依唐之六典分中書為三省令中書取旨門下覆奏尚書施行凡內降文書及諸處所上奏狀申狀至門下中書省者大率皆送尚書省尚書省下六曹六曹付諸按勘當檢尋文書會問事節近則寺監遠則州縣一切齊足然後相度事理定奪歸著申尚書省尚書省送中書取旨中書既得旨送門下省覆奏畫可然後翻錄下尚書省尚書省復下六曹方符下諸處以此文字繁冗行遣迂回近者數月遠者踰年未能結絕或四方急奏待報或吏民辭訟求決皆困於留滯又本置門下省欲以封駮中書省錄黃樞密院錄白恐有未當若舉職則須日有駮正爭論紛紜執政大臣遂成不協故自置門下省以來駮議甚少又門下不得直取旨行下雖有駮議必須却送中書取旨中書或不捨前見復行改易又內批文字及諸處奏請多降付三省同共進呈則門下之官已經商量奏決若復有駮正則為反復近日中

書文字有急速者往往更不送門下省然則門下一官殆為虛設徒使吏員倍多文書繁冗無益於事臣等今衆共商量欲乞依舊令中書門下通同職業以都堂為政事堂每有政事差除及臺諫官章奏已有聖旨三省同進呈外其餘並令中書門下官同商議簽書施行事大則進呈取旨降勅劄事小則直批狀指揮一如舊日中書門下故事併兩省十二房吏人為六房同共點檢鈔狀行遣文書若有溢員除揀選留住外並特與減三年出職不及三年應出職者與減磨勘年限若政事有差失委給事中封駮差除有不當委中書舍人封還詞頭又兩省諫官皆得論列則號令之出亦不為不審慎矣如此則政事歸一吏員不冗文書不繁行遣徑直於先帝所建之官並無所變更但於職業微有脩改欲令於事務時宜差為簡便其委曲條目並候得旨允許續議脩立

光又上疏曰臣等聞王者設官分職居上者所總多故治其大要居下者所分少故治其詳細此理勢之自然紀綱所由立也是以周官小宰以官府之六屬舉邦治大事則從其長小事則專達凡宰相上則啓沃人主論道經邦中則選用百官賞功罰罪下則阜安百姓興除利害此其職也至於簿領之差失期會之稽違獄訟之曲直胥吏之遷補皆郎吏之任非宰相所宜親也古人有言察目睫者不能見百步察百步者亦不能見目睫言詳於近者必略於遠謹於細者必遺於大也今尚書省事無大小皆決於僕射自朝至暮省覽文書受接辭狀未嘗暫息精力疲弊於米鹽細故其於經國之大體安民之遠猷不暇復精思而熟慮恐非朝廷所以責宰相之事業也竊以六曹長官古之六卿事之小者豈可不令專達臣等商量欲乞今後凡有詔令降付尚書省者僕射左右丞簽訖分付六曹謄印符下諸司及諸路諸州施行其臣民所上文字降付尚書省僕射左右丞簽訖亦分付六曹本曹尚書侍郎及本廳郎官次第簽訖委本廳郎官討尋公案會問事節相度理道檢詳條貫下筆判云今欲如何施行次第通呈侍郎尚書若郎官所判已得允當則侍郎簽過尚書判准應奏上者直奏上應行下者直行下即未得允當者委侍郎尚書改判事之可否皆決於本曹長官其文字分付本廳郎官之時委本曹長官隨事大小鑿限若有稽違即行糾劾即委的有事故結絕未得者申長官更不經由僕射左右丞即更改條法或奏訖特旨或事體稍大或理有可疑非六曹所能專決者聽詣僕射左右丞咨白或具狀申都省委僕射左右丞商議或上殿取旨或頭簽劄子奏聞或入熟狀或直批判指揮其諸色人辭狀並只令經本曹長官陳過尚書侍郎本廳郎官次第簽押判決一如朝廷降下臣民所上文字次第施行

若六曹不為收接及久不結絕或判斷不當即令經登聞鼓院進狀降下尚書省委僕射左右丞判付本省不干礙官員看詳定奪若本曹顯有不當即行糾劾所貴上下相承各有職分行遣簡徑事務易集

光又疏曰臣於去年曾上言州縣者百姓之根本長吏者州縣之根本根本危則枝葉何以得安故自古以來置州郡必嚴其武備設長吏必盛其侍衛所以安百姓衛朝廷也秦滅六國以為兵不復用雖置郡守而以御史監之墮名城銷鋒鏑故陳勝吳廣起而郡縣不能制國隨以亡晉武帝平吳悉罷州郡陶璜山濤皆言州郡武備不可廢及永寧以後盜賊羣起州郡無備天下遂大亂國朝置總管鈐轄都監監押為將帥之官凡州縣兵馬其長吏未嘗不同管轄蓋知州則一州之將知縣則一縣之將也熙寧中謀臣建議分天下禁軍每數千為一將別置將官以領之訓練差使抽那一出其手其逐州總管以下及知州知縣皆不得關預量留羸弱下軍及剩員以充本州白直及諸般差使而已凡設官分職當上下相維如身之使臂臂之使指綱紀乃立今為州縣長及總管等官而於所部士卒有不相統攝殆如路人者至於倉庫守宿街市巡邏亦皆乏人雖於條有許差將下兵士者而州縣不得直差須牒將官將官往往占護不肯差撥萬一有非常之變州縣長吏何以號令其衆制禦奸宄哉臣目覩前宰相西京留守韓絳請嵩山起建道場其將下禁軍充白直者於條不得出城經宿所敢留者剩員七八人而已況僻小州縣其守禦之備侍衛之衆可知矣臣當時乞悉罷將官其逐州縣禁軍並委長吏與總管等官同共提舉教閱及諸般差使其州縣長吏所給白直皆如嘉祐編勑以前之數臣自上此文字後來不聞朝廷有所施行竊

見近歲諸處多闕雨澤。盜賊頗多。州縣全無武備。長吏侍衛單寡。禁軍盡屬將官。將官多與長吏爭衡。長吏勢力遠出其下。萬一有如李順王倫攻城陷邑之寇。或如王均王則竊發肘腋之變。豈不為朝廷旰食之憂耶。王者制治於未亂。保安於未危。豈可自恃太平之久。謂必無此等事耶。又自祖宗以來。諸軍少曾在營。常分番往緣邊及諸路屯駐駐泊。蓋欲使之均勞逸。知艱難。識戰鬬。習山川。自置將官以來。向非有所征討。全將起發。與將官偕行外。其餘常在本營。未復分差屯駐駐泊。飽食安坐。養成驕惰之性。歲月滋久。恐不可復用。又每將下各有部隊將准備差遣指使之類一二十人。而諸州總管鈐轄都監監押員數。亦如舊。設官重復。虛費廩祿。凡將官之設。有害無利。天下曉然。若莫不知之。臣愚伏望朝廷如臣前奏。盡罷諸路將官。其禁軍各委本州縣長吏與總管鈐轄都監監押等管轄。一如未置

將官已前之法。其諸州軍兵馬全少。不足守禦之處。量與立額招添。其守禦有備。而寇賊之發。不能式遏。或棄城逃避。或率吏民迎賊。或斂民財賂賊。雖責之以死。彼亦甘心。今平居驕從且不能備。一旦寇至。責以死節。不亦難哉。

光為左僕射時。上疏曰。臣聞書稱明王立政。不惟其官。惟其人。臣少時見天聖中諸路。止各有轉運使一員。亦無提點刑獄。惟河北陝西。以地重事多。置轉運使兩員。然朝廷必擇朝士專任。知州有聲迹曉錢穀者。乃得為之。未嘗輕以授人。凡一路之事。無所不總。使按察官吏。薦賢發姦。愛養百姓。興利除害。或朝廷有本路事務。未能細知利害者。則委之相度措置。當是之時。官少民寧。事無不舉。公私饒樂。海內晏清。景祐初。始復置提點刑獄。其後或時置轉運判官。以其冗長害事。尋復廢罷。自王安石執政以來。欲力成新法。諸路始置提舉常平廣惠農田水利官。其後每事各置提舉官。皆得按察官吏。事權一如監司。又增轉運副使判官等員數。皆選年少資淺輕俊之士為之。或通判知縣監當資序。及選人以權發遣處之。有未嘗歷親民即為監司者。能順己意。則不次遷擢。小有乖違。則送審官院與合入差遣。更加責降。彼年少。則歷事未多。資淺。則衆所不服。輕俊。則舉措率易。歷事未多。故措置百事。往往乖方。衆所不服。故依勢立威。以行號令。舉措率易。故處事不熟。壞法害民。又利祿誘於前。罪戾俟於後。由是往往上不顧國家事體。下不恤百姓怨咨。止務希合。以圖進取。致今日天下籍籍如此。皆由此來也。陛下幸念民惟邦本。本固邦寧。知元元困窮。於國家非便。欲救而安之。詔青苗錢不得抑配。免役錢寬剩不得過二分。竊聞諸路提舉官猶有於春首抑配青苗錢。勒百姓供情願狀。別作名目占免役寬剩錢。但取文具而已。如此。則朝廷號令

廢格不行於臣下。恩澤壅塞不被於黎民。徒存空文。何以為政。臣聞去草者絕其本。救水者回其原。提舉官者。乃病民之本原也。陛下必欲蘇息疲瘵。乞盡罷諸路提舉官。其轉運使除河北陝西河東外。餘路只置使一員。判官一員。提點刑獄分兩路者。合為一路。共差文臣兩員。凡本路錢穀財用事。悉委轉運司。刑獄常平兵甲賊盜事。悉委提點刑獄管勾。仍選知州已上資序累歷差遣。所至有政迹。聰明公正之人。方得為監司。聰明。則知官吏賢不肖。公正。則黜陟無私。部下官吏既皆得人。事務安有不幹集。百姓安有不富庶。此乃國家鎮撫四方之本也。若以提舉官累年積蓄錢穀財物不少。恐轉運司一旦得之妄有耗散。即乞盡椿作常平倉錢物。委提點刑獄一面交割主管。依常平倉法。謹伺穀價。賤糴貴糶。及准備災傷賑貸。其餘不得支用。若轉運司委的窘乏。須至兌那常平錢物者。必須具數先奏朝廷。

得旨乃得移牒支撥若以監司數少路分闊遠處巡歷及管勾不辦即乞只依舊法每歲徧巡諸州更不徧巡諸縣自非要切大事朝廷不令監司親往勾當只令選差本部官除司理司法縣尉獨員監當之類舊條不許差出外其舊條不得隔州差選人勾當差及被差之人皆有罪新條諸州管勾官及主簿當給散月分不得差出之類指揮乞更不施行所貴監司有官可差幹得事務若遇有賊盜乞朝廷只委提點刑獄差官或行移文字監督捕盜官捉殺察其不稱職及有可以代之者先令權攝仍奏乞替換許一面相度賊盜强弱立賞錢數目其捕盜官若立功許隨功大小保明乞轉官及升差遣或減年磨勘朝廷更不下刑部磨勘詰難住滯臨時詳酌恩澤直賜指揮賊盜自然無不敗獲不須令親出入監逐捉殺於事無益如此則監司巡歷管勾職事簡要易為辦集

右正言朱光庭上奏曰臣等伏覩三月十八日聖旨職事官許帶職內尚書俟二年加直學士中丞侍郎給事諫議通及一年加待制臣踰月于茲反復思之不得其義多士紛紛之說不可勝紀聊條十說以陳於前惟陛下垂聽幸甚說者曰立為此法庶職事官罷日不煩商量便可令帶出臣以謂為中書自便則可於朝廷體要則未安也不若因其除外易以職名在人主恩意則新於臣下寵光亦異今既平居無事先以與之則一日補外何以示恩更進則太優不加則近薄雖曰善遷遞如少貶此不可一也借如自尚書一年餘罷則當與之直學士耶與之待制耶與待制則無以別於侍郎與之直學士則不應今日所立新制此不可二也或尚書侍郎而下以罪被謫於尋常例當落職者不知止落職事官之職耶并落職名耶不落職名則與平遷善罷無以異矣落則是不問過之輕重皆當奪兩重職矣此不可三也官制以來由諫議大夫中書舍人方為給事中由給事中方為侍郎而御史中丞又在侍郎之上其為等差如此今一年之後合為待制則等差紛紛然莫可辨矣此不可四也昨有自尚書除御史中丞者豈可一年之後亦止於加待制則為降官與直學士則為亂法舊制知雜御史乃今侍御史其於中丞相去甚遠猶有不歷月踰時或纔滿歲遂轉待制者今為中丞一年方得待制是今中丞反輕於前日之雜御史也舊制知制誥乃今中書舍人自居待制之上次遷當為翰林學士其或遷雜學士雖至於侍讀學士若不與權三司使及權知開封府皆不為美遷今一年之後乃得加待制是今日中書舍人亦輕於前日之制誥也又既為中書舍人以典制誥為職事其於侍從最為親近豈須更帶待制此不可五也六曹之官容以衆材並進或以錢穀稱或以刑法用使為尚書侍郎則可使兼學士

待制則不可不然名品混殽而清濁一流矣此不可六也從來以寄祿官為行守試則試者多而行守少加職之後以職為行守試則試者少而行守多暗陞資格陰益俸錢而陛下不知此不可七也官制以前侍郎尚書類為敘遷之官故更以帶職為寵官制以後以階為寄祿而尚書以下實行其職故自以職事官為重恩數之優非昔日比無更稍加職之例豈可以專官制之重職又兼舊制之寵名此不可八也人主之所以厲世磨鈍屈天下英雄之心俱入於術中者唯名與器而已故美官重器必使有難得之勢則人以得為榮為勸若予之不加重不予不加輕歲月所積例以授之則鄙夫以苟得自矜而高材以同受為恥矣此不可九也待制職備顧問非學術該通議論邪正誰宜為之祖宗之世其選最精出入朝廷纔一二人而已故當世人人皆以為貴今乃立法無有定員將一年之後待制滿朝以

[illegible]十載之謠以玩陛下名器此不可十也方陛下脩明法度齊正典章之時而官制職名參錯如此臣謂終不可以並行伏望聖慈特詔輔臣別加講議裁定歸一適於至當庶行之當世而無礙垂之將來而可久

監察御史上官均上奏曰臣聞朝廷設官分職所以治事才者並用則[illegible]而事治才者不用則[illegible]而職廢才否並用則政事之不治[illegible]今之士大夫列于[illegible]者可謂至冗矣京官自承務郎至朝[illegible]凡二千八百餘人選人一萬餘人大小使臣二千五百餘人小[illegible]一萬三千餘人[illegible]天下之[illegible]不足以充入仕之人故吏部左右選用闕京朝官及大小使臣大率一年以上選人須及二年以上[illegible]二年而闕次之遠者莫如選人大抵一官之闕在任與夫已授而[illegible]之者凡三人故自[illegible]不該移令待試法之中吾須近一年而後擬畀已擬差必待闕三年而後就職七年之間方成一任京朝官待次幾一年而後得差遣待闕一年[illegible]五年之間方成一任以常人言之三十而仕又十五而[illegible]十而致政共入七任耳又況二十未必仕仕者未必皆至七十又有不幸私故陷於吏議年雖及之未必滿七任也故舉天下之士大夫其才可以[illegible]不至曠職者未必及半就令及半居閑之日常多而治事之日常少此天下之郡縣所以不治閭井之民未純被朝廷之德澤者良以此也臣以為欲郡縣之治在夫才者居職欲才者居職在乎使其居閑之日少欲其居閑之日少在乎清入仕之源切觀今之自文職入流者凡四進士補蔭與夫納粟得官百司胥史是也自武職入流者凡三武舉補蔭與夫百司胥史是也計其才行可以居官治事者納粟胥史不如補蔭補蔭不如進士武舉何以言之蓋進士者自十年就學加之十年而後能治經閱史綴緝文詞又加之十年而後能問學通博成就其志其學可謂勞矣及夫有司試之必擇其明達義理而稍工文詞者方得薦送又求其尤者始預禮部之選又加廷試而後賜第擇之可謂至詳矣三年一取士舉天下學者群試于有司亡慮數萬人而賜第者僅五百人取之可謂至艱矣彼貴遊子弟恃其父兄之蔭補類多驕墮不學僅通經義稍成文詞者則必中選就令屢試不中年及三十亦得出仕其眎進士篤志講學勵操自立宜有間矣百司胥史主行文書積年寡過例該祿仕又豪右之家以貲授官其才品庸下素不知義又外臺郡守奬薦之所不及彼固分甘自處於卑賤之地豈復有奮勵之意其眎補蔭子弟聞父兄之教少壯就官有向進之心宜有間矣由此觀之計才量行可居官治事者納粟胥史不如補蔭補蔭不如進士理之必然也又進士科所謂特奏名者凡五等其最濫者但曾一次預薦僅及三十年即該推恩其就廷試則試題平易字數減少有司考校又加寬假但粗成文理不至甚紕繆者皆置第四等以上未滿七十者即更不須保任便許出官昨元豐八年特奏名係第四等以上者四百餘人可謂冗矣夫進士自秋試至省殿三處考校僅取五百其間尚容幸得又況偶獲一薦累試見黜年高才耗學術忘廢其比進士實固相遠而又五路學者鮮少取人數寬但獲一薦雖不事學坐待及三十年便該仕祿大率五六十以上既就仕官誰肯舉薦夫以血氣衰耗有苟得之心薦舉不及無向進之意其能精明治事廉潔自守者十無一二[illegible]才力方之進士固有間矣夫以特奏得官與夫補蔭流外之人學術才行皆不足以方進士而又仕之數常多於賜第之人並趨吏部吏部按格不計入流清濁才行高下但以到部先後注擬授差遣以此待次者常

至七八百人。注擬二年以上員闕。故負才可用之人。率為特奏名得官與夫資蔭胥吏之流。冗占壅滯。比肩待闕。居閑之日多。而治事之日少者。常以此也。不清其源。欲官之不濫。才者之獲進。不可得也。臣以為四者之冗。有可罷者。納粟得官是也。有可以裁抑者。特奏名資蔭胥吏是也。竊聞嘉祐四年以後。係特奏名者。纔數十人。自治平至熙寧三年。止有百餘人。自熙寧六年至今。每次推恩入仕。不減四五百人。臣欲乞參酌祖宗故事。須曾取到文解或經殿試。計若干舉。方許就省試。實得文解及經殿試若干舉。方許就殿試。其就殿試文理稍優者。方得充四等以上。每等限定人數。不過若干人。其在四等外者。不理選限。其曾預一薦。雖及三十年。不在推恩之限。蓋累曾取到文解。或經殿試。即須稍有文學。不至空疎。四等以上。限以人數。則有司所取。不至冗濫。如此則稍可以革特奏之弊矣。臣又見廣南攝官。

取本路曾預兩薦者。權攝簿尉。一任無過。遂行正校。雖曰優假遠方士人。然僥倖太過。若量加舉數。即可以損入流之冗矣。臣以為古人之仕者世祿。蓋使為之後者一人世焉。祿廪之而已矣。詩人之所譏謂棄賢者之後。絕功臣之世。今之寄祿官。自大夫以上。初升大夫。即奏補子弟一人。其後兩經郊恩。與致仕之日。皆許奏蔭。其為大夫以上。歲月深久。往往奏薦多至數人。夫廉謹無過。積日敘遷。而為大夫者。未必有功而賢者也。官其子弟一二人。以寵其後。固已厚矣。臣欲乞自兩省兩制以下至大夫。奏補之數。宜加裁減。限以多少。則可以革資蔭之濫矣。百司胥吏。積勤累日。大率須及二十餘年。方得出仕。唯三省人吏。最為優幸。每以點檢諸處文書。酬獎減年。出官最速。其不願出官者。坐理資任至為郡守。宜加裁抑。使無過厚。則可以損雜流之弊矣。四弊既損。則入仕之源清。而才行可用者。不久於待闕。不久於待闕。則治事之日多。而職業無不舉矣。臣聞張官置吏。所以為民。今若指虛授之祿。以養害民之吏。姑息不才之士。以妨有才之進。豈為民設官之意耶。願陛下明詔有司。講求官冗之弊。澄清入仕之源。以幸天下。實非小補。

知慶州范純仁上奏曰。臣昨准兵部相度。欲乞應蕃漢官非相統轄者。並依官序相壓。其城寨等管轄蕃官。即依舊在本轄漢官之下。詔依兵部所乞。契勘諸路蕃官。不繫官職高卑久例。並在漢官之下。此所以尊中國而制夷狄也。行之永久。人情安熟。雖蕃官之甚黠狡者。亦不敢有覬望等輩之心。蓋分義體勢。不得不然。上下遵承。自無爭較。況蕃官職名雖高。只是管幹部族人馬。凡部族應有公事。並須從漢官彈壓理斷。及戰鬭亦並用漢官使臣統制驅策。故於平日必使名分相殊。體勢相異。則緩急之際。不失統御。今若無故忽更舊制。悉

依漢官之法。使與不相統轄之官。依品序位。即邊上使臣及京職官當在蕃官之下者。十有八九。而沿邊將副使臣。纔遇替移。或於它處出入相值。坐席相同。使合在舊蕃官之下。人情之間。豈能堪此。況夷狄之性。兇狡尚氣。當務裁抑驕慢之心。豈可輒啓。契勘緣邊使臣任滿。多是就擬鄰近城寨差遣。它日或再相統攝。即漢官使臣中必有懨憤。報怨之人。而蕃酋之徒。既以等輩自處。必生嫉恨。致統制官司煩于處置。開端生事。為害不小。防微杜漸。實在于此。伏望朝廷詳酌。特賜指揮諸路蕃官。各依久例。不得與漢官叙班。並在漢官之下。所貴不失中國夷狄尊卑之限。絕蕃酋驕慢覬望之心。統制有常。不為後患。

二年。平章軍國重事文彥博奏曰。臣伏覩先朝復尚書省六部二十四司。欲其分治職事。悉如唐制。臣竊以尚書省吏部典選。戶部掌邦

計刑部主國法此三部最為重而侍郎郎中員外多不久任遷轉頻數未熟本部職事已見遷改必致胥吏乘間作弊行遣迂滯臣欲乞三部郎中員外須令並滿四年理為兩任遂任與升資序立為定制經久遵行內吏部戶部司封司勳考功度支金倉部亦須再任與遂任升資上件三部郎官佐本部長官主判遂曹任官材掌邦計主國法皆是國之重事伏望聖慈詳察早賜施行

開封府推官畢仲游上言曰國家承五季之後典章制度號令文采雖未純於三代蓋皆有三代之意而髣髴焉至於慎刑罰息兵革寬仁盡下愛養元元得天下之心則有與三代比者獨官名自宰相而下至於百執事循用五季之舊而不知改天子臨朝太息於上而公卿大夫咨嗟悼歎發憤於下者不知幾十年矣及神宗皇帝同人心決大策以階寄祿而循復漢唐三省之制宜其歡呼鼓舞以慶朝廷

之盛德而行之五年公卿大夫猶有不懌於官制者豈未改之前嘗厭五代之無法既改之後復云漢唐之非是則官名之所失如何而可蓋國朝雖循三省之舊而二十四司之名皆第之以待百官當選者在省之官及假他官以制之如兵部為樞密吏部為銓審庫部金部為三司水部為都水刑部為大理名隸尚書而事在他局者不可以為後世法則先帝之改制無可議者而改制之中有非漢唐之舊而未合於今日之務舊平章事遷中書令國朝以來未有遷至中書令者而今儀同三司一階蓋昔日宰相累遷之官舊禮部尚書遷戶部戶部遷吏部工部遷刑部刑部遷兵部而今銀青光祿大夫一階蓋昔日尚書累遷之官舊禮部侍郎遷戶部戶部遷吏部工部侍郎遷刑部刑部遷兵部而今正議大夫一階蓋昔日侍郎累遷之官卿寺亦然昔之官品難於進今之階秩易為高而又降七品為八品降五品為六品

降三品為四品至其不可用也則議請減蔭及以舊品為定而章服之令徒降五為六降三為四以遷就新品之失而不知義理之所在則所謂非漢唐之舊而不合今日之務者可驗於此然猶未有害也舊尚書省不總天下之政而中書門下合而為一則其治速今尚書省總天下之政而中書門下析而為二則其治緩此理之固然者至所謂畫黃錄符牒關刺由上而下復由下而上近者浹旬遠者累月有夜半傳印待報而其務乃比於竹茹木屑之細或者稱衣貸食未得其決而事又失於期會則非惟不合今日之務而良有害公卿大夫所以不懌於官制者以此亦在上之人損益之而已矣蓋隋唐二十有九而今寄祿階二十有五如益其階使與舊日之官品相對然併三遷所遷而為一階則階正矣還舊日之品秩凡議請減蔭服章之令必合三五七九之數無易前古之常以就新品之失則品正矣

事大而緩則由寺監而上臺省或由臺省而下寺監事速而小者則許之專決或專達而不為次第上下之道久則事正矣階正則朝廷尊名器重品正則義理安民志定事正則三省無滯務而遠近之人皆不失於期會備此三者而官制立矣豈以漢唐之官名不當復而五代之季為可循也

仲游又上言曰道不足以通庶事不謂之道法不足以行萬世不謂之法舜之德賞延於世可延之賞也文王之政仕者世祿可世之祿也賞可延而延之則無幸賞之心祿可世而世之則無猥多之患自漢以來捨其賞延世祿之說而不達其旨是以官吏浮冗最為天下之大慮昔唐太宗省內外官定制為七百叄拾員曰吾以此待天下賢才足矣後世有特置同正員至於檢校兼守判知之類皆非本制中世之後遂不勝其濫然而蔭補之格猶未若本朝之濫也蓋太祖

太宗之時天下初定萬事草創有司倖闕待注而無人故多為取士之門蔭補之法以應用至今百餘年間天下以蔭入流者甚衆一歲之選至千萬計豈特賞延世祿而已邪舊日之制歲得任其子弟者易而為三歲三歲之制復易而為六歲而猶患其濫則殆非歲數之近蔭補人之多故也今若於定制之外復增歲數則士大夫絕望於蔭補沮事之議將不可止非所以順人心助和氣而官冗之弊又未必能去為今之策莫若因仍歲數遠近而漸實其試法試而中於法者然後入仕則是第存蔭補之舊名而已無入仕之新患順於人心所利有五不增蔭補之期無所觖望一利也公卿之子弟患於不學而今實其試法則自勸於學二利也得好學之人以為政不病於民三利也一不中選者猶欲再而中再不中選者猶望三而中不絕其望四利也官冗之弊可以漸省五利也豈惟蔭補凡天下之入仕

者皆為試法以考之使人人勇於自試而止取百人而已數百人則數百人而已終無意外之濫雖行之萬世未見其弊又不失虞舜賞延文王世祿之旨矣

仲游又言曰事不於無弊之時為有弊之慮知有弊矣復不早為之所既有猥并難治而欲發一詔下一令使天下歡呼鼓舞遂返於無弊則雖稷契復生未易能也或者以其弊為不可救聽而任之則亦非治天下之術也昔周制六官其屬三百有六十而漢官之在內一千五十五在外之官猶不與唐太宗省內外官定制為七百三十員而開元天寶之間至萬有八千則漢唐之間官冗可謂弊矣而本朝之弊則尤甚於漢唐昔太祖太宗之定天下萬事草創中外之官不足以更代故多為入仕之選以應用而後世不知改作以適時變以有增而無損故治詞賦者舉進士誦書者為明經五品已上歲得任子而流外雜色之進蓋不可勝計至於今日尚書侍郎左右之選多至數千居家未仕與祿食於四方者倍乎在選之數被代赴選與已選待次又與居家未仕食祿者比而科舉任子益來而不已不知數十年外官冗之弊將何如邪則救之之方正在探其情而理勝之耳夫予之則喜奪之則怨雖人所不免苟奪之以理亦無可怨者故管仲奪伯氏駢邑三百沒齒無怨言則能探其情而理勝之故也今科舉之士雖以文章為業而所習皆治民之說選於十萬人之中而取其三二百使之治民理或可也而公卿大夫所任之子弟雖有賢者而驕驁愚懵未知字書之如何而從政者亦甚衆雖其父兄不自言以情占之豈能不以為愧而且幸哉然則損任子之恩而嚴入仕之選者正今日救冗官之道夫任子者朝廷所以厚公卿大夫之家而嚴其選者乃將治民而不可忽選之之法宜比進士加寬而所謂銓試

者則加寬或十而取其一或以二十而取其三唯朝廷之所進退中選者遂比進士而治民不中選者亦足保妻孥而免於阜隸順於人心其利有五公卿大夫之學皆勸於子弟其利一也得選士以治民民不告病二也中選者遂比進士彼之所願三也不中選者少沮而益勸無甚觖望四也官冗之弊從而可救五也蓋事不於無弊之時為有弊之慮知有弊矣復不早為之所既已猥并難治而欲發一詔下一令使天下歡呼鼓舞卻返於無弊則雖稷契復生未易能也而以其弊為不可救聽而任之則又非所以憂天下慮後世然則欲治猥并之患為一世之慮奪天下之所喜而要使無甚觖望非仍任子之恩而嚴入仕之選無可為者若明經流外雜色之進則在朝廷斷而罷之勢有不可罷者則十省其五六不繫今日之輕重也

中書侍郎呂大防上奏曰臣竊觀自古設官之意必先置貳立副不

以名位為限者所以紓艱危而適順用聚聰明而濟不及也總兵命將尤重其選以漢唐事言之大將軍有長史司馬從事節度使有副使判官參謀其自小官而登寄任立功效者不可勝數本朝祖宗以來實用此法故名臣不絕而夷狄畏服竊見今緣邊經略使獨任一人而無僚佐謀議之助雖有副總管鈐轄之屬皆奉節制備行陣非有折衝決勝之略預於其間朝廷每除一帥幸而得能者則一路兵民實受其賜不幸而不才者得與焉則是以三軍之衆一聽庸人之所為豈不可懼哉其弊蓋由朝廷不素養其材而取人之途又常太狹方今戎人旅拒邊患漸生若不早為准備閱試其能誠慮臨事用人不暇精選因而敗事所繫不細以臣愚見經略使各置副使或判官一人朝廷選差素有才略職司以上人充參謀一人委經略使奏辟知邊事有謀略知縣以上充如此則可用之士不以位下而見遺

中材之帥又以人謀而獲濟兼得以博觀已試之效以備緩急之用講緝邊要莫先於此

三年右正言劉安世上奏曰臣伏見祖宗初定天下首闢儒館以育人材累聖遵業益加崇奬厲於英俊之地而屬其名節觀以古今之書而開其聰明廩食大官不任吏責所以成就德器推擇豪傑名卿賢相多出此途得人之盛無愧前古然自近歲以來寖輕其選或緣世賞或以軍功或酬聚斂之能或徇權貴之薦未嘗較試遂貼職名漸開僥倖之門恐非祖宗之意伏望陛下明詔執政今後館職無俾輕授必求文學行誼有聞於時審察其才實可長育然後一依近降條制召試而命庶使名器漸重不容幸得循致賢能以備官使

安世又上奏曰臣近嘗奏請今後館職欲乞並依元立條制召試而授已奉聖旨施行然臣伏覩所降指揮尚有未盡輒復論列庶幾小補臣嘗謂祖宗以來新進入館之人鮮有不試而命者惟是縉紳宿望治效顯著或累持使節或移鎮大藩欲示優恩方令貼職今陛下過聽臣言追復舊制雖云大臣奏舉到館職並依條召試方得除授而繼云其朝廷特除者不在此限則是不問人才之如何資歷之深淺但非奏舉皆可直除名為更張弊源尚在臣愚欲乞特降指揮依倣故事約自轉運使以上資序特除者方得不用此制庶能塞僥倖之門重館閣之選

安世為左諫議大夫時上奏曰臣聞非至簡不足以待天下之煩非至靜不足以制天下之動故荀卿有言曰論一相以兼率人主之職也又曰相者論列百官之長要百事之聽歲終奉其成功以效於君推此言之則人主擇輔臣輔臣擇庶長庶長擇僚佐以次選掄不容虛受是以所受愈隆而所擇愈簡所擇愈簡而所得愈多此堯舜三

代之君所以垂衣拱手不煩聲詔而天下晏然以治者用此道也秦漢以來官失其守居宰相之位者或不知其任在庶長之列者或不守其職因循至今流弊日積臣請為陛下詳言之昔魏晉以後採擇庶官多由選部故晉之山濤為吏部尚書中外員品往往啓授宋以蔡廓為吏部尚書黃散以下皆得自用廓猶以為薄已遂不之官唐制五品以上宰相商議奏可以除拜者則以制敕命之六品以下則吏部銓材授職然後上言詔旨畫聞無所可否謂之旨授開元中吏部置循資格限自起居遺補及御史等官猶並列於選曹其後倖臣專朝舊典失序故陸贄抗論以為捨朝僉而重已權廢公舉而行私惠是使周行庶品苟不出於時宰之意者則莫致焉此乃唐之弊風不可不革也臣伏見近來堂除差遣多取吏部之闕不問職司之輕重才品之優劣為人擇官殊失大體如承議王續堂除管勾左廂軍

事奉議郎劉敦夫堂差權河南知録若此之類名品至卑吏部選差固不乏使何煩廊廟一一柬求臣恐三省之事日益紛紜執政大臣汩於細務則朝廷安危之至計禮樂教化之大原使天下回心而嚮道者將何暇以及之矣然則豈所以稱陛下圖任老成委注輔弼之意哉伏望聖慈明敕三省別議立法今後除兩制臺省寺監長貳以上並諸路監司瀕河並邊郡守之類所係稍重者令依舊堂除外其餘一切歸之吏部所貴執事簡得以留心於遠業而選部不至於失職以漸復舊制也

安世又奏曰臣前月十二日上殿具劄子論列堂除之弊乞詔三省別議立法近日雖降旨揮以在京寺監主簿等數十處送下吏部而外路知州等闕尚未盡還臣竊謂朝廷之上宜選大吏其餘小者盡可付之有司今堂除之人日益加多差除不行其勢必取於吏部吏

部之闕日益加少則孤寒之士所得愈艱羈旅留滯動踰歲月此最更張之所宜先也臣愚欲望陛下特降睿旨稍謹堂除之選仍以元豐八年後來取過外路知州等闕擇其地望之重者依舊朝廷差除外其餘付之有司如此則堂中占闕既已不多吏部差注得行必無淹滯伏望聖慈詳酌早賜施行

曾肇上奏曰臣伏見神宗皇帝大正官名始于三省詔令所出則自中書審覆駁正則繇門下受而行之則在尚書三省相成不可闕一中書則有舍人主行門下則給事主讀尚書則有左右司郎官受付使之更相彌縫更相可否然後發號施令固有不臧立政官人舉無過事此祖宗設官分職之本意也蓋三省各有分守不相侵踰而門下一職近取諸身則為咽喉遠取諸物則為門戶所以駁正中書違失故自來舍人不兼給事之職伏見近日給事中封駁中書録黄三省進呈却令舍人書讀行下臣愚竊恐因此隳壞官制有損治體寖漸不已遂成大弊此臣夙夜熟慮不得不為陛下言之也伏望聖慈戒飭執政大臣謹守神宗所定官制勿使三省屬官得相踰越而中書詔令必由門下方得行出以明職分以正紀綱以為天下後世之法陛下留意毋忽

紹聖元年監察御史蔡蹈上奏曰臣伏覩近降聖旨內藏庫見催索戶部太府寺借欠出豁錢物不少依舊更不統轄者臣竊見國家分職設局所以舉官治而府藏出納尤宜參互鉤考以檢吏姦臣契勘元豐詳定官制事目格子太府寺掌庫藏頃內有內庫拘催交納逐季點筭內庫申到納訖官物帳狀抄上勾銷內庫納訖名件之類凡八件格目甚明又太府寺案名稱內藏庫隸右藏案即是舊隸太府非無文據臣嘗聞真宗皇帝謂王旦曰內藏庫所貯金帛備軍國之

用非自奉也頗外廷不知爾臣竊謂既通軍國之用則隸戶部太府寺正其宜也惟禁漏泄見在物數其餘雜務事件如官制格子該載者委有關防不可畧去欲望聖慈省察元豐官制格子等特賜睿旨令內藏庫復隸戶部太府寺所貴百官庶府皆有統帥事歸一體

監察御史龔夬上疏曰臣聞唐虞稽古建官惟百夏商官倍亦克用乂然則先王建官因革不常其來尚矣臣伏見言事御史自皇祐以來員數不常昨置六察官方推行之初事務繁劇故令專領察事今來按察之法久已就緒在京官司無敢如日前遲者則治察御史其職太簡臣備員臺屬適值兩院闕官兼領六察未見廢闕然則人治兩案俾兼言職自不相廢況元豐三年八年并紹聖令察官各兼言事伏望聖慈特賜詳酌令監察御史三員兼掌論議庶幾益廣言路以稱朝廷明目達聰之意

哲宗時。尚書右丞呂公著上奏曰。臣伏覩周官三公三少。學論道經邦。寅亮天地。然皆分治卿職。蓋進則坐而論道。退則作而行之。此三代之明法也。唐太宗用隋制。以三省長官共職國政。事無不總。不專治省事。國朝之制。每便殿奏事。止是中書樞密院兩班。昨來先帝脩定官制。凡除授臣僚。及興革廢置。先中書省取旨。次門下省審覆。次尚書省施行。每省各為一班。雖有三省同上進呈者。蓋亦鮮矣。蓋先帝臨御歲久。事多親決。執政之臣。大率奉行成命。故其制在當時為可行。今來陛下始初聽政。理須責成輔弼。況執政之臣。皆是朝廷遴選。安危治亂。均任其責。正當一心同力。集衆人之智。以輔惟新之政。譬如共輿而馳。同舟而濟。人無異心。則何求而不得。何為而不成。伏望聖慈留神省察

劉摯上言曰。臣伏覩近降指揮。增復館職。及職事官並許帶職。給諫以上一年帶待制。尚書二年帶雜學士。臣竊謂國朝舊制。庶官之外。別加職名。所以厲行誼文學之士。高以備顧問。其次與論議典校讎。得之為榮。選擇尤慎。自元豐中脩三省寺監之制。其職並罷。滿歲補外。然後加恩兼職。當視治行優劣。以為厚薄。除三館並歸祕書省。為職事官。外有直龍圖閣省郎寺監長貳補外。或領監司帥臣。則除之。待制雜學士職。給諫以上補外。則除之。亦繫一時恩旨。非有必得之理。今盡復館閣。而薦試之法未立。校讎之職無與。則是所復虛名而已。朝廷必不甚惜。人亦不以為重。近日得之者固已衆矣。臣考之僉言。以謂脩廢官耶。則實無職事。養人才耶。則未加選擇。反復不見其便。至於給諫以上。限年帶職。尤所未諭。且待制學士。以侍從顧問為職。自祖宗以來。極天下之選。不為定員。今不考治行。不次流品。幸而至給諫以上。則計日而得之。人才不同。一槩除授。臣恐自此員品猥衆。無復澄汰。其有行能高妙治最尤異者。又將何以益之。臣愚欲乞且依元豐官制施行。或詔選臣僚講究本末。別行裁定。使名器增重。人不虛授。以稱朝廷勸沮多士之意。

御史中丞蘇轍上奏曰。臣以空疎備位執法。當得僚佐以助不逮。竊見兩院御史見止三人。而兩人辭免未入。不獨言者寡少。於朝廷得失有所不盡。而六察所治事務至煩。凡有不及。則百司怠廢。頃者員缺不補。動經歲月。衆論莫不疑怪。臣竊見唐制臺官皆大夫中丞自辟。有不由此除授。勑命雖行。皆拒而不納。至本朝雖稍損其舊。然亦必令本臺與兩制分舉。而人主自擇其可者用之。初無執政用人之法也。然人才之難。非獨今日。故自唐太宗以來。兼設監察裏行以待資淺之士。而祖宗舊制。亦許用京朝官知縣以上。立法稍寬。易於應格。近日舉法。須得實歷通判一考。人物衰少。莫甚於今。而獨於言事官重為艱限。實未允當。臣頃在內外制。見每有詔下。同列相視患無合格可舉之人。所舉既上。又多不用。却於前任臺官中相擇任使。雖云舊人。不免出自執政所可。殊失祖宗博舉之意。臣今欲乞並詔本臺及兩制。依放舊制舉升朝官初任通判以上。或第二任知縣。從聖意選擇補足見闕。仍依舊置監察裏行。所貴祖宗選任臺官舊法不至隳壞。而綱紀之地易於得人。亦免遺曠。

轍又上奏曰。臣聞宰相之任。所以鎮安中外。安靖朝廷。使百官皆得任職。賞罰各當其實。人主垂拱無為。以享承平之福。此真宰相職也。臣竊見近者執政進擬鄧溫伯為翰林學士承旨。除命一下。而中書舍人不肯撰詞。給事中封還詔書。御史全臺兩省諫議皆力言其不可。議論洶洶。經月不定。而執政之意確然不回。溫伯既仍舊就職。而言者爭獲美遷。質之公議。皆不曉其故。若謂執政誠是耶。則給舍臺

諫。並係所選宣其皆非。若以論者誠非邪。則不加黜責。並獲優寵進退無擾。是以公議皆謂朝廷自知其非。但重於改作而已。今者謗議未息。又復進擬禮部侍郎陸佃。兵部侍郎趙彥若。權本部尚書。中書舍人二人復相次封還陸佃之命。臣竊惟此二事。本非朝廷急切之務。勢須必行者也。上既不出於人主。下又不起於有司。皆由執政出意用人。致此紛爭。內則皇帝陛下。太皇太后陛下。厭於煩言。焦勞彌月。下則侍從要司。失其舊職。綱紀廢壞。至於賞罰顛倒。頃所未聞。臣不知為政如此。得為鎮安中外。安靖朝廷者乎。頃者諸曹侍郎闕人。朝廷始權用諸卿監為權侍郎。蓋以不權侍郎。則本曹公事闕官簽遣。如禮兵諸部事至簡少。雖無尚書。但責侍郎亦自可了。況侍郎既具。而復權尚書。此何說也。若謂侍郎久次。當遷尚書。臣不知尚書久次。當遂遷執政乎。此則為人擇官。而非為官擇人之意也。臣待罪執

法。竊慮聖意未經究察。但見執政慼詆有司。而自伸其意。使群臣無由自明。今後再有如此等事。無敢守法為陛下明白是非者。是以區區獻言。不覺煩瀆。罪當萬死。

軾又奏曰。臣等近准勅。舉本象求趙屼充臺官。已蒙聖恩除象求殿中侍御史。竊見本臺兩院官共六員。分領六察。皆得言事。元祐之初。朝廷急於求治。臺中員闕略無一二。四方觀望。皆知陛下勤於聽納。爭效悃愊以補萬一。今日監察御史併闕四員。雖聖明開納之意無損於前。而員闕不補。中外疑惑。今六曹寺監雖復闕地。每遇有闕猶未嘗不補。況於人主耳目所係至重。自非諱聞直言。及有所壅蔽。而聽其久闕。實非治世之事也。況六察所治事務不少。若稍有弛廢。則寬抑者必衆。亦非先帝設官之本意也。伏乞特出聖旨下本臺及兩制。分舉八員。陛下擇取四人用之。使天下曉然知朝廷招求忠言與昔無異。不勝幸甚。

校書郎李貽玘進策曰。昔先王自勤厥德。夙夜不怠。惟前代時若。然後訓迪厥官。而作周官。立三公以論道。分三孤以弘化。公則燮理陰陽。孤則寅亮天地。皆所以成王道也。道則一。事則異。故設六官各率其屬。以象天地四時。皆所以成王事也。治則簡而嚴。故冢宰為天。教則詳而親。故司徒為地。禮和君親以體仁也。故宗伯為春。政正上下以合禮也。故司馬為夏。刑主制殺以象義也。故司寇為秋。事主應變以藏知也。故司空為冬。上則天地陰陽日時之變。中則君臣父子之常。下則山林川澤土壤之紀繁。至於宮室器械飲食衣服之節。微至於虫魚鳥獸草木之性。莫不有官以治之。有職以辨之。增一則有餘。虧一則不足。內外相屬。小大相聯。從鉉國體完具。政無不大。而阜成兆民者也。自周　衰。其制變於戰國。而大壞於秦。漢承秦之後。獨用其故

號。其位無統。其事無聯。至唐始為省寺臺監以分處百官。使各宿業事事無曠。問其名則以職對。下其令則以官議。司有常守。位有定員。唐之治績號為甚盛者。其致然也。謂之省。有曰尚書。有曰門下。有曰中書。尚書典領百官。庶事所會決者也。其屬則六。其聯則二十四。其位則各以其序知百官之功過。然後與之以勳級。勳級未足以勸賢也。又加之以封命。此三者未始不先選天下之材而用之也。故攷課勳封之職。則主之以吏部。倉廩有所積。然後為權衡度量之制。既為權衡度量。則量歲計所出而支調之。此三者皆出於戶口田賦之所入也。故錢穀土地人民之職。則主之以戶部。先王之為禮。未嘗不謹於賓主之際。外則謹於賓主。內則嚴於鬼神。為之牢禮膳羞之數。為之祠祭祀享之節。三者皆禮之事也。故賓客脂飲祠祭之職。則主之以禮部。戎器既有藏。車馬既有備。必[illegible]知天下土地之籍。鎮戍烽候

之遠近者皆兵之事也故武庫輿輦方域之聯則主之以兵部謹門關出入之籍以防姦僭財物期會之責以防偽以此防人猶有犯上違令者則戮辱隨之此三者皆刑之所治也故門關勾會禁隸之聯則主之以刑部津梁溝洫以時脩苑囿山澤以時取屯營之事以時耕此三者皆工徒之所興作也故水利虞衡田作之聯則主之以工部門下之治掌出納帝命而相禮儀者也中書之治掌佐天子而執大政者也侍從顧問規諭諷諫之左右分吏局故記動史書其起居法度執大政則道揆者也參議表章畫制命之職在焉故記言史書其誥詰德音儒學皆有選也圖籍皆有藏也議法制沿革者其事小故屬之門下求賢才隱滯者其事大故屬之中書此三省之制也監則監其所守寺則法度之所出其事則同其主則異若禮樂飲饍宗室蕃夷之所掌圖籍天文學校服御之所司則又禮之別也宿衛工

作僕御軍械則又兵之別也治水則工之別也此監寺之制也庶事既有別矣帝命既有掌矣大政既有議矣有守者付之監有法者付之寺朝廷之治略已具矣然而百官之所領萬事之所總必有責也故特置一職謂之宰相百官之罪惡朝會之儀典必有所糾也故持置一官謂之御史則內外各有所察也或不以一名其職唐之致其盛後與古比隆者任官得其序而已國家設官分職一切用唐制或有職而非其官或有官而非其職或一職而治以數官或一官而兼以數職名分不正而已名分既不正則無能閻上之人盜名而自安喜功冒利之臣犯分而爭進今先正其名分而各以所能任職則賢不肖之實易察而功罪之迹易知又何患官不得其人人不能行法者哉

侍御史王巖叟上疏曰臣聞維天下之勢者存乎法持天下之法者存乎平權之而後行議之而後用使不失其平者存乎其人當張釋之為廷尉人有盜高廟坐前玉環者奏當棄市文帝大怒曰吾屬廷尉者致之族而以法奏之釋之謝曰今盜高廟器而族之有如萬分一假令愚民取長陵一抔土陛下且何以加其法乎文帝乃許廷尉臣以謂此不出於法之文而出於一時論議能推明輕重之意以釋上心而使天下後世莫不稱其當由是言之廷尉之選其當忽哉臣伏覩祖宗時審刑大理長官及其僚屬皆擇天下君子長者通物情知義理者以為之其用心平其持議不阿其知思足以講明法之微意而必與情稱故天下號無冤民以今望之其遺風餘德猶釋之在漢也後專尚刑名法術之學而慘刻之吏多在此選議事不原於法意論刑不本於人情執文以致罪順旨以成獄不知先王明慎欽恤之心而復輔之以經術申之以道德故愈務而愈遠愈嚴而愈戾試

以斷案巧則巧矣然不足以得正人而足以得狡吏委理卿獨舉專則專矣然不足以任至公而足以得偏見臣愚伏乞檢會舊大理舉官法及講祖宗置審刑院大理相持並行之初意今後罷試斷案令則釋之之徒將自為陛下用稍復刑措之治天下幸甚

時兩省正言官久闕巖叟又上疏曰國朝倣近古之制諫臣纔至六員方之先王已為至少今復虛而不除臣所未論豈以為治道已清而無事於此邪人材難稱未若虛其位邪二者皆非臣所望於今日也願趣補其闕多進正人以壯本朝正人進則小人自消矣

諫議大夫王覿上奏曰臣聞利不百不變法凡法之所變非得已也使利害等均而徒有變更之勞則不待明智不惑之士而後知其不足為矣彼中才之憚煩者皆不為也況利少害多而可輕變成法哉臣竊見今年九月九日朝旨節文內外馬事並隸太僕寺直達尚書

省吏不經由駕部車營致遠務鞍轡庫駝坊皮剝所養象所並專隸駕部臣竊謂此獨可以敗壞官制而未見為利之實也夫自李唐失政官制紊亂久矣聖朝祖宗以來初則有東征西討之憂既混一區宇之後方務休養元元故於脩完官制有所未暇也至神宗慨然憫之於是講求應世之墜典造新一代之成憲正名百職建復六聯上下相維各有分守此真得唐虞三代建官之美意也後世所當謹守而勿失今朝廷以馬政久廢而推行牧養之法因太僕駕部之職矣若使太僕仍舊隸駕部而共脩職事於牧養之法未見其害也使車營致遠等務不隸太僕而領於省曹於牧養之法未見其利也利害未分而徒使本末失敘官制復隳臣不知其可也且場務惡屬寺監寺監惡屬省曹乃官吏不恤法度者之常情顧朝廷處之如何耳伏望聖慈宣諭執政大臣無以牧馬一事而輕壞官制追還九月九日

朝旨別降旨揮施行

覿又上奏曰先朝造新官制於古義皆有按據若推行之際見其未盡乃當脩完何可無故廢壞臣伏見今年八月二十日勅節文高麗貢奉事節皆係管勾所檢勘依條格申所轄鴻臚寺其本寺不以事體大小皆不與奪勘會處分但騰申主客取候旨揮今後高麗夏國遇入貢應干排備所須之事並令管勾同文館所都亭西驛所徑申所屬曹部施行更不經由鴻臚寺臣竊謂鴻臚寺不與奪處分誠為非是然若非省曹不稍假以權而致其不敢與奪即是鴻臚寺不任職也此皆罪在官吏乃非官制之過豈可因官吏之罪而廢省曹寺監上下相維之序哉夫番夷入貢合責辦鴻臚寺今奪而專之於省曹是省之辦事敏於寺也馬事措置合經由省曹者今析而擅之於太僕是寺之辦事敏於省曹也名實則同而緩急工拙之間何其異也故論者以謂均是省曹一則奪寺事而專之一則雖其所屬之寺事不得預焉均是寺也一則併省曹之事而專之一則雖其本寺之事不得預焉果何義也若謂減去經歷之處然后事可以速集而無害則非獨鴻臚太僕而省曹寺監上下維持之序奇存者少矣法度如此豈經遠之道惟聖慈詳酌

胡宗愈上疏曰臣檢會今年三月二十八日三省同奉聖旨今來內外官並許帶職食錢并理任外其餘恩數並依官制以前條貫又准五月三日聖旨指揮勘會秘書省自有職事官其舊帶館職并今後除授校理以上職名並不供職臣愚切謂不知朝廷之治體則不足以立朝不習國家之故事則不足以應務唐李德裕謂用寒士不如用公卿之世議者以為偏論臣乃謂之知言蓋公卿之世耳目習朝廷之治體練熟國家之故事遠方寒士有不知其始末者裕之言未

為過論太宗皇帝深達此意始置崇文院建秘閣集四庫書選天下名能文學之士以為校讐官給以見俸食於太官優其資秩自選人京官入者始除館閣校勘或崇文院校書及升朝籍乃為秘閣集賢校理或優之則為直館直院直閣其始入而官位卑者未得主判且令在館供職改京官升朝籍方得主判登聞鼓檢院同知禮院之類資任漸高則為吏部南曹郡牧判官又高則為省府推判官或出知藩鎮任轉運提刑又選其久任者或遷知諫院預講讀或為左右史遂典詞誥或待制內閣由此而為公卿執政以躋台輔遠器大節方重深厚事業磊落載在史冊者前後相望外至於守土奉使藹然皆有風績可觀間有不才闒茸者叨預於其間則指目鄙笑不容於清議故累朝得人方古為盛此實太宗皇帝憂深慮遠養育之功也熙寧執政務欲速援親黨假此為進人之階浮躁狂妄者爭趨之故有

朝除校理而夕拜詞掖夕為直院而朝作輔臣館閣涵養之風遂至委地士人廉恥之節靡有孑遺既無素養之才悉是苟合之士臨時選用或非其人左右史才間用俗吏以致朝廷厭薄館閣遂行寢罷陛下即位以来招賢樂善追復太宗皇帝之政繼承列聖之業俾復三館職名又詔執政大臣各舉所知召試以充其選獨不許其供職臣愚莫知其意切計議者必謂崇文院已改為秘書省已有官屬則帶館職名者不可供職臣愚以謂崇文院之名雖改而秘閣集賢昭文館四庫之書猶存既選英才除職名而不令供職不法太宗皇帝養才育士之深意而徒以虛名為士大夫進取之階不惟義理未安兼亦於事無補臣愚望朝廷稽考祖宗館閣之制選人京官除者且授秘省正字校書以比昔日之校勘選人已有改官并供職四年除校理指揮外有自京官除者亦自校書郎二年方授校理已升朝者得兼寺監職事以比昔日之主判由此漸進以歷省府與帶職之人並令入館供職依舊食於太官磨以歲月使多士知陛下育才之意庶幾優游議論漸知朝廷之治體群居講習以議國家之故事廉恥清議去而復還館閣素風墜而復振朝廷自後用人不乏實才將以成太平之業臣愚以為自此為始惓惓之意惟陛下采擇

陳次升上奏曰臣伏覩官制格尚書省總判六曹[illegible]務勘當若否申中書省取旨門下省封駁法行之初先帝特降詔書云人各有分然後安官各有守然後治仍申諭中外違是令者執政官委御史臺彈奏尚書以下聽長官糾劾以聞當是時人循分守無敢僭紊元豐末以垂簾聽政令二省權同取旨今陛下獨攬乾剛躬臨庶政孜孜究心以復先朝政事而三省者政事之本也尚未如官制格夫本既不正而齊其末是緩其所當先急其所當後也況先帝以三省分釐庶務

其寓意豈徒然哉蓋欲上下相維以防偏蔽故也謂如尚書省勘當或未中理中書省取旨必有去取中書省取旨或有未當門下省必須封駁今三省長官既同取旨門下省屬官雖欲封駁終難其議以此遂失上下相維之道非立法本意也若謂門下中書省見今獨員難以專委即當選任人才以補員闕安可以闕官而廢法哉伏願陛下留神先帝官制分釐之格詔書叮嚀之意斷自聖衷行之必果庶使政事之本立而良法美意得以推行天下之治可立而待不勝幸甚

劉涇上奏曰臣聞外重之勢莫如監司蓋其勢與朝廷相為低昂則慶材分憂可不無慎乎朝廷尚察嚴則此屬日夜淬沐喜為健人朝廷尚寬闊則此屬因緣苟偷勸為循吏方法新俗惡之初朝廷所以遇此屬者往往旦從常僚暮擢權路不愛爵賞以與此屬開富貴之門而其間以法意人情自責任者皆是也方斯時論者固才躐等踰防之譏而朝廷藉此屬以枝梧四方者亦豈少哉法寖行矣俗寖變矣此屬亦遂廢以貌相誨無復常故蓋未有如此日之優也方法新俗惡之初將一天下而首尾之則喜健力惡孱弱以集成為急法既行俗既變則尤當謹守而挾持使無倦焉可也遂以健力者為豺狼之人厭之以近厚相煦濡可乎曩惟朝廷有憾於百年者正以此屬無守法任事之人而志靡廩祿坐視塗炭乃回已去不返之風波而作新焉曾未久也而已輒解體是使荏苒歲月復如前日而又復更張之也觀今之法謂之已行則緝熙之人尚多今之俗謂之已變則頑梗之害尚在奈何使此屬無故而罷休也且如去冬造簿法行此朝寺既總講之矣其升降虛實固大事也而守令往往習為常程至有以前日手實中廢為驗者苟如此則臣深知此法未可以全成望

郡縣也。其所由来監司以苟簡敗之爾。前日上下之勢如東濕。而朝廷法令十有九不如意。况如今日已放繩墨之後乎。借令文具然其縣大夫慵懦不力。鄉書手之因仍為姦。以害齊民者已深矣。此非獨臣憂。臣所聞於老世務者。皆如臣憂無異也。朝廷亦豈惜片言之戒。為監司之勸沮乎。非特此也。其於法令之間。見如不見。聞如不聞。按郡未再三。則以勞苦為辭。在官未滿歲。則以久淹為嘆者。皆是也。郡縣亦曰。某監司接人無苛禮。某監司臨事有大體。皆姑息因循之實也。然亦朝廷有以致之耳。或曰。造新法用新進。如前所升拔是也。守新法用舊人。如比日用鞏彥輔高秉孔宗翰林積趙約之類是也。朝廷之行往往與世俗之疑合。則亦何怪乎監司之不勸為近厚。以致於苟簡而無畏哉。此最當今急務。不可緩圖者。願陛下乘士氣竭歸之時為一鼓焉。如曰天下無事。何用使此屬擾擾哉。此非臣所敢知也。

建官

宋徽宗宣和中。殿中侍御史許景衡上奏曰。臣仰惟神考。釐新官制凡省臺寺監之官。無有小大閑劇。皆極一時之選。比年以来。其選寖輕。間有躐等濫進。未足以副仁聖繼述之意者。此不可不論也。伏覩近降指揮迪功郎李景雲孫恕江大一或以應奉有勞。或以提進御題試策。各與改合入官。除寺監丞主簿。驟從初等選人。入為寺監之屬。命下之日。聞者惑焉。今士大夫服勤州縣。積累考任。無慮二三十年。僅得為郡守貳。然而睥睨寺監丞佐。有終身不可得者。孰為初等選人。姓名藝能素未有聞。考第薦舉猶未應格。而遽得為之哉。且應奉有勞。近例止於改秩。未嘗為職事官者。而擬試御題。乃是在外著撰。就使文字稍工。亦非多士造庭。親奉清問之比也。而改官除職度越累朝牓首恩例。其寅緣僥倖遷進之速。皆前此所未有也。乃者卿監尚書郎。或出於戚里勢家。或係監當資序。皆自宸筆簡汰冗濫。且詔繼自今非歷寺監丞以上。不除郎官少監。名器增重。士論悅服。夫省曹監貳選格之嚴如彼。而寺監丞薄冒進之易如此。則是今日之冒進。又將為他日之當得者矣。澄源正本。實在今日。其李景雲孫恕江大一為寺監丞簿指揮。伏望聖明詳酌。特賜詔罷。改用真才以待卿監省郎之選。且契前日手詔丁寧之意。

景衡又上奏曰。臣竊惟州置通判。雖曰佐貳守臣。然自祖宗以來。選擇畀付。自為監郡。使州將有所畏憚。則任屬之意深矣。故雖遐方小壘。皆自朝廷命之。伏自近年帥臣監司。偶緣一時申請。例得辟置。陛下獨智遠覽。以為寖失祖宗之意。乃於政和丁酉。特降御筆。以戒在服。今纔幾何時。而冒法觸禁者復作矣。若河北轉運司奏辟張恕通判莫州河東經略使乞辟彭作通判平陽府是也然此特其所部之支郡耳至若知河間府詹度奏辟張公濟通判本府則又其甚者也夫漕臣許辟其屬三路帥臣許辟幕府若州縣城寨之官則各有著令至於通判則無明文若爲守臣而得辟置則是門下私恩之士也尚能舉監郡之職乎且爲奏辟之言者必曰選才集事乃若他州通判拘於吏部資格容有老病昏懦者令三路並邊之倅悉自朝廷選除豈有朝廷選除之人皆以爲不可用而已之親昵黨友乃以爲才耶夫徇私引類侵紊祖宗成憲且違專降詔旨皆近年弊習之弊不可不懲也所有張炟彭作張公濟伏望睿斷特賜改正施行其詹度等亦乞戒飭以警慢令之吏

御史中丞王安中奏曰臣竊觀棫樸之詩言文王能官人有曰勉勉我王綱紀四方蓋王者作人而官使之所以立政立事而綱紀之正實自任官始恭惟神考董正治官法完令具陛下以聖德在御亦惟先志之承則綱紀之立久矣然人懷自便之計事徇一時之求則紊陛下之綱紀者蓋未能無也官有定職職有定員名位不同命數亦異此先王之法元豐之制也今有視秩之例非待制而視待制非卿而視卿凡此之類無乃非所謂嚴分守正名實者哉此紊綱紀之一也因勞積賞賞有重輕因事遷官官有大小故寄祿有止法而許回授選人有比類而許循資今乃礙止法者多特轉行合比類者多特轉改故奉直以上可循月取而比比皆是銓曹一命不須保任進而人人妄求名器寖輕歧轍益衆此紊綱紀之二也朝廷之上見闕而除官居官之吏俟期而受代此事之常然者今乃除吏之際有直替

見任令別與差遣者有衝改已差下者有新闕未到且在任待闕者彼或到官日月未幾或受命待闕已久遽遭攘奪有至於淹回流離飢餓失所者故稍優之闕勢孤者睥睨而不敢受可進之地援寡者惴恐而不敢安噫才不才不能相遠特相與干祿耳何至紛紛若是哉若乃在任待闕則亦妨後人此紊綱紀之三也祖宗創業鑒唐末五季藩鎮擅命之弊乃廷授通判外寨守臣此萬世之法也今方面之臣有辟置本處或屬部通判者殆失所謂監郡之意借曰選才辦事且猶廢法亂常況亦不過于徇干請恩親舊而已耳陛下比降御筆罷諸路帥辟支郡守矣獨此未之戒何邪此紊綱紀之四也凡茲數事臣願陛下深燭其原斷自宸慮親御翰墨大正綱紀往者縱不可追來者猶可止也如此則人安其職事適于理覬覦之望奔競之風庶幾少息矣惟陛下財擇

欽宗時御史中丞許翰上言曰臣聞成周以來官不必備故唐建六曹三百年間尚書之見於史者不過數人國家凡中都官亦多闕而不補至崇寧間蔡京用事乃始盡補臺察之闕當時佞臣稱賀以謂賢才衆多自是省寺之間始備官矣方今當且罷不急之務闕可省之官至於諸道郡縣之吏祖宗所無者皆宜量事定制裁去冗濫庶幾安民豐財以濟武事且多故時振興蠱壞則有隨事之宜又當增官置吏者非一若不整損所緩以赴所急素食猥衆則國將何以給之

侍御史李光上奏曰臣等伏見諫官劉子稱臺諫官均爲人主耳目至於正救闕失防微杜漸又非臺官之比緣閤門之班自來先臺而後諫最近來又有得旨及指日引見上殿人致諫官

求對有三五日始得班次乞今後宰執班退特留諫官一班閤門遂取旨定諫官班在臺官之上臣等竊詳諫官申請止乞宰執班退特留一班未嘗乞引班在臺臣之上兼上殿班次先臺而後諫係是祖宗法而臺臣今著止稱言者則正救闕失防微杜漸與諫官事體一同所以均為耳目之官今來閤門引班上殿卻以臺臣在諫官之下顯見有違祖宗以來一定之法兼亦非諫官申請之意欲乞今後臺諫同日上殿以臺諫雜壓為先後況今三院御史並言事則上殿者多仍乞依諫官已得旨揮宰執班退特留臺臣一班在指日班前庶使臺諫一體仰稱陛下崇奬之美意

高宗建炎間尚書右僕射李綱上言曰臣竊以承平之際雖無事當備官以張朝廷之容艱難之際雖多故當省官以責事功

之實至於祿廩亦當隨宜裁節以濟一時之急蓋世方多難財用之入不比於治安之時而用度之廣有過於無事之日非加裁節以恊厥中則何以為經久之制用過乎儉非得已也文臣六曹尚書侍郎事簡者不兼置給事中中書舍人之類可闕其半寺監長貳六曹郎官以繁簡相兼學官館職之類比舊制減半開封府曹掾依舊改為推判官武臣除具員額除見領軍職及團結新軍置正副統制部隊將外餘並量事減員如此則中都之官省矣監司發運使副以兩員為額屬官減半提舉香鹽茶礬司併歸提舉常平司提舉市舶除廣南外餘路併歸轉運司提舉保甲司併歸提點刑獄司屬官不得過一員如此則外路之官省矣通判兩員處止置一員以司錄依舊為簽書節度[illegible]判官廳公事曹掾官依舊為節度觀察軍事推判官錄事司戶

司理參軍添差監當官並罷縣萬戶以上置丞不滿萬戶者不置如此則州縣之官省矣三省樞密院人吏員額及轉官止法並依祖宗舊制監司州縣吏員三分減一如此則吏員省矣應宰執子弟帶貼職及侍制以上並罷如此則職名省矣宰執俸祿及見任宮觀未有差遣待闕京朝官以上俸錢並減三分之一如此則廩祿節矣省冗員節廩祿以濟一時之艱難俟將來恢復天下再安自當依舊則官吏亦豈曰屬已哉此今日不得已之務也如合聖意乞降旨三省措置施行

御史中丞許景衡上奏曰臣訪聞京西州縣累經殘破所在多闕正官並是權攝類非其人瘡痍之民究撫無所訴且日虞鈔奪誠可憐憫契勘鄧州守臣兼帥京西南路近蒙朝廷就差劉伋議者以為得人正可委以經理一路選辟官吏撫循兵民屏

除盜賊且遏虜騎況今已是防秋之時若候本官到任申請則文書往返靡費日月不足以濟緩急臣愚欲望聖慈詳酌速賜行下就委本官前件職事庶幾存撫一方不致稽緩闕誤

景衡又奏曰臣伏見祖宗之制選人改承務郎以上官者歲以一百員為限仍逐月均定人數引見至元豐中稍加至一百三十五員方是時承平滋久人材日盛而改官之數止於此者蓋吏部闕次有定限故也又承務郎以上一歲之內致仕罷廢死亡大略須減百餘員故以新改官人補之是以吏員不至甚冗而銓部差注不至壅滯俸祿給賜不至闕絕故百餘年間上無失職久閑之吏而下無被擾受弊之民此法度維持之効也伏自崇寧以來用事者徇私市恩始壞祖宗之法選人改官更不立限一歲有至數百員籍名吏部者多至不可勝數計一闕率

四五人共之。自古官冗之弊未之有也。其源皆出於入流太雜及改官不限人數之故。方陛下紹復祖宗之制。以成中興之業。則官冗之弊。所當首加澄革也。其限數改官。伏乞睿旨下有司遵依舊法施行。

祕書省正字洪遵上奏曰。臣聞古之盛時。文德懷遠。凡四方萬里之外。罔不慕義賓服。行李往來。殆無虛歲。中國所以待之之禮。則亦有加。既為之郵傳供張以舍之。又設官以擯相之。故行人典客。聞于周秦。自漢以來。始置大鴻臚。兼治祭祀朝會封襲道釋之事。有國者所不可廢也。恭惟陛下以不世之資。光啓中興。思與生靈休息。而清疆埸之虞。英斷剛明。排斥異議。獨任一德之臣。結驩北國。以建萬世長久之策。使南北元元。仰父俯子。而知有生之樂。然其使車備聘。結轍於道。雖屢之有邸。其至如歸。而司賓之官。猶未及建。誠為闕文。臣愚欲望聖慈討論舊制。復建鴻臚。若使人至止。則率其屬以主擯贊之事。間平時自可備舉本職。庶幾遠方知朝廷所以尊崇之意。亦今日之先務也。

胡寅上奏曰。臣聞設官分職。凡以為民。受官蒞職。非以為身。兵興以來。衣冠失所者衆。於是開奏辟之路。置添差之闕。廣宮廟之任。增侍次之除。所以惠恤之者亦厚矣。而奔競日昌。不安義命。方在貴籍。則乞叙雪。已得叙雪。則乞祠祿。已得祠祿。則乞差遣。已得差遣。則乞改替。已得改替。則乞近闕。已得近闕。則乞見闕。已在見任。則乞超擢。攀緣進取。肩摩輦下。士風之弊。莫甚此時。人以私計不便為言。豈有體國在公之念。曲徇其意。則闕少員多。勢難均及。漠然弗顧。則造為譏謗。有害治道。伏見舊法。已有差遣未滿任。及方在朝請者。不得輒入國門。所以杜貪躁。清仕路。存綱紀也。臣愚伏望陛下明詔宰執。舉行成憲。有馳騖不悛者。仍委御史臺覺察彈奏。重懲治之。庶幾澄清選授。興崇廉恥。合傅說惟治亂在庶官之戒。無子產惠而不知為政之失。誠中興急務也。

寅又上奏曰。臣聞昔冉有退朝。孔子問其何晏也。對曰。有政。孔子曰。其事而已。如有政。雖不吾用。吾必與聞之。既識冉有之以事為政。又以明大夫之職。當與政而不與事也。列國之大夫。尚以與政為先務。而況天子之大臣乎。夫審於音者聾於官。明於小者暗於大。而以庶事不舉。必躬視而行之。則於大政必有偏而不起之慶矣。聖人之言。後世法也。今左右大臣。陛下之所委任。以圖中興之丕烈。而兼總六曹有司之事。至於受詞訴。閱案牘。走卒賤吏。一有所求。皆得自達。窮日之力。不得少息。皆細故也。而政事堂與州縣無以異矣。自頃刀筆之吏。偷安之人。竊據此地。勞心畢智於簿書期會之間。以為稱當。無足深恠。而餘風尚在。久弊未革。此天下所以疑中興之無効也。臣愚欲望陛下詔宰相大臣。選補六部長吏。凡有格法者。一切付之。使得各舉其職。則大小詳要。不相奪倫。中書之務清。有司之事治。又移奏報。各從簡省。廟堂之上。可以志其遠者大者。久長之策。恢復之功。庶乎可冀矣。

寅又奏曰。臣竊謂無功而受祿。則有功者不服。故曰。士無事而食。不可也。今日有之。宮觀嶽廟是也。臣嘗論之矣。夫既以祿養無事之人。而磨勘轉官。暗理資任。與服勤職事。積日累勞者無以異。是以官爵益濫。任子益衆。賢事不勤。而用人之資格廢矣。是弊政之大者。豈可不為之限制哉。臣愚伏望睿斷。詔大臣立法。應宮觀嶽廟人。並不許理磨勘月日入官資任。庶幾名器稍重。勞逸殊科。於今日興事建功之政。所補不小矣。臣侍從以身率之。則人知僥冒之不可為。而心自帖服矣。所有臣前來奏論，未蒙采用。亦望聖慈指揮檢會，特賜施行。

寅又奏曰。臣竊見近歲帥臣監司更易頻數，雖使絕人之才，居之，號令未及信於民，而已報除代矣。建官分職，皆以為民，今二年成資，徒欲為人擇官，速於使闕，非為民也。為政而不為民，苟循士大夫饕祿營私之計，則非政矣。臣愚欲望陛下明詔大臣，凡前宰執侍從官為州郡，未滿三年，不許除代。其庶官知州，及轉運副使判官提點刑獄，俟到任一年，方差替人。其餘凡係堂除者，除代以兩人而止，仍皆以三年為任。如此，則官有宿業之志，功緒可稽，士息競奪之風，廉恥可立，乃中興急務也。

寅又奏曰。臣竊以州置通判，佐守而治，巡行屬縣，號按察官。其任重矣。祖宗舊制，必兩任知縣無罪犯，有保舉，然後關陞通判。其難其慎如此。近來由判司簿尉初改官人，雖為京朝官，而實不曾歷親民差

遣者，例皆不肯參部，便欲直為通判。其意以謂一經堂除，即是資歷，他時可以攀緣越次差遣。其人既不安於小吏之分，而有驟升半刺之心，則必作勢威，黷貨賄，為民之害，無所不至。苟循其欲，豈所以為治也。伏望睿斷，詔大臣嚴守格法，不輕除授。其已除未赴者，亦乞別作施行，庶幾息僥倖之風，勵人材之操，以稱陛下奉若成憲，擇吏而愛民之意。

寅又奏曰。臣竊見比來歲旱，民力已竭，而國用方滋。縣令近民之官，尤宜慎擇，而賢才可用，合入知縣之人，往往祿隱於宮廟，而自以為能者，則未必不為民害。此國用之所以日屈，而民力之所以重困也。臣愚謂宜籍中外已為臺省寺監官，依倣漢制，分宰百里，俟有治績，不次升擢，則又增重事權，優假其禮，借以服色，厚給餼廩。凡軍馬屯駐本縣者，許其節制。其經由者，悉從階級，則又據今諸路縣分戶口賦入，分為三等。上等自朝廷除授，中等自吏部注擬，下等令帥臣監司同共辟奏，並為定格，不得差互。則又用宋元嘉致治之法，以六朞為斷，革去三年成任，而考成資與堂選數易之弊。則又立四條為三等縣令考課之法。曰糾正稅籍，曰團結民兵，曰勸課農桑，曰敦勉孝弟。俟及三年，考其績效。已就緒者，就加旌賞。未有倫者，嚴行程督。皆無善狀，則黜汰之。則又命從臣各舉二人之能任，亦劾舉二人之姦贓者，皆籍於中書。俟攷按功實，以次施行。如是，則縣令之選重。仁人君子有愛民利物之心者，肯為之。安民固本，為中興不拔之基，其與用才取辦，斲喪元氣，以成膏肓之疾者，相去遠矣。臣言或有可采，伏望睿斷，詔大臣詳酌而行之。

章誼上奏曰。臣契勘尚書六部，寔朝廷典則制度之所在。其人吏掌行文書，奉循法令，尤當謹關防，明約束，不與他司交通，然後人人孤

立一意，以守職業。是以不許諸處抽差，雖奉特旨，聽奏知，不遣著為定令，蓋有年矣。近者官司凡有建請，率稱如有一切拘礙，且依今來指揮發遣。以是省曹人吏不復安職，造請干求，唯利是視。身在他司，而籍居本部。當劇曹重案之日，則亟去不顧。在祿優事簡之地，則應年不還。然猶請給自隨，轉遷如故。來往紛紜，有同傳舍。豈朝廷設官置司之本指哉。欲望聖明推嚴舊制，一切禁絕。設有選委特差，即乞劄移元籍，徹去舊請，庶塞僥倖之門，不勝幸甚。如臣所言或有可採，乞賜詳酌，立法施行。

孝宗時，趙汝愚上奏曰。臣竊聞近降旨揮，令檢正檢詳都司官同議諸軍司馬、兵曹參軍、胄曹參軍、記室參軍資任等事。臣輒有區區管見，恐或可備採擇之萬一。謹條畫如後。

一。臣伏聞所置官屬，各有分領職任。議者蓋謂古者建官分職，皆

不徒設。今既並建衆寨。因欲使之分理庶務。幸甚幸甚。然臣愚之。天下之事亦當為之有漸。使國家蒙實利。而令上下不驚不疑。故能持久不壞。彼諸軍自和好以來。四十餘年。不復置參佐。軍中庶務。惟決於主帥。固難以盡拘繩墨。今一旦錢穀器械之類。朝廷盡責成於參佐。主帥束手。無復少肆。揆之人情。固自不堪。加之所置官屬。人人既有職務。則自當盡心守職。以仰稱使令。然於職事之間。必至互有爭占。賓主乖異。易至紛紜。將使一夫受疑。群職盡廢。究觀事理。恐或至此。臣愚欲望聖慈且令所置官屬。遂日祗赴本軍供職。通僉書本軍文字。如諸州幕官體例。若遇軍中有大政令及更革事件。亦許與主帥公共商量。但使賓主叶和。其間自多裨益。故臣謂今日朝廷設官大意。本謂長養人材。宜且令優游在軍中。使習知諸軍事體。未須驟然責

以職事。候一二年間。人情上下漸漸相安。至時朝廷別有委任事件。却乞徐議指揮未晚。

一。沿江諸帥。驟聞朝廷建置官屬。而初未知朝廷之意。將謂別有關防。竊恐妄相傳播。人情不安。臣愚欲望聖慈特降詔書。訓諭諸將。使知朝廷本意。蓋祗欲文武並用。如比年武臣既為監司守臣。選任非一。文臣却欲使之習知軍中事務。庶幾緩急必能協濟。諸將亦當深體朝廷之意。務在協和。相與同心共濟國事。

一。臣昨嘗面奏。諸軍官屬。全在選擇得人。若用一種剛正有守之人。則恐意氣不能相下。若用一種和柔易制之人。又恐依隨不能自立。須是得持己公廉。接物寬厚。知事體有識慮之人。方能稱職。然則朝廷一時選任。誠未易多得也。臣愚竊謂今來所議官屬資格。宜令稍寬。庶幾人材合格者多。易於選擇。

一。自三衙至蜀漢軍屯十餘處。合置官屬四十餘人。固不易得。又緣東南士大夫憚於遠涉。未必肯入蜀。而蜀士之能否。朝廷又未必深知。萬一選用非才。地遠尤為非便。臣愚竊謂今來所降指揮。固當遠近一體。至於除用之際。且乞就近差置。候三兩處措畫稍成次第。又逐旋搜選得人。然後迤邐自近及遠。非惟人物選擇得精。亦使遠方知所視傚。不至一時生疎。所在紛擾。如臣言可採。即乞出自聖意指揮施行。

衛涇上奏曰。臣聞賞以勸功。國家之所不可廢也。然賞當其功。則人知所勸。倘無功受賞。或賞幸而功不稱。則人有僥心。而不知貴矣。此不可不察也。臣近者伏見錄黃。大理少卿陳景俊。以招撫使郭倪保舉隨軍轉漕有勞。與轉一官。臣觀其薦詞簡率。若因請囑黽勉不獲已而為之言者。臣固已疑之。已而吏房送至詞頭。稱合轉奉直大夫。

準令諸朝請大夫止法。若以恩賞轉官者。以四年為法。各計所得磨勘收使。緣景俊係一時特恩。臣已與撰述詞命。繼有詞黃。亦止是轉奉直大夫。臣亦已書過。昨日忽有告院人吏賚告一道。命臣書名。及取視之。乃與詞黃不同。徑自書寫朝議大夫。逮取索詞黃。及點對所寫告。皆是旋行揩改。字跡甚明。迫晚又有前項錄黃。臣實大駭。夫國家所恃者紀綱法度。張官置吏。亦相與維持此物而已。若棄法度而自便。挾紀綱而壞之。其害可勝言哉。景俊見任朝散大夫。所得轉官賞。若用本法。自不當轉。設有特旨與轉奉直大夫足矣。今又超轉。無乃不可乎。且景俊將漕淮東。僅五閱月。歸行無功。雖非其過。然輅車未嘗出境。不過聲至盱眙督趣諸縣官吏。有何勞能。一旦冒轉所不當得之官。此不可一也。在法有出身人。雖許自朝請大夫。超轉朝議大夫。然須用七年磨勘。景俊無出身。止合先轉奉直大夫。亦須用七

年磨勘又七年而后得轉朝議又拘以員數遇闕額方補若因特恩
始不拘員闕許之改轉景俊以合得四年磨勘之賞與之轉七年之
官已為叨竊今徒以數月之勞而超轉十四年之官毋乃太甚乎此
不可二也在法除有出身人許超轉外雖有帶職人亦許超轉之文
蓋得此者絶少臣度景俊今不過援此為說臣又以不然凡帶職者
必是外任若見帶職外任與之轉行猶之可也景俊任淮漕日帶
直寶謨閣今既歸班謂之寄職不悉元法亦有寄職並許超轉之文
乎且重內輕外人之常情在今為尤甚景俊身則欲居朝列以幸速
化至於轉官則引用外任帶職條法何其巧於擇利而行乎此不可
三也又有甚不可者景俊久任法官區當守法縱使有寄職亦許超
轉之文蒸有已行之例亦合伺侯吏部申明朝廷追聽可否儻可得
之豈不明白何至徇私彝文倉卒營求別降特與轉行旨揮影帶引

用破壞成法自以為得策不思人之視己如見肺肝殆類掩耳盜鍾
白晝攫金亦何異登龍斷以罔市利之賤丈夫乎且前後朝列寄職
者蓋多矣未聞因賞典轉官引用帶職之文超轉官資者今使景俊
巧計而得則此一倖門實自景俊啓之源源而來夫孰能禦此臣所謂
甚不可者也且景俊身居九卿班列不為不高固未暇責以體國之
誼廉靖之節使其稍自愛重循次而進亦奚患不達顧乃因職任謟
事軍帥請囑薦進又覬望超轉官資僥求苟得寡廉鮮恥欺罔眾聽
撓亂朝綱具此四惡非小過也夫以區區循轉一官而所為繆戾至
是脫若利害有大於此者其躁競無忌憚亦何所不為乎此非臣之
所得盡言也臣與景俊同朝初無纖芥亦非為一官惜所惜者朝廷
紀綱法度所繫士大夫風俗所關迫於職守不容緘默欲望聖慈特
裁奚斷命陳景俊且依法轉行奉直大夫在景俊初無毫髮之損庶

於事體稍安臣亦免失職之譏所有錄黃臣未敢書行
涇又奏曰臣聞武階以橫行為重非有功不遷遙領至戎團二級在
右列為寵平居無事猶當謹惜以重名器若建功立業之際正所恃
以為犇走激勸之具尤不可授非其人也臣近者伏見劉伯震奉聖
旨與換武除環衛官繼而授右武大夫遙郡團練使臣初謂中興諸
將之家例許換武已嘗書行退而詢之公論稽之令甲則有甚不然
者伯震為劉光世親孫不可謂非名將之後但其人姿稟輕浮趣向
凡下不紹前烈習成驕騃識與不識自為劉僥此非美名也伯震偃
然居之曾無愧悔嘗得湖州倅即為臣寮繳駁自是由祠祿倅嚴陵
寅緣再任前後別無履歷儻其有志事功與之換武使宣勞効亦何
不可臣竊攷乾道中重脩中書門下省文臣換官格朝奉大夫遙郡
刺史換伯震自稱見該磨勘亦不過得武德大夫惟帶職朝請大夫

以下三階方許換左右武大夫亦止於遙郡刺史即無朝散大夫換
右武大夫遙郡團練使條格兼武臣官至武功大夫自礙正法有終
身不得轉行者伯震何人輙尓超躐意猶未滿乃援楊文昌為比多
見其不知量伯震視文昌階官雖不遠文昌為三丞為郎曾經朝廷
擢用上音嘉奬優示褒除正任刺史是為特恩安得為例至於韓林
亦有聖語褒拂猶正依格換授伯震固不應與二人比剏陛下規恢
遠略旌拔人才正功名之士踴躍思奮之秋方將以是官賞邊功勵
將帥顧如伯震者得之非分恐聞之者不以朝廷恩命為重而臨事
或解體矣或言伯震近時稍加收斂然其市井儇薄之稱喧傳中外
之久未聞有所植立以自表見一旦加諸右班之上庸人孺子皆得
易而侮之亦何以聳動觀瞻重環尹之寄哉臣用是不避仇怨為陛
下別白言之欲望聖慈將劉伯震換官旨揮止與依條格換授允叶

公論增重橫列戎圜之選使遠法徼求者有所不容庶幾朝廷益以尊嚴紀綱益以振肅誠非小補所有詞頭臣未敢撰述

太子詹事王十朋上疏曰臣嘗謂官冗之患莫如今日漢唐之時部刺史之職於今為甚簡而事無有不舉者今之監司有漕有憲常平茶鹽則有提舉坑冶鑄錢則有提點其職甚備而治不加於昔何也監司之職愈多而州縣之擾愈甚於治無益也近者提點刑獄增置武臣臣竊以為贅矣且是官之設臣不知其所為者何事也以詳刑之任耶則一道之使固有其職不見其廢事曰訓練士卒則總管鈐轄路分都監者即武臣之監司也置之而無用廢之而不為闕是官之設豈不為冗哉一監司之建增州縣之大擾也臣竊攷之祖宗雖嘗有武臣同提點刑獄矣至嘉祐則罷之其詔之大略以謂武臣或出將閫或由軍功文墨期會未必深究監司項背達以為煩夫既置之矣而繼罷之知其無益也昔罷之今復置之在朝廷則冗於官在州縣則擾於民則其置之也甚無謂矣臣愚欲望聖慈斷然察其無用罷去勿置庶幾官不虛設事得其當而人各安其職矣

袁說友上言曰臣嘗觀漢制凡遣丞相史必分刺諸州未聞遷以部刺史任也夫親民之官莫先郡守其視部刺史之職於民事為尤詳蓋吏治民以考功當自二千石始臣竊見近歲卿監郎曹凡未典郡而補外者往往以監司之職權重而事簡郡守之任責重而事繁人之情莫不遠責而就權畏繁而嗜簡故自內而乞外者必以監司為首臣竊以為不然監司察人者也郡守受察者也夫受察者然後可以察人今使之一日得外未歷郡守即居澄察之職所察郡縣略無能以制其心志佚氣驕未有不流於苛薄者臣愚欲望睿旨明詔大臣應在內職事官未嘗典郡而乞外者未得遽除監司且只與除郡

守豈特更歷於職任為不輕亦使在外之職當以次第而進其於成就人材似非小補

兵部侍郎胡銓上奏曰臣聞官冗者國用之大蠹也臣江西人也且以江西諸州言之如吉州小郡而兵官七八人幕職郡掾六七人酒官稅官四五人贛州雖號劇郡兵官至十餘人幕職郡掾八九人酒官稅官六七人如筠如袁又非贛吉比而兵官亦不下三四人幕職郡掾四五人稅官三四人隆興大府兵官宜倍於他州而幕職郡掾酒官稅官亦復稱是繁然淆亂徒費廩給今縱未能頓罷宜稍損其數大郡止存二員小郡一員此省官冗之一也如臣言可採乞令給舍更加商搉倘以為可行望賜行下諸路庶國用稍寬少紓民力天下幸甚

寧宗嘉定元年太學博士真德秀上奏曰臣恭惟陛下天姿仁恕矜謹庶獄藹然有祖宗之風真祈天永命之本也然臣竊觀四方郡國之間猶有亡辜而致死未辜而追刑者推原其故豈非典獄之官未盡得其人乎蓋天下之獄起於縣而成於州審訂其情而研覈其實皆州郡獄官之責也獄官而非其人則委成於吏手變亂於賄賂何所不有郡守不能盡知也提點刑獄不能徧察也繇是而上之朝雖刑寺審詳之憲部讞決之淑問如皋陶不過憑已成之案牘少加攷閱焉耳本源既失救之末流何益哉臣愚竊惟獄官之任匪輕而獄官之選未重有如特奏之授官胥史之補官入衆之拜官其間非亡材且能者然榮進之路既窮苟且之念易怠精明廉潔者常少昏眊貪黷者常多顧使居典獄之官任民命之寄臣未見其可也且一尉之微近制猶不容以特恩授而百里之宰胥史入衆之流未嘗得預其間蓋以近民之官當重其選也何獨於獄官而輕之哉臣願陛下

念仁政之當先軫民命之至重明詔銓曹自今差注獄官非進士任子廕官無過與關陞及格之人不許充選其特恩雜流之見為獄官者委監司守臣擇人保奏而易其任待闕未上者改注他官治獄有稱者監司守臣條其實狀以聞與量減舉主之數其贓汚不法者令所屬按劾重寘典憲蓋注授不輕則人知自重激勸有方則人知自勉庶幾小大之獄必察以情所以惠民生而召和氣非小補也倘臣言可採乞付有司詳議施行

九年袁燮上奏曰臣聞人主不能躬親庶政故必擇忠賢以為之相宰相亦不能盡親庶政故必擇忠賢以為之屬然則宰屬者朝廷政事靡不關焉顧不重哉故神宗皇帝嘗謂左右司所以學為宰相洋洋乎真帝王之格言大訓也臣嘗觀周禮天官冢宰之職雖百官群有司無所不統而獨於其為宰屬者表而出之故其序官曰大宰卿一人小宰中大夫二人宰夫下大夫四人上士八人中士十有六人旅下士三十有二人自小宰以至旅下士合六十有二人皆宰屬也其品秩雖不侔然與聞國政足以裨大宰之所不逮者均焉爾大宰以輔佐人主為職而為屬者又以弥縫大宰為職合衆多之謀智講國家之利害豈復有所闕失哉今之宰相古大宰之職也大宰之屬至於六十二人而今之為宰屬者不過數人而止何其多寡之甚相遠哉蓋自漢而下寖不如古所謂宰屬者惟曰長史曰司直曰公府掾而已去古益遠法制益隳而堂後官始得以用事我藝祖皇帝知堂吏之多姦贓也開寶五年詔選令録簿尉為堂後官以士人代之取其究心儒學通知古今足以為宰屬之助與胥吏固不侔也自時厥後任吏如故蔡京秉政陰與交結吏相表裏而紀綱日壞矣今陛下更化以來垂意宰屬精選才能之士以戢堂後官之姦可謂盛舉

矣然政事不勝其多而宰屬不過數人耳目不能徧察思慮不能周知速則鹵莽緩則壅滯甚非所以弥縫宰輔也而況邊境未寧干戈未息正國家多事之秋有大議論有大更張必得人以共圖之自從臣以下謁見宰輔月不過一再循豈能如宰屬之無時不見欵密無間哉當世所切不容少緩伏惟陛下明詔二三大臣增置宰屬雖未能復成周之制亦宜求賢俊秉心公正者共濟國事則所補者多矣惟聖主亟圖之

寧宗時彭龜年上奏曰臣竊考監司之官蓋源流於秦以御史監郡然漢初猶惡其繁遂以丞相長史分刺諸州不立常員逮世宗時始置十二部刺史亦不過一部一人而已本朝遵之其始逐路止置轉運使一人唯京東西河東北淮南兩浙乃有使副若糾察刑獄則命轉運司一常叅官掌之自淳化而後逐路置提刑之官然或置或罷猶不為常熙豐以來朝廷命使始紛紛矣蘇軾常論其弊譬之立廐長而馬益癯蓋善論也紹興初間雖未嘗大有所更革然所在監司多不備置或以一員而兼領亦不聞有所闕敗然則天下之治亂繫乎監司之賢否不繫乎多寡也槩可見矣臣竊觀近日監司皆無關員間有一事而分為兩司一司而轄以二人者其間職掌不同好惡亦異外假舉刺內示趣向同一訟也而有是非焉同一吏也而有能否焉號令難於奉行往來疲於迎送蓋不止如蘇軾之所論其為害豈細也哉臣愚欲望陛下考祖宗創立之規監紹興權宜之意將所在監司或省或併間總於一員或文或武不必於並置庶幾州縣之吏易於趨向朝廷政令有所總一而員數不多亦易選賢如姚崇所謂令止擇十使猶患未盡得人此尤當深察也

龜年又上奏曰臣照對湖北州軍朝廷向來以經兵火之後上曠人

稀民淳事簡縣道佐官多不備置而以縣尉兼主簿又以江湖盜賊出沒不常而差武臣為縣尉蓋亦因時施宜初非以為經久可行不可改之制也近年以來戶口寖盛事亦向繁而一縣之間自知縣而下別無文臣為佐官若知縣或有事故即簿尉監務以次攝事而小使臣少知自愛不甚循謹吏民玩狎多致敗闕如本府近日監利縣酒稅姚師言因攝縣日侵夜行刑杖死坊戶為提刑司按罷又有監利縣簿尉劉汝翼因攝縣事盜用官錢見具案聞奏此皆跡不可泯不容闊略者也其它生事擾人往往而是其弊至此豈容不解而更張之哉臣照得諸縣各有監務一員雖去酒稅當置專官然一縣酒稅知縣鮮有不任責者酒稅若非知縣任責亦未必能趂辦故所至外縣多令知縣檢察酒稅政謂是爾臣愚以謂若使省罷稅官而以知縣兼酒稅復置主簿差注文臣而以佐知縣則一邑之事宜無不

舉倘蒙聖慈以為可行即乞從臣所請下吏部將湖北縣道有未置主簿去處復置主簿一員依格差注文臣却於本縣省罷稅官一員令知縣兼管酒稅其見任人令滿今任已授未上人別令改注不勝幸甚

理宗時許應龍進故事曰淳化中王化基論冗官之弊曰唐虞建官惟百庶政惟和夏商官倍亦克用乂蓋官不必備而惟其人今國家庶官實倍常數蠹國耗財乞相度廢省慶曆中歐陽脩言方今凋殘公私困急由官吏冗濫乞行澄汰若冗官去則科率減吏員清不過朞月民必受賜臣聞為官擇人則官雖簡而常若有餘為人擇官則官雖繁而常若不足夫張官置吏所以為民豈使之無功受祿而反以病民哉量能而後授則居其職必任其事而不才者不敢妄覬官不濫而財不耗徇情而輕予則奔競者必至於僥求故官愈多而費愈廣自漢以來莫不以官冗為病皆由為人擇官而不為官擇人耳今日之官其冗尤甚倅貳添差大藩方置今則或剏於列郡議幕優閑絕無職掌今則或增為兩員諸司之屬添辟無已制領之官同正並置不釐務者或給以正官之俸剏寘闕者多徇其親故之私至若軍功尤為泛濫不應行陣以議事為名而推賞初無寸功乃僥冒得官而注闕乃若左選入仕自有成式不應陞等者妄冀陞等法當待郊者求免待郊試銓不中則增年而注授京削尚欠則減員而改秩自陳勞績未經覈實而濫叨遷秩牽合弊例巧於經營而亦獲循資僥倖之門既開奔競之風滋熾求而不𢌿則恐咈人情執而不行則必犯衆怨夫貪位慕祿誰無倖得之心毀法為通遷啓無厭之請為政者安得每人而悅之斷之以至公律之以定法則究轉營求者自然息念況州縣之吏勞於從事而廩給微薄無用之官反安坐而

享厚祿此又所當察者伏讀開寶詔書有曰吏員冗多而求其治誠難也俸祿鮮薄而責以廉無謂也與其員冗而重費不若省官而益俸州縣以戶口為率差減其員而舊俸之外悉與增給大哉王言今日所當取法也矧今之楮幣折閱已甚以鏹計之未及元俸三分之一何以養廉若閑曹冗局可併者併之添差剏闕可省者省之冒濫得官者澄汰之扳援妄求者杜絕之一遵公法不徇私情則當得者免需次姦巧者莫敢攘奪是非之心人皆有之則悅者衆而不悅者寡尚何舊弊之難革哉近者邊功皆俾從軍冒授功賞嚴行追究欺偽轉官者繳而不行妄求陞等者抑而不𢌿固足以明示意向息絕僥倖尤須守之以堅行之以必為官擇人而不為人擇官則各稱其職事罔不舉冗濫之弊既除俸給之費可省此乃王化基歐陽脩之所已陳而祖宗之所已行也輙敢援此以為獻惟陛下與大臣亟

圖之。

福建安撫使李鳴復上奏曰。臣誤蒙聖恩分界越閩。適當去歲水潦之後。庫儲空虛。財計耗竭。賦入有限。支吾不行。原其所由。多緣近年以來官員添差數多。蠹耗甚夥。俸給歲以數萬計。米以千計。他費不與焉。近嘗具劄奏陳乞上差正任。免放行添差。庶幾郡無橫費。民得少蘇。朝夕俟命。今月十九日準省劄添差浙西提刑司幹辦公事黃元直改差浙東安撫司主管機宜文字。仍釐務填見闕。臣照得帥臣事務最簡。舊管正任參議機宜撫幹三員。事未嘗不辦。今添差參議則有蘭德。添差幹辦公事仍釐務則有趙與薇。添差幹辦公事不釐務。又有趙希謐。添差準備差遣仍釐務則又有史松卿兼準備差遣監贍軍酒庫則又有余紹祖。正員居其三。而劄員居其五。已不勝其多矣。若更添差機宜一員。則是兩倍其數。非惟重費俸給。又且徒見冗員。聞黃元直世居紹興。以本郡人任本郡差遣。恐於祖宗成法不能無妨。朝廷亦何便於此。臣愚欲望聖慈特降睿旨。照臣前請與免放行添差黃元直改界別郡差遣。庶祖宗之法不至廢壞。而州郡之力亦得少寬。不勝莫大之幸。

元世祖時朝廷錄平宋功。遷至宰相執政者二十餘人。因議更定官制。太常少卿王磐奏疏曰。歷代制度有官品有爵號有職位。官爵所以示榮寵。職位所以委事權。臣下有功有勞隨其大小酬以官爵。有才有能稱其所堪處以職位。此人君御下之術也。臣以為有功者宜加遷散官或賜五等爵號。如漢唐封侯之制可也。不宜任以職位。

中統時朝議汰冗官。權近私以按察司不便。欲併省之。磐又上疏曰。各路州郡去京師遙遠。貪官汙吏侵害小民。無所控告。惟賴按察司為之申理。若指為冗官。一例罷去。則小民冤死而無所訴矣。若曰京師有御史臺糾察四方之事。是大不然。夫御史臺糾察朝廷百官。京畿州縣。尚有弗及。況能周徧外路千百城之事乎。若欲併入運司。運司專以營利增課為職。與管民官常分彼此。豈暇顧細民之冤抑哉。由是按察司得不罷。

至元七年。議立三省。侍御史高鳴上封事曰。臣聞三省設自近古。其法由中書出政。移門下議。不合則有駁正或封還詔書。議合則還移中書。中書移尚書。尚書乃下六部郡國。方今天下大於古。而事益繁。取決一省。猶曰有壅。況三省乎。且多置官者。求免失政也。但使賢俊萃于一堂。連署參決。自免失政。豈必別官異坐。而後無失政乎。故曰政貴得人。不貴多官。不如一省便。世祖深然之。

十二年。中書左丞許衡上疏曰。國家能汰省冗官。則可以重名器。抑僥倖。勵廉能。其為善政無疑也。然言之甚易。為之甚難。蓋人之情。大抵患於得失。故凡得則喜。凡失則憾。此所謂已奪者猶可與。已與者不可奪。正謂此也。方其用之之初。正當甄別審察。不以私親。不以賄賂。不以權貴。量其限而簡用之。自無冗員。今既濫之於前。遽欲黜之於後。是恩之在私門者固無恙。而怨則歸於上矣。其可哉。往者既不可復追。繼自今後。當盡改前失。使天下之官有定員。歲取之人有定數。其科舉薦舉考課之法。具見前史。可考而知也。然又必重風憲。以權任廉能之士。使巡行天下。糾彈黜陟。無一不當。則前所謂冗官者日減。而新進者無積。庶乎可補前日之失也。

衡又上疏曰。兵之於國。在古已重。在後世為尤重。故樞密之設。特與中書對持。號為二府。兵興則宰相主之。事寧則樞密任事。蓋宰相平章軍國。兵事可知也。而兵之籍則不與。樞密兼總兵馬。兵籍可掌也。而兵之符則不在。體統相維。無有偏失。制雖近代。而意實做古。或者謂樞密併於中書為合古冢宰總百官之意殊不知古者冢宰止一人而今之為宰輔者動輒數十人此而不古而謂樞密者獨可以古邪國家切務止在得人人苟未得徒紛更於此無益也

趙天麟上策曰臣聞車輿之樞要在於管轄衣裳之提綱係於要領要領不可以兼衽袂之資管轄不可以兼轅衡之用蓋器殊緩急則一無為萬有之宗名限重輕則一貴乃群卑之仰軒轅置六相而以風后等為之天乙立二相而以伊尹等充之是時爵分萬國國建諸侯及嬴秦罷侯而丞相號起自是以來累朝相倣其增損之制難以勝言其高下之秩例皆極品儀刑端禁總領紀綱掌一人家事之張皇作四海士民之倡率金章紫綬黄閤沙堤非惟詫殊異之丰儀所以示尊榮而委重也既資厚望當振清風我國家內立中書外立行省行省以華藩鎮諸侯之專中書以為公卿大臣之任防微之理亦

已至矣樹治之法可謂盛矣然猶有未盡輒敢安陳愚言竊見中書內省密迩皇宮統餘省於上游弼聖君於中域但當坐而論道據槐府以秉鈞寬以宅心守台司而助化今也汴梁以北北京以南西界長安東窮遼海毫釐細務靡不相煩升斗微官亦來取決豈非管鎋兼轅衡之用要領兼衽袂之資乎伏望陛下截崇都省申以大名諫院隸焉六部隸焉除烏臺相府兩統之外隨朝九品以上亦皆隸焉選德才無玷地望極清者為大中書令其丞相平章丞轄參政以至府之參議院之諫臣暨郎官都事之司咸冠以左右之號凡宰執朝會商確萬機常以諫臣班于廠次有闕斯補有遺斯拾如此而聖德加明治具張矣凡都省移文於行省以咨付付之行省移文於都省以咨呈呈之凡都省事關行省支行省一切合稟事務咨呈於都省都省判送六部六部擬而呈之轉咨行省以行凡隨朝九品以上及外

路受宣命以上官都省注之如此而宰執益崇政事簡矣更望陛下於腹內取中別立一省謂之燕南等處行中書省以間汴梁北京遼陽安西四省之間凡外路受勑牒以下官行省注之然後咨呈都省乞須勑牒可也凡隨朝諸有司當受付身者委都省出之凡外路諸有司當受付身者行省出之如此則上廉遠地而堂陛愈高都省增崇而天王益重矣或者以為國家因四遠及蠻荊之新附故立行省以鎮之腹內不須立也殊不知汴梁有省豈汴梁亦新附之城哉事在不疑惟陛下察其可否而行之

天麟又策曰臣聞視乎冥冥冥冥之中獨見曉焉者眼之神也聽乎無聲無聲之中獨聞和焉者耳之精也用此道以脩身則收視反聽而六通四闢矣移此理於御下則官賢委能而聰明睿智矣故聖王不窺望而視已明不彈耳而聽已聰言貴委人之周也方今御史臺

官內有監察院以隸之外有廉訪司以承之所以儆肅百僚風憲萬姓張理上下整齊人道也由此觀之御史之職非天子視聽之官而何哉是以霜簡驚車柏林石室昭其清也援以立秋象以熒惑昭其嚴也鷹擊之論豸冠之服昭其威也千步清道王公遜避昭其重也中書門下並為三司昭其貴也五者備矣然後能指佞觸邪彰善癉惡使雄奸巨猾膽破聲消封豕長蛇骨寒心顫則狐狸眇害蟊蠹微毒將不治而自息矣今國家命御史臺凡百官之非違諸司之案牘朝會祭祀之事理斷失宜之類以至於該截不盡應合糾察者並行糾察之其制可謂恢恢而不漏矣然則朱帷峻位但小節以為先著佩崇班視大端而難顧臣請以疇昔驗之阿合馬擅政於前齷齪之童亦知切齒而恨也王桑哥弄權於後雖牛馬之走亦知側耳而憎也於是臺官以下察院之屬閉口吞聲見如不見宴居高坐聞若

不聞賴杜稷福添曦朗照太原俠客揖聶政之長風大理名卿致皐陶之淑問宄渠遂翦赤子更生美則美矣未盡善也且我國家建兹御史豈惟計典憲之末儀簡行文之小事哉然而憲臺之不言本匪憲臺之所欲由其省府之職秩懸隔而不敢抗衡故也況權臣之計百網千機以崔公並職尚且繩之以極刑以楊子同僚猶且陷之於死地進而極正則徒遭刑戮而令清朝有殺直之名退而引病則誣以不忠而謂不肯出皇家之力睚眦以禁之丈頃以脇之所以霍光忠厚乃能容延年於宣帝之朝梁冀豺狼終亦致文紀於廣陵之賊窟方今百官公正廉務丕平然而弊習不可不防憲臺不可不重伏望陛下厲憲臺之風采俾行省以齊階首之以御史大夫一員使與行省首官品秩相同其餘員位以次升之又宜命監察御史與六部侍郎品秩相同又宜立繡衣使者八員於中丞之下秩同侍御史

使之分使天下專糾行臺及廉訪司之不如法者又內臺或有愆違宜命天下皆得舉發如罪狀明白委為故犯重則投諸四裔以禦魑魅輕則免官禁錮放歸里閭如或妄舉反坐其人故聖王之御下也用而不疑疑而不用委任之體貌之及其得罪則是臣下自以罪加乎身也卑從臣言則奸邪難蔽而中外永清矣

天麟又策曰臣聞設計張網莫如清簡建官置吏切戒繁多夫爵者官之尊也階者官之次也品者官之序也職者官之掌也位者官之居也祿者官之給也吏者官之佐也雖則事非位立而不辦亦有事因位多而益生此聖王所以貴寡而不貴衆欲靜而不欲躁也唐虞稽古建官惟百夏商官倍亦克用乂周卿分職各率其屬厥後職員愈多而治愈不及古矣是以漢光廢四百縣而下民業定隋文廢五百部而天下政行皆以官不用多而在乎得賢政不在煩而貴乎省事也今國家立制自王及國王郡王國公以下為爵自特進崇進至將軍大夫校尉郎為階自正一至從九為品掌典當行為職各職所居為位各位養廉之資為祿各司贊佐行文之史為吏其制亦以詳矣然而文武二等分布中外本欲圖寧而似乎難寧也臣伏見京師不急之司院無用之局署及隨朝臺省院部以下諸有司官吏可兼不兼可併不併亦已有之矣畿外行省隨省諸有司宣慰廉訪等司路府州縣倉庫局監等諸衙門及各衙門內官吏亦有冗者矣武臣萬戶所管不滿萬人千戶所管不滿千人之類亦已有之矣臣竊以冗官之大弊有三一曰選法之弊二曰政事之弊三曰軍民之弊夫文武官吏員數既多當考滿之時近春秋之選資格之簿攙揀紛紜保薦之文交錯旁午有司行文猶且未暇奚暇顧孰果有才孰果有德而考較之也哉既不遑考校則取準於籍文薦書之所陳布者矣如此

而欲雜流之人不進貨賄之隙不開豈可得乎雜流行賄者得志則人皆可以仕矣以致員多闕少無如之何經營者早得遷除養高者坐淹歲月此選法之弊也夫文武官吏員數既多有當決之事而不決有當行之事而不行問其職則曰我此職也問其施為則曰僚屬非一豈我之所能獨主哉混齊等而難辨受王命而自安及乎朝廷聞之遂立稽違期限之罰不亦甚歟此政事之弊也夫文武官吏員數既多國家用人路廣浮濫亦升遂使臨莅在下豈能敷政化哉政化不敷而刻剝之害役使之煩為害良多此軍民之弊也三弊不絕而立法以防之主法者不能旁照員益增矣員增而弊亦自有矣況法立而懼法之人姦欺之計愈生乎故須三弊盡絕而後法方可立也伏望陛下凡京師不急之司院無用之局署及天下諸衙門可罷者罷之凡行省隨省諸有司宣慰廉訪等司路府州縣等一切諸衙

門及萬戶千戶所管不及數之類可併者併之凡省臺院部以下有諸司之官吏及天下諸衙門之官吏可減者減之然後以慎名器之法擇人而用之又以考幽明之法循理而考之則典選者易見其人易程其效而選法清矣臨政者事有所歸職有所主而政績成矣在下者省於煩役免於苛刻而民業定矣民者天下之本也民業定而天下太平矣

文宗至順二年監察御史陳思謙上言銓衡之弊入仕之門太多黜陟之法太簡州郡之任太淹朝省之除太速欲設三策以救四弊一曰至元三十年以後增設衙門冗濫不急者從實減并其外有選法者并入中書二曰宜參酌古制設辟舉之科令三品以下各舉所知得才則受賞失實則受罰三曰古者刺史入為三公郎官出宰百里蓋使外職識朝廷治體內官知民間利病今後歷縣尹有能聲善政者

受郎官御史歷郡守有奇才異績者任憲使尚書其餘各驗資品通遷在內者不得三考連任京官在外者須歷兩任乃遷內職績非出類守不敗官者則循以年勞遷以常調凡朝闕官員須二十月之上方許遷除帝可其奏

順帝時議罷先朝所置奎章閣學士院藝文監等官學士康里山奏曰民有千金之產猶設家塾延館客豈有堂堂天朝富有四海三學房乃不能容耶帝深然之

歷代名臣奏議卷之一百六十二

歷代名臣奏議卷之一百六十三

選舉

晉大夫祁奚老晉君公問曰孰可使嗣祁奚對曰解狐可君曰非子之讎耶對曰君問可非問讎也晉遂舉解狐後又問孰可為國尉祁奚對曰午也可君曰非子之子耶對曰君問可非問子也君子謂祁奚能舉善矣稱其讎不為諂立其子不為比書曰不偏不黨王道蕩蕩祁奚之謂也外舉不避仇讎內舉不回親戚可謂至公矣惟善故能舉其類詩曰惟其有之是以似之祁奚有焉

漢武帝元光六年冬十一月有司奏議曰古者諸侯貢士壹適謂之好德再適謂之賢賢三適謂之有功廼加九錫不貢士一則黜爵再則黜地三而黜爵地畢矣夫附下罔上者死附上罔下者刑

興聞國政而無益於民者斥在上位而不能進賢者退此所以勸善黜惡也今詔書昭先帝聖緒令二千石舉孝廉所以化元元移風易俗也不舉孝廉不奉詔當以不敬論不察廉不勝任也當免奏可

元帝竟寧元年御史大夫鈌在位者多舉馮昭儀兄大鴻臚野王上使尚書選第中二千石而野王行能第一上以問中書令石顯顯對曰九卿無出野王者然親昭儀兄臣恐後世必以陛下度越衆賢私後宮親以為三公也上曰善

東漢章帝建初中陳事者多言郡國率非功次故守職益懈而吏事寖疏咎在州郡有詔下公卿朝臣議大鴻臚韋彪上議曰伏惟明詔憂勞百姓垂恩選舉務得其人夫國以簡賢為務賢以孝行為首孔子曰事親孝則忠可移於君是以求忠臣於孝

子之門夫人才行少能相兼是以孟公綽優於趙魏老不可以為
滕薛大夫忠孝之人持心近厚鍛鍊之吏持心近薄三代之所
以直道而行者在其所以磨之故也士宜以才行為先不可純以
閥閱然其帰要在於選二千石二千石賢則貢舉皆得其人矣帝
深納之

和帝永元十四年司空徐防上疏曰漢立博士十有四家設甲乙
科以勉學者今大學試博士弟子皆以意說不修家法不依章句
妄生穿鑿輕侮道術寖以成俗誠非詔書實選本意改薄從忠三
代常道專精務本儒學所先臣以為博士策試宜從其家章句開
五十難以試之解釋多者為上第引文明者為高說若不依先師
義有相伐皆正以為非上從之

順帝時尚書令左雄議改察舉之制限年四十以上儒者試經學

文吏試章奏尚書僕射胡廣上書駁之曰臣聞君以兼覽博照為
德臣以獻可替否為忠書載稽疑謀及卿士詩美先人詢于芻蕘
國有大政必議之於前訓諮之於故老是以慮無失策舉無過事
竊見尚書令左雄議郡舉孝廉皆限年四十以上諸生試章句文
吏試牋奏明詔既許復令臣等得與相參竊惟王命之重載在篇
典當令縣於日月固於金石遺則百王施之萬世詩云天難諶
斯不易惟王可不慎歟蓋選舉因才無拘定制六奇之策不出
經學鄭阿之政非必章奏甘奇顯用年乖彊仕終賈揚聲亦在
弱冠漢承周秦兼覽殷夏祖德師經參雜霸軌聖主賢臣世以致
理貢舉之制莫或回革今以一臣之言剗戾舊章便利未明衆心
不厭矯枉變常政之所重而不訪台司不博卿士若事下之後議
者剥異異之則朝失其便同之則王言已行臣愚以為可宣下百

官參其同異然後覽擇勝否詳採厥衷敢以瞽言冒干天禁惟陛
下納焉

靈帝時中常侍呂強上言舊典選舉委任三府三府有選參議掾
屬咨其行狀度其器能受試任用責以成功若無可察然後付之
尚書尚書舉劾請下廷尉覆按虛實行其誅罰今但任尚書或復
勑用如是三公得免選舉之負尚書亦復不坐責賞無帰豈肯空
自勞苦乎夫立言無顯過之咎明鏡無見玼之尤如惡立言以記
過則不當學也不欲明鏡之見玼則不當照也願陛下詳思臣言
不以記過見玼為責書奏不省

議郎蔡邕上疏曰伏見幽冀舊壤鎧馬所出比年兵飢漸至空耗
今者百姓虛縣萬里蕭條闕職經時吏人掾屬而三府選舉踰月
不定臣經怪其事而論者云避三互十一州有禁當取二州而已

又二州之士或復限以歲月狐疑遲淹以失事會愚以為三互之
禁禁之薄者今但申以威靈明其憲令在任之人豈不戒懼而當
坐設三互自生留閡邪昔韓安國起自徒中朱買臣出於幽賤並
以才宜還守本郡又張敞亡命擢授劇州豈復顧循三互繼以末
制乎三公明知二州之要所宜速定當越禁取能以救時敝而不
顧爭臣之義苟避輕微之科選用稽滞以失其人臣願陛下上則
先帝蠲除近禁其諸州刺史器用可換者無拘日月三互以差厥
中書奏不省

魏明帝時曹植陳審舉之義疏曰臣聞天地協氣而萬物生君臣合
德而庶政成五帝之世非皆智三季之末非皆愚用與不用知與
不知也既時有舉賢之名而無得賢之實必各援其類而進矣諺
曰相門有相將門有將夫相者文德昭著也將者武功烈者也文

德昭則可以匡國朝致雍熙稷契夔龍是也武功烈則可以征不庭威四夷南仲方叔是也昔伊尹之為媵臣至賤也呂尚之處屠釣至陋也及其見舉於湯武周文誠道合志同玄謨神通豈復假近習之薦因左右之介哉書曰有不世之君必能用不世之臣用不世之臣必能立不世之功殷周二王是也若夫齷齪近步遵常守故安足為陛下言哉故陰陽不和三光不暢官曠無人庶政不整者三司之責也疆埸騷動方隅內侵沒軍覆衆干戈不息者邊將之咎也豈可虛符國寵而不稱其任哉故任益隆者負益重位益高者責益深書稱無曠庶官詩有職思其憂此其義也陛下體天真之淑聖登神機以繼統冀聞康哉之謌偃武行文之美而數年以來水旱不時民困衣食師徒之發歲歲增調加東有覆敗之軍西有殪沒之將至使蚌蛤浮翔於淮泗鼲鼬讙譁於林木臣每

念之未嘗不輟食而揮餐臨觴而搤腕矣昔漢文發代疑朝有變宋昌曰內有朱虛東牟之親外有齊楚淮南琅邪此則磐石之宗願王勿疑臣伏惟陛下遠覽姬文二號之援中慮周成召畢之輔下存宋昌磐石之固昔騏驥之於吳阪可謂困矣及其伯樂相之孫郵御之形體不勞而坐取千里蓋伯樂善御馬明君善御臣伯樂馳千里明君致太平誠任賢使能之明效也若朝司惟良萬機內理武將行師方難克弭陛下可得雍容都城何事勞動鑾駕暴露於邊境哉臣聞羊質虎皮見草則悅見豺則戰忘其皮之虎也今置將不良有似於此故語曰患為之者不知知之者不得為也昔樂毅奔趙心不忘燕廉頗在楚思為趙將臣生乎亂長乎軍又數承教于武皇帝伏見行師用兵之要不必取孫吳而闇與之合竊揆之於心常願得一奉朝覲排金門蹈玉陛列有職之臣賜須臾之間使臣得一散所懷攄舒蘊積死不恨矣被鴻臚所下發士息書期會甚急又聞豹尾已建戎軒騖駕陛下將復勞玉躬擾挂神思臣誠悚息不遑寧處願得策馬執鞭首當塵露撮風后之奇接孫吳之要追慕卜商起予左右效命先驅畢輪轂雖無大益冀有小補然天高聽遠情不上通徒獨望青雲而拊心仰高天而歎息耳屈平曰國有驥而不知乘焉皇皇而更索昔管蔡放誅周召作弼叔魚陷刑叔向匡國三監之釁臣自當之二南之輔求必不遠華宗貴族藩王之中必有應斯舉者故傳曰無周公之親不得行周公之事唯陛下少留意焉近者漢氏廣建藩王豐則連城數十約則饗食祖祭而已未若姬周之樹國五等之品制也若夫蘇之諫始皇淳于越之難周青臣可謂知時變矣夫能使天下傾耳注目者當權者是矣故謀能移主威能懾下豪右執政不在親戚

權之所在雖疏必重勢之所去雖親必輕蓋取齊者田族非呂宗也分晉者趙魏非姬姓也惟陛下察之苟吉專其位凶離其患者異姓之臣也欲國之安祈家之貴存共其榮沒同其禍者公族之臣也今反公族疏而異姓親臣竊惑焉臣聞孟子曰君子窮則獨善其身達則兼善天下今臣與陛下踐冰履炭登山浮澗寒溫燥濕高下共之豈得離陛下哉不勝憤懣拜表陳情若有不合乞且藏之書府不便滅棄臣死之後事或可思若有豪釐少挂聖意者乞出之朝堂使夫博古之士糾臣表之不合義者如是則臣願足矣帝輒優文答報

青龍中諸葛誕鄧颺等馳名譽有四窻八達之誚帝疾之時舉中書郎詔曰得其人與否在盧生耳選舉莫取有名名如畫地作餅不可啖也吏部尚書盧毓對曰名不足以致異人而可以得常士常士畏

教慕善然後有名非所當疾也愚臣既不足以識異人又主者正以循名案常為職但當有以驗其後故古者敷奏以言明試以功今考績之法廢而以毀譽相進退故真偽渾雜虛實相蒙帝納其言

晉武帝咸寧初司隸校尉劉毅以魏立九品權時之制未見得人而有八損乃上疏曰臣聞立政者以官才為本官才有三難而興替之所由也人物難知一也愛憎難防二也情偽難明三也今立中正定九品高下任意榮辱在手操人主之威福奪天朝之權勢愛憎決於心情偽由於己公無考校之負私無告訐之忌用心百態求者萬端廉讓之風滅苟且之俗成天下訩訩但爭品位不聞推讓竊為聖朝恥之夫名狀以當才為清品輩以得實為平安危之要不可不明清平者政化之美也枉濫者亂敗之惡也不可不察然人才異能備體者寡器有大小達有早晚前鄙後脩宜受日新之報抱正違時宜有

質直之稱度遠闕小宜得殊俗之狀任直不飾宜得清實之譽行寡才優宜獲器任之用是以三仁殊塗而同歸四子異行而均義陳平韓信笑侮於邑里而收功於帝王屈原伍胥不容於人主而顯名於竹帛是篤論之所明也今之中正不精才實務依黨利不均稱尺務隨愛憎所欲與者獲虛以成譽所欲下者吹毛以求疵高下逐強弱是非由愛憎隨世興衰不顧才實衰則削下興則扶上一人之身旬日異狀或以貨賂自通或以計協登進附託者必達守道者困悴無報於身必見割奪有私於己必得其欲是以上品無寒門下品無勢族暨時有之皆曲有故慢主罔時實為亂源損政之道一也置州都者取州里清議咸所歸服將以鎮異同一言議不謂一人之身了一州之才一人不審便坐之若然自仲尼以上至于庖犧莫不有失則皆不堪何獨責於中人者哉若殊不脩自可更選今重其任而輕其

人所立品格還訪刁攸攸非州里之所歸非職分之所置今訪之歸正於所不服決事於所不職以長讒構之源以生乖爭之兆似非立都之本旨理俗之深防也主者既善刁攸攸之所下而復選以二千石已有數人劉良上攸之所下石公罪攸之所行駁違之論橫於州里嫌讎之隙結於大臣夫桑妾之訟禍及吳楚鬬雞之變難興魯邦況乃人倫交爭而部黨興刑獄滋生而禍根結損政之道二也本立格之體將謂人倫有序若貫魚成次也為九品者取下者為格謂才德有優劣倫輩有首尾今之中正務自遠者則抑割一國使無上人穢劣下比則拔舉非次并容其身公以為格坐成其私君子無大小之怨官政無繩姦之防使得上欺明主下亂人倫乃使優劣易地首尾倒錯推貴異之器使在凡品之下負戴不肖越在成人之首損政之道三也陛下踐阼開天地之德弘不諱之詔納忠直之言以覽天

下之情太平之基不世之法也然賞罰自王公以至于庶人無不加法置中正委以一國之重無賞罰之防人心多故清平者寡故怨訟者衆聽之則告訐無已禁絕則侵枉無極與其理訟之煩猶愈侵枉之害今禁訟訴則杜一國之口培一人之勢使得縱橫無所顧憚諸受枉者抱怨積直獨不蒙天地無私之德而長壅蔽於邪人之銓使上明不下照下情不上聞損政之道四也昔在前聖之世欲敦風俗鎮靜百姓隆鄉黨之義崇六親之行禮教庠序以相率賢不肖於是見矣然鄉老書其善以獻天子司馬論其能以官其職有司考績以明黜陟故天下之人退而脩本州黨有德義朝廷有公正浮華邪佞無所容厝今一國之士多者千數或流徙異邦或取給殊方面猶不識況盡其才力而中正知與不知其當品狀采譽於臺府納毀於流言任己則有不識之蔽聽受則有彼此之偏所知者以愛憎奪其平

所不知者以人事亂其度旣無鄕老紀行之譽又非朝廷考績之課遂使進官之人棄近求遠背本逐末位以求成不由行立品不校功黨譽虛妄損政五也凡所以立品設狀者求人才以理物也非虛飾名譽相爲好醜雖孝悌之行不施朝廷故門外之事以義斷恩旣以在官職有大小事有劇易各有功報此人才之實效功分之所得也今則反之於限當報雖職之高還附卑品無績於官而獲高敘是爲抑功實而隆虛名也上奪天朝考績之分下長浮華朋黨之士損政六也九官不同事人不同能得其能則成失其能則敗今品不狀才能之所宜而以九等爲例以品取人或非才能之所長以狀取人則爲本品之所限若狀得其實猶品狀相妨繫繫選擧使不得精於才宜況今九品所疏則削其長所親則飾其短徒結白論以爲虛譽則品不料能百揆何以得理萬機何以得修損政七也前九品詔書善惡必書以爲褒貶當時天下少有所忌今之九品所下不彰其罪所上不列其善廢褒貶之義任愛憎之斷清濁同流以植其私故反違前品大其形勢以驅動衆人使必歸己進者無功以表勸退者無惡以成懲懲勸不明則風俗汙濁天下人焉得不解德行而銳人事損政八也由此論之選中正而非其人授權勢而無賞罰或缺中正而無禁檢故邪黨得肆枉濫從橫雖職名中正實爲姦府事名九品而有八損或恨結於親親猜生於骨肉當身困於敵讎子孫離其殃咎斯乃歷世之患非徒當今之害也是以時主觀時立法防姦消亂靡有常制故周因於殷有所損益至於中正九品上聖古賢皆所不爲豈蔽於此事而有不周哉將以政化之宜無取於此也自魏立以來未見其得人之功而生讎薄之累毀風敗俗無益於化古今之失莫大於此愚臣以爲宜罷中正除九品棄魏氏之弊法立一代之美制

疏奏優詔答之

太康中太子少傅衞瓘以魏立九品是權時之制非經通之道宜復古鄕擧里選與太尉王亮等上疏曰昔聖王崇賢擧善而敎用使朝廷德讓野無邪行誠以閭伍之政足以相檢詢事考言必得其善人知名不可虛求故還脩其身是以崇賢而俗益穆黜惡而行彌篤斯則鄕擧里選者先王之令典也自茲以降此法陵遲魏氏承顚覆之運起喪亂之後人士流移考詳無地故立九品之制粗具一時選用之本耳其始造也鄕邑清議不拘爵位褒貶所加足爲勸勵猶有鄕論餘風中間漸染遂計資定品使天下觀望唯以居位爲貴人棄德而忽道業爭多少於錐刀之末傷損風俗其弊不細今九域同規大化方始臣等以爲宜皆蕩除末法一擬古制以土斷定自公卿以下皆以所居爲正無復懸客遠屬異土者如此則同鄕鄰伍皆爲邑里郡縣之宰卽以居長盡除中正九品之制使擧善進才各由鄕論然則下敬其上人安其敎俗與政俱清化與法竝濟人知善否之敎不在交遊卽華競自息各求於己矣今除九品則宜準古制使朝臣共相擧任於出才之路旣博且可以厲進賢之公心覈在位之明闇誠令典也武帝善之而卒不能改

太熙中時燕國中正劉沈擧霍原爲寒素司徒府不從沈又抗詣中書奏原而中書復下司徒參論司徒左長史荀組以爲寒素者當謂門寒身素無世祚之資原爲列侯顯佩金紫先爲人間流通之事晚乃務學少長異業年踰始立草野之譽未洽德禮無聞不應寒素之目李重曰案如癸酉詔書廉讓宜崇浮競宜黜其有履謙寒素靖恭求己者應有以先之如詔書之旨以二品繫資或失廉退之士故開寒素以明尚德之擧司徒總御人倫實掌邦敎當務峻準評以一風

流然古之厲行高尚之士或栖身巖穴或隱跡丘園或克已復禮或耄期稱道出處默語唯義所在未可以少長異操疑其所守之義而遠同終始之責非所謂擬人必於其倫之義也誠當考之於邦黨之倫審之於任舉之主況為中正親執銓衡陳原隱居求志篤古好學學不為利行不要名絕迹窮山韞韣道藝外無希世之容內全遯逸之節行成名立搢紳慕之委質受業者千里而應有孫孟之風嚴鄭之操始舉原先諮侍中領中書監華前州大中正後將軍嬰河南尹軼去三年諸州還朝幽州刺史許猛特以原名聞攄之西河求加徵聘如況所列州黨之議既舉文刺史班詔表薦如此而猶謂草野之譽未洽德禮無聞舍所徵驗之實而無明理正辭以奪況所執且應二品非所求備但原定志窮山脩述儒道義在可嘉若遂抑替將負幽邦之望傷敦德之教如詔書所求之旨應為二品詔從之

武帝時重為始平王文學上疏陳九品曰先王議制以時因革因革之理唯變所適九品始於喪亂軍中之政誠非經國不刊之法也且其檢防轉碎徵刑失實故朝野之論僉謂驅動風俗為弊已甚而至於議改又以為疑臣以革法創制當先盡開塞利害之理舉而錯之使體例大通而無否滯亦未易故也古者諸侯之治分土有常國有定主人無異望卿大夫世祿仕無出位之思臣無越境之交上下體固人德歸厚秦反斯道罷侯置守風俗淺薄自此來矣漢革其弊斟酌周秦並建侯守亦使分土有定而牧司必各舉賢貢士任之鄉議事合聖典比蹤三代方今聖德之隆光被四表兆庶顒顒欣覩太平然承魏氏彫弊之跡人物播越仕無常朝人無定處郎吏蓄於軍府豪右聚於都邑事體駁雜與古不同謂九品既除宜先開移徙聽相并就且明貢舉之法不濫於境外則冠帶之倫將不分而自均即土

斷之實行矣又建樹官司功在簡久階級少則人心定久其事則政化成而能否著在三代所以直道而行也以為選例九等當今之要所宜施用也聖王知天下之難常從事於其易故寄隱括於閭伍則邑屋皆為有司若任非所由事非所覈則雖竭聖智猶不足以贍其事由此而觀誠令二者既行即人心反本脩之於鄉華競自息而禮讓日隆矣

惠帝時重為尚書吏部郎上疏曰凡山林避寵之士雖遠世背時出處殊軌而先王許之者嘉其服膺高義也昔先帝患風流之弊而思反純朴乃諮詢朝眾摟求隱逸咸寧二年始以太子中庶子徵安定皇甫謐四年又以博士徵安南朱沖太康元年復以太子庶子徵沖雖皆以病疾不至而朝野悅服陛下遠遵先帝禮賢之旨臣訪沖州邑言其雖年近耋耄而志氣克壯耽道窮藝老而彌新操尚貞純所

居成化誠山栖耆德足以表世篤俗者也臣以為宜垂聖恩及其未沒顯加優命時朝廷政亂竟不能從

懷帝永嘉初尚書左僕射領吏部山簡上疏曰臣以為自古興替實在官人苟得其才則無物不理書言知人則哲惟帝難之唐虞之盛元愷登庸周室之隆濟濟多士秦漢已來風雅漸喪至於後漢女君臨朝尊官大位出於阿保斯亂之始也是以郭泰許劭之倫明清議於草野陳蕃李固之徒守忠節於朝廷然後君臣名節古今遺典可得而言自初平之元訖於建安之末三十年中萬姓流散死亡略盡斯亂之極也世祖武皇帝應天順人受禪于魏泰始之初躬親萬機佐命之臣咸皆率職時黃門侍郎王恂庾純始於太極東堂聽政評尚書奏事多論刑獄不論選舉臣以為不先所難而辨其所易陛下初臨萬國人思盡誠每於聽政之日命公卿大臣先議選舉各言所

見後進儁才鄉邑尤異才堪任用者皆以名奏主者隨缺先叙是爵人於朝與衆共之之義也朝廷從之

東晉元帝太興初尚書陳頵上陳時務以為昔江外初平中州荒亂故貢舉不試宜漸循舊搜揚隱逸試以經策又馬隆孟觀雖出貧賤勲濟甚大以所不習而統戎事鮮能以濟宜開舉武畧任將率者言問核試盡其所能然後隨才授任舉十得一猶勝不舉況或十得二三日磾降虜七世内侍由余戎狄入為秦相豈藉華宗之族見齒於奔競之流乎宜引幽滯之儁抑華校實則天清地平人神感應

元帝時以兵亂之後務存慰悅遠方秀孝到不策試普皆除署至是申明舊制皆令試經有不中科刺史太守免官太興三年秀孝多不敢行其有到者並託疾帝欲除署孝廉而秀才如前制尚書郎孔坦奏議曰臣聞經邦建國教學為先移風崇化莫尚斯矣古者且耕且學三年而通一經以平康之世猶假漸漬積以歲月自喪亂以來十有餘年干戈載揚俎豆禮戢家廢講誦國闕庠序率爾責試竊以為疑然宣下以來涉歷三載累遇慶會遂未一試揚州諸郡接近京都懼累及君父多不敢行其遠州邊郡掩誣朝廷冀於不試冒昧來赴既到審試遂不敢會臣愚以不會與不行其為闕也同若當偏加除署是為肅法奉憲者失分僥倖投射者得官頹風傷教懼於是始夫王言如絲其出如綸臨事改制示短天下人聽有惑臣竊惜之愚以謂王命無貳憲制宜信去年察舉一皆策試如不能試可不拘到遣歸不署又秀才雖以事策亦記問經義苟所未學實難闇通不足復曲碎乖例違舊造謂宜因其不會徐更革制可申明前下崇脩學校普延五年以展講習釣法齊訓示人軌則夫信之與法為政之綱施之家室猶弗可貳況經國之典而可翫黷乎帝納焉

後魏孝文帝時秘書令高祐上疏曰今之選舉不採識治之優劣專簡年考之多少斯非盡才之謂宜停此薄藝棄彼朽勞唯才是舉則官方斯穆又勲舊之臣雖年勤可録而才非撫人者則可加之以爵賞不宜委之以方任所謂王者可私人以財不私人以官者也高祖皆善之

帝雅重門族以范陽盧敏清河崔宗伯滎陽鄭羲太原王瓊四姓衣冠所推咸納其女以充後宮又吏為六弟聘室而以前所納者為妾媵又詔以代人穆陸賀劉樓于嵇尉八姓勲著當世位盡王公勿充猥官一同四姓其舊為部落大人而三世官在給事已上者本非大人而三世官在尚書已上者皆為姓其大人之後而官不顯者本非大人而官顯者皆為族帝與羣臣論選謂李沖曰未審張官列位為膏梁子弟乎為致治乎帝曰欲為治耳沖曰然則今日何為專取門品不拔才能乎帝曰君子之門借使無當世之用要自德行純篤朕故用之沖曰傅說呂望豈可以門地得之帝曰非常之人曠世乃有一二耳李彪曰魯之三卿孰與四科韓顯宗曰陛下豈可以貴襲貴以賤襲賤帝曰必有高明卓然出類拔萃者朕亦不拘此制

孝明帝時崔亮奏立停年之格不簡人才專問勞舊吏部尚書薛琡上書言黎元之命繫於長吏若得其人則蘇息任非其器為患更深若使選曹唯取年勞不簡賢否使義均行鴈次若貫魚執簿呼名一吏足矣數人而用何謂銓衡請不依此書奏不報後因引見復諫曰共治天下本屬百官是以漢朝常令三公大臣舉賢良方正有道直言之士以為長吏監撫黎元自晉末以來此風遂替今四方初定務在養民臣請依漢氏更立四科令三公貴臣各薦時賢以補郡縣明立條格防其阿黨之端詔下公卿議之事亦寢

時任城王澄以北邊鎮將選舉彌輕恐賊虜闚邊山陵危迫奏請重鎮將之選修警備之嚴詔公卿議之廷尉少卿袁翻議曰比緣邊州郡官不擇人唯論資級或值貪汙之人廣開戍邏多置帥領或用其左右姻親或受人貨財請屬皆無防寇之心唯有聚斂之意勇力之兵驅令抄掠奪為已富羸弱老小微解工作苦役百端伐木芸草販貨往還窮其力薄其衣用其功節其食綿冬歷夏加之疾苦死於溝瀆者什常七八是以鄰敵伺間擾我疆埸皆由於此任不得其人故也愚謂今後邊鎮郡縣府佐統軍至于戍主皆令王公以下各舉所知必選其才不拘階級稱職敗官所舉之人隨事賞罰時不能用及正光之末北邊盜賊羣起遂逼舊都犯山陵如澄所慮

唐太宗貞觀初上謂右僕射封德彝曰致安之本惟在得人比來命卿舉賢未嘗有所推薦天下事重卿宜分朕憂勞卿既不言朕將安寄對曰臣愚豈敢不盡情但今所見未有奇才異能上曰前代明王使人如器不借才於異代皆取士於當時豈得待夢傅說逢呂尚然後為政乎且何代無賢但患遺而不知耳德彝慚赧而退上又謂侍臣曰朕今孜孜求士欲專心政道聞有好人則抽擢驅使而議者多稱彼者皆宰臣親故但公等至公行事勿避此言便為形跡古人內舉不避親外舉不避讎而為舉得其真賢故也但能舉用得才雖是子弟及有讎嫌不得不舉

三年上謂吏部尚書杜如晦曰比見吏部擇人惟取其言詞刀筆不悉其景行數年之後惡跡始彰雖加刑戮而百姓已受其弊如何可獲善人如晦對曰兩漢取人皆行著鄉閭州郡貢之然後入用故當時號為多士今每年選集向數千人厚貌飾詞不可知悉選司但配其階品而已銓簡之理實所未精所以不能得才

十三年太宗謂侍臣曰朕聞太平後有大亂大亂後必有太平承大亂之後即是太平之運也能安天下者惟在用得賢才公等既不能知賢朕又

不可遍識日復一日無得人之理今欲令人自舉於事何如魏徵曰知人者智自知者明知人既以為難自知誠亦不易且愚暗之人皆矜能伐善恐長澆競之風不可令其自舉

太宗時冀州進士張昌齡與王公治皆有文名考功員外郎王師旦知貢舉黜之上問其故師旦曰二人文體輕薄終非令器若置之高第恐後進效之傷陛下雅道上善其言

高宗即位屢責侍臣以不能進賢衆不敢對中書舍人李安朗進曰十室之邑且有忠信天下至廣不為無賢比見公卿有所薦進皆劾為朋黨滯抑者未申而主薦者已訾所以人人爭禁默以避囂謗若陛下忘其親讎曠然受之惟才是用塞讒毀路其誰敢不竭忠以聞上乎帝納之

顯慶中吏部黃門侍郎劉祥道知選事乃釐補敝闕上疏陳六事一曰今取士多且濫入流歲千四百多也雜色入流未始銓汰濫也故共務者善人少惡人多臣謂應雜色進者切責有司試判為四等第一付吏部二付兵部三付主爵四付司勳若坐負當責雖經赦仍配三司不者還本貫則官不雜矣二曰內外官一品至九品萬三千四百六十五員大抵三十而仕六十而退取其中數不三十年存者略盡若歲入流五百人則三十年自相充補況三十年外在官猶多不慮其少今入流歲千四百其倍兩之又停選六七千人復年別新加其類漫廣殆非經久之制古者為官擇人不聞取人多而官少也三曰永徽以來在官者或以善政擢論事者或以單言進而庠序諸生未聞甄異是獎勸之未周也四曰唐有天下四十年未有舉秀才者請自六品以下至草野審加搜訪無令赫赫之辰斯學遂絕五曰唐虞三載考績黜陟幽明二漢用人亦久其職今任官率四考罷官知秩滿則懷去就民知遷徙則懷苟且以去就之官臨苟且之民欲移風振俗焉可得乎請四考進階八考聽選

以息迎新送故之弊。六曰。三省都事主事主書。比選補。皆取流外有刀筆者。雖欲參用士流。率以儔類為恥。前後相沿。遂成故事。且掖省崇峻。王言秘密。尚書政本。人物所歸。專責曹吏。理有未盡。宜稍革之。以清其選。

乾封中。時承平既久。選人益多。司列少常伯裴行儉。始與員外郎張仁禕設長名姓歷牓。引銓注之法。又定州縣升降官資高下。其後遂為永制。無能革之者。劉曉上疏論之曰。今選曹以檢勘為公道。書判為得人。殊不知考其德行才能。況書判借人者眾矣。又禮部取士。專用文章為甲乙。故天下之士。皆捨德行而趨文藝。有朝登甲科。而夕陷刑辟者。雖日誦萬言。何關理體。文成七步。未足化人。誠使取士以德行為先。文藝為末。則多士雷奔。四方風動矣。

永淳元年。中書門下同平章事魏玄同言選舉法弊。上疏曰。方今人不加富。盜賊未衰。禮誼寖薄者。下吏不稱職。庶官非其才。取人之道有

所未盡也。武德貞觀。庶事草創。人物固乏。天作大聖。享國永年。選人間出。諸色入流。歲以千計。官有常員。人無定限。選集猥至。十不取一。取舍淆紊。夏商以前。制度多闕。至周煥然可觀。諸侯之臣。不皆命於天子。王朝庶官。不專一職。穆王以伯冏為太僕正。命曰。慎簡乃僚。此乃自擇下吏之言也。太僕正特中大夫耳。尚以僚屬委之。則三公九卿。亦當然也。故太宰內史。並掌爵祿廢置。司徒司馬。別掌興賢詔事。是分任羣司。而統以數職。王命其大者。而自擇其小者。漢制。諸侯自置吏四百石以下。其傳相大臣。則漢為置之。州郡掾史督郵從事。悉任之牧守。自魏晉以後。始歸吏部。而迄于今。以刀筆量才。簿書察行。法與世弊。其來久矣。尺丈之量。鍾庾之器。非所及則不能度。非所受則無以容。況天下之大。士類之眾。可委數人手乎。又尸厥任者。間非其選。至為人擇官。為身擇利。下筆繫親疏。措情觀勢要。悠悠風塵。此焉奔競。使百行折之一面。九能斷之數言。未亦難乎。且臣聞莅官者不可以無學。傳曰。學以從政。未聞以政入學。今貴戚子弟。皆早仕。弘文崇賢。千牛輦脚之類。稍較既淺。技能亦薄。而門閥有素。資望自高。夫所謂胄子者。必裁諸學。學則受業長而入官。然後移家事國。謂之德進。夫少仕則不務學。輕試則無才。又勳官三衛流外之屬。不待州縣之舉。直取書判。非先德後言之誼。臣聞國之用人。如人用財。貧者止糟糠。富者餘粱肉。故當衰弊之乏。則磨策朽鈍以馭之。太平多士。則遴柬髦俊而使之。今選者猥多。誼以簡練為急。竊見制書三品至九品。並得薦士。此誠及席旁求之意也。但褒貶不明。故上不憂黜責。下不盡搜揚。莫慎所舉。而苟以應命。宜惟賢知賢。聖人篤論。皋陶既舉。不仁者遠。身苟濫進。庸及知人。不擇舉者之賢。而責所舉之濫。不可得已。以陛下聖明。國家德業。而不建經久之策。但顧望魏晉遺風。臣竊惑之。願少遵周漢之規。以分吏部選。則所用詳。所失鮮矣。

武后天授中。選舉多濫。左補闕薛登上疏曰。臣聞國以得賢為寶。臣以舉士為忠。是以子皮之讓國僑。鮑叔之推管仲。燕昭王委兵於樂毅。苻堅託政於王猛。子產受國人之謗。夷吾貪共賈之財。昭王錫路馬以止讒。永固戮樊世以除譖。處猜疑而益信。行間毀而無疑。此由默而識之。委而察之深也。至若宰我見愚於宣尼。逢萌被知於文叔。韓信無聞於項氏。毛遂不齒於平原。此失之故也。是以人主受不肖之士則政乖。得賢良之士則時泰。故堯資八元而庶績其理。周任十亂而天下和平。由是言之。則知士不可不察。而官不可妄授也。何者。比來取士。多不以才。馳聲假譽。互相推獎。希潤身之小計。忘臣子之大猷。非所以報國求賢副陛下翹翹之望者也。臣切觀古之取士。實異於今。先觀名行之源。考其鄉邑之譽。崇禮讓以勵己。明節義以標信。以敦朴為先最。以雕蟲為後科。故人崇勸讓之風。士去輕浮之行。希仕者必脩貞確不拔之操。行

難進易退之規。衆議以定其高下。郡將難誣於曲直。故計貢之賢愚。即州將之榮辱。穢行之彰露。亦鄉人之厚顏。是以李陵降而隴西慙。干木隱而西河美。故名勝於利。則小人之道消。利勝於名。則貪暴之風扇。是知化俗之本。須擯輕浮。昔冀缺以禮讓升朝。則晉人知禮。文翁以儒林獎俗。則蜀士多儒。燕昭好馬。則駿馬來庭。葉公好龍。則真龍入室。由是言之。未有上之所好而下不從其化者也。自七國之季。雖雜縱橫。而漢代求才。猶徵百行。是以禮節之士。敏德自修。閭里推高。然後爲府寺所辟。魏氏取人。尤愛放達。晉宋之後。祇重門資。獎爲人求官之風。乖授職惟才之義。有梁薦士。雅愛屬辭。陳氏簡賢。特珍賦詠。故其俗以詩酒爲重。未以脩身爲務。遂至隋室。餘風尚存。開皇中。李諤論之於文帝曰。魏之三祖。更好文辭。忽君人之大道。好雕蟲之小藝。連篇累牘。不出月露之形。積案盈箱。唯是風雲之狀。代俗以此相高。朝廷以茲擢士。故文章

日煩。其政日亂。帝納李諤之策。由是下制禁斷文筆浮辭。其年泗州刺史司馬幼之以表不典實得罪。於是風俗改勵。政化大行。煬帝嗣興。又變前法。置進士等科。於是後生之徒。復相放傚。因陋就寡。赴速邀時。緝綴小文。名之策學。不以指實爲本。而以浮虛爲貴。有唐纂曆。雖漸革於前非。陛下君臨。思察才於共理。樹本崇化。唯在旌賢。今之舉人。有乖事實。鄉議決小人之筆。行脩無長者之論。策第喧競於州府。祈恩不勝於拜伏。或明制纔出。試遣搜敭。驅馳府寺之門。出入王公之第。上啓陳詩。唯希咳唾之澤。摩頂至足。冀荷提攜之恩。故俗號舉人。皆稱覓舉。覓爲自求之稱。非是人知之辭。察其行而度其材。則人品於茲見矣。徇己之心切。則至公之理乖。貪仕之性彰。則廉潔之風薄。是知府命雖高。異叔度勤勤之讓。黃門已貴。無秦嘉耿耿之辭。縱不能挹己推賢。亦不肯待於三命。豈與夫白駒皎皎。不雜風塵。束帛戔戔。榮高物表。較其廣狹也。

是以耿介之士。羞自拔而致其辭。循常之人。舍其疏而取其附。故選司補署。喧然於禮闈。州貢賓王。紛爭於階闥。謗議雜合。浸以成風。夫競榮者必有競利之心。謙遜者亦無貪賄之累。自非上智。焉能不移。在於中人。理由習俗。若重謹厚之士。則懷祿者必崇德以潔己。若開趨競之門。則邀仕者皆戚施而附會。附會則百姓罹其弊。潔己則兆庶家其福。故風化之漸。靡不由茲。今訪鄉閭之談。唯祇歸於里正。縱使名虧禮法。罪挂刑章。或冒籍以偷資。或邀勳而竊級。假其不義之賂。則是無犯鄉閭。豈得比郭有道之銓量。茅容望重。裴逸人之賞拔。夏少名高。語其優劣也。祇如才應經邦之流。唯令試策。武能制敵之例。祇驗彎弧。若其文擅清奇。便充甲第。藻思微減。旋即告歸。以此收人。恐乖事實。何者。樂廣假筆於潘岳。靈運辭高於穆之。平津文劣於長卿。子建筆麗於荀彧。若以射策爲最。則潘謝曹馬。必居孫樂之右。若使協贊機猷。則安仁靈運亦

無裨附之益。由此言之。不可一槩而取也。至於武藝。則趙雲雖勇。資諸葛之指撝。周勃雖雄。乏陳平之詐畧。使樊噲居蕭何之任。必無指蹤之機。使蕭何入戲下之軍。亦無免主之效。鬬將長於摧鋒。謀將審於料事。是以文淵聚米。知隗囂之可圖。陳湯屈指。識烏孫之自解。八難之謀設。高祖追慙於酈生。九拒之計窮。公輸息心於伐宋。謀將不長於弓馬。良相寧資於射策。豈與夫元長自表。亨節辭鋒。曹植題章。虛飛麗藻。較量其可否也。伏願陛下降明制。頒峻科。千里一賢。尚不爲少。僥倖冒進。須立隄防。斷浮虛之飾辭。收實用之良策。不取無稽之說。必求忠讜之言。文則試其效官。武則令其守禦。始既察言觀行。中亦循名責實。自然僥倖濫吹之伍。無所藏其妄庸。故晏嬰云。舉之以語。考之以事。寡其言而多其行。拙於文而工於事。此取人得賢之道也。其有武藝超絕。文鋒挺秀。有效技之偏用。無經國之大才。爲軍鋒之爪牙。作辭賦之標準。自可試凌雲

之策，練穿扎之工，乘上命而賦甘泉，稟中軍而命赴敵。既有隨才之任，必無負乘之憂。臣謹按吳起臨戰，左右進劍，吳子曰：夫提鼓揮桴，臨難決疑，此將軍事也。一劍之任，非將事也。謹按諸葛亮臨戎不親戎服，頓蜀兵於渭南，宣王持勁卒不敢當，此豈弓矢之用也。謹按楊得意誦長卿之文，武帝曰：恨不得與此人同時。及相如至，終於文園令，不以公卿之位處之者，蓋非其所任故也。謹按漢法，所舉之主，終身保任。楊雄之坐田儀，責其冒薦；成子之居魏相，酬於得賢。賞罰之令行，則請謁之私絕；退讓之義著，則貪競之路銷。自然朝廷無爭祿之人，選司有撝讓之士。仍取寬立年限，容其採訪簡汰，堪用者令其試守，自然見賢不隱，食祿不專，則苟或進鍾繇、郭嘉，劉隱薦李邕、朱穆，勢不云遠。有稱職者受薦賢之賞，濫舉者抵欺罔之罪，自然舉得賢行，則君子之道長矣。

長安中，太后嘗與宰相議及刺史縣令，李嶠、唐休璟等奏：竊見朝廷物議遠近，人情莫不重內官，輕外職。除授牧伯，多是貶累之人，風俗不澄，實由於此。望於臺閣寺監妙簡賢良，分典大州，共康庶績，臣等請輟近侍，率先具僚。從之。

玄宗開元中，國子祭酒楊瑒奏：流外出身，每歲二千餘人，而明經進士不能居其什一。則是服勤道業之士，不如胥史之得仕也。臣恐儒風寖墜，廉恥日衰。若以出身人太多，則應諸色裁損，又奏主司帖試明經，不求大指，專取難知，問以孤經絕句，或年月日，請自今並帖平文。上甚然之。

肅宗寶應二年，禮部侍郎楊綰條奏貢舉疏曰：國之選士，必藉賢良。蓋取孝友純備，言行敦實，居常育德，動不違仁，體忠信之資，履謙恭之操，藏器則未嘗自伐，虛心而所應必誠，夫如是，故能率已從政，化人鎮俗者也。自叔世澆詐，茲道寖微，爭尚文辭，互相矜衒。馬卿浮薄，竟不周於任用；趙壹虛誕，終取擯於鄉閭。自時厥後，其道彌盛，不思實行，皆徇空名，敗俗傷教，備載前史，古人比文章於鄭衛，蓋有由也。近煬帝始置進士之科，當時猶試策而已。至高祖朝，劉思立為考功員外郎，又奏進士加雜文，明經加帖，從此積弊，寖而成俗。幼能就學，皆誦當代之詩；長而博文，不越諸家之集。遞相黨與，用致虛聲，六經則未嘗開卷，三史則皆同挂壁。況復徵以孔門之道，責其君子之儒者哉。祖習既深，奔競為務，矜藝者曾無愧色，勇進者但欲凌人，以毀讟為常談，以向背為己任。投刺干謁，驅馳於要津；露才揚己，喧騰於當代。古之賢良方正，豈有如此者乎。朝之公卿以此待士，家之長老以此垂訓，欲其返淳朴，懷禮讓，守忠信，識廉隅，何可得也。譬之於水，其流已濁，若不澄本，何當復清。方今聖德御天，再寧寰宇，四海之內，顒顒向化，皆延頸舉踵，思聖朝之理也。不以此時而理之，則太平之政又乖矣。凡國之大柄，莫不先擇下臣，古先哲后，皆側席待賢。今之取人，令投牒自舉，非經國之體也。望請依古制，縣令察孝廉，審知在鄉閭有孝悌及信義廉恥之行，加以經業，才堪策試者，以孝廉為名，薦之於州。刺史當以禮待之，試其所通之學，其通者送名於省。自縣至省，不得令舉人輙自陳牒，比來有到狀保辨識牒等，一切並停。其所習經，左傳、公羊、穀梁、禮記、周禮、儀禮、尚書、毛詩、周易，任通一經，務取深義奧旨，通諸家之義。試日，差諸司官有儒學者對問，每經問義十條，問畢對策三道，其策皆問古今理體及當時要務，取堪行用者。其經義并策全通為上第，望付吏部，便與官；其經義通八，策通二，為中第，與出身；下第罷歸。其明經比試帖經，殊非古義，皆誦帖括，冀圖僥倖，并近有道舉，亦非理國之體，望請與明經進士並停。其國子監舉人，亦請準此。如有行業不著，所由妄相推薦，請量加貶黜。所舉數年之間，人倫一變，既歸實學，當識大猷，居家者自脩德業，從政者

皆知廉恥浮競自止敦厖自勸教人之本實在茲焉事若施行即別立條例詔左右丞諸司侍郎御史大夫中丞給舍同議聞奏

尚書左丞賈至議楊綰條奏貢舉疏曰謹按夏之政尚忠殷之政尚敬周之政尚文然則文與忠敬皆統人之行也且夫述行美極人文人文興則忠敬存焉是故前代以文取士本文行也由辭以觀行則及辭也宣父稱顏子不遷怒不貳過謂之好學至乎修春秋則游夏之徒不能措一辭不亦明乎間者禮部取人有乖斯義易曰觀乎人文以化成天下關雎之義曰先王以是經夫婦成孝敬厚人倫美教化移風俗蓋王政之所由廢興也故延陵聽樂知諸侯之存亡今試學者以帖字為精通而不窮旨義豈能知遷怒貳過之道乎考文者以聲病為是非而務擇浮艷豈能知移風易俗化天下之事乎是以上失其源而下襲其流乘流波蕩不知所止先王之道莫能行也夫

先王之道消則小人之道長小人之道長則亂臣賊子由是生焉臣弒其君子弒其父非一朝一夕之故其所來者漸矣漸者何謂忠信之陵頹恥尚之失所末學之馳騁儒道之不舉四者皆由取士之失也夫一國之事繫一人之本謂之風贊揚其風繫卿大夫也卿大夫何嘗不出於士乎今取士試之小道而不以遠者大者使干祿之徒趨馳末術是誘道之差也夫以蝸蚓之餌雜垂滄海而望吞舟之魚至不亦難乎所以食垂餌者皆小魚就科目者皆小藝四人之業士最關於風化近代趨仕靡然向風致使祿山一呼而四海震蕩思明再亂而十半不復向使禮讓之道弘仁義之風著則忠臣孝子比屋可封逆節不得而萌也人心不得而搖也且夏有天下四百載禹之道喪而殷始興焉殷有天下六百祀湯之法棄而周始興焉周有天下八百年文武之政廢而秦始并焉觀三代之選士任賢皆考實行故能風俗淳一運祚長遠秦坑儒士二代而亡漢興雜三代之政弘四科之舉西京始振經術之學東都終持名節之行至有近戚竊位強臣擅權弱主孤立母后專政而社稷不隕終彼四百豈非學行扇化於鄉里哉厥後文章道弊尚於浮侈取士術異苟濟一時自魏至隋僅四百載三光分景九州阻域竊號僭位德義不脩是以子孫速顛享國咸促國家革魏晉梁隋之弊承夏殷周漢之業四隩既宅九州攸同覆燾亭育合德天地安有捨皇王舉士之道縱亂代取人之術此公卿大夫之辱也楊綰所奏實為正論然自典午覆敗中原版蕩戎狄亂華衣冠遷徙南北分裂人多僑處聖朝一平區宇尚復因循版圖則張閭井未設士居鄉土百無一二因緣官族所在耕築地望繫之數百年之外而身皆東西南北之人焉今欲依古制鄉舉里選猶恐取士之未盡也請兼廣學校以弘訓誘今兩京有太學州縣

有小學兵革一動生徒流離儒臣師氏祿廩無向貢士不稱行實胄子何嘗講習獨禮部每歲擢甲乙之第謂弘獎擢不甚謬哉祇足長浮薄之風啓僥倖之路其國子博士等望加員數厚其祿秩選通儒碩生間居其職十道大郡量置太學館令博士出外兼領郡官召置生徒依乎故事保桑梓者鄉里舉焉在流寓者庠序推焉朝而行之夕見其利如此則青青不復興刺擾擾由其歸本矣人倫之始王化之先不是過也

德宗時試太常寺協律郎沈既濟以爾代兵興天下多故官員益濫而詮法無可道者至是極言其敝曰近世爵祿失之者各其失非他四太而已入仕之門太多世胄之家太優祿利之資太厚督責之令太薄臣以為當輕其祿利重其督責按古今選用之法九流常敘有三科而已曰德也才也勞也而今選曹皆不及焉且吏部甲令雖曰

度德居任量才授職計勞升敘然考校之法皆在書判簿曆言辭俯仰之間侍郎非通神不可得而知則安行徐言非德也空文善書非才也累資積考非勞也苟執不失猶乖得人況衆流茫茫耳目有不足者乎蓋非鑒之不明非擇之不精法使然也王者觀變以制法察時而立政按前代選用皆州府察舉至于齊隋敘置多由請託故當時議者以為與其率私不若自舉與其外濫不若內收是以罷州府之權而歸於吏部此矯時懲弊之權法非經國不刊之常典今吏部之法蹇矣不可以坐守刓弊臣請五品以上及羣司長官宰臣進敘吏部兵部得參議焉六品以下或僚佐之屬聽州府辟用則銓擇之任委於四方結奏之成歸於二部必先擇牧守然後授其權高者先署而後聞卑者聽版而不命其牧守將帥或選用非公則吏部兵部得察而舉之聖主明目達聰逖聽遐視罪其私冒不慎舉者小加譴黜

大正刑典責成授任誰敢不勉夫如是則竊名偽命之徒菲才薄行之人貪叨賄貨懦弱姦宄下詔之日隨聲而廢通大數十去八九矣如是人少而員寬事叢而官審賢者不奬而自進不肖者不抑而自退或曰開元天寶中不易吏部之法而天下砥平倘必外辟方臻于理臣以為不然夫選舉者經邦之一端雖制之有美惡而行之由法令是以州郡察舉在兩漢則理在魏齊則亂吏部選集在神龍景龍則紊在開元天寶則理當其時久承升平御以法術慶賞不僭威刑必齊由是而理匪用吏部而臻此也況以此時用辟召之法則理不益久乎天子雖嘉其言而重於改作訖不能用

貞元中中書侍郎同中書門下平章事陸贄上奏曰今月十七日顧少連延英對迴奉宣密旨卿先奏令臺省長官各舉屬吏近聞外議云諸司所舉皆有情故兼受賄賂不得實才此法甚非穩便已後除改卿宜並自揀擇不可信任諸司者臣以闇劣謬當大任果速官謗上貽聖憂過蒙恩私曲降慈誨感戴循省寢興不寧緣是密旨特宣不敢對衆陳謝祇稟成命所宜必行恭惟聖規又合無隱苟有未達安敢勿言雖知塵煩固不可已夫理道之急在於得人而知人之難聖哲所病聽其言則未保其行求其行則或遺其才校勞考則巧偽繁興而貞方之人罕進徇聲華則趨競彌長而沉退之士莫勝自非素與交親備詳本末探其志行閱其器能然後守道藏用者可得而知沽名飾貌者不容其偽故孔子云視其所以觀其所由察其所安人焉廋哉夫欲觀視而察之固非一朝一夕之所能也是以前代有鄉里舉選之法長吏辟署之制所以明歷試廣旁求敦行能息馳騖也昔周以伯冏為大僕命之曰慎柬乃寮罔以巧言令色便辟側媚其惟吉士是則古之王朝但命其大官而大官得自柬僚屬之明驗

也漢朝務求多士其選不唯公府辟召而已又有父任兄任皆得為郎選入之初雜居三署臺省有闕即用補之是則古之郎官皆以任舉充選此其明驗也魏晉已後暨于國初擇庶官多由選部唯高位重職乃由宰相考庶官之有成効者請而命焉故晉代山濤為吏部尚書中外品員多所啓擇宋朝以蔡廓為吏部尚書廓先使人謂宰相徐羨之曰若得行吏部之職則拜不然則否羨之答云黃散已下悉委蔡廓猶憤恚以為失職遂不之官是則黃門散騎侍郎皆由吏部選授不必朝廷列位盡合柬在台司此其明驗也國朝之制庶官五品已上制敕命之六品已下則並旨授制敕所命者蓋宰相商議奏可而除拜之也旨授者蓋吏部銓材署擬然後上言詔旨但畫聞以從之而不可否者也開元中吏部注擬人奏置循資格限自起居遺補及御史等官猶並列於選曹銓綜例著在格令至今不

刋未聞常參之官悉委宰臣選擇此又近事之明驗也其後舊典失序倖臣專朝捨僉議而重己權廢公舉而行私恩是使周行庶品苟不出時宰之意者則莫致焉任衆之道益微進善之途漸隘近者每須任使常苦乏人臨事選求動淹旬朔姑務應用難盡當才豈不以薦舉凌遲人物衰少居常則求精大過有急則備位不充欲命庶績咸凞固亦難矣臣實驚鈍一無所堪猥蒙任使待罪宰相雖懷竊位之懼且乏知人之明自揣庸虛終難上報唯廣求才之路使賢者各以彙征啓至公之門令職司皆得自達臣當謹守法度考課百官奉揚聰明信賞必罰庶乎人無滯用朝不乏才以此為酬恩之資以此為致理之具爰初受命即以上陳求賢審官祖立綱制凡是百司之長兼副貳等官及兩省供奉之職弃因察舉勞效須加獎任者並宰臣敘擬以聞其餘臺省屬僚請委長官選擇指陳才實以狀上聞一經薦揚終身保任各於除書之內具標舉授之由示衆以公明章得失得賢則進考增秩失實則奪俸贖金亟得則褒升亟失則黜免非止搜揚下位亦可閱試大官前志所謂達觀其所舉即此義也自蒙允許即以宣行南宮舉人纔至十數或非臺省舊吏則是使府佐僚累經薦延多歷事任議其資望既不愧於班行考其行能又未聞於闕敗而議者遽以騰口上煩聖聰道之難行亦可知矣陛下勤求理道務徇物情因謂舉薦非宜復委宰臣揀擇其為崇任輔弼博採輿詞可謂聖德之盛者然於委任責成之道聽言考實之方闕邪存誠猶恐有闕所謂委任責成者將立其事先擇其人既得其人慎謀其始既謀其始詳慮其終終始之間事必前定有疑則勿果於用既用則不復有疑待終其謀乃考其事事愆于素者革其弊而黜其人事協于初者賞其人而成其美使受賞者無所與讓見黜者莫得為辭

亦如是則苟無其才孰敢當任苟當其任必得竭才此古之聖王委任責成無為而理之道也所謂聽言考實虛受廣納弘接下之規明目達聰廣濟人之道欲知事之得失不可不聽之於言欲辯言之真虛不可不考之於實言事之得者勿即謂是必原其所得之由言事之失者勿即謂非必窮其所失之理稱人之善者必詳徵行善之跡論人之惡者必明辯為惡之端凡聽其言皆考其實既得其實又察以情既盡其情復稽於衆衆議情實必參相得然後信其說獎其誠如或矯誣亦寘明罰夫如是則言者不壅聽之不勞無浮妄亂教之談無陰邪傷善之說無輕信見欺之失無潛慎不辯之冤此古之聖王聽言考實不出戶而知天下之方也陛下既納臣言而用之旋聞橫議而止之於臣謀不責成於橫議不考實此乃謀失者得以辭其罪議曲者得以肆其誣率是以行觸類而長固無必定之計亦無必實之言計不定則理道難成言不實則小人得志國家所病恒必由之昔齊桓公將啓霸圖問管仲以害霸之事管仲對曰得賢不能任害霸也任賢不能固害霸也固始而不能終害霸也與賢人謀事而與小人議之害霸也所謂小人者不必悉懷險詖故覆邦家蓋以其意性險邪趣向狹促以沮議為出衆以自異為不群趨近利而昧遠圖効小信而傷大道故論語曰言必信行必果硜硜然小人也夫以能信於言能果於行唯以硜硜淺近不克弘通宣尼猶謂其小人管仲尚憂其害霸況又有言行難保而恣其非心者乎此皆任不責成言不考實之弊也聖旨以謂外議云諸司所舉皆有情故兼受賄賂不得實才者臣請陛下當使所言之人詳陳所犯之狀某人受賄某舉有情陛下然後以事質於臣臣復以事質於舉主若使首伏則據罪抵刑如或有詞則付法閲覈舉者必行其罰誣善者亦及其辜

自然憲典克明邪慝不作懲一沮百理之善經何必貸其姦贓不加辯詰私其公議不出主名使無辜見疑有罪獲免枉直同貫人何賴焉聖旨又以官長舉人法非穩便令臣並自揀擇不可信任諸司者伏以宰輔常制不過數人人之所知固有限極必不能徧諳多士備閱群才若令悉命羣官理須展轉詢訪是則變公舉為私薦易明歟以暗投僞如議者之言所舉多有情故舉於君上且未絕私薦於宰臣安肯無詐失人之弊必又甚焉所以承前命官罕有不涉私謗雖則秉鈞不一或自行情亦由私訪所親轉為所賣其弊非遠聖鑒明知今人將徇浮言專任宰臣除吏宰臣不徧諳識踵前須訪於人若訪於親朋則是悔其覆車不易前轍之失也若訪於朝列則是求其私薦必不如公舉之愈也二者利害惟陛下更詳擇焉恐不如委任長官慎柬僚屬所柬既少所求亦精得賢有鑒識之名失實當闇謬

之責人之常性莫不愛身況於臺省長官皆是久當朝選孰肯循私妄舉以傷名取責者乎所謂臺省長官卽僕射尚書左右丞侍郎及侍御史大夫中丞是也陛下比擇輔相多亦不出其中今之宰相則往日臺省長官也今之臺省長官乃將來之宰臣也但是職名暫異固非行業頓殊豈有為長官之時則不能舉一二屬吏居宰臣之位則可擇千百具寮物議悠悠其惑斯甚聖人制事必度物宜無求備於一人無責人於不逮尊者領其要卑者任其詳是以人主擇輔臣輔臣擇庶長庶長擇佐僚所任愈崇故所擇愈少所試漸下故所舉漸輕進不失倫選不失類以類則辭知實行有倫則杜絕徼求將務得人無易於此是故選自卑遠始升於朝者各委長吏任舉之則下無遺賢矣實於周行既任以事者於是宰臣序進之則朝無曠職矣才德兼茂歷試不渝者然後人主倚任之則海內無遺士矣夫求才

貴廣考課貴精求廣在於各舉所知長吏之薦擇是也考精在於按名責實宰臣之序進是也求不廣則下位罕進下位罕進則用常之人既常之人則懼曠庶職懼曠庶職則苟取備員是以考課之法不暇精也考不精則能否無別能否無別則砥礪漸衰砥礪漸衰則職業不舉職業不舉則品格浸微是以賢能之功不克彰也皆失於不廣求人之道而務選士之精不思考課之行而望得人之美是以望得彌失務精益麤塞源浚流未見其可臣欲詳徵舊說伏恐聽覽為煩粗舉一端以明其理往者則天太后踐祚臨朝欲收人心尤務拔擢弘委任之意開汲引之門進用不疑求訪無倦非但人得薦士亦得自舉其才所薦必行所舉輒試其於進士之道豈不傷於容易哉然而課責既嚴進退皆速不肖者旋黜才能者驟升是以當代謂知人之明累朝賴多士之用此乃近於求才貴廣考課貴精之效也陛下

誕膺寶曆思致理平雖好賢之心有踰前哲而得人之盛未逮往時蓋由鑒賞獨任於聖聰搜擇頗難於公舉但速登延之路罕施練覈之方遂使先進者漸益凋訛後來者不相接續施一令則謗沮互起用一人則瘡痏立成此乃失於選才太精制法不一之患也則天舉用之法傷易而得人陛下慎柬之規太精而失士是知雖易於舉用而不易於苟容則所易者適足廣得人之資不為害也不精於法制而務精於選才則所精者適足梗進賢之途不為利也人之才行自昔罕全苟有所長必有所短若錄長補短則天下無不用之人責短捨長則天下無不棄之士加以情有憎愛趣有異同假使聖如伊周賢如楊墨求諸物議孰免譏嫌昔子貢問於孔子曰鄉人皆好之何如子曰未可也鄉人皆惡之何如子曰未可也不如鄉人之善者好之其不善者惡之蓋以小人君子意必相反其在小人之惡君子亦

如君子之惡小人。將察其情在審其聽。聽君子則小人道廢。聽小人則君子道消。今陛下慎選宰臣。必以為重於庶品。精擇長吏。必以為愈於末流。及至宰臣獻規。長吏薦士。陛下則但納橫議。不稽始謀。是乃任以重者輕其言。待以輕者重其事。且又不辯所毀之虛實。不校所議之短長。人之多言。倚所不至。是將使人無所措其手足。豈獨選任之道失其端而已乎。臣之切言。固非為己。所惜者致理之道。所感者見遇之恩。輒因陳謝布露以聞。惟陛下幸察。

韓愈上奏曰。右臣伏見今月十日勅。今年諸色選舉宜權停者。道路相傳。皆云以歲之旱。陛下憐憫京師之人。慮其乏食。故權停舉選。以絕其來者。所以省費而足食也。臣伏思之。竊以為十口之家。益之以一二人。於食未有所費。今京師之人。不啻百萬。都計舉者不過五七千人。并其僮僕畜馬。不當京師百萬分之一。以十口之家計之。誠未為有所損益。又今年雖旱。去歲大豐。商賈之家。必有儲蓄。舉選者皆齎持資用。以有易無。未見其弊。今若暫停舉選。或恐所害實深。一則遠近驚惶。二則人事失業。臣聞古之求雨之詞曰。人失職歟。然則人之失職。足以致旱。今緣旱而停舉選。是使人失職而召災也。臣又聞君者陽也。臣者陰也。獨陽為旱。獨陰為水。今者陛下聖明在上。雖堯舜無以加之。而羣臣之賢不及於古。又不能盡心於國。與陛下同心助陛下為理。有君無臣。是以久旱。以臣之愚。以為宜求純信之士。骨鯁之臣。憂國如家。忘身奉上者。超其爵位。置在左右。如殷高宗之用傳說。周文王之舉太公。齊桓公之拔甯戚。漢武帝之取公孫弘。清閑之餘。時賜召問。必能輔宣王化。銷殄旱災。臣雖非朝官。月受俸錢。歲受祿粟。苟有所知。不敢不言。謹詣光順門奉狀以聞。

憲宗元和中舒元輿上疏曰。聖德修三代之教。盡善矣。唯貢士一門

闕焉不修。臣竊以為有司過矣。臣為童子時。學讀書。見禮經有鄉舉里選。必得其人。而貢於上。上然後以弓旌束帛招之。臣年十五。既通經。無何。心中有文竅開。則又學之。徧觀羣籍。見古人有片善可稱聞於天子有司。天子有司亦修禮待之。不苟。臣既學文於古聖人。言皆信之。謂肖賢待問上國。必見上國禮無幾。前年臣年二十三。學文立成。為州縣察臣。臣得備下土貢士之數。到闕下月餘。待命有司。始見貢院懸板樣。立束縛檢束之。自勘磨狀書。劇責與吏胥等倫。臣幸狀書備不被駮放。得引到尚書試。試之日。見八百人盡手携脂燭水炭。洎朝晡餐器。或荷於肩。或提於席。為吏胥縱慢聲大呼其名氏。試者突入棘圍重重。乃分坐廡下。寒餘雪飛。單席在地。嗚呼。唐虞闢門。三代貢士。未有此慢易者也。臣見今天下之貢士既如此。有司待之又如此。乃益大不信古聖人言。及覩今之甲賦律詩。皆是偷拆經誥。侮聖人之言者。乃知非聖人之徒也。臣伏見國朝開進士一門。苟有登升者。皆資之為宰相公侯卿大夫。則此門固不輕矣。凡將為公侯卿相者。非賢人君子不可。有司坐舉子於寒廡冷地。是比僕隸以下。非所以見徵賢之意也。施棘圍以截遮。是疑之賊姦徒黨。非所以示忠直之節也。試甲賦律詩。是待之以雕蟲微藝。非所以觀人文化成之道也。有司之不知其為弊若此。臣恐賢人君子遠去不肯汙辱為陛下用。且指近陳之。今四方貢珠玉金銀。有司則以篋篚皮幣承之。貢賢才俊乂。有司以單席冷地承之。是彰陛下輕賢才而重金玉也。賢才恥之。臣亦恥之。臣又見每歲禮部格下天下。未有不言察訪行實無頗邪。然後上貢。苟不如格。抵罪舉主。臣初見之。竊獨心賀。謂三代之風。必作於今日。及格既下。而法不下。是以歲有無藝朋黨譁然扇突不可絕。此又徒用格為徒亂人耳。又於格中程之人數。毋歲多者

固不出三十。少或不滿二十。此又天子納士之心也。何以言之。今日月出沒。皆為陛下內地。自漸海流沙。朔南周環綿億萬千里。其間異氣所鍾。生英豪俊彥固不少矣。若陛下明詔必以禮舉之。忽一歲之內。有百數元凱揚馬之才德者來之。則有司必曰。吾格取二十而黜八十。是為求賢耶。遺賢耶。若有司以僕隸待之。忽一歲之內負才德來者無十數輩。則有司必曰吾校二十。是繆收其半。徒足滿人數。是為取才耶。取合格耶。其不可先定人數亦昭昭矣。向之數事。臣久為陛下疾有司不供職。使聖朝取士首科。委執地矣。臣寒微若此。出言不足以定貢士之得失。然百慮之中。或幾一得之。臣竊欲陛下詔有司按三代故事。明修格文。使天下入貢者。皆茂行實。不拘人數。其不茂行實。法與之隨。此為澄源。源既澄。則來者皆向方矣。俾有司加嚴禮待之。舉六義試之。試之時。免自擔荷。廊廡之下。特設茵榻。陳爐火脂燭。設朝晡飯饌。則前日之病庶幾其有瘳矣。人人知天子重賢獎士之道勝氣塗漫如此。士之立身。無不由正以成之者。為士身正。則公卿正。公卿正。未有天下不治者。天下治而陛下求不垂拱以高揖羲軒。不可得也。苟不如此。則士之求名。無不由邪以成者。為士邪。未有公卿不邪者。公卿邪。未有天下而治者。天下不治。而陛下欲不役聖慮而憂黔首。不可得也。臣雖至愚。以此觀之。知貢士之道所繫尤重。是以願輸血誠以正此門。陛下無以臣跡在貢士中。疑臣自謂。臣雖不敏。竊窺太常一第不為難得。何以明之。若使臣為今日貢士之體。事便辟巧佞。馳騖關鍵。固非臣之所不能也。恥不為也。故臣以頑才干有司。得之固無忝。不得則納屨而去。蹤跡巢由。以樂陛下熙熙之化。何往而無泉石之快哉。伏惟陛下留神獨聽。天下之幸也。於臣何幸。

歷代名臣奏議卷之一百六十三

歷代名臣奏議卷之一百六十四

選舉

宋太宗時梁顥初舉進士不中第留闕下獻䟽曰臣歷觀史籍唐氏之御天下也列聖間出人文闡燿尚且渴於共治旁求多彦設科之選逾四十等當時秉筆之士彬彬翔集表著所以左右前後有忠有良導化原樹治本者尊三百年得人之由也五代不競茲制日淪國家與儒追風三代方今科名之設俊造畢臻秉筆者如林趨選者如雲貢於諸侯考於春官陛下躬臨慎擇必盡至公奈何所取不出於詩賦策論簡於心者援而陟之咈於心者推而黜之寧無濫陟枉黜之失耶其間闒茸妄進濫廁科場者間亦有之若曰陛下嘉惠孤寒沉滯之士罔計賢否悉拔而登之一視同仁臣竊謂此非確論蓋聖人在上則內君子而外小人若薰蕕同器甚非所以正人倫厚風俗也況丘園之下豈無宏才茂德之士陛下誠能設科以擢異等之士俾陳古今之治亂君臣之得失生民之休戚賢愚之用舍庶幾有益於治不特詩賦論策之小技以應有司之求而已䟽上不報

真宗咸平元年右司諫孫何上奏曰臣聞王化基乎儒學而治本根于文章故歷代取人必先文學之士賢輔名將良二千石皆由此途出所謂學非解詁句讀之學也必可以財成制度彌縫治助厥化者焉所謂文非聲病偶對之文也必可以寅亮經綸壽吾民致吾君者焉唐虞夏商簡畧難詳炳煥可法時唯宗周始之以鄉舉里選終之以察言觀行多士之脉由茲而興垂之百王宜無愧色漢懲戰國亡秦之弊追用周制旌表孝悌簡拔茂異或待之不次或歸之常調苟不以納粟拜爵入貲為郎凜然古風庶幾而後由魏而下迄于陳隋規模齷齪無足比數唐五代之末斟酌沿革參用古今紀綱四方牢籠俊乂失在禮部得於制舉禮部之失進士明經等科是也制舉所得賢良方正等科是也凡進士明經等科前所謂解詁句讀聲病偶對者也非失而何凡賢良方正等科前所謂財成制度寅亮經綸者也非得而何然是時流品洞分除授有別禮部所第不過典校辟署郡掾縣佐曠日持久未出平遷制舉所得必皆遺補館殿臺郎御史匪朝伊夕奮為公輔故所失無大害所得必大利事在前史可覆而驗李唐將季干戈日尋無用之詞勝化成之文廢始罷制舉專取禮部五代執守以為故事雖復朝野多故戎馬荐生至於文物寂寥治道蕪雜衣冠千計無一赫赫之稱者未必不由於此國家有天下四十年矣廓土闢宇芟逆夷亂高視百代巍為太平寤寐雋賢勵精貢舉樂才嗜善曼無與隣然猶未復賢良方正等科清途華貫唯以進士明經遞資而升豈不念林壑非常之士或有遺棄者乎豈不念臺閣所進之人或有僭濫者乎豈不念群官庶尹或有才畧無以自發者乎豈不念一日萬機或有遺闕無以上達者乎豈不念取士之制因循近例不可為子孫法者乎意者群有司百執事未之思耶將茲事體大非賤臣之所知耶不然何當置而未置當復而未復如此之久耶是則士傳言庶人竊議不為僭矣

何又上奏曰臣聞書稱教冑子有虞庠辟雍之文易載賓王有鄉舉里選之制皆所以導王化育官材牢籠英雄陶冶風俗必見推於太學方獲譽於公朝從古洎今斯道不易東漢則諸生三萬李唐則學生八千上所柬求必由此出亦有定茲歲貢擇彼時英或州舉謂之茂才或公車宣為有道縣次給食俾與計偕下詔雖頻申選尤寡及乎孝廉立格進士設科尚皆聘自高年召從太守上中下郡人數有差餘皆附學讀書方得上名禮部其後士風澆薄世態銷刓賤古道

於儒宮慕他歧於天府闒茸之士。始入泮林。拔豪之流。例趨京兆。而又兵戈繼起。經制莫存。絃誦之義。皆亡。郡縣之學。盡廢。原乎所以。抑有其由。蓋以定令之初。綱條踈闊。只館升降。縱限門蔭之高卑。兩京薦論。曾無科禁。以寵華。遂令淺俗扇以成風。外地絶無學生。神州悉號鄉貢。下至工商雜類。方遊太學廣文。伏見近降明制。懲科場之積弊。立貢士之新規。申命有司。十取其二。違則有辟。令在必行。斯實聖哲敎導之方。朝廷畫一之法。然臣以為尚有未盡者。請為陛下陳之。夫理歸宗極。事有根源。將陳救弊之謀。須有從長之論。且生徒棄本。為日斯多。庠序不修。其來自久。國家必欲開孤進之路。闢至公之門。莫若再舉令文。復嚴經術。使寒畯之士。由鄉里以升聞。世祿之家。自成均而出仕。太學不得補庶人之子。神州不得貢鄉士之門。貴介綺羅。府送者有罪。草莽韋布。監牧者黜官。其外郡或駢繁縣之冨庶者。

按舊典。重立學官。俾選耆儒碩生。為之博士。助教精加課試。公與薦延。歲終。仍依新條限以人數。發解必有軼羣之異行。拔俗之英才。非由鄉庠。亦許公議。得其士。受薦賢之賞。非其人。坐謬舉之刑。尋常之流。亡。準上法。易貴變而能久。政在改而更張。臣謂此令既行。可使斯文復振。豈直四科取士。自當三代同風。難者或曰。今古異宜。質文迭用。但求至藝。匆繫前言。此又委巷之談。陋儒之見。夫以文取士。既已失之。取之乖方。弊將安救。今士子目為鄉舉。其實自媒。贄技於郡府之門。關節於公卿之第。屬詞比事。合格者不過彫蟲。任傳棄經。入流者未逾章句。若不收之學校。選自州閭。豐應他時。益成薄俗。茲事體大。惟陛下特達而行之。臣出身之初。亦自府解。豈敢忘本。遽陳此謀。蓋目擊輕浮。心知謬濫。是以冒不測之罪。罄狂夫之言。

三年。知泰州田錫上奏曰。臣竊惟唐設制科。有道。侔伊呂科。有識洞韜略堪任將帥科。有賢良方正直言極諫科。自太祖朝。兵部尚書張昭奏請興制舉。乎持據所奏。前代制舉內選置三科。一賢良方正能直言極諫科。二經學優深可為師法科。一詳閑吏理達於敎化科。勅文略曰。應天下諸色人中。不限前資任職官黃衣草澤。等並可應詔送吏部。試策論三道。共三千言。以當日內取文理俱優。人物爽秀者。方得解送。其登朝官亦許上表自舉。雖設制科之名。未盡取人之理。何以明之。夫漢詔取人。不限對策字數。隨其所對。盡其所見。故孝文時晁錯對策。不過二千字。孝武時董仲舒對策。不過二千餘字。然上覽之而異焉。乃復策之。凡詔策三問。而所對皆不及二千餘字。消公孫弘答策。纔五百餘字。然漢之得賢良。斯為盛矣。觀董仲舒所對策三道。亦非以當日內成。今但依漢之取人。則董晁公孫輩。不獨漢有也。

天禧元年。禮部員外郎直集賢院李諮上奏曰。臣伏覩近降詔書。應內職三司副使諸司使。升朝官正言監察已上。各於見任知州通判知縣縣令內奏舉一員者。此蓋陛下順考古道。啓迪鴻猷。顧萬務之至繁。思衆才之共理。遂申命於執事。俾各舉於所知。冀英俊無沉陸之嗟。而朝廷有得人之盛。斯實治國掄材之要道也。若乃舉不失德。式副於明揚。如或稱匪其人。曷資於委用。恭以詔旨云。升朝官正言監察已上。即是南宮員外郎已上。皆得舉官也。伏以國家荷錫祚之珍符。悟開先之寶系。喬丘檢玉。雖壞瘞牲。修曠絶之上儀。沛厖鴻之渥澤。注濊有同於雲露。涵濡靡間於蓼蕭。絲綸併示於均禧。簪紱盡令於進秩。垂紳文陛。雖謂於才升。應宿仙曹。或由於恩授。亦有身居散地。職異親民。若令一槩舉官。實恐未能作哲。臣以謂舉官之道。不如精擇舉主。若得其人。則所舉之官自然不謬矣。昔鮑叔之薦管仲。

子桑之知孟明。祁奚之稱解狐。胥臣之任郤缺。率皆成功立事。垂範作則。傳稱唯其善故能舉其類者。蓋謂此也。臣欲乞自職諸司使。及正言監察已上。須歷任已來。別無贓污及不是見監臨場務者。方得依所降詔勅舉官。然後據其所舉之人。載詢淑慝。重覈幽明。儻肆欺誣。嚴行黜削。如此。則圭符之吏。必獲於循良。銅墨之官。免貽於貪冒。選衆責實。或近於斯。臣早以庸材。遭逢亨會。仰荷生成之施。敢忘補報之心。雖芻蕘之至微。亦睿聖之攸擇。

仁宗寶元二年。知諫院富弼上奏曰。臣伏覩載籍自古取士。無如本朝路狹。三代以往。不復紀列。兩漢而下。歷南北朝及隋唐十餘代。取士之法。各有科條。大率如賢良孝廉孝弟力田明經秀才進士。唐又添制舉五十餘科。此外又許藩鎮辟召。及諸色人薦舉。亦許自薦拜官。歷代求人。唯務廣博。所以天下懷才抱器之士。無不牢籠收攬。盡為朝廷之所用也。國家取人。唯有進士明經二科。雖近設制舉。亦又取人不多。是三者。大抵只考文辭念誦而已。天下之士。有大才大行。而賦性不能為文辭就舉試者。率皆遺之。臣切思近年數牓以來。放及第者。如河北河東陝西此三路之人。所得絕少者何。蓋此處人物稟性質魯。不能為文辭中程試。故皆老於科場。至死不能得一官。豈三路之人。獨不樂富貴哉。蓋求之而不得也。今縱有稍在顯官者。亦不過三五人而已。此數路之人。雖不能為文辭。若其大才大行。及強悍奸雄。則諸路不及。向時天下無事。則此等人或在場屋。或在農畝。或為商賈。或為僧道。屈伏不能有所為。但怨望思亂而已。今昊賊寇邊。西陲用武。覆軍殺將。中外震恐。兵寡糧匱。調發無所。當是之時。乃此等人踴躍快意。皆欲助賊為患。或更有盜賊也。聚則為之倡首。驚劫州縣。自圖富貴之時也。其間忠義者。尚思因時騁也。而願為朝廷之用者。然朝廷至今未悟。不加搜訪。臣恐為他人所得。則中國處處皆為敵國也。臣伏見漢高祖作歌曰。安得猛士兮守四方。武帝又親作詔。令州郡察吏民。舉可為將相及使絕域者。唐高祖亦勅關內河東諸州。召募勇敢。以討吐蕃。此皆前王所行。而有濟時用者也。臣又見朝廷向來所用之人。多至敗事。雖切求人。未見可者。陛下勿謂在官皆人傑。而民間無復有人。臣欲乞條列名目。如臨難不顧。勇敢絕倫。武足安邊。才任將帥。武藝超衆。智謀宏遠。并可使絕域之類。列十餘條。特降手詔。下陝西河北河東京東京西路轉運使副。提點刑獄。及諸州長吏。仰依上項名目。察訪舉奏。不拘人物。不限人類。能作文字者。即試以策問。勿限字數。不能為文者。但令直說事狀。或口陳方畧。亦許詣闕自薦。仍各量給裝錢。如審知可用。即文武資中隨其所欲。量高下補授。如此。必然得人。伏緣太平已久。武人在顯位者。或以

恩澤進。或以年勞陞。自餘門蔭雜調。皆是常人。不聞自孤寒中才武擢用。臣所以謂非常人多在民間。自是不求。或求之不至。若果行此。必非虛設。今歲或有貢舉兼之不妨。若貢舉權罷。獨行此詔。亦不失人。

慶曆元年。弼為右正言知制誥。上奏曰。臣伏以取士之道。為國家之大務也。三代兩漢。專求行實。是以風俗淳厚。百職修舉。隋唐之際。純用文辭。以篇賦相高。以聲譽相尚。公卿將相。於是乎出。國朝沿隋唐之制。以進士取人。祇採辭華。不求行實。雖間設制舉。然大率亦以章句為務。是以擇之彌謹。而失之愈疎。且以陛下臨御以來計之。積二十年。所得不減三千餘人。其間確然為名公巨賢者無幾。近日竊見朝廷欲選一二良吏。而終未能得。其故何哉。蓋入仕之初。但取空文。不求實才實行之所致也。今天下多事。邊鄙未寧。若不求人。將何以

濟求人之本唯科場最大科場之法行之已久盡華則駭衆不華則之人臣欲今後科場考試以策論為先校度所放人數且取其半餘半詔天下諸州於境內搜訪土著之人自來為鄉黨所推或德行純備或志節方勁或學識該敏或智畧詳明或有才可以治民或知兵可以禦敵如此之類者仰逐州官吏同共察訪委實應得上項條目即具名聞奏仍以州郡大小限其人數命長吏以禮津遣年終集于都下朝廷再加較試量高下擢用若舉薦不當明行降黜或所舉得人則優與酬賞昔漢尚書令左雄建明孝廉之法頒下郡國是時濟陰太守胡廣等十餘人皆坐謬舉黜免唯汝南陳蕃潁川李膺下邳陳球等三十餘人得拜郎中自是牧守畏慄莫敢輕舉東漢得人之盛惟此為最伏惟陛下勉而行之不數年當盡得天下實才實行之士萃於朝廷緩急應用百務俱理又何患之人哉必若行此取士之

數不加而得人之實則多矣至於明經選試尤為無法乞今後不較字數專以經中否為格仍試時務策三道以定高下每歲所放人數祇取其半自然得人而不至冗矣

吏部尚書夏竦論制貢舉疏曰伏以隋設進士之科唐氏特隆其選歲登牓帖不遠三十賢儁之器將相之具在其選中諒不虛語然主司慎選弊於回撓豪右角逐之衢是非鋒起之場進孤寒則道直而有悔私權貴則道枉而無咎貢舉之間因循滋弊國家大設場屋旁求髦儁雖搜賢之禮侔於虞夏而登科之士冗於隋唐濫者或輩進材者或旅退薦書未達於冕旒馳聲已滿於塗路求夫厥由其弊斯在始則天下州郡薦送冗雜稅調已先秋賦里選何有至公擇官一郡選賢數縣錚錚佼佼推為翹楚故大藩動盈百數支郡不遠百里一賢無乃多矣次則省試有司優容過當或以三應五上華顛鮐背甘對揚金殿授薦邊城皆蒙姑息取預科級明試之道無乃遠乎若萬方上計扃鍵貢闈衣冠鱗萃而萬數卷軸山積而億計良苦相雜精粗交半銓品之官不踰五員考試之限不越三旬雖周孔無以施其鑒荀孟無以展其材況主司不一好尚差殊學古者注意於策論脩辭者宅心於詩賦簡畧者鄙其閎衍綺麗者輕其質直鑒裁既紛品題乃惑緇素無常色金土無定價燕雀遇便風則高翔千仞蛟龍無尺水則困於泥塗故工拙之狀多乖外望躁競之士騰口謗議為朝廷計者莫若改立制度頒下郡國自今本道舉人各於都會取解專委輸運之使慎擇秋賦之官選采良士上名禮部朝廷於是選官十員立限一季先則品題所業次乃詳考呈試不得以場籍年齒御試遠人妄分條目濫居等級但詩賦策論俱善為上等詩賦優而策論劣策論優而詩賦劣者為中第自餘不逮皆從駁放擇材而升

不限其數奏名之日則牓列程試合格者自省門而右冊筆題注明下臧否標其警策之辭識其疵纇之語凡於卷末統論得失合送合落各令知悉如有不當並聽言上是則主司無啓倖之門薄徒有知過之心進人以禮退人以禮必也是乎

右正言孫沔乞定蔭補奏曰臣伏覩國朝自景德祥符間屢行大禮旁流慶澤凡文資自帶職員外郎武職自諸司副使已上每遇南郊及知雜御史已上遂年聖節並許奏蔭子孫弟姪雖推恩至深而永式未立令臣寮之家皇親母后外族皆得奏薦略無定數多至一二十人少不下五七人不限才愚縣居祿仕未離襁褓已列簪紳或自田畝而來或從市井而起官常之位已著而僕隸之態猶存是則將國家有數之品名給人臣無厭之私惠故使父兄不知教訓子弟不修藝業俾之從政以害民若不急為更張已見積成弊倖欲乞今

後帶職員外郎正郎只許蔭敘一名子弟少卿給諫二人丞郎三人尚書四人僕射已上五人致仕及物故各更與一名武職等次比類官品皇親毋后之族及兩府大臣亦乞約立人數用分等級臣叨司遺事合舉大綱伏望聖慈特差近上臣寮定其久制以為萬世之法

三年知諫院歐陽脩上疏曰臣伏見朝廷選任百官文武煞用文官在選者各以舉主遷京朝官其閒雖容時有濫冒然孤寒有才行之人亦往往獲進惟有武官中近下班行並無賢愚分別一例以年歲遞遷自借職得至供奉官須是三十餘年使賢愚同滯而國家緩急要人使用無由知其能否或要人使則臨時只看脚色點差多是不副所選臣謂班行入仕之人雖多端然其中亦極有才能可任用者但國家舉選之法全未精博臣欲乞將近下班行比類選人別立舉官之法凡無人舉者官有所歩更不例遷有舉主者方與遷轉或且令無舉主者依舊年限遷轉將有舉主者別作任使仍乞嚴為約束重其連坐之法使舉者不容冒濫則才與不才漸可分別而用人不濫況今四方多事天下都監巡檢監當之類盡要得人方能集事不必邊任并閤職方用舉薦其他要切使喚處多如允臣所請乞付樞密院商量立定法制頒行

脩論臺官資考劄子曰臣伏見御史臺闕官近制令兩制并中丞輪次舉人遂致所舉多非其才罕能稱職如昨來蘇紳舉馬端却煩朝廷別有行遣臣謂今兩制之中姦邪者未能盡去若不更近制則輪次所及須令舉人近聞梁適舉王礪燕度充臺官其人以適在姦邪之目各懷愧醜懼其污染風聞皆欲不就以此言之舉官當先擇舉主臣欲乞今後只令中丞舉人或特選舉主仍見官班中雖有好人多以資考未及遂致所舉非人者皆為且就資例可入仍乞不限資考惟擇材堪者為之況臺中自有裏行之職以待資淺之人仍乞重定舉官之法有不稱職連坐舉主重為約束以防偽濫庶幾稱職可振綱紀

脩又上劄子曰臣近曾上言為臺官闕人乞不依資限選舉仍乞添置裏行所貴得材可以稱職竊聞近詔宋祁舉人依前只用資例又未見議復裏行臣竊嘆方今事無大小皆知其弊不肯更改凡臺官舉人須得三丞已上成資通判此例起自近年然近年臺官無一人可稱者近日臺官至有彈教坊倭子鄭州來者朝中傳以為笑其臺憲非才近歲尤甚是此例不可用明矣然而寧用不材以曠職不肯變例以求人今限以資例則取人之路狹不限資例則取人之路廣廣之猶恐無人何況專守其狹若使資例及者入三院未及者為裏行又於差除都不妨礙況今四方多事之際揚威出使正要得人臣今欲乞特降指揮令舉官自京官已上不問差遣次第惟材是舉使資淺者為裏行資深者入三院臣見前後舉臺官者多狥親戚舉既非材人或問之則曰朝廷用資限致別無人可舉今若革此繆例責其惟材是舉則不敢不舉好人所與漸振臺綱免取非笑

四年脩論貢舉劄子曰臣竊聞近有臣寮上言請改更貢舉進士所試詩賦策論先後事已下兩制詳議伏以貢舉之法用之已久則弊當變然臣謂必先知致弊之因方可言變法之利今貢舉之失者患在有司取人先詩賦而後策論使學者不根經術不本道理但能誦詩賦節抄六帖初學記之類者便可剽盜偶儷以應試格而童年新學全不曉事之人往往幸而中選此舉子之弊也今為考官者非不欲精較能否務得賢材而常恨不能如意太半容於繆濫者患在詩賦策論通同雜考人數既衆而文卷又多使考者心識勞而愈昏

是非紛而益惑故於取捨往往失之者此有司之弊也故臣謂先宜知此二弊之源方可言變法之利今之可變者知先詩賦為舉子之弊則當重策論知通考紛多為有司之弊則當隨場去留而後可使學者不能濫選考者不至疲勞今若不改通考之法而但更其試日之先後則於革弊未盡其方凡臣所請者若漫然泛言之恐不能盡其利害請借二千人為率以明變法之便謹條于左

凡貢舉舊法若二千人就試常額不過選五百人今是於詩賦策論六千卷中選五百人而日限又迫使考試之官廢寢食疲心竭慮因勞致昏故雖有公心而所選多濫此舊法之弊也今臣所請者寬其日限而先試以策而考之擇其文辭鄙惡者文意顛倒重雜者不識題者不知故實略而不對所問者誤引事迹者雖能成文而理識乖誕者雜犯舊格不考式者凡此七等

之人先去之計於二千人可去五六百以其留者次試以論又如前法而考之又可去其二三百其留而試詩賦者不過千人矣於千人而選五百則少而易考不至勞昏考而精當則盡善矣縱使考之不精亦選者不至大濫蓋其節抄剽盜之人皆以先經策論去之矣比及詩賦皆是已經策論粗有學問理識不至乖誕之人縱使詩賦不工亦足以中選矣如此可使童年新學全不曉事之人無由而進此臣所謂變法必須隨場去留然後能革舊弊者也其外州解送到且當博採祇可盡令試策要在南省精選若省牓奏人至精則殿試易為之考矣故臣但言南省之法此其大槩也其高下之等仍乞細加詳定大率當以策論為先

右臣所陳伏乞特加詳覽苟有可採即乞降付有司與前所上言參同詳議著于令式

脩又上詳定貢舉條狀曰臣等準勑差詳定貢舉條制者伏以取士之方必求其實用人之術當盡其材今教不本於學校士不察於鄉里則不能覈名實有司束以聲病學者專於記誦則不足盡人材此獻議者所共以為言也臣等參考衆說擇其便於今者莫若使士皆土著而教之於學校然後州縣察其履行則學者修飭矣故為學制合保薦送之法夫上之所好下之所趨也今先策論則文辭者留心於治亂矣簡其程式則閎博者得以馳騁矣問以大義則執經者不專於記誦矣故為先策論過落簡詩賦考式問諸科大義之法此數者其大要也其詩賦之未能自肆者雜用今體經術之未能亟通者尚依舊科則中常之人皆可勉及矣此所謂盡人之材者也其通禮一有司之所習及州郡封彌謄錄進士諸科帖經之類皆細碎而無

益者一切罷之凡其所為皆申之以賞罰而勸焉如此則養士有素取材不遺苟可施行望賜裁擇

五年脩上論學士差除疏曰臣近見翰林學士蘇紳葉清臣等相繼解職風聞侍從之臣內有奸險小人頗急經營爭先進用至有喧忿之語傳聞中外既虧廉遜之風又損朝廷之體臣伏思翰林學士職重於唐世乃是天子親信朝夕謀議內助之臣當時號為內相故其進用尤極精選只取材識不限資品往往自州縣官擢而拜者國朝近歲於此一職頗非其人既其材識愚下不足以備訪問人主因之薄其待遇亦漸疎外同於冗官遂容小人得以濫進臣思其弊蓋由不合令中書依資差除且學士之職本要內助天子講論外朝闕失今若卻令中書除人置於內制則是恩出中書之人雖在天子左右與無同也伏乞自今後翰林學士不必足員用人不限資品但擇有

才望正人堪充者出自聖意擢用以杜小人爭進之端而天子左右更無奸邪之人庶清侍臣之列。

脩爲龍圖直閣學士河北轉運使上奏曰臣近准御史臺牒爲臣寮上言待制以上舉省府推判官轉運使副等事奉聖旨去年勑命更不行用令臣知悉者臣竊詳臣僚上言悉涉虛妄蓋因近日陛下進退大臣改更庶事小人希合欺罔天聰臣試請辨之據上言者云若令兩制以上保舉則下長奔競之路方今上自朝廷下至州縣保舉之法多矣只如臺官亦是兩制以上舉以至大理詳斷審刑詳議刑部詳覆等官三路知州知縣通判選人令改京官學官入國學班行選閤職武臣充將領選人入縣令下至天下茶鹽場務權場及課利多處酒務凡要切差遣無大小盡用保舉之法皆不聞以奔競而廢之豈可獨於省府等官獨長奔競而可廢此其欺妄可知也上言者又云遂令端士並起馳騖且馳騖盡係小人豈名端士至如自來舉官之法多矣豈能盡絕小人干求況自頒新勑以來何人舊是端士頓然改節馳騖於何門而得舉乞賜推究姓名若果無之則見其欺妄可知也上言者又云不因請託人莫肯言此又厚誣之甚也今內外臣寮無大小曾受人舉者十八九豈可盡因請託而得自兩府大臣而下至外處通判以上人人各曾舉官豈可盡因請託而舉若云其他舉官不因請託只此勑舉官須請託即非臣所知也今兩制之中好人不少繁難要切之地皆已委信任用豈可不如外郡通判等不堪委任舉官況兩制之臣除此勑外亦更別許舉官豈可舉他官則盡公唯此勑則頓徇私請此其欺妄可知也又云每歲舉一百五十人致人多而爭差遣臣算一人有三人舉主方敢望差遣一百五十人須一歲內有四百五十員兩制爲舉主今兩制不及五十人使人

人歲舉三人即纔各是一人舉主豈敢便爭差遣況有不曾舉人者或舉不及三人者乞賜檢會去年終兩制以上舉到人數便可知其恣情欺妄也近日改更政令甚多唯此一事尤易辨明故臣不避煩言而辨者伏冀陛下因此深悟小人希合而欺妄也緣自去年陛下用范仲淹富弼在兩府值累年盜賊頻起天下官吏多不得力因此屢建舉官之議然亦不是自出意見皆先檢祖宗故事請陛下擇而行之所以元降勑文首引國書爲言是也當時臣僚並不論議近因仲淹等出外與朝廷經畫邊事讒嫉之人見其不在左右百端攻擊不已此事朝廷不暇審察便與施行臣昨見富弼自至河北緣山傍海經畫勤勞河北人皆云自來未有大臣如此其經畫所得事亦不少歸至國門臨入而出使河北官吏軍民見其盡忠而不知其罪狀小人惟務希合又不爲朝廷惜事體凡事攻擊至今未已況朝廷用人屢有進退豈有一人纔出便不問是非盡改所行之事若大臣一度進退政令一度改更如此紛紜豈有定制伏望陛下重察愛憎之私辨其虛實之說凡於政令更審改張臣檢察元降舉官勑意亦是於國書檢用祖宗所行之法今上言者卻云因諫官論列致差遣不定而有更張事涉臣身不敢自辨然臣在諫省日言事無狀致令來臣寮皆以爲辭豈可尚冒寵榮不能自劾請從黜罰以弭人言臣伏見陛下聖德仁慈保全忠正之士進退之際各有恩意此所以能使忠臣義士忘身報國至死而不已也其今後臣寮希附上言攻擊前兩府所行之事乞賜辨明擇其實有不便者方與改更庶全大體則天下幸甚臣伏見去年八月二日元降勑命節文云比於國書擇諸治要見其官人之際尤重外臺之選又云然其進任必屬近臣又云告示賞罰之命皆三朝之攸行此是元議舉官因依乞賜詳酌

至和中。脩為翰林學士。又上奏曰。臣近准勅。為見闕臺官。下學士院令臣與孫抃等。同共保舉兩人聞奏者。伏以學士之職。置自有唐。初以文辭供奉人主。其後漸見親信。至於朝廷機密。及大除拜。每被詢訪。皆與參決。當時居是職者。選擇既精。信任亦重。下至五代。莫不皆然。國朝遂用唐制。尤重其任。自比年以來。選用之際。時容謬濫。職以人廢。官以人輕。往時臺官闕人。只命學士一員獨舉。今乃令三人共舉。若以為俱可信。則一員只以公舉。若以為俱不可信。則雖衆舉亦豈為得人。若以為有可信有不可信。則自宜捨不可信者。專委可信者。其不可信者。既不稱職。罷黜之可也。以臣思之。朝廷所以遽改舊制。而學士不足取信。皆由用非其人。如臣是也。今在院學士三員。孫抃。胡宿。各曾獨舉臺官。朝廷嘗所取信。唯臣未曾舉人。伏念臣才識庸暗。不能知之。使臣隨衆書名。則臣為恥。欲三人所見皆一。則理必

不能。欲望聖慈免臣共舉。却依舊例。只命學士一員專舉。況孫抃胡宿。嘗曾舉官。可以不疑。如以臣為不可獨任。乞候將來續有臺官員闕。更不差臣專舉。非敢避事。直以任非其才。不足取信。致煩朝廷改更舊制。以此不敢不言。

脩判流內銓。又上奏曰。臣勘會銓司近年選人倍多。員闕常少。待闕者多是孤寒貧乏之人。得替住京。動經年歲。遇有合入闕次。多被權貴之家。將子弟親戚陳乞。便行衝改。或已注授者。且合待闕。或纔到任者。即被對移。只就權貴勾當家私。不問孤寒便與不便。兼臣所見臣寮陳乞。多非急切事故。或云近便鄉里。或云看覷墳塋。僥倖希求。妄託名目。孤寒阻滯。徒益怨嗟。臣欲乞今後臣寮須有急切事故。如委任邊寄。不許般家。及致仕分司。丁憂病患之類。方許陳乞子弟差遣。其餘雖無事故。自將恩澤陳乞者。許銓司勘會。如已注人者。更不改注。已到任者。更不衝移。並令別具陳乞。仍不許連併陳乞而任。如允臣所請。乞下銓司遵守施行。

脩兼三班院。又上奏曰。臣勘會本班見管使臣。至八千餘員。其入仕之源。既已冗濫。及差遣之際。又多有因緣附權貴者。僥倖多門。致孤寒者怨嗟不已。伏見近年文武臣寮出外任者。多帶指使隨行。不久便奏乞監押巡檢差遣。仍多指定去處陳乞。亦有元只是諸司職掌人奏帶隨行。後來改轉班行。並不曾歷短使監當差遣。便入監押巡檢親民。亦無合入遠近路分。取便指射有職田處。朝廷以重違臣寮奏請。更不勘會差遣資序路分遠近合與不合入。得便行差除。相繼成例。近日漸多。合行釐革。臣今欲乞今後臣寮奏帶隨行指使之人。及三年以上。並只與理為一任。候歸班依例差遣外。更不得陳乞差遣。所貴止絕僥倖。

慶曆六年六月。吳育上奏曰。臣伏以三代以來。取士之盛。莫若漢唐。惟漢之興。高惠所未遑暇。至文帝十五年九月。詔舉賢良文學之士。上親策之。則有若晁錯者出焉。是時無災異而舉也。至武帝建元元年冬十月。詔舉賢良對策。則有若董仲舒公孫弘者出焉。所學亦不因災異。但策中語或及者。亦陳事之一端耳。非專主災異而舉也。唐開元元年六月甲子制。其茂才異等。咸令自舉。是年設直言極諫科。迨憲宗元和間。制科尤盛。有元稹白居易。皆特出之才。觀當時策目所訪者。皇王之要道。邦家之大務。可以覆視。固不專於災異也。此漢唐故事有足據者。其間不因天變。非時親策者。則亦有之。厥後時君或常自逸。謂無闕政。及天災已著。時蠹已形。然後下詔舉之。欲救於臨事。此則取士之弊風。而後王之未遠也。豈足以師為高矩哉。陛下自復制科。于今累年。隨貢舉而開。既數適中。忽以一人之言。欲議

變常之制若必俟災譴然後詔舉非唯失設科之本意且尤不可者三一則天下賢儁滯淹之士待災異而致身非所以養廉耻也二則平居不詢變形乃問非所以懼無災也三則輕改信令示天下無渴士之心非所以廣賢路也且漢唐所立孝廉及進士等科皆每歲常選故制舉不隨而闕今禮闈凡數年一啓以制舉隨之則事適其宜何害於事況災異之出不常厥期或彌年所無則此舉奚設或比歲而有則於事太煩既不因乎天災又不隨乎貢舉而曰非時詔舉浩無端倪乃是遂廢此科將兼稍詢則言路有闕餼羊一去則禮制都亡今無故而更張使遺才絕望其傷國體不亦大乎乞幷下臣奏令兩制詳定若漢唐故事非專為災異而設則宜當執守毋令輕變以惑羣心臣嘗應制舉毋容不知知而不言於罪為大

八年御史何郯上奏曰臣伏見近日臣寮累有舉奏近上內臣乞陞進職任差遣朝廷亦多從其請盼其事體於理非便緣內臣雖在外任遇赴闕奏請公事非時出入禁中於陛下左右最為親近或有干請易為通達不宜外臣與之交結以長弊倖況外臣薦舉內臣本亦不為朝廷擇人皆是希附恩倖為因緣進取之階此風不除必敗綱紀伏望聖慈特降指揮戒約內外文武臣寮自今更不許舉薦近上內臣若奏狀下中書樞密院亦望不行其間或有不可任使之人則乞從朝廷選擇如此則使中外之臣各有分守可以杜苞苴請托之弊

左司諫錢彥遠上奏曰臣伏以生民休戚繫於牧宰當國家委寄非有才識學術則為政疏矣朝廷授受之際固小文常事而千里取舍倚新人故漢宣帝云與我共此者唯良二千石本朝太祖皇帝嘗曰下〻蠹〻分蔽蠹藩侯不為蠹養朕斷不容之誠聖人之深見遠慮知治天下之本在此而近歲審官院推擇知州並不以賢愚器識而遴止用資考與至院後令自占員闕差定其間或面牆經術庸猥冗瑣老耄罷癃殘虐貪暴混淆雜進不敢裁黜暨拜吏而出豈復究心政事惟計圭田多少市估重輕苞苴捆載以濟所欲不然酷刑罰以快怒心飾廚傳以邀妄譽雖有循理君子苟身遠譽寡無階朝廷則汨沒下流不能自振監司薦舉亦為虛名而庸鄙淺人坐享厚祿通都會府積日可至況今諸道水沴螟害荐臻民之性命責在長吏若圖朝夕近効誠亦未可頓少革弊事漸期蘇息具管見如左

一欲乞天下知州除藩方舊除兩省以上及節將判知沿邊武臣外其餘州軍民並依故事量大小要劇分緊望上中下五等其緊望州送中書門下除上中下送審官院

一乞先命兩省官以上於曾任知州成資人內各舉一人須是履行絜白才識政事優長者送中書門下更令咨訪銓擇才器名實委能相副令分知緊州如任內政績有聞特行超擢其所舉官亦乞獎拔如不稱職業貪猥阿枉并坐所舉官重行黜責

一上州乞令審官院未以先次名目差定揀選合入知州人歷任內曾有兩省已上臣寮轉運使副提刑朝臣共七人保舉及曾知中州成資有勞績人除授仍委中書門下於都堂坐引與相見訪其學蘊測其器度堪任牧長者方許降勅如知上州任內政績殊絕即令審官院磨勘引見送名中書門下亦與緊望州其勞績即不得以催驅省稅理欠負除破應在課利增溢為數須是的為生民興利除害衆所共知者應如元因舉主擢用知上州其賞罰並依與緊望例所貴舉者不妄

一中州即委審官院依名次先後差除候差定中書門下依上州

例訪問才術。如堪任牧長。方得降勑。其初任者入下州。次任者
無遺曠方與中州。遠近資序並依舊勑。如歷任內有贓罪及七
十以上不得差注。只與通判。則貪夫息心。懦夫自厲。
一武臣。除主兵沿邊差使外。如合入內地知州。即委樞密院具歷
任勞績資序。送中書門下施行。
一緊望知州。添支俸料圭田從兵。並乞比舊當路節鎮例。稍增名
數。其合增俸料。即以本州贓罰錢充。每州所增不過數十千。而
可以養廉恥。慰清節。上州亦乞優立則例。中下州即依舊。
一廣南西川。有知州當知縣者。自來例用新轉京官。或移人充。皆
是新學小生。未練政事。雖地極僻左。人民乃亦陛下赤子。更賦
輸入。刑罰用捨。與內地不殊。何苦輕委其人。加以去闕庭迂遠。
萬一不幸為庸人所擾。嗷嗷無告。況受命之日。優賜頗多。俸料

加厚。欲乞并合入遠地通判人充。
一內外文武臣寮。不得以恩澤陳乞子弟親戚陞陟差遣資序。委御
史臺彈奏黜責。
一令既分列州郡地望。以為資序遷陳。惟人。即望朝廷少假權任。
寬其銜策。不為小人脇持。盡所蘊蓄。
一通判知縣縣令。乞委所司依知州例銓量條奏。
右具于前。臣所陳列事節。皆臣愚者之慮。大體如此。且今天下郡國
四百有餘。以朝廷濟濟多士。歲取英髦。動百千計。入流雜色。亦以倍
增。求四百之才。分守郡國。不為艱矣。使生民怙泰。衣充食給。則太平
之效。如指諸掌。願皇帝陛下特留睿覽。如允臣所奏。乞送中書門下
詳酌施行。
皇祐元年。彥遠又上奏曰。臣伏以祖宗以來。慮天下人物沉滯孜孜

蒐訪。雖左右侍從。亦許延接俊良。所以達幽隱而勸能否。故敕命在
朝文臣。自知雜御史以上。武臣自觀察使已上。皆歲得舉外任州縣
官二人為京官。而近年往往緣所舉之人。或有敗節踰矩。刑罰并坐。
一切皆不論薦。甚非詔書本意。且唯賢知賢。求士報國。此古人勇為
之事也。苟不為權勢脅奪。不為賄貨遷染。操至公之心。達天下之才。
彼當立效成功。何由譴累。能至皆因己不明。乃謂無善可引。致陛下
恩澤之詔。鬱而未宣。為羣臣私計則精。在國家遠圖甚失。伏望聖慈
令中書檢會元勑。自文臣知雜御史。武臣觀察使以上。應合舉官臣
寮職位姓名。每季行牒移催。使舉奏訖。即關報御史臺。如至歲終不
曾舉官。並仰彈劾。所貴英彥聚在本朝。少廣得人之路。
嘉祐五年。殿中侍御史呂誨上奏曰。臣竊以科場自間歲以來。人數
減半。取之至艱。來者愈濫。其間實有才行遺者甚多。先朝詔諸路津

遣行實之士。當時被薦。雖有濫名者一二。終是比之常調得人稍優。
若此科不廢。誠有所勸。臣欲乞詔天下郡守。常切搜訪有學識通明。
履行清潔。以名薦于監司。委提刑轉運使司同共甄察。實可取者津
遣赴闕。其策試且循舊式。入官不必優異。止賜出身可也。如舉薦妄
繆。亦當重責。行之若久。得人必多矣。
六年。右司諫趙抃上言曰。臣竊以國家遵祖宗取士之法。每下科詔
其用舉數推恩賜第者。所以振卹淹滯。惜其老將至而無成也。伏見
近歲行限年之制。進士累舉到御前。并到南省年及五十者。始預恩
例。竊緣進士應到累舉。太半是未開間歲科場之前。經隔數歲。始得
一舉。繇歷場屋。及五六舉。至有三二十年者。艱阻不少。今來舉數雖
足。及有踰數者。其間多是年未及格。所以不該恩澤。四方孤寒。深可
憫惻。臣愚伏望聖慈。體其久在科場。抱負文藝。始能累此舉數。特降

指揮天下免解舉人舉數已足年未及五十今來不預南省奏名者許減五十年之限俾就廷試而霑一命則寒儒無沉淪之嗟聖朝廣搜揚之路亦忠厚之大端也

仁宗時起居舍人同知諫院司馬光論舉選狀曰若臣竊以取士之道當以德行為先其次經術其次政事其次藝能近世以來專尚文辭夫文辭者迺藝能之一端耳未足以盡天下之士也國家雖設賢良方正等科其實皆取文辭而已近以祫享赦節文應天下士人有素敦節行兼通學術久為鄉里所推者委轉運使提點刑獄同加搜訪無路各三兩人仍與本處長吏連署結罪保舉聞奏所舉之人朝廷命本州敦遣至則館於太學待遇甚厚考試之際不糊名謄錄既而署等補官皆過所望此誠合先王取士之道臣謂國家將除積久之弊立太平之基天下士大夫皆靡然嚮風矣行之未幾忽聞朝廷

一切罷之無不悵然失望臣誠戇愚不識所謂若以所舉之人多非實有材行則當治舉將之罪別加搜訪豈可以一二人謬濫廢天下之舉賢是猶因溺而廢天下之舟因噎而廢天下之食也且人之毀譽或出愛憎雖復聖賢不能自免孔子曰衆好之必察焉衆惡之必察焉恐國家亦未可以此遽斷否臧遽行黜陟也就使其人平昔所行誠有虧欲古之人或舉於漁鹽或舉於盜賊豈可不容其改行自新而終身棄之乎且人之行能迭有短長若不棄瑕錄用而以一節廢之則失人多矣臣愚以為天子撫有四海海內之士未可以身察之也必資舉者然後能盡天下之才既用舉者之言授之爵祿尚不嚴為禁約以防其私則請託欺罔無不至矣竊以孝者士之尊行廉者吏之首務故漢世舉士皆用孝廉行之最久得人為多臣欲乞應天下知州府軍監任內聽舉孝廉一人大藩聽舉一人轉運使提點

刑獄任內聽舉三人並須到任及一年以上方得奏舉夫鄉舉里選雖為古法今之為吏者不得久於其任士之素行或不能盡知若本部無人可舉即聽舉別部之人素所知者以充其數其在京兩制以上聽歲舉一人其舉狀逐時送貢院置籍收掌每遇科場詔下即委貢院選擇其日以前舉主最多者取三十人申奏降指揮下本貫敦遣赴闕若舉主數同者即以發狀先後為次（謂若俱有三人舉主則取第三狀日月在前者）仍於進士奏名額內減三十人候到闕日或陛下臨軒親試或委中書門下試經義策一道時務策一道但以義理優長為上不取文辭華美若所對經義乖戾聖意及時務全不通曉方行黜落其及第授官並與進士第一甲同在明經之上仍於告身前列坐舉主姓名其所舉之人若犯私罪情理重及正入已贓未及第者舉主減三等已及第者減一等坐之並不以赦原其公罪及私罪情理輕者舉主不

坐其未舉以前若曾犯罪除公案見在證驗明白外舉主亦不坐即因勢要屬請求舉及為人屬請并受屬請而舉之者並科違制之罪受賕者並以枉法論即敦遣不至者更不就除官若累經敦遣不至即乞朝廷臨時裁處特加聘召不為定制又國家置明經一科少有應者及諸科所試大義有司不以定去留蓋由始者立格太高致舉人合格者少臣欲乞今後明經所試墨義止問正文不問注疏其所試大義不以明經諸科但能具注疏本意講解稍詳者為通雖不失本意而講解疏略者為粗餘並為不通若能先具注疏本意次引諸家雜說更以己意裁定援據該贍義理高遠雖文辭質直皆為優等與折二通若不能記注疏本意但以己見穿鑿不合正道雖文辭辯給亦降為不通其明經以六通諸科以四通以上為合格若合格人少即并取粗多者合格人多即減去通少者委試官臨時相度令合

元額又舊制明經以周易尚書為小經今欲乞以周易尚書毛詩為一科三禮為一科春秋三傳為一科皆習孝經論語為帖經文說書一科議者多以為不當廢欲乞與明經並置但每次科場止取十人奏名在諸科額內試中受官並與諸科同若自以本科及第或出身者更不得就試說書如此則求賢之路廣請託之源絕浮偽之風息得人之頌興矣

光又論制策等第狀曰右臣近蒙差赴崇政殿後覆考應制舉人試卷以圓毡兩號所對策辭理俱高絕出倫輩然毡所對命秩之差虛實之相養者一兩事與所出差舛臣遂與范鎮同議以圓為第三等毡為第四等詳定官已定從覆考竊知初考官以為不當朝廷更為之差官重定復從初考以毡為不入等臣竊以國家置此六科本欲取材識高遠之士固不以文辭華靡記誦雜傳為賢毡所試文辭臣不敢復言但見其指陳朝廷得失無所顧慮於四人之中最為切直今若以此不蒙甄收則臣恐天下之人皆以為朝廷虛設直言極諫之科而毡以直言被黜從此四方以言為諱其於聖主寬明之德虧損不細臣區區所憂正在於此非為臣已考為高等苟欲遂非取勝而已也伏望陛下察臣愚心特收毡入等使天下之人皆曰毡所對事目雖有漏落陛下特以其切直收之豈不美哉

張方平上選舉論曰臣聞設官所以共理擇才所以任官夫位職祿三者官之紀也德才勞三者人之分也度德居位量才賦職計勞詔祿興王所以治德不稱位才不任職勞微祿重衰世所以亂惟君司牧兆庶惟理亂在庶官惟賢惟能其難其慎若先明王育才考德之道至矣周之取士爰始庠塾鄉老舉秀茂而賓其禮司徒教行藝而升諸學樂正品俊造而進其名司馬辨官材而定其論而後天官執其柄而詔其爵內史書其貳而制其祿司士掌其版而知其數小宰平其計而弊其治蓋其官人之法如是之詳漢之取士亦始鄉邑自幹佐曹吏見拔州郡復辟公府吏舉高第始出除吏其郡國所送孝廉或公車延召諸罷職待詔者悉居三署光祿歲察四行能吏廉吏方補用焉至于魏氏疆宇分處兵戎猥亂衣冠僑寓陳群立九品之法而選舉始濫中正定高下以署品吏部據升降而授任後其法雖益壞議者紛起而終不能革歷六代而至隋中正始罷夫進士科者設自隋煬緜于唐而我朝循之可謂浸淫而蓄大矣為業益浮入仕益易唐考貢士之制專委有司歲第殊解雖升名王府而未階仕牒再試于吏部有屢斥焉其中格者補畿赤丞尉爾其不中格者或例赴選曹之集從事藩侯之府必外效有著而真命始加我太祖之初受命也王略猶梗人物蓋希進士登科歲無十數抑于時文法闊略

吏員簡踈嘗聞郡自牧長而下或數員而已爰及太宗治致泰平毅風寖盛丕冒出日一統無外且喜天下英俊盡入彀中始親御便殿以臨試貢士傳於衆採務盡乎人材待以不次驟升乎美仕國初進士甲科授司寇或幕職官興國之初始授等甲京朝官倅大郡或即授直館者進士中第多至七百人後遂為例至今興國已降遂為常規然凡諸為士之民惟此為干祿之路儒術治國誠王道之大經文藝起家固儒林之盛選是以天下學士靡然嚮風非惟道化所陶抑由寵利所誘也夫子曰以言取人必極其言而考言彌華於道所以紳衍乏稽古之識端甫鮮經時之論涖官少稱職之吏臨事無伏義之節風俗有流薄之損朝廷成掄選之濫豈不由乎易取而驟用之乎此張衡所以深憤嫉於漢日楊綰所以議革廢於唐年且三王之道不能無敝故董仲舒譬之琴瑟不調甚者必解而更張之夫周之

造士論材。始乎庠序。至漢而興廉舉孝。自諸鄉里。至順帝凡三百年。而左雄建議。諸生試章句。文吏課牋奏。而為限年之格。又百年而魏陳群設九品官人之制。又三百年。而隋文立志行脩謹清平幹濟之目。次及煬帝更制進士詞賦之科。此皆歷代舉選之道。因時之宜。更救其失。猶三代忠質文之政。以革弊易化者也。伏惟朝廷取賢歛才之方。故亦並開數路。惟是進士最廣而甚美。顯司台席之崇。丞署金閨之彥。更處乎館殿。參布乎臺省。國之綱紀。民之君師。首辟衆官。其清塗要地者。何莫由斯而起歟。雖名臣輩出。而淆濫為多。其故由乎取之泛也。以周漢育士之詳。而不能盡善良。又況採一日之伎。昧素定之實。若之何責以無濫也歟。夫以唐氏之制。專委有司者。則利在乎才者必不遺。弊在乎啓奔馳之徑。而平素者絀焉。以今日之法。則利在乎使人循道以求已。弊在乎得者不必才。才者不必得。而勸勵之

教怠焉。其利害相形之理。思所以折之。必有短長矣。至如儒術之微削。思所以振重之。士節之陵遲。思所以興起之。皆國家教化之端。王政之本。聊用窺測。以著于篇。

方平上孝廉論曰。臣聞善論士者先行而後藝。善官才者獎本而礪末。故有子曰。孝弟也者。其為仁之本歟。先王之臨天下也。正其大倫。長其義節。務隆道化。使民歸厚。故周官司徒以鄉三物教萬民而賓興之。其一曰六行。實先孝友。漢制始復孝悌力田。得拜官。武帝遂以孝廉名科。郡國不舉孝。以不恭論。不察廉者免。漢之得人。雖稱數路。最近王道。茲制為篤。歷世而下。風教寖微。豈古今之俗殊。蓋勸導之方淺。且人才行。鮮克相兼。以慶建之謹厚。不通舒誼之經術。以顯式之質直。又乏遷向之文雅。而今官人之格。蓋進士明經世家而已。孝如曾閔。莫希勸篤之遺。廉若夷范。不入辨材之論。臣愚以為宜復孝廉之科。白兩府大臣。各歲舉一人。而天下歲貢。委于外臺。其有持身端事親。孝生養以禮。沒喪有聞。友于兄弟。睦於族親。為姻黨所宗。慕為里閭之歸仰者。可許鄉人署行列狀于縣。縣大夫詢于衆而實升之于州。州長審訪。如所署。以聞外臺。外臺會部郡所上。各考次其行。隆其尤異者。一道歲取三人。詳獻于天子。不必備。惟其人。其涉知文義。頗通經業者。命有司量策以時務。隨才而叙官之。其行實誠著。而殊昧于學藝者。可寵以上佐助教。冗散之秩。復其家。勿徭。臣聞動人以行。不以言。教人以厚。不以薄。蓋經術者。仁義之糟粕。文章者。經術之駕說。夫躬行其道。而不見顯異。顧獨駕說之當。臣疑旌勸之術未為盡也。且世家廕補。歲以百數。二科取士。一開貢闈。而第者以千計。雜流冗仕不在焉。誠參以孝廉之舉。則勸善勵俗之方不益備乎。記曰。上舉孝。則民不遺其親。上察廉。則民不黷於行。邑取一人焉。一邑之人

勸勵矣。州舉一人焉。一州之人聳礪矣。天下之為人父兄者。莫不勗其子弟。天下之為人子弟者。莫不勉其行之在其身也。故夫厚人倫。移風俗。美教化。其惟進孝廉之士乎。

方平又上選格論曰。臣聞選舉之法。自周漢至隋凡六革。夫惟更張以救其弊。立制以宜其時。得政之體也。且人情安於久習。時論重乎改作。通者寡而泥者衆。倡者孤而沮者群。是故因循之患。政之大病。古今所同也。昔後漢左雄以廉茂之陵遲。郡國因緣多濫。始建議諸察舉者。皆先詣公府。諸生試經業。文吏課牋奏。副之端門。練其虛實。而拘以限年之法。于時胡廣郭虔駁於前。張衡黃瓊非於後。上獨信嚮雄議。得行。自雄在尚書歷十餘年。天下無敢妄舉。朝廷稱為得人。後世識者。方善其制。故知昧時之經者。必循名以遺實。達政之方者。乃效實而後名。駁於前者是疑其留聽之說。善于後者是見其耳目

之效也。唐代宗時。楊綰以貢舉之弊。建議請廢明經進士之科。而復鄉舉里選之法。詔下其議。而在廷名臣多同於綰。遂行其制。後近臣淹滯者。或論其不便。上不能持旋以復舊。今二科之弊。獨在乎泛濫猥多。而取之不能精。或實學而見遺。或下材而高第。然天下所以未厭者。以國家處之以至公。而有司不得措其私。此所以人自循己。反之於命。不復咎於法也。且二帝之廷。疇資反陋。三王之盛。感發夢卜。至于兩漢。士束脩於衡蓽。而辟書在門。魏晉之際。操行內著。清議外同。夫使士以謹身篤行為無益。寵名爵祿為儻來。成苟然之俗。敗奮勵之節。是於政體不已虧乎。今一啓禮闈。仕逾千數。銓衡依等以注授。郡縣無員以除遣。乃復過期停罷。遷延歲月。則是賢愚同滯。涇渭一波。不審源而塞其流。不計本而抑其末也。臣愚以為宜略比唐制。依其甲品。設為選限。其在殊等特承優恩。請循舊即除以旌高叢餘當入選。率從限格。其能別決科目。自當更蒙賞擢。且唐以明經進士為及第。宏詞拔萃為出身。及第者雖有籍王府。而未階仕牒。乃辨材定論之名。出身者。始著錄官板。而旋行公政。有為臣事主之義。故夫以二科羅衆士。以詔舉擢異材。以選限難濫進。數路而取。為制具備。若國行盛禮。覃慶四方。凡名選人。復當普叙。伏請初入選者。稍宜異其節文。可委自刺守察其鄉論。有一介之節。一善之長。令以名聞。即為注授。其不預舉。必滿選期。凡今之士。流鮮自敦。飭學業務乎苟就。仕進覬乎速至。且民之情偽。動息事之險阻艱難。古為政者。必周知之。自非賈生終軍之妙齡。甘奇辟疆之神敏。則雖有明悟之性。或多輕簡之失。今夫立選以重其進。設舉以勉其立。則必人自磨勵。家自教勗。終始修整。務為鎡基。自然人知謹身之勸。士免去業之速。鄉里有恭讓之義。場屋息爭競之末。官局得才良之吏。銓調省煩積之員。

肅其風聲。端其教節。不亦優乎。

方平又上川嶺舉人便宜論曰。臣聞唐因隋制。以二科取士。然諸侯得自辟署。仕進路廣。不專科第。多由藩幕。入登王朝。又閩嶺黔峽。士人殊鮮。兩河之外。後為冠境。帝都關中。近乎巴蜀。故禮闈可以歲啓。選第不逾十人。（開元天寶舉人或至二千人。然登第者百才數人。）我太祖朝。其風猶在。抑亦王度草創。人物稀少。及舉荊蜀。下江廣。收閩越。定太原。武事偃罷。文物寖昌。興國以來。取士益廣。風教遐被。海寓大同。或博帶於文身。誦聖言於鴃舌。甌閩之俗。編戶待乎賓興。邛髳之鄉。比閭思乎隨計。踰紉者崎陟萬里。度嶺者往復一年。故禮闈不可歲開。而賢者能者同時而滯。塞貢士必當廣取。而猥者濫者一槩而混淆。且其遠方之人。顧有可借之伎。雖蒙續食。莫拔窮巷之身。弗預充庭。遂斷亨衢之望。託於遐陋。誠有可嗟。臣伏請凡當秋賦之年。禮部既以三月上請。即頒下遠方。其嶺南兩川。即於中夏發薦。其預薦名者。嶺南諸郡送廣州。兩川諸郡送益州。委二府如禮部式考試。當試時。本路轉運使及州長吏監考於部。郡選差文學才望有聞者為試官。朝廷特遣臺閣臣寮一人。傳詣監試。比歲之杪。取令畢事。其當解人。即遣至都附南省牓。送預廷試。其不預解人。即依到省叙舉。其廷試下第者。既還本貫。許本路計使差充攝官。如此。則遠人免崎嶇之勞。寒士無棄廢之歎。土俗以鄉舉而民勸。禮闈得人省而考精矣。難者曰。今禮部考試選委大臣。遍擇館殿。博用才良。以司考較。又糊名轉錄。以防私濫。誠重難其事矣。捨是而委二府。其曰可乎。臣對曰。彼岷嶺雖狹。然各踰百城。官吏數百。計皆王朝任用。銓衡選補。二府長吏。國之重寄。兩臺使者。朝必慎擇。誠復遣臺閣才臣就而監之。嚴其法制。明其條約。重其委付。信其命令。可遏御矣。如唐時分選乎洛邑。放第于東都。其制近之矣況此試時官集諸州匪容私請權分衆手當由公共且方為薦發之地豈預名器之柄理無疑者於何不安難者曰夫變常危事改作惡名今夫二府之選多則長濫鮮則起怨且衆聚焉非國家綏遠之術也臣對曰夫變常之事危改作之名惡為其乖民情而動也變之順衆改之就利何危而惡乎臣嘗見禮闈川廣之貢士各纔百人夫豈衆之謂乎且二方之士趨赴試集往復幾年驅涉萬里與四海之衆多角無涯之得失或黜罷退鮮不告勞今使不出鄉閭坐而就舉執學相委名稱相聞就有取捨皆其土人擇一方之官吏考百人之所試取之必精又何濫之長退之以禮復何怨之召故臣謂之便理可詳矣

方平知貢舉又上劄子曰臣聞文章之變蓋與政通風俗所形斯為教本國體攸繫理道存焉況今官才專取辭藝士惟性資之敏而學

問以充之故道義積乎中而英華發於外以文取士所以叩諸外而質其中之蘊者也言而不度則何觀焉伏以禮部條例定自先朝考較升黜悉有程式自景祐元年有以變體而擢高第者後進傳效因是以習爾來文格日失其舊各出新意相勝為奇至太學之建直講石介課諸生試所業因其好尚而遂成風以怪誕詆訕為高以流蕩猥煩為贍逾越規矩或誤後學朝廷惡其然也故下詔書丁寧誡勵而學者樂於放逸罕能自還今貢院考試諸進士太學新體間復有之其賦至八百字已上而每句有十六十八字者論有一千二百字以上策有置所問而妄肆胷臆條陳他事者以為不合格則辭理粗通如是而取之則上違詔書之意輕亂舊章重虧雅俗驅扇浮薄忽上所令豈國家取賢斂材以備治具之意耶其舉人程式有擅習新體而尤誕漫不合程式者已准格考落外竊慮遠人未盡詳之伏乞朝廷申明前詔更於貢院前牓示使天下之士知循常道臣典司憲度復預文衡敢此敷聞伏候進止

歷代名臣奏議卷之一百六十四

選舉

宋仁宗時知諫院包拯上取士疏曰臣以孤遠之迹猥荷聖選擢陞憲府退思所以為報則智識叢淺無以副上旨之萬一敢竭愚見唯明主裁之臣伏覩近降詔勅以官吏陞陟賢否相涸世族補蔭愚智不分並立新條以革舊弊有以見陛下求治垂訓之深旨也臣聞天下大器也羣生重畜也古之聖王御大器保重畜蓋各有其道焉以萬務之無極也一統於上豈可以思慮盡之耶故立三公設九卿百執事以維持之俾羣材盡力而百工無曠則王者正其本執其要而天下之大務舉矣故治亂之原在求賢取士得其人而已漢書曰帝王之德莫大於知人大抵斯人之情皆希榮進莫不飾正於外藏邪於內邪正所蘊淵密難辨而審之必有術焉以賢知賢以能知能知

而用之之謂也且知人與不知人而任之乃得失所繫而安危從之宜乎取士之際不可不慎焉夫三代取士之法闊略難議兩漢而下莫若唐天寶之制自京師遠郡縣皆有學焉每歲仲冬館學課試乃與計偕其不在館學而舉者謂之鄉貢並責成有司惟以得之與否以為榮辱得士者陞失士者黜孰不公其心以進退乎其得第者但謂之選人有格限未至而能試文三道者謂之宏詞試判三道者謂之拔萃中是選者得不限年而授職復有賢良之科焉所以區別才行慎重名器如是之審也故當時文物充盛比隆三代基構綿遠垂三百年其有繇矣今之取士則異於是鄉曲不議其行禮部不專其任但糊名謄本煩以繩檢復於軒陛躬臨程試三題競作百篇來上不逾三數日升降天下士其考較去留可謂之精且詳矣臣亦恐非進賢退不肖之長策也周禮升秀辨官司徒司馬大樂正之職未聞

王者躬其事也議者謂不若近約唐制歸諸有司或曰取捨之柄當歸人主曰盍使禮部考試定其可否高下混於奏籍賜第上前抑亦無失於國體矣然後復宏詞拔萃之科明立條目寬限人數歲一設之其與選者比類奏舉之人以次甄擢而任之有以得其實才矣頃年雖復賢良拔萃之科得人纔一二而已又罷拔萃之舉恐未足盡明揚之選也且今之仕者非保任則無以自進若參以二科而精求之則取人之路豈不裕乎而又愈舉之敝漸不可長其間或昵於愛私或逼於勢要不得已因而舉之者衆纔濫無別宜一警革若至其甚尚所及焉方今天下多事邊鄙未寧政失於寬而弊於姑息士弛於務而幸於因循固宜推擇真賢講求治道外則黜郡守縣令不才貪懦苟庸之輩以利於民內則辨公卿大夫無狀謟佞朋比之者以肅於朝杜絕回邪振張紀律可使教敷于上民悅于下足以導迎和

氣馴致大寧不亦盛哉伏望陛下稽前代之成敗驗當今之得失政有未順理有未安則思而圖之圖而行之行而終之則主靈受其福而宗社享無疆之休矣惟陛下鑒其區區恕其狂直一賜覽察

拯又上疏曰臣伏覩新定貢舉條制節文諸州發解令知州通判職官令録等保明行實吏不封彌謄録者此乃三代里選之法蓋朝廷欲先德行而後詞學責成有司不欲煩以繩檢庶取士有以得其實才矣緣天下郡學自罷聽讀之後生徒各以散去一旦詔下投牒求試者比比皆是長吏等又安能一一練悉行實哉不免祇憑選人遞相保委然而詐偽猥雜者亦無由辨明兼每州同試官一員是天下試官逾三百餘員必恐未能盡得其人而悉心於公取也或緣其雅素或牽於愛憎或迫於勢要或通於賄賂勢不得已因而陞黜者有矣又何暇論材藝較履行哉洎取捨一謬則是非紛作不惟抑絕

寒素竊慮天下因此搆起詞端多矣況封彌謄録行之且久雖非取士之制精愽盡公之道若令来諸州解發舉人且令仍舊封彌謄録者稜於理甚便若以勑命方行難於遽改即乞特降約束其逐處試官如稍涉徇私及請託不公並於常法外重行竄置不然令別定刑庶使官吏各知警懼

拯又上疏曰臣竊見審官院差京朝官並循舊例以到院先後為限未嘗較辨賢否論次殿最淸濁一涸流品不分但以名次補闕而已甚非委重近臣審擇之意況國家設提漕按察之職察郡吏廉繊之狀其治績允著者則必懇薦稱奏貪懦不治者則必體量按劾別白善惡悉以上聞而審官院署名于籍以為沮勸之本今則不然當除擬之時但以月日次第差而授之則向来黜陟之狀委而不顧乃同虛設豈不惜哉且黎元之命繫于長吏令郡守縣令鮮或得人盜賊

間起生民重困天下受敝職此之由可不慎哉臣欲乞今後審官院應京朝官初任即令勘會在任有舉主五人無私罪者陞為上有舉主三人已下或無舉主及私罪者以為次其有私罪及體量者降為下凡差授以為定制如此則進者知勸退者知懼旌別淑慝無大於此

拯又上疏曰臣伏覩近降勑命以樞密直學士知益州蔣堂為奏舉前保州通判秘書丞石待舉不當罰銅四十斤放案石待舉殘虐屯兵刻削廪食摩兒相扇固守城壁殺害民吏幾成大患原其情狀免死猶未塞責而保任之者止從輕典竊恐不足以誡其濫舉也緣河朔三路軍民財賦事務繁劇長吏僚佐尤在得人所以申命近臣同罪保舉蓋國家慎重遴擢如是之至也而論薦之人不能體認朝廷求實才備急用之意但緣其雅素或暱於愛私或迫於勢要或通於賄賂勢不得已因而舉之又何暇論材器較治行之詳悉哉致一旦用之為國生事不可不深慮也臣欲乞今後應河北陝西河東知州軍通判兵馬都監已下依舊令兩制已上臣寮舉曾歷三路差遣諳悉邊事京朝官及武職等委是精當方得以次選用如擢用後稍不如舉狀並乞同坐重行朝典

侍御史東行傳堯俞上奏曰臣伏覩兩制臣僚與御史臺審刑院大理寺等處吏互舉逐司属官頗為不便臣不敢委曲叙陳久煩天聽粗條一兩事伏乞詳擇頃者御史闕員凡一年半方得韓縝呂誨出臺又當學士院舉官填補逮今幾歲而薦章未上蓋緣人衆議論難合一介之士須數人皆熟其材行其為留滯固無足恠使元勑日限遂為空文去年舍人院舉太常博士李𤣱充詳議官而審刑院乞選嘗歷法官者既而飛章論辨卒不復舉去就之間頗傷事體且諸司長官朝廷慎選其所付與固已非輕至於擇人獨不倚辦臣竊謂未為得也欲乞今後應諸司寮屬合舉充者一切委長吏自薦苟非其人及稍涉朋比重坐舉主則孰敢不盡其心況此事唐相陸贄論之詳矣儻蒙施行深允公議

宋庠上奏曰竊見近者召試制策并武舉人于崇政殿皇帝陛下親廷詔蹕留神永晝嚴門異席程其才畧誠見聖心覈眞偽進英豪之審也然臣以謂有司祇事失於奏請苟從便易乖戾舊章措置之間甚不稱陛下求賢之意伏覩賢良方正蘇紳等就試之日並與武舉人雜坐廡下洎摛辭寫卷皆俯伏甎上自晨至晡訖無餘食飢虛勞悴形于歎嗟雖僅能成文可謂薄其禮矣又況武舉人等才術庸淺流品混淆挽弩試射與兵卒無異使天子制策之士並日較能此又國體之深譏者也臣竊為朝廷惜之臣不敢上引漢唐以煩省覽仰

惟先帝故事布在耳目搢紳列位孰不知之謹按真宗皇帝凡五策
賢良皆躬御便坐其舉人就試並于殿廊張幕爲次垂簾設几太官
賜膳酒醪茶藥無不畢供聖人之心以謂張不次之科待非常之士
所咨者天人之際所質者古今之宜言若可行高者足以和陰陽躋
仁壽下者足以明利害覈學術是則所責於人者若是之重矣所設
之禮也又可以輕乎勢當自然非苟而已臣恐有司自今以往待士
之禮因循亡棄則國家雖設此舉必無異人何者夫士有高才必有
高節節高禮薄將恥而不就其就者皆輕躁儌幸先身後義之徒適
足啓偷競之風玷詳延之詔若執事者以爲人不逮古文罕中程虛
屈至尊行不急之務則因而罷之可也或惜其歷代盛王之所重當
世奇才之未乏則先朝舊禮庸可廢乎伏願申詔近臣檢詳舊典作
爲定式付于攸司今後每試此科即備陳條件凡厥供擬關報所由

仍乞武舉雜科亦令同日就試庶擬人於類有協禮經仍貫而
行嗣恢世烈狂言聖擇或補大猷如允所陳乞降付中書詳議干黷
旒扆臣無任省循狂瞽兢懼屏營之至
蘇舜欽上疏曰臣昨伏覩陛下發德音下明詔廣延天下博習之士
以大治本詔降之日識者諠然咸謂陛下張祖宗之基致億兆之福
慮意有所不逮政有所未數雖碩輔盈廷諫臣滿著朝訪前王之陳
迹多講先朝之故事蓋欲覩聞芻蕘廣采髦哲此非惟蘊才抱器者幸
甚實亦天下之幸甚也臣竊見分四制限十一科使官京司者得應
賢良體用之目潛白屋者出赴沈淪高蹈之制州縣判等限以字數
武舉策試兼之騎射臣敢謂陛下之詔體則正矣而綱條未至輒有
管窺願鋪白而言之夫賢良之科肇於漢世故公孫丞相之徒多以
褐衣射策而解巾入仕其已居位者日適帝光出入禁掖忠或未孚

則可囊奏而建言政有未安則可排閤而請見況其身揄命勑已得
爲朝中官則口鉗舌卷辭肯言天下事惟是帶繩樞之士義昧禮
隔趨走塵土間未嘗咫尺人主之顏面加以天閽九重交戟數里雖
肯文陸離筆語滂霈而豈得一達旒纊之下哉脫欲聲鼓叩輦則有
司必以狂妄之罪罪之且身無一命志氣自得邦家關政質亦敢言
漢世兼采庶士者深有意於此也下至李唐穿鑿前軌以謂民間不
知帝王之動靜俗儒不講朝廷之經法專以官士者得應直言科及
我炎統勃興不血刃而得天下太祖太宗拓樹基扃誕布鴻文而大
變汙俗真宗嗣二后教信兩漢法笑却唐弊追還古風故詔賢良而
草莽之士無棄焉今陛下之詔有異於古是未至者一也況則高蹈
丘園沈淪草澤臣亦謂未至者何嘗聞帝者慎器與名不務虛假且
遁逸之士亦示見聞今陛下垂詔而雜舉之是欲使之自見聞也若

出而赴陛下之詔是其人非沈淪者若出而求陛下之試是其人非
高蹈者則皆露巳揚才干時謁進者也非惟失彼之行恐使人謂陛
下設虛名無精求之意州縣判等亦未析衷夫録人罪失務在淺要
不過數字以見意數句以成文今限字二百束之對耦則皆漫誕而
無功繁博而寡要不可施用卒爲空言至如武舉策試兼之騎射竊
覩詔旨既令先進軍機後即陛試是陛下取將帥材者也反使張一
卷發數矢是陛下校一夫藝取一人之敵也夫欲練將材而取一夫
之技又何異考編鐘堵磬而求鄭衛之音伏願賢良之科使復兩漢
真宗之制不以官士爲之限則國家之得失可聞也沈淪高蹈者則
令諸郡守宰根索其名而籍奏之然後給傳續食遣詣會試以文故
蓄響埋照之流不遠而至矣書判者削其字限各罄其才而爲之則
文識高劣盡可見矣武舉者去騎射之末而詢以機略之大則將帥

之具鱗集矣若然則陛下之詔不虛下天下之人無異議四條而十一科正矣臣錄錄者豈當輒述國家大事上干天子聽覽蓋以陛下開言路塞諱門采瞽說納愚慮是以臣析肝瀝懇而具述之其若陛下責其犯上罪其錯議臣雖膏鉞轉壑不為之慭伏願俯而察之

知制誥王珪上奏曰右臣竊惟貢舉之法盛于有唐自正觀訖於開元文章最隆其較藝者千餘人而所收者無幾歲才上元中嘗增其數然無及百人者國初取士之科大抵皆襲唐制暨興國中始大擢貢士其後寖以益廣無有定數故自近年以來官吏猥濫溢於常員甚非國家所以取人之意前詔禮部應進士諸科奏名皆以四百人為額茲誠聖慮所欲革仕進之弊而敦治原之要也臣愚伏慮將來群士至闕下〻有扇搖而言者輒議衝改伏望宸指申飭有司固令遵守為定式

珪又上奏曰右臣竊以有唐取士之法雖有數科然當時士選之盛者惟明經進士而已蓋明經先問義而後策試三試而皆通者為得第其大略與進士等國家比試諸科既不明義又無策試之式但能精於誦數者則舉以中選是豈朝廷設科取士之意哉前詔禮部令諸科終場日於本經問大義一十道九經五經只問大義茲誠國家推廣教導將令士者悉以明六經大法之歸固不專於記誦之工也臣已著之于條然慮議者以謂難於猝更猶欲安習前弊伏望朝廷預戒有司永以遵守

珪又上奏曰右臣得御史臺牒奉詔令議貢舉庠序之法夫以古之以士莫不即之以鄉里考之以行藝然後賓興之故得純明樸茂之咸爵之於朝今天下雖有學人率多游放未盡得土著之士教授又無訓導之科指每詔下京師增補監員不可勝數使飭身厲行者與夫不肖叢然而並趨將何以別焉請選置天下學官罷京師增補監員盡命歸就本貫凡薦送俟有司考定命長吏發其名氏參以行實而高下之若素無檢者皆得以斥去今既三歲設科以大較群士亦當聞令諸道搜訪高行之人庶幾遠近無遺材又諸科徒專誦數之學無補於時請自今新人毋得應諸科皆令習明經不數舉間可以盡革其弊若乃貢舉以詩賦策論取人蓋自祖宗以來收攬天下豪俊莫不用此臣不敢輕議

知制誥范鎮議取士狀曰竊以取士之敝患於以文而不以行非一日之積也其勢然也自井田廢黨遂州鄉教訓之官不立而士不素養所以道化不粹於古也中間號稱得人而歷世之久如漢唐者雖不盡由於學蓋材之於位試之以事使賢者能者進而愚者不肖者退是亦古之道也方堯之時皐陶稷契進而靜言庸違方命圯族者

退材諸位而考之以事也今取士不由於學以文而不以行及其官之也又不材諸位不考之事簿書期會而已是本末皆失也學者士之本也慶曆中嘗興學矣有貧不能入學者親老不能入學者至其親請而免入學者是士之不盡由於學也古之士雖云取之於鄉其實皆出於學今之士既不能盡由於學欲盡知其行豈可得哉貢舉之法不孝不悌不得舉舉者罰是亦責行之本也然而每一下詔應書而起以數萬計不可以人人知也故必考之以文也今之詩賦論策是也周之制行同能耦則決之以射其所謂詩賦論策不猶愈於射矣故取之以文不可廢者其勢然也今天下非無學也無良師也待之不以禮也世之所謂糊名者待盜跖可也以待盜跖之法而欲求顏閔之人其為顏閔者不化為盜跖幾希矣而議者以為糊名不可廢糊名不可廢而欲責士之行誼難矣哉臣請擇良師而教之於學以觀其素弛

糊名之禁而待之以禮以養其誠以謹士之初也官而使之也以之以僚考之以事在朝廷者朝廷推之在州縣者州縣推之推其尤善者而進之曰某人嘗為某事為有行推其不善者而退之曰某人嘗為某事為無行以謹士之終也如是而本末俱得則天下之士相率而入於善矣其於詩賦策論雖無更之可也

李淑侍經筵仁宗訪以進士詩賦策論先後俾以故事對淑對曰唐調露二年劉思立為考功員外郎以進士試策滅裂請帖經以觀其學試雜文以觀其才自此沿以為常至永隆二年進士試雜文二篇通文律始試策天寶十一年進士試一經能通試文賦又通而後試策五條皆通中第建中二年趙贊請試以時務策五篇箴論表贊各一篇以代詩賦太和三年試帖經略問大義取精通者次試議論各一篇八年禮部試以帖經口義次試策五篇問經義者三問時務者二厥後變易遂以詩賦為第一場論第二場策第三場帖經第四場今陛下欲求理道而不以雕琢為貴得取士之實矣然考官以所試分考不能通加評校而每場輒退落士之中否殆繫於幸不幸願約舊制先策次論次賦及詩次帖經墨義而敕有司併試四場通校工拙毋以一場得失為去留詔有司議稍施行焉

蔡襄上奏曰臣伏見隋唐以來以進士明經二科取士迄今以為永制進士雖通試詩賦策論其實去留專在詩賦糊名謄紙以示至公點抹細碎條約纖悉所司奉之便於考校明經逐場對義鈔節注疏記誦字數全有一字旁寫聲形類者三兩字如有一中亦是通義字猶不識經旨何從而知取士之方一至于此臣聞有國家者取天下之士將以治民而經國耳故敦其行欲以表風俗試其才欲以濟成務今進士之詩賦明經之帖義於治民經國之術了不相關及其間

或有長材異節之士幸而有之或官而後習非因設科而得也今有善射者或使之御其人必自以為不能世之人亦曰彼射也責之以御強人之所不習不可也而以詩賦帖義取士偶與科合者即為甲第一日使之臨民謀國其人必自以為能而世之人亦習而不怪茲大可異也或曰取士在於得人豈繫詩賦策論乎皇甫鎛以賢良方正中科而姦邪過人豈不專試策乎裴度以進士中第而功德尤著者豈不由詩賦而得之臣竊謂不然取之以其道任之以其術而陷於姦邪其人自隳也取之不以其道任之不以其術而能功德著聞其人自立也豈可以自隳與自立之人而害經久之制乎三代之道鄉舉里選尊取德業漢察孝廉加之策問取士有經術隋唐以來盡失之矣行之既久難於卒更今就其所試之業而裁之以試策為去留進士之術以大義為去留明經之術庶幾可行也一天下之州軍盡許立學選擇鄉里有年德通經義者補為教授講說經書教勗生徒不應舉者三年後乞與助教名目且令講說應舉之人須經本州學聽書其日限以國子監新立條約為例一請試策三道為一場考校驗落外次試論為一場又考校驗落外次試詩賦為一場以三場皆善者為優或策論詩賦互有所長則互取之其策仍請一道問經義異同以觀其識一道問古今沿革以觀其學一道問當世之務以觀其才此其大略也一明經只問所習經書異同大義所對之義只合注疏大意不須文字盡同或自有意見即依注疏解釋外任自陳述可以明其識慮若以經科文人所習已久未能變革即艱其取而薄其恩取能對大義者頗優獎之自有稍有智識之人去彼取此矣

襄又上奏曰臣聞人主擇宰輔宰輔擇長官長官擇僚佐此至治之要至簡之術也周命大僕則曰慎柬乃僚漢之公府令自辟召唐陸

賀作相奏請諸司長官各擇屬吏後因讒謗輒有變更陸贄論之詳矣又高元裕為御史中丞上言御史綱紀之地官屬選用宜得實才其不稱者臣請黜之監察御史杜宣猷李瓌等並出為府縣之職此皆前世專任長官之明驗也國朝諸司省監悉非本官惟御史臺職不殊古制方今臺中條制如臺官不稱職者亦許糾舉近年臺官率輔避嫌例不中除多令兩制參舉又限資考苛細多不得人蓋由不寬資限不責長官之弊也近見御史中丞王拱辰奏舉楊紘等充臺官朝廷循執舊規下兩制參舉臣謂朝廷既任拱辰為中丞若實非才則當別擇才者而任之若才堪其任則所請屬官可悉委之未為過也況拱辰於官屬請去不才者而更擇才者是盡心於朝廷不避衆怨也今御史席平已出潤州若參舉之人又得軟懦傾險之士則何以勵之臣故謂莫若專任長官寬其資限則責有所歸也臣乞御

史臺官屬只下御史中丞薦舉其資限之格資深者為衙官卑者為裏行若能稱職亦是官守之常不必過有陞陟或不稱職可并舉者坐之在朝廷有責任之方風憲有得人之美矣

知揚州劉敞上奏曰臣伏見近勑更張貢舉條約欲令四方游士各歸其鄉里而有司得以觀行聽言絕濫進之敝此誠上近古制下適時宜然臣猶謂必欲人人安其居皆有常心漸之於仁摩之於義化民成俗則莫若開庠序以收養之設師弟子以教誨之月考時試以勸勉之教定俗成然後賢不肖立見而真偽不雜矣今州郡幸皆有學學皆有生徒而終患無師以教之但令掾曹雜領其事職既不專教用不明自古儒學之官未兼治民蓋為此也臣欲乞州郡有學處聽長吏各奏辟教授一員於前任判司簿尉中選有文行堪為人師者充仍令以四年為一任與理考數官資俸祿同之掾曹則學有常師教有常業士子競勸矣於朝廷長育人材之意誠未失也今欲游士歸鄉而不為設學則無以收之設學而不為置師則無以率之置師而不立課式講習之法則無以成之三者名存實亡則學者不歸雖欲別賢不肖興廉遜崇鄉黨之化亦不可得矣惟陛下裁許

敞又上奏曰臣伏見勑命諸路經略安撫轉運提刑司舉政績尤異可備任用者各三人此誠朝廷求賢審官疇咨僉謀之道然臣愚竊計之疑於待天下之士有多有寡而未能均苟未能均則必有幸不幸之蔽矣何以言之陝西河北皆三十餘州軍各有經略安撫四五人并提刑轉運共舉二十餘人若所舉皆賢才固不為少儻賢才不能若此之多必以中人常士之偶無過者而充數則亦有幸而得舉者矣京西淮南亦皆二十餘州軍唯有提刑轉運兩司而所舉不過六人如令二十餘州軍誠寡賢才矣固不為恡如賢才衆多而限以

六人之數則亦必有不幸而見遺者矣幸而得舉者朝廷無由知且信以為賢而用之不幸而見遺者朝廷亦無由知且信以為不肖而棄之則設法之蔽也至於江南東西福建官吏之衆不能半淮南二廣夔利福建徼外吏或以謫往或以攝補員常不足今亦與內地等皆不可均者也恐未能慰士大夫之望伏乞更賜詳察損所有餘而增所不足使常人無或以幸而進賢才無或以不幸而遺則於治體為允

敞又上奏曰臣伏以朝廷設保薦之令者欲振拔幽滯甄錄才實也士大夫所以報國恩無過於此矣然猶閑其聽請濫進之隙故限以定員結以同罪防禁既詳責望又重不可復加而頃來奏章之入或文字小不應式或筆畫偶有所遺於義無害皆見退却甚失朝廷求才實之本亦非士大夫舉所知之意也臣謂中外舉狀除員數須要

照會不可不言及同罪。所以立法不可不謹。其他雖小小泛慢並許放使不須曲難。如此足以開廣薦引之路。亦杜絕所由巧文要市之敝。庶幾簡而易行矣。

敞又上奏曰。臣伏見今歲制舉中選者三人耳。其間猶有以薄於行誼而被黜者。此非有司援試之不精。蓋在於聽言而不察行。玩文而不計實之敝也。選舉若此。豈可為永法哉。臣前歲嘗言州郡有學。學皆有生徒。而患無講授之師。以專領之。乞令州郡自辟選人為教授。仍理四考為一任。未蒙施行。臣以謂朝廷大務。莫重於選舉。常患游士不安其鄉里。則有司無由考其行實。是以專取詞藻。則賢不肖混淆。至於廉恥之節壞。而浮偽之俗成。皆從此塗出也。今使州郡有學。學皆有師。師皆有課試之法。居常則勉其學而矯其失。當貢士則訂其行而稽其言。一郡之士。性之若否。習之邪正。能之多少。皆可預見。而審定也。於是上其名與言貌。則選舉精矣。人知為善於其身。然後乃能信於鄉里。信於鄉里。然後乃得聞於朝也。則皆勸於為善矣。一紀之外。三十年之內。教成俗定。則士各安其土。相厲以義。相尚以節。何患賢士之難得哉。誠如此。治古之風。庶幾可復也。事固有言之似迂而理甚切。行之以近而功甚遠者。教化之謂也。伏乞檢會臣前奏事理。特賜詳擇。

知制誥胡宿上奏曰。臣等竊以六經傳先王之道。教化根本。舊制課試進士。止以詩賦策論。簡拔才俊。其實少有專門名學之人。諸科雖能誦記章句。復又不通大義。施於有政。則又牆面。所以前後論取士者。常以此科為言。景祐制書節次始令禮部貢院。舉人通三經已上進士諸科過落外。許自陳嘗於某處講授某經。貢院別試經義十道。直取聖賢意義解釋對答。或以詩書引證。不須全具注疏。以六通為合格。講誦精通。具名聞奏。乞差學官。或御試覆試得中。具對義粗通取十一。此則聖朝扶進經術。漸復兩漢射策之舉也。慶曆六年。應詔者士四人。合格者八人。進士諸科各四人。皇祐元年應詔者八十二人。合格者二人。進士五人。諸科二人。今年投牒進士七十七人。諸科五十人。今凡一百二十七人。比之嚮來數目倍多。豈非詔書開勸使然。而利祿誘導之至也。條制每科不得過五人。比再經覆試。又須通落。獎進之路。似未開廣。恐學者稍怠。懈美業中止。臣等欲望聖慈。稍增人數。以勸來者。四方聞朝廷參用此科取士。莫不靡然向風。潛心經術。則彬彬之舉兼成於前代矣。

宿又上奏曰。臣聞漢制刺史奉詔條察州。秩六百石。至卑也。委之察一部者。意在秩卑無所顧惜。敢刺舉耳。其年初置刺史部十三州。文武名臣。欲盡委察。今之轉運使。大抵漢刺史之職也。陟黜臧否。興利除害。莫不係之。國初用官亦輕。選才則專其間。外計多著能名。古人有言。引一代之人。理一代之務。不借才於異代。若謂方今之人。是誣一代之人也。顧朝廷所選用何如耳。若欲天下轉運使盡得其人。莫若慎選省府推判官提點刑獄。此三道者。取才之要。比來寅緣用人。忽略此職。一槩置親厚之吏。或假借權勢之家。故外計之任。有以資敘而入。往年葉清臣在三司判官不才者。奏罷數人。當時物論是之。今稍稍復用矣。天聖景祐之間。屢降大勑。舉提點刑獄。頗亦得人。近年多泛差遣。勑上帶入。選舉之法格而不行。又罕見顯擢循吏為之省府。陛下惠綏元元。勵精政治。近制川廣知州通判知縣。並須選差。所以重遐方而矜遠俗也。况轉運使提點刑獄。表率部吏。宣明風化。可不慎擇哉。宜得通知民事。練有才望者居之。若被舉錄職。風績較然。或增秩再留。或移領劇部。俾久其任。以伸厥能。諸積久累官秩高而才下。素望不著者。不可使居其任。恐曠職事。且非陛下求治之意。

宿為翰林學士又上奏曰。臣竊以殿前馬步軍等帥。臣統陛下爪牙之兵。為陛下心腹之佐。宿衛宮省。捍禦宸極。凡所進任。固先出於聖意。然後參訪大臣。公議既同。方可除授。近來內外臣僚。多舉武臣管軍。此非臣下輕可論薦。漢宣帝時。丞相黃霸薦侍中樂陵侯史高為太尉。帝使尚書召霸曰。樂陵侯高帷幄近臣。朕之所自親。君何越職而舉之。尚書令丞相對。霸免冠謝罪。數日乃決。霸為丞相。薦高為太尉。以職事言之。未為過舉。猶見詰責如此。豈非以太尉掌武之官也。陸賈有言。將相和則權不分。權不分則士豫附。士豫附則國家安。以此而言。宿衛帥臣。當選謹厚朴忠之人。以總禁旅。不宜輕用論薦。以收私恩。或任非其才。則開隙生事。國之利器。所宜慎重。

尚書度支郎中。金君卿上奏曰。臣不避誅罰。敢以愚見謹條貢舉事。切於時宜。較然易行者有三。析于章左。伏望聖聰俯加財擇。發於睿斷。早賜施行。臣人賤言鄙。輕瀆宸旒。無任俯伏待罪。戰汗屏營之至。

一事。臣伏覩皇祐二年明堂赦書節文。貢舉人曾經先朝省試下特免將來文解。如省試不合格者。別具名聞奏。臣妄測聖心。蓋謂其人嘗蒙先帝樂育之恩。又恤其久於場屋。而特加優異也。臣竊觀先朝舉人類多在者。艾氣體衰朽。或素無生業。迫於貧窶。而天下州郡。遠者動萬千里。夫以貧病衰老。至甚之人。跋涉為萬千里之行。則其為勞亦甚矣。至如前歲詔下。凡預舉人。希覬恩澤。望風而至都下者甚衆。是時朝廷別無恩旨。例賜錢二千。俾為歸計。而屬歲癘疫。在道或病或死者不少。誠可憫傷。今而詔下。臣竊思其人力能往者十無三四。其三四中[illegible]於道途。不幸而病且死者。抑又可料。則是得以名聞者。十才一二爾。伏惟陛下躬祀明堂。使民知孝。有生之類。莫不涵被恩澤。故人人鼓舞歌詠。喜逢盛明。在先朝學校之人。蒙陛下預聞優恤之意。特異於常。今其間力不能往者。獨不蒙恩澤之流。均及其身。此人可憫也。臣今欲望聖慈特詔天下州郡。先朝舉人有願赴省試者聽之。其間有貧病衰老。就試不得者。委本州郡勘會得解後來。但不曾犯真刑者。具名聞奏。乞朝廷就賜一上佐之官。以畢餘年。臣觀此等人。雖材器或有短長。然自束髮從學。至老而志操不變。是亦有意於善也。今若朝廷惻然憫其夙心。使至暮年。卒被恩命。少酬願望。庶不辜生平嗜學之志。上以廣先帝樂育之恩。次以彰陛下優老好善之實。而又使天下之人曉然知為學之利也。

二事。臣聞漢世學者。皆以專經補吏。故士者治身從政。罔悖于理。當時所得。類多有道之士。而後世不克循之。故所進之人。未有如兩漢之盛也。國家因近代之制。用詞科以取士。向者有司命題發策。多不專於經典。往往雜取諸家小說。故朝廷患其如此。亦嘗頒示條約。須得於國子監經史中出題目。近歲已來。遂於注疏及但係監本諸雜文字中。摘裂句讀。以為題目。況本朝文物寖盛。國庠典籍。部類寖繁。學者若專志於經。則不足以備科試。將遍而治之。則力有所不逮。由是靡靡然秪務馳騁涉獵。破碎文義。以絢飾辭章而已。求其內可以美其身。外可以謀王體。斷國論者。蓋幾稀矣。凡士之出處語默。鮮能及於古者。亦由不專於經術而然也。臣今欲乞申敕內外主司。凡試進士詩賦。只於九經正文中出題目。其策論亦詳於三史及荀孟揚雄書中通用。如此行之，則學者皆務深於經術，而有道之士出矣。

三事。臣竊見向來開封府國子監兩處應舉者常至數千人，其間雖有奇才異士，然亦類多託籍冒名浮薄不逞者雜于其中，或紛擾禮闈，鼓致喧爭，或輕議國體，妄生謗讟，是非雜揉，玷我士風。朝廷近年亦患其然，故嘗詔立賞格，許人告訐，徒使狡詐之人夤緣為姦，興構獄訟，殊虧事體，適長澆風。以至于引試之際，則士人汹湧讙噪，不可止禦，至有毆擊吏卒，肝腦塗地者。況天府國庠，乃朝家觀禮示化之地，而萃集浮薄不逞之徒，為弊至此，甚可怪也。今年自聞詔下，四方之往者不絕於道，臣恐前歲之弊未能遽已也。竊原士之所以輕去州郡而幾趨府監者，大抵以近年州郡立定解額，多不均一，及開封府國子監素無定額，比之外郡稍寬，故外郡解額少處，競奔湊京師，及府監舉人保明行實，約束未盡，致有冒名之弊。臣今以諸郡應舉人數計之，有十人解一名處，有二十人及三十人已上解一名處，又況每歲人數多少不定，若只限以舊額，實見不均。臣今欲乞申敕開封府國子監及天下州郡，例皆以分數取人，二十人中與解一名，則不惟取士之均，又使人皆樂就於鄉舉矣。其開封府進士須得在京戶貫，委實居止去處，不實者論違制之罪，雖去官經赦，見任官委保不得原免。其衣冠子弟，今後就學上庠者，須得本貫見任官與發保明文牒，方許入學類試，則府監無偽濫之弊矣。

英宗治平元年，參知政事歐陽脩上奏曰：臣伏見近有臣寮上言，乞將南省考試舉人，各以路分糊名，於逐路每十人解一人等事。雖已奉聖旨送兩制詳定，臣亦有愚見，合具敷陳。竊以國家取士之制，比

於前世最號至公。蓋累聖留心，講求曲盡，以謂王者無外，天下一家，故不問東西南北之人，盡聚諸路貢士，混合為一，而惟材是擇。又糊名謄錄而考之，使主司莫知為何方之人，誰氏之子，不得有所憎愛薄厚於其間。故議者謂國家科場之制，雖未復古法，而便於今世，其無情如造化，至公如權衡，祖宗以來不可易之制也。傳曰：無作聰明亂舊章。又曰：利不百者不變法。今言事之臣偶見一端，即議更改。此臣所區區欲為陛下守祖宗之法也。臣所謂偶見一端者，蓋言事之人但見每次科場東南進士得多，而西北進士得少，故欲改法使多取西北進士爾。殊不知天下至廣，四方風俗異宜，而人性各有利鈍。東南之俗好文，故進士多而經學少；西北之人尚質，故進士少而經學多。所以科場取士，東南多取進士，西北多取經學者，各因其材性所長，而各隨其多少取之。今以進士經學合而較之，則其數均，若必論進士，則多少不等。此臣所謂偏見之一端，其不可者一也。國家方以官濫為患，取士數必難增，若欲多取西北之人，則却須多減東南之數。今東南州軍進士取解者二三千人處，只解二三十人，是百人取一人，蓋已痛裁抑之矣。西北州軍取解至多處不過百人，而所解至十餘人，是十人取一人，比之東南十倍假借之矣。若至南省又減東南而增西北，則是已裁抑者又裁抑之，已假借者又假借之。此其不可者二也。東南之士於千人中解十人，其初選已精矣，故至南省所試合格者多。西北之士學業不及東南，當發解時又十倍優假之，蓋其初選已濫矣，故至南省所試不合格者多。今若以一例以十人取一人，則東南之人合格而落者多矣，西北之人不合格而得者多矣。至於他路，理不可齊，偶有一路合格人多，亦限以十一落之；偶有一路合格人少，亦須充足十一之數，使合落者得，合得者[illegible]

倒能否混淆其不可者三也。且朝廷較藝取人而使有藝者屈落無藝者濫得不問繆濫只要諸路數停此其不可者四也。且言事者本欲多取諸路士著之人。若此法一行則寄應者爭趨而往今開封府寄應之弊可驗矣。此所謂法出而姦生其不可者五也。今廣南東西路進士例名絕無舉業諸州但據數解發其人亦自知無藝只來一就省試而歸冀作攝官爾。朝廷以嶺外煙瘴北人不便須藉攝官亦許其如此。今若一例與諸路十人取一人。此為繆濫又非西北之比。此其不可者六也。凡此六者乃大概爾若舊法一壞新議必行則弊濫隨生何可勝數。故臣以謂凡近舊制但務擇人推朝廷至公待四方如一。惟能是選人自無言此乃當今可行之法爾若謂士習浮華當先考行就如新議亦須只考程試安能必取行實之人。議者又謂西北近虜士要牢籠此甚不然之論也。使不逞之人不能為患則已。苟可為患則何方無之前世賊亂之臣起於東南者甚衆其大者如項羽蕭銑之徒是已。至如黃巢王仙芝之輩又皆起亂中州者爾。不逞之人豈專西北。矧貢舉所設本待材賢牢籠不逞當別有術不在科場也。惟事久不能無弊有當留意者然不須更改法制止在振舉綱條爾。近年以來舉人盛行懷挾排門大譟免冠突入虧損士風傷敗善類此由舉人既多而君子小人雜聚所司力不能制雖朝廷素有禁約條制甚嚴而上下因循不復申舉惟此一事為科場大患而言事者獨不及之。願下有司議革其弊此當今科場之患也。臣忝貳宰司預聞國論苟不能為陛下守祖宗之法而言又不見取於人主則厚顏尸祿豈敢偷安而久處乎。故僭此彊言乞賜裁擇。

三年。命宰執舉館職各五人。先是英宗謂中書曰水潦為災言事者云咎在不能進賢何也。脩對曰近年進賢路狹往時入館有三路今塞其二矣。進士高科一路也。大臣薦舉一路也。因差遣例除一路也。往年五人以上皆得試第一人及第不十年有至輔相者今第一人兩任方得試而第二人以下不復試是高科路塞矣往時大臣薦舉即召試今只令上簿候缺人乃試是薦舉路塞矣。惟有因差遣例除者半是年勞老病之人。此臣所謂薦舉路狹也。帝納之故有是命。

英宗時知諫院司馬光上奏曰伏見國家間歲一開科場詔下州郡使之鄉舉里選遣詣京師覆試於禮部雖幽遠之士咸與其進然而天下發解進士到省常不下二千餘人而南省取者纔及二百而開封國學鏁廳預奏名者殆將太半其諸路州軍所得者僅百餘人爾。惟陝西河東河北荊湖北廣南東西等路州軍舉人近年中第者或一二。竊以科舉既頻天下之士誠奔走之不易而嶺外尤為遐僻每隨計動經五七千里往來不啻百餘程跋履道塗蒙犯風雪比至京師扶持困躓之不暇使與鄰近安燕之士角其藝能固不可得也。既而不第孤寒之路最為蹭蹬羊進且難往往廢學於臣愚見似有未均。欲乞今後南省考試進士將開封國學鏁廳舉人試卷家同糊名其諸道州府舉人試卷各以逐路糊名委封彌官於試卷上題以在京逐路字用印送考試官其南省所放合格進士乞於在京逐路以分數裁定取人。所貴國家科第均及中外。如允所請伏乞下兩制詳定者右謹具如前當院今將簿籍勘會近歲三次科場內嘉祐三年國子監得解及免解進士共一百一十八人。及第者二十二人。約五人中取一人。開封府得解及免解進士共二百七十八人。及第者四十四人。約六人中取一人。河北路得解及免解進士共一百五十二人。及第者五人。約三十人中取一人。京東路得解及免解進士共一百五十七人。及第者五人。梓州路得解及免解進士共六十三人。及第者二人。並約三十人中取一人。廣南東路得解及免解進士共九十七人。及第者三人。約三十二人中取一人。荆湖南路得解及免解進士共六十九人。及第者二人。約三十四人中取一人。廣南西路得解及免解進士共三十八人。利州路得解及免解進士共三十六人。夔州路得解及免解進士共二十八人。及第者各共一人。河東路得解及免解進士共四十四人。全無人及第。嘉祐五年。國子監得解及免解進士共一百八人。及第者二十八人。開封府得解及免解進士共二百六十六人。及第者六十九人。並約四人中取一人。京東路得解及免解進士共一百五十人。及第者五人。約三十人中取一人。荆湖南路得解及免解進士共六十九人。及第者二人。約三十四人中取一人。廣南東路得解及免解進士共八十四人。及第者二人。約四十二人中取一人。河東路得解及免解進士共四十一人。陝西路得解及免解進士共一百二十三人。及第者各只一人。荆湖北路得解及免解進士共二十四人。廣南西路得解及免解進士共六十三人。夔州路得解及免解進士共三十二人。並全無人及第。嘉祐七年。國子監得解及免解進士共一百一十一人。及第者三十人。約四人中取一人。開封府得解及免解進士共三百七人。及第者六十六人。約五人中取一人。荆湖南路得解及免解進士六十八人。及第者二人。約三十四人中取一人。陝西路得解及免解進士共一百二十四人。及第者二人。約六十二人中取一人。河北路得解及免解進士共一百五十四人。河東路得解及免解進士共四十五人。荆湖北路得解及免解進士共二十三人。及第者各一人。廣南東路得解及免解進士共七十七人。廣南西路得解及免解進士共六十三人。利州路得解及免解進士共二十八人。並全無人及第。以此比較在京及諸路舉人。

得失多少之數。顯然大段不均。蓋以朝廷每次科場所差試官。率皆兩制三館之人。其所好尚。即成風俗。在京舉人追趨時好。易知體面。淵源漸染。文采自工。使僻遠孤陋之人。與之為敵。混同封彌。考較長短。勢不侔矣。孔子曰。十室之邑。必有忠信如丘者焉。言雖微陋之處。必有賢才。不可誣也。是以古之取士。以郡國戶口多少為率。或以德行。或以材能。隨其所長。各有所取。近自族姻。遠及夷狄。無小無大。不可遺也。今或數路之中。全無一人及第。則所遺多矣。國家用人之法。非進士及第者。不得美官。非善為賦詩論策者。不得及第。非遊學京師者。不善為賦詩論策。以此之故。使四方學士。皆棄背鄉里。違去二親。老於京師。不復更歸。其間亦有身負過惡。或隱憂匿服。不敢於鄉里取解者。往往私買監牒。妄冒戶貫。於京師取解。自間歲開科場以來。遠方舉人。憚於往還。只在京師寄應者。比舊尤多。國家雖重為科禁。至於不用蔭贖。然曾犯之人。歲歲滋甚。所以然者。蓋由每次科場及第進士。大率是國子監開封府解送之人。則人之常情。誰肯去此而就彼哉。夫設美言厚利。進取之塗。以誘人於前。而以苛法空文禁之於後。是猶決洪河之尾。而捧土以塞之。其勢必不行矣。書曰。無偏無黨。王道蕩蕩。國家設賢能之科。以俟四方之士。豈可使京師詐妄之人。獨得取之。今來柳材所起請科場事件。若依而行之。委得中外均平。事理尤當。可使孤遠者有望進達。僑寓者各思還本土矣。難者必曰。國家比設封彌謄錄。以盡至公。其諸路舉人。所以及第少於在京者。自以文藝疎拙。長短相形。理宜黜退。今若於封彌試卷上題在京逐路字號。必慮試官挾私。因此得以用情。是大不然。國家設官分職。以待賢能。大者道德器識。以弼諧教化。其次明察惠和。以拊循州縣。其次方畧勇果。以扞禦外侮。小者刑獄錢穀。以供給役使。豈可專取文藝之人。欲以備百官濟萬事邪。然則四方之人。雖於文藝或有所短。而其餘所長有益於公家之用者。蓋亦多矣。安可盡加棄斥。使終身不仕耶。凡試官挾私者。不過徇其親知鄉黨。今雖題逐路字號。若試官欲徇其親知。則一路之人共聚一處。不知何者為其親知。若欲徇其鄉黨。則一路之中所取自有分數。豈敢偏於本路剩取一人。以此言之。雖題逐路字號。試官亦無所容其私也。今欲乞依柳材起請。今後南省考試云云。裁定取人。若朝廷尚以為有嫌疑。即乞令封彌官將國子監開封府及十八路。臨時各以一字為偏傍立號。假若國子監盡用乾字。開封府盡用坤字。京東路盡用離字。京西路盡用坎字為偏傍。其餘路並依此例。委知貢舉官於逐號考校。文理善惡。各隨其短長。每十人中取一人奏名。其不滿十人者。六人以上亦取一人。五人以下。更不取人。其親戚舉人別試者。緣人數至少。更不分別立號。只依舊條。家同封彌。分數取人。其合該奏名者。更不入南省奏名數內。如允所奏。乞降指揮下貢院遵守施行。

先又上奏曰。臣聞致治之本。在於得賢。天下至廣。群臣至衆。人主不能徧知。必資薦舉。不得其實。則邪巧並進。官職耗廢。是故設連坐之法以懲之。此百王不易之道也。伏見近降詔書。令中外臣寮。於文資官內。不以職位高下。舉行實素著。官政尤異。可備陞擢任使之人。又於諸司使以下至三班使臣內。舉堪充將領及行陳任使之人。此乃前世之令典。當今之切務。臣始聞之。不勝慶抃。既而議者皆言數年之前。亦曾有此詔書。所舉甚衆。未聞朝廷曾有所陞擢。今玆蓋亦修故事。飾虛名而已。非有求賢之實也。若果如此。誠有何益。臣愚欲望陛下盡將今來臣寮所舉之人。隨逐人資敘。各置一簿。編其姓名。留之禁中。其副本降付中書樞密院。若遇文臣轉運使提點刑獄轉運

判官知大藩府。及武臣總管鈐轄路分都監知州軍等有闕。除用舊資敘人外。應係陟入上件差遣者。並乞於今來舉官簿內次等資敘人中。陛下親加選擇點定一人。其不係今來薦舉之人。不得差充上件差遣。若陞陟以後。他日職事敗闕。不如所舉。及犯贓私罪。其舉主並依法施行。雖見任兩府。亦乞不以恩例特放。凡係舉官不當降官及降差遣者。未滿三年。雖遇恩赦。不得牽復。如此。則羣臣莫敢不盡公擇人。天下賢才皆可得而官使矣。

先又上奏曰。臣竊見國家舊制。資蔭出身人。初授差遣者。並令審官院流內銓試。省格詩。或賦或論一首。或五經墨義十道。各從其便。其賦論墨義。徒有其名。無人願試。大率皆乞試詩。其間甚有假手於人。真偽難辨。就使自能作詩。辭采高妙。施於治民。亦無所用。不可以此便為殿最。臣欲乞今後應資蔭出身人初授差遣者。並委審官院流內銓試孝經論語大義共三道。仍令主判臣寮更將所對義面加詢問。使之口說。若義理精通者。特為一等。并所試大義卷子保明聞奏。京官與減一任監當。選人並與家便差遣。合入家便者。與先次。其義理稍通者。依常調。不通者。且令修學。候一周年外再試。必須試中方得出官。若年四十以上者。即聽依舊制。只寫家狀讀律。如此。則公卿大夫子弟。皆嚮學知道。亦近於先王教冑子之術也。

孫洙上疏曰。三代而下。選舉之法。何紛紛乎。其法始得者。終必失也。故孝廉之始得也。人務本行也。其終失也。計口繆舉也。辟署之始得也。人樂自脩也。其終失也。流競成俗也。限年之始得也。敦德養器也。其終失也。少成不貴也。九品之始得也。家舉人興也。其終失也。愛憎在吏也。清議之始得也。名實相尚也。其終失也。浮偽相沮也。銓選之始得也。權不外假也。其終失也。美惡同流也。故孝廉失之繆。辟舉失

之詭。限年失之同。九品失之徇。清議失之偽。銓選失之雜。是六者之法。皆足以救一時。而不足以通百世也。故始終而各有得失焉。今始終一切皆失者。其國家資格之法乎。臣請言其弊。今賢材之伏於下者。資格閡之也。職業之廢於官者。資格牽之也。士之寡廉鮮恥者。爭於資格也。民之困於虐政暴吏。資格之人衆也。萬事之所以抗弊。百吏之所以廢弛。法制之所以頽爛決潰而不之救者。皆資格之失也。惟天之生大賢大德也。非以私厚其人。將使之輔生民之治者也。惟人之有大材大智者。非以獨樂其身。將以振生民之窮者也。今小人累日而取貴仕。君子側身而困卑位。賢者戴不肖於上。而愚者役智者於下。爵不考德。祿不授能。故曰賢材之伏於下者。資格閡之也。才足以堪其任。小拘歲月而妨之矣。力不足以稱其位。增累攷級而得之矣。所得非所求也。所求非所任也。位不度才。功不索實。故曰職業

之廢於官者。資格牽之也。今夫計歲閱而爭年勞者。日夜相鬬也。有司躐一名差一級。則攝衣而羣爭譁矣。其甚者或懷黃敕而詈于丞相之前也。其行義去市賈者亡幾耳。故曰士之寡廉鮮恥者。爭於資格也。來而暴一邑。既歲滿矣。又　而虐一州也。非以贓敗。至死不黜。虎吏齧牙而食於民。賢者斃死於巖穴。而赤子不得愛其父母也。故曰民之困於虐政暴吏者。資格之人衆也。夫資格之法。起於後魏崔亮。而復行之於唐之裴光庭。是二子者。其當世固以罪之。不待後世之譏矣。然而行之前世。不過數十年者也。後得稱職者矯而更之。故其患不大。今資格之弊流漫。根結踵為常法。方且世世而遵行之矣。往者不知非。來者不知矯。故曰萬事抗弊。百吏廢弛。法制頽爛決潰而不之救也。雖然不無小利也。小便也。利之者。惷愚而廢滯者也。便之者。耄老而庸昏者也。而於天下國家焉。則大失也。大害也。然而提

選部者。亦以是法為簡而易守也。百品千羣。不復銓敘人物。而綜覈功實。一吏在前。勘簿呼名而授之矣。坐廟堂者。亦以是法為要而易行也。大官大職。列籍按氏。差第日月。遝然而登之矣。上下相冒。而賢材去愈遠。可為太息也。為今之急。誠宜大蠲弊法。簡拔異能。爵以功為先後。用才為序次。無以積勤累勞者為高敘。無以深資久考者為優選。智愚以別。善否陳前。而萬事不治。庶功不熙者。臣愚未嘗聞也。

知通進銀臺司韓維上言曰。臣竊思自古致治之術。莫不以守令為急。誠知務也。縣令令已舉之矣。唯知州但用資序名次充補。略無選用之法。一非其人。數萬之生聚便受其弊。甚可痛也。伏望聖慈特詔諸路轉運提刑除藩鎮及堂選知州外。其久積姦弊。號為難理。及累被災傷盜賊竊發處所。悉以上聞。朝廷慎擇有識向公臣寮舉才任

治民者。往臨其處。俟見實有政理。即隨其迹狀大小。陞入堂選州郡。或擢升省府及監司任使。其間增秩賜金錫詔褒勸之法。繫自朝廷臨事裁處。所冀中庸常調之人。知有自奮之路。各加厲勉。疲瘵之俗漸被聖澤。

御史中丞賈黯言。今京朝官至卿監凡二千八百餘員。而吏部奏舉磨勘選人未引見者至二百五十餘人。且以先朝事較之。方天聖中法尚簡。選人以四考改官。而諸路使者薦部吏未有限數。而在京臺閣及常參官嘗任知州通判者。雖非部吏皆得薦。時磨勘改官者歲才數十人。後資考頗增。而知州薦吏視屬邑多少裁定其數。常參官不許薦士。其條約漸繁。而改官者固已衆矣。然引對猶未有待次者也。皇祐中始限監司奏舉之數。其法益密。而磨勘待次者已不減七十人。皇祐及今纔十年矣。而猥多至於三倍。向也法疏。而其數少

令也法寬而其數增此何故哉正在薦吏者歲限定員務充數而已如郡守歲許薦五人而歲終不滿其數則人人以為遺巳當舉者避謗畏譏欲止不敢此所以多而真才實廉未免恩於無能也宜明詔天下使有人則薦不必滿所限之數天子納其言

歷代名臣奏議卷之一百六十五

歷代名臣奏議卷之一百六十六

選舉

宋神宗熙寧元年右正言孫覺上奏曰臣竊見朝廷設科以取天下之士而所謂進士明經者乃因隋唐五代之弊行之百有餘年其法愈密得人愈疎其間雖有勢烈之臣建功業謀謨卓犖有紀於世必皆其人不因循於流俗能自奮拔於昧漏濁淖之中類非科試之方有以得之也臣以謂天下之生才非於古今偏有薄厚在上所以驅之耳今誠有道德之儁經綸之彥不由科舉則無以進仕於朝廷是使天下皆汩沒於彫蟲篆刻之技棄置於章句括帖之學也古者少而學之壯而行之今也學非所以從仕仕無用其素學天下人才日少而士常不足於用其不自於此歟祖宗之時其法數變矣然一時議者亦多率其私意以傅合當世之宜故其法雖更而其弊猶在也臣竊計來年之春當下詔選士以陛下聰明睿智將大有為於時而取士之法不蚤有所更定則不足以盡得天下之才不盡得天下之才則不足以新天下之化臣謹條取士之弊并所當改定者具列如後

一文章之於國家固巳末矣詩賦又文章之末歟今乃拘以聲勢之逆順音韻之上下配合綴緝甚於俳優之辭近歲以來朝廷務以經術材識收攬天下之士有司往往陰考論策以定去留不專決於詩賦學者亦多治經好古脩身謹行至於詩賦之業類不精於往時矣臣謂人情之所共廢者聖人不能強使之興今上下厭棄人人知其無用朝廷因而去之使天下學者學其所可用仕者用其所嘗學顧不美歟願下羣臣講求所當考試以代去詩賦之法

學究諸科。多不通經義。而猥以記誦為工。記誦不能。則或務為節抄。至斷裂句讀。錯謬文辭。甚可閔笑。仁宗患其如此。始立明經科。將以變學究諸科之習。今西北諸州。頗願習為明經矣。然變法之初。為法太密。類非中材可以勉強。往者嘗設說書一科。亦多通經之士。臣願更賜參酌明經新法。稍依說書之制。其逐州解發并登第人數。並減諸科額以勵之。如此。則人數不增於舊。而學究諸科習通經術矣。

一國家所取天下之士。專用進士明經數科。然東南之進士。西北之諸科。則數略相埒。至於被邊州郡。或更十數歲乃無一人見收取者。雖由其業不精。無以應有司之格。然人情不能無望也。取士之意。務在得人。而臣願朝廷別設科格。或以邊臣保任。若漢六郡良家專以取邊州材武策略之士。所得人數。即以逐州充進士明經學究之額。

一進士明經諸科。舊各以二百人為額。治平中。更增五十員。三歲一取士。凡六百五十人。亦不為少。然不足以盡得天下之士。何也。所以取之之途狹耳。士苟可用。亦何必進士明經哉。臣願以治平新增五十人。每遇下詔取士時。許諸路轉運使提點刑獄知州通判。薦文行殊異。經術政事。或有兵謀材略之人。若往時之遺逸。并許兩制侍從官。未以內外。各得推薦一人。若二人。類所薦之士。別於試格。足收五十人而止。所舉非其人。若已仕而坐法者。如律。亦因以觀臣下薦賢之能。

一朝廷自慶曆以來。詔天下立學。郡縣往往有學舍官田房廊之利。京師亦自析國子監之半以為太學。太學諸生常數百人。州學舍多亦或至百人。學校之盛。侔於漢唐矣。然國家未有學校

選士之法。臣願詔天下州郡守臣到任一年以上。得舉所學者才行尤異升之太學。無其人則闕。既至官為廩給。吏以日月詳觀而屢試之。每歲判國子監至直講共薦十人。朝廷更以策試。然後推恩。所得人數。即以充進士之額。其公卿大夫之子弟。及舊在生員。即乞別定入學之法。

右臣所請改定取士凡五條。皆博採羣言。以為有補天下。而便於舊格。其後三條。稍用保任薦舉法。薦取材略文行之士。以廣朝廷搜擇之路。比之科場汎然收舉者。利害不相侔矣。然臣不敢具為科格。伏望聖慈下兩制雜學士待制以上臺諫官三館秘閣臣寮。博加論議。必有良法可以行之。有論議不同者。聽為別狀。朝廷取其最優者施行之。

翰林學士司馬光上奏曰。臣聞國之政治。在於審官。官之得人。在於選士。士之嚮道。在於立教。教之歸正。在於擇術。是知選士者治亂之樞機。風俗之根原也。竊見近歲公卿大夫。務為高奇之論。喜誦老莊之言。流及科場。亦相習尚。新進後生。未知臧否。口傳耳剽。翕然成風。至有讀易未識卦爻。已謂十翼非孔子之言。讀禮未知篇數。已謂周官為戰國之書。讀詩未盡周南召南。已謂毛鄭為章句之學。讀春秋未知十二公。已謂三傳可束之高閣。循守注疏者。謂之腐儒。穿鑿臆說者。謂之精義。且性者子貢之所不及。命者孔子之所罕言。今之舉人。發口秉筆。先論性命。乃至流蕩忘返。遂入老莊。縱虛無之談。騁荒唐之辭。以此欺惑考官。獵取名第。祿利所在。衆心所趨。如水赴壑。不可禁遏。彼老莊棄仁義而絕禮學。非堯舜而薄周孔。死生不以為憂。存亡不以為患。乃匹夫獨行之私言。非國家教人之正術也。魏之何晏。晉之王衍。相與祖述其道。宅心事外。選舉者以此為賢。仕宦者以此

為榮。遂使紀綱大壞。胡夷並興。生民塗炭。神州陸沉。今若於選士之際。用此為術。臣懼向去仕宦之士。皆何晏王衍之徒。則政事安得不墮。風俗安得不壞。是始永嘉之弊。將復見於今矣。伏望朝廷特下詔書。以此戒勵內外公卿大夫。仍指揮禮部貢院。豫先曉示進士。將來程試。若有僻經妄說。其言涉老莊者。雖復文辭高妙。亦行黜落。庶幾不至疑誤後學。敗亂風俗。

二年。光又上論貢舉狀曰。臣准御史臺牒。准勑節文。天下學校貢舉之法。宜令兩府兩省待制以上。御史臺三司三館臣寮。各限一月具議狀聞奏者。臣聞詩云。無競維人。四方其訓之。言欲強於天下者。無如得人。得人而任之。以為則。四方斯順之矣。臣竊惟取士之弊。自古始以來。未有若近世之甚者也。何以言之。三代以前。其取士無不以德行為本。而未嘗專貴文辭也。漢氏始置茂才孝廉等科。皆命公卿

大夫州郡舉有經術德行者。策試以治道。然後官之。故其風俗敦尚名節。降及末世。雖政衰於上。而俗清於下。由取士之術。素加獎厲故也。魏晉以降。貴通才而賤守節。習尚浮華。舊俗益敗。然所舉秀孝。猶以經術取之。州郡皆置中正。以品其才行。一言一動之失。或終身為累。士猶兢兢不敢自放。隋始置進士。唐益以明經等科。而秀孝遂絕。止有進士明經二科。皆自投牒求試。不復使人察舉矣。進士初但試策。及長安神龍之際。加試詩賦。於是進士專尚屬辭。不本經術。而明經止於誦書。不識義理。至於德行。則不復誰何矣。自是以來。儒雅之風日益頹壞。為士者狂躁險薄。無所不為。積日既久。不勝其弊。於是又設謄錄封彌之法。蓋朝廷苦其難制。而有司急於自營也。夫欲搜羅海內之賢俊。而掩其姓名。以考之。雖有顏閔之德。苟不能為賦詩論策。則不免於遺棄。為窮人。雖有跖蹻之行。苟善為賦詩論策。則不害於取高第為美官。臣故曰取士之弊。自古始以來。未有若近世之甚者。非虛言也。今幸遇陛下聖明。心知貢舉之極弊。慨然發憤。深詔羣臣。使得博議利病。更立新規。是千載一時也。議者或曰。古人鄉舉里選。今欲知士之德行。宜委知州知縣者。采察其實。保而薦之。臣獨以為不然。古者分地建國。自卿大夫士。皆以其國人為之。猶患士之德行。不可得而詳也。故又擇其鄉之賢者。使為閭胥比長。自幼及長。朝夕察其所為。然後士之德行美惡。莫得而隱也。今夫知州知縣。雜四海九州之人。遠者三歲而更。近者數月而更。或初到官。即遇科場。遽責之知所部士人德行。誠亦難矣。又應開封府舉者。常不減數千人。而開封府獄訟之繁。知府者自旦至暮。耳不暇聽。目不暇視。又安有餘裕可使之察數千人之德行乎。議者又曰。宜去封彌謄錄。委有司考其文辭。參以行實而取之。臣獨以為不然。夫士之德行。知州縣

者尚不能知。而有司居京師。一旦集天下之士。獨以何術知之。其術不過以衆人之毀譽決之。孔子曰。衆好之必察焉。衆惡之必察焉。夫衆之毀譽。庸詎足以盡其實乎。必如是行之。臣見其愛憎互起。毀譽交作。請託公行。賄賂上流。謗讟並興。獄訟不息。將紛然殽亂。朝廷必厭苦之。而復用封彌謄錄矣。夫封彌謄錄。固為此數者而設之也。譬猶築防以障洚水也。今不絕其源。而徒去其防。則橫流之患。愈不可救矣。臣雖至愚。平生固嘗竭其思慮。欲以少救其弊。今敢陳二策。乞陛下俯加裁擇。臣聞上之所為。下之所歸也。國家從來以詩賦論策取人。不問德行。故士之求仕進者。日夜孜孜。專以習詩賦論策為事。唯恐不能勝人。父教其子。兄勉其弟。不是過也。今若更以德行取人。則士之力於德行。亦猶是也。誠風化清濁之源。歷代訓謀而不悟。必待聖朝然後正之者也。夫德行脩之於心。藏之於身。雖家人有所不

知况於州縣况於朝廷將何從知之故必待明哲公正之臣知而舉之然後四海之士皆可得而官使也然舉薦之法既行則干求屬請識所不能無也要在所舉非其人者國家以嚴法繩之勿加恩貸則苟且徇私之人皆知懼矣且國家既以德行取士則彼貪猾輕躁之人依附權要枉道求進者皆為清議所毀見棄於時雖有舉者必不多矣臣愚欲乞今後應係舉人令升朝官以上歲舉一人提點刑獄以上差遣者歲舉二人諫議大夫或待制以上歲舉二人不以所部非所部鄉里除自已親戚及曾犯真刑或私罪情理重曾經罰贖及不孝不友盜竊淫亂明有迹狀者不得舉外其餘皆得舉之仍於舉狀內明言臣今保舉某州某縣某人有學術節行乞賜召試若舉狀既上之後却有前後諸般違礙事發其舉主並依律文貢舉非其人分故失從公私罪定斷受贓而舉者以枉法論其舉狀遂時送下禮

部貢院置簿記錄若應舉人而不舉者歲終委貢院勘會姓名聞奏乞嚴加懲罰朝廷每遇三年一開貢舉先令貢院繳自詔下之日勘會選擇舉主最多者從上取之倍於每次科場南省奏名人數具姓名聞奏乞下本貫發遣赴闕其本貫更不考試即具狀申解送赴貢院仍出公憑給付逐人令赴貢院照會限十一月內取齊十二月內引見正月內委貢院內考試進士試經義三道子史策三道時務策三道更不試詩賦及論明經及九經等諸科試本經及論語孝經大義共四十道明經加試時務策三道其帖經墨義一切皆不試對策及大義但取義理優長不取文辭華巧惟所對經史稍僻時務疎闊者即行黜落其奏名人數並依科場舊制至御試時進士明經各試時務策一道九經等諸科試本經大義十道所有名字高下並只以舉主多者為上舉主數同則以舉狀到省月日先後為次其舉人所納

家狀及授官後吏部所給告身並須開坐元初舉主人數姓名若及第後犯私罪情理重及贓重其舉主並減一等坐之未及第者減三等皆不以去官及赦原如此則群臣不敢挾私妄舉士人皆崇尚經術重惜操履士風丕變矣朝廷若不能行此保舉之法其次莫若修學校之法以取之臣伏見慶曆以來天下諸州雖立學校大抵多取丁憂及停閑官員以為師長藉其供給以便私惠聚在任官員及市井豪民子弟十數人遊戲其間坐耗糧食未嘗講習修謹之士多恥而不入間有二千石自謂能興學者不過盛修室屋增置莊產廣積糧儲多聚生徒以采虛名師長之人自謂能立教者不過謹其出入節其遊戲教以鈔節經史剽竊時文以夜繼晝習詩賦論策以取科名而已此豈先王立學之意耶於以脩明聖道長育人材化民成俗固以疎矣臣欲乞自今天下州學只許置教授一人委本州長吏於

本處命官中選擇無過犯有節行能講說為眾所服者舉奏補充若本州無人則奏乞下銓司選差委銓司於見在銓選人內揀選進士明經諸科出身人歷任無贓私罪能講說經書者奏補充逐州教授應舉人初入學者並為外舍生唯赴聽講及公試外不得於學中宿食其教授每日講書畢取在學諸生姓名書於籤上雜置筩中抽取三人問以聽過書中疑義三條使對眾解說通者置簿記錄粗者不問不通者有罰每月中兩次公試各試所習舉業委教授考定優劣等第具姓名出榜示訖亦置簿記錄其有過犯者小過則罰錢中過則降等大過則斥出學亦置簿記錄每遇春秋釋奠畢委教授選擇外舍生到學及半年以上自前釋奠以來說書多通公試多在優等過犯情輕少即升入內舍為初等生始聽於學中宿食又選擇初等生升為中等生中等生升為高等生皆如外舍生之法其有二人以

上比較難決者即特令說書及試所業以決之皆須具狀申於州委
知州通判更加審覆委得公當然後給牒補之如後來有過降等者
其牒即毀抹其教授選擇糾舉升降等第若有不公委知州通判覺
察取勘聞奏已行衝替其開封府舉人舊無府學並令寓教於國子
監其國子監學人須實是品官子弟方得依條入學其教試選升之
法並與外州同以直講比教授判監同判監比知州通判凡國子監
開封府及諸州軍內舍高等生額並用本處解額之半其中等倍高
等初倍中等若人數未足則闕之不得濫額補人若遇詔下開貢舉
委本處判監同判監知州通判截自其日勘會高等生補及半年以
上者具姓名結罪保明聞奏仍與給公憑許令免解直就省試其高
等生占不盡解額方許本處其除舉人取解其中等初等生於取解
時仍別立號每七人中取一人奏名如此則舉人亦稍向經術崇行

義矣夫經術深遠非程試所能知行義美惡非朝夕所能察令使之
處於學校經二三年累經選擇升至高等又得解額妨衆人進取之
路若其高等生經術則講說常通文藝則屢入優等過犯則全然輕
少行義則爲衆所服比之糊名謄録考其一日所試賦詩論策偶有
所長而取之者相去遠矣況近年舉人或一無行能橫過恩澤幸得
免解者不可勝數令高等生行能如此纔免一解豈足惜哉此學校
之法也若朝廷又不能如此只於舊條之中毛舉數事微有更張則
於取士之道並無所益徒更煩苛不若悉循舊貫之爲愈也
光爲樞密副使又上奏曰臣先曾起請應資蔭出身人初授差遣者
更不試詩只委審官院流內銓試孝經論語大義共三道仍令主判
臣僚更將所對義面加詢問若義理精通者特保明聞奏優與差遣
稍通者依常調不通者且令修學候一周年外再試必須試中方得

出官若年四十以上聽依舊制只寫家狀讀律自後不蒙朝廷施行
臣今復差知審官院竊見資蔭人初授差遣者令試詩一首實爲無
益不惟其間有牆面者假手於人徒長姦僞就使自作詩得如曹劉
沈宋其於立身治民有何所用古昔二帝三王皆立大學之官以教
公卿大夫子弟其故何哉蓋以其人將嗣守官業苟無德行道藝則
必害及於民故也今者欲使公卿大夫子弟盡肄業於大學則其父
兄不常在京師固難齊壹若但使之習業於家而考校於初授差遣
之際業不習者不得出官則不煩勸督而人人自勉於學矣此乃事
之易行者也竊若使之盡通詩書禮樂則中材以下或有所不及今
但使之習孝經論語儻能盡朞年之功則無不精熟矣此乃業之易
習者也然孝經論語其文雖不多而立身治國之道盡在其中就使
學者不能踐履亦知天下有周公孔子仁義禮樂其爲益也豈可與

一首律詩爲比哉臣竊以爲此事用力不勤更張甚易而爲益稍太
別無所損伏望聖慈詳察或有可取乞檢臣前奏特賜施行
翰林學士呂公著上奏曰臣先准中書批狀送兩制議選知州以下
條制內一項王珪等議未曾歷知州人不得擢入轉運判官以上差
遣臣愚以爲未便竊以國家承平雖久於人材素養之法有所未備
緩急求才猶恐難得若資格愈密則簡拔愈難令知州以下從審官
院差遣則嚴其條式可也轉運判官以上自朝廷推擢則不當更增
以資格昔荀況稱賢與能不待次而舉罷不能不待頃而廢董仲舒
亦稱小才雖累日不離於小官賢才雖未久不害爲輔佐且漢之部
刺史今之監司如雋不疑乃白布衣拔爲青州刺史當時號爲稱職
方今豪俊之士多伏在下位若必待其已歷知州然後使則或至白
首而不見旌用臣愚以謂知州有治迹者直當升入監司自餘果有

才能為衆所推雖資歷尚淺亦聽朝廷不次選擇充轉運判官權發遣省府推判官及權充知州差遣若試用無効自可退從常調如此則勸沮兼行賢愚無滯

公著又上奏曰臣謹按學記古之教者家有塾黨有庠遂有序國有學王制命鄉論秀士升之司徒曰選士司徒論選士之秀者而升之學曰俊士樂正崇四術立四教順先王詩書禮樂以造士大樂正論進士之秀者以告于王而升諸司馬曰進士司馬辨論官材論進士之賢者以告于王而定其論論定然後官之周禮鄉大夫三年則大比攷其德行道藝而興賢者能者鄉老及鄉大夫帥其吏與其衆寡以其禮禮賓之厥明鄉老及鄉大夫羣吏獻賢能之書于王王再拜受之登于天府自堯舜三代以來其養士取人之法雖隨時損益不同然教必本於學校進必由於鄉里此六七聖人所不易也逮乎秦

漢而下聖王之迹既息凡所謂禮樂教化之官皆以廢絕至於設科取士則各出於一時之苟且國家承其極弊之後而因循未暇制作雖天下學校頗嘗修建然取士之路不出於此而欲人之就學也不亦難乎其為科之法則專以進士經學大抵皆襲唐制而已夫上之取士者將以治事而長民而所以取之者乃不過試之以辭章記誦之學蓋亦乖矣今誠不能革苟且之弊與廢絕之法而望賢才之加多風俗之漸變終亦不可得也故臣竊以謂貢舉之弊不可不革而學校之制所宜漸復雖進士經學行之既久為有司者安於課試之格為士人者狃於進取之術可以漸去而未可以遽廢莫若先建學校兼而行之學校所進者歲增則科舉所取者歲減如此不十數年間士皆以學校進矣所謂學校之法者天子自立太學於京師取道德足以為天下師法者主之自開封府及天下州縣皆立學取道德足以為人師者主之然學校教化所以一道德同風俗之原今若人自為教則師異說人異習故宜博選天下所謂有道德可以為人師先集于太學使講議所以教育之法而朝廷以道揆其得失講議既定然後取其得者置之要會州府使主其學其餘州郡即委轉運司與知州通判於本州及屬縣內選經術通明行誼素著者一人使主州學如本州無人即轉運司於同路州縣選差並令就見朝廷所置學官於本路會府而受朝廷教育之法或本州士人道德可以為人師而不仕者委本州與轉運司發遣赴闕當處其可否特與注官就差本處主學仍於太學受所以教育之法所謂貢舉之法者應天下士人並須本縣公吏等結罪保明鄉貢素行方得入於州學州學每歲貢士量州府大小大郡貢二人其小郡士人絕少處二歲若三歲貢一人並知州通判與主學官於學生內選入學一年以上經明

行修者貢于朝廷而升于太學者官為給食太學每歲於學生內選到住太學一年以上經明行修通世務可以治人者七十人進於朝廷其在上等者委中書門下量才官使其在次等者送流內銓依名次注官計一歲所貢者七十人三歲所貢者二百人則後次科場進士經學南省奏名之數內可各減一百人二歲之後就學者衆諸州所貢人數可以倍增而太學三歲可增置四百人則進士經學奏名內更各減一百人又行之三歲科舉可盡罷而士之進者皆出於學校矣其到太學及一年以上經術行誼入下等及經雖稍通行有瑕玷者並罷歸本州一不與選願歸者亦聽其自太學罷歸非行有瑕玷者並不礙後來選貢應天下知州通判及州學官所貢士人上等者為最在任皆最者特與旌賞入下等為殿在任皆殿者當行重罰其本郡士人實有經行蔽而不舉者委安撫轉運使提點刑獄及御

史臺覺察以聞當行重罰又按舜典命夔典樂教冑子王制樂正崇四術立四教王太子王子羣后之太子卿大夫元士之適子皆造焉周禮大司樂掌成均之法以治建國之子弟焉古者四民各有業而不雜故士之子常為士蓋於治事長民皆其世業則所學所行習見而易入是以王者之於教學莫不以國子為先務蓋庶人非秀異絕倫不得為士士之子非教養有素亦不得在官臣以謂應已有官者並須入國子學取道德足以為人師者主國子監歲選學生十人或十五人聞于朝廷而升于太學如諸州貢士之法既至太學及一歲以上委太學官選經明行修通於世務可以治人者天下士裒同進于朝廷如到國子監一年以上不與選願出官者即學官委保經義稍通行無毀玷年及格者聞于朝廷而關送審官院流內銓依無出身人例差注又今年科舉之法既未可遽罷則須權作處置按進士

之科始於隋而盛於唐初猶專策試至唐中宗乃加以詩賦後世遂不能易取人以言固未足見其實至於詩賦又不足以觀言是以昔人以鴻都篇賦比之尚方技巧之作此有識者皆知其無用於世也臣以謂自後次科場進士可罷詩賦而代以經先試本經大義十道然後試以論策夫試於有司固未能得人之寔材然此法既設則人稍宗經今建立學校將以經術教養則代賦以經亦變法之漸也又紀學一科雖其來蓋遠然自唐以後始加填帖由是應此科者專務記誦此於章句音切尚不能辨然而舉用之曰此可以治人不待有識者然後知其非也臣以謂自後次科場明經止用正文填帖更不以注而增試大義如此應明經者漸多而諸科之弊自消矣

公著又乞寬假長民官狀曰臣伏見審官院流內銓以知縣縣令闕多凡選人被舉充職官及轉京官者例差知縣已被差者不通舉辟不許避免臣竊以為當國家有道之時付之以百里之地有民人社稷之重則士子所宜願為今乃設一切之令強所不欲與坐殿負犯者亡幾此殆郡縣法網太密而勸別之道不明更有盡心奉法治行明白者未聞有所褒異一罹微文則不能自免於譴斥加以近歲朝廷以更改法度郡縣之吏或不能奉行故其常法之外峻其黜典經赦去官多不原免積累歲月坐此廢累者益衆臣愚以為長民之官涓廷宜少寬假非有贓私顯狀及罷軟不勝任者雖坐小法無輕替易仍詔諸路監司牧守其所屬令長有奉公愛民治效尤異者每歲別薦三二人間或獎拔待以不次其次如職事脩舉有舉主合轉京官者特與依諸州教授例就任改官許令再任如此則勤廉者得以自保勞能者有所激勸中才足以強勉異效不至滯留

御史中丞呂誨上奏曰臣竊以用人不考其素舉類不責其實欲官清而事舉不亦難乎且如三院御史闕員例以本臺丞雜翰林學士連狀薦舉務在盡公其如類各不同議亦難合一有情弊害公尤甚臣欲乞朝廷委內外兩省官歲舉五人錄其所長隨而器使如風節可以充御史詞學可以備館職明敏可以劇繁劇循良可以為牧守武略可以任將領章上公車籍於二簿遇有員闕閱其所籍循名責實進擬數人御筆親點一名用之敢以匪人充薦者委有司彈糾重行黜責如不稱職正其保任之罪若此掄材有素一官闕則預擇之詳矣而又絕其私徇之路進擢之恩一出於上宜其有補公朝任官舉能之術也

誨改諫議大夫知鄧州上奏曰臣准學士院關報中書劄子奉聖旨舉諫官二人者仰承詔命俯及外臣有以見宸衷虛佇樂聞過失中外均慶臣所以懽忻而不已也臣向以言事得罪雖居外補尚忝諫

垣之任。仍預舉官之數。輙有誠言。上裨衮闕。惟其僭越之罪。敢避死亡之誅。臣聞國朝故事。諫官除授一出於聖選。蓋耳目機密之任。不可繇他岐而進。亦至公於天下也。御史乃付學士中丞保舉。比來任人不次。政府數擇賢能除授。或聞除選人李定御史。定不持母服。為有司劾奏。舍人封還詞頭。例皆奪職。乃付禮官議定之罪。夫行不為人所信。己不足取。知或有罪。禮法固無容焉。然求忠臣必於孝子之門者。以其孝於親。則忠可移於事君也。以定充選。其甄錄之意可知矣。既而公論不與。遂以諫官御史並委兩省官保任。臣竊以臺諫官所責甚重。數年以來。辭職者甚衆。夫言入則大罪之。小言入則小罪之。去者相望於道路。來者遲疑不顧就職。以至諫院御史臺闕官日久。中丞不補者半年。三院為之一空。言路梗塞。一至於此。朝政或闕下情不通。則有所蔽焉。用事者豈徒然哉。臣竊計自詔降以來。在京

近臣所舉員數已多。而未聞除授。必候自外舉官畢集。然後掄選。或見任遠方。比追還則曠日遲久。言職幾廢。徒有擇官之名。而非開言路之實也。茲所以未見至公。副陛下虛求之意焉。書云朝夕納誨。以輔台德。是不可一日而虛也。唐太宗三日不聞諫官言。必責輔臣。其聽納忘倦。寤寐思之。書於簡策。後世為美。陛下推廣是心。非夙夕渴於正論。嚮臣以謂求之博。不若用之速。既用之。則信任而必堅。與之圖回於正道。斯誠為治之術也。如博求其人。而信任不固。言者既衆。而黜之不已。臣將恐來者難阻。鉗結自安。忠臣義士。遁逃巖穴。公議消薄。國家之大患也。剖胎毀卵。損傷至微。其類猶或不至。聖人所以為之深誡。漢文帝受郎官之書。其言是則用之。非則置之。乃除誹謗妖言之罪。所以通治道而來諫者。臣伏願陛下恢廣此度而行之。則天下之福也。仍乞於中外兩禁臣寮已舉官數內。先擇三五人

充諫官。餘補御史闕員。庶幾言職不為虛設。副天下觀瞻。宜有益於聖德也。臣待罪譴謫之中。未當有言。然愛君之義。與日積深。身雖補外。而心在王室。因被旨舉官。輙以上陳。瀝懇輸忠。亦區區自信之效矣。伏冀高明。特賜省納。臣所舉諫官二員。已具別狀。

四年。殿中丞直史館蘇軾狀奏。准敕講求學校貢舉利害。令臣等各具議狀聞奏者。右臣伏以得人之道。在於知人。知人之法。在於責實。使君相有知人之才。朝廷有責實之政。則胥史皁隸。未嘗無人。而況於學校貢舉乎。雖因今之法。臣以為有餘。使君相無知人之才。朝廷無責實之政。則公卿侍從。常患無人。況學校貢舉乎。雖復古之制。臣以為不足矣。夫時有可否。物有廢興。方其所安。雖暴君不能廢。及其既厭。雖聖人不能復。故風俗之變。法制隨之。譬如江河之徙移。順其所欲行而治之。則易為功。強其所不欲而復之。則難為力。使三代聖

人復生於今。其選舉養才。亦必有道矣。何必由學。且天下固嘗立學矣。慶曆之間。以為太平可待。至於今日。惟有空名僅存。今陛下必欲求德行道藝之士。責九年大成之業。則將變今之禮。易今之俗。又當發民力以治宮室。歛民財以食游士。百里之內。置官立師。獄訟聽于是。軍旅謀于是。又當以時簡不率教者。屏之遠方。終身不齒。則無乃徒為紛亂。以患苦天下耶。若乃無大變改。而望有益于時。則與慶曆之際何異。故臣以謂今之學校。特可因循舊制。使先王之舊物。不廢於吾世足矣。至於貢舉之法。行之百年。治亂盛衰。初不由此。陛下視祖宗之世。貢舉之法。與今為孰精。言語文章。與今為孰優。所得文武長才。與今為孰多。天下之士。與今為孰辯。較此四者。而短長之議決矣。今議者所欲變改。不過數端。或曰鄉舉德行而略文章。或曰專取策論而罷詩賦。或欲舉唐室故事。兼採譽望而罷封彌。或欲罷經生

朴學未用貼墨而考大義此數者皆知其一不知其二者也臣請歷言之夫欲興德行在於君人者修身以格物審好惡以表俗孟子所謂君仁莫不仁君義莫不義君之所向天下趨焉君欲設科立名以取之則是敎天下相率而為偽也上以孝取人則勇者割股怯者廬墓上以廉取人則弊車羸馬惡衣菲食凡可以中上意無所不至矣德行之弊一至於此自乎文章而言之則策論為有用詩賦為無益自政事言之則詩賦策論均為無用矣雖知其無用然自祖宗以來莫之廢者以為設科取士不過如此也豈獨吾祖宗自古堯舜亦然書曰敷奏以言明試以功自古堯舜以來進人何嘗不以言試人何嘗不以功乎議者必欲以策論定賢愚能否臣請有以質之近世士大夫文章華靡者莫如楊億使楊億尚在則忠清鯁亮之士也豈得以華靡少之通經學古者莫如孫復石介使孫復石介尚在則迂闊

矯誕之士也又可施之於政事之間乎自唐至今以詩賦為名臣者不可勝數何負於天下而必欲廢之近世士人纂類經史綴緝時務謂之策括待問條目搜抉略盡臨時剽竊竄易首尾以眩有司有司莫能辨也且其為文也無規矩準繩故學之易成無聲病對偶故考之難精以易學之士付難考之吏其弊有甚於詩賦者矣唐之通牓故是弊法雖有以名取人厭伏衆論之美亦有賄賂公行權要請託之害一使恩去王室權歸私門降及中葉結為朋黨之論通牓取人又豈是尚哉諸科舉人多出三路能文者既已變而為進士曉義者又皆去以為明經其餘皆朴魯不化者也至於人材則有定分施之有政能否自彰今進士日夜治經傳子史貫穿馳騖可謂博矣至於臨政曷嘗用其一二顧視舊學已為虛器而欲使此等分別注疏粗識大義而望其才能增長亦已疎矣臣故曰此數者皆知其一而不知其二也特願陛下留意其遠者大者必欲登俊良黜庸回總覽衆才經略世務則在陛下與二三大臣下至諸路職司與良二千石耳區區之法何預焉然臣竊有私憂過計者敢不以告昔王衍好老莊天下皆師之風俗陵夷以至南渡王縉好佛捨人事而修異教大曆之政至今為笑故孔子罕言命以為知者少也子貢曰夫子之文章可得而聞也夫子之言性與天道不可得而聞也夫性命之說自子貢不得聞而今之學者恥不言性命此可信也哉今士大夫至以佛老為聖人鬻書於市者非莊老之書不售也讀其文浩然無當而不可窮觀其貌超然無著而不可挹此豈真能然哉蓋中人之性安於放而樂於誕耳使天下之士能如莊周齊死生一毀譽輕富貴安貧賤則人主之名器爵祿所以礪世摩鈍者廢矣陛下亦安用之而況其實不能而竊取其言以欺世者哉臣願陛下明勑有司試之以法

言取之以實學博通經術者雖朴不廢稍涉浮誕者雖工必黜則風俗稍厚學術近正庶幾得忠實之士不至蹈衰季之風則天下幸甚

神宗時同知禮院劉攽上奏曰臣准御史臺告報進詔書天下學校貢舉之法博訪臣等今得詳議者臣愚以謂人主之舉事與人臣之獻議不同人臣之議者盛言古事以為高侈言己志以為博迂遠而不切事情漫汗而不濟世務雖已自知其無益於治矣而猶為之何也其言之有理其持之有故其名之所存足以夸衆眩俗故敢為而不疑耳人主之舉事則不然度時之所宜因俗之所安不以虛名而棄實效不慕遠業而捐近功使令出而下必信事舉而俗必定故與其出令不當而亟改之不若謀事於始而愼慮也今陛下患選舉之法不明敎育之方未善此必有以前古久遠之事感動上聽者未可不

察也。本朝承百王之末。創起律令。雖未及三代。其隨時因俗。從宜應變。增損不常。亦自一朝之制。而選舉之法。行之百有餘歲。累朝將相名卿。及今之所謂賢材。與夫天下之論議者。皆非以他塗進者也。而誣以謂未嘗得人。臣竊以為過矣。且臣論之。今時選舉之患。不在創法之未善。而在有司之弗良。不患試言之非要。而患聽者之不察。何以言之。今國家求賢良異材之人。則使公卿薦舉。求文學經術之士。則使郡縣推擇。此雖三代取士。何以過此。帝典之言曰。敷納以言。孔子曰。不知言。無以知人也。然則未知人莫如聽言。故國家試士以文詞。亦二帝敷納之比也。誠使有司兼仲山將明之才。懷孟子知言之術。精聽慎擇。則賢不肖豈不較然。由是觀之。取士之法。本未嘗失。而有司之聽。或不能盡。今以有司之不能盡而變法。法雖亟變。而不擇人付之。雖法如三代。猶將終無益也。議者或謂文詞之為藝。薄陋不足以待天下之士。臣愚以謂今進士之初仕者。不過得為吏部選人。國家待門蔭恩澤者。亦為選人。流外小吏。亦為選人。選人如此之卑也。而天下之士以文詞應此選。豈不固有餘裕哉。朝廷設置何等爵祿。而更艱難其選乎。且進士成名者。國家亦何嘗便以為才傑而任用之。或以文章顯。或以法律用。或以善政事稱。或以治財賦進。皆待其來日成效。而後有取。則未取士之始。亦何用靳靳遴惜若不得已哉。且朝廷更選舉之法。將以想望高材豪傑之士也。今天下之士。至於禮部者。歲不下二千人。朝廷豈能以玉帛之聘。弓旌之招。而遍得此乎。必亦使之投牒自進耳。士之投牒自進。必非豪傑之士。伊尹管仲之儔。雖更其科試而取之。徒小異其名目。然其得士未有以異於前也。更恐好利衒鬻之人。崇虛名以亂真。則取士之失。又甚於往日矣。議者又謂不如一用鄉舉里選者。此又知其一未知其二也。夫二

漢之用鄉舉里選。所以得人者。其時郡縣之吏。自廷掾諸曹卒史駁吏。亭長游徼。皆賢士為之。故其臨財不苟。則知其廉。僨事能斷。則知其智。文武才略。莫不畢效。故其譽之有實。舉之不難。自流品分別。郡縣吏卒。棄絕為賤。不齒於搢紳。賢士不復從此役。士之居鄉里者。何由察知。苟憑虛名以進。人後有不稱。將復相與蔽護其短而謂之材。終亦不得真賢實廉矣。是鄉舉里選。又不可盡用也。凡此數端。皆臣所以深疑者也。不知臣之愚陋至此耶。抑亦千慮將有一得也。然愚者之志專則難移。故臣願朝廷且毋膚輕變選舉之法。不如因舊法而慎選有司之為愈也。雖然。尚有一說。今有人於此。明辯足以判獄訟。智略足以治財賦。而文詞不足以自發。經藝不至于淺洽。則將揖棄終身。無仕進之望。其材豈不可惜哉。臣願陛下為設從政科。使公卿及監司舉如此人以充選。必有舉者三人。乃召而用之。且毋以為真試之。三年。才任其事。然後命之以官。即不可。使復還為民。而坐其舉者。如此。則天下之材士。殆無遺逸矣。臣聞教育之法。所以治性也。性脩則智明。智明則應物不惑。不惑則盛德之士也。自兩漢以來。學者未嘗不以利祿為心。夫可誘以利祿而勉強為善。則德性離矣。是故造士不及三代者。由此也。今陛下建學校。為置明師而誨道之。毋問其所學。毋限其所能。則賢材莫不養育矣。若罷文章之激。而以經藝勸之。學者之志。未出於為祿利也。則文章之士。變而為經藝。雖曰不同。其離於德性也均矣。夫天之生材。有昏有明。智明材大者。非小智小識之所能掩也。及其淺晦下材。雖日撻之。亦終不能以致高大。士脩之於家。是以成材。亦何待學官程課督趣之哉。臣愚不足以知遠略。惟陛下裁幸。

起居舍人同知諫院范純仁論貢舉疏曰。臣近奉德音。以朝廷不能

均取四方之士。慮有遺才。今臣具合設科制。及取人之法。進呈。臣智識淺昧。不能畫遠大之策。上副詔旨。輙以所見粗陳一二。竊以自祖宗以來。取人唯進士科為盛。凡舉擇公卿近侍。多取進士出身之人。故天下之士。競務此科而進。然進士舉業文賦。唯閩蜀江浙之人所長。至南省則與西北之人一處糊名通考。故西北之人得進者少。今若明行分別。則必東南之人與難進之歎。而寄貫巧偽者益多。不若用臣前來所上貢舉之策。先於天下郡縣各立學校養士之法。仍擇明師以教之。每科詔之下。委州郡長吏及學官於進士明經中。唯取土著之人。先曾入州縣學各及三百日已上。有行優於衆人者。許用解額中人數三分之一。特為薦送至南省。謂之特舉之科。南省只試策論經義。仍各分路分考校。逐路各與優立分數取人。至御前亦依分數與放及第。則諸路得人無不均一。朝廷遂於貢舉優立五路之法。又乞詔政府。今後舉臺省館閣經筵職司。並於明經進士或無出身人中數路參取。但擇才行優長。不必限以科第。如此。則四方賢士可以俱進矣。更望聖慈詳酌施行。

純仁又論薦舉疏曰。臣聞唐虞之際。俊乂在官。成湯亦曰。旁求俊彥。詩稱濟濟多士。文王以寧。孔子論政。則曰赦小過舉賢才。是皆以舉擇人材為治道之先務也。方今天下之廣。士民之衆。不減古昔。而庶官得人。未及前代。良以舉用之道。未能開廣遴選。任既由政府。多以資任采擇。執政不過數人。豈能遍知天下之士。雖展轉詢訪。只亦得之私言。未如公舉之審實也。唐則天以僭竊之故。務求多士以收人心。廣令臣寮舉薦。兼亦人得自舉。選任之道。固為太冗。然猶多得賢俊。下無遺材。故姚崇宋璟之徒。相繼而出。開元之治。實有賴焉。況當陛下刻意勞心。興治補弊之際。若不數求賢才。與之共政。則何以致百揆時叙。庶政惟熙者乎。求才之術。莫若特詔內外之臣。各舉所知。其大兩省已上。於省府諸路職司人中。舉堪充職司知州等人。及諸路監司臺諫省府。舉堪充轉運判官知州等人。亦許舉堪充清要之人。每舉三員。並於舉章之中。終身保全。有不職。與之同罪。及前來應詔舉到未曾進用。及臣僚所舉自代之人。一處參較。凡是庶官有闕。便可選擇進用。如此。則俊傑彙進。官無曠職。上可以輔成聖政。下可以激勸多士。

知諫院陳襄上奏曰。臣伏見今歲科場。開封府就試進士三千二百七十餘人。合解三百十人為額。國子監一千六百餘人。合解百人為額。皆是十分之中。未取其一。英俊既多。而剗辭挾書。真偽殽雜。若不精加考校。去留之際。不無差誤。孤寒得失。所繫不輕。貢舉條制。雖令考試官通考。緣三場卷子數目稍多。自來承例分定。方始考校得失。

其間好惡不同。未必取捨皆是。洎至考到合格人數。便即類聚奏號。更不將退落卷子。令衆官一處衮同再考。輕易漏略。非惟不恤舉人進取之艱難。殊不體認朝廷取士之意。臣今擘畫。欲乞今來考試官初考校時。權令分定卷子。除考到詞理優長已合格者。及辭理紕繆與犯不考式者。已係黜落外。將逐官退下中等卷子。在去留之間者。令衆官一處公共看詳。與近下合格卷子比校優劣。然後升黜。仍將三場卷子連粘通考。所貴得士之實。不至差繆。所有考校。雖無日限。校量一月之內。以詩賦策論通考。每人一日考得一十五副至二十副已來。如將退落下等卷子。更令衆官參考。須至更展日限。方得了當。今乞將就試舉人卷子。與考試官員數均定。日以二十副為準。自引試初場通計人數。與五七日限通考退落卷子。以引試日為始。計其日限。如更日限未足。未得奏名。所貴考校精詳。不失辭業之士襄又上奏曰臣竊見外州軍不係免解舉人近日甚有經中書待漏院及攔截宰相投狀陳乞免解求蒙指揮施行其間多是遠方孤貧羸老之人徒步入京羈旅困窮深可憐憫訪聞有經三四十年已前曾與鄉薦潦倒場屋今來為見陛下龍飛初榜嘉祐二年已前府監一舉進士尚許免解以此扶衰戴白奔走遠來有覬望一例推恩之意若令白首空歸古人所歎欲望陛下憫其衰暮之年無所成立因茲首牓特與推恩應進士經三十年諸科四十年已前曾與鄉貢不以舉數場第見在京師者許依府監免解人例與南省就試如不願就試者並賜一本州文學助教之名不理選限使歸田里霑朝廷一命之榮必知上戴聖仁死無遺恨抑以見陛下隆儒優老之意不為無勸也

元豐三年判三班院曾鞏請令長貳自舉屬官奏曰臣伏以陛下本原周禮參之以有唐六典之書考諸當世之宜裁以聖慮更定官制以幸天下臣誠不自揆欲少助萬一令無足取者亦是以致區區愛君之心竊觀於書其在堯典稱堯之德曰平章百姓百姓昭明則平其賢不肖功罪之分而章之以爵賞使百官莫不昭明者此人主之事也其在說命曰惟說式克欽承旁招俊乂列于庶位則承人主之志廣引人材進諸朝廷者此宰相之事也其在冏命穆王命伯冏為周太僕正其戒之曰慎簡乃僚無以巧言令色便辟側媚其惟吉士則使得自簡屬僚以共成其任者此諸司長官之事也其上下之體相承如此所以周天下之務蓋先王之成法也故陸贄相唐陳致理之具以謂百司之長至於副貳之官與夫兩省供奉之職請委宰臣叙擬以聞其餘臺省屬僚請委長官選擇指陳材實以身保任其以舉授之繇各載除書之內得賢則有進考增秩褒升之賞失實則有

奪俸贖金黜免之罰非特搜揚下位而已亦以閱試大官其所取之士既責行能亦計資望此贄之大指也贄於經畫之材近世未見其比其在相位所陳先務如此質之於古實應先王之法施之後世可以推行誠古今之通議也陛下隆至道開大明配天地立人極循名定位以董正治官千載以來盛德之事也創制之始新命之官任之以彌綸衆職所繫尤重其所裒葺著於甲令或差若毫髮四方受其敝或誤於須臾累歲不能救則於選用之體尤不可假非其人且臺省長官僕射尚書左右丞侍郎御史中丞皆國之重任陛下所選擇而授今尚書既領天下之事郎員外郎凡二十四司用吏幾百員其餘屬佐尚不在數中若使本司長貳之官自郎以下員有未備皆舉二人以聞以陛下之明其於羣臣材分無不周知取其所舉擇用其一其餘書之於籍以為內外之官選用之備庶幾為官得人足以上副陛下作則垂憲非常之大志且本朝著例御史中丞知雜至於省府之長固得自舉其屬而館閣監司牧守之官亦嘗屢詔近位皆得薦用所知名臣偉人往往由此而出則推而廣之求於故事實有已試之效其所薦之士衆用其一其餘書之於籍以備選擇猶舊闕御史一員聽舉二人其不中選者亦以次甄進則稽諸累朝亦故事也伏惟陛下本冏命太僕慎簡乃僚之意采陸贄臺省長官舉吏之論推本朝已試之法使先王之迹自陛下追而踐之如此則任衆之道隆進賢之路廣疏遠之士懷材者皆得彙征要近之臣獎善者皆得自達以陛下之臨照誰敢不應之以公以陛下之考覈誰敢不卦之以實既得其人授之以位然後陛下以公聽並觀分別淑慝以執中土要信行其賞罰如此則允釐百工庶績咸熙可無為而致堯之平章百姓百姓昭明如是而已如臣之說為可采者其推行之法

陸贄所陳惟陛下察其疎密詳加損益。

蔡又請令州縣特舉士奏曰臣聞三代之道鄉里有學士之秀者自鄉升諸司徒自司徒升諸學大樂正論其秀者升諸司馬司馬論其賢者以告于王論定然後官之任官然後爵之位定然後祿之論定然後官之者鄭康成云謂使試守任官然後爵之者蓋試守而能任其官然後命之以位也其取士之詳如此然此特於王畿之內論其鄉之秀士耳故在周禮則稱鄉老獻賢能之書于王也至於諸侯貢士則有一適再適三適之賞黜爵削地之罰而其法之詳莫得而考此三代之事也漢興采董生之議始令郡國舉孝廉一人其後又以口為率口百二十萬至不滿十萬自一歲至三歲自六人至一人察舉各有差至用丞相公孫弘太常孔臧議則又置太常博士弟子員郡國縣官有好文學孝悌謹順出入無悖者所聞令相長丞上屬所

二千石二千石謹察可者令詣太常受業如弟子一歲皆課試通一藝以上補文學掌故缺其高第其可為郎中者太常籍奏即有秀才異等輒以名聞又請以治禮掌故比二百石及百石吏選擇為左右內史大行下郡太守卒史皆各二人邊郡一人不足擇掌故以補中二千石屬文學掌故補郡屬備員其郡國貢士太常試選之法詳矣此漢之事也今陛下隆至德昭大道參天地本人倫興學崇化以風天下唐虞用心何以加此然患今之學校非先王教養之法今之科舉非先王選士之制聖意卓然自三代以後當塗之君未有能及此者也臣以謂三代學校勸教之具漢氏郡國太常察舉之目揆今之宜理可參用今州郡京師有學同於三代而教養選舉非先王之法者豈不以其遺素厲之實行課無用之空文非陛下隆世教育人材之本意歟誠令州縣有好文學厲名節孝悌謹順出入無悖者所聞令佐升諸州學州謹察其可者上太學以州大小為歲及人數之差太學一歲謹察其可者上禮部禮部謹察其可者籍奏自州學至禮部皆取課試通一藝以上御試與否取自聖裁今既正三省諸寺之任其都事主事掌故之屬舊品不卑宜清其選更用士人以應古義遂取禮部所選之士中第或高第者以次使試守滿再歲或三歲選擇以為州屬及縣令丞即有秀才異等皆以名聞不拘此制如此者謂之特舉其課試不用糊名謄錄之法使之通一藝以上者非獨采用漢制而已周禮大司徒以鄉三物教萬民而賓興之亦以禮樂射御書數也如臣之議為可取者其教養選用之意願降明詔以諭之得人失士之效當信賞罰以厲之以陛下之所嚮孰敢不虔於奉承以陛下之至明孰敢不公於考擇行之以漸循之以久如是而俗化不美人材不盛官守不修政事不舉者未之聞也其舊制科舉以習

者既久難一日廢之請且如故事惟貢舉疎數一以特舉為準而入官試守選用之叙皆出特舉之下至夫教化已洽風俗既成之後則一切罷之如聖意以謂可行其立法彌綸之詳願詔有司而定議焉。

神宗時知審官院蘇頌上貢舉議曰臣竊謂以今之科試取士比之往年至為詳密往年專以詞賦為考式而學古者或詘於聲病今則詩賦策論通考不專於一場取捨往年雖通考三場而學經術者或困於無文今則有明經之舉往年敦樸之士或不習科舉無由自達今則有遺逸之薦是則詩賦所遺者取之於策論策論所失者選之於明經二者又不能盡則擢之於遺逸天下苟有懷才負藝之人靡不畢為朝廷收擢而任用之矣今明詔猶以為不足者臣竊謂其弊不在法制之失而在於措置之未盡耳夫措置之未盡其說有四一曰考試

關防大密二曰士子不事所業三曰詐冒戶貫取應四曰取人多少不均所謂考試關防太密封彌謄錄是也夫封彌謄錄本欲示至公於天下然則徒置疑於士大夫而未必盡至公之道又因而失士者亦有之何則國家取士行實為先今既封彌謄錄考官但校文詞何由知其行實故雖有瓌異之士所試小戾程式或致退落平時嘗負玷累苟一日之長可取便預收采士之賢否而進退之間繫乎幸與不幸往往是矣是豈朝廷之本意耶臣竊覩天聖四年仁宗皇帝詔書曰如聞舉送之士操履罕修黜於有司則紛然起謗升于科選又多以敗官由習尚於虛浮宜特行於敦戒自今諸州發解諸舉人並須考訪履行或有乖僻彰暴雖所試可取不得一例解送以此見朝廷之意先士行而後文藝也若封彌謄錄則何由辨其賢否而得如詔書之敦戒乎為今之便則莫若去封彌謄錄之法使有司得專參詳考察一則主司知朝廷委任不疑益務盡心二則負實學者得以自明程文小疵不虞見棄三則淺陋之人固無僥倖之望至公之道無大於此議者或曰此法行之已久今多士競進一旦改革必致譁訟何以弭之臣以為士子之行莫若鄉曲最知其詳儻或素履無聞因而黜落自厭群議復何異乎多言耶若其行究學富之人偶不預薦既知朝廷所以取之之意則人人自重不敢輕發養其廉恥異日足為嘉士其所勸蓋多矣若曰南省聚天下之士不下數千人主司無由一一知其賢否雖見姓名亦何益於公選臣以謂此法宜先施之州郡亦庶幾存鄉舉里選之遺範也望自今並委知州通判職官常加察訪本州行能之士記其姓名更相論辨遇詔下轉運司為精擇試官依常赴院鎖宿其舉人試卷更不封彌謄錄仍別差官點檢收納應有塗注乙勳並印記訖遂旋發送試院不得稽留令試官依公考校文藝除雜

犯不考式者先行黜落外其餘悉定高下訖報州令知州通判職官同入試院共加審覆以素有聲稱著於鄉里者為先然後定其去留依額解送試官及州官若有偏曲私徇令監司嚴加按察具奏其事重行黜降如此詮擇必無幸進之人比至南省則是已經鄉里察訪設令依舊封彌謄錄只考文藝亦不容無狀之人得預奏名也其殿試考式繫之朝廷非有司所當措議也所謂士子不事所業者舉人不納公卷是也舊制秋賦先納公卷一副古律詩賦文論共五卷預薦者仍親赴貢院投納及於試卷頭自寫家狀其知舉官去試期一月前差入貢院先行考校內事業殊異者至日更精加試驗如程試與公卷全異及書體與家狀不同者並行駁放或假借他人文字辨認彰露亦便扶出永不得赴舉是舉人先納公卷所以預昇其學業趣向如何亦有助於選擇也景祐已前學者平居必課試雜文古律詩賦以備秋卷頗有用心於著述者自慶曆初罷去公卷舉人唯習舉業外以雜文古律賦詩為無用之言而不留心者多矣此豈所以激勸士之篤學業文之意耶臣欲望自今舉人請應依前令投納公卷一副不得假借他人文字并親書試卷頭家狀一准舊制委知舉考試官預先看詳以備將來與試卷參驗是非而升黜焉如此庶幾人知向學不為苟且之事矣所謂詐冒戶貫請應者今外郡舉人赴開封府取應是也天下州郡舉子既以本處人多解額少往往競赴京師旋求戶貫鄉舉之弊無甚於此雖朝廷加以峻文而終不能禁止考蓋以開封府舉人不多解額動以數百人適所以招徠之而使其冒法欲革其弊莫若預為之防於罷舉之歲令本府下諸縣察訪見今土著實有多少舉人候見得的實數目關送貢院比校外郡人數酌中解名勳量其分數別立定額外方舉人知其如此豈肯不遠

數千里冒峻文而求寄貫乎其府中減下人數却乞移與國子監添起名額既已革寄貫詐冒之弊又足廣庠序樂育之風如此行之誠兩有所便也或曰府中減下人國子監又復添額則人人競赴庠序投狀其於冒妄不亦均乎是不然也在開封府則有詐名冒貫之弊於國子監自是四方俊造進取之所事體固不相類容其趨進復何害邪所謂取士多少不均者進士與制科遺逸是也臣竊以往年放進士每榜不下四五百人自間年放榜亦常近二百人諸科大約依進士人數而制科入等者不過兩三人明經不過三五人遺逸之薦後來有定制臣以謂舉制科者博通古今貫穿經史顧其積學勤亦至矣明經者雖誦數或闕而大義多通遺逸之薦縱不能盡如詔書之所求要之皆鄉里推許之人此數科比之進士諸科初學幸中者多取之亦未為謬濫也臣伏覩新制三歲科詔每榜以三百人為限是進士諸科之路已廣而制舉遺逸議論猶未及之況近制明經已許均減諸科之數雖取人未多是已有定制臨時可以通融損彼而益此也臣愚欲望自今年科舉進士每榜且以二百五十人為限留其餘五十人以待制舉及遺逸之類其制舉稟入優等者自依常例在下等者望量添人數比類賜以出身以酬其積學之勤其舉遺逸仍望立為定制每放榜而後下詔諸路州郡及轉運司共察訪如士人中顯有履行純固經術文藝優贍為衆人推許者或場屋黜落或丘園高蹈咸許保薦每路限以五人並敦遣赴京師依例試以策論考定高下優者賜以科名與制舉所增人共足所留進士五十人之數下等亦望量推恩縻或與免將來文解如此則取士之路益廣而行藝之人無有棄遺獎育人材敦激偷俗上助風教未為無益也

判太常寺韓維議貢舉狀曰若臣伏奉勑命議考校貢舉之法者臣謹按周禮大司徒之職以鄉三物教萬民而賓興之曰六德曰六行曰六藝所以脩身事君事父母接兄弟親戚朋友鄉黨之道無不教也至于射御書數亦皆時所資用無非事而為之者故起而仕之則其所施設皆素業也今之士固未嘗教也而又誘之以華靡無用之文程之以誦記不講之言至于行能則漫然不省矣故及其仕也平居之所先務者今則無所施矣前日之所力習者今則不足用矣其所以時得賢俊之士而官之者幸也今欲講圖善法以變其習俗則當先去其無益者而使就其益者臣請以五事言之一罷詩賦更令於所習一大經中(今人通習某經)問大義十道但以文辭解釋未必全記注疏取其言典雅得聖人之意者通七以上為合格一本談明經舉其所取人數與諸科相通者亦欲漸誘經生使習義理之學而比來中選尚少蓋進士患於不能記誦諸科患於不能解釋今請少損貼墨之數以來進士所放諸科既少則其翹然者必須力學以趨此舉又諸科試大義常在末場多是合格人數已定雖有大義不中程亦難復黜落(今試大義除中者不指義理而但引注疏備為通及六分為粗當更議)今請稍移大義在前黜其不通者則記誦者不得專進此皆所以徼厲諸科使漸就明經也一州府軍監諸學每生徒百人以上(生徒數以秋賦就試人為準)特置教授官一員不及百人以職官若曹官兼領(教授官委兩制三館國子監官雜舉籍其名遇其闕則授之)一每當解發自知州至凡當職官吏及雖非當職而仕者及雖不仕而以道藝處鄉里者并應舉人大會州之聽事或學之講堂令衆評行義尤異者以品目高下書為一狀(無尤異者聽勿舉)俟程試定合格人數如所舉人在得中者升其名於上列仍以名移南省試日稍加優異(優異法別當議)殿試亦如之一於常科之外別開數路如近歲敦遣之比其人

材緐自朝廷所欲得者臨時命料凡此皆緣舊法之尤無益者而稍加獎厲之道也若夫道德貴於朝廷則下知所慕矣教化明於太學則四方有所成矣惟在陛下與一二執政之臣力行而詳勵之則明詔所謂一道德而獎進人材斯無難矣

歷代名臣奏議卷之一百六十六

歷代名臣奏議卷之一百六十七

選舉

宋哲宗元祐元年平章軍國重事文彥博上奏曰臣聞於詩思皇多士生此王國濟濟多士文王以寧從古以來為國治民者多士則興乏賢則衰此理之必然也士所以多由養育有素故有秀選造之目等級升之漸至於官得其人國無不治臣以朝廷育才取士之法數十年來有所未至向時應進士舉者自執卷為儒便知自重謂之應將相科亦曰白衣公卿登科之後其在高等者知朝廷必將不次進用率皆益自奮勵進修德業以副時望所以至於公卿將相為名臣者多是其人近歲以來稍異於是登甲科者搢紳罕聞其名朝廷罕得其用蓋由士子脩飭無素朝廷勸獎未周臣亦聞禮部別定貢舉條貫然慮於激勸士行儒風猶有未至臣欲乞先時降詔開諭使人知朝廷育才取士之道使各自勉勵尚去科選得士必多濟濟以寧當由於此

彥博又上奏曰臣觀六典三銓之法以三類觀其異優者擢而升之否者量而退之所以正權衡明賞罰杜貪冒進賢能今之典選一守定格選格中有以多舉主有軍功者為上多舉者或善請求有軍功者或容妄冒如近時買人頗得賞官者極多有同配官故多失才亦容濫進臣欲乞委吏部尚書侍郎已下略依三類之法定本選之人合入知州通判知縣縣令考其才德功效為上中下三品送中書門下覆驗可否定訖判銓官引對一經聖鑑物無遁形更有去留孰不激勸又判銓之官亦當上體朝廷委付之重以衡鑑自任處之不疑間或以人才高下絕異者特以名聞而進退之乃為稱職

尚書左僕射司馬光上疏曰臣竊惟為政之要莫如得人百官稱職

則萬務咸治然人之才性各有所能或優於德而嗇於才或長於此
而短於彼雖臯夔稷契止能各守一官况於中人安可求備是故孔
門以四科論士漢室以數路得人若指瑕掩善則朝無可用之人苟
隨器授任則世無可棄之士臣誤蒙甄擢備位宰相遴選百官乃其
職業而知識淺短見聞褊狹知人之難聖賢所重寰宇至廣俊彥如
林或以孤寒遺逸被褐懷玉豈能周知若專引知識則嫌於挾私難
服衆心若止循資序則官非其人何以致治莫若使在位達官人舉
所知則克協至公野無遺賢矣臣不勝狂愚欲乞朝廷設十科舉士
一曰行義純固可為師表科（有官無官人皆可舉）二曰節操方正可備獻納科
（舉有官人）三曰智勇過人可備將帥科（舉文武有官人此科亦許鈐轄已上武臣舉）四曰公正
聰明可備監司科（舉知州以上資序人）五曰經術精通可備講讀科（有官無官人皆可舉）
六曰學問該博可備顧問科（有官無官人皆可舉）七曰文章典麗可備著述科

（有官無官人皆可舉）八曰善聽獄訟盡公得實科（舉有官人）九曰善治財賦公私俱
便科（舉有官人）十曰練習法令能斷情讞科（舉有官人）應職事官自尚書至給
舍諫議寄祿官自開府儀同三司至太中大夫職自觀文殿大學士
至待制每歲須得於十科內舉三人（非謂每科各舉三人謂各隨所知其人充某科舉共計三人）其
狀云臣竊見某人有何行能（並須指陳事實不得徒飾虛辭位在上者得舉在下之人位在下者不得舉在
上之人）臣今保舉堪充某科如蒙朝廷擢用後不如所舉（謂如舉行義純固而身犯
名教節操方正而使邪險智勇過人而愚懦致敗公正聰明而私
曲昏闇經術精通而不能講讀學問該博而空疏牆面文章典麗而
鄙拙紕繆善聽獄訟而寃滯失實善治財賦而病民耗國練習法令而屢致出入）及犯正入已贓臣甘伏朝
典不辭候奏狀到日付中書省擇勤謹吏人專切收掌仍每科各置
簿書時抄錄年月日某官姓名別致合舉官臣寮簿歲終不舉及人
數不足按劾施行或遇在京外方有事須合差官體量相度點檢磨
勘刻刷催促推勘定奪則委執政親檢逐簿各隨所舉之科選差令

試管幹上件差使若能辦集即時別置簿記其勞績遇本科職任有
闕（謂若經筵或學官有闕即用行義純固經術精通學問該博等科人臺諫有闕即用節操方正科人之類）則委執政親
檢逐簿選名實相稱或舉主多或有勞績之人補充仍於本人除官
勑告前盡開坐舉主姓名於後或不如所舉其舉主從貢舉非其人
律科罪犯人正入已贓舉主減三等科罪若因受賄徇私而舉之罪
名重者自從重法期在必行不可寬宥雖見為執政官朝廷所不可
輟者亦須降官示罰即朝廷臨時因事特詔舉官（謂若舉知河渠馬牧等之類）不
在十科之内者有不如所舉亦同此法所貴人人重惜所舉官皆得
人

光又上科場劄子曰臣伏覩朝廷改科場制度第一場試本經義第
二場試詩賦第三場試論第四場試策試新科明法除斷案外試論
語孝經義奉聖旨令禮部與兩省學士待制御史臺國子監司業集

議聞奏臣竊有所見不敢不以聞凡取士之道當以德行為先文學
為後就文學之中又當以經術為先辭采為後是故周禮大司徒以
六德六行賓興萬民漢以賢良方正孝廉質樸敦厚取士中興以後
取士尤為精慎至於公府掾屬州從事郡國計吏丞史縣功曹鄉嗇
夫皆擇賢者為之苟非其人則為世所譏貶是以人人思自砥礪敎
化興行風俗純厚乃至後世陵夷雖政刑紊於上而節義立於下有
以奸回巧偽致富貴者不為清議所容此乃德化之本原主者所先
務不可忽也熹平中詔引諸生能文賦者待制鴻都門下蔡邕力爭
以為辭賦小才無益於治不如經術自魏晉以降始貴文章而賤經
術以詞人為英俊以儒生為鄙樸下至隋唐雖設明經進士兩科進
士日隆而明經日替矣所以然者有司以帖經墨義試明經專取記
誦不詢義理其弊至於離經析注務隱爭難多方以誤之是致舉人

自幼至老以夜繼晝腐脣爛舌虛費勤勞以求應格詰之以聖人之
道瞢若面墻或不知句讀或音字乖訛乃有司之失非舉人之罪也
至於以賦詩論策進士及其末流專用律賦格詩取捨過落擿其落
韻失平側偏枯不對蜂腰鶴膝以進退天下士不問其賢不肖雖頑
如跖蹻苟程試合格不費高第行如淵騫程試不合格不免黜落老
死衡茅是致舉人專尚辭華不根道德涉獵鈔節懷挾勦剽以取科
名詰之以聖人之道未必皆知其中或遊處放蕩容止輕儇言行醜
惡靡所不至者不能無之其為弊亦極矣神宗皇帝深鑒其失於是
悉罷賦詩及經學諸科專以經義論策試進士此乃革歷代之積弊
復先王之本典百世不易之法也但王安石不當以一家私學欲蓋
掩先儒令天下學官講解及科場程試同已者取異已者黜使聖人
坦明之言轉而陷於奇僻先王中正之道流而入於異端若已論果是先

儒果非何患學者不棄彼而從此何必以利害誘脅如此其急也又黜春
秋而進孟子廢六藝而尊百家加之但考校文學不勉勵德行此其
失也凡謀度國事當守公論不可希時又不可徇俗宜務是非之小
大利害之多少使質諸聖人而不謬酌於人情而皆通稽於上古而
克合施之當世而可行然後為善也今國家大議科場之法欲盡善
盡美以臣所見莫若依先朝成法合明經進士為一科立周易尚書
詩周禮儀禮禮記春秋孝經論語為九經令天下學官依注疏講說
學士博觀諸家自擇短長各從所好春秋止用左氏傳其公羊穀梁
陸淳等說並為諸家孟子止為諸子更不試大義應舉者聽自占習
三經以上多少隨意皆須習孝經論語於家狀前開坐習某經某經
又每歲委升朝文官保舉一人不拘見在任不在任是本部各舉所
知若係親戚亦於舉狀內聲說其舉狀稱臣竊見某州某縣人某甲

有何行能臣今保舉堪應經明行脩科於後不如所舉臣甘當連坐
不辭候奏狀到朝廷下禮部貢院置簿各分逐路抄録本人姓名注
舉主官位姓名於其下仍下本州出給公據付本人收執及令本州
亦如貢院置簿抄録准備開科場日考驗公據其舉狀既上之後若
所舉之人犯贓私罪至徒已上情理重及違犯名教候斷訖仍收坐
舉主奏乞朝廷取勘施行其人未及第者減五等已及第者減三等
坐之一如舉選人充京官法臣竊料此法初行其奔競屬請固不能
免若朝廷必坐舉主毋有所赦行三五人後自皆慎擇其人不敢妄
舉如此則士之居鄉居家獨處闇室亦立身行已不敢不慎惟懼玷
缺有聞於外矣所謂不言之教不肅而成不待學官日訓月察立賞
告訐而士行自美矣每遇開科場其有舉主者自稱應經明行脩舉
仍於所投家狀前開坐舉主官位姓名有司檢會簿上合同方許收

接其無舉主者只稱應鄉貢進士舉如常法每舉人三人以上自相
結為一保止保委是正身及是本貫不曾犯真刑無隱憂匿服此外
皆不保其本州及貢院考試並依舊法差封彌謄録監門巡鋪官程
試之日嚴加檢察如舊試經學諸科法各令求已毋得移坐位相從
託商量相聚傳義傳本懷挾代筆遣者扶出第一場先試孝經論語
大義五道內孝經一道論語四道先須備載正文次述注疏大意次
引諸家異義次以已見評其是非以援據精詳理長文優者為通其次
為粗援據疎略理短文拙者為否三通以上為合格不合格者先次
駁放合格者牓引次場就試如舊試經學諸科法或合格人數太少
則委試官臨時短中求長詳酌放過次場試尚書次場試周禮次場
試儀禮次場試禮記次場試春秋次場試周易大義各五道令舉人
各隨所習經書就試考校過落如孝經論語法次場論一道一道於

儒家諸子書內出題一道於歷代正史內出題次場試策三道皆問時務考策之日方依解額及奏名人數定去留編排高下以經數多者在上經數均以策論理長文優在上其經明行脩舉人並於進士前別作一項出榜解發及奏名至御前試時務策一道千字以上封彌官於號上題所明經及舉主人數候考校詳定畢編排之時亦以經數多者在上經數均以策理長文優者在上文理均以舉主多者在上其經明行修舉人亦於進士前別作一項編排先放及第其推恩注官比進士特加優異他時選擇清要官館閣臺諫等並須先取經明行修人其舉主姓名常於官告前聲說如此則舉人皆務尊尚經術窮聖人指趣不敢不精旁覽子史不敢不博又不流放入於異端小說講求時務亦不敢不知所得之士既有行義又能明道又能博學又知從政其為國家之用豈不賢於今日之所取所有今來乞

復詩賦者皆向日老舉人止習詩賦不習經義應舉不得故為此說欲以動搖科場制度為己私便朝廷若不欲棄捐舊人候將來科場進士有特奏名者令試詩賦隨其優劣等第推恩亦無傷也不可以此輕改成法復從弊俗誤惑後生若以為文章之士國家所不可無即乞許人於試本經合格日投狀乞試雜文於試論次場引試或古詩或律詩或歌行或古賦或頌或銘或讚或四六表啓臨時委試官出題目試其文定篇數字數共須及五百字以上取辭采高者為合格候得解及奏名及第日編排姓名高下各在經數同等人之上如此則文章之士亦不乏矣至於律令勑式皆當官者所須何必置明法一科使為士者豫習之夫禮之所去刑之所取為士者果能知道義自與法律冥合若其不知但日誦徒流絞斬之書習鍛鍊文致之事為士已成刻薄從政豈有循良非所以長育人材敦厚風俗也朝廷若不欲廢棄已習之人其明法舊得解者依舊應舉未嘗得解者不得更應則收拾無遺矣臣愚所見如此伏乞以臣所奏及禮部等官所議榜國子監門及編下諸州府州學處榜州學門令舉人限一月內投狀指定何法為善仰本州附遞以聞候到京齊足更委其他執政看詳參酌從長施行

光為門下侍郎又上奏曰臣先上言乞每歲委陞朝文官保舉一人應經明行修科與進士並置程試一如進士惟於及第後推恩優異以勸勉天下舉人使敦修士行昨已有朝旨來年科場且依舊法施行竊聞近有聖旨其進士經義並兼用注疏及諸家之說或己見仍罷律義先次施行臣竊詳朝廷之意蓋為舉人經義文體專習王氏新學為日已久來年科場欲兼取舊學故有此指揮令舉人預知而習之臣所乞置經明行修科者欲使舉人知向去科場朝廷敦尚行

義不專取文學所以美教化厚風俗比於經義文體尤為要切宜使舉人豫知欲乞亦降朝旨先次施行況與進士舊法兩不相妨

光又上奏曰臣竊見御史韓川上言諸路監司不當拘限資格專任舉主當令宰相自加選擇竊緣常調之人不可不為之立資格以抑躁進塞倖門若果有賢才朝廷自當不次遷擢豈拘此制凡年高資深之人雖未必盡賢然累任親民歷事頗多知在下艱難比於元不歷親民便任監司者必少勝矣朝廷執政止八九人若非交舊無以知其行能不惟涉徇私之嫌兼所取至狹豈足以盡天下之賢才若采訪毀譽則愛憎毀譽情偽萬端與其聽遊談之言曷若使之結罪保舉故臣奏設十科以舉士其中一科公正聰明可備監司誠知請屬挾私所不能無但有不如所舉者嚴加譴責無所寬宥則今後自然慎擇不敢妄舉矣至如楚潛等雖無聲名安知其無實用俟其到

官無狀廢職，并舉主坐之，亦未為晚。

大學博士呂大臨論選舉六事疏曰：臣竊惟古之長育人才者，以士衆多為樂；今之主選舉者，以士衆多為患。古之以禮聘士，常恐士之不至；今之以法抑士，常恐士之競進。古今豈有異哉？蓋未之思爾。夫為國之要，不越得人以治其事而已。如為治必欲得人，則唯恐人才之不足，不患乎衆多也。如治事皆任其責，則惟恐士之不至，不憂乎競進也。今也取人而用，不問其可任何事；任人以事，不問其才之所堪。故入流之路不勝其多，然為官擇士，則常患乏才；待次之吏，歷歲不調，然考其職事，則常患不治。此所謂名實不稱，本末交戾。如此而欲得人而事治，未之有也。今欲立士規以養德厲行，更學制以量才進藝，立貢法以取賢斂才，立試法以試用養才，立辟法以興能備用，立舉法以覆實得人，立考法以責任考功。其事目之詳，具于後。

一、士規。州縣皆立學，皆立士籍，學官正錄掌之。凡士人不以僑寓土著，已仕未仕，（已仕至升朝官，未冠及年及七十，皆不籍。）并居學不居學，應舉不應舉，皆委自鄉郭鄰里博訪，以姓名申州縣，長吏再加審覈，無遺與學官參考行實無濫，然後書于籍。（皆供本貫三代年齒，其在學及應舉者，皆供所習舉業；已任者，供出身歷任。）除居學者自有學制外，別立士規，略如學規，禁過條目。（其大過，如棄為工商，所遊非僻，傳習鬬訟之類；其小過，如遊非其人，非義干求之類，皆禁之。）簿二道。一道記善，（凡有善可記，皆記之。）一道書過，（凡犯士規者，皆書之。）委州縣學正於學外士人中推擇為衆所服者，為外學正。（州城內量郡大小，自二人至六人，分坊總之；自一人至三人，分鄉總之。）凡預籍者，又月輪一人主書善記過，謂之直月。每月約日，群集于學，釋菜于先聖，退而食于堂。直月以所記過之狀，白于外學正。外學正與衆評其可否，而書之，而告其人。（凡善行許衆採告于直月，直月審其實而記之；有過則直月察之，至會，人悉告于學正，過亦立罰。）如犯大過，既書許其改過；不願改及終不悛者，去其籍，不得與士齒，不得服士衣冠。（凡定士及庶人衣冠以別之。）朝廷考察德行，皆質于此。其學行素高，為衆所推者，別加尊禮，不與衆同。如出遊它所，皆具所以遊之事告。

古者四民不雜處，士所習皆有業。今也農工商賈尚各有事，惟士一職，多容遊手罷惰之流，士風淪喪，人才不興，皆原於此。自祖宗以來，州縣立學，惟守令留意者，僅能勸督應舉課業而已。鄉里服士衣冠而與士大夫遊，皆名為士，而賢不肖混淆，莫之能辨。德學之進者，既無以旌別；無行之人，又無忌憚。欲望美風俗、育人才，難矣。然比見所立學制，多欲士人居學日久，此極有害。大抵為士者，莫不有家，仰事父母，俯育妻子，皆人之大倫。養道安有可闕？今必使捨此而居學，先廢人之大倫，縱博聞多識，將安用之？此失其本，不可不革。況古之至學，亦不在乎朝夕羣聚，課試誦讀，然後為學。蓋必立明師，使時往請教，有所矜式可矣。今之議立士規，所以防其失；月書善惡，所以進善改過；非其人者，不得與士齒，所以清士流。此為之兆矣，兆足以行，則潤澤之方，更繫善治者措置如何耳。

二、學制。凡學之制，皆立大學、小學。小學課讀誦訓詁習少儀，十年以上至于十九，皆入小學；二十以上，擇業成者，歲一試之；十試中格者，始得入大學，方許應舉。（未中格者，且居小學，未得應舉。）大學分四科：一曰德行，二曰學術，三曰文辭，四曰政事。德行之科，居縣者，縣之令佐與學官合衆推擇，察得其實，以其名薦于州；（其學行衆，州道其故。）州之長吏與學官再加審察，得其實，以禮聘之。縣令津遣赴州學，命學官館之數與議論以察其學識。旬月而歸。以簿籍其姓名。俟科場州長吏及學官以參求可以應者貢于朝。如居州學者惟學官薦之州長吏察之學術之科。以多聞博識明義理辨節文考典故為業。一曰明經。經無多少自一經至于六經以經為易詩書春秋禮樂如禮經兼明三禮如樂雖無經亦參取六經所言而求之凡明經必兼治孝經論語孟子二曰習史。究量歷代治體安危成敗及典故沿革文辭之科皆習雜文為業。如制誥章奏文檄書問碑銘詩賦之類。如唐制政事皆務究知利害本末及措置之法。如吏文條陳利害始法令條立條約。不必文辭。惟取措置議論優長為善。已上惟德行一科皆從推擇禮聘外。自學術文辭政事三科。並依科場法許人應舉。亦自逐縣官以格陞之州學。學官又選其能者籍之。每有科場。學官以其名聞于州。州申轉運司。轉運司選官考試如舊法。額定中選人數。貢于尚書禮部。其課試高下之法。以所習之高下多少為等。凡學術文辭之科。皆兼習史及文辭為上。所兼習或史或文辭者次之。止習三經者又次之。止習二經者又次之。止習一經或習史者又次之。習文辭者次之。習政事者為下。曰經者一經為一場試義三道。習史者試策三道。文辭者試雜文二場。每場問目五道。如兼習文辭政事止各試一場已上德行科比制舉。學術文辭科比進士。政事科比諸科。

古者四十始仕。今則成童以上皆得應舉。故人之子弟不務積學蓄德。自稍有知。已奔馳仕進之門。又為學之序未嘗分別大小。往往躐等以進。群應有司。其藝稍中有司之格者十無二三。使人才不成。實原於此。故今立學制。分大小學之法。自十九以下皆居小學。二十以上其藝可升大學者。方升之大學。始得應舉。則童子必能安業。所習有序。不致有違越之心。

庶幾成才可得而取。又或以德進。或以事舉。或以言揚。未嘗一科取之。自漢唐之盛。雖未能方古。亦數路設科以收人才。今專以進士一科取之。其所試者止於經義策論而已。及其中選。則百官之事皆得而任之。就其素學而論。蓋欲明義理而習文辭也。當官決事。則所知義理莫知所以施為。一有辭命。則所習之文不足以應用。謂之賢歟。而不知其德之可任。謂之能歟。而不知其才之可使。蓋所養非所求。所求非所用。養才取人之失。無甚於此。議更改科舉。復用詩賦。此特少濟有司考校之末。無益朝廷育才用人之實。若明立四科以籠人才。則庶幾有得。又古之仕者。莫非上之人取之。非下有求而後予也。故上有下賢之義。士無失己之恥。今一切使之投牒自進。無以異於市井臣僕。非所以養士之廉。其本已喪。則為士者輕。為士者輕。則雖有美才令德。不足任也。今欲悉命學官採擇。然後州長吏召而試之。少厲士風。不為無補。

三試法　試法者。凡初入仕人。如初及第合奏薦未出官之類在京委開封府及府界提點司。在外委監司郡守。審察人才。可當何等職事。先令權攝管局。或差委定奪公事。以識其才。滿歲考定。分為四等。政迹可觀為上等。職事粗舉為中等。職事不廢為下等。職事曠廢為劣等。除劣等且令守選習學外。餘皆保明。即依所定等所任官差注。所定等為各次高下所任官各分差注其第一任謂之試官。於銜中帶試字。任滿如前法。監司郡守考定四等。上等者注優便官。中等者注合入官。下等者再試一任。劣等者勒令守選習學。凡守選習學者皆滿二年方令再試一年內雖係上等遷一資中等不遷改下等如故劣等降一資係官亦令守選不給俸錢次任依此考定優劣遷降。

四辟法。辟法者。官長皆許辟屬官一員以助。內則尚書侍郎、監（尚書侍郎許辟郎中員外。卿監許辟丞簿各一員）。外則帥臣監司郡守。（帥臣監司各許辟二員。郡守許辟職官一員。或曹官一員）各辟所知。所辟者去官則從而罷。所辟非其人。許御史錄奏。（學官同此）

五舉法。舉法者。內則諫官御史郎中秘書博士。外則監司郡守縣令學官監司皆得舉。（內官及學官。許待制以上舉。郡守許監司及待制以上舉。縣令許監司郡守舉。外學官許兩省官御史郎中司業待制以上舉。外監司許監司舉。條課利及諸者）凡內官及監司郡守學官。皆云舉者籍其名。有闕則擇而用之。縣令及監司許監司指名指闕奏舉。政迹在優劣等者。舉主皆有賞罰。

六考法。考法者。先立所治職事主意所在。以為責任之詞。如守令則曰政平訟理。民足士勸。恤困窮。止姦盜。辦賦役之類。監司則曰察舉懲違而不入苛細。長財足用而不涉掊克。薦沛才。舉廢事。申無告。去積弊之類。獄官則曰必得情。無久繫。冤者得伸。有罪者不可苟免。學官則曰長育人才。必有成就。激厲風俗。無使媮薄。如此類例。備立百官殿最之目。而有司條格略立大法。餘皆聽其自為。歲終一考。則定其殿最而升黜之。雖無顯過。但不如所責者。皆在所黜。凡授官者。如自度不足以當責任。許自陳改授他官。

此四法於選官庶幾盡知。蓋試法之立。足以區別能否。不致多容濫進。辟法之立。使官長自擇僚佐。足以深任其責。舉法之立。使在上者多知人才。緩急之用。不患乏人。考法之立。使非才者不敢幸進。無功者不可苟容。仕路之清。無越於是。今之入仕亦有試法。止於經義斷案而已。所試經義。方欲酬對有司。非能究達義理。固未適於實用。如律義斷案。但可粗施於法官。然亦泥文執法。不可常行。不若實試以事。自見其才。舊格惟帥臣監司及朝廷專使許辟一二屬官而已。近制復亦罷去。大抵關防朋比私謁之敝。然自漢唐以來。僚屬皆官長辟除。所以深責治効。雖不能無請求私徇之意。苟朝廷責任之嚴。人人欲得僚吏以為己助。亦安肯多取不才之人。如果得其人。雖舉子夫復何恤。此法不行。止可革其小害。而失其大利。非計之得也。舉非其人。既立彈奏之法。又孰敢以非才充選乎。竊見朝廷每有除授。常患乏才。此蓋未嘗素求人物。以備一旦之用。緩急之際。選擇不審。則授任失當。殊非用人之法。莫若立法使各舉所知而籍之。又命執政大臣及吏部更審訪其才。應與不應。所舉一官有闕。擇而用之。以其人之殿最。為舉者之賞罰。則濫進者寡矣。今之選曹所患者員多闕少。按其治行。則舉職者寡。而不職者衆。此乃全無考法責任不精之所致。夫樂貴而惡賤。樂富而惡貧。人之情也。如使居高位者責重。居下位者責輕。則才薄之人必不敢冀其高位矣。有祿者有責。無祿者無責。則無才之人亦不敢徼幸於寵祿矣。無他。責之以實之効也。

監察御史上官均上奏曰。臣聞為國之道。莫急於任賢。求賢之術。必資於薦舉。所薦既博。則所得者多。而四方之英才。皆為國家之用。天下豈憂不治哉。自陛下臨御。講修百度。夙夜求賢。以康庶務。始詔侍從舉堪為諫官者各二人。繼又詔薦中外之臣以充監司之選。詔命始下。從官人人皆務蒐擇端方謹厚之士。以副朝廷旁求之意。中外翕然。號為得人。近又詔侍從兩省左右司內外臺薦公明廉幹才堪理劇者。俾治多盜縣邑。其於求才可謂博而詳矣。然而愛憎好惡者天下之常情也好則相與而忘其不善惡則相毀而忘其所可稱人情之所同也自侍從以及外臺固朝廷一時之選然捐私尚公以薦賢報國爲己任者未必皆然也方陛下臨御之初人情未敢營私行薦以取咎戾切恐法久弊生背公徇己之意作故舊則以情相望權勢則以力相軋薦舉之人唯權與舊則公路塞而眞才棄矣昔仁宗嘗興孝廉之舉未幾薦者牽於私徇多非其人遽詔寢罷議者惜之撿會元豐令受勅特舉官者奏訖具以所舉官報御史臺近來報者絶少臣等不盡聞之考薦不當無由彈奏臣欲乞令後命章奏房及內外舉者奏狀到發限三日內關報本臺庶幾臣等得以盡知薦舉非才職事曠廢與本臺監司訪核有實者從中書籍記顯加譴罰毋人三薦不實者特勅舉官不得參預如此則人人顧義畏法以安薦爲聰眞才實行可坐而得而踈遠寒畯之士無不用之歎庶幾弁謀

合智以成太平之治實非小補

均又上奏曰臣竊見前日勅令太中大夫諫議待制以上每歲以十科薦士茲見陛下博收群才因能任官之意自三代以來設官分職雖多寡不同然取人大要不過或以德行言語政事文學而已今以十科取人其於德行言語政事文學之選固已兼取然論政事止於治財賦聽獄訟斷請讞三事而已切恐政事之目有所未盡何則能治財賦者未必長於聽獄能聽獄者未必長於斷讞能行三者未必寬信敏惠足以長人今之所謂長人之官者守令是也今之守令雖有累歲月用薦舉關陞之法然至於劇郡大邑若止循資序不加選擇恐未必得人有傷士敗材之弊不獨如是自比年以來郡縣考課之法文具而不行未聞擢一良守進一賢令以聳動天下故郡縣之令亦務爲碌碌細謹守繩墨治簿書督租賦而已未聞諄諄慈良以治人爲務蓋自非豪傑自信之士未有不待賞而後勸也若褒賞不加薦舉不及天下守令長於理劇者豈復有亹亹樂進之心哉臣欲乞於十科外更益以才堪治人能撥煩者別爲一科劇郡大邑有闕則以除授如此則人無遺才而天下之守令莫不勸矣守令勸則郡縣之政理天下之民被朝廷之德澤而太平之功立矣

均又上奏曰臣昨於七月二十二日嘗具奏論太中大夫諫議待制以上每歲以十科薦士外更益以才堪治人能撥煩者別爲一科至今未蒙施行臣竊以爲治天下之道以民爲本朝廷之政令法度加於四方者莫不在民而治民之親者實在守令之能否守令能否實係政令之廢舉生民之休戚自漢及唐號爲至治者如孝宣太宗明皇未嘗不孜孜選任以守令爲急當是之時德澤流暢遠近乂安無疾苦愁嘆之聲者誠郡縣得人之助也今天下列郡三百爲縣千餘

其守令治績章章可稱者罕見其人則朝廷德澤之壅閼遠近民庶之未安蓋有由矣茲豈人材之不逮曩昔耶由獎勸選任之術未至耳獎勸之術無他在夫使貴臣薦之而朝廷旌用之而已彼天下之士大夫雖均爲守令有以才見稱爲達官之薦使治劇郡大邑則才者樂於在上之見知而四方之守令莫不觀望而勸進故薦舉拔用不過數十而天下郡縣之吏靡然鄉風矣不過數十年而天下之良守賢令彬彬布於州邑遠近之民豈憂不治哉又郡縣之政訟有聽斷聽斷有得失民有賦役賦役有當否至於政有寬猛獄有繁簡民有喜怒守令之能否較然彼薦舉之官恐有不稱之責且不敢妄薦則薦舉不得人非所患也今以十科薦士下至理財斷獄請讞皆得預選彼寬厚明敏長於治人者獨不備數郡縣之吏必以爲朝廷輕守令之選而不以民事爲重也夫賞之則勸沮之則惰者人之常情也薦

舉不及奬勸不加而責天下之守令欽意於治民而奉朝廷之法令臣愚竊恐其未能也夫守令之職以愛養安治為本清心治已為要自非寬厚明敏學道愛人者鮮能及之蓋春秋長於治人由求孔門之高弟僅能宰千室之邑治千乘之賦况其下者乎今十科薦士下至理財讞獄之細皆得披選至於寬厚明敏善於民事者獨不及之是取小而遺大畧本而詳末天下郡縣之吏將且怠惰苟且不復勸勵朝廷之德澤志慮誰與宣而奉行歟蓋朝廷出一令立一法實繫四方之觀聽百官之趨向不可不審其發也願陛下詳覽臣之愚言若粗關治體不為無益乞增薦條以備遺缺

中書舍人曾肇上奏曰臣奉詔詳議三省所定科舉條制其經義詩賦等科已與吏部尚書孫永等連狀詳定奏聞外有經明行修舉人一項臣竊有愚見須至別議臣伏以國家取士之制人材之盛衰風

俗之美惡繫焉今設經義詩賦等科施之一時則可矣然皆取人以言而不本其行方之於古臣竊以為未也至於詔內外官舉經明行修之士中第之日稍優其禮則不獨取之以言又本其行其意庶乎近古然徒使舉之而不繇鄉里之選又無考察之實與斯舉者隨衆投牒試於有司糊名謄錄校一日之長則不唯士失自重之誼且於課試之際無以別異於衆人則所謂本其行者亦徒為虛文而已恐未稱所以命官薦舉優其恩典之意也竊觀三代兩漢人材之盛風俗之美後世所以不能及者取士以行不專以言故也今雖未能盡復古制故經義詩賦等科未可盡廢然馴致先王之治亦宜有漸則經明行修謂宜別立一科稍倣三代兩漢取士官人之法因今之宜斟酌損益要之無失古意而已至於投牒乞試糊名謄錄之類非古制者一切罷之待遇恩數盡居經義詩賦等科之上庶使學者知尊經術篤行誼人人勉於自脩自一鄉推之以至一縣一縣推之以至一州一州推之以至一路一路推之以至天下則四方之士莫不知尊經術篤行誼以待上之求應上之用如是而人材不盛風俗不美未之有也人材既盛風俗既美則所謂經義詩賦等科非以行誼進者人將恥為之不期於廢而自廢矣如此則經明行修之舉有得士之實不為虛文而已也或謂以行取人則有浮偽矯詐之敝盡去防檢則有交通請謁之私臣以謂此殆論者之私憂過計也夫左道亂衆色取仁而行違者固聖人之所深惡然必有以察之試之於利害得喪之地則可見矣凡人之情孰不好善朝廷誠能正心誠意進任正人明義利之分辨榮辱之境以示天下則雖蚩蚩之民莫不用情以應上况於士哉然則所謂浮偽矯詐之敝非所憂也明考察之方公進退之法以任人之得失為舉者之賞罰行之以信持之以久風

俗日入於厚則交通請謁之私又非所憂也三代兩漢之治去今遠矣然臣猶惓惓以此為言者幸遇朝廷欲得經明行修之士故臣欲繇此而充之以至於復先王之制以成朝廷之美意其言雖迂其効雖遠然有志於古者恐不能以彼而易此也伏望聖慈特加詳察如臣言萬一可採其設科舉士之制願詔有司取三代兩漢之法見於今者參時之宜裁定其當

樞密直學士王存上奏曰臣准尚書禮部牒准勑尚書侍郎學士待制兩省御史臺官國子監長貳詳議科舉事臣已與孫永等所議外有制科一項云依舊制此為未安臣竊見近世制科所試論策題目務出於僻隱難知是以應此科者競為記誦名數之學非所以稱方正之舉先朝深知其弊遂行廢罷今議復置儻蒙允降若並依舊制即不免襲前日之弊無補治道欲乞下有司重行詳定制科考校所

取務先識畧不專責以記誦名數之學至於取人多寡推恩厚薄並乞裁定。

二年吏部尚書蘇頌論制科取士䟽曰臣伏覩今年四月戊申及七月乙卯詔書復置賢良方正能直言極諫科并立定策入三等四等次推恩條制有以見陛下勤求俊良樂聞讜論士之抱術略懷憤懣者當繼踵而赴詔矣然臣竊觀本朝故事制科程式太嚴取人太窄自真宗以來每舉中第者多不過三人少或一人至有全不放者使豪傑之士有老於科舉而不預甄擢恐非朝廷聽言求士之意臣謹按漢文二年始詔舉賢良時對策者百人而鼂錯為上第武帝元光五年詔舉對策者亦百人而公孫弘為第一歷代沿襲廢置不常至唐而特盛每遇親策賢良等科中等者常不下一二十人建中元年姜公輔等二十五人正元元年韋執誼等一十七人四年崔元翰等一十七人十年裴垍等一十七人元和三年牛僧孺等一十五人長慶元年龐嚴等一十五人寶歷元年唐伸等一十九人大和二年裴休等二十二人自餘幽素將相等幾數十科取人亦衆其得士若蘇瓌蘇頲父子張說張九齡韓休裴垍楊綰崔群韋處厚姜公輔牛僧孺元稹裴休輩皆出此選卒為輔弼名臣此外奇才博識之士垂名于後者不可勝數信乎制科親策可以收攬英俊有補於治道也而當時應詔之人或命州郡薦舉或許上書自陳被召者徑赴御試其推恩等第則第三等中書門下超資與處分第四優與處分第五等即與處分由是言之程式蓋不甚嚴而推恩亦不甚厚至周顯德四年始詔逐處州郡依貢舉人式例別試解送尚書吏部量試策論三道共三千字內取文理俱優者方得解送上都本朝之制又加以六論或試於中書或試於祕閣合格方得赴御試其所試論題務求深

奧每舉轉加艱難致合格者少蓋以推恩過厚故取人益艱況國家承平日久天下學士陶染風教競習藝文而應此科者尤號該洽其程文縱非優長未合上等亦皆於古今義理潛心有素若蒙采收施之為政必須優於專經之人不為無益於朝廷也臣竊謂今來既立定策第推恩有厚薄則所取亦宜稍加人數臣愚欲望將來或請應人稍多即乞優加分數如合格人少即乞更加第五等分為上下入此等者只依進士第二甲第三甲注官亦不為徼倖若恐更添入流之人即乞以進士諸科御試不合格人數留充制科數目彼此通融俱無所礙如此則四方特起之人咸有榮進之望聖世搜揚之路蔑有壅蔽之嗟矣。

三年翰林學士朝奉郎知制誥蘇軾等上奏曰臣等伏見從來天下之患無過官冗人人能言其弊而不能去其害惟往年韓琦富弼等獨能裁减任子及展年磨勘發議之初士大夫相顧莫敢以身當之者以為必致謗議而琦等不顧既立成法天下肅然無一人非之者何則私欲不可以勝公議故也流弊之極至於今日一官之闕率四五人守之爭奪紛紜廉恥道盡中材小官闕遠食貧到官之後求取漁利靡所不為而民病矣今日之弊譬如羸病之人負千鈞之重縱未能分减豈忍更添臣等自入貢院四方免解舉人投狀稱本來是龍飛榜乞為敷奏法外推恩者不可勝數臣等一切不行兼不往有經朝省下狀蒙送下本院只是坐條告示近准聖旨依逐舉體例下第舉人各以舉數特奏名已約計四百五十人今日又准尚書省劄子取前來聖旨特奏名外各遞减一舉人數若依此數則又添數百人雖未知朝廷作何行遣不當先事建言但恐朝命已行即論奏不及臣等伏見恩榜得官之人布在州縣例皆垂老別無進望惟務

貨以為歸計。貪冒不職。十人而九。朝廷所放恩幾千人矣。何曾見一人能自奮勵。有聞於時。而殘民敗官者不可勝數。以此知其無益有損。不言可知。今之議者。不過謂即位之初。宜廣恩澤。苟以悅此僥倖無厭數百人者。而不知吏部以有限之官。待無窮之吏。戶部以有限之財。祿無用之人。而所至州縣。舉罹其害。乃即位之初。有此過舉。謂之恩澤。非臣所識也。伏乞斷自聖意。明勑大臣。特奏名舉人。只依近日聖旨指揮。仍詔殿試考官精加考較。量取一二十人。委有學問詞理優長者。即許出官。其餘皆補文學長史之類。不理選限。免使積弊之極。增重不已。臣等非不知言出怨生。既忝近臣。理難緘默。

四年。御史中丞傅堯俞上奏曰。臣等伏以天子親策貢士。自漢以來。未之有改。唐之進士。雖試詩賦。然有司奉行而已。國朝開寶六年。太祖始召進士親試於廷。當時公卿不知建明。易以策問。而唯詩賦之

用。因沿著令。莫之能改。神宗皇帝以為非天子臨軒所以延見貢士詢求治道之體。熙寧三年。始改問策。迄于元豐。五賜策矣。遹者陛下遵先帝之舊。親策進士。所問災異。夷狄。官冗財費之類。皆今日急務不可以已。而議者獨疑以為定例之可預造。且常布草野之士。備於家。肄於學。日夜講說之道。固所以待問於上也。誠能攄其蘊蓄。應問如響。不失所對。雖預備而貫穿之。何害於得士。若夫知錯綴陳說。充以蕪語。無當於對問。而弗加汰擇。荒唐濫中。佞諛希合。以異為瑞之類。而弗加糾黜。皆考官之過。非策之咎也。議者徒知對策之宿造預作。不知辭律之學。亦有記誦編集之患。知進士之能備問。不知賢良茂材之備問尤詳也。臣等以謂學校教諸生。州郡發解。禮部考貢士今已悉用詩賦。足審其辭。所有御前進士宜一依先帝故事試策。合於古義。於體為允。其御試對策。雖有文采。而於問義不相當。若詞涉諛佞。文理疏淺者。宜約篇制並定分數。取旨黜落。不得雷同入等。如此。則士無濫中。而考官不敢率意升降矣。

貼黃。稱制策所問。安有定制。或古今政務。或天下名數疑難之類如漢董仲舒對符命性情文質之異。杜欽以經對六事。蓋自臨時取旨。非疏遠所能一一預度。不當偶以前日陰雪衆人所知而謂皆可宿造也。

殿中御史孫升上奏曰。臣聞太平之基。必在得賢。大臣之功。莫如薦士。天下未嘗無材。搢紳之士如林。而朝廷每以人材乏用為患。大臣有志於天下者。必以人材為先。人主有意於太平者。當以養士為急。古人謂士不素養而欲求賢。譬如不琢玉而求文采也。祖宗置三館圖書之府。聚四海英俊之材。優其祿賜。異其資任。試以內外要劇之務。觀其進退去就之節。待其器業之成。以為廊廟之用。此實致太平

之本也。世固有知道不苟之士。懷難進自重之節。知之匪易。薦之甚難。若僕僕然自鬻於權門。惟恐其不售者。雖得千百。何補於國哉。祖宗登用大臣。必俾之薦一二名士。朝廷內外。由是以知大臣之賢否而下及後世。推此可考其人知識之淺深。富弼、韓琦。功在社稷。名光後世者。薦士之力也。陳執中、王珪。身死名滅。為天下戮者。蔽賢之罪也。蓋不以天下為心。專為持祿固位之計。自待不厚。則以薦士為嫌恭惟陛下臨御之初。首詔大臣各薦異材。以試館閣。可謂急所先務矣。此舉寂寥。今復已久。為國者徒知人材之用為患。不以薦賢養士為急。願陛下明詔大臣各依近制。首薦名士。既觀今日之所舉。可考平日之所存。則濟濟多士。不獨見於周也。

八年。侍御史楊畏上言曰。風憲之任。人主寄耳目焉。御史進用。宰執不得預。頃命兩省屬官舉之。非是。遂寢前命。武臣薦舉立格。有敘別

職任而舉之者。有縣名材武而入之銓格者。又其上則謀略膽勇。可備統衆。諳練兵事。可任邊寄之類。惟邊要任使。隸樞密院。餘則審官西院三班院。按格注之。其後雖時有更易。而薦舉之所重輕。選用之所隸屬。多規此立制。

哲宗時。劉摯上言曰。臣伏觀近制升朝官各舉進士經明行修一人。及升等推恩理為舉主。過犯同罪等事。臣竊原朝廷之意。患程試考校。徒得文詞。故更立此制。以進行實。天下幸甚。臣退而熟計。及考學士大夫之議。以謂法則善矣。然使常朝官舉之。不若使郡守以上舉之便。臣謹條上利害。按國家舊制。臣寮任通判知州。乃得舉官。蓋知人實難。非行已慎。閱事久。誠未可責以保任。今升朝官無贓罪。若私罪重。此外不計資任。不察能否。門調諸科刀筆之吏。一切得薦士。此不可一也。經術深淺。問而可知也。至於行義汙潔。非鄉里庠序。群

居久處。毀譽素著。誰能知之。今不拘路分。但非有服親。皆得奏舉。臣恐流離之人。虛偽見售。此不可二也。天下升朝官無慮幾二千人。則所薦士亦如之。積累歲月。不被薦者無幾矣。人人升等推恩。無以示勸。此不可三也。議者謂朝士固皆選擇可任使之人。然入流不一。賢出從衆。今務利相市。必有受賕構訟。以撓陛下之法者。臣誠淺薄。不敢億度朝士大夫以為必然。亦不敢以為不然。然則舉選之利未見。而奔競之俗先成。此不可四也。傳曰。十室之邑。必有忠信。計今天下之士。一郡一邑。隨其衆寡。必有善士。考鄉里之行。詢庠序之論。其勢親其事察焉。如州郡之吏。至於監司。則朝廷所任以按察。臺諫侍從。亦朝廷所倚以議論。故臣願每遇科場詔下。委逐州長吏奏舉經明行修進士一名。仍以應舉實二百人為率。不滿二百。聽舉一名。每二百人加一人。至三人止。監司轉運判官以上。於本路。在京臺諫以上於開封國子監。各許奏舉一名。非鄉貫及不經學校。或無可應詔。並聽勿舉。自餘升等推恩理舉主同罪犯等事。並依元降朝旨。臣愚以謂三代鄉舉之制。未易遽復。欲少放古。則諸侯歲貢之法。莫此為近。伏望詳酌施行。

摯又建明貢舉條制。其一曰。臣伏見國朝以來。取士設科。循用唐制。進士所試。詩賦論策。行之百餘歲。號為得人。熙寧初。神宗皇帝崇尚儒術。訓發義理。以新人才。謂章句破碎大道。乃罷詩賦。試以經義。士儒一變。皆至於道。夫取士以經。可謂知本。然古人治經。無慕乎外。故其所自得者。內足以美己。而外足以為政。今之治經。以應科舉。則與古異矣。以陰陽性命為之說。以汜濫荒誕為之辭。專誦熙寧所頒新經字說。而佐以莊列佛氏之書。不可詰之論。爭相夸高。場屋之間。雖屢萃百千。而混用一律。主司臨之。珉玉朱紫。困於眩惑。其中雖有真

知聖人本指。該通先儒舊說。苟不合於所謂新經字說之學者。一切在所棄之而已。至於蹈襲它人。剽竊舊作。主司猝然亦莫可辨。蓋其無所統紀。無所隱括。非若詩賦之有聲律法度。其是非工拙。一披卷而盡得之也。詩賦命題。雜出於六經諸子歷代史記。故重複者寡。經義之題。出於所治一經。一經之中。可為題者。舉子皆能類集裒括其數。預為義說。左右逢之。纔十餘年。數牓之間。所在義題。往往相犯。然則文章之體。貢舉之法。於此其敝極矣。詩賦之與經義。要之其實皆曰取人以言而已也。人之賢與不肖。正之與邪。終不在詩賦經義之異。取於詩賦。不害其為賢。取於經義。不害其為邪。自唐以來。至於今日。名臣鉅人。致君安民。功業軒天地者。磊落相望。不可一二數。而皆出於詩賦。則詩賦亦何負於天下。或取一詩賦。或取一經義。無與道也。但有司攷言之法。有難有易。有難易。故有利害。有利害。故去取或失其實

而所繫者大矣。然則法不可以不改也。臣愚欲乞試法復詩賦與經義兼用之。進士第一場試經義。第二場試詩賦。第三場試論。第四場試策。經義以觀其學。詩賦以觀其文。論以觀其識。策以觀其材。前二場為去留。後二場為名次。其解經仍許通用先儒傳注或己之說。而禁不得引用字解及釋典。庶可以救文章之敝。而適乎用。革貢舉之敝而得其人。亦使學者兼通他書。稍至博洽。其二曰。臣伏見漢唐之制。因天地災異或政有闕失。則詔郡國及在位舉賢良文學之士。天子親策以求其言。至於國朝沿襲故事。於是置為賢良茂材科目。隨貢舉召試。其於得人。視古為盛。近時之制。遂罷此科。臣竊以為國之道。得士欲廣。故取之非一塗。謂常選不足以致異人。故設制科以收超絕之才。而每舉中等者不過一二人而已。今夫官人之法。入流門戶日益增多。未有澄汰。而於三年取一二非常之人。則廢其科不用。此何謂也。臣愚欲乞復置賢良方正及茂材異等科。每遇貢舉。詔近臣依舊制舉試。所以廣言路。求人材。繼祖宗之制也。其三曰。臣伏見近制明法舉人試以律令刑統大義及斷案。謂之新科明法。登科者吏部將司法員闕先次差注。在進士及第人之上。臣竊以先王之治天下。以禮義為本。而刑法所以助之者也。唯君子用法。必傳之以經術。法之所治。理之所在也。故惡有所懲。而常不失忠恕之道。舊制明法最為下科。然其所試必有兼經。雖不知其義。止於誦數。而先王之意猶在也。今新科罷其兼經。專於刑書。則意若止欲得淺陋刻害之人。国滯濼險之士而已。又所取之數比舊猥多。謂擬之法失其次序。臣以謂宜有更張。欲乞新科明法並加論語孝經大義。登科之額裁減其半。及注官之日。並依科目資次。所貴從事於法者。稍不遠義。而士之流品不失其分。伏望聖慈裁酌。如賜開允。即乞今年降詔。並自元

祐五年秋賦為始。

御史中丞蘇轍上疏曰。臣近准勅與孫升同舉監察御史二人。尋准尚書省劄子。以一員不曾實歷通判。令別舉官聞奏。臣檢會元祐三年六月八日聖旨。左右司諫左右正言殿中侍御史監察御史並用升朝官通判資敘實歷一年以上人舉官。准此。臣竊詳上條本為朝廷除授而設。後來朝廷所除諫官。如吳安詩劉唐老司馬康三人。皆未曾實歷。遂再奏乞比附施行。尋又蒙尚書省劄子。令依條別舉。臣退復思念。豈以除諫官皆出聖意。故得不依條法。舉臺官出於有司。故不得援例耶。竊惟前件三人。惟司馬康故相光之子。光被眷任最深。康亦素有清譽。或為二聖所知。至於吳安詩劉唐老此二人者。何緣得被聖眷。若非大臣進擬。或容有薦導。陛下何緣知之。竊謂本臺所舉。亦合依例施行。況朝廷前後所用百官。亦多不應格。豈固違法。蓋不得已也。若獨於臺官固執近法。中外必以為疑。伏乞檢會前奏。早賜施行。

轍又上疏曰。臣頃權吏部尚書。竊見京朝官以上皆使一年以上闕。大小使臣及選人皆使二年以上闕。雖闕少員多。事不得已。而待闕之人已不免咨怨。近者復見堂除人亦有待闕及一年以上者。人情驚駭。昔所未見。蓋祖宗朝堂除舊例皆見闕。然後差除。因事然後超擢。所除既有限量。故用闕不至久遠。近歲監司以上員數至多。而猥更擢人。以至銜溢。所擢未必勝舊。徒使監司闕額不足以應副來者而已。至於知州以下。舊人未減。新人日增。蓋由干謁成風。除授無法。雖稱以才擢用。其實未免緣故。至於待闕久近。所任閑劇。衆口譏評。皆為之說。只如開封司錄舊用歷知州人。頃自郭晙之後。未及三年。而迭用陳該張淳陳元直三人。率皆資望輕淺。政績未聞。新故相代

輕用堂除於此可見及諸寺丞例亦如此臣欲乞今後謹守祖宗故事凡堂除皆㩀有關方差且將見今堂除人輪環充補其新擢用者皆須功㬋顯著然後得差蓋用人之法要須員闕相當未聞無闕添人謂之擢才濟用者也如此數歲若見闕稍多然後量闕選才理無不可廢使堂除官吏不復待闕與四選稍異亦旌勸之義也

轍乞改舉臺官法劄子曰臣伏見唐制御史屬官皆大夫中丞自舉及本朝舊法亦皆丞雜及兩制舉人蓋以人主耳目之官不欲令執政用其私人以防壅蔽近自元祐三年六月八日聖旨指揮殿中侍御史監察御史並用陞朝官通判資序實歷一年以上人自是以來雖時復令本臺及兩制舉官而終無一人應格可用何者古自選人改官經兩任知縣一年通判若稍有才名多爲朝廷擢用其餘碌碌無取難以復堪臺官雖或間有沈淪未見知當然蓋亦已少矣今法限取此人已傷苛細而又緣此祖宗舉臺舊法又廢不用而執政以意選用舊人之例遂以成風近日雖聖意開悟復令臣等舉官然弊法尚存方人物衰少之時實患難以應法伏乞檢臣前奏稍改近制令臺官得舉陞朝第二任知縣及通判以上各半若謂知縣資淺乞依尚書侍郎例許權監察御史所貴稍存祖宗故事不至執政自用臺官雖方今君臣相信法度可畧而朝廷紀綱不可不思久遠臣職在臺長臺中典章義當固守

轍爲右司諫又言科場事狀曰臣伏見尚書禮部會議科場欲復詩賦議上未決而左僕射司馬光上言乞以九經取士及令朝官以上保任舉人爲經明行修之科至今多日二議並未施行臣竊惟來年秋賦自今以往歲月無幾而議不時決傳聞四方學者知朝廷有此異議無所適從不免惶惑遡亂蓋緣詩賦雖號小技而比次聲律用

功不淺至於兼治它經誦讀講解尤不可輕[illegible]行臣欲乞先降指揮明言來年科場一切如舊但所對經義兼取注疏及諸家議論或出己見不專用王氏之學仍罷律義令天下舉人知有定論一意爲學以待選試然後徐議元祐五年以後科舉格式未爲晚也

彭汝礪上奏曰右臣頃以不肖任中書舍人嘗論列用詩賦之弊前後累經臣僚議論用四場通考六經雖絀猶有存焉者始今所議盡廢矣竊緣詩賦科久不用學者實未之習今或以一聯一句可取即超躐並進而治經之人竭精罷力窮深極遠有至於皓首而偶遇不習聲律遂取屏廢不得與浮靡之士望分寸之祿此議者所以紛紛而有志之士或至於太息流涕而不知止也臣竊以爲聖人不爲已甚今朝廷隆尚詩賦詩賦既尊矣通經之士雖未能皆是然其口之所誦心之所懷皆所以治心治身治國治天下而議者過計欲一切掃除屏棄而獨以無益之辭未成之文理超拔而尊寵之臣不知所謂也臣以謂國家取士將欲得人才也經義策論可以得人才詩賦亦可以得人才何必紛紛爲此異同也臣今起請且欲如元祐勑施行如詩賦在優等經義策論雖不善亦取之所以示朝廷以文詞爲貴也經論在優等詩賦雖不善亦取之所以示朝廷以儒術爲貴也策在優等詩賦雖不及亦取之所以示朝廷以知時務者爲貴也如此則有文詞者得騁其辭有學者得盡其蘊有知識者得竭其慮上無損國體下不失士心今開試日迫未敢深盡本末欲望聖慈特賜詳酌施行

汝礪又上奏曰右臣伏念自井田之制壞學校之教廢弛鄉舉里選之法不行朝廷取士一切非古其弊至於用賦極矣先皇帝愛天明

命悼道之鬱滯奮於獨斷剏用經術造士以革數百千載之弊中自
京師外薄四海無有遠近貴賤小大莫不變易思慮奉承至教士既
知本又且向方而議者獨病辭說之不工欲踵隋唐之弊法卑玩經
文耗蠹道真靡知所舍夫六經之說更伏犧堯舜禹湯文武周公孔
子數十聖人而後備夫窮天地之變徹盡萬物之理其要則在人心
而已古之君子所以治身所以治天下國家未有出不由戶何莫由
斯道也周衰典籍不用漢興始求遺書立博士置弟子員策賢良求
經術以究當世得失公卿大夫以儒雅飾吏事是時文章溫厚號令
爾雅最為近古其流至于東漢微矣而餘風遺烈猶足以動當世士
以節義自高不為死生禍福屈折漢亡而存猶更數世自晉訖唐文
不能及漢治亂厚薄推原可知詩賦不經可以無辯是猶滑稽俳優
之戲而已是猶閭里嘔唱之辭而已而議者欲以此教人欲以此取

士欲以此致太平臣考之于心驗之于人稽之於古合之於今反覆
曲折終未見其可天之生夫斯人也其聰明智慮皆可以有為也惟
上之所養而已昔者以詩賦取人故人應之以言辭其文浮而無實
以經術取人故人應之以義理其言辨而在道使取之以德行亦將
為德行矣姑罷詩賦從經術是將引而高之以至於德行也如復用
詩賦是所謂下喬木而入幽谷也先皇帝聰明博文所以造士立政
固非臣下所能窺測淺深高下如罷詩賦孰不知其為甚幸法之未
完或久有弊變而通之推而行之繼志述事實待陛下豈易於改負
謗議於天下後世臣恐以謂今學校選舉宜一用先帝故事因今經
明行脩賢良方正之科而稍加損益焉雖未能復古蓋亦庶幾矣如
詩賦決不當復用臣淺陋信不足以單辭獨見咈衆人之所同好議
朝廷已行之法度必未能齊一伏乞下學士大夫詳議可否使臣得

上下反復庶幾是非好惡有所歸宿

貼黃臣伏自朝廷有復詩賦議論學士大夫知其不可者雖遂施
行比見指揮催督太學以用此考校又有乞試用三題者朝廷
亦不為罪乃知復詩賦不疑夫天下之所待者人材人材惟上
之所養而已天下治亂興衰是繫風俗成壞盛衰是繫今制為
名聲列為章句引之以雕蟲篆刻無用之文其所以敗壞人材
為甚臣以事所係者大故不敢隱默不言尚庶幾救止萬一也
惟陛下裁擇

歷代名臣奏議卷之一百六十七

選舉

宋哲宗時殿中侍御史呂陶上奏曰臣竊以今日任官之弊其輕且濫者惟郡守為甚也封疆千里生聚萬衆休戚所繫而不問能否一以資格用之為半刺兩任有薦者二人則得之矣侮法慢令殘民害物十郡之中常有二三暗懦不治又有一二舉天下億兆之衆十分而言失其惠養者將半矣承流宣化又何望焉方今朝廷清明百度講舉優勞元元以固邦本惟恐一夫不獲而牧守之弊紛繆至此甚可痛也昔兩漢盛時政平訟理居安其業者咸循吏之効唐之貞觀開元號為善治太宗亦嘗自擇刺史志其姓名於屏風而用之當時名臣如馬周張九齡輩皆極言刺史不可輕任載在史冊足為龜鑑前日朝廷患監司不得其人乃詔近臣舉用而監司之選稍稍清

矣至於郡守尤為親民略而未議是棄民也臣伏請詔內外侍制太中大夫已上於通判資序人內歲舉堪知州三人朝廷更加審察送吏部籍記名氏凡遇有闕先差有舉主者如資任未及即差權知其次方差資序合入人庶幾牧守之職有以庇民循吏之風無愧前古。

陶又上奏曰臣伏謂朝廷差除之法大別有三自兩府而下至侍從官悉禀聖旨然後除授此中書不敢專也自卿監而下及已經進擢或特除至中散大夫者皆由堂除此吏部不敢預也自朝議大夫而下受常調差遣者皆歸吏部此中書不可侵也法度之設至詳至密所以防大臣之專恣革小人之僥倖也恭惟神宗在御深究其弊凡堂選奏舉之類盡悉罷去以示大公之道始因去年八月中執政申請以繁劇去處重法地分為詞收占吏部所用知州通判知縣并在京庫務寺監丞闕六十餘處並歸中書取旨選差之後除吏之弊私徇寖多今天下州郡除別京大府并元係堂除處又取旨選差并元屬八路指射外其存於吏部以待常調者數極少而員極多待次之士遠至二三年近須一歲或有一闕可就則中書取而差他人矣或受一闕而去則中書又奪而惠他人矣如處州之胡宗質睦州之李孝廣滁州之陳知新兗州之蔡介均州之劉斐永州之吳潛此六郡者皆非元係堂除去處而中書取以差也吏部差王照知海州欒子元通判瀛州方蒙知咸平縣皆數月矣中書乃以石麟之知海州胡及通判瀛州孫純知咸平縣是皆奪而惠之也若謂胡宗質李孝廣陳知新自提舉得替蔡介係中散大夫石麟之曾任太常官皆非吏部可差之人則當契勘堂除州郡而差不當取吏部見使之闕及奪他人之已受者與也若謂朝廷慎擇庶官執政惟才是用則劉斐曾任

知州以失入死罪責降吳潛曾為運判以刻剝苛細罷官皆非所謂才者而近方牽復並先除郡士論諠沸已謂不平然又有甚於此者蓋胡及昔為開封判官以不能檢慎去職纔送吏部便得堂除孫純以受贓致罪止緣宰相之妻族乃受畿邑而皆奪他人之有而與之（胡及衡宗子也孫純衡方姻）王説前知徐州附會吳居厚掊斂害物得替歸部忽除省郎為人所彈乃罷其職今則差知密州陸師淵前知開封縣稅入中限猶未造簿以弛慢衝替今則差知宿州且胡及送吏部王説罷省郎皆是朝廷顯責詔墨未乾而中書已有選擢告命之出不述所因陸師淵與劉斐吳潛均是衝替而師淵又得元係堂除大郡（謂知）宿州私曲縱橫莫甚於此是陛下黜之則執政升之陛下退之則執政進之怨歸於上而恩出於下非今日之所宜有也夫威福者天子之所得專法度者大臣之所當守今大臣進退羣吏一出己意蓋不守

法度而欲尊威福矣。臣恐朝廷不尊而紀綱紊亂。當此之時。宜戒其漸也。伏願聖慈將合係堂除闕編為一等。今後如有合得堂除之人。只於前項去處定差。其曾經擢用而非次差替罷或責降牽復不送吏部者。於合得堂除人之下。別為一等。依名次先後與前項差遣。並不得於吏部取闕差授。及衝已授之人。所有元豐八年八月取旨選差條貫。乞賜刪改。

刑部侍郎王覿上疏曰。臣伏見吏部四選吏員之冗莫甚今日。而任使之際。欲求乎秉德守義。批功稱職之人。則常患其少。論者惑之。夫十室之邑。必有忠信。況今承平之久。陳力就列者以數萬計。其間蘊道義負才能富學術者宜亦多矣。然猶以少為患者何耶。蓋內不足者急於人知。彼其賢廉既不汲汲於求知。則朝廷之上知之豈易哉。孔子曰。舉爾所知。雖使孔子為政。而欲得賢才之多。亦不過使在位之人。各舉其所知而已。今夫舉陞陟改官者。徒以應格。近歲十科之薦。所薦既衆。而朝廷難於必用。其科遂輕。而搢紳視以為空文。其勢然也。臣竊謂科格固不可廢。若於科格之外。間詔中外臣僚素有才望其言可信者。使特薦其所知一二人。而試以事。夫人臣既以特旨薦士為寵。而不敢忽。又以其所主。而觀其所為。主者之能否而賞黜之。則應詔者孰不任責。庶幾人才之出也。

覿為右司諫時。又上疏曰。臣伏覩今年正月十七日勑節文。舉經明行修人。委州縣當職官同狀保任。申監司。再加考察。仍於發解前牒報本州。與充本州解額。臣竊以朝廷設經明行修之舉。非徒欲以得其人而任使。又將勸後進之士篤於學行也。今若以州縣所舉之人充本州解額。則臣恐未足以勸學行。而先有以敗風俗矣。夫古之所謂士者。莫不以廉退自重也。自以科舉取士。而士之不能以廉退自重亦已久矣。今天下州郡應舉者甚多。而解額至狹。凡挾筴讀書而未免於干祿者。莫不有競進之心也。使經明行脩而被舉者不在解額之中。則後進之士視其鄉之經明行脩者。其勢必須出力推薦。而人人有君子長者之風矣。使經明行脩而被舉者遂奪其解額。則後進之士視其鄉之經明行脩者。其勢必有內懷忌疾。而謗讟詆訐無不為者矣。如此。則學者之完人益少。而經明行脩之舉不幾於廢乎。蓋必然之理也。臣故曰。若以州縣所舉之人充本州解額。則臣恐未足以勸學行。而先有以敗風俗也。夫天下之風俗。澆薄淳厚不同。豈皆其天性哉。顧所以道之如何爾。臣伏望聖慈。指揮於前項勑內。改與充本州解額六字。作於本州解額外解發。庶可以久行而無弊也。

貼黃。臣兼看詳前項勑內。逐路所舉各有人數。惟不及畿內。恐是漏落。不可謂王畿之內而無經明行脩之人也。亦乞指揮添入。

覿又上奏曰。臣竊以祖宗來。臺諫闕一員。詔近臣薦二員。召對便殿。去取選任。一出上意。執政大臣不得干預。蓋臺諫所以司察大臣過失。若出大臣。則朋附之人盛。忠讜之路塞矣。人主雖欲明目達聰。虛心聽納嘉謀嘉猷。何緣而至哉。近者監察御史闕二員。命翰林學士御史中丞共薦六人。今聞所召者二人而已。未審出於陛下之意。為復出宰執之意耶。若出陛下之意則可。然未應祖宗故事。若出宰執進擬。則權歸大臣。朝政闕失。誰復擬議。此源既開。臣恐異日臺諫皆出大臣之門。而陛下孤立矣。書曰。惟辟作福。惟辟作威。傳曰。慶賞刑威曰君。願陛下念茲在茲。今後近臣奉詔薦舉臺諫官。並須召對親詢人才去取。獨出聖斷。庶使祖宗故事不廢。臺諫得人為多。

王巖叟上言曰。右臣今年三月准宣命入內充進士覆考官。及臣自守官以來。累蒙差入試院對讀考校。熟見舉人科場文字。頗知詩賦經義取士利害之實自朝廷議改科舉欲具奏陳而臣備員府僚事務繁併猝無須臾之暇得盡愚見今臣獲解府事待罪儒館而竊聞士大夫所論科舉之利害猶未有定說尚詩賦者則指經義為易習難考而不言詩賦之名[illegible]於經義尊經義者則指詩賦為雕刻無用而不思經義於取士其實如何詩賦經義之利害固以未決而又匿其所[illegible]暴其所長此所以更相不信而無定說也夫詩賦非經義之比易見也使舉子為聱病偶儷之文章以應有司之求而與讀聖人之經原聖人之意而立其說則道之尊卑志之遠近不待言而可明矣然詩賦之行幾五六百歲而未厭自隋唐以來高才達識立功名有道藝者往往出於其間經義之行無二十年天下已有倦色而亟復詩賦豈尊且遠者不足以濟務而卑且近者返宜於世耶盍亦要其本末終始而論之蓋經術者古學也可以謀道而不可以為科舉之用詩賦者今學也可以為科舉之用而不足以謀道今若使天下之士不為科舉而治經且如輔嗣之治易康成之治禮安國之治書杜預之治春秋則雖舉隋唐以來詩賦豈能及四人之所治如納四人於今日科舉之間則亦化為舉子之文章矣詩賦經義之利害至此而見臣請明言之揚子曰天俄而可度則其覆物也淺矣地俄而可測則其載物也薄矣蓋言聖人之經幽深閎遠如天地之高厚非可以小道治也孔子曰加我數年五十以學易可以無大過矣而漢唐諸儒亦多抱經白首然後名家近世如孫復治春秋居太山者四十年始能貫穿自成一說人猶以為未盡春秋之旨意而熙寧元豐之進士今年治經明年則用以應舉謂傳注之學不足決得失則益以新說新說不足決得失則益以佛老之書至於分章析字旁引曲取以求合於有司聖人之經術遂但為卜利祿之具要之應舉得

第而已豈有正心誠意治經術謀聖人之道者哉臣愚不知以經義為科舉者欲尊經術耶欲卑經術耶欲卑經術固無此理然使舉子分章析字旁引曲取以求合有司而為卜利祿之具則是欲尊經術而反卑之詩賦之學固無益於聖人之經而聖人之經術不為舉子之所亂尚自若也士之有志者不害於科舉之外正心誠意治經謀道若曰治經為佛老之學與分章析字旁引曲取者皆前在位者之所使今而不為何損於經則既以經術為卜利祿之具使求合於有司得失之患交於目前臣恐後日在位者之所使有甚於前日者矣要之為術不善則已矣豈可通知其無損此詩賦經義之利害可得論者一也夫舉子之取名第止問得失而已既問得失則不得不趣時所尚故王安石在位則經義欲合王安石司馬光在位則經義欲合司馬光其小者不可勝論臣請論其大者王安石不治春秋熙寧元豐之間經義遂廢春秋一科而學者亦諱春秋不言司馬光治春秋元祐之間經義皆班班傳會春秋以為說此可謂正心誠意治經謀道之人哉於聖人之道有損乎有益乎雖然不可以責舉子也彼應舉則必有得失之慮既慮得失則不得不以經義取合於在位之人王安石在位而經義不合安石則有司不敢取知有司不取而應舉則不若勿應而已矣天下應舉者無慮數十萬人而人人皆以經義苟合於在位以卜利祿則風俗傷敗操行陵夷未必不由科舉之致故詩賦雖為無用然作圜丘象天賦則止賦圜丘象天而已矣作堯舜性仁賦則止賦堯舜性仁而已矣雖欲取合於在位之人其路無由而取合固亦無幾所以不為難臣若曰廢經義而用詩賦詩賦不可以取合若以策論合於在位則如之何臣應曰以策論合於在位固所不幸而又益以經義使為合豈爐取合之少乎然科舉之體

常以詩賦經義定去留策論定高下彼於去留之間。無以取合。則為高下而取合者必少。故治平之前以策論合在位者未有如熙寧之後。以經義合在位者甚衆也。此詩賦經義之利害可得而論者二也。夫取士之道。方必有之。鄉舉里選是也。今朝廷若復鄉舉里選。方得取士之正是求賢也是求能也。如謂鄉舉里選未可猝行。則今日之取士。非敢必曰求賢。亦非敢必曰求能。特為科舉不可廢而立法耳。若曰求賢。則詩賦經義均不知人之賢否。若曰求能。則詩賦經義均不知人之能不能。既賢能不可以科舉得。則詩賦經義姑問其為科舉之後便與不便耳。蓋詩賦雖若無足為者。而題目或出於經。或出於史。或出於諸子百家。而習詩賦者必須涉獵九經。汎觀子史。知其節目精華。始可從事。而策論之中。又自有經義試取舉人。未罷詩賦之前。策論之中所說經義。與既罷詩賦之後專治經義者校之。相去

幾何。而涉獵汎觀。必粗知前言往行治亂得失。而聰明特起之士。因此自見於世者甚衆。由是觀之。詩賦雖若無用。而其術能使舉人粗知前言往行治亂得失。而通於事。是其名則卑。而施於科舉。偶得其術而便耳。至於經義則不然。為書者不為詩。為詩者不為易。為易者不為禮。為禮者不為春秋。是知一經。而四經不知也。雖有策論。而科舉之下。論題自見所出。易於為文。策則人人皆挾策括以待有司。不出掌握。舉可問者具在其中。非所以廣學問也。雖多聞博識之士世自不乏。而所治之書粗通。策問有備。遂可以得名第。其勢不假留意於其他書史。若非常從舊日科舉之人。則所謂前言往行治亂得失雖衆所共知者。亦或不知。至有謂賈山為賈誼。以建武為武帝年號者。由是觀之。經義雖如近古。而用經義應舉之人。返昧於前言往行治亂得失。殆無以自見於世。是經義之名則尊。而施之科舉。偶非其

術而不便耳。而又自隋唐以來。高才達識。立功名有道藝者。往往出於詩賦之科。似有成效。今朝廷必欲倣古以興賢能。則請俟復鄉舉里選。如止為科舉不可廢而立法。則異日設官分職。凡所與天下之治者。必多由科舉而進。非細事也。則詩賦經義之學。不識當取施之科舉已見成效。與知其術偶取者為之耶。當取施之科舉未見成效。與知其術之不便者為之耶。此詩賦經義之利害可得而論者三也。至於詩賦則有聲律而易見。經義則是散文而難考。詩賦所出之題。取於諸書而無窮。經義所問之目。各從本經而有盡。詩賦則題目百變。必是自作之文。經義則理趣相關。可使他人之作。詩賦則雖為預備。是見舉人倉猝之才。經義則易為牢籠。多是舉人在外所撰文字。詩賦則惟校工拙。有司無適莫之心。經義則各尚專門。試官多用偏見而去取。如此小小利害。難以究述。今朝廷雖復詩賦以取士。而詩

賦之上猶存經義。是詩賦經義之利害均也。若以經義為可行。則無事復詩賦。若以經義為不可行。則既復詩賦。而又略存經義。不過欲舉人詞賦之外更知經耳。雖然。又非術也。昔科舉之未變也。詩賦以觀其詞采。策論以觀其經術與時務。論題出於六經。是經術也。策問而及經旨。是亦經術也。豈必名為大義則謂之經術。不名為大義則不謂之經術。蓋昔之策論雖非大義。而策問論題或出於易。或出於禮。或出於詩書。或出於春秋。無所不出。則舉人亦無所不留意。雖非純於經者。而詩書禮易春秋必泛達也。今既詩賦之外人治一經。而為大義。則策問論題必須避舉人專治而不敢出於五經之中。舉人知策問論題不出於五經。所以備有司者約矣。則亦將為書者不為詩。為詩者不為易。為易者不為禮。為禮者不為春秋。是亦知一而四經不知也。雖有詩賦。而舉人為詩賦留意。與為經旨而留意五經者

取舍不同是誘之使淺驅之令狹也為今之策莫若專復詩賦以取士而不累於科舉以進治經之人則隋唐以來高才達識功名道藝或可以兼至不累於科舉以進治經之人則聖人之經旨庶不為科舉之所亂若論今之舉子已習經義雖復詩賦而有不能為者則願詔嘉祐明經之科以待不能為詩賦之人所取之數與推恩薄厚少增損於嘉祐之制則人無難矣蓋明經近於經義而術與今日經義利害不同取明經常少取進士常多則天下之應舉者將自化而為詩賦不以法制而漸復其舊術之善者也以經義取士實雖不至而名近於古以詩賦取士實則幾矣而名不及於經義今區區者徒見朝廷罷經義復詩賦則以為好古而已矣而不知經義之不可累以科舉也既罷之後當詔天下求窮經謀道如胡瑗孫復石介者置以為博士教官使傳道於諸生則今日之所尚纔得經術之正而無科舉之累道之美者也蓋舊政已廢而復之者戒其於暴名近古而改則民疑然則專復詩賦以取士設嘉祐明經之科以待不能為詩賦之人而又詔天下求窮經謀道不累科舉者使傳道諸生雖理之所在亦以為不暴而釋民疑也惓惓之忠唯朝廷裁擇

貼黃臣竊見朝廷平日舉事雖事體不大猶多循用故常慎於更改蓋慮更改之後恐有意外利害非目前思慮之所能盡不若循用故常之為便也今以詩賦取士所從来遠且以本朝言之如呂端李沆王旦魯宗道王曾韓琦之徒百十年之間凡所與安社稷治天下者多出於昔日進士之科其為故常亦大矣然則凡今之所以論科舉者非止為科舉而已蓋知異日亦將求柱石股肱於其間非細事也如度用經義決能取士過於詩賦之所取則今日所論詩賦經義皆是餘事勿恤可也若理難臆度恐誤朝廷久遠用人之計即乞更加審諦以平日舉事慎於更改為意詩賦策論四事之中詩賦最難修習自非超異絕出之才作詩賦兼策論以從科舉未見其有餘力也今既為詩賦策論而又於詩賦之前增大義一場深慮舉人力所不逮兼自来科場逼試之時皆息力養銳入試第一場詩賦至次日入論文字不多方可第三日却試策今於詩賦之前先以大義一場困之至次日纔試詩賦不唯場第太多考校增冗兼舉人就試必所患苦然朝廷復詩賦又試大義者必以大義為經術之故但舉人習詩賦止欲得名第習大義亦止欲得名第皆借以為干利祿之具非真所謂經術也與詩賦何異

殿中侍御史陳次升上奏曰臣竊以朝廷之事宰執得以行之臺諫得以言之上下相維彼此相制以防私徇以杜奸惑祖宗以来選任臺諫官宰執不得干預若有妨嫌必須回避所以存大公之道立太平之基矣近来除授多出於大臣去取不緣於聖選切恐相為朋黨相為比周蔽人主之聰明為權臣之肘腋茲事最大實繫治體國家安危之機其要在此臣欲乞今後臺諫官若有除授罷去三省不得進擬悉出宸衷批降指揮所貴言路得人消阿附之風開忠讜之路不勝幸甚

李膺上論曰臣聞薦得其人則受賞薦非其人則被罰古之道也必有賞以勸之然後可使舉善必有罰以威之然後可禁朋邪獨賞而已則競獵虛名冀僥倖以自進獨罰而已則雖有真賢皆疑畏而不敢進之鄂秋之於蕭何一言而爵通侯驩兜之於共工一言而放崇山何勸沮之較著也然人之情喜賞而惡罰國之格難賞而易罰人

之所喜國之所難也人之所惡國之所易也可以賞而賞之綫則人必知謂曰慎無舉賢徒勞人爾賢則欲我舉而恩則吝也況無賞乎苟可罰而必罰之則人必相謂曰慎無舉賢徒多累耳賞則未必爭人而罰則信也況專用罰乎且古者進賢受上賞蔽賢蒙顯戮貢士之諸侯則至于加九錫不貢士之諸侯至于黜爵地以是推之惟恐有賢而不進也堯求若采而啓明之嚚訟乃被薦於放齊堯求治洪水而伯鯀之方命乃被薦於四嶽即其昧於知人則宜若驩兜之放可也堯則治而不問舜則不復罪之何也蓋人實不易知而嚚訟方命其惡在外而易辨靜言象恭其惡在心而難知以堯舜之聖猶且憂而畏之則放齊四嶽之過舉豈與驩兜同科以是推之雖或有罰猶當恕之有賢而或進退之未嘗恕之勿責則是聖人之於天下求賢之意深罪不肖之意淺用賞之意多用罰之意簡顧治之意詳施刑之意略故忠厚之化格於民心而天下無遺賢今也於薦舉之制疑若罪不肖之意深求賢之意淺用罰之意嚴用賞之意簡施刑之意詳求治之意略如之何致天下之賢以為吾用哉故有司妄測朝廷之意例以進賢為末發有罪為本發有罪為有功無過進賢為有過無功朝廷授我黜陟之權者本以我為繩吏耳不若峻法以寡恩朝廷俾我薦舉之職者特循故事耳今又無賞而有罰故雖有薦舉之名而無薦舉之實非徒無實而又市之何哉借若甲為長吏於此乙為長吏於彼甲舉乙之所私然後乙舉甲之所私非有意於所舉之人也甲乙自為施報也惟其自施報乃假手自舉其所私非謂市之歟夫薦舉之意豈不欲得有道之士乎有道之士安能容悅以自讜豈不欲得孤寒之士乎孤寒之士其誰憐卹而為援故凡所充舉類皆肉食者締交黨與彌縫倡和之人未嘗聞拔一滯淹擢一豪傑真

可用者如是欲群賢連茹而升有是理乎陛下聰明灼知邪正如別白黑則古之人所謂達視其所舉又曰觀近臣以其所為主者不待臣言而後喻也為今之計莫若先詔大臣議復薦賢之賞使天下無咎恩之議庶幾勸沮之道人皆信之然後使凡薦舉者必如擿發之詳得以攷稽焉蓋今天下之長吏凡所擿發者必鋪陳其罪以聞于上曰某人嘗為某事可以抵罪期必抵罪而後已其所薦舉者則含餬其言假借其實文具而已未嘗鋪陳其事以聞于上曰某人嘗為某事可以任使期必任使而後已雖然固亦有鋪陳以聞上者必曰某人有幹才嘗於某處生財幾十萬某有機略嘗於某處鞫獄幾十次矣苟使薦舉之奏如擿發之奏則下臣之善安有不聞達者朝廷聞而用之後更器使或華要必使自言曰非某所薦安能至此陳平封侯而醜無知因以受賞者旌薦之人無忘其功則其德厚矣彼周行而封列侯自諸侯而加九錫固不可指以為格顧視其舉者之高卑量為舉主之酬獎可也以今之法所舉之人一陷有罪則凡為舉主者坐之至有削品秩上印綬不少貸今舉主以所舉酬獎又何勸焉臣又竊以一郡論之夫一郡之內文武僚寀不啻百人而部刺史所舉之法歲才二三而許之擿發者則無員數謂凡可擿發者必擿發也至于薦舉奚獨不然豈使員足矣爾後雖有可舉置而勿恤嗚呼是朝廷許其蔽賢矣故坐席未溫已舉所私所私皆畢餘見真可舉者則謂之曰非不知君柰何舉之人數已足矣臣願陛下既下薦賢之賞乃詔天下長吏見可舉者舉之不必限之以數或無可舉則已之又不必充數則庶幾無憾焉古昔逮今長吏以薦舉為恩下吏以犇競為俗或貴交以進己或賂人以借譽或飲食玩好以豢其親信或姑息俯傴以媚其僕御或卑詞以足恭或面柔以求悅吮癰舐

痔嘗不以為羞指天誓心嘗不以為媿自非宣哲見幾之士未有不墮其彀中而謬舉矣願詔長吏以阿大夫之所以烹即墨大夫之所以封者為之龜鑑勿妄許人以為國士也必欲公舉則使下吏明具功過於考績之書無崇虛文歲終則取諸考課之書稽致而優劣之可舉者書其可舉之行能可黜者書其可黜之過惡揭於公堂使吏民得以議之以為可舉也然後舉之可黜也然後黜之則無僭無濫臣之說無遺慮矣然亦不可不防者天下被薦或多吏部病其難選也臣願以四科第之行同能偶也復以被薦多寡為差況朝廷必使真得其賢則又何多矣或多賢而多薦之無憚其勞此太平之先也

王巖叟上言曰臣切以人得於表裏不疑則可任事出於上下相應則易成此諸府之辟召群司之表舉所以不可廢也自辟舉之法罷而用選格可以見功過而不可以見人才中材患之於是不得已而有蹈逐奏差申差之將蹈逐者陰用舉官之實而明削同罪非善法也選才薦能而曰蹈逐非雅名也必當擇人之之地而不重用之之道非深計也委人以權而不容舉其所知非通術也臣伏願聖慈特賜指揮復內官司舉官法以暢公議

校書郎李昭玘進策曰璆琳琅玕皆美質也彫之琢之至於成器而後可施楩楠豫章皆良榦也長之養之至於成材而後可用人受天地之中以生性無不善也充其性以至於成人然後可以治人未能成人也雖公綽之不欲冉求之藝聖人猶不取者禮樂不足故也先王能使人必至於成人固有術焉謹學校以教之而已先王之學皆所以明人倫也能明人倫然後可以盡人道盡人道然後可以治人事故入使長之出使治之者還以同民之善而已方其教之也或三歲賓興或終身不齒雖庶人之子孫積問學正身行篤於禮[illegible]則歸之卿士大夫雖卿士大夫之子孫不能積問學正身行篤於禮義則歸之庶人此所以責人之必成俟人之必至也自離經辨志至於敬業樂群自敬業樂群至於博習親師自博習親師至於論學取友自論學取友至於知類通達強立而不反謂之大成未能通達則知不足以應物未能強立則仁不足以守身先王責人必至於如此之詳者蓋人之行已也自非四十而不惑則是非之理去就之義猶不保其往也升於鄉則升於司徒升於司徒則升於學升於學則升於司馬由秀而選由選而俊由俊而造由造而進不躐等不陵節論定然後官任官然後爵位定然後祿先王之取人必至於如此之久者蓋聽其言觀其行非一日之察也故士知學之可樂不知學之可已知仕之可欲不知仕之可求進取退捨以俟天命人人安於為學而樂於循理考之則有成德任之則有成效三代所以成王業者此道素行也自漢武帝開設學校增置博士廣弟子員射策決科勸以官祿學者寖盛異端日滋六經之說人自獻於其君而操以為禽犢性命之理喪於破道之言聖賢之迹滅於浮名之行利祿使然也陛下嘗詔師儒開廣學校修正經義發古人精微之蘊祛百年陳腐之說道德之義性命之理著見簡策使天下學者一其析綴會其歸宿足以見天地之純古人之大體不溺於支離蹇淺之弊而又慎選講官關析餘義使疑斯明窒斯通虛而往實而歸其於教人可謂至矣陛下聰明淵懿出於德性問學智慮發於天縱萬機之暇周覽墳籍始稽之以驗物又操之以決事天人之道帝王之業固已自得於成心矣聞諭大臣尊意學校慨然思得豪傑之士與之都俞經畫以躋時於三代之隆凡試言博士上書公車者躬自考覈或擢之以高第或[illegible]之以不次其於好士可謂篤矣然而承學之士經術未甚明德行未甚

厚志意不修風義不爾未足以應陛下寤寐虛已之求以其好學之志不能勝其祿利之心故也夫軒冕在前章褐在後雖子夏不能忘交戰之患利動其心故也子張學干祿孔子告之以言寡尤行寡悔祿在其中矣使漆雕開仕曰吾斯之未能信孔子說蓋有志於學無志於仕然後可以盡心於聖人之道而成士君子之器今之學者弊在利祿之欲速其為道也苟於日月至焉而已矣故經術未甚明德行未甚厚志意不修風義不爾良以此也夫聖人之言非如天地之高遠非如鬼神之不測凡所以明天道治人事者不外吾所性而已故秦焚六經殺學士聖人之言鬱而復明者性之在人不可滅故也今之經術皆出於師儒致一之論剗華俗學發明至賾蓋天為陛下生其人人為陛下駕其說此士之夫聖人千載之遠生於今而幸見者也然而有論然後能議有議然後能辨見近而不及遠聞一而不知二適人之適而不自適其適得人之得而不自得其得由是思索不精爾昔有梓人為鐻者其技甚賤然猶三日而不敢懷慶賞爵祿五日而不敢懷非譽巧拙者致其精也乃若萬物之理萬理之變可以坐觀可以意得必曰思之而已思之所入與神為一非神之使然也精之至也苟能如此利祿不足動也陛下欲取士得人莫若待其教養之久抑其進取之速使人盡心致志深造而自得然後數奏以言明試以功庶幾作人與古無愧矣

穎昌教授鄒浩上䟽曰臣愚伏覩近降貢舉勅凡考進士試卷其習經術者以經術為去留其兼詞賦者以詞賦為去留其餘數場只以品定高下所有以四場工拙通定去留高下指揮更不施行臣竊惑之自先王賓興之法掃蕩不行而後世所以取天下之士一以空言而已德行道藝不復誰何以迄于今莫之能改就令此法不行士之

所務猶在言而不在實況既行乎臣見天下之士不惟有愧於其實又將有愧於其言矣何則法行之利不勝其害其弊必至於此何謂利兩科之試各以四場故習經術者不敢忽策論習詞賦者不敢忽大義方其群居欲無所不工則亦無所不知欲無所不知則亦無所不讀今也專以其科之所主者為去留則士止務其所知者不必雜然並習如前日之擾擾一利也士之取舍一係有司而有司之好惡又各係其所習之如何故尚經術者斥詞賦尚詞賦者斥經術尚策論者又幷二者斥之交相毀譽迭無定論而士之取中直以幸不幸爾今也嚴之以法使有適從則有司雖欲奮私意執偏見以自勝勢有不可二利也何謂害惟知經然後工於義惟知子史然後工於策論至於詞賦則往往裒諸家之集纂六帖之類左攘右竊以速名第而一時有司固莫之能辨也且以學校兩科取士初無輕重然而不以經術應詔者已十有八九今也重以去留之法導之臣知天下之士自是以六經子史為棄物矣蓋士之所急者在去留而高下非所恤故也一害也士之品有二不待教者上智也不足教者下愚也教之則成不教之則廢中人也而中人之才滿天下今也使之一趍於不該不徧之習則是天下之士將淪胥以廢而莫之振二害也國家自慶曆以來天下州縣遍置學校自熙寧以來天下州學始命教官議有意於以義理養天下之才者也今一以去留搖蕩其心雖力以義理強之亦安能勝其所習然則所置學校徒為虛器所命教官徒耗廩祿顧欲化民成俗如古盛時不亦難乎三害也上自輔弼之大臣下迄州縣之小吏皆佐陛下行道者也非欲其若司馬相如枚乘沈佺期宋之問之屬以文詞供奉諂頌功德而已而乃養之不以其道用之不以其實誰恃以成天下之務哉四害也臣愚伏覩陛下

南嚮以來以天地之德亭育萬物以日月之光別白萬微黜陟群臣因革政令斟酌人心若合符節至取士之法最急之務者甲以為可乙以為否五六年間不知幾變今又變焉曾未足以厭天下之望臣切惜之陛下誠以其法為善胡不盡罷科場之文只以經術詞賦試之然而不為者臣知建言之臣慮失天下之士不知有其名而失其實其失猶在也夫舉事有名而無實非朝廷之美也萬一所舉或有與是比者無乃重為聖政之累乎傳曰設教於本其弊且末設教於末其敝若何又曰為君人者謹其所好惡而已矣君好之則臣為之上行之則民從之偏於去留不可謂本已著之令不可謂非所好陛下少察臣之二利四害則得失判矣且四害之中如人才不振無以成天下之務尤為所當慮者陛下視今日之人才果有餘耶果不足耶以為不足則巖廊未嘗無輔弼左右未嘗無侍從諸路未嘗無監

司州縣未嘗無守令凡中外之百執事亦未嘗不備其待選次去來吏部者又嘗倍蓰見任之數以為有餘則自任以天下之重輔導陛下與二帝三王比隆爭治者幾人進退賢否惟其實而不汲引親舊不遺棄疏遠以誤陛下器使者幾人正色昌言列百官之功罪論庶事之得失務存大體而不承風旨以自媒者幾人持舉刺之權以肅清所部而不結權貴以植私不惜孤寒以示公者幾人承宣詔條勸課農桑使民各安其所而不飲泣於猾胥黠吏之手者幾人夙夜修職不敢苟且冀指摘之不吾及者幾人民貧所當富也則曰水旱如之何官冗所當澄也則曰人情不可擾人物所當求也則曰從古不乏才國用所當裕也則曰治世恥言利風俗所當厚也則曰不切於時變邊備所當嚴也則曰在德不在兵其他覼縷臣不暇悉知要之為國謀不如謀其身為百姓慮不如慮其子孫者衆也陛下端拱一

堂之上方以覆載為度固不規規然察臣之私然視朝之餘當執聽講讀之暇亦嘗念其所以然之故乎此不明義理之驗也夫以義理養天下之士士方平時師聖賢談道德其取舍去就之際若無以易其操者一日用焉猶或懵然無以副朝廷承庸之意況不知所以養之耶董仲舒曰不素養士而求賢才猶不琢玉而求文采臣嘗以為知言臣願陛下詔有司追用舊物以四場工拙定去留高下庶幾經術策論之試不為虛名而士亦知陛下所以期之甚厚相與精白以承休德而人才有餘豈甚難哉孔子不欲去餼羊者非為餼羊也為告朔之禮也孟子不欲毀明堂者非為明堂也為王者之政也餼羊不去則告朔之禮猶可以意推明堂不毀則王者之政猶可以迹考臣之區區實在於此臣寒鄉一鄙人也生長和氣之中沐浴仁厚之澤備員學校為日久矣重念古者工執藝事以諫之義用敢因職

事所及輕犯天威冒獻瞽說惟陛下采其一得而赦其萬死則天下幸甚

朱光庭上言曰臣切以聖朝用經術取士冠越前代止是不當用王安石之學使後生習為一律不得　聖人之蘊此為失矣若謂學經術不能為文須學詩賦而後能文臣以為不然夫六經之文可謂純粹温厚經緯天地輝光日新者也今使學者不學純粹温厚輝光六經之文而反學彫蟲篆刻童子之技豈不陋哉甚非聖朝之美事臣已上封事論列今再以經術取士之法約歸義理之文條列于左

一第一場試諸經大義六道乞令每人各治二經每經各試大義三道仍須先本注疏之說或注疏違聖人之意則先具注疏所以違之之說然後斷以己見及諸家之說以義理通文采優者

為上。義理通文采粗者為次。義理不通。雖有虛文。不合格。

一第二場。試論語孟子大義四道。論孟各兩道。考試之法。與經同義。

一第三場試論一道。乞於荀子揚子文中子韓吏部文中出題。

一第四場試策三道。內兩道乞問歷代史。一道時務。省試五道。三道乞問歷代史。兩道問時務。

右臣之所陳。欲令天下學者不失宗經。知根本之學。不專用王安石之鑿說。各以己見諸家之說。窮聖人之蘊。履之為事業。發之為文章。下之所以脩身見於世。上之所以欽材置之用。皆不失道。此臣所以區區為朝廷力言也。伏望聖慈察臣管見。如或可採。特賜主張施行。

徽宗大觀二年。翰林學士葉夢得上奏曰。臣伏以陛下自親政以來。凡擢士皆不以次。用人之速。古所未有。將必得遠業大器。以為社稷無窮之計。士大夫蒙識擢。初何嘗盡知此意。其朝夕趨走大臣之門者。僅志於得而已。夫高爵厚祿。人之所欲得。而陛下之所有也。一介匹夫。崛起畎畝。陛下不愛所有而與之。人人皆得所欲。反自認以為己物。爭奪傾覆。唯恐其失。視國家事。曾不一繫於心。陛下不負羣臣。而羣臣負陛下者如此。殆為朋黨者勝也。朋黨之患。世孰無之。而近日為尤甚者。其原本於重內而輕外。且今自外召入者。苟有寸長。計日可取貴顯。又況阿附趨佞。別以智巧得之。一居要位。非譴謫則不去。而居外任者。非被罪廢黜。則孤寒無援之人也。雖嘗為宰相執政者亦然。夫以內為榮進之塗。則苟可以安于內者。人誰不營。以外為譴黜之所。則苟可以免於外者。人誰不避。此所以根株連結。卒不可破。祖宗時。宰相罷歸班。或補外。未幾皆復召用。中世以後。乃各帶節鉞。崇職。至於執政從官更出迭入。未嘗有間。夫使不慕居內。不畏處外。內外去來。各適其志。士大夫苟知自愛。則亦何必捨彼而趨此。謂之朋黨。非大奸邪。勢亦不得不自離。今欲救之。莫先於此。然臣既為此言。不可不以身先衆人。願乞為郡。

大觀中。侍讀兼議禮武選詳議官慕容彥逢上奏曰。臣伏覩神宗皇帝聖謨淵遠。思患豫防。雖天下治安。不忘武備。自熙寧中。特建西學。招徠群材。訓以武志。凡考選升補之法。皆出宸斷。士之游於斯者。以程文觀其器識。以弓馬閱其藝能。以規式察其行義。其自上舍免省試者。積累歲月。速不下十年。須程文弓馬數在優等。又其行義可稱。乃為應格。雖應免省試格。又從上共不得過三人。其教之如此其備。養之如此其久。擇之如此其精。速其授官歷任。與夫取一日之長者。無甚輕重。其非次進拔。鈌然不聞。甚未副建學造士之意。伏望聖慈因此武舉進士唱名內。該上舍免省試以上恩例者。命執政審其人材。稍加獎擢。庶幾學者嚮風。罔不激勸。因以作成其材。上稱任使。

政和中。彥逢知貢舉上奏曰。臣伏見神宗皇帝既廢明經學究科。特設新科明法。優為恩例。至黃甲擬官。俾先進士。注諸州司法。蓋將以變革舊習。故其初不得不然。紹聖四年。朝議以此法行之既久。昔人之為新科者。十消八九矣。恩例之優。宜亦少損。乃以司法及其餘判司闕衮同從上差注。元符三年十二月中。因省部勘當。遂罷紹聖指揮。更不施行。臣契勘新科明法等人。徒誦其書。未必曉其義。若以進士素不習法。難以輕授司法職任。則其餘判司等官。或以治獄。或以聽訟。亦未嘗待其學而後授之也。朝廷取士。患不得實材。果得實材。何施而不可。伏望聖慈特降睿旨。特來吏部注新賜及第進士出身

等人並依紹聖四年四月二十三日指揮施行所貴德澤均被上稱
陛下造士之意
宣和中監察御史許景衡上奏曰臣伏覩瓊莹郎黃宗源奏乞與文
士衮同殿試已降指揮者臣竊惟國家取士雖有數路唯進士一科
最為清選每三年一詔天下之士試于有司比至春官奏名來上然
後陛下親策于庭賜第錫服而官使之異時為名臣磊落相望皆由
此出今宗源迺道家者流雖以程文擢為上舍實應前日道學之格
耳今既罷道學則與其科目併廢之矣尚何殿試之有哉況進士之
所學而陛下之所策者乃當世之務禮樂刑政治天下國家之大方
非宗源之所習也蓋道家以清虛澹泊為宗以無為寡欲為教宜其
孤高自持不與世接今若使之操觚試藝競科甲之高下以徼榮利
則非所謂不見可欲使心不亂者也亦何取其為孤高絕俗者乎且

為黃冠師而與多士同趨大庭不知所服何服既中科目則又不知
所賜者何服耶若賜以進士之袍笏則非道官所應服也若止於羽
衣則命士森列而衣冠獨異實駭衆目必有竊笑於班綴者矣易之
同人曰君子以類族辨物夫以宗源之藝業一旦輙與進士同科聯
名桂籍而敘同年似非以類辨物之意也孔子曰必也正名乎臣觀
陛下稽古建極親御翰墨是正百度復公少宰相之官易武選之稱
辨內省六司之職立命婦八等之封名實相當典章一新誠萬世法
也今獨以進士科目雜以道家流故議者紛然以為未稱陛下前日
制作之意而臣區區之愚亦竊為朝廷惜之其黃宗源許令殿試指
揮伏乞睿明詳酌特賜寢罷
徽宗時陳次升上奏曰臣恭惟神宗皇帝待大臣有禮相與以誠至
於進用人材選推士類其權必常在已而不輕付與自監司以上若

闕一員宰執具人才資任合充其選者數人取自聖擇若未當聖意
則睿旨別行除授德音渙發三省奉行而已又寺監丞而下一切付
之吏部用選格差注如有不當臺察彈治當是之時威福專在乎上
差除至公人無間言寒俊之士激昂自奮得人為多自後宰執欲任
自已之私專竊威福之柄若有進擬指定一名除授去取不出聖意
至於寺監丞而下州郡員闕多歸於堂除大公至正之道罕聞私謁
奔競之風寖熾攀附宰執者有進擢之速特立自守者有留滯之嘆
除目一下士論沸騰此弊不可不革也伏望聖慈紹述神考之志監
司已上差除並取聖擇寺監丞而下一切付之吏部用選格差注如
此則大公至正之道開私謁奔競之風息實社稷無窮之福也
次升又上奏曰臣伏覩先帝修立官制允釐百工除監司省郎府推
判官大藩知州已上係朝廷選差自寺監丞而下以至州縣差除一

切付之吏部又有選格次第其等差有注授優便者必以功能進而
不為勢要得已授命者必可之官不為堂除易孤寒之士不附麗之
人緣此皆得以自奮差除一出於至公而不緣於私徇元祐以來執
政大臣欲擅國權紊亂官制自寺監丞以至主簿既出堂除吏部注
授州縣員闕職位又為朝廷取闕其有已授命之人待闕有及一二
年又為堂除別差官改易甚為狼狽當是之時被命公朝拜謝私庭
其職任之美者無寒門悉歸於勢要縉紳咸有不均之歎今日朝廷
修復先帝政事差除尚乃因循前日之弊未足以成先帝之良法美
意也伏望聖慈特降指揮自寺監丞而下一如元豐官制之初不係
堂差州縣差注朝廷更不取闕庶使功能不遺於寒微職任不移於
權勢
次升又上奏曰臣近論列乞寺監丞而下除授依官制格一切付之

吏部以選格差注至今不蒙施行者臣竊惟神宗皇帝立事必有法立法必有意非苟然而已經畫官制之初必先會計昔日官吏俸給所費幾何既行官制則制祿高下必以昔日為準故省郎而上出於堂除則支全俸寺監丞而下付於吏部則支折俸今寺監丞而下既係朝廷注授皆給全俸所支既多國用益匱京師財賦窘乏其亦以此侵耗之一端況立法非特如此而已蓋將以分宰執之權摧奔競之風而使寒俊之士各得以自奮吏部員闕既當則人人無留滯之嘆至公之道由是開矣今三省曾不以是為意其員闕收歸朝廷惟欲增重其權柄而已其為官擇人誠未見其實也伏望聖慈特降睿旨令寺監丞而下差注一切送吏部以存官制良法

左司諫江公望上疏曰廉非士之高行也衆人好汙而廉有時而為高退非士之清節也衆人好驁而退有時而為清人君砥礪名教敦

厚風俗豈有他塗哉狃衆所好而好之咈衆所惡而惡之好惡不出於在位之私而以在位為之媒故天下翕然觀化而無東漢激揚提拂之弊清議歸于厚德在下矣臣在鄉曲及出試吏行三十年嘗所見聞於仕宦未言財利不私貨賂不侵蠹百姓者無一二焉監司郡守有歲薦常員三省樞密有不次除目內外紛騖門牆如市袖書自媒背語相刺甘言諛語自陳于前貴公心知其非亦重於謝絶既退驁立廉下折腰俛首呈露肺肝盱盱睢睢為可憐之態士節雕喪風俗薄惡千分犯義虧名敗教有至於此今日天下所當先慮者也然由士類汙染當以士類況濯是猶解醒必以酒也欲望朝廷應中外任仕乃未該引年自謝事者學行卓然可觀光於廉退為多若廉退不足而文采勝者未在選焉許侍從臺省監司各薦所知一人保任終身品備選擢所舉或謬未以自首原免一人為之媒衆人知所獨矣此激濁鎮浮之要術也伏惟陛下少留神天下幸甚

通判李新乞令部使者薦進人才劄子曰臣嘗觀皇華遣使之詩而曰周爰咨諏周爰咨謀周爰咨度周爰咨詢且訪問於善為咨所咨必於忠信使事以忠信為本故也咨諸事為諏既諏矣於是謀之既謀矣度其所宜而言之咨度者以義度之也猶以為未也又徧咨而擇所從焉詢者徧咨之也陛下總章問道游心巖廊以天下四方之遠上情有未通於下下情有未能達於上故每道遣廉訪使者二人分詣郡縣觀察風謠廣求民瘼凡事上不虔犯法干禁雖遐徼異域有寃抑杜塞及吏之暴橫得以直通陛下遣使臣所以寵遇者至厚矣臣愚無知叨遇將明之列奔走盡瘁靡敢遑處日夜焦心勞思所以報陛下者無非忠信之事且州郡薦士各有常格而奇才文士素為一路推稱孤寒無援況於下僚亦有甘自晦縮不求聞知或不遇

知己論薦不及士安義命莫肯競進緼藉博合難以自暴臣欲望陛下因其奏計類賜聖訓令廣取時譽察以名聞即乞下所部取其文藝考察送學士院詳校有可採者陛下自擢而試之菁莪樂育教養而後用之則真材輩出矣凡使臣巡歷所至許令投獻文字仍不得諷諭州縣沽激薦士之名庶幾上副陛下旁求俊乂之意而萬里之遠無遺賢之歎天下幸甚

歷代名臣奏議卷之一百六十八

選舉

宋高宗建炎四年趙元鎮上奏曰臣訪聞湖南北及江東西諸路帥守往往闕人行在侍從除臺諫外止有綦密禮汪藻兩人近汪藻在假不出而郎官如司局務多差外官權攝昨雖有旨召謝克家等又皆散在四方未能即至亦不聞再行催促不唯國體卑弱無以示天下緩急大事何所諮詢邦家以得賢為基而人主以任賢使能為職固不可緩也今帥守有闕欲自外除授則多以事不行或不知居止所在欲自行在遣行而又闕人如此遠方憔悴之民何所赴愬去歲渡江之初嘗頒明詔許左右司郎官已上各薦二人其間以才能擢用者固多有之臣愚欲乞依去年體例詔臺諫及左右司郎官已上各薦二人令所在州差人給券限三日發赴行在審察賜對隨才任使仍令執政大臣同共採擇在外侍從雖在謫籍別無大過而政事才學實可用者廣行召擢庶幾朝有來者以備獻納論思之職

元鎮又上奏曰臣竊惟士之失職責在朝廷比緣國步艱難例不得調有勢援者堂中擇闕而寒遠坐受困弊陛下灼見其事已令措置盡還部闕士大夫方有赴調之期無不忻快然臣聞參選之人多被沮抑既無案籍稽考則法令隨事變更吏得因緣為姦而以書鋪為假手之地故一人參選謂之鋪例者不下數十千至如召保官之類費尤不貲參選已如此況注擬耶臣以謂宜令吏部裁定保官之數如行在職事官一員用本司印狀許保盡參選注擬諸事仍飭吏部長貳戒勵書鋪毋得妄生沮抑過為僥求僞致士人詞訟即送所司究治如此則參選之士稍無留難以稱陛下優卹寒遠之意其他常行禁防條法更宜明加申戒牓示施行

紹興二十二年右諫議大夫林大鼐言國初常參官皆得舉人不限內外亦無員數南渡之初息或非泛人得僥倖有從軍而改秩者有捕盜而改秩者有以登對而改秩者今朝廷無事謹惜名器惟薦舉一路貪躁者速化廉靜者陸沉今欲取考第員數增減以便之增一任者減一員十考者用四十二考者用三十五考者用二如減舉法須實歷縣令不得仍請獄祠其或負犯駁選自如常坐士有應此格者得無玷缺年亦蹉跎無非孤寒練習安義分之士望付有司條上以弭奔競

二十九年閩人滋奏請凡在官歷任及十考以上無公私罪雖舉削不及格許降等升改或疑其太濫則取吏部累年改官酌中之數立為限隔舉狀年勞參酌並用於是下其議中書舍人洪遵給事中王晞亮等上議曰本朝立薦舉之法必使歷任六考所以遲其歲月而責其赴功必使之舉官五員所以多其保任而必其可用今如議臣所請則有力者惟圖見次無材者苟冀終更出官十餘年可以坐待京秩此不可一也今欲減改官分數以待無舉削者則當被舉之人必有失職淹滯之嘆此不可二也京官易得馴至郎位任子之恩愈不可減非所以救入流之弊此不可三也夫祖宗之法非有大害未易輕議今一旦取二百年成法而易之此不可四也臣以為如故便

三十一年禮部侍郎金安節奏言熙寧元豐以來經義詩賦廢興離合隨時更革初無定制近合科以來通經者苦賦體雕刻習賦者病經旨淵微心有弗精智難兼濟又其甚者論既併場策問太寡議論器識無以盡人士守傳注史學盡廢此後進往往得志而老生宿儒多困也請復立兩科永為成憲從之

紹興間張浚上議曰設官分職本以為民故聖人視勤勞之大小命

品秩之高下。非有功於民不在選也。監司守令。於民最親者也。今皆號爲冗官。及瓜而去。則乞憐於人。莫有顧者。彼文詞巧麗。覩舊推薦期歲之間。可致清要。豈不倒置已甚乎。嗚呼。求天下之士於言語文采之間。臣知其無以得真賢矣。况夫推薦者之不公邪。後世坐廟堂秉樞要。而於安危之機。治亂之理。百姓之情。財用之源。甲兵之事。瞢然不曉者。無他。用之無其道也。繼自今以往。可不知所戒哉。

江西安撫制置大使李綱上言曰。臣伏覩二月九日手詔。以太陽有異。氛氣四合。令中外侍從之臣。遵前後詔書。各舉能直言極諫之士一人。將諏以過失。次第施行。用承天意。有以見陛下克謹天戒。恩聞讜言。銷弭變故。以助中興之運。甚盛德也。臣竊考西漢舉賢良文學之士。肆延于庭。如董仲舒公孫弘晁錯之徒。不過對策一篇。指明時政得失。至本朝設賢良方正能直言極諫科。始有進卷。及試六論。乃

對廷策。其六論題。雜出於經子史注疏之間。所以求卓識洽聞之士。號爲制科。其得人。如富弼張方平夏竦。皆致宰輔。其次如錢易錢明逸。孔文仲武仲。蘇軾蘇轍兄弟之流。皆爲名士。論議有補於國家。然制科之舉。貴穿古今。汪洋浩渺。非强記博識。積以歲時。未易能究其業。所以朝廷近年復置此科。未有應令者。無足怪也。今者陛下以天變之故。詔中外侍從之臣。遵前後詔書。各舉能直言極諫之士。臣深慮有司拘以進卷六論等制舉者。難於得人。無以仰副陛下咨訪闕失寅畏天戒之意。臣愚欲望聖慈特降睿旨。將今來所舉直言極諫之士。與免進卷六論。祇令對策于廷。仍於制策內許其展盡無隱。庶幾忠言嘉謨。得以上聞。其進卷六論。自以待應科目之士。天下不勝幸甚。

翰林學士周麟之上奏曰。臣聞文章經國之大業。體尚不一。從古而然。故論世者。以是識風俗之盛衰。觀人者。以此別材智之遠近。猶所謂見禮聞樂而知德政。不可不察也。西漢二百年。名儒鴻生鋒起間作。雍容揄揚。著録于後。則炳然與三代同風。唐有天下。文亦三變。至於美才輩出。濡嚌道真。反刓劉僞。薰釀涵浸。然後天下化之。粹然一出於正。何其盛哉。我國家恢儒右文。列聖一揆。取士之制。不過曰經義詩賦。然或偏廢而獨舉。或兩存而並行。或兼用而通試。三者所向雖異。及夫得人。則奏賦揄揚者。無不精其能。談經揣理者。靡不臻於奥。累朝名臣。悉繇此出。致治之美。固已遠邁前世。仰惟皇帝陛下躬天縱之資。恢復古道。優入聖域。猶且博覽經史。左右藝文。孜孜不倦。至其躬御翰墨。發爲宸章。雲漢昭回。光被萬物。古帝王莫能跂及。裁詩樂以侑禋祀。則十三篇極風雅之妙。記擯齋以明鑒戒。則數百言皆道德之辭。若此之類。殆不可殫舉。士生斯時。親得聖王爲之師。此

千載一逢也。臣伏見昨降明詔。用經義兼詩賦。合二者之長。以作成多士。永爲定制。可謂善矣。今肄業之士服勤有年。秋試不遠。臣愚欲望聖慈申飭儒官。獎勸士類。戒志尚之不一。革文體之未純。毋好高以異論相矜。毋因陋以陳言自蔽。毋泥迂僻之習而失其正。毋縱浮靡之說而溺於夸。丕治一陶。聖風雲靡。將見四方俊茂。試于有司者無不丕應。傒志咸知以體要爲宗。文弊既除。而文格益勝。用之以黼黻一代。羽翼六經。實斯文之幸也。

高宗時李光乞薦舉武臣狀。臣伏准紹興五年三月六日勅中書門下省依臣僚奏請銓量郡守監司選縣令。及檢會紹興元年十一月十九日手詔。令內外侍從官以上。監司帥臣。各舉所知。限半月具奏。有以見陛下虛心求助之意。可謂切矣。然臣頃任行朝職事官已嘗應詔。今陛下所求益廣。中外薦者紛紛。而文學之士。峩冠博帶

布列中外者固已足用。初無乏材之患。昔叔孫通之歸漢。從弟子百餘人。乃專言諸壯士進之。或以為言。通曰。漢王方蒙矢石爭天下。諸生寧能鬬乎。故先言斬將搴旗之士。若通知時務矣。今夷偽憑陵中原版蕩。此陛下馭雄材虎將以制天下之時。臣之所薦未敢復言文士。臣累任守臣。竊見諸路武士。多流落失所。其間人材少壯。弓馬趫捷。武藝絕倫者甚衆。朝廷既未嘗錄。往往散在諸軍。無以自拔。或委盜賊。不能自新。甚可惜也。臣愚不敢指名論薦。欲望聖慈特降睿旨令諸路州軍廣行招收。其間雖無武藝。而通曉兵機。能料敵制勝。或造作攻守之具。各為一科。令監司帥守按試保明。發赴樞密院量才擢用。庶幾韓彭之徒。或為時而出。不勝幸甚

監察御史劉行簡上劄子曰。臣竊惟陛下側身脩行。克自抑畏。布德行惠。賴及四方。自即位至今。垂紀一周矣。始悔禍之虜。革心歸 化。與

國休兵息民。既有成約。中興之功。未有高焉者也。然而智 於此竊有懼焉。何也。懼朝廷有一朝之喜。而忘憂畏也。而兄堅紐之初。事亦多端。未易懸舉。若軍儲民食之有無。滿防邊境之備禦。既不可預計而逆度。亦未可悉舉而並行。是必知其所謂而後圖之。傳曰。廊廟之材。非一木之枝。帝王之功。非一士之略。則儲蓄人才。以備任用。豈得不為先乎。矧陛下已降赦令。加恵新復郡縣之民。將有以大慰其心。蠲稅租寬戍役。固理之所不免。然則經費所出。實在牧民御衆之官。顧安得不擇。使知使愚。使功使過。在茲時矣。臣愚欲望聖慈特降明詔。令內外侍從監司守臣。各舉所知才堪任劇。忠不辭難者。不限員數。咸以名聞。命有司籍記之。以次除用。異有以殿最坐廢與異時僥幸冒進之徒。苟有才能。亦在所舉。擬其後效。如有顯勞隨事旌擢。若不改悔。復為姦利。則終身廢之。庶幾人人知勸。以赴事功。有以助成經理之政。

行簡又上奏曰。臣竊惟在外之官。賦政煩劇。深察民隱。莫急於縣令。然按群吏。風動列城。莫要於監司。二者不可不擇明矣。臣謂朝廷有選擇之名。無選擇之實。何也。陛下聖德寬隆。憂民深切。頃降詔旨。令內外侍從官。多舉材堪縣令者二人。謂縣令不可不擇也。然臣嘗得其所舉之目而詢求之。十不得一二。又除用監司。率以他才有殊不曉政事者。如此尚可恃以為治乎。臣故曰有選擇之名。無選擇之實也。臣愚欲望出自聖斷。令諸路監司列郡守臣。各舉所知曾任縣令民所便安。有顯効者一二人。條具以聞。無其人則闕之。遇監司有闕首擇所舉之人。拔而用之。以示褒寵。其謬者坐以欺君罔上之罰。天下豈有能為縣令而不能為監司者乎。審如此。可謂兩得之矣。陛下垂意人材。自小官識擢任用者多矣。獨未聞拔一循吏而驟用之。此

疎遠之臣所以不知勸也。黃霸以治郡有稱。入為三公。今以良縣令為監司。不亦可乎。伏惟聖慈特賜詳酌施行。

行簡又奏曰。臣竊謂州縣之官。莫難於縣令。而治獄次之。此兩者蓋不可不擇。而朝廷求所以選擇之名而未得者。有年于茲矣。銓曹注擬按格而授。初無予奪之法。又員額至多。雖欲選擇。有所不能。恭惟陛下自即位以來。為民擇吏之詔。固已屢下。而司政典獄。或非其人。未有以仰副憂勤惻怛之意。臣竊怪之。伏見知溫州章誼奏請於所屬官吏。擇其能者易置。縣令已蒙俞允。臣謂此舉。誠得選擇之道。且要而易行。唯是典獄之官。未聞有以移易為請者。刑憲所加。非所宜忽。臣愚欲望聖慈更賜詳酌。明降指揮。令列郡通知。應縣令治獄之官並許以所屬幕職州縣官以下選擇移易。各不理為進闕。其請俸自有等。若州郡所謂供給應移易之人。聽從多給。如或郡守有挾私意

妄加教易者聽監司糾察以聞庶幾吏知獨方民受實德無失政濫刑之患

韋諤上奏曰臣聞古之任吏部也以人今之任吏部也以法其任在人故銓量品藻升黜進退在提衡者而已有司無可執之文也其任在法則功罪能否賞罰殿最各有程度有司便文守據毫釐不敢差也夫以便文守據之有司當四選並進之文武而典籍散亡法令不立省門旦開訴牒盈几長貳郎曹據案執視終無法令可以折中於是胥吏序進各售其私廢置在其筆端可否出其唇吻搢紳士大夫弱者俛首而不敢辯強者忿詈而不能屈富者苞苴賂遺請囑託而喪其廉恥貧者困辱摧折飢寒留滯而無以自進官以貨遷政以賄成非所以尊朝廷而風天下也吏部既已難進如此是以文士輻輳於宰司武人接跡於樞府下至荒庠游徼之徼率在朝廷除授之目豈天下之士不樂乎進而固為此紛紛哉誠有以驅之也願詔有司編類四選通知之條與夫一司專用之法蓋以前後續降指揮分為敕令格式自成一書委官雕印立直給售如此則士子有進身之階銓曹有可守之法姦吏無舞文之弊四方萬里百執事之人知陛下待遇之意聞風自勵矣

諤又上奏曰臣近者曾奏乞編類吏部四選敕令格式以幸多士伏蒙睿斷特賜施行中外搢紳無不欣戴今聞書成有日將遂頒印臣復體問得自來吏部雖有法案止是承受續降指揮與夫劄敕之類其於本部職事鋪引條例蓋無與也尚書侍郎郎官未必盡習法令當其可否與奪之際唯本選主令是聽一有疑似法案辭非其任無所稽考今欲乞專置法司優其廩給嚴其罪賞使掌四選之法本選所不能決者聽委法司鋪敘條格然後長貳據法與奪如此則本選

人吏不得專為輕重矣所謂許首原之弊者吏部注官出闕開陛磨勘給據告示行遣非一雖今來法令明具而人吏情有好惡睚眦之間動輒沮格搢紳之士未免投牒自訴長貳方將繩按而首狀出於懷袖矣今欲乞有過自首者雖原其罰金受杖之責而書其罪由計為一犯選時名次補授皆視罪罰之多寡以為仕事之殿最十罰以上者停替降名輕者展年出職如此則人人自愛無敢玩法矣如臣所陳仰體聖意即乞降付有司討論立法不勝天下之幸

諤又上奏曰臣竊見越州奏觀察判官楊思永有替人本州踏逐到迪功郎張晟乞充前件差遣奉聖旨特令吏部與差臣伏詳選人階官有七其注擬各有等差迪功郎到部止許就判司簿尉自脩職郎而上許就知令錄自從事郎而上許就推判官仰惟祖宗銓曹之法不可易也其於積日累月經事計功使朝廷名位不可驟取士子致身不容冒進等級分明而堂陛增峻矣政和執政用事之恠敗亂法度分曹建掾以朝議朝請大夫為工兵曹而以迪功郎為士戶曹直居其上官制隳紊位著蕪雜士人越法犯分干請無已今方痛革前日之弊豈容特徇越州所請而亂祖宗銓曹之法哉如張晟才能學術誠有過人則朝廷別加任擢無所不可如越州許辟幕屬則當求應格官吏以充此選至於吏部格法州郡官曹伏望聖斷申嚴舊制共加遵守不勝天下之幸

諤又上奏曰臣伏見朝廷近者多收吏部員闕以充堂除之選凡知通僉判知縣縣尉無非三省除授其在吏部者判司丞簿而已諸路帥司又復辟舉吏部員闕幾盡矣士大夫積資累考關陞知通與夫京朝官之任知縣者無執政侍從之援則唯縣丞是任國家全盛時府郡知通之堂除者共不過百員而寺監丞簿悉由吏部注擬士人

循守分義自度材力所堪按格而求之吏部其應選者日益自勵礙格者無所怨尤其文學行義材能政事卓然有聞則朝廷拔其尤異者乃在堂除之列今則不然內非堂除外非辟舉則職任無從而得賢否混并資格盡廢長奔競之風抑廉退之節寒畯之士頓就銓曹求一遠闕而不可得巧宦之人已有除授來厭所懷而不肯之官監當者悉為親民親民者必求知通朝廷幾務方多日不暇給安得人人厭其欲哉願詔執政稍稽舊制盡會諸路員闕若干為堂除若干歸之吏部嚴辟舉之科重除授之選庶幾養成士子靖恭之操以副陛下仄席之求

軆又上奏曰臣聞堯舜以知人為難孔子以方人為不暇是以義易之設六辭莊周之論九證蓋難之也仰惟祖宗以來取材拔士慎重其選其於有官君子未敢定賢否於俄頃之間而必考之以歲月之久一郡委之守倅一路委之監司隨材薦舉改官縣令率有常格士之趨事赴功涵養淵源暗然而日彰與夫浮躁貪偽有人則作無人則輟者皆不得而隱規模宏遠矣近自江淮九路發運之罷而薦舉之格移之於都運都運復罷而移之於淮南提點官士之得薦者十去七八矣自武臣提刑之罷而薦舉之格移之於文臣文臣提刑不敢專用薦格而士之得舉者十去五六矣陛下當此艱難之時求賢如不及而士之脩其職業行義以履平進之塗者難於昔日是豈本朝貪賢之意哉臣因此辭定吏部薦舉格法得此二事伏望睿慈付之外廷俾均其數以委郡守監司各許薦舉則得人之路自茲廣矣

軆又上奏曰臣伏覩今日多故之時非得人材無與共成事功而搢紳介胄之間懷抱器能之士不因薦舉則無路自達祖宗全盛時聞求賢良方正直言極諫之士天子常親制詔策問于廷號為制舉其未仕者有文武兩科進士生徒之選其入仕之後亦有薦對宏辭學官之召人可自奮今唯進士一科其餘未及徧舉方知前日求才之路殆恐未廣漢以數路得人唐以科目取士具載方冊處今可行如博通墳典達於教化軍謀宏遠堪任將帥詳明政術可以理人與夫洞明韜略翹關負重言辭辨正書判拔萃之科皆可以網羅俊乂共濟艱難如蒙明詔有司設為程度傳示四方歲一薦舉使有為之士曉然知聖主招徠奬進之意則傑才偉人咸萃大朝恢復之效可坐而致臣愚無知冒昧自竭不勝惶懼之至謹錄奏聞

殿中侍御史鄭剛中上奏曰檢准貢舉法試院官考試進士不滿三百人二員五百人四員每增五百人添一員至七員止伏見兩浙轉運司見置院差官引試進士承到本司狀稱今歲合赴試約計一千餘人又取到本司前舉赴試人數計六百五十四人差過考試官四員點檢試卷官二員今舉且作一千二百人赴試比之前舉計添七百餘人若差官全七員止則可添試官一員是以一人之力增前舉二千卷之多也竊詳士子三歲一試全在有司精明去留詳允故績學能文者不至有淹冒之歎苟考官目力不逮試卷沓來心志既疲工拙交進眩然不知朱墨之可施如是而曰不遺士者未之有也欲望朝廷下本司契勘如就試委及千人以上許通差試官一十員仍精選文藝有稱者充場屋費用必不因三人而大有增損庶幾考校得人上副朝廷樂育成就之意

吏部尚書劉才邵上劄子曰虞舜躬濬哲之資明黜陟之法以臨照百官小大之才宜無不察至於命九官咨詢于下當時之臣更相稱譽因舉而用之遂能代天工熙庶績垂衣拱手坐收無為之功則求賢之效豈不盛哉恭惟陛下聰明睿智出於天縱群臣能否灼見不

疑然睿意勤勤思所以廣求賢之路凡侍從之臣受命之初各得舉所知以自代虞舜用心無以復加臣愚欲望聖慈特降睿旨凡所舉之人已經試用者時加考覈其有績効顯著或不如所舉因加勸沮庶進賢者有以顯其能謬舉者無所逃其責以仰稱求賢如不及之意不勝至願

才部又上劄子曰臣竊惟朝廷設銓試之法以待出官之人各隨所長場數不一其間試之以刑統義欲以觀其知法律之意試之以時議欲以觀其達古今之變皆學以從政者所以盡心故以是待之蓋將來實用之才非徒校工拙於文詞之間也然自來試題往往於刑統則專取詞句分明而未嘗及於罪法之輕重於時議則泛用經史事迹而未嘗近於時務之利害誠皆如此則後來者惟文詞之習其何以仰稱設科選材之意乎臣區區愚見欲望聖慈申命攸司立為

定式凡銓試出題於刑統義必兼以罪法之疑似於時議必參以時務之因革使之各隨所見得售所長則其從政也將見有以允修職情通曉世變其為益也豈小補哉

虞允文上言曰臣竊謂士以多才起當世之名亦以虛名趣斯民之疑不可不察也蓋士倚其才發而為文章為語言為政事莫不粲然可觀俾然可聽井井然皆可用而學之不深養之不厚以文章名者流而為輕浮以言語名者流而為巧偽以政事名者流而為苛刻朋比狎習知實其道而不知所以守道知充其欲而不知所以窒欲凡一法為務在求合希進而上之人亦循其文章語言政事之名薦之用之而不察輕浮巧偽苛刻之毗其民者至深至隱也臣嘗觀太宗皇帝詔書有古士大夫淳薄者多宜行戒勵又古如斯巧偽必寘嚴刑又古惠愛臨民乃可書為勞績丁寧訓告之意皆所以救其敝而作成之故端拱淳化之間士皆以敦重誠愨仁厚為本齊效胥勸靖時雍和幾與唐虞三代同風臣愚欲望陛下明詔中外大有以清其源自監司守臣一章之薦一闕之辟推而上之至於朝廷凡士以文章進者必抑其輕浮以言語進者必黜其巧偽以政事進者必去其苛刻而陛下於陟降之際時出動化之方而用之臣以為不數年間士皆去其惡習以就成材可以任重而致遠得時得位必流為百姓盛福祖宗基圖所以深根固蔕者無切於此惟陛下留神省察

允文又言曰臣竊惟陛下以濬哲上聖之姿撫太平中興之運伏自親攬權綱以來用一公道頓八紘而奄有之臣以為公道之在天下猶人身之有元氣也元氣固於內而使一手足或廢折於外豈不亦甚可惜哉蜀去朝廷萬里陛下憂其民之失業而人材之或遺也凡郡守之有治効既詔帥臣監司薦之因其薦而遷秩得貼職擢為監司者有矣縣令之有治効又詔帥臣監司郡守薦之因其薦而為大藩通判諸臺幕屬者有矣尚慮德意之未孚天下之材未衆建也併詔諸路帥臣監司明薦之為郡太守而不次擢用者有矣是三者陛下之心一於民也然而被薦之人或狃於勢力而得之或牽於私昵而得之或嬖於親朋儕屬而得之或昏耄者廢事貪鄙者黷貨殘暴不恤者虐刑倐然恃其知已當本道之帥無復忌憚而民益病矣善論議者謂陛下以公道付帥臣監司郡守而帥臣監司郡守不以公道報陛下也臣實憤之臣愚欲望睿慈下臣章有司參立定制以革其敝凡人材之預歲薦者必使隨奏赴都堂審察如所薦得人然後以今所立之格自監司至幕府隨其才而用之所有卓異之才大臣又因得以聞於陛下而顯擢之苟所薦非人坐其同上之罰如此則授受之間不敢有所私而公道行於四方貪才實能在位在服元元赤子咸得

以被仁天子愛育惠懷之意矣
龍圖閣直學士知湖州汪藻上奏曰臣聞鮑宣言於漢曰昔堯放四罪而天下服今除一吏而衆皆惑古刑人尚服今賞人反惑言當時為政者其心不公其法不一而無以厭塞天下之望也陛下以前者仕塗猥冗濫進者多其取名器類皆厮役之流故慨然詔有司立討論之目凡以不遺而補官還秩者皆論如律天下靡不以為宜然此法止行於吏部而堂除之人則一切置而不問是使孤寒椎鈍者獨罹其終身之捐黜而有援者巧騰捷出於法度之外而僥冒自如也此豈聖朝行於天下畫一之公法乎臣愚欲乞應今後堂除又並先取會吏部有無干礙討論事件如涉討論即依條改正合除官則除官庶幾法令不偏小人退聽無使天下紛紛謂朝廷私
御史中丞廖剛上奏曰臣近具奏願陛下兼收天下之才而並用之

無內外彼此之間自然朋黨之名泯而異同之論熄人知尊君親上而風俗以厚誠治道之本也然天下之才陛下深居九重亦安得而盡知之雖執政大臣容有所不知而況陛下乎臣竊考祖宗之時嘗數詔近臣尚書翰林學士至給舍等官薦舉人材省部諸郎亦間許二人共舉一人節度使留後觀察使各舉二人防禦團練使刺史亦許舉一人則知所搜訪廣矣淳化五年蓋嘗詔宰相呂蒙正等各舉有器業可任以事者一人至道二年又詔宰相張齊賢等各舉曉錢穀朝官二人蒙正嘗奏曰臣備位宰相苟以進退百官令獨一二人是天下隘也太宗不聽遂詔史館檢討故實謂蒙正曰虞丘子舉孫叔敖狄仁傑自薦其子光嗣尚謂無此蒙正於是奉詔臣竊以謂太宗豈不知人主論一相宰相進退百官之說殆欲示至公於天下消黨與之疑於冥冥之中是故所以愛護大臣之意也陛下倘以臣言為可採願遵祖宗故事詔中外各舉所知時加親擢則庶寮無附下之嫌大臣免招權之謗而海內亦莫不歸心於陛下矣豈不韙歟
吏部侍郎洪遵上奏曰臣竊見川蜀士人水陸萬里來奉廷對其意皆欲即日霑恩歸榮鄉黨而科第在五甲者法當守選必俟銓試中格乃許調官一復蹉跌則有踰歲旅食之憂臣覩諸銓曹有川闕百五十餘而留待黃甲者不過數十累舉以來川人賜同進士出身者例控告朝廷皆得免試擬注實惠及人士子感泣唯是二廣士人經涉瘴癘遠者數千里群試南宮每舉登第率不過三兩人其入五甲者亦須候銓試注授獨不得與蜀士為比情實可矜至於海南四州遠涉鯨波遐陬闕見不廣類多下第及其垂老特恩幸而得文學以上又必俟郊霈方許入官空行空反尤為可念臣愚欲望聖慈令有司看詳著為定令自今舉為始川廣進士中第法當銓試者並候黃甲

集注畢以餘闕差擬其海南特奏名人當銓試者與免試當候赦者與放選入五等者亦乞特與出官一次庶幾遠方寒士皆獲寸進無有留滯棲遲之嘆以副陛下不忘遠之意
遵又上奏曰臣竊惟薦舉之制祖宗所以均齊天下之至權行之百年講若畫一雖不能免於賢愚同升之弊然薦員有五人之限考績有六年之拘有力者不得亟進而驟遷而中庸寒人亦可指日以望進至公至平萬世不可易也而比年以來監司郡守不能皆以體國首公為心懦者迫關請貪者通賄餉閱於定員無以塞責至交公車敢為誕謾而書吏又以謝錢多寡陰竊姦蠹不惟啟覬生事抑且悞選人而銓曹文書渺若煙海偽謬百出無所覈核實為有司大患臣恭覩近降指揮今後如有重疊奏舉令吏部具名劾奏有以見陛下仁明天日照臨灼見其弊臣濫貳天官恭承睿詔晨興夕惕惟以察姦

弊為急。期使士大夫少逭滯淹之歎。然則舉削之弊其可置而不問
乎。請以近事為陛下別白言之。有同時一章而巧為兩牘並至而不
疑者。有歲薦五人。而發奏削至以十數而不止者。有嘗發職官而詐
為京狀者。有只係常調而詭稱職司者。有轉運攤貢交承各畀而南
廳北廳交行攙補者。有上下半年月日有限。而先時後時了無忌憚
者。有彼郡之人見存。而假稱事故奪而之他者。有經隔數年而冒作
交代即行補發者。若此之類。不可縷舉。臣愚欲望聖慈特賜睿旨。令
後奏舉狀有呂偽不實如前所陳。許令本部具姓名事由劾奏。乞從
朝廷取旨懲責。其書奏之吏。亦各隨所犯斷罪勒罷。庶幾選人到部。不
至臨期失望。官吏知有所畏。無敢飾偽以罔公上。亦可以助陛下謹
守祖宗成憲之一端也。

孝宗乾道六年。周必大上言曰。臣竊見在法選人曾歷一任。方注縣

丞。有舉主關陞改官者。得為邑宰。重民事也。今初官為尉偶獲強盜七
人。不待滿考。便可改秩。其間未經任者。雖注監當亦理親民資序。又
有徑為邑者。則是擇令輕於擇丞。臣竊以為過矣。異時山東河北之
盜。類皆桀黠驍果。其徒不繁而能橫行於州縣。賞格之重。或以示勸
今江湖閩廣。山長谷荒。無知之民。春夏歸農。秋冬嘯剽。所在有之。藉
令為尉者勇能執俘。藝可奪稍。猶於邑政未遽習也。況弓兵格鬬而
獲。司獄傅會而奏。其弊尚多。若不稍加釐正。臣懼子產有傷割學製
之譏也。願詔有司具為令。應縣尉獲賊當改官者。吏部先給公據候
歷任及六考以上。方許收使。彼既無營求舉將之勞。而考第稍多。免
初等細轉之迂。名緩其期。實厚其賞。所貴稍更民事。不至政學。
七年。必大權禮部侍郎上言曰。臣聞政有似緩而實急者。科舉是也。
夫以士子一日之長。而欲驗其終身之事業。殊若迂闊矣。然昔人賦

有物混成。及金在鎔。而識者遂以公輔期之。蓋有學有文。形於筆端
決非闒茸之士。而猥瑣剽竊者。必常才也。本朝取人雖曰數路。然大
要以進士為先。陛下篤意人才。士之求試于有司者日益衆。惟是三
歲發解。凡州縣官苟有出身。不問才否。例差考試。其間富於學識固
不乏人。亦有工聲律者未必通經。習經術者未必能賦。或學殖不豐
懵於文體。或久去場屋。忘其舊業。命題發策。往往顛倒事實。背違義
理。故當校藝之際。則平凡者格優異者斥。至使真才實學壹鬱而不
伸。庸人僥倖而濫中。非所以崇雅黜浮勸勤抑惰羅英俊育人
材也。茲事體大。臣心知其弊而未敢輕為之說。願下此章於學官。俾
之博詢諸生。條上利害。然後命廷臣雜議而詳處其當。斷自後舉行
之。非特於學者甚惠。抑庶幾名臣輩出如祖宗盛時。於以助陛下之
大有為。不亦善乎。

必大又上言曰。臣聞知人則哲。帝猶難之。然所以能官人者。舉得其
要故也。舜問疇若予工。滿朝專以垂對。又問疇作朕虞。滿朝皆曰益
可。上不泛問。下不泛應。是故所取必合衆論。所用必稱厥職。不亦簡
而易行敏而有功也歟。本朝太平興國六年。特命翰林學士承旨李
昉等十一人。於常參官內各舉堪任三司判官及轉運使者一人。淳
化三年。又命宰執翰林學士御史中丞尚書丞郎兩省給諫以上。各
舉一人。是亦唐虞之遺法也。仰惟陛下急於圖治。勞於求賢。乃者嘗
詔監司帥守令美略計諸路所薦無慮數百。繼命侍從臺諫詮四
條薦士矣。今在廷所舉又百餘人。今既不可以悉褒而盡用。不過召見
一二。隨才奬擢。其餘則籍記姓名於中書而已。後有任使。又捨他求。
烏足以副陛下為官擇人之意哉。臣愚欲望聖慈遠稽前代。近法祖
宗。過內外要劇官闕。復行雜舉之制。假令辦某事須某才。則詔公卿

各舉資任相當堪此委寄者一人。然後取衆所共稱者而用之。其利將有四焉。合廷臣之意。不患於不公。一也。採衆人之論。不患於不精。二也。遇闕而亟求。則屬託之私絕。三也。既舉而必用。則虛文之弊革。四也。惟陛下留神財幸。

淳熙三年。必大為兵部侍郎。上奏曰。伏準御筆。凡監司郡守。欲盡加精選。但恐才能應選者少。而資格合入者多。如此則又有淹滯之歎。二者當如何哉。卿等可議來上。臣等聞古者為民設官。為官擇人。故凡監司郡守。皆當選才能而任之。不當專以資格為限也。然知人之難。今昔通患。非親非舊。遺佚者多。於是設為資格。將以杜私門而開公道。蓋在上者推而行之。不膠於迹。則可以得更練民事習知政體之人。布在諸道。而僥求躁進。資淺望輕者。不可得而至矣。及其弊也。中下之才。積日累月。應階而進。至於茲利纔著。不可掩覆。乃遭按治。

其他庸鄙貪冒之人。往往幸免。是以朝廷而行銓部之法。且取盜賊布之郡國也。其可乎。觀本朝舊法改官後。兩任關陞通判。通判兩任關陞知州。知州兩任即理提刑資序。此一定之格也。及除授之際。則有以知縣資序人隔兩等而作州者。所謂權發遣者是也。有以通判資序人隔一等為之者。所謂權知是也。上而提轉亦皆如此。蓋隔等而授。是擇才能也。結銜有差。是參用資格也。今誠得才能資格俱應者而用之。固無以加。其次則擇第二任知縣以上有課績者。許其作郡。又擇初任通判以上。許其作監司。第二任通判以上。許其作職司。於資格則稍寬。於才能則加詳。庶幾人法並用。民被實惠。其或資任雖高。才能無取者。自依近制。或畀祠祿。或處以偏州。通判尚何淹滯之歎哉。雖然人主深居九重。輔相勤理萬機。耳目所及。或未能周知天下之才。故姚崇謂擇十道按察使。權委盡得人。則三百餘州。必得刺史皆稱其職。此薦舉之法。所以自古不可廢。而陸贄所以有臺省長官各舉其屬著名詔書。異日考其殿最。並以升黜舉者之論也。今侍從臺諫兩省。皆天子之所識擢以自助者也。不助人主求才。安所事乎。若令於知縣資序以上。歲薦堪充郡守者若干人。於通判資序以上。歲薦堪充監司者若干人。仍用漢朝雜舉之制。明言有何政績。有何才術。或共為一奏。或各為奏。三省詳加察焉。除朝廷自用人外。所舉果才也。果能也。有闕則以次除授。否則置之。縱未盡善。蓋亦十得六七矣。或曰。今薦舉之法弊矣。有請託。有奔競。烏在其得才能乎。曰。天子之於侍從臺諫兩省。不薄矣。使其不自愛。至於容私。何所逃罪。故臣等復欲檢照前後薦舉條令。嚴為之法。惟陛下留神采擇。

四年。必大又上奏曰。臣聞舉爾所知。仲尼明訓。以其為主。孟子格言。夫以監司郡守五人而薦一士。則其可信固亦無疑。其如閱時浸久。

流弊非一。賢愚同滯。取舍不公。方當綜覈之朝。所宜留意於此。故比者載嚴實跡之令。期革虛文之弊。然非在上位者。以體國為念。以引類為心。則杞梓良材。或淪澗壑。駑駘下駟。反被服乘。豈惟無益。為害大矣。臣愚欲望聖慈申飭監司郡守。凡舉所部官。必精加選擇。待其人則被以上賞。非其人則坐以謬舉。使濟濟多士。列于王官。備異時之器使。不亦善乎。

必大改吏部侍郎。又上奏曰。臣聞法本無弊。推而行之。非其人。弊則隨之。自堯舜以來。蓋莫難於知人。既非聲音笑貌所能求。又非閥閱課試所能盡。其可常行者。不過薦舉而已。今夫選人改秩之後。外可以馴致守倅監司。內可以躐登臺省寺監。此本朝之所遴擇。陛下之所留意者也。今每歲雖有定員。而賢否未免雜進。舉詞雖用實迹。而是非亦或難辨。其間營求屬託。巧奪力取。固亦有之。比歲事為之制。曲爲之防非不詳矣而法出姦生令下詐起者衆人之所趨勢不能遏也上下通知其弊顧未有以易之臣謂法令中明有連坐之文而其奏牘亦云甘當同罪然曠歲踰時未聞有所懲治也今莫若申嚴此制務在必行其制既嚴其選必遴縱未能盡得俊傑之士比之泛然而取則有間矣昔治平間英宗方倚樞密直學士李參知秦州會所舉人坐贓特命奪官夫以守邊之臣宣勞於國猶且不廢紏罰況餘人乎此亦救弊之要道也

淳熙中袁說友上言曰臣仰惟陛下踐阼以來留意人物急賢選能惟恐不及或命侍從之臣隨才公舉或命監司郡守歲舉所知一有上聞以次收用蓋欲多士濟濟以輔成治功四海之士皆知砥厲激昂求以上副公朝崇獎之寵惟是未聞詔郡國搜舉逸民示國之表儀新天下之觀聽如前代故事者要亦似爲闕文也臣兹者恭遇陛

下祇適舊章肇稱毖祀對越天地以懷人蒙海旁流霈澤行慶大賚於是乎渙發明詔訪舉逸民使天下歸心野無遺逸厥今實其時也臣恭惟藝祖皇帝之召王昭素真宗皇帝之召种放二人者皆時逸民一登周行士所歆慕而化民成俗與治起功實才業係基於此蓋已然之明驗也方今天下又安文物隆盛山林巖谷之下殖學蘊德懷才抱智而不求聞達不事科目者固豈乏人哉臣愚欲望聖慈遵祖宗之舊歷念逸民之見晚如所謂淹貫經史學業有用通今古明達世務節行峻潔識量高遠負才宏大有志經綸凡是四目皆推重鄉里不求聞達不事科目者須於大禮慶成之日明降德音命帥臣監司同加搜訪詳爲考察驗所主四目每路共舉一人仍具所舉人事實逕衛結罪保明限一季具有無聞奏即不得以不[illegible]非隱逸者備數然後下之三省再加審究如所舉不妄即賜召用以風厲四

方鼓舞人物仰當陛下對天交神之初欽福錫民之意貫天下學幸說友又上言曰臣竊惟今日之法其犁然當於人心不可一日而易者銓試是已苟非已銓而中雖有以恩例而進以特旨而免然朝廷必不敢除給舍必不敢書吏部必不敢擬行之甚公持之甚力無有一幸免者誠可謂良法矣而近年以來法出姦生弊倖紛起徒知銓試之法可以律任子而不知試闈之弊反有甚於不銓而仕者歲復一歲姦計百出臣請得而詳言之今一歲則一銓銓者不下三百人自試闈法嚴之初子弟來試其才否雖不同同於自試其文無它說也試闈浸寬乃始有以賄賂預結同試之能文者約以酬勞之直定以綴榜之數復囑巡案之吏使之場中寬其伺察然後能者以代不能小則口傳大則授草甚則易卷此固已可嫉矣今大不然則又甚於此者自數年來專以厚賂內外囑託異鄉無圖之士則預謀兜攬

如罔市利諸郡報榜之後則與之尋囑有同買賣內則試題甫出密傳於外急如星馳外則同謀士人得題共作尋復傳入出入之路或由金口門或自墻穴入或由水筒進或雜於食物之內或隱於瓶盎之下姦計萬狀未易殫舉矣能使試題之出於外與文字之復于內者此非上下相交受賂脉絡貫穿彼此一律安能往來蒙蔽如風雨鬼神之迅速哉且場屋所恃者門有監官官有巡案巡有邏卒又皆各有兵吏互相察視惟其一以賄賂悉衆只交傳結攬如臂使指歲歲爲例各有定價率一人之銓而幸中者凡指金千緡使朝廷良法美意無復可恃而子弟之果於惰學者未得而自鬼其濫緣多貲者不復惰習惟以賄賂而甘前列珉玉弗辨才否混殽大非國家程能審官之意今來已問銓試所有關防[illegible]戒之策自即已是不及臣愚欲望[illegible]上[illegible]候今來銓[illegible]牓出如試中人應參部日

先於吏部尚書廳簾試一次經義人試小經一道詩賦人試省題詩一首長貳臨時於六部郎官內不測輪點有出身人一員赴尚書廳出題簾試仍以簾試卷與銓試卷辨驗字跡有無同異其紕繆全不成文與字畫兩體者取旨黜落庶幾今歲先華代筆冒濫之弊

貼黃臣所陳上件銓闈情弊今雖銓試已畢它日豈宜不行措置欲望朝廷下吏部長貳俾之共議關防禁戢之策倘前日易於約束而今日乃略不畏憚須究其由得其要領務責詳盡期於一大革前弊開具聞奏施行庶幾自來歲以往便能刬剔姦弊一新觀聽亦教化習俗之所繫也併乞施行寔天下幸甚

說友又上言曰臣竊惟國家取士之道條約最密沿隋唐之舊制以進士為首迄于今日大抵先辭華而略行實要未能盡無遺材之歎臣嘗觀三代兩漢其取士之法甚要而得人之効後世莫及蓋其專

求行實而務於可用故凡任君之事者皆純厚而堅正洪毅而該敏足以任重致遠振舉百職風俗渾厚治道粹美較之隋唐雖法之詳略不同而所得之才固異矣今朝廷取士惟進士之科最尖自進士外雖有賢良一科又不可以驟致率皆純用文辭為去取而於行實則所不問者陛下求用實材實行之時若取士之路祇專於文辭而不兼求行實臣恐未免遐遺也今天下巖穴草茅閭固有為鄉里所推懷才抱德行實純懋或志節慷慨儻剛正或學識該洽智略詳敏以其才可以治民或知兵可以制敵凡此類者往往多以場屋一日之程少乖時好蹭蹬弗偶進士之外它無可進之路而賢良之科又非人人所能應選遂至老於場屋有終身泯沒而不少露者固曠廢食可不為聖時惜哉臣愚欲望睿斷以實才實行為急務特盼明詔令諸郡詳加搜訪嚴為取予各薦如前所陳實材一人大郡二人須本州鄉黨衆所推信知通保明申監司監司盡公體國不得少徇私意廣行物色見得其人實應上項條目然後以名來上命宰執臺諫後省視其所以果見可用令召試學士院量人材以授官爵漸次擢用若所舉不當並行黜罰或果得人優與推賞苟一郡得一實材則終歲之間可得數百人或僻遠小郡無人可薦及它郡偶未有人皆毋强以必舉將見實才輩出萃於朝廷緩急之時足以立事誠為國之大務也惟陛下深切留意而亟行之天下幸甚

貼黃議者或以方此官冗恐難更立表薦之目臣竊見進納入流官多是無所知識之人又皆不曾銓試秪為州縣之累乞降睿旨權罷進納其進納已未出官人並要銓試中選訖方許注授其已到任者候滿罷日亦俟銓試中選方許參部其已注授而未到任者亦先赴銓試中選訖方許到任若闕到一年尚試未

中選者並以違年法庶幾澄此雜流以容實材之薦其得失相去萬萬矣併乞睿照

知信州趙汝愚上奏曰臣聞古者諸侯貢士一適謂之好德再適謂之賢賢三適謂之有功天子賜之車服弓矢以彰異數國家之制監司郡守以郡縣多寡歲得各舉所部吏古之制也其法縣令若職官須三人以上同舉舉京官者又加二人所以絕阿私示公路也然大音不合於衆耳至味難調於衆口必待一時監司郡守皆知其賢其間又不為權勢所奪每患其不齊矣於是守道自信不求聞達之士陸沉於下僚露才揚己汲汲於仕進者千託請謁無所不至風俗大弊莫可救藥臣愚欲望聖慈詔許監司郡守謹擇所部奇才異行之人聽以任滿合舉五人之數併舉京官一人不滿五人者任滿亦聽舉一人舉縣令職官亦如之苟無其人則從舊法如此則所謂守道

自信不求聞達之士或為知己用而舉不以實之罪可行也庶幾崇尚廉隅俗日歸厚天下幸甚

汝愚又上奏曰臣聞取才貴廣用才貴精譬夫取牛山之木以供匠石之求則方圓曲直不勝其用乃若執東門之武用以求馬則雖空冀北之野蓋無馬矣臣伏覩國家內外須才而每有不足之歎者豈非畜養之無素而選用之際容有未精耶然其致弊之由要非一旦之積為今之計則莫若稍嚴職事官之選蓋數年之後外而郡守監司內而鄉監侍從率皆取諸此也至於廣招徠之路絕朋比之嫌則莫若用故事令侍從兩省臺諫各舉所知若干人須才行兼備而亦經擢用者陛下以其姓名悉付中書籍記候職事官有闕則選諸所舉以次用之其有一二如所舉則坐以謬舉之罪庶幾寒畯並用官得其人若夫作成之道勸獎之方則惟陛下留神幸甚

汝愚又上奏曰臣伏覩近降指揮應薦舉官並須指陳事實不得徒飾虛詞如或違戾令吏部不得放行此誠陛下責實之先務不可不致嚴者也然而號令之初體式未具上下疑慮不知所承或謂察以所居之官或謂考其平生之行人之情性靜躁不同至於職業繁簡亦異所患士無常守咸事作為務悅見聞遞相夸尚譎詐矯激無所不至矣臣愚欲望明詔有司詳定格式頒示于四方或止依倣司馬光十科之制各以所長論薦朝廷隨才任使自無虛詞溢美之弊如蒙聖慈俯賜俞允仍乞自今年下半年為始

汝愚由集英殿脩撰帥福建又上疏曰臣照對今日員多闕少一官至數人共之如海口鎮係京官窠闕見任人汪撖今過滿一年餘尚無人願受以此可見歲額難辦事理灼然伏乞睿聰

一照對本州今次科場所納家保狀計一萬六千餘人他州軍未有其比而解額只六十二人係二百七十方解一人場屋之內寧免遺才緣此士人遇大比年分流溢散漫或聚都城或趣他路陳乞附試干冒漕牒甚者久棄親養抵冒鄉貫僞濫之事種種有之朝廷前後約束非不諄切而習俗相誕未能自反臣詢究士風大抵地陿人衆戶多業儒進身之途既難奔競之心愈切雖誠可罪亦在可憐臣竊見本州自崇寧三舍法行歲貢士二十七人即係三年共貢八十一人及罷舍法行科舉本州始定解名六十人至紹興二十六年因罷流寓試續添二名共成六十二名然罷舍法之初當時就試人數大率不過三四千人今六十年間累舉增加人數已逾五倍而解名尚仍舊貫竊聞今來又不放行附試即臨時奔還本貫就試人數轉多欲乞朝廷特賜矜念一方士子之衆與依崇寧貢額定取八十一人雖

近日官冗之患正務撙節然約所增解額將來省試只添得一名設使其中收羅得一二究心學業之人上可不負朝廷設科之意下可以慰邦人父老之心其平日困於馳鶩者因今增添解名之後或能安分鄉閭以待至公之舉風俗漸可歸厚所補多矣

一契勘本州科舉之盛實為天下之冠然緣人數太多考校不精亦甚為害臣嘗以前舉終場人數計之一萬五千餘人通三場共為四萬五千餘卷試官十員正使窮日之力豈容銖錙比較臣詢之父老數十年前就試者人數未多當時場屋甚為整肅考官得以盡心士苟負才學馳月旦之評者無不預薦名故人知力學自重比年以來人數不啻數倍而所取之人反不如舊蓋緣玉石相眩長才實學往往為庸流所混且有程文不當經

考官之目。而例被沉淪者誠為可惜。竊惟國家設三歲大比之科。將以網羅賢才為異日選用之儲也。今廼以人數之多。致去取之際。復不能盡厭士論。豈足以仰副明詔丁寧郡國之本意哉。兼本州舊有試院。今緣士子衆多。屢行改闢。猶自狹隘。以至通併轉運行司。展移曹職官廨舍。每遇科舉年分。動是數月。上下勞擾。至入場之際。葦布紛然。競欲爭先。深有奔突蹂踐之患。每引試三日。官吏惴惴然。常恐別有疎虞。如所差謄録人。率用七八百人。併在舊屋數間之中。夜以繼日。不容休息。每舉常有疾病以至死者。其間利害不容殫舉。臣伏見朝廷前此患太學補試之冗。嘗創諸州待補之法。行之兩舉。天下甚以為便。臣今來欲乞於本州每舉科場年分。預於二月中通定一日。從本州互差官下逐縣。如武舉法。先行比試一次。率兩人取一名赴秋舉。謂如一縣千人比試。今先取五百人。則冗雜之流。既以沙汰。而英俊之士不致漏遺。將來秋試。易為考校。其所取待補人。即乞照累舉體例。通以赴比試終場人數為額。更不裁減。如蒙朝廷施行。一則可以收拾人才。而真偽不至於混淆。二則可以革去宿弊。而場屋不至於喧雜。三則可以省減有司之費。為一方永久之利。

汝愚制置四川兼知成都府。又上奏曰。臣伏蒙聖恩不以臣愚不肖。付以全蜀軍民之寄。臣自入境。所過夔梓兩路。已備見閭閻窮苦之狀。比至成都。日與士大夫相接。及受接人戶詞狀。又見得利州一路物輕錢重。民間愈覺艱難。至於沿邊數州之民。又苦差使繁重。惟成都一路。素號繁華。緣自軍興以來。因於支移折變。自般月削。漫不可支。全賴為守為令者各以體國之心以為公。服勤慎守。加意撫摩。如臣所見所聞。蓋有尚可議者。臣伏見陛下自即位以來。勤恤民隱。東南諸路。凡守令有政績者。皆許諸司薦舉。省郎臺寮多出此途。惟西蜀去朝廷最遠。雖名卿才士揚歷清要固不乏人。蓋未聞顯然有以治績蒙薦進者。是以蜀士大夫。類以文藝相高。而於法令最為疎略。雖風俗好尚容有不同。亦由朝廷所以勸奬作成之道。或有所未至也。臣愚伏望聖慈下臣此章。戒諭州縣。各使盡心職業。寅奉詔條。如能學道愛人。興隆政化。或奉公潔己。省節財用。或興利除害。可為後法。並許監司論薦。具以實聞。若乃阿黨徇私。所奏不實者。仍許臣覺察。或有贓汙不法為害。　方面監司守臣互相容庇。不行舉按者。亦許臣具事狀聞奏。庶幾上下相維。小大咸勸。萬里遠民。俱受大賜。

歷代名臣奏議卷之一百六十九

歷代名臣奏議卷之一百七十

選舉

宋孝宗時王師愈上奏曰臣恭惟皇帝陛下知人之明得於天縱文武之臣固已並用而無偏淮北歸正之人亦加器使或為將帥或為臺諫或為丞郎館職或為監司郡守各有攸當雖漢高祖之善用人殆遠過之矣然而臣竊見歸正不釐務人散在諸州軍其間朴實可倚仗者疏通有材術者尚多有之逸居素餐每懷鬱鬱以不見信任為恥又且輕於犯法以擾州縣之政甚違陛下兼用南北人材之意臣愚欲望聖慈許令諸州軍於歸正不釐務人隨其材而試之諳民事則使之治民事曉財賦則使之治財賦知軍旅則使之治軍旅其它有技藝者亦若是俟其果有成效令監司郡守從實奏舉俾之釐務或有卓然英傑之資則別加拔擢豈不愈於坐耗廩粟乎不唯見今歸正人獲展其所長是亦招徠中原人材之一端

也其不能體陛下之優卹敢為暴橫以擾民則令州軍依公以法繩治庶幾歸正人凡挹寸長者無遺佚之怨愚而不肖者亦知所畏憚矣

楊萬里上疏曰臣聞選法之弊其弊在於信吏而不信官信吏而不信官是故吏部之權不在官而在吏三尺之法適足以為吏輩取富之源而不足以為朝廷為官擇人之具所謂尚書侍郎郎官者據按執筆閉目以書紙尾而已且夫吏之犯法者必治而受賕者必不赦朝廷之意豈真信吏而不信官者耶非朝廷之意也法也意則信官也法則未嘗信官也非惟不信官也朝廷亦不自信也朝廷不自信則法之可否孰決之決之吏而已矣夫朝廷之立法本以防吏之為姦而其用法也則取於吏而為決則是吏之言勝於法而朝廷之權輕於吏也其言至於勝法而其權至重於朝廷則吏部長貳安得而不奉吏之旨哉長貳非曰奉吏也吾奉法也然而法不決於官而決於吏非奉吏而何夫是之謂信吏而不信官蓋世之家主有以家政聽於子弟而其權卒歸於臧獲者彼其心非疑子弟而信臧獲也蓋子弟之於家政也務知其大而不務知其細臧獲則不然其大者不知也至其細者則往往知之它日主人者偶舉其細以問焉於子弟子弟未對也而臧獲者奮而前曰我知之於是有以中其主人而取其信已其始信其細其終將不復疑其大矣於是子弟為備位而臧獲為腹心今之吏部何以異此法曰如是而可如是而不可士大夫之有求於吏部有持牒而請曰我應夫法之所可而吏部之長貳亦曰可宜其為可無疑也退而吏部出寸紙以告之曰不可既曰不可矣宜其為不可無改也未幾而又出寸紙以告之曰可且夫可不可者有一定之法而用可不可之法者無一定之論何為其然也吏也士大夫之始至恃法之所可亦恃吏部長貳之賢而不謁之吏故長

貳面可之退而問之吏吏曰法不可也長貳無以詰則亦曰然士大夫於是不即之法不請之長貳而以市於吏吏曰可也而勿亟也伺長貳之遺忘而畫取其諾詐奪而今與朝然之夕不然長貳不知也朝廷不訶也吏部之權不歸之吏而誰歸夫其所以至此者其漸也有端其積也有漸而其成也植根固而流波漫矣然則曷為端其罪在於忽大體謹小法而已矣吏者從其所謹者而中之并與其所忽者而竊之此其為不可破也且朝廷何不思之曰吾之銓選果止於謹小法而已則一吏執筆而有餘也又焉用擇天下之賢者以為尚書侍郎也哉則吾之所以任尚書侍郎者殆不止於謹小法而已是故莫若略小法而責大體使夫小法之有所可否而無繫於大體之利害則吏部長貳得以出意而自決之要以不失夫銓選之大體而不害夫法之大意夫天之春溫而秋凜也春豈無一日之寒而秋豈無

一日之熱哉。亦不失四時之大體而已。責大體而略小法。則不決於吏。而吏之權漸輕。吏權漸輕。然後長貳之賢者得以有為。而選法之弊可以漸革也。

蕩望又上疏曰。臣聞吏部之權不異於宰相。亦不異於一吏。夫宰相之與一吏。不待智者而知其遠也。既曰吏部之權不異於宰相。又曰亦不異於一吏者何也。今夫進退朝廷之百官。賢者得以用。而不肖者得以黜。此宰相之權也。注擬州縣之百官。下至於簿尉。上至於守貳。此吏部之權也。朝廷之百官。自非大科異等與夫進士甲科之首者。不由於吏部。它未有不由於吏部而官者。今日之簿尉。未必非它日之宰相。而況今日宰相之所進退者。臺閣之所布列者。皆前日之升階揖侍郎者也。故曰吏部之權不異於宰相。雖然吏部之所謂注擬者何也。始入官者則得簿尉。自簿尉來者則得令丞。推而上之至

於幕職。由是法也。又上之至於守貳。由是法也。其宜得者則曰應格。其不宜得者則曰不應格。曰應格矣。雖貪闒者。疲懦者。老耄者。乳臭者。愚無知者。庸無能者。皆得之。得者不之媿。與者不之難也。曰不應格矣。雖真賢實能潔廉才智之士。皆不行也。不得者莫之怨。不與者莫之恤也。吏部者曰。彼不媿不怨。吾事畢矣。如募役焉。書其產之高下而甲乙之。按其役之久近而勞逸之。呼一吏而閱之簿盡矣。此縣令之所以止小民之爭也。夫吏部注擬百官而寄之以天下之民命。乃亦止於止爭而已乎。故曰亦不異於一吏。今吏部亦有所謂銓量者矣。揖之使書以觀其能書與否也。召醫而視之以探其有疾與否也。贊之使拜以試其視聽之明暗筋力之老壯也。曰銓量者如是而已矣。而賢不肖智愚何別焉。昔晉用山濤為吏部尚書。而中外品貟多所啓授。宋以蔡廓為吏部尚書。郎先使人謂宰相徐羨之曰。若得

行吏部之職則拜。不然則否。羨之答云。黃散已下悉委卿。廓猶以為失職。遂不拜。蓋古之吏部。雖黃門散騎。皆由吏部之選授。則當時之為吏部者。豈亦止取夫若今之所謂應格者而為黃散耶。抑將止取夫今之所謂銓量者而為黃散耶。臣願朝廷稍增重尚書之權。使之得以察百官之能否而與奪之。如丞簿以下官。小而任輕者。固未能人人而察之也。至於縣宰之寄。以百里之民者。守貳之寄。以一郡之民者。豈不重哉。且天下幾州。一州幾縣。二歲之中。居者待者之外。到部而注擬縣宰者幾人。守貳又幾人。則亦不過三數百而已。以一歲三數百之守貳縣宰。而散之於三百六旬之日月。則一日之注擬者絕多補寡。亦無幾爾。一日之間而不能察三數人之能否。則其為尚書者亦偶人而已矣。日計之而不粗。歲計之而精。則其州縣之得人。豈不十而五六哉。雖不五六。豈不十而三四哉。以此校彼。不猶愈乎。

或曰。尚書之權重。則將得以行其私矣。何是不然。昔陸贄請令臺省長官各舉其屬。而德宗疑諸司所舉皆有情故。或受賂者。贄諫之曰。陛下擇相。亦不出臺省長官之中。豈有為長官則不能舉一二屬吏。居宰相則可擇千百具寮。其要在於精擇長吏。贄之說盡矣。今朝廷百官孰非宰相進擬者。而不疑也。至於吏部尚書之注擬。而獨疑其私乎。精擇尚書而假之以與奪之權。使得以精擇守貳縣宰。而無專拘之以文法。庶乎天下不才之吏可以汰。而天下之治猶可以復起也歟。

太學博士虞儔上言曰。臣嘗怪今日內外人材皆為軟熟。其勢久而必至於委靡不振。夫國家之有人材。猶人一身之有精神也。精神去幹則人何以生。人材委靡則國無以立。良由始進之日。上之人失其所以風厲之也。夫科目高下。士子所視以為趨嚮者也。大抵愛君憂

國者必有切直之論而僣進茍得者必多諂諛之辭然則因言以求人有司取捨烏可不審故切直之論勝則人材日盛國勢日彊諂諛之言行則人材日衰國勢日弱理之必然無足怪者臣於前舉備員殿試對讀官見士人荅策其間頗尚切直既而唱第之日在前名者蓋有諂諛之人而切直之士往往或居下列蓋非有司顧望畏忌考校之過乎國家三歲一舉親屈帝尊策士於庭豈直遵故事而已哉蓋欲收拾人材以為它日之用也臣嘗觀高宗皇帝紹興更化之初御筆宣示殿試官曰對策中有指陳時事鯁亮切直者並寘上列考試官精加詳定無失忠讜無尚諂諛用稱朕取士之意又宣諭宰臣沈該等曰今次殿試舉人程文議論純正仍多切直自此人材極有可用是年在前列者皆正直之士其後多為名臣然則以切直之言而取人思過半矣仰惟陛下以上聖之資膺壽皇聖帝付托之重所

以示大始而正本者莫急於求直言以網羅人材今次殿試實為龍飛榜天下之士輻湊誠千載一遇也臣私憂過計恐有司考校之間不能深識乎聖明之意抑切直之言以避忌諱進諂諛之論以求容悅則非所以示風厲多士之意也臣愚欲望陛下特降睿旨戒勅攸司考校對策須求切直當理之言毋取諂諛不根之論庶幾作新人材增重國勢

知南劍州羅願上奏曰臣恭惟陛下寤寐英傑慮內外薦舉改官或遺實才偷立薦式使開具事迹月日過一季不復收受將因事擇人以起治功望於臣子厚甚小大之臣宜何以稱塞臣愚輙有管見竊以為內外小吏職有繁簡舊來大吏察其屬有奉法循理意趣向公愈於輩類者即當援引不能一一皆有卓然可書之迹其有操履可嘉議論可採器局可望者亦皆多方收羅以待上之選用誠以天下至大職業繁夥所資才器不一而足此亦古者德進事舉言揚之遺意今玆專取官業誠欲勸之趨事赴功第恐奉行者迫於應令卻不暇考其素行臣又見昨者推行實迹以來大吏欲有所舉或不得其詞往往就委求舉之人令自供具雖名實迹恐未能盡副上意今來雖只要在任及差出事件假令本任偶有一事疑在可取之域要須徐察其用心與此事久遠果利果害倘數人皆有可錄又當較短量長擇其尤者今立限既逼恐不得詳盡其差出者或隔州隔路事畢還任各言功狀尤難得實聞昔神宗皇帝時監司登對有問參價而對稱不知者帝以為參價可撰而能闕所不知嘉其忠信他日擇按察首用之前朝名士鄭俠見應舉不以實年者俠戒之曰方謀入仕已有欺君之心可乎凡此皆懲便文之為害也國家設改官之法拘以六考限以五員纖毫不備有司得以難問蓋已詳矣今舉官大吏

內則六部寺監之長貳外則監司帥守其責而不在職者則前宰相執政皆上所委信使其果賢必不私一小吏以欺陛下不然亦何詞而不可飾臣願陛下特賜詳酌少寬起發之限其有操履議論器局一長可取者於今薦式之外稍斟酌舊法通許薦引以養臣子忠信誠慤之心至於薦舉不當甚者自有謬舉之罰亦足以懲如此庶幾抱一長者皆得自見於明時且不失今日責實之意

蔡戡上奏曰臣聞漢宣帝拜刺史守相輙親見問觀其所由考察其所行唐宣宗詔刺史無得外徙令至京師面察其能否然後除授二宣之時良吏最多號為中興職由此也恭惟陛下踐阼以來每除郡守必使陛辭此制一行不待汰斥而老者病者愚懦無能者莫不望風引退州郡長吏往往得人天下陰受大賜甚盛典也臣仄聞近制凡吏部注授州軍人令赴都堂審察前去之任候任滿奏事臣竊疑

焉。夫銓曹法守之地。人人執成法以取必於有司。積資累考。法所當得。無詞以卻之。況吏部關類皆川廣遠郡。去朝廷二千里。今或付之老病無能之人。一郡之權。若不假之子弟。則委之胥吏。或者自知日暮塗遠。不復顧藉。取給於二年之間。則靡所不至。遠方何辜焉。臣謂江湖淮浙州郡。朝廷所重。非宸衷妙簡。則廟堂遴選。必不輕畀。其所得人可知矣。至如遠郡。人心固已薄之。其間以才自奮者。未必肯就銓選。而資歷深者。又多高年之人。若據吏部成法而與之。不加考察。臣恐遠方之民。必有罹其害者。臣愚欲望聖慈特仍舊制許之陛辭。或臨時具名取旨。間令引對。示以不測。則凡老病無能者。自度不堪為郡。必蒙罷遣。勢須改授他職。不敢輒當郡寄。庶幾遠方皆得良二千石。斯民或安田里。而無愁恨歎息之聲。則二宣之治。蓋不足過。

哉。又上奏曰。臣竊惟襄陽據荊楚之會。可以控扼上流。捍蔽吳蜀。臨宛洛之衝。可以長驅中原。恢復關陝。欲進取則利。欲退守則固。自古號為重地。故楚莊王以此臨上雒。霸諸侯。漢世祖以此破尋邑。復天下。桓溫自此而入關。柳元景自此而克陝。齊威公以諸侯之師伐楚。屈完對以楚國方城以為城。漢水以為池。雖眾無所用之。齊師乃盟而還。魏孝文以十萬眾圍樊城。經月不下。魏主臨沔水。望襄陽。岸乃去。豈非形勝之地。以戰則利。以守則固。自古所重歟。宋文帝經營中原。首謂襄陽外接關河。欲廣其資力。以江州之文武配雍州。湘州之租賦給襄陽。蓋欲用之。必先有以重之也。晉永和初。朝議欲以庾爰之代庾翼鎮襄陽。何充曰。荊楚國之西門。戶口百萬。北帶強胡。西鄰勁蜀。地勢險阻。周旋萬里。得人則中原可定。失人則社稷可憂。陸抗所謂存則吳存。亡則吳亡者也。豈可以白面少年當之哉。蓋欲重之。必先得人以為重也。今有其地而不以為重。重其地而不擇其人。臣

竊惜之。蓋朝廷除授既重內地。士大夫宦游。又欲便鄉。遠塞窮邊。人所不樂。往往付之資淺望輕。非所當得之人。故帥臣監司。多不勝任。以至吏部注擬有舉辟恩例者。必得內地。老耄庸繆過犯之人。不得已而就焉。故州縣官吏多不稱職。用人如此。恐非所以重邊。一旦有警。責其趨事赴功。伏節死義難矣。臣愚欲望陛下遴選本路帥守監司。仍詔吏部凡注授沿邊職官縣令兵官巡尉。銓量人材。以畀能者。庶幾形勝之地。得人以重之。緩急賴以為用。所補不細。

王質上舉賢能二論。其一寬大臣曰。夫所謂寬大臣者何也。臣嘗論之。古之大臣。其操心也不危。其臨事也不忌。是以優游閒暇。而能有所建立。夫使大臣而下比小吏。慼縮踧踖。常若有所掣其肘而履其足者。左顧右盼。惟恐他人得以短長是非而議其後。坐于廟堂。凜然燕之巢幕也。當是之時。惟夫無能不才。慕恩寵保爵位之人。然後能靦顏安據乎其上。而奇傑大度之士。以有為之才。而束之小吏之律。則亦牽裳而去。有所不顧者。故夫天子之大臣。使其施為注措。不盡拘於繩墨規矩之內。間有所斡旋拱挈。以聳天下之情。夫既為天子之大臣。則當開肖露膽。以與天子共推無疑之心。不可為曲廉細謹。以自免於衆人之議。而僥倖於久安而不奪。夫曲廉細謹。非所以為大臣體也。其賢不過為張禹孔光。而不肖者乃至於蘇循趙涉。夫其開肖露膽而無所疑。其上者遂為伊尹周公。而下亦不失為杜黃裳李德裕。天下徒見夫王莽楊堅之流。盜權而取國。以謂凡為大臣者。舉不可以有所為。而不知王莽楊堅之流。固不世世有也。如是則拱手卷舌而已矣。蓋昔者堯舜之咨四岳。曰孰能乂水也。四岳曰鯀可。曰孰能巽朕位也。四岳曰舜可。夫鯀之方命圮族。然雖堯舜亦慶其不可用。而四岳乃以甚不肖之人。而猥充至重之責。自今視之。必曰是

試國也。舉天下而予人，豈細事哉。而四岳遜以天下，匹夫而上居天子之正位。自今觀之，必曰是非所當言也。蓋古之君臣相與忘機於形迹之外，小過不責，大言不怒，然後能濟天下之功。今之大臣何其甚謹也。平日之論薦者，才氣雄渾足以任重而致遠者何人也。議論慷慨足以籌安而慮危者何人也。幹局明練足以剸繁解紛者何人也。以臣觀之，非彫章繪句而取科第，則守己畏事而省過失者也。夫彫章繪句而取科第，君子謂之陋儒；守己畏事而省過失，君子謂之庸夫。非天子大臣所宜論薦也。然此二流者雖不足以立事，亦不足以累人。大臣論薦而出此，無乃取其不足以累人，而不恤其不足以立事歟。懼馬之奔蹶，而求其無奔蹶者可矣；取偶馬乘之，曰吾懼其奔蹶也。不亦太過矣乎。臣非敢妄詆大臣之論薦也，然慮其操心不危，臨事不忌，則莫若陛下少寬假之，畧其小失，而責之以大綱，使大臣稍稍釋去負背之芒刺，從容泮肆，措意於法律之外，而專搜天下英偉豪傑之才，必不敢徒為論薦以虛文而塞上意。臣愚以謂小有所肆者，乃大有所畏也。其二制私情曰：夫所謂制私情者何也。臣嘗論之，古者才則進，不才則退，舉天下之才而其進退舉不出於此兩者。而今之進退，才與不才俱無與乎其間。古者士大夫皆涵養醞釀於學校之中，司徒之所謂選士，則士之秀者也；學之所謂進士，則造士之秀者也；司馬之所謂辨論官材，則又進士之賢者也。天下之士萃而奔走於天子之爵祿，惟其秀且賢者得之。秀者異於人，賢者過於人之謂也。至於東寄而西棘，不得被中華之衣冠，而與魑魅夷貊為伍，則皆恬於為惡而不變者也。夫是之謂有才者進，不才者退。自後世才與不才混并為一，而所為進退者惟其有力無力而已。有力者不患其不才，而無力者雖有才而不濟。是故爵祿之公器而集乎權勢之私門，此其勢然也。蓋制私者不强其勢，而反之正，而使平其勢而不趨乎偏。故祖宗所為舉薦之格者，所以均天下進退之勢也。今之法大畧自迪功推而上之，必三削而後遷，謂之關陞；自從政推而上之，必五削而後遷，謂之改官。而其上所當舉薦之人，以章計之，歲有定數；以人計之，歲有定員。如是而後有力者有所格而不得騁，而無力者亦得以馴致而序進。臣故曰祖宗所以均天下進退之勢也。自今觀之，進退之勢初未嘗均，非法之有弊也，法為人所勝也；非人之能勝法也，人為情所勝也。凡人之情有所畏則有所迫，有所愛則有所牽。迫者牽者交勝，則天下之公法徇於一人之情，有不得不然者。今夫某人操某人之書而謁於某人，此必有所挾也。挾之愈重，則應之愈速，謂之應副。其求者有如執券之取償，其應之也如取諸懷而予之也。有某章而不敢用，有某人而不敢舉，曰後將無以應權勢之儆也，謂之準備。寧不忍而不發，以俟夫急而應也。某人禱某人而求薦某人，則某人亦禱某人而求薦某人，謂之換易。內有不酬，從而為辭曰某人債未償也。或委某人而治某事，則先令之曰某事集則以某章薦；或以某人營某物，則陰囑之曰某物至則以某章薦，謂之酬勞。有不如其所欲，不特不薦而已，又加以罪焉。夫是四弊者，舉內外流之也。臣嘗謂應副之弊、準備之弊，是生於畏而有所迫；換易之弊、酬勞之弊，是生於愛而有所牽。臣愚欲望陛下明諭當薦舉之人，舉某人則列某實，曰臣以某事而舉某人也。既以名聞，則京秩而上付之給舍，京秩而下則付之御史，以按其奸。此其事雖繁，然可以制人畏愛之私情，庶幾有所憚而不至於大縱。今某之論曰是無益也。植藩籬，固扃鑰，雖未足以禦盜，未猶愈於徹藩籬而啓扃鑰以聽其自至者哉。是謂之無益，不可也。

吏部侍郎李椿上奏曰。臣竊見吏部遵依聖旨指揮措置薦舉改官畫一本職實跡可謂詳備。苟舉主非其人，則雖有良法美意，亦為虛文。蓋求進之士惟務一得，無所不用其至。監司郡守牽於勢利，罕有得其實材。薦舉求才之本意失之久矣。欲革其弊，當澄其源，精擇職司足矣。在法舉改官合用舉主五員，內職司一員。如職司有知人之明，非勢利可動，公心舉人，庶幾得真才實能，上副君父求才願治之意。臣愚欲望陛下委大臣精擇職司，使之薦士。郡守止許薦之于職司，不必拘五員之數，止用職司一員。其被薦者凡申省部狀，終身稱係職司某人舉改官。舉主到闕及差除磨勘，並具所舉過人，考較賢否，以為陞黜之端。庶使薦人及受薦者皆知自重，不在繁文，其弊自革。如臣狂言可採，伏乞出自聖意，特降處分。

椿又上奏曰。臣竊見薦舉改官之令數有申明更改，本欲革奔競求實才，用意非不善，而實才未效，奔競愈甚。士夫惟知求進，法出奸生，營求百方，無所不用其至，但知求得而後已。今來吏部遵依聖旨指揮畫一措置，令舉本職，可謂詳備。若舉主非其人，雖有良法美意，徒為虛文，無益於事。臣愚願陛下精擇職司，裁損員數，戒飭臣僚，當使薦士及被薦者皆自重而擇人，則庶幾奔競之風少戢，而實才出焉。臣有二說：其一禁關節，其二減薦員。禁關節者，大抵薦舉員數以十分言之，勢力取之八九，非出己意，率稱其職。欲乞降詔戒飭，今後不得究轉求囑，為人覓薦舉。如有違犯，並坐違制之罪，不以赦原。其薦舉奏內各稱不係受人求囑，實出自己所見，違者亦同上科罪。其有公心推薦，分明移文於所舉官者，即於奏內指說係某人稱道實跡可據。其後犯入己贓，自依舊法。監司薦人，今先取本州保明狀，於奏狀內聲說。州郡薦人，申轉運司照會體量保明申部，然後收使。所謂

禁關節者如此。減薦員者，在法用舉主五員然後改官，委是員多。所以求之者奔競干求，無所不用其至；舉之者率不自由，牽於勢力；求舉者惟務其得，甘心稱門生，不復顧何等人。其於薦舉求賢之本意失之遠矣。臣愚欲乞今後改官止用二員舉主，其應舉五員改官者止聽舉二員。如當年不及五員之數，即併次年計數奏舉。若任滿不及五員之數，聽後官通計其數奏舉。其被舉人應有申朝省狀，並具舉過改官人姓名，以考所舉之人。如得真才則賞之，如得奸邪謟佞則罰之。庶幾薦士及被薦者皆知自重擇人，以息奔競之風。

椿為司農卿，又上奏曰。臣竊聞陛下軫念四方萬里，留聖意於監司郡守，使臣僚講究才能資格之間精選之，誠為盛德事，要切至當者也。臣雖未聞臣僚精選之議，而臣輒有管見，一語可以盡之，曰公選而已。監司數十人猶且難之，郡守數百人其可以容易而選耶？若求於片文隻字，或求於利口辯捷，或出於左右先容，或出於親黨引援，或出於迎合諛佞，不可謂之公選，決非陛下之意也。臣愚願陛下責大臣公選之。然則不用資格，則干求僥冒之風愈難革。當於應資格中選才能之士，然後盡善。凡乞知州郡已上差遣，具公狀申部。州郡當分大小，小郡有闕，則令吏部具資格功過於尚書省，大臣按資格於都堂差注，呼請至都堂審察訖，送部具鈔。監司大郡有闕，則集侍從官赴都堂，各舉所知，不限內外，宰執取其善最者公共選差。所知之官為狀首保薦，衆官連書具奏，各盡所見，不得隱默。所差人稱職則旌賞，為首保薦者不爾則罰之。其大賢大姦，則連書官並罪賞之。宰執所知之人，聽獨具奏保薦，賞罰如前。私第謁見宰執者，但許言公事。其干求差遣者，令牓於客位以絕之，庶稍革僥進之風。

光宗紹熙元年，彭龜年上審材辨官疏曰。臣聞古者三年大比而興

財若能者其選舉之塗已異及其論辨而後使之則亦辨其賢與能而已漢王嘉薦儒者公孫光滿昌及能吏蕭咸等尚有分別未有混天下之材納之一區不擇材之短長不計職之劇易為人擇官而不為官擇人如近世者也大抵天下未嘗有不可用之材而亦鮮有無所不能之人能於此者或不能於彼可任繁劇者於坐鎮雅俗未必優也使竣之各當其任用之各盡其材則不惟官各舉其職而人亦無遺才易務之恨倘德足以鎮雅俗而使之任繁劇則必棄其短才足以任繁劇而使之坐鎮雅俗則必不勝其官矣故天下之事多敗於官之不得其人而天下之才亦敗於用之不稱其宜如斷梁為杙以金代土甚非后王所以輔相裁成天地之道也臣愚欲望聖慈明詔六臣於選任之際審材辨官可大受者不使之藝小務事一節者不使之受繁劇工文學者卒任之以文學精政事者專責之以政事

而且量其職任之輕重以為進用之等級使官各稱其才而無觖望人各安其官而無倖心實天下幸甚

龜年又乞寢罷版行時文疏曰右臣待罪太學博士昨准國子監關備准尚書省劄子臣察上言士子不閱經史子集之文而專意於時文不閱舊來典實之文而專意近日浮虛之文朝廷方以程試取士欲其不習時文固不可得如舊來之典實足矣今欲一洗其敝當自成均始乞命監學官公共精擇舊來時文謹嚴而有法度精粹而有實學者經義詞賦論策各若干篇許之版行以為程式奉聖旨依劄付本監本監關臣及監學官詳臣察劄子內事理將新舊時文分官精擇去訖臣竊詳臣察申請乃是父兄教子弟之法而非太學教天下士之法雖曰救文之敝而臣恐滋文之敝實自此始不可不慮也請為陛下畫一陳之臣聞三代取士皆本德行唐而降始尚文詞

至于本朝循而不改夫以德行取士猶開目取物既能識其大小又可辨其美惡以文詞取士猶閉目取物大小美惡無所不收左采右獲庶幾一中所以忠厚浮薄色色有之蓋為是也先正有識之臣率以為病故司馬光謂取士之道當以德行為先其次經術其次政事其次藝能近世以來專尚文詞夫詞乃藝能之一耳未足以盡天下士也鄒浩嘗論科舉謂上自輔弼之大臣下至州縣之小吏皆佐陛下行道者也非欲其若司馬相如枚乘沈佺期宋之問之屬以文詞供奉而已而乃取之不以道用之不以實誰與成天下之務哉然則取士以文已愧於古況教以時文乎此不可一也自古文士多出東南東南之士未患乏詞藻唯患不篤實今居東南之地用東南之人猶病其不文可不深究其所以然哉臣察所謂不閱經史子集之文而專意於時文是也夫舊日典實之文乃根本乎經史子集今日虛

浮之文乃自時文壞之今不教之研窮今古依據義理以涵養根本而復教以時文是惡其偏而使居下流此不可二也夫謂之時文政以與時高下初無定制也前或以為是後或以為非今或出於此後或出於彼止隨一時之去取以為能否今求其義理精深文字渾厚者能有幾何縱得一二十篇其格又多不與今同捨之則失簡別之本意存之則破文字之近體此不可三也或者必曰朝廷方以時文取士今以時文為不足學則是當併廢之而後可烏足為通論臣謂不然天下之材不可一律取也朝廷設科止為中材地亦欲使高者可以俯而就卑者可以企而及豈謂天下士盡可以科舉之文得之唐韓愈謂來京師見有舉進士者人多貴之韓求其術或出禮部所試詩賦策等以相示以為可無學而能由此觀之有司所取之文天下固有以為不足學者也天下雖不能皆韓愈然豈可輕天下無韓

愈哉朝廷取人固欲其如愈不欲其不如愈也今也乃一切以時文教之編類成秩公私刊行凡應進士者家家售之父詔其子兄語其弟以為朝廷取士不過如此朝讀夕思唯此是習經史子集將覆醬瓿臣恐天下文章益見凋敝必又甚於今日也先朝諸臣皆欲尚德行以救文敝而今乃欲擇時文以教舉子其於本末毋乃甚舛歟此臣所以知其不可也臣嘗聞先朝常欲更定四場去留指揮時鄒浩為頴昌府教授乃沿工執藝事以諫之義抗疏論列今臣為學官職分所存明知不可而以成命既頒忍口不言詭隨苟從是不忠也實孤臣志是以不避斧鑕之誅肆其狂愚欲望聖慈下臣此章與臣寮之言參訂得失如臣言可採將近日精擇時文指揮特賜寢罷止令學官於公私試文字精加考校以義理明正者為上學問淹博者次之文采華贍者為下苟不入格雖是中選不許刊行去取既明趨向

自正舉子之文將不求典實而自典實矣干冒宸嚴臣下情無任俯伏俟命之至謹錄奏聞

吏部尚書趙汝愚上奏曰臣等竊惟今之吏部古之天官也成周之時掌聽百官府之事而詔王廢置晉宋以來其選猶重故山濤為尚書甄拔人物多所啟擬景平間以蔡廓為尚書時自黃散以下悉以委蔡而廓猶不拜至唐盛時率以宰相領選事其選注之法惟視其人之能否或不次超遷或老於下位不為定制逮開元中裴光庭始奏用循資格無問能否選滿則注限年躡級毋得踰越非負譴責者皆有升無降其庸愚沉滯者皆喜謂之聖書而才俊之士無不怨歎遂有賢愚同滯之譏而吏部之權廢矣惟我國家銓法甚備而循資應考尚由唐舊苟法之所當得則雖行如桀跖為長貳者心知其不可而一拘於法不敢不與苟於法微有拘礙則雖有淵騫之行龔黃之才為長貳者亦不得稍致力於其間倒持太阿吏執其柄是則朝野所共知縉紳所共歎也況今員多闕少士流壅滯安可不因時救弊稍議甄別臣等伏思惟今銓量之法猶有古意而有退無進不可偏舉欲望聖慈特降睿旨今後四選官吏如衰病昏謬及曾有負犯者許令長貳照見行條法依公銓量外或有真才實能陸沈未用或恬靜守道不求聞達或名節素高偶有微累並許長貳各具功狀申尚書省取旨陞擢若所舉非才徇情阿黨或挾私報怨任意自肆者並許臺諫彈劾庶幾銓部得人仰稱陛下選賢圖治之意

汝愚又上奏曰臣等竊惟太學待補之法其弊已多因仍歲時弊將益甚今欲易之混試固足取快一時然多士沓來以數萬計非惟有司重有勞費目力有限較閱難精亦恐道路奔衝不無寒暑之患場屋湫隘吏多蹂踐之虞彼此相形得失居半蓋有根本之論稍師古

始而言夫三代鄉舉里選之法雖世遠事異不可遽復然其教育作成之意本諸天地而合乎人情者則雖百世不能改也惟我國家內自京師外而郡縣皆置學校慶曆以後文物彬彬幾與三代同風矣逮至崇觀創行舍法所在養士誠得黨庠遂序之遺意故一時學者粗知防檢非冠帶不敢行於道路遇鄉曲之長上及學校之職事則斂容而避之其風俗亦誠美矣然其失也在於專習新義崇尚老莊廢黜春秋絕滅史學又罷去科舉使寒畯之士捨此無以為進身之路事理俱礙旋以廢革此舍法之罪其時弊則然也中興以來投戈講藝行都重建太學諸郡復行貢舉士生斯時可謂幸矣然浮偽之風勝忠信之俗微有司頗以為病者亦由州縣之間士之榮辱進退皆不由乎學校非論德行道藝則惟取決於糊名苟為雕篆之文無復進脩之志其視庠序有同傳舍視師儒幾若路人月書季攷盡

為文具殊失朝廷教養之意某等擬欲遠稽古制近酌時宜不煩朝廷建官不勞有司增費惟重教官之選假守貳之權倣舍法以育才因大比而貢士放終場　數定所貢之員期以次年試于大學庶幾士循實行不事虛文漸復淳風仰裨大化有三舍之利無三舍之害其法頗為近古如蒙朝廷采錄將有諸州教養課試升貢之法乞下有司詳議施行然科舉事嚴試期甫近其今歲待補試欲乞且與依舊放行一次

寧宗時袁說友上言曰臣聞為治之道莫先於用人而用人之難尤貴乎審擇世未嘗無材也然一見於用則有心術有好尚達於平正者則為公為賢而溺於偏黨者則為私為詖要其終而成敗可見此無它中庸之為德民鮮能久矣夫師也過商也不及非中也夫子無取焉蓋智者過之愚者不及皆足以害道也狂者進取狷者不為非

中也孟子無取焉蓋狂者失已狷者失人皆足以害道也害道則害治矣惟夫中者有平正之德無黨偏之蔽觀之欹器中則必正貴中也不平不正則覆矣攷之洪範會其有極貴中也無黨無偏則中矣自古人材非材之難也一得其中則有平正無黨偏中一失則失人人主用人之際是豈不難哉仰惟陛下以人材為急務以中道律人材盡捐偏黨之私力扶平正之論遂泰和之盛治享安靜之美福者誠非細事也近者陛下親頒御筆立為資格以嚴職事官蓋將垂意人材不輕除授然欲絕濫進則當嚴其資格若夷考其人則尤貴於預擇爾臣竊觀孝宗皇帝淳熙九年令侍從臺諫各舉所知淳熙十五年復令侍從臺諫各舉職事官太上皇帝紹熙二年令侍從臺諫各舉卿郎職事官此皆預加審擇也今周行闕員朝廷或難於選授緩急之時歎於乏才欲圖得人預擇閒暇上法淳熙紹熙故事以詔論思獻納之臣實今日所當先者臣愚望聖慈特發宸斷命六曹侍從翰苑臺諫兩省給舍各舉堪充職事官者四五人或學爲有用而不事於空言或材有過人而可堪於任劇皆須心術本於公正好惡不激於黨偏除見充職事官外不拘資格不問寒遠平心審舉具名奏聞留寘御前以備審擇仍令錄中朝廷遇闕審用則王多吉士國無險人進退盡出於聖明人物悉趨於中道昭明國是宏濟治功天下幸甚

中書舍人虞儔上劄子曰臣聞天下之至平者莫如衡故能權物之重輕天下之至明者莫如鑑故能別物之妍醜苟惟衡之不平鑑之不明則輕重倒置妍醜不分理之必然無足怪者夫場屋考校之官士子所恃以為衡鑑者也去取高下無不繫焉國家取士之制有經義有詩賦自紹興分科以來士子不過各專習其一以應上之科目

今之所謂考官者其向之進取蓋不過工於一而已矣若以經義之人而考詩賦則恐於聲律未能細辨以詩賦之人而考經義則恐於旨趣未能深究又六經之中率是互考其春秋之凡例二禮之制度易之象數倘非素習未免有所牴牾往往去取高下顛倒謬誤不厭士論何所不有是猶衡不平而欲權物之輕重鑑不明而欲別物之妍醜雖欲勿失其可得乎臣竊見省闈體例士人卷子先經點檢官批鑿分數然後參詳官審訂其當否而上之知舉從而決其去取高下則參詳點檢最為緊要伏望聖慈明詔大臣將來省試參詳點檢等官凡六經詩賦於朝士中選其所素習者使各有其人仍詔知舉隨其所習分隸考校庶幾士子所業衡鑑不迷去取高下咸得其當以副國家取士之意天下幸甚

江東轉運副使真德秀上奏曰臣恭聞太平興國中嘗詔諸道轉運

司察訪部下官吏。凡罷軟不勝任及贖于貨賄者。俾條上其事狀。其清白自守幹局不苟者。亦許其明揚。臣仰見祖宗盛時選用監司。付以事權者。蓋欲其公於刺舉。使貪懦者無所容。而廉能者有以勸。責任之意蓋不輕也。自嘉泰開禧以來。公道不行。請囑日盛。郡縣之官有罪狀彰灼。為監司者甫欲案劾。已求要路之援以自脫。甚者得以施其反噬之計。於是刺之權有所不行矣。歲舉之員。往往奪於權貴之命。孤寒無援者雖盡心職業。不免陸沉之歎。膏粱庸騃。苟有所挾。則若執券以取償焉。於是舉之權又有所不行矣。是以州縣之間。賢否不分。民受其病。今陛下更新大化。公道昭明。浸還乾道淳熙之舊矣。獨薦紳間親故請託之弊未能盡革。臣愚欲望聖慈戒諭中外士大夫。相與維持公道。使將指承命者得以展澄清之志。而賢不肖有所甄別。於治道豈小補哉。

司令許應龍上奏曰。臣聞薦舉而不拘其數。此朝廷之美意也。薦舉而或失其實。此士大夫之私心也。因士大夫之私心。而失朝廷之美意。豈可不思所以處之乎。臣請先原其弊。而後借陳其所以變革之術矣。一郡之吏察於太守。一路之吏察於諸司。滿一期則有關陞之薦。逾三考則有京削之薦。歲有常員。截然一定。固不患其濫也。至若政績則聽其剡上。初無定數。豈固縱其猥濫而無所紀極哉。蓋以效績顯著。固未易得。若拘以歲薦。苟未有其人。必以庸常之流勉強充數。其謹重之意蓋可見矣。是以剡牘來上。悉從其請。或與陞擢。或令審察。或付中書籍記。使賢者知所勸。而不賢者亦知自勉。進者以為榮。而未進者亦有所慕。得人之效。大率由此。豈非朝廷之美意乎。奈何人情貪榮。競欲速化。不顧職事之脩否。而惟欲露章之薦。引頸鑽肘。刺不得不已。以公道自任者。旌淑慝。固不肯曲徇其請。而樂於周旋者見其既無定數。求者必與。追其甚也。一章所薦或五六人。或十數人。載於邸報。殆無虛日。合一歲而論。不知其幾。非親故之夤緣。則勢要之囑托。非關陞之所不及。則京削之所未徧。譽過其情。則以鈆刀而為銛。舉非其類。則以薰蕕而同器。此豈非士大夫之私心乎。夫惟其出於私。則賢否混淆。真偽雜糅。形於薦牘者未可盡信。不免視為具文。而一切不復用矣。吁。不意求才之美意。而為士大夫私心壞之也。雖然。變而通之。夫豈無術。一曰定剡薦之數。二曰嚴保任之法。昔皇祐初詔舉縣令。而張易於通替之際。併薦一十六人。上謂輔臣曰。所舉猥多。豈無干請。可令裁定。此定剡薦之數者也。馮拯請諸司四品以上。具表舉人。若效績著明。當特酬賞。不如所舉。依法加罪。此嚴保任之法者也。數既一定。則不容妄舉以徇泛應之私。法既加嚴。則誰敢失實以干謬舉之罰。如此則公論大明。群賢並進。得以隨

才而器使之。百工允釐。庶績咸熙。蓋有不難致者。抑又有當察者。昔歐陽脩有云。善惡之人。各以類舉。廉謹者舉清幹。贓汙者舉貪濁。徇私者舉請求。苟任是責者。或非其人。亦安能無妄舉哉。太宗皇帝親閱班簿。常曰。不擇舉主。何由得人。此清源正本之論。真萬世龜鑑也。惟陛下與大臣亟圖之。臣不勝拳拳。

知江州袁燮上便民策曰。臣聞人才之生。殆非偶然。凡堪為時用者。皆不可廢。彼其稟英秀之質。固超然異於凡民。因其資而培植之。將有不可勝用者。厥今天下常患於乏才。以臣觀之。惟見其衆多爾。十步之內。必有茂草。秀傑之士。何時不生。臣承乏偏州。適當旱歉之餘。爰俾僚屬條陳救荒之策。每都必為一圖。地名山川橋道寺觀之屬咸具。而列飢民居處及戶口之數於其間。歷歷明白。按圖而視。無得隱者。所以隄防奸弊。貴其實也。區處既定。分遣官僚。遍走阡陌。而其

人皆不憚勞苦。不避塗潦。平時官吏不至之處。一一躬往而覈其實。如是者再焉。其愛民之篤如此。臣又因民間詞訟委之剖決。以觀其能。亦皆恪共厥職。本於法意。參以人情。而斷之以理。靡不精當。才之可用又如此。其他如器局端重者。廉潔守正者。詞采絢發者。留意獄事者。宰邑著稱者。敏於治財者。嚴於捕盜者。亦不乏人。區區丈郡一時為僚。可觀如此。豈可謂海內無人乎。古者寸長必錄。故人才不至淪棄。後世不能如古。故天下常多遺才。然則其榮其枯。其興其仆。皆繫乎居上者何如爾。善夫陸贄之言曰。如玉之在璞。抵擲則瓦石。追琢則圭璋。如水之發源。壅閼則汙泥。疏濬則沼沚。由此觀之。人才豈有常哉。今聖主求賢如渴。監司牧守。形於薦牘者。亦時有之。而朝廷視為故常。少所核擢。未免有陸沉之嘆。臣竊以為監司牧守。皆陛下所擇。果賢乎。當信任之。其所論薦。當收用之。周書曰。舉能其官。惟爾之能。稱匪其人。惟爾不任。董仲舒亦云。所貢賢者有賞。不肖者有罰。殿最昭然。誰敢謬舉。惟陛下亟行。

理宗時禮部侍郎曹彥約上奏曰。臣竊見科舉之弊。莫甚於牒試。而牒試之弊。莫甚於作偽。蓋解額之有廣狹。士子之有衆寡。廣而寡者。固已安其分。則狹而衆者。必思所以為之計。朝廷以承平日久。士子日盛。設為牒試之法。寬其進取之門。未節細故。未暇深察。於是改鄉里以就它人之貫。改三族以認它人之親。甚者改其父祖。改其姓氏。若得若失。尚未可知。而欺君之迹已昭昭不可掩矣。今國子監牒試其弊尚少。臣不知其本末。未敢遽議。惟是漕試之弊。積習既久。士大夫互相欺詐。恬不為怪。壞士子心術。莫甚於此。臣嘗反其本而思之。立法之初。其意甚悉。戶貫之必欲土着。結保之必用三姓。慮其居鄉之無行也。慮其家世之黨錮也。慮其科舉之有殿罰也。慮其期以上親之有喪服也。今乃改其

戶貫。改其親戚。改其父祖。改其姓氏。任意所欲。求定員數。時舉滴一二尤者而懲戒之。於事無補。律以科舉之法。無一可者。則解而更張之。不可緩也。好事者深知其不便。求其說而不得。欲增解額。則難立限制。欲均解額。則侵及它郡。欲廢漕額以益諸郡。不特舊額不等。極費區處。而所部之親戚故舊。有決不可不避者。變舊法以起爭端。終不可久。無已。則有一焉。在內有職事官。朝廷之所選用也。在外有監司帥守。朝廷之所責任也。大郡之有通判。小郡之有簽判。轉運司之有主管文字。諸路之有川廣福建。又遠地之多士子處也。與其詐偽避親。而使之冒試。孰若嚴其保任。而許其牒試。隨其官職。分其等差。若監司帥守可舉十五人。則大郡可舉十人。中下郡可舉七八人。通判可舉五人。主管文字與簽判可舉三人。川廣福建不在此位者。不過一二人。職事官之牒門客者。當如其舊。其以川廣福建牒者。郎官以上不得過下郡之數。寺監丞以下不得過通判之數。明載之於公牘。參之以法。令曰。此某人者。乃某之子若弟也。某之親若故也。或曰。雖非某之子弟。某之親故。而某前知其為人也。其居鄉無失行也。其家世非逆惡也。其場屋無殿舉也。其親屬無喪服也。後有異同。甘朝典不辭也。如是而行之。與今時牒試之法。無以大相過。不增發解。不拂人情。而解額之狹處。與士子之衆處。受其利如前日也。但前之為法。不許其保任。而容其詐偽。後之為法。不容其詐偽。而許其保任。其利害相去如何哉。然州縣官之牒本路。可以稽考。而監司帥守之牒隣路。容有泛濫。且如兩浙路與江東福建為隣。而又與淮東為隣。湖北一路與湖南江西為隣。而又與淮西京西夔路為隣。若只許一處。則地里有不便。或分之數路。則渙散而無統。須合與之關防。立為限制。應監司帥守牒過員數。並限七月三十日以前。具申禮部。禮部

總其名數並限九月三十日具申都省備牒御史臺諫院則其弊可革矣至如四川解試日分不同又須比附日限別作行下但今歲科舉在近難以驟變舊規亦不敢以鄙陋愚見以為盡得天下士子之情欲望聖慈下臣此說付禮部監學熟議之與大臣圖回之如或可行以備戊子歲漕試科舉之用恐於名教亦有萬一之補臣不勝大願

李鳴復上奏曰臣竊惟國家設科以取士公卿大夫由此其選所以正國致君者在是所以濟時拯世者在是所以美教化移風俗者亦在是一時之去取異日之理亂繫焉可不謹哉陛下憤罴歲公道之不明戢灑宸翰以崇雅黜浮參觀器識之說訓諭知舉以易卷假手懷挾傳義之弊戒約多士使真才實能得以自見德至渥也而有司奉行不謹繩墨解縱弊倖繁滋迹者覆試而中選之士不入程度者

尚多有之所以虛陛下責成之意亦已甚矣雖然往者不必責來者猶可勉也高宗皇帝於紹興二年嘗批賜考校官曰今次殿試對策直言之人擢在高等諂佞者置之下等辭語尤諂佞人與諸州文學是歲得張九成為第一上曰凡士人當自初進便須別其忠佞庶可冀其有立如張九成對策上自朕躬下逮百執言之無所迴避擢在首選其誰曰不然至二十七年又嘗以御筆宣示殿試官曰對策中有指陳時事鯁亮切直者並寘上列無失忠讜無尚諂諛以稱朕取士之意是歲得王十朋為第一上宣諭宰臣曰殿試卷子其間極有直言者前後廷對未見有此又曰自此人才極有可用聖謨洋洋真萬世取士之龜鑑也何代不生才顧上之人所以拔擢委任者何如耳陛下並計偕之額重司衡之選嚴覺察之禁下覆試之令無非為掄才設也而真偽混殽尚闕然不滿人意今群天下之士悉試于天

子之庭倘復因仍故態忠佞不分是非倒置或有學術淺暗議論乖繆如葉祖洽者竊擬上等則士氣摧沮人[illegible]委靡陛下異日將誰共治天下哉高宗皇帝家法具在願陛下一遵而行之使天下咸知更化之後鯁直者必用諫佞者必黜果有以異於前日不勝宗社之幸

貼黃臣生長萬里外素不知朝廷事體但見數十年來大庭策士貴要之子權勢之家多竊據前列如毛自知之乳臭劉渭之多貲至今議者猶竊非之歲在己丑臣始至京蜀士有該特奏恩者先一日知問目後遂試中甲科莫曉其故近見學士院宣鎖乃在於引試數日之前機事不密或者其在此乎臣嘗觀周必大序掖垣類藁謂國朝知制誥掌外制必召試中書而後除所以試者觀其敏也若代言之官止預一日宣鎖授以旨意俾之撰述不過頃刻可辦候進士入當日者始出夫如是則造庭之

士各展盡一日之長僥倖者不容以行其私而真才實能始得以自見其於聖治實非小補如臣言可采乞斷自聖意降付中書省自今而後檢舉施行伏乞睿照

洪舜俞上言曰謹按熙寧三年知貢舉呂公著在貢院中密奏言天子臨軒策士而用詩賦非舉賢求治之意乞[illegible]宸衷以諮訪治道至是上御集英殿進士初就席有司猶給禮部韻及試題出乃策問也既而賜葉祖洽已下及第時韓維呂惠卿初考策問時者多在高等訐直者多在下等臣伏覩自鄉舉里選之法壞而取士惟虛文是尚漢策賢良雖未免以利祿入其心科別或有未竟猶不失言揚之意唐進士得人為盛特絺章繪句之習工如日五色倘益世用國朝策士初襲唐人詞章之舊至此始以策諮訪治道與漢制科等其意美矣然草茅言事豈能皆若素宦于朝而効忠獻直悉出於愛君憂國

之真情言之當。固不以人廢言之過。亦貴於能容。人君能容過直之言。市駿骨。揖怒蛙。感發作興之下。孰不以安危治忽之實來告。苟有司喜阿逢而惡訐直。以行上下其手之私。如呂惠卿輩。美意一失。奚以臨軒發策爲哉。惟氏二宗之策[illegible]敵其言宮中事過於直。上曰。以直言求人而以直棄之。天下謂我何。可謂有大舜之大矣。

度宗時。太常寺丞牟濚上奏曰。臣既以知行之說告陛下。臣螻蟻微忱。有不能自已者。臣猶記去夏輪當陛對。首以正人心之說獻之先皇帝。玉音加獎。因及近世士大夫風俗。先皇帝天顏不樂。諭臣曰。此曹無忌憚之甚。蓋嘆士習之不美也。臣嘗因是而推求其故。所以陷溺其良心者。抑有由焉。禮義廉恥。國之四維。士大夫當以此自維其身。不當使上之人執此以為維之之具也。士方其未得也。奔競苟且。不知有義命。故其既仕也。攫拏貪黷。但知其有利祿。未仕則有科舉之累。既仕則有薦舉之累。人才所以日不逮古。而或者遂謂士習不正。由二者陷溺其心也。臣獨以為不然。先朝范鎮以奏名第一唱第殿庭。自來唱過三名。則奏名之首者。必抗聲自陳。考校雖在下。天子亦擢寘上列。鎮獨恥於自陳。唱至七十九名。然後出而就列。其後進退出處。有古人風。遂為國朝名臣。科舉而得若人。則浮薄者知愧矣。張忠定詠。凡所薦舉皆方廉恬退之士。且曰。奔競者將自得之。何假吾舉。薦舉而得若今。則奔競者革心矣。然則科舉何嘗壞人。士實自壞耳。薦舉何嘗累人。士實自累耳。故臣謂獎恬退。抑奔競。正人心之第一義也。昔孟子欲闢楊墨以明孔子之道。首以正人心為本。今士習如此。不自其心而正之。恐愈趨愈下。於世道關係甚不細也。惟陛下不以人廢言。

金世宗初。近侍有欲罷科舉者。上曰。吾見太師議之。張浩入見。上曰。自古帝王有不用文學者乎。浩對曰。有。曰。誰歟。浩曰。秦始皇。上顧左右曰。豈可使我為始皇乎。事遂寢。

元世祖時。監察御史魏初上疏曰。舊制常參官諸州刺史上任三日。舉一人自代。況風紀之職與常員異。請自今監察御史按察司官在任一歲。各舉一人自代。所舉不當有罰。不惟砥礪風節。亦可為國得人。

趙天麟上策曰。臣聞君子達上。則思進賢。小人乘時。焉能汲善。君子之人君子朋之。小人之人小人黨之。同聲相應。同氣相求。德不孤。決有鄰。自然之理也。夫賢者知有國而不知有其身。嘗喻義而未嘗喻於利。是以內舉不避親。外舉不避讎。公舉而不恐妨其位。古之君子有行之者。若祁奚舉祁午於晉侯。而以為中軍之尉。蕭何舉曹參於漢祖。而以嗣相國之位。以至子皮薦子產於鄭。而民謂之母。國賴其賢。鮑叔達管仲於齊。而九合諸侯。一匡天下者。皆是也。小人則不然。懷私挾詐。以濫天官。飾智屈心。以固權寵。親同類如就芝蘭。憎君子如惡蛇蝎。又嘗欲使後進皆出己下。而恐其踰於己也。古之小人有行之者。若驩兜美共工於堯朝。而象共滔天。上官誣靈均於楚王。而人亡國瘁。以至臧文仲不顯展禽。聖人謂之竊位。公孫弘不引董生。劉子謂其妬賢者。皆是也。易嘉拔茅。春秋述惟善能舉其類。豈輕乎哉。今國家求賢之心極重。取士之路未優。且內外官僚。所食者國家所錫之田也。所衣者國家所給之祿也。脫泯編之賤。而得享尊榮。濫宗祖之光。而獲班鼎祭。女不知織。男不知耕。如此而不思報國家之孳壯。其可乎哉。且食苹之鹿。尚呦呦以呼羣。出谷之鶯。猶嚶嚶而求友。此皆物也。況於人乎。故伊人之將遁遂也。當思縶白駒而恐有遐心。嘉賓之未至止也。曾念汕嘉魚而與同安樂。此人臣之大節盛德之良心也伏見方今雖有貢儒貢吏之格尚未通行或闔郡而不薦一人或終考而不舉一士因循為務苟且為心不幾乎杜悰劉勝之徒乎臣竊以任職立功治民興化皆未若舉賢之為美也何以言之舉一賢則賢者復舉衆賢而報國之績為多不舉賢則止一身而已故也伏望陛下載宣天旨昭諭中外凡郡縣臨民正官七品以上及諸衙門官三品以上每三考之中各薦一人凡薦之士須稱其人籍貫姓行委係何德何才可充何職凡薦書達上委於都省判送吏禮部以三德八才之法照薦書考校其人果為應否然後申省已隨選奏而用之凡以後其人稱職則初薦官至考滿之日優加爵級凡其人不稱職則初薦官至考滿之日隨輕重以黜其爵級凡其人臨官有非常之罪則初薦官亦放歸田里可也使方方士子咸慕貞淳在在官衙共求賢者而賢者知國家之尚賢莫不出矣又奚須寗戚悲歌

五羖飯牛而自進之哉又奚須成湯幣聘高宗圖形而自求之哉野無遺賢此亦一助也

至元二十三年中書奏擬漕司諸官姓名帝曰如平章右丞等朕當親擇餘皆卿等職也中書右丞相安童奏曰比聞聖意欲倚近侍為耳目臣猥承任使若所行非法從其舉奏罪之輕重惟陛下裁處今近臣乃伺隙援引非類曰某居某官某居某職以所署奏目付中書施行臣謂銓選之法自有定制其尤無事例者臣常廢格不行慮其黨有短臣者幸陛下詳察帝曰卿言是也今後若此者勿行其妄奏者即入言之

成宗時翰林學士王惲上奏曰貢舉人材肇自唐虞而法備於周漢興迺用孝廉秀才等科策以經術時務以州郡大小限其歲貢之數以賞罰責長吏極其人材之精猶古貢士法也歷魏至於後周中間因時更革固為不一要之不出漢制之舊迨隋始設進士科目試以經文時勢好尚有不得不然者至唐有明經進士等科既明一經復試程文對策中者雖鮮號稱得人矣有龍虎將相之目其明經立法[illegible]易於取中當時亦不甚重又別設制科以待天下非常之士故[illegible]宋易明經為經義其賦義法度嚴備攷較公當至亡金極矣後世有不可廢者然論程文者謂學出剽竊不根經史又士子投牒自售行誼蔑聞廉恥道喪甚非三代貢士之法伏遇聖天子臨御之初方繼體守文以設科取士為切若止用先皇帝已定格法與時適宜可舉而行如遼隆前代創為新制可不詳思檮其本末酌古今而論之惟古貢士率從學而出後世不尚經行徒採虛譽因循薦舉猶為私恩不顧公道此最不可者也莫若取唐楊綰宋朱熹等議參而用之可行於今綰之法曰令州郡察其孝友信義而通經學者州府試通

所習經業貢於禮部問經義十條對時務策三道皆通為上第其經義通八策道二為中第其論語孝經孟子兼為一經熹之議曰分諸經史如易詩書周禮二戴禮經春秋三傳各為一科將大學中庸論孟分為四科並附已上大經逐年通試及廷試對策兼用經史斷以己意以明時務得失愚謂為今之計宜先選教官定以明經史為所習科目以州郡大小限其生徒揀俊秀無玷汚者充貢數以生徒員數限歲貢人數期以歲月使盡脩習之道然後州郡官察行攷學極其精當貢於禮部經試經義作一場史試議論作一場題目止於二史內出廷試策兼用經史斷以己意以明時務如是則士無不通之經不習之史進退用舍一出於學既復古道且革累世虛文妄舉之弊必收實學適用之效豈不偉哉外據詩賦並科既久習之者衆亦不宜驟停經史實學既盛彼自絀矣

歷代名臣奏議卷之七十

歷代名臣奏議卷之一百七十一

考課

漢元帝建昭中京房以精於用易天子悅之數召見問房對曰古帝王以功舉賢則萬化成瑞應著末世以毀譽取人故功業廢而致災異宜令百官各試其功災害可息詔使房作其事房奏考功課吏法上令公卿議於溫室咸病其煩碎且令上下相司不可行然上意嚮之

東漢順帝時尚書令左雄上疏曰臣聞柔遠能邇莫大寧人寧人之務莫重用賢用賢之道必存考黜是以皐陶對禹貴在知人安民則惠黎民懷之分伯建侯代位親民民用和睦禮讓以興故詩云有渰淒淒興雨祁祁雨我公田遂及我私及幽厲昏亂不自為政褒豔用權七子黨進賢愚錯緒山谷為陵故其為詩云四國無政[illegible]用其良又曰哀今之人胡為虺蜴言人畏吏如虺蜴也宗周既滅六國并秦阬儒泯典剗革五等更立郡縣縣設令長郡置守尉什伍相司封豕其民大漢受命雖未復古然克慎庶官蠲苛救敝悅以濟難撫而循之至於文景天下康乂誠由玄靖寬柔克慎官人故也降及宣帝興於仄陋綜練名實知時所病刺史守相輒親引見考察言行信賞必罰帝乃歎曰民所以安而無怨者政平吏良也與我共此者其唯良二千石乎以為吏數變易則下不安業久於其事則民服教化其有政理者輒以璽書勉勵增秩賜金或爵至關內侯公卿闕則以次用之是以吏稱其職人安其業漢世良吏於茲為盛故能降來儀之瑞建中興之功漢初至今三百餘載俗浸彫敝巧偽滋萌下飾其詐上肆其殘典城百里轉動無常各懷一切莫慮長久謂殺害不辜為威風聚歛整辦為賢能以理已安民為劣弱以奉法循理為不化髡鉗

之戮生於睚眥覆尸之禍成於喜怒視民如寇讐稅之如豺虎監司項背相望與同疾疢見非不舉聞惡不察觀政於亭傳責成於朞月言善不稱德論功不據實虛誕者獲譽拘檢者離毀或因罪而引高或色斯以求仁州宰不覆競共辟召踴躍升騰超等踰匹或考奏捕案而亡不受罪會赦行賂復見洗滌朱紫同色清濁不分故使姦猾枉濫輕忽去就拜除如流闕動百數鄉官部吏職斯（賤也）祿薄車馬衣服一出於民廉者取足貪者充家特選橫調紛紛不絕送迎煩費損政傷民和氣未洽災眚不消咎皆在此今之墨綬猶古之諸侯拜爵王庭輿服有庸而齊於匹豎叛命避負非所以崇憲明理惠育元元也臣愚以為守相長吏惠和有顯効者可就增秩勿使移徙非父母喪不得去官其不從法禁不式王命錮之終身雖會赦令不得齒列若被劾奏亡不就法者徙家邊郡以懲其後鄉部親民之吏皆用儒生清白任從政者寬其負筭增其祿秩吏職滿歲宰府州郡乃得辟舉如此威福之路塞虛偽之端絕送迎之役損賦斂之源息循理之吏得成其化率土之民各寧其所追配文宣中興之軌流光垂祚永世不刊

魏武帝初署倉曹屬劉廙上表曰昔周有亂臣十人有婦人焉九人而已孔子稱才難不其然乎明賢者難得也況亂弊之後百姓凋盡士之存者蓋亦無幾股肱大職及州郡督司邊方重任雖備其官亦未得人也此非選者之不用意蓋才匱使之然耳況於長吏以下群職小任能皆簡練備得其人也其計莫如督之以法不尒而數轉易往來不已送迎之煩不可勝計轉易之間輙有姦巧既於其事不省而為政者亦以其不得久安之故知惠益不得成於已而苟且之可免於患皆將不念盡心於卹民而夢想於聲譽此非所以為政之本意也今之所以為黜陟者近頗以州郡之毀譽聽往來之浮言耳亦皆得其事實而課其能否乎長吏之所以為佳者奉法也愛公也卹民也此三事者或州郡有所不便往來者有所不安而長吏執之不已於治雖得計其聲譽未有美闕而從人於治雖失計其聲譽必集也長吏皆知黜陟之在於此也亦何能不去本而就末哉以為長吏皆宜使小久足使自展歲課之能三年總計乃加黜陟課之皆當以事不得依名事者皆以戶口率其墾田之多少及盜賊發興民之亡叛者為得負之計如此行之則不能之吏脩名無益有能之人無名無損法之一行雖無部司之監姦譽妄毀可得而盡事上太祖甚善之

明帝太和中大議考課之制以考內外衆官散騎黃門侍郎杜恕以為用不盡其人雖才且無益所存非所務所務非世要上疏曰書稱明試以功三考黜陟誠帝王之盛制使有能者當其官有功者受其祿譬猶烏獲之舉千鈞良樂之選驥足也雖歷六代而考績之法不著關七聖而課試之文不垂臣誠以為其法可粗依其詳難備舉故也語曰世有亂人而無亂法若使法可專任則唐虞可不須稷契之佐殷周無貴伊呂之輔矣今奏考功者陳周漢之法為綴京房之本旨可謂明考課之要矣於以崇揖讓之風興濟濟之治世以為未盡善也其欲使州郡考士必由四科皆有事效然後察舉試辟公府為親民長吏轉以功次補郡守者或就增秩賜爵此最考課之急務也臣以為便當顯其身用其言使具為課州郡之法法具施行立必信之賞施必行之罰至於公卿及內職大臣亦當俱以其職考課之也古之三公坐而論道內職大臣納言補闕無善不紀無過不舉且大下至大萬機至衆誠非一明所能徧照故君為元首臣為股肱明其

一體相須而成也是以古人稱廊廟之材非一木之枝帝王之業非一士之畧由是言之爲有大臣守職辦課可以致雍熙者哉且布衣之交猶有務信誓而蹈水火感知已而披肝膽徇聲名而立節義者况於束帶立朝致位卿相所務者非特匹夫之信所感者非徒知已之惠所徇者豈聲名而已乎諸蒙寵禄受重任者求徒欲舉明主於唐虞之上而已身亦欲厠稷契之列是以古人不患於念治之心不盡患於自任之意不足此誠人主使之然也唐虞之君委任稷契夔龍而責成功及其罪也殛鯀而放四凶今大臣親奉明詔給事目下其有夙夜在公恪勤特立當官不撓貴勢執平不阿所私危言危行以處朝廷者自明主所察也若尸禄以爲高拱嘿以爲智當官苟在於免負立朝不忘於容身絜行遜言以處朝廷者亦明主所察也誠使容身保位無放退之辜而盡節在公抱見疑之勢公義不脩而私

議成俗雖仲尼為謀猶不能盡一才又況於世俗之人乎今之學者師商韓而上法術競以儒家為迂闊不周世用此最風俗之流弊創業者之所致慎也

景初中詔劉劭作都官考課劭上疏曰百官考課王政之大較然而歷代弗務是以治典闕而未補能否混而相蒙陛下以上聖之宏略愍王綱之弛頹神慮內鑒明詔外發臣奉恩曠然得以啓矇輙作都官考七十二條司隷校尉崔林議曰案周官考課其文備矣自康王以下遂以陵遲此即考課之法存乎其人也及漢之季其失豈在乎佐吏之職不密哉方今軍旅或猥或卒備之以科條申之以內外增減無常固難一矣且萬目不張舉其綱衆毛不整振其領皐陶仕虞伊尹臣殷不仁者遠五帝三王未必如一而各以治亂易曰易簡而天下之理得矣太祖隨宜設辟以遺來今不患不法古也以為今之制度不為疏闊惟在守一勿失而已若朝臣能任仲山甫之重式是百辟則孰敢不肅於是傅嘏難劭曰蓋聞帝制宏深聖道奧遠苟非其才則道不虛行神而明之存乎其人暨乎王略虧頹而曠載罔綴微言既沒六籍泯玷何則道弘致遠而衆才莫晞也案劭考課論雖欲尋前代黜陟之文然其制度略以闕亡禮之存者惟有周典外建侯伯藩屏九服內立列司筦齊六職土有恒貢官有定則百揆均任四民殊業故考績可理而黜陟易通也大魏繼百王之末承秦漢之烈制度之流靡所脩采自建安以來至于青龍神武撥亂肇基皇祚埽除凶逆芟夷遺寇旌旗卷舒日不暇給及經邦治戎權法並用百官群司軍國通任隨時之宜以應政機以古施今事雜義殊難得而通也所以然者制宜經遠或不切近法應時務不足垂後夫建官均職清理民物所以立本也循名考實糾勵成規所以治末也本綱未

舉而造制未呈國略不崇而考課是先懼不足以料賢愚之分精幽明之理也昔先王之擇才必本行於州閭講道於庠序行具而謂之賢道脩則謂之能鄉老獻賢能于王王拜受之舉其賢者出使長之科其能者入使治之此先王收才之義也方今九州之民爰及京城未有六鄉之舉其選才之職專任吏部案品狀則實才未必當任簿伐則德行未為敘如此則殿最之課未盡人才述綜王度敷贊國式體深義廣難得而詳也

晉武帝泰始中河南尹杜預受詔為黜陟之課其略曰臣聞上古之政因循自然虛已委誠而信順之道應神感心通而天下之理得逮至淳樸漸散彰美顯惡設官分職以頒爵祿弘宣六典以詳考察然猶倚明哲之輔建忠貞之司使名不得越功而獨美功不得後名而獨隱皆疇咨博詢敷納以言及至末世不能紀遠而求於密微疑諸

心而信耳目疑耳目而信簡書簡書愈繁官乃愈僞法令滋章巧飾
彌多昔漢之刺史亦歲終奏事不制筭課而淸濁粗舉魏氏考課即
京房之遺意其文可謂至密然由於累細以違其體故歷代不能通
也豈若申唐堯之舊去密就簡則簡而易從也夫宣盡物理神而明
之存乎其人去人而任法則以傷理今科舉優劣莫若委任達官各
考所統在官一年以後每歲言優者一人為上第劣者一人為下第
因計偕以名聞如此六載主者總集採案其六歲處優舉者超用之
六歲處劣舉者奏免之其優多劣少者叙用之劣多優少者左遷之
今考課之品所對不鈞誠有難易若以難取優以易而否主者固當
准量輕重微加降殺不足復曲以法盡也己丑以詔書考課難成聽通
以薦例之理知亦取於風聲六年頓薦黜陟無漸又非古者三考之
意也今每歲一考則積優以成陟累劣以取黜以士君子之心相處
未有官政六年六黜清能六進否劣者也監司將亦隨而彈之若令
上下公相容過此為清議大穨亦無取於黜陟也
穆帝時衆官漸多而遷徙每速廷尉王彪之上議曰為政之道以得
賢為急非謂雍容廊廟標的而已固將莅任贊時職思其憂也得賢
之道在於莅任莅任之道在於能久久於其道而天下 成是以三
載考績三考黜陟不收一切之功不採 成之譽故勳格辰極道融
四海風流遐邈聲冠百代凡庸之族衆賢能之才寡才寡於世而官
多於朝焉得不賢鄙共貫淸濁同官官衆則闕多闕多則遷速前後
去來更相代補非為故然理固然耳所以職事未脩朝風未澄者也
職事之脩在於省官朝風之澄在於并職官省則選清而得久職并
則吏簡而俗靜選清則勝人久於其事事久則中才猶足有成今內
外百官較而計之固應有并省者矣六卿之任太常望雅而職重然

其所司義高務約宗正所統蓋鮮可以并太常宿衛之重二衛任之
其次驍騎左軍各有所領無兵軍校皆應罷廢四軍皆罷則左軍之
名不宜獨立宜改游擊以對驍騎內官自侍中以下舊員皆四中興
之初二人而已二人對直或有不周愚謂三人於事則無闕也凡餘
諸官無綜事實者可令大官隨才位所帖而領之若未能頓廢自可
因闕而省之委之以職分責之以有成能否因考績而著淸濁隨黜
陟而彰雖緝熙之隆康哉之歌未能猝致可使庶官之選差清莅職
之日差久無俸祿之虛費簡吏寺之煩役矣
後魏宣武帝行考陟之法高陽王雍表曰竊惟三載考績百王通典
今任事上中者三年昇一階散官上第者四載登一級閑冗之官本
非虛置或以賢能而進或因累勤而舉如其無能不應忝茲高選既
其以能進之朝伍或任官外戍遠使絕域催督逋懸察檢州鎮皆是
散官以充劇使及於考陟排同閑伍檢散官之人非才皆濁稱事之
華永必悉賢而考閑以多年課煩以少歲上乖天澤之均下生不等
之苦又尋景明之格無折考之文正始之奏有與奪之級明參差之
考非聖慈之心改典易常乃有司之意又尋考級之奏委於任事之
手涉議科勤絕於散官之筆遂使在事者得展自勤之能散華者獨
絕披衿之所抑以上下之閑限以旨格之判致使近侍禁職抱槃屈
之辭禁衛武夫懷不申之恨欲尉平四海何以獲諸又散官在直一
玷成尤銜使愆失差毫即坐繳纆所逮未以事閑優之節慶之賚不
以祿微加賞罪厥之犯未殊任事考陟之機推年不等臣聞君舉必
書書而不法後代何觀詩云王事靡盬不遑啓處又曰豈不懷歸畏
此簡書依依楊柳以叙治兵之役霏霏雨雪又申振旅之勤若折柱
來日月便是採薇之詩廢杕杜之歌罷又任事之官吉凶請假定省

掃拜動歷十旬。或因患重請動經歲。征役在途。勤勞百倍。苦樂之勢。非任事之倫。在家私閑。非理務之日。論優語劇。先宜折之。武人本挽上格者為羽林。次格者為虎賁。下格者為直從。或累紀征戍。靡所不涉。或帶甲連年。負重千里。或經戰損傷。或年老衰竭。今試以本格。責其如初。有爽於先。退階奪級。此便責以不衰。理未通也。又蕃使之人。必抽朝彥。或歷嶮千餘。或履危萬里。登有死亡之憂。咸懷不返之感。魂骨奉忠。以尸將命。先朝賞格。酬以爵品。今朝改式。止及階勞。折以代考。有乖使望。非所以獎勵皇華而敦崇四牡者也。復尋正始之格。汎後任事上中者三年升一階。汎前任事上中者六年進一級。三年一考。自古通經。今以汎前六年升一階。檢無愆犯。倍年成級。以此推之。明以汎代考。新除一日。同霑階榮。下第之人。因汎上陟。上第之士。由汎而退。臣又見部尉資品本居流外。刊諸明令。行之已久。然近

為里巷多盜。以其威輕不肅。欲進品清流。以壓姦宄。甄琛啓云。為法者施而觀之。不便則改。竊謂斯言有可採用。聖慈昭覽。更高宰尉之秩。今考格始宣。懷怨者衆。臣竊觀之。亦謂不可。有光國典。改之何難。延昌二年。將大考百寮。郎中崔鴻以考令於體例不通。乃建議曰。竊惟王者為官求才。使人以器。黜陟幽明。揚清激濁。故績效能官。才必稱位者。朝昇夕進。年歲數遷。豈拘一階半級。閡以官寮等位者哉。二漢以降。太和已前。苟必官須此人。人稱此職。或超騰昇陟。數歲而至公卿。或長兼試守。稱允而遷。進者披卷則人人而是。舉目則朝貴皆然。故能時收多士之譽。國號豐賢之美。竊見景明以來考格。三年成一考。一考轉一階。貴賤內外萬有餘人。自非犯罪。不問賢愚。莫不上中。才與不肖。比肩同轉。雖有善政如黃龔。儒學如王鄭。史才如班馬。文章如張蔡。得一分一寸。必為常流所攀。選曹亦抑為一縶。不曾甄別

琴瑟不調。改而更張。雖明旨已行。猶宜消息。世宗不從。

孝明帝時。尚書左僕射攝吏部選事拓跋暉上疏曰。臣聞治人之本。寔委牧守之官。得其才則政平物理。失其人則訟與怨結。自非察訪善惡。明加貶賞。將何以黜彼貪怠。陟此清勤也。竊以大使巡省。必廣迎送之費。御史馳糾。頗回威濫之刑。且暫爾往還。理不委悉。縱有簡舉。良未平當。愚謂宜令三司八座侍中黃門各布耳目。外訪州鎮牧將治人守令能否。若德教有方。清白獨著。宜以名聞。即加褒陟。若治績無效。貪暴遠聞。亦便示牒登加貶退。如此則不出庭戶坐知四方。端委垂拱。明賞審罰矣。

正光四年。尚書左僕射蕭寶夤上表曰。臣聞堯典有黜陟之文。周書有考績之法。雖其源難得而尋。然條流抑亦可知矣。大較在于官人用才審於所蒞。練迹校名。驗於虛實。豈不以臧否得之餘論。優劣著於歷試者乎。既聲窮於月旦。品定於黃紙。用效於名輩。事彰於臺閣。則賞罰之途差有商

準。用捨之宜。非無依據。雖復勇進忘退之儔。奔競於市里。過分亡涯之請。馳騖於多門。猶且顧其聲第。慎其與奪。器分定於下。爵位懸於上。不可妄叨故也。今竊見考功之典。所懷未愉。敢竭無隱。試陳萬一。何者。竊惟文武之名。在人之極地。德行之稱。為生之最首。忠貞之美。立朝之譽。仁義之號。處身之端。自非職惟九官。任當四岳。授曰爾諧。讓稱俞往。將何以克厭大名。允茲令問。自比已來。官罔高卑。人無貴賤。皆飾辭假說。用相保舉。澄謂同波。薰蕕共器。求者不能量其多少。與者不復覈其是非。遂使冠履相貿。名與實爽。謂之考功。事同汎陟。紛紛漫漫。焉可勝言。又在京之官。積年一考。其中或所事之主。遷移數四。或所奉之君。身名廢絕。或具寮離索。或同事凋零。雖當時文簿。記其殿最。日久月深。駭落都盡。人有去留。誰復掌其勤墮。或停休積稔。或分隔數千。累年之後。方求追訪。聲迹差其考第。無不苟相悅附。共為脣齒。飾垢掩疵。妄加丹素。趣令得階而已。無所顧惜。賢達

君子未免斯患中庸已降夫復何論官以求成身以請立上下相蒙莫斯為甚又勤恤人隱歲歸守令厥任非輕所責實重然及其考課悉以六載為程既而限滿代還復經六年而敘是則歲周十二始得一階於東西兩省文武閑職公府散佐無事冗官或數旬方應一直或朔望止於暫朝及其考日更得四年為限是則一紀之中便登三級從以實勞劇任而還貴之路至難此以散位虛名而升陟之方甚易何內外之相懸今厚薄之如是又聞之聖人大寶曰位何以守位曰仁孟子亦曰仁義忠信天爵也公卿大夫人爵也古人先脩其天爵而人爵從之故雖文質異時汙隆殊世莫不寶茲名器不以假人是以賞罰之柄恒自持也至乃周之鵲巢五叔無官漢之察察館陶徒請豈不重骨肉私親親誠以賞罰一差則無以懲勸至公斃替則覬覦相欺故至慎至惜殷勤若此況乎親非肺腑才乖秀逸或爽單介之使始無汗馬之勞或說興利之規終慙十一之潤皆虛張

無實妄栢亂茲坐獲數階之官藉盛通顯之貴於是巧詐萌生偽辯鋒出從為虛以求榮開百方而逐利握樞秉鈞者亦知其若斯但抑之則其流已注引之則有何紀極夫琴瑟在於必和更張求其適調去者既不可追來者猶或冝改按周官太宰之職歲終則令官府各正所司受其會計聽其致事而詔於王三歲則大計群吏之治而誅賞之愚謂今可粗依其準見居官者每歲終本曹皆明辨在官日月具錄才行能否審其實用而注其上下游辭宕說一無取焉列上尚書覆其合否如有紕謬即正而罰之不得方復推諉委否容其進退既定其優劣善惡交分庸短下第凡以明法幹務忠清堪能以記賞總而奏之經奏之後考功曹別書於黃紙油籍一通則本曹尚書與令僕即署留於門下一通則以侍中黃門即署掌在尚書省嚴加緘密不得闚視考績之日然後對共裁量如此則少存實錄簿止姦回其內外考格裁非庸管乞求博議以為畫一若殊謀異策事關

廢興退迹所談物無異議者自可臨時斟酌匪拘恒例至如援流引比之訴貪榮求級之請如不限以關鍵肆其傍通則蔓草難除滔流遂積職我彝章撓茲大典謂宜明加禁斷以全至治開返本之路杜澆弊之門如斯則吉士盈朝薪槱載煥矣詔付外博議以為永式

唐太宗貞觀三年僕射房玄齡與侍中王珪掌內外官考侍御史權萬紀奏其不平守秘書監魏徵諫曰二人素以忠直被委任所考既多其間能無一二不當然察其情終非阿私且萬紀比在考堂曾無駁正及身不得考乃始陳論此非竭誠徇國也今推之未足裨益朝廷徒失委任大臣之意臣所愛者治體非敢私二臣也上乃釋不問

太宗考三品已上令魏徵省其當否有所疑者輒於狀傍注帖西行諸將並不得考徵乃諫曰臣聞秾赤壁者棄其微瑕錄大功者不論細過西行諸將雖無大功君集萬均克平寇亂不辱國命跋涉艱阻

來往二年考其勤勞與在家者不異若使人無怨讟亦不可勸勉將來臣愚以謂西行諸將君集萬均以外五品以上有功勳無罪殿者其考請更斟酌匪唯一事得所足以勸後人太宗從之

武后時初置右御史臺察州縣吏善惡風俗得失鳳閣舍人李嶠上疏曰禁網尚疏法象宜簡簡則法易行而不煩雜疏則所羅廣而不苛碎伏見垂拱時諸道巡察使科條四十有四至別敕令又三十而使以三月出盡十一月奏事每道所察吏多者二千少亦千計要在品覈才行而褒貶之今期會迫促奔逐不暇欲望詳究所能不亦艱哉此非隳於職才有限力不逮耳臣願量其功程以為節制使器周於用力濟於時然後得失可以精覈矣又言今之所察按準漢六條而推廣之則無不包矣烏在多張事目也且朝廷萬機非無事而機事之動常在四方故出使者冠蓋相望今已置使則外州之事悉得

尊之傳驛減矣請率十州置一御史以朞歲為之限容其身到屬縣過閭里督察姦訛采訪風俗然後可課其成功且御史出入天禁勵已自脩比他吏相百也按効回庸糾擿隱欺比他吏相十也陛下誠用臣言妙擇賢能委之心膂假温言以制之陳賞罰以勸之則莫不盡力而効死矣何政事之不理何禁令之不行何妖孽之敢興哉

中宗時右御史臺中丞盧懷慎上疏陳時政曰臣聞善人為邦百年可以勝殘去殺孔子稱苟有用我者朞月而已三年有成故書三載考績三考黜陟幽明昔子產相鄭更法令布刑書一年人怨思殺之三年人德而歌之子產賢者也其為政尚累年而後成況常材乎比州牧上佐兩畿令或一二歲或三五月即遷曾不論以課最使未遷者傾耳以聽企踵以望冒進亡廉亦何暇為陛下宣風恤人哉禮義不能興戶口益以流倉庫愈匱百姓日敝職為此耳人知吏之不久

不率其教吏知遷之不遙不究其力媮處爵位以養資望雖明主有勤勞天下之志然僥倖路啓上下相蒙寧盡至公乎此國病也賈誼所謂蹠盭乃小小者耳此而不革雖和緩將不能為漢宣帝綜覈名實興治致化黃霸良二千石也加秩賜金就旌其能終不肯遷故古之為吏至長子孫臣請都督刺史上佐畿令任未四考不得遷若治有尤異或加賜車裘祿秩降使臨問璽書慰勉須公卿闕則擢之以勵能者其不職或貪暴免歸田里以明賞罰之信昔唐虞稽古建官惟百夏商官倍亦克用乂此省官也故曰官不必備惟其才無曠庶官天工人其代之此擇人也今京諸司員外官數十倍近古未有謂不必備則為有餘求其代工乃多不釐務而奉稟之費歲巨億萬徒竭府藏豈致治意哉今民力敝極河渭廣漕不給京師公私耗損邊隅未靜儻炎暵成沴租稅減入疆埸有警賑救無年何以濟之毋輕人事惟艱毋安厥位惟危此慎微也原員外之官皆一時良幹擢以才不申其用尊以名不任其力自昔用人豈其然歟臣請才堪牧宰上佐並以還授使宣力四方責以治狀有老病若不任職者一廢省之使賢不肖確然殊貫此切務也夫冒于寵賂侮于鰥寡為政之蠹也竊見內外官有賕餉狼籍劓剝蒸人雖坐流黜俄而遷復還為牧宰任以江淮嶺磧粗示懲貶內懷自棄徇貨掊貲訖無悛心明主之於萬物平分而無偏施以罪吏牧遐方是謂惠姦而遺遠遠州陬邑何負聖化而獨受其惡政乎邊徼之地夷夏雜處憑險恃遠誠易擾而難安官非其才則黎庶流亡起為盜賊由此言之不可用凡才況猾吏乎臣請以贓論廢者削迹不數十年不賜收齒書曰旌別淑慝即其誼也疏奏不報

宋太祖乾德二年門下侍郎平章事趙普上奏曰臣近者叨承聖造

備位台司任重才輕以禁為懼臣伏聞宰相者上符乾象下代天工調六氣則品物咸亨舉百職則彝倫式敘佐君垂拱致時太平苟非此才焉用彼相臣自膺寵命如履薄冰虔思援古施今少裨廣視遠聽伏自陛下天命攸屬人情有歸西伐壺關東平淮甸馳驅虎旅霜露翠華開創之初實艱難于王業平定之後思整頓于皇綱六十年驕倨荊湖咸歸至化五千里混同書軌盡革澆風是知惟德動天惟天佑德惟至公而超百代念不驕而為永圖可以肩拍唐虞聾驅晉魏立太平之基已固致雍熙之化方隆臣幸遇昌期叨當重委尸祿徒久立事無聞固無宰相之才謬居宰相之位寵澤斯厚循省何安所願夜思晝行獻可替否精求古道上副天心臣以謂治國莫如用賢用賢莫如歷試歷試莫如責功責功莫如較考況三考之典出自唐虞四善之科垂于令式當治世之激勸不間公卿由近代以因循

止及州縣。遂使居官食祿。賢愚無分別之因。冒寵挾私。陞黜有泛濫之弊。厥官徒設。其器若虛。凡庭揖以庭趨。但旅進而旅退。由是職皆不舉。人盡偷安。若不法于舊章。恐轉隳于庶務。臣欲起請今後除節察防禦團練刺史及武臣等。蓋必戰伐立效。祿位酬勳。凡公事仰委官吏振舉外。伏請先自宰相。次百執事。至于賓客寮佐等。皆請逐歲書考。所冀事皆師古。理得從長。退不肖而進賢才。更無疑慮。勸奉公而循職業。各盡器能。倘書考之請遂行。則太平之期可待。應有合閱考課事件。伏請下考功按令式詳定條奏。

太宗淳化三年。祕書丞直史館陳靖上奏曰。臣今日內殿起居。次當轉對。自量荒昧。莫識變通。當求理之期。唯思進說。顧犯顏之罪。未敢避誅。庶同千慮之愚。少助萬機之智。伏以皇帝陛下。應乾御宇。十六七年。拓土開疆。萬艘千里。尊師問道。期庶績以咸熙。審官求賢。欲百

揆而時序。每日臨軒決政。隨事制宜。小大之權。悉工進止。以至中夜忘寐。未明求衣。惕厲恭勤。何嘗暫捨。臣誠不佞。以臣所觀。由堯舜已還。君天下者。未有若陛下之焦勞也。然則焦思勞神。陛下之所已至。守官供職。羣臣之所未專。頹壞紀綱。虧損政教者。誠以考課之法尚闕。升降之資不常。得之者未必賢才。失之者未盡不肖。舜典曰。三載考績。三考黜陟幽明。夫子曰。苟有用我者。三年有成。蓋聖人因其國而設其官。久其官以行其政。官不久何以明其術。政不行何以觀其化。明術則美惡難逃。觀化則治亂可審。然後考課之法不得不精。黜陟之方不得不當。既精且當。雖元凱在下。致之於股肱。四凶居高。投之於荒服。乃其分也。夫何慭焉。語云。舜有天下。舉皋陶。不仁者遠矣。湯有天下。舉伊尹。不仁者遠矣。節而思之。由此道也。伏見前制有考課官人之法。先在有司定其優劣。六品而下。尚書覆問。五品已上。天子與公卿評其善惡。上上者遷之。下下者黜之。中中者常調之。能否各當。賞罰大行。方今幕職州縣官雖流內銓考其資歷。京朝監司之任。審官院較彼幽明。然且寮屬至繁。寰宇至廣。不可遂視遐聽。究極是非。徒能按式准文。聊為隆殺。往往假聲竊譽。驟越階資。課實責虛。不拘殿最。且人心猶水。法制猶防。或禦得其宜。則澄徹之姿至矣。苟限非其要。則懷襄之勢起焉。又況州縣之官。乃京朝之基本。京朝之任。亦卿相之推輪。必須先正其初。然後不撓其末。今考功之職雖有其名。綿歷歲時。莫聞振舉。是致有自州縣幕職遽升京秩贊洗三丞者。纔及京官秩贊洗三丞。便望正言司諫郎中御史者。洎至正言司諫郎中御史。又圖給舍丞郎。既得給舍丞郎。即希公卿宰輔者。爭馳互競。厚擬廣交。接聲勢以相毀稱。伺釁隙而相攻擊。貪名冒進。棄禮讓以如遺。揣己循涯。豈滿盈而知戒。如此則下位者唯用心而圖上

在上者誠自固而不遑。雖有皋夔稷契之能。龔黃魯卓之術。亦何暇卹民憂國。而成功著業者哉。臣按于傳品士之科。一曰德行。以立道本。二曰理才。以詳事機。三曰政才。以經國體。四曰學才。以綜典文。五曰武才。以禦軍旅。六曰農才。以教耕稼。七曰工才。以作器用。八曰商才。以興利源。九曰雜才。以長諷諫。凡此九等。委在百司。合而論之。則邦國之政斯備。分而考之。則小大之職各揚。又李唐考課有德義清謹。公平廉恪之科。由近侍至于鎮防並據職事。自之為最。各有等級。元屬考功。以臣所觀。自古黜陟之制。其遠者逮至九載。其近者六年四年。擬之於今。未可全用。臣欲乞天下諸色官屬。依舊三年替移。仍一年一考。是非三考。然後升降。有績者賞。無勞者罰。善最特異者錫以殊勞。累任無狀者置之散地。不能致功。雖有善名者不與之陟。不廢其職。雖有惡名者不錄其尤。黜陟審於實。不信於虛。幽明察於真。

不憑於詐。其在京百司及臺省已上官逐年乞選任公直御史一人
採察能否虛實之狀。職事者以功勤為効。散官者以才行為程。必在
周詳。無許闊畧。其外地長吏使臣察屬已下乞委逐路轉運使副亦
如御史所行。並至年終。具逐人功過事狀開析申奏。乞下考功。從考
功依准格條。比附優劣。一一如往制。先定考績。量等級而襃懲。體幽明
而黜陟。必取允當無涉黨偏。然後申入中書及關報流內銓。并審官
院再加詳酌。的是公平。即具等第奏聞。取候聖旨除授。其中或有奇
才異畧蘊蓄經綸。碩學雄文。服勤筆硯。可以整齊綱紀。羽翼朝廷。師
傅帝王。扶持社稷者。不在此限。并內外官屬或有過惡之跡。不預品
較之文。別致昭彰。會得確實。若採訪有漏。即罪採訪之官。如考課不
明。即罪考課之職。按其輕重。斷在必行。庶使各勵恭勤。無敢弛慢。如
此則官有常序。事有彝倫。姦宄不能任其邪。忠良不可奪其正。名器

各有分。賢愚各有途。猶不續貂。石不參玉。欲使職事不治。政教不行。
民不康。俗不阜。爭訟不息。廉遜不興者。未之有也。臣誠以能致民康
俗阜。訟息遜興。其要者不出牧宰之任也。而使牧宰得其人。則郡邑
政行。僚吏事肅。編民不殆。外姦不生。又以能致郡邑政行。僚吏事肅
者。莫出於轉運使副也。由是而言。則國家任官擇吏。其謹重者在於
此焉。且方今天下知州軍僅及四百。縣不減數千。若令一一選於朝
廷。人人欲其稱職。深恐闊畧。未得精專。臣愚以謂擇縣令知縣。莫若
於知州知軍。取知州知軍。莫若於轉運使副。制轉運使副。乃繫於朝
廷。又且轉運使副不過三十來員。況當文物盛明。士之衆庶。倘或推
公遴選。尚憂不得其材。既朝廷選任至公。則轉運使副安得不公。轉
運使副既公。則知州知軍孰敢不公。知州知軍既公。則掾佐之吏盡
公。而況縣令知縣敢有不公者乎。夫如是。則赤子有歸。蒼生受賜。遐

迩之俗。小大攸同。古所謂形直影端。上行下法。其理要而其效速。其
功倍而其教神者。此其略也。但臣忝居通籍。無補聖朝。次當上言。不
敢避罪。所有加減考課之制。詳酌今古之宜。尚有科條。難盡披述。設
或陛下賜之睿鑒。朝廷許其必行。則臣願竭狂愚。乞與有司評議。
淳化中。知吉州梁鼎上言曰。書云。三載考績。三考黜陟幽明。此乃堯
舜氏所以得賢人治天下也。三代而下。典章尚存。兩漢以還。沿革可
見。至於唐室。此道尤精。有考功之司。明考課之令。下自簿尉。上至宰
臣。皆歲計功過。較定優劣。故人思激厲。績効著聞。五代兵革相繼。禮
法陵夷。顧惟考課之文。秖拘州縣之輩。黜陟既異。名存實亡。且夫今
之知州。即古之刺史。治狀顯著者朝廷不知。方略蔑聞者任用如故。
大失勸懲之理。寖成苟且之風。是致水旱荐臻。獄訟填溢。欲望天下
承平。豈可得也。伏惟陛下繼二聖之丕圖。為億兆之司牧。念百官之

未乂。思四海之未康。特詔有司。申明考績之法。庶幾官得其人。民受
其賜矣。
仁宗慶曆三年。知諫院歐陽脩上奏曰。臣伏見天下官吏員數極多。
朝廷無由徧知其賢愚善惡。審官三班二部等處。只具差除月日。
其人能否。都不可知。諸路轉運使等除有職吏自敗者臨時舉行外。
亦別無按察官吏之術。致使年老病患者。或懦弱不才者。或貪殘害
物者。此等之人。布在州縣。並無黜陟。因循積弊。官濫者多。使天下州
縣不治者十有八九。今兵戎未息。賦役方煩。百姓嗸嗸。瘡痍未復。救
其疾苦。擇吏為先。臣今欲乞特立按察之法。於內外朝官自三丞以
上至郎官中。選強幹廉明者為諸路按察使。請令進奏官各錄一州
官吏姓名。為空行簿以授之。使至州縣。徧見官吏。其公廉勤幹明著
實狀。及老病不才。顯有不治之迹。皆以朱書之。又有中材之人。[illegible]

奇効亦不至曠敗者以墨書之又有雖匪常材能專長於一事亦以朱書別之使還具奏則朝廷可以坐見官吏賢愚善惡不遺一人後別議黜陟之法如此是以澄清天下半歲之間可望致治只勞朝廷精選二十許人充使別無難行之事

侍讀學士宋祁上奏曰臣伏見比来知州轉運使未曾在任得滿三年民間利害十人簿書文移未知次第已却遷換迎新送故上下告勞臣不知朝廷設官欲為理邪如不為理臣故無可言者若欲為理安得用此敝法守而不改今審官院差遣不行便奏請京朝官情願二年一替且差遣得行一司之暫利也遷換不定天下之大害也故敗國家大計使吏奸得行生民無告無出於長吏數易也臣愚以為方用兵時財用調度多出於民知州轉運使不得人不能集事伏望普令臺省近臣舉知州轉運使五人轉運使知州三人有材幹者以上或已在任亦許就舉充數理三周年為一任不得只理三十滿月每歲轉運使索取知州功過并自具功過申尚書考功考功逐旋聞奏請別差近臣為考課使精加考較若三考俱優陟一官知州升大州轉運使升上路三考俱劣黜一官知州降小州轉運使降下路二優一劣陟一官二劣一優奪半年俸大約以此為率已上賞罰并舉主同坐減一等舉主得以數人賞罰相除其提點刑獄使者通判並比類比年考只令中書門下及審官院揀選充職取進止

歷代名臣奏議卷之一百七十一

考課

宋仁宗時張方平上論考功之法狀奏曰臣聞三考黜陟著于虞典三年比校具于周官在漢則京房創考功之法在魏則劉劭立都官之制杜預泰始之格則委乎達官以考所統崔鴻延昌之議蓋病乎選曹之無甄擇論雖略著于後事各不行於時南北下衰無復議者若夫考歷代官人之得失酌一時風俗之厚薄為政之迹良可槩知漢之察舉辨論已詳取九卿于刺守取刺守于四府三署丞令之高課者而外以六條督郡國之治朝廷時遣詔使傳行四方以察吏考俗而公府聽採長吏臧否以謠言舉按輙被黜免不在考功之法而善惡彰矣魏晉之時九品之制中正之職方為備舉未至陵遲中正第其才行吏部據以除授故雖不行都官考課之制而物議定矣永嘉之亂天下幅裂時政衰壞愒日偷安固無暇宏遠之謀猷以經時立政者也爰及有隋事不師古罷州郡辟署以收擘下權末品微資悉銓衡除擬官紀紊而人林雜矣唐氏以兵吏掌文武選事各分為三銓而考功掌校定中外官考類為九等雖制存著令而人鮮克舉凡二部所領六品而下赴期冬集服唱注補而已夫停年之制崔亮設於神龜循資之格光庭立於開元積歲以為勞歷級以為限無賢不肖混然一律自是天官之任但行令史之職考課之制徒垂虛文令朝廷官人之式以貴任卑以衆任寡賢從類舉罪使連坐其道至公其法至平去偏重之權無專蔽之譏所謂詢于衆與天下共爵人之義也然選曹所以蔽羣吏之治者其功過之迹始于州郡審之而州郡所書限於條

式徒鋪列其案文狠及毛細之事遽于筐篋盎老婦之用悉籍之有同乎劑約能否之用良惡之迹昧昧不可得而知也及滿歲求調銓衡驗覈第能駮其文字小訛日月微舛勘結細故邀賄引賂吹毛掩瑜去小州入大州解遠縣得近縣敘遷次補如魚貫鴈行去此取彼若探囊發篋以故惡吏無所畏避民政多至紕錯臣謂宜令天下州郡歲結群吏之課必先疏其功過之狀則又以善惡深淺而相補除第為三等直云某人居某職事能舉其職嘗建立某功事有利于民嘗管幹某事能辦成或覆獄能得隱遏或能發大姦猾去民蠹害其書過罰約此凡郡縣衆吏長吏親書其守倅之成則轉運使提點刑獄分校定之逐部州郡設月日期會集上于二司二司之官以其集時咸會治所受部郡之考籍而參議之類其殿最歲上于三府移副于考功伏望朝廷慎選材識之士以授考功之職益增其員分總

諸道受外臺所上部郡考績之狀使得博采乎清議訪察乎風謠有貪暴而居優課循良而處劣第得以論糾參實其功過之事既合補除之法各以其秩敘或上于宰司或列于審官或報于選曹各依等而行升黜陟焉凡吏涖職三年終考三上者遷陟之三下罷免之二上而一下優敘之二下而一上殿留之其餘以是為差也此其約而易守簡而易辨有稽於古可繼於後吏知乎苟且非干時之術必勤於展用士知乎名節為取重之道必勵於進德則是為善之士益勉舉職之吏咸勸郡縣之政不肅而成矣比夫房劭之苛制崔裴之弊迹不步善乎謹論

方平又上論曰臣聞周典小宰以六計弊群吏之治曰廉善廉能廉恭廉正廉法廉辨治行雖異同主於廉惟廉而後能平平則公矣不廉必有所私私則法廢民無所措手足矣不才而能廉止乎聽理不能盡情枉直不能存微然其身正下不容大奸為害差小才而不廉故必立威懾下貪殘流虐舞文倚法舉枉措直其身不正其下因緣為市困窮孤弱無告為害大矣不才而能廉雖於事不明其自持必善有明察之上提其綱領其尤昏者抑為易去才而不廉必顯立幹辨之效陰構自固之術行偽而堅順非而澤諂諛承望善事上官腹心爪牙各有施設非貫盈天敗則國誅莫及故歷代之法吏為奸贓其罪特重非赦宥所及無洗滌之理然諸犯者相繼有爲得非由上下相蔽匿以苟安自全為事廉刺尚因循無糾姦擿伏之效且今保任之法贓罪同坐所以累其心使知顧重然中人之性易以遷還一為利欲所移辭全始終之節積累年紀屢更官秩舉官坐累終不得免今其州縣之吏地居総攝提轉之任職在澄清而又綱目相維臂指相用耳目相接政事相成與夫保任於累歲之前遠隔乎千里之

外較其蹤跡勢不同言今夫令宰有酷贓之迹而守倅縱不考驗守倅有貪虐之政而廉刺隱不上聞及其事暴遠流貫盈自敗罪止不察蔽罰至輕且州縣之有惡吏為民庶之所厭苦雖謠言大播而實狀無彰欲證其成必詢于衆故榜署集民使得告發然庸人畏縮避其辨鬭甘心侵枉猶不自明而頃年詔書復加禁止此誠朝旨寬大不欲採急群下發揚陰私然臣竊有惑焉闔境乎一人而恣之暴害乎一縣一州之衆使鰥寡孤獨困窮究横者無告此臣所以惑也縣吏抵罪而州受不察之罰州吏犯法而廉刺得不督之誅夫其敗則有相及之譴罪有迹而不聽其糾發此臣所以惑也而詔旨更訓以必告乃下之言夫爵賞在前罪誅在後而不知勸何告之從此臣所以惑也臣伏願更降明旨追前詔勿行使廉刺得舉其職以考群吏之治益復督勵務絕姦貪以清民政以恵疲氓凡統攝之司猶保任

之法贓罪同坐。以重其累。以令宰及守倅。以守倅及廉刺。其餘職事之職以是為準也。夫法惡者猶農之法草。芟夷蘊崇之。絕其本根。所以蕃良稼也。國之法惡吏。檢察棄逐之。所以顯良士育良民也。又臣比見敗吏率以其惡子弟外交匪人。引入賕遺。夫父有爭子。則身不陷於不義。父為不義。子當爭之。又況陷父於惡者哉。父為時棄。子與士齒。亦非勸勵之道也。臣伏請應以贓暴廢者。其子弟初或預聞。宜錮終身。勿聽仕進。如此。則父愛其子。子諫其父。其心益累所顧重矣。古所謂以刑止刑。為此道也。昔漢丞相邴吉恥以姦私按吏。後漢司徒袁安不以贓罪錮人。夫二漢之時。朝尚清議。士貴名節。贓吏不錮。固自淪棄。故二公得以寬德自裕也。今風俗流濫。共務貪汰。閭巷無守志之士。紳行之循道之人。不嚴官制。何以立法。猶乎御駻突而不厲乎銜策。且奔踶而銜蹶矣。故抑彊扶弱。自合仁義之道。損上益下。乃為施行之理。救時之弊。安人之本。其惟誅鋤惡吏也歟。謹論

知諫院陳升之上言。天下州縣治否。朝廷不能周知。悉付之轉運使。令選用不精。又無考課。非闒茸罷懦。亦淩肆刻薄。所以疾苦愁歎壅於上聞。必欲垂意元元。宜從此始。

同知諫院司馬光乞分十二等以進退羣臣。上殿劄子曰。臣竊以國家張官置吏。任事久則能否著。能否著則黜陟明。黜陟明則職業脩。職業脩則萬事理。此古今致治之要術也。今朝廷明知任官不久之弊。然不能變更者。其患有二。一者仕進資途等級太繁。若不踐歷。無由擢用。二者歲月敘遷有增無減。員少人多。無地可處。此所以熟視日久而無如之何者也。臣嘗不自知其愚賤。私為陛下慮之。竊以今之所謂官者。古之爵也。所謂差遣者。古之官也。官以任能。爵以酬功。今官爵渾殽。品秩紊亂。名實不副。員數濫溢。是以官吏愈多而萬事益廢。欲治而清之。莫若於舊官九品之外。別分職任差遣為十二等之制。以進退羣臣。謹具條列如左。

一十二等之制。宰相第一。兩府第二。兩制以上第三。三司副使知雜御史第四。三司判官轉運使第五。提點刑獄第六。知州第七。通判第八。知縣第九。幕職第十。令錄第十一。判司簿尉第十二。其餘文武職任差遣並以此比類為十二等。若上等有闕。即於次等之中擇才以補之。

一十二等之中舊無員數者。並乞以即今人數為定員。自今有闕則補。不可更增。

一十二等之人。德行學術。政事勇略。錢穀刑獄。文辭各隨才授任。其提點刑獄以上皆無罷滿之期。知州知縣縣令四年。餘皆三年為滿。未滿之間。稱職有功。則改官益祿。賞賜獎諭。仍居舊任。

必須上等有闕。然後選擇遷補。其不能稱職者。則移易黜廢。有罪者貶竄刑誅。

一同等之人。雖名有尊卑。事有閑劇。地有遠近。治有小大。遇遷補之時。不復以資任相壓。皆合為一等。選擇進用。

一提點刑獄以上。伏乞陛下與執政大臣。親加詳擇。其知州以下。委之審官院。幕職以下。委之流內銓。遇上等有闕。即於次等之中取職業修舉。功利及民。累經褒賞。或有舉主數多者。次取常調無過者以次遷補。

一應磨勘合改京官人。且依常調差遣。須候上等有闕。即取有功或舉主最多者以次遷補。其自幕職入知縣者。並改京官。

一因資蔭得京官者。分監當為三等。初任皆入下等監當。候中等上等有闕。亦依簿尉令錄之制。取有功或舉主多者以次遷補。

若知縣有闕則與幕職涀同遷補但不改官而已仍自今後以資蔭授官者須歷簿尉不得直除京官

一應因貪虐不公或昏懦廢職坐除免停替之人永不得復舊等差遣內別無入己贓罪經敘理得差遣或降充監當者五年之外有舉主五人以上聽復舊等差遣

右十二等之制伏望裁擇或有可采乞下公卿大臣詳議然後施行

光又論兩府遷官狀曰右臣伏見朝廷因進用宰臣韓琦等凡兩府之臣盡遷一官臣愚不明大体未識所謂竊恐從此相承遂為故事凡公卿者百吏之表率今國家方以官吏繁冗思革其弊而公卿無故一切遷官將何以使三百赤芾受爵不讓者有所愧心哉況慶曆中陛下以數月不雨執政之臣皆降一官以荅天戒今歲日食地震河及江淮汎溢橫潦烈風淫雨賊傷五穀四方之民墊溺流餓不可

勝紀比於慶曆灾害尤衆而兩府大臣無問新舊皆被褒遷殆非所以仰承天心一慰衆庶之意也竊計大臣當此之際亦必不敢受無名之賞伏望陛下因其辭讓內惟樞密使副使不可以給諫及郎中為之者依舊制外其餘皆不遷官以養大臣廉讓之節無使之負謗於海內則其為德澤愈厚矣

兩浙京東西轉運使王益柔上言曰今考課法區別長吏能否必明有顯狀顯狀必取其更置興作大利夫小政小善積而不已然後能成其大取其大而遺其細將競利圖功恐事之不舉者日多而虛名無實之風日起韻參以唐四善兼取行實列為三等

神宗熙寧五年翰林學士范百祿奏曰臣竊以天下之治先在安民安民之本在重守長今守長不重極矣有列於朝善最不聞而譏謗及之者出為之養貪引老而求便其私者出為之其次則所謂常調吏逾年而受及待二年之闕者比比皆是所謂朝廷之詔意何可得也其間選差或以勞閥堂除或以薦舉纔十分之一爾亦不過辦職亡過而已然率不逾三歲而更三歲而去矣然而又有甚焉今州縣守長一歲之間有再易者有三易者或至於四易者將迎道途之不暇彼雖懷奇抱異何暇施設此不獨守長之罪其理勢然也不稱其任使不平其賞罰故爾今欲以考之上中下而別其善惡示之以懲勸焉凡守長有能為民興利除害其政和平而民安之一境之內農桑勸逃亡返盜賊息鰥寡孤獨各得其所如是者為上考反是者為下考其考在上下之間一得焉一失焉而善惡相半者為中考中考者代注本等差遣下考之下者與監當下考之中者與通判上考之上者朝廷拔用唯所置焉上考之中者為監司郎吏上考之

下者與一次堂除大郡或先增秩或減年或賜金各有差而使之再任再任滿日審如前考雖更加優而褒進亦唯詔令耳如此則口才庶士皆知勉勵況賢者乎昔漢宣帝興于閭閻知民疾苦及即位名拜二千石皆親審之又考察其行以質其言常稱曰民安田里而亡歎息愁恨之聲者政平訟理也與我共此者其唯良二千石乎使久其任無數變易常以璽書勉其治效公卿闕則選諸所表者以補之是以黃霸朱邑光于史冊古不難及惟陛下加意焉

神宗時知審官院蘇頌上奏曰臣竊以國家恃以為治者民也使民敦本而趣善者縣令也是以前世論政者莫不以此為首務鄉者仁宗皇帝深知其故始詔保任縣令歲復增考課之法其所以責任求治之意至矣然而縣邑之間卓然以治理之效聞者猶寡臣竊思之

蓋以殿最之格不過校簿書案文法而已故簿書益密而編戶益擾文法彌具而治效彌遠是豈朝廷任官責效之本意邪且古治民勸導教率無所不至故孝悌力田有優異之科三老廉吏有表率之義由是農民衆而土田闢風俗厚而獄訟稀今則不然民勤於力苟致贍足則懼升遷等第遂有因循不耕之患是力田者有累而惰游者無罰也父兄衆居丁產稍多則懼差徭配率遂有離析異居之弊是孝悌無所勸而姦惡未得止也鄉村但有耆壯巡察吏卒追捕而不聞以善道諭之者是教化無由至而獄訟不得息也然則欲變其俗使稍敦本者亦在朝廷勸勉之而已臣欲望明詔戒勑自今考課以令長能用善道諭民勉末游而歸本業致獄訟稀簡而盜賊衰息者為優等其能校簿書均移稅賦發姦捕盜興利除害者為次等二者咸無為下等優等望賜超擢次等毋加激厲末等自當降黜其田里之

民亦許令長舉察州郡案覆立為科條有能盡力畎畝開墾陂澤久遠為利於衆者或群居孝友宗族敦睦為鄉黨所推者如此之類特與蠲除戶下差役其復有明於義理年高行著者即少加旌異或立鄉官之號以賜之使人諭教化於下相率而歸於善道如此則廉平之吏思盡所長禮義之風庶幾可致

頌又上曰臣伏覩條制約束捕盜官吏至為嚴密而鄉村盜賊未甚衰息及不盡敗獲者蓋由賞罰止於巡檢縣尉而不及知縣縣令故也臣以謂巡檢縣尉但能捕盜而不能使民不為盜若知縣縣令則其職在按察所部無所不統使之肅清一境勢不難也竊觀今天下縣邑有得人處往往預為條教暗設方略既備之有素則姦宄無能措手縱有竊發終亦為之擒捷其因循之人則不然見責任所不及至有以盜賊為非己職事而不留意故姦黨得以容隱重為鄉村之患者良為此爾臣謹按考課令每年尚書省諸司得州牧刺史縣令盜賊多少並送考司是古之長吏有考校盜賊之明文近世遂廢其法甚無謂也況今州縣場務課額稍虧官佐猶不免累豈良民罹剽劫之害而親民之吏獨不任其責乎臣欲乞朝廷下審官院流內銓共加詳定自今知縣縣令任內遇有強惡賊盜并獲與未獲並即時批上印紙曆子俟成考或罷任日校其殿最量立賞罰如此則當官之人各知儆懼制盜之本斯亦一端

哲宗元祐元年監察御史上官均奏曰臣聞治天下之術莫重於牧民牧民之任莫親於守令守令不賢人君雖有良法美意不能布宣而朝廷之德澤終不能被於天下然人之才氣用之則奮賞之則勸抑之則沮兩漢而下守令之効班班尤著者莫盛於漢宣之時豈其人材獨賢於後世誠由綜覈有法獎厲有術故也故其小者增秩賜

金其大者入為公卿當是之時人人自奮唯恐居後此所以竭智盡謀以成中興之治也比年以來外臺以財利督郡縣未責守令以治民之効郡縣以財利責民不暇及撫循安養之術其甚者至掊刻剝窮耗財力以免一時之責朝廷雖有守令考課之法文具而無實未聞擢一良守進一賢令以獎勸群吏此士之才氣所以委靡沮喪而不振故獄訟繁多盜賊充斥田里有愁歎之聲四方嗷嗷不被朝廷之德澤者良以此也自陛下臨御蠲吏局寬民力擇遣[illegible]黜暴吏斯民欣然有更生之意且及此時定州縣考課之法以勸守令庶幾有以宣布朝廷愛民之澤今以一路言之其為郡少者不下七八為縣不下數十其間一二循吏可以褒進然黜陟不明能否雜任賢者低回循默無以自表著者齷齪無大過不失敘遷此能吏所以不勸治効之所以不著也臣願敕有司明定考課之法太守考校縣令第其

優劣之著者各一人。歲終以上外臺轉運使會諸邑之課。又擇其一路之尤者。令之優劣各二人。守之優劣各一人。以上于朝廷。其守令至官未成考者。不預殿最。然後委本臺會議。參考名實。其優劣尤著者。顯行黜陟。如轉運使挾私昧識。考次不實者。亦加責罰。如是。則每路守令黜不過一二人。而天下之吏已肅然聳動矣。臣又見諸劇縣不過數十。民頑訟多。或十倍它邑。必勞責事為令者多不樂。不過部以闕官日久。須至硬差。被差者雖勉就任。未必得人。至於計日待替。苟免畏避事。愈不治。臣以為劇縣有闕。乞令兩制以上舉官。滿秩無大過者。與堂除優便之地。在本等之上。其治效優異者。別加賞擢。如此則才者樂於獎用。不憚煩勞。劇邑又且得人。無前日之弊。臣竊觀陛下臨御以來。發詔布政。未嘗不以愛養元元為意。而守令牧民之任本省黜陟之法。其貪邪大吏。中外所嫉者。雖加棄逐。猶不失為郡。竊

意。朝廷未以郡守為重也。陛下雖有愛民之心。而為之牧養者。恐不足以副朝廷布德行惠之意。願陛下斟酌愚言。留神而詳擇焉。

均為殿中侍御史。又上奏曰。臣聞治天下莫急於政事。政事之廢舉既繫在官之能否。又繫任用之久近。任久則於政事能詳知得失。以盡其才。而無滅裂之患。遷易則略於職事。未足騁其智術。而有苟簡之弊。此人情之所同也。臣竊觀今日之內外百官。唯常調之人。在吏部差除。或係堂除。闕慢差遣。方及二三年。皆罷其內任。則六曹侍郎寺監長貳。其在外則諸路監司及輔郡藩方。率多屢易矣。政事綱紀。出於六曹寺監。自六曹言之。吏部戶部職事最煩。所繫尤重。而監司大郡係一路千里之休戚。甚重而不輕也。明矣。今既屢易。則職事不及詳知。才術不暇施設。則為吏部者。尤必滅裂於條令。為戶部者。必滅裂於國計。為刑部者。必滅裂於奏讞。轉運使之於財賦。提點刑獄之於刑兵。常平。藩郡之於民事。必類皆苟簡。未為三年之計。況於久遠之利乎。天下政事。莫大於數者。而多為滅裂苟簡之政。欲求法令振舉。民被其利。未可得也。臣竊原數者屢易之意。或出於職任之遷還。或出於人情之私。出於遷還。如禮部之除戶部。戶部之除吏部。是也。出於私情。若從官之乞藩郡。監司之自遠求近之類是也。臣以為數者之弊。去之無難矣。六曹侍郎不過數人。今後止於朝廷之清選。既為侍郎。視其稱職。而望實久著。自可進為尚書。不必以敘遷為進擢也。夫設官分職。所以為民。不當緣人情私便。而屢易其任。則從官之於藩郡。監司之求近地。自當契勘其路到任。如及二年。則方與遷授。則上下安便。政事不至弛紊。臣切見陳潁近京數郡太守。多止及半年。即易他處。太守以一郡為傳舍。吏民以太守為過客。送故迎新。紛紛道路。太守不暇整治其綱紀。吏民豈有信服其政事耶。臣以為奉

行朝廷之法令。而利澤天下者。內則繫百官長貳。外則繫監司郡守。內外不得人。則不足以稱職。得人而屢易。則不足以舉職。職不舉。則政事廢弛。而下受其弊。雖有才吏。與不才者相去無幾。朝廷雖有良法美意。是為徒法而已矣。伏望陛下詔大臣。講求久任之法。使官宿其業。責以治效。庶幾人人悉心。不敢懷苟且之意。則天下之事。豈有不治哉。

御史中丞劉摯上言曰。臣自待罪風憲。屢嘗以天下監司為言。乞澄汰選擇。誠以朝廷政令。使監司得其人。則推行布宣。可以諭上指。而究惠澤。苟非其人。則所謂徒善而已。終於民不得被其利。夫上之所好。下必有甚。朝廷以名實為事。行綜覈之政。而下乃為刻急淺迫之行。朝廷以教化為意。行寬厚之政。而下乃為舒緩苟簡之事。皆習俗懷利。迎意而作。故所為近似。而非上之意本然也。今雖因革之政有

殊。而覲望之俗故在。但所迎之意有不同耳。其為患一也。昨差役之法初行。監司已有迎合爭先。不量可否。不校利害。一槩定差。騷動一路者。朝廷察其意固已黜之矣。推此以觀人情。大約類此。且天下之事。叢在諸路。總制于監司。其大者治財賦。察官吏。平獄訟。考疾苦。苟使者皆務為和緩寬縱。苟於安靜。則事之委靡不振。世之受𡚁不勝言也。向者黜責數人者。皆以其非法掊斂。怨在市進害民。今者亦非欲使之漫然不省其職。廢所宜治之事。謂之寬厚也。昧者不達。故矯枉或過其正。臣謂此俗不可滋長。要須大為之禁。伏乞聖慈詔執事申立監司考績之制。以常賦之登耗。郡縣之勤惰。刑獄之當否。民俗之休戚。為之殿最。每歲終以詔誅賞。仍自今歲始爲。庶幾有所隱括裁制之使。循良者不入于弛。肅給者不入于薄。然後上副聖明制治用中之意。夫察時之寬猛緩急。觀俗之過與不及。而張弛其政。正今日事也。

太常博士顔復上奏曰。臣伏覩陛下求治之意。安遠甚于綏近。今人臣事君之心。治外懈于治內。如此。上下相戾。欲治登休實。而民無失所。不可得矣。何哉。自二聖臨御以來。故有小違民情而幸利于國家者。撤而去之。唯恐不速。銷𩰚伊之氣。召和順之祥。指日以期太平之政。由是知陛下視遠如邇。夙夜軫懷。則尤重于遐遠耳目之外也。中都省臺寺監之屬。沿歷代之名。皆命以貞四方之官。監司守令郡縣官至筦榷邏徼之職。雖有無實而置者。是以人情輕外而樂內。居內之官。疲者可以追過。才者可以有聲。躁求徼進。往往有踰分之得。非自重而信道。信道而安命。安命而行志。行志而愛民者。不免有外官勤勞寡效之厭矣。此而不革。則將如唐之中世。慕入都之官為登仙之勝。如是則上違陛下欲治之心。下有遠民無告之弊。陛下孳孳益

勤而治功益遠。況上恩不孚而民志不申。天下之患無大於此。今天下最切于治人之官莫若監司守令。監司之權乃古州牧之比。而今人望而言曰。此中都汰而至耶。或不足取以在內耶。望者不信其為。而居者不勵其實。如一身首莊心忻而手足不運。將安用之。救今之弊。願陛下覈天下監司守令。公正愛民衆所共知。小者勉以手札。大者擢而躐進之。充中都之美官。則遐邇之臣。知陛下以治民為重。孰不崇勸。本豐末美。上下志通。施德于民。如置郵之速。而雨露之溥。不勞而治天下矣。

哲宗時右正言劉安世上奏曰。臣伏覩先王之治。在於官率其屬。使上下足以相維。內外足以相制。故人各任責而無苟簡之患。吏不數易而見誅賞之實。此堯舜三代之所共由而不可廢者也。今親民之任在郡縣。朝廷既為之置守令矣。衆守令而無統率。則民或受其弊。又為之設監司矣。監司之官。坐制一道。多者至三十餘州。少者亦不減十餘郡。然其所以班道風化。振舉紀綱。舒慘百城。廢置群吏。調發兵食。均節財賦。朝廷一聽其所為。可謂任之重矣。既付之以如此之權。而無法以糾其謬。豈非責小官者為太密。而馭大吏者為太略乎。臣聞祖宗之朝。所以擇監司之意甚慎。而考績之制甚詳。近世因循。寖以不講。授任之際。未嘗察其行實。遂容非才冒處其間。既將指使。鮮能稱職。或出於私喜。而褒薦過其情。或發於暴怒。而詆捃非其罪。或優游苟且。計日待遷。或承望風指。以非為是。急功利者有至於妄作。務寬大者有至於容姦。不惟無補於朝廷。抑亦有害於政事。臣嘗攷唐六典。監察御史之職。掌分察百僚。巡按郡縣。每詔十道。則選判官二人以為之佐。是御史非特糾尚書六司之過失。

而亦按治外路也。臣愚欲望聖慈詔執政。如諸路監司闕官。並以兩制等所舉本科之人。更加掄擇。須協公議。方可除用。若未滿任。不許還易。講求祖宗課責轉運使副之詔。著為定法。然後以天下諸路分隸六察。間遣巡行。按其功罪。若治行尤異。則元舉之官宜推進賢之賞。職業亡狀者。必行謬舉之罰。庶幾吏久其任。不敢偷墮。上下交儆。百職脩舉。

高宗建炎元年。尚書右僕射李綱上言曰。臣竊以廢覈實之政。揜久任之法。而欲事功之成。雖堯舜有所不能。故唐虞之際。三載考績。三考黜陟幽明。以鯀治水。至於九載績用弗成。然後竄殛加焉。此所以允釐百工而庶績咸熙也。今以州縣之間。任一官效一職者。數改易之。猶不足以為治。乃於朝廷之上。艱難多故之秋。而欲收功於旬月之間哉。以靖康一歲中考之。宰相易

者七人。自知樞密院事至簽書樞密院易者二十餘人。宣撫制置使副易者十五人。進退將帥大臣。未有如是之速者。是以措置施設議論取捨。人各不同。先後舛逆。首尾衡決。紛然無所適從。至其甚也。大臣莫肯用事。而坐觀勝負者攘臂於其間。反為得策。故其禍變不可勝道。且以金人觀之。自用兵以來。其謀議任用之人。亦嘗有所改易否乎。所謂黏罕斡离不者。皆握兵十餘年。其威信足以用其衆。而吾以驟進亟罷之將帥大臣當之。宜乎不能取勝也。譬猶奕者置棊不定。不足以勝敵。況於用人不知信任之道。而欲撥亂反正。以捍大患。以圖中興。豈可得哉。伏望陛下於選任將帥大臣之際。精加考擇。得其人則久任而責成功。勿為細故之所搖。勿為小人之所間。則天下之事庶乎可為也。

高宗時。樞密院編脩鄭剛中上奏曰。臣聞人君之道。內在於盡誠外在於責實。誠實備至。而天下不治者。未之有也。陛下比年寬刑罰省科徭。戒貪贓。嚴警備。恤饑窮。每一詔下。丁寧懇惻。其思治望道之心計亦切矣。然而百姓不盡知德澤不徧及者何哉。責實有所未至爾。天下君子少。小人多。臣子效職者少。欺陛下者多。朝廷施行一事付之監司。監司付郡守。郡守付縣令。各了一司文移之具。不問其有無實惠及民。是則雖堯禹在上。功效何由而著乎。故民間往年聞寬厚之詔。猶咨嗟怨恨曰。吾君愛民如此。而官吏弗之行也。今則不然。美意一頒。天下知其為虛設。補蓋欺罔誕謾之弊。至今不革。廣設文具應辦目前。髣髴近似。以報其上。故視其已具之文。雖陛下不能無疑。吾法既美矣。吾官吏亦奉行如此矣。一何治道之難成。曾不知有其無實受陛下之惠者。百不一二有也。陛下以誠意鼓衆動化立中興

之治。而官吏乃至變移之。豈不痛乎。嘗觀漢宣帝之所行。成帝亦行之。而治功為不及者。蓋總核名實。孝宣帝之所長故也。元康二年。孝宣即位十載矣。方下詔與士大夫厲精更始矣。今陛下臨御亦十年。而天下有虛文之弊。臣願為士大夫下厲精之詔。許自今宣布實德。視斯民利害。如在其家。如在其身。不得虛名文具欺罔朝廷。使陛下之誠意被覆赤子之身。而不在於官府文書之上。則樞機周密可以不媿漢宣帝之時。苟為不然。因循苟且。日復一日。必累陛下責實之政也。

剛中又上奏曰。臣聞內外之臣。共持法度。今雖未治。積久必安。內外之臣。共懷苟且。今雖少安。積久必亂。監司郡守。朝廷委以治外者也。今付授之際。曾不審擇。出而為政。率多苟且之人。臣頃於州縣間見大而獄訟。小而莞庫。姦贓不法。庸繆昏老者。在處有之。而監司郡守

熟視不顧以不按治為長者以能容忍為得體旨始號呼怨詈以日為歲作過小吏方偃然自安朝廷幸而廉得一人時有竄謫大率去不三二程州郡又復容庇於所在私酤過稅請囑公事愈更擾人究其原皆初不審擇監司郡守之過而又屬吏犯法朝廷未嘗問所屬以容庇之罪彼苟且者謂吾終更之日能幾何時何用拂人情而斂怨哉坐閲吏奸漫不加省嗚呼為陛下赤子者何幸哉臣願陛下詔大臣使先重監司郡守之選無狀者勿以輕授次嚴監司郡守之法容庇者輒坐之圖積久之安去苟且之弊則天下治矣

孝宗淳熙六年禮部尚書兼翰林學士周必大奏曰臣聞立國必有制度如三代之時夏尚忠商尚質周尚文子孫守之皆歷數百年雖舉偏補弊有所不免而規模一定未嘗易也恭惟本朝聖聖相授至于陛下厚德加乎民至治高於古其間政事設施雖時有損益至於

立國之要則專在乎仁故兵未嘗不用也而以禁暴安人為本刑未嘗輕貸也而以遷善遠罪為意此所以上天佑之下民歸之億萬斯年方興而未艾也臣久侍左右竊仰陛下發於言者無非仁言施於政者無非仁政苟有利於人事至難而必為苟未便於物令縱下而必改推是以往增光祖宗混一夷夏蓋可指期以俟矣雖然人主至尊萬民至卑九重至深四海至遠陛下有是言也非賢守令則無以宣之于外陛下有是政也非賢守令則無以達之於民縣令衆矣勢難偏擇盍亦注意於郡守乎自陛下即位以來凡除守臣必延見訪問問有疲癃疾病鄙拙庸謬者往往改授他官不可不謂注意矣然臣尚以為言者蓋諸道以簿書期會為能者多知有教化者少便文自營欺謾為課者多實惠及民者少是以聖心焦勞于上而黎庶未康于下抑有由也臣願陛下法虞舜三載考績三考黜陟幽明之遺意詢事考言取郡守治效著聞者峻擢三二人以風曉四方又取治狀不進者顯黜三二人以策勵其餘自然豈弟之詠可繼於成周循良之盛不減於西漢此似迂而實切似緩而實急惟聖明裁幸

金宣宗時御史中丞李英言兵興以來百務皆弛其要在於激濁揚清獎進人才耳近年改定四善二十七最之法徒為虛文大定間數遣使者分道考察廉能當時號為得人願改前日徒設之文遵大定已試之效庶幾人人自勵為國家用矣宣宗嘉納之

元世祖至元中集賢直學士兼秘書少監程鉅夫奏曰國朝建御史臺雖有考課之目而未得其要莫可致詰欲乞照前朝體例應諸道府州司縣下至曹掾等各給出身印紙曆子一卷書本人姓名出身於其前俾各處長吏聯銜結罪保明書其歷任月日在任功過于後秩滿有司詳視而差其殿最則人之賢否一覽而知考核得實庶無

僥倖

去邪

魯文公十八年莒紀公生太子僕又生季佗愛季佗而黜僕且多行無禮於國僕因國人以弒紀公以其寶玉來奔納諸宣公公命與之邑曰今日必授季文子使司寇出諸竟曰今日必達公問其故季文子使太史克對曰先大夫臧文仲教行父事君之禮行父奉以周旋弗敢失隊曰見有禮於其君者事之如孝子之養父母也見無禮於其君者誅之如鷹鸇之逐鳥雀也先君周公制周禮曰則以觀德德以處事事以度功功以食民作誓命曰毀則為賊掩賊為藏竊賄為盜盜器為姦主藏之名賴姦之用為大凶德有常無赦在九刑不忘行父還觀莒僕莫可則也孝敬忠信為吉德盜賊藏姦為凶德夫莒僕則其孝敬則弒君父矣則其忠信則竊寶玉矣其人則盜賊也其

器則姦兆也保而利之則主藏也以訓則昏民無則焉不度於善而皆在於凶德是以去之昔高陽氏有才子八人蒼舒隤敳檮戭大臨尨降庭堅仲容叔達齊聖廣淵明允篤誠天下之民謂之八愷高辛氏有才子八人伯奮仲堪叔獻季仲伯虎仲熊叔豹季貍忠肅恭懿宣慈惠和天下之民謂之八元此十六族也世濟其美不隕其名以至於堯堯不能舉舜臣堯舉八愷使主后土以揆百事莫不時序地平天成舉八元使布五教於四方父義母慈兄友弟共子孝內平外成昔帝鴻氏有不才子掩義隱賊好行凶德醜類惡物頑嚚不友是與比周天下之民謂之渾敦少皞氏有不才子毀信廢忠崇飾惡言靖譖庸回服讒蒐慝以誣盛德天下之民謂之窮奇顓頊氏有不才子不可教訓不知話言告之則頑舍之則嚚傲很明德以亂天常天下之民謂之檮杌此三族也世濟其凶增其惡名以至于堯堯不能去縉雲氏有不才子貪于飲食冒于貨賄侵欲崇侈不可盈厭聚斂積實不知紀極不分孤寡不恤窮匱天下之民以比三凶謂之饕餮舜臣堯賓于四門流四凶族渾敦窮奇檮杌饕餮投諸四裔以禦螭魅是以堯崩而天下如一同心戴舜以為天子以其舉十六相去四凶也故虞書數舜之功曰慎徽五典五典克從無違教也曰納于百揆百揆時敘無廢事也曰賓于四門四門穆穆無凶人也舜有大功二十而為天子今行父雖未獲一吉人去一凶矣於舜之功二十之一也庶幾免於戾乎

定公九年陽虎歸寶玉大弓公伐陽虎陽虎使焚萊門師驚犯之而出奔齊請師以伐魯曰三加必取之齊侯將許之鮑文子諫曰臣嘗為隸於施氏矣魯未可取也上下猶和衆庶猶睦能事大國而無天菑若之何取之陽虎欲勤齊師也齊師罷大臣必多死亡已於是乎

奮其詐謀夫陽虎有寵於季氏而將殺季孫以不利魯國而求容焉親富不親仁君焉用之君富於季氏而大於魯國茲陽虎所欲傾覆也魯免其疾而君又收之無乃害乎齊侯執陽虎將東之逃趙氏仲尼曰趙氏其世有亂乎

秦昭襄王以范雎為客卿雎日益親用事因說秦王曰臣居山東時聞齊之有孟嘗君不聞有王聞秦有太后穰侯不聞有王夫擅國之謂王能利害之謂王制殺生之謂王今太后擅行不顧穰侯出使不報華陽涇陽擊斷無諱高陵進退不請四貴備而國不危者未之有也為此四貴者下乃所謂無王也穰侯使者操王之重決制於諸侯剖符於天下征敵伐國莫敢不聽戰勝攻取則利歸於陶戰敗則怨結於百姓而禍歸於社稷臣又聞之木實繁者披其枝披其枝者傷其心大其都者危其國尊其臣者卑其主淖齒管齊而弒湣王李兌

管趙而囚主父。今臣觀四貴之用事。此亦齒兌之類也。且三代之所以亡國者。君專授政於臣。縱酒弋獵。其所授者妬賢嫉能。御下蔽上以成其私。不為主計。而主不覺悟。故失其國。今自有秩以上至諸大吏。下及王左右。無非相國之人者。臣見王獨立於朝。竊恐萬世之後有秦國者非王子孫也。王以為然。於是廢太后。逐穰侯魏冉華陽君芊戎高陵君市涇陽君悝於關外。以雎為丞相。封應侯。

秦二世時。丞相李斯上書言趙高之短曰。臣聞之。臣疑其君。無不危國。妾疑其夫。無不危家。今有大臣於陛下。擅利擅害。與陛下無異。此甚不便。昔者司城子罕相宋。身行刑罰。以威行之。朞年。遂劫其君。田常為簡公臣。爵列無敵於國。私家之富與公家均。布惠施德。下得百姓。上得羣臣。陰取齊國。殺宰予於庭。即弑簡公於朝。遂有齊國。此天下所明知也。今高有邪佚之志。危反之行。如子罕相宋也。私家之富。若田氏之於齊也。兼行田常子罕之逆道。而劫陛下之威信。其志若韓玘為韓安相也。陛下不圖。臣恐其為變也。

漢武帝時。田千秋上言曰。方士言神仙者甚衆。而無顯功。請皆罷斥遣之。上曰。大鴻臚言是也。於是悉罷諸方士候神人者。是後上每對羣臣。自歎鄉時愚惑。為方士所欺。天下豈有仙人。盡妖妄耳。節食服藥。差可少病而已。

元帝時。京房以孝廉為郎。是時中書令石顯顓權。房嘗宴見。（以閑宴時入見天子。）問上曰。幽厲之君何以危。所任者何人也。上曰。君不明而所任者巧佞。房曰。知其巧佞而用之耶。將以為賢也。上曰。賢之。房曰。然則今何以知其不賢也。上曰。以其時亂而君危知之。房曰。若是。任賢必治。任不肖必亂。必然之道也。幽厲何不覺悟而更求賢。曷為卒任不肖以至於是。上曰。臨亂之君各賢其臣。令皆覺寤。天下安得危亡之君。房曰。齊桓公秦二世亦嘗聞此君而非笑之。然則任豎刁趙高。政治日亂。盜賊滿山。何不以幽厲卜之而覺悟乎。上曰。唯有道者能以往知來耳。房因免冠頓首曰。春秋紀二百四十二年災異。以視萬世之君。（視讀曰示。）今陛下即位以來。日月失明。星辰逆行。山崩泉涌。地震石隕。夏霜冬雷。春凋秋榮。隕霜不殺。水旱螟蟲。民人飢疫。盜賊不禁。刑人滿市。春秋所記災異盡備。陛下視今為治耶亂耶。上曰。亦極亂耳。尚何道。房曰。今所任用者誰與。上曰。然幸其癒（癒與愈同。猶勝也。）於彼。又以為不在此人也。房曰。夫前世之君亦皆然矣。臣恐後之視今。猶今之視前也。上良久乃曰。今為亂者誰哉。房曰。明主宜自知之。上曰。不知也。如知之。何故用之。房曰。上最所信任。與圖事帷幄之中。進退天下之士者是矣。房指謂石顯。上亦知之。謂房曰。已諭。

諸葛豐上書謝曰。臣豐駑怯。文不足以勸善。武不足以執邪。陛下不量臣能否。拜為司隸校尉。未有以自效。復秩臣為光祿大夫。官尊責重。非臣所當處也。又迫年歲衰暮。常恐卒填溝渠。無以報厚德。使論議士譏臣無補。長獲素餐之名。故常願捐一旦之命。不待時而斷姦臣之首。縣於都市。編書其罪。使四方明知為惡之罰。然後却就斧鉞之誅。誠臣所甘心也。夫以布衣之士尚猶有刎頸之交。今以四海之大。曾無伏節死誼之臣。率盡苟合取容。阿黨相為。念私門之利。忘國家之政。邪穢濁溷之氣。上感于天。是以災變數見。百姓困乏。此臣下不忠之效也。臣誠恥之亡已。凡人情莫不欲安存而惡危亡。然忠臣直士不避患害者。誠為君也。今陛下天覆地載。物無不容。使尚書令堯賜臣豐書曰。夫司隸者。刺舉不法。善善惡惡。所得顓之也。勉處中和。順經術意。恩深德厚。臣豐頓首幸甚。臣竊不勝憤懣。願賜清宴。唯陛下裁幸。

成帝建始元年。丞相御史奏石顯舊惡。免官。徙歸故郡。五鹿充宗左遷玄菟太守。司隸校尉王尊劾奏丞相衡。御史大夫譚。知顯等顓權擅勢。大作威福。為海內患害。不以時白奏行罰。而阿諛曲從。附下罔上。懷邪迷國。無大臣輔政之義。皆不道。在赦令前。赦後。衡譚舉奏顯不自陳不忠之罪。而反揚著先帝任用傾覆之徒。妄言百官畏之甚於主上。卑君尊臣。非所宜稱。失大臣體。於是衡慙懼。免冠謝罪。上丞相侯印綬。

成帝時。定陵侯淳于長有罪。遣就國。長以金錢與紅陽侯王立。立為長求留。丞相翟方進劾立懷邪亂政。請下獄。上曰。紅陽侯朕之舅。不忍致法。遣就國。於是方進復奏立黨友曰。立素行積為不善。衆人所共知。邪臣自結。附託為黨。庶幾立與政事。欲獲其利。今立斥逐就國。所交結尤著者。不宜備大臣為郡守。案後將軍朱博。鉅鹿太守孫閎。故光祿大夫陳咸與立交通厚善。相與為腹心。有背公死黨之信。欲相攀援。死而後已。皆內有不仁之性。而外有儁材。過絕於人倫。勇猛果敢。處事不疑。所居皆尚殘賊酷虐。苛刻慘毒以立威。而亡纖介愛利之風。天下所共知。愚者猶惑。孔子曰。人而不仁如禮何。人而不仁如樂何。言不仁之人亡所施用。不仁而多材。國之患也。此三人皆內懷奸猾。國之所患。而深相與結信於貴戚奸臣。此國家大憂。大臣所宜沒身而爭也。昔季孫行父有言曰。見有善於君者愛之。若孝子之養父母也。見不善者誅之。若鷹鸇之逐鳥爵也。翅翼雖傷不避也。貴戚強黨之衆誠難犯。犯之衆敵並怨。善惡相冒。臣幸得備宰相。不敢不盡死。請免博閎咸歸故郡。以銷奸雄之黨。絕羣邪之望。奏可。

後漢光武為大司馬時。舍中兒犯法。軍市令祭遵格殺之。大司馬怒。命收遵。主簿陳副諫曰。明公常念衆軍整齊。今遵奉法不避。是教令所行也。乃以遵為刺奸將軍。謂諸將曰。當備祭遵。吾舍中兒犯法尚殺之。必不私諸卿也。

和帝時。諸竇雖誅。而夏陽侯瓌猶尚在朝。御史中丞周紆疾之。乃上疏曰。臣聞臧文仲之事君也。見有禮於君者。事之如孝子之養父母。見無禮於君者誅之。如鷹鸇之逐鳥雀。案夏陽侯瓌本出輕薄。志在邪僻。學無經術。而妄搆講舍。外招儒徒。實會奸桀。輕忽天威。侮慢王室。又造作巡守封禪之書。惑衆不道。當伏誅戮。而主者營私。不為國計。夫涓流雖寡。浸成江河。爝火雖微。卒能燎野。履霜有漸。可不懲革。宜尋呂產專竊之亂。永惟王莽篡逆之禍。上安社稷之計。下解萬夫之惑。會瓌歸國。紆遷司隸校尉。

順帝時。邵陵令任嘉在職貪穢。因遷武威太守。後有司奏嘉臧罪千萬。徵考廷尉。其所牽染將相大臣百有餘人。侍中楊倫乃上書曰。臣聞春秋誅惡及本。本誅則惡消。振裘提領。領正則毛理。今任嘉所坐狼藉。未受辜戮。猥以垢身。改典大郡。自非案坐舉者。無以禁絕奸萌。往者湖陸令張疊蕭令駟賢徐州刺史劉福等。釁穢既彰。咸伏其誅。而豺狼之吏。至今不絕者。豈非本舉之主不加之罪乎。昔齊威之霸。殺奸臣五人。并及舉者。以弭謗讟。當斷不斷。黃石所戒。夫聖王所以聽僮夫匹婦之言者。猶塵加嵩岱。霧集淮海。雖未有益。不為損也。惟陛下留神省察。奏御。有司以倫言切直。辭不遜順。下之。尚書奏倫深知宏事。激以求直。坐不敬。結鬼薪。詔書以倫數進忠言。特原之。免歸田里。

時選遣八使。循行風俗。皆耆儒知名。多歷顯位。唯御史張綱年少。官次最微。餘人受命之部。而綱獨埋其車輪於洛陽都亭曰。豺狼當路。安問狐狸。遂奏曰。大將軍梁冀河南尹梁不疑。蒙外戚之援。荷國厚是以蔚苑之資居阿衡之任不能敷揚五教翼贊日月而專爲封豕長蛇肆其貪叨甘心好貨縱恣無底多樹謟諛以害忠良誠天威所不赦大辟所宜加也謹條其無君之心十五事斯皆臣子所切齒者也書御注御謂進也 京師震竦時冀妹爲皇后內寵方盛諸梁姻族滿朝帝雖知綱言直終不忍用

桓帝時宦官方熾任人及子弟爲官布滿天下競爲貪淫朝野嗟怨太尉楊秉與司空周景上言內外吏職多非其人自頃所徵皆特拜不試致盜竊縱恣怨訟紛錯舊典中臣子弟不得位東執而今枝葉賓客布列職署或年少庸人典據守宰上下忿患四方愁毒可遵用舊章退貪殘塞災謗請下司隸校尉中二千石城門五營校尉北軍中候各實覈所部應當斥罷自以狀言三府廉察有遺漏續上帝從之於是秉條奏牧守以下匈奴中郎將燕瑗青州刺史羊亮遼東太守

孫宣等五十餘人或死或免天下莫不肅然

司空黃瓊上疏曰臣聞天者務剛其氣君者務强其政是以王者處高自持不可不安顧危任力不可不據夫自持不安則顛任力不據則危故聖人升高據上則以德義爲首涉危蹈傾則以賢者爲力唐堯以德化爲冠冕以稷契爲筋力高而益崇動而愈據此先聖所以長守萬國保其社稷者也昔高皇帝應天順民奮劍而王掃除秦項革命創制降德流祚至於哀平而帝道不綱秕政日亂遂使奸佞擅朝外戚專恣所冠不以仁義爲冕所蹈不以賢佐爲力終至顛蹶滅絕漢祚天維陵弛民鬼慘愴賴皇乾眷命炎德復輝光武以聖武天挺繼統興業創基冰泮之上立足枳棘之林推賢於衆愚之中畫功於無形之世崇禮義於交爭循道化於亂離是以慮高而不傾任力危而不跌興復洪祚開建中興光被八極垂名無窮至於中葉盛業漸衰陛下初從藩國爰升帝位天下拭目謂見太平而即位以來未有勝政諸梁秉權豎宦充朝重封累職傾動朝廷卿校牧守之選皆出其門羽毛齒革明珠南金之寶殷滿其室富擬王府勢回天地言之者必族附之者必榮忠臣懼死而杜口萬夫怖禍而木舌塞陛下耳目之明更爲聾瞽之主故太尉李固杜喬忠以直言德以輔政念國亡身隕歿爲報而坐陳國議遂見殘賊賢愚切痛海內傷懼又前白馬令李雲指言宦官罪穢宜誅皆因衆人之心以救積薪之敝弘農杜衆知雲所言宜行懼雲以忠獲罪故上書陳理之乞同日而死所以感悟國家庶雲獲免而雲既不辜衆又并坐天下尤痛益以怨結故朝野之人以忠爲諱昔趙殺鳴犢孔子臨河而反夫覆巢破卵則鳳凰不翔刳牲夫胎則麒麟不臻誠物類相感理使其然尚書周永昔爲沛令素事梁冀幸其威勢坐事當罪越拜令職見冀將衰乃

陽毀示忠遂因奸計亦取封侯又黃門協邪羣輩相黨自冀興盛腹背相親朝夕圖謀共構奸軌臨冀當誅無可設巧復記其惡以要爵賞陛下不加清徼審別真偽復與忠臣並時顯封使朱紫共色粉墨雜糅所謂抵金玉於沙礫碎珪璧於泥塗四方聞之莫不憤歎昔曾子大孝慈母投杼伯奇至賢終於流放夫讒諛所舉無高而不可升所抑無深而不可淪可不察歟臣至頑駑世荷國恩身輕位重勤不補過然懼於永殁負釁益深敢以垂絕之日陳不諱之言庶有萬分無恨三泉

時詔三府掾屬舉謠言太尉掾范滂奏刺史二千石權豪之黨二十餘人尚書責滂所劾猥多疑有私故滂對曰臣之所舉自非叨穢奸暴深爲民害豈以汙簡札哉閒以會日迫促故先舉所急其未審者方更參實臣聞農夫去草嘉穀必茂忠臣除奸王道以清若臣言有

貳。甘受顯戮。吏不能詰。

靈帝中平元年。朱儁護軍司馬傅燮上疏曰。臣聞天下之禍。不由於外。皆興於內。是故虞舜先除四凶。然後用十六相。明惡人不去。則善人無由進也。今張角起趙魏。黃巾亂六州。此皆釁發蕭墻。而禍延四海者也。臣奉辭伐罪。戰無不克。黃巾雖盛。不足為廟堂憂也。臣之所懼。在於治水不自其源。末流彌增其廣。誠使張角梟夷。黃巾變服。臣之所憂。甫益深耳。何者。夫邪正不宜共國。亦猶冰炭不可同器。彼知正人之功顯。而危亡之兆見。皆將巧辭飾說。共長虛偽。夫不詳察。忠臣將復有杜郵之戮矣。陛下宜思四罪之舉。速行讒佞之誅。則善人思進。奸凶自息。常侍趙忠惡之。

獻帝時。大尉公孫瓚奏論袁紹罪狀曰。臣聞皇羲以來。始有君臣上下之事。張化以導民。刑罰以禁暴。今行車騎將軍袁紹。託其先軌。寇

奏議卷之一百七十三　九

竊人爵。既性暴亂。厥行淫穢。昔為司隸校尉。會值國家喪禍之際。太后承攝。何氏輔政。紹專為邪媚。不能舉直。示令丁原焚燒孟津。招來董卓。造為亂根。紹罪一也。卓既入洛。而主見質。紹不能權譎以濟君父。而棄置節傳。迸竄逃亡。忝辱爵命。背上不忠。紹罪二也。紹為渤海太守。默選戎馬。當攻董卓。不告父兄。至使太傅門戶。太僕母子。一旦而斃。不仁不孝。紹罪三也。紹既興兵。涉歷二年。不恤國難。廣自封殖。乃多以資糧。專為不急。割剝富室。收考責錢。百姓吁嗟。莫不痛怨。紹罪四也。韓馥之迫。竊其虛位。矯命詔恩。刻金印玉璽。每下文書。皂囊施檢。文曰。詔書一封。邟鄉侯印。昔新室之亂。漸以即真。今紹所施。擬而方之。紹罪五也。紹令崔巨業候視星日。財貨賂遺。與共飲食。克期會合。攻鈔郡縣。此豈大臣所當宜為。紹罪六也。紹與故虎牙都尉劉勳首共造兵。勳仍有效。又降服張楊。而以小忿枉害於勳。信用讒慝。殺害有功。紹罪七也。紹又上故上谷太守高焉。故甘陵相姚貢。橫責其錢。錢不備畢。二人并命。紹罪八也。春秋之義。子以母貴。紹母親為婢使。紹實微賤。不可以為人後。以義不宜。乃據豐隆之重任。忝污王爵。損辱袁宗。紹罪九也。又長沙太守孫堅。前領豫州刺史。驅走董卓。埽除陵廟。其功莫大。紹令周昂盜居其位。斷絕堅糧。令不得入。使卓不被誅。紹罪十也。臣又每得後將軍袁術書云。紹非術類也。紹之罪戾。雖南山之竹不能載。昔姬周政弱。王道陵遲。天子遷都。諸侯背叛。於是齊桓立柯亭之盟。晉文為踐土之會。伐荊楚以致菁茅。誅曹衛以彰無禮。臣雖闒茸。名非先賢。蒙被朝恩。當此重任。職在鈇鉞。奉辭伐罪。輒與諸將州郡兵討紹等。若事克捷。罪人斯得。庶續桓文忠誠之效。攻戰形狀。前後續上。遂舉兵與紹對戰。紹不勝。

魏明帝即位時。中書監令號為專任。關內侯蔣濟上疏曰。大臣太重

奏議卷之一百七十三　十

者國危。左右太親者身蔽。古之至戒也。往者大臣秉事。內外扇動。陛下卓然自覽萬機。莫不祗肅。夫大臣非不忠也。然威權在下。則衆心慢上。勢之常也。陛下既已察之於大臣。願無忘於左右。左右忠正遠慮。未必賢於大臣。至於便辟取合。或能工之。今外所言。輒云中書。雖使恭慎。不敢外交。但有此名。猶惑世俗。況實握事要。日前倘因疲倦之間。有所割制。衆臣見其能推移於事。即亦因時而向之。一有此端。因當內設自完。以此衆語。私招所交。為之內援。若此。臧否毀譽。必有所興。功負賞罰。必有所易。直道而上者或壅。曲附左右者反達。因微而入。緣形而出。意所狎信。不復猜覺。此宜聖智所當早聞。外以經意。則形際自見。或恐朝臣畏言不合。而受左右之怨。莫適以聞。臣竊亮陛下潛神默思。公聽並觀。若事有未盡於理。而物有未周於用。將改由易調。遠與黃唐角功。近昭武文之迹。豈近習而已哉。然人君猶不

可悉天下事以適已所當有所付三官任一臣非周公旦之忠又非管夷吾之公則有弄機敗官之弊當今桂石之士雖少至於行稱一州智效一官忠信竭命各奉其職可並驅策不使聖明之朝有專吏之名也

齊王嘉平間司馬宣王懿上疏劾曹爽曰臣從遼東還先帝詔陛下秦王及臣升御床把臣臂深以後事為念臣言二祖亦屬臣以後事為念此陛下所見無所憂苦萬一有不如意臣當以死奉明詔黃門令董箕等才人侍疾者皆所聞知今大將軍爽背棄顧命敗亂國典內則僭擬外專威權破壞諸營盡據禁兵羣官要職皆置所親殿中宿衞歷世舊人皆復斥出欲置所親以樹私計根據槃互縱恣日甚外既如此又以黃門張當為都監專共交關看察至尊伺候神器離間二宮傷害骨肉天下洶洶人懷危懼陛下但為寄坐豈得久安此非

先帝詔陛下及臣升御床之本意也臣雖朽邁敢忘往言昔趙高極意秦氏以滅呂霍早斷漢祚永世此乃陛下之大鑒臣受命之時也太尉臣濟尚書令臣孚等皆以爽為有無君之心兄弟不宜典兵宿衞奏永寧宮皇太后令勑臣如奏施行臣輒勑主者及黃門令罷爽羲訓吏兵以侯就第不得逗留以稽車駕敢有稽留便以軍法從事臣輒力疾將兵屯洛水浮橋伺察非常爽得宣王奏事不通迫窘不知所為

晉元帝時祖約與陳留阮孚齊名後轉從事中郎典選舉約妻無男而性妒約亦不敢違忤嘗夜寢於外忽為人所傷疑其妻所為約求去職帝不聽約便從右司馬營東門私出司直劉隗劾之曰約幸荷殊寵顯宜選曹銓衡人物眾所具瞻當敬以直內義以方外杜漸防萌式遏寇害而乃變起蕭牆患生婢妾身被刑傷虧其膚髮羣小噂嗒聲遠被塵穢清化垢累明時天恩含垢猶復慰喻而約違命輒出既無明智以保其身又孤恩廢命宜加貶黜以塞眾謗帝不之罪

簡文帝時博平吳興聞人奭上疏曰驃騎諮議參軍茹千秋協附宰相起自微賤竊弄威權衒賣天官其子壽齡為樂安令贓私狼藉畏法奔迸竟無罪罰傲然還縣又尼媪屬類傾動亂時穀賤人饑流殣不絕由百姓單貧役調深刻又振武將軍庾恒鳴角京邑主簿戴良夫苦諫被囚殆至隕命而恒以醉酒見怒良夫以執忠廢棄又權寵之臣各開小府施置吏佐無益於官有損於國疏奏帝益不平

孝武帝時范甯出補豫章太守甯在郡大設庠序遣人往交州採磬石以供學用改革舊制不拘常憲遠近至者千餘人資給眾費一出私祿并取郡四姓子弟皆充學生課讀五經又起學臺功用彌廣江州刺史王凝之上言曰豫章郡居此州之半太守臣甯入參機省出

守名郡而肆其奢濁所為狼籍郡城先有六門甯悉改作重樓復更開二門合前為八私立下舍七所臣伏尋宗廟之設各有品秩而甯自置家廟又下十五縣皆使左宗廟右社稷準之太廟皆資人力又奪人居宅工夫萬計甯若以古制宜崇自當列上而敢專輒惟在任心州既聞知即符從事制不復聽而甯嚴威屬縣惟令速立願出臣表下太常議之典禮於是甯以此抵罪

宋高祖初尚書僕射王弘奏彈謝靈運曰臣聞閑厥有家垂訓大易作威專戮致誡周書斯典或違刑茲無赦世子左衞率康樂縣公謝靈運力人桂興淫其嬖妾殺興江涘棄尸洪流事發京畿播聞遐邇宜加重劾肅正朝風案世子左衞率康樂縣公謝靈運過蒙恩獎頻叨榮授閑禮知禁為日已久而不能防閑闈閾致茲紛穢罔顧憲軌忿殺自由此而勿治典刑將替請以見事免靈運所居官上臺削

爵土。收付大理治罪。御史中丞都亭侯王准之顯居要任，邦之司直。風聲噂嗒，曾不彈舉。若知而弗糾，則情法斯撓。如其不知，則尸昧已甚。豈可復預班清階，式是國憲。請免所居官，以侯還散輩中。內臺舊體，不得用風聲舉彈。此事彰赫，曝之朝野，執憲蔑聞，羣司循舊。國典既頹，所虧者重。臣弘忝承人乏，位副朝端。若復謹守常科，則終莫之糾正。所以不敢拱默，自同秉彝。違舊之愆，伏須準裁。高祖令曰：靈運免官而已。餘如奏。端右簡正風軌，誠副所期，豈拘常儀，自今以為永制。

文帝時，尚書吏部郎庾炳之為有司所奏。上於炳之素厚，將恕之。召問尚書右僕射何尚之。尚之具陳炳之得失，密奏曰：不審國為家何嘗不謹用前典。今苟欲通一人，慮非哲王御世之長術。炳之所行，非曖昧而已。臣所聞既非一旦，又往往眼見。事如丘山，彰彰若此。遂縱而不糾，不知復何以為治。晉武不曰明主，斷鬲令事，遂能舊載。華廙見待不輕，廢錮累年，後起止作城門校尉耳。若言炳之有誠於國，未知的是何事。政當云與殷景仁不失其舊，與劉湛亦復不疎。且景仁當時事意，豈復可蔑。朝士兩邊相推，亦復何限。縱有微誠，復何足掩其惡。今賈充勳烈，晉之重臣，雖事業不勝，不聞有大罪。諸臣進說，便遠出之。陛下聖叡，反更遲遲於此。炳之身上之衅，既自藉藉，交結朋黨，構扇是非，實足亂俗傷風。諸惡紛紜，過於范曄，所少賊一事耳。伏願深加三思。試以諸曹傳普訪諸可顧問者，群下見陛下顧遇既重，恐不敢苦相侵傷。顧問之日，宜布嬿責之旨。若不如此，亦當不辯有所得失。臣愁既有所啓，要欲盡其心。如無可納，伏願宥其觸忤之罪。時炳之自理，不請臺制，令史並言停外非嫌。太祖以炳之信受失所，小事不足傷大臣。尚之又陳曰：炳之呼二令史出宿，令史諧都令史駱

宰。宰云不通。吏部曹亦咸知不可。令史具向炳之說不得停之意，炳之了不聽納之。非為不解，直是何相留耳。由外悉知此而誣於信受。羣情豈了，陛下不假為之辭。雖是令史出，乃遠虧朝典。又不得謂之小事。謝晦望實非今者之儔，一事錯誤，免侍中官。王珣時賢小者，桓胤春蒐之謬，皆白衣領職。況公犯憲制者邪。不審可有同王桓白衣例不。於任使無損，兼可得以為肅戒。孔萬祀居左丞之局，不念相當語路宰云：炳之貴要，異它尚書，身政可得無言。又云：不癡不聾，不成姑公。敢作此言，亦為異也。太祖猶優游之。使尚之更陳其意。尚之乃備言炳之愆過曰：尚書舊有增置幹二十人，以元凱丞郎，幹之假疾病，炳之常取十人私使，詢蒙幹闕，不得時補。近得王師猶不遣還。臣令人語之，先取人使，意常未安。今既有手力，不宜復留。得臣此信方復遣耳。大都為人好率懷行事，有諸紛紜，不悉可曉。臣思張遼之言。關羽雖兄弟曹公父子，豈得不言。觀今人憂國實寡，臣復結舌，日月之明，或有所蔽。然不知臣者，豈不謂臣有爭競之迹。追以悵怏。臣與炳之周旋，俱被恩接，不宜復生厚薄。太尉昨與臣言，說炳之有諸不可，非唯一條。遠近相崇畏，震動四海。凡短人辦得致此，更復可嘉。虞秀之門生事之，累味珍肴，未嘗有乏。其外別貢，豈可具詳。炳之門中，不問大小，誅求張幼緒。幼緒轉無以堪命。炳之先與劉德願殊惡，德願自持琵琶甚精麗，遺之，便復款然。市令盛馥進數百口材助營宅。恐人知，作虛買券。劉道錫驟有所輸，傾南俸之半。劉雍自謂得其力助。事之如父。夏中送甘蔗，若新發於州。國吏運載樵荻，無輟於道。諸見人有物，鮮或不求。門劉遵考有材，便乞材。見好燭盤，便復乞之。選用不平，不可一二。太尉又云：炳之都無共事之體。凡所選舉，悉是其意。政令太尉知耳。論虞秀之作黃門，太不平。若和故得停。大尉近

與炳之跡。欲用德願兒作州西曹。炳之乃啓用為主簿。即語德願。德有勳太尉。前後漏泄賞恩。亦復何極。縱不加罪。故宜出之。士庶忿疾之。非直項羽楚歌而已也。自從裴劉刑罰以來。諸將陳力百倍。今日事實好惡可問。若燕然發憤。顯明法憲。陛下便可閑卧紫闥。無復一事也。太祖欲出炳之為丹揚。又以問尚之。尚之荅曰。臣既乏賈生應對之才。又謝汲公犯顏之直。至於侍坐仰酬。每不能盡。昨出伏復深思。祇有愚滯。今之事跡。異口同音。便是彰著。政未測得物之數耳。可為蹈罪負恩。無所復少。且居官失和。未有此比。陛下遲遲舊恩。未忍窮法。為弘之大。莫復過此。方復有尹京赫赫之授。恐悉心奉國之人。於此而息。貪狼恣意者。歲月滋甚。非但虧點王化。乃治亂所由。如臣所聞天下論議。炳之常塵累日月。未見一豪增輝。今曲阿在水南。恩寵無異。而協首郡之榮。乃更成其形勢。便是老王雅也。古人云。無賞

罰。雖堯舜不能為治也。陛下豈可坐損皇家之重。迷一凡人。事若復在可否之間。亦不敢苟陳穴管。今之枉直。明白灼然。而斅王令王反吏不悟。命賈誼劉向重生。豈不慷慨流涕於聖世邪。臣昔啓范曄當時亦懼犯觸之尤。苟是愚懷所挹。政自不能舒遠。所謂雖九死而不悔者也。謂炳之且出外。若能循路在職。著稱還亦不難。而可得少明國典。粗酬四海之誚。今愆疊如山。榮任不損。炳之若復有彰大之罪。誰復敢以聞述。且自非殊勳異績。亦何足塞今日之尤。歷觀古今。未有衆過藉藉受貨數百萬。更得高官厚祿如今者也。臣每念聖化中有此事。未嘗不痛心疾首。設令臣等數人。縱橫狼藉。復如此。不審當復云何處之。近啓賈充遠鎮。亦何足分外。然恐臣榮之良者。臣知陛下不能探臣言。故臣不能盡己之愚。至耳。今蒙恩榮者不少。臣何為獨戀戀於斷。實是尊主樂治之意。伏願試更垂察。

孝武帝大明中。王僧達被誅。謂為刺史顏竣所讒構。臨死。陳竣前後怨懟每懷言不見從。僧達所言。頗有相符。據御史中丞庾徽之奏竣罪狀曰。臣聞人臣之奉主。毀家爲國。竭情無私。若乃無禮陵人。怙寵罔上。是以王叔作戒。子晳為戮。未有背本塞源。好利忘義。而得自容盛世涸亂清流者也。右將軍東揚州刺史建城縣開國侯顏竣。曰附風雲。謬蒙翼長。天地更造。拔以非次。聖朝覲攬萬務一歸。而窺覦國柄。潛圖秉執。受任選曹。驅扇滋甚。出尹京輦。形勢彌放。傳詔犯憲。舊須啓聞。而竣以通辭忤己。輒加鞭辱。罔顧威靈。莫此為甚。嚴詔屢發。當官責效。竣權恣不行。怨懟彌起。懷挾奸數。苞藏陰慝。預聞中旨。罔不宣露。罰則委上。恩必歸己。倚遇之門。即加誘辱。受譴之室。曲相哀撫。翻戾朝紀。狡惑視聽。脅懼上宰。激動閭閻。未上慮聞。內懷猜懼。偽請東牧。以卜天旨。既獲出藩。怨詈方肆。反脣服誹。方之已輕。且時有啓奏。

必協奸私。宣示親用。動作羣小。前冬毋亡。詔賜還葬。事畢不去。盤桓經時。方構間勳貴。造立同異。又表示危懼。深營身觀。曲訪大臣。慮不全立。遂以己被斥外。國道將顛。懟積懷抱。冤窮辭色。無行闕於家。早負世議。遂身居崇寵。聚萬金。榮以夸親。祿不充養。宿憾毋弟。恃貴輒戮。天倫怨毒。親交震駭。凡所莅任。皆闕政刑。輒開丹楊庫物貨借吏下。多假資禮。解為門生。充朝滿野。殆將千計。驕放自下。妨公害私。取監解見錢。以供帳下。賓旅酣歌。不異平日。街談道說。非復風聲。竣代都文吏。特荷天私。棄瑕錄用。豫參要重。勞無汗馬。貫班丁山。出內寵靈。踰越倫伍。山川之性。日月彌滋。溪壑之心。在盈彌奓。虎冠狼貪。未足為譬。今皇明開耀。品物咸亨。傷俗點化。寔唯害馬。宜加顯戮。以彰盛化。請以見事免竣所居官。下太常削爵土。須事御收付廷尉法獄辠告未款便加大戮且止免官。

南齊高帝建元四年。太祖崩。掌吏部江謐稱疾不入。衆頗疑其怨不豫顧命也。及世祖即位。謐又不遷官。以此怨望。時世祖不豫。謐詣豫章王嶷請間曰。至尊非起疾。東宮又非才。公今欲作何計。世祖知之。出謐為征虜將軍鎮北長史南東海太守。未發。上使御史中丞沈沖奏謐前後罪狀曰。謐少懷輕躁。長習諂薄。交無義合。行必利動。特以奕世更局。見擢宋朝。阿諛內外。貨賂公行。咨及憲簡。戾彰朝聽。與金華寶。取容近習。以沈攸之地勝兵强。終當得志。委心託身。歲暮相結。以劉景素親屬望重。物應樂推。獻誠薦子。窺覦非望。時艱綱漏。得全首領。太祖匡飭天地。方知逆圖。薄其難洗之瑕。許其革音之效。加以非分之寵。推以不次之榮。列迹勳良。比肩朝德。以往者微勤。乃華小用。賞厠河山。任參出入。輕險之性。在貴彌彰。貪昧之情。雖富無滿。重莅湘部。顯行斷盜。及居銓衡。肆意受納。連席同乘。皆詖黷舊侶。寵筵闇讌。必貨賄常客。理合升進者。以為已惠。事宜貶退者。並稱中旨。謂販鬻威權。奸自不露。欺主罔上。奸讖可掩。先帝寢疾。彌留之人。神憂震譴。謐私命晉無變容。國諱經旬。甫暨入殿。參訪遺詔。覘忖時旨。以身列朝流。宜蒙熱帶。先顧不逮。舊位無加。遂宗飾惡言。肆醜縱悖。識誹朝政。訕毀皇猷。遍嗤忠賢。歷詆台相。至於蒼岳入梗。列代恒規。勳戚出撫。前王彝則。而謐妄攫樞機。坐構諭論。復敢貶謗儲后。不顧蜂端。毀折宗王。每窮舌杪。皆云詰誓非禮。崇樹失宜。仰指天俯畫地。希幸宂故。以申積憤。犯上之跡既彰。反噬之情已著。請免官削爵土。收送廷尉獄治罪。詔賜死

武帝疾篤暫絕。竟陵王子良在殿內。太孫未入。丹陽令中書郎王融戎服絳衫。於中書省閤口。斷東宮仗不得進。欲立子良。上既蘇。太孫入殿朝。事委高宗。融知子良不得立。乃釋服還省。歎曰。公誤我。鬱林深怨疾融。即位十餘日。收下廷尉獄。然後使中丞孔稚珪等為奏曰。融姿性剛險。立身浮競。動即驚群。抗言異類。近塞外微塵。若求將領。遂招納不逞。扇誘荒傖。狡筭聲勢。專行權利。反覆脣齒之間。傾動頰舌之內。威福自己。無所忌憚。誹謗朝政。歷毀王公。謂己才流。無所推下。事曝遠近。使融依源據答。詔賜死。

梁武帝天監四年。讌於華光殿。謂羣臣曰。朕日昃聽政。思聞得失。卿等可謂多士。宜各盡獻替。尚書左丞范縝起曰。司徒謝朏。本有虛名。陛下擢之如此。前尚書令王亮頗有治實。陛下棄之如彼。是愚臣所不知。高祖變色曰。卿可更餘言。縝固執不已。高祖不悅。御史中丞任昉因奏曰。臣聞息夫歷詆。漢有正刑。白褒一奏。晉以明罰。況孚附下訕上。毀譽自口者哉。風聞尚書左丞臣范縝自晉安還。語人云。我不諂餘人。惟諂王亮。不餉餘人。惟餉王亮。輒收縝白。徒左右萬休到臺辨問與風聞符同。又今月十日。御餞梁州刺史臣珍國。宴私既洽。群臣並已謁退。時詔留侍中臣昂等十人。訪以政道。縝不答所問。而橫議沸騰。遂貶裁司徒臣朏。褒舉庶人王亮。臣于時預奉恩留。肩隨並立。耳目所接。差非風聞。竊尋王有遊豫。親御軒陛。義深推轂。情均湛露。酒闌宴罷。當扆正立。記事在前。記言在後。翳早朝之念。深求瘼之情。而縝言不遜。妄陳褒貶。傷濟濟之風。缺側席之望。不有嚴裁。憲准將頹。縝即王臣。謹案尚書左丞臣范縝。衣冠緒餘。言行跅駁。誇諧里落。喧詬周行。曲學謏聞。未知去代。弄口鳴舌。祗足飾非。乃者義師近次。縝丁罹艱棘。曾不呼門。墨縗景附。頗同先覺。實奉龍顏。而今黨協釁餘。獄為矛楯。人而無恒。成茲姧詖。日者飲至策勳。功微賞厚。出守名邦。入司管轄。苞籃罔遺。而假稱折轅。衣裙所弊。讒激失所。許與疵廢。廷辱民宗。自居樞憲。糾奏寂寞。顧望縱容。無至公之議。惡直醜正。

有私訂之謀宜寘之徽纆肅正國典臣等參議請以見事免績所居官鞫勒外狀付廷尉法獄治罪應諸連逮者之獄官以法制從事

太清二年東魏慕容紹宗擊侯景景衆潰走襲據壽春梁以為南豫州牧光祿大夫蕭介諫曰臣聞凶人之性不移天下之惡一也侯景以凶狡之才荷高歡卵翼之遇歡墳未乾即還反噬逆力不遂乃復逃死關西宇文不容故復投身於我陛下前者受之正欲比屬國降胡冀獲一戰之效耳今既亡師失地直是境上之匹夫陛下愛匹夫而失與國臣竊不取若猶待其歲暮之效則彼棄鄉國如脫屣背君親如遺芥豈知遠慕聖德為江淮之純臣乎梁主不能用

後魏宣武帝時侍中甄琛以朋黨被劾詔尚書司徒公錄尚書北海王詳等奏曰臣聞黨人為患自古所疾政之所忌雖寵必誅皆所以存天下之至公保靈基於永業者也伏惟陛下纂聖前暉淵鑒幽隱恩

斷近習憲軌唯新大政蔚以增光鴻猷於焉永泰謹案侍中領御史中尉甄琛身居直法糺摘是司風邪響黷猶宜劾糾況趙脩奢暴聲著內外侵公害私朝野切齒而琛嘗不陳奏方更往來綢繆結納以為朋黨中外影響致其談譽令布衣之父超登正四之官七品之弟越陟三階之祿虧先皇之選典塵聖明之官人又與武衛將軍黃門郎李憑相為表裏憑兄叨封知而不言及脩釁彰方加彈奏生則附其形死則就地排之竊天之功以為己力仰欺明廷俯罔百司其為鄙詐於茲甚矣不實不忠寔合貶黜謹依律科徒請以職除其父中散寶為叨越雖皇族帝孫未有此例既得不以倫請下收奪李憑朋附趙脩是親是仗交遊之道不依恒度或晨昏從就或吉凶往來至乃身拜其親妻見其子每有家事必先諮託緇黷皇風塵鄙正化此而不糺將何以肅整阿諛獎厲忠槩請免所居官以肅風軌奏可

孝明帝正光四年蕭衍弟子西豐侯正德來降尚書左僕射蕭寶寅表曰伏見揚州表蕭正德自云避禍遠投宸掖背父叛君駭議衆口深心指趣厥情難測臣聞立身行道始於事親終於事君故君親盡之以恒敬嚴父熏之以博愛斯人倫之所先王教之盛典三千之罪莫大於不孝毀則藏奸常刑靡赦所以晉恭獲譏無所逃死衛汲受誣二子繼沒親命匪棄國孰無父況今封豕尚存長蛇未戚偷生江表自安毒虺而正德居猶子之親竊通侯之貴父榮於國子脩於家履霜弗聞去就先絕隔絕山淮溫凊永盡定省長違報復何日以此為心心可知矣皇朝綿基累業恩均四海自北徂南要荒仰澤能言革化無思不攄貢玉帛於丘園標忠孝以納貢藥冀衛于伊洛集華裔其歸心被髮鑄身之簪屈膝而請吏交趾文身之渠款關而效質至如正德宜甄義以致貶昔越棲會稽賴宰嚭以獲立漢困彭宬

丁公而獲免吳頃已平二臣即法豈不錄其情哉欲明責以示後況遺君忽父狼子是心既不親親安能親人中間變詐或有萬等伏惟陛下聖敬自天欽光纂歷昭德塞違以臨羣后脫苞此凶醜寘之列位百官是象其何誅焉臣釁結禍深痛纏肝髓日暮途遠復報何日豈區區於一豎哉但才雖庸近職居獻替愚衷寸抱敢不申陳伏願聖慈少垂察覽訪議槐棘論其是非使秋霜春露施之有在相風攸刺遞死有歸無令中伋受笑於苟存曾閔淪名於盛世

孝明帝時靈太后返政以元又為尚書令解其領軍幹子熙與清河王懌中大夫劉定興學官令傅靈摽賓客張子慎伏闕上書曰竊惟故主太傅清河王職綜樞衡從居論道盡忠貞以奉公竭心膂以事國自先皇崩殂陛下沖幼負扆當朝義同分陝宋維反常小子性若青蠅汙白點黑讒佞是務以元又皇姨之壻權勢攸歸遂相附託況

求榮利共結圖謀坐生肖腸誣告國王枉以大逆賴明明在上照照臨下況瀆自消王質還潔謹案律文諸告事不實以其罪罪之維遂無罪出為大郡刑賞僭差朝野惟懷若非宋劉與叉為何豈得全其身命方撫千里王以權在寵家毀謗紛雜恭慎之心逾深逾厲去其本官移往邸西閤門静守親賓阻絶于時史部諮衆劉騰奏其弟官郡戍兼補及經内呈為王駁退騰由此生嫌私深怨怒遂乃擅廢太后離隔二宮構掠胡定誣王行毒[illegible]戴[illegible]不悲惋乃[illegible]公卿議北之新奠不飲酒飲氣唯諾是從僕射游肇亢言厲氣發憤成疾為一致死王之忠誠款篤節義純貞非但蘊藏胸襟實乃形於文翰楊措史傳撰顯忠録區目十篇分卷二十既欲彰此心於萬代豈可為逆亂於一朝乞追遺旨足明丹款叉籍寵姻戚炸授於無君之心實懷皂白擅廢太后枉害國王生殺之柄不由陛下賞罰之詔一出

於叉名藩重地皆其親黨京官要任必其心腹中山王熙本興義兵不剛神器戮其大逆合門賊盡遂令元略南奔為國巨患奚康生國之猛將盡忠棄市其餘枉被屠戮者不可稱數緣此普天喪氣匝地憤傷致使朔隴猖狂歷歲為亂荆徐蠢動職此之由昔趙高秉秦令關東鼎沸今元叉執權使四海雲擾自古及今竹帛所載賊子亂臣莫此為甚開逆之始起自宋維成禍之末良由騰矣而令山徒奸黨迭相樹置高官厚禄任情自取非但臣等痛恨終身抑為聖朝懷慙負愧以臣亦心懍懍之見宜梟諸兩觀洿其舍廬騰合斵棺斬骸沈其五族上謝天人幽隔之憤下報忠臣冤酷之痛方乃崇亞三事委以樞端所謂虎也更傅其翼朝野切齒遐邇扼腕蔓草難除去之宜盡臣歷觀曠代緬追振古當斷不斷其禍更生況叉猜忍更居衡要臣中宵九歎竊以寒心實願宸鑒早為之所臣等潛伏閭閻於茲六載旦號白日夕泣星辰叩地寂寥呼天無響衛野納肝蔡庭夜哭千古之痛何足相比今幸遇陛下叡聖親覽萬機太后仁明還撫四海臣等敢請闕披陳乞報冤毒書奏靈太后義之乃引子熙為中書舍人後遂剖騰棺賜叉死

歷代名臣奏議卷之一百七十三